ISBN 978-0-365-10275-5
PIBN 11341354

BIBLIOTHEK

DES

LITTERARISCHEN VEREINS

IN STUTTGART.

CCXXXVII.

TÜBINGEN.

GEDRUCKT AUF KOSTEN DES LITTERARISCHEN VEREINS.

1905.

GEORG WICKRAMS

WERKE.

SIEBENTER BAND

(OVIDS METAMORPHOSEN, BUCH 1—8)

HERAUSGEGEBEN

VON

JOHANNES BOLTE.

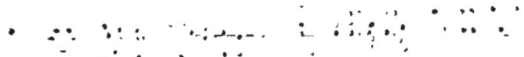

GEDRUCKT FÜR DEN LITTERARISCHEN VEREIN IN STUTTGART
TÜBINGEN 1905.

159555

DRUCK VON H. LAUPP JR IN TÜBINGEN.

Vorwort.

1. Die drucke.

Da über Wickrams erneuerung der alten verdeutschung von Ovids Metamorphosen durch Albrecht von Halberstadt mit nutzen erst gesprochen werden kann, wenn sie vollständig im neudrucke vorliegt, so verschiebe ich diese erörterung auf den achten und letzten band von Wickrams werken und berichte hier nur kurz über die benutzten drucke.

A) 1545. — P. Ouidij Nasonis deß aller sinn- | reich- sten Poeten METAMORPHOSIS, Das ist von der | wunderbar- licher Verenderung der Gestalten der Menschen, Thier, | vnd anderer Creaturen etc. Jederman lüstlich, besonder aber allen Malern, | Bildthauwern, vnnd dergleichen allen künstnern nützlich, Von wegen | der ertigen Inuention vnnd Tichtung. Etwan durch den | Wolgelerten M. Albrechten von Halberstat inn Reime | weiß verteutscht, Jetz erstlich gebessert vnd mit Fi- | guren der Fabeln gezirt, durch Georg | Wickram zu Colmar. etc. | 🐏 | EPI- MYTHIVM. | Das ist | Der lüstigen Fabeln deß obgemeltes büchs Außlegung, jeder- | man kürtzweilig, vornemlich aber allen liebhabern der | Edeln Poesi stadtlich zu lesen Gerhardi | Lo- richij Hadamarij | [Buchdruckerzeichen[1]): ein sitzender schäfer dudelsackblasend vnd ein stehender auf seinen stab gelehnt; darüber: I. S.] | Getruckt zu Meintz bei Iuo Schöffer mit Key- | serlicher Ma- | iestat Gnadt vnd Freyheit nit nach zu Trucken. etc. | Anno M. D. XLV. | (Titel schwarz und rot.) 10 unge- zählte + 155 gezählte blätter folio; da aber die paginierung von bl. 133 gleich auf bl. 137 überspringt, sind es nur 10 + 152 bl. mit zierleisten und 47 von Wickram gezeichneten holzschnitten von 8,1 cm. höhe

---

1) Dies schon 1529 von Johann Schöffer benutzte druckerzeichen ist reproduziert bei P. Heitz, Frankfurter und Mainzer drucker- und verlegerzeichen 1896 taf. 6 nr. 11.

und 14,7 cm. breite[1]). — (Augsburg, Berlin Wi 4910, Freiburg i. B.,
Gotha, Göttingen, Kopenhagen, Maihingen, Mainz defekt, Strassburg,
Stuttgart, Würzburg, Zürich).

I v o S c h ö f f e r druckte in Mainz von 1531 bis 1555; er verlegte
neben der Peinlichen gerichtsordnung Karls V. auch verdeutschungen
des Frontin (1532. 1537), Cäsar (1532), Livius (von Carbach und Mi-
cyllus 1533. 1538. 1541. 1546. 1551. 1557. 1559), Tacitus (von Micyllus
1533), Aurelius Celsus (1541. 1547); vgl. Roth, Die Mainzer buchdruc-
kerfamilie Schöffer während des 16. jahrh. (9. beiheft zum Cbl. f.
bibliothekswesen 1892) s. 173—237 und Die Carolina hsg. von J. Kohler
1, XX (1900).

     B) 1551. — P. O u i d i j N a s o n i s d e ß a l l e r S i n- | r e i c h s t e n
Poeten M E T A M O R P H O S I S, Das | ist von der wunderbarlicher [!]
Verenderung der Gestalten der Menschen, | Thier vnd anderer Crea-
turen. etc. J e d e r m a n n l ü s t l i c h, b e s o n d e r a b e r a l l e n
M a l e r n, | Bildthauwern, vnnd der gleichen allen Künstnern nützlich,
Von wegen | der ertigen Inuention vnnd Tichtung. Etwan durch den
| Wolgelerten. M. A l b r e c h t e n v o n H a l b e r s t a t t inn Reime
| weiß verteutscht, J e t z e r s t l i c h g e b e s s e r t vnd mit Fi- | guren
der Fabeln gezirt, durch G e o r g | W i c k r a m z ů Colmar etc. | 🜊 |
E P I M Y T H I V M. | Das ist | D e r L ü s t i g e n F a b e l n des obge-
meltes buchs A u ß l e g u n g, jeder- | man kurtzweilig, vornemlich aber
allen Liebhabern der | Edlen Poesi stadtlich zů lesen, G e r h a r d i |
L o r i c h i j H a d a m a r i j. | [Holzschnitt wie auf bl. 99a: Orpheus
sitzt harfespielend unter den tieren.] | G e t r u c k t z ů M e y n t z b e i
I u o S c h ö f f e r m i t K e y s e r l i c h e r M a- | i e s t a t Gnad vnd
F r e i h e y t nit nach zů Trucken. etc. | Anno M. D. LI. | (Titel schwarz
und rot) 10 -|- 155 (vielmehr 152 wie in 'A) bl. fol. mit 47 holz-
schnitten. — (Augsburg, Basel, Berlin Wi 4915, Dresden, Göttingen,
Hamburg, London, Maihingen, Rostock, Ulm, Wernigerode, Wolfen-
büttel, Zürich).

     C) 1581. — P. O V I D I I | M E T A M O R P H O S I S, | Oder: |
W u n d e r b a r l i c h e v n n d | s e l t z a m e B e s c h r e i b u n g, v o n
der Men- | schen, Thiern, vnd anderer Creaturen verände- | rung, auch
von dem Wandeln, Leben vnd Thaten der | Götter, Martis, Veneris, Mer-
curij etc. | A l l e n P o e t e n, M a l e r n, G o l d s c h m i d e n, Bild- |
hauwern, vnd Liebhabern der edlen Poesi vnd für- | nembsten Künsten,
Nützlich vnd lustig zu lesen. | J e t z w i d e r u m a u f f e i n n e w e s,
d e m g e m e i n e n V a t t e r- | landt Teutscher Sprach zu grossem
nutz vnd dienst, auß sonderli- | chem fleiß mit schönen Figurn, auch

---

1) Zwei dieser bilder, zu deren urheberschaft sich Wickram s. 4, 16
bekennt, findet man in verkleinerter reproduktion auf s. 130 und 249
dieses bandes.

deß Hochgelehrten Herrn | Gerardi Lorichij der Fabeln Außlegung,
reno- | uiert, corrigiert, vnd an Tag geben, | Durch | S i g m u n d
F e y e r a b e n d t Buchhåndlern, etc. | F r a n c k f o r t am Mayn.
¦ M.D.LXXXI. | [Titel schwarz und rot in einem grossen holzschnitt-
rahmen [1]) mit dem Parisurteil und der inschrift FAMA IMMORTALIS,
geschnitten von H. S.] 8 + 198 + 7 bl. fol. mit 182 holzschnitten.
Auf bl. Eee 3b steht: Gedruckt zu Franckfurt am Mayn, | bey Johann
Feyerabendt, in verlegung | Sigmund Feyerabendts. | [Buchdruckerzei-
chen Feyerabendts, eine blasende Fama [2]); umschrift: Peruigiles habeas
oculos animumque sagacem Si cupis vt celebri stet tuo fama loco.]
| M.D.LXXXI. | — (Berlin Wi 4920, Dresden, Gotha, Göttingen, London,
Strassburg, Stuttgart, Wolfenbüttel, Zürich).

Fortgelassen ist Wickrams widmung, seine prosaische und poe-
tische vorrede, sowie Lorichs vorwort. Statt dessen hat Sigmundt
F e y e r a b e n d (bl.)(2a bis)()(2a) eine 9 seiten lange widmung an
den rektor der universität Lauwingen Nicolaus Reußner (dat. Franck-
furt an Mayn 1. jan. 1581), eine biographie Ovids (bl.)()(2b: P. Ovidij
Nasonis leben kurtzlich auß seinen eygenen schrifften, zu gut den Teut-
schen verfasset) und das nachstehend wiederholte kurze vorwort (bl.
)()(3b: Ein kurtz erinnerung von dem teutschen poeten, der diese bü-
cher Ovidii verteutscht und in reimen gebracht hat) voraufgestellt.
Bl.)()(4a steht: Meister Albrechts Prologus. — Auf bl. Ddd 1a folgt
ein 13 seiten umfassendes nützliches 'Register über die Metamorphosin
Ovidii, darinn nicht allein die fabeln alle, sondern auch die fürnemme
herrliche sprüch, und nur vom Ovidio angeregte poetische gedicht be-
griffen werden.' — Statt der Wickramschen bilder sind die 178 holz-
schnitte des Nürnberger malers Virgil S o l i s († 1562) mit besonderen
umrahmungen eingesetzt, dazu jedesmal die vier lateinischen und vier
deutschen verse, mit denen schon 1563 Joh. P o s t h i u s [3]) jene bilder

*

1) Derselbe rahmen erscheint auch auf dem titel von P. J. An-
charanus Quaestiones aureae iuris doctorum 1581; reproduziert von
Butsch, Bücherornamentik 2, taf. 67 (1881. J. Amman zugeschrieben)
und von Heitz, Frankfurter und Mainzer drucker- und verlegerzeichen
1896 taf. 14; vgl. Nagler, Monogrammisten 3, 614 nr. 1503.

2) Reproduziert bei Heitz, Frankfurter druckerzeichen 1896 taf. 42,
nr. 54; vgl. Andresen, Peintre-graveur 1, 277: Amman nr. 156.

3) Johan. P o s t h i i Germershemii Tetrasticha in Ovidii Metamor.
lib. XV, quibus accesserunt Virgilij Solis figurae elegantissimae et iam
primum in lucem editae. Frankfurt a. M. 1563. 8° (Berlin). — Die-
selben holzschnitte erscheinen auch in Metamorphoses Ovidii argu-
mentis quidem soluta oratione, enarrationibus autem et allegoriis ele-
giaco versu accuratissime expositae per m. Johan. S p r e n g i u m Au-
gustan. Frankfurt a. M. 1563 (Berlin), in S p r e n g s gereimter ver-
deutschung von Ovids Metamorphosen (Frankfurt 1564 und 1571) und

begleitet hatte; ausserdem aber sind Wickrams gereimte beschreibungen
der bilder mit abgedruckt. Die in format und ausführung abweichen-
den holzschnitte auf bl. 52b, 176b und 177a sind aus Murners ver-
deutschung von V i r g i l s Aeneis (Frankfurt, D. Zöpfel 1559 bl. R3b,
A2b und G6b zu buch 6,1 und 3) entlehnt; der Phönix auf bl. 195a
stammt aus N. R e u s n e r s Emblemata (Francoforti 1581 s. 98), der
holzschnitt auf bl. 191a ist identisch mit dem auf bl. 2b.

Wenn Feyerabend sich in der v o r r e d e, die ich hier
folgen lasse, rühmt, Wickrams arbeit mit dem lateinischen
originale verglichen, verbessert und aus Sprengs ebenfalls
unvollständiger und ungenauer Ovidverdeutschung (Frankfurt
1564) ergänzt zu haben, so darf man daraus keineswegs auf
eine philologische leistung schliessen; dem Frankfurter buch-
händler kam es vor allem darauf an, zahlreiche stattliche illu-
strationen und einen lesbaren text zu bieten und die acht-
silbigkeit der verse, gleichviel ob sie stumpfen oder klingenden
schluss hatten, durchzuführen.

E i n k u r t z e r i n n e r u n g v o n d e m t e u t s c h e n p o e t e n,
der diese bûcher Ovidii verteutscht und in reimen gebracht hat.

Im jar Christi unsers erlösers 1212 hat der löblich fürst unnd herr
landgraff Herman, ein landvogt in Töringen, auff seinem schloß Ze-
chenbuch genannt einen wolgelehrten mann mit namen A l b r e c h t
von H a l b e r s t a t t auß dem landt Sachsen; derselbig hat mit grosser
arbeit diese fünfftzehen bûcher Ovidii von veränderung der gestallten
in reimen gestellt. Wie aber solche reimen geschrieben seyn, ist auß
nachfolgendem prologo zu sehen; dann wir seine vorrede dißmals nit
gedencken zu veråndern, sondern, wie sie von im ist beschrieben,
lassen drucken; auß welcher du sehen würst, wie alt teutsch und wie
kurtze versen er gebraucht, also daß sie nit wol oder gar nicht können
verstanden werden. Derwegen hat J e r g W i c k r a m von Colmar, ein
liebhaber der freyen kûnst, diese reimen nicht allein geåndert oder
corrigiert, sondern gantż von neuwen, wie er sagt, nach seinem ver-
mögen in ein ordnung gebracht.

Dieweil sich aber hin und her an vielen und manchen orten be-
funden, daß offt wider die meinung Ovidii teutsche verß hineingesetzt,
offt auch gantze fabeln seynd außgelassen worden (als die von den
tyrrhenischen schiffleuten vom Baccho in delphin verwandelt [buch 3,

*

teilweise in N. Reusners Emblemata (ebd. 1581); vgl. Bartsch, Peintre-
graveur 9, 320.

cap. 28], die von Cygno im sibenden buch [in 7, 5], die von Baucide unnd
Philemone [8, 15—16], die vom Memnone [13, 6], die vom °Appulo
[14, 7], der in einen wilden ölbaum verwandelt, die von dem schiff
Aeneä [14, 8], die von Hersilia Romuli weib [14. 10], die vom Hip-
polyto [1]), die von Cippo [14, 14], dem hörner gewachsen, die vom Aescu-
lapio [14, 15—16], haben wir vor gut angesehen, die allsammen wider
zu erstatten, auff daß das buch Ovidii nicht gestümmelt von uns in
druck gegeben würde, haben auch alles, was Jerg Wickram wider den
text Ovidii (welches geschehen auß mißverstandt der lateinischen
sprach, deren er nicht zum besten, wie er selbst bekennet, erfahren)
hinein geflickt, emendiert und verbessert. Verhoffen derowegen, es
werde der günstige leser diese unsere mühe und arbeit mit danckbar-
keit annemmen.

D) 1609. — P. OVIDII | METAMORPHOSIS, | Oder: |
Wunderbarliche | vnd seltzame beschreibung, von |
der Menschen, Thieren, vnnd anderer | Creaturen veränderung, auch
von dem Wan- | deln, Leben vnd Thaten der Götter, Mar- | tis, Veneris,
Mercurij, etc. | Allen Poeten, Malern, Goldschmiden, |
Bildthauwern, vnnd Liebhabern der edlen | Poesi vnd fürnembsten
Künsten, Nützlich | vnd lustig zu lesen. | Jetzt widerumb auff
ein neuwes, dem gemeinen | Vatterlandt Teutscher Nation zu
grossem nutz vnd dienst | auß sonderlichem fleiß mit schönen Figurn,
auch deß Hochge- | lehrten Herrn Gerardi Lorichij der Fabeln Außle- |
gung, renouiert, corrigiert, vnd an | Tag geben. | Gedruckt zu
Franckfurt am Mayn, | bey Johann Saurn, | in Verlegung
Francisci Nicolai Rothen, im Jar || M. DC. IX. | (Titel schwarz und rot
mit holzschnittrahmen.) 4 bl. + 504 s. + 10 bl. 4° mit 182 holz-
schnitten, zumeist nach Vergil Solis. — Auf bl. Vvv 2a steht: Gedruckt
zu Franckfurt am | Mayn, bey Johann Saurn, in Verlegung | Francisci
Nicolai Rothen. | □ | . M.DC.IX. | — (Berlin Wi 4925, Cassel, Dresden,
Frankfurt a. M., Leipzig stadtbibl., London, München, Strassburg stadt-
bibl. und univbibl., Stuttgart, Würzburg.)

D beruht auf der ausgabe C, lässt jedoch Feyerabends widmung
fort. Die holzschnitte sind die gleichen wie in C, nur mit schmaleren
leisten umrahmt.

E) 1631. — P. OVIDII | METAMORPHOSIS, | Oder: |
Wunderbarliche | vnd seltzame Beschreibung, | von
der Menschen, Thieren, vnd anderer Crea- | turen Veränderung, auch
von den Wandeln, Leben | vnd Thaten der Götter, Martis, Veneris, |

---

1) Der von Ovid 15, 479—551 erzählte tod des Hippolytus und
seine erweckung durch Diana fehlt in Feyerabends buche ebenso wie
bei Wickram. Gemeint ist vielleicht Hippodamas (8, 14).

Mercurij, etc. | Allen Poeten, Malern, Goldtschmiden,
Bildt- | hawern, vnd Liebhabern der edlen Poesi vnd fürnembsten
| Künsten, nützlich vnd lustig zu lesen. | Jetzt widerumb auff
ein neuwes, dem gemeinen Vatterlandt | Teutscher Nation
zu grossem Nutz vnd Dienst auß sonderlichem Fleiß mit | schönen
Figuren, auch deß Hochgelehrten Herrn Gerhardi Lorichij der | Fabeln
Außlegung, renoviert, corrigiert, vnd an | Tag gegeben. | [Holzschnitt:
in einer halle stehn innerhalb eines kreises ein krieger und eine frau,
die ein buch hält.] | In Franckfurt am Mayn durch Gott-
fried Tampach, | Truckts Caspar Rötel. || M. D C. X X X I. | (Titel
schwarz und rot). 6 Bl. + 502 S. + 6 Bl. 4⁰ mit holzschnitten nach
Vergil Solis. — (Berlin Wi 4930, Dresden, Leipzig stadtbibl., London,
Strassburg).

   Ausser diesen fünf drucken werden noch drei weitere
ausgaben, deren existenz mir höchst zweifelhaft ist, ange-
führt: Frankfurt a. M. 1551. fol. (von Goedeke, Grundriss²
2, 462), Frankfurt a. M. 1625. 4⁰ (von Degen, Deutsche über-
setzungen der Römer 2, 163. 1797 und Weller, Annalen 2, 378)
und Frankfurt a. M. 1641. 4⁰ (von Gottsched, Beyträge zur
crit. historie der dtsch. sprache 1, 30. 1732; Schummel,
Übersetzer-bibliothek 1774 s. 140; Degen 2, 163; J. Grimm,
ZfdA. 8, 400; Goedeke 2, 462). Die drucke von 1625 und
1641 sind nirgends aufzufinden und fehlen auch in den Frank-
furter messkatalogen dieser jahre; die angebliche Frankfurter
ausgabe von 1551 beruht vermutlich auf einer verwechslung
mit der Mainzer vom selben jahre (B).
   Verschollen ist eine niederdeutsche ausgabe von
Wickrams (oder Sprengs) Metamorphosenübersetzung, auf die
sich eine von Borchling ¹) bekannt gemachte hsl. notiz von
Karl Scheller bezieht. Scheller († 1843) hat in sein hand-
exemplar seiner Bücherkunde der sassisch-niederdeutschen
sprache (1826) hinter no. 1219 (vom jahr 1614) eingetragen:
'Ein in nd. verse übersetzter Ovid (Metamorphosen) cf. Ver-
zeichnis einer büchersammlung (des sel. kanzleidirectors Cramer
zu Wolfenbüttel) Braunschweig 1813, s. 171 [no. 5 in 4⁰].

*

   1) Borchling, Mittelniederdeutsche handschriften in Wolfenbüttel
(Beiheft zu den Nachrichten der Göttingischen gelehrten gesellschaft
1902) s. 191.

Ohne titelblatt und schluss, mit vielen illuminierten holz-
schnitten, pergamentband. — Dies verzeichnis hat der sel.
hofrat Pockels geschrieben, und es steht kaum zu vermuten,
dass er holländisch[1]) für sassisch genommen hat.'

2. Lesarten.

Unserm neudrucke von Wickrams Ovidbearbeitung, der
auf eine wiedergabe der eingestreuten prosaischen moralisa-
tionen von Gerhard L o r i c h i u s verzichtet, liegt die erste
ausgabe (A) zu grunde, die freilich soviele versehen enthält,
dass Wickrams in der vorrede an den leser (s. 6, 8) ausge-
sprochene bitte, seine verse zu korrigieren[2]), durchaus be-
rechtigt erscheint. Verglichen sind damit der zweite Mainzer
druck (B), der eine sklavische wiederholung von A darstellt,
und Feyerabends hie und da druckfehler von A bessernde und
die achtsilbigkeit der verse meist durchführende ausgabe (C).
Feyerabends einschaltungen aus Spreng folgen als anhang am
schlusse; dagegen sind Posths metrische unterschriften der
Solisschen holzschnitte nicht wiederholt.

W i d m u n g : fehlt in CDE — s. 3,10 wünsch B — 12 lies: genög
sein? — 13 kyne A — 23 vnkündig B — 4,3 1210] 1212 AB — 4 fursten
A — Harmans A — 6 Zechenbuch B — 12 solchem A — 13 gemachet
B — 17 selbgewachsenr A — 21 vndertheniger B.
M e i s t e r A l b r e c h t s p r o l o g : v. 4 lohne BC — 8 wolt B —

*

1) Es kommt hinzu, dass die mir bekannten illustrierten n i e d e r-
l ä n d i s c h e n bearbeitungen der Metamorphosen, die etwa in be-
tracht kommen könnten, nicht in quart-, sondern in oktavformat ge-
druckt sind (Guilliaume Borluits verse zu den 178 holzschnitten Ber-
nard Salomons, Lions, Jan van Tournes 1557. — Metamorphosis [prosa]
met veel schoone figuren [nach V. Solis] verciert, T'hantwerpen, Feeter
Belaert 1595. — Dasselbe T'hantwerpen, Guilliam Lesteens 1619. Vgl.
Duplessis, Bulletin du bibliophile 1889, 105. 121. 123), ebenso Carel
van Manders nicht illustrierte prosaische erläuterung (Wtlegghingh op
den Metamorphosis P. Ovidii Nasonis, Amstelredam 1615).
2) Allerdings bezieht sich diese bitte wohl mehr auf den inhalt
als auf das durch druckfehler (vgl. oben bd. 4, s. XXII[1]) gestörte
metrum.

22 do B — 35 teüfelischhe A — 59 lossen B — 79 junckfrauwen C —
86 geborn C — 89 fürsten BC — 91 Tŭringer landt C — 95 fürsten BC.

Prosaische vorrede: fehlt in CDE — s. 6, 9 lützel B —
16 fabeln B — 17 fabeln B — 7, 22 nichs A — 23 serh A.

Metrische vorrede: fehlt in CDE — v. 34 demnach B —
35 verstehn B — lieblichkeit B — 43 hinfärt B.

Erstes buch.

1. figur: Innhalt eilff nachfolgender figuren deß ersten buchs C —
— v. 1 himel ABC — erschaffn C — 2 element ABC — 3 allen A —
viern C — 4 regiern C — 5 gemein AB — 6 von] vor B — 8 eisener
B — 9 hand] habn C — 10 götrern A — 11 Lycaon C.

Cap. 1: Von den vier elementen] ist in ABC nicht überschrift,
sondern randnote zu v. 2 — v. 1 Ehe ABC — denn C — 2 beschaffen
AB, gschaffen C — 3 grad C — 4 Nach BC — fluß AB, fleußt C — staht
C — 7 damals C — 8 Ungestümlich ABC — 10 Eyn AB, Ein C — eym]
einem C — teig] ey ABC (gebessert von Bartsch) — glich C — 11 erdn
C — 12 werdn C — 13 geschach AB — 15 gewicht AB — 17 drucken C
— 18 kälte C — 19 strack C — 21 gemeyn AB — 23 mond C — 24
jren ABC — 25 geschaffen AB — warn C — 26 erfarn C — 30 erwegn
C — gestalt ABC — 31 zurfahrn C — 32 narrn C — 33 vogeln B —
41 ergründn C — 42 findn C.

Cap. 2: 44 wolt C — 47 Der] Den ABC — erdn C — 48 gema-
chet AB, gemacht C — werdn C — 50 bleib C — 51 höe A, höhe B
— 53 do] so B — 54 wesentlichen C — sinwell C — 70 ein ebne C
— 71 ordnlich C — bereit ABC.

Cap. 3: 73 gleich C — 74 ordentlich C — 75 Darumb B — 77 eus-
serstn B — 81 weder] oder C —· 82 jeder B — gewalt AB — 83 auß-
getheilt C — 84 drey] fünff C — fehlt C — 90 gefrist AB — 93 Die
zwey letzten theil C — 95 geschaffen AB — 100 anschlecht B, an-
schlegt C — 101 geschaffen AB — 102 vereinigt C — 105 Drumb C —
108 erden AB — 111 gewalt ABC — 112 gantze C.

Cap. 4: 113 gegn C — 116 hôl C — gewalt AB — 122 Augster
B — 123 geflohen B, geflogn C — 124 überzogn C — 125 fechtichen
AB, fitichen C — 126 vom C — 130 erfeucht C — 131 daher C —
133 geseubert AB — 137 sthon A, stehn C — 142 gefögel AB — 144
wiltpret B, wildpret C — 145 brauch C — 146 nicht C — 149 gewalt
B — über ABC — 152 Welch C — gebrist AC, gebrst B — 154 wundr
C — bedracht AB, betracht C.

Cap. 5: 157 gescchlecht A — 159 steiff] fehlt B — 160 alle AB —
162 Keiner AB — zu kurtz noch zu lanck AB — 166 gewaltig AB —
167 thürn C — 169 kriegs geschrey AB — 171 gesatlet A, gesatler B —
173 noch] now B — 174 keiner ABC — gnennt C — 175 Keiner ABC
— nit] fehlt C — gepflegt C — 176 unterweg C — 177 undurchhawn
C — 178 ward gfunden C — 180 galee] galle AC, gall B — naff] na-

hab ABC — 181 geschehen AB, geschehn C — 182 gesehen AB, gsehn
C — 184 Sd B — 185 tbut B — 189 wurtzeln BC — 194 honig B —
196 kein C — 198 noch Ab, nah C — 202 kleyner B — 203 Drumb C
— 204 güldn C.

Cap. 6: 211 silberin AB, silbren C — 216 gestalt AB — 217 ängst-
lich C — 218 heiß C — 220 geschach AB — 227 Gflochten C — be-
strichen ABC — 232 Welch AB — zŏ forn B — 234 ungewitter AB.

Cap. 7: 235 geschlecht AB — 237 sich] sie B — 240 drin BC —
246 solch AB — 247 Drumb C — 248 himml C — 251 Gwalt C —
252 btrug C — 255 erdn C — gewaltig besessen AB — 256 zŭ] z C —
259 gefellet AB, gfellt C — 260 gestellt C — 261 genügen B, gnůgn
C — 262 Die erd C — 269 reichr C — 270 nach BC — 273 btriegen C
— 274 schwebr C — 276 gemein AB — 277 sterbn C — 278 erwerbn
C — 280 schroffen] felsen C — 281 einandr C — 282 d] die ABC —
wurdn C — 283 himml C — 284 gŏtter C — solchem C — gewalt AB
— 286 gewunnen AB, gwunnen C.

Cap. 8: vertragn C — 288 schlagn C — 289 grosser A, grossen C,
— tunder B, tonner C — gewalt AB — 293 grossn C — 294 massn C
— 295 Drunden C — lagen ABC — 296 Zurpressend — 299 lebn C
— 300 widerstrebn C 304 — meschen blůt A.

Cap. 9: gemeinlich C — 316 gedacht BC — 317 verschmähen C
— 320 straß BC — 322 auch] fehlt AB, itzt C — laßt C — 324 ge-
mischt AB — 326 z] zŭ AB — 327 sassen B, sassn C — 328 massen B,
massn C — 329 wird C — 330 gebürt C — 333 gemacht AB — 336 ge-
waltigklich AB — 340 beschicket AB — 343 dd B, da C — ihrn C —
gewalt ABC — 344 gestalt AB — 345 zsammen C — 346 Drauff C —
347 Unterstundn C — 348 solchn C — geschweigen AB — 350 ge-
meinlich AB — 352 All C — geschlecht AB — 353 beschleust AB —
355 grosse ABC — 356 Ja] fehlt ABC — das nun schwere C — 357 wol]
jetzt C — 358 schert B — 359 bleibn C — 360 bleiben B, treibn C —
363 flesich B — 364 Ehut B — gesundt AB — 367 gwergen C — 368
thun] fehlt C — 369 Darzŭ] Auch C — ewinnen und freyen ABC (ge-
bessert von J. Grimm, Myth.³ 411) — 370 alle C — theten] fehlt ABC
— 373 Drumb C — 374 Lassen C — auff erden] darauff C — 375 mä-
gen A — sorgn C — 376 Vo B — verborgn C — 379 gewaltig AB —
381 Donner C — gewalt AB — 383 meim C — gefallen AB — 384
nit] fehlt C.

Cap. 10: 385 gemein AB — 387 semlich] ein solch C — 388 Deṁ
A — 389 solle billich C — 392 sertzen B — 393 wille C — 396 Ehe ABC
— 402 gestalt AB — 407 glaubn C — 408 erfahrn C — 413 begab AB —
415 zeichn C — 416 gebet AB — erweichn C — 422 wil C — nun]
fehlt B — zweiffel C — 423 gedancken AB — 425 einen C — 426 haupt
gantz AB — 427 Der C — zum C — 428 Dem nam er schäntlich sein
C — 429 ehe ABC — 430 beym feuwer C — 431 truge C — z einer]
zu einer AB, zur C — 444 Ein C — 446 füchß ABC — 450 man] fehlt

C — an im noch B — d] die ABC — 453 im] fehlt AB — 457 Sen B — 458 seinen C — 459 gewontt AB — 461 ungezamt C.

Cap. 11: 468 behalten ABC — 475 gabn C — 476 diese C — 479 lassen B, lassend C — 481 ist] fehlt C — gewesen AB, gewesn C — 482 gerecht AB — außerlesn C — 483 gesandt AB — 487 Drumb C — 488 die erd C — 492 berathschlagt ABC — 493 bindn C — 494 windn C — 496 geschwind AB — 497 dört C — 498 Dargegn C — 503 vom C — 504 nebell A — seiner AB — 505 fettich und floß schoß AB — 506 vom C — 508 gemeiner AB — 509 beschlagn C — 510 tragn C — 513 regnbogen C — 514 auch] fehlt C — 515 finstere B — 518 die lufft C — 519 hauffn C — 520 überlauffn C — 521 warn C — geschlagen AB — 522 bgund C — 525 verloren AB — 526 gersten und AB, gersten C — 529 gemeyn AB — 531 keines wegs sollen C — 533 thüren AB — 534 wassrström C — 535 seim D — 537 ertrenckten B — 538 Neptuni C.

Cap. 12: 540 lieffen C — gemeyner AB — 541 neuwe C — 543 ungestüm AB — 545 erde C — 551 Die C — gebew AB — 553 ihrn C — 554 auch] fehlt C — 557 thürn BC — warn C — 558 fahrn C — 561 het] her B — geerdt C — 562 vom C — 566 meerschwein C — 569 gebiergen AB, bergen C — meerwundr C — 570 sahn C — 573 hoh C — 574 sein C — 576 lamb B — 580 schnelle C — 581 geholffen AB — 583 gfider C — 584 Gfristen C.

Cap. 13: 595 in die lufft AB, fehlt C — gestigen ABC — 596 drauff C — 597 also] so C — 598 waß] fehlt C — 599 öberst C — 600 Dran C — kleine C — 601 genanr B — 609 von] fehlt C — 610 gar] fehlt C — 611 warn C — 612 entfahrn C — 614 was C — 615 behůt AB — iren B.

Cap. 14: 617 widr C — 618 wolckn C — 619 schwartzn C — 620 den] fehlt C — 625 himml C — 626 Eynandr C — begunden AB — 629 himelische AB — 631 So] fehlt C — so] also C — erswal B — 635 Weich C — 637 begundt AB — 639 sasse AB — nidr C — 640 gebirg AB — widr C — 642 Die] fehlt ABC — und all C — 644 grossens C — 655 freud C — 656 ungescheid C — 657 ungefell AB, unfall C — 660 Auch C — 663 menschen kind C — 664 mehr jetzt find C — 667 beschien C — 668 jhn C — 669 exempl C — behalten AB — 671 geberen AB, geben C — 672 geschlecht AB — 675 wölln C — 677 eim C — 678 alln C — 679 angesicht AB — 681 einander ABC — do] fehlt C — 683 weirrauch C — 685 angesicht AB — 686 im C — 689 gemein AB — 690 gebett euch angenem AB — 691 trähr C — 692 gebt C — 693 genedig ABC — 695 gschecht solln bringn C — 696 gar nider C — 699 solche C — 702 Ungeschürtzt AB — 703 euwr C — 704 ebn C — 705 eweren AB, ewrn C — werffts C — zu stund ABC — 708 dise] die AB — 710 werdn C — 712 gelert AB.

Cap. 15: 713 Do] fehlt AB, Die C — 715 bdachten C — 716 sie] fehlt C — 798 sich] bald C — 719 sagt AB — O du C — 721 geben

ABC — eyn] fehlt C — 724 gebeyn AB — 725 wölln C — 726 werffn
C — 729 grahten C — 730 verhülln solten C — 731 ungeschürtztem C
— gewandt ABC — gewunnen AB — 737 herte C — 743 geschach AB
— Dergleich AB — 748 gon] lon B — 749 menschlich C — 750 stein
C — 755 gschlecht C — 756 Jetzt C — 757 auch] fehlt C — 758 an-
gfangen C — 759 maß B — 761 gewürm AB — 766 geschicht AB —
767 außlauffn C — 768 widr C — 771 überiger B — 772 gegenander
AB — 775 d] die ABC.

2. figur: 1 Phiton A, Phithon B.

Cap. 16: 779 da es die sonn gebrütet C — 780 gewan AB — 781
Deren AB — 784 disen] l. diser? — 786 war so ungehewer AB — 789
Grossn C — 790 bstreiten C — 793 alls C — gemeynglich AB, gmei-
niglich C — 795 disen] den C — 796 den] fehlt C — 801 sein C —
802 So fast nie vor C — 804 gedocht AB — 806 geschos AB — ge-
schwind AB — 808 seiner AB — 809 angesiget AB, angesigt C — 811
geschicht AB — 814 gfild AB — 815 Solches C — 817 gedechtnis AB
— 823 wol in solchem C — 824; zamme AB, zsammen C — 825 alln
C — 826 dar] fehlt C — 827 ehrn C — 828 mehrn C — 829 grosser
freud C — 830 auch] fehlt C — 838 nicht C — 839 braucht AB —
840 in dem] inn AB — 842 gepriesen AB.

Cap. 17: 844 angesiget AB — 845 ungeschicht AB — 846 Cup-
pido A — Cupidinem Veneris sohn C — 847 seim C — 848 Drab C —
849 genant AB — 851 deren AB — lieb C — gewan ABC — 852 zu-
vor AB, vor C — 857 tragn C — 858 sagn C — 859 bogn C — 860
auffgezogn C — 862 gewopnet AB — 863 pfeiln C — 864 ereiln C —
866 geschos AB — 869 semlich] solch C — geschos ABC — 875 du]
fehlt C — brennen ABC — 876 liebe fewer AB, liebfeuwer C.

Cap. 18: 877 grimmen C — 879 deins C — geschos ABC — ge-
schwind B — 884 ungesundt AB — 886 Gewalt AB — 888 gebott AB
— gewaltiglich AB — 890 gefider AB — 894 bleiene AB — 898 ge-
scherpffet AB — 905 bleyene AB, bleyne C — 907 all C — 908 sol-
cher C — 909 anblicken C — 910 ongefehr C — schickn C — 914 ge-
wachsen AB — 919 lebn C — 920 nicht gebn C — 922 meyner AB —
923 Und] fehlt C — 924 manns C — 925 jagens] geigens AB — 927
begeren AB — 929 gestalt AB — 930 behalt AB.

Cap. 19: 940 freudig C — 941 schöns C — 942 seidn C — ge-
weben AB — 943 ferne A — 948 rosenfarb C — 949 und] fehlt ABC
— wolgeschickt AB — 950 als]· fehlt ABC — 955 magte nach C —
957 in ward] fehlt AB, ward C — gewar ABC — 960 verschmiegn C
— 970 sag B — 974 ihm C — 976 Einer ABC — taub C — fah C —
977 nach zu jagn C — 978 getragn C — 980 begegne ABC — unfäll
C — 982 Dopfne AB — 992 zu bawen führt C; Bartsch ändert: jâ bin
ich kein gebûre (oder: ich bin twerc noch gebûre) noch hirte unge-
hûre, der bûwet daz gerûte — 994 gantz AB — 998 andern C — sün-

der AB, sonder C — stoth C — 1003 verwundt C — 1005 gewunt **AB**
— 1007 wurtzeln C.

Cap. 20: 1014 wånglein C — 1015 vermischt C — 1016 außerkorn
C — 1019 noch] fehlt C — 1020 magt C — 1022 junckfrawen AB —
1023 geschicht AB — 1024 tröstlich] wohl statt türstecliche (Bartsch)
— geloffen AB — 1025 nah C — 1026 fahn C — 1030 oder ABC — gfangn
C — 1035 näht C — 1036 weht C — 1044 gewel AB, gewåll C — 1045
geschwind AB — 1049 gestalt ABC — 1052 gebet AB — gehört ABC
— zhandt C — 1053 gantzer krafft C — 1054 hafft C — 1057 eyner
ABC — 1060 behendt B — 1061 weissn C — 1062 fingr C — zerlegten
ABC — 1063 gewunnen AB — 1066 gar] fehlt C — gespüret ABC —
1067 gestalt AB — 1069 Rausdringt C — 1070 thut lorbern C.

Cap. 21: 1076 tugentreich B — 1079 Den C — liebt C — **1080**
Phebus und auß C — 1083 scheuht C — 1084 geflissn C — 1085 er-
wehrn C — 1086 kehrn C — 1088 Jhener AB — ewigklich AB — 1089
im wald geh C — 1090 dein C — 1093 wölln C — 1098 eyn A — ge-
macht AB — 1099 tragn C — 1100 erjagn C — 1102 solches C —
1103 seinr C — 1104 sein C — 1105 seine B — güpffl C — 1106 Son-
sten mocht C.

3. figur: Inachus] Peneus ABC — 7 zanckket AB — 8 Im C.

Cap. 22: 1109 bschliessen ABC — 1112 schaumet AB — 1116 be-
hausung AB — 1119 ungefell AB — 1124 gflossen C — behend ABC —
1128 gflossen C — 1131 gemeyn AB — 1134 Bartsch schreibt: daz imz
der jåmer benam — 1135 verlorn C — 1136 wolgeborn C — 1139 Ob
sie lebet oder wer todt — 1140 Inachus] Peneus ABC — 1141 zåher]
höher ABC; Bartsch liest: weinen daz då vlöz — 1143 darnach] lies
davor? — solchs C — geschach ABC — 1156 gestalt AB — 1160 all C
— gewalt ABC — 1161 hichel B — wegn C — 1162 erregn C — 1163
donners C — gewaltig AB — 1165 solchs geredt C — 1167 ziehn C —
— 1168 bgert C — 1171 geschach AB — 1173 solches C — 1175 be-
decket AB — 1178 solch] den C — 1179 gemacht ABC — 1183 ge-
wohn C — 1184 nachgohn C — 1185 vom C — herab AB, rab C — 1187
verschwindn C — 1188 thet findn C — 1189 gewar AB — 1192 ge-
stalt AB — 1199 erd C — 1200 Diß als Juno hat vernommen C —
1204 weibs AB — 1206 geweren AB — 1213 wehrn C — 1214 begern
C — 1215 andrem AB — 1221 bedrug AB, btrug C — grosse C —
1224 beschirmet AB.

Cap. 23: 1228 solches C — 1233 Dern C — 1234 güt] fehlt C —
1240 beschlossen AB — 1147 Trunck C — 1248 führts berg auff C —
1251 erden AB, erdt C — 1253 angerüfft AB — 1257 klagn C — 1258
tragn C — 1263 gespilt AB — 1265 Da sabs C — 1269 Eebarmbt A.

Cap. 24: 1279 sondern C — 1281 Inachus] Peneus ABC — 1286
ihrm C — gesagt ABC — 1287 erzahln C — 1288 zület AB, zuletzt C
— falln C — 1293 spehn C — 1294 ein J] inn ABC — 1299 verlorn C
— 1300 geborn C — 1301 sehn C — 1302 immer) je C — geschehen

AB, geschehn C — 1305 menschlichr C — 1306 wegr C — 1307 möchst
C — 1310 brindt B — 1311 eyner AB — hoffnug A — 1313 gestalt AB
— 1814 viehs C — gewalt ABC — 1323 solches C — 1330 keinem C.

Cap. 25: 1331 fast] fehlt C — 1332 die] der C — 1335 schön jung
C — 1337 krauts C — 1339 geboren AB, geborn C — 1341 sagn C —
1342 erschlagn C — 1343 bereyt ABC — zhandt C — 1344 wolgerůst
AB — 1346 er] man C — 1350 zgegen C — 1356 sein] fehlt C — 1359
neuwe C — ůst B — 1362 sihe AB — 1363 yttzund A, itzund B, jetzt
C — 3164 mögn C — 1367 setzt C — 1371 schlaff C — kam A —
1378 solches C.

Cap. 26: 1879 begier ABC — 3180 Der gestalt AB — 1382 Ha-
madryas C — 1383 waldfein C — 1385 außerlesn C — 1386 wesn C —
1387 griff C — zuhanden AB — 1388 gewild AB — 1389 gantz] fehlt
C — 1390 so] fehlt C — 1396 in den wald gieng jagen C — 1398 ge-
macht C — die ABC — 1406 nach gesunnen AB — 1411 schleichn C
— 1412 weichn C — 1419 geschach AB — 1422 Schnaufft C — athem
C — 1427 thont C — 1428 gelohnt C — 1431 aus AB — entsprungn
C — 1432 jungn C.

Cap. 27: 1436 beschlossen AB — 1439 vergewisset AB, vergwis-
sert C — 1445 schrofn C — 1446 ersofn C — 1447 außlascht C —
1458 Wan A, Wenn C — 1465 Biß das sie A — 1466 genant AB —
1471 dann C — 1485 kůheutern C — 1487 gewesen AB — schewlich C —
1489 scheulichs C — 1494 eynander AB — 1495 schönr C — gewesen
AB — 1496 Als] Als do AB, Da C — außerlesn C — 1497 geschwecht B.

Cap. 28: 1508 gezieret AB — 1509 gemein AB — 1510 gestalt AB
— 1512 sich sein] er sey C — 1513 sunnen AB — 1514 deß] fehlt AB —
1519 deines vatters C — 1521 solches C — 1525 sollichs B — 1531 ir]
fehlt B — 1534 gedicht AB — 1535 geborn AB — 1540 Aller AB, Allr
C — 1545 gewises AB, gewiß C — 1550 gegn C — 1553 iren AB —
1557 auch] fehlt C — 1558 Gsehen C — 1565 grossn C — 1566 hin]
fehlt C — 1569 pallast C.

Zweites buch.

1. figur: 1 gangn C — 2 empfangn C — 4 gestirn AB — 5 ge-
stalt AB — 8 Seiner AB — mütter ABC — 11 gött C — 12 führn C.

Cap. 1: 1 palast ABC — 3 unterstützt C — 4 glitzt C — 13 ver-
schlossn C — 14 außgegossn C — 15 köstlichste C — 19 man allezeit
C — 20 der] fehlt C — 21 was Tethys C — 22 auch] fehlt AB — 23
Fröhlich do] Teglich sie ABC — 25 mit freud C — 26 die] fehlt C
— 27 Plantzten ir B, Pflantztens C — 28 delphin C — 34 allen sein
ABC — 35 thiern C — 36 und] fehlt C — 40 behausung AB — 44 be-
hausung AB — 45 vatrer A — 46 gemach AB — 47 Gegen sitz AB —
48 smaragd C — gestellet AB — 51 gemalt AB — maij ABC — Frö-
lichs AB, Fröliches C — 53 gestalt AB — 56 gesang AB — praub? —

59 reichem] l. reifem? — 60 angesicht AB — 65 Auffgeschürtzt AB —
68 Angethon ABC — eim C — 70 sam] als C — gefroren AB.

C a p. 2: 74 gewan AB — 81 es nem] nems C — 82 Ich bitt C —
besunder AB — 85 btrogen C — 86 nit] fehlt C — gelogen AB — 97
geseit AB — 101 bgeren C — 102 gweren C — 105 versprechn C —
106 verbrechn C — 110 himelischen AB — 111 wolt C — 112 strassn
C — 113 gewent AB — 128 erkorn C — 124 unbsunnen C — geschwo-
ren AB, geschworn C — 125 steh C — 134 begeren AB — 135 bgeren
C — 136 under AB, unter C — gweren C — 139 gewaltiger AB —
140 fůrt ABC — 141 mûssn C — 145 besteigen AB — 150 schwebet C
— 154 geschwindt AB — 155 Tethys C — 158 ein solche reiß C —
162 eyner ABC — solchen] so C — 165 thu entgegen C — 166 Wil
ich dir ein C — 168 Ment B — 171 wider C — 172 wider C — 177
irrt C — 178 verwirrt C — 181 gefahr AB — 184 gewalt AB — 185
gewalt AB — im weg C — 186 angsiegen C — 191 schern C — 192
begern C — 197 Der schůtz] Der Ehnon AB, Aemon C — hămonischen]
honischen AB, hônischen C (Haemoniosque arcus, Ov. 2, 81) — 198
gegn C — 199 geschweig AB — dingn C — 200 bezwingn C — 202
solcher C — 205 grewlichen toben C — 206 zloben C — 208 ihrm C
— 213 ungeschehn C — 214 sehn C — 215 vetterlich ABC — 216 hertz
C — 217 fürwar C — 218 gewißlich AB — vatrer A — 220 gewiß AB
— 221 köstlichkeit C — 223 sanmentlich A — 228 geschworen AB —
229 gwern C — 230 begern C.

C a p. 3: 283 bat er, er ABC — 234 geweren AB — 237 seiner AB
— 139 achssen C — 240 beschlagen AB — wies C — 242 speycheln
ABC — 243 warn C — geschmit ABC — 244 menschlicher B — 246
sehe AB — 249 aller grôsts C — 250 jetliche B — besunder AB —
253 rosenfarb C — 255 Sondern C — 259 Ja] fehlt C — 260 rausser C
— 261 starck B — 262 Hieß auch C — 265 eyner AB — salb C — 266
allenthalb C — 268 uffgesetzet AB — 281 führn C — 282 schnürn C
— 283 stâts C — 284 So] fehlt C — 285 wogreich B, wegrecht C —
287 jars C — 288 rat C — 289 glegen C — 290 gegn C — 294 Den
C — 295 wagengleiß C — 297 dein C — 298 wagn C — 301 nah C —
zů der A — 302 zheiß C — 304 feuer AB — 308 nach A — 312 sol-
cher C — gestalt ABC — 317 himel ABC — einr C — 320 dann] fehlt
AB — 321 lan C — 322 magst C — 323 den] fehlt C — gestellen AB
— 327 Sein B — 328 gewehret AB — 329 zun hânden C — 330 bald]
fehlt C — 331 Pyroeis C — Aeton AB — 335 vogel geschwind AB —
338 gewůlck AB — zerspieltn C — 342 gewalt AB — 345 gezogen AB —
351 gar] fehlt ABC — 358 sitt AB — 361 ungezimpten AB, ungezâumt
C — 362 gantz] fehlt C.

C a p. 4: 365 siben gestern B, siben gstern C — 366 grund ge-
fallen ABC — 368 Thetis AB — 369 gestirn AB — kůl C — 370 fiel
C — 371 Junoni AB — 372 siben gestirn AB — 379 stern C — thu
C — 381 himel gelegen A — 382 Und] fehlt ABC — 384 geschah AB

— 387 webeten AB, webten C — 389 gesicht AB — 393 Sahe AB —
394 gefarn ABC — 398 abgeschlagen AB — 400 wagn C — gefürt
ABC — 402 Zum ABC — 411 geschwoln AB — 413 angesicht AB —
bleichfarb C — 415 gefroren AB, gefrorn C — 417 ihr C — leiten] ABC
— 418 beydn C — 419 springen AB — 420 ohrn C — gestraupten AB
— 425 steigens AB — 428 Die] Der ABC — eyn solchen AB — gwar
C — 430 So nah] l. Näher? Oder ist v. 431 zu ändern: Vil neher
dann sie selbst, die mon?

Cap. 5, überschrift: ungeruembten AB, ungeschickten C — 432
Phaetontis C — 440 brunnen] l. bnummen? — 447 welcher] der C —
449 fewer C — 451 welchen ABC — 452 eim C — fewer ABC — 454
beyden AB, beyde C — 455 Welches C — groß ABC — überauß C —
456 brannten C — 457 über auß AB — Cancasus AB — 459 Cynthus
C — darzů] und C — der Erix ABC — 462 beyden AB, beyd C —
Henus AB, Aemus C — 463 tieffe C — 466 fewer AB — 470 im C —
471 gar] gtntz B, fehlt C — 473 gieng] ghen AB (l. Zoch er?) —
478 gesicht ABC — sah C — 483 solch grosse hitz — 484 geblůt] ge-
můt ABC — 487 kleine C — 489 bleibt ABC — 492 unbewohnt C —
494 Weil C — drinn C — 496 schawn C — 497 wasserfrawn C — 501
großmächtigr C — 504 Würdens AB — 506 klein C — 507 druckn C —
509 gewan AB — 513 Ißmenus AB — 514 hin C — 515 starck und]
fehlt C — gewaltig ABC — 518 gemeyn ABC — 520 und auch AB —
521 Und auch AB — 524 scheidn C — 525 beydn C — 526 Menander
AB, Mónander C — 528 seim C — 529 Das ABC — versunckn C — 533
Cancus ABC — 534 Cromaneus ABC (fehlt bei Ovid) — 535 Dergleichn
C — 536 die ABC — irn C — 538 fliegn C — 539 dise] die ABC —
540 auch] fehlt AB — 541 der] fehlt AB — 543 Tages ABC — 544
Welchs ABC — 548 Xantes AB — 549 würdig C — gepreußt AB,
gpreißt C — 558 gewar AB — 560 wurdn C — 561 zmal C.

Cap. 6: 562 gewan AB — 563 schien C — gewalt AB — 564 könig
AB — Der hellen könig erwacht C — 570 vor C — 571 stundn — 572
nunder C — 573 manch C — 577 wassers sand C — 584 verdorrt C —
585 ingeschnorrt C — 586 allm C — gewechs AB — 587 wassr C —
589 alls C — gesoffen AB — 591 deßgleich ABC — 594 beschuldt AB
— 599 Schicket C — 600 allenthalben ABC — entzündn C — 601 em-
binden B, entbindn C — 605 solch ABC — und] oder C — 608 aschen
C — 612 gedenck AB — 616 ich] fehlt C — 617 mögn C — 618 ge-
tragen AB — 620 beschuldet AB — 621 gethon AB — 622 brinnt C
— 623 zerrinnt C — 624 gefallen AB, gefalln C — 625 alln C — 629
bedencke AB — 630 mag C — 634 Unternander C — 635 zeiten ABC
— 640 er also auff B — 642 Deß los A — 648 gethon AB — 650 nim-
mer AB, nimmr C.

Cap. 7, überschrift: pferde C — 656 welcher] der C — 657 mußt
AB — 658 gefiel AB — götten AB, gött C — 661 damol A, damals
C — 662 Donner und plitz C — er] fehlt B — 663 kein C — 664 die

erd C — 665 gewülck AB — 667 plitzes C — 669 Beyde] fehlt C —
und auch C — 670 So nam ein end C — 672 ungestüm AB — 679
speicheln ABC — 687 fiel herab AB, fiel rab C — den] fehlt C —
— 688 Inn den ABC — italisch C — 690 z C — 692 ehe ABC — ge-
melten AB — 693 sargk] grab C — 696 all meniklich AB, jeder mensch
C — 697 geschrifft AB — waren AB — griechisch C — 701 rumb C
— füren ABC — zweiffel B — 704 gewesen AB.

    Cap. 8: 705 geschicht BC — 706 schertzlichs C — 707 klagn C
— 708 thet er sagn C — 709 gewonlich AB — 711 bedeckt] 1. bedeck?
— 721 behendt AB — 723 zuletst AB — 727 Darzu] Auch C — 728
grossn C — 731 buchstabn C — 742 geschach AB — 743 eim C —
744 ir bein wuchsen C — 747 hinzu C — behendt ABC — 748 ir AB
— 749 Verwant C — starcki A — 751 herzu C — 752 Und] fehlt C
— 753 es] er B — 755 tôchter C — 757 Zu C — 758 warn C — 760
bedrûbt A, betrûbt BC — do] fehlt C — 766 Ehe ABC — 767 bringn
C — 768 gewalt AB — zwingn C — 772 besprengt AB — 779 ge-
sprochen AB — 780 iren AB — 782 gemeyn AB — 784 Eyn] fehlt C
— 786 Gantz] fehlt C — bebendiklich ABC — 788 behend AB —
789 gestalt AB.

    Cap. 9: 793 Zygnus AB — eyn] fehlt C — kônig ABC — 794
kônig AB — Gantz reich, mâchtig, darzu auch schôn C — 797 kümmer
A — 799 gewachsen AB — 803 gebarn C — 804 warn C — 805 ge-
wachsen ABC — 711 Welche ABC — 820 auch C — 821 1. vettr?

    Cap. 10: 829 Darumb AB — 839 mühe AB — 840 gethon AB,
gethan C — 841 gemeynlich ABC — 842 geteilt ABC — glich BC —
852 solches C — 855 solche gefar A — 862 solches C.

    Cap. 11: 863 gemeyn AB — 867 klagn C — 868 wagn C — 869
fûhrn C — 873 gethon C — 878 gefert AB, fährt C — 883 Als C —
884 wagn C — 886 besah AB — 887 gethon AB — 890 beschawet AB
— 891 er zûlest A, er zuletst B, daß er C — 893 gebot AB — 894 sie
solten herfûr C — 895 sein C — 896 brunquellen C — 899 gewechs
AB — Alles gewechß grünet wider C — 908 Ungeflochten ABC —
912 auff dem] 1. in das? — 913 pfeiln C — 914 eiln C — 918 sie es
AB — irem AB — 919 geschefft A — 921 Diana C.

    2. figur: 1 geschwecht — Calisto Jupiter hie schwecht C — 2
Welche Diana gantz C — 5 gestirn AB — 6 raben C — 7 Palladis C
— 8 krâh C.

    Cap. 12: 927 schmettzen A — 935 gegn C — 943 Und] fehlt C —
944 Darzů] Und C — 945 eins — brunnen C — 946 irn C — 958 ziehet
C — 959 erspehn C — 960 im C — 961 wôlln C — badn C — 962
erkûln C — 963 jungfrawen AB — 964 bebend AB — 965 stundn C —
966 brunn C — 967 blieb AB, außblieb C — 968 lieb AB, lib C —
969 gemeyner AB — 971 gewalt AB — 977 beydn C — 978 alln C —
980 diß] die C — geselschafft AB — 981 wassr C — 982 gnommen C
— 985 mir] wir C — 988 gespielen C — 989 klagt ir jungfrâwliche C.

Cap. 13, überschrift: genäßt C — 992 geborn AB — 994 sie es AB — 995 zur C — bedrüpten AB — 997 deim C — 998 gnäsen C — 1000 blangen C — 1001 entziehn C — 1003 keyner AB — mein, auch kein C — 1005 geredt AB — 1007 zur C — 1008 gberden C — 1011 freßamlich ABC — 1015 verwendt C — 1016 angesicht BA — endt C — 1017 geschah AB — 1022 bedecket AB — 1026 June AB — göttin Junonis C.

Cap. 14, überschrift: angangen] außgangen ABC — solchem fürzukommen C — 1037 auch] fehlt C — 1038 manchen C — 1039 lebn C — 1040 do] fehlt C — 1042 gejeygt ABC — 1045 gar] fehlt C — 1046 gleichen ABC — 1047 auch] fehlt C — d] die ABC — 1050 genent AB — 1052 Jetzundt C — funffzehen ABC — 1056 ungeschicht AB — 1063 zulassn C — 1064 strassn C — 1065 sieben gestern AB.

Cap. 15: 1070 solche AB — 1071 zügestanden AB — 1074 Thetis AB — 1081 eheman ABC — 1082 ehe ABC — 1083 gelegt AB — 1086 gesetzt AB — 1093 mechstigst AB — 1097 gestrafft ABC — 1098 gestalt AB — 1104 einr C — gewaltigen AB, gwaltigen C — 1105 Sehet C — glich BC — 1107 eynem AB — 1109 nemen AB, nemmen C — zum weib C — 1110 in AB — 1115 wendet C — 1116 lasset C — 1117 sibengestirn AB — 1121 gestrebt AB — 1124 stirn AB — 1127 Thetis AB — 1130 iren AB — 1131 gefider AB — 1132 besetzet AB — 1133 im leib C — waren gestanden AB — 1134 Mercuri C.

Cap. 16: 1139 hand] fehlt C — 1140 Woher schwartz dem rab sey kommen C — 1143 angenem AB — 1144 gehas ABC — 1146 gewan AB — 1151 wehlt C — 1152 gesellt C — 1159 floch C — 1160 kroe A, krö B, kröh C — 1161 gesell AB — 1162 ein solchen C — 1163 vermeldn C — 1164 entgeltn C — 1165 vertragn C — 1166 sagn C — 1176 ewig B, erweg C.

Cap. 17, überschrift: Palladis C — schwätzmann C — 1179 Pallas A — 1180 geboren AB — 1184 gebots AB — waltn C — 1185 besehn C — 1186 erspehn C — 1191 wolt C — 1192 ladn C — 1193 gebott AB — 1197 wos A — 1199 Und] fehlt C — oder ABC — 1201 gesagt AB — 1205 geschwind AB — 1206 geschicht AB — 1207 meynt C — 1208 btrüben C — 1213 seyn C — 1214 schreyn C — 1217 fragn C — 1218 sagn C.

Cap. 18, überschrift: kroen AB, kröben C — 1225 schöne C — 1227 gestaden AB — landt C — 1231 gewaltiger AB — 1235 geschwinde AB — 1236 zfliehen gerüst B — 1239 so C — 1240 mögen B, mögn C — 1245 gegn C — 1246 gewent AB — 1247 gedeckt AB — 1248 schwere C — 1249 gewand AB — 1251 meim C — 1252 gefider AB — 1256 gefider AB — 1258 Palladi AB — 1262 geschach AB — 1263 Demnach do AB — 1266 eine nachteul C — 1268 Gewiß AB — 1271 auß AB.

Cap. 19, überschrift: Coronide AB — 1278 gelungen AB — 1279 auch] fehlt AB — 1281 behend AB — 1284 hochgeliepte ABC — 1291 auffgezogen AB — 1292 auffgezogen AB — schnel ABC — 1296 ver-

wundte C — 1301 gnesen C — 1302 mein todt wer — gwesen C —
1303 gerochen AB — 1306 beyd C — 1308 beschliessen AB — 1311
lâbn C — 1312 rabn C — 1319 bogn C — 1320 zogn C — 1322 ge-
schwinden AB — 1323 funden C — 1324 tieff C — 1326 artznei **AB**
— 1329 bereyt AB — 1330 gewonheyt AB — 1334 solchem geschicht
C — 1343 ernehrn C — 1344 môget C — 1348 gestalt AB.

Ca p. 20: 1351 auffbringn C — 1352 dingn C — 1359 genaß C —
1360 Ocyroen A, Ocyron B, Ocyrhoen C — geheyssen ABC — 1368
Noch] fehlt C — 1369 ergebn C — 1370 lebn C — 1375 doch dein A,
er doch dein B, dein rechter C — 1379 geschach es AB, geschachs C
— 1383 manch tausent] gar viel C — 1384 gesundtheyt AB — gebn C
1386 vatter was hûlffet C — 1389 offt würst wünschn C — 1395 sem-
liche] nun solche C — 1397 irn C — 1398 wangn C — 1401 Mensch-
lich C — gestalt ABC — 1403 gsprechen C — 1404 wólln C — 1405
gewalt AB — 1409 rauffn C — 1410 lauffn C —· 1411 werde C — 1413
grôsser C — 1423 rûhelt] schrye C — 1425 Drauß C — 1433 golt falb
A — 1434 eynem ABC.

Ca p. 21: 1446 gebirg AB — 1448 lust er auff ABC — eyner] der
C — 1449 das vieh] der feuch AB — 1450 gieng hie on sonder hut C
— 1453 erblickt C — 1451 schickt C — 1455 geiß C — 1456 hin] fehlt
C — 1461 Der C — warnam] kundt war C — 1462 ungeschicht AB —
kam dar C — 1463 wincket AB — 1467 sahst C — 1468 Damit laß
es C — 1477 gestalt AB — 1485 gestolen AB — 1488 gestalt AB —
1491 sehn C — 1493 eyner AB — Dahin triebs einer C — 1494 gesto-
len ABC — disen] den C — 1497 geschehen ABC — 1504 allen C —
meniglich AB, menschen C — 1507 genant AB — 1508 draussen C.

Ca p. 22: 1517 hôhe AB — 1518 Viler jungfrawen AB — 1521 ge-
zieret AB — 1522 hôhe AB — 1524 Palladis C — 1527 hunden ABC —
1530 liebe C — 1531 gesicht AB — 1535 dise] die ABC — jungfrauwe
C — 1540 jungfrawen ABC — 1542 Jovi AB — 1545 Und] Wie C —
wie] fehlt C — eyn blei ABC — 1551 ehe ABC.

Ca p. 23: 1564 schôuer A — 1565 eyner ABC — 1566 gewlbt A,
gewelbt B — gesteyn ABC — 1567 gemacht ABC — 1570 wohnt C —
1571 under AB, unter C — 1580 sagn C — 1581 tragn C — 1582
Meins C — gebott ABC — 1586 deiner AB — 1587 Earumb A — 1606
beschluß AB, bschloß C — 1607 bescheydts ABC.

Ca p. 24: 1619 Vom C — 1640 ires ABC — 1641 frevenlich C —
1646 Denn] fehlt ABC — ware C — 1649 gesicht AB — 1652 schlangn
C — 1653 gegangn C — 1654 geseufftzet ABC — und von haß C —
1655 Das sehen AB — mûßt C — 1657 gewapnet AB — 1661 All C —
seiner AB — eingeschnorren C — 1670 leiden] lies kummer? — 1678
zu nacht zu tag C — auf 1680 folgt in C: Diß ist die beschreibung
des Neidts.

Ca p. 25: 1681 beger ABC — 1682 meiner bitt C — 1701 Dann]
fehlt ABC — 1710 bereiten thet zhandt C — 1711 bestreych ABC —

1735 die] der C — 1737 zů hab gesagt AB, zugesagt C — 1739 gestat
ABC — 1740 beschluß AB — 1743 vertreibe C — 1745 gesprochen AB,
gsprochn C — 1746 ungerochn C — 1754 angesicht AB — 1755 waren
AB — 1756 feuerflam AB — 1757 irn C — 1758 alls gåder leitet C —
1759 alln C — 1760 wildn C — 1764 blieb C — 1765 gsicht C — 1768
ein] fehlt AB, zum C — 1769 den AB, dann C — gesprengt AB —
1770 gemengt AB.

C a p. 26, überschrift: Cretani A — 1779 gebot ABC — 1781 Drumb
C — 1785 liechtend AB — 1786 Welcher C — gestirn ABC — 1788
Viehs C — 1789 meers C — gestadt A — 1791 geschbach ABC — 1792
behendt ABC — gtrieben C — begert ABC — 1795 kônigs ABC — Tyro
C — 1796 meers C — gestadt ABC — 1799 irn C — 1800 meers ABC
1802 meers C — gestadt C — 1803 Welches C — 1804 habt C — 1807
Welcher C — 1809 tonner C — 1810 gewalt AB — 1812 gewalt ABC
— 1815 eins C — gestaldt ABC — 1826 gewan ABC — 1827 gestalt
AB — 1841 die ABC — 1842 kônigen ABC — 1846 gehôrn AB — 1855
gestadt AB — 1858 gemachsamen ABC — 1863 gedenckn C — 1864
ertrenckn C — 1866 iren ABC — 1867 verloren ABC — 1868 hôrnen
ABC — 1870 kônigklich ABC — gewandt AB — 1871 weht C —
1874 junckfrawen AB, jungfrauwen C.

Drittes buch.

1. f i g u r: 1 schwester ABC — 2 geselschafft ABC — 3 seinen
AB — gsellen C — 6 Aeteon AB.

C a p. 1: 3 Sehn C — gestalt ABC — 7 könig AB — Kônig Age-
nor C — 15 all C — königreich ABC — 16 liebst ABC — 22 geseyt
ABC — 23 verholn C — 42 gestoln C — 27 Seiner AB — 28 steigen
C — 42 ruh C — 45 Battia AB, Boetia C — 51 zustundt C — 52 ehe
ABC — 56 nach ABC — 60 gehôrn AB — 61 sie] fehlt AB — 64
eyner ABC.

C a p. 2: 78 sein AB, seinen C — 80 gesind ABC — 82 randnote:
Boetie ABC — 88 ferrn C — 113 geschwind ABC — 114 fremb A —
124 gestanck ABC.

C a p. 3, überschrift: den] dem ABC — leigen AB — 129 seiner
ABC — gesellen B, gselln C — gewart AB — 134 gesellen ABC —
144 seinen AB — gesellen AB — 149 gesellen AB — 150 lebn C —
151 begebn C — rechnen AB, rechen C — hândt C — 153 serpent C —
156 Im C — 160 semlichen AB, ein solchen C — 168 nit eyn AB, kein C.

C a p. 4: 172 geschwint ABC — 175 Den AB — 176 wendn C —
177 lendn C — 179 gewinnen AB — 184 sein C — 186 geschwollen AB,
geschwolln C — 187 lies Des schwartzen blůts? — die ABC — 195 be-
hend ABC — 196 gestalt AB — 198 Jetzt C — 202 behender ABC —
204 steuert ABC — 208 gestad ABC — 212 angezogen ABC — 214
entgegen C — 215 schlegn C — 219 entkunt AB (lies enkunt), so
kundt C — 229 gefellet AB.

C a p. 5: 231 bsah A, sah B — 235 redt AB — 238 ehe ABC —
239 anderst C — 249 in AB (lies das?), fehlt C — zuletzt C — 256
gar] fehlt AB — 258 versuchn C — 259 trechen C — 263 enden sich
regen C — 269 gemolten AB, gemahlten C — 276 iren AB — 279
warn C — gewachssen ABC — 284 gerüst gegen ABC — 287 kurtzen
C — 288 ehe ABC — 289 zuckt C — 297 wider ABC — 298 behend
ABC — 300 gemeyner ABC — 301 under nander AB — 302 irer C —
stohn ABC — 303 Einr unter C — 312 angefangen ABC — 315 ge-
wan AB.

C a p. 6, überschrift: den jungen AB — 317 gewan ABC — 318
unbekanter ABC — frind] find AB, fünd C — 319 gewan ABC — schön
C — 324 geschach AB — 327 gejådt AB, gejägt C — 330 gantz] fehlt
C — 331 sein hundn C — 332 sagn C — 333 jagn C — 334 gelegn C —
335 pflegn C — 336 will] 1. wil (weil)? — 338 gefangn C — 339 gangn
C — 348 gesellen ABC — 349 genug AB — 350 gemüter AB — 351
gefangen AB — 353 genetzet AB, genetzt C — 354 Deßgleichn C —
geeren] garn C — 355 wölln C — jetz] fehlt C — 356 auffhebn C —
357 lebn C.

C a p. 7: 364 da undn C — 365 stundn C — 366 grüen AB — 371
beschattet ABC — 382 iren ABC — jungfrauwn allsamen C — 384 hålig
C — 385 gefaren ABC — 390 bogn C — 391 außgezogn C — 395 ires
diensts C — 398 wolgestalt ABC — 401 dergleich C — 402 behend ABC
— 404 wuschn C — 405 ampts C — 406 erkűln C — 407 erwűln C.

2. f i g u r: gewint ABC — gestaldt AB — 5 gehaß ABC — 6 ir]
im C.

C a p. 8, überschrift: ununfelligen A — sprentz A, spritzt C — 412
ungeschicht ABC — 415 iren ABC — 416 gewar AB — 418 schrien C
— unter ABC — 424 möchtn bedeckn C — 425 außreckn C — 427 un-
ter inen im gedreng C — 430 wunderlich AB — 438 spritzet C — 440
gesehen ABC — 441 iren ABC — 442 diesen ABC.

C a p. 9: 446 gestalt AB — 455 geschwind AB — 458 sein ABC —
461 gestalt AB — 470 zu ABC — 480 geschwind AB — 483 zusammen
C — 486 auch der P. ABC — 487 kuppelgesell ABC — 489 geschmack
ABC — 494 Hylactor C — 496 schwartze ABC — 497 starck AB —
498 Melanchedes AB, Melanchätes C — her] doher AB, daher C — 499
Nebrophronos AB, Nebrophrones C — 501 Zene AB, Zeene C (l. Lycisce
nach Ov. 3, 220) — 503 flecket ABC — 506 langsettig C — 507 hoch-
beynig ABC — Aglaodes AB, Aglaodos C (l. Agriodus nach Ov. 3, 224)
— 512 Harpya AB — 517 vom bogen C — 518 der Melaneus weiß C
— 523 geschlagen ABC — 525 Conache AB (Ov. 3, 217 Canace) — 527
Theridanus AB — 528 fuchs ABC — 541 gejaget AB, gejagt C — 543
ihn C — 545 irn C — 549 bgierden C — 552 zugeloffen AB, ange-
lauffen C — 554 erstlich ABC — einr C — 555 arme C.

C a p. 10: 589 irn C — 562 knie C — 563 auch] fehlt ABC —
mit gantz C — 564 Gegn C — gesellen ABC — 565 Einem C — glich

C — 569 über ABC — 570 gemeiner ABC — 571 Herren AB — 575
gemeiniglich C — 579 Solch AB — 582 Von dem wolt sie nicht ab-
lassen C — 583 eygene C.

C a p. 11, überschrift: Acteone AB — die] sie C — rechen C —
591 geschicht ABC — 595 gescholten ABC — 599 gestatten ABC —
603 solches C — 605 bekümert AB, bekümmert C — 608 gesagt ABC
— 610 Verfellt C — gesagt C — 612 geschlecht C — 613 eins C —
gewar ABC — 617 ehelich C — 619 fluchn C — 620 geholfen ABC —
624 gemahl C — 628 ehebruch ABC — 634 Ehe ABC — 636 gereht C
— 638 ein solchen list C.

C a p. 12: 640 eim C — 642 ehe ABC — 643 gestalt AB — 645
angesicht AB — 647 stirn C — 648 steckn C — 650 gantz] gar C —
652 genant ABC — 657 Zulest AB, Zuletzt C — lüstig AB, lustig C
— 658 gewiß ABC — 659 geschebe AB, gescheh C — bedrügnis AB,
betrügniß C — 668 behelt ABC — 669 gestalt ABC — er] ar A —
674 gestalt ABC.

C a p. 13, überschrift: Junoni AB — 683 gericht ABC — 690 irem
ABC — begern C — 691 bitt C — 692 gelobt ABC — 693 beschlos
ABC — 695 geweren ABC — 699 solches C — 702 beschloffen AB, be-
schlassen C — 708 ehe ABC — vollend C — 712 solt ABC — 713
widerbott] widerholt ABC — 716 thet] fehlt ABC — 719 gewaltig AB
— 721 geschwint AB — 726 Diewell A — 733 gewalt ABC — 734
plag AB — 744 Welchr C — gewesen AB, gewesn C — 745 gelesn C
— 755 fewres AB, feuwers C — 760 Beyds C — 767 sie es ABC —
771 eynem AB — 772 Welchr C.

C a p. 14, überschrift: Tiresiam] Tiresia AB — 782 Under AB,
Unter C — 784 beger ABC — 785 gelüsten ABC — tteff C — 786
gelüst ABC — 796 schlagen AC — 798 on gefar AB, ongefehr C —
800 zum C — 801 gantz siben C — 803 in das ABC — also im bleyb
AB, im bleib C — 810 thuts C — 811 er ABC — 818 begir ABC —
824 Tiresanum AB — 825 geschwind AB — 831 im nachgehens C —
835 gemeynlichen AB, gemeinlich C — 839 Gewißlich C — geschach ABC.

3. f i g u r: 3 verirret AB — 4 Gegn C.

C a p. 15: 840 Lariopa AB — genant ABC — 844 wohnet gott C
— 856 gestalt ABC — seh C — 857 keinem C — 860 zuletzt ABC —
862 sechzehen ABC — 866 ihnen AB·

C a p. 16: 885 Ehe C — geschafft AB — 887 begeben ABC — 888
ehe ABC — 889 geschach AB — 897 betriegen AB — 899 btrogen C
— 900 gestrofft A, gestrafft BC — 906 den C — 907 geselschafft ABC
— 918 wardt AB — 920 gewalt ABC.

C a p. 17: 929 geselschafft ABC — 934 gesellen AB — 935 gesellen
AB — 941 als ehr AB — 946 flihe AB, flieh C — 947 flihe A, flibe B,
flieh C — 961 Ehe C — 962 Ehe ABC — 964 ins gbirg C — 965 steckt
C — 970 gestalt ABC — irm C — 972 Narcisse AB — 974 bedencken AB.

C a p. 18, überschrift: unmässiger C — 987 under AB, unter C —

gwertn C — 992 liebet AB — 995 gemein AB — 1005 oder] noch
kein C — 1006 vihe AB — 1012 werdn C — 1013 erdn C — 1015 grüen
AB — 1018 untermengt C — 1019 gesprengt C — 1021 beger ABC —
1029 haus A, hauß B — milchfarb AB — 1041 meinem gsicht B, seim
gesicht C — 1053 geziert AB.

Cap. 19: 1055 Gewar AB — unbsunnen C — 1056 Meynet C —
1057 gefildt AB — 1061 Do AB — 1064 war er selber C — 1066 be-
gert C — 1070 wolt ers ABC — 1078 gewalt C — hatt ABC — 1081
gestalt AB — 1085 gesehen ABC — 1090 weil C — 1091 solch C —
1093 und tag AB — 1094 gesehen AB, gesehn C — 1095 geschehn C
— 1098 verirrt C — 1099 verwirrt C — 1102 thur A — 1106 sein C —
1107 flieh C — 1109 entfehrt C — 1114 meyner AB — 1116 scheuw C
— 1121 weisse C — thu C — 1122 so] fehlt C — 1123 übst C —
1126 Jetzt sihest C — 1127 Weiß nicht C — 1130 hörn C — 1131 dein
geberd C — betörn C — 1135 solches C — 1137 wegerst C — 1138
bitten oder man C — 1139 Was ich bitt, ist mit mir gentzlich C —
1140 Mir ist mein freud verwandt in leit C — 1141 meiner brechheyt
ABC (statt brödichkeyt könnte man auch blödigkeit oder brechlichkeit
vermuten) — 1142 geschen AB — 1154 Dann lieb gegen eim ding
ich trag C — 1155 Eyn AB — Das mir doch gar nicht C — 1160
Darumb C — gewißlich AB — 1168 gesagt AB — 1170 treibet AB,
trübt C — 1171 sein C.

Cap. 20, überschrift: den] sein C — mocht darüber er erst C —
1188 nander C — 1189 so] fehlt C — 1190 An eim apffel so C —
1193 gestalt AB — 1194 gewar AB — 1196 gantz C — 1198 einem C
— 1199 ist] l. jetzt? — 1202 gwichen C — 1203 rot C — 1206 jetzt C
— 1207 elendts] leidts C — 1212 plewt C — 1213 rewt C — 1216 ge-
than AB — 1223 Won A — und] fehlt C — 1224 sie] fehlt C — 1230
seins AB — 1231 begrabn C — 1232 lieb ABC — habn C — 1238
schönen ABC — jungfrawn C.

Cap. 21, überschrift: weinsgotte AB — solcher ABC — 1244 ge-
seit C — 1248 genant Echon AB — 1256 blindn C — 1257 unterwindn
C — 1260 neuwr C — 1261 Wern C — 1263 bschehen C — 1266 Ehe
ABC — 1272 du] fehlt C — 1273 klein — zrissen C — 1275 deiner
AB — 1278 gewißlich ABC — 1283 weissagt ABC — 1284 weins C
— 1289 Allsamptlich rufften C — 1291 gewesen ABC — 1301 solches
C — 1303 führet ein solchen pracht C — 1307 gefencknis ABC —
— 1309 ziempt C — 1310 wert B — 1316 geboren AB — 1320 seyt C
— 1327 habet C — 1332 nichts AB — 1333 Wol AB — übersicht AB
— 1337 Drauff C — genet AB, geneht C — 1340 solches C — sich]
l. rich? — 1342 wolt C.

Cap. 22, überschrift: zerbissen AB — 1350 knechtn C — 1351
brechtn C — 1352 gfangen C — 1353 sein C — 1354 seim C — 1355
noch] fehlt C — 1359 ungestim AB — 1361 seiner AB — Da man sein
wort gestraffet hett C — 1368 stiegt C — 1369 siegt C — 1370 Wanns

die C — 1371 yetzund ABC — 1373 Baid A — 1375 Sehet C — 1377
soll] fehlt AB — gebn] sein AB — Er soll empfahen widergelt C —
1378 geredt C — sie] fehlt ABC — 1388 Seiner AB — 1404 sein C —
1409 semlichs] solchs C — 1410 jungn C — 1411 sprungn C — auf
1416 folgt in C noch: Wie dies der augenschein jetzt gibt.

Viertes buch.

l. figur: 1 dreien AB — Minei] kann des reimes wegen nicht
in Minye geändert werden — Von Veneri lieb AB, Vom Venere C —
und gott Marte C — 6 gestalt] fehlt C — 7 Salmacis, Hermaphroditus
C — 8 wurden AB — hernohe AB — Ein leib werden gantz überuß
C — 9 die] fehlt C — gstrwet A, gestrwet B, gestraffet C — 10 Ver-
kehrt in fledermäuß geschwindt C.

Cap. 1: 3 nebn C — 4 pflegn C — 7 solch C — feiertagen ABC
— 9 alls C — 10 auch] fehlt C — 11 unverholn C — 12 zaußten die
wolln C — 15 frembs AB — 16 vor langst C — 18 wolln C — 19 ge-
schehn C — 20 trehn C — 28 den C — 30 gemein AB.

Cap. 2: 35 jungfräwlich tugendt C — 36 ir jugendt C — 44 seim
C — geschoß ABC — 45 nah C — 49 gesprech AB — mocht C —
50 bnommen C — 51 und deuten C — 52 alln C — 59 Zu der wandt]
Durch die C — 60 gesprech hetten C — 64 dein gewalt C — 67 zsam-
men C — 68 gnügen C — 71 stilln C — 72 willn C — 76 beumen
C — 82 Welchs C — 83 lieb C — 84 gar] fehlt C — 87 den ort C —
89 falsch AB — 90 schmeichlende C — 91 So C — 92 satten] fehlt C
— eynander ABC — 97 lufft AB — 100 beschattet C — 117 nach C
— 119 her] fehlt C — 120 gar] fehlt C — 123 floh C — 133 kehrt C.

Cap. 3: 149 bezabln C — 150 alln C — 152 hieher C — 158 du
meiner AB, meiner C — 161 kleglich] jetzt C — 162 Ja] fehlt C —
169 gebn C — 170 lebn C — 171 solches C — 172 gebend so vom C
— 174 zun im A — 191 Und] fehlt C — 192 Da thet C — 196 gar
bei] bey nah C — 201 solchem] dem C — 202 Sehn C — 205 geborn
C — 212 erbarmt C — meiner AB — 219 Wols AB — 223 betrübt C
— 224 Thißbem C — 231 Pryame A — 233 hat] fehlt C — 234 Drumb
C — 239 mein C — 240 btrübt C — 243 sein C — gewalt ABC —
244 inn solchem ABC (Ovid 3, 153 poteris nec morte revelli. Vielleicht
ist auch zu lesen: Ich aber was in solchem bund, das ich) — 248
unserer AB, unsere C — 255 solches C — 259 verscheidn C — 260
beydn C — 261 marlberbaums B — wultzel A — 267 irm C — ge-
schach ABC — 269 zsammen C — 270 solln billich mitleidn C —
271 lieb C — 272 lieb C.

Cap. 4: 280 Leucothee AB, Lycothoe C (Ovid 4, 168 hat Leuconoe,
vgl. aber Wickram 4, 373) — 283 sagn C — 284 Phaebus A — ge-
tragn C — 288 Phaebus A — 291 Veneri AB — 306 kam A, kam B
309 Er] fehlt C — 310 Blieb biß C — 315 frawn C — ehebruch C
— schauwn C — 317 verstrickt C — 318 reinem ABC — verwickt C

— 319 gôtter alle da C — 320 zsagen C — 323 gestalt AB — 324
liebes C — gewalt AB — 329 buln C — genummen AB — 330 rum-
men C.

Cap. 5, überschrift: darumb] daß C — 336 sie] sein AB — 339
Schmertzlichen C — magt C — 347 angesicht C — 348 allenthalben AB,
allenthalb C — 352 ander C — 359 entweich C — 360 erbleichn C —
374 Eurimone AB — 375 junckfrawen AB — 377 schon AB — 378
rraff A — weiber AB — 379 tôchter AB — 383 word A — 386 zu AB.

Cap. 6, überschrift: Eurimone AB, Eurynomes C — Leucothoes C
— welwe er schwewt A — 387 liechten C — 388 bdunckt C — 395 sei-
ner AB — 396 gestalt AB — 397 verwildt C — 398 lieb AB — ver-
bildt C — 399 Eurimone AB — 400 Leucathoe AB — 403 junckfra-
wen ABC — bey ir] fehlt C — 404 irn C — 409 gemein AB — 410
meiner AB — 423 jungfrauwn C — 424 liebre C — schauwn C — 427
füssn C — 428 Phôbus sich verwandelt C — 430 erltuchtet C.

Cap. 7, überschrift: Clytie C — 439 gschwecht AB, geschwächt C
— 443 zugangn C — 444 umbfangn C — 445 verjehn C — 446 willn C —
geschehen AB, geschehn C — 448 irm C — gestroffet AB, gestraffet C
— 451 seiner AB, der C — durchschien B — 452 zergieng C — 455
Drinn C — 456 ghaben C — 465 lang A — 466 Jetzundt C — gewalt
ABC — 468 bsprenget AB — 471 bgraben C — 472 So] fehlt C —
473 rauch] l. ruch? — 474 richen AB — 479 Welch C — 480 Den]
fehlt C — 482 Opffern C — gemeiner C — 484 nach AB.

Cap. 8, überschrift: senetlich] fehlt C — 487 Clytie C — 490
Drumb C — gemeldet C — 493 vergrabn C — 494 habn C — 507
witzen wan ABC — 509 ir C — 510 bgunden C — 511 Wuchsn C —
512 Clytie C — bald] fehlt C — randnote: Glirie AB — 514 farb AB
— 518 blume. C — 519 Und] fehlt C — 520 sinckt C — blûm A.

Cap. 9: 529 allsam C — 530 drunter C — 536 yn] ye AB — 539
new geschicht C — 551 euch] fehlt C — 552 waldfein C — 557 also]
fehlt C — gestalt ABC — 560 in C — 565 disem] dem C — 566 als]
fehlt C — 576 lauterm A — 582 ins grüne C — 585 ins wasser C —
586 so] fehlt C — 594 das bulen AB, der bule C — 595 gfangen C
— 596 Zum C — 599 schmückn C — 600 rûckn C — 603 gefalln C —
604 alln C.

Cap. 10: 608 halt C — 613 erzogn C — 614 gesogn C — 618
Deren ABC — mittheilst C — 625 vor C — 627 gpflegn C — 628
glegn C — 635 Als die C — 636 Und] fehlt C — 655 brummen A,
bronn C — 656 sonn C — 669 eym AB — jilgenblat AB, lilgenblat C
— 683 umbfangn C — 684 schlangn C — 685 adler] ahr AB — 689
kuder] ruder ABC (vgl. Ovid 4, 366: polypus) — 691 nackenden AB
— 700 joch] doch C — 702 mags AB — 703 solln C — 704 zsammen
C — 705 nur] fehlt C — lieb AB — 706 scheiden C — 709 solches C
— 713 zweyn C — 714 Ober dem C — 715 jetzt weder C — 720 ge-
schaffen AB — 723 jeds C — 724 solch C — 731 badn C — 732 beladn C.

Cap. 11: 735 dritt C — 740 besonder AB — 742 grün C — 757 Eyner AB — 759 gleich] fehlt C — 760 pfeiffn C — 762 zehern ABC — 769 bauwn C — 770 zun leuten C.

2. figur: 1 über die Ino AB — 5 tobsicht AB — irm C — schnödem A — gemein C — 7 Athamas tödtet seine kind, | Wüt gantz grausamlich in sein gsindt, | Sich selbst ertrencket auch sein weib C.

Cap. 12: 777 Gewachssen AB — eitlichen ABC — 781 erröten A, errotten B, ersticken C; lies verrotten? — 783 also] so C — 784 und bech C — 787 nider C — 788 bwaren C — 797 alln C — 798 vil] fehlt C — 808 scheinet C — glich ABC — 809 überschwelln C — — 810 belln C — 811 zviel C — summen C — 812 drein C — 815 seel C — 816 Täglich gar mit C — 817 drinn C — 818 Andre thut C.

Cap. 13: 820 vom C — 821 gfider ABC — 826 grant] ball C — 831 kampt C — 833 pfisten alte C — 834 Wie nottern C.

Cap. 14: 844 Tytius AB — 846 raben C — 857 deß] das C — bgert C — 858 ferr] fehlt C — 877 stehn C — 878 ruhlich C — 879 Lebet oben C — 880 so C — gpeiniget A, gepeiniget B — 881 aller C — 887 verderbt C — 888 geerbt C — 889 Dann C — 892 geliebt C — 895 freundt C — 896 neidts C — 897 beschwern C — 898 Solches C — begern C.

Cap. 15: 902 geweret AB — 911 gen himmel C — 912 Ehe C — 916 irem C — 925 Athamans C — 927 geschepff ABC — ihrn C — 928 sein AB — 935 warn umb iren halß gwunden — 937 achseln lagn C — 938 giengen A, diengen B — kragn C — 940 sprenglicht C — 941 ir C — 942 auß dem maul C — 949 Drumb sie sich so C — 950 Daß sie ir hertz gar C.

Cap. 16: 953 Die Tobsucht dann auch mit ir nam C — 954 darzu jetzt kam C — 955 Der weisse schaum C — 956 gfallen AB — 961 Manch schlacht C — 963 Von] fehlt ABC — auch] darzu C — 967 macht C — 968 schwacht C — 972 gefüllet AB — 976 auch] fehlt AB — 979 Junoni AB.

Cap. 17, überschrift: meynet auch sein weib sey ein löwin C — 983 fast] fehlt C — 984 und] fehlt C — schre A, schrie C — 985 gselln C — 986 solt C — stelln C — 991 seinem AB — 1009 Oder ABC — sies C — 1011 Melicortum AB, Melicertam C — 1012 mit im umb gantz grausam C — 1014 Junonem auch C — 1022 iñs AB — 1029 leyd ABC — wundten C — ire C — 1034 semlichen AB, ein solchen C — 1036 gsind AB — 1037 Die red Junonem C — 1045 schlagn C — 1046 klagn C — 1057 hart C — 1058 Wie C — 1059 So bliebens C — 1060 Und stehn C — gemeyner AB — 1062 Miteinander in see C.

Cap. 18: 1066 Zu tag zu nacht mit grimm C — 1069 entfliehn C — 1070 ziehn C — 1074 menschlichem ABC — 1079 verkehrn C — gestalt ABC — 1081 sold A, soll C — serpent C — auf 1081 folgt in C: Vor meinem allerletzten endt — auf 1082 folgt in C: Sein an.

gsicht er unter sich wandt — 1085 gött C — 1086 gweren A, ge-
weren B, gwerten C — 1093 Seim C — 1105 gestalt AB.

3. f i g u r : 1 Von der C — ir] irer AB, fehlt C — 4 meerfeyen
C — er überwandt ABC — 6 von] fehlt C — er erzalt ABC.

C a p. 19: 1115 gschlecht C — 1116 warn C — 1119 zertriebn C
— 1120 überbliebn C — 1132 goldtregn C — 1133 Mit der Diane AB,
Mit Diana C — pflegn C — 1134 geschwengert AB — 1136 Solches C
— 1141 Libiam A — 1142 haupt er führet mit C — 1150 Liebier
landt AB, Libyen landt C — 1152 gantz AB — 1157 schwirmt C
— 1158 senckt C — 1171 beger AB.

C a p. 20: 1183 wunder köstlichn C — 1184 alzeit AB, stäts C —
1185 sehr] fehlt C — 2186 stätiglich C — 1190 epffel C — 1195 Jouis
C — 1196 gnommen C — 1201 ihn] den C — 1205 im ABC — 1211
Perseus der nam ABC — 1213 empfing AB — 1218 höe A, hoe B —
1224 Warde C — öberster C — 1225 stundn C — 1230 Daß sie gar
nicht C — 1232 all gelehrten C.

C a p. 21: 1239 fuß C — Fuletzt C — 1246 könig ABC — 1248
im C — 1249 Andromache AB — 1259 ersehn C — 1260 trehn C —
1267 warn genetzt C — 1268 gehetzt C — 1273 Weil C — gezäm C
— 1275 gegn C — 1276 solch C — 1277 umbschleußt C — 1278 groß]
fehlt C — 1291 weichn C — 1292 schleichn C — 1293 magt ABC —
1296 Nie wol A — solch geschicht C — 1297 traureten AB — 1301
entbundn C — 1302 stundn C — 1303 wehrn C — 1304 entbern C —
1307 eynem AB — 1308 gemacht AB — 1310 empfangen C — 1313
schwingn C — 1314 mißlingn C — 1316 mamet B — hliff A, helff C
— 1317 Doch muß sie doch AB — 1318 könig ABC — 1319 gewert C
— 1326 schritt C — 1327 tringn C — 1328 zwingn C.

C a p. 22: 1340 sein C — 1343 meerwundr C — 1344 hinunder AB,
vndr C — 1349 hund sie umbringen C — 1350 thunt] fehlt C — 1357
gantz] fehlt C — 1367 anfocht] thut C — 1368 droben C — 1379 im
himmel C — 1380 fast] fehlt C — 1381 behalten] erlößt C — 1382
Von dem meerwunder groß und böß C — 1383 könig ABC — 1384
sein gewalt C — 1387 auffschliessn C — 1388 füssn C — 1391 reiß C
— 1395 das] fehlt C — risach] reissig C — 1396 fiengn C — 1397 im
see C — 1398 noch] fehlt C — 1402 klein C — 1404 Steinern art es C
— 1411 gesiget ABC — 1412 fewer AB — 1415 Mercurio AB — 1417
Dem Joui C — 1418 Der den andern C — 1424 Ein solchen sieg C.

C a p. 23: 1425 könig ABC — 1426 brautlauff AB, hochzeit C —
1428 vom grimmen C — 1432 köstlichkeit C — 1433 sah man wild-
pret, vögel C — 1448 köstlichste C — 1457 ir C — 1458 ir C — 1459
nander C — 1460 Die] fehlt C — 1467 weissenthorn ABC — 1469
gblasen C — 1470 bedeckt C — 1476 köstliche AB — 1488 bericht
ABC — zhandt C.

C a p. 24: 1490 nach hat gefragt AB, nach gfragt C — 1495 ab-
gschlagn C — 1496 sagn C — 1505 abentewer AB — 1509 durn] dürrn

AB — Zu in durch ein waldt gieng ein straß C — 1510 Gebanet eben
solcher maß C — 1512 Ebe sie meiner wurden gewar C — 1515 hôl
C — 1516 Solch kunst lernt etwan C — 1521 lagn C — 1522 ab-
schlagn C — 1526 entbern C — 1527 sagn C — 1528 tragn C — 1532
Dieses haben C — 1536 magte C — 1542 gbauwet C — 1551 schlangn
C — 1552 hangn C.

Fünftes buch.

1. f i g u r : 1 Perseus auff der hochzeit streit C — 2 zeit C —
3 aller ABC — erschlagn C — 4 tragn C.

C a p. 1 : 1 Ebe C — 4 lermen C — 7 irn C — 8 Dann mit un-
gestümmen pferdten C — 9 Kam kônigs C — 10 seines ABC — 13
Schrie C — 14 dann] fehlt C — genommen AB — 16 gewalt ABC —
21 seim C — 22 gpflegen C — 25 sam] als C — 43 sie im C — 44
solst C — ghülffen AB — 47 Drumb C — 48 der] fehlt C.

C a p. 2 : 50 zwifellig AB, zwyfellig C — 57 den] die C — 59
Pheneus gschossn — 60 gstossn C — 63 schuß C — 65 gieng AB —
Retosen AB, Rhôto C — 77 stilln C — 78 willn C — 80 geschoß AB
— 99 zerspielt C — 100 nackent AB — 101 sah der syrisch C — 105
ihn hast AB — erschlagn C — 106 erjagn C — 107 ein C — 108
auffgzogen C — 111 pfeils C — 112 bhangen ABC — 114 gen AB —
116 stein AB, steinern E — 119 sein C — 120 den C — 121 Phebas
AB — 123 gfochten C — 125 irn C — 126 im saal C — 132 Elicuus A,
Elicius B, Erithus C — 142 da] fehlt ABC — 143 Dempfft C — 144
Das volck, als werns wilde schweinen C — 145 lag gantz todt AB,
lag todt C (vielleicht ist zu lesen: Do lag der sun Semiramis) — 146
dergleichen AB, und der C — 147 Elycie AB, der Elice C (Ovid 5,
87 hat den acc. Elycen oder Helicem) — 151 sein und traff A — 161
Von lieben ABC — vgl. Ov. 5, 97: Odites ense iacet Clymeni — 166
namen AB — 167 f. voller missverständnisse; vgl. Ov. 5, 98: Proto-
nora percutit Hypseus. Hypsea Lyncides (d. i. Perseus); C ändert:
Den schlug auch todt Hypseus, deß | Ein todtschläger war Lyncides —
169 Emachion AB — eyner ABC — 171 liebt C — 172 auch] fehlt C
— 173 umb] fehlt ABC — 175 fried C — 176 solchen] den C — 177
Cromus A, Dromus B, Cromis C — 179 gesehen AB — 182 gewalt
AB — 184 mit einander falln C — 185 brüder ABC — und] fehlt C
— 187 lang C — 188 irs C — 190 Phineus] Pampinus ABC — gtôdt
AB — 191 Alphitus C — 193 kurtzweiln C — 194 übereiln C — 195
helln C (randnote: Pendus dem Amphico AB) — 196 dann] fehlt C
— gesellen AB, geselln C — 197 Pendus so A, Peṇdeus so B, Fetta-
lus C — 198 Alphitus C — 200 Lycornas AB — 203 Peculo AB, Pet-
talo C — 204 spillt C — 205 Pilates AB, Pelathas C — 207 gbro-
chen C — 208 gar] fehlt C — 213 Melaneus ABC — auch do AB,
auch da C — erschlagn C — 214 klagn C — 216 Doryclus AB, Dori-
las C (in der randnote haben AB Dirolas) — 219 Alcyoneus C — 220

Doryclum AB, Dorilam C — 221 deinr C — 222 keiner AB — 223
bnûgen C — 224 weit AB, viel C — bdecken C — 225 Doryclus AB,
Dorilas C — 226 feldtes herr C — 227 solches C — Doryclum AB,
Dorilam C — erschlagn C — 230 sagn C — 233 seiner AB — 235 Hal-
cyoneus zu der AB, Alcyoni zur C — 236 haupte C — 241 scheibn C
— 242 entleibn C — 245 Demselb C — 246 sein C — 251 soll ge-
schehn C — 252 sehn C — 253 verborgn C — 254 bsorgn C — 255
ztodt AB — 256 Ogyges AB, Agyrtes C (randnote: Ogurges AB, Agyr-
tes C) — ders] das ABC — kônigklich ABC (Ov. 5, 147: regisque Tho-
actes armiger et caeso genitore infamis Agyrtes) — 262 schrien C —
263 Andromache AB — 264 schrien C — 267 umbfalln C — 268
geschah C — alln C — 269 klingn C — 270 bringn C — 271 fielen
AB — gleich eim schlagregn C — 272 entgegn C.

    C a p. 3, überschrift: Ethemus AB — 278 seul C — 284 Und The-
mon AB — 286 zweier AB — 294 Alpheum AB — 297 Ethemus AB
— 300 im mit AB, mitten C — 306 bossen C.

    C a p. 4, überschrift: entschützung C — marmersteinen C — 314
Tessaclus B, Tessalus C — 316 solch scheutzlich gesicht C — 319 Ehe
C — 321 schlagn C — 322 tragn C — 344 seim C — gemolten AB,
gemahlten C — 347 Und] fehlt C — einer ABC — 348 steht C — 349
kôndt C — 350 wölln C — gnesen C — 351 weret C — 353 sein C
— 354 Astyagon AB — versuchen AB, sehn C — 355 môcht C —
356 Der] fehlt C — 358 marmorstein C — 361 marmorstein in alln C
— 362 gstritten C — 365 schûß C — 369 spotem AB, spatem C — 371 im
empor thete C — 373 sd A — 374 marmor C — 377 gentzlich] wol C
— 378 drunter C — 303 seiner hilffen AB — 381 anderswar C — 383
Ferseu C — gnod doch mir ABC — 391 den gemahel AB, das ge-
mahl C — 392 Das] Den AB, Welchs C — 393 gnesen C — 394 nimm
C — 395 solchn worten er C — 398 thetst C — 399 gebn C — 400
lebn C — 401 bschuldet A — (in AB steht v. 401 zweimal) — 403 un-
serer AB — 405 Pheneus ABC — 407 marmor C — 410 kniet C — glich C.

    2. f i g u r: 4 l. singn?

    C a p. 5: 414 Cyprum das mâchtige C — 418 ehe C — 420 Heli-
conem AB, Helicons C — 428 junckfrauwn C — 429 schauwn C — 430
eim C — 431 pferdtsfuß C — 432 seim C — 433 brunn C — 434
sehn C — 435 drunter C — 436 namen AB — 441 pferdts AB — 452
dieser C — 458 mehrn C — 460 im himmel C — 461 billich C —
462 Diß] fehlt C — 463 Welch C — 470 deß] fehlt C — meiner ABC.

    C a p. 6: 476 jungfrawen AB — 477 kehret C — 480 Drumb laßt
C — 481 drein C — 482 Grosse götter umb C — 484 So C — 485
Und] fehlt C — 492 Und wolt uns zu sich han zogen C — 493 wern
C — 499 gestrack AB, strack C — 501 seiner] der C — glôset ABC.

    C a p. 7: 502 von den C — 503 her] fehlt C — 506 danebn C —
507 erhebn C — 508 Gleich sie C — 509 kehrn C — 512 irm C —
513 diser] die C — 514 wern C — 515 kehrn C — 520 fragn C —

521 sagn C — 522 junckfraw ABC — jarn C — 523 geborn C — 524
Pierus C — 526 menschlich C — 527 an gnommen C — 528 die] fehlt
ABC — hiesse C — 530 kleffige AB, schwätzige C — 532 bstreiten C —
533 Darzů] Und C — 536 verjagn C — 537 sagn C — 540 verkehrn
C — 541 lehrn C — 544 nur] fehlt C — 545 Ligt ir uns ob — 546
Wölln C — 549 rhůmen A — 550 solln C — 555 Wölln wir C — 560
mit in C — 561 gebn C — 562 So C — 563 gnommen C — 570 alln
C — 571 gfalln C — 577 alle C — gleich ABC — 582 bleibn C —
583 treibn C — 585 im C — Typhatus AB, Typhoeus C — 588 ge-
stalt A — 593 einen C — kert ABC — 596 Tephato AB₁ — 597 Ein
solch C — hungfraw A — 598 irer C.

Cap. 8: 611 Zu lesen A, Zulesen B — 626 geerdet C — 635
grossen AB — 638 den] fehlt C — 644 Do hort man C — Cepheum
ABC — 645 Dann] fehlt C — 647 Wil C — 652 zun knien C — 653
gdien C — 655 seiner AB, der C — 656 Pachymus AB — seiner AB,
der C — 657 ihn AB, in C — 659 Typhoeus C — 660 rausser C —
663 erdtbidung AC, erdbidum B — 666 möchte mit gewalt C — zer-
kinen] zerkmeen A, zerknien B, fehlt C — 667 Also bekommen einen
spalt | Und durch denselb die son irn schein | In die helle geben hinein
C — 671 starck C — beschlagen ABC — 672 bhendt AB — 673 gbirg
AB — 676 falln C — 677 alln C — 679 geschach B, geschah C —
680 spehn C — 681 ersehn C — 689 dein gwalt behendt C — 695
gewaltigklich AB — 696 gefallen AB, gfalln C — 697 Ey C — alln C
— 698 gnommen C — 699 auß C — 700 Diana C — jagt C — 701
verbleiben] zu bleiben AB — Die bleiben ewiglichen magt C — 705
gwiß AB — 706 magte C — 707 zum C — 709 Auff daß C — be-
hendt C.

Cap. 9: 713 kaum A — 716 ans knie bey C — 723 Stunde
bey dem berge C — 724 Pergusa C — 725 Kein ander] Nhey-
nander AB, Cayster C — 732 wassr C — 733 irn C — 737 ge-
theilt C — 742 lust] lufft ABC — umbfangn C — 743 irn ge-
spielen kam gegangn C — 748 gbrochen C — 760 magt allda C —
762 So] fehlt C — 763 schön C — 766 schüttelten ir lang C — 767
den] fehlt C — 770 siebenden AB, sieben C — 771 durchhin C —
774 soltn C — 775 im] fehlt C — eyner ABC — wasserholtn C —
782 den] fehlt C — 783 sich] fehlt C — 789 Drumb mißfallen ir die
dingen C — 792 gegn C — 795 nimm fahrn C — 802 Ihrem C —
803 jungfrauwn C — 804 irn C.

Cap. 10, überschrift: überfar A (In C ist die erste hälfte der über-
schrift bis 'überfart' richtig vor das 9. capitel gesetzt) — 812 zu
wasser AB — 814 gesucht C — 815 wasser ABC — und] fehlt C —
822 müde C — 825 Ceris AB — 828 Welchs da was mit der C —
829 einglassen C — 830 alt] fehlt C — 831 eyn] fehlt C — 832 müd
C — 833 willn C — 834 erfülln C — 837 schluckt C — 838 zuckt C
— 844 gspett AB — 849 alln C — 850 Und] fehlt C.

3. **figur:** vor v. 1 schaltet C ein: Ceres ir tochter gúrtel fandt, | Deßhalb verderbt sie das gantz landt.

Cap. 11: 861 Zuletzst AB — 865 tŏchter A — 868 gegn C — 869 ir C — 870 sah C — 873 drúber C — 874 gantz] fehlt C — 877 zsuchen C — 878 zfluchen C — 881 gehlig C — 883 zogn C — 884 logn C — 887 hŏe AB, hŏh C; lies not? — warde C — gleich ABC — 888 erdtreich AB — 889 alln C — 890 namen C — 895 gewalt C — 897 erfrorn C — 898 korn C — 910 mássige C — semlichs AB, solches C — 911 ein] fehlt C — 912 Bdenck C — leides C — 925 Erfahrn C — 926 alls C — 937 Sobald gŏttin Ceres die wort C — 940 erhart AB, es wardt C — 955 überwundn C — 956 fundn C — 959 tŏchter A, tochter C — 960 gnommen C — 961 Den ABC.

Cap. 12, überschrift: Ceres bekompt antwort auff ihre gethanende klag C — Ascalephus AB — nachthauwar A — 968 mciner AB — 969 thut] soll C — 971 So weiß AB, Weiß C — deß ich mich nicht C — 972 tochterman] eyden C — 974 menigich A — 980 bsitzen AB — 981 ichs wol C — 982 je] fehlt C — 984 hellischem C — kompt C — 997 Wann] Doch C — Ascalephus AB — 1000 Dieses im C — 1007 empar AB.

Cap. 13: 1015 der Ceres C — 1020 So alsdann solches C — 1021 helln C — 1022 gsslln C — 1025 siht droben C — 1026 Den C — 1027 irm C — 1035 magt C — 1036 jagt C — 1041 mich ein keyser han C — 1042 Es] fehlt C — 1045 frauwn C — 1046 Wann] Dann ABC — schawn C — 1052 meiner AB, der C — 1060 geleuterten zinn gleich C — 1062 gezehlen C — 1070 kúle C — 1081 ware C — wassergott AB, gott C — 1082 Der C — hatt ABC — stehen C — 1087 anblickt C — 1088 verstrickt C — 1091 keines AB — 1104 gegn C — 1105 meiner ABC — 1106 gegn Dianam C — 1109 mal C — 1110 stral C — 1111 gthon ABC — 1114 gewalt AB — 1117 bgundt AB — 1123 stiegn C — 1124 lign C — 1128 tauset ABC — 1135 alln C — 1136 und] fehlt C — 1148 im C — 1151 biltnuß] gstalt C — 1152 Verwandt C — 1155 rich C — 1157 walt C — 1158 spalt C — 1164 gwar AB.

Cap. 14: 1169 und] fehlt C — faren AB — 1170 irn C — 1174 dem] eym hieß AB — 1175 Hieß in sitzen C — iren AB — 1176 Die frucht solt er C — 1177 geben C — 1178 die erdt seet C — 1180 verdebt A — zuvorn C — 1183 Lyncus C — 1187 ein C — 1188 allsamen C — 1191 postiert sehr AB, postieret sehr C — 1192 landt ABC — auff dem meer C — 1195 ich kommen C — 1196 gantzn C — 1201 frembling AB — 1203 erdn C — 1204 werdn C — 1205 Also] fehlt C — kŏnig AB, kŏnig so C — 1206 Gegn C — 1209 nachts C — 1213 Sie] fehlt C — 1214 Und] fehlt C.

Cap. 15, überschrift: vŏgel] fabel AB — 1225 überwundn C — 1226 begundn C — 1227 Zum andern irm C — 1228 warn C — 1233 gegn uns verlorn C — 1234 schaltet C — zuvorn C — 1235 Solch]

fehlt C — 1236 Müßt C — 1245 noch] auch C — 1249 gestalt AB —
1250 diesen C — 1252 habt darvon C.

Das sechste buch.

1. figur: 2 Die mit ir ein gewirck C — 4 über AB — zörnt
über sie hart C.

Cap. 1, überschrift: vermischt AB, vermisset C — 1 hatt solche
wort C — 3 gsang C — 5 an den] so C — 6 Welch C — 7 erlangn
C — 8 angfangn C — 13 frauwn C — 14 Wellich AB, Welcher die
C — getrauwn C — 16 Libiam ABC — 19 waldtfrauwn C — 20
schauwn C — 21 wundr C — 22 undr C — 24 auffs C — 26 offleyt
AB — 29 Welch C — solln C — 33 solche kunst gelehret C — 45
gbognem rück C — 46 krück C — 49 sagn C — 50 erschlagn C —
52 etlich AB, etliche C — 59 deiner AB — 61 in C — 62 gredt C —
65 verzign C — 66 solcher — 69 Und] fehlt C — 70 Gar] fehlt C —
74 Geh C — 95 nam C — 96 beydsam C — 104 zu aller arbeit beyd
C — 105 geschwindt AB — 107 gesign C — 108 oblign C — 114 me-
nigklich AB, mancher C — 115 solch C — 127 blaßn erfülln C —
128 willn C — 135 königklich C — 140 all C — 151 Daß sie angbotten
hett ein streit C — 152 ir arbeit C — 154 siht ABC — 159 und auch
AB — 160 warn risen gewesen C — 179 vatter AB — Ir vatter gut
Laomedon C — 180 hoch] groß C — der] den man nent AB — Ilon
AB — 181 tagn C — 182 jagn C — 184 betriebt AB — 185 hertzlich
C — 186 tochter ABC — bartn C — 187 haben C — 188 Darumb
AB — im C — thet ABC — 190 Für] Vier AB, Viel C — 195 solches C.

Cap. 2: 204 ochsen] lewen AB — 210 gschach AB — 211 Daß
sie gebar C — 213 conterfeit C — 215 gflossen C — 216 Her] fehlt
C — 225 Nycteidam C — 226 d] die AB, fehlt C — 231 eyn ABC —
goldtregn C — 232 legn C — 235 bschloffen AB, bschlaffen C — 236
gwirck ABC — 237 gwircket AB — 242 nennet AB — 257 magt C
— 258 geradt C — 259 Gott Bacchus C — 260 vor Erigone C — 264
Erigone] l. Philyra? — 274 mit nicht C — 281
stuckn C — 282 spindel zuckn C — 299 glidr C — 300 und] fehlt C.

Cap. 3, überschrift: Latonem AB, Latonam C — 307 Es war
solche mehr C — 311 Jedoch AB — künigin AB — 312 iren AB —
316 veracht AB, verachte C — 317 göttliche AB — 323 sagn C —
324 tagn C — 325 erdn C — 326 Als deren zeiten ABC; l. Die zu
den zeiten? — werdn C — 328 königin AB — 331 wegn C — 332
legn C — 333 solt C — 335 irn C — 336 Euwer C — 337 schnürn C
— 338 solln euch ziern C — 340 Haltet C — 342 gmeinlich AB —
343 Noch dem AB, Den C — bevelch ABC — 344 rachwerck AB —
346 Allenthalben ABC — in dieser C — 347 dingen AB — 348 kö-
nigin AB — 353 gschlagn C — 354 tragn C — 355 moln C —
356 unverholn C — 361 tragn C — 362 sagn C — 367 Derselb C —
368 liechten AB, klar C — 374 sollet C — 375 gwaltig ABC — 378

so zuerst C — 379 bauwn C — 380 schauwn C — 381 Vohin A, Vorhin B — 383 such C — mågtlein C — 387 knabn C — 388 der] fehlt C — 391 anschauwn C — 392 sons frawn C — 393 vermessn C — 394 vergessn C — 395 Latonem ABC — 399 gebern C — 400 ehrn C — 401 möcht AB — werdn C — 402 erdn C — 403 heisset C — 411 loset AB, lasset C — 418 zweyr C — genaß ABC — 419 meiner ABC — kind] fehlt C — 421 habn C — 422 knabn C — 426 wesen] seyn jetzt C — 427 falsch AB — 435 würd C — 436 nimm C.

C a p. 4: 437 thut C — 438 der] fehlt C — Lactonen AB — 439 gepflegn C — 440 ließen AB — unterwegn C — 441 Lactone AB — 447 ehrn C — 450 mehrn C — 451 wöllt C — drumb] fehlt C — 452 gern glück AB, gern C — 453 wegn C — 454 thut] fehlt ABC — bewegen AB, bewegn C — 465 Wölln wir dich — Niebe A.

2. f i g u r: hinter v. 6 fügt C die verse 1—6 der 3. figur (s. 288) hinzu.

C a p. 5, überschrift: rentplatz AB, rennplatz C — 469 gflogn C — 470 überzogn C — 473 grossn C — 475 kamen C — 476 jung und] innig und AB, gantz C — geschwindt ABC — 477 übn C — 478 liebn C — 479 gesessen AB — 480 Eyner AB — 481 seiner AB — 488 o weh C — 489 zigel gliten AB, zigleiten C — 490 rab C — sieten B — 507 Phaedimnus AB — 509 warn C — 510 jünglingn C — 512 jhe AB, ir C — 519 umbfangen C — 520 gschwinder C — 523 zweyen AB — wundn C — 524 undn C — 525 randnote: Mamphiton AB — 529 siebendt ABC — 531 reckr A — 533 gebn C — 534 lebn C — 535 sparn C — 536 entfahrn C.

C a p. 6: 539 solche C — 545 weibliche AB — 546 Und] fehlt C — eyner ABC — 551 gwalt AB — 552 solcher gestalt C — 555 ehelicher BC — 557 erstockt C — 558 zerflockt C — 567 allsam C — 568 nam C — 571 beyde C — 576 Rum AB, Ruhm C — 577 gnommen C — 578 vil] fehlt C — 581 bkennen C — 582 kindn C — 583 ehelichen C.

C a p. 7: 587 redet solche C — 591 All C — 592 Sondern Niobe C — 595 töchter C — 598 strol] pfeil C — 600 gederm] adern C — 608 dult C — 610 dritte AB — 616 irm gewandt C — 619 laßt C — 620 viertzehen ABC — verlorn C — 621 solchem bitterlichen C — 622 tochtr C — 629 irn C — 630 dran C — 631 streiffen C — 634 harten steinen C — 643 Dran C — 644 Fast] fehlt C.

C a p. 8, überschrift in C: Latona vor grosser hitz und durst laufft zu einem wasser, darauß zu trincken. Etliche bauwern wehren ir. Latona bittet sie gantz hefftiglich, solches ir zu vergünnen. Die bauwern machen das wasser trüb, deßwegen werden sie zur straff auß menschen in frösch verwandelt — 649 solches gesach C — 650 götter C — 654 sassen C — 655 Und] fehlt C — 656 do] fehlt C — 659 bauren AB — warn C — 660 abentewer AB — widerfahrn C — 669 eim C — 670 beyd] fehlt C — 671 müßfar A, mußfar B — 678 gesellen AB — 684 geweihet C — 689 rummen C — 690 niemant AB,

nicht C — 691 In diesem gantzer welt erdtrich C — 692 ires glich C
— 702 erschlagn C — 703 tragn C — 706 dorrt C — 707 ir C — 708
den] fehlt C — 709 lebn C — 714 drumb C — 715 disem] den C —
723 Diewil A — 731 thut C — 734 ghaben C — 735 laßt mich mein
C — 740 laßt C — noch] fehlt C — 741 jung C — 742 mit mir]
auch C — 743 grosses AB — dursts C — 744 sich] fehlt C — 745
mein C — 750 btrůbten C — 751 irm C — 752 Und] fehlt C — 753
gar] fehlt ABC — 758 gewern C — 759 laß AB — ehrn C — 762
disem] den C — 763 ewiglich C — 766 wurden C — 770 bitten A —
773 sie alle C — 774 offt] fehlt C — 775 ins wasser C — 776 begundt
C — 777 den] fehlt C — 780 quackn C — 781 Wie sie dann schwei-
gen gar selten C — 782 heyser C — 783 geschrey ists C — 784 ge-
schrey C — 786 sonderlich] diß sehr C — 787 das] fehlt C — 788 den]
fehlt C — 789 frósch C — bei eynander AB.

Cap. 9: 798 anzsigen C — 799 in Phóbus obligen C — 800 sein
C — 801 gentzlich C — 804 bestreifft C — 805 leifft C — 808 zehln
C — 809 sein C — 810 Den C — 811 all C — gôt A — 812 wâldt
C — 813 die zwerchen C — 814 anch] fehlt C — 815 Deßgleich C —
816 kleglich] sehr C — 817 ir C — 818 irn C — 819 erdt C — 821
jetzt] fehlt AB.

Cap. 10, überschrift: helffenbeynere C — Tratia AB, Thracia C —
836 seiner ABC — 842 fuhrn C — 843 zsammen C — 850 warn C —
851 hin] fehlt C — gefahrn C — 854 kônig AB — 856 grabn C —
857 Bare AB — 858 kônigreich ABC — Miren ABC — 860 kônig ABC
— dar] fehlt C — 862 nicht kondte seyn dabey C — 865 Der] fehlt
C — 866 einem heer ins C — 867 Thratia AB — 868 nam C — 869
in] je AB — allesam C — 872 kônig ABC — 885 Wirt C — 892 auff
die C — 898 erst C — bei eynander AB — 899 Auch] fehlt C — 901
schryen C — 903 wůrd C — 904 warn C — 905 jarn C — 908 ihrer
AB — 909 endtlich ir C — 910 irn C — 911 lassn C — 913 kônig
ABC — herr C — 918 Wôllst C — 919 grosser freud C — 926 fůrge-
nommen C.

Cap. 11: 936 d] die ABC — seiner] der C — 945 Darumb AB.

Cap. 12: 956 Solche C — 957 drůber C — 962 winnicklicher
AB, wunderlicher C — 963 irrdische C — 964 übertraff ir schôn C —
965 leuchtenden C — 967 trůb gewůlck C — 968 stern C — 969 Mit-
nandr C — 978 unkunt AB, gewechs C — 981 Philomella der jung-
frawen AB — 985 geschach AB — 988 lieb C — 989 er] fehlt C —
992 Von irm C — 993 schwehr C — 999 kônigliche ABC — 1000
kôngreich C — 1005 geleyt] gethan C — geweret AB.

Cap. 13: 1016 fůrtragn C — 1017 klagn C — 1022 solche C —
beger C — 1025 befohlen C — 1030 ir C — 1031 Wußt nichts C —
1034 Drumb C — 1035 gsehen C — 1040 solches C — 1045 solches C
— 1049 ihm] ihr AB.

Cap. 14: 1050 gewert C — 1051 gmehrt C — 1053 begegnen C
— gschicht ABC — 1067 Sein AB.

Cap. 15, überschrift: biß auff morgen, nimpt mit sampt Philomela
der jungfrauwen urlaub von Pandione seinem schweher, wirdt darnach
von der jungfrawen vatter der gethanender pflicht ermahnet unnd in
das schiff geleytet C — 1079 gesprech AB — 1081 war genummen AB
— 1082 sehn C — 1083 gschehn C — 1087 allen AB — 1090 inner A
— Sobaldt aber anbrach der tag C — 1091 magt C — 1092 begert C
— 1093 beschwert C — 1097 befohlen C — 1102 Drumb C — 1103
widrkommen C — 1104 bhalten C — 1105 So] fehlt C — 1106 Weil
sie AB — 1112 Solches C — 1114 Seiner AB.

Cap. 16, überschrift in C: Tereus bezwingt Philomelam mit ge-
walt, seinen willen zu thun, wider den eydt ihrem vatter gethan.
Philomela helt ihm solches hefftiglich für, schilt ihn als einen meiney-
digen, zeigt im darneben auch an, daß gott werde an im solchen seinen
gebrochnen eydt nicht ungestrafft lassen — 1120 ins C — genommen
AB — 1121 Do] fehlt C — 1122 Haben C — auffgzogen C — 1123
gflogen C — 1126 schandtliche ABC — 1128 mir] fehlt C — beger
ABC — 1133 an] zu C — 1154 nam C — 1155 allsam C — 1160 ehrn
C — 1170 der] den AB, dein C — 1172 solt C — 1173 zähr C — 1178
bewaren AB — 1183 gthan AB — 1185 meiner ABC — ehrn C —
1186 darffst C — 1187 elendt C — 1190 sehn C — 1191 geschehen
AB, gschehn C — 1198 begangn C — 1199 gefangen AB, gefangn C
— 1202 thu in dein C — 1203 unglaubn C — 1204 laut] l. klag? —
1206 bewegn C — 1207 meiner ABC — erregn C.

3. figur: v. 1—6 stehn in C schon vor cap. 5 — 1 Thratiam
AB — 2 inn den saal AB — in saal auch C — 3 begert AB — 6
seim C — gewert AB — 7 Philomele wird abgschnitten Ir zung, dar-
für hilfft kein bitten C — 8 Bachis AB — Vom fest Bacchi, wie es
hie halt Das weiblich gschlecht beyd jung und alt C — 12 das haupt
bringt dar C — 13 gwunnen C — 15 Mit gwalt Orithyam fuhrt hin,
Die zween sön hat gezeuget im C.

Cap. 17, überschrift: Tereus der bößwicht C — Philomele seiner
haußfrauwen schwestern C — damit sie der Progne und andern leuten
nicht sagen köndte seine lästerliche blutschande, läßt sie darnach elen-
dig und betrübt in dem waldt und in der wüsten allein sitzen, fähret
demnach C — vor 1220 schiebt C vier verse ein: Als dieses Tereus
ghöret hatt, Zum höchsten in diß bkümmern that, Meynt nit, daß im
diß solt geschehn, Wie er jetzt thet vor augen sehn C — 1220 trauw-
ren C — 1221 bwegt AB — 1226 den] fehlt C — 1227 Und thet bhendt
C — 1231 geholffen AB — Damit sie kem auß ihrn C — 1232 reck
A — 1233 bschelten AB — 1235 seim C — 1236 eyner ABC — eyßnen]
fehlt C — 1237 irn C — 1239 do] er AB, jetzt C — 1240 geschwindt
ABC — 1257 königliche AB — 1268 sagn C — 1269 klagn C — 1274

drauff C — 1275 seidn C — 1276 solch C — bericht ABC — 1296 wölln C — lan C.

C a p. 18, überschrift: wie und in C — 1299 ware C — heidnischer ABC — 1302 ehrn C — 1303 empörn C — 1309 dorff AB — 1310 gar] fehlt C — 1311 und] fehlt C — 1313 gwar AB — 1314 Den C — erbarm C — 1321 mehrs B, wehrers C — gschehn C — 1322 gewonheit AB — 1324 zur C — 1325 warn C — 1328 Wie B — krentlin A, kräntz C — 1329 warn C — 1331 roseten AB.

C a p. 19: 1334 künigin AB — 1348 glegen C — 1349 gar] fehlt C — 1356 Im AB — 1361 Ehe ABC — kein AB, ein C.

C a p. 20: 1368 deuthet auch AB, deutet C — 1370 solches C — 1374 Disem A — anderst AB, wol C — 1375 eignr C — 1378 So] fehlt C — nim] mein AB — 1379 auch] fehlt C — 1383 solch ABC — 1384 der] die AB — 1391 marteren AB — 1393 gar C.

C a p. 21: 1408 bgundt C — 1409 unschuldigs C — 1412 noch] fehlt C — 1413 Kläglich C — 1416 Mein kindt C — 1420 zum C — 1421 gnummen C — 1423 Bezalen AB — 1426 eß A — 1430 seins C — 1431 bed] fehlt C — 1433 sein] das C — 1434 zrissen C — 1435 den] fehlt C — 1436 gsotten C — 1437 Dise C — aber] fehlt C — 1438 gesind AB — 1440 eyu A — solches C — 1442 eins C — 1443 warn zu tisch gsessen C — 1445 gwar AB — 1448 zgegen C — 1449 Und] fehlt C.

C a p. 22, überschrift: hett; Tereus laufft inen nach, begert sie umbzubringen; aber die götter, dem vorzukommen, verwandeln sie alle drey, den Tereum in ein widhopffen, die Prognen in eine schwalb, Philomelam in ein nachtigal C (denn hier ist cap. 22 und 23 in eins zusammengezogen) — 1453 gfressen C — 1455 sprang C — 1458 watff A — 1461 was C — 1463 sind AB — 1464 im] fehlt C — 1465 auch] fehlt C — 1469 flohen A — 1470 Vermeynt C — 1471 beyd C — 1472 wille C — geschahe A, geschache B — 1474 es] fehlt C — 1475 schirmten C — widhoff A — 1480 bantzer sprenckeln stundt C.

C a p. 23, überschrift: fehlt in C (vgl. zu cap. 22, überschrift) — eynen schwalben AB — Therei AB — 1482 künigin AB — schwalb BC — 1484 noch] fehlt C — 1485 noch] fehlt C — 1494 stirnfleck C — 1500 Klagend C — 1514 frauwn C — zuor AB, zuvor C.

C a p. 24 (23 C), überschrift: Erithee AB, Erichthei C — zürnen ABC — 1518 König AB — 1520 königlichs AB — 1521 Erichtheus C — 1522 hatte C — eins] fehlt ABC — 1524 er] fehlt AB — 1538 bleset C — 1544 wolckn C — 1545 müssn C — 1546 zusammen AB — 1547 feuvers plitz C — 1548 Und] fehlt C — 1549 zsamm C — 1550 zsammen C — 1551 windtsgnossen C — 1552 meim starcken blaßn C — 1554 bewegte AB — 1560 unter erden C — 1564 steh C.

C a p. 25 (24 C): 1568 solchs hat geredt C — 1576 auffwegt C — 1577 erregt C — 1591 Zween C — 1596 alln C — 1597 Beyd C — 1602

Als er etwau in C — Colchas ABC — 1607 gemeynglich AB — 1611 zu] fehlt C.

Das siebendt buch.

1. f i g u r: 1 fåbret C — über meer AB, fehlt C — 2 liebe AB.

C a p. 1: 1 sein C — geferten ABC — 3 sie] er C — mocht C — 4 Hat doch letzt das C — 6 ires wegs C — 8 Gerad AB — 9 ans C — 19 gefehrlich C — 21 könig AB — 22 königs AB — 27 irem C — 29 gewan solchen C — 30 Zum C — 34 Jasoni AB — jünglins AB — 37 gefangen AB — 44 sein ABC — 45 Gegn C — ursrch A — 46 gschworn C — 54 so] welcher C — gleich ABC — 55 meim C — 56 solch C — 62 davor C — hülff AB — 67 adentlich AB — wolge- stalte B, wolgstalt C — 68 Sein stamm, sein C — 69 bwegen C — 70 regen C — 71 Königlicher AB — 83 zeen C — 84 serpents] dra- chns C — 86 Dann ABC — 91 und] fehlt C — 92 gantz] fehlt C — 93 harts C — 94 bweisen C — 99 brinnendt C — 100 jungn C — 102 er] fehlt AB — 105 eyner AB — 107 muß C — 112 Ein solches C — 115 schwern C — 116 kehrn C — 119 verlassen C — 121 führn C — 122 königin AB — ziern C — 123 wir AB — 128 verlonh A — 137 schwester kan gar nichts wenden C — 138 alln C — 142 gelobt AB — 143 seim C — 144 herrn C — 147 wir C — 148 das davon meer AB — 151 Welchn C — 152 ziehn C — 156 Mancher ABC — gar schwer C — 159 dran C — 160 solchn C — 164 wirwels C — 166 Verschluckt AB — 175 habe AB — Alsbald ich Jasonem umbfieng C — 176 Zustundt mir alle sorg entgieng C — 184 zäumen C — 195 Entzündt C — 207 vergnafft AB — 211 ir C — 212 sein] die C — 215 belffet C — 218 bgnadet C — 225 zum C — 233 Ein kraut sie dem jünglinge gab C — 234 Sein krafft und tugendt im auch sagt C — 235 wol] fehlt C — 236 schadn C — 238 ir gentzlich C — 245 frauwn C — 246 zuzuschauwn C — 248 depichen AB, teppich C — 249 sich geleget hett C — 250 weth] thet C — 251 helden mut C — 254 Ungzäumter C — 255 irn C — fenwer C — 256 ein ofen unge- heuwer C — 257 sie athem C — 258 irn C — 261 Sos sies AB, Wann sies C — 264 sie] die C — 265 wag] acht C — 269 warn C — 270 sahn C — 271 Jasonem her C — 272 ungheuren C — 277 seets in grundt C — 279 on AB, gantz on C — 285 disen] den C — 286 gfal- len C — 287 wandten C — 290 irn AB — 297 Bald C — d] die ABC — 299 untereynander AB — Wurden einander unbekandt C — 302 auß der C — 304 nemen AB, nemmen C — 305 Weil C — 306 ge- wachßnen AB — kurtzn C — 307 enthaltn C — 308 spaltn C — 309 wünscht C — 315 gleit AB, gelegt C — 316 in groß lob sagen thet C — 320 schweffels dampff C — 322 Dann C.

C a p. 2: 323 jetz] fehlt C — den AB — 324 seins C — 327 zeen C — 328 drab C — 329 dreyfechtig C — 330 gtrungen C — 340 von] und C — 351 zsammen C — 352 solcher] der C — 357 warn C —

358 gefahrn C — 359 bringn C — 360 ringn C — 363 gschach den
gött zu gfallen C — 375 weinend C — 378 göttern C — 379 dir] fehlt
C — 380 mensch C — 381 alts C — 382 gött C — 385 zkürtzen C
— 387 in irm alter C — 388 deins C — 389 sparn C — 390 erfahrn C.

Cap. 3: 396 soll ABC — 404 gemachet C — 412 Ehe C — 422
grün gefildt C — 429 Durch C — 437 stilln C — 438 willn C — 441
und] fehlt C — 442 berg ABC — 443 bewegn C — 444 regn C — 445
Reisse sie gantz auß C — 446 gefellt C — 451 fahrn C — 452 warn
C — 455 Ir ABC — 457 erschlagn C — 458 den ABC — sagn C —
461 trug C — 462 thet] fehlt C — drachen auch schlug C — 469
jorn C — 470 außerkorn C — 471 Ir] fehlt C — hie] die ABC — 472
karn C — 473 Drinn C — 474 führn C — 477 gesagt C — 478 Stiegs
C — unverzagt C — 489 Pindo und Othryo C — 490 dem hohen
Olympo C — 493 das] deß C — 495 lautern C — 496 irm C — 499
Amphrysius C — auch] fehlt C — 502 So zu irer C — 506 notturff A
— 507 solches auff irn C.

Cap. 4: 519 karren C — 530 jugendt, in dem C — 536 könig AB
— 539 sparn C — 540 fahrn C — 543 ir AB — Aesonem C — 557
gnetzet AB, genetzt C — 558 setzt C — 562 bereuchert C — 563
schwehr schlaffend C — 564 Reuchrt C — 571 Deßgleich] fehlt C —
und auch C — 572 den] fehlt C — 574 Welches das groß meer C —
576 strige C — 578 gewesen AB — 583 den] fehlt C — 584 halb C —
589 dem] fehlt C — 590 schmaltzs C — 591 den] fehlt C — 592 einr
alten kröhen C — 593 all C — 594 Auch wol C — 595 sie denn C —
undereynander AB — 601 war] alls C — 622 irm C — über die C.

2. figur: 1 Pelas AB — wirt hie umgebracht C — 2 Jason Me-
deam drumb C — 3 Aegeus C — 4 Eaco] Cato ABC — 5 Aeacus C
— 6 Jovem] Jupiter AB — auf v. 6 folgen in C die 6 verse der 3.
figur (s. 345).

Cap. 5, überschrift: gleißnet] stellt sich C — 627 schick AB —
628 ungezäumten C — 636 keines AB — 645 widr C — 646 schweigt
C — 647 Gleissend] Stellt sich C — 649 Zletzt C — der] die C — 650
ir] fehlt C — 651 probiern C — 652 ziern C — 654 zottecht C — 663
het] fehlt C — 664 btrogen C — 666 iren AB — 667 wolt C — 668
sunder] on C — 670 ressel A — 671 wern C — 672 begern C — 674
semlicher] auff solche C — 677 unkrefftig] on krafft C — 678 Und]
fehlt C — 680 irn C — z] zu BBC — 681 Thun] fehlt C — 682 irm
C — 687 Dann] fehlt C — 688 fleissig] offt C — 693 newes AB —
697 Und] fehlt C — gemeinlich AB — 698 sein C — 701 töchter
schonet C — 718 hetten ABC — 719 gewißlich AB — 725 Welche
ABC — 726 semlicher] in solcher C — 727 außer] l. auß er? — reckt
C — 728 bedeckt C — hinter 730 folgen in C 26 neue verse (vgl. Ovid
7, 371—379), die am schlusse des 8. bandes abgedruckt werden sollen
— 737 eyns] eyn ABC — gedicht ABC — 741 seinem A — 742 und
746 Isyphile ABC (statt Glauke oder Kreusa; bei Ovid 7, 394 nur

'nova nupta') — 743 gdacht C — 744 zaubrey B — gůld C — 747
hanpt A — 748 inn eyn fewr AB, im feuwer C.

C a p. 6: 751 geschach AB — 754 gescheh ABC — 759 schwange
sich nach solcher C — 767 seiner AB — 768 Und] fehlt C — mennig-
lich C — 770 gehandlet AB — 774 solches C — 778 alsa ABC — 780
ungehewr AB — 784 land] waldt C — 785 seim AB — 787 schwingn
C — 788 entspringn C — 793 irm C — 794 richt in seim C — 807
Die zaubrey ir hůlff C — 808 wers kommen C.

C a p. 7, überschrift: wie in Minos ABC — Aeacus] Aegeus ABC
(vgl. v. 852) — 811 was] fehlt C — 812 Er] fehlt C — 825 kônig AB —
Wie kônig Minos von Crete C — 826 Unzahlbarlich C — 839 gewalt
AB — 842 Ins C — künigreich ABC — 843 künig AB — Der kônig
was Aeacus gnannt C — 845 Aegina C — 850 haben mein son C —
852 Aeacus] Egeus AB, Aegeus C — 860 kônig AB.

C a p. 8: 865 do] fehlt ABC — ware von C — 867 Clitus (Clytus
C) und mit namen Buten ABC — 868 Cephalus was eyner und auch
Luten AB, Cephalus auch all von Athen C (Bartsch s. CLIV vermutet
ein missverständnis von mhd. liuten, also etwa: Cephalus was auch
undr irn luten) — 869 Baldt C — 870 kôngs C — 875 Welch do AB,
So C — 876 da] von dem ABC — sidher von AB, der schon C —
887 O] fehlt C — künig ABC — 895 solches C — 903 keins C — 915
altn C — 916 zu] z C — 917 fragn C — 918 sagn C.

C a p. 9, überschritt: sterben] sturben C — 925 Nennen] fehlt C
— mutter ABC — 926 kurtz C — 928 gantz] fehlt C — künigreich
ABC — 935 den] fehlt C — 936 ins wasser C — 937 diß AB — 941
kleinest C — 949 auch] da C — 951 gschwindt AB — 955 halffen C
— 958 todter C — 959 inn] fehlt C — 960 glegen C — 961 mochten
C — 962 gdochten C — 964 Daß der gestanck C — 966 Gantz gehends
C — 970 Bald C — eyner ABC — 972 athems C — 973 ir C — 974
und] fehlt C — 975 vor grosser C — 976 gsitzen C — 977 so] fehlt C
— 978 gleiden C — 979 all C — 980. Vnd] fehlt C — auff die erdt C
— 984 gehends C — 985 Bald C — 986 Sie die kranckheit auch C —
987 glagen C — 988 die so der artzney C — 989 der trüb C — 990
Da was nichts das sie C — 991 und den C — 992 und] fehlt C —
993 bgert C — 994 unders] ins C — 1000 Irer AB — 1003 wie die
eckren C — 1004 Thun C — 1005 faul C — 1006 und wider C —
1012 solch C — geschwindt C — 1015 sehn C — 1016 Darinn C —
groß bitt geschehn C — 1019 Der gülden altar, drauff mit fleiß C
(Ovid 7, 588: quis non altaribus illis | Inrita tura tulit) — 1020 Ge-
setzet AB, Gsetzt war C — 1025 bittendt ehe C — 1026 die dern hal-
ben sie C — 1030 ehe ABC — 1036 so] fehlt AB — 1042 An inen
solche C — 1049 bgieng C — 1050 Allnthalb C — 1054 zum gebein AB.

C a p. 10, überschrift: omessen AB, eimmeißen C — 1063 irs C —
1064 Welcher] Der C — nennen C — 1065 du] fehlt C — 1066 mit
in C — 1067 plitz C — 1068 tonnerklapff C — 1070 solches C — 1075

geeignet AB — 1078 Eimmeißen C — 1081 Ach] fehlt C — 1082 Und]
fehlt C — 1084 onmeissen A, eimmeissen C — 1086 solches C — 1087
zu] z C — 1088 ungtriben AC — .1089 Ein solcher C — 1095 nit]
nichts C — 1099 onmeissen A, eimmeißen C — 1103 nidr C — 1104
widr C — 1105 der] fehlt C — 1106 ichs C — 1125 Und] fehlt C —
1126 bschawen AB, bschauwen C — 1129 entgegn C — 1130 degn C
— 1135 wil C — 1139 gewachsen AB — jarn C — 1140 fahrn C.

Cap. 11, überschrift: vertrieben C — 1146 Menniglich C — 1155
könig AB — vorhandn C — 1156 uffgestanden AB, auffgstandn C —
1163 zsammen C — 1164 gesprech AB — wider C — 1167 Und wel-
ches das eisen seyn solt C — 1181 und] fehlt C — 1182 wider C —
1183 gflogen C — 1184 vom bogen C.

Cap. 12, überschrift: wer ihm den spieß gegeben hab C — 1189
trauriglichen zu C — 1193 sachn C — 1194 machn C — 1202 aller schönst
C — 1203 war C — 1207 Erichtheus C — 1208 Procrim hat gmählet
C — 1212 falsche C — solchs C — vergünt A, vergunnt C — 1217
genant AB — 1226 schrin A — 1227 Derhalb C — 1228 der last C —
1239 ich] fehlt C — 1240 und] fehlt C — 1243 ich] sie C — 1247
probiern C — gestalt ABC — 1251 schmeichlendt C — gangen C —
1522 Mich sie hat züchtig C — 1265 zurkennen C — 1266 Wolt doch
vor C — 1267 doch] fehlt C — 1268 Dann] fehlt C — 1271 außerkorn
C — 1272 hochgeborn C — 1276 keyn AB — 1282 versprochen gab C
— 1283 ir lieb] irn leib C — 1304, anm.: habe] AB, fehlt C — 1307
massn C — 1308 lassn C — 1311 mir] wir C.

Cap. 13, überschrift: Lelappe AB — Procride AB — 1327 nu] thu
ABC — 1331 außgspanten C — 1332 mit] fehlt C — 1341 winbandt
AB — 1349 besehn C — 1350 verjehn C — 1352 der] die ABC —
1353 schlegt C — 1357 jagt C — 1358 unverzagt C — 1359 ers thier
C — 1360 Zustundt] Da C — 1363 zwerchs C — 1374 Zum] l. Im?
— 1380 ald] oder C — lauffn C — 1381 Solches — 1382 Cephali C.

Cap. 14: 1389 gehabt C — 1390 meinen C — 1397 klagn C —
1393 jagn C — 1399 Es bscha] Deß C — d] die ABC — 1402 dahei-
men blieb C — 1412 breitstein A — 1415 anweht C — 1416 erregt C
— 1418 rufft AB — 1419 benemmet C — 1424 stärcket C — 1431 f.
Bartsch XVII, 109 f. liest: 'Ir liebet mir genöte | walt und einöte' nach
Ovid 7, 819: 'Tu facis, ut silvas, ut amem loca sola — 1432 sig] sey
C — oder im C — 1435 athems C — 1436 l. hertz empfieng? — 1438
einer] ewas A, etwaß C — 1439 Der] Das ABC — 1441 meynt C —
mich] ich ABC — 1442 Mich etwan AB — 1444 Er] Sie ABC — 1445
meiner ABC — frauwn C — 1449 mußt C — 1450 unghaben C —
1460 jämmerlich C — geschicht ABC.

3. figur: 1 gefragt C — 3 beroten AB, brahten C — 3 hundts
C — 4 gestalt AB — 5 erschossn C — 6 irem AB — bettgenossn C.

Cap. 15, überschrift: Procris meynet, er rufft einem weib, seufftzt
derselben hertzlich C — thier lege in dem busch verborgen C — 1461

bernoch C — 1464 Hatte an meine C — 1469 nicht thut verziehn C
1470 verlaßnen also fliehn C — 1471 thut euch meins C — 1472 helfft C
—1473 lufft A — 1474 her A — 1481 buset C — 1483 gredt C — 1484
bwegen C — 1489 geschrey C — 1492 bertzliebste A — 1499 Und]
fehlt C — 1500 mir] fehlt C — 1502 bschebe ABC — 1504 Weh mir]
Ach C — 1504 welcher] der C — 1515 zur hellen C — 1516 du] fehlt
C — 1517 welcher C — grieffest A, greiffest B, gruffen C.

Das acht buch.

Ca p. 1: 5 Aeacus C — 6 Und] fehlt C — seiner ABC — 7 Ur-
laub han sie C — genummen AB, gnommen C — 8 zwen] fehlt C —
15 Bald C — 16 auffgzogen C — 17 gantz] fehlt C — 18 genummen
AB, gnommen C — 19 kőnig AB — 29 leucht C — 30 wie] fehlt C
— 31 seim AB — 34 den] der C — 35 thurns C — 36 mans růrt C
— 37 Welchs C — 38 harpffn C — 40 Drumb C — 41 kőnigs AB —
45 kriegs C — 46 sies heer seh C — 47 kannt C — 48 ir] fehlt C —
50 Minoa den kőnig C — 52 harnisch C — 53 bedeckt C — 54 gesteckt
C — 56 Solch AB — 58 armen C — 62 ungewopnet] Bartsch XVIII,
66 bessert: âne stegereif — 75 wolt C — 76 Übern C — 77 wolt]
fehlt C — 78 burgs C — 84 Welches C — heerlich AB — im feldt
C — 86 kőnig AB — Creta C — 87 Belegert] l. Gelegert? — 89 be-
schehn C — 90 gsehn C — 92 Bartsch XVIII, 96 vermutet: daz er
mich zu gisel neme — 93 trewn C — 94 gerewn C — 102 Ehe C —
105 under AB, unter C — zweyn C — 106 best kůssen AB, best er-
wehlen C — 107 Verråbtrey C — 108 sigloß C — 111 råcht C — 115
Darumb AB — 123 kőnig AB — 129 über ABC — all C — 130 Seiner
AB — 132 schőnst C — kőnigin ABC — 132, anm. Minei AB, Minois
C — 133 Jupitet A — 138 nach C — 141 Ach mir, wer ir gleich
also mehr C — 142 Das] Und C — 153 meins C — 154 mitsampt]
mit C.

Ca p. 2, überschrift: gehandlet] empfangen C — 155 solchs AB
— 157 macht C — 158 gdancken C — 183 den AB, diesen C — un-
gelimpf] unglauben ABC (oder ist zu lesen die ungebäre, ungehabe,
ungeschicht, ungefüge, das ungeferte? Ov. 8, 96 turbatus novi imagine
facti) — ersach] sach ABC — 191 Worlicher AB — 201 fliehn C —
202 ziehn C — 209 Zu dem meinem AB, Zun meinen C — 210 mein
schuldt AB, mich C — 211 gantz] fehlt C — 212 gniessen C — 213
werden] wirt C — 214 und] fehlt C — 217 Hoffendt C — 223 wildt]
waldt ABC — 224 die] d C — 225 Oder aber AB — 255 Wundert
AB — 259 wehrst C — 260 hinfehrst C — 269 Er] fehlt C — seiner
ABC — 273 nun] fehlt C — 274 Vorm C — 278 haarechtig C.

Ca p. 3, überschrift: gebiert C — ward und wie Theseus auß
unterweisung Ariadne diß monstrum hat umbgebracht C — 281 als
er gesigt C — 282 gehn] fehlt C — 285 ehrn C — 286 mehrn C —
289 geburt AB — 291 verwarn C — 292 Daß sein gstalt keiner mocht

erfahrn C — 293 auch] es C — seh C — 294 Do] fehlt C — 297 Derselb C — 298 zum C — 299 solches C — 301 listigs A — 303 den] fehlt C — 304 seltzam C — 305 Menander AB — 313 Labyrinth C — 315 heraussen C — 316 Der gieng erst in das C — 322 haben zur C — 324 könig AB — 325 must ABC — 326 Denselb C — 330 könig AB — 334 ungeheur AB — 335 gschwindt AB — 339 bfalch ABC — 341 rachn C — 342 bachn C — 344 Demselb C — hinein ABC — 345 erschlagn C — 346 tragn C — 349 vom C — 358 eygen AB.

2. figur: 2 fellt zu todt als er z hoch C — auf v. 5 folgt in C: Und von Meleagro gemetzgt.

Cap. 4, überschrift: todt, Dedalus der vatter beklaget ihn hefftiglich C — 367 erkorn C — 368 welchem er ware geborn C — 369 wehrn C — 370 kehrn C — 375 Und] fehlt C — 376 und] fehlt C — 377 Je ein C — 383 sie] sich C — 387 vollzogn C — 388 geflogn C — 395 nicht die sonn C — 396 zu] z C — 398 Vom C — 399 nachfliegn C — 400 betriegn C — 407 im lufft C — 408 der] fehlt C — 409 irn C — 415 sah C — 416 zu] z C — 417 meinet AB — bewarn C — 418 widerfahrn C — 419 Inn dem] l. Wie wenn? — adler C — 420 ger C — 424 Dergleichen] Darzu C — statt] vier stett ABC — 426 Und] fehlt ABC — da geit C — 431 als] ståts C — 433 So] fehlt C — 434 sein C — 444 nun ABC — 445 schawt C — 446 seins C — 455 klagn C — 456 schlagn C.

Cap. 5, überschrift: künstler C — deß Dedali unfals fast C — 463 Dedale AB, Dedalum C — 465 schlagn C — 466 tagn C — 470 es] l. er? — 474 Welchen man mage C — 478 hessig] zornig C — 481 gfallen zu todt C — 483 Welche dann auch C — 493 höh C — 494 förcht C — 495 gstreuß C — 496 auch] fehlt C — 497 sorgt C — 498 höh C.

Cap. 6, überschrift: umgebracht wirt C — 505 sendn C — 506 endn C — 507 spieß A — anm. Minotaurus] Centaurus AB, fehlt C — 508 priß A — 509 erschlagn C — 510 sagn C — 518 Darumb AB — 523 Welche AB — 524 Calydonem C — 527 drumb C — 528 gemeinlich AB — alln C — 529 die] fehlt C — 530 Jedem C — 541 ungrochen C — 542 solchs C — 545 bürsten ,C — 549 waren AB — 559 geleit AB — 560 ecker C — 564 zeen C — z] zu ABC — 565 Reiffs unreiffs blieb nicht C — 566 mit sicheln C — 567 thets C — 568 verwüsts C — 569 es] fehlt ABC — zu C — 574 gewerff AB — 575 füch] fuchs ABC — 577 fliehn C — 578 beziehn C — 580 außschuß C — 583 Dern C — 584 zurkriegen C — 587 bschreigten AB, beschreiten C — 589 der] fehlt C — gejeidt ABC — 593 Deren einer hieß C — 594 nam ABC — 595 dergleich C — 596 und] fehlt C — 597 Der C — gwesen ABC — 600 Panopeus] l. Pirithous? — 603 Peleus AB — Eurytion C — 604 Dergleichen AB — 605 seinem AB — 606 genant AB — 611 jungfrawn C — 612 die] fehlt C — 613 Die ABC — hieß Atalante C — 614 grosse ehr C — 617 magt C — 618 jagt C — 625 geflochten AB — 628 junckfrawen AB, jungfrauwn C.

Cap. 7, überschrift: Tegeña C — umbgebracht und erlegt ward C — 639 unabgehawner AB — 645 umbstalltens C — 646 Und] fehlt C — 647 rumb C — 648 wol breitet C — 650 seim gespör C — 651 irm C — 652 übrladen C — 659 eyner AB — 662 seinen AB — 664 schuß C — 667 hernach C — 668 zu jach C — 670 Meleager] vgl. Ov. 8, 350: Ampycides — anrüffet AB — 674 schuß C — 675 Seiner ABC — gnoß C — 678 in ABC — 683 Und lieff AB — fast] fehlt C — Eupalamone AB, Eupalamonem C (Ov. 8, 360 Hippalmon) — 684 welch AB, welchen C — Pelagone ABC — auch] fehlt ABC — 688 wil AC — 689 floh C — 691 Und] fehlt C — seinen AB — 692 Beydsamm C — 693 alln C — 694 falln C — 696 bereyt AB — 697 Troy] trew AB — 700 gar] er ABC — 708 entfloch C — 713 eynes AB — 717 stirn C — 718 brudr C — 719 völliglich C — 720 irn C — 721 Hatt AB, Hat C — 722 alln C — 723 verwundt C — 731 bnemmen C — 732 würdn C — 737 einr C — 738 sehr] fehlt C -- 739 zwingn C — 740 springn C — 741 jung] fehlt C — 742 fleissig] wol C — 745 solt] fehlt C — 746 solch ehr soll C — 749 entgegn C — 750 degn C — 751 hiewe AB — 753 Perithous C — 772 ungeschicht AB — 775 schuß C — 776 zweyn langen geren unnd spieß C — 779 hindurchi A, hindurch B, hindurcher C — 781 Und] fehlt C — also ABC — 782 der] eyn ABC — breit AB — 784 bhendt AB — 787 bauch C — 789 gemeinlich ABC — 790 geschrey AB — 791 Meleagro C — 793 Und] fehlt C — 794 anrürn C.

3. figur: 2 ins feuwer C — 3 stirbt C — 6 Erisichtone AB.

Cap. 8, überschrift: widerrieht C — seine vettern C — 800 nemmet C — 804 So] fehlt C — ich AB — Atalante diß C — 805 sie es C — zü eyner AB, zur C — 806 schnit C — 810 schanckte AB —· 812 d] die ABC — 813 bargen C — 815 fründt C — 817 Wir wölns C — 818 d] du C — jagrecht C — 819 Darumb AB — 822 Nach ABC — 829 Seinen C — geehren AB, spieß C — 838 Meleagcr] Toxippus als C — 839 Allda stundt also C — 840 Meleager zuckt bhendt sein schafft C -· 841 seiner AB — wundn C — 842 daundn C — 843 ein C — 844 sein C.

Cap. 9, überschrift: schwester Toxippi und Plexippi C — über ihren son von wegen deß todtschlags, einer geringen ursach halben an iren brüdern begangen, ligt in mancherley gedancken, sucht weg, ihre brüder zu rechen; unnd ob sie schon lang hinder sich die kindtliche lieb hielte, so wurd sie doch letzlich von dem zorn überwunden, nimpt derowegen den stecken, von den dreyen göttinnen zur zeit seiner geburt ihr gegeben, und würfft ihn in das feuwer, dieweil sie von den göttinen gehöret hatt, daß durch verbrennung deß steckens auch sein leben soll geendet werden C — 848 geehret AB, geehrt C — 849 Drumb C — 850 Irm C — 855 wirser] weher C — 860 todtschlag C — 864 gebar irn C — 865 Damals C — 866 Welchen] Den

C — leben ABC — 869 fewr ABC — 870 wortn C — 872 im feuwer
C — 875 bsengt C — 876 sprengt C — 879 oberzelt schnell AB,
gschwindt und schnell C — 884 auch C — 888 hertz zween C — 889
fürn bruder C — 890 fürs kindt C — 883 So] fehlt C — 894 irs C
— 897 gestalt AB — 899 trawrenden glich C — 901 hertzeliche C —
und] fehlt ABC — 902 Dorret in ir ir C — 905 wals] l. wag? vgl.
Haupt, ZfdA. 8, 416 — 908 anderm C — 910 faßt C — 911—913 vgl.
Bartsch XIX, 545 f.: Sus streit die wankelmûte, die mûter vur die
gûte, vur den arc die swester — 912 Jetzt] fehlt ABC — mutter hie
mit C — 913 Dann] fehlt ABC — 914 je] fehlt C.

    C a p. 10 schliesst sich in C ohne überschrift an cap. 9 an — 919
Kompt ir hellischen C — 928 todten AB — 931 Oneus AB — 932
beraubt werden dißmol C — 934 Seiner ABC — braubt C — 935
Thesti C — 936 Deßgleich C — 937 Meiner AB — 938 rahtet C —
939 sehet C — 947 erhebn C — Bartsch XIX, 581 liest: ir sult michs
verheben — 948 Thut C — eyner AB — 952 Ey] Er C — 953 Und
seyn deß C — königreichs ABC — 955 scepter C — und] die C —
königliche AB, königlich C — 957 böß] fehlt C — 958 sein C — 965
erarnen] tragen C — 967 damals C — 970 stürbest AB — 971 Der-
halb C — 972 geben C — 975 wider C — 976 hie] fehlt C — 977
zun brüdern C — 978 gfrommen C — 979 nicht mag C — 983 Walan
A — siegn C — 984 Und] Oder C — gar] fehlt C — lign C — 985
grochen C — 986 gsprochen ABC.

    C a p. 11 (10 C): 997 meinet er solche C — 999 wehtagn C —
1000 sagn C — 1001 sterckst AB, stärckest C — 1002 umbgbracht C
— 1006 im feuwer C — 1007 bgunden] thet C — 1008 all C — ge-
meynen AB — 1010 Beweinten beyde mann C — 1011 unter C —
1012 das volck C — 1016 seim] dem C — 1017 waltzt C — 1021 eim
C — 1022 grochen C — 1025 gnug C — 1026 Ja] fehlt C — 1027
klagen und] elendt C — 1028 hertz ABC — 1029 und] fehlt C —
1030 irn C — 1031 und] fehlt C — 1032 bgraben C — 1033 dobei]
da C — 1034 erdt C — 1041 gehört AB — 1042 sind] und C.

    C a p. 12 (11 C), überschrift: Acheolus [!] erzehlet, wie mancherley
gestalt an sich Proteus und die tochter Erisichthonis nemme; wie
Erisichthon ihr vatter ein gottloser mann gewesen, wie er der göttin
Cereri einen eichbaum zu trutz hab umbgehauwen und einen, der im
solches gewehret, umbgebracht; wie die eiche, als sie mit der axt ge-
schlagen, höchlich geseufftzet und klägliche stimm von sich gegeben;
wie die waldgötten getrauret deß baums halben; wie Ceres ihre magt
zum Hunger sendet, den Erisichthonem zu straffen C — 1043 Solches
C — 1044 sunderlich] erstlich C — 1045 im] in C — 1047 Acheolus
C — 1049 gar] fehlt ABC — manicher C — 1052 Etlich AB — 1053
verstelln C — 1054 welcher ABC — dingen sie wölln C — 1064 un-
gehewre C — 1069 Er] fehlt C — wasser ABC — 1071 gestalten AB
— 1078 lebend C — 1083 zugeyget AB, zugeeignet C — warn C —

1084 jarn C — 1085 exten nider hawn C — 1086 frawn C — 1089
Der] Die AB — 1095 niderhawn C — 1096 waldtfrawn C — 1097
hörn C — 1098 getemmer] wesen C — 1104 mocht AB — eyner AB
— lies etwa: mocht sie selbdritt umbfohn; Bartsch XX, 61 schreibt:
'Sie was, als daz bůch quit, funfzehen ellen wît', nach Ovid 8, 748 :
'mensuraque roboris ulnas quinque ter implebat' — 1110 nit] nichts C —
1114 baüm A — 1115 selb C — 1116 disen] den C — 1121 Und] fehlt
C — 1122 Baldt C — 1125 solches C — 1133 magt wohne C — 1135
Jetzt C — 1136 mußt C — 1143 wölln C — 1149 erbibt C — 1150
solchs C — 1154 Vormals kamen zusammen C — 1155 zweyn C —
1156 gbotten C — 1157 eine andre magt] Bartsch XX, 116 ändert un-
nötig: 'eine bercminnen' nach Ov. 8, 787: agrestem oreada — 1161
erdn C — 1162 gewerdn C — 1163 ein] fehlt ABC — noch auch C
— 1165 siht C — 1166 — und] fehlt ABC — 1169 sagn C — 1170
magn C — 1172 ersettigen AB, settigen C — 1175 ohn] an C — 1176
gthon AB, gethan C — 1178 meiner AB — 1179 machn C — 1180
drachn C — 1181 fahrn C — 1182 sparn C — 1185 die dick wolcken
C — das] fehlt ABC — 1186 Scyciam AB — 1187 vil] fehlt C — ge-
birg ABC — 1190 och] noch C.

    Cap. 13 (12 C), überschrift: Die magt Cereris kompt zu dem
Hunger, welches beschreibung hie verzeichnet, zeigt im an den befehl
Cereris; der Hunger ist willig, fehret dahin, überfellet den Erisich-
thonem mit hungersnot, also daß er alles verzehret und endtlich auch
sein tochter verkaufft, welche doch wider auß der handt deß kauffers
durch hülff Neptuni, indem sie eines fischers gestallt überkam, ist er-
lediget worden C — 1191 wol] baldt C — 1192 so vil] gar alt C —
1195 er] fehlt C — 1196 möcht C — 1199 gspannt C — 1200 dürre
C — 1. Sein wangen dürr, sein lefftzen klein ? — 1201 gesicht C —
1202 man gar kein fleisch C — 1209 klebn C — 1210 ebn C — 1211
gbein C — 1212 als woltens fallen C — 1215 solches C — 1216 d] fehlt
ABC — 1217 überfalln C — 1218 alln C — 1221 So C — 1222 irn
C — 1224 Eumonyam B, Aemoniam C — 1227 pallast C — 1228 Eri-
sichtone AB — 1231 seinem AB, seim C — 1232 kunds C — do] fehlt
C — 1235 noch] nit AB, nicht C (Ovid 8, 823: adhuc) — 1240 er
lang gesehnet het C — 1245 und] fehlt C — 1246 Zustund] Gleich
C — 1247 do] fehlt AB, je C — 1250 gewesen AB — 1257 innflüssn
C — 1258 wassergüssn C — 1259 eim feuwer C — 1263 dem] disem
AB — 1271 Hatt alls verfressen und verzehrt C — 1272 gwehrt C
— 1274 Alles das AB, Von allem C — 1284 meiner C — 1286 der]
fehlt AB — 1287 Eyn AB — 1291 kauffmagt C — 1292 O] fehlt C
— 1293 ersten AB, jetzt C — magt C — 1294 fragt C — 1301 fischer-
weyd C.

    Cap. 14 (13 C), überschrift: Erisichthon als er sahe, daß sein
tochter wider kam, verkaufft er sie darnach gar offt in verkehrter
gestallt, kan doch sein hunger nicht büssen, schnidt ihm seine eygene

arm ab, fraß sie; also schleußt Achelous seine redt, zeiget darneben an, wie auch er könne mancherley gestallt an sich nemmen C — 1307 tochtr C — 1308 verkaufft C — 1316 hie AB — 1321 gestalt ABC — 1323 eynem] eim C — 1324 klein C — 1328 möget C — 1330 langst C — 1331 gebrochn C — 1332 gesprochn C — 1333 erseufftzt C — 1334 allsammen C.

In C sind noch drei weitere kapitel (14—16) hinzugefügt, welche die bei Wickram fehlenden geschichten von Perimele (Ovid 8, 591—610) und von Philemon und Baucis (Ovid 8, 626—720) nach Spreng enthalten.

--- ----

Bemerkte druckfehler.

s. 3, 21 lies latinischer — 17, 160 waßer — 88, 987 trawriglich. — 117¹, vorletzte zeile l. an einem.

Berlin, 23. mai 1905.

Johannes Bolte.

Inhalt.

P. Ouidij Nasonis desz aller sinn-

reichsten Poeten METAMORPHOSIS / Das ist von der
wunderbarlicher Verenderung der Gestalten der Menschen/Thier/
vnd anderer Creaturen etc. Jederman lüstlich/besonder aber allen Malern/
Bildthauwern/vnnd dergleichen allen künstnern nützlich / Von wegen
der artigen Inuention vnnd Tichtung. Etwan durch den
Wolgelerten M. Albrechten von Halberstat inn Reime
weiß verteutscht / Jetz erstlich gebessert vnd mit Fi-
guren der Fabeln gezirt / durch Georg
Wickram zu Colmar. etc.

EPIMYTHIVM.

Das ist

Der lüstigen Fabeln deß obgemeltes bůchs Außlegung / jeder-
man kürtzweilig / vornemlich aber allen liebhabern der
Edeln Poesi stadtlich zu lesen Gerhardi
Lorichij Hadamarij.

Buchdruckerzeichen des
J. Schöffer.

Vgl. Heitz, Frankfurter
und Mainzer
druckerzeichen
1896 taf. 6, no. 11.

Getruckt zu Meintz bei Iuo Schöffer mit Keyserlicher Ma-
iestat Gnadt vnd Freyheit nit nach zu Trucken. etc.
Anno M. D. XLV.

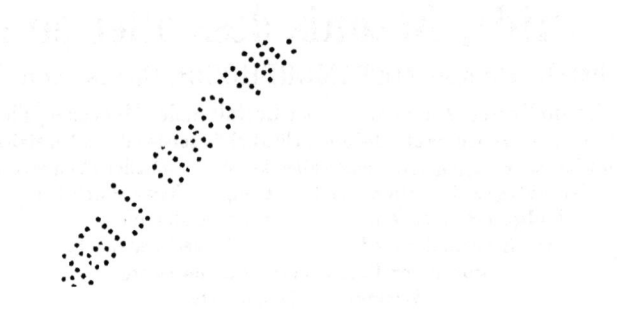

[a2a] Dem edlen unnd vesten Wilhelm Böckle von
Böcklinsaw, obervogt zu Rufach und inn der Mondat,
mein gantz fleissig und willigen dienst zuvor etc.

Edler vester juncker, nachdem ich erstmols bei eüwer
veste inn kantnuß kummen bin und mir unverdienter sachen
vil freundtschafft von eüwer veste begegnet, für welche güt-
that ich vor langen schuldig gewesen widergelt zů thun, mir
aber nie von wegen meines gebrechlichen groben verstandts 5
gebüren hat mögen; dieweil ich aber je bekennen můß, daß
kein grösser laster dann undanckbarkeyt erfunden werden mag,
hab ich mich je, so weit mir müglich gewesen und mein
schlechter verstandt und ringe kunst vermag, erzeigen wöllen,
winsch und beger hierauff, daß solch mein arbeyt eüwer veste 10
zů gefallen gestelt sei. Dan ich můß bekennen, dise mein
arbeyt ring genůg, ursach daß mir under den neün göttinnen
der freyen künste keyne nie zů gesicht kamm; auch das sol-
cher reiche und lieplich poet wirdiger gewesen wer, mit höhe-
rem verstand, bessern reimen und zierlicherem teütschen an 15
tag zů bringen. Hat mich doch der lust, so ich zů disem
poeten getragen, auch geneigter underteniger willen zů eüwer
veste verursachet, allen müglichen fleiß hierinn anzůwenden
und dise lieplichen fablen inn meine schlechten und gewon-
lichen reimen zů stellen, wiewol eüwer veste nit meynen soll 20
mich so erfaren sein inn latinischer sprach, daß ich diß buch
auß dem latain transferiert hab; dann ich deß lateins gar un-
kundig binn.

1 *

Damit aber etlwer veste vernem, woher mir diß bůch be-
hendigt, hat sich dergestalt zůgetragen, als man zalt von unsers
herren und seligmachers gebůrt 1210 jar zů den zeitten des
löblichen fürsten unnd herren lantgraven Hermans, eyn lant-
5 vogt inn Türingen. Diser hat gehabt auff eynem seinem schloß
Zechenbůch genant eynen wolgelerten mann mit namen A l-
brecht von Halberstatt auß dem landt Sachsen, der-
selbig mit grosser arbeyt dise fünfzehen bůcher inn reimen
gestelt. Wie aber semliche reimen geschriben seind, werden
10 an volgendem blat inn seiner vorred, die ich nit hab enderen
wöllen, gelesen; wiewol ich die inn keynen weg schelten kan,
so seind sie doch mit solchem alten teütsch und kurtzen versen
gemacht, so daß sie mit keynem verstand gelesen mögen wer-
den. Dieselben reimen hab ich nit alleyn geendert oder cor-
15 rigiert, sunder gantz von neűwem nach meinem vermögen inn
volgende ordnung brocht und auch mit schlechter kunst als
eyn selbgewachßner moler mit figuren gekleidet.

Bitt hiemit ewer veste, sollich mein wolmeynung inn
keynen ungünsten uffnemen, sonder zů eynem newen seligen
20 jar günsticklich von mir empfahen, mich etlwer veste als eyn
gehorsamen underthenigen diener befolhen sein lassen.

Datum Colmar den 25. decembris [1544].

Etlwer veste willig gehorsamer
Jörg Wickram zů Colmar.

[a2b]   **Meyster Albrechts prologus**
H e b e t   s i c h   h i e   a l s u s[1]).

Arme und rich,
Den ich willicklich
Meines dienstes bin bereyt
Zů lhone meiner arbeyt,
5 Vernemend alle besunder
Die manigfalden wunder,
Die ich euch inn disem bůch sag,
Wie vor manigem altem tag,
Do die welt gemachet ward,
10 Die leůt wurden verkart
Und manig weiß verschaffen,
Das leyen und pfaffen
Unglaublich ist.
Doch wisset ir wol seit diser frist,
15 Daß gott geschůff Adam
Biß zů Abraham,
Der sein erste hold
Waß, das er nie wold
Sich niemand kůnd
20 Durch der leůte sůnd,
Die sich versencket hetten.
Waß sie da thetten,
Sie betten an die abgötte,
Inn der teůffel gebotte
25 Stunden sie gemeyn,
Holtz und steyn
Ir opfer sie brachten,
Die stummen unbedachten
Hattens an den meen,
30 Das die von götten weren.
Sie waren unversunnen
Und glaubten an die brunnen
Und an die bäum inn dem wald.
Deß můste ir gewald

35 Der teůfelische meisterschafft,
Der an ihn wisset sein krafft
[a3a]Durch mancher hand peine,
Wan sie waren seine.
Deß mocht er sicherlich,
40 Er erließ eß der welt nicht,
Wan do war groß sein gesůch.
Der sinne an disem bůch
Inn rechtem hat geflissen,
Der er ist, solt ihr wissen:
45 Entweder diser zweyer,
Weder Schwab noch Beyer,
Weder Tůring noch Franck.
Deß laß ich ich sein zů danck,
Ob ihr fůnden ihn den reimen,
50 Die sich zůnander leimen,
Falsch oder unrecht.
Wann eyn Sachs, heisset Albrecht
Geboren von Halberstatt,
Euch diß bůch gemachet hat
55 Von latin zů teůtsche.
So vil gůter leůte
An tichten gewesen ist,
Daß sie es an mich haben gefrist,
Das will ich losen on haß,
60 Das man auch etwaß
Genůsse meyner sinne.
Inn dem ersten beginne
Saget eß, wie die welt ward,
An ihr nicht gespart,
65 Wie den leůten geschach
Wunders, wie ich eh sprach
Nach ihrem glauben vill;
Wie das wert biß an das zil,

*

1) Eine kritische herstellung dieses textes liefert M. Haupt (Zs. f.
dtsch. altert. 3, 289—292) und K. Bartsch (Albrecht von Halberstadt
1861 s. 1—3).

Das Augustus zů kamm,
70 Der zins von aller welt namm
Und macht so gethonen friden,
Das man die schwert begund
        schmiden
Inn segen und wercken ließ
Zů den sicheln den spieß.
75 Do wolt geboren werden
Und erscheinen der erden
Christus unser heilant,
[a3b] Von gott dem vatter gesant.
Von eyner junckfrawen geboren
80 Darzů sunderlich außerkoren.
Darnach über lange zeit,
Als ich euch jetz bedeit,
Auch da setz zůvor
Zwelff hundert jor

85 Und zehene bevorn [1]),
Seit unser herr ward geporn,
Ergangen an die stund,
Daß ich daß bůch begund
Bei eynes fursten zeiten,
90 Der inn allen landen weiten.
Daß was der vogt von Türingenlant
Von seiner tugent wol bekant,
Der lantgrafe Herman.
Ich han billichen daran
95 Dem fursten zů hand;
Wan diß bůch inn seinem landt
Auff eynem berg wolbekandt,
Er ist Zechenbuch [2]) genant,
Wardt inn dichten gedacht,
100 Begunnen und vollenbracht.
        Finis.

[Vorrede.]

Freüntlicher lieber leser, ich bitt mit allem fleiß, wöllest
mir nit zů argem ermessen, daß ich obgemelte meister Al-
brecht vorred imm ingang diß bůchs gestelt. Dann das auß
keyner verachtnuß geschehen, sunder alleyn darum, das du magst
5 erkennen, wo dise bücher solcher gestalt getruckt weren worden,
das sie mit schwerem verstand hetten mügen gefaßt werden,
wie dann die alten reimen gemeinlich mit schwerem verstand
außgetruckt seindt. Bitt auch hiemit sampt und sunders, wo
ich inn meinen reimen zů litzel oder vil daran gethon, mir
10 die gütlich corrigieren, auch meinem unverstandt zůgeben,
So weit mir aber müglich, hab ich mich geflissen, meine reimen
zum verstentlichsten zů machen, auch hierinn alle unzucht ver-
mitten, damit diß bůch von jungen und alten, frawen und
junckfrawen sunder allen anstos [mag] gelesen werden.
15 Nůn ist fürnemlich zů mercken, das diser zierlich poet
alles, so er schreibt, in lauter fablen verwendet, wiewol solche
fablen iren ursprung auß den waren historiis haben. Dann

1) Randnote: Nota, so lang ists, das diß buch erstlich verteutscht,
nemlich 335 jar.
2) 'zu Jecheburc' bessert J. Grimm (Zs. f. d. altert. 8, 10 = Klei-
nere schriften 7, 283).

als er schreibt von der Io oder Isidis, wie die inn eyn kû
verwendet, ist der warheyt nit gar ungleich; dann Jupiter
hatt dise junckfraw auff eynem schiff, an weliches segel eyn
kû gemolt, hinweggefürt. Er meldet auch von der Europa,
welche·Jupiter, als [a4a] er sich inn eyn ochsen verwandelt, 5
über meer gefürt; mag auch also verstanden werden. Also
deren gleichen vil, welche historien hie zû lang zû erzelen
weren. Du magst sie aber noch der leng lesen inn Johanni
Bocatio, welchs bûch beschreibt die teuren und lobwirdigen
weiber. Darumb, lieber leser, solt du disen edlen poeten nit 10
anders lesen dann vor lustige umbgewente historien unnd aber
die fablen der warheyt nit ungleich.

Hierin ist auch sunderlich warzunemen des armen und
sehr schwachen glaubens, so die heiden gehabt, welche bey-
weilen iren göttern zûmessen alle schand und laster; als dem 15
gott Jupiter legen sie zû den ehbruch, Mercurio todtschlag,
dem Phebo bûlschafft, Veneri unkeûscheyt, dem Baccho fül-
lerey, der Juno neid und haß, und inn summa alle laster
messen sie disen iren teüflischen göttern zû, des sie auch
und nichts anders werdt seind. Es hat auch diser poet eyn 20
solche weiß durchauß, das er ire heydnische cerimonien ver-
lachett und verspottet und wenig. ja schier gar nichts darauff
haltet und nûr also sein fabelwerck damit treibt, wiewol sehr
lustig und lieplich.

Hiemit, lieber leser, sey gott inn seinen schirm bevolhen! 25
Datum Colmar den 28. decembris [1544].

Die vorrede inn diß bûch.

O v i d i u s ist mein rechter nammen,
Glert leût die kennend mich alsammen.
Die, so mein bûcher hand gelesen,
Müssen mein zeûgen jetzund wesen.
5 Geschriben hab ich inn latein
Zierlicher schöner bûcher neün,
Welche zû nennen wern zû lanck.
Jedoch so sthot mir mein gedanck,
Under den neünen eyns zû nennen,

Ungstümlich durch einander lieffen.
Die erdt sich nidersenckt schwerlich
10 Eym bleyklotz inn eym teig gelich.
So mocht auch inn kein weg die erden
Vor den wassern niemer satt werden.
Dem wasser gschach von ir auch bang,
Das es mocht kummen inn keyn gang,
15 Und stritten also umb das gwicht.
Die schwâre kempffet mit der licht,
Daß trucken war wider daß naß,
Die hitz wider die keltin was.
All ding starck wider nander war
20 Mit solchen krefften, daß nie gar
Die element kamen inn gmeyn¹);
Sie mochten haben keyn vereyn.
Kein sûnn noch mon noch scheinen thet,
Die finsternuß irn fürgang hett.
[1b]   Jedoch wie die ding gschaffen waren,
Hat menschlich vernunfft nie erfaren;
Dann so mehr man druff sint und tracht,
So mehr irrig wirt man, ich acht.
Drumb ich den für eyn thoren halt,
30 Der will erwâgen solcher gstalt
Die ding, die niemmer seind z erfaren;
Ich gleich inn eynem tollen narren²),
So voglen geht inn eynem wald
Eyn unbekanten weg und hald
35 Und geht doch für sich mehr und mehr,
Biß er verirret also sehr,
Das er nit weißt, wo auß er soll;
Wer doch hie aussen bliben wol,
Dieweil er steg und weg noch wust.
40 Also irt er sich auch umbsunst,
So heymlich ding meynt zû ergründen,
So menschlich vernunfft nie mocht finden.

*

1) Randnote: Von widerwertigkeit der element.
2) Gleichnuß eines narrechten voglers.

C a p. 2.

Wie sich die element vereynpart handt. [Ovid 1, 21—44.]

Demnach der ewig mechtig gott[1])
Den streit und span zerteilen wott,
45 Schied er das wasser von der erdt,
Die finsternuß vom liecht abkert.
Der lufft, das meer, himel und erden
Niemermehr anders gmachet werden,
Dann wie sie gott mit ersten band,
50 Also bleibt jedes inn seim stand.
Was inn der hôh am himel schwebt,
Niemermehr noch der erden strept.
Deßgleich als, das do ist auff erden,
Mag wesenlichen niemmer werden
55 Hoch inn den lüfften außgebreit.
Also ward der streit hingeleit
Durch den ewigen schôpffer schnel.
Die erden macht er gantz simwel,
Umbgab die mit wallendem meer,
60 Draus sich die windt erheben seer.
Das erdtrich er mit brunnenquallen
Rûlich begobt und wasserwallen;
Die fliessen all ir zirck und geng
Als noch der breitt und nach der leng
65 Auß tieffem meer und kummen all
Wider dorin inn irem vall,
So sie die erdt durchwessert hand
Und feucht gemacht die trucknen landt.
Er ordnet berg und gipffel hoch,
70 Die thâler inn [ein] ebni zoch,
Die zweig an beumen ordlich breit
Mit iren esten außgeleit.

C a p. 3.

Von den fünff himelstrassen. [Ovid 1, 45—60.]

Der himel ward geteilt gelich

---

1) Hôffliche sprûch des poeten von erschaffung der element, und
was die welt vor gewesen sey.

Inn fünff gleicher teil ordenlich.

75 Darunder ist der mittel kreiß
Gleich eim brinnenden fewr gantz heiß;
Die aussern himel seind so kalt,
Das man nit kelters fündet bald;
Die letsten zwen seind temperiert,
80 Werden mittelmessig regiert
Weder zů heiß, weder zů kalt;
Dann der jedes hat gleichen gwalt,
Nun ist das erdtrich außgeteilet
Inn drey teil, daß eß gar nicht felet [1]).
85 Das erst theyl ist so heiß von fewr
Und von der hitz so ungeheuer,
Das ihn kein mensch bewonen mag
An keinem ort bei nacht noch tag.
Der andren zweyer himmel ist
90 Alweg so grimm und kalt von gfrist,
Das niemant do vor schne noch eiß
Bewonen mag denselben kreiß.
Der letzsten himel theyl der erden
Durch ir mittel bewonet werden.
95 Er hat auch gschaffen, daß vom lufft
Kummen solten reiffen und tufft,
Darzů die werme und die kelt,
So sich erspreit inn allem feld,
So sie von oben abher geht
100 Und auff der erden sich anschlebt.
Auch wurden gschaffen alle wind [2]),
So mit dem lufft vereinpart sind.
Die bringen mit in regen, tonder;
Ein jeder hat sein art besunder.
105 Darumb wann sie etwan zů zeyten
All vier wider eynander streiten,
Worlich es nicht eyn wunder wer,

*

1) Wie die welt inn drei theyl geteilt, deren nit mer dann eyn
theil bewont wirt.
2) Vonn eigenschafft der wind.

Wann sie als, das auff erdn und meer,
Von boden auß dem grund zerrissen
110 Und auff der erden gar zerschmissen.
Dann wo sie hetten gwalt geleich,
Sie stürtzten [bald] daß gantz erdtrich.

Cap. 4.

Von der vier hauptwinden iren namen, art und eigenschafften. [Ovid
1, 61—85.]

Eurus der wind wont gegen osten
Mit seinem temperierten plosen.
115 Aeolus in beschlossen halt
Inn einer starcken hûl mit gwalt;
Er ist gantz milt zû seiner zeit,
Demnach er ettwan kûle geit.
Ein sanffter wind Zephirus gût
120 Den halt auch Aeolus inn hût.
[2a] Derselb wehet von westen her,
So kummet der trûb wind Auster
Von suden trawrig her geflogen,
Mit schwartzen wolcken überzogen.
125 Inn sein fettichen ist er laß,
Dann sie im seind von regen naß
Und auch von wasser hart beschwert.
Boreas im entgegen fert
Mit kaltem lufft über die maß ¹),
130 Damit erfeult er laub und graß.
Er weht doher auß eys und schne
Und kumpt her von norden dem see.
Do nûn der himel gseubert war
Von den irdischen dingen gar
135 Und die grob dickheyt waß dohien,
Do sah man schon der sternen schien
Inn allem himel schon vermengt
Und allenthalben schon behenckt.
Als got diß als erschaffen hatt,

1) Von eigenschafft der wind.

140 Ordnet er jedes ann sein statt:
Dem himel sternen, sunn und mon,
Dem lufft daß edel gfögel schon,
Die fisch gingen inn wasserflüssen,
Das wilpret wont inn den wiltnussen.
145 Noch mocht kein rechter bruch nit werden,
Dieweil keyn mensch nit lebt auff erden.
Darumb got auch den menschen schuff
Reich am verstandt inn sein berůff;
Gott gab im gwalt übr alle ding,
150 So waren inn der erden ring.
Der mensch auffrecht gestellet ist,
Welche gnad andren thieren gbrist.
Darumb in gott also gemacht,
Domit er sthets sein wunder bdracht.

Cap. 5.
Von den vier zeiten deß jars, und erstmals von der gülden zeit.
[Ovid 1, 89—112.]

155   Die erst zeit billich wirt erkant
Für gülden und also genant.
Dann der zeit als menschlich geschlecht
Auß gantzem hertzen liebt daß recht.
Do hielt man steiff trew und warheit
160 On all gelübt, forcht oder eydt.
So dorfft man keyn rechtlichen zwanck,
Keinr detht dem andren zkurtz noch zlanck.
Auß gantzem grundt bestundt das recht,
Gleich was der herr und auch der knecht.
165 Do was noch kein verschloßne statt,
Keyn gwaltig bergschloß niemant hatt,
Keyn hohe dürn dorfft man nit haben,
Da sach man keynen tieffen graben.
Do war keyn unfrid noch kriegsgschrey,
170 Auch keyn groß rüstung mancherley.
Domal kein roß nie gsatlet war,
Kein harnisch noch kein helmlin gar,
Do was kein ampt noch regiment,

Keinr ward vom andern groß genent.
175 Keinr arbeit ward auch nit gepflegen,
All hantierung blib underwegen.
Die weld noch undurchhawen stunden,
Kein schiff noch maßbaum ward nie funden,
Niemand stalt noch gelt, gůt noch hab.
180 Do war kein hilck, galee noch naff,
Kein schiffart über meer nie gschehen,
Eyn nation alleyn ward gsehen.
Die welt hatt an der speis genůg,
So in das erdtrich selber trůg.
185 Umb fisch, vögel thet man nit flehen;
[Die] hagenbutten und auch schlehen,
Die eycheln, biren, andre frücht
Und erdbern war ir best gericht,
Auch andre wůrtzlen auß dem grundt,
190 Das war ir besten speis außbunt.
Do braucht man noch kein ehg noch pflug,
Und wůchs in dannoch frucht genůg
Ohn aller menschen arbeit groß;
Milch, hônig, wein inn bechen floß.
195 Deß summers zeit die weret immer,
Do sah man keynen winter niemmer.
Die sannften wind von Zephiro
Die giengen auff der erd so noh,
Daß sie bewehten bâum und graß,
200 Welchs niemmermehr ohn blůmlin waß.
Die bâum geziert von frücht und blůst,
Von würmen keiner ward verwůst.
Darumb man billich mag genennen
Die gůlden zeit, für die erkennen.

Cap. 6.

Wie nach der gülden zeit die silbern kam; von ir nachgenden eigen-
schafft. [Ovid 1, 113 –124.]

205   Bald Jupiter den Saturnum
Von himel trib, do war schon rum
Die gůlden zeit, und auff der ban

Die silber zeit, die fing jetz an.
Wann Jupiter alleyn für sich
210 Behalten thet das himelrich,
Do huben sich die jar silbrin,
Warn gût, doch nit so gût als jhen.
Dann sich die zeit verendert schier,
Und ward daß jar geteilt inn vier
215 Quattember, wie mans noch jetz halt.
[2b] Do ward die zeit ungleicher gstalt;
Anfing engstliche not und kummer,
Der kalt winther, der heiße summer;
Do kam der herbst deß glentzen schin.
220 Als das gschach, kam die welt dohin,
Das sie anfieng wonung zû suchen.
Dann niemant wolt der zeit gerûchen,
Eyn jeder sûchet sein gemach
Under bâumen und felsens tach.
225 Auch haben sie zû bawen funden
Heuser mit rûthen, so lang stunden
Geflochten und mit leymen bstrichen.
Do gieng der pflug zû feld erstlichen.
Solchs was der erden ungewont,
230 Daß man irs grûnen graß nit schont.
Dann man dahin thed sehen korn,
Welchs doch die erd selb trûg zûforn.
Erst hûb sich an der ochsen leidt
Im pflûg, ungwitter und arbeit.

C a p. 7.
Von der messen und eißnen zeit, auch von verenderung der welt und aller andrer ding. [Ovid 1, 125—153.]

235 Demnach das menschlich gschlecht erst hart
Thet werden und gantz meßner art,
Schickten sich erstlich zû dem streitt,
Mit waffen kurtzten sie ir zeit.
Doch waß etwas gûtigs bey in,
240 Biß das die eisen zeit brach trin.
Die hatt gewert so lang, ich sag,

Ja biß auff den heutigen tag.
Do fing an das eisen geschlecht,
Hasset die tugent und das recht.
245 Do ward verspulcht trew und warheyt.
Solchs brocht der Trew groß hertzenleid,
Darumb sie sampt der Warheit wider
Inn himel kert, dannen sie nieder[1])
Gestigen war auff erden grundt.
250 Hinter ir ließ sie zů der stund
Gewalt, unrecht, zanck, hader, kriegen,
Falsch, untrew, groß betrug und liegen
Mit haß, geitzigkeyt, stoltz und pracht.
Dise hand in eyn statt gemacht
255 Auff erden und sindts gwaltig bsessen.
Do hub man an das feld zů messen,
Mit ruthen teilet man daß auß,
Eyn jeder satzt eyn marcksteyn naus.
Die weld wurden erhawen, gfellet,
260 Dem Waßer ward eyn moß gestellet;
Noch wollt die welt kein gnügen haben,
Das erdtrich sie durch theten graben
Hin durch die berg manch klaffter lang.
Do kam das berckwerck in ein gang;
265 Zum waffen fand man eisen hart,
Silber und gold gefunden wardt,
Domit der kriegßman ward versolt.
All welt jhe reicher werden wolt.
      Je reicher do die menschen wurden,
270 Jhe mehr sie noch der reichtumb schnurten.
Rauben und brennen ward gemeyn[2]),
Galt gleich, wans nur gab gůt alleyn.
Der gast deth offt sein wirt betriegen,
Dem schweher deth sein eyden liegen,
275 Bey brůdern ward die trew gar klein,

*

1) O deß jemerlichen abscheidts der edlen trew und warheyt!
Was unseliger bestia sind an ire stat komen!
2) Alle untrew wirt angefangen umb gelts willen.

All untrew bey ehleuten gmein.
Der sun hofft auff seins vatters sterben,
Domit er möcht sein güt erwerben.
  Do fand man risen starck on moß,
280 Die berg und hohen schroffen groß
Begundens auff einander tragen,
Das sie an d wolcken wurden ragen,
Vermeinten inn himmel zů steigen.
Hetten die gött eyn solchs verzigen
285 Und nit fůrkummen solchen gwalt,
Den himmel hettens gwunnen baldt.

C a p. 8.

Die risen werden vom wetter erschlagen, die berg spalten fallen auff
sie; von irem blůt wirt eyn ander ungehorsam volck. [Ovid 1, 154—162.]

  Den hochmůt wolt doch nit vertragen
Jupiter, ließ hernider schlagen
Eyn grosses tunter, plitz mit gwalt,
290 Welcher die berg so manigfalt
Spielt oben ab biß zů dem grundt,
Darauff der risen wonung stundt,
Ossa und Pelion die grossen
Und den Olimpum starck on mossen.
295 Darunden lagn die risen groß
Zurpressen, do vil blůt von floß
Ins erdtrich, draus vil andre man
Entsprungen; die fiengen auch ahn
Ein tirannisch und ůppigs leben,
300 Theten gar feintlich widerstreben,
Inn hochmůt schmechten alle gött.
Diß volck vil mort und todtschleg teth;
Dann dohin was ir sinn und můt,
Weil sie kamen von menschenblůt.

[3a]   C a p. 9.

Jupiter berufft alle götter inn eyn versamlung, helt in für, wie er die
welt umb ir übel straffen wöll. [Ovid 1, 163—198.]

305   Als Jupiter den mutwill sach

Von dem volck und dergleichen schmach,
So dann die welt gemeinklich pflag,
Fûrt Jupiter eyn grosse klag;
Ihn ward auch sehr gerewen, das
310 Die welt zuvor geschaffen was.
Solch kummer er verborgen trug
Und tracht, wie er diß lastern gnûg
Môcht straffen, darzu die wirtschafft,
So im bereit hatt der boßhafft
315 Licaon, der sehr groß tyrann.
So vester er gedocht daran,
So mehr es in verschmohen deth.
Zu stund berûffet er die gôtt
Inn eyn gemeyn; sie kamen all
320 Die himelische stroß mit schall,
Die zwergs hin durch den himmel godt
Und nach der sich [auch] sehen lodt;
So es eyn heller himmel ist,
Sicht man sie undern sternen gmischt;
325 Denselben weg die gôtter gond,
Wann sie beynander z schaffen hond.
Als sie nun inn versamlung sossen
Gantz still und nach gôttlicher mossen
Zu rund harumb noch irer wirde,
330 Eyn jeder, demnach im gebûrte,
Jupiter saß alleyn empor
Als der, so ihn gieng allen vor.
Ein zepter gmacht von helffenbeyn
Hielt er, dardurch sein macht erscheyn.
335 Domit wolt er erzeigen sich,
Wie er eyn gott wer gwaltigklich,
Sein haupt zu drei moln er bewegt,
Dardurch himel und erd sich regt.
    Jupiter fing zû reden an: [1]
340 'Hôrt, warumb ich euch bschicket han!
So wissend, das mir zû der zeit

1) Jupiters klag zu den gôttern.

2 *

So groß leidt ist geschehen nit,
Ja do die risen iren gwalt
Gegen uns übten solcher gstalt,
345 Als sie die berg trůgen zusammen,
Darauff sie schier inn himmel kamen,
Unterstunden uns zu ersteigen.
Eyns solchen lasters will ich gschweigen,
Alleyn, was jetzund für thut gon,
350 Euch gmeinlich geben zu verston.
Solchs will ich rechen mit gewalt,
Als menschlich gschlecht umbbringen bald,
Ja alles, waß der himel bschleust
Und was das weite meer umbfleust
355 Als Oceanus das gross meer.
[Ja] bey dem wasser ich das schwer,
Welches der Stix [wol] ist genant;
Ich sag, wer darbey schwert zůhandt,
Deß eydt soll unverbrüchlich bleiben;
360 Diß wasser auß der hell thůt treiben.
Jedoch will ich verschonen der,
So alzeit thun noch meim beger.
Dann wo mans faul fleisch auß der wund
Thut nemen, wirt das ander gsundt.
365 Ich hab göttin und manchen gott,
So alzeyt thun noch meim gebott,
Dergleich waldmenlin und gezwergen,
So wonen thun inn welden, bergen,
Darzů vil elbinnen und feyen,
370 Die sich all [theten] von uns zweyen.
Ir tummer můt in solchs benam,
Das in der himmel nit gezam;
Darumb wir in die erd hand geben
Und lond sie gern auff erden leben.
375 So mögen sie nit sein on sorgen,
Vor bösen leuten sein verborgen;
Wie man spůrt an dem Licaon,
Der mir mit trutz thůt widerston,
Denckt nit, daß ich eyn gwaltig gott

³⁸⁰ Bin, der euch zu gebieten hot.
Donder und plitz stehn inn meim gwalt;
Wann ich will, mags erregen baldt
Noch meinem gfallen und begeren,
Daß mirs kein mensch nit mag erweren.'

C a p. 10.

Die gôtter all inn gemein seind erzürnt über den Licaon. Juppiter
wirt sein seer erfreit, sagt in, mit was plag er den Licaon gestrafft
hab. [Ovid 1, 199—239.]

³⁸⁵   Die gôtter rufften all inn gmein:
'Wer mag doch der welt môrder sein,
Der semlich ding darff richten an,
Dem allerhôchsten widerstahn?
Er soll billichen wûrcken bûß,
³⁹⁰ Von uns er ûbel leiden muß.'
Jupiter grosse freud empfing,
Das in sein leid zû hertzen gieng;
Ir guter willen deth im wol.
Zû schweigen rûfft er manig mol
[3b] Und wincket offt mit seiner handt,
Eh dann sie schwigen allesand¹).
Als nun eyn stille do geschach,
Zû eym und andern mol er sprach:
'Ir gôtter, habend nur gedult!
⁴⁰⁰ Ich mein, er hab bezalt sein schuld.
Darumb môgt ir wol schweigen bald,
So sag ich euch, inn welcher gstalt.
Sobald und ich erstlichen hort,
Daß sich die welt so gantz emport
⁴⁰⁵ Und lebet inn aller boßheit,
Das war mir sicherlichen leidt,
Wolt doch der red kein glauben geben,
Ich hets dann selb erfaren eben.
Mein gôttlich wesen ich verstalt
⁴¹⁰ Und fûr hinab auffs erdtrich baldt
Und zog zu rund umb alle landt.

1) Rumor unter den gôttern.

Do sah ich grosse sûnd und schand.
Do bgab sich, das die finster nacht
Mich hin zu dem Licaon bracht.
415 Bey im thet ich eyn gôtlich zeichen
Und thet daß volck zum gbet erweichen.
Sobald Licaon daß vernummen,
Das ich, eyn gott, zun menschen kummen,
Sagt er gantz frevenlich inn spot:
420 'Ich will versuchen, ob er gott
Sey oder sunst eyn ander man,
Demnach weil ich nun zweyfeln dran.'
Dieweil er saß inn gdancken dieff,
Thet ich als eyner, der do schlieff.
425 Licaon eynem mann on fûg[1])
Sein haubt elendiklich abschlug,
Welcher im war zû geisel geben.
Den brocht er schentlich umb sein leben,
Und eh dann er war gentzlich todt,
430 Er in bey dem fewr briedt unnd sodt
Und trug mir in auff z einer speiß.
Mir graußt ab der môrdrischen weiß,
Und als ich sein unglauben sach,
Sand ich eyn fewr oben ins tach,
435 Auch unden auff ein mechtigs fewr.
Das hauß verbran, der ungeheur
Licaon lieff hinauß zu feldt[2]).
Das war sein erste widergelt.
Als aber schreien wolt der grimm,
440 Gieng auß seim halß ein wolfesstimm
Und heulet also grausamlich,
Das alles volck thet fôrchten sich.
Do wuchs im an derselben stund
Eins wolffs maul, zeen, halß unnd der schlund;
445 Domit er noch frißt diser zeit,
Was im mag werden, fûch und leüt.

*

1) Licaon gibt Jupiter ein man zu essen.
2) Licaon inn ein wolff verwandelt.

Dann als er auß dem fewr entsprang,
Trug er eyn growen rock, war lang;
Der wardt inn ein wolffsbalg verwent,
450 Wie man noch ann im d farb erkent.
Wolffstopen wûchsen im und bein,
Der schottet wadel nit zu klein.
An [im] blib nichts dann mannes mûth,
Wie er noch raubt und stelen thut,
455 Gleich wo ers fint, darffs wenig bitt,
Was er nit frißt, das tregt er mitt.
Sein augen brennen inn seim kopff,
Sicht diebisch under seinem schopff,
Wie er dann vor gewonet war,
460 Laufft unberothen hin und har;
Gantz ungezamp, dûckisch und wild
Schweifet er umb inn dem gefildt.

Cap. 11.

Jupiter beschleußt mit aller gôtter rath, die welt mit wasser zû tilgen
[Ovid 1, 240—280.]

'Licaon hatt sein schuldt bezalt.
Das aber ich die welt behalt,
465 Hand sie worlich verdienet nit;
Dann sie hands all gehalten mit
Licaon, dem untrewen man.
Derhalb ich sie nur bhalten kan,
Das ich darin het ewern roth.
470 Jedoch mein urtheyl satt bestodt;
Die zeit schon kommen ist zum endt.'
Den roth lobten die gött behend;
Jedoch ir etlich nit warn drann,
Sie zeygten vil der menschen an,
475 Die in opffer unnd gaben brechten,
Das sie dieselben auch bedechten.
Jupiter iren unmût sach,
Drumb er sie trôsten thet und sprach:
'Ach lossen faren den unmût!
480 Dann ich will schaffen volck so gût

Und besser, dann es jhe ist gwesen
So frumb und grecht gantz außerlesen.
   Also wolt Jupiter han gsandt
Daß himlisch fewr über die landt
485 Do sorgt er, wo die erdt verbrandt,
Der himel möcht angehn zuhandt.
Darumb thet er sich schnel bedencken,
Das er das erdtrich wolt ertrencken
Mit eyner wasserflût so groß [1]),
490 Damit die welt so gar hülffloß
So erbermlich müßt underghon.
Sobald er brathschlagt hat davon,
Hieß er mit starcken banden binden
Aeolum, den könig der winden,
[4a] Nemlich Aquilonem den wind,
Der do ist gantz trocken und gschwind
Und dorret all ding aus der mossen.
Dargegen hieß er ledig lossen
Auster, den schwartzen wind so naß [2]),
500 Welcher ist eyn rechts regenfaß.
Derselb hat seinen leib bekleidt
Mit dicken schwartzen wolcken breit;
Sein har und bart von regen naß,
Der nebel an seinr stirnen saß,
505 Sein beiden fettich, floß und schoß
Waren gantz naß von regen groß.
Aln finstern wolcken rufft er dar,
Die kamen bald inn gmeiner schar.
Also der himmel war beschlagen
510 Von wolcken, der lufft mochts nimm tragen,
Und fiel also mit gantzer macht
Der regen wie die finster nacht
Herab zu thal. Den regenbogen [3])
Hat auch der nebel überzogen,

    *

1) Jupiter beschleust, die welt mit wasser zu tilgen.
2) Auster der schwartz wasserwindt.
3) Sintflut.

515 Mit finstre gar vertuncklet gantz,
　　 Das man nit sehen mocht sein glantz.
　　 Die wolcken stigen auß dem meer,
　　 Die goß der lufft nider so seer
　　 Auff das erdtrich mit grossem hauffen,
520 All wasser theten überlauffen.
　　 Die frücht waren gantz nidergschlagen;
　　 Der ackerman begund zu klagen
　　 Sein grosse müh und sein arbeyt,
　　 Die er hatt an daß feld geleit;
525 Dann das war als zumal verlorn
　　 An habern, weytzen, gerst und korn.
　　　　 Inn dem Neptunus auch dar kam, [1])
　　 Das meer von unden auff so gram,
　　 Verkündt auch allen wassern gmeyn,
530 Sie weren gleich groß oder kleyn,
　　 Das sie keyns wegs nit solten lon,
　　 Mit foller macht zusammen sthon
　　 Und ire thürn und thor auffschliessen,
　　 Die wasserström mit hauff außgiessen;
535 Eyn jedes macht nach seinem willen
　　 Das trucken landt mit wasser fillen,
　　 Darzu ertrencken alles gar.
　　 Eyn solchs Neptunus befelch war.

Cap. 12.

Neptunus mit seynem zepter schlecht die erden; alle wasser kummen
auß irer ordnung, die gantz welt wirt ertrenckt.　[Ovid 1, 281—308.]

　　　 Die wasser waren willig gar
540 Und luffen aus inn gmeyner schar,
　　 Sie machten newe rinß und fluß.
　　 Alle brunnen und wassergüß
　　 Theten mit grossem ungstümm wallen
　　 Und die gantz erden überfallen.
545 Neptunus auch die erden schlüg
　　 Mit seinem zepter, den er trug,

*

1) Neptunus, eyn gott deß meers und aller wasser.

Und machet weg dem tieffen meer.
Davon thet eß außlauffen sehr,
Es thet bedecken alles fåld,
550 Die åcker, wisen, grienen weld,
Das gbew, die menschen samt dem fich
Ertrenckt es als gewaltigklich;
Die tempel samt iren abgôtten
Mocht auch inn keyn weg niemants retten.
555 Dann keyn gebew so groß noch schon
Mocht disen wassern widersthon.
Die hôchsten thurn bedecket waren, [1])
Das wasser thet hinüber faren.
Über die berg und bühel groß
560 Eyn seh mit gantzen krefften floß,
Do man vor mit dem pflug het geehrt,
War jetz von wasser umbgekert.
Und do der bock die reben hatt
Benaget, an derselben statt
565 Lagen die cete und delphin,
Deßgleich der walre und môrschwein.
Der wolff thet schwimmen bey dem lamb,
Der schnell wind neben hasen schwam,
Hoch auff den gbiergen die môrwunder
570 Schwammen und sahen thieff herunder
Die hohen thürn menschlicher werck,
Die mocht auch nit helffen ir sterck
Noch ir erbauwten hoen festen.
Der wald mit seinen grůnen esten
575 Auch gantz under dem wasser schwam,
Sein schônes laub ertranck alßsam.
Den lewen mocht sein sterck und grimm
Inn keinen weg gehelffen nimm,
Das wildschwein sein gewerff nichts bat,
580 Den hirschen auch sein schnelli hat
Nichts gholffen inn der grossen flůt

*

1) Die gantz erdt mit wasser bedecket.

Noch den beren sein starcker mûth;
Die vogel mocht ir schnell gefider
Gefristen nit, sie fielen nider.
585 Inn summa, waß auff erden war,
Inn solcher flût ertranck so gar.

Cap. 13.

Deucalion und Pirrha sein weyb kummen durch hilff der gottin Temis
darvon, welche sie auff die höchsten gipffel deß bergs Parnassi füret
mit willen Jupiters. [Ovid 1, 309—327.]

[4b]   Keyn berg fandt man mehr inn der welt,
So nit mit wasser war verschwelt,
Daß man nichts mehr davon nit sach;
590 So warns bedeckt mit wassers tach,
Das allenthalb darüber lieff
Gar nach bey viertzig kloffter tieff.
Alleynig der hoch Parnassus
Der sah mit zweien gûpfeln ruß;
595 Dann er so hoch in d lufft ist gstigen,
Das etlich sternen darauff liegen.
Noch waß er also hoch besoffen,
Daß davon nichts waß bliben offen,
Alleyn sein obresten zwen gûpffel,
600 Daran sah man zwen kleiner zipffel;
Der eyn der ist gnant Helicon,
Der ander zipffel Citeron.
      Zû dem die göttin Temis kam
Inn eynem schifflein gantz irsam,
605 Die Pirrha und Deucalion[1])
Brocht sie mit ir, zwo alt person,
Welch unter viel tausent on zal
Warn überbliben ûberal.
Jupiter sah von oben runder,
610 Wie die welt gar was gangen under
Und under so vil tausent waren

1) Pirrha und Deucalion kummen allein inn diser flut darvon.

Alleyn Deucalion empfaren
Sampt seinem alten weib Pirrhe,
Sunst war kein mensch auff erden meh.
615 Er bhůt irn leib vor schandt und leydt;
Dann sie warn gotförchtig al beyd.

C a p. 14.

Jupiter schafft, das die wasser wider an ir gewonte statt lauffen; die
wint wider eingespert. Deucalion und sein weib opffern den göttern.
[Ovid 1, 328—387.]

Jupiter wolt jetz wider heylen
Die welt und thet die wolcken teilen
Die schwartzen gentzlich von einander;
620 Den windt Aquilon den emband er,
Der sie behend zerwarff, zertreib,
Das eyner nit beym andern bleyb.
Er hieß die flut auch schnel zergon,
Das erdtrich thet sich sehen lohn.
625 Also der himmel und die erden
Eynander bgunden sichtig werden,
So lange zeyt bedecket logen
Under wolcken und wasserwogen.
Triton, der himlisch trumeter [1]),
630 Mit sein heerhörnern bließ so seer,
So das der thon so weit erschall
Gleich über berg und über thal
Zů ringsumb auff der welt vier ort.
Als wasser, so den schall erhort,
635 Wich wider an sein rechte statt,
Doher es seinen außfluß hatt.
Das meer sich wider setzen bgundt
Zů allertieffest an den grundt.
Und jhe mehr das wasser sass nider,
640 So mehr das gbirg thet wachsen wider,
Biß das zuletzt alles gefild,
[Die] dörffer, höltzer und gewildt

*

1) Triton, der himlisch trumeter.

Gentzlich wurden trucken und bloß,
Do zůvor grosses wasser floß.
645 Als aber nun das gantz erdtrich
On als volck stundt gantz elendlich,
Do weint der alt Deucalion,
Sein hertz unmůtig ward davon,
Zů seinem weyb gantz traurig sprach:[1]
650 'Nun hand wir freud und ungemach
Gar offt gehapt biß diser stund.
Als unser beider sach begund
Alzeit noch unserm willen ghon,
Wir beid noch waren jung und schon,
655 Do lebten wir in grosser freiden,
Wiewol wir noch sind ungescheiden
Inn unserm ungfell, wie es godt.
Sag mir, mein weib, wer ich jetz todt,
Wer wolt doch immer trôsten dich?
660 Ach werst du todt, wer wolt dann mich
Erfreyen jetz inn solchem leid?
Doch haben uns die gôtter beid
Bewart vor andern menschenkinden.
Dann man sunst niemant mehr thut finden
665 Auff aller erdt dann mich und dich;
Es sey gleich menschen oder fich,
Als, was die sunn jhe hat beschinen,
Seind bliben wir zwey under ihnen.
Zu eym exempel seind wir bhalten.
670 Ach, das nur můglich wer uns alten
Zu gberen andre kinder jung,
Damit das menschlich gschlecht entsprůng!
Nun aber ists nit můglich mehr,
Dann uns das alter krenckt zu sehr[2].
675 So wend wir Jupiter den gott
Jetz růffen an inn unser noth.'
       Zů eynem wasserfluß sie giengen,

*

1) Deß alten Deucalionis klag gegen seinem weyb.
2) Unfruchtbarkeit Deucalions unnd seins weibs alters halb.

Wuschen ir hendt vor allen dingen,
Auch ir angsicht und kleider glich.
680 Darnach sie zu eim tempel sich
Mit nander fûgten, der do waß
Mit moß bewachsen und mit graß.
[5a] Kein fewr noch wirrauch hettens nicht,
Damit man dann zu opfern pflicht;
685 Doch fielens auff ir angsicht beyd,
Bathen die gôtt inn grossem leyd.
Deß tempels feuchten esterich
Kûsten sie offt so gantz hertzlich
Und sagten: 'O ir gôtter gmein,
690 Lond unser gbett euch angnem sein,
Lont unser trâher euch erweychen
Und gebend uns eyn heyligs zeychen!
O Themis, die du gnedig bist,
Zeyg uns, durch was sinn oder list
695 Wir menschlich gschlecht solt bringen wider,
Welchs als ist drucket gar darnider!
Dann mit uns zweyen wirts gethon,
So wird die welt dann gantz ôd sthon.'
Als semlich bitt von in geschach,
700 Themis die gôttin zu ihn sprach: [1])
'Ir solt bed mit eynander ghon,
Ungschûrtzt die kleider hangen lohn
Und ewer hâupter bed umbwinden.
Habt eben acht, wo ir bein finden
705 Von ewren eltern, werffens z stund
Hindersich nauß auff erden grund!'
Hiemit die gôttin schwig ir wort.
Do Pyrrha dise red erhort,
Sie sprach: 'Ach, es wirt uns zu schwer.
710 Wo werdt wir die bein finden mehr
Von unsern eltern inn dem grundt,
Wie uns hat glert der gôttin mundt?'

*

1) Der gôtter rath.

Cap. 15 (14).

Deucalion und Pyrrha gendt gantz trawrig auß dem tempel, haben der
göttin verborgnen rath nit verstanden. Deucalion zuletzt bedenckt
die wort Themis, so das die erdt ir mûter und die steyn das gebeyn
der erden sey. [Ovid 1, 388—421.]

[Do] Pyrrha und Deucalion
Trawrig von dannen theten gon,
715 Sie beid gar mancherley bedochten,
Wie sie die ding erstatten mochten.
Jhedoch zum letzsten sich der mąnn
Eyns guthen rathschlags sich versann
Und saget: 'O libste Pyrrha,
720 Der göttin wort denck ich erst nha.
Warlich die gött gebn offt eyn roth,
So menschlich weyßheit nit verstoth.
Die erdt ist unser mûtter zwar,
So sind die steyn das gbeyn fürwar.
725 Dieselben wöllen wir auffzucken
Und werffen hindersich zu rucken.'
Also sie beid inn zweyffel gar
Seind gangen und genummen war,
Wie ihn die göttin hatt gerothen,
730 Das sie sich gantz verhüllen sotten
Und gehn mit ungeschûrtztem gwandt.
Eyn jedes nam steyn, wo es fandt [1]),
Und warff die hindersich zu grundt.
Zûhandt menschlich gestalt begund
735 Auß disen steynen werden baldt,
Die gwunnen gleich menschlich gestalt,
Die herti ward gantz weich und lind
Gleich steynen, so bossieret sind
Zu bildern nach menschlicher art.
740 Das feucht an ihn blût und fleisch ward,
Das ander, so noch hart und stein,
Wurden gleich die menschlichen beyn.
Darzû gschach underschiedlich, das

*

1) Die welt wirt wider von steynen gemachet.

Deucalion hinwerffen waß,
745 Draus wurden lauter mannesleib;
Dergleichen, waß Pyrrha das weib
Hinwarff, draus wurden frewlein schon.
Sie lebten, kunden gon und ston.
Doher noch inn menschlichen liben [1])
750 Etwas von steinen überbliben,
Wie mans noch spürt an weib und mann,
So gantz steynen gemüter han;
Ir hertz ist offt so hart, ich meyn,
Ja harter dann eyn kyßlingsteyn.
755   Als nun menschlich geschlecht auff erden
Jetzundt wider anfing zů werden
Und auch daß wasser gantz vergangen,
Die sunn krefftig hat angefangen
Zu scheinen auff das naß erdtreich,
760 Thet es wider erwermen gleich,
Also das vil gwürm, scheulich thier
Sich regten, wurden leben schier [2]).
Dann ir som von der werm auffgieng,
Als wans inn müterleib empfieng
765 Das leben, wie mans dan noch sicht,
Wie offt bei grossen wassern gschicht,
So sie außlauffen auff die erden
Und demnach wider trucken werden.
So dann die sonn das ort beschint,
770 Die erdt mancherley würm gewint,
Das von übriger feuchte kumpt;
So hitz und feucht gegnander brumpt,
So kocht die hitz die neß also,
Das vil unsaubers wachset do
775 Von maden, würmen über d moß,
Von krötten, notern, schlangen groß.

*

1) Woher manch mensch so gar steynener art ist.
2) Wunderbarlich getiers und würm von hitz der sonnen.

[6b] Inhalt der andern figur des ersten buchs
Ovidii von verenderung der gestalten.

Von Python der schlangen gestalt.
Wie Phebus Cupidinem schalt,
Phebus wirdt von Cupido wund;
Daphne vor Phebo fleûcht zû stund,
5 Daphne wirdt inn eyn baum verwant.
Phebus gibt ir eyn wunsch zuhandt[1]).

Cap. 16 (15).

Vonn der schlangen Pythonn, die auß übriger feuchte der erden wuchs,
wie die von Phebo umbbracht wirdt, auch von dem spiel Pythia.
[Ovid 1, 434—451.]

Also daß erdrich domal thet;
Als es das wasser glossen het
Und daß die sonn gebrûtet hat,
20 Do gwan es vil wûrm an der stat,
Dern eyn theyl was gewesen vor,
Doch wuchssen vil der newen zwor,
Deß sich groß zû verwundern war.
Dann under disen wûrmen schar
25 Do wuchs eyn wurm über die moß,
Der war unghewer lang unnd groß,
Mit seim namen hieß er Python,
Dem newen volck gantz ungewon.
Grossen schaden thet er den leuten,
30 So das in niemant dorfft bestreiten,
Biß das Phebus, der sonnen gott,
Von ungeschicht zur erden wott.
Das volck in alles bat gmeynglich,
Ja daß er wolt erbarmen sich
35 Und disen grossen serpent tôdten,
Damit sie kemen auß den nôten.
Also Phebus inn schneller eil

*

1) Holzschnitt 2: Apollo und Amor stehn mit ihren bogen
vor dem erlegten drachen. Im hintergrunde schiesst Amor aus der
hôhe auf Daphne und Apollo. Rechts verwandelt sich die von Apollo
verfolgte Daphne in einen lorberbaum.

Sich rüst mit bogen und mit pfeil.
Bei tausent pfeilen er verschos,
800 Eh er den wurm mocht legen blos,
Wiewol er seinen starcken bogen
Davor so fast nie uff hat zogen
Und nie nichts vor im bleiben mocht.
Als, was er je zu schiessen gdocht,
805 Das rhe, den hirtzen und die hind,
Bracht er umb durch sein gschos so gschwind;
[7a] Auch ander wilpret, so er fand,
Der keyns mocht gnesen vor seinr hand.
     Als er dem wurm angsiget hat, [1])
810 Frewt er sich größlich solcher that;
Damit daß aber dise gschicht
Alters halb inn vergeß kem nicht,
Do schuff er, das man bald eyn bild
Auffrichten thet inn dem gefild.
815 Semlichs war eyn schimpflicher streit,
Den müßt man halten sonder neidt
Zů gdechtnis Python des serpent,
Das spiel ward Pythia genent.
Damit das ort lang blib bekant,
820 Da Phebus den wurm überwandt
Und in durch sein geschoß umbbracht,
Darumb ward diß spiel obgedacht
Gehalten inn semlichem fal.
Do kam zammen eyn grosse zal
825 Von jünglingen auß allen enden, [2])
So ir eltern dar theten senden,
Welche dem gott Phebo zů ehren
Sein lob und preis fast theten mehren,
Inn grossen freuden liffen, sprungen,
830 Sie schirmpten, fochten und auch rungen;
Do braucht eyn jeder seine krafft.

*

1) Phebus, eyn gschwinder schütz gewesenn, bringt den wurmin Python umb, daher das spiel Pythia uffkommen.
2) Brauch deß spiels Pithie.

Welche dan do wurden sieghafft,
Den satzt man auff eyn espin krantz,
Der im den sieg bezeuget gantz,
885 Und ward sein manheyt hoch erhebt,
Dieweil und er auff erden lebt.
Solch krönung war damal der sit;
Von lorberkrentzen wust man nit,
So man brauchet zû solcher zeit.
840 Welcher siegt in dem schimpff und streit,
Dem wirt eyn krantz von lorberast,
Dardurch sein lob war gpriesen fast.

Cap. 17 (16).

Phebus ersiecht Cupidinem mit seim bogen unnd pfeilen, veracht in
inn seiner kindtheyt. Cupido erzürnt verwund Phebum; der wirt ent-
zünt inn liebe eyner jungfrawen Daphne genant, die aber sein keyn
gnad haben wil. [Ovid 1, 454—462.]

Als Phebus sich frewt inn dem sturm,
Daß er angsiget hat dem wurm,
845 So sicht er von ungschicht her gon
Cupido, eyn kind Veneris schon,
Mit seinem bogen, pfeil und stralen,
Darab Phebus thet hefftig schmalen.
Nun was ein jungfraw Daphne gnant
850 So schon, das man irs gleich nit fand;
Zû der Phebus eyn liebe gwan.
Wiewol er zvor nie lieb hat ghan,
So ward er doch erstlich verwundt
Mit liebestrol inns hertzen grundt.
855 Was aber solch ursach hat bracht,
Das schuff der unwil obgedacht,
So er zum kind Cupido tragen.
Dann er inn spot zû im thet sagen,
Als er in sein gespannen bogen
860 Sach tragen und schon auffgezogen:
'Du kind,' sagt er, 'was hilfft es dich,
Daß du gehst gwopnet so herlich¹)

*
1) Phebus veracht Cupidinem von wegen seiner kintheyt.

3*

Mit deim kôcher, bogen und pfeilen?
Du magst doch damit nichts ereilen
865 Mir gleich. Du weyst, das rhe so schnel
Ich mit meim gschos darnider fel;
Das schwein, den hirschen und die hind
Erschies ich, darzů meine find.
Eyn semlich gschos ziert baß mein hend
870 Dann dich, dieweil ich den serpent
Erlegt und auch erschossen hab,
Dem ich bei tausent wunden gab.
Derhalb mess dir nit zů mein ehr.
Laß aber dich benůgen mehr
875 An dem, daß du die leut machst brinnen,
In liebefewr so gar zerrinnen!'

Cap. 18 (17).
Cupido antwort Phebo auff sein verachtliche wort. [Ovid 1, 463—489.]

Cupido sprach auß grimmem zorn:
'Phebe, du hast erzalt davorn,
Wie du seist deines gschos so gschwind,
880 Verachst mich, drumb ich bin eyn kind.
Ich sag dir, das zů disem mol
Du nit hinkumpst von meinem strol.
Ich mach dein hertz dir also wund,
Daß du inn lieb bist gar ungsundt
885 Und můßt bekennen, das ich mehr
Gwalt und macht hab dann du; so seer
Thu ich die gôtt, menschen und fich
Mit meim gbott herschen gwaltiglich.'
Damit Cupido sich auffschwang,
890 Mit seim gfider durch d wolcken trang,
Uff den obristen berg er floch
Parnassum, auff den gůpffel hoch.
Zwen pfeil hatt er im ausserkorn; [1)]
Der eyn was bleyen, stumpff dovorn;

*

1) Cupido recht sich an dem gott Phebo.

895 Derselbig die art an im het,
Welchen er damit schiessen thet,
Al lieb er auß seim hertzen last.
[7b] Der ander strol war gscherpffet fast,
Von gold beschlagen; war der ging
900 Und was er traff, zů stund anfieng
Inn liebe gantz zu brennen seer,
Das an im halff keyn löschen mehr.
Denselben pfeil Cupido schoß
Inn Phebum, entzůndt in on moß.
905 Mit dem bleyen schoß er die magt, [1]
Welche auß ir all lieb verjagt,
So das sie alle man ward hassen
Mehr dann den todt, semlicher massen
Das sie keyn mann mehr mocht anblicken.
910 Wann sichs dann ongeferd thet schicken,
Das man ir von der liebe sagt,
Ward sie schamrot und gantz verzagt.
Beyweil ir vatter redt darvon,
Sagt: 'Tochter, du bist gwachsen schon,
915 Ich muß dir geben eynen man'.
So hub Daphne zů klagen an
Und fiel dem vatter an sein hals, [2]
Sagt: 'O vatter, ich will sunst als
Thun, was du wilt, inn all meim leben.
920 Thu mir nur keynen mann nit geben!
Dann ich worlich keyns mans beger.
Ach vatter, mich meynr bitt geweer
Und loß mich nachvolgen Diane,
Die blyeb auch magt und mannes ane,
925 Welch eyn göttin deß jagens ist.
Ach loß mich ir zu aller frist
Nochvolgen, das ist mein begern.'
Der vatter sprach: 'Ich wolt es gern;
Du bist aber so schöner gstalt,

*

1) Zweyerley art der pfeyl Cupidinis.
2) Daphne die keusch junckfraw.

930 Das ich dich inn die leng nit bhalt.
Eim mann must werden unterthon.'
Die tochter thet inn trawren sthon.

Cap. 19 (18).

Daphne fleücht vor den mannen inn einen walt. Phebus wirt ir ge-
war und eylt ir inn inbrinstiger liebe nach, understeht sie zu er-
weichen. [Ovid 1, 490—524.]

Daphne die thet inn eynen wald
Hin von den leuten lauffen bald.
935 Eyns wilden thiers haut für eyn kleydt[1])
Trug sie umb iren leib geleit,
Ir har biß auff die erden hieng.
Im wald sie nach irm lust umbgieng,
Eyn schönen krantz eyn lorberszweig
940 Trûg sie auff irem haupt freidig,
Ir schônes hor het man wol neben
Gespunnen gold und seiden gweben.
Ir augen brunnen ir von fern,
Gleich dann durchleuchten morgenstern.
945 Sie hatt eyn zierlichs angesicht,
Ir hendlein weiß dem schne verglicht,
Ir fingerlein getrungen warn,
Vermischt mit milch und rosenfarn,
Gantz rund [und] wolgschickt warn ir ermlin,
950 Gantz weyß und lind [als] wie eyn hermlin.
Phebus als er die schön erblickt,
Sein hertz sich inn seim leib erquickt.
Er brann inn grosser fewresglût,
Gleich so man strow zu gluten thut.
955 Er folgt der maget noch behendt,
Wo sie hinfloch, ann alle endt.
Als aber Daphne inn ward gwar,
Scham und forcht sie erschrecket gar.
Sie schneller, dann die fôgel fliegen,
960 Floch und thet sich inn wald ferschmiegen.[2])

*

1) Die kleidung der junckfraw Daphne.
2) Daphne fleucht vor Phebo.

Phebus ir auff dem fůß volgt noch,
Eilt seer, biß das er sie bezoch,
Und ruffet ir auß hertzen tieff.
So mehr er rufft, sie fester lieff.
965   Er schrey ir gantz schmertzlichen nach:
'Loß dir, junckfraw, nit sein so gach!
Ach wart doch mein, du edle frucht!
Dich treibt doch keyn feind zu der flucht.
Ach wart, mein außerweltes bildt!
970 Ich jag nicht, wie der wolff so wildt
Nach eynem lemblin lauffen thůt,
Domit ers freß, vergieß sein blůt.
Ich jag nit, wie der lew den hirsch
Thůt jagen, felt ihn auff dem pirsch,
975 Noch wie der adler hanget nach
Einr tauben, das ers freß und fach.
Die lieb mich zwingt dir nochzujagen,
So ich dir lang zeyt hab getragen.
Ach junckfraw, nitt lauff also schnel,
980 Das dir nit bgegne ungevel
Und dich etwann eyn dorn verseer!
Ach schőne Daphne, widerker
Und wend dich von dem dicken strauch!
Dann do du bist, do ist es rauch.
985 So dann zu rhuen wer dein will,
So thus! Ich stand meins lauffens still.
Ach denck im nach, o junckfraw gut,
Wer dich doch jetzundt jagen thut,
Oder bedenck doch, wen du fleuchst,
990 Das du, o junckfraw, nit verzeuchst!
Ich bin keyn bawr, keyn zwerg noch hirt,
So inn dem wald thu bawen firt,
Ich bin nit ungestalt noch rauch.
So kent die gantze welt mich auch,
995 Mir dienen alle reich und landt;
[8a] Mein vatter ist dir wolbekant, [1]

---

1) Hie erzalt Phebus sein gottheyt unnd daß er eyn furman und
regierer der sonnen sei.

Jupiter ists, der hôchste gott,
Der hôchst ob andren sunder spott.
Ich hab erfunden seittenspil,
1000 Auch treff ich mit meym schnellen pfil
Als, was ich nur begeren bin;
Dann vor mir mag nichts kummen hin.
Der aber, so mich hat gewunt,
Fûrwar baß dann ich schiessen kunt,
1005 Er hat mich gwunt biß inn mein hertz.
Wiewol ich funden hab on schertz
Der kreuter und der wurtzlen krafft,
Noch weiß ich hie kein rath noch safft,
So mir mein wunden heilen mag.
1010 So gar bin ich verwunt den tag.'

Cap. 20 (19).

Daphne gantz müed worden von schnellem lauffen, sie rûfft iren vatter
an sampt andren wassergôtten, wirt also inn eyn baum verwandlet.
[Ovid 1, 525—552.]

Von lauffen ward Daphne so schon,
Das nit zu sagen ist davon;
Dann sie zweimolen schôner ward.
Als ire liechten wengling zart
1015 Mit rosenfarb vermischet woren,
Erst daucht sie Phebum ausserkoren
Inn seim hertzen die hôchste kron,
Dern keyn auff erden môcht vorstohn.
Phebus ward erst noch mehr innbrünstig
1020 Daphne der schônen maget günstig,
Das er noch schneller auff sie trang
Und macht der junckfrawn also bang,
Gleich wie dem hasen gschicht vom wind:
So sie beyd trôstlich gloffen sind,
1025 Ja daß der wind im kumpt so nahen
Und meynt in inn eym griff zu fahen,
So wischt im doch der haß vom mundt,
Den er zû greiffen meynt zu stundt,
So das man zweiffeln môcht dabei.

1030 Ob der haß loß odr gfangen sei:
Also geschach auch disen zwein.
Auß forcht und scham war schnel das ein,
Die hoffnung aber sonder jagt.
Also thet Phebus unverzagt,
1035 Biß daß er ir so genttzlich nehet,
Daß er mit othum an sie wehet,
Der gieng ir an den nack und har.
     Davon Daphne erschrack so gar,
Daß ir all krafft und macht entweych.
1040 Sie stund vor grossen sorgen bleych
Und war schon kommen an die stat,
Do ir vatter sein wonung hat
Inn eynem tieffen wasser schnel,
Das felt zů thal mit grossem gwel.
1045 Sie schrey: 'O hilff, mein vatter, gschwind!
Wo anders gôtt inn wassern sind,
So schaffen, das ich hie ertrinck
Und bald under daß wasser sinck,
Oder verwandle mir mein gstalt,
1050 Damit ich môcht entrinnen bald!
Dann ich alhie benôtigt standt.'
     Ir emsig gbet ward ghôrt zůhandt.
Bald sich ir fuß mit gantzen krefften
Sich under inn die erden hefften[1])
1055 Und fieng an zů derselben stund
Von fůssen an biß an den mund
Umbwachssen mit eynr dünnen rind.
Das hor auff irem haupt geschwind
Zů jungen dünnen schossen ward,
1060 Umbhieng sich bhend mit blettlin zart.
Ir weissen arm sich bald außbreyten,
Ir finger sich inn âst zerleyten,
Die gwunnen andre zweiglin kleyn.
Also ward das jungfrewlin reyn
1065 Gantz schnel inn eynen baum verkart,

*

1) Daphne wirdt inn eyn lorberbaum verwandlet.

An dem gar nichts mehr gspûret ward
Noch blieben an menschlicher gstalt.
Alleyn die milch, so mit gewalt
Rausdringet, thut man den baum schlagen,
1070 Welcher jetz thut die lorber tragen,
Die haben von der Daphne jung
Irs ersten anfangs eyn ursprung.

Cap. 21 (20).

Phebus trawrig umbfahet den baum, gibt im die gewûntscht gab, das
seine zweig inn allen triumphen gebraucht sollen werden. [Ovid 1,
553—567.]

Als Daphne also stund verkert,
Do ward Phebus bekümmert hert.
1075 Doch liebt er den baum inniglich
Inn namen als die tugentrich.
Er umbfieng in mit seufftzen groß
Und kůst in fast on underlos,
Der baum noch liebet inn seim hertzen.
1080 Phebus den baum auß gantzem schmertzen
Thet kůssen mehr dann tausent stund
Gleich gegen der jungfrawen mund.
Der baum scheuhet noch ab dem kůssen,
Welchs Phebus thet so gantz geflissen.
1085 Er sprach: 'Du magst dich nit erwehren.
Mein lieb werd ich nit von dir keren,
[8b] Dann du must dannocht der baum meyn
Immer und ewigklichen seyn,
Und wo ich inn dem wald gang jagen,
1090 So will ich deine zweiglein tragen
Auff meinem haupt für eynen krantz. [1])
Auch wo jung leuth inn freuden gantz
Wend sein, doselbst must du auch schon
Am weg und vor den heusern stohn.
1095 Darzu will ich dir schaffen mehr:
So man zu Rom wirt füren her

*

1) Phebus begobt den baum.

Die consules inn grossem pracht
In eym triumph, soll werden gmacht
Von dir eyn krantz; den soll dann tragen
1100 Eyn jeder, so thut preiß erjagen;
Dann du bist aller ehren kron.   ·
Eyn semlichs sey von mir dein lohn.'
    Mit dem er seiner wort thet schweigen.
Der baum ward seine bletter neigen
1105 Und schüttet seinen gůpffel oben,
Sonst anderst mocht er in nit loben.

[9a]   I n h a l t d e r d r i t t e n f i g u r d e ß e r s t e n b ů c h s
Ovidii von verenderung der gestalten.

Wie Io ward zur ků verkart,
Wie Argus der ku hůter ward.
Inachus sucht die tochter sein,
Jupiter klagt die junckfrau fein.
5 Mercurius sagt, wies pfeuffen funden,
Den Argum tödt er zu den stunden.
Epaphus zanckt mit Phaeton,
Inn zorn Phaeton furt darvon. [1])

[9b]   C a p. 22 (21).
Von der jungfrawen Io, wie sie von Jupiter geschwecht wirt und inn
eyn schneweisse khu verwandlet, wirt also Junoni von dem Jupiter
                geschencket. [Ovid 1, 568—621.]

    An des hohen Pindus eyn seit
Thessalien an dem land leit,
Gar grosse weld den berg beschliessen,
1110 Peneus thut doselbs abfliessen
Mit eynem starcken fall so groß,
So daß er schaumt über die moß;
Also wann er zů thal nab falt,
Es inn dem waldt und berg erschalt.
1115 Peneus, dises wassers herr,

                        *

    1) H o l z s c h n i t t 3: Jupiter und Juno bei der gelagerten kuh
(Io); Juno übergibt dem Argus die kuh. Im hintergrunde reicht Ina-
chus der von Argus am strick geführten kuh grashalme; Argus lauscht
dem schalmeiblasenden Mercur.

Hat sein bhausung davon nit fer
Am wasser under eynem steyn.
Doselbs sass er gantz altereyn [1])
Und klagt seiner tochter ungfell,
1120 Sein augen wie eyn brunnenquell
Von grossen zehern ausser wallen.
Semlichs leyd den waltwassern allen
Zu wissen ward, auch sein elend.
Sie kamen all geflossen bhend.
1125 Durch bappelbeum der fluß Spercheus
Herflos, auch der schnel Enipeus,
Auch schleicht daher der sanfft Amphrise,
Aeas kam auch geflossen lise,
Auch kam Apidanus der alt,
1130 Und alle wasser von dem walt
Kamen zusammen, all inn gmeyn
Ersuchten in auß lieb; alleyn
Der fluß Inachus drumb nit kam, [2])
Peneus jamer im benam,
1135 Daß er so jämerlich verloren
Daphne, sein tochter wolgeboren.
Darzů mocht er keyns wegs versthon,
Wie es der Io möcht ergohn,
Ob sie inn leben wer ald todt.
1140 Drumb leidt Inachus grosse not,
Von seim weynen und zäher floß
Wurden die wasser also groß.
  In kurtz darnach eyn semlichs gschach,
Das Jupiter die tochter sach
1145 Auff ires vatters staden gon.
Sie daucht Jupiter also schon,
Er sprach: 'Dem man mag werden heyl,
Dem dise jungfraw wirdt zů theyl.
Und ob er schon eyn gott wirdt geehrt,
1150 Noch dannocht wird sein freud gemehrt.'

                    *

1) Peneus klagt sein verlust.
2) Inachus, eyn vatter der jungfrawen Isidis oder Io.

Jupiter zů der tochter kam,
Sein hertz entzůndt inn liebe flamm.
Er sagt: 'O edleungfraw schon,
Was thustu an der hitz umbgohn?
1155 Gang an schatten, an grůnen walt!
Darffst dich nit fůrchten keyner gstalt
Vorn wilden thieren. Wiß, das ich
Bin der mechtigste gott so rich,
So dich wol schirmen mag vor not.
1160 Dann alle ding inn meim gwalt stoht;
Den starcken himel kan ich wegen,
Die schnellen blix thu ich erregen,
Deß tunders bin auch gwaltig ich.
Darumb darffst du nit fůrchten dich.'
1165 Sobald Jupiter semlich grett,
Eyn finstern nebel machen thet[1]
Und ward die jungfraw zů im ziehen.
Er hub die, so begert zu fliehen, [2]
Und braucht an ir seinen gewalt,
1170 Die magt thet er beschloffen bald.
    Sobald das laster von im gschach,
· Juno sein weib von himel sach,
Verwundert sich, was semlich wer,
Daß der nebel den wald so seer
1175 Bei heyterm himel bdecket gar;
Wußt wol, das nit vom wasser war,
So ward die erd auch nicht so feücht,
Daß sie solch nebel brecht; vileicht
Wirdt Jupiter den nebel gmacht
1180 Haben, damit sein wiln volnbracht
Ettwan an eyner andern wirdt,
Damit in niemandts daran irrt.
Dann sie waß deß an im gewan,
Daß er thet frembder lieb nochgahn.
1185   Juno von himel sich hrab schwang, [3]

1) Jupiter macht eyn nebel.
2) Io oder Isis wirt von Jupiter geschwecht.
3) Juno kompt zů diesem schimpf.

Bald sach sie, davon ir ward bang,
Sie macht den nebel zu verschwinden.
Jupiter schnellen rath ward finden;
Als er seins weibs zůkunfft ward gwar,
1190 Io er gantz verkeret gar
Zů einer khw weiß als der schne; [1]
Keyn menschlich gstalt hat sie nit meh.
    Do Juno sach das schône thier,
Gewan sie also groß begier
1195 Zů diser khw und fragt mit list,
Als ob sie nichts vom handel wůst,
Von wannen kem die khw so blanck.
Jupiter merckt nit irn gedanck,
Sagt, sie wer auß der erden kummen.
1200 Sobald Juno die red vernommen,
Sagt sie: 'Ach Jupiter, gib mir
Die schneweiß khw, ein schônes thier!'
    Als Jupiter die red erhort,
Erschrackten in seins weibes wort;
[10a] Dann er irs dorfft versagen nit.
Solt ers dann gweren irer bitt,
Mûßt er sein schônes lieb verlohn;
Solt er dann ir bitt widerstohn,
So wůrd Juno inn argwon groß
1210 Kommen und spůrn die lieb on moß.
Darumb hat Jupiter eyn streit
Mit im selb; dann uff eyner seit
Die lieb im understundt zu weren
Mit krefften seines weibs begeren.
1215 Am andern rieth im grosse scham,
So daß er seins weibs bitt annam,
Schanckt ir die khw mit schwerem můt, [2]
Bat, daß sie die wolt han inn hůt.
Dann wo er sich deß gwidert hett,
1220 So wůrd Juno zů stund han grett,

* * *

1) Jupiter verwandelt sein bulschafft in eyn khw.
2) Jupiter schenckt seinem weib Junoni die khw.

Sie merckt den bdrug und grossen list.
Also Io verschencket ist
Worden von Jupiter dem gott,
Welcher sie bschirmet haben sott.

C a p. 23 (22).

Juno frewt sich der khû, trachtet mit ernst umb eynen hüter, bringt
und befilcht die khw dem hunderteügigen Argo, welcher sie inn emp-
siger'hût verwaret. [Ovid 1, 622—641.]

1225   Juno erdocht gar manchen fund,
        Umb eyn hirten inn sorgen stund,
        Daß die khw recht verhûtet würd
        Und Jupiter semlichs nit spürt.
        Zû stund kam ir Argus zû sinn,
1230   Daß sie zum hüter neme in;
        Dann Argus hundert augen hat
        An seinem heupt, ann aller stat.
        Deren allweg zwey schloffen theten,
        Die andern gût sorg und wacht hetten,
1235   Also daß er schlieff nimmer gar.
        Juno bracht im die khw inn gwar,
        Befalch im die inn sorgsam hût.
            Argus nams an inn freiem mût[1])
        Deß tags auff feyster weyd sie furt,
1240   Zû nacht sie von im bschlossen wurt;
        Eyn henffin seyl, groß, starck und lanck
        Band er umb iren hals so blanck.
        Auch nehrt sie sich alleyn mit graß,
        Mûßt darzû trincken alles das,
1245   Dahin sie Argus fûrt und leyt;
        Auß wûsten pfützen uff der weyd
        Tranck sie, wiewol irs war zûwider.
        Argus furt sie berg uff und nider.
        Das bitter kraut vol staub und moß
1250   Mûßt sie essen on underlos,
        Auff harter erd was ir leger.

                    *

1) Der hunderteügig Argus wirt der kû hüter.

Deß sie sich offt erbarmet seer;
Offt hett sie gern angrůfft den gott
Jupiter; sobald sie dann wott
1255 Ir arm uffheben und darzů
Bitten, so lůgt sie wie eyn khw,
Sonst kont sie ir leyd gar nit klagen.
Daß macht, daß sie groß forcht thet tragen,
Wann sie solch khůisch stimm erhort
1260 Von ir selbs und keyn menschlich wort.
    Zů irs vatters wasser sie kam,
Welches Inachi heyst mit nam,
Do sie offt gspilt hat als eyn kind.
Io sach inn das wasser gschwind,
1265 Do sachs inn wassers widerschein
Eyn weisse khw mit hörnern fein.
Io thet also whe die schmoch,
Daß sie eilens zurůcken floch,
Erbarmbt sich selber irer not,
1270 Daß sie so thierisch leben sott.

Cap. 24 (23).

Inachus, der vatter Io, suchet sein verlorne tochter, kömpt zů der khw,
erkent an ihrem huffschlag den namen Io, klagt seiner tochter elend.
Argus erzürnt, fůrt die khw hinweg vonn dem vatter. [Ovid 1, 642—667.]

    Io ersach irn vatter alt,
Zů im thet sie sich fůgen baldt
Und macht sich im gantz heimlich gar.
Bald Inachus ir ward gewar,
1275 Nam in seer wunder an der khu,
Daß sie so nah hin gieng herzů.
Inachus rafft eyn kraut zů stund,
Reychets der khw zů irem mund.
Sie ass nichts, sonder leckt sein hand,
1280 Zeygt damit, daß sie in erkant.
Inachus sie mit der hand streych,
Die khw aber keyns wegs nit weych,
Ir augen würden zeher voll;
Die stimm ir mangelt dozůmol,

1285 Sonst hett sie wol ir not geklagt,
Ir elend irem vatter gsagt.
Sie kunt irn namen nit erzalen,
Jedoch ir zlest inn sinn thet fallen,
Daß sie in trug an irem huff,
1290 Welchen Jupiter also schuff.
Sie truckt den fûs bald inn den sandt.
Der vatter sie zû stund erkant,
[10b] Als er dem huffschlag noch ward spehen.
Inn mitten er ein I thet sehen,
1295 Zû rund herumb so gieng eyn O;
Das außgesprochen heyst Io. ¹)
     Der vatter schrey mit lauter stimm:
'O tochter mein, erst ich vernim
Dich, so ich lang zeit hatt verloren.
1300 Whe mir, das ich je ward geboren!
Ach das ich dich also mûß sehen!
Wie môcht mir immer leyder gschehen,
Dann daß du worden bist eyn vich!
Ach das ich nit mag hôren dich
1305 Nach menschlicher weis mit mir reden!
Vil weger wer der tod uns beden.
Ach môchtest du mir antwort geben
Und hettest nit so kûisch leben!
Eyn zeychen gibt das haupte dein,
1310 Daß dir solchs bringt schmertzliche pein.
Zwor ich eynr andren hoffnung was,
Meynt dich zu verheûrathen baß
Mit eynem jûngling schoner gstalt.
So bistu undter viehes gwalt,
1315 Eyn ochs mûß dein beschirmmer sein.
Das krenckt mich seer, o tochter mein.
Ach, warumb bin ich yetz eyn gott ²)
Unsterblich, so ich lieber wott
Hinab zur hell, damit mein leydt

*

1) Inachus erkent seiner tochter namen an dem huffschlag.
2) Inachus klagt, daß er unsterblich sei.

1320 Vor augen wer nit also breyt!
Dann ich ewig inn schmertz und pein
Můß deinethalb, o tochter, sein.'
    Alsbald nun semlichs jamer spirt
Argus, der hunderteûgig hirt,
1325 Nam er Io die ků behend
Und furt sie an eyn ander end,
Doselb war ander weyd und graß.
Uff eynem hohen berg er saß,
Damit die ků auß seim gesicht
1330 Inn keynen weg mocht kommen nicht.

Cap. 25 (24).

Jupiter erbarmbt sich der khw, schickt Mercurium den himlischen
botten, der sol Argum den hirtten tödten. Mercurius sagt dem Argo
eyn märlin, pfeifft im so lang, biß er ihn schloffen macht, schlegt in
zů todt und fârt demnoch wider inn die höhe. [Ovid 1, 668—688.]

    Jupiter ward sich fast erbarmen
Über die ků Io die armen,
Groß mittleiden und schmertz er trug,
Wolt nit mehr dulden den unfug,
1335 Das eyn so schons jungs weiblichs bild
Solt lauffen wie eyn ander wild
Und sich deß graß und kraut ernehren.
Er rufft seim sun, der thet in hören
Mercurius, welcher gborn was
1340 Vom Jupiter und der Pleias.
Jupiter thet im ernstlich sagen:
'Far hin und thu Argum erschlagen!'
    Mercurius sich breyt zůhand,
Zwen flûgel wolgrůst an sich band,
1345 Er nam eyn rût, damit er macht
Einn schloffen, daß er nie erwacht.[1]
Zum Argo kam er uff das feld,
Gleich wer er auch eyn hirt, sich stelt
Und wolt aldo der geyssen pflegen;

---

1) Mercurius mit seiner schloffrůten.

1350 Dann er eyn geyßbock hatt zugegen.
Nun hatt er nach der hirten art
Eyn pfeiff genommen zů der fart,
Die war gemacht von weychem stro.
Davon Argus on moß ward fro;
1355 So offt Mercurius ward pfeiffen
Und artlich mit sein fingern greiffen,[1]
Argus zorn ward inn gůt verwant.
Er sagt: 'O jůngling unerkant,
Wer hat dich doch die newen list
1360 Gelert, der du eyn meyster bist?
Ach bleib hie bei mir uff der weyd!
Für dein geys, sih, gůt fůter treyt
Diß ort, da wir yetzund thun faren.
Hie mögen wir uns wol bewaren
1365 Vor hitz der sonnen an der khůl.'
    Mercurio die red gefiel,
Er setzet sich zum Argus nider,
Hub an zu singen, pfeiffen wider,
Den tag inn kurtzweil brachten hin.
1370 Zůlest Argus die augen sin
Vor schloffen kaum mocht halten offen,
Daruff Mercurius thet hoffen.
Argus augen waren beschwert,
Eyns theyls on mossen schlieffen hert,
1375 Ettliche aber wachten noch.
Argus begert zů wissen doch,
Wer doch das pfeiffen funden hett,
Daß er im semlichs sagen wett.

Cap. 26 (25).

Mercurius erzalt Argo eyn fabel von Pann, dem gott der geyssen, wie
er eyner jungfrawen, die eyn waldgöttin gewesen, nachgelauffen; die
aber ward inn rhor ver-[11a]kert, inn welchenn Pann die erst pfeiffen
macht. [Ovid 1, 689—712.]

Mercurius noch Argus bgier

*

1) Mercurius mit der pfeiffen macht Argum zum narren.

4 *

1380 Dergstalt anbuh zu reden schier:
'Argus, merck, inn Arcadien was
Nimphe die schon Amadrias,
(Welches zů teutsch heyßt eyn waltfeien)
Ir wohnung was imm wald alleyn.
1385 Eyn waldjungfraw gantz außerlesen,
Gantz frech, freudig inn irem wesen.
Sie greyff an, was ir z handen kam
Von gwild; die magt hieß Siringam.
Sie war über die moß ganz mutig
1390 Uff jagen und weydwerck so frutig,
Das volck offt kam inn solchen whon
Und meynt, sie wer Diana schon.
Wiewol ein solchs den zweiffel brach,
Das mans eyn hürnin bogen sach
1395 Allzeit inn iren henden tragen,
Wo sie imm wald gieng uff dem jagen;
Diane bogen aber was
Von gold gemacht schon über d maß.
Diser Siringa folgten noch
1400 Von welden und von bergen hoch
Waldmenlin, zwergen und die gött;
Eyn yeder hoffet, sie imm sött
Zů fohen werden inn dem walt.
Sie aber kam von allen bald,
1405 Biß das zulest Pann, der geyß gott,
Irem gespůr nachgsunnen hott.
Er lieff und jaget ir schnell noch;
Sie aber wolt nit bleiben doch
Und lieff zů dem wasser Ladon,
1410 Das was so lauter und so schon,
Gantz sanfft und lind sein fluß thet schlichen,
Das was gantz groß, sie mocht nit wichen.
Alsbald Siringa das ersach,
Das ir Pann so schnel folget nach
1415 Und sie im nim entrinnen kunt,
Gar hertzlich bitten sie begunt
Die wassergöttin, daß sie ir

Schnel wolten thun ir hülff und stür.
Das gschach gar bald; sie ward erhört,
1420 Sie ward geschwind inn rhor verkert.
Pann was ir fast gelauffen noch,
Schnufft fast, sein othum an sich zoch,
Do hort er eyn kleglichen thon [1])
Von seim othum auß dem rhor gohn.
1425 Pann frewt sich des on mossen seer
Und zoch sein othum mehr und mehr,
Die stimm der rhor ye süsser tonet.
Pann sagt: 'Yetzt wird mir wol gelonet,
Weil du inn rhor verwandlet bist.
1430 Des pfeiffens kunst yetz funden ist,
Durch dich und mich ans liecht entsprungen,
Welchs vor verborgen alt und jungen.'
Also Pann erstmal pfeiffen fand,
Machts auß dem rhor mit seiner hand.'

Cap. 27 (26).

Argus von dem gesprech Mercuri so gantz erlustigt; Mercurius den
Argum mit seiner ruten anrürt, davon er entschlofft. Mercurius schlecht
den Argum zů todt. [Ovid 1, 713—747.]

1435   Nochdem Mercurius sein red
Gegen dem Argo bschlossen het,
Mercurius in rüren ward;
Argus zů stund entschlieff so hart.
Als er deß war vergwisset gnug,
1440 Nam er eyn schwerd, daß er antrug, [2])
Und schlug im ab sein hals geschwind
Dem hart schloffenden unversint.
Also Argus sein geyst uffgab.
Mercurius warff in hinab
1445 Vom berg über eyn hohen schroffen:
Argus lag inn seim blůt ersoffen.
Also Mercurius außlast

1) Der pfeiffen ursprung.
2) Mercurius ertodt den Argum.

Hundert liechter, so zünten fast.
Juno davon betrûbet ward.
1450 Und klaget iren hirtten hart,
Sie nam die augen auß dem man [1])
Und satzt die irem vogel an
Inn seinen schwantz wider und für,
Wie noch den pfawen sehen wir,
1455 Welcher inn seinem langen schwantz
Zierlich tregt Argus augen gantz.
Juno darumb anschicket das,
Wann sie den pfawen sehen was,
Daß sie irs hirtens dencken möcht.
1460   Io aber ward gantz verschmecht
Von Juno, welch ir die tobsucht
Zusant, domit sie nam die flucht.
Io umbschweyffet alle welt,
Daß sie an keynem ort sich stelt,
1465 Biß sie kam an den grossen fluß
Inn Egypten gnant der Nilus;
Doselbs ir arbeyt eyn end nam.
Sobald sie inn die gegent kam,
Legt sie sich nider auff die knie,
1470 Rufft an die gôtt inn gantzer trüw
Imm hertzen; wann der khûisch mundt
Keyn menschlichs wort nit reden kunt,
[11b] Dann das sie lûget jemerlich
Seuffzend gegen dem lufft schwerlich.
1475   Jupiter solcher klag nochdacht,
Seim hertzen es groß trawren bracht;
Zu seynem weib Junoni trat,
Ir freundtlich fleth und darzu bat,
Sie darzu halst und kußt lieplich,
1480 Domit sie wolt erbarmen sich
Über Io, das elend weib,
Die also kâstigt iren leip.

                *

1) Juno setzt die augen von dem Argo ihrem vogel, dem pfawen,
inn seinen schwantz.

Also lies Juno iren grimm,
Gab Io wider menschlich stimm, [1]
1485 Die khûûtern giengen ir ab,
Menschlich augen ir wider gab;
Die vor warn gwesen schilich groß,
Bekamen wider rechte moß.
Do sie eyn schûligs khûmaul hatt,
1490 Wuchs eyn rots mûndleyn an der statt,
Welches do brant wie eyn rubin.
Die khûhûff fielen schnel dahin,
Finger wurden ir da zuhandt.
Ir unglûck sich mit nander wandt,
1495 Ward schôner, dann sie vor was gwesen,
Als sie Jupiter außerlesen
Fûr seinen bulen und sie gschwecht.
Noch wolt Io nit reden recht;
Dann sie sorgt stetz, die kûisch stimm
1500 Wûrd sie ewig verlassen nimm.
Drumb inn Egypten weib und mann
Betten die Io fleissig ahn;
Wirt von ihn fûr eyn gôttin groß
Ewig geerht on underlaß.

Cap. 28 (27).

Von Phaeton und Epapho. Io hat eynen sun Epaphus genant, der
hat eyn tempel neben dem tempel seiner mutter; bei im was deß Phe-
bus sûn Phaeton genant. Epaphus schilt den Phaeton, als ob er nit
von Phebo, sonder eynem andern geporen. Phaeton erzûrnt heymlich,
kumpt zû seiner mûtter, bitt sie, im den weg zu seinem vatter, der
sonnen, zu weisen. [Ovid 1, 748—779.]

1505   Epaphus von Io geborn,
Auch von dem Jupiter zuforn,
Der hatt bey seinér mutter sthon
Eyn eignen tempel gzieret schon,
Inn dem Epaphus mit im gmein
1510 Hatt, welcher im an gstalt gleich schein.

*

1) Io oder Isis auß eyner khu wider zu eynem menschen verwandelt.

Darzu sie beid eyns alters waren; [1])
Phaeton rûmpt sich sein geborn
Von Phebo der sunn; welchs auch waß.
Darumb er sich [deß] hoch vermaß,
1515 Rumreiche wort von im selb redt,
Groß ehr er von seim vatter hett.
Welchs Epaphum verschmohet hoch,
Und sagt zu im inn grosser schmoch:
'Was rumpst du dich deins vatter ser?
1520 Wie meinstu, wanns eyn ander wer
Und dich dein mutter semlichs het,
Ir ehr zu schirmen dich beret?'
　　Als Phaeton die wort vernam,
In grossen zorn er darauß kam;
1525 Jedoch die scham im solchs verbot,
Das er davon nichts reden wot. [2])
Gieng gantz stilschweigen von im hin
Und suchet bald die mutter sin,
Welche was Climene genant.
1530 Bald Phaeton sein mutter fandt,
Sagt er ir, wie in Epaphus
So schmehlich hatt gerichtet aus:
'Sagt, Phebus sei mein vatter nicht,
Du habst mir ihn zum vatter gdicht
1535 Und habst mich mit eym andern gborn.
Das thut mir aus der mossen zorn.
Ich mocht es widerreden nit,
Dann ich dein ehr bedocht damit.
Ich bit und man dich auch dabei
1540 All deiner mûterlichen trew.
　　Sag mir, bin ich der sonnen sun?
Darzu wôlst mir eyn beistandt thun,
Das ich zum vatter selber mag
Kummen, damit er mir recht sag
1545 Eyn gwisses zeychen, das ich sey

*

1) Epaphus und Phaeton hand einen tempel.
2) Phaeton verbirgt sein zorn vor Epaphus.

Sein sun und das môg wissen frey.'
   Der mutter thet weh solche schmoch,
Und ward davon geursacht hoch,
Das sie irs suns begern erstreckt.
1550 Die hend sie gehn der sunnen reckt
Und sprach: 'Ich schwer dir, o son mein,
Bei diser liechten sunnen schein,
So all welt durch irn glantz erleucht,
Das du hast anders vatters nicht
1555 Allein Phebum, die sunn so glantz.
So ich nit sag die worheit gantz,
Mûß ich sein schein und liecht auch niemmer
Gesehen. Drumb dich nit bekûmmer
Und far frôlich zum vatter din!
1560 Du hast doch nit so ferr dohin;
Dann bald du kumpst auß Morenlandt,
[12a] So wirt dir India bekant,
Inn welchem land des volckes sitz
Ist under deines vatters hitz.'
1565   Phaeton inn seer grossen freuden
Thet hin von seiner mutter scheyden,
Durchwandert alles Morenland
Und Indiam, biß das er fand
Den überschônisten pallas,
1570 Daruff die sonn, sein vatter, saß.

[13a] Das ander buch Ovidii von verenderung der gestalten.

Inhalt der ersten figur deß andren buchs
Ovidii von verenderung der gestalten.

Phaeton kompt zu Phebo gangen,
Phaeton wirt von im empfangen;
Phaeton furt die sunn herumb,
Entzůnt das gstirn inn eyner summ.
5 Die erdt erdort inn solcher gstalt,
Das sie gewint eyn grossen spalt.
Jupiter den Phaeton schoß,
Seinr můttr unnd schwester klag ward groß.
Cignus zu eynem schwannen wirdt.
10 Phebus klagt seyn sun, wie gebirt.
Die gôtter bitten Phebum sider,
Das er die sunn wôll furen wider. [1])

Cap. 1.

Phaeton kumpt zu dem palast seines vatters. Von der kôstlicheit deß
palasts der sonnen. [Ovid 2, 1—30.]

Das hauß und auch der schôn palas,
Darauff sein herr und vatter saß,
Das was mit seulen understitzet,
Von rotem goldt es zierlich glitzet,
5 Mit edlen steinen schon geziert,
Noch rechter kunst gefiguriert.
Piropus, der liecht kôstlich stein,
Auß schônem goldt gar liecht erschein,
Gleich wann eyn fewr aus glaß erglast.

*

1) Holzschnitt 4: Phaethon kniet vor seinem vater, der mit
scepter und sonne in den händen neben seinem vierspännigen wagen
stebt. Rechts oben stürzt Phaethon von einem pfeile getroffen, den
Jupiter auf ihn abgeschossen hat, aus den wolken ins meer hinab.

10 Auch was bedeckt der schôn pallast¹)
Mit helffenbein ballieret schon.
Die thor so reulich theten ston
Von feinem silber wol verschlossen,
Daran sein kunst hat außgegossen
15 Vulcanus der kôstlichest schmidt,
Welchem an kûnsten manglet nit.
Das meer gantz ringweiß darin floß;
Drin wonten die meergôtter groß,
So man zu aller zeit mocht schawen.
20 Auch sah man vil der wasserfrawen;
Do was fraw Thetis und Nereus,²)
Triton, dergleichen [auch] Proteus.
[Frôlich do] schwamen hin und her
[13b] Die wasserweiber auff dem meer
25 Und theten sich mit freiden baden.
Etlich die sassen an dem staden,
Pflantzten ir hor und machtens trucken,
Etlich auff der delphinen rucken
In freiden fûren auff dem meer.
30 Do sah man vil der meerwunder;
Eyn jedes thet nach seinem lust
Als, was es ihn gefallen wûßt.
Do stundt das erdtrich conterfeit³)
Mit allem seim lust und zierheit
35 Von allen thieren, so do lebten
Imm lufft und auff dem wasser schwepten.
Do war deß himmels schônste zierdt
Gar wunderparlich abformiert.
Zwelff zeichen theten ihn umbringen;
40 Sechs thûren inn die bhausung giengen,
Zur rechten handt geordnet sindt,
Zur lincken man noch sechsse findt.
    Phaeton den weg für sich nam,

*

1) Zierlichkeit deß palasts der sunnen.
2) Die wassergôtt.
3) Wie der sal gemolt sey.

Gar bald er inn die bhausung kam,
45 Von stund er noch seim vatter warb.
Das gmach erschein gantz purpurfarb;
Gegenseits, do sein vatter saß,
Eyn schmarack köstlich gstellet waß.
Neben im stunden beder seit
50 Imaginiert deß jars vier zeit;
Mit erst was gmalt der herrlich may,[1]
Fröliche blümlein mancherley,
Die blüenden beum mancher gstalt
Darauff die vögel manigfalt
55 Irn sitz hatten inn grünem laub,
Ir gsang erschalt lieblicher praub.
Darnach der summer stündt geleich;
Der hatt eyn volle garb so reich
Inn seiner handt von reichem korn,
60 Sein angsicht frölich scheyn on zorn,
Auff seinem haupt eyn krantz gemacht
Von ahern auff sein hor geflacht.
Darnach der herbst kam gantz betrept,
Seyn beyn mit most gar wol beklept,
65 Auffgschürtzt inn eyner butten stundt,
Als ob er wein dretten begundt.
Demnoch der winter stundt bereit
Angthon inn eynem rauhen kleidt
Gantz forchtsam mit zerstrewtem har
70 Und sah, sam wer er gfroren gar.

Cap. 2.

Phebus ersicht seinen sun, emphat in, fragt in die ursach seiner zu-
kunfft. Phaeton sagt seinem vatter vonn den scheltwordten Epaphi, be-
gert von im zu wissen, ob er sein rechter vatter sei. Phebus bekent sei-
nem sun, das er ihn allweg nie anderst geacht hab. [Ovid 2, 31—102.]

Als Phaeton der ding warnam,
Er sein vatter zu sehen kam.
Der vatter sah in ernstlich ahn,

1) Wie die vier zeiten deß jars sollen gemalt werden.

Davon Phaeton schrecken gwan.
75 Phebus seim sun gûtlich zusprach,
Hies ihn wilckummen sein und jach:
'Biß wilkum, mein sun Phaeton!
Ich bit, gib mir bald zû versthon,
Warumb du doch herkummen bist.'
80   Der sun sprach: 'Vatter, wann du wist
Die ursach, es nem dich nit wunder.
Drumb bitt ich, hilff mir auß dem bsunder
Sag mir, ob ich dich billich nenn
Eyn vatter und darfür erkenn
85 Und ob ich auch nit sei betrogen
Und mir mein mutter nit hab glogen,
Do sie dich meinen vatter hieß,
Wie ich mich dann beduncken ließ!
Ach brich den zweiffel, den ich trag,
90 Damit ich fûrbaß sey on klag!'
    Phebus zog ab sein kron behendt, [1])
Damit der schein sich von im wendt.
Sein sun hies er baß zuher sthon,
Sagt: 'Sun, du solt den zweifel lon.
95 Climene ist die mutter din,
So wor ich auch dein vatter bin,
Ja, das sie dir die warheyt gseit,
Drumb will ich schweren dir eyn eydt
Bey dem tieffsten hellischen flut.
100 Drumb alles, was dich heist dein mût,
Das magstu jetz von mir begeren,
Solchs will ich dich zustund geweren.
Darumb ich dir jetz schwer dabey,
Ja das die hell mein zeugnuß sey.
105 Dann was die gôtt dabei versprechen,
Sie gar inn keinen weg verbrechen,
Als wor sie mein aug nie gesach.'
    Der vatter kaum die wort gesprach

1) Die sunn eyn kron.

Der sun sein vatter ernstlich batt, [1])
110 Das er in den himlischen pfadt
Mit seinem wagen wolte lossen
Die sunn füren deß himels strossen
Mit sein vier pferden darzů gwent,
Wie sie dann in dem wagen gend:
115 'Drumb, liebster vatter, mich gewer!
Dann ichs nur eynen tag beger.'
 Der vatter schrack on massen sehr,
[14a] Als er vernam seins suns beger; [2])
Im was auch aus der mossen leidt,
120 Das er geschworen hatt den eidt.
Er sprach: 'Mein sun, du hast kintlich
Umb eyn groß ding gebetten mich,
Das du unweißlich hast erkoren;
So hab ich unversunnen gschworen.
125 Darumb standt ab von deiner bitt,
Dann du magst sie volbringen nit.
Drumb wilt du sein in sicherm pfleg,
So stand ab von eym solchen weg!
Ich thu dirs in der warheyt sagen,
130 Du bist zu füren meinen wagen
Zů kindisch und auch viel zu kranck.
Darumb stand ab von dem gedanck,
Bedenck, du bist eyn mensch sterblich!
Nun ist dein bgeren unmenschlich.
135 Die götter sollichs nit begeren,
Ich thet auch keyn undr in geweren;
Ir keyner mag mein wagen füren
Noch mir die meinen pferdt regieren.
Sag mir, wer ist doch gwaltiger
140 Dann der höchste gott Jupiter!
Noch füret er mein wagen nimmer,
Sie müssen mir in lossen immer.

     *

1) Phaeton bit sein vatter, das er ihn loß die sonn am himmel
rumb füren.
2) Phebus sehr erschrickt von seim suns beger.

Bedenck, die strossen, die man fert,
Sind hoch, darzu gerugte pferdt, [1])
145 Das ich sie offt kaum bsteigen mag,
Wann ich umbfaren soll den tag.
Offt muß ich haben angst und nodt,
So mein weg gegen mittag godt
Und ich hernieder sich zu stundt
150 Die erdt schweben inn meeresgrundt.
Von eynem solchen hohen blick
Ich selber offt on moß erschrick,
So ich dann abher far gehn thal
Und also gschwindt hernider vall,
155 Das sich offt förcht fraw Thetis seer,
Ich vall mit allem inn das meer.
Sun, du glaubst nit den weiten kreiß,
So inn ir hat semliche reyß.
Darzu der himmel nit still stoht,
160 Mir gleich so schnel entgegen godt
Zwischen den beiden tag und nacht,
Ja mit eynr solchen grossen macht,
Das er mich meint zu füren umb
Wider zuruck den himmel krumb,
165 Wie fast ich thun entgegen streben,
Wie ich dir wil eyn zeichen geben.
Sich, wann eyn flieg umb eyn mülradt
Meint umbzulauffen iren pfadt,
So lauffet doch das radt so sehr.
170 Ja ob sie gleich noch schneller wer,
So fürts das radt mit ir hernider
Und bringts auch schnel mit im herwider.
Dem himmel magst nit widersthon,
Er wirfft dich rab, das ist nit ohn.
175 Und ob gleich für sich gieng dein will,
Ja das der himmel stünd gantz still,
Das er dich an deim weg nit irret,

*

1) Wie der wagen zu füren sey, vonn den pferden und sorg-
lichen stroß.

Darzu dir die stroß nit verwirret
Und du auch hielst recht zil und· moß
180 Und blibst auch auff der rechten stroß,
Mustu doch grosse gfahr besthon.
Dann dir vil ding entgegen gon,
So an dem himmel sind bewont,
Mit gwalt unter dein füssen stondt
185 Und dir mit gwalt inn dem weg ligen;
Den allen mustu angesigen.
Mit aller ersten dir bekumpt[1])
Der stier, welcher dich fast anbrumbt
Mit seinen hörnern scharpff und groß.
190 Demnach ligt dir auch in der stroß
Der kreps mit sein klemmenden scheren,
Der wirt dein auch mit fleiß begeren.
Der grimmig lew dich auch anfalt,
Meint dich zu hindern mit gewalt.
195 Auch thut der gifftig scorpion
Mit seinem schwanz dir widersthon.
Der [schütz] sein hämonischen bogen
In grimm gegen dir auff hat zogen.
Ich gschweig dir aller andren dingen.
200 Wie wiltu erst die pferd bezwingen,
Welchen das fewr auß maul und nasen
Heraußer fart semlicher massen,
Die ich offt nit bezwingen mag,
Standt forchtsam vor in, bin eyn zag,
205 Wann sie so greulich wüthen, toben?
Wer sie recht dempft, der wer zu loben.
Ich bleib offt kaum auf inen sitzen,
So sie inn irem zorn erhitzen.
Die ding, mein sun, zu hertzen faß
210 Und thu dich drauff bedencken baß,
Domit ich nit an deinem leib
Noch deinem todt gar schuldig bleib!
Die ding seind doch noch ungeschehen.

*

1) Die zwölff zeichen am himmel.

Ich wolt, das du selb möchtest sehen
215 An mir das vetterlichè sorgen,
So inn meim hertzen ist verporgen;
Du würdst verwor nit zweiffeln mehr,
Das ich gwißlich dein vatter wer.
Ach mein sun, wünsch zum andern mol
220 Etwas! Gwiß dir das werden soll,
Es sey von güt und köstlicheyt
[14b] Als, so der welt mag bringen freyd;
Ich gib dirs alles sammentlich,
So dein fürnemen endet sich.
225 Dann inn dem, so du begert hast,
Ist sorg, forcht, leyd und überlast.
Doch wilt du ye nit lossen ab,
So wil ich, wie ich gschworen hab,
Dich aller deiner bitt geweren
230 Und gantz volnstrecken dein begeren.'

Cap. 3.

Phaeton allen schrecken und forcht hindann setzet, underwint sich
den wagen zu füren. Der vatter gibt im anleytung, die pferd werden
ingespant. Phaeton fert mit freüden mit der liechten sonnen darvon.
[Ovid 2, 103—170.]

Der son sich an seins vatters wort
Inn keynen weg so gar nit kort,
Alleyn bat, er solt seiner bit
Ihn gweren und versagen nit.
235 Der vatter nam in bei der handt,
Furt in, da er den wagen fandt,
Welcher stundt an seinr eygnen stadt.
Vulcanus in geschmidet hatt;
Die teissel, echssen waren goldt,
240 Die reder bschlagen, wie sein solt,
Mit feinem silber wol verwart.
Die speychen auch künstlicher art
Von feinem silber waren gschmit,
Gegerbt nach meysterlicher sitt.
245 Wo man dran blickt, nicht anders was,

Dann seh man lauter spiegelglas.
Als nun Phaeton der jungling
Mit ernst beschawet dise ding,
Do nam in allergröstes wunder
250 Umb eyn yegliche arbeyt bsunder.
　Do schloß Aurora uff eyn thür,[1]
Bald scheyn die morgenröt herfür
Gantz milchweiß und auch rosenfar.
Die stern verstuben alle gar
255 Sonder alleyn der morgenstern,
Welcher do scheinen thet von fern.
Uff den tag er zum lesten scheyn,
Sonst blieb gentzlich der andren keyn,
Ja der deß tags selb wolt erbeyten.
260 Phebus hieß bald herausser leyten
Die vier starcken wintschnellen folen,
Er hieß die scharpffen zeym auch holen,
Die man den pferden bald anleyt
Und spant sie inn den wagen breyt.
265 　Phebus mit eynr köstlichen salben
Bestrich sein son gar allenthalben,
Damit im die hitz nichts nit schat,
Demnach er im uffgsetzet hat
Uff seinen kopff die feurin kron.[2]
270 Eyn grossen seufftzen ward er lon,
Gar wenig zů dem sun er sprach.
Das seufftzen im sein hertz durchstach,
Dann er wußt wol seins suns unheyl:
'Thu deines frommes doch eyn theyl!
275 Merck, so du kommest uff die stroß,
So für die pferd inn rechter moß
Und halt den zügel starck an dich!
Sonst wird dir zwor dein fart schwerlich
Und entlauffen dir die pferd all
280 Und bringen dich inn not und fal.

*

1) Aurora, eyn göttin der morgenröte den lufft bedeutend.
2) Die feurin kron ist die sonn.

Du sôlt auch bei deim leib nit füren
Den wagen auß den dreien schnûren
Und halt in stetigs uff dem dritten,
So daß er allweg bleib inn mitten,
285 Auch gantz wogrecht dem ertereich[1])
Und tag und nacht inn eyner gleich,
Darzû deß jares zweyen zeiten
Unden herab zû beiden seiten,
Do die andren zwen seind gelegen.
290 Dann solt mans gegen nander wegen,
So wüg es für das ander vil.
An dieser zweyer schnûren zil
Solt du verziehen nur eyn klein,
Dein wagen wenden sittlich fein,
295 So kompst du inn das wagenleiß.
Dann müst erst brauchen grossen fleiß;
Wilt anders schaffen deinen frummen,
So laß deinn wagen nimmer kummen
Zû nah zû nordort (ich dir sag),
300 Noch zû sudort keynswegs nit schlag.
Far auch nit zû nahendt zur erden,
Sonst wirt dir gwis gar zû heyß werden.
Far auch dem himel nit zû nah,
Damit er nit das feur empfah!
305 Darumb nach meiner leer stets far!
Der straß wirst selber nemen war;
Dann sie inn keyn weg ist zû eng
Weder die breyte noch die leng,
Dann sie den himmel gar umbkreyßt,
310 Zodiacus dieselb straß heyst.
Drumb, liebster sun, bedenck dich bald,
Was du wôlst thun semlicher gstalt;
Dann sich die stund thut nehen schon.
Roß und wagen muß bald darvon.
315 Dann ich die finsternus sich dort
Geschupffet westen uber port,

*

1) Die lehr, so Phebus seinem sun gibt.

Der himl in eyner farben sthot.
Drumb hinzufaren ist fast not.
[15a] Jedoch wiltu, so magstu wol
320 Bleiben und mich, als ich [dann] sol,
Der welt ir liecht selb lossen bringen,
So magstu bleiben vor mißlingen.
Die pferd die stehnt schon inn den gstellen;
Du magst noch thun nach deinem willen.
325   Phaeton nam glat keyn bedanck, [1])
Freimütig auff den wagen sprangk,
Seim vatter fleissig dancken thet
Umb das, daß er in gwehret het.
Den zügel nam er zů sein henden,
330 Die pferd bald uff den weg thet wenden.
Die hiessen Pirois und Aethon, [2])
Eous, deßgleichen Phlegon,
Seind der sonnen windtschnelle pferd,
Damit Phebus noch umbher fert.
335 Sie flogen hin gantz vogelgschwind
Hinuff ghen himel durch die wind,
Biß sie den himel erreycht hatten,
Das gwülck zerspielten und zertratten
Ja als, was in kam in den weg.
340 Phaeton sass und was gantz treg;
Davon die pferd abnamen baldt,
Das nit deß rechten furmans gwalt
Hinder in uff dem wagen saß.
Das macht, der wagen gantz leicht was,
345 Dann er vor von in gzogen ward.
Das macht sie mutig diser fart;
Der wagen schwancket hin und her
Gleich eym leichten schiff uff dem meer;
Dann er hatt seinen last nit voll.
350 Drumb hupfft und schwanckt er manigs mol
Hin und her mit [gar] hohen sprüngen.

*

1) Phaeton springt uff den wagen.
2) Die namen der pferd imm sonnenwagen.

Phaeton mocht die geûl nit zwingen,
Dann er eyn jüngling was on krafft.
So furn die geul on meysterschafft
355 Hin und wider wegs irrig gar. [1]
Phaeton stund inn grosser gfar,
Die pferd kont er geweisen nit
Zur lincken noch zur rechten sit,
Dann der weg was im unbekant;
360 So halff in nit, wie fast er mandt
An den wild ungezempten pferden.
Drumb mocht im gantz keyn rath nit werden;
Dann er am himel fur gantz irr,
Wie man dann sagt, wider und für.

Cap. 4.

Phaeton fert dem gestirn zû nohe, das siebengestirn wil vom himel
fallen. Phaeton gewint grossen reuen, daß er die fart understanden;
er kompt zû den zeychen des himels. [Ovid 2, 171—209.]

365 Zû diser stund das siebengstirn,
Inn meeres grund [wer] gfallen gern
Von grosser hitz, die es empfand;
Frau Tethys aber den fall want. [2]
Wiewol das ander gstirn sich külen
370 Mit hauffen groß inn das meer fielen,
So mußt doch nach Junonis will
Das siebengstirn yetz stehn gantz still;
Also Juno rach iren zorn.
Der schlang, so vor lang lag gefrorn
375 Und jederman was unschedlich,
Thet von der hitz erzürnen sich.
Herr Bootes auß krefften floh,
Wie in sein wagen wider zoh.
Die sternen, do ich von thun sagen,
380 Die seind [zû] nordort umb den wagen
Hoch oben an dem himmel glegen

*

1) Phaeton inn grossen sorgen stct.
2) Tethys eyn göttin des meers.

[Und] gantz ferr von der sonnen wegen.
　　　Phaeton von dem wagen sah
　　　Rab auff die erdt. Wie weh im gschah
385 Von grosser höhe, ist nit wunder.
　　　Er schlug aus forcht sein augen under,
　　　Von schrecken bebten im sein beyn,
　　　Das liecht im inn seyn augen scheyn
　　　Und fiel im für sein gsicht dohar.
390 Noch was er nit inn mitte gar
　　　An himmel kommen, über sich
　　　Mit seinen augen erbermblich
　　　Sah er die beyden thail jetz ab;
　　　Denn er was gfarn, unden er nab
395 Zů faren hett biß auff die erd.
　　　Gar offt er inn seim hertzen bgert,
　　　Daß er seins liebsten vatters bit[1])
　　　So frevel hett abgschlagen nit,
　　　Auch daß er die pferd nie berürt,
400 Darzů den wagen keyns wegs gfürt.
　　　Wünscht auch, daß er der sonnen liecht
　　　Zů fürn hett understanden nicht,
　　　Sprach: 'O ich unseliger knab!
　　　Die whal so mir mein vatter gab,
405 Warumb hab ich mir diß erwelt,
　　　Weil er mir doch vorhin erzelt
　　　Als, das mir yetz begegnet gar!'
　　　　Weil er also denckt hin und har,
　　　Kömpt er mit dem wagen gerant,
410 Do er den scorpion yetz fand
　　　Vol eyter gschwoln, schwartz als eyn kol.
　　　Davon er seer erschrack zůmol,
　　　Das im sein angsicht ward bleychfar,
　　　Sein leib im auch erkaltet gar
415 Vil kelter dann eyn gfroren eiß.
　　　Von schrecken groß ließ der unweis
[15b] Den pferden ire zůgel gleiten

*

1) Spatter rew Phaetontis.

Aln vier pferden zů beyden seiten.
Die sprungen mit schittenden köpffen,
420 Mit stracken ohren, gstraupten schöpffen
Und lieffen also nach der zwer
On allen weg yetz hin, dann her.
Phaeton fur yetz gentzlich irr
Und, wie man sagt, wider und für.
425 Jetz stiegens inn die höh, zů stund
Fielendt sie nieder ab zů grunt,
Darnach gar bei rab uff die erden.
Die Mon eyn solchs gewar thet werden,
Ja das irs bruders pferd so schon
430 So nah zur erden theten gohn
Dann sie, die doselb was, die mon.

C a p. 5 (4).

Wie Phaeton mit seinem ungereümbten faren himel unnd die erden
entzündet, auch das meer und alle wasserflüs gantz außdorreten vonn
großer hitz der sonnen. [Ovid 2, 210—259.]

Von Phaetonis faren irr
Ward die gantz erden also dürr,
Von feuchte sie gantz nichts behielt.
435 Drumb sie gantz durchnider zerspielt
Von oben an biß auff den grunt.
Der walt gantz jämerlichen stund
Schwartz und besenget überal,
Sein laub das was gantz bleych nnd val,
440 Auch was imm brunnen all sein krafft,
Verloren hatt er alles safft.
Die frücht erdortten sampt dem graß,
Welchs dann eyn grosser schaden was,
An gar vil orten bürg und landt
445 Von hitz der sonnen gantz verbrant.
Der groß berg Ethna zů der zeit [1])
Bran, welcher inn Sicilien leit
Und brennet noch bei disem tag,
Sein fewr und rauch man sehen mag.

*

1) Ethna der berg inn Sicilien brent noch uff disen tag.

450 Es brant auch der bekant Oetes,
    Uff welchem sich hat Hercules
    Selber inn eynem fewr verbrant.
    Auch branten inn Thessalienlandt
    Die beydn Ossa und Parnassus,
455 Welchs große berg sind überuß.
    Es brant auch Otris und Pindus [1])
    Und der übrauß groß Caucasus,
    Desgleichen Taurus und Cilix,
    Cintus der berg, darzû Erix.
460 Es brant Appenninus der groß
    Und auch Olimpus sein genoß.
    Die beydn Hemus und Rhodoppe
    Mocht nit fristen ir tieffer schne;
    Welcher schne lang gelegen war,
465 Müßt von der hitz zerschmeltzen gar.
    Das fewr so starck uff erd anfieng,
    Sein hitz hoch inn die wolcken gieng,
    Die branten wie eyn heysse glût.
        Der arm furman ward ungemût,
470 Er sass gantz trostlos inn dem wagen,
    Die hitz macht in gar zu verzagen.
    Dann bald er seinen othum zoch,
    So gieng inn in die hitz hernoch,
    Als wans auß eym bachofen gieng.
475 Phaeton dorren do anfieng,
    Der rauch im inn sein augen kam,
    Der dampff der erden im auch nam
    Sein gsicht, daß er niemmer gesach,
    Wo er hin fûr, ferr oder nach.
480 Allein noch willen seiner pferdt
    Er hin und wider irrig kert.
    Bald inn India inn dem landt
    Das volck semlicher hitz empfandt,
    Verbrant in ir geblût zûmal,
485 Das es ward schwertzer dann eyn kol,

                    *
    1) Namen der allergrosten berg inn der welt.

Wie sie bei unser zeit noch sindt
Die weib, man und die kleynen kindt.
Das landt Lybia gar verbrant,
Das drinn nichts bleib dann lauter sandt,
490 Welcher noch heut uff disen tag
Drin ist, davor nichts wachssen mag
Und mûß bleiben gantz ungewont.
Dann drinn keyn kraut noch wurtzeln stond;
Wann alle feuchtigkeyt hat din
495 Die mechtig hitz genommen hin.
    Do mocht man grossen jamer schawen [1])
Ja von den armen wasserfrawen,
Die lieffen mit zerstrawtem hor,
Klagten ir leiden offenbor.
500 Vertrucknet waren ire bronnen
Von großmechtiger hitz der sonnen;
Die sie lang zeit bewohnet hand,
Die stunden wassers leer, mit sandt
Wurdens gefûlt. Die grossen flûß
505 Und starck schiffreichen wassergûß
Waren yetz kleine seichte lachen,
Die mechtig hitz thets drucken machen.
Phasis das wasser hefftig brann,
Do Jason durch sein manheyt gwan
510 Das gûldin fliß und brocht darvon
Die zauberin Medeam schon,
Furt sie auß der insel Colchos.
[16a] Auch das starck wasser Ißmenos
Gantz stil und kleyn dahin thet schleichen,
515 Welchs vor starck und gwaltig thet streichen.
Alpheus und Sicania
Und zwen starck flûß aus Persia,
Die haben bed eyn ursprung gmeyn,
Wie wol der jedes fleißt alleyn.
520 Euphrates und darzu Tigris;
Und das breit wasser Tanais

*

1) Die wasserweiber klagen ir unglûck.

War auch gar bei vertrucknet gar,
Das fleusset an Europa har
Und thut Asiam davon scheiden,
525 Mit strengem lauff fleußt zwischen beiden;
Mâander, welcher fleußt so krumb
Und sich gantz irrig ziehet umb
Mit seinem fluß jetz hin, dann wider,
Der waß inn sand versuncken nider.
530 Caister und auch Peneuß, [1])
Eurotas und auch Spercheus,
Die wasser von Thessalia,
Caicus und auch Meonia
Und Cromaneus, do vil schwanen,
535 Dergleichen vil antvôgel wonen
Und d wilden gens hand iren sitz,
Die musten durch die grosse hitz
Hin fliegen weit eyn andre strassen
Und dise wasser weit verlassen.
540 Der Ister und [auch] der Ganges,
Von Damasco [der] Orontes,
Dergleichen auch der kalt Strimon,
Der Tagus und der Pactolon,
Welchr vil goldt hat inn seinem grundt,
545 Von hitz das gold schmeltzen begund
Und von übriger hitz so groß
Das goldt sampt dem wasser hinfloß.
Eyn fluß Xantus vor Troy hinfleust,
Nilus, welcher fast würdt gepreißt,
550 Das er vil schlüpff der erden sucht, [2])
Zu fliehen er sich auch gerucht,
Biß das er kam der welt eyn endt,
Sein haupt verstecket er behendt,
Do ligt es noch bey disem tag
555 Versteckt, das niemandt finden mag.
Das ander theil inn siben strang

*

1) Nammen der grossen wasser inn der welt.
2) Nilus der fluß fleust weit unter der erden ins meer.

Sich teilet inn Egypten lang.
Ehs die Egypter wurden gwar,
Kamen die wasser fliessen dar.
360 Der Rhein, die Tyber wurden trucken,
Die hitz thet sie zumal verzucken.

Cap. 6 (5).

Wie die erdt von übriger unnd grosser hitz eyn grossen spalt gewan,
auch die klag der erden alhie gemelt wirt. [Ovid 2, 260—303.]

Das erdtrich gwan eyn solchen spalt,
Der liecht glantz durchhin schein mit gwalt
Biß inn die finster hell hinab,
365 Der kông der hell erwachet drab [1]
Auß tieffem schloff sampt seinem weib;
So starck der glantz hinunder treib.
Das mer ward auch der moß so klein,
Das man darinn sah sand und stein,
370 So vormals lagen tieff verborgen.
Die fisch stunden inn grossen sorgen
Und senckten sich zu tiefft hinunder.
Do sah man auch manig meerwunder,
So sich verborgen hett so gern,
375 Noch must es wassers do empern.
Die walfisch ungeheur und groß
Lagen imm sand wassers gantz bloß
Gestrecket und jetz halber todt.
Neptunus auß dem wasser bodt
380 Dreimalen seinen kopff inn zorn,
Ließ ihn aber nit lang hie vorn, [2]
Sunst must er selb ersticket sein.
Von grosser hitz, der sunnen schein
Die erdt so gentzlich was verdorret
385 Und so jemerlich inngeschmorret,
Das sie von allem gwechs was kummen,
Weil ir das wasser war enttrunnen

*

1) Pluto eyn kônig der hell.
2) Neptunus zürnt über Phaetonem.

Und auch so gantz inn sie verschloffen,
Die erdt hats alles inn sich gsoffen.
590   Die Erdt ir haupt gantz jämerlich[1])
Hub inn die höch, ir hend deßglich
Und fůrt also auß wundtem hertzen
Ir klag inn jammer, grossem schmertzen
Und sprach: 'O ir gött, hab ich bschuldt,
595 Das ich inn ewer ungedult
Mit fewr so gentzlich muß zergohn,
So lond mich doch nit so lang sthon
Inn angstlichem jammer und schmertz!
Schicken ewer strol niderwertz,
600 Das sie mich allenthalb entzünden
Und mich meins grossen leids empinden!
So es dein gottheyt haben will,
O Jupiter, das wer mir vil
Leidlicher dann inn disem vall
605 Bestohn semlich jammer und qual.
Ach sich das groß elendt an mir!
Mein mundt und kål ist mir gantz dürr,
Darzu von rauch und eschen vol,
Das ich nit mag gereden woll.
[16b] Dann ich schier niemmer othum hab,
Mir ist mein hor gesenget ab.
Ach gdenck der ehren, so ich dir
Bewisen hab stet für und für,
Als man mir meinen leib gesunt
615 Mit pflug und egen hart verwunt
Und ich darfür dem volck thu geben
Frucht und korn, das sie mügen leben!
Den göttern hab ich gtragen auch
Mirren, deßgleichen den wirauch.
620 Ob aber ich schon bschuldet hon
Den todt, was hat Neptunus gthon,
Dein brůder, so inn schmertzen brinnet?
Dann im das meer so gar zerrinnet,

*

1) Die Erd redt.

Wiewol im das zu theil ist gfallen,
625 Noch wirt er jetz beraupt deß allen.
So aber du wilt überein
Mich, darzu auch den brůder dein
Verderben und den himmel hoch,
Darinn du bist, so bdencke doch,
630 Was unraths daraus můg entsthon,
Ja wann der himmel an soll ghon!
Sobaldt und er mit krefften brent,
So müssen wir vier element
Unter eynander uns zerrůthen
635 Und wirt wie inn den ersten ziten,
Do es als durch eynander was.
Ach sihe doch ahn, wie Athlaß [1])
Den himmel glůendt tregt schwerlich!
Deß solt billich erbarmen dich,
640 Weil er auff im ligt also heiß,
Das im außtringt der angstlich schweiß.
Des loß dich doch erbarmen sehr
Und thu im hilff, o Jupiter!
Entledig ihn aus solcher noth
645 Und mittheil im dein hilff und roth!
Dann wo das fewr nit bald zergoth,
So müssen wir von hitz zergohn.'
    Sobaldt die Erdt solch redt hat gthon,
Zog sie ir haupt wider hinein;
650 Vor hitz mocht sie nimm haussen sein.

Cap. 7 (6).

Phaeton von ungestümme seiner pferden fart gantz irrig an der hime-
lischen strossen. Jupiter scheußt ihn mit eynem strol vom wagen.
Phaeton wirt von den wasserfrawen begraben. [Ovid 2, 304—328.]

    Baldt Jupiter die klag vernam,
    Brufft er die göt, zu zeug sie nam,
    Damit sie selb möchten versthon,

*

1) Atlaß der groß berg und riß, welcher den himmel auff seinen
achsen dregt.

Ja das die welt gantz müst zerghon,
655 So er es lenger thet vertragen;
Den furman, welcher fürt den wagen,
Den müßt er gentzlich bringen umb.
Solchs gfiel den göttn in eyner summ.
    Jupiter bald sein handt aufsreckt,
660 Die wolcken er zumal beweckt,
So er domal gehaben mocht;
Tunder und plix er zammen brocht,
Doch mocht er keinen regen haben,
Domit er möcht das erdtrich laben;
665 Dann ihm an wassergwülck zerran.
Jedoch schoß er den wagenmann
Behend mit eynes plixes strol, [1]
Damit zerschmettert er zumol
Beyde den furman und den wagen,
670 Damit eyn endt nam der welt klagen.
Der wag zu tausent stücken brach,
Die pferd man ungstüm springen sach
Hoch am himmel wider und fort.
Eyn stück lag hie, das ander dort,
675 Hie lag eyn zaum, dort eyn leitseil,
Von kummeten auch manig theil,
Do sah man ligen åchs und ring.
Die theichsel von dem wagen gieng,
Die speichen waren auß der nab.
680   Der arm Phaeton fiel hinab;
Sein har auff seinem haupt fast brann,
Phaeton der arme fürmann
Scheyn von der höh herab so hell,
Als wann man seh eyn sternen grell
685 Von himmel schiessen gar herab;
Also Phaeton eyn schein gab.
Er fiel inn den Eridanum,
Den italischen fluvium.
    Die wasserfrawen alle samen

*

1) Der arm furman kumpt umb.

690 Zu seiner leich zu hauffen kamen,
Begruben seinen leichnam dort
An deß eh gmelten wassers port.
Do hatten sie eyn sargk von stein, [1])
Dorein legten sie sein gebein
695 Und schrieben darauff an der stundt,
Das allmenklich das lesen kundt.
Diß gschrifft warn griechische buchstaben,
Sagt: 'Hie ligt Phaeton begraben,
Der was seins vatters wagenmann.
700 Die gantze erden er verbrann,
Als er die sunn herumb fürn wolt,
Welche der erden leuchten solt.
Derhalb darff niemandts zweiffeln nun,
Daß es sey gwesen Phebus sun.'

[17a]   Cap. 8 (7).
Phaeton wirt von seiner mutter, auch von seinen schwestern gesucht
und schmertzlich von ihnen geklagt sein elendigs sterben und umb-
kommen.   [Ovid 2, 329—366.]

705   Phebus die gschicht gar baldt vernam,
Groß schmertzlichs trauren er bekam,
Nichts thet er mehr dann sein leid klagen.
Inn grossem trauren er thet sagen:
'Der welt wil ich ir gwonlich liecht
710 Zu füren niemer sein verpflicht; [2])
Mein haupt bedeckt ich an der stundt,
Das kein schein niemer darvon kundt.'
Also ein gantzer tag hingieng,
Das die welt nie keyn liecht empfieng.
715 Jedoch was das fewr noch so groß,
Das die welt seines scheins genoß.
    Phaetons mutter auch vernam
Irs suns elendt, inn trawren kam

---

1) Was auff Phaetons grab geschriben.
2) Phebus will die sunn nit mehr umbher furen, darumb das im
sein sun ist umbkommen.

Und klaget ihn all tag und stundt.
720 Sie durchgieng manch schmertzliche wund.
Drey tôchter nam sie zu ir bhendt,[1]
Und umbzogen der welt vier endt,
Biß sie zletst kamen an eym tag
Zum grab, inn dem Phaeton lag.
725 Erst ward ir aller leidt gantz new;
Do regt sich mûterliche trew,
Darzu die schwesterlichen hertzen.
Sie fielen all inn grossem schmertzen
Auffs grab, darin Phaeton was;
730 Mit zåhern machten sie das naß,
Die buchstaben sie gar voll gussen
Der zåher, so von ihnen flussen.
Das grab sie halßten, kûßten all,
Gantz unzållich das wasser quall
735 Auß iren augen. Inn dem leid
Der eyn schwestern ir fûß albeid[2]
Unden strax wuchsen inn die erden,
Und thet gantz schnell zu eym baum werden.
Von grossem schmertzen, so sie hatt,
740 Stunds inn der erdt verwachsen satt.
Die ander schwester solchs ersach,
Von schrecken ir dergleichen gschach,
Und ward zu eynem starcken stammen,
Also die beyn ir wuchsen zammen.
745 Die dritte schwester das ersach,
Vor leydt irm hertzen weh geschach.
Sie wolt hinzuhin lauffen bhendt,
Bald wurden ire arm und hend
Verwent inn grosse starcke est,
750 Sie was inn d erdt verwachsen fest.
Die vierdt thet auch herzuher lauffen
Und wolt vor leidt ir har außrauffen,
Da was es ir gantz grien belaubt.

*

1) Phaeton klagen sein mutter und schwester.
2) Phaetonis schwestern werden vor leidt inn bappelbaum verkert.

Die mutter stundt und was beraubt
755 Ir tôchtern aller sammen gar.
Sie lieff inn grossem schmertzen dar
Hinzu den beumen, die do stunden;
Die waren schon mit laub umbwunden,
Darzu mit rind umb iren leib.
760 Gantz bdrûbt war do das elend weib.
Die rind dackt sie biß an den mund,
Eyn jede do ruffen begund
Die mutter ahn inn solchem leidt.
Sie war schnel zu ir hülff bereit
765 Und kûßt sie all eynander noch,
Eh dann sie die rind gar bezoch.
Sie meint sie von der rind zu bringen
Und thet eyn zweig mit gwalt rab zwingen.
Der ward von mûrbe brechen ab,
770 Der ast am bruch vil blûtes gab.
Davon erschrack die mutter fast,
Do sie mit blût sah bsprengt den ast
Und nider drieffen inn das graß,
Welcher von ir verwundet was.
775 Die wundte tochter schrey kleglich:
'Ach mutter, nit! Du schmertzest mich
Mit deinem reissen; standt bald ab!
Dann ich davon groß schmertzen hab.'
Sobald sie die wort gsprochen hatt,
780 Die rind irn mundt bezogen satt,
Das nichts menschlichs an ihn erscheyn,
Dann das die zehern von ihn gmeyn
Gantz lautter flossen ann den stunden,
Eyn edler balsam zu den wunden.
785 Davon auch irer wunden schrantz
Gantz bhendiklich thet heylen gantz,
Die ihn ir mutter grissen hatt.
Also wuchsen bhend an der statt
Vil bappelnbeum gantz schôner gstalt,
790 Die sich hinnachmals tausentfalt

Mehrten am wasser überal,
Der man noch findt eyn grosse zal.

C a p. 9 (8).

Zu solcher gschicht kumpt Cygnus eyn könig aus Tuscien, eyn freund
Phaetons; er klagt jemmerlich den unfal; vor grossem jammer wirt
sein menschlich gestaldt inn eynen schwanen verwandelt. [Ovid 2,
367—380.]

Cygnus eyn kóng auß Tuscien,
Ein reicher kóng, mechtig und schón,
[17b] Welcher Phaeton verwant war,   ·
Er war von ungschicht kummen dar.
Als er Phaetons kummer hórt,   .
Auch das die schwestern so verkert
Inn báumen stunden gwachsen fast,
800 Solchs macht im eyn schmertzlichen last.
Kleglichen er thet weinen sehr
Und gieng umb das grab hin und her.
Fast jemerlich thet er gebaren
Bey den báumen, so schwestern waren
805 Gewesen und jetz gwachsen hoch.
Sein klag sich tag und nacht verzoch,
Biß im zu letzst sein manlich stimm
Von im entwich durch klag und grimm
Und blib doch eyn kleglicher thon
810 An im, so auß seim halß thet ghon;
Welcher dann noch ann im besthot,
Klagt heut bey tag sein leidt und noth.
Sein fůß inn schwartz farb kerten sich,
Sein hals gantz schmal erlengert glich,
815 Der schnabel stumpff und hórnin gar, [1])
Mit gantz schneweissen federn klar
Umbwuchs sein gantzer leib behend.
Do stund Cygnus eyn schwan ellend,
Welcher noch scheucht den lufft so hoch
820 Und sorgt, er mócht verbrennen och

*

1) Cygnus der kónig wird eyn schwan.

Wie Phaeton, der sein vetter waß.
Darumb er stetz inmm wasser naß
Sein wonung sucht biß an sein endt,
Damit er nit vom lufft verbrendt.

Cap. 10 (9).

Phebus klagt sein sun inn grossem leidt, zürnt mit den göttern, ver-
sagt ihn, der sunnen wagen lenger zu füren. [Ovid 2, 381—393.]

825　Der zeit die sunn verborgen lag;
Ursach waß Phebus leid und klag,
So er trug umb sein liebsten sun,
Der todt was und vergraben nuhn.
Drumb Phebus nimmer füren wolt
830　Die sunn am himmel, als er solt,
Sunder verbarg sich gantz heimlich,
Als er noch offt verbirget sich,
Wann er an seins suns todt gedenckt,
Die sunn er gantz finster versenckt,
835　Wie er dann auch domalen thet
Auß zorn und unmůt, den er het.
Sein ampt sagt er auch auff zu stundt
Den göttern mit sein selbes mundt
Und klagt sein groß mův und arbeyt,
840　So er hatt gthon auß miltigkeit
Gegen der gantzen welt gmeynlich;
Dann er ihn mit hat gteilt gelich
Die sunn mit irem lichten schein.
Deß wolt er jetz entbrosten sein
845　Und iren wagen niemmer füren,
Sagt: 'Sucht eyn, dem es thu gebüren
Unter den göttern inn gemeyn.
Doch hoff ich, ir wert finden keyn,
So sich deß wagens neme ahn,
850　Noch minder, der ihn füren kan.
Doch mags Jupiter understhon,
Ob im eyn semlichs für wôl gohn.
Es ists, so mein sun schos zu todt

6 *

Und der mir bracht hat solche noth.

855 ˙Ach, das er müßt besthon solch gfar
Und meiner pferdt sterck wûrd gewar,
Dann wûrd er sehen, wie billich
Er meines suns hat braubet mich,
Welchen er mit eym plix erschoß

860 Und umb unschuldt sein blût vergoß.'
Die wort Phebus gantz kleglich redt,
Das semlichs horten alle gôtt.

Cap. 11 (10).

Die götter kummen zusamen, bitten eynhelligklich Phebum den got
der sunnen, die pferdt und den wagen wider anzunemen; zulest ver-
williget Phebus. [Ovid 2, 394—416.]

Inn gmeyn die gôt inn eynen ring
Von Phebo horten solche ding.

865 Sie baten in all inn gemein,
Das er stünd von dem fürschlag sein
Und wolt ablossen von seim klagen,
Der gantzen welt zu gut den wagen
Noch lenger füren mit der sunnen,

870 Sunst wer der welt jr liecht zerrunnen.
Jupiter bat auch Phebum fast,
Das er hinfürbaß solchen last
Solt füren, wie er vormals gthon.
Jupiter bey zepter und kron[1])

875 Dem gott Phebo gebieten wardt,
Das er sich rüstet zu der fart.
    Also Phebus sein schewend pferdt
Widerumb brocht zu irem gfert.
Er sprang auff sie inn grossem zorn

880 Und stach sie fast mit seinen sporn,
Verwiß in seines suns ellend
Den sie handt bracht inn todt behend.
Also er sie mit zorn und schlagen
Spant wider inn eyn andren wagen.

1) Phebus aus gebot des gott Jupiter mus den wagen wider furen.

885 Jupiter inn dem himmel rum
Thett faren, bsah den umb und umb,
[18a] Ob im die hitz keyn schaden gthon
Und ob er môcht noch fest geston.
Als er in fest und unverbrant
890 Sah stehn, do bschawet er die landt,
Biß er zlest inn Arcadiam
Inn sein geliebte landtschafft kam.
Do gbot er schnel den wasserstrumen,
Daß sie all solten fürher kummen
895 Und auch das meer mit seinen wellen,
Darzû die tieffen brunnenquellen.
Er schuff auch wider laub und graß, [1])
Welchs vormals als verbrunnen was.
All gwechs und blumen grûnten wider.
900 Jupiter sah von oben nider
Vor eynem walt eyn schone maidt,
Die sich hatt an jr rhw gelait [2])
Und schlieff von mûden also hart.
Jupiter sich verwundren wardt
905 Ab irem goltfarb krausen har,
Welchs ordentlich gekemmet war,
Biß zu irn fûssen abhin gieng
Ungflochten wie eyn golt dort hieng,
Druff trugs eyn haub weiß als der schne.
910 Jupiter ward von lieben weh,
Wann er anblickt die jungfraw schon.
So sie dann auff dem holtz thet ghon,
Trug sie ein kôcher voller pfeilen,
Eyn bogen, der gieng schneller eilen,
915 Der was von lauterm horn gemacht.
Fleissig sie nach dem wilpret tracht;
Sobald ir eyn stück wild gestund,

*

1) Laub und gras wider erschaffen.
2) Calisto, eyn schône magt der gôttin Diane, liegt imm wald schloffen. Jupiter kompt zu ir inn der gstalt Diane, macht sie eynes kindts schwanger.

Fellt sies mit irm bogen zû grund.
Diß was ir gschefft zû aller zit,
920 Sonst anders thet sie handlen nit.
Zûnechst sie bei Diane was
Und folgt ir nach on underlaß,
Biß das glûck wider sie thet sthon
Und stûrtzet sie auff unfals plon.
925 Des Jupiter eyn ursach was,
Wie ir dann werdt vernemen das.

[18b]   Inhalt der andren figur deß andren bûch
            Ovidii von verenderung der gestalten.

Calisto von Jupiter wirt gschwecht,
Sie wirt von Diane verschmecht.
Calisto eynen sun gebirt,
Zum beren sie verkeret wirt,
5 Zum siebengstirn Calisto ward.
Von des rappen schwetzigen art.
Von den drei megten Palladi,
Wie die kreg hat verjaget sie. [1])

Cap. 12.

Diana mit sampt iren megdten baden inn eynem kûlen brunnen. Die
geschwengert Calisto wil sich nit entplössen, sorgt, ire schandt brech
auß. Die jungfrawen fallen an sie, ziehend ihr ir gewand mit gewalt
ab. Calisto wird schwanger von in befunden, wirt deßhalben auß
        irer geselschafft verjagt. [Ovid 2, 447—465.]

Calisto grossen schmertzen trug,
Schamhaft ir augen underschlug
Und zûcket allweg hindersich,
930 Erzeygt sich nimmer so frôlich,
Als sie vormolen was gewon.
Wolt nim neben Diane gohn,
Sonder schleyfft sich allwegen ab,
Wellchs der gôttin eyn ursach gab,

*

1) Holzschnitt 5: vorn rechts überrascht Jupiter die am
waldrande schlafende Callisto; dahinter Callisto auf einen hirsch schies-
send; links Juno eine sitzende bärin anfassend; dahinter ein fluß mit
zwei wassergottheiten; in den wolken rechts Jupiter, links Juno.

935 Inn argwon gegen ir zů fallen,
Auch den andren jungfrawen allen.
Calisto fieng an wachsen fast,
Inn irem leib zunam der last
Deß kints, welchs sie von Jupiter
940 Empfangen wider ir beger,
Dovon ir beuchlin fast zunam.
    Diana aber vom jegt kam
Und waß sehr von der sunnen hitzig,
Darzů deß jagens gantz urtrützig.
945 Zů eynes kůlen brunnes quallen
Gieng sie mit iren megten allen.
Der brunn lag inn eym dicken wald,
Diana sagt: 'An diser hald
Bei dises kůlen brunnen fluß
950 Mögendt wir uns on hindernus
Erkůlen und erwaschen gar;
Dann hie nimpt unser niemandts war.'
Der brunn was kalt, lauter und klor,
Den sandt trieb er fast umb empor; [1]
955 Drumb liebt der gôttin solche stadt.
Behend sie inn den brunnen trat
Und sagt: 'Ir jungfraw allesandt,
Nun ziehendt ab ewer gewandt!
Dann uns hie niemant mag erspehen
960 Noch inn dem brunnen baden sehen.
Do wend wir zamen baden sitzen
Und uns erkůlen von der hitzen.'
    Die jungfrawn waren all bereyt,
Eyn jede zoh bhend auß ir kleydt,
965 Gantz nackent stunden sie alsamen
Und sprungen inn den brunnen zamen,
Sonder Calisto, die beleib,
Wolt nit entplôssen iren lieb.
Drumb die jungfrawen gmeyner schar
970 Uffs landt sprungen und zů ir dar,

1) Diana mit iren megten badet inn eynem lauterbrunnen.

Zogen ir mit gwalt auß ir wodt.
Calisto stundt do gantz schamrodt[1])
Vor inen mit emplöstem leib
Groß wie ein ander schwanger weib;
975 Dann sie ir kindt neun monat hatt
Getragen biß zur selben stadt.
Irn bauch deckt sie mit beyden henden
Und thet sich von in allen wenden.
    Diana sagt auß zorn und grimm:
980 'Far hin, kum inn diß gselschafft nim!
Dann soltstu inn diß wasser kommen,
Sein reynigkeit wer im entnommen.
Dieweil du hast eyn man erkent,
Wirst du gantz von uns abgetrent,
985 Weil mir mit niemandts handt gemeyn
Dann mit keuschen jungfrawen reyn.'
    Also Calisto trawiglich
Von iren gspielen schiede sich
Und klaget ir jungfrewlich ehr,
990 Die sie nit mocht bekommen mehr.

Cap. 13.

Calisto geneußt eynes jungen sons, der wirt Arcas genent. Juno inn
zorn über Calisto erbrent. Calisto wirt inn eyn grimme berinne ver-
wandtlet. [Ovid 2, 466—488.]

    Juno aber spart iren zorn,
Biß Calisto das kindt hatt gborn.
Als nun das kint geboren was,
Nant sies mit seim namen Arcas.
995 Juno kam zů der bdrůpten frawen
Inn zorn, sagt: 'Wie lang můß ich schawen
Zů deinem lasterlichen wesen!
Solt du auch erst eyns kints genesen,
So du von meinem man empfangen!
1000 Ihn soll nit mehr nach dir belangen;

＊

    1) Calisto wirt schwanger befunden. Diana verbeut ir die ge-
selschafft.

Ich soll dein schône dir entziehen,
Das fürbas alle man dich fliehen.
Du solt mein noch keynr andren man
Hinfûrter mehr zum bulen han.'
1005 Als sie die wort hatt gredt auß zorn,
Ergriff sie ire lôck da forn
Und warff sie nider zû der erden
Gar mit unweibischen geberden. ¹)
Ir beyde hendt bodt sie ir dar,
1010 Die umbwuchssen ir schnel mit har
Gantz rauch, schwartz und so freißamlich.
[19b] Ir hend begundten biegen sich,
Dran wuchssen scharpffe klawen lang,
Daruff übet sie iren gang.
1015 Ir mündtlin rodt ward ir verwendet,
Scheutzlichen sich ir angsicht endet.
Das gschah, daß sie keyn man fürt mehr
Zû küssen lust hett noch beger.
Auch ward ir sûß lautende stimm
1020 Verwant gantz forchtsam und gantz grimm.
Ir gantzer leib zottecht mit har,
Rauch, schwartz allenthalb bdecket war.
Sie brummet stetigs zornigleich
Und sah eym grimmen beren gleich.
1025 Auff irn hindren fûssen sie saß,
Klagt stets Juno der gôttin haß;
Wie man den beren heut bei tag
Thut sehen, wie er fürt sein klag,
Sein hend stetigs ghen himel beugt
1030 Und bitt umb hûlff zû aller zeit.
Also Calisto gantz und gar
Zum beren ward mit haut und har.

Cap. 14.

Calisto inn eynes beren gestalt wirt von ihrem son angangen, der sie
verhofft zu schiessen. Die gôtter, semlichs zû fürkommen, zuckendt

*

¹) Calisto wirdt zu eym beren.

sie an das firmament, machen auß ir das siebengestirn. [Ovid 2,
489—507.]

     Demnach sie offt inn schmertzen lieff
     Für ir haußthür, mit jamer rieff
1035 Und legt sich darfür manchen tag,
     Furt offt eyn jemerliche klag.
     Sie ward auch mit freißamen hunden
     Gebürset zů manichen stunden,
     Daß sie offt sorgt, sie můst ir leben
1040 Den starcken hunden do uffgeben.
     Sie hatt zůvor sehr grosse freyd
     Und lust gehabt auff dem gejeyt,
     Die yetzund ward verfolget gar
     Von hunden, jegern her und dar.
1045 Darzů můßt sie gar offt entweichen
     Den andren beren irs geleichen.
     Sie forcht den wolff auch über d maß,
     Welcher zůvor ir vatter was[1])
     Und von dem Jupiter verwent
1050 Inn eynen wolff, Lycaon gnent.
     Als aber ir sun der Arcas[2])
     Jetzunder funffzehn jar alt was,
     Do zog er umbher in dem walt
     Und sucht das wilpret jung und alt
1055 Uff dem gespör; dann er das kant.
     Von ungschicht er sein mutter fandt.
     Sie stund und sah in stetigs an,
     Ir augen want sie nie hindan;
     Dann sie irn son noch wol erkent.
1060 Der jüngling zucket do behend
     Sein spies, den er trug inn der handt.
     Damit wolt er sie han durchrandt.
     Jupiter wolt das nit zulossen,
     Zucket die beyd an himels strossen

*

   1) Lycaon, welchen der gott Jupiter von wegen seines mords inn
einen wolff verwandlet, diser ist gewesen eyn vatter Calisto.
   2) Calisto wirt von irem son Arca gejagt.

1065 Und macht auß in das siebengstern,[1]
Do sie von nander stehn nit fern,
Wie man das sicht zů unser zeit,
Daß sie von nander stehn nit weit.

Cap. 15.

Juno von wegen irer gemeynerin Calisto wirdt aber fast erzürnt, das
Calisto zů solchenn ehren ist kommen. Juno fert zů den meergötten,
verbeut in, daß sie dem siebengestirn nit gestatten, mit andern sternen
sich imm undergang zů erkülen. [Ovid 2, 508—533.]

Juno erzürnet aber sehr,
1070 Das ir gemeynerin solch ehr
Von irem man zůgstanden was.
Gar bald sie auf irn pfawen saß
Und ließ sich uff die erd zuhandt,
Do sie Tethys die göttin fandt
1075 Und Oceanum den alten gott,
Der sampt mit ir das meer inn hat.
Juno klagt in eyn schwere klag
Und sprach: 'Vernempt mein ernstlich sag!
Dann ich die himelkünigin
1080 Darumb rhab zů euch kommen bin.
Wissent, das mein ehman an mir
Sein eh thut brechen für und für.
Er hat sich zů Calisto glegt
Auß irem leib eyn kind erweckt.
1085 Dieselb er yetz hoch und zierlich
An himel gsetzt den sternen glich.
Die secht ir, wann die nächt angehnt,
Sie und ir son am himel stehnt,
Leuchten den andren sternen glich.
1090 Mit in beyden wils zeugen ich,
Das ich euch hie die warheyt sag.[2]
Drumb billich grossen zorn ich trag,

1) Das siebengestirn.
2) Juno klagt über Jupiter, das er die Calisto zu eyner gottin
gemacht.

Ich, die die mechtigst gôttin binn
Und hab gar eyn zornigen sinn.
1095 All welt erkennet mein gewalt,
Das ich mein feind stroff manigfalt,
[20a] Wie ich Calisto auch gstrafft hab.
Die menschlich gstalt nam ich ir ab
Und macht sie eynem beren glich,
1100 Welchem sie lang zeit gieng enlich.
So volgt ir nun auß solcher schmoch,
Das sie mein man erhept fast hoch
Und machet sie samt irem sun
Zu eyner gwaltgen gôttin nuhn,
1105 Secht zu, jetz ghet eß mir gelich,
Als do die Io machet ich
Zu eym menschen auß eyner khu.
Wie meint ir, ob mein man das thu
Und nem Calisto zu eym weyb,
1110 Mich sein gemahel von im treib?
Wie wûrd ims sein so große ehr,
Wann Lycaon sein schweher wer!
Derhalb vernemet mein bescheidt!
Ist anderst euch mein kummer leit,
1115 So wenden dran all ewer wehr,
Das ir nit loßen inn das meer
Das sibengstirn zu rhuhen ghon,
Sunder schafft, das es mûs stil sthon
Ewigklich an dem firmament,
1120 Wann ander sternen underghendt!
Dieweil sie wider mich hat gstrebt,
Dieweil sie noch auff erden lebt,
Darumb sie billich bleibt alleyn
Stil sthon vor allem gstirn gemeyn,
1125 Soll auch inn ewer wasser nit
Nimmer kommen zu keyner zit.'[1])
Tethys und Oceanus baldt

*

1) Das sibengestirn stot alweg am himmel, gedt nit unter wie die
andern stern.

Die ding verschuffen mit gewalt.

Sobald Juno geweret waß,

1130 Sie wider auff irn pfawen saß,

Welchem sein gfider inn sein schwantz

Mit hundert augen bsetzet gantz,

Die Argo inn seim leib warn gstanden,

Welcher von Mercurius handen

1135 Kûrtzlich erschlagen was davor.

Er auff dem gebirg hoch empor

Der Juno ir weissen khu hut,

Welch war Io .die junckfraw gut.

[20b] Inhalt der dritten figur deß andern bûchs
Ovidii von verenderung der gestalten.

Dem rappen wirt sein farb verkert,

Chiron Coronis kindt ernert.

Phebus fleucht inn Messaniam,

Zu dem verreter Batto kam.

5 Mercurius liebt die Herse schon.

Pallas vor deß Neidts hauß thut sthon,

Was Pallas mit dem Neidt geret

Mercurius zhimmel faren thet. [1])

[21a]   Cap. 16.

Coronis, eyn bulschafft Apollinis, wirt brúchig an im. Der rap, wel-
cher zuvor weiß was, sicht semlichen hâling, fleugt durch die lûfft,
dem Phebo semlichs zu verroten. Die krôg fleucht im nach, warnt in
vor semlichem geschwetz. [Ovid 2, 534—552.]

Merckt auff! Dann ir hand nie vernommen,

1140 Woher dem rappen schwartz herkommen.

Dann er was weisser dann der schne;

Phebus hatt sunst keyn vogel meh,

So im so lieb und angnem was,

Durch sein geschwetz ward er im ghas.

1145 Der rap was weisser dann eyn schwan,

*

1) Holzschnitt 6: Apollo erschiesst Coronis, neben der ein
rabe steht. Apollo hält ein kind, das er aus dem leibe der auf einem
brennenden scheiterhaufen liegenden Coronis genommen. Apollo über-
gibt das kind einem centauren.

Keyn taub vormals solch schöne gwan.
Eyn junckfraw wont zu Larissia
Schon über all Hámonicháa,
Schöner man sie nit finden mocht.
1150 Dieselb den Phebum dohin brocht,
Das er sie im für eigen welet
Und sich inn lieb zu ir gesellet.
Die magt ann ihm ir trew vergaß, [1]
Eyn andern jungling lieben waß.
1155   Disen háling gar bald vernam
Der schneweiß rapp und darzu kam.
Dem rappen thet die schandt gar zorn,
Seim herren wolt ers offenborn,
Behendt hin inn die lufft er floh.
1160 Die krö sachs, volgt im eilendts noch
Und sprach: 'O gsell, bedenck dich baß,
Nit lad auff dich semlichen haß! [2]
Dann du wilt die bulschafft vermelden;
Ich sag, du wirst sein sehr entgelten.
1165 Möchst du eyn zeit mein redt vertragen,
So wolt ich dir eyn gleichnuß sagen,
Daran wirst du mich spüren wol,
Warumb ich dich warne dißmol.
Du solt entlichen wissen han,
1170 Kein ding auff erdt ist, das eyn man
So ungern hört, als wann sein weip
Brüchig ist worden an seim leip.
So wirfft er auff sie seinen grimm,
Sie thut auch gantz erleyden ihm.
1175 Bedenck, wer ich vor zeiten was
Und jetzundt bin, erwig doch das!
So magstu selb bedencken frey,
Was die ursach meins trawrens sey.'

*

1) Coronis bricht ir trew an Phebo; der rap verrot semlich seinem hern.
2) Warnung der kroen.

C a p. 17.

Die krō erzalt dem rappen eyn geschicht, welche ir begegnet mit den
dreien junckfrawen Palladi, ermant damit den raben verschwigen zu
sein; dann selten einem schwatzmann wol gelont wirt. [Ovid 2, 552—568.]

'Eyn kint hatt die gôtin Pallas,
1180 Welchs on eyn muter gboren waß,
Dasselb verschloß sie inn eyn schrein,
Befalch iren drey mâgten fein,
Den schrein inn guter hut zu halten,
Solten auch mit ernst deß gbots walten,
1185 Niemmer mit augen das besehen,
Was inn der lad wer, nit erspehen.
Weiter sie ihn nit saget mehr,
Was doch inn diser laden wer.
Ich saß auff eynes baumes ast
1190 Der was mit laub umbwachsen fast,
Darauff ich mit fleiß wolte achten,
Was die drei mit der laden machten.
Also die zwo jr frawen gbott
Hielten; der dritten was eyn spott.
1195 Eyn hieß junckfraw Herse gar schon,
Der andren nam war Pandroson,
Die dritt was Aglaurus genant,
Trib mit den zweien iren tant
Und sagt: 'Es sey gleich nutz odr schad,
1200 So wil ich schliessen auff die lad.'
Bald sie das gsagt, die ladt auffschloß,
So erblickt sie eyn trachen groß
Bey disem kint; davon erschrack
On mossen sehr dieselbig magt.
1205 Ich sachs und flog zu Pallas gschwind, [1])
Damit ich ir die gschicht verkint,
Und meinet mich domit zu lieben.
Do was eyn ursach meins betrieben;
Dann mich Pallas zu stundt verstieß,
1210 Der doch vormals ir vogel hies.

*

1) Dem schwetzer sol also gelont werden.

Dabey môgend bedencken wol
Die vogel inn gemeyn zumol
Das sie ir zungen meister seien
Und nit all ding heraußer schreien.
1215 So du mir aber meiner wort
Nit glauben wilt an disem ort,
So magstu Pallas selb drumb fragen;
Sie wirt dir zwor nit anders sagen.'

Cap. 18.

Von der krôen, wie sie erstlich eyn junckfraw gewesen und durch den
Neptunum ann dem gestadt deß meers gejagt worden, also inn einen
vogel verwandlet, auch wie sie Pallas zum vogel angenummen.
[Ovid 2, 569—595.]

[21b]   'Merck, wie ich erstmols zu ir kam,
1220 Do sie mich zum vogel auffnam!
Mein vatter hies Coroneus,
Eyn mechtig kônig überaus.
Ich was eyn kôniglicbe magt,
Von dern man allenthalben sagt;
1225 Der schôni schaden ich empfing.
Als ich eyns tags spatzieren ging
An meeres gstaden inn dem sandt,
Jetz mich hin, dann herwider want,
Wie ich noch hab inn meiner pfleg,
1230 Das ich spacier manichen weg,
Neptunus, eyn gwaltiger gott¹)
Deß meeres, mich ersach getrot.
Er kam zu mir durch fleh und bit
Ich aber wolt im horchen nit.
1235 Er nohet mir durch gschwinde list;
Ich, die do was zu fliehen grist,
Meint schnell dohin lauffen; zuhandt
Bstecken mein füß mir inn dem sandt.
In dem kam er mir also nohen,
1240 Das er mich wol het mûgen fohen.

*

1) Von ursprung der kroen.

Do rufft ich gott und die welt ahn;
Von leuten aber kam nieman,
Pallas aber, die göttin reyn,
Eyn junckfraw, der hülff mir erscheyn.
1345 Dann bald ich gehn ir rackt mein hendt,
Wurdens mir inn zwen flügel gwent
Und gantz mit schwartzen federn gdeckt.
Die schweri mich darzu bewegt,
Das ich hinwerffen wolt mein gwand,
1350 Do waß es federn alle sandt;
Hatt sich starck inn mein leib verhafft
Das schwartz gfider nach meisterschafft.
Inn dem sand ich herunter lieff;
Mein trit ward aber mir so tieff,
1355 Als er gewesen waß zuvor,
Das gfider trug mich stetz empor.
Also flog ich gantz schnell dohin
Und ward Palladis der göttin
Vogell, biß mich verjagt ir zorn,
1360 Wie ich dir hab erzalt hiervon,
Als do ich melden thet die sach,
Welche von irn drey megten gschach.
    Demnach hat Nyctimene mich
Verstossen von ehren gentzlich,
1365 Welche junckfraw durch grosse schand
Inn eyn nachteulen ward verwandt.
Deß mir die gantz insel Leßbon
Gwiß zeugnuß geben wirt davon.
Ir magtum ir benummen wardt
1370 Von irem eygnen vatter zart.
Drumb kumpt sie nit anß tages licht;
Dann sie schempt sich, so man sie sicht.
Sobaldt und sie sich sehen lodt,

*

1) Die kro etwan eyn vogel der göttin Palladis gewesen, ward von
vegen irs geschwetz von ir verjagt unnd die nachteul von ir ange-
commen.

Melden die vôgel ir mißtodt[1])
1275 Und schreien mit eynander all
Über die eul mit grossem schall.'

Cap. 19.

Der rab vermeldet Coronidem gegen Phebo, welcher auch Appollo ge-
nant; Phebus inn inbrünstigem zorn erscheißt Coronidem; die klagt die
frucht, so sie tregt. Phebus erzürnt über den schwetzigen rappen, be-
raubt in seiner weissen federn. [Ovid 2, 596—632.]

Der rapp der sagt: 'Was hilfft mich, das
Euch beden nit ist glungen baß,
Dir und [auch] der Nyctimene!
1280 Mir soll geschehen nit so weh.'
Er flog zu seynem herren bhend,
Sagt im den anfang biß zum endt,
Sprach: 'Her, du solt deß sein gewiß,
Das dein hochgliepte Coronis
1285 Eyn andern lieber hatt dann dich.
Mit augen habs gesehen ich.'
Sobald Phebus die redt erhort,
Vor zorn sagt er keyn eynigs wort,
Den lorberkrantz er von im warff,
1290 Auß seiner handt fiel im die harpff.
Zuhandt hatt er in zorn auffgzogen
Sein starck und schnellen hörnen bogen
Und schoß Coronis durch ir hertz,
Das der stroll gieng der seiten wertz,
1295 Hindurch drang iren jungen leib.[2])
Coronis, das verwundet weib,
Von heller stimm zu Phebo sprach:
'Weh meiner frucht und immer ach,
So ich an meinem hertzen trag!
1300 Ach hettest du erwart den tag,
Das ich meins kindts vor wer genesen,

*

1) Nyctimene ward von irem eignen vatter geschwecht, darumb
sie inn eyn nachteul verkert ward. Von wegen solches grosen lasters
kumpt sie niemer an den tag, sie wirt von den vogeln beschreit.
2) Phebus auss grimm erscheist sein liepste Coronis.

Mein sterben müst mir gantz leicht wesen;
Demnach möchst grochen han dein zorn.
Nun seind wir bede sam verlorn
1305 Und müssen mit eynander sterben,
Deins zorns halb beide leib verderben.'
Die wort sie kaum vol außgeredt,
Ir augen, mund sie bschliessen thet
Und lag also vor im, was thot.
1310 Deß kam Phebus inn angst und noth,
Er lieff hinzu, meynt sie zu laben,
Das was umbsunst. Er schalt den raben
Umb sein schwetzigen bösen mundt,
[22a] Sein weiß farb nam er im zů stundt
1315 Und macht in schwertzer dann agsteyn.
Bei im hatt er der gnaden keyn,
Dann er verjagt in auff der stet.
Phebus sich selb auch schelten thet,
Darzů den strol und hürnin bogen,
1320 Auch die handt, so ihn auff hatt zogen.
Er hett ir gern irn leib gefrist
Mit seiner artznei, gschwinden list,
Die er dann erstlich hat erfunden. ¹)
Er streych ir inn ir tieffe wunden
1325 Kreuter und wurtzeln mancherlei;
Doch was zů spot all artzenei,
Dann sie was schon todt und erkalt.
Phebus sach yetz zurüsten baldt
Das feuer, so ir zů ward breyt
1330 Drinn man sie verbrant nach gwonheyt.
Von seines hertzen tieffe gieng
Vil seufftzen groß ob disem ding.
Noch mochten ire augen nicht
Verbrennen inn semlicher gschicht,
1335 Dann sie beydsamen götter sindt.
Phebus zuckt aus dem feur das kindt,²)

1) Phebus eyn erfinder der artznei.
2) Die augen Coronis sind nit verbrant. Der rapp gewindt schwartze
farb, so vor weiss gewesen.

Welchs yetzundt schon verbronnen wolt.
Umb grossen kummer, den er dolt,
Verlor der rapp sein weisse farb
1840 Und ward vil schwartzer dann eyn scharb,
Ja schwertzer dann eyn schwartzer kol.
Sein kindtlein trug er inn eyn hol
Zů Chyron, der ims solt ernehren.
Von dem mögent ir wunder hören;
1845 Von seinem bauch hinunderwertz
Hatt er gestalt eyns schnellen pferts,
Oberthalben was er eyn man
An gstalt und glidmoß wolgethan.

Cap. 20.

Ocyroe, eyn tochter Chyronis, kömpt und ersicht das kint; zů stund
hebt sie ir stimm uff, verkündt dem kint zukünfftigs übel, sie sagt
auch irem vatter, wie es im erghen werd. [Ovid 2, 633—678.]

Chyron das kindt mit freyden nam,
1850 Dann es von grossen eltern kam;
Er freyt sich, daß ers solt uffbringen.
Sein tochter kam inn disen dingen,
Zů rück ir goltfarb hor geschlagen.
Ir mutter was (so hort ich sagen)
1855 Eyn wassergöttin; die beschlieff
Der schnelle Chyron, als sie lieff
Ausserthalb deß fluss an dem landt,
Cocytus war der fluß genant.
Dieselb göttin der tochter gnas,
1860 Welch Ocyroe gheyssen was.
Die tochter kont weissagen schon,
Was über lang zeit solt erghon.
Sobald sie Phebus kindt ersach,
Der weissagent geyst auß ir sprach: ¹)
1865 'O kindtlein, nun wachs und gedei!
Dann du bist zwor geboren frei
Der gantzen welt zů nutz und frummen.

*

1) Ocyroe eyn tochter Chyronis weissagt.

Noch manchem du zů hůlff solt kommen,
So schon dem todt yetz ist ergeben,
1370 So wirt durch dich gefrist sein leben.
Dorab werden erzürnen sich
Die götter gröälich über dich;
Dann wirt Jupiter auff eynmol
Erschiessen dich mit eynem strol,
1375 Welcher doch [selb] dein anherr was.
Doch soll dich nit bekümmern das;
Dann du nach solchem deinem todt
Auch werden solt zů eynem gott.'
    Nach irem wort gschach es alsus.
1380 Das kindt hieß Esculapius,
Welchs nachmals aller kreuter krafft
Erfunden hat und eygentschafft,
Domit manch tausent krancken sider
Ir krafft und gsundtheyt geben wider.
1385 Ocyroe die sagt fürbas:
'Traut vatter mein, was hilfft dich, daß
Dein leib gar nit ersterben mag?
Doch wirstu leben solchen tag,
Daß du dir offt selb wüntscht den todt
1390 Durch die merckliche grosse not,
So dein leib überfallen sol.
Dann du mit eym vergifften strol
Verwundet wirst inn grossem schmertz,
So dir durchtringen wird dein hertz.'
1395   Als sie semliche wort geredt,
Sie eynen seufftzen lossen thet,
Auß iren augen treher wielen
Und ir über die wangen fielen.
Mit grossen seufftzen sie do sprach:
1400 'O meyn vatter, der schweren sach!
Menschliche gstalt weicht von mir hin.
Von meiner red ich kommen bin,
Dann ich schier nit mehr mag gesprechen.
Ich sorg, die götter wöllend rechen
1405 An mir mein weissagen mit gwalt;

Dann ich hab kůnfftig ding erzalt.
Weh mir, was hab ich für eyn weiß!
Mich lustet seer nach der pferd speiß,
Das ich graß auß der erd solt rauffen,
[22b] Auff dem feldt hin und wider lauffen.
Weh mir, [das] ich wirt eyn feldtstreich
Und meinem vatter Chyron gleich.
Jedoch ist grosser mein unfal;
Dann ich eyn pferd wird überal,
1415 So doch mein vatter halber ist
Eyn mensch, und mir deß gar gebrist.'
  Diß waren ire letzsten wortt,
So man die junckfraw sprechen hort.
Dann sich ir menschlich stimm entzwey
1420 Thet brechen, und furt pferdts geschrey.
Wie fast sie gern ir klag geredt,
Man sie doch nimmer mercken thet; [1])
Dann sie gantz rŭhelt wie eyn pferd.
Auch walget sie sich auff der erd,
1425 Dauß auff dem feld inn grůnem graß
Jetzunt ir beste kurtzweil was.
Ir negel an den henden vorn
Wuchssen ir zamen zů eym horn.
An hend und füssen hůff gewan,
1430 Die vor eyn magt was wundersam.
Ir hals sich nach der leng erstrecket,
Ir zeen auß eyns roß maul sie blecket,
Ir goltfarb har die menni ward.
Sie trug an eynen mantel zart,
1435 Derselb ward zů eynem roßschwantz,
Mit allem auch verkeret gantz.
Also sie ir weißheyt entgalt,
Daß sie verlor menschlich gestalt.
  Chyron darumb betrůbet ward,
1440 Als er verlor sein tochter zart.
Mit ernst bat er Phebum den gott,

*

1) Ocyroe wirt eyn pferd.

Daß er im darinn helffen sott.
Er aber sich deß nichts annam,
Dann solche stroff von Jove kam.

Cap. 21.

Phebus inn Messania seines viehes hütet an dem gebirg, er kurtz-
weilet auff eyner pfeiffen. Mercurius treibt im ettlich vieh heymlich
hinweg. Das ersicht eyn alt mann Battus genant. Mercurius gibt im
eyn ků, daß er schwieg. Als er aber nach seinem zůsagen Mercurium
im selb verriet, verkert in Mercurius inn eynen steyn. [Ovid 2, 679—707.]

1445　Phebus inn Messania was,
　　An eym lüstigen gbirg er saß
　　Bei eyner weyd und hut des viehs,
　　Mit lust auff eyner pfeiffen bließ.
　　Davon das vieh erfreut sein můt,
1450　Eyns theyls [daselbst] gieng sonder hůt
　　Hin und wider uff grünner weyd.
　　　Mercurius sich schnel bereyt,
　　Do er das schône vieh erblicket [1]
　　Mit seim stab er sich darzů schicket
1455　Und trieb die geysen, schoff und rinder
　　Von der weyd den berg hin hinder,
　　Das sein Phebus gar nit warnam,
　　Biß er mit dem vieh dannen kam;
　　Darzů der berg lag ann eym grund,
1460　Mit dickem holtz umbwachssen stund.
　　　Den raub aber niemant warnam
　　Dann Battus, der ungschicht dar kam.
　　Mercurius winckt im zůhandt,
　　Battus kam bald zů im gerant. [2]
1465　Er sagt: 'Batte, ich bitte dich,
　　Du wôllest nit vermelden mich,
　　Daß du mich das viech sahest treiben.
　　Damit duß losest bei dir bleiben,

*

1) Wo der sonnen vieh geht.
2) Battus der verreter nimpt eyn ku von Mercurio, das er ihn nit
vermelden soll

So nim die ku zů eyner gob.'
1470 Battus nams an mit danck und lob
Und sagt: 'Far frôlich hin dein stroß!
So wenig ich mich mercken loß
Als diser stein, so vor dir stoht.'
     Mercurius fur hin getrot
1475 Und thet das vieh baß inn wald füren.
Den Battum wolt er baß probieren;
Er nam an sich eyn andre gstalt,
Kam wie eyn hirt gelauffen baldt
Zů disem Batto obgemelt. [1])
1480 Und sagt: 'Ach, hastu uff dem felt
Keyn vieh von yemants treiben sehen?
Weyst dus, so gib mirs zu verstehen!
Eyn weisse ků ich dir hie loß,
Darzů eyn schônen stier fast groß;
1485 So du mir zeygst mein gstolen viech,
Wil ich damit verehren dich.'
     Battus kant den Mercurium nim,
Dann er hatt andre gstalt und stimm.
Er dacht, die zwifach schenck wer gůt,
1490 Und sagt im mit gedochtem můt:
'Ja, ich hab dein viech sehen treiben,
Unlang umb disen berg verscheiben.
Doselb hinumb treybs eynr verborgen,
So dirs hatt gstolen disen morgen.'
1495   Mercurius lachen began
Und sagt bald zů dem alten man:
'Weh, immer weh muß gschehen dir.
Du hast mich selb verraten mir;
Dann ich bin, ders getrieben hab
1500 Und dir die ků zu schweigen gab.
[23a] Darumb du werden solt der fart
Zů eynem kißlingsteyn so hart.' [2])
     Derselbig steyn noch inn dem landt

*

1) Battus der verretter wirt inn eyn steyn verwandlet.
2) Von dem steyn Meld.

Von aller menglich wirt erkant,
1505 Welcher von Batti missethat
Den namen noch behalten hat.
Von yederman wirt er gnant Meldt
Und steht noch daussen inn dem feldt.

Cap. 22.

Mercurius noch volnbrachter sach mit dem Batto fleügt inn das landt
Munichia, ersicht die junckfraw Herse der Palladi opffer tragen. Mer-
curius wirt hart inn liebe verwundt gegen der junckfrawen. [Ovid
2, 708—736.]

Als Mercurius die ding volnbracht,
1510 Er sich eilens von dannen macht,
Bant flügel an sein hend und füß,
Demnach sich inn die höhe ließ
Und flog so lang, biß das er kam
Hin über halb Munichiam.
1515 An der gegent wonet und was
Allweg gern die göttin Pallas.
Do ward er von der höh gewar
Vil jungfrawn eyner grossen schar,
Die hatten schon geschmucket sich
1520 (Vor den andren gar kostbarlich
Eyn yede wolt sein gzieret baß)
Und trugen inn der höh die faß,
Do sie ir opffer hatten inn [1])
Zů erhn Palladi der göttin.
1525 Mercurius flog ob in her
Gleich wie eyn wei, den hungert sehr
Und wirt unden eyns oß gewar;
Also schwebt er auch hin und har
Umb die jungfrawen inn der höh.
1530 Vor grosser lieben was im weh,
Sein gsicht richt er von oben rab,
Der anblick im grosse freud gab.

*

1) Opffer der gottin Palladi.

Eyn jungfraw under inen gieng, [1])
Davon er sonder freud empfieng.
1535 Herse hieß dise jungfraw schon,
An schön den andren vor thet gohn;
Gleich wie der mon dem morgenstern
Und wie die sonn dem mon so fern
Vorgehnt, so weit ir schöne gar
1540 Fürtraff der andren jungfrawn schar.
Sie was so schon, das sich davon
Mercurius, deß Jovis son,
Gar großlich wunderen begahn.
Sein hertz inn grosser liebe bran
1545 Und schmaltz, wie blei uff eyner glût
Von grosser hitz zerschmeltzen thut.
      Mercurius schwang sich zů thal
Und kam inn der jungfrawen sal
Und nam göttlich gestalt an sich
1550 Eynem gar schonen jüngling glich.
Doch eh er zů der magt wolt gohn,
Mutzt er sich auß der mossen schon.
Sein mantel legt er ordentlich; [2])
Das golt zeugt auß den falten sich
1555 So schon, dass er gab eynen glantz
Und inn dem sal erleuchtet gantz.
Sein hor er glat und eben strich,
Das es lag glat gantz ordentlich. [3])
Die rut trug er inn seiner hant,
1560 Damit er den schloff macht und want.
Sein flûgel von sein füssen bandt,
Darnach butzt er im selb sein schu,
Gantz seuberlich richt er sich zů.

Cap. 23.

Mercurius kompt zů Aglauros, der schwester Herse, welche ihm umb

*

1) Von Herse der schonen jungfrawen.
2) Art der buler.
3) Buler mutzen sich, wann sie zu iren Greten gehn wollen.

eyn güldenen solt zusagt weg und steg, dadurch er kommen mŏg zŭ
irer schwester Herse. [Ovid 2, 737—751.]

Das hauß drei schŏner kamern hatt,
1565 Der yede an eynr sondern stad
Warn kŏstlich gwelbt von edlen gsteyn,
Das tâfel gmacht von helffenbeyn.
Inn der lincken wont Aglauros,
Inn der rechten was Pandrosos,
1570 Herse die wonet inn der dritten,
Welch undern andren stund inn mitten,
Darinn ir beyde schwestern waren.
Nun hatt Aglauros schon erfaren, [1])
Wie der jüngling Mercurius
1575 So schŏn was kommen inn das huß.
Sie was die frevelst undr in dreien,
Drumb sie an jüngling thet gedeien,
Mit frogen sie in scharpff ersucht,
Was er thet und weß er gerucht.
1580   Er sprach: 'Das wil ich dir bald sagen.
Ich bin, der inn die welt thut tragen
Meines vatters geheys und gbott,
Welchs ist Jupiter der hŏchst gott;
Derselb mein rechter vatter ist.
1585 Auch sag ich dir on argen list,
Ich bin deinr schwester zlieb herkummen.
Darumb magst du wol deinen frummen
Schaffen; ich schenk dir reiche gaben,
Hilffst mir umb das ich lieb bin haben.
[23b] Du magst sein auch han grossen rhum,
So du wirst meiner kinder mŭm
Und ich mich nen der schwoger dein;
Darumb magstu wol frŏlich sein.'
Aglauros sah den jüngling an
1595 Zwerchs mit augen, do sie began
Die gŏttin Pallas anzusehen,
Welchs dann kurtz darvor was geschehen.

1) Aglauros, die schwester Herse, verrat ir eygen schwester.

Sie hiesch eyn anzal gold zu miet,
Dafür ir schwester sie verriedt,
1600 Die wolt sie heymlich inn der stillen
Bringen gentzlich zů seinem willen.
Sie hieß in eyn weil ghen fürs hauß,
Den bscheydt wolt sie im bringen nauß
Und in zů rechter zeit innlhon.
1605 Mercurius hienauß thet gohn,
Aglauros bschluß bald thůr und thor,
Mercurius wart bscheydts davor.

Cap. 24.

Pallas die gôttin ergrimpt über die Aglauros vonn wegen ihres geitz ;
Pallas kompt zů dem Neid, verschafft mit im das hertz Aglauros zu
verwandlen. [Ovid 2, 752—782.]

Pallas disen bscheydt hort und sach,
Von grossem zorn ir weh geschach.
1610 Sie erschutt iren leib von zorn,
Auch den schilt, so sie trug davorn ;
Die gôttin aller weißheyt voll
Von zorn erbebet dozůmol
Über dieselbig Aglauros,
1615 Welche geboren mutterloß
Deren vor vielmol was getrawet.
Sie aber wenig daruff schawet,
Sonder begeret ettlich goldt
Von Mercurio zů eym soldt,
1620 Daß sie ir schwester im zuweg
Gentzlich wolt bringen inn sein pfleg.
Pallas sich drumb nit lenger spart
Und macht sich eilens uff die fart,
Daß sie kem zů der finstern klauß
1625 Hin zu dem Neidt bald inn sein hauß. [1])
Das war bestrichen aussen rumb
Von gifft und eyter grosser summ,

*

1) Wo der Neid sein wohnung hat; von seinem hauss, art und
eygentschafft.

Schwartz anzusehen als eyn kol.
Das hauß ist innen jamers voll
1630 Und liegt inn eynem tieffen thal
Zů nidrigst an der erden val.
Dabei scheynt weder mon noch sunn,
Dabei ist weder freyd noch wun,
Die finsternus mit hauff da wohnt,
1635 Keyn sanffte lufft noch wind do gohnt,
Vil tôtlich frôst und grosse kelt
Ist inn dem hauß und uff dem feldt.
    Pallas bleyb vor der thûren stohn;
Dann jr zam nicht hineinzugohn.
1640 Darumb sie mit irs spiesses ortt
Sties frevelich ans Neides portt,
So dass die thûren schnel uffgieng.
Do erblickt sie den Neid gehling,
Welcher inn eynem winckel saß
1645 Und die gifftigen notern fraß;
[Denn] das war sein herlichste speiß.
Pallas, die heylig gôttin weiß,
Als sie sah den grausamen man,
Wandt sie zů stund ir gsicht hindan.
1650 Als sie der Neid sehen begund,
Von der erd er langsam uffstund
Und legt nider die notern, schlangen,
Kam gantz langsam hinausgegangen.
Er [er]seufftzet von neid und haß,
1655 Das [er] sehen mûßt die Pallas
Inn solcher schône vor im stohn[1])
Und also gwapnet angethon.
Scheulich, dürr, mager der Neid sach;
Das beyn durch all sein hant im stach,
1660 Sein hor gantz graw und fast verworren,
Aller sein leib war inngeschmorren,
Sein brust mit eyter überflossen;
Gantz grün mit gifft und gal begossen,

*

1) Pallas kompt zu dem hesslichen Neid.

Auch mit dem gifft der argen list
1665 Sein zung gantz undergossen ist;
Sein augen krum und darzû schel,
Sein zeen lang, rostig, wûst und geel.
Zû keyner zeit er nimmer lacht,
Dann wann er leyd und kummer macht.
1670 Dann wo er sicht angst, leiden, leyd
Inn aller welt, so hat er freyd;
Wans allen menschen übel geht,
Sein hertz inn grôsten freuden steht. [1])
Er sucht die finster, fleücht das liecht,
1675 Mag auch inn keyn weg leiden nicht,
Wann andren menschen gûts geschicht.
Und wo der schnöd Neid fressen mag
Der menschen glûck so nacht so tag,
Das ist seins hertzen grôste freyd;
1680 Inn alln glûcksfellen hat er leyd.

Cap. 25.
Was Pallas mit dem Neidt redt. [Ovid 2, 783—832.]

Pallas sagt: 'Weistu, was ich bger?
Merck mich und miner bet mich gwer!
Far hin und gieß deins neits inns hertz
[24a] Aglauros, daß sie kum inn schmertz,
1685 Welch ist Cecropis tochter eyn;
Die frevel Aglauros ich meyn.'
Diß gret Pallas von dann floch.
Der Neid sach ir grimm hinden noch,
Gantz nûblig durch sein augbron sach,
1690 Murmlend ettliche wôrter sprach,
Als wann er ir vergunt der ehren;
Doch mocht Pallas der wort nit hôren.
Eyn rauhen dorn zum stab er trug,
Damit stifftet er groß unrug.
1695 Mit schwartzem gwülck was er bezogen,
Und wo er dann kam hergeflogen,

1) Der neidigen menschen sind vil uff erden.

Do strawt und warff er ab zů thal
Das laub und macht die wisen fal.
Woran sein schnöder othum gieng,
1700 Gar grossen schaden es empfieng;
[Dann] habern, gersten und das korn
Durch sein zůkunfft ward gar verlorn.
Die schönen gebew und gemach
Neidet er fast, wo er die sach: [1]
1705 Auch wo er frid und eynigkeyt
Ersehen thet, so was ims leyt.
    Also der Neid sein weg schnel nam,
Biß er zum hauß Cecropis kam,
Do er Aglauros innen fandt.
1710 Sein gifft er breyten thet zůhandt,
Er bstreych sie mit des neides gall
An irem leib gantz überall;
Das neidig gifft auß seiner zungen
Blies er Aglauros inn die lungen,
1715 Do dannen theylet es sich wider,
Durch iren leib inn alle glider,
Also daß sie ir schwester ward
Gantz grimm, neidig und darzů hart,
So daß sie ir hertzlich mißgahn,
1720 Daß sie Mercurius lieb solt han.
Sie frass sich selb und eifert fast,
Der neid ließ ir keyn rhw noch rast,
Wann sie ir schwester glück bedocht,
Frölich sie nimmer werden mocht.
1725 Vor neid wer sie gern todt gewesen,
Vor neid mocht sie nimmer genesen,
Vor neid was ir schmertzlichen weh,
Vor neid schmaltz sie, gleich wie der schne
Thut schmeltzen, wo die sonn hinschint,
1730 Und wie eyn stro von fewr verbrinnt.
So hart was sie von Neid verwunt,
Der sie vergifft hatt biß inn grunt,

1) Neid gefelt nichts.

Die zûsag, so sie hatt gethon [1])
Mercurio, was sie grauwen schon.
1735　　Aglauros sass under die thûr,
Do dann der gast sols gehn herfür.
Sie sprach: 'Das ich dir zû hab gsagt,
Ja das dir werden soll die magt,
Das wirt dir nimmer gstat fürwor.
1740 Vor dir bschleuß ich yetz thûr und thor.
Von diser thüren weich ich nit
Jetz deinethalb umb keynen schrit,
So lang das ich vertreiben dich.'
　　Mercurius sagt zorniglich:
1745 'Das bleib gantz stet, wie du hast gsprochen.'
Doch wolt ers nit lohn ungerochen,
Er rurt mit seiner gerten lang
Die thûr, zuhandt das schloß zersprang.
　　Aglauros wolt yetzundt uffstehn,
1750 Do thet ir alle krafft entgehn,
Ir knie kont sie gebiegen nitt
Noch sich uffrichten umb keyn dritt.
Ihr gantzer leib erkaltet gar,
Ir angsicht ward tödtlich bleychfar,
1755 Die glider warn ir weych und lam.
Des neides gifft wie eyn feurflam
Sich gantz durch iren leib außbreytet
Und auch durch alles gâder leydet.
Also kroch sie auff allen vieren
1760 Gleichend den andren wilden thieren,
So lang das ir othum zerran. [2])
Zum steyn fing sie zu wachssen ahn
Und ward verwandlet inn eyn steyn,
Das an ir gstalt nichts bleyb, alleyn
1765 Das angsicht menschlich form thet bhalten.
Doch thet an im all werm erkalten,

*

1) Aglauros wirt gar mit neides gallen übergossen.
2) Aglauros wirt eyn steyn; also alle neidigen menschen steynner
art seindt.

Geel, grûn und eyterfarb es scheyn.
Also ward sie [ein] marmelsteyn,
Wie man den noch von farben gsprengt
1770 Sicht mancherley zusammen gmengt.

Cap. 26.

Mercurius fleugt wider inn den himel. Jupiter schickt in inn das
land Cretam, welchs auch Candia genant wird. Doselbs treibt Mer-
curius eyn herdt vieh, welchs do war des königs Agenors. Jupiter
inn eyn stier verwandtlet, fürt dem könig sein tochter Europam hin-
weg. [Ovid 2, 833—875.]

Als sich Mercurius hat grochen
An Aglauros, die im versprochen
Zu helffen umb ir schwester schon,
Do floh Mercurius darvon
1775 Und wider inn den himel kam.
[24b] Sobald das Jupiter vernam,
Beruffet er in baldt für sich
Und sagt: 'Mein sun, vernimm du mich,
Meim gbot solt du gehorsam seyn
1780 Und alweg thun den willen meyn.
Dorumb schwing dich eilendts hinwider
Hinab ans meer zur erden nider,
Far ghen Sidone inn das landt,
Do oben sthet zur lincken handt
1785 Die liechte scheinende Pleias,
Welliches gstirn dein mutter waß.
An dem berg findest du eyn hert
Fichs. Dasselb treib mit deiner gert
Gantz eilendts an des meres gstadt,
1790 Gleich do sich dein flug niderladt!'
    Baldt gschach Jupiters will; die hârd
Ward bhendt getriben, wie er bgert,
An das gestadt noh bey dem meer.
Doselbst sah der gott Jupiter
1795 Daß köngs auß Tyri tochter schon [1]

---

1) Europa, von welcher der drit theil der welt genent wirt.

An meeres gstadt beim fih umbghon.
Noch lust spaciert sie inn dem graß,
Draus sie die schönen blümlin laß
Und wolt do sampt iren junckfrawen
1800 Deß meeres breite überschawen,
Wie sie dann vormals was gewon
Anß meeres gstad beym fih zu ghon,
Welliches fih irs vatters waß,
Wie ir dann handt vernummen daß.
1805   Wiewol sich nit fast reümet zamen
Eyn liebhaber und gott mit namen,
Wellich vor andern göttern war
Der mechtigst unter allen gar,
Welcher die tunder, schnellen plick
1810 Durch seinen gwalt beweget dick,
Und so er übet seinen zorn,
All ding durch fewrs gwalt wirt verlorn,
So das er alle welt erschreckt,[1]
Derselb gott Jupiter bedeckt
1815 Sich selbs inn eynes ochsen gstaldt
Und kam unter diß fih gar baldt,
Lieget inn eynes ochsen stimm.
Jedoch erzeigt er sich nit grimm;
Sein farb waß weisser dann der schne,
1820 Weissern ochsen fandt man nit meh.
Sein stirn und hörner warn so weiß,
Als hett man sie balliert mit fleiß,
Und waren rund, als werens gdreyt.
Sein augen schinen alle beyd
1825 Inn seinem haupt wie eyn christallen.
     Europa gwan sein groß gefallen
Jo ob diß ochsen gstalt so schon,
Wolt doch auß forcht nit zu ihm ghon
Zulest sie aber hertz empfing,
1830 Das sie im etwaß neher gieng
Und raufft der blümen, bodt ims dar.

*

1) Jupiter inn eyn ochsen verwandlet furt Europam über meer.

Der ochs nam der junckfrawen war
Und lecket sie ann irem daum.
Jedoch thet er erwarten kaum,
1835 Das er ir nit gab eynen kuß;
Dann er sie sunst liebt überus,
Ging mit seim springen her und dar,
Als eyn frölicher er gebar
Jetz inn die leng, dann noch der zwer,
1840 Inn dem ochsen gott Jupiter.
All freud regiert in über d moß,
So daß der köngin freud ward groß.
Sie nehert im so mehr und mehr [1])
Und strich den ochsen hin und her
1845 Mit irer zarten weissen handt,
Mit blümlein im sein ghörn umbwandt
Und hat all forcht verlossen sider.
Der ochs Jupiter legt sich nider.
Europa saumet sich nit lang,
1850 Gar bald sie auff sein rücken sprang,
Darauff sie sanfft inn freiden saß,
Wust doch nit, wen sie reiten waß.
Der ochs richt sich auff unter ir
Gantz sitlich, sagt heimlich: 'Wol mir!'
1855 Gemach gieng er an meeres gstadt
Mit eynem fůß hüpschlich nein tradt,
Demnach den andern und den dritten,
Biß das er mit gmachsamen schritten
Kam gantz hin inn die tieffe sehr.
1860 Die junckfraw kont nit fliehen mehr,
Gar offt sie hinder sich thet sehen
Mit grossen seufftzen, heissen trehen.
Sie thet auch offt und dick gedencken:
'Weh mir! Der ochs wirt mich ertrenken,
1865 Sich selb auch inn deß meeres tieffen.'
Offt thet sie irn junckfrawen riefen,

*

1) Europa sitzt uf dem schönen ochsen unwissent, wer darin ver-
borgen was.

8 *

Das aber alles was verlorn.
Sie hielt sich an deß ochsen horn
Und hub da mit der andern handt
1870 Auß dem wasser ir kôngklich gwandt,
Welchs ir der windt wegt hin und wider
Und hangt ir inn daß wasser nider.
Also kam Jupiter darvon
Mit Europa, der junckfraw schon.

[26a] **Das dritt bûch Ovidii von verenderung der gestalten.**

Inhalt der ersten figur deß dritten buchs
Ovidii von verenderung der gestalten.

Cadmus sucht sein schwestr Europam,
Cadmo sein gselschafft gar umbkam,
Cadmus thet sein gesellen klagen,
Den grossen wurm thut er erschlagen,
5 Cadmus eyn gôttlich stimm erhôrt.
Acteon inn wald jagen fert.[1]

Cap. 1.
[Ovid 3, 1—25.]

Als nun der ochs kam über meer,
Do ließ sich der gott Jupiter
Sehen inn seiner rechten gstalt.
Europa in erkennet baldt,
5 Ja das inn eynes ochssen bild
Sich hatt verkert der gott so mild.
Agenor der kông, welcher was
Der tochter vatter, horte, das
Sein tochter gantz verloren wer.
10 Derhalb er sich bekûmmert sehr,
Er klaget auch inn kummer groß
Sein tochter fast on underlos.
Zû Cadmo seinem son er sprach:
'Son, loß erwinden umb keyn sach,
15 Umbzih bald alles kôngreich mein
Und such die liebste schwester dein!

*

1) **Holzschnitt 7:** Im hintergrunde Europa auf dem durchs
:er schwimmenden stiere und Cadmus vor einem rundtempel kniend;
rn hat ein drache einen mann gepackt, während zwei männer mit
in und speer ihn angreifen; drei andre sind im walde in einem
·hbrunnen beschäftigt.

Du solt nit kommen her zů landt,
Dir sei dann ir wonung bekant.'
   Cadmus zog hin inn grosser schwer
20 Und sucht sein schwester hin und her
Inn seins vatters reich weit und breyt.
Im aber ward nichts von ir gseyt;
Dann Jupiter hielt sie verholen,
Von dem an er sie hatt gestolen.
25   Als sie nun Cadmus nirgent fandt, [1]
Verliess er vatter und das landt,
Seinr schwester hatt er sich verziehen.
Den Parnassum er uff thet stiegen,
Gieng uff dem berg inn ein betthus,
30 Inn dem der sonnengott Phebus
[26b] Den leuten saget künfftig ding. [2]
Doselbes fragt in der jüngling,
Wo er hin bawen solt eyn stadt,
Weil er seins vatters huld nim hat.
35 Der gott antwort im dozumal:
'Wann du den berg gehst ab zů thal
Und wirst dieselb gegendt erspehen,
Zustund du do eyn khu thust sehen;
Dieselbig noch nie joch getrug
40 Weder zů wagen noch zů pflug.
Sie geht dir vor; drumb folg ir nach,
Und wo du sichst, sie rhaw empfach,
Schlag do zuhandt uff dein gezelt
Und heb zu bawen ahn das feldt!
45 Das wirt Beotia das landt
Und dieselb stadt Thebe genant.' [3]
   Cadmus gantz frölich ging von dann
Und rufft Phebum gantz fleissig ahn,
So daß er seiner bitt gerucht

*

1) Cadmus verzeicht sich seins vatter reich.
2) Das was eyn tempel Apollinis, inn welchem der gott dem volck weissaget.
3) Ursprung der stadt Thebe.

50 Und im helffen umb daß er sûcht.
Sein bitt uff stund erhôret ward;
Dann eh er vollendet sein fart
Und den berg abhin kommen was,
Do fand er eyn khû inn dem graß, ¹)
55 An welcher khû so gentzlich keyn
Arbeyt am hals noch leib erscheyn,
Sonder scheyn aller arbeyt loß,
Davon sich Cadmus frewt on moß,
Sie gieng im vor, er folgt ir noch.
60 Ir ghôrn und haupt das trug sie hoch,
Fast laut zû lûgen [sie] begundt
Und also mit dem schrey stillstund.
Sie sach zûrûck hinder sich wider
Und legt sich an eynr seiten nider.
65 Cadmus ersachs, ward hertzlich fro
Und danckt mit fleiß dem gott Phebo.
Er fiel nider und kûst die erden,
Dahin die stadt gebawt solt werden,
Und schlug damit uff sein gezelt
70 Allenthalb umb sich inn dem feldt.

Cap. 2.

Cadmus schickt seine gesellen nach wasser; sie funden eynen brunnen
inn eynem waldt, dabei het eyn grosser wurm sein wonung, welcher dem
Cadmo alle seine gesellen erwürget und umbbringt. [Ovid 3, 26—49.]

Cadmus den gôttern opffern wolt,
Als er dasselbig billich solt.
Eilens er seine botten sandt
Inn eynen wald gantz ungebant,
75 Der war von dickem hirsten rauch;
Gantz finster war der wald und strauch,
Keyn sonn noch mon darin nit scheyn.
Eyn brunnen inn eym runden steyn
Inn disem wald stund wassers tieff.
80 Dahin sein gsind als samen lieff

2) Cadmus findt die ku, wie im Phebus gesagt hat.

Und wolten wasser holen do.
Eyn grosser serpent wonet nho[1]
Bei disem brunen inn eym hol,
Der war gestanck und gifftes vol.
85 Er trug eyn kam rod wie eyn feur,
Sein anblick war gantz ungeheur,
Sein augen brunnen wie eyn glût
Und schienen von ferr rot wie blût.
Eyn drifach ordnung inn seim mund
90 Von scharpffen zeenen rundumb stund.
Sein zungen wie ein nodel stach,
Und warn die spitz getheylt drifach.
Damit kont er sich krefftig weren
Und alle ding zumol verseeren.
95   Als aber Cadmus botten funden
Den brunnen, ihn noch unerkunden,
Do liessen sie nab an eym seyl
Den eymer, welchs in bracht unheyl.
Dann als der eymer nam sein fall,
100 Er inn dem brunnen laut erschall.
Der schlang inn seinem hol das hort,
Eilet fast zû deß brunnes ort;
Mit eym mechtigen grossen prausen
Begund er zû dem brunnen sausen,
105 So das sein ungefûger schall
An allen enden widerhall.
Groß angst begegnet den elenden,
Der eymer fiel auß iren henden,
Sie wurden also gar verzagt,
110 Als sie der wurm so grausam jagt.
Er begund sich zusammen schmücken
Und nam den schwantz uff seinen rücken,
Inn eyner scheiben sprang er gschwind
Gantz grimmig an das frembd gesind
115 Und strecket sich, so lang er was,

*

1) Beschreibung dess grossen wurms, von welchem nachmals das
volck Beotie kommen ist.

Gegen in inn dem grünen graß.
Vor forcht mocht iren keyner fliehen,
Auch kont keyner sein bogen ziehen;
Die forcht sie all umbgeben hatt,
120 Das keyner nit wußt, was er that.
    Inn dem griffs an der grausam schlang,
Den eyn er mit sein zeenen zwang,
Den andren wunt er mit seim schwantz,
Den dritten mit gstanck tödtet gantz.
[27a] Die letsten er mit eyters gifft
Irs jungen lebens entschafft stifft.
Also ir keyner blieb bei leben,
Sie all wurden dem todt ergeben.

Cap. 3.

Cadmus noch langem warten seiner gesellen geht inn den waldt,
findt seine gesellen jemerlich liegen von dem grausamen wurm er-
tödtet. [Ovid 3, 50—64.]

    Cadmus seinr gsellen gwart inn klag,
130 Biß es war übern mittentag
Und yetz der schatten alle welt
Bedecket hatt und grüne feldt.
Cadmus gedocht: 'Was mag doch sein
Eyn hindernis den gsellen mein,
135 Daß sie nit kummen auß dem wald?
Die sach wil ich erfaren bald.'
Cadmus sich saumet umb keyn ding, [1]
Nam sein schefflin, inn den wald gieng.
Eyns lewen haut die was sein kleyt,
140 Gar groß war sein hertz und manheyt,
Ja mehr dann alle wafen hart,
So er mit im trug uff die fart.
    Alsbald er nun kam inn den waldt
Fand er sein todten gsellen baldt
145 Betreyfft mit gifft und eyter gar.
Der wurm waltzt auff ihn hin und har

*

1) Cadmus ist gleich wie Hercules gekleyt gangen.

Und lecket ir wunden und blût.
Cadmus ward traurig ungemût [1])
Und sagt: 'Ir trewen gsellen gût,
150 Ewer trew hat euch bracht umbs leben,
Weil ir euch inn mein dienst begeben.
Das wil ich rechn mit meiner handt
An disem freisamen serpant
Oder wil hie mein leben lossen.'
155   Cadmus erzûrnt über die mossen,
Inn zorn nam er eyn kißlingsteyn
An der grôß eynes mülsteyns scheyn,
Den warff er uff den wurm so schwer,
Als wans eyn thurn gewesen wer.
160 Der wurmb aber semlichen last
Uff hornes haut nit achtet fast;
Dann sie harter dann stahel was
Und glantzer dann eyn spiegelglaß,
Keyns schwertes schlag daruff nit hafft,
165 Keyn scharfer stich nichts daruff schafft,
Es gieng zû allen seiten ab.
Wie mechtig würff im Cadmus gab,
Noch schuff an im solchs nit eyn hor,
Sein harte haut trugs als empor.

Cap. 4.

Wie Cadmus den ungeheuren wurm mit seinem schefflin umbbringt
und inen mit seinem leib an eyn eychen hafftet. [Ovid 3, 65—94.]

170   Cadmus erwuscht mit gantzer krafft
Sein scharffen spies bei seinem schaft
Und schos in also gschwint von im
Uff die seit inn den wurm so grimm,
Daß der spieß inn der seiten stackt.
175 Der schuß den wurm on moß erschrackt,
Sein haupt und hals begunt er wenden
Und greyff nach dem spieß inn den lenden,
Beiß in entzwey gar inn der mitt,

*

1) Trewe gesellen seind wol zu klagen.

Mocht abers eisen gwinnen nitt;
180 Dann es im tieff stackt inn der haut.
Der wurm ließ manchen schrey so laut,
Als er der tieffen wund empfand,
Offt hin und wider er sich want
Und riß auff seine tieffe wunden.
185 Sein langer hals lag im zerschrunden,
Doran die adern gschwollen groß
Und schwartzes blût voll über d moß.
Der schaum auß seinem maul gantz blanck
Gar milchweiß gieng und übel stanck.
190 Der rauch, so auß seim schlund her schos,
Sah wie eyn dicker nebel groß,
So ettwan auß dem wasser geht
Oder offt uff der erden steht.
Wo solcher othum rurt das graß,
195 Verdort es bhend, wie grün es was,
Und ward nit anders. gstalt zuhandt,
Dann wer es von eym feur verbrant.
Itz want sich der schlang, macht sich krumb,
Drhet sich gleich eyner scheiben umb.
200 Dann stund er gantz strack und uffrecht,
Als wann er wer eyn balcken schlecht,
Jetz schoß er bhender dann eyn pfeil
Von baum zû baum inn schneller eil
Und steurt sich hart mit seiner brust;
205 Vil schneller hin und wider wust,
Dann eyn pfeil fert von eyner sennen.
Die beum mit seim fluck thet er trennen;
Als so eyn wasser an eym gstad
Von eynem ortt zum andren schladt,
210 Also hert schnurte er und sties.
    Cadmus hielt im stets für sein spies,
Auch die angzogen haut vom lewen.
Mit dem wurm ward er sich fast zweyen
[27b] Und gieng doch gantz manlich entgegen
215 Sein starcken schüssen und sein schlegen.
Was starcker streych im Cadmus gab,

Schlug er all mit sein zeenen ab.
Cadmus gab im manch stich und wundt
Mit seinem spieß, yedoch entkunt
230 Er in nit wunden uff den todt.
Dann er wuscht im zuruck gedrott,
Auß allen stichen· er im weych,
Biß in Cadmus bracht an eyn eych,
Dieselb auch hinder dem wurm stund.
225 Cadmus stach in durch hals und mund
Und hafft in an den baum so fast,
So daß der baum von solchem last
Hin zu der erden sincken thet.
Also in Cadmus gfellet hett.

Cap. 5.

Cadmus steht und verwundert sich ob dem grausamen wurm. Pallas
die göttin offenbart ihm, dass er auch inn eyn wurm verkert soll wer-
den, gibt im auch underweisung, wie er ander volck sol überkommen.
[Ovid 3, 95—130.]

230   Nach solchem grossen kampff und sturm
Stund Cadmus und besah den wurm.
Als er im nun deß wunder nam,
Zühandt eyn göttlich stimm im kam,
(Er sah nicht, alleyn er es hort)
235 Sie redet mit im solche wort:[1]
'Was stehstu hie, du jüngling thewr,
Und sichst an den wurm ungehewr?
Wiß, eh dann wenig zeit vergeht,
Dein sach keyns wegs nit ander steht;
240 Dann du auch zü eym wurm solt werden
Und also krichen uff der erden,
Gleich wie ist krochen dise schlang.'
    Cadmo von solcher red ward bang;
Als er vernam die frembde meer,
245 Hub im zü grausen an so seer,

*

1) Die götter propheceien dem Cadmo, wie es im vor seim end
gehn sol.

Das im sein hor ghen berg uffstigen.
Aller freud hatt er sich verzigen,
Er wust auch gantz nim, wie im was,
Biß in zlest die göttin Pallas
250 Ihn trost als eyn verzagten man.
Also fings mit im reden an
Und sagt, daß er nach irem roth
Deß wurms beyn in d erd sehen sott,
Davon im wachssen würd zů stund
255 Eyn new volck auß der erden grunt.
    Cadmus die erd [gar] bald umbkert,
Wie in die göttin hatt gelert,
Und wolt versuchen do das wunder.
Das gbeyn thet er als trehen under
260 Eyns feldackers gantz weit und breyt,
Als wan der wer von korn geseyt.
Der acker sich gleich zů der fart
An allen enden regen ward.
Die spießeisen lang, scharpff und schmal
265 Wuchssen herfür gantz überal
Eyn yedes mit seim starcken schafft.
Bald wuchs herfür mit gantzer krafft
Durch deß gebauten ackers melm
Die schon glitzenden gmolten helm, [1]
270 Darnach die brust und auch die achssen,
Köcher und pfeil theten auch wachssen,
Das schwert hieng jedem an der seiten;
Stunden gebutzt, als woltens streiten.
Das gwopnet volck gar schon uffgingen,
275 Die schilt an iren helsen hingen,
Trugen inn irn henden die spâr
Und zogen schon gebutzt daheer;
Ir ward auch gar eyn grosse schar.
    Als sie nun waren gwachssen gar
280 Und (wie man sagt) die ernd gantz reiff,
Cadmus schnel zů sein woffen greiff

1) Krigsleut wachssen auß der erden.

Und schicket sich bald zů der wehr
Gegen dem new gewachßnen heer,
Welchs er grůst gen im kommen sach.
285 Eyner under den wåpnern sprach:
'Cadme, stand ab von deinem streiten!
Diß wirt sich enden kurtzer zeiten,
Ja eh sich vollendt diser tag.' [1]
Damit zugt er und gab eyn schlag
290 Dem, so am nechsten bei im stund,
Daß er fiel nider uff den grunt.
Deß schlags er aber nit genoß;
Dann in eyn andrer auch erschos
Durch seinen leib mit eynem pfeil,
295 Starb gleich dem andren schneller eil.
Also sie all inn gleichem fall
Sich widr nander empörten all.
Do lieff bhend man wider sein man,
Eyn yeder greyff den nechsten an,
300 Erschlugent sich inn gmeyner schar
Also undereinander gar.
    Alleyn ir fünff blieben bestohn;
Eyner undr in hieß Echion, [2]
Demselben grauset vor dem todt,
305 Darumb gab er in disen roth,
Daß sie eynander liessen leben.
Er bat auch Cadmum friden geben.
[28a] Drauff lobten im die fünff inn trawen,
Das sie ihm helffen wolten bawen
310 Thebas die nochmals grosse statt.
Also der sidonisch gast hatt
Angfangen die statt starck und fest
Und sie gebawt auffs allerbest,
Wie ihm das Phebus rith unlang.
315 Also gwan Thebas irn anfang.

                    *

1) Die gewachßnen erschlagen eynander.
2) Echio eyner auß den wepnern behalt die andren al bei leben.
von welchem volck nachmal die mechtig stadt Tebe gebawt ward.

Cap. 6.

Von Acteon dem jungen, wie er mit seinen hunden unnd jägern zu wald
zeucht, vil wilpret gehetzt und gefangen wirt. [Ovid 3, 131—154.]

Cadmus der schin eyn selig man
Der guten statt halb, so er gwan,
Darzu so vil unbkanter frind;
Auch gwan er schône weib und kindt,
320 Sein glück das gieng gentzlich empor,
Dann das sich niemandts gantz fürwor
Mag selig schetzen vor seim endt,
Wie das Cadmus nachmols erkent.
Dann an seim nechsten freund im gschach[1])
325 Groß leid und erstes ungemach,
Als ihn sein eigene jaghundt
Am gjådt gaben gar manche wund,
Er auch gantz eilendts sich verkart,
Von eym menschen zum hirschen wardt
330 Und ward gantz jemmerlich zerrissen
Von seinen hunden ihn unwissen.
Wie das geschach, wil ich euch sagen.
Als er eyns mals lust hett zu jagen,
Eyn berg was im fast noh gelegen,
335 Auff dem thet er offt weidwercks pflegen
Mit hunden, garnen mancher will;
Dann darauff stundt des wilprets vil,
Auch ward drauff manig hirsch gefangen.
Der jung kam mit sein jågern gangen,
340 Darzu mit seinen jaggesellen,
Theten ir garn und seiler stellen.
Bei im hatt er sein hund alsammen,
Der jeder hatt sein sundern namen.
Als sie nun hatten lang gehetzt,
345 Vil wildts gefangen und geletzt,
Als aber der mittag hin waß,
Die hund und jåger wurden laß,

1) Diser freund ist gewesen Acteon, welcher nachmol von sein
eigen hunden umbkam.

Acteon zu sein gsellen sagt:
'Wir handt heut wilprets gnug erjagt
350 Und unser gmûter wol ergetzt,
Vil wilpret gfangen und gehetzt.
Unsere seil und netz dißmal
Von schweiß seind gnetzet überal,
Deßgleichen unser spieß und geeren.
355 Zu der rhû wend wir uns jetz keren
Und unser garn und seil auffheben,
Die übrig nacht inn freiden leben.
Biß morgens, so anbricht der tag,
Schickt euch allsampt wider zu hag!
360 So heben wirs mit freiden ahn.'
   Dem rothschlag volget jedermann
Und waren zu der rhû bereit,
Legten von ihn hin all arbeyt.

Cap. 7.

Diana sampt iren junckfrawen inn dem waldt inn eynem schönen
brunnen baden; der unselig Acteon kumpt zu dem brunnen im zu
grossem ungefel. [Ovid 3, 155—173.]

   Eyn grundt waß an eym berg dounden,
365 Do vil lustiger thannen stunden
Schôn satt grün, von esten gantz dick,
Davon erfrischt der augen blick.
Do stund eyn selbgewachßner kast,
Darin vil kalter quellen fast
370 Sprungen und flussen one zal.
Der brunn was bschattet überall,
Die quellen gaben süssen klang,
Schôn graß stundt do eyns knyes lang.
Der stein was glat und schôn formiert,
375 Als hett ihn eyn werckman balliert
Inn grosser kunst und meisterschafft;
Also die natur durch ir krafft
Ihn meisterlich gewircket hatt.
Gantz lûstig was die selbig stat.
390   Diana inn dem grünen waldt

Offt badet inn dem brunnen kalt
Mit irn junckfrawen allensamen,
So offt sie von dem jagen kamen
Und jetzund müed und hellig waren.
385 Dißmols sie aber kamen gfaren.[1])
Diana zog ab ir gewandt,
Do stund eyn irer magt zu handt,
Den köcher sie von ir empfieng,
Welcher an irer seiten hing,
390 Deßgleich den spieß und gülden bogen.
Eyn andre hat ir außgezogen
Die schü; so was die dritt bereit,
Von ir empfieng sie schon ir kleidt.
Die vierdt ir goldfarbs har ufflacht,
395 Eyn jede hatt irs dienstes acht,
Crocale was die eyn genant.
    Bald zugen auch ab ir gewant
[28b] Vier ander junckfrawen wolgstalt,
Sie stigen inn den brunnen baldt.
400 Das was Ismenis und Hyale,[2])
Psecas, dergleichen [auch] Phiale.
Sie sprungen gar bhend auß und ein
Nacket und bloß inn bades stein,
Die Dianam sie wuschen, zwugen,
405 Theten irs amptes fleissig lugen.
Von hitz wurden sie sich erkülen,
Inn kaltem bad noch lust erwülen;
Dann sie all samptlich sprungen drein,
Ir leiblin weiß gaben eyn scheyn.

[29a] Inhalt der andern figur deß dritten buchs
        Ovidii von verenderung der gestalten.

Diana badt im brunnen kalt,
Acteon gwint eyns hirschen gstaldt.
Die namen Acteonis hunden;
Sie tödten in durch manche wunden.

                    *

1] Diana kumpt inn den waldt zu irem gewonten brunnen zu baden.
2) Namen der junckfrawen Diane, welche Nymphae genant werden.

5 Juno der Semele wird ghaß;
Vom roth, den sie ir geben waß,
Semele durchs himlisch fewr verbrindt.
Jupiter und Juno truncken sindt. [1])

Cap. 8.

Von dem grossen unfal, so dem unseligen Acteoni begegnet; Diana
sprentzt ihn mit wasser, Acteon wirt inn eyn hirschen verwandlet.
[Ovid 3, 174—193.]

410   In solcher zeyt herr Acteon
      Inn grienem waldt gantz irr thet ghon,
      Kam von ungschicht zu disem badt.
      Dorauß erwuchs im grosser schad;
      Dann er sah inn das badt hineyn
415   Dianam mit irn megten reyn.
      Sobaldt sie seiner wurden gwar,
      Erschrocken sie allsamen gar
      Und schreien untr eynander all,
      Das es laut inn dem waldt erschal.
420   [Bald] sie umbringet all ir frawen,
      Damit Acteon nit mocht schawen

1) Holzschnitt 8: Diana wird mit drei nackten nymphen von
Aktäon im bade überrascht; sie sprengt ihm wasser entgegen, seine
beginnende verwandlung wird durch den hirschkopf angedeutet. Im
hintergrunde verfolgen vier hunde den hirsch.

Dianam, weil sie nacket was;
Eyn jede magt ir selb vergaß,
Damit sie ir fraw möcht bedecken.
4<small>25</small> Doch thet sie übers all außrecken
Eyner achseln hoch an der leng.
Sie stundt undr in inn eym getreng
Erschrocken, darzu voller zorn.
Solchs macht der göttin außerkorn
4<small>30</small> Eyn wunderliche farb so schon,
Gleich die morgenröt auff thut ghon;
Weiß und roth durch eynander zogen
Verflösset wie der regenbogen.
Noch irem bogen griffs imm zorn
4<small>35</small> Und wolt den jungen hochgeborn
Mit eynem pfeil erschossen han;
Do lag der bog zu weit hindan.
Sie sprentzet ihn mit wasser kalt
Und sagt: 'Nhu ghe hin auß dem waldt,
4<small>40</small> Sag, du habst gsehen Dianam
Nackendt mit irn megten alnsam
Inn diesem brunnen sehen baden!
Das soll dir bringen großen schaden.'

C a p. 9.

Iamen der hund Acteonis, und wie sie im nachjagten. [Ovid 3, 193—233.]

Die wort Diane solche krafft
4<small>45</small> An Acteoni hand geschafft,
Das er sein menschlich gstalt verlor.
29b] Sein leib im bald umbwuchs mit hor,[1]
Darumb gesprengt manch weisser tropff.
Im wuchs auch schnel auff seinem kopff
4<small>50</small> Eyn schön gehürn mit vil der enden.
All kůnheit thet sich von im wenden,
Er ward gantz forchtsam, darzu bhend,
Mit schnellem lauff von dannen went;
In wundret, wie es zu thet ghon.

*

1) Acteon inn eyn hirschen verwandelt.

9 *

455 Das er so gantz gschwind sprang davon.
Zu eynem schönen lautern bach
Kam er, darin er sich besach, ²)
Der hörner auff seim haupt ward gwar.
Davon erschrack er also gar
460 Und wolt zustund geschrien han.
Da was seyn menschlich gstalt darvon,
Auch manglet ihm menschlicher stimm.
Derhalben kont er rüffen nimm.
Darumb er offt erseufftzet tieff,
465 Vil wasser aus sein augen lieff,
Er wußt auch nit, wo auß er solt.
Forcht ihn nit bleiben lassen wolt
Zu waldt; so wend ihn ab sein leib,
Das er nit dorfft zu seinem weib.
470 Als er nun mit ihm selb ward z rhot,
Welchen weg er doch außin wott,
Und also inn eym zweiffel stundt,
So ersehendt ihn seine hundt.
Der weisse leidthundt auff seim gspor
475 Zoh allen andren hunden vor,
Melampus was der hundt genant.
Auch kam Ichnobates zuhandt,
Die beden klepften an gar hell.
Die andern horten das gebell
480 Und lieffen gschwind mit hauffen dar
Alsammen inn gemeyner schar;
Ja schneller, dann die adler fliegen,
Begundten sie sich zammen fiegen.
Die ersten drey, so waren da,
485 Seind gwesen auß Arcadia,
Dorceus und auch Pamphagus,
Ir kuppelgsell Oribasus.
Auch kam dar Theron und Tigris
Und Agre, der am gschmack waß lis,
490 Derselb als wilpret finden waß.

*

2) Acteon wirt gewar, das er inn eyn hirschen verwandlet ist.

Do kam auch der schnell Pterelas,
Her kam auch Alce der leichtförig, [1]
Dromas der grimm und wolgehörig,
Und Hilactor von kleiner stimm;
495 Pemenis der hundt lieff mit im,
Der schwartz Asbolus und Leucon,
Deßgleichen der starcke Lacon.
Melanchetes sprang her mit nam,
Nach im der Nebrophonos kam.
500 Doher trang Thous und auch Zene,
Das waren schneller rüden zwene,
Sie waren schneller dann eyn pfeil.
Cyprio der fleckt kam inn eyl,
Der starck Aello lieff auch mit,
505 Labroß der rauch saumet sich nit,
Her kam Harpaloss der langseitig,
Der hochbeyng Aglaodes geitig.
Die lieffen richtig noch dem gspor,
Eyner lieff noch, der ander vor.
510 Auch kam eyn schneller edler wind
Gestoben von eym berg geschwindt,
Der hieß mit nam Harpyia;
Dem volgten auff dem füß hernah
Zwen andre, waren seiner tracht,
515 Dann er sie auff die welt hatt bracht.
Sie kamen das thal nider gflogen
Bhender dann eyn pfeil von eym bogen.
Auch kam Melaneus der weiß,
Das gspor sucht er mit gantzem fleiß.
520 Bald kumpt der schwartzflecket Ladon,
Der fleck im an der stirn thet sthon;
Hyleus, den der eber wunt
Zuvor hatt gschlagen kurtzer stund.
Jetz kumpt auch Dromas und Lelape,
525 Canache, Sticte und auch Nape,
Welcher von eynem wolff was gporn,

*

1) Namen der hundt Acteonis.

Auch Theridamas, der hundt außerkorn,
Welcher deß fůchs zu hůten pflag,
Der mocht eyn summerlangen tag
530 An eynem trib stet fůr sich jagen.
    Von hunden wer zu lang zu sagen,
Die dem betrůpten Acteon
Theten noch seinem leben sthon.
Do ward kein jaghundt nie so trâg,
535 Der ab wolt sthon von solchem wåg.
Sie irrt auch weder staud noch strauch,
Auch irrtens nit die felsen rauch.
Sie folgten irem herren noch,
Welcher auß gantzen krefften floch.
540 Er suchet manchen krummen pfad.
Do er offt wilpret gjaget hatt,
Er thet baldt seinen jågern nahen
Und meint von ihn hilff zu empfahen,
So das sie die hundt von im wenten
545 Und ihn als iren herrn erkenten.
Sein anschlag aber was vergeben;
Die hundt sie erst an hetzen heben,
[30a] Damit sie erst anfellig würden,
Griffen den hirschen an mit girden.
550   Von Melanchetes seinem hundt
Empfing der hirsch sein erste wund;
Zů richt er im zugloffen was,
Der ander hies Theridamas,
Der griff ihn erst bei eyner hufft.
555 Do hat der arm hirsch nimmer lufft,
Dann sie all kamen über ibn;
Solchs was sein gröster ungewin.

Cap. 10.

Wie Acteon hůlff bei seinen dienern und gesellen suchet, aber umb-
sunst waß; das macht, sie in nit erkennen mochten. Zuletzt wirt
Acteon von seinen hunden elendiklichen zerrissen. [Ovid 3, 234—252.]

    Die hund machten all ir zeen schweisig
Und warn auff iren herrn beissig;

560 Nichts gantzes an seim leib nit was,
So nit zerrissen und blůts naß.
Auff seine knew er nider lag,
Er seufftzet [auch] mit schwerer klag;
Gegen sein gsellen stalt er sich
565 Eym armen bittenden gelich.
Do halff kein seufftzen noch keyn bitten;
Sie theten noch jågrischen sitten,
Håtzten die hundt noch fester ahn,
Domit ir zorn übr in erbran.
570 Sie rufften all inn gmeyner schar
Herrn Acteon, das er kem dar.
Er hort den namen, lůpfft sein haupt;
Do was kein jåger, der im glaubt,
Das Acteon zugegen wer.
575 Dann sie gemeinlich klagten seer,
Das ir herr nit wer selber do;
Er aber leider was zu noh
Und wunschet sich offt ver von ihn.
Solchs aber mocht keins wegs nit sin;
580 Dann Diana hatt iren zorn
Noch auff den fürsten hochgeborn,
Den wolt sie nit von im ablassen,
Biß das sein eygne hund ihn frassen,
Auch ihn mit iren scharpffen bissen
585 Gentzlich tödten, und gar zerrissen
Sie iren eignen herren gar.
Hie soln all jeger mercken zwar,
Was dise fabel meynen will:
Bulschafft, weidwerck und federspiel
590 Noch manchen bringt zu solchem zil.

Cap. 11.

Juno als sie vernimpt den unfall Acteonis, sucht die weg und steg,
domit sie sich an irer gemeinerin Semele auch mǒg gerechen. [Ovid
3, 253—272.]

Diß wunderbarlich gschicht erschal
Inn allen landen überal;

Eyner lobt sie, der ander nit,
Wie dann die welt noch ist gesit.
595 Jedoch Diana gscholten ward,
Das sie sich grochen hatt so hart
An Acteon, dem schônen mann.
Die andren lobten sie daran,
Sagten: 'Diana soll nit gstatten,
600 Das sie jemandts soll sehen baden,
Dieweils eyn magt und gôttin ist.'
So lobt und schalt man disen list.
    Doch ward semlichs Juno erzalt,
Den handel sie nit lopt noch schalt;
605 Dann sie bkümmert, das Jupiter,
Ir man, alwegen bûlt so sehr,
Das er inn ochsen gstalt hat sich
Verwandlet, was ir gsagt kürtzlich,
Hat also die Tyreisch magt[1])
610 Verfelt. Solchs ward ir alles gsagt.
Derhalben trug sie sundern haß
Eym jeden, so von dem gschlecht was.
Sie ward auch eynes handels gwar,
Davon sie erst erbittert gar;
615 Dann Semele, dern sie war findt,
Die trug auß Jupiter eyn kindt,
Welcher dann war ir ehlich man.
Grimig zu schelten hub sie an
Und sagt: 'Mich hat mein fluchen, schelten
620 Bißher noch alweg gholfen selten.
Ich will hinab, ists anders so,
Das ich mit namen heiß Juno,
Des himelreichs eyn künigin,
Meins mans gmahel und schwester bin,
625 Welcher ist der gott Jupiter.
Ja bey dem zepter ich das schwer,
Welchen ich trag inn meinen henden,
Den ehbruch wil ich gentzlich enden.

*

1) Jupiter schwecht Semele.

Der schelckin schanckt ich vor eyn spil;
630 Jetzund sie muter heissen wil,
Das bschicht von meines mannes samen.
All mein rathschlag such ich zusammen.
Die sachen ich dergstalt angang,
Eh dan die zeit verschinet lang,
635 Mein mann ir sonder zorn und haß
Ir leben nimpt, gerat mir das.
[30b] Wie lieb im Semele joch ist,
Noch richt ich an semlichen list.'

Cap. 12.

Juno kompt zů Semele, der bulschafft Jovis, beret sie inn der gestalt
ihrer ammen, dass sie understeht Jupiter inn göttlicher gestalt zu
sehen. [Ovid 3, 273—286.]

Juno zur erden kam geflogen,
640 Mit eynem nebel überzogen
Stund vor der thůren Semele.
Den nebel verließ sie nit eh,
Biß daß sie all ir gstalt verkart
Und eynem alten weib gleich wardt;
645 Inn irm angsicht was manche furch,
An allen enden durch und durch
Durch ire hend, stirnen und wangen.
Sie kam an eym stecken gegangen,
Als wann sie alters halb wer lam.
650 Ir wort und stimm was gantz langsam,
Ja gleich als wann sie wer die amm
Der Semele, welche was gnant
Beroe und von ir bekant.
Als sie zů der Semele kam,
655 Sassen sie zammen beyde sam
Und hatten mancher handen redt.
Zlest Juno listig sprechen thet,
Sagt seufftzend: 'O tochter, wers gwiß
Das mit dir gschehe keyn bdrůgnis,
660 Daß dich liebt Jupiter der gott!

Darzů rath ich dir sonder spott,
Dardurch du môchst erfaren gschwind,
Wie die sach umb dein bulen stund.
Dann ich der sach groß zweiffel hab,
665 Weil er offt kompt von himmel rhab
Zů andern mågten an ir bet,
Sich aber nie verkeren thet,
Sonder bhelt stets sein gôttlichs bild,
Sein gstalt hat er noch nie verwildt.
670 Darumb flog meinem roth behend,
So kommest du der sach zů end,
Erfarst, ob er Jupiter ist.
Bitt in, so du nechst bei im bist,
Daß er sein gstalt gar nicht verstell,
675 Sonder dir gantz erscheinen wôll,
Wie er erscheint seim weib Juno,
Inn der form und gestalt also,
Wie sie bei im zu schloffen pfligt,
Wann sie inn seinen armen ligt.
680 So erfarst du die rechte meer.
Ob dein bul sei gott Jupiter.'

Cap. 13.

Semele auß anrichtung Junonis begert von dem gott Jupiter, er soll
sie inn gôttlicher gestalt beschloffen. Jupiter wilfart; Semele wirt
von solcher grossen hitz verbrant; dann sie Jupiter mit im inn die
feurin himel furt. [Ovid 3, 287—315.]

Als nun Juno irm willen hatt
Nach allem fleiß gricht zil und stadt,
Fur sie wider inn himel nuff.
685   Gar bald thet sich begeben druff,
Das Jupiter zur erden kam;
. Dahin bracht in der liebe flamm,
So er zů Semele thet tragen.
Semele thet in bittlich fragen,
690 Ob er sie wolt nach irm begeren
Durch liebe eyner bet geweren.
Jupiter globt ir das zustund

Und bschlos durch eyn krefftigen bundt:
'Bitt, was du von mir immer wilt,
695 Ich wil dich gweren, junckfraw milt.
Es sei gleich wem lieb oder leyt,
So schwer ich dir deß eynen eydt
Bei den wassern inn helle tieff,
Ich semlichs nimmer widerrieff.'
700   Semele war der wort gantz fro [1])
Und sagt: 'Wie du beschloffst Juno,
Also solt du auch bschloffen mich
Und glat keyns wegs verwandlen dich.'
Sie wußt nit, was sie do begert,
705 Dann drauß folgt ir der todt so hert.
   Als Jupiter die bitt erhort,
Erschrack er fast der iren wort,
Doch eh sie die wort vollen redt
Er ir den mundt zuhalten thet.
710 Doch was die red schon völlig gthon,
Deßhalb er sehr erschrack darvon
Und was sie darumb leiden sott.
Keyn ding uff erd nit widerbott, [2])
Weder sein schweren noch ir bitt
715 Inn keynen weg mocht brechen nit.
Jupiter [thet] von dannen faren,
Damit ob er sie möcht bewaren
Vor leydt. Das aber mocht nit sein;
Dann sein krafft also gwaltig scheyn,
720 Das Semele davon entzint.
Wiewol Jupiter floch sehr gschwint
Mit blix, mit tunder und mit strol,
Die zuckt er mit im allzumol
Hin inn die wolcken gantz behend,
[31a] Jedoch ward Semele verbrent;
Dieweil sie noch kein göttin was,

*

1) Semele bit umb ir groß ungluck.
2) Was die gött bei dem hellischen wasser geloben, bleibt un-
verbruchlich.

Mocht sie inn keyn weg dulden, das
Juno die gôttin leiden mocht;
Darumb Juno den list erdocht.
730 Weil Semele menschlich natur
Hatt, darzů menschliche figur,
Darumb mocht sie nit widerstohn
Dem gwalt, so Juno was gewon,
So sie lieb mit Jupiter pflag
· 735 Und er an iren armen lag
Inn seiner herligkeyt so groß.
Derhalb Semele also bloß
Verbrennen thet nach ihr menschheyt. [1])
Wiewol das Jupiter bracht leyt,
740 Noch mocht ers widerfechten nit.
    Cadmus schmertz ward ernewert mit,
Dann Semele sein freůndin was.
Nach Acteon geschach im das,
Welcher dann auch sein freund war gwesen,
745 Wie ir davor grůntlich gelesen.
Also Cadmus den andren schmertz
Bekümmert trug inn freundes hertz.
    Und als yetz inn der feuresnot
Semele yetzund lag gantz tod,
750 Sie eyn kindtlin getragen hat,
Doch nit gentzlichen an die stadt;
Dann die natur ir werck noch nit
Volkommen hatt volnbracht damit.
Drumb Jupiter das kindtlin baldt [2])
755 Errettet auß deß feurs gewalt
Und trugs inn seinem eygen leib,
Wie solchs zu tragen pflegt eyn weib,
Biß zů der zeit seiner geburt
Das kint von im geboren wurdt;
760 Bed vatter und mutter er was.
    Sobald er nur deß kindts genas,

                    *

1) Semeles verbrent.
2) Jupiter geht eyns kints schwanger.

Gedocht er an seins weibes zorn,
Sie möcht das kindt von im geborn
Umbbringen wie sein rechte amm.
765 Drumb Jupiter das kindtlin nam
Und gåbs den waltfrawen inn pfleg,
Daß sies versorgten inn allweg.
Sie seygten das nach irer art,
Also das kint erzogen wardt.
770 Von seim vatter ward es eracht
Und zů eym gott deß weins gemacht,
Welcher eyn gott deß weins wirt geert;
Das trawren er offt wendt und mehrt.[1]

Cap. 14.

Wie Juno und Jupiter gnug truncken eynen schimpfflichen zanck mit
eynander haben. Tiresias wirt zum urtelsprecher darüber gesetzt, der
aber die urtheyl wider Juno fellet. Juno über in erzürnt blent in;
Jupiter begobt Tiresiam mit dem warsagergeyst. [Ovid 3, 316—340.]

Bachus ist diser gott genant,
775 Den truncken böltzen wol bekant.
An seim fest sich begeben hat,
Das sich Juno hett truncken sat
Von wein, auch ir man Jupiter.
Als sie nun hatten truncken seer,
780 Lagen sie zamen an eyn bett,
Freüntlich eyns mit dem andern redt.
Undr andern worten Jupiter[2]
Schimpfflich mit Juno kempffet sehr
Mit worten, sagt, der weiber bger
785 Deß mannes glüsten treff weit für;
So möchtens ir glüst bergen mehr
Dann die mann. Juno laugnet sehr
Und sagt, das wer gentzlichen nit;
Doch solt eyn solchen kampff und strit

*

1) Bachus eyn gott des weins, wie unnd von wem er erzogen und
erboren sei.
2) Eyn trunckner kampf zwischen Jove und Junoni.

790 Richten eyn man Tiresias,
Dem beyder natur kündig was.
     Solchs im von ebentheurn geschach.
Als er eyns mals zwo schlangen sach
Vor eynem wald, Tiresias
795 Vileicht auß eynem sondren haß,
Den er zů allen schlangen trug,
Er sie mit eynem stecken schlug,
Welchen er ongfar bei im hatt.
Tiresias gleich an der stadt
800 Ward auß eym mann zů weib verkert. [1])
Solchs sieben gantz jar an im wert,
Das er war wie eyn ander weib,
Biß ins achtest jar also bleyb.
Darnach kam er auch [einst] gegangen
805 Inn den walt zů den fordren schlangen
Und trug auch gleich denselben stab,
Do er in vor die streych mit gab.
Er sagt zů in: 'Habt ir die krafft,
Das ir mich wider eyn man schafft,
810 So thuns! Ich schlag euch an der stadt.'
Diß gret ers gleich geschlagen hatt.
Sobald er in nun gab den streych,
Sein weiblich natur von im weych
Und ward eyn man, wie er vor was.
815   Als er nun solt entscheyden das
Den zanck zwischen dem Jupiter
Und der Juno, do saget er,
[31b] Wie das weiblich gelůst und bgir
Den mannen weit thet treffen für,
820 Dann er das hatt empfunden dick,
Gab deßhalb Jupiter den siegk.
     Als nun Juno die red erhort,
Erzürnt sie sich fast diser wort
Und machet Tiresiam blind
825 An seinen beyden augen gschwind,

*

1) Tiresias auß eym man zu eym weib verkert.

Das er der sonnen liecht nim sach,
 Jupiter aber bald hernach
Begobt er in für sein gesicht;
Dann er solt ye entgelten nicht,
830 Daß er die warheyt hett gesagt.
Darumb was man in nachgehns fragt,
Wust er zu sagen künfftig ding;
Derhalb sein ruff gar weit außgieng
Über das gantz Aoniam.
835 Das volck gmeynlichen zů im kam,
So yemant warsagens begert,
Das ward zů stund von im gewert.
Dann wie er sein warsagung sprach,
Gewißlichen eym also gschach.

[32a] I n h a l t d e r d r i t t e n f i g u r d e ß d r i t t e n b ů c h s
Ovidii von verenderung der gestalten.

Wie Narcissus geboren ward,
Wie Echo inn eyn stimm verkart.
Narcissus verirrt inn dem waldt,
Ghen im er selb inn liebe falt,
5 Narcissus fürt eyn klag, ist hart,
Von grossem leid zur blůmen ward.
Von dem fast Bachi deß weins gott,
Penteus treibt mit im sein spott.[1]

C a p. 15.

Wie Narcissus geboren ward, auch von der Weissagung Tyresie, und
wie Echo inn eyn widerhallende stimm verwandlet ward. [Ovid 3,
341—362.]

840   Eyn weib was Liriopa gnant,
Dieselb sich zu im fügt zuhandt,
Sie was eyn maget wunderschon.
Eynsmols sie an eyn gstad thet ghon
Eyn wassers, dorin wont eyn gott.
[32b] Derselb die magt ersach, getrot

*

1) H o l z s c h n i t t 9: Narcissus sieht in einen brunnen; links
stehn vier jungfrauen um eine sternblume. Im hintergrunde Narcissus
von Echo verfolgt.

Eilt er ir noch und mit ir rang,
Biß er sie zu seim willen zwang.
Von im empfiengs eyn kindlin klein,
Das kindt nit schôner mocht gesein,
850 Narcissus hieß deß kindes nam.
Lyriope frogt Tiresiam,
Wie lang ir kindlin würde leben,
Er solt ir deß anzeygung geben.
Er sagt: 'Den rath den gib ich dir,
855 Bewar dein kindt und sich dich für,
Das es sein gstalt niemmer geseh
Inn keynen weg, wie das gescheh!
Sunst wirstus sehen niemmer mehr.' [1]
Liriope vernicht die lehr,
860 Biß sie die warheit zletzt erfand,
Wie ir der worsag macht bekant.
    Narcissus ward alt sechzehn jar,
Eyn überschôner jüngling war,
Das man seins gleichen niergent fandt
865 Inn aller gegend inn dem landt.
Vil schôner junckfrawen ihn liebten
Und sich seinthalben fast betrûpten;
Er aber achtet iren nicht,
Wolt ihn nit sein mit lieb verpflicht,
870 Biß das zuletzt ungfer geschach,
Das ihn eyn waldtjunckfraw ersach,
Als er nach wilpret gieng imm waldt,
Die netz nach wilden thieren stalt.
Die maget was genant Echo,
875 Welche verbant ward von Juno,
Das sie kein wort nit sprechen kundt,
Es schal dann vor auß fremdem mundt,
So daß sie sprech wort wider wort,
Wie man sie hôrt an manchem ort.

1) Die warsagung Tyresie.

Cap. 16.

Von Echo der junckfrawen, welche inn den widerhal verwandtlet wor-
den ist; domit sie die Juno nit mehr mit süssen worten auffhielt, gab
ir Juno den fluch, daß Echo nit mehr gereden mag, dann was sie von
eynem andren zuvor höret; dasselbig wort sie gantz kunterfetisch
noch hielt. [Ovid 3, 362—378.]

880   So man laut schreit inn eynem waldt,
Ist Echo hie, gibt antwurt baldt;
Schreit eyner laut inn eynem hol,
So antwurt sie im alle mol.
Diser schal was eyn magt liphafft;
885   Eh sie von Juno anderst gschafft,
Kondt sie reden wie ander leut.
    Nun hat sich bgeben uff der zeit,
Das gott Jupiter sein eh brach,
Welchs dann vil mol inn welden gschach.
890   Wann dann auff die spor kam Juno,
Was alweg do die magt Echo
Und hielt sie auff mit worten glat,
Biß Jupiter zur flucht raum hat
Sampt deren, so er bůlen thet.
895   Do Juno solchs erfaren het,
Ward sie der Echo also grimm
Und schwur, sie můßt sie btriegen nim.
Sie sagt: 'Dein stimm werd dir entzogen,
Mit dern du mich offt hast betrogen.'
900   Also ward Echo gstrofft der stund,
Das hinfürbaß aus irem mundt .
Kein wort fürbaß nit kummen mag,
Sie hör dann vor eyn solche sag,
So repetiert sie solche wort.
905   Wie ir dann oben handt gehort,
Narcissus inn dem waldt umbgieng,[1)]
Mit im eyn gselschafft der jüngling.
Echo sein gar baldt sichtig wardt,
Zustundt sich ir gmůt zu im kart,

---

1) Narcissus verirret im waldt, ersicht ihn Echo.

910 Mit liebesflamm was sie umbhagt,
　　Inn liebesfeur erbrann die magt.
　　Den jüngling sachs innbrünstig ahn,
　　So mehrs ihn sach, sie fester bran.
　　Wo dann Narcissus nur hin kart,
915 So volget sie im auff der fart
　　Und must doch schweigen harter buß,
　　Das sie im nit mocht iren gruß
　　Anbieten.　Drumb wart sie der stundt,
　　Das sie eyn wort aus jünglings mundt
920 Möcht hôren, damit sie gwalt het
　　Nochzusprechen auff seine redt.
　　Dann sie nit kont das erste sein,
　　Das brocht der magt schmertzliche pein.
　　Drumb sie dem jüngling noch thet spehen,
925 Wolt aber sich nit lassen sehen;
　　Doch wart sie mit fleiß stund und stat,
　　Inn der sie zeit zu reden hatt.

C a p. 17.

Narcissus kumpt von seiner geselschafft, rüfft seinen gesellen mit
lauter stimm. Echo zugleich im widerhallet, davon der jüngling inn
forcht felt. [Ovid 3, 379—401.]

　　　Darnach kürtzlichen dem jüngling
　　　Sein gselschafft alzumal entgieng.
930 Die forcht umbgab ihn manigfalt,
[33a] Als er sich einig sah im waldt,
　　　Er rufft gar laut: 'Ist niemant hie?'
　　　'Ist niemandt hie', antwurtet sie.
　　　Er schrei: 'Wann ich nur gsellen hab.'
935 'Ich gsellen hab,' sie antwurt gab.¹)
　　　Der jüngling begund stil zu sthon
　　　Und ließ sein augen umbher ghon,
　　　Dann in die forcht zwang solcher gstalt.

＊

　　1) Der widerhal, so eyner inn eynem waldt schreyt, ist gewesen
die wolredt junckfraw Echo, welche jetz nit mehr gereden mag, sie
hôre dann zuvor eynes andren stimm.

Er stund und rufft laut inn dem waldt:
940 'Sag, wer du bist, wo gest du her?'
'Wo gest du her?' sagt sie als er.
Narcissus stundt, sam wer er thumb,
Er sach sich umb und wider umb,
Do er sie hort und niemandt sach.
945 Laut rufft er inn den waldt und sprach:
'Ich bin eyn mensch; drumb mich nit flih!
'Drumb mich nit flih,' gab antwurt sie.
Er sprach: 'Wart mein, ich kumb zu dir.'
'Ich kum zu dir,' das wort liept ir;
950 Dann sie zuvor von im kein wort
Inn grössern freiden hat gehort.
'Ich kume zu dir,' sagt Echo.
　Sie gieng zu im, was hertzlich fro.
Narcissus wolt ghen aus dem walt,
955 Echo thet im nachfolgen balt,
Damit sie ihn hertzlich umbfieng
Und sich mit armen umb ihn hieng.
Der jüngling kam deß gar inn not
Und sagt: 'Mich mus vil eh der todt
960 Gentzlich hinnemen von der erden,
Eh dann ich dir zu theil wil werden.'
'Eh dann ich dir zu theile werdt,'
Sagt Echo, damit von im kert
Hin inn den waldt inn das gpirg wider.
965 　Darinnen stecket sie jhe sider [1])
Inn eynem harten holen stein.
Darzu sie unmůt brocht allein,
Das sie Narcissus hatt verschmecht;
Doch blieb jr lieb an im gerecht.
970 Sein gstalt was sthet inn irem gsicht,
Zu keyner stundt vergas sie nicht;
Narcissi schöne und gestaldt

*

1) Echo, als sei Narcissum nit zu ir lieb bewegen mocht, fleucht sie von im inn eyn holen stein, daraus sie noch den ruffenden antwurt gibt.

Hatt sie bezwungen mit gewalt,
Doch wardt sie bdencken hin und har,
975 Das er sie hatt veracht so gar.
Dardurch kam sie inn solche schwer,
Das ann ir nichts thet bleiben mehr
Dann nur der rüff und stimm alleyn,
Sunst ward sie gar zu eynem stein.
980 Die stimm wert noch zu unser zeyt,
Wie sie noch offt hören die leuth.

Cap. 18.

Wie Narcissus von den göttern geplagt, das er innprünstig gegen
seinem eygnen schatten inn unmeßliche liebe entzundt wardt, welchen
schatten er inn eynem lautern brunnen, als er trincken wolt, ersehen
thet. [Ovid 3, 402—423.]

Narcissus, der schöne jüngling,
Vorhin nie gliept hat umb kein ding
Und hatt verschmecht vil junckfraw schon,
985 So im freundlich noch theten ghon.
Er verschmecht alle, die sein bgerten,
Biß die gött eyn undr in gewårten;
Die hub gen himel ire hendt
Und batt die göt, ihn zu plagendt,
990 Das er (Narcissus) liebesprunst
Solt gwinnen, aber gar umbsunst;
Dann dasjenig, so er liebt sehr,
Das solt im werden niemermehr,
Dieweil er all junckfrawen rein
995 Verschmehet hat inn eyner gmein.
Eyn solcher wunsch geschach zustundt.
Eyn brun lauter biß an den grundt
Stund eym abgtribnen silber gleich
Gantz kalt und alles lustes reich,
1000 So das man het eyn reynes har
Gesehen inn dem brunnen klar
Zu undrist an deß bodens quell;
So schon der brunnen was und hell.
Auch mocht darin fallen kein staub,

1005 Kein unsauber reiß oder laub;
Ihn hatt auch weder hirt noch vieh
In keinen weg betrübet nie,
Darzu kein vogel noch gewildt.
Die baum waren des brunnes schilt
1010 Und schirmpten ihn vor sunnenschein,
So das ir hitz nit gieng darein;
Deßhalb er niemmer warm mocht werden.
So thüngt die feuchte von der erden
Deß brunnen umbstehendes graß,
1015 Das es alweg frisch und grün waß.
Eyn gantzes jar immer für sich
Welcket es nit, waß immer glich
Mit schönen blumen undermenget,
Von allen farben drin gesprenget.
1020   Zudisem brunnen kam ungfer
Narcissus, und noch seiner bger
Wolt er trincken das wasser kiel,
Auff seine knie darnider fiel.
[33b] Zuhandt eyn fremden durst gewan,
1025 Davon der ander im zerran.
Sobald er inn den brunnen blickt,
Sein schatten schnell herfürher zwickt,
Gleich wie er was gestaltet gar.
    Seins angsichts haut was gantz milchfar,[1]
1030 Sein kål und hals nit anderst scheyn
Dann wie eyn balliert helffenbeyn;
Sein hor goldtfarb dermossen schon,
Es möcht eyn junckfraw semlichs hon
Uff eyn pfellelin waht geneit,
1035 Für eyn goldtfaden drumb geleit.
Vast klor leuchten die augen sein
Wie zweier liechten sternen schein,
Domit er manchs junckfrewlein zart
Hertzlichen thet verwunden hart;
1040 So er die freundtlichen ansach,

*

1) Von der schönen gestaldt Narcissi.

Ir hertz mit seinem gsicht durchbrach.
Sein mundt artlich erhaben waß,
Als wolt er sagen sunder haß:
'Junckfraw, kumpt her und küssend mich
1045 An meinen rothen mundt freundtlich!'
Die farb an seinen wenglin zart
Über die moß gesehen wardt;
Das rodt artlich undter das weiß
Verflôsset was mit solchem fleiß,
1050 Als wann das het Appelles thon.
Sein angsicht was dermoß so schon,
Das daran gantz keyn mangel gspiert.
Mit aller schône was er gziert.

C a p. 19.

Wie Narcissus vonn hertzlicher lieb so gantz innbrünstig entzündt
wardt, das er ob dem brunnen vor grossem leid sterben thet. [Ovid
3, 424—476.]

Do nun des schattens inn dem brunnen
1055 Gwar ward der jüngling unbesunnen,
Meynt er, es wer [ein] menschlich bildt
Und het sein wonung inn dem gfildt.
Zustundt er inn der liebe wüt
Und wardt entzûndt inn seim gemüt.
1060 Dann ihn der schône fast nam wunder,
Die er sah inn dem wasser drunder,
Und was doch sein eigener schatt,
So er imm brunnen gsehen hatt.
Ja das er lobt, er selber war,
1065 Und das er wûnscht, daß waß er gar,
Und des er bgert, das war sein schein;
Dann wo er was, must jens auch sein.
Gar offt küst ers im brunnen kalt,
So küst es ihn herwider baldt;
1070 Dann so ers wolt mit der handt fohen,
So thet sich sein handt zu im nohen.
Inn solcher lieb thet er vergessen
Schloffens, trinckens und auch deß essen.

Dann alles, deß er stüntigs pflag,
1075 Was, das er stetz zu küssen lag.
Tag und die nacht, auch alle stund
Was im sein hertz inn liebe wunt,
Sein selb er keyn gwalt hatte nicht.
Er saß eyn wenig auffgericht,
1080 Sein klag thet er gegen dem waldt,
Die was gantz kleglich. Solcher gstalt
Zu reden er zum walt anfieng
Und sagt: 'O waldt, sag mir eyn ding!
Hastu je solche liebe mehr[1]
1085 Gsehen, die hat gebrent so sehr,
Als ich armer jetzund erbrenn
Gegen eym ding, so ich nit kenn?
Ich schmiltz von liebe gleich dem schne.
Nun habt ir doch gesehen meh
1090 Lieb, dieweil ir beum hie seind gstanden,
Aber nie bhafft mit solchen banden.
Wie groß lieb man unter euch pflag
Inn sorgen bei nacht und [bei] tag,
Habt ir doch solcher lieb nie gsehen,
1095 Als mir armen hie thut geschehen.
Ich hab lieb; ach, was hilfft es mich
Dann, so vil ich imm wasser sich!
Ich sitz hie, bin so gantz verirret,
So gar ist mir mein lieb verwirret.
1100 Eyn dünnes wasser ist die wehr.
Mich irret nicht das tiefe meer,
Mich irt an keyner thür keyn schloß,
Mich irt kein berg hoch oder groß.
Dann also offt und dick ich heut
1105 Den meinen mundt dem seinen beuth,
So beut es mir den seinen wider.
Ich sich nit, das es fliehe nider;
Noch kan mirs werden umb kein ding,

*

1) Narcissus bezeugt sein grosse lieb mit dem waldt, inn welchem
rl und heimlicher lieb ir wonung gehabt hatt.

Weis nit, wer mirs empfiert gehling.
1110 Ach liebs lieb, warumb fleuchst du mich,
So doch die schönsten töchtern sich
Meiner lieb frewen, wo ich bin,
Darzu auch vil der waltgöttin
Groß lust hand ab meynr schönen gstalt!
1115 Was du bist, kum herauser baldt
Und hab an mir gar keynen scheich!
Ich bin an alter dir geleich.
Nun gib du mir doch offt und dick
Freundtlicher hoffnung augenplick!
1120 So thustu auch offt bieten mir
Dein weissen arm, als ich thun dir.
[34a] So ich dann lach, so lachst du wider,
All mein geberd übest du sider.
Das bringt mir trawren über d moß,
1125 Auch hertzlich leyd unseglich groß.
Jetzunder sichst, als wann du weynest;
Nit weiß ich, was du damit meynest.
Auch sih ich deinen mund auffgohn,
Als wann du gern wolst reden schon;
1130 Keyn wort ich aber nit mag hören.
Solch deine gberd mich gantz betören.
Ich seh wol, das do liebt meim sinn,
Ich eygentlichen selber binn.
Inn lieb bin ich gehn mir erbrent.
1135 Ach wer ist, der mir semlichs went,
Wer mag mir doch rothen hiezů,
Damit das ich daß wegest thu?
Soll ich bitten ald bitt man mich?
Was bitt ich? Ist mir nit gentzlich
1140 Mein freud vermischt mit hertzenleyd?
So erbarmbt mich meinr brödichkeyt.
Mir möcht so wol nimmer geschehn,
Dann so ich mir selb möcht entgehn. [1]

*

1) Narcissus wuntscht sein lieb weit von im zu sein, welchs doch
wider den willen aller liebhaber ist.

Ach ist das nit eyn frembde meer,
1145 Wer sah doch je solch liebhaber?
Ich wüntsche das, so ich lieb han,
Das er von mir sei weit hindan.
Wiewol zů im steht mein begir
Und hett es fast gern nah bei mir
1150 Zů allen zeiten nacht und tag,
Noch ist das je mein gröste klag,
Und das mich macht gantz ungesunt,
Ja daß mein junges hertz verwunt.
Dann ich sehr grosse liebe trag
1155 Eym ding, das mir nit werden mag.
Sol ich vergeblich tragen gunst?
Nun solt doch lieb nit sein umbsunst.
On frucht liebe nit lieben soll,
Welchs ich doch an mir selber dol.
1160 Derhalben můß ich gwißlich sterben
Und also trostlos hie verderben;
Mich tröstet nichts, dann wer ich todt.
Jedoch mehret sich erst mein not,
So das solt bleiben, das ich lieb;
1165 Das wer mein allergröst betrieb.
Nun muß je ich und er zusamm
Sterben, allbeyd inn eym leichnam.'
  Als er diß gsagt, sah er hinein
Wider nach disem widerschein.
1170 Von zehern triebet er den brunnen,
Die im von seinen augen runnen;
Das wasser davon webet sehr,
Das er den schatten sah nit mehr.

Cap. 20.

Narcissus von vile der zeher das wasser bewegt, daß er den schatten
nimmer sehen mocht,· erst sein klag von newem anfieng. [Ovid 3,
476—510.]

  Als er den schatten nit mehr sach,
1175 Im also hertzlich weh geschach,
Er ruffte gar mit lauter stimm:
'Wo weichstu hin von mir so grimm?

Wiltu mich ungetröstet lohn
Also gentzlich inn elend stohn?
1180 Ach gunn mir doch mehr freud den tag,
Das ich dich wie vor sehen mag,
Dieweil ich dich nit haben soll!'
      Sein kleyder zog er auß zumol
Und entblöset sich an der brust;
1185 Dran schlug er offt auß jamers glust,
Das im sein brust gentzlich rodt wardt.
Die weiß farb scheyn daneben zart
Und thet sich von eynander schroten
Gleich dem grün, so neben dem rothen
1190 An eynem apffel zeiget sich.
Inn dem die trieb deß wassers sich
Geleget hatt. Narcissus bald
Wider ersehen thet sein gstalt,
Der schleg an seiner brust ward gwar.
1195 Davon thet er erbleychen gar,
Sein gantzer leib im anfing schwinnen,
Gleichsam so thut die sonnen schinen
Auff eynen reiffen, der zergeht,
So es ist umb den mittag steht.
1200 Narcissus was nimmer schon,
Als do in Echo wolte hon.
Sein schöne was von im gewichen,
Sein rote farb war im verblichen,
Im selb was er jetz nit mehr glich.
1205   Wiewol Echo erzürnet sich,
Doch müßt sie sich yetzundt deß armen,
Seins elendts und trübsals erbarmen.
So offt unnd dick er rufft 'O whe',
'O whe' sie allzeit wider schre.
1210 So offt er sich an sein brust schlug,
Echo den schall herwider trug,
Als ob sich Echo selb auch plewet,
Umb daß sie ir Narcissus rewet. [1]

. 1) Narcissus inn seim letsten abscheyt warnt uns vor der unmessigen liebe.

Inn seim lesten abscheyt sagt er:
1915 'Niemant, niemant soll also sehr
Lieben, als ich armer hab gthan;
Dann ich zu sehr geliebet hon.'
Rufft Echo wider auß dem thon.
Narcissus sagt: 'Lieb, biß gesunt!' [1])
1920 'Lieb, biß gesunt,' sagt sie zůstundt.
[34b] Damit lag er nider und starb.

Was gôttin vor umb in gewarb
Von wassern, bergen und von welden,
Fast kleglich sie sich umb in stelten,
1925 Sie machten umb in eynen ring
Und weynten seer umb denj jüngling.
Die waltgôttin und feyen all
Klagten in sehr. Inn gleichem fall
Halff in auch klagen die Echo;
1930 Dann sie was seines todts nit fro.
Als sie in yetz wolten begraben,
Do theten sie keyn leib mehr haben;
Dann er verkert was an der stund.
Eyn schône weisse blům begund
1935 An seiner stadt herfürher gohn,
Mitten eyn gelber butzen schon,
Die man noch die keßblůmen nent,
Von schôn junckfrawen wol erkent.
Also Narcissus nam sein end.

C a p. 21.

Von dem fest Bachi, deß weinsgottes, wie Pentheus eyn mißfallen ab
solchen truncknen megtinn hatt, wirdt also von dem dullen volck um-
bracht. Auch von dem Tyresia dem weissagen und Pentheo. [Ovid
3, 511—558.]

1940   Lyriope furt grosse klag,
Das Tyresias der weissag
Irs sons halben so wor hatt gseyt.
Sein kunst erschall yetz weit und breyt,

*

1) Narcissus stirbt und wirt zu eyner blummen.

All welt gleubt seinem sagen bald :
1245 Doch eyner sich im wider stalt,
Derselbig was Pentheus gnant,
Eyn frecher man, so wont im landt.
Sein vatter was gnant Echion,
Do ich vormals thet sagen von,
1250 Deß starcken schlangen kinder eyn,
Welche legten den ersten steyn
An der mechtigen stadt Thebas.
Pentheus Echions sun was,
Derselbig achtet auff keyn gott
1255 Und trieb mit Tyresia spott.
Er sagt: 'Wie darff eyn alter blinden
Sich deß warsagens underwinden,
Das er sich meynt der sach sein weiß !'
    Do antwort im der alte greiß :
1260 'Nim war, eyn newer gott wirt kommen.
Weren die augen dir benommen,
Damit du in nit möchtest sehen,
Fürwar dir möcht nit baß beschehen.
Bachus ist diser gott genant,
1265 Sein mutter elend ward verbrant,
Eh sie in vol trug an die stadt.
Jupiter in getragen hat
Biß an die stadt seiner geburt.
Derselbig gott yetz kommen wurt.
1270 Ich sag dir, wo du in verschmochst
Und in nit ehrwirdig empfochst,
So solt du entlich von mir wissen,
Du wirst zů kleynen stücken grissen,
Dein gantzer leib durch alle end
1275 Ja von deinr eygnen mutter hend
Und auch von andrer weiber rott,
Welche nachfolgen thun dem gott.
Dann wirstu gwißlich glauben dran,
Das ich blinder gesehen han.'
1280 Pentheus zuckt sein hand geschwind,
Schlug Tyresiam an den grind.

Solcher streich an im ward gerochen;
Dann als der weissag hatt gesprochen,
So kam des weines gott gefaren. [1])

1285 Im folgten nach vil grosser scharen,
Das landtvolck alles samen gleich
Folget im nach, arm und auch reich.
Die alten leüt mit sampt den jungen.
All samentlich ruffen und sungen [2])

1290 Über das grün und schon gefild,
Als werens gwesen taub und wild,
Gleich den geysteren ungeheur.
Sie trugen fleyten und tampeur,
Vil busaunen und hörner lang,

1295 Damit das volck des weins gott sang.

Aber Pentheus gwan verdrus [3])
Ob deß volcks singen überus,
Er schrey: 'Ir narrechtigen knecht,
Welche sind von notern geschlecht, [4])

1300 Was tobsucht hat euch doch umbgeben,
Das ir fürend eyn semlichs leben?
Wer wircket an euch solche macht,
Das ir fürt eyn semlichen bracht
Und grüne krentz von laub thund tragen,

1305 Das doch nit dient zů streit noch schlagen?
Ir schreiend wie die truncknen weib
Und gehnt inn gfencknis ewre leib
On streit und schlagen, wie man sicht.
Vil baß zem euch eyn manlich gschicht,

1310 Das ir inn harnasch an wern thon
Und trügen helmlin also schon
Uff ewern heuptern, wie gebürt.

·

1) Beschreibung der bruderschafft Bachi.
2) Die vollen bruder fahen allwegen zuerst an toben und schreien,
lohnt sich bedencken, ir weiß gefall aller welt.
3) Pentheus strofft die vollen tollen bruder.
4) Hie meynt der poet den wurm, welcher von Cadmo umbracht,
von welches wurms gebeyn diß volck sein ursprung hat.

　　　　Solchs an euch mehr geprisen würd
　　　　Dann dise laubkrentzlin so grün.
1315　Bedenckent ewer manheyt kün
　　　　Und von wem ir doch sind geborn,
[35a] Als von dem schlangen, der zuforn
　　　　Gar manchem man das leben nam,
　　　　Do man über sein brunnen kam!
1320　Nun sind ir doch all streitbar leut,
　　　　Das man euch kent inn landen weit.
　　　　Wie wolten wir immer verkiesen,
　　　　Soln wir inn unser stadt verliesen
　　　　Thebas den ritterlichen namen,
1325　Wie man uns dann erkent alsamen!
　　　　Jetz komment ir der welt zů spott;
　　　　Ir habt eyn [gar] schemliche rott,
　　　　An ewrem leib ir gantz bloß sind. [1]
　　　　Auch ewer hauptman ist eyn kind
1330　Und weyst gar nichts von keym anschlag,
　　　　So in inn streiten fürdren mag.
　　　　Er hat auch streits gelernet nicht, [2]
　　　　Wiewol er unser stadt versicht;
　　　　Für das helmlin hat er uffstohn
1335　Von rebenlaub eyn krentzlin schon. [3]
　　　　Eyn pfelline wott er [an]treit,
　　　　Daruff mit golt künstlich ist gnet,
　　　　Das er an stadt eyns bantzerkragen
　　　　An seim leib unverschampt thut tragen.
1340　Eyn semlichs ich sich disen tag;
　　　　Doch wenn ir folgten meyner sag
　　　　Und wend euch sein nit nemen ahn,
　　　　Ihn zu zwingen ich understahn,
　　　　Daß er mir sagen muß gentzlich,
1345　Welchs gschlechts und lobs er rüme sich

　　　　　　　　　　＊

1) Unschamhafft seind die trunckenen.
2) Sindt weder zu schimpff noch zu ernst nutzlich.
3) Truncken leut kindisch, weibisch, narrecht, achten keyner un-
manlichen that.

Und was do sei sein bgangenschafft.
Dahin bring ich ihn durch mein krafft.'

Cap. 22.

Bachus erhört die wort Penthei, gebeut in gefenglich anzunemen und
für sich zu bringen. Pentheus wirt von seiner eygnen mutter und
schwestern elendiglich zerrissen. [Ovid 3, 562—571. 701—733.]

Als Bachus die verächtlich redt
Von Pentheo vernommen hett,
1350 Gebot er eilens seinen knechten,
Daß sie Pentheum für in brechten
Schentlich gefangen und gebunden.
All seine freund in do nit kunden
Von seinem fürnemen abwenden,
1355 Er thet den gott noch fester schenden.
Gleich eynem wasser, so sanfft geht
Und dem keyn staden widersteht,
Sobald es kompt an eynen strauch,
So laufft es erst ungstim und rauch,
1360 Dem gleichen auch Pentheus thet
Do man in seinr wort gstawet het.
Er lieff selb willig zů dem gott[1])
Und zů der laut schreienden rott.
Do er erhort irn grossen schall,
1365 Welcher inn dem gbirg widerhall,
Er thet gleich wie eyn stoltzes pferdt,
Das inn eyn streit hoch innher fert,
So im sein hertz inn hochmut stiget,
Wann es fast wider die leut siget,
1370 So es die peucken hat vernommen.
Pentheus was yetzund[er] kommen,
Do sein eygne mutter herlieff.
Bald sie in sach, irn schwestern rieff
Und sagt: 'Ir schwestern, habt irs ghort?
1375 Sehend ir jhenen eber dort,
Wie er verwüstet unser feld?

---

1) Pentheus wirt von der vollen tollen rott umbracht.

Er [sol] sein zwor gebn widergelt.'
Bald sie das gret, lieffen [sie] ahn
Pentheum, beyde weib und man;
1380 Dann Bachus rach an im sein zorn.
Sie hetten allesampt geschworn,
Pentheus wer eyn eber wild,
Niemant sach an im menschlichs bild.
Der rew war im yetz kommen schon;
1385 Er wünscht, daß er sein red hett glon
Und das er der wort nie gedacht.
    Inn dem laufft her mit gantzer macht
Seinr mutter schwester. Bald ers sach,
Sein hend hub er ghen ir und sprach:
1390 'Ach denck doch, daß du mein baß bist!
Die schwester dein mein mutter ist.
Deß solt du mich geniessen lohn!'
Sie kont sein red gar nit verstohn,
Den rechten arm erwuscht sie im
1395 Und reyß in rhab mit grossem grimm.
Die ander schwester kam gerant,
Sein lincken arm sie mit der hant
Erwuscht und riss in gwaltig rhab,
Daß er von im vil blůtes gab.
1400 Inn dem die mutter kam herzů
Und sagt: 'Traut schwester, also thu!
Dann es also thut gfallen mir.'
Pentheus bodt ir bhend herfür ¹)
Sein beyde stůmpff an seinen armen,
1405 Sagt: 'Mutter, thu dich mein erbarmen,
Als es zů recht und billich soll!'
Das wort hatt er nit gsprochen voll,
Do schnit sie im sein haupt herab,
Warffs uff; groß freud ir semlichs gab.
1410 Do kam glauffen die alt und jungen,
Mit dem haupt sie tantzten und sprungen,

                    *

  1) Eyn mutter in voller weiß bringt Pentheum, iren eygnen
son, umb.

Drumb das Pentheus hochmut war
Also zergangen gantz und gar.
[35b]   Deßhalben man noch immer seit
1415 Herlich begehn thut sein hochzeit,
Bei Teutsch noch Welschen mangelt nit.

———

Inhalt der ersten figur deß vierdten buchs
Ovidii von verenderung der gestalten.

Von den drein tôchtern Mineï;
Von Thyßbe lieb und Pyrami,
Wie Pyramus hertzlichen klagt,
Thyßbe ersticht sich selb, die magt.
5 Von Veneris lieb und dem gott Marte,
Phebus wirt gestalt wie Eurinome.
Von Salmacis und Hermaphrodito,
Wie sie zwey wurdn cyn leyb hernoh.
Wie die drei schwestern gstraffet sind,
10 Werden zu fledermeusen gschwind. ¹)

Cap. 1.

Von den dreien tôchtern Minei, wie die an Bachi fest und feier spun-
nen und webten, und wie eyn jede eyn sundere history erzelen thet.
[Ovid 4, 1—3. 32—42. 51—54.]

Demnoch man alweg an dem tag
Got Bachi keiner arbeit pflag,
Niemandt dorfft spinnen oder nehen
Noch anderer weibsarbeit pflegen
5 An dem tag Bachi, deß weins gott.
Alleyn drey schwestern iren spott
Triben an semlichen feirtagen;
Dann sie all drey ir arbeyt pflagen,
Ja alleß, das sie z schaffen hetten.
10 Sye spunnen, wepten und auch neten
Und werckten all drei unverholen,

*

1) Holzschnitt 10: An einem fliessenden brunnen mit der
schrift FONS NIN[I] liegt Pyramus, das schwert in der brust; Thisbe
klagend auf ihn zu; im hintergrunde der löwe.

Sie reinten und zeißten die wollen.

Eyn unter ihn sagt: 'Schwestern min,
Domit uns die zeit gang dohin,
15 Eyn jede etwas frembds thu sagen,
So sich vor langem zu hat gtragen.'
Die ander sprach: 'So fah du ahn!
Dir nach wend wir unser redt han.'
Sie sagt: 'Das sol von mir geschehen.'
20 Domit ließ sie ir spindlein threhen
Und zog meisterlich iren trot.

Sie sagt: 'Merckt, mein redt also sthot.
[37a] Als, was ich euch wirdt zeigen ahn,
Sond ir für keinen traum nit han.
25 Ich sag euch von der maulber, daß
Sie vormals gantz weisser farb was
Und woher kum ir farb so roth,
Das sie so schwartz an dem baum stoth,
Wie man sie sicht zu diser stundt
30 Und aller welt inn gmein ist kunt.

Cap. 2.

Von der traurigen lieb Thißbe und Pyrami, von irer nechtlichen flucht
und erbermlichem endt. [Ovid 4, 55—108.]

'Es hat gewont zu Babilon
Eyn jüngling auß der mossen schon,
Der hies mit namen Pyramus.
Auch was eyn junckfraw überaus
35 An schön und junckfreilicher tuget,
Dergleich man nit fand irer juget;
Thißbe was der junckfrawen nam,
Ir schön die junckfrawen alsam
Fürtraff inn Babilon der statt.
40 Dise Thißbe ir wonung hatt
Zu nechst an dem haus Pyrami,
Nichts dann eyn wandt thet scheiden sie.
Cupido hatt die zwey verwunt
Mit seinem gschoß inn hertzens grunt,
45 Die noch beywonung semlichs macht.

11 *

Doch ward auff sie mit fleiß geacht
Von iren eltern beider seit,
Daß sie beide zu keiner zeit
Zu red noch gsprech nit mochten kummen.
50 Doch ward ir keim die lieb benummen,
Dann sie mit wincken und mit deuten!
Ir lieb übten zu allen zeiten.
So mehr man hût auff sie thet han,
Jhe mehr inn ihn die liebe bran.
55   Zuletst fanden sie doch eyn list,
Dann liebe nichts verborgen ist.
Zu obrist inn dem hauß eyn spalt
Fundens inn eyner wandt gar alt.
Zu der wandt sie offt kleglich redten
60 Und ir klagend gsprech mit ir hetten.
So eyns auff jener seiten stundt,
Mit der wand zu reden begundt:
'Ach du verfluchte wandt so alt,
Wie übst du mit uns deinen gwalt!
65 Ach detest du uns nur die gnod,
Das wir beid unser mûndlin rott,
Freundtlich zusammen mõchten fügen!
Daran wolten wir uns genügen.
Jedoch so dancken wir dir fast,
70 Das du uns weg gegeben hast,
So das wir heimlich inn der stillen
Offt mõgen reden unsern willen.'
   Also die liebhabenden zwey
Freundtlich redt übten mancherley.
75 Offt klagt Tyßbe inn grossem leid,
Das ir benommen wer die freid,
Das sie sich nit noch irem lust
Mõcht schmucken ann deß jünglings brust.
Dem gleich fürt auch Pyramus klag.
80 Diß triben sie eyn gantzen tag,
Biß daß hertrang die finster nacht,
Welch ires gsprechs eyn entschafft macht.
Dann schieden die zwey lieben hertzen

Von nander gar inn großem schmertzen,
55 Wunschten eynander alle freid,
Den künfftigen tag machtens bscheid
Wieder zu kummen an das ort,
Do hort lieb von lieb freundtlich wort.
Zuletst das unsteth falsche glück
90 Ihn beiden legt schmeichende strick,
Also das sie noch der flucht trachten.
Eyn satten bscheid mit nander machten,
So jetz die nacht des tages schein[1])
Vertrungen het, wolten sie sein
95 Beid sam bereit hinaus zu ghon
Zu eynem walt, darbei thet sthon
Der brun Nini mit lust erbaut,
Von beumen umbwachsen und gstaud.
Eyn maulberbaum vol frucht thet sthon
100 Und bschattet disen brunnen schon.
Als nun der mon am himel stundt,
Tysbe inn liebe hart verwunt
Macht sich auff heimlich inn der still,
Verließ ir hauß und hüter vil,
105 Öffnet die thüren und die schloß,
Das sie macht kein gretisch noch getoß,
Kam zu dem schönen brunnen kůl,
Deß quellen durch ir starck gewül
Erklungen inn dem grienen walt.
110 Tysbe hatt freiden manigfalt,
Wann sie ann irn jüngling gedocht,
Der hut halb noch nit kummen mocht.
Der mon schein aus der mossen hell;
Tysbe der junckfraw ungefel
115 Wolt sich jetz nehern scharpffer weis.
Irs jünglings wartet sie mit fleiß;
Wie sie jetz noch imm wunschte dick,

*

1) Tysbe ursach groser lieb eilt bei finster nacht on alle forcht
gen waldt, entsetzt sich nicht vor den ungeheuren thiern noch andrem
ungefel.

So sicht sie umb sich eynen blick.
Do kam eyn starcker lew her prauschen,
120 Thet durch den waldt gar feindlich rauschen.
Die junckfraw sein schweißigen gůl
.   Ersach, dardurch inn schrecken fůl.
[37b] Sie stund uff, flog davon behend
Und ließ do fallen ir gebend,
125 Verbarg sich inn den dicken strauch. [1]
      Der lew nach seiner art und brauch
Vil wilder thier zerrissen hatt
Und jetz von speiß was worden satt,
Begert zu trincken; demnach fand
130 Er der junckfrawen schon horband,
Damit schertzt er nach seiner art,
Welchs von seim maul gantz schweyssig ward.
Demnach kart er wider gon wald.
      Gleich darnoch kam der jüngling bald,
135 Deß lewen fußtritt er do fand,
Dobei jungfrawen Thißbe gwand
Mit blůt hemoßget und besprengt.
Das ihm sein hertz dermassen krengt,
Uff im selb mocht er nit mehr stehn;
140 All sein krafft thet im gar entgehn.

Cap. 3.

Von der kleglichen klag Pyrami, als er vermeint, sein junckfraw wer
von dem lewen umbracht, auch wie Pyramus und Thißbe ir end na-
men. [Ovid 4, 108—166.]

      'Thißbe sich an verborgner stadt
Sich dise zeit enthalten hat.
Pyramus furt eyn hertzlich klag,
Der junckfrawen lieb er erwag
145 Und rufft ir wol zů tausent mol,
Sein hertz was alles unmůts vol.
Er sagt: 'Ach, soll ich an deim todt
Schuld tragen, so wil ich die not

                        *

1) Thisbe fleucht die zukunfft des lewen.

Mit gleichem schmertzen dir bezalen.
150 Weh mir, der unseligst ob allen!
Ach das ich dich alleyn hab glon
Bei finster nacht all her zů gohn
Und dich inn der thier gwalt lohn kommen,
Welche dir hand dein leben gnommen!
155 O Thißbe, ausserweltes hertz,
Warumb hab ich nit solchen schmertz
Für dich gelitten an der stund!
Ach du meinr höchsten freyden bund,
Sol mir dein zierlich schone gstalt
160 Genommen sein durch thieres gwalt,
Das můß ich kleglich klagen immer,
Ja frölich mag ich werden nimmer.
Ach das eyn lew jetz an mich kem [1])
Und mir mein elend leben nem,
165 Damit ich gleicher gstalt mit dir,
O Thißbe, umb thet kommen schier!
Ei, warumb wünsch ich mir den todt?
Die wal inn meinen henden stoht.
Ich mag doch nemmen oder geben
170 Mir selb den todt oder das leben.'
        Als er im semlichs fürgebildt,
Die gbend, so von dem lewen wildt
Zerrissen warn mit blůt bemaßt,
Pyramus fleissig zů im fast.
175 Er kůst das blůt mit seufftzen schwer,
Zu sterben was all sein beger.
Er schrey: 'O Thißbe, ich solt dich
Vor leyd bewart hon; so bin ich
Eyn ursach an deim grossen leyd.'
180 Damit zog er auß seiner scheyd
Das schwert und satzt das an sein brust, [2])
Fiel darinn. Durch sein leib es wuscht,

1) Halff durch den todt suchen ist eyn hart ding.
2) Pyramus ertot sich selb von wegen seiner liebsten jungfrawen,
ehe er vermeynt von dem lewen zerrissen sein.

Das blût von seinem hertzen schoß,
So das es macht eyn lach so groß,
185 Davon deß baums wurtzlen und graß
Gentzlich mit blût besprützet was.
Der grimm tod ernstlich mit im rang.
    Inn dem die junckfraw daher trang.[1]
Der mon scheyn hell; bald sie erblickt
190 Den jûngling, sie on moß erschrickt
Und meynt, der lew wer noch zugegen.
Inn dem thut sich Pyramus regen
An seinem schwert. Erst in erkant
Die junckfraw, sich bald zû im want,
195 Findt ihn ligen imm blût gantz rodt
Und garbei inn der letzsten not.
O grosser jamer, grausam schmertz,
So ir durchtrang ir miltes hertz!
Sie schrey kleglich: 'Mort über mort,
200 O Pyramus, mein hôchster hort,
Ach soll ich dich inn solchem leiden
Sehen, das wil mein hertz durchschneiden.
Weh mir der jâmerlichen not!
Weh mir, ich trag schuld an deim todt.
205 Weh mir, das ich ye gboren ward,
O du mein liebster jûngling zart!
O ir edlen waltfogel kleyn,
Kompt, helfft klagen den liebsten mein![2]
Du wald sampt deinem laub und graß,
210 Ach loß dich auch erbarmen das,
Dieweil ich yetz nit haben mag
Das volck, so sich erbarm meinr klag!'
    Thißbe gebar so gantz kleglich,
Ir har rauffts auß gar jemerlich,
215 Die hend sie fast winden begund,

*

1) Die wurzel des baums wirt genetzt von dem blut Pyrami.
Thisbe komt wider zu dem brunnen, findt ihren liebhaber inn letzster
not mit dem todt ringen.
    2) Thisbe klagt schmerzlich iren allerliebsten Pyramum.

Sie küst im sein augen und mund
Darzů sein tieffe wund so groß,
Daraus das blůt so reulich floß,
Wölchs sie mit ihren zehern mehrt,
[38a] So sie auß iren augen rört.
    Sie sprach: 'Pyramus, höchste kron,
Wilt mich elende hie verlohn?
O Pyrame, sich an die bdriebt
Thißbe, so dich hertzlichen liebt!'
225   Alsbald der jüngling solche wort
Von Thißbe und den namen hort,
Eyn wenig er sein haupt auffricht,
Sein hertzliebste kleglich ansicht,
Demnoch er seinen geyst uffgab
230 Und von der welt thet scheyden ab.
    Thißbe sagt: 'O Pyrame mein,
Jetz wirt dein rechte trew mir schein.
Mein lieb hat dich bracht umb dein leben,
Darumb ich dir zu pfand wil geben
235 Billichen auch das leben mein,
Das můß mit deim beschlossen sein.
Und wie du dich mit eygner hand
Selbst hast gebracht inn todes band,
Also wil ich mit meinen henden
240 Mein bdriepte seel deiner nachsenden.
Dann uns mocht scheyden nie keyn not,
Biß das der herb und bitter todt
Durch seinen gwalt solchs understund.
Ich aber wer im solchen bund,
Dann ich wil sein dein weggefert
Inn grimmem, bittern todt so hert.
Drumb, o ir gött, gebeten seind, [1])
Helffent, das unser beyde freind
Uns zammen legen inn eyn grab
250 Zů diß maulberbaums wurtzel nhab,
Damit sein weisse frucht forthin

•

1) Was die jungfraw von den gottern begert.

Gantz blůtrot můß geferbet sin
Zum zeychen, das von unserm blůt
Sich deß baums wurtzel düngen thut!'
255   Alsbald sie semlichs hatt geredt,
Sie inn das scharpff schwert fallen thet,
Und ward das milt junckfrewlich hertz
Durchstochen gar mit grossem schmertz,
Lag also lieb auff lieb verscheyden.
260 Das blůt lieff von in allen beyden
Zů diß maulberbaums wurtzel nab,
Der wurtzeln solches düngen gab,
So das sein weisse frücht geschwindt
Mit blůt geferbet worden sindt
265 Von lieb und liebes blůt so rod.
Die gőtter theten in die gnod,
Das in nach irem willen gschach.
Sie wurden auch beydsam hernach
Under den baum zusammen graben.
270   Hie sond billich mittleiden haben
All, die inn liebe sind ergeben,
On falsch nach rechter liebe streben
Und bdencken dise liebe steht,
Die biß inn todt geweret het.
275 Also die frucht deß baumes zwor
Sicht man noch jerlich offenbor
So gantz blůtrodt, gesafftet gar
Von hertzenliebes blůt blůtfar.'

Cap. 4.

Die ander schwester erzalt auch eyn histori von Venere und Marte,
wie die beyd durch Vulcanum mit eynem netz zusammen verknipfft
warden und aldo inn dem ehebruch von allen gőtteren gesehen wur-
den. [Ovid 4, 167—189.]

Die erste schwester sagt nit mee,
280 Do fing an die Leucothoe
Und ließ zů thal ir spindel kleyn,
Der folgt eyn fad von wollen reyn.
Sie sprach: 'Merckt uff, ich wil euch sagen,

Wie Phebus liebe hat getragen.
285 Dieselb sein lieb entsprang darus:
Do Mars, deß kriegs gott, bůlt Venus,
Inn eym heling die lieb geschach.
Phebus der sonnen gott das sach,[1]
Gieng schnel, sagts irem man getrot,
290 Sie beyd zu fahen gab er rodt
Vulcano, der Veneris mann,
Welcher so gar inn zorn erbrann,
Vor leyd empfiel im hamer, zang.
Er stund verirt, bedocht sich lang,
295 Wie er möcht schmiden durch sein list;
Dann er deß schmidens eyn gott ist.
Zůlest schmit er eyn langen trot,
Verfůgt in starck zusam mit lot,
Eym netz und wiltgarn macht ers glich
300 Von messin treten gantz künstlich,
Die warn vil reyner dann eyn har.
Vor reyne wars unsichtbar gar,
Das reyn spinnwep, so sommers zeit
Imm graß uff grünen wisen leit,
305 Welchs offt so reyn ist, wie ich sag,
Das menschlichs aug kaum sehen mag;
Diß spinwep gleicht sich wol dem garn.
Vulcanus thets nit lenger sparn,
Er gieng und stalt sich uff die warte,
310 Verzoch, biß Venus kam mit Marte,
Ir heymlich lieb mit im begieng.
Imm schloff er sie beydsamen fieng,
Verstricket sie beynander gar.
18b] Demnach rufft er den göttern dar[2]
315 Allen in gmein, das sie sein frawen
Inn solchem ehbruch möchten schawen.
Bey dem gott Marte lags verstricket
Und mit dem reinen netz verwicket.

•

1) Der sonnen ist nichts verborgen.
2) Venus und Mars kummen vor allen götten zu gepot.

Die götter gmeinlich all do stunden,
320 Etlich do zu sagen begunden:
'Wer wolt doch nit die gfar besthon,
Das ihn auch Venus liebt, die schon!'
Mancher wunscht, das er solcher gstalt
Gefangen leg inn liebe gwalt.
325 Die andren triben iren spott
Lang mit Marte, deß krieges gott,
Wiewol mancher auch gern die schmoch
Gelitten hett, das ihn hinoch
Venus auch het zum bulen gnummen.
330 Die redt zugen sie lang herummen
Im himmel an der götter schar,
Welchs den zweyen fast spötlich war.

Cap. 5.

Phebus wirt durch anschickung Veneris inn grosser lieb entzündet gegen
eyner junckfrawen Leucothoe. Also sich Venus an Phebo rach, dar-
umb er iren ehebruch vermeldt hat.   [Ovid 4, 190—203. 209—211.]

'Venus die wolt semliche schmoch
An Phebo dem got rechen hoch,
335 Welcher sie dann verrhoten hat.
Sein hertz entzund sie an der statt,
Das es an brinnen fing on moß,
So das er gwan eyn liebe groß
Schmertzlich noch eyner maget schon.
340 Was hilfft dich, Phebe, sag mir ahn,
Dein herlich schöne und geberdt,
Darzu dein liechten augen wert?
Dann du jetz selb auch bist entzünt
Von eyner magt schöne gantz gschwind,
345 Wiewol du vormals feurin bist
Und leuchst der gantzen welt all frist.
Dein angsicht wirstu wenden rumb
Und dich allnthalben sehen umb
Noch eyner maget seuberlich,
350 Die wirt mit lieb entzünden dich.
Du wirst des morgens eh auffghon,

Dann du andre mol bist gewohn,
Damit du die magt sehest gnug;
Auch gest du speter an dein rug.
355 Drumb der kurtz winterkalte tag
Wirt lenger werden, wie ich sag,
Dieweil du später underghest,
Domit du die magt lang gnug sechst.
Dein glantze farb wirt dir entweichen,
360 An deim lieb wirst du gantz erbleichen,
Das all welt sagen wirt davon,
Dein schwester, welches ist die mon,
Hab iren schein gebreit für dich
Zwischen der welt, so das man sich
365 Deines scheins nit gebrauchen mag;
Wie dan thut gschehen manchen tag
Das dich dein schwester überzicht,
Das man auff erdt dein schein nit sicht.
So hat die liebe dich geschwacht
370 Und, wie man sagt, zu nichts gemacht.
     Also Phebus bezwungen ward
Von eyner magt inn liebe hart,
Die hieß wie ich Leucothoe,
Ir mutter hies Eurinome.
375 Der junckfrawn schöne was erkant
Gantz weit und breit durch alle landt.
Die mutter auch inn schön und zier
Weit traff den andren weibern fir,
Jedoch die tochter an ir schön
380 Der müter gantz weit vor thet ghen.
Phebus gentzlich kein frist mehr het, ·
Dieweil Venus ir hilff dar thet.
Also ward Phebus gar behafft
Inn liebesbrunst inn solcher krafft
385 Und liebet die magt hefftigklich,
Wiewol er nit gab z kennen sich.

Cap. 6.

Wie Phebus ann sich nam die gestalt Eurinome, der mutter Leucothoe,

kumpt also zu der tochter, welche er schwechet. Leucot
irem vatter lebendig begraben. [Ovid 4, 214 —

'In den liechtenden western angen,
Do uns bedunckt der himel hangen
Hernider gar biß auff die erd,
390 Doselbs werden der sunnen pferdt ¹)
Auff eyner wisen außgesetzt;
Doselbs jedes sein futter etzt
Und ruwen do die gantze nacht.
Inn der zeit Phebus sich bedacht,
395 Wie er seinr lieb möcht geben statt.
Zuhandt sein gstalt verwandlet hatt
Und sich dermoß gentzlich verwildet,
Sein angesicht und leib verbildet, ²)
Als wann er wer Eurinome,
400 Eyn mutter der Leucothoe.
    Er fugt sich baldt zu irem gmach
Bey finster nacht, doselbst er sach
Zwölff schöner junckfrawn bey ir dinnen
[39a] Beim liecht an iren rocken spinnen.
405 Phebus zu der junckfrawen sagt:
'Ach du mein tochter, schöne magt,
Das ich dich find, ist mir eyn freudt.'
Demnach er zu den mägten seit:
'Ir junckfrawen, ziecht hin inn gmein!
410 Ich hab mit meinr tochter alleyn ³)
Zu reden; darumb ich nieman
Auff erden sunst mag bey uns han.'
    Die junckfrawen gingen ir stroß,
Phebus entdeckt sein liebe bloß,
415 Sagt: 'Junckfraw, wer meinst, der ich sey,
So dir so noch thu sitzen bey?
Ich bin, der misset das gantz jar,

*

1) Wo der sunnen pferd futer nemen.
2) Die liebe betort den gott der sunnen, das er wei
sich nimpt.
3) Junckfrawen zimpt nit allein zu sein.

Ich bins, der all ding sicht fürwar,
Als, das der himmel schleußet umb.
420 Der gantzen welt inn eyner summ
Bring ich der liechten sunnen schein,
Bin auch der, so dich liebt allein.
Under der gantzen welt junckfrawen
Ich nie kein liebri an thet schawen.'
425 Bald die junckfraw Phebum erkant,
Fiel ir die spindel aus der handt, [1])
Auch die kunckel zun füssen nider.
Phebus thet sich verwandlen wider
In sein vorig gottliche art,
430 Das hauß gentzlich erleuchtet wardt.
Die magt die schonheyt sah ann im,
Drumb schrey sie leiß mit kleiner stimm.
Sein will der ward an ir volnbracht,
Wie er im wünschet und gedocht.

Cap. 7.

Leucothoe wirt von irer vertrawten gespilen Clycie verrhoten, welche
auch vonn Phebo geliebt wardt. [Ovid 4, 234—255.]

435 'Die junckfraw domals hat eyn gspil,
Dern sie vor andern treuwet vil.
Derselben was die handlung leyt,
Darumb sies baldt dem vatter seyt, [2])
Wie das sein tochter gschwechet wer.
440 Der vatter sich deß bkümert sehr,
Inn großem zorn er wüten thet,
Die tochter stalt er baldt zu redt,
Das sie sagt, wie es wer zugangen,
Als sie Phebus erstlich umbfangen.
445 Die tochter kont im nit verjehen,
Das wider irn willen wer gschehen
Oder mit willen. Drumb sie wardt
Von irem vatter gstroffet hart,

1) Leucothoe ergibt sich mit wenig geschrey.
2) Lieb mag nit hilff haben.

Der bgrub sie lebendig behend. [1]
450   Phebus bald kam, inn' zorn erbrent,
Den vatter mit seinr hitz durchschein,
Das im sein gantzer leib zerkein.
Sein schein gieng so starck durch den lufft,
So das daß grab gewan eyn klufft,
455 Darin sein hertzlieb lag begraben,
Domit sie otum möcht gehaben.
Dann Phebo umb eyn solche sach
So leid und leider nie geschach,
Seit im umbkam sein liepster son,
460 Der die welt umbracht, Phaeton.
Phebus versuchet offt und dick,
Wie ers erlöst von todes strick,
Und schein mit gantzen krefften dar.
Das aber als verloren war;
465 Dann sie bedempffet lag und kalt
Jetzunder an des todes gwalt;
Drumb mocht nit helffen, was er thet.
Phebus besprenget an der stett
Das grab, darin die liebste sein
470 Lag, mit starckem himlischem wein
Und sagt: 'Wie tieff du ligst begraben,
So solt du dannoch die krafft haben,
Das dein rauch gang in himel ho
Und ihn die götter riechen do.' [2]
475   Zustundt der wein und himlisch tranck
Tieff zu ir inn die erden sanck.
Also wuchs von der leich zustund
Eyn starcke rüten aus dem grunt,
Welche noch jetz bei unsern tagen
480 Den wirauch auff die erdt thut tragen,
Mit dem man allen göttern gar
Opfferen thut inn gmeiner schar.
Daran brüfft man der warheyt schein,

*

1) Leucothoe wirt lebendig begraben.
2) Woher der wirrauch erstlich kummen.

Dann noch der wirrauch von dem wein
485 Den namen hatt zu unser zeit;
　　Kumpt von der magt, so im grab leit.

Cap. 8.

Clycie wirt von Phebo verlossen; sie sicht im senetlich mit grossem
kummer noch, wirt also inn eyn wegweiß verwandlet. [Ovid 4, 256—270.]

　　'Der sach auch Clycie entgalt;
　　Dann Phebus schied sich von ir bald
　　Und kam auch niemmer an ir beth,
490 Darumb das sie ihn gmeldet hett.
　　Dann sie das hatt auß eifer gthon,
　　Drumb starb Leucothoe die schon
　　Und ward gantz lebendig vergraben
　　Vom vatter, wie ir vor ghôrt haben.
495 Als sich nu Phebus schiedt von ir,
　　Bedocht sie das leid für und für.
　　Von solchem kummer, leidt so groß
[39b] Ward sie bedrübt über die moß;
　　Sie fieng an schwinnen wie der schne,
500 Keyn speis noch tranck sie brauchet meh
　　Und saß also eyn gantzen tag
　　Und furt eyn jemerliche klag.
　　Für essen, speis und ir getranck
　　Beschawet sie der sonnen gangk,
505 Ir augen sie davon nit went,
　　Das ir gemüt sich darnach sent.
　　Also sass sie gantz witzen ahn
　　Und gaffet nur die sonnen an,
　　Biß ire füß an boden unden
510 Starck inn die erd hafften begunden,
　　Wuchssen mit wurtzeln inn die erden.
　　　Clycie bald eyn blûm thet werden,[1]
　　Die weder braun noch rotfarb ist,

*

1) Clicie wirt inn eyn blum verkert, welche man noch sonnwirbel
oder wegweiss nennet.

Doch vil farben mit blaw vermischt
515 Und ist solsequium genannt,
Heyßt wegweiß weit durch alle landt.
Dann wo nach geht der sonnen schin,
Do wendet sich die blůmen hin,
Und wann die sonn zů thal gebt wider,
520 So sincket auch die blům darnider.
Die nacht sie gantz verschlossen steht,
Biß die sonn widerumb uffgeht.
Also liebt noch die blům lieblos,
Den sie imm leben klagt on moß;
525 Und die vor was eyn frewlin schon,
Ist jetz eyn blům, thut imm feld stohn.'

Cap. 9.

Von Hermafrodito unnd Salmace, wie Hermafroditus inn eyn weib ver-
kert ward, und doch mannes natur auch behielt. [Ovid 4, 271—319.]

Alsbald nun dise red volnbracht
Leucothoe oben gedacht,
Do nam es sie alsamen wunder
530 Sonder eyne, die was darunder;
Die sprach: 'Die ding seind all můglich;
Dann alles, deß die götter sich
Annemen, das můß für sich gohn.'
Wiewol sie sagten vil davon, [1]
535 Vergassen sie gott Bachi doch
Und thetten yn verschmohen noch.
Die dritte schwester hieß mit nam
Alcithoe, deren gezam
Zu sagen auch eyn newe gschicht.
540 Zu weben was ir arbeit gricht,
Sie schoß ir schifflin durch das wep
Und sprach: 'Merckt uff! Dann ich anheb
Zu sagen von deß brunnes sot,
Welcher nit weit von hinnen stoht,

*

1) Also auch wir, die christen genent, sagen viel von gottlichen
zeychen, bessern uns doch wenig.

545 So man wil gehn inn grünen walt;
Er ist nit gar zů warm noch kalt.
Welchs mensch darinnen baden thut,
Gewint bald weibs und mannes můt,
Also das es wirt weib und man.
550 Wie aber der brunn die krafft gwan,
Wil ich euch sagen sonder lugen. [1])
    Eynsmals, als die waltfeyen zugen
Inn obgemelten wald so fin,
Do empfieng Venus die göttin
555 Eyn kindtlin von Mercurio
Inn eyner klauß dem berg gar noh.
Das kint war also schöner gstalt,
So das man mocht abnemen baldt,
Das es von eyner göttin was.
560 Zu wandren liebt im über d maß
Uff bergen, wassern und imm thal,
All landtschafft sucht er überal.
Einsmols er von der sonnen was
Gantz müd, hitzig und darzů laß
565 Und kam zu disem brunnen gangen,
Zu trinken stund als sein verlangen.
    Nun hatte eyn wassergöttin
Gar lange zeit gewonet inn
Disem brunen so wundersam,
570 Salmacis was der göttin nam. [2])
Keyn lust sie zů dem weydwerck hatt,
Sonder sass allweg an der stadt
Bei disem brunnen nacht und tag.
Zu baden, weschen sie stets pflag,
575 Allweg flacht und kempt sie ir har
Ob disem lautern brunnen klar,
Ir scheytel legt sie nach der richt,
So das daran keyn hor felt nicht.
Sie sach bald inn dem brunnen kalt,

*

1) Eyn andre fabel.
2) Salmacis eyn wassergöttin.

580 Was ir manglet an irer gstalt,
    So thet sie an ir wenden das.
    Jetz satzt sie sich inn grünes graß,
    Dann lag sie nider inn den klee;
    So sie dann nit mocht ligen meh,
585 Sprang sie bhend inn das wasser nider,
    Mit lust so schwam sie hin und wider
    Und wusch ir zarten glider weiß;
    Das was all ir arbeyt und fleis.
      Die göttin inn den blůmen sas,
590 Do der jüngling dar kommen was.
    Als sie den jüngling erstlich sach,[1]
    Heymlich sie zů ir selber sprach:
    'Ach, das ich solt dein eygen sein,
    Ach, das du werst das bůllein mein!'
595 Salmacis was schon gantz gefangen,
    Zů dem jüngling stund ir verlangen;
[40a] Noch wolt sie dannoch nit uffsthohn,
    Biß ir hor was geschlichtet schon.
    Sie thet sich inn eyn mantel schmucken
600 Und schwang ir goltfarb hor zu rucken,
    Uffs aller schönest sie sich ziert
    Und gieng zum jüngling mit begierd,
    Verhofft gentzlich, sie würd im gfallen
    Für andren schönen weibern allen.

Cap. 10.

Salmacis den jüngling nacket inn dem kalten brunnen a
  verwandlen ire beyden leib inn eynen leib. [Ovid 4,

605   'Sie sagt: 'O ausserweltes kindt,
    Deins gleich man inn der welt nit fint.
    Das red ich mit dir sonder spott,
    Ich hab dich zwor für eynen gott.
    Dann es warlich zu wundren ist;
610 Wann du von menschen gboren bist,
    So mag dein mutter wol von freyd

*

1) Salmacis inn grosse lieb entzint gegen Hermafrod

Sagen und meiden alles leyd.
Wol der mutter, so dich erzogen,
Wol den brüsten, so du hast gsogen!
615 Gantz selig mügen schetzen sich
Dein brüder, schwestern, das sag ich.
Ach, wie selig mag sein das weib,
Der du mittheylest deinen leib
Und deren du solt wonen bei!
620 Ich wünsch, das ich dieselbig sei.
Sich zů, wir beyd sind hie alleyn!
Drum sag mir, hastu anderst keyn,
Die du liebst, so wölst nemen mich.'
    Der jung knab ward sehr schammen sich,
625 Daß er von scham ward also rodt
Als eyn roß, die uff dem feld stoht;
Dann er der bulschafft nie hatt gpflegen,
Was auch inn lieb nie gfangen glegen.
Do nun sein rote farb verschwandt,
630 Ward er noch schöner do zuhandt.
    Salmacis sagt: 'Ach gün doch mir,
Das ich eyn kuß mög geben dir!
Solchs möcht doch thun die schwester dein.
Ach laß dir gfallen die bitt mein!'
635 Inn dem die göttin im thet nohen
Und wolt mit armen in umbfohen.
    Der knab der want zů rucken sich
Und sagt: 'Weib, loß zufriden mich!
Sonst ich mit krefften lauff darvon
640 Und loß dich hie alleynig stohn.'
    Salmacis sagt: 'Ach mein hertzlieb,
Ich bitt, mich nit also betrüb.
Bleib hie, ich wil von dannen keren
Und dir dein lust keynswegs zerstören.'
645 Sie nam sich an, als wolt sie ferr
Von dannen gehn, eilt doch nit sehr,
Zuruck sie offt herwider sach.
Deß jüngling halb ir weh geschach,
Sie verbarg sich hinder eyn gsteidt.

650 Der jüngling meynet, sie wer weit;
Er satzt sich nider inn das graß,
Sein schenckel er entplösset was
Und hieng sie inn den brunnen tieff,
Das wasser im darüber lieff.
655 Als er empfand, daß der schon brunnen
So warm was worden von der sonnen,
Do legt er als gwand von im hin,
Zu baden hat er lust und sin.
    Sobald Salmacis das ersach,
660 Von liebe ir gantz weh geschach
Ir augen leuchten ir so gar
Gleich wie eyn liecht imm spiegel klar,
So mans dargegen heben thut.
Bald hinzulauffen hat sie müt.
665 Der jüngling dackt sein scham und sprang
Hin inn das wasser, das es klang.
Sein schneweis haut erausser schein
Gleichwie imm glas das helffenbeyn,
Auch gantz gleich eynem gilgenblat,
670 So scheint durch eyn geleutert spat;
Also er auß dem wasser schein.
    Die göttin rufft: 'Nun ist er mein';
Sie lieff gantz eilens zů im dar.
Der jüngling was erschrocken gar;
675 Salmacis zog sich ab behend,
Sprang inn das wasser gantz nackend.
Sie sagt: 'Nun hab ich gfangen dich.'
Wie fast er immer weret sich,
Sie umbfieng in nach irem lust.
680 Wie fast sie in offt helßt und küßt,
Der jung wer ir empflohen gern;
Er mocht sich aber nit erwern,
So krefftig hatt sie in umbfangen
Und umb in gwunden wie ein schlangen,
685 So sie eyn adler empor treyt;
Die schlang sich umb sein flügel breyt,
Sie hatt die füß hie, das haupt dort

Und umbschlingt sich wider und fort.
Auch gleich so eyn das kuder irret
600 Und sich mit gantzer krafft verwirret
Umb eyn nackend schwimmenden man,
So daß er nirgent schwimmen kan,
Inn solcher moß, gestalt und wiß
Thet auch die obgmelt Salmacis.
605 Der jüngling fast darwider facht
0b] Und irret sie nach seiner macht.
      Sie sagt: 'O schnöder jüngling hart,
Dein hertz das ist von steynes art.
Dich hilffet dein sterck warlich nüt;
100 Wie fast du dich joch werest hüt,
So magst du nit entfliehen mir.
Dann nit so liebs mag gschehen dir.
Ich hoff, die gött sollen uns geben,
Daß wir beyd hart zusammen kleben
705 Und werd nur eyn leib auß uns beyden,
So das uns niemants mög gescheyden,
Ja dich von meinem leib, auch ich
Müß wachsen ewiglich an dich.'
      Sobald Salmacis semlichs redt,
10 Die gött erhorten ir gebett.
Sie wuchsen beyd an eynen leib[1]
Beydsamen der knab und das weib,
Als wann zwen beum von zweyen stammen
Oberhalb dem grunt wachssen zammen,
15 Hat doch yetzweder sondre art.
Also die sach auch volstreckt ward,
Das diser zammenwachssen leib
Eyn man was und darzü eyn weib.
Wiewol der keyns volkommen war
20 Noch an der natur gschaffen gar,
Dann daß die beyden leib inn eyn
Geschaffen warn mit fleysch und beyn

●

1) Auss zweyen leiben wirt eyn leib.

Und war doch jedes underscheyden.
   Der jüngling inn eym solchen leiden
725 Sein mutter Venus bitten thet,
Daß sie das wasser machen seth,
Welcher mensch fürbas bůd darin,
Das es beyde natur gewünn.
   Das bschach; Venus eyn kraut nhein warff,
730 Deß krafft und natur was so scharpff,
Welcher man fürbas thet drinn baden,
Der ward mit weibs natur beladen
Und blieb doch gleich als wol eyn man,
Wie oben ist gezeyget an.'

Cap. 11.

Die drei schwestern werden von Bacho gestrofft; ir web und garn
werden zů weinreben, sie aber inn fledermeus verwandlet werden.
[Ovid 4, 389—415.]

785   Die dritte schwester auch ir red
Mit solchen worten bschliessen thet.
Wie vor ghört, an gott Bachus tag
Eyn yede irer arbeyt pflag.
   Darumb beschach durch grosses wunder,
740 Das alle ire feden bsonder,
So sie hatten an spindlen, weben,
Würden behend grüne weinreben
Mit kleynem wirbel überal,
Auch breyter bletter vil on zal.
745 Die seiden, so sie trugen ein,
Wuchssen zů treublin, gůtem wein. ¹)
Also erhub sich ir unheyl;
Noch was behalten in ir theyl,
So in der gott wolt geben zlohn.
750   Der tag vergieng, die nacht fieng an;
Sobald die liecht uff wurden gzünt,
Flohen die schwestern das geschwind
Und suchten do die finstern steht.

*

1) Seiden unnd garn inn weinreben verwandelt.

Eyn fell sie bhend umbwachssen thet,
755 Das gieng umb iren leib so gar.
Sie umbwuchssen auch bhend mit har,
Eynr yeden wuchssen flügel baldt
Dem leder nit ungleicher gstalt,
Gantz dünn gleich wie das web der spinnen.
760 Gar fast zu pfeiffen sie beginnen,
Als wann sie wolten weynen gern,
Umb iren unfall giessen zehrn,
Und klagten do ir jamer fast
Durch iren grossen überlast.
765 Sie fliehen auch mit gwalt das licht,
Wie mann das noch von inen sicht.
    Die wüsten fledermeus ich mein,[1])
Die warn zůvor junckfrawen fein,
Die bawen noch zů unserm zeiten
770 Ir nest und heuser zů den leuten
Und klagen noch ir leyd so groß,
Wie man das hört on underlos.

a] In halt der andern figur deß vierdten bůchs
    Ovidii von verenderung der gestalten.

Juno zürnt über Ino hart.
Wie mann den weg zur hellen fart.
Juno fert zů der hellen gschwind.
Wie die verdampten gstroffet sind.
5 Von der belschen Tobsucht unreyn,
Von irem schnöden pulver gmeyn.
Ir kindt tödt Athamas und sein weib,
Zur schlangen wirt Cadmo sein leib.[2])

Cap. 12.

bchreibung der hellen weg und steg, wie und wo sie gelegen sei.
    [Ovid 4, 432—445.]

    Do man den weg zůr hellen kert,

1) Fledermeus, woher die iren ursprung haben.
2) Holzschnitt 11: Juno mit ihrem pfau steht vor dem auf-
perrten höllenrachen, in welchem die drei furien, der Cerberus,
rus, Tantalos, Ixion, Sisyphos und im hintergrunde Charon in sei-
1 nachen sichtbar sind.

Do ist ein gantz finsters gefert
775 Gantz dunckel, rauch und immer kalt.
An dem weg steht eyn schwartzer walt
Gwachssen von eitrischem taxo.
Deßselben baums safft ist also,
Keyn lebendig geschepff das mag
780 Geschmacken nimmer, wie ich sag,
Es müß errotten gantz und gar.
Die finsternus auch komt dohar,
Daß der Stix also fast thut riechen
Von schwebel und von bech derglichen,
785 Eyn finster nebel daraus geht
Auß Stix dem fluß, der nimmer steht.
Die seelen, so darnider faren,
Mögent sich nit darvor bewaren
Und gehn gantz irrsam also lang
790 An der finstre, biß sie mit trang
Kommen, do fürt sie umb sein lon
Hinüber der schiffman Charon. ¹)
Der bringt sie über disen fluß,
Ir keyne mag hinüber sus.
795 Die hell leit auff eym weitem plon,
[42b] Vil weg und steg zur hellen gohn,
Sie steht offen an allen orten,
Hat auch vil mehr dann tausent pforten.
Die burg, darinn der hellen gott
800 Pluto sein hauß und wonung hott
Mit seinem weib, ist tieff on moß,
Hat umb sich hohe mauren groß.
Wie vil man immer darinn fürt,
Dannocht sie gar nit enger wirt;
805 Inn ir ist weite gnug allzeit.
Gleichwie das meer auß der welt weit
Empfacht all wasserflüs inn sich
Und scheint doch allweg groß gelich,

*

1) Charon der hellisch schiffman, so die abgestorbnen über den
hellischen fluss furt.

Das es sich nit thut überschwellen,
810 Also die seelen inn der hellen
Nit werden zu vil an der sommen,
Wie vil ir immer darin kommen
Biß an den allerletsten tag.
Keyn fleysch noch beyn aber drinn mag,
815 Die seelen alleyn darinn faren
Teglichen gar inn grossen scharen,
Eyns theyls darinn ir empter üben,
Die andren thut ir pein betrûben.

C a p. 13.

Juno fert zů der hellen, stillet oder geschweigt Cerberum den helhunt, demnach berufft sie die drei nachtgôttin. [Ovid 4, 446—456.]

Juno auff iren pfawen saß,
820 Druff sie von himel faren was.
Der pfaw erschwang sein starck gefider
Und ließ sich zů der hellen nider.
Sobald sie mit dem fuß die thûr
Anrurt; do sprang von stund herfûr
825 Cerberus der dreiheuptig hund [1])
Und grant auß seim drifachen schlund
Dreimol. Sie winckt und stillet ihn,
Demnach rufft sie zur pforten nhein
Den dreien nachtschwestern inn gmein.
830 Die schlangen schar von ir die eyn,
Die ander kempt ir selb das har,
Welchs nichts dann lauter schlangen war.
Sie pfisten die alten und jungen,
Gleich den nottern und schlangen sungen
835 All durch eynander groß und kleyn.
Hôrt den namen der schwestern eyn:
Sie heyßt das Tôdtlich hertzenleidt,
Die ander heyßt Vergessenheyt,
Die dritt genant die Tobend sucht.

---

1) Cerberus der hellhundt mit dreien heuptern bewart die pforten der hellen.

840 Sie brauchten yetz ihr beste zucht
Und legten ihre waffen hin,
Empfiengen Juno die gǒttin.

Cap. 14.

**Wie die verdampten geplagt werden, und was Juno von den hellischen
gǒttin begert. [Ovid 4, 457—474.]**

Juno sah inn das hellisch huß.
Do lag der arme Tityus, [1])
845 Sein fleysch von im gerissen wardt
Von rappen und von geiren hart.
      Tantalus nit weit von im stundt [2])
Inn eym wasser biß an sein mundt.
Eyn apffelbaum voll schǒner frücht
850 Stund imm grad gegen seim gesicht;
Sobald er darnach greiffen thet,
So entwüschtens ihm an der stet;
Wie fast in trenget hungers not,
Ward im doch nit der apffel rodt.
855 Der durst in auch krencket on moß,
Wiewol er stund imm wasser groß.
Dann bald er deß begert zu trincken,
So thet es ferr von ihm versincken.
      Sie sach, wie Sisyphus alleyn [3])
860 Fast ringen mußt mit eym mülsteyn,
Den mußt er weltzen uff eyn berck;
Das war sein ewigliches werck.
      Ixion ward auch gwaltzet grimm [4])
Wider und für mit klagens stimm
865 Durch scharffe dorn mit grossem schmertz;
Dann schoß er fürdan niderwertz
Etwan eyn grossen berg zu thal,
Er solt sein gstorben tausentmal.

                      *

1) Tityus, wie der gemartert.
2) Tantalus.
3) Sisyphus.
   Ixion, welcher ist eyn bruder Athamas, der den Bachum erzogen.

Als Juno seiner ward gewar,
870 Sah sie inn grossem grimmen dar.
Dann derselbig Ixion was
Gwesen eyn bruder Athamas,
Dem Juno auch vil übels gan,
Dieweil er was der Ino man,
875 Welche den Bachum hat ernehrt,
Wie dann hie oben ist gehört.
Sie sagt: 'Die urtheyl steht unglich,
Weil Athamas so gantz reulich
Thut leben oben uff der erden
880 Und der soll also gpeinigt werden
Inn scharpffen dornen alle frist,
Der doch sein rechter bruder ist.'
Juno die was ergrimpt so gar,
Darumb gedacht sie her und dar,
885 Wie sie sich gnugsam rechen möcht
An Cadmo und seim gantzen gschlecht,
Damit es gentzlich würd verderbet.
Ir hass der war uff sie geerbet;
Wann sie ursacht semlicher haß,
[43a] Daß sie zur hellen kommen was.
    Den dreien schwestern sie gebot, [1])
Verhieß in auch gelibt gedrot,
Darzů bat sie sie gantz freüntlich,
Daß sie nit wolten sparen sich
895 Und bald deß Cadmus freunden allen
Ir hertz giessen mit neides gallen,
Darzu mit tobsucht sie beschweren.
Semlichs thet sie von in begeren.

Cap. 15.
Von der hellischen Tobsucht, irer art und eygentschafft. [Ovid 4, 475—499.]

Zuhant die Tobsucht graw und bleych
900 Der nottern gifft von dem mundt streych
Und sagt zů Juno der göttin:

1) Die drei schwestern inn der hellen.

'Du solt deiner bitt gweret sin.
Als, deß du uns hie hast ermant,
Das wirt von mir volstreckt zuhandt.
905 Drumb far hin inn dein himelrich!
Dann bei uns steht all ding scheulich,
Keyn freyd nit bei uns wonen thut,
Alleyn trauren und widermût.
Darumb far hin, biß sorgen frei,
910 Als wann es schon geschaffen sei!'
      Juno fur inn den himel wider;
Doch eh sie inn ihrn stul sass nider,
Ließ sie sich weschen manigs mol,
Dann sie der helschen gstenck was wol.
915 Der Regenbogen wusch sie schon,
Demnach saß sie inn iren thron.
      Die Tobsucht nam zum selben mol
Eyn blos, die fült sie blûtes vol,
'Ir kleyder truffen anch von blût.
920 Demnach erwischet die ungût
Zum gürtel eyn gifftige schlang,
Die was unlüstig groß und lang.
Die Forcht und auch der Schrecken hert
Die waren der Tobsucht gefert.
925 Sie kamen für Athama thür;
Der sonnenglantz der floch vor ir,
Dann all gschepff scheuhen iren leib.
      Athamas sampt Ino seim weib
Erschracken ob dem schnôden gast
930 Und weren gern geflohen fast.
Die Tobsucht aber ihn das wert,
Mit iren armen stundts zerspert, [1]
Den außgang sie in leiden thet
Mit iren schlangen, die sie hett.
935 Die waren umb irn hals gewunden,
Sie hatt sie jetzund uffgebunden,
Eyns theyls ir uff den achssen lagen,

---

[1] Athamas unnd sein weib werden beyd unsinnig.

Die andren giengn ir umb den kragen,
Eyns theyls hingen ihr an der kel,
940 Die waren sprüncklecht grün und gel.
Sie theten ire zungen blecken
Und spitzig auß den meulern recken.
Das gifft ihn auß den kelen floß
Inn der Tobsucht busen und schoß.
945 Sie nam der nottern, warffs hindann
Eyn sehr gifftige uff den mann,
Die ander warff sie uff das weib.
Sie umbkrochen ihr beyder leib,
Deßgleich sie sie so hart entzunten,
950 Daß sie sie inn das hertz verwunten
Und kamen von irn sinnen gar.
Das als kam von der Tobsucht har.

Cap. 16.
Von dem gifftigen und unreynen pulver der Tobsucht. [Ovid 4, 500—511.]

Die Tobsucht hatt auch mit ir gnommen
Eyn scharpffes gifft; darzū was kommen
955 Deß weissen schaums, so auß dem schlund
War gfalln Cerbero dem helhund,
Auch was das eisen darzū gthon,
Welchs macht die hor gehn berg uffgon,
Und der gdechtnis vergessenheyt,
960 Augenweynen und hertzenleyt,
Manschlacht und übergrosser zorn,
Von mörderei drei grosser korn,
[Von] übelthat und auch meyneyd.
Die ding hatts all zusammen gleyt
965 Inn eyn besonder gmachts geschirr.
Dieweils noch was eyn pulver dürr,
Mit bilsensafft sie das nass machet;
Dann bilsensamen die sinn schwachet
Und bringt der gdechtnis groß verlust.
970 Dise salb goß sie inn die brust
Den beyden und sties nache dar
Die blos, so mit blūt gfüllet war.

Den tranck sie durch eynander rûrt,
Von welchem die tobsucht gebirt.
975 Sie fiengen gleich zû wûten ahn
Beyde das weib und [auch] der man.
    Demnach die gôttin alle sach
Geschicket hatt zû ungemach
Nach der gôttin Junonis bgier,
980 Do nam sie ir schlangen zû ihr
Und fur gleich wider an der stundt
Hinab inn tieffer hellen grundt.

Cap. 17.

Wie Athamas inn tobender weiß sein jung kind umbringt und fûr
ey-[43b]nen lewen achtet, auch sein weib eyn lewin sein meynet.
[Ovid 4, 512—562.]

    Athamas fieng fast an zu toben,
Lieff und schrey imm hauß unden, oben:
985 'Hoscha, hola, mein lieben gsellen,
Hie sond ir netz und wildseyl stellen.
Dann ich sih hie uff disem gfild
Eyn lewin grausam, darzû wild.
Bei ir seind junger wôlffen zwey,
990 Die hand eyn grausams wôlffengschrey.'
Dann Athamas daucht inn seim sin,
Sein weib die were eyn lewin,
Darzu seine zwey kind in ducht,
Wie sie weren der lewin zucht.
995 Die kind zum vatter wurden gohn
Und boten im ir hendlin schon,
Lachten in an freûntlichen gar.
Sobald er der kind ward gewar,
Begriff er grimm sein lachent kint
1000 Und warff das inn den lufft geschwindt.
Imm fall ergriff ers bei eym beyn [1]
Und schlugs gar hart an eynen steyn,
Das im das hirn daran behieng.

*

[1] Athamas bringt sein eygen kindt umb.

Die mutter toben auch anfieng,
1005 Wann das gifft war yetz bei ir warm;
Das ander kind nams bei eym arm,
Als sie das ander tödten sach.
Ob ir davon so weh geschach
Odr ob sie es von tobheyt thet,
1010 Eyns yeden urtheyl hie bestet.
Sie nam das kindt Melicertum [1])
Und lieff gantz grausam mit im umm,
Rufft Bachum an mit lauter stimm,
Dergleich Juno mit grossem grimm.
1015   Juno gar fast lachen begundt
Und sagt: 'Diß als dir davon kumpt,
Daß du Bachum erzogen hast.
Den heyß dir wenden solchen last!'
    Eyn bruck hieng weit über das meer,
1020 Do lieff das sinnlos weib jetz her
Mit irem kind, welches sie trug,
Und sprang ins meer gantz ungefug,
Ertranck sampt irem kind im meer.
    Ir gspielen ir nacheilten sehr,
1025 Ir keyn aber keyn fußtritt fandt,
So zuruck keret inn dem sandt.
Dabei sie mochten sehen, daß
Sie und ir kind ertruncken was.
Von leyde wunden sie ir hend,
1030 Ir hor raufften sie auß elend,
Zerrissen ire kleyder all,
Schalten Juno inn solchem fall,
Sagten, sie hett unrecht gethon,
Geb unverschult semlichen lohn
1035 Und braucht ir rach und stroff zu gschwind
An Cadmo und seinem gesind.
    Dise red Juno seer verdroß
Und sagt: 'Mein stroff und grimm so groß
Sond ir empfinden sicherlich,

---

1) Melicertus wirdt von seiner eygnen mutter ertrenckt.

1040 Ungstraffet wils nit lossen ich.'
        Zum sprung schicket sich bald die eyn[1])
     Und ward imm sprung zů eynem steyn;
     Derselbig steht noch also still
     Gleich eynem weib, so springen wil.
1045 Die ander an die brust wolt schlagen
     Und ires gspielen jamer klagen;
     Die ward auch inn eyn steyn verwendt.
     Die dritt strackt auß ir arm und hendt
     Gegen dem meer; zustund sie gar
1050 Inn eynen steyn verwandlet war,
     Dieselbig steht auch noch also.
     Etlich andre mehr stehnt auch do.
     Eyn hatt ihr beyden hend imm hor,
     Die ander hebt ir hend empor,
1055 Etliche hand ir haupt gelent
     Uff ire hend und also stend
     Verkert inn harte steyn alsamen.
     Gleichwie sie die gperd an sich namen,
     Die blieben inen gantz und gar,
1060 Noch stehnt am see inn gmeyner schar
     Und hand die steynern bild ir gsicht
     Mitnander inn den see gericht.

Cap. 18 (19).

Cadmus auß grossem jamer wirt bewegt, die gôtter zu bitten, ihn von
menschlicher gestalt zu entledigen, wirt alsobald inn eyn schlangen
verwandlet. Sein weib auß grosser liebe zů ihrem man begert solchs
auch von den gôttern, wirt gleich irem man verkert. [Ovid 4, 563—603.]

        Als sich Juno so schwerlich rach
        Und Cadmus solch verderben sach,
1065 Das im das unglück so mit gwalt
        So tag so nacht gantz grimm nachstalt,
        Darzů sein freünden allen gar
        Mit gantzer macht zuwider war,
        Nam er im für, weit zu entfliehen,

*

1) Verenderung der gespielen Inonis.

1070 Mit seinem weib von dannen ziehen.
Das gschach. Er zog inn ferre landt,
Do sie beyd waren unbekant.

44] Cadmus der sagt zu seinem weip :
'Ich sich, das meim menschlichen leip
1075 Nichts ist beschert dann unfal groß
Und grosses leid über die moß.
Drumb ich die götter bitten wil,
Das sie enden meins unfals zil
Und mich verkeren solcher gstalt,
1080 Wie mir die stimm sagt inn dem waldt,
Das ich solt werden eyn serpant.'
    Cadmus zur erden fiel zuhandt
Und lag aldo, so lang er was
Gestrecket, inn dem grünen graß.
85 Also die götter ihn erhörten[1])
Und eylens seiner bitt gewerten.
Sein leib ward lang, weiß, darzu schlecht,
Auch allenthalb gantz sprinckelecht,
Die haut gantz dick ungschlacht und hert.
90 Der mundt aber noch an im wert,
Sunst was er schon eyn grosser schlang,
Ungheur, erschrockenlich und lang.
Sein weib rufft er, sie hertzlich batt,
Dieweil sie noch möcht haben statt,
5 Das sie ihn küssen wolt zu stundt,
Weil er noch het menschlichen mundt :
'Fürwar die zeit sich nehert schon,
Das mir all menschlich gstalt entghon.'
    Die fraw stund bdriept und gantz sinloß,
Gar laut rufft sie mit schmertzen groß :
'O Cadme, ach, was wirt auß dir?
Welcher gott thut dich nemen mir?
Derselb gewer mich, wer der sey,[2])
Das ich dir ewig wone bey

        *

[1]) Wie Cadmus eyn grosser ungeheuer wurm wardt.
[2]) Trew eins frommen weibs.

                            13 *

1105 Inn gleicher gstalt wie du verkert.'
    Zustund wardts auch ir bet gewert
    Und ward eyn schlang gleich irem man,
    Bey dem müßt sie ir wonung han.
    Ir rhu suchtens am schatten bald,
1110 Verkruchen sich inn grünem waldt.
    Die menschen scheühens für und für,
    Wie das noch teglich sehen wir.
    So fliehens auch die menschen gschwindt,
    Wiewols auch menschen gwesen sindt.

[44b]   Inhalt der dritten figur deß vierdten buchs
         Ovidii von verenderung der gestalten.

    Von Medusen haupt und ir art.
    Wie Atlaß der riß zum berg ward.
    Perseus fleugt inn Morenlandt,
    Die grausam meerfey überwandt.
 5 Perseus köstlich hochzeyt halt,
    Die gschicht von Medusen erzalt. [1]

Cap. 19 (20).

Von dem haupt Medusä, wie das von Perseo durch die lufft gefürt
worden, von welches blůt grausame schlangen gewachsen seind.
         [Ovid 4, 604—642.]

1115   Also gieng diß geschlecht gantz under,
    All, die von Cadmo waren bsunder.
    Dann Juno ihn durch sundern haß
    Gar manch übel zurichten was,
    So das sie wurden gar zertriben.
1120 Alleyn was eyner überblieben,
    Deß namen hieß Acrisius.
    Derselb den Bachum überus
    Thet hassen; dann sobaldt er fandt
    Seiner tempel, brach er sie zhand

*

   1) Holzschnitt 12: ein meerungeheuer mit menschlichem ober-
körper schwimmt auf die am felsen angeheftete Andromeda los, hinter
der ihre eltern stehn. Von oben schwebt Perseus mit schild und speer
hinunter. Im hintergrunde rechts enthauptet Perseus die Medusa, links
versteinert er den Atlas durch das vorgehaltene Medusenhaupt.

125 Rund umb inn gantzem Kriechenlandt.
Auch saget unverholen er,
Das Bachus glat sein freundt nit wer,
Darzu widerredt er allweg,
Das Jupiter der bulschafft pfleg
30 Noch kinder auff der erden hett.
Gantz frevelich er widerredt,
Das Jupiter inn eym goldtregen
Mit Danae het bulschafft pflegen,
Und das sie gschwengert wer davon, [1]
35 Dann Perseus wer nit ir son.
    Semlichs verschmocht Perseum sehr,
Wolt drumb nit lenger bleiben er,
Zu fliegen rüst er sich geschwindt
Und flog bhend durch den lufft und wind
40 In schnellem fluck, biß das er kam
Über das heiß land Libiam.
Medusen haubet fürt er mit,
Welchs er ir kurtz darvor abschnit.
Das haupt noch nit verblütet was,
5 Von schweiß ward es allthalben naß.
Wo dann von dem ungheuren kopff [2]
Herab zur erden ran eyn tropff,
Do wuchsen eylendts inn dem sandt
Gifftige nottern mancher handt,
10 Dern noch vil sind inn Libierlandt.
Perseus flog do dannen bhendt
Hoch durch das gantze firmament.
Nach sudort was etwan sein gfert,
Demnoch er sich gehn nordort kert,
Jetzt kam er, do die sunn auffgodt, [3]
Darnach, do sie sich niderlodt.
Also schwirmet er hin und wider,

•

.) Von Jupiter und der Diana [l. Danae], welcher er inn einem gulden
  beschloßen, inn welchem er inn verkerter gestalt zu ir kummen.
) Von dem haupt Meduse.
) Hie verstand die vier ort der welt.

[45a] Biß das die sunn sich sencket nider.
    Bald nun die nacht an himmel kam,
1160 Er sein flugck zu der erden nam;
    Dann er sich inn deß himmels stroßen
    Der finstre halb nit mehr dorfft lossen.
      Er kam inn das thal, do Atlaß, [1]
    Der mechtig riß und kônig, was,
1165 Zu dem kam er deß abens spot,
    Sein rhû er bey ihm nemen wot.
    Perseus sprach im freundtlich zu,
    Bat in umb herberg im zu rhû
    Und sagt: 'Mechtiger kônig rich,
1170 Von wegen meins gschlechts bit ich dich,
    Gib mir herberg nach meiner bger!
    Mein vatter ist gott Jupiter,
    Deß wôlst du lossen gniessen mich,
    Vast weit her kum geflogen ich,
1175 Und brist mir herberg und gemach.
    Die gûn mir unter deinem tach,
    Biß morgens, so der tag anbricht,
    Far ich mein stroß, beschwer dich nicht.
    Allein loß mich heint herberg han!
1180 Dann ich vor finstre niergent kan.'

Cap. 20 (21).

Beschreibung deß grausamen überhohen bergs Atlas genant, wie der
aus eynem rysen zu eynem berg verwandlet worden ist vonn an-
schawen deß haupt Meduse. [Ovid 4, 642—662.]

    Atlaß der kônig vor genant
    Der hatt inn seinem reich und landt
    Eyn wunderkôstlichen baumgarten.
    Deß mußten alzeit hûten, warten
1185 Zwen starcker sehr grawsamer trachen,
    Die stetigklichen musten wachen;
    Darzu hatt er in starck bevest
    Mit hohen bergen auff das best.

          *

1) Der mechtig Atlas eyn ris und kônig gewesen.

Deß gartens frücht, so dorin stundt,
1180 Das waren von gold apffel rundt. [1])
Nun hatt Themis die göttin schon
Dem Atlaß lang gwißsagt davon,
Das solche hut wirt helffen nit;
Dann es würd kummen solche zeit,
1185 Das eyn sun Jupiter würd kummen,
Durch den wird im sein ops benummen.
    Deßhalben Atlaß sorget fast,
Perseus wer derselbig gast,
Dieweil er vor durch prophecei
1190 Der dingen was berichtet frey.
Also hieß er ihn (Perseus) [2])
Eylens rûmen sein hoff und hauß.
Drumb er im sein geburt hat gsagt,
Ward er gentzlich von ihm verjagt;
1195 Wie fast er in flehet und bat,
So fand sein bit bey im kein stat;
Auch mocht er im nit widersthan,
Weil er eyn ryß was und gros mann.
    Perseus sprach: 'Du thust unrecht,
1200 Das du verschmehest mein geschlecht.'
Perseus nam das haupt so drot,
Dem risen ers entgegen bodt.
Dovon groß schrecken er empfieng,
Dann im als menschlich gmût entgieng.
1205 Sobald er das haupt plicket an,
Uff stett ward zu eym berg der man
So unseglich mechtig und groß,
Sein höh und größ was über dmoß;
Seyn langes hor und dicker bart
1210 Zû eynem walt dick und groß wardt,
All seine ripp, knorren und bein
Die wurden gleich baldt harte stein,

* * *

1) Eyn baumgarten, in welchem guldene apffel gewachsen.
2) Themis die gottin weissaget, das eyn sun Jupiters dem Atlas
sein guldene apffel abbrechen soll.

Sein haupt sampt seiner stirnen schopff
Ward deß bergs oberister kopff.
1225 Zwen berg stond im zu beder seit,
Die warn sein achseln vor der zeit.
Sein hôe sich so hoch ausbreit, [1])
Das er den himmel auff im treit.
Den halt er sampt den sternen allen,
1230 Das sie keins wegs nit mügen fallen.
Der berg ward noch im gnant Atlas,
Wie alle glerten wissen das.

Cap. 21 (22).

Nochdem Perseus von dem berg Atlaß geflogen, ist er inn Morenland
kummen, des kônigs Cephei tochter an eynem stein geschmit, bei
dem meer sitzen gefunden, welche er erstlich eyn mermelstein sein
meinet. [Ovid 4, 663—710.]

Des andern tags deß morgens frü
Richt sich Perseus schnel darzu,
1235 Domit er flug, das war sein will.
Als nun das wetter ward gantz still,
Die sunn am himmel stundt herlich,
Das volck zur arbeit schicket sich,
Sein flügell an sein fûs er bandt
1240 Und nam auch sein spieß inn die handt.
Den dünnen lufft er bhend durchflog,
Biß er manch wilde thier fürzog,
Manch hohen berg, flûs breit und lang,
Eh dann er sich zur erden schwang.
1245 Zuletst kam er inn Morenlandt;
Der kông imm landt im ward bekant,
Der hies mit namen Cepheus
[45b] Und wont inn Morenlandt mit huß. [2])

*

1) Diser berg Atlass ist so unseglich hoch inn die lufft gericht,
so das man sein hôe des gipfels vor den wolcken nit sehen mag. Dar-
umb dann der poet dichtet, diser Atlas trag den himel auf ihm.

2) Cepheus eyn kônig inn Morenland, eyn vatter der tochter Adro-
machi [l. Andromeda], welche durch scheltwort ir mutter, so sie gegen
denn gottern geubt, an eynen steyn gebunden ward, damit sie von
den meerwundern zerrissen wirdt.

Sein tochter hieß Andromede,
1250 Die sah Perseus ann dem see
Sitzen, geschmit an eynem steyn,
Wiewol sie trug der schulden keyn.
Ir mutter scheltwort sie entgalt,
Dann sie den gott Jupiter schalt.
1255 Perseus ward der magt gewar,
Sein augen want er ernstlich dar,
Er meynt, es wer eyn marmelsteyn,
Das so imm sitzen im erscheyn,
Biß das er thet ir har ersehen
1260 Deßgleich ir heyßfliessende trehen.
Sonst reget sich nichts an ir gar,
Dann hend und füß gebunden war.
Als er sah, daß sie eyn magt was,
Perseus sein selbs gar vergas
1265 Und ließ sich nider also tieff,
Das in das wasser schir ergriff,
Das im sein flügel weren gnetzet,
Also hatt in die lieb gehetzet.
      Perseus flog gar schnel zů ir
1270 Und sagt: 'Ach junckfraw, sag doch mir,
Wer dich so hart gebunden hab
An diß grausame wasser nhab,
Dieweil dir schönen magt baß zem,
Das dich eyn jüngling an arm nem
1275 Und das du lieb gebst gegen lieben,
Wie man dann solche freyd thut üben,
So man umbschleusset arm mit armen.
Dein groß elend thut mich erbarmen.'
      Die junckfraw antwort im gar nicht;
1280 Vor scham hett sie ir angesicht
Bedecket gern mit irer handt,
Do hindert sie das eisen bandt.
Von iren augen fluß eyn bach,
Die junckfraw anders nichts nit sprach.
1285 Dann daß sie gantz unschüldig wer.

Inn dem beweget sich das meer [1])
Und bracht eyn wallen mechtig groß,
Inn dem eyn meerwunder herflos
Gegen der magt, deß gstalt und leib
1290 Was halb eyn fisch und halb eyn weib.
Das wütend meer darvor must weichen,
Do es so grausam her thet schleichen.
Die maget schrey von grossem leyd;
Bei ir stunden ir eltern beyd
1295 Und mochten ir doch helffen nicht,
Wiewol ihn leyd was solche gschicht.
Sie traurten umb ir tochter sehr
Und klagten sie mit grosser schwer.
       Perseus sagt: 'Was weynent ir?
1300 Keyn trawren hilffet nit dafür.
Es sei dann das ir werd empunden
Ir schweren band inn kurtzen stunden,
So müsent ir dem fisch bald weren [2])
Oder ewer tochter entberen.
1305 Das meerwunder schwimpt nah herbei.
Drumb merckent eben, wer ich sei! [3])
Jupiter inn eym regen groß
Von golt gmacht meiner mutter flos
Inn ire schos; davon ward ich
1310 Vor ir entpfangen sicherlich. [4])
Medusen ich ir haupt abschlug,
Welche nottern für hor ufftrug.
Ich bin, der sich inn lufft thut schwingen
Gleich eym vogel sonder mißlingen,
1315 Mein flügel seind gantz schnell zum fluck.
Der maget hilff ich on verzuck,
Doch muß sie mein gantz eygen sin.'
       Fro was der köng und königin.

∗

1) Beschreibung des meerwunders.
2) Inn der noth [soll] man kurtzen roth suchen.
3) Perseus ward inn eynem gulden regen, welcher von Jupiter
gemacht, entpfangen.
4) Beschreibung der haupts Meduse.

Der kÖnig sagt: 'Du seiest gwert.
1320 Bald und sie von dir wirt ernert,
Soltu inn all meim kÖnigrich
Gebietender herr sein vor mich
Und immer bleiben on anstos.'
Inn dem das meerwunder herschos,
1325 Inn grossem zorn es tobt und wÛt.
Das wasser grausam vor im schriet
Gleich eynem schiff, so her thut tringen,
Das man starck thut mit rudern zwingen.
Dem staden es sich nehen thet,
1330 Mit eyns steyns wurff mans gtroffen het.

Cap. 22 (23).

Perseus uff zusagung deß kÖnigs streit mit dem meerwunder, bringt
das noch langer arbeyt umb; er erlÖst die tochter auß iren banden.
[Ovid 4, 711—756.]

Perseus sich an den lufft hieng,
Der schatten von im nider gieng
Rhab uff das wasser von dem man.
Das wunder fur den schatten an,
1335 Dabei verstund man seinen grim.
Perseus der wolt warten nim,
Zuhanden nam er seinen spieß,
Dem wunder inn sein rÜcken sties
Und zoh in bhend wider zÛ im,
1340 Sties es durch seine hufft auß grimm.
Das blÛt gantz schwartz herausser flos,
Dem jÜngling es entgegen schoß.
Inn grossem zorn sich das meerwunder
Jetz auß dem wasser thet, dann nunder
1345 Und fur dann zwirwels nach der zwer.
[46a] Ihn zu greiffen was sein beger,
Und schnapt offt nach im mit dem mund.
Gleich wie eyn wild schwein nach eym hund,
So daß die hund jetz thundt umbringen,
1350 Fast zÛ und von dem schwein thunt springen,

Also wuscht er auch zu und von;
Wo ers sach auß dem wasser gohn,
So zwang er sich hinzu behend
Und wundet das baldt an dem end,
1355 Demnach was im zu fliehen gach.
So blies im das meerwunder nach
Das wasser gantz dick wie eyn regen,
Das sich Perseus müßt verwegen
Der nesse halb uff seinem fluck.
1360 Derhalben zoh er sich zuruck;
Damit sein gfider nit beschwert,
Er sich behend vom wasser kert,
Sass uff eyn steyn nit weit von dan,
Biß er eyn wenig lufft gewan.
1365 Deßselben steyns spitzen man sicht,
Wann sich das meer beweget nicht;
Sobald das aber anfocht toben,
So steht das wasser weit daroben.
Daruff Perseus setzet sich,
1370 Thet nach der meerfeyen vil stich,
So lang biß er sie tödtlich wunt. ¹)
Zulest sie iren bauch begundt
Ghen berg zu keren und was todt.
     Deß kam die junckfraw auß der not,
1375 Auch wurden ire eltern beyd
Umbgeben gar mit grosser freyd,
Von freyden ir freund rufften all,
So daß der freydenreiche schall
Erklang hoch inn dem himel oben.
1380 Perseum theten sie fast loben,
Welcher ihr tochter hat behalten,
Noch ir erlösung treulich gschalten.
Der köng Cepheus gab sie baldt
Dem Perseo inn seinen gwalt,
1385 Darzů sein ganzes königrich
Übergab er im gwaltiglich.

                    •

¹) Perseus bringt das wunder umb.

Der tochter band thet man uffschliessen
Beyde an henden und an füssen.
   Perseus seine hend wusch wider;
Medusen heupt das legt er nider
Uff laub und riss gar senfftiglich,
Damit das haupt nit letzet sich.
Diß gschach imm sandt an meeresgstad,
Das angsicht er unden gwent hatt.
Zustund das laub, risach und gerten
Mit hauffen fiengen an zu herten.
Solchs nam die göt inn dem see wunder,
Sie legten noch mehr rüten drunder.
Dieselben auch den fordren glich
Inn harte steyn verwanten sich.
Darzů als, was uff dem meer floß,
Ward alsam steynern kleyns und groß.
Das kraut, so auß dem wasser kam,
Steynerne art bald an sich nam,
Wie mann das an corallen spirt.
Gantz mürb dasselb kraut funden wirt;
Bald aber das kompt auß dem meer,
So erhartet es also sehr
Und wird dann zů corallen bhend,
Die findt mann noch an manchem end.
   Als nun Perseus gsiget hatt,
Do macht er drei fewr an der stat,
Darzů er auch drei altar macht,
Welch er dreien göttern eracht.
Der linck altar Mercuri war,
Palladi ghört der recht altar,
Dem Jupiter macht er den dritten,
Welcher den andren stund inn mitten.
Ein kw er uff den eynen trug,
Uff dem andren eyn kalb er schlug,
Uff dem dritten opfferet er
Eyn ochssen dem gott Jupiter,
Drumb er im neulich an der stadt
Semlichen sig verliehen hatt.

Cap. 23 (24).

Von der überköstlichen hochzeit Persei, wie unnd inn was gestalt die
gehalten wirt. [Ovid 4, 757—768.]

1425　Demnach der köng inn grossem lust
　　　Seiner tochter brautlauff zurust,
　　　Welche Perseus ausser not
　　　Erlöst hatt und vor grimmem todt,
　　　Mit manheyt die meerfey erleyt.
1430　Also die hochzeit ward zubreyt, [1])
　　　Wie eynem könig wol gezam.
　　　All köstlichheyt er überkam;
　　　Do fand man wiltprecht, vogel, fisch,
　　　Wie das uff erd, lufft, wasser ist.
1435　Vil fürsten kamen zů dem fest,
　　　Deßgleich vil adels frembde gest.
　　　Do sach man auch manch seytenspiel;
　　　Sprecher und spielleut kamen vil, [2])
　　　Wie man pflegt nach heydnischen sitten,
1440　Sie übten sich mit manchen dritten, [3])
　　　Eyn yeder seiner art nach spilt
　　　Und sprungen vor dem fürsten milt.
　　　Der eyn der rang, der facht, der sprang,
　　　Dort hort man meysterlich gesang,
[46b] Hie sah man fechten schneller zwen,
　　　Dort andre uff den henden gehn.
　　　Auch sah man vil junckfrawen schon
　　　Uff das köstlichest angethon,
　　　Die furten gar fürstliche dentz;
1450　Von schönen blůmen trugens krentz,
　　　Auch ander vil kostlich geschmück
　　　Von berlin und güldenem gstück,
　　　An schönheyt in auch nichts gebrast.

＊

1) Hie merck, mit was pomp man aller welt freyd anricht! Dar-
gegen aber wirt der poet bald beschreiben, mit was bittern ausgang
die sich endet.
　2) Hab acht uff der christen gepreng und hochzeit.
　3) Art der spielleut.

Auch übten sich die ritter fast, [1])
Die waren nach dem besten gantz
Gwopnet inn iren harnasch glantz,
Manlich sie ire sper zerranten,
Eynander ire schilt zertranten,
So daß sie von eynander kluben,
Die schilt und sper gehn himel stuben.
Wann in der hauptman rufft zusam,
Rittens wider inn ir gwarsam.
Der pfeiffen und trummeten schal [2])
Erfült mit grossem thon den sal;
Do warn auch geiger gantz künstlich,
Die trummenschlager brauchten sich,
Do bließ man auch das wisenthorn,
Ist hinden weit und schmal davorrn,
Busaunen wurden auch geplosen.
Auch warn bedecket weg und strossen,
Die wend mit deppichen geziert, [3])
Mit schönem bildwerck figuriert.
In summa do was freyden vil,
Hiemit ich euchs bekürtzen wil.

    Bald es nun war umb essenszeit,
Wurden köstlich hantfas bereyt.
Sie namen wasser uff die hend,
Eyn jeder satzt sich an sein end,
Dahin er dann verordnet war.
Das trincken trug man reichlich dar
Inn gülden schalen, köstlich wein, [4])
Als die inn der welt mochten sein.
Perseus den brauch wust noch nit,
Noch wes dasselb volck was gesit.
Derhalben er frogen begund
Eyn fürsten, welcher bei im stund, [5])

Ritterspiel unnd turnier.
Trumeten und bosaunen.
Zier und uffmutzender väl und kammer.
Keyn mangel an wein bei allen hochzeiten
Pracht und pomp lert sich bald.

Derselb was Lyncides genant.
Der bricht ihn aller sach zuhandt.

C a p. 24 (25).

Hie erzelt Perseus eynem fürsten Lyncides genant aller sach, so im
begegnet sei mit dem haupt Meduse unnd wie er semlichs zuwegen
bracht hab. [Ovid 4, 769—803.]

    Als nun Lyncides hatt gesagt
1490 Perseo, dem er nach gefragt,
    Do fragt er in auch widerum,
    Sprach: 'Sagt mir, teurer fürst so frum,
    Womit oder durch welche list
    Du hinder diß haupt kommen bist,
1495 Als du das Medusen abgschlagen!'
    Perseus sprach: 'Ich wil dirs sagen.
    Zwo schwestern hant gehalten hauß
    Inn eynem wald inn eyner klauß
    Under eym grossen holen steyn;
1500 Die hatten aller ding gemeyn,
    Sie waren gar von eyner art.
    Wohin ir gsicht eyn jede kart
    Als gegen eym lebenden ding,
    Das ward behend zů eym kißling.
1505 Uff abentewr kam ich auch dar
    Zuhandt ward ich bei inen gwar
    Vil schöner gantz steynener bild
    Von menschen, thieren und gewild,
    Es gieng zů ihn durn wald eyn stroß
1510 Gantz eben gbandt semlicher moß.
    Ich kame auch mit listen dar,
    Eh dann sie meinen wurden gwar.
    Der bhausung schlich ich heymlich nach,
    Biß ich die beyden schwestern sach,
1515 Doch durch eyn hol und liechtes glaß.
    Semliche kunst lernt mich Pallas,
    Welche mich uff den weg geleyt.
    Deß abens ich mit sorgen beyt;
    Als sie nun beyd der schloff umbfieng,

1530 Ich zů ihn inn die bhausung gieng,
Erschlich sie imm schloff, do sie lagen,
Thet Medusen ihr haupt abschlagen.
Die lag vornen; das wust ich nit,
Biß das ich ir das haupt abschnit.'
1535   Dise geschicht horten sie all gern,
Sie wolten auch all nit empern,
Perseus thet ihn dann auch sagen,
Warumb sie uff dem haupt thet tragen
So grausam schlangen für ir hor.
1540   Perseus sprach: 'Ich sag euchs zwor.
Medusa was eyn schöne magt,
(Eyn semlichs hand mir die gesagt,
So sie mit augen gsehen hand)
Ir gleich an schön man keyne fand,
1535 Ir har lang wie eyn gspunnen goldt.
Neptunus ward der maget holt,
Welchem das meer ist underthon.
Derselb eynsmols die magt sach gohn
Spacieren, deren folgt er noch.
1540 Medusa inn eyn tempel floch,
Welcher dann der göttin Pallas
[47a] Zu ehr und wirde gbawen was.
Neptunus legt an sie gewalt,
Im tempel er die Magt verfalt.
1545 Also die keusch göttin Pallas
Ir augen dannen wenden was
Und wandlet Medusen ir hor
Inn grausam schlangen, welchs zuvor
Gar manchem man gefallen thet,
1550 An dem er jetzundt grausen hett.
Diß ist die ursach, drumb die schlangen
An stat deß hars an dem haupt hangen.'

Das fünfft bůch Ovidii von verenderung der gestalten.

Perseus must auff der hochzeit streiten,
Pallas kumpt ihm zu hilff bei zeiten.
Sein gsellen werden all erschlagen,
Medusen haupt wirt fürher tragen. [1]

Cap. 1.

Wie Perseus auff der hochzeyt überfallen wardt von Phineo, welcher
Andromachen bgert zum weib zu nemen. [Ovid 5, 1—29.]

Eh dann Perseus außgeret,
Wie er mit der Medusen het
Gehandlet, so wirt inn dem saal
Eyn grosser lerman überal.
5 Groß rhumor ward bald unter ihn,
[48a] Die tisch stiessen sie von ihn hin
Und griffen bald noch iren schwerten.
Dann es kam mit ungstümmen gferten
Deß königs bruder Phineus
10 Gantz zornig inn seins bruders hus.
Er schüt auß krafft sein eschin spieß;
Dann er der hochzeyt hatt vertrieß.
Er schrei : 'Dir bin ich z leidt herkommen,
Persee; dann du hast mir gnommen [2]
15 Mein weip, so mir von recht gehört;
Die hast du mir mit gwalt entwört.

*

1) Holzschnitt 13: Vier krieger dringen mit schwert, speer
und bogen auf Perseus ein, der ihnen das Medusenhaupt entgegen-
hält; zu seinen füssen liegen sehen drei tote. Schauplatz ist ein saal
mit doppelbogenfenstern.

2) Ursach der zukunfft Phinei.

Dich hilfft nit mehr dein schneller flug
Noch dein gfider, so dich her trug,
Auch nit dein vatter Jupiter, ¹)
30 Ob er gleich selber jetz do wer
Mit seinem lügenhafften regen
Von goldt, wie er dann hat gepflegen,
Do er zu deiner muter kam.'
Diß gret sein bogen zhanden nam
35 Und thet, sam wolt er gschossen hon.
    Der könig aber schrey in ahn:
'O bruder, wer gab dir den rath, ²)
Zu thun solch unmenschliche that?
Du solt im billich dancken schon;
30 Dann er hat meiner freiden kron,
Darzu meins krancken alters trost
Manlichen von dem todt erlost.
Deren du rechter vetter bist,
Die hat er vor dem todt gefrist.
35 Dieweil du die zu weib woltst han,
Warumb halffest du ir nit dann,
Als sie inn iren nöten saß?
Warumb bist du doch dem gehaß,
Welcher do hat geschafft ir heil?
40 Bedencke doch am andren theil,
Das er sie loßt von todtes zil!
Sag, duncket dich deß lons zu vil,
Das wir im sie zu eigen gaben,
So soltest du ir gholffen haben.
45 Bedenck doch, wann sie jetz todt wer,
Das sie dir nit möcht werden mehr!
Darumb sie billich dem sol werden,
So sie hat bhalten auff der erden.'

*

1) Danae ward von Jupiter inn eynem goldtregen beschloffen; dann er sunst nit zu ir kummen mocht. Sie empfieng von im Perseum.
2) Seinen bruder Cepheus schreit Phineum an, ermant ihn der guthat Persei.

14 *

Cap. 2.

rûrt von beiden theilen fast gstritten; Pallaß die göttin, eyn schwe-
r Persei, beschirmbt iren bruder Perseum. [Ovid 5, 30—159.]

Phineus stundt inn zorn jetz still;
Dann gantz zwifeltig was sein will,
Ob er sein brûder erstlich wolt
Erschiessen oder ob er solt
Perseum erstlich bringen umb.
Alsbald want sich der toll und thumb,
Schloß nach Perseo krefftigklich.
Der schuß aber thet wenden sich
Und traff den banck, darauff er saß.
  Perseus aber bhendt auff waß,
Nam den spieß, so Phineus gschossen,
Und wolt den inn ihn haben gstossen.
Aber Phineus der unwert
Legt sich inn dem schuß auff die erd.
Doch war der schutz nit gar umbsust,
Der spies über Phineum wuscht
Und gienge Reto inn sein stirn.
Das eisen wuscht im durch das hirn,
Auch hinden durch sein hals und nack;
Das blût hernach thet volgen strack
Und spritzt auff die tisch hin und har.
  Also der streit erhub sich gar
Zu beider seit, gieng schlag umb schlag;
Hie eyner, dort der ander lag. [1])
Inn dem der kônig Cepheus
Entwichen was auß seinem hauß.
Doch gaben sie im deß urkunt,
Das ers nit thet aus argem grundt,
Allein das er den krieg meint stillen,
Das aber gschach nit noch seim willen.
  Perseus stundt in arbeit groß,
Uff in gieng manch stich, schlag und gschoß

*

[1]) Cepheus gibt die flucht mit weib und kindt.

Er aber hatte eyn beystandt,[1])
Das war die göttin Pallas gnant,
Welche dann auch seine schwester waß,
Derhalb er streiten mocht dest baß.
85   Athys der lag erschlagen da,
Der was kummen von India
Und meint zu trennen die wirtschafft;
Dann er verließ sich auff sein krafft.
Das schefflin kont er schiessen wol
90 Und traff damit gar manig mol,
Wie er dann deß eyn meister was.
Noch kont ers mit dem bogen bas,
Davon schoß er gantz gschwindt die pfeil.
Nun begab sich eben der weil,
95 Das er starck zog an seiner sen,
Schlug in Perseus durch sein zeen
Krefftig mit eym brinnenden scheit
Und sprach: 'Nim dir das für eyn beut!'
Damit zerspelt er im das kien
100 Gentzlich biß durch den nacken hin.
    Das sach von Syria Lycabaß,
Welcher sein hertzlicher freund waß,
Wie jhener weltzt inn seinem blůt.
Er sagt: 'Das thůt dir niemmer gut,
[48b] Persee, das du ihn erschlagen;
Du solt kein preiß an ihm bejagen.'
Eilends erwůscht er eynen bogen,
Den Atys vor hatt auffgezogen,
Starck auff Perseum er abschos.
110 Perseus seines gwandts genos,
Darin deß pfeiles spitz was gangen,
Der blieb inn seinem gwandt behangen.
Perseus thet sich saumen nicht,
Hub im das haupt gegen seim gsicht.
115 Davon Lycabas sehr erschrack,

*

1) Pallas sthet bey irem bruder Perseo.

Stundt wie eyn steinen bildt gantz strack [1])
Und ward auff stet eyn stein gantz hart
Und fiel zuruck gleich an der fart
Uff seine andre todten gsellen,
120 Mit denen für er ab ghen hellen.
　　Den Phorbas und Amphimedon
Sach man inn grosser stercke sthon,
Die hatten beid manlich gefochten.
Zuletzt sie sich nim halten mochten,
125 Dann sie glûpfften mit iren fûssen [2])
Im blût, so inn dem sal thet fliessen.
Sobaldt Perseus das ersach,
Mit seinem schwert einen erstach
Hin inn die kâl durch seinen hals,
130 Den andren stach er auch deßmals
Durch sein hufft, das er gantz todt lag.
　　Erithus thet eyn starcken schlag
Auff Perseum mit eyner parten.
Perseus des streichs nit wolt warten;
135 Dann als er noch im schlagen wolt,
Erwûscht er eynen kopff von goldt
Und warff in krefftig an den mann, [3])
Das im davon schwindtlen began
Und sanck donider zu der erdt;
140 Dann ihn Perseus traff zu herdt.
　　Also Perseus gieng umb schroten
Unnd trat [da] gar uff manchen todten
Und dempt also mit hilff der seinen
Dem volck gleich andren wilden schweinen.
145 Do lag todt der Semiramis,   .
Phlegias, dergleich Abaris
Licetus und Elycie.
　　Phineus bgeret auch nit meh

＊

1) Die streitbaren helden werden aus ansehen dess haupts Meduse
　　zm stein verwandlet.
2) Die kempffer mugen von vile dess bluts nit mehr gesthon.
3) Perseus wirfft eyn mit eynem gulden kopff zu boden.

Mit Perseo zu halten streit.
150 Dann von ihm gieng eyn pfeil nit weit,
Verfelt sein, traff eyn, hies Idam,
Der doch vor nie zu streiten kam.
Er schrei: 'O Phineus, dohin
Bringst du mich; drumb sol dir auch din
155 Belonung werden an der stundt.'
Er zog den pfeil auß seiner wund
Und wolt Phineum gschossen han,
Do mocht er nit vor onmacht sthon.

Doch waren seiner feinde mehr,
160 So ihn verfolgen theten sehr.
Von Libien her kam Oditim,
Der schlug Clymenem hart inn grimm,
Den besten fürsten inn dem saal,
So man nocht haben inn der waal.
165 Auch was eyn wol kündiger mor,
Derselb mit nam hieß Protenor.
Es schlug auch todt Hypseus Eumendes
Eynem fürsten, hies Lyncides.

Emathion, eynr auß der rott,
170 Derselb fast forchtet seinen gott
Und liebet auch mit ernst des rechten,
Er wolt auch umb kein ding nit fechten,
Sunder gieng [umb] fast flehen, bitten,
Ob er doch möchte, die do stritten,
175 Erweichen und zu friden bringen.
So kompt an in inn solchen dingen
Cromis, gibt ihm hinden ein schlag,
Das sein haupt auff der erden lag. [1]
Do het man gsehen manchen sprung
180 Von disem haupt, deßgleich die zung
Mit herben scharpffen worten schalt
An dem todtschleger solchen gwalt.

Groß jammer was under ihn allen.
Eyns mols sah man mitnander fallen

＊

[1] Eyn abgeschlagen haupt redt unnd schilt seine feind.

185 Zwen brüdr Broteas und Ammon,
     Die waren schwerter nie gewon,
     Sunder mit bind und langen gerten
     Sie sich offt ires feindts erwerten.
     Sie hetten sich auch wol erredt,
190 Das sie Phineus nicht getödt.

     Eyn spilman Alphicus genant
     Der trug sein harpffen inn der handt,
     Das er den gesten wolt kůrtzweilen;
     Den thet eyn jüngling übereylen
195 Und sprach: 'Ich send dich inn die hellen, [1])
     Do spil fürbas dann deinen gsellen!'
     Petalus was deß jünglings nam,
     Von welchem Alphicus umbkam.
     Aber eyn solchen mort und haß
200 Rach eylens an im Lycormas,
     Der nam eyn rigel von der thůr
     Und sprang damit eylentzs hinfůr,
     Schlug Petalo an seinen kopff,
     Das bis auff sein hiern spielt der schopff.

205 Pelates griff mit seiner handt
     An die thůr noch eym eysen bandt,
     Das wolt er haben rab gebrochen,
     Do ward im sein handt gar durchstochen,
[49a] Das sie an der thůr hafften blib.
210 Bald ward durchstochen im sein lib,
     Dann ihn eyner mit gantzer krafft
     Mit dem schwert an die thüren hafft.

     Menaleus ward auch erschlagen,
     Welchen Perseus fast thet klagen,
215 Dann er waß frum und seiner part.
     Dorylas auch erschlagen ward, [2])

                    *

1) Die heiden handt geglaubt, ein jeder noch seinem absterben
mus zu der helle faren, er sey gleich gut oder boss, wie dann diser
Petalus den Alphicum auch mit worten anfert und damit zu tod schlecht.

2) Dorilas, welcher eyn mechtig gut von ackerfeldern gehabt, dem
wirt von seinem feind furgebildt, wie gar wenig er seines guts noch
seinem absterben gebrauchen werdt.

Der sehr eyn groß ackerfeldt hott.
Mit dem trib eyner seinen spott,
Der was Alcyones genant,
220 Welcher Dorylam überwant.
Er sprach: 'Hie mag dir deiner erden,
Wie vil der ist, keinr handtbreit werden;
Mûst dich benugen an dem flecken,
So weit du kanst, magst ihn bedecken.'
225 Er sprach: 'Allhie ligt Dorylas,
Der eyns grossen feldts eyn her waß.'
    Als Perseus semlichs ersach,
Thet im fast weh der spot und schmach,
Das diser Dorylam erschlagen,
230 Im erst solch spottwort noch thet sagen
Und ihm sein ackerfeldt verweiß.
Perseus zog eyn spieß so heiß
Eym andren auß seinr tieffen wund
Und schoß ihn oberhalb dem mundt
235 Alcyoni zur nasen einn,
Das er gieng durch das haubet sein.
Das eysen durch die schwarten brach,
Das mans zu beiden seiten sach.
Also lieff er gantz taub und thumb
240 Zwirbelsweis inn dem saal harumb.
    Inn diser umblauffenden scheiben
Thet er mit dem spies zwen entleiben;
Der eyn der was gnant Clitius,
Der ander sein bruder Danus.
245 Demselben war der spieß getriben
Durch seine lenden bey den ribben,
Dem andern durch den nack der spieß
An den zenen darwider sties.
    Einer hies der weiß Echion, [1])
250 Der was der vogel also gwon
Was immer künfftigs solt geschehen,
Das kont er an dem fliegen sehen.

*

1) Echion, welcher aus der vogel fliegen kont kunfftige ding sagen.

Diß aber war im gar verborgen,
Dann er sich keins unfals thet bsorgen,
255 Aber er ward gschlagen zu todt.
    Agyrtes, ders kóngklich schwert sot[1])
Getragen han zu der hochzeit,
Derselb mit todt darnider leit;
Dann in Thoactes niderschlug,
260 Als er das kóniglich schwert trug.
    Der kónig und die kónigin
Lieffen beid schreien unter ihn,
Deßgleich Andromede die braut.
Wiewol sie schrawen fast und laut,
265 Noch mocht man ire stimme nit
Gehóren vor dem grossen strit
Und vor dem mechtigen umbfallen,
So gschach von den streitenden allen,
Und vor dem schwert und harnisch klingen.
270 Drumb mocht ir schreyen kein nutz bringen.
Die pfeil die fieln wie eyn schlagregen,
Do flog stet pfeil dem pfeil entgegen,
Das man den lufft nit darvor sah.
Dieweil und diser streit geschah.

Cap. 3.

Perseus sicht sich von allen seinen gsellen verlossen, dann sie all er-
schlagen waren, stelt sich an eyn seul. Ethemon schlecht mit solcher
krafft noch Perseo, ferfelt sein, trifft die seul, die bricht inn mitten
von einander. [Ovid 5, 160—176.]

275   Als nun Perseus gsellen todt
Lagen, kam er in angst und noth,
Und er sich jetz sah gantz alleyn,
Stalt er sich an eyn saul von steyn,
Die stundt inn mitten inn dem saal
280 Und trug das gantze hauß zumal.
Er stundt mit seinem rucken dran
Und wert sich als eyn kûner man.

*

1) Agyrtes, des kónigs marschalck.

Molpheus lieff in ahn mit streit,
Ethemon an der andren seit.
285 Perseus wie eyn lew ward grimm:
Wann der vernimpt zweir ochsen stimm,
Den eynen hie, den andren dort,
Und went den kopf von ort zu ort,
So ihn der hunger übergodt
290 Und aber er inn zweiffel stot,
An welchen er mit ersten wel,
Domit er sie bed niderfell,
Also Perseus im fürnam.
Mit ersten an Molpheum kam
295 Und gab im der mossen eyn streich,
Das er hinckent von im entweich.
Ethemon schlug auch her eylend,
Perseus sprang daraus behend.
Der streich so starck an die seul gschach,
300 Das sie im mit von nander brach.
   Perseus saumet sich nit lang, [1])
Mit Medusen haupt fürher sprang
Und reichte das Ethemon dar.
[49b] Sobaldt er deß haupts ward gewar,
305 Do wolt er gflohen sein darvon
Und blieb imm possen also sthon
Mit seinem abgebrochnen schwert
Und was inn eynen stein verkert.

Cap. 4 (3).

Perseus zu seiner entschüttung zeucht herfür das haupt Meduse, hebt
das für der streitenden augen; die alle werden zu harten merbel-
steinen verkert. [Ovid 5, 177—235.]

   Perseus daucht jetz an der zeit,
310 Das sich endet eyn solcher streit.
   Er schrei gar laut: 'Seind mehr freund da,
   Die wenden sich baldt anderstwa!'
   Alsbald Medusen haupt ersach

---

1) Medusen haupt.

Eyn ritter Thessaclus, der sprach:
315 'Domit magstu dich fristen nicht.
Derhalb zeig semlich scheutzlich gsicht
Eym andern, der das fürchtet mehr!
Dann wir das zwar nit förchten sehr.'
Eh er die wort vollendt gesprach,
320 Man ihn do wie eyn stein sthon sach
Mit seinem schwert, sam wolt er schlagen.
    Amphix, der auch eyn schwert thet tragen
Und hielt das zu dem streich gar hoch,
Sein arm er nimmer zu im zoch;
325 Dann er ward inn eyn stein verwant.
    Nileus der kam hergerant.
Der hat sein namen von dem Nyl,
Er trang hinzu mit grosser ihl.
Derselb war auß Egyptenlandt; [1])
330 An seinem schilt man ihn erkant,
Der was gemacht von feinem goldt
Und siben flüß darin gemolt,
Gleich wie der Nil sich theilen thut.
Er sagt zu ihm inn hohem mut:
335 'Du magst den göttern dancken woll,
Das ich hie mit dir fächten soll;
Dann ich von hohem gschlecht hie bin.
Derhalb soll dir vil lieber sein,
Das ich an dir gesig der stundt
340 Dann eyner, so von pauren kundt.'
Solch hoffart mocht den jüngling zwar
Gehelffen gar nit umb eyn har;
Dann er ward auch eyn steynen bild
Mit seinem schönen gmolten schilt.
345 Man sicht auch noch zů diser stundt
An im sein zeen, zung und den mund,
Und sthot als einr, der reden will.
    Eryx sagt: 'Wie stondt ir so still?
Wie könend ir so zaghafft wesen?

*

1) Von dem gemalten schilt Nyley.

350 Vor dem haupt wend wir wol genesen,
Wann ir nit weren also treg.'
Doch gwan es auch mit im den weg,
Und ward eyn stein gleich seinen gsellen.
   Astyages hat versuchen wôllen,
355 Ob er die stein auch môchte hawen.
Der stot noch heut, als wolt er schawen
Eyn groß und wunderwirdigs ding;
Er ward eyn mermelstein gehling.
Der steinen bilder inn dem saal
360 Dern warn zweyhundert überal
Gantz mermelstein inn allen sitten,
Wie dann eyn jeder hat gestritten.
Etlicher kôcher, bogen trug,
Der ander oben von tach schlug,
365 Der dritt, als wann er schuß den schafft.
Das als gschach von deß hauptes krafft.
   Als sie nun gschlagen beder seit,
Do hatt Phineus zu unzeit
Angnumen erst zu spotem rew [1]
370 Umb seine boßheit und untrew.
Sein har im gegen berg thet ghon,
Als er sach sovil bilder sthon,
Die sich aus menschenleib so baldt
Verkert inn bleichen mermel kalt;
375 Dann er sie alsamen erkant,
Darzu mit iren namen nant.
Noch glaubt er nit gentzlich das wunder,
Biß er etlich begriff dorunder,
Do'fandt er nichts dann harte stein.
380 Phyneus sach seinr ghilffen keyn,
Sein gsicht das kert er anderwar
Und bodt Perseo bedt hend dar,
Er sagt: 'O Persee, gnod mir!
Den sig mus ich bekennen dir.
385 Ich bit dich durch der gôtter pfleg,

*

1) Spoter rew Phinei.

Leg doch Medusen haupt hinweg!
Ich bin dir doch nie hessig gsin,
So kum ich nit umb grossen gwin.
Auch hab zwor nie begeret ich,
390 Das mir werd dises königrich,
Allein bgert ich das gmahel mein,
Das jetz billicher dein soll sein.
Dorumb bit ich, loß mich genesen.
Ich irr dich niemmer inn deim wesen.'
395 Mit solchen worten im zusprach,
Wiewol er in gar nit ansach.

   Perseus sagt: 'Dir wirt dein lohn,
Welchem du alweg noch thest ghon.
Dann ich dir hie eyn gifft will geben,
400 Welchs dir ohn schwert benimpt dein leben;
Dann du hast solchs beschuldet wol.
[50a] Dein bild inn ewigkeyt stehn sol
Inn unser beyden schwehers huß,
Do wirt es nimmer kommen uß,
405 So spricht man: 'Das war Phineus.' [1])
Perseus im das haupt dar kart;
Zustund er zů eym marmer ward.
Das angsicht sich noch also wendt
Und reycht von im sein beyden hendt
410 Und kneut eym bittenden gelich,
Bleibt also steynern ewiglich.

[50b] Inhalt der andern figur deß fünfften buchs
Ovidii von verenderung der gestalten.

Pallas zu den neůn schwestern kam.
Wie Pyreneus sein end nam.
Neůn schwestern inn atzeln verkert,
Pallas Caliope singen hört.
5 Pluto wird von Cupido wundt,
Eyn kindt wirt eyn eydex zu stundt. [2])

                    *

1) Phineus inn eyn steyn verwandlet.
2) Holzschnitt 14: Pallas mit ägis und lanze, die eule neben
sich, steht im walde neben einem brunnen und blickt neun bekränzte
jungfrauen an; auf der linken seite sitzen elstern auf einem baume.

Cap. 5.

Pallas kompt uff den berg Parnassum geflogen zů den neůn schwe-
stern, welche bewonten den schönen brunnen, welcher vonn dem pferdt
Pegaso gefunden wardt, welchen es mit eynem huffeisen getretten
hat. [Ovid 5, 250—275.]

Als nun Perseo glungen was,
Do flog von im hinweg Pallas,
Ließ Cyprien das mechtig landt
415 Do liegen zů der rechten handt,
Und do sie meynet, das das meer
Zum schmålsten was, do flog sie her.
Darzů wolt sie nit ruhen eh,
Biß das sie hatt erreycht die höh
420 Helicon uff dem Parnassum.
Eyn weil sie do spacieret umb,
Do fand sie rechter schwester neůn,
Die waren all junckfrawen fein
Und warn so hoch inn irm verstandt,
425 Das mann irs gleich uff erd nit fandt;
Inn allen künsten warens glert.
Pallas sprach: 'Ich bin her gekert
Zů euch wunderschönen junckfrawen,
Das ich måg ewern brunnen schawen,
430 Welchen inn eynem steyn hat gschlagen
Eyns pferdes fůß, wie ich hort sagen,
Mit seinem uffgeschlagnen eisen.
Ich bitt, wòlt mir den brunnen weisen,
Damit ich sehen måg das wunder.'
435 Die gsprechst junckfraw, so was darunder,
Die hieß mit nam Urania,
Sie sprach: 'Göttin, ist im also,
Das du darumb herkommen bist,
So sag ich dir on bdrug und list,
440 Das diser sachen ist alsus.
Deß pferdes nam hieß Pegasus,
Welchs disen brunnen funden hat,
Als es mit eynem fůß drinn trat.'
Pallas besach die ding all gar.

445 Das gras stund fleckecht, blummen far,
Getheylt von manchen farben schon,
Imm walt erschall der vogel thon,
Der brunn was lauter und auch kalt,
Stund inn mitten dem grienen walt.
450 Pallas sagt: 'Die seind selig gar,
[51a] Darzů gantz freydenreich fůrwar,
So dise stadt inn wonung hand.
Drumb freyt ir euch billich alsand!'
    Eyn jungfraw under inen sprach:
455 'O reiche gŏttin, solch gemach
Wolten wir dir gern theylen mit.
Darzů wer unser freuntlich bit,
Daß du wŏlst unser gselschafft mehren;
Du aber bist inn hŏhern ehren
460 Gehalten inn dem himel doben.
Jedoch thust du billichen loben
Diß unser wonung, so wir bsitzen,
Welche uns geben ist zu nützen,
Dieweil wir leben, solche wůn,
465 Ob man uns die gleich wol vergůn,
Daß wir so sicher mŏgen sein.
Mir ist noch vor den augen mein
Pyreneus der wütent man.
Der schrecken wil mir nit vergahn;
470 Dann ich deß meinr vernunfft und sin
Eyns theyls warlich beraubet bin.
Pallas gŏttin, merck, ich zeyg ahn,
Was Pyreneus uns hat gthan.

Cap. 6.

Die neůn schwestern erzelen der gŏttin Palladi, wie es in mit dem
tyrannen Pyreneo ergangen, wie er den hals über eynen hohen turn
abgestürtzt hat. [Ovid 5, 276—293.]

    'Er sah uns gehn inn gmeyner schar
475 Und rufft uns felschlich zů im dar.
    'Ir jungfrawn', sagt Pyreneus,
    'Ach kerendt zů mir inn mein huß,

Biß das der regen überschlah!
Dann mein hauß steht hierumb fast nah.
490 Darumb lond euch des wegs nit blangen!
Dann manigs mal seind darinn gangen
Groß götter drinn umb gut gemach,
Auch under ander kleyn obtach.'
  Also liessen wir uns erbitten·
485 Und folgten im mit schnellen tritten,
Dann uns das wetter macht fast bang.
Wir aber waren do nicht lang,
Der himel sich leutern began.
Wir stunden uff, wolten darvon,
490 Do sagt er, es wer noch zů fru.
Er schlos und spert all thůren zu
Und understund uns zu notzogen.
Do weren wir im gern entflogen.
Er stig uff eynen thurm, was hoh,
495 Sprach: 'Ir entfliecht mir nit also.'
Diß wort sagt er auß grossem zorn
Und fiel herab, das im davorn
Sein haupt zerspielt biß uff den nack,
Lag gantz todt uff der erden gstrack.
500 Also wurden wir durch den fall
Von seiner tyrannei glöst all.'

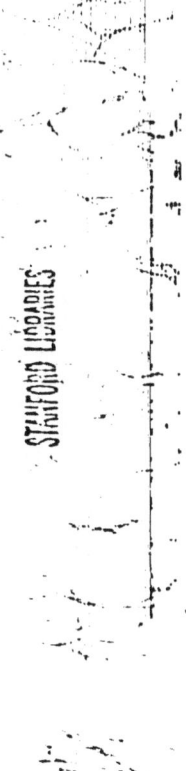

                Cap. 7.
nn andren neůn geschwistern, welche durch ihre schwetzige zung
    inn aglastern verkert worden sein. [Ovid 5, 294—336.]

  Weil sie sagen von disen dingen,
So thunt sich durch den wald her schwingen
Neůn aglastern inn eyner schar,
505 Deren ward Pallas bald gewar.
Uff eynem baum, so stund daneben,
Ir schwetzig stimm thetens erheben,
Als ob sie all ding tadlen wolten
Oder nach ihr stimm keren solten.
510 Pallas die sah den voglen zu,
Wie sie übten so groß unrhu

Fickram VII.   15

Mit irem gschwetz, hüpffen und springen.
Sie nam fast wunder diser dingen
Und fragt, was das für vögel weren,
515 Die ir stimm also theten keren
Nach menschlichen sitten und weiß;
Dann Pallas hatt druff gacht mit fleis.
Sie sprach: 'Die vögel halten gsprech,
Als wann sie könten reden recht.'
520 Pallas fleissig darnach thet fragen.

Zuhandt thet ir eyn jungfraw sagen:
'Diß warn junckfrawn vor wenig jaren,
All neün von eym vatter geboren,
Pieros was der vatter gnant.
525 Ir stoltz gemüt sie überwandt,
Daß sie von menschlicher gstalt kommen
Und diß verendrung an sich nommen.
Ir mutter [die] hieß Euippe
Und hatt nit ander kinder meh
530 Dann dise neün kleffige kindt.
All welt sagt von irn listen gschwindt,
Niemant mocht sie mit gsang bestreiten,
Darzü mit red zü keyner zeiten.
Inn solchem hochmut kamens har;
535 Sobald sie unser wurden gwar,
Meynten sie uns hie zu verjagen
Mit irem klefferigem sagen.

Die sich die weisest dauchte sein,
Die sagt zü uns: 'Ir schwestern neün,
540 Ir thunt das unglert volck verkeren
Mit ewer finantz, gscheiden leren,
Darumb seind ir beschreiet weit.
Mit uns müsendt ir han eyn streit,
[51b] Doch anders nit dann nur mit worten.
545 Gsigend ir uns an ahn den orten,
Wend wir uns gantz verziehen han
Diß orts; so aber wir euch ahn
Gesigen, müst ir uns den walt,
     zü den brunnen reümen baldt.

550 Dozwischen sond urtheyler sein
Die waldtgöttin all inn gemein.
Dann unser inn der zal gleich ist.
So aber ir uns neün mit list
Thunt überwinden diser zeit,
555 So wend wir von euch ziehen weit
Und euch diß wonung eynig lohn
In disem grienen walt so schon.'
    Als sie uns gaben dise wal,
Do daucht es uns eyn schand zumal,
560 Daß wir mit ihnen solten streiten,
Wir wolten auch nit geben weiten.
Also seind doch die richter kommen,
Die haben wir inn glüpt genommen,
Daß sie do sagen solten schlecht
565 Eynem yeden sein warheyt recht
Weder durch liebe oder gunst,
Durch freuntschafft oder anders sonst.
    Zuhand die jungfraw wider redt,
Welche uns den streit gbotten hett.
570 Groß schmoch sagts von den göttern allen,
Welch red in billich nit solt gfallen;
Sie sagt, wie die gött lange zeit
Gehabt hetten eyn harten streit
Ja mit den risen starck und groß,
575 Welche hetten die götter bloß
Verjaget auß dem himelreich,
Die groß und kleynen all geleich.
Also sang sie der götter schmoch
Und ward die risen preisen hoch,
Welche die gött inn grosser schandt
Umbgtriben hetten inn dem landt,
So das sie nirgent konten bleiben,
Biß an den Nil theten sies treiben.
Als sie eyn kleyn weil ruhten do,
Folgt in der rieß Typheus noh
Und ließ sie bleiben an keym endt,
Biß die götter ir gstalt verwent

15 *

Inn wilder thieren formm und gstalt.
Jupiter ward eyn sternen baldt, [1])
590 Juno sich inn eyn ku verwandt,
Venus inn eynen fisch zuhandt,
Diana inn eyn hirschen glich,
Bachus inn eyn bock keret sich,
Phebus zů eynem raben wardt,
595 Damit sie nit verfolgt so hart
Von Typheo deßgleichen weren.
Sollich gsang ließ die jungfraw hören
Von wegen irer neůn inn gmeyn,
Sonst weiters hort man iren keyn.
600 Also berufft man uns zů ring.
    Nun wolten wir dir solche ding
Von hertzen gern als zeygen an;
Wo nit dein gschefft dich hindert dran,
So sagten wir auch unsern gsang.'
605   Pallas sagt: 'Mich dunckt nit zu lang,
Derweil ich wil euch hören gern,
Dann ich deß gsangs nit mag entbern.
Darumb mögt ir wol sagen das,
Die zeit setz ich mich inn das gras.'

Cap. 8 (7).

Hie focht an das lang gesprech, so die jungfraw Caliope thut von Ce-
rere der göttin, mit welchem sie den neůn schwestern angesiget, und
focht Caliope ihr histori mit gesang an. [Ovid 5, 337—379.]

610 'Caliope sich underwandt
Zu lösen unser aller pfandt.
Sie rurt die harpffen, das sie klang,
Damit erhub sie ir gesang;
Von Cerere der göttin rich
615 Hub sie an singen süssiglich:

    'Ceres, du göttin reiche, [2])
Von dir so heb ich an

[1] Verenderung der gotter inn mancherley gestalt.
[2] ~g der jungfraw Caliope.

Zu singen süssigliche,
Wie ich dich preisen kan, wie ich dich preisen kan.
680   Das korn thustu uns geben[1])
Wol auß der erden grunt,
Damit wir unser leben
Fristen zû aller stundt, fristen zû aller stundt.
Das grob volck ungeleret
685 Lerst mit dem pflug umbgohn,
Das erdtrich wird geehret,
Das korn gesehet schon, das korn gesehet schon.
Das breyt gefild zu bawen
Wirt durch dein weißheyt glert,
690 Auß deiner grossen trawen
Werden wir all ernehrt, werden wir all ernehrt.

[52a] Von dir, Ceres, ich sagen wil,
Der risen lob nit preisen vil.
Eyn landt das heisset Trinacris,
695 Do hatten die rysen gross fleiß[2])
Und theten eyn wunderlichs werck;
Dann sie do trugen berg auff bergk
Und wolten inn den himmel stiegen,
Hettens die götter inn verzigen.
700 Sie aber tranten solch arbeit,
Die rysen wurden nider gleit
Und wurden gdeckt mit bergen schwer,
Das keyner auff mocht kummen mehr.
Do het man ghort Typheum klagen,
705 Dann mechtig groß berg auff im lagen,
Das er nit fürher kummen mocht.
Wie offt er inn seim hertzen gdocht
Herfür zu kommen durch sein sterck,
Noch truckten ihn zu grund die bergk.
710 Mit gwalt wegt er die berg so sehr,
Als wann es eyn erdbidum wer.

*

1) Vonn dem lob der gottin Ceres, welche erstlich den ackerbaw
erfunden.
2) Wie die rysen underston den himmel zu ersteigen.

Offt kam er rauß biß zu den knyen,
Noch mocht im keyner hilff gedyen; [1]
Dann in beschwert mit hartem band
655 Pelorus auff seinr lincken hand,
Pachynus auff seinr rechten lack.
So bschwert ihm Aethna seinen nack, [2]
Lilibeus truckt im sein beyn.
Typheus biß offt inn die steyn
660 Hart, das das fewr herausser schoß.
Die berg, so waren hoch und groß,
Wolt er offt von im waltzen ab.
Solch arbeit eyn erdtbidmung gab
Von grosser arbeit, die er worcht,
665 So das der hellen könig forcht,
Das erdtrich würt mit gwalt zerkinen,
Dann wird der tag inn die hell schinen
Und im erschrecken sein gesind.
      Darumb er sich bereit geschwindt
670 Und spannet bhend für seinen wagen
Vier starcker schwartzer pferdt wol bschlagen.
Er für behendt auff gegen tag
An das ort, do das gebirg lag,
Und schawet do mit fleiß rund umb
675 Sicilien das landt so krumb,
Ob das doch etwan wolte vallen.
Als aber er den boden allen
Noch aller notturfft wol besach,
Sorgt er nichts mehr. Nun hört, es gschach,
680 Das im Venus scharpff noch thet spehen.
Und als sie den Pluto ersehen, [3]
Gar bald zu irem son sie gieng,
Mit armen in hertzlich umbfieng.

*

1) Pelorus, der gros berg in Sicilien.
2) Etna, der brinnend berg inn Sicilien; doselbst ist Pluto aus der
hel rauff gefaren.
3) Venus gibt ursach, das Pluto mit dem pfeil der lieb geschos-
sen wirt.

Sie sprach: 'Mein sun, du bists doch als,
685 Als was ich bin vor und diß mals
Mein krafft, sterck, waffen und gewalt,
Durch die ich mechtig wirdt gezalt.
Nimm bald dein pfeil, der all ding zwingt
Und unter deinen gwalt bhend bringt,
690 Und schieß damit den hellschen got!
Weil Jupiter thut dein gebot,
Deßgleich Neptunus aus dem mehr,
Sie beid durch dich seind gwundet sehr,
Soll nun ir dritter bruder sich
695 Vor deim gschoß hüten gwaltigklich,
Dem doch die hell zu theil ist gfallen?
Hey, warum wolst sein vor den allen
Verschonen, dieweil dir genummen
Pallas und außer deim gwalt kummen,
700 Dergleich Diane auff der jaget?¹)
Dise verbleiben ewig maget
Und achten unser liebe nit.
Nůn findest du zu diser zeit
Die tochter frawen Cereris,
705 Welche do meynet sein gewiß,
Das sie ewig eyn maget bleib
Und daß du sie nit machst zu weib.
Derhalb du allen fleiß anwend,
Damit das du sie fohest bhend!'

Cap. 9 (8).

Cupido, eyn sun Veneris, scheüßt Plutonem, den got der hellen; der
entzünt inn unmessiger liebe gegen der junckfrawen Proserpine, der
tochter Cereris. Pluto find die an einem see spatzieren; er zückt sie
auff sein wagen, fert mit ir ghen hell. [Ovid 5, 379—424.]

710 'Cupido gwert sie irer bet,
Sein köcher er auffschliessen thet,
Von tausent pfeiln er eynen nam,

*

¹) Klag der göttin Veneris, umb das Pallas und Diana junck-
frawen bliben.

Der ihm nie besser zhanden kam
So scharpff, so grecht und gantz sinwel,
715 Darzu hat er sunst kein so schnel.
Den bogen satzt er an das kney
Und spant in mit gewalt so frey,
Demnoch schoß er der hellen gott
Noch seiner mutter gheiß und gbot.
720 Zuhandt der starcken liebe flamm
So gantz gwaltig inn sein hertz kam.
    Inn Sicilien eyn see fast nah[1)]
Stundt nach do bey dem berg Aethna.
Perguse hieß derselbig see,
725 Keyn ander hatt nit gzogen meh
An zal so vil beum an seim flumb.
[52b] Dann disen see eyn wald ringsumb
Bewachsen hat wie eyn umbhang
Von grünen beumen breit und lang.
730 Das laub über den see rab hing;
Wo schon der sonnen schein hergieng,
So macht das laub dem wasser schatten.
Die vögel iren sitz rumb hatten
Und sungen do gmeinlichen all,
735 Das es inn grünem wald erschal.
Die bliemlein stunden wunicklich
Von farben gtheilet gantz zierlich
Under eynander mancherley.
Do was eyn ewigklicher mey,
740 Das macht die feuchte von dem see.
Lustigers orts fandt man nit mee.
    Proserpina mit lust umbpfangen[2)]
Mit iren gspilen kam gegangen,
Brachen der blümlein klein und groß,
745 Eyn jede inn ir gschir und schoß.
Proserpina die war nit laß.
Irn busen und ir schönen faß

•

1) Von dem lustigen see Perguse.
2) Proserpina sampt iren gespilen.

Hat sie gebrochen bliemlein vol;
Sie aber mußt die bzalen woll,
750 Ich mein die blümlin, so sie brach.
　　Dann Pluto, der hell gott, sie sach,
Ergriff die junckfraw wunderbaldt.
So starck an im des stroleß gwalt [1])
Gewircket hat mit grosser krafft,
755 Das er der magt trug groß holtschafft.
Gar offt rufft sie ir gspilen ahn,
Ir mutter ruffen sie began.
Das aber mocht ir nit fürsthon,
Dann Pluto füret sie darvon.
760 Wie weh der maget do geschah
Und wie offt sie hinder sich sah,
So mocht sie doch nit keren wider.
Ir schönen blümlein schüt sie nider,
Davon mert sich ir ungemach.
765 Pluto den pferden fast zusprach,
Die schütten ire langen månen
Und kiefften die biß inn den zenen
Und eileten fast zu der hell
Durch manig tieff und sorglich gfell.
770 Durch die siedenden wasser wielen
Die pferd, fast gschwind hindurchin fielen
Und eileten schnell auff die fart.
　　Jedoch Pluto geirret ward
An eym wasser, dadurch sie solten.
775 Das gschach im von eynr wasserholten,
Cyane was dieselb genant, [2])
Welcher die tochter waß bekant.
Cyane die richt auff ir haupt,
Sah, das Ceres ir tochter braupt
780 Von Pluto, dem hellisch'en gott.
Als er nun durch das wasser wot,

*

1) Pluto zuckt Proserpinam auff seinen wagen.
2) Cyane irret Plutonem an seiner fart, welche Cyane ist gewesen
eyn wassergottin.

Griff die göttin raus mit den henden
Und sagt: 'Hie muß dein fart sich wenden.
Du kanst nit eyn tochtermann sein
785 Ceres, der grossen göttin fein,
Wider iren willen und gmůt.
Dann du sie nit dohin mit gůt
Und bitten hast begert zu bringen;
Drumb dreit sie mißfallen der dingen.
790 Bedenck, wie mich Anapis het [1]
Bekummen durch groß lieb und bet,
Wiewol ich mich nit schetz gen dir
Noch das klein setz dem grossen für.'
Solchs gret, thet sie sich fast außbreiten
795 Und ließ in niemmer forn noch reitten.
    Davon Pluto erzürnet sehr [2]
Und zucket gwaltig sein zepter,
Den er inn seinen henden trug,
Domit die erdt so krefftig schlug,
800 Das sie zerspielt biß auff den grunt.
Die hell gar bald auffthet irn munt
Dem iren künig und seim wagen
Und der junckfrawen, so er tragen,
Demnoch schloß sie zu iren kragen.

Cap. 10.

Pluto fürt Proserpinam zu der hellen, kumpt mit ir an eyn wasser,
inn welchem eyn wassergöttin ir wonung hatt, die weret inen die
überfart. Ceres sucht ir eynige tochter durch die gantz welt, kumpt
zuletzst zu eym weib, deren sie iren sun inn eyn eydex verwandlet.
[Ovid 5, 425 – 461.]

805   'Die schmoch thet diser Cyane
        Inn irem hertzen also weh,
        Welch ir der hellen könig bodt,
        Auch krenckt sie der junckfrawen noth,
        Das sie hernach die nacht und tag

                        *

1) Anapis, eyn liebhaber Cyane.
2) Pluto schlecht die erdt, das sie spalt, fert also gehn hell mit
seinem wagen und raub.

810 Nichts anders mehr dann weynens pflag
Und floß von weynen gar dohin,
Das gantz z wasser wardt die gôttin.

Inn diser zeit hat Ceres lang
Ir tochter gsuchet manchen gang
815 Uff erdtrich, bergen, wassr und landt
Und aber gar nichts von ir fandt.
Ceres die klagt ir eynigs kindt,
Ersucht all berg und theler gschwindt
Rund umb auff erden spot und fru
820 Den tag und auch die nacht darzu,
[53a] Biß sie zuletzst von solcher fart
Und grosser mûdin dürsten wardt.

So ersicht sie eyn heußlein klein,
Das stund vor eynem wald allein.
825 Darzu gieng Ceres die gôttin,
Sie aber fandt nit vil volcks din,
Aber eyn junges kindtlein klein
Was, darzu auch die mutter sein.
Ceres klopfft an, ward inngelossen,
830 Sie bat das alt weib solcher mossen,
Das sie ir wolt eyn wasser geben,
Von mûde thet ir zung ankleben.
Das weib thet solchs mit gutem willen
Und ward der gôttin gbot erfüllen.
835 Sie macht ir eyn gemenckten brey,
Den tranck sie. Das kindt stund dobey
Und sach, wie sie so geytzig schlucket,
Den brey mit lust auß dem napff zucket.
Das kindt gegen der gôttin stundt
840 Und sach ir gradt inn iren mundt,
Das kind sprach: 'Ich sah sicherlich [1]
Nie weip zihen so krefftiglich,
Die do nit joch an dem hals het.'
Die wort der knab sagt inn gespett.
845 Ceres den spott herwider trib,

*

1) Sicaniam allein fruchtbar bleiben. [Gehôrt zu v. 886.]

Das muß, so ir inn dem napff blieb,
Solchs gos sie auff das kindt inn ihl.
Bald wuchsen an im sprenckeln vil,
Sein leib verschwan an allen gliden
850 Und lieff bhend auff der erdt doniden,
War jetz ein eydex an der stett. [1])
Die můter solchs ersehen het
Und wolt bhend greiffen noch dem kind.
Das aber was gar zu geschwindt;
855 Dann do sies meint han inn der handt,
Do stackt es inn der steinen wandt.

[54a] Inhalt der dritten figur des fünfften buchs
               Ovidii von verenderung der gestalten.

Ceres klagt Jupiter ir leidt,
Jupiter schnell die sach vertreit,
Ceres imm gwülck gehn Athen fart.
Caliope red sich enden ward. [2])

Cap. 11 (10).

Ceres kumpt zu der wassergöttin Ciane, welch jetz eyn wasser, worden, sie findt den gürtel irer tochter imm wasser schwimmen; davon sie ergrimbt, verderbt derhalb alles korn inn dem feldt. [Ovid 5, 462—522.]

'Demnach die göttin für inn ihl
Über manch gbürg und wasser vil,
Die ich nit mag genennen all,
860 Dann ir zu vil seind an der zal.
Zletzst kert sie inn Sicaniam,
Doselbst sie zu Cyanen kam,
Die was eyn wasserfraw betagt.
Sie het der göttin wol gesagt,
865 Wie es ir tochter halben stünd,

*

1) Eyn kindt wirt eyn eidex.
2) Holzschnitt 15: Ceres, durch einen ährenkranz gekennzeichnet, holt einen gürtel aus einem bache; rechts steht sie mit dem gürtel vor dem throne Jupiters; oben in den wolken fährt sie auf einem von greifen gezogenen wagen dahin.

Wann sie nit inn eyn wasser gschwind
Verwandlet worden wer zuvorn,
Als sie gehn Pluto fiel inn zorn;
Derhalb manglet sie irer stimmen.
570 Cereß aber die sahe schwimmen
Ir tochter gürtelin empor,
Welichs sie im wasser verlor,
Als sie dorüber waß gefaren.
Ceres gantz kleglich thet gebaren,
575 Ir kleider riß sie jemerlich,
Ir hor raufft sie aus erbermlich.
Sie wußt sie aber nit zu suchen,
Drumb sie dem landt anfieng zu fluchen,
Darinnen sie den gürtel sach.
580 All pflůg sie inn dem feld zerbrach,
Gantz gehling sterben do began
Hinder dem pflug der ackerman,
Auch die ochsen, so den pflug zogen.
Die fruchtbaren kornfelder logen
585 Dasselbig jar on all arbeyt.
Allein Sicaniam nicht leydt [1]
Die mächtig hôe, sunst ward gleich
Geplaget alles erdtereich.
Die vôgel allen gsehten samen
590 Von der erdt zwickten und wegnamen.
[54b] Der radten wuchs auch hoch empor
Und dempffet das korn gantz und gar.
Die distel, wicken und die lind,
Der hagel, regen und der wind
595 Wurffen das korn mit gwalt zů thal.
Auch machts der sonnen hitz gantz val,
Etwan was das von kelt erfroren,
Die ähern stunden sonder koren.
Und weret dises hungers not
600 Gar lang. Zulest herfürher bodt
Auß dem wasser eyn wasserholt

*

1) Sicania alleyn bleibt fruchtbar.

Ir heupt, do Ceres über solt, [1])
Dieselb was Aretuse gnant.
Das wasser streych sie mit der handt
905 Von irem grien triefendem har
Gar manchen weissen wasserzar.
Sie sagt: 'O mutter, weil du hast
Die welt nunmehr geplaget fast
Rund umb inn landen weit und breyt,
910 So messig doch semliches leydt
Und laß dein zorn ein wenig nider!
Bedenck deß grossen leidens sider,
So umb dein kümmernis und bschwerd
Getragen hat die gantze erd,
915 Welch erd unwilliglich zerklaub
Und inn sich nam Plutonis raub,
Dein eynig tochter, welch du hast
Eyn lange zeit gesuchet fast.
Doch soltu wissen auch hiebei,
920 Das ich dich nit drumb bitten sei,
Als ob die sach umb mich zthun wer.
Dann ich kom erst auß Pise her,
Darumb ist frucht eyn grösser theyl.
Doch so du wilt jetzund dein heyl
925 Erfaren, so verlos dein trauren,
So sag ich dirs on alles tauren.
Nim war, ich, die mich stets verschlieff
Hinunder inn die erden tieff,
Damit ich kom ihn dises reich,
930 Dieweil ich nun also herschleich
Inn der erden durch manig gfell,
So kom ich nahent zû der hell,
Do sah ich dein tochter darin.
Die ist der hellen königin,
935 Doch thut sie sidher anders nicht,
Dann daß sie stetigs traurens pflicht.'
     Sobald Ceres semliche wort

1) Ceres kompt zu Aretuse, der alten wasserholden.

Von diser Arethusen hort,
Ir hertz ir gantz erstocket wardt,
940 Von grimmem zorn wie steyn erhart.
Und wie sie stund mit gstrawtem har,
Sprang sie uff iren wagen dar
Und kam gar bald für Jupiter[1])
Gefaren, thet sich klagen sehr.
945 Vor im stund sie verkert on maß,
Ir har noch gantz zerstrewet was.

     Sie schrey: 'Jupiter, höchster gott,
So dir mein elend ist keyn spott,
So wölst zu hertzen nemen das.
950 Mein grosse kümmernis wol faß,
So mir kompt von der tochter mein,
Welche auch ist eyn tochter dein,
Dern elend loß dir z hertzen gohn!
Mein langes suchen, so ich gthon,
955 Hab ich eyns theyls jetz überwunden;
Mein liebste tochter hab ich funden,
So ich mag heyssen funden diß,
Doch nant ichs wol verloren gwiß.
Ich weyß, wohin mein tochter kommen.
960 Dein bruder hat mir sie genommen;
Denn raub zu sagen ich verheb,
Uff das er mir sie wider geb.
Er wil sie haben mit gewalt,
Ob mir das gleichwol nit gefalt.
965 Das klag ich dir uff disen tag;
Darumb so rath mir uff mein klag!'

Cap. 12 (26).

Ceres klagt dem Jupiter den verlust irer tochter. Ascalaphus verret
Proserpinam, sie hab der hellischen äpffel gessen. Proserpina ver-
wandlet Ascalaphum inn eyn scheulichen vogel, der nachthauwer ge-
nant oder die nachteulen. [Ovid 5, 523—550.]

     'Jupiter sprach: 'Fraw Ceres gůt,

                              *

1) Ceres die gottin kompt zu dem gott Jupiter, klagt den verlust
ihrer tochter Proserpina.

Wiß, das meinr tochter widermût
Mir billich thut zu hertzen gohn,
970 Ir wolfart aber freyt mich schon.
So wiß auch, das ich michs nit schemen,
Das ich zum tochterman soll nemen
Den, der mein dritter bruder, gnant
Pluto, meniglich wolbekant.
975 So mag ichs im auch nemen nicht;
Dann er mir durch sein gwalt entflicht,
So ward im mit recht inn der wal
Der gantzen hellen reich zu fal
Und aber mir der himel hoch,
980 Welch reich wir beyd besitzen noch.
Doch wolt ich sie wol bringen wider;
Wo sie der hellen speiß je sider
Geschmacket noch versuchet nie,
Auß helschem gwalt so kommet sie
985 Heruff inn meines himels thron.
[55a] Deß mag ir niemant widerstohn.'
    Ceres was diser worten fro;
Doch was ir tochter nit also
Besinnet; dann die toll und tum
990 Des tages gieng spatzieren umb
Inn den hellischen garten schon,[1]
Darinn sie vil der frucht sah stohn
Und obs, so sie abbrach nach lust.
Sieben korn sie davon erwuscht
995 Und schob die bald inn iren mundt.
Diß achtet niemant zû der stundt,
Wann Ascalaphus dazû kam,
Derselbig melt die ding alsam
Und sagt diß als an ir außfart.
1000 Diß meldung im gantz zu saur wardt;
Proserpina die kônigin
Die macht zû eynem vogel in,

*

1) Proserpina isst vonn der hellischen frucht, darumb nit mehr
davon mocht erledigt werden.

Darumb er sie vermelt der zeit.

Sein augen wurden groß und weit,

1005 Das haupt ward im ungstalt und breit,

Sein fettich er gantz langsam treyt

Von der erden empor gelich,

Sein stimm die laut gantz grausamlich,

Den leuten sagt er böse mehr;

1010 Sein nam heyst der leydig hawer.

Das macht, daß er zů unzeit hat

Verschwatzet Proserpine that.

Cap. 13 (8).

Jupiter verricht den zanck zwischen Plutoni unnd Cereri, also das
Proserpina den halben monat inn der hell, den andren am himel sten
soll, welchs der mon ist. [Ovid 5, 564—641]

'Jupiter sich bald understundt

Zů machen eynen fried und bundt

1015 Zwischen Cerere und Pluto

Seim bruder. Der fried ward also,

Das Proserpina solle stohn

Am himel, welche ist der mon,

Eyn halben monat tag und nacht.

1020 So dann eyn semlichs ist volnbracht,

Soll sie dann wider inn die hellen

Zu Plutonis diensten und gsellen;

Demnach sie wider uff thut gohn,

Bei ir mutter am himel stohn,

1025 Wie mans all monat sicht da oben.

Solchen vertrag thet Ceres loben

Und ließ von irem trauren, klagen.

Sie bat, ir Aretuse sagen,

Wie sie zu wasser worden wer,

1030 Dann sie davon nit horte mehr.

Aretuse deß willig was,

Kam auß dem wasser also naß.

Sie rang bald auß ir nassen hor,

1) Aretusa erzalt Cereri, wie sie zu wasser worden sei.

Damit sie reden kont darvor.

1035 Sie sagt: 'Ich waß eyn schone maget,
Als man fand eyne uff der jaget;
Auch keyne sonst mehr seyler stalt,
Als ich thet uff dem gjegt imm walt.
Von angesicht was ich so schon, [1])
1040 Mir hett gezimmet wol eyn kron;
Solt mich schon hon eyn keyser gnommen,
Es wer im nie zu verwiß kommen.
Doch achtet ich deß lobs gar nit,
So mir gmeynglich gaben die leut,
1045 Wiewol das gmeynlich liebt den frawen;
Wann sie mich schon fast theten schawen,
So achtet ichs nit umb eyn har,
Ir loben daucht mich schendtlich gar.
      Eynsmals sich umb eyn mittentag
1050 Die sach zutrug, wie ich dir sag.
Noch lust inn eynen wald ich gieng,
Mein köcher an meinr seiten hieng,
Darzů mein bogen wolbereyt.
Von hitz der sonnen und arbeyt
1055 Was mir damolen worden heyß,
Das über mein leib gieng der schweyß,
Als wann ich gar beschüttet wer.
So sich ich eyn wasser ongfer
Gegen mir streichen wassers reich,
1060 Eynem gletterten zinn geleich.
So lauter was es, das man kundt
Den sand gezalen an dem grundt;
Weidenbeum stunden beyder seit,
Die gaben schatten alle zeit
1065 Inn diß wasser. Ich eilet baldt
Zů disem lautern wasser kalt,
Damit mir meiner hitz würd büß.
Ich tratt gantz sitlich mit eym fůß
Ins wasser; bald ich ward gewar

*

1) Von der schonheyt Aretuse.

243

had.

Ich mein hendt gehn Dianen bodt
Und sagt: 'Hilff, heilige gŏttin!
Dann ich jetzundt gefangen bin.
Hilff mir, die du zu manchen molen
1110 Den meinen kŏcher voller strolen
Zusampt dem bogen hast gethon!'
Diana mich erhŏret schon,[1]
Eyn nebel warff sie auff mich baldt,
Damit sie mich bedackt mit gwalt.
1115   Alpheus stund, verwundret sich,
War doch so bald wer kummen ich.
Zweymal laut rieffen er begundt
Mir, die ich inn dem nebel stund;
Er umblieff offt den nebel dick.
1120 Ich stundt, forcht mich sehr vor seim plick,
Gleich wann eyn schof eyns wolfes stimm
Hŏrt gehn auß seinem hals so grimm
Und ist der wolff schon bey der stigen,
Das schoff schweigt und thut gantz stil ligen.
1125 Gleich eynem hasen, der do leit
Inn eyner hecken lange zeyt
Verborgen vor den hunden grimm,
Der lauset still und regt sich nimm,
Also was mir auch do zu mut.
1130 Alpheus stund mir an der hut;
Dann er imm sandt keyn spur sah mehr,
Das ich im vorgelauffen wer.
     Ich stundt, der kalt schweiß aus mir brach
Und floß von mir gleich eynem bach
1135 Hinab gen thal von allen enden,
Von fingern, negeln, hals und henden,
Auß beiden mein armen und bein.
Kein hor an mir nit was so klein,
So mir thet sthon an meinem kopff,
1140 Es hieng daran eyns schweisses tropff.

•

1) Diana macht eyn nebel über die Aretuse, so das sie Alpheus
nit mehr sehen mocht.

Auffhub ich eynen fuß und trat
Eyn wenig von derselben statt,
Do lag der schweiß am selben grundt,
Gleich wann eyns brunnens quel do stund.

1145 Ich fieng gleich zu verschmeltzen an,
Wie schne thut an der sunn zerghan,
So sie scheint umb den mittentag,
Also inn wasser ich do lag.
Sobald Alpheus mercket das,

1150 Do was er auch keinswegs nicht laß
Und leit sein menschlich biltnuß nider,
Verwandlet sich inn wasser wider,
Domit er sich vermischt mit mir.

Diane rufft ich an mit bgir:
1155 'Hab ich dir gdient, o göttin reich,
So wölst du hie erlösen mich!'
Also Diana trewlich wielt
Und under mir die erden spielt,
Dorin verschloff ich schnel und bhend

1160 Und macht mich eylentzs von dem end,
Wie ich zu diser zeit noch pfleg.
Under der erdt eyn weiten weg
Fliß ich dohin, biß ich kum har,
Wie du mein worden bist gewar.

1165 Diß glaub mir, Cereß, sicherlich,
Dann also ward zu wasser ich.'

Cap. 14 (13).

Ceres demnach sie irs zorns gemiltert, fert sie mit iren trachen gehn
Athen, kumpt zu Triptolemo, befilcht im, die frücht inn Scytiam zu
füren. Triptolemus wirt übel von dem könig empfangen. [Ovid 5,
642—661.]

Als Ceres, die göttin deß korns,
Vergessen hatt jetz ires zorns,
Rüst sie sich und wolt farn von dannen.

1170 Inn iren wagen thet sie spannen
Gar grosser schneller trachen zwen
Und für dohin gegen Athen

Inn dem lufft bey den wolcken ho. [1])
Kam zletzst zu dem Triptolemo.
1175 Den hieß sie sitzen auff irn wagen.
Dann er die frucht solt fürn und tragen,
So im dann Ceres hatt gegeben,
Das man das erdtrich sehet eben,
Do man dann mangel het an korn,
[56a] Welchs land Ceres verderbt davorn.
    Triptolemus sein fart bald nam
Und fur inn die kalt Scitiam,
Do herschet der könig Lincus.
Als im nun der bott kam zu huß,
1185 Do fraget er in newer mehr,
Von wann er kem, welchs landts er wer
Und was er hett für eynen namen.
Der ding bricht er ihn aller samen.
Sagt: 'Ich bin Triptolemus gnant,
1190 Athen heysset mein vatterlandt.
Zů dir bin ich postieret her [2])
Weder zu lande noch zu meer,
Auch nit zu schiff, zu fuß auch nit:
Ich zeyg dirs aber an, damit
1195 Dus wůst: im lufft bin ich herkommen.
Mein kunst der gantzen welt bringt frummen :
Dann ich deß samens bring jetz har,
Daran die welt hatt mangel gar,
An weyssen, habern, gerst und korn.'
1200   Der könig nam der wort groß zorn.
Gedocht: 'Wo diser frembdling sich
Mit solcher kunst innreisset glich
Und wider bawen wirt die erden,
Er möcht dem volck angnemer werden
1205 Dann ich.' Also der kőng inn haß
Ghen Triptolemo gfallen was.
Jedoch sagt er im herberg zu

---

1) Triptolemus fert auff dem wagen Cereris inn die **Insel** S
2) Triptolemus postiert imm lufft.

Und meynt, sobald er kem zu rhu[1])
Deß nachtes schloffen an das bett,
1210 Daß er in dann ertödten wölt.
    Ceres aber, die göttin gůt,
Hatt ires dieners gůte hůt.
Sie thet gar fleissig für in wachen
Und hieß sich bald von dannen machen.
1215 Den könig sie schnell und behent
Inn eyn gifftige notter went,
Welche mit scharpffer augen blick
Thut sehen durch eyn mauren dick,
Als ob gantz nichts davor nit sei;
220 So scharpff hatt sie ir gsicht so frei.'

Cap. 15 (14).

e hat eyn end Caliope der jungfrawen gesprech, behelt den sig
zen den neün schwestern, welche inn aglastern verkert, welche
:h schwetzige vögel sind, an etlichen orten atzlen genant werden.
[Ovid 5, 662—678.]

'So weit was Caliope red.
Alsbald sie die beschlossen het,
Die waltfrawen und göttin all
Furten ir gschrey inn gmeynem schall,
25 Sagten, die neün wern überwunden.
Zu schelten sie sie auch begunden
Zu andren irem grossen schaden,
Mit dèm sie waren überladen.
Das macht, daß sie so frevel gar
0 Inn solchem hohmůt kamen dar.
Zů inen sagt bald unser eyn:
'Sagt an, ir schwestern, daucht euch kleyn,
Daß ir den sig ghen uns verloren?
Ir schalten uns hefftig davoren;
5 Solch ewer reytzen, hochmůt, schelten
Můsendt ir an euch selb entgelten.'

*

1) Der könig wolt Triptolemum bei nacht erwurgt haben. Ceres
hilfft ihm darvon. Der könig wirt zu eyner natern.

     Noch liessen sie nit solche schmoch
     Und schalten uns gleich vor als noch,
     Biß ihn die federn fürher drungen
1210 Blutig und mürb gleich andren jungen
     Vogeln, so sie erst wachssen thund.
     Das gfider sie umbwuchs zustund
     Schwartz und weiß, wie zů unsern tagen
     Die aglastern noch federn tragen.
1215 Die haben noch an in die art,
     Wer für sie geht, reit oder fart,
     Dieselben sie verspotten gar,
     Wie sie auch vor inn gmeyner schar
     Solchs brauchten inn menschlicher gstalt
1220 Ob disem brunnen inn dem waldt,
     Als sie noch warn jungfrawen schon,
     Wir ir gehöret hand davon.'

[57a] **Das sechste buch Ovidii von verenderung der gestalten.**

Cap. 1.

Pallas inn eyn gestalt eynes alten weibs kompt zů Arachne, warnet
sie vor der götter schmoch. Arachne vermisst sich mit ihr zu wir-
cken. [Ovid 6, 1—102.]

Als nun Pallas semliche wort
Von anfang biß zum end gehort,
Do lobet sie den sang zuvorn,
Demnach preis sie auch iren zorn,

*

l) **Holzschnitt 16:** An zwei webstühlen sitzen Pallas, durch
die darübersitzende eule kenntlich, und Arachne. Im hintergrunde
hebt Pallas die erhängte Arachne, hinter der ein spinnennetz die
spätere verwandlung andeutet, empor.

  5 Das sie sich an den hetten grochen,
    Welche in so starck widersprochen.
    Sie sagt: 'Ich will auch gwis erlangen
    Groß lob; dann wider mich angfangen
    Zu wircken hat eyn weib gethon,
10 Vermeynt mit wircken mich zu bstohn,
    Wiewol und ich eyn Göttin bin
    Und diser kunst erfinderin.'
       Arachne was der nam der frawen, [1]
    Wellicher Pallas hatt getrawen.
15 Derselbigen Arachne nam
    Erschal über gantz Lidiam;
    Das man ir trug groß huld und gunst,
    Schuff all ir wircken und ir kunst.
    Zů ir kamen offt die waltfrawen,
20 Das sie möchten ir arbeyt schawen;
    Dann sie mit wircken stifftet wunder.
    Die weiber kamen, welche under
    Dem wasser ire wonung handt,
    Die kamen rauß uff trucken landt,
25 Damit sie sehen ir arbeyt,
    An welch sie grosse kunst uffleyt.
    Und doch mit wircken nit alleyn,
[57b] Sonder mit aller arbeit gmein,
    Welche dann sond die weiber pflegen,
30 Es wer mit spinnen, wircken, nehen,
    Daran erlangt sie als den preiß,
    Als wann Pallas die göttin weiß
    Sie semlich künst gelernet hett.
    Arachne aber trötzlich redt [2]
35 Wider Pallas gar manig mol
    Und sprach: 'Wans Pallas kan so wol
    Als ich, so überwindt sie mich,
    Mit arbeit mag sie fleissen sich.

*

[1] Arachne, eyn kunstreiche wirckerin, vermas sich mit Palladi
inn kampffs weis zu wircken.
[2] Trotzliche antwurt Arachne.

So sie mir dann mit kunst ligt ob,
10 So tregt sie billich vor mir lob
Und leid ich billich stroff und schand.'
　　Palladi thet die red gar andt
Und nam gar bald ann sich die gstalt,
Als wann sie hundert jar wer alt;
15 Sie gieng gantz schwach mit bognem rucken,
Mit grawem har, an eyner krucken.
Zu der Arachne sie do gieng, [1]
Mit ir zu reden sie anfing.
Sie sprach: 'Ich hab gehöret sagen,
20 Das alter sey schwach und erschlagen
Und sey zu keiner sachen nutz.
Doch hat es noch etlichen schutz;
Welcher im volget inn seim rath,
Den rewet selten seiner that.
25 Also will ich auch rothen dir.
So du anderst wilt volgen mir,
Loß dich benügen an dem ding,
Das du etlicher kunst so ring
Der welt vorghest mit deinr arbeit!
60 Nit schöpff dir von den göttern leidt,
So das du inen wollest glichen!
Hastu geredt etwas schmälichen,
Das Pallas nit geleiden mag,
Bitt sie dafür an disem tag,
65 So wird dir solchs von ir verzigen.'
　　Bald sie semlicher wort thet schweigen.
Sach sie Arachne zornig ahn.
Ir gsicht aus zorn wie eyn fewr bran
Und ließ ir arbeit unterwegen,
70 Gar kaum enthielt sie sich vor schlegen.
Sie sagt: 'Du witzloß altes weib,
Verflucht sey dein heßlicher leib!
Deins roths mag ich wol über sein.

*

[1] Pallas kumpt inn gstalt eyns alten weibs zu Arachne, vermeint sie von irem furnemen abzuwenden.

Gang hin und roth den kinden dein
75 Oder wem du sunst günnest guts!
Dann ich bin noch deßselben muts,
Das ich mit Pallas streitten will.
Irer gottheit acht ich nit vil,
Mit arbeit wil ich warten ir,
80 Irer zukunfft trag ich begir.
Wann mag sie kummen, weß wart sie?'
    Pallas sprach: 'Sich, ich bin schon hie!'
Ir gottheit ließ sie scheinen balt,
Damit sie kennet jung und alt.
85 Das volck viel nider auff die erdt
Und bettet an die göttin werdt,
Inn grosser forcht was ir gebet.
Die göttin sich verkleren thet
Und stund do gleich der morgenröth,
90 Als wann die sunn erstlich auffgeth.
Arachne aber forcht ir nicht,
Zu streiten hatt sie sich gericht
Mit Palladi der göttin rich.
    Pallaß zur arbeyt schicket sich.
95 Ir wirckramen zu hand sie namen
Und schicktendt sich zum werck bedsamen.
Ir beider zettel gspunnen goldt
Was, dran eyn jede wirckenn solt.
Der intrag mancherley seid was,
100 Gleich wie die plumen inn dem graß
Gar mancherley geferbet sthon,
Im meyen zierlich fürher ghon.
Also der lust und die gwonheit
Trib sie zur arbeit alle beid
105 Die spindel und die spulen gschwindt
Durch ire netz geschossen sind,
Domit eyn jede wolt gesigen,
Der andern mit arbeit obligen.
Es nam auch jede sunderlich
110 Eyn eigen materi für sich.
    Pallas wirckt eynen zirckel rundt,

Darumb eyn schôner rebast stundt [1]
Von laub und treublein also schon,
Das mengklich thet inn zweiffel sthon,
115 Ob solche treubel gwachsen weren;
So künstlich das laub mit den beren
Gewircket was. Inn eyner summ
Stunden an disem zirckel rumb
Die zwelff zeichen noch irer art; [2]
120 Jedes künstlich gewircket wart:
Der lew, kreps, zwilling, scorpion,
Der stier, wider, fisch und Chiron,
Wag, wasserman, bock und junckfraw,
Die warn all gwircket auff die schaw.
125 Inn die vier ecken wurden gstelt
Die vier windt, so die gantze welt
Mit irem starckem plost, erfüllen,
Die schiff regierns noch irem willen:
Boreas und auch Zephirus, [3]
130 Auster, deßgleichen der Eurus.
Inn mitten disem zirckel saß
[58a] Jupiter gwirckt über die maß [4]
Hoch auff seim königlichen tron;
Uff seinem haupt trug er eyn kron,
135 Eyn kôngklich zepter inn der hend.
Neptnnus an eym andren endt [5]
Sas, welcher dann des meeres wielt;
Der schlug die erden, das sie spielt,
Mit seim dreispitzigen tridenten,
140 Davon sich alle wasser wenten
Von der erden schnel inn das meer;
Er want das wasser wider her.
Diß was gar meisterlich gebildt.
An seiner brust trug er eyn schilt, [6]

*

1) Von der materien, so Pallas an das kunstlich gewurck gelegt hat.
2) Die zwölff zeichen.
3) Die vier hauptwindt.   4) Jupiter.   5) Neptunus.
6) Der trident Neptuni ist eyn eisne gabel mit drei spitzen, an
jeder spitzen eyn strol.

145 Uff seinem haupt eyn helmlin frey,
Sein spießeisen getheilt inn drey,
Den schilt hielt er fest inn der handt.
　　Demnach sich die materi want,
Dobey Arachne solt verston,
150 Was sie empfohen würd für lohn,
Umb das sie angbotten zu streiten[1]
Mit der göttin mit irm arbeyten.
Pallas die wircket auch vier stryt
Inn die vier winckel jeder sit,
155 Inn jeden winckel stalt sie eyn
Gar mit künstlichen bildern klein.
Inn dem ersten horn man ersah
Zwen berg, stondt inn Arcadia,
Der groß Hemus und Rhodope.
160 Die waren risen gwesen eh,
Sie wolten mit gwalt werden gött,
Dorumb die götter sie zu gspött
Inn berg verwandlen thetten bhend.
Pallas wirckt an eym andren endt,
165 Wie Juno thet mit eynem weib
Eyn streit und wandlet iren leib
Inn eynen kranch gleich an der statt,
Welche noch heut den namen hatt.
Die krenchsgeschlecht die stunden bald
170 Inn eyner kriegsordnung mit gwalt.
Auch strit mit Antigone Juno,[2]
Welche sampt irem volck aldo
Inn lauter störck wurden verkert
Und furten ires kriegs gefert,
175 Wie man das noch von ihnen sicht,
Sobald ihn widertrieß geschicht.
Also sie Juno do verwendt;
Ihn mocht nit helffen an dem end

*

1) Von den grossen bergen, welch vor risen gewesen und aus ver-
achtung der gott inn berg verwandelt.
2) Woher der kranch iren ursprung haben.

Von Troy ir vattr Laomedon
180 Noch der hoch thurn, der Ilion.
Dise störck kleppern noch zu tagen,
Wann man sie aus dem nest will jagen.
Vernempt, am vierdten orth do waß
Der arm betriebte Cynaraß
185 Und thet gantz hertzigklich beweinen
Sein töchter, die zu harten steinen
Die höchsten gött gemachet heben,
Drumb sie ihn theten widerstreben.
Dieselben stein, inn die sie gwendt,
190 Für pfeiler an dem tempel stendt.
Auff den steinen lag er gebreyt,
Mit weinen klaget er sein leit.
Diß was gantz meisterlich gebildt
Von Palladi der göttin milt,
195 Gleich wann sich semlichs recht erhept
Und natürlich auff erden lebt.
Umb dises werck eyn zirckel rundt
Von oliven gewircket stundt,
Der stamm sich meisterlich rumb flacht.
200 Damit Pallas ir werck volnbracht.

Cap. 2.

Was Arachne wider die göttin Pallas gewirckt hatt, wiewol fast schon
ubnd köstlich, wirt sie doch von Palladi inn ein spinn verwandlet.
[Ovid 6, 103—145.]

Arachne fieng zu weben an
Eyn werck, das was kunstreich und schon.
Dann es stund an irs gwürckes bild
Europa auff dem ochsen wildt, [1]
205 Inn welchen sich gott Jupiter
Verborgen hatt die zeit, als er
Europam rauben wolt felschlich.
Uff seinen rucken satzt sie sich,

*

1) Arachne wirkt nichts dann der gotter schentliche thaten, nem-
lich wie Jupiter eyn ochs wardt.

Do fûrt er sie bhend über seeh.
210 Davon der magt geschach so weh,
So das sie gbar gantz jemerlich,
Sah offt hinumb noch dem erdtrich.
So gantz contrafeyt sah das werck,
Das man dran spiret keyn gemerck,
215 Dann wie eyn junckfraw kem geflossen
Her über meer auff eynem ochsen.
So künstlich was gewirckt das meer,
Als wann es sich beweget sehr.
    Auch wircket sie an den teppich,
220 Wie Jupiter verwandtlet sich ¹)
Inn eynen schwannen schöner gstalt
Und bschlieff die hüpsche Leda baldt.
Solchs thet er under schwanen bild;
Demnach wie eyn satyrus wildt
225 Beschlieff die schon Nicteidam.
Jupiter bschlieff auch d Alcmenam;
Inn Amphitrions gstalt er kam,
Welcher was der Alcmene mann.
[58b] Auch sah man do gewircket sthon
230 Von goldt und seiden farben schon,
Wie Jupiter inn eym goldtregen
Sich zu der Danae thet legen ²)
Und thet sie also schwechen baldt.
Asopis unter fewres gstalt
235 Hat auch gott Jupiter beschloffen.
    Diß schon gewirck was nit zu stroffen,
Dann sie auch dran gewircket hot
Inn mancher gstalt des môres gott
Neptunum, wie er sich verkert
240 So offt durch manig seltzam gfert,
Jetz inn eyn stier, dann in den fluß,
Welchen man nennt Enipeus.
Demnach er bald eyn wider wirdt,

            *

1) Jupiter sich inn eyn schwanen verwandlet, beschlofft die L.:
2) Von dem gulden regen.

Auch inn eyns pferdts gestalt hinfürt
245 Ceres die göttin hochgeborn,
Eyn göttin über alles korn;
Auch wirt er bald zů eym delphin.

Darbey sah man gewürcket fin
Phebum den gott, wie er herflug ¹)
250 Inn habichs form und mit im trug
Die frawen über berg und thal;
Er schwang sein gfider überal,
Sie zu erschrecken lust er trůg.
Er ward eyn lew gantz ungefůg.
255 Demnach sah er eym hirten glich,
Damit betrog er gantz felschlich
Isse die wunderschöne meidt.

Inn disem werck sach man gereit
Bachum den gott inn eyn weinreben,
260 Thet vor der Erigonen schweben,
Inn gstalt der weinreb vor ir lieff,
So lang biß das er sie beschlieff. ²)

Do was auch inn demselben zirck
Erigone die magt imm gwirck,
5 Welche do was zu halbem leib
Eyn halbes pferdt und halbes weib,
Dieselb von Saturno empfing.
Zuletzst umb dises werck rumbgieng
Eyn krantz von blumen gantz zierlich,
) Hatt gmacht Arachne die künstrich
Mit ir arbeyt und eygnen henden,
Domit sich auch ir werck thet enden.

Welchs werck auch Pallas selber nicht
Hett mügen schelten gar mit icht,
Und ob sie schon aln fleiß dran gleit,
Het sie nit gbessert solch arbeit.

*

) Phebus wirt eyn habich, eyn lew, eyn hirt, damit er die magt
betrogen hat.

Derhalb trug sie Arachne haß, [1])
Drumb sie der kunst so artlich was.
Aus grossem neid, welchen sie trug,
280 Brach sie das schon werck mit unfůg
Zu schmoch Arachne gar zu stücken.
Inn zorn thet sie die spindlen zucken,
Domit sie solche arbeit wab,
Der Arachne vil schleg sie gab
285 Davornen an ir haupt und stirn.
Davon ertaubet gantz ir hirn,
Und eh sie wußt umb solche ding,
An eynem starcken strick sie hieng.
    Als aber wolt verscheiden die,
290 Erbarmbt sich Pallas über sie [2])
Und hub sie von dem strick empar,
Domit sie nit erwürget gar.
Jedoch sagt sie aus zorn und grimm:
'Do dannen kumpst du sicher nimm,
295 Darzu must wircken ewigklich
Und also hangen schmertziglich.'
Eyns krautes safft sie auff sie goß,
Davon ward sie irs hors gantz plos,
Ir glider inn abnemung kamen,
300 Ir haupt klein und ir glid alsamen.
Eyn kurtzen dicken bauch sie gwan,
Daraus sie firbas ir wep span.
Und ward also inn kurtzer weil
Zu eyner spinnen schneller eil,
305 Wept noch ir werck zu aller stund,
Wie solchs ir arbeit machen kundt.

Cap. 3.

Von Niobe der kŏnigin, wie sie sich selb für eyn gŏttin uffwirfft, ver-
acht Latonen ir fest und fewr, wil, das volck soll ir als eyner gŏttin
opffern, erzalt dem volck irn namen und stammen. [Ovid 6, 146—200.]

*

1) Pallas bricht das schon gewirck Arachne.
2) Arachne wirt von Palladi an eynem strick erhenckt, doch zu-
letzst inn eyn spinn verwandlet.

Soliche mer ward weit erkant
Rundumb weit und breit durch die land.
Das volck hefftig erschrack davon,
310 Niemans dorfft Pallas widersthon.
Doch Niobe die stoltz küngin
Veracht diß durch irn stoltzen sinn;
Wiewol sie doch wußte umb das,
Wie Arachne gestroffet was,
315 Noch trug sie ir hochmut dohin,
Das sie verachtet die göttin
Und maß ir selb zu göttlich ehr,
Davon sie ward gestroffet sehr.
Ir reichtumb bracht zuwegen das;
320 Dann sie inn grossen ehren saß
An landt und leuten, macht und gwalt,
Ir gantz gschlecht ehrlich was gezalt,
So das man wol het mügen sagen,
Ia] Niobe wer bey iren tagen
25 Das seligst weib gwesen auff erden,
Als deren zeiten gfunden werden.
    Manto, die eyn weißsagin was,
Die kam dar, do die köngin saß,
Und schrei do mit grosser begir ¹)
10 Inn aller statt wider und für
Uff allen strossen und auch wegen:
'Ir solt all arbeyt von euch legen
Und sond füren den tag herlich
Der göttin Latonen so reich,
5 Deßgleichen iren beyden kinden.
Euwere hor sond ir bewinden
Mit flechten gmacht von gülden schnüren,
Krentzlein von laub die sond euch zieren.
Domit thunt inn den tempel ghon,
Halten der göttin hochzeit schon
Mit fewr, mit opffer und gebet.'

                    *
) Manto, eyn grosse zauberin unnd unhuld, hat man domal fur
·eissagin geacht.

                    17*

Das volck alles gemeinlich thet
Noch dem bvelch; über gantz Thebas
Von dem rauchwerck eyn nebel waß,
345 So fast der weyrauch gbrennet hatt
Allnthalben inn der gantzen statt.
   Inn solchen dingn kam gantz prechtlich
Niobe die stoltz köngin reich;
Sie was auch gantz schöner gestalt,
350 Dann das sie regiert zornes gwalt.
Von reichem goldt was ir gewandt,
Das volck volget ir noch alssandt;
Ir goldtfarb hor zu ruck was gschlagen,
Welchs ir der windt empor thet tragen.
355 Ir haupt schüt sie zu dreyen molen,
Demnach sagt sie gantz unverholen:
'Sagt mir, ir unsälige diet,
Wer euch doch solche sachen rieth!
Ich sag euch, er hat euch bethört.
360 Allein wirt euwer lob gemert
Von solchem opffer, das ir tragen.
Ich bit euch, wöllent mir doch sagen,
Warumb Latonen opffern ir
Und nit darfür bringt opffer mir.
365 Wist ir nit, Tantalus, der saß
Zu tisch, mit andern göttern aß,
Derselbig ist mein vatter gwesen.
Die liechte Pleias außerlesen
Die ist gwesen die mutter min.
370 Atlaß ist auch mein oheim gsin,
Welcher auff seinen schultern breit
Den himmel gar mitnander dreit.
Jupiter auch mein ohem waß.
So sollend ir auch wissen, das
375 Ich zu Troy gantz gewaltig bin
Deß gantzen landts gebieterin.
Auch dienet mir und meinem man
Der Cadmus, welcher zerst fieng an
Die mechtig statt Thebe zu bawen.

30 Uff mein macht solt ir billich schawen;[1]
Wohin ich blick, ist anders nitt
Dann groß reichthumb zu aller zit.
Dann wann ich sucht das lobe mein,
Ich wolt auch wol eyn göttin sein.
35 Darzu hab ich viertzehen kind,
Dern siben meitlein drunder sind
Und siben knaben schöner gberden,
So schon, als mans findt auff der erden,
Die mag ich zamen geben wol.
30 Solch sach mich billich frewen soll,
So ich mit freiden mag anschawen[2]
Mein kinder, eiden und sonsfrawen.
Solt ich mich deß nit hoch vermessen?
Doch wird mir niemmermehr vergessen,
35 Das ir mir Latonen setzt für
Und doch billich opfferten mir.
Nun hat sie auff dem erdtrich weit
Nit eynes kleinen fleckens breit,
Dorauff sie möcht eyn kindt geberen
40 Und decken noch weiblichen ehren.
Dann ir zur notturfft nit mocht werden
Mehr an dem lufft noch an der erden,
Die ir doch heissen eyn göttin,
So lang das sie fast fer von hin
45 Schwam und auff wildem meer hinfloß
Inn eyn landt, ist genant Deloß,
Welchs landt zuletzst ir ungemach
Erbarmbt. Dorumb es zu ir sprach:
'Latone, merck, was ich dir sag!
50 Dein ellend gleicht sich meiner klag.
Das erdtrich kein platz losset dir,
Dergleichen thut das meer auch mir.
Nhu ist uns beiden eyns beschert;
Dann under uns gwiß eyns irr fert,

*

1) Niobe schetzt sich ir grossen reichtumb halben selig.
2) Niemans soll sich seiner kinder zu vil überheben.

415 Du uff dem landt, als ich imm meer.
Drumb drit auff mich, ist mein beger.'
Also Latone dorauff saß,
Biß das sie zweyer kinder gnaß, [1])
Welchs meinr kind ist der sibendt theil.
420 So gleichen mag mein glück und heil,
Dann ich viertzehen kindt thu haben,
Siben meitlein und siben knaben,
Die all inn meinem leib ich trug.
Drumb bin ich reich und sälig gnůg,
425 Ja sälig bin ich mehr dann vil.
Darzů ich sicher wesen will,
Das mich das unstet falsche glück
[59b] Niemmer vertruckt durch seine tück.
Loßt sein, das michs etwan beschwert
430 Und mir inn etlich weg sey hert,
So laßt mirs doch den merern theil,
Wie ich vor gsagt, ann meinem heil.
Auch loß ich meine kinder nit
Von nander bringen umb kein bitt;
435 Dann würden sie von nander gnommen,
Zu eyn mechten sie nimmer kummen.'

Cap. 4.

Latone über Niobe erzürnt fart auff den hohen berg Cyntum, klagt
solche schmoch iren kinden, nemlich Phebo und Diane, bgert hierumb
rach. [Ovid 6, 201—216.]

Niobe sagt: 'Thund hin die kronen,
Stelt ab die hochzeit der Latonen!'
Zuhandt ward irs gebots gepflegen,
440 Die hochzeit ließens underwegen.
Drumb zürnt Latone die göttin [2])
Und hub sich schnellicklichen hin
Uff Cyntum eynen berg so ho
Und klagt solchs irem sun Phebo,

*

1) Die kinder diser Latone sind Phebus unnd Diana.
2) Die klag Latonae gegen iren kinden.

445 Ir tochter Dianae desgleich.
Sie sagt: 'Man will verkleinen mich
Und schwechen meiner ehren allen.
Wie wend ir euch das lossen gfallen?
Man wil mich brauben meiner ehren,
450 So mir das volck teglich solt mehren.
Drumb sagt, wie wend ir euch drumb halten?
Meinenthalb loß ichs glück gern walten,
Doch thut mirs weh von euwertwegen,
Mich ewerthalb zu rach thut bwegen
455 Niobe das hochmütig wib
Durch iren trutz und stolzen kib
Will ire kind euch setzen vor,
Zerstórt mir auch mein hochzeit gar,
Darzu auch ewer hochzeit all,
460 Drumb sie mehr kindt hat an der zal.
Sie hat schwerlich ab uns geklagt
Und alles übel von uns gsagt.'
    Phebus sagt: 'Mutter, loß dein klag
Und zweyffel nit, auff disen tag¹)
465 Wir wend dich an Niobe rechen.'
Diana auch deßgleich thet sprechen.

[60b] Inhalt der andern figur des sechsten buchs
        Ovidii von verenderung der gestalten.

Niobe sicht ir kinder fall,
Sie schilt die götter gmeynglich all,
Zü eynem marmelsteyn sie wardt.
Die bauren gwinnen froschen art.
5 Phebus schindt eynem zwerch sein leib.
Tereus nimpt Progne zum weib.²)

                    *

1) Phebus verspricht seiner mutter, die sach zu rechnen.
2) Holzschnitt 17: Phöbus und Diana schiessen aus den wol-
ken auf die kinder der Niobe; fünf söhne und fünf töchter liegen be-
reits tot am boden, zwei töchter stehn noch aufrecht, zwei söhne
suchen zu pferd zu entkommen.

Cap. 5.

Phebus und Diana fliegen inn die höh, spannen ire bögen, erschiessen
der königin Niobe ire son vor der stad Theben uff dem rennplatz.
[Ovid 6, 216—266.]

Do ward nit lenger gwartet zwor,
Sie furen inn dem lufft empor,
Kamen schnell über Thebas gflogen
470 Mit eynem wolcken überzogen.

Eyn sehr breyt feld vor der stadt lag
Do man die roß zu mustern pflag,
Als mans noch hat bei grossen stetten,
Die ban war auß der moß zertretten. [1]
475 Dar kommen der Niobe kindt,
Etlich der knaben jung und gschwindt,
Das sie da wolten kurtzweil üben;
Dann in das ritterspiel thet lieben.
Etlich warn gsessen uff die roß;
480 Eynr under in hieß Ismenos,
Der war seinr mutter erstes kindt,
Welche gwönlich die liebsten sindt.
Der schnell uff seinem gaul hinfert,
Aber das böß hartmundig pferdt
485 Zů eyner seyten sich umbtreht.
Von ungschicht eyn pfeil schnell hergeht
[61a] Hin durch sein brust, das er nit meh
Thet reden, dann schrey laut auwe [2]
Und ließ domit den zigel gleiten
490 Und fil herab auff eyner seiten,
Lag gantz todt uff deß sandes grieß.

Der ander sun Sipylus hies
Derselb erhort eyns bogens knall
Hoch inn dem lufft, das es erhal.
495 Er folgt mit ghengtem zügel noch,
Dann er het gern gewisset doch,
Wo solcher schuß herkummen wer.

•

1) Gleich der metziger aw zu Strassburg.
2) Ismenos wirt von Phebo und Diane erschossen.

Wie aber also rennet er,
So trifft in eyn pfeil durch sein hals [1]
500 Und gieng im durch sein brust domals.
Das pferdt warff ihn über sein schopff,
Zur erden stürtzt er auff sein kopff
Und reckt gehn himmel seine bein,
Sturtzt mit dem kopff inn sandt hinein
505 Und lag also verscheiden gar.

Der dritt brüder kam auch dohar,
Der hies mit namen Phaedimus, [2]
Deß vierdten nam was Tantalus.
Die zwen die waren nit geritten,
510 Sander noch der jünglingen sitten
Rungens zu füß inn grossem lust
Und sperten jhe brust wider brust.
Durch der jeden für auch eyn strol,
So das sie sturben beid zumol.
515 Alphenor, der ir bruder war, [3]
Lieff auch inn grossem jammer dar
Und wolt ihn helffen aus der noth,
Er umbfieng seine brüder todt.
Inn solchem seinem umefangen
520 Kam eyn geschwinder strol hergangen,
Durchtrang ihn also mit gewalt,
Das er auch starb der wunden baldt.

Damasichton starb an zweyn wunden.
Die eyn wardt im am schenckel unden,
525 Denselben pfeil herauß er rang. [4]
Inn dem eyn andrer strol hertrang,
Der gieng im durch sein gurgel nein
Und erwand an dem gfider sein.

Der siebndt sun hies Ilioneus,
530 Der empfieng schrecken, grossen gruß;

*

1) Sypylus kumpt auch von Phebo und Diane umb.
2) Phedimus und Tantalus werden erschossen.
3) Alphenor umbfocht seine todten bruder, wirt auch ob ihn
erschossen.
4) Damasichton wirt mit zweien pfeilen durchschossen.

Ghen himmel reckt er seine hand
Und batt die götter allesandt,
Das sie im die gnodt wolten geben
Und ihn, den letzsten, lossen leben.
535 Also wolt ihn Phebus thun sparen,
Do was im schon das gschoß empfaren
Von seinem bogen schneller weil.
Also starb er am selben pfeil.

Cap. 6.

Niobe wirt gewar, wie sie umb ire kinder kummen; sie beschilt die
götter inn gmein; inn dem erfert sie auch irs mans sterben. [Ovid
6, 267—285.]

Zuhandt eyn sollich mehr erschal
540 Inn aller statt gantz überal.
Das schreien und das groß rumor
Machet die mutter gwiß fürwor,
Wie es irn kinden gangen waß.
Eyn solchs sie bkümert über d maß,
545 Sie vergaß sinn und weiblich zucht
Und lieff dahin inn eynr tobsucht
Laut schreiend durch die gantze statt.
Den göttern sie übel gret hatt
Und schrey wider sie roch umb roch,
550 Sie legt ihn auch zu grosse schmoch
Und sagt: 'Wie dorfft ir den gewalt
An mir brauchen semlicher gstalt!'
Wie sie so schreit, kumpt ir die mer,
Wie Amphion erschossen wer, [1])
555 Welcher was ir ehlicher mann,
Davon sie erst groß schmertz gewan.
Davon Niobe gar erstocket
Lieff durch die statt, ir har zerflocket,
Ir augen brunnen ir inn zorn,
560 Welche hochmütig was zuforn
Und der Latonen hochzeit wert,

*

1) Amphion der könig kumpt auch umb.

Welchs sie durch iren trutz zerstört.
Also der Nioben hochfart
Von manchem menschen ghasset ward,
565 Zuletzst sich doch über die armen[1])
Musten ir eigne feind erbarmen.

Sie fiel auff die todten alsamen,
Und nant jeden mit seinem namen,
Wiewol das keiner hören mocht,
570 Sie küst die todten obgedocht.
Uffrecket sie ir beiden hend
Und wandt sich an der welt vier endt,
Sie rieff und schrey mit lauter stimm:
'Ach dir, Latone böß und grimm!
575 Mein jammer ist die freude dein,
Drum settig dich deß leidens mein!
Du hast mir siben sün genummen
Und Amphionem den vil frommen,
Uff welchem ich jetz klagend lig.
580 Frew dich, du hast jetzundt den sig,
Den muß ich dir aus noth bekennen.
Von meinen kinden thust mich trennen,
Darzu von meim ehlichen mann.
Schmertzlich ich sie verloren hon,
585 Noch hab ich armes weib vil mehr
[61b] Dann du selige göttin her.'

Cap. 7.

Die töchter Niobe werden gleich iren brüdern von Phebo und Diane
erschossen. Niobe von grossem jamer wirdt zu eynem marmelstein.
[Ovid 6, 286—312.]

Wie sie noch redt semliche wort,
Eyn bogen sie uffziehen hort
Hoch inn den lüfften starck und groß.
590 Davon erschracken über d mos
Alle, die da zugegen stunden,

*

1) Es stadt nit wol, wann die feind mitleiden mit feinden haben.

Sonder die Niobe da unden. ¹)
Der schuff ir grosses hertzenleyt,
Das sie empfieng grosse künheyt.
595   Ir töchtern warn auch an dem end,
Sie weynten, wunden ire hend.
Der eyne auch geschossen wardt ²)
Mit eym strol durch den nabel hart.
Als sie den pfeil zog auß dem leib
600 Ir gederm am pfeileissen bleib,
Und sanck todt nider inn das gras.
Die ander ir zu hülff do was, ³)
Inn die fur auch eyn pfeil sehr lanck;
Uff ir schwester sie nider sanck,
605 Von schmertzen fur sie hin gantz bleych.
Eyn pfeil die dritte auch erschleych ⁴)
Inn dem, als sie jetz fliehen wolt.
Ir vierde schwester kummer dolt ⁵)
Von eynem pfeil und fiel behendt
610 Uff ir dritt schwester gantz elendt.
Die fünfft fiel hie, die sechst lag dort, ⁶)
Gestrawt lagens wider und fort.
     Die siebend eynig bliben was ⁷)
Und saß erschrocken inn dem graß.
615 Die mutter fiel uff sie zuhandt
Und decket sie mit irem gwandt,
Lag nach der leng uff irem leib
Und rufft laut: 'Weh mir armem weib!
Ir gött, land mir das eynig kindt
620 Von viertzehn, die verloren sindt!'
Inn semlichen bittlichen werben
Die tochter an eym pfeil thet sterben.
     Niobe mitten inn der not
Saß; hie lagen die töchter todt,
625 Do lag der man und dort die sön,

*

1) Zorn gebiert kunheyt und frevel.
2) Die erst tochter.   3) Die ander tochter.   4) Die drit.
5) Die vierdt.   6) Die funfft und sechst.   7) Die siebendt.

Das weib saß mitten under ihn.
Von grossem leydt sie gantz erhart,
Ir leib fieng an, gantz steynen wardt.
Das blůt vermischt an iren wangen
630 Sach man allenthalb daran hangen,
Wie man noch blůtig striffen gmeyn
Thut sehen an dem marmelsteyn.
Ir augen, wangen tieff und dürr[1)]
Auß hartem steyn schinen herfür.
635 Die schwetzig zung inn irem mundt
Zů eynem steyn ward an der stundt.
Ir haupt was jetzundt steynern gar,
Ir hals want sich nim her noch dar,
Auch regt sie weder arm noch beyn,
640 Sie was eyn harter marmelsteyn.
Eyn windt erwůscht dasselbig werck
Und furt das hoch uff eynen berg,
Daran es sich mit gantzen krefften
Fast an die andren steyn thet hefften.
645 Und als Niobe weynen was,
Also treyfft es noch und ist naß,
Als wann es stetiglichen weyn.
Davon wachssen die marmelsteyn.

Cap. 8.

Von stroff der götter, so sie den bauren angelegt, welche der Latonen
das fliessent wasser zu trincken werten. Die bauren nachdem sie das
wasser getrübt, alle inn frösch verwandtlet werden. [Ovid 6, 313—381.]

Als nun die welt semliches sach,
650 Do forcht man sehr der göttin rach,
Darzů thet man ir grösser ehr,
Dann man ir hatt gethon nie mehr.
Eynsmals fügt sich eyns summers zeit,
Das an der stros sitzen die leut
655 Und sagten von mancher handt wunder;
Zuhandt do sagt eyner darunder:

1) Niobe inn eyn marmelsteyn verkert.

'Ich will euch sagen, was geschach
Der göttin Latone; ich sach, [1])
Das etlich baurn beynander waren.
660 Den solch abentewr widerfaren
Mit diser göttin obgemelt.
Eynsmals die baurn warn inn dem felt.
(Dann mein vatter selbs bei in was,
Umb eyn mitten tag fügt sich das)
665 Hatten deß viechs gehůt lang zeit.
Eynes tags gieng ich außhin weit
Sampt eynem gferten, holt das viech;
Als wirs heym trieben, bgab es sich,
Das wir zů eynem althar kamen,
670 Zů dem wir beyd unsern weg namen;
Er was von alter gantz mißfar,
Darzů mit ror verwachssen gar.
Es war gantz eynöd, do er stundt,
Dabei so was eyn bruch und grunt.
675 Sobald mein gfert kam an das end,
Fiel er uff seine knie behendt
Und bettet gantz andechtiglich.
[62a] Ich thet auch meinem gsellen glich,
Bat mir die göttin gnedig sein. [2])
680 Das gschach gantz stil sein bitt und mein,
So das man keym sah gehn sein mundt.
Demnach zu fragen ich begundt
Mein gferten, inn welchs gottes ehr
Doch diser althar gweihet wer.
685   Mein gfert sagt: 'Merck gar eben mich,
Der althar ist gar wunderlich
Gebawet her an dise stadt.
Juno eynsmals verfolget hatt
Eyn göttin durch die welt herummen,
690 Das sie nienant mocht underkummen
Inn allem weiten erterich,

*

1) Hie erzelt eyn bawer die seltzam geschicht von der göttin Latone.
2) Stil gebet der heyden.

So lang sie kam zů irs gelich.
Delos war dasselb erdtrich gnant,
Daruff die gôttin herberg fandt,
65 Uff dem sie zweyer kinder gnas.
Phebus der gott das eyn kind was, [1]
Diana was das ander zwar.
Dieselbig gôttin kam hiehar
Und trug mit ir der kindt eyn par,
70 Uff jeder seit eyns uff dem arm.
Der tag was anß der mossen warm,
Also das sie was gantz erschlagen
Von hitz, von müde und von tragen.
Der speycheln ir imm mund zerran,
75 Gar hart zu dürsten sie began,
Inn dem mundt dorret ir die zungen;
Darzů hatten sie ire jungen
Gantz krafftlos gsogen an den brůsten.
Inn dem meynt sie ir leben zfristen
710 Und sah das wasser, welchs auch lieff
Gleich wie jetzund zimlichen tieff,
Wie du dasselb thust sehen wol.
Vil bauren giengen dazumal,
Welche ir wonung darumb hatten
715 Und machten schiff an disem staden.
Latone was des wassers fro,
Doch was der staden ir zu hoh.
Latone legt von ir die kindt
Und wolt iren durst leschen gschwindt.
720 Die bauren wehrten ir behend.
     Latone reckt uff ire hend [2]
Und sagt: 'Ach lost zu trincken mir,
Dieweil deß nit nempt schaden ir!
Nun ist mein bit warlichen kleyn,
725 So soll das wasser seyn gemeyn.
Dann wasser, lufft und sonnenschein

*

1) Phebus unnd Diana geborn von Latone.
2) Der ungetrewen bawren seind noch mehr uff erden.

Soll aller welt erlaubet sein,
Das sie solchs môgen nützen frei.
Doch wie den dingen allen sei,
730 So bitt ich umb diß kleyne gob.
Ach thund den göttern solchs zu lob,
Damit doch werd geholffen mir!
Dann mir mein kâl ist also dürr,
Das ich der stimm kaum mag gehaben.
735 Ach land mich doch mein hertz erlaben!
Wasser wer mir jetz kôstlich wein.
Ich wil noch heut das leben mein
Von euch haben zů eyner gob,
Euch ewig darumb sagen lob.
740 Ach lond euch doch noch heut erbarmen
Zwey meiner jungen kind der armen,
Die sich mit mir zu gnad erbieten!
Dan sie sich auch gross durstes nieten.
Wer môcht sich der kindt nit erbarmen,
745 So ich hie trag uff meinen armen?'
    Wie fast Latone fleht und batt,
Die bauren nicht beweget hatt.
Sagten, sie solt gehn weit hindan,
Hatten auch nit genügen dran,
750 Das wasser sie auch seer betrübten
Mit irem springen sich drinn übten
Und machtens trûb mit fûß und henden.
Zuhand vergieng der [gar] elenden
Der durst von disem unlust groß. [1]
755 Von iren augen eyn bach floß,
Ghen himel ir gesicht sie kart
Und bat die götter zů der fart,
Das sie sie irer bitt geweren
Und diß baurßvolck so loß an ehren
760 Stroffen umb ir untrew so groß.
Sie sagt: 'Diß volck an ehren bloß
Mûß hie inn disem strengen giessen

*

1) Unlust vertreibt Latone den durst.

Immer und ewiglichen fliessen.'
　Latone bitten ward erhört
765 Die bauren wurden all verkert,
　Auß menschen wurdens froschen gros. [1]
　Eyner hie, dort der ander flos,
　Demnoch so furen sie zustund
　Von oben an biß an den grund.
770 Jetzundt bieten sie iren kopff
　Auß dem wasser biß an den schopff,
　Das ander stecket inn dem ror,
　Jetz schwimmen sie mit all empor,
　Dann springen sie offt hin und wider
775 Von landt tieff inn das wasser nider.
　Also begunde sich andrucken
　Ir grosse köpff biß inn den rucken,
　Der rucken grün, das ander weiß.
　Darzů hand sie noch gůten fleis,
780 Das sie stets quacken, fluchen, schelten,
　Wie man sie schweigen hört gar selten.
[62b] Ir heysere kâl leit in unden,
　Von zorn und gschrey ist sie zerschrunden.
　Der mundt wirt in von gschrey gantz weit,
785 Heyser seind sie zů aller zeit.
　Darzu in sonderlich thut lieben,
　Wann sie mögen das wasser bdrüben.
　Das sicht man allthalb inn den pfützen,
　Wo vil froschen bei nander sitzen.'

Cap. 9 (10).

Phebus, als eyn zwerch sich mit im underwandt zu pfeiffen, zog er im
die haut über die ohren ab. [Ovid 6, 382—400.]

790 Sobald der sein red enden thet,
　Eyn andrer angefangen het
　Zu sagen, wie Phebus eynmol
　Eyn zwerch geschunden haben sol,

*

1) Von den ungetrewen bawren, so inn frosch verwandlet Solten
sie itz frosch werden, es sessen alle pfutzen vol.
Wickram VII.　　　　　　　18

Welcher sich pfeiffens underwag.

795 Eyn solchs begab sich uff eyn tag,
Das ihn Phebus inn dem ror fandt,
Zu pfeiffen er sich underwandt
Mit Phebo, meynt im⁻anzusigen.
Do thet im Phebus gantz obligen
800 Und zog im über seine ohren
Die haut gentzlichen mit den horen.
'O weh', schrey er, 'der pfeiffen schall
Wirt mir zu saur zů disem mal.'
Phebus sein adren im bestreyffet,
805 Und als sein fleysch von beynen leuffet,
Sein ripp und schinbeyn lagen blos,
Das blůt ihm zů der erden flos.
Sein ripp mocht man zalen alsamen,
Darzu all seine beyn mit namen.

810   Disen begunden weynen, klagen
Alle gött inn denselben tagen
Von welden und von hohen bergen,
Auch seine brůder, die gezwergen, [1]
Die elben und auch die elbinnen,
815 Deßgleichen all wassergöttinnen.
Sie weynten kleglich ob der baren,
Das ire treher und die zaren,
So sie von ihren augen rörten,
Uff der erden so größlich mörten,
820 Das davon ward eyn brunnen kalt.
Welcher [jetzt] fleusset mit gewalt
Sehr starck von derselbigen stadt.
Durch Troierlandt er sein flus hat,
Marsia wirt der flus genant, [2]
825 Allen Troianern wol bekant.

    Diß gsprech liessen sie jetz anstohn
Und fingen an sagen davon,
Wie Amphion und seine kindt

*

1) Klag der zwerchen.
2) Marsia der flus ist von dem weynen der zwergen kommen.

So jâmerlich umbkommen sindt,
530 Der dozumal eyn kônig was
Gewaltig über gantz Thebas.
So fast bewegt sie ir unfall,
Daß sie anfingen weynen all.

Cap. 10 (11).

Pelops, welcher eyn helffenbeyn achssel gehabt, welche im von den
göttern angesetzt. Auch von Tereo, wie der Progne, deß königs tochter
auß Thracia[!], zum weib nimpt. [Ovid 6, 401—446.]

Niobe blieb gantz unbeklagt,
535 Alleyn klagt Pelops, den man sagt
Das im gwesen seinr achsseln eyn
Eyn gantz satt vestes helffenbeyn,
Die doch zum ersten fleyschin was.
Merckt, ich sag, wie sich schicket das.
540 Er ward zu vilen stücken klein
Geschnitten von dem vatter sein.
Die gôtter furen bald hernider
Und satzten in zusammen wider
All sein glider von stück zů stück,
545 Biß das sie kamen an die lück.
Darinn die eyn achssel solt stohn,
Do was dasselbig stück davon.
Also machten sie im bald eyn
Achssel von weissem helffenbeyn. [1]
550 Alle kônig, so darumb waren,
Die kamen hin ghen Thebas gfaren
Und klagten fast das ungemach,
So da an ihrem kônig gschach:
Der kông von Sparta und Argos,
555 Der von Micene und Pilos,
Von Corinth, da sie silber graben,
Und auch von Patre ausserhaben,
Vom kôngreich Kriechen und Messen,
Deßgleich der kônig von Athen.

1) Eyn helffenbeyn achssel.

18 *

860   Alleyn kŏng Minus nit dar kam; [1]
Dann groſe sorg im das benam,
Das er nit wesen mocht dabei,
Dann er was keynes tages frei.
Eyn kŏnig im ins landt was kommen,
865 Der hatt ihm etlich stedt inngnommen.
Er zog mit eym heer inn das landt,
Der kŏnig auſ Thracia gnant.
Tereus hieſ deſ kŏnigs namen, [2]
Das glŭck umbgab in alles samen:
870 Sein reichthumb was unzalbarlich.
Zulest es aber fŭget sich,
Das ihm eyn kŏng mit grosser hab
Sein tochter zŭ eynem weib gab,
[63a] Die was mit namen Progne gnant;
875 Mit im furt er sie heym zu landt.
Sie hatt eyn schwester wolgethon,
Philomela so hieſ die schon.

    Nit lang darnach Progne gewan
Eyn kindt mit irem newen man.
880 Do ward eyn hochzeit mechtig groſ
Gehalten gantz über die moſ,
Die doch wer weger gwesen nit.
Dann es begab sich zu der zit,
Das vor eym jar verlauffen war,
885 Ward allererst jetz offenbar
Und brach erst auſ der jerig neidt,
So die gŏtt gtragen, seit der zeit
Progne ir erste hochzeit hatt,
Darin sie keyn gott ehren that.
890 Sie namen auch die facklen all, [3]
So man zur leich braucht dazumal.
Die brauchten sie uff der hochzeit.
Davon erwuchs der gŏtter neidt.
Also die hellischen gŏtt all

*

1) Minus.   2) Tereus.
3) Die heyden haben facklen zu iren leychen getragen.

885 Kamen heruffer allzumal
    Und umbringten das bett und huß,
    Daruff Progne und Tereus
    Die erste nacht beinander schlieffen.
    Auch uff dem dach und bett rumblieffen
890 Die ungheuren nachtvôgel all
    Und schrawen mit grausamem schall,
    Verkunten in das künfftig leyd,
    So sie umbgeben wirdt all beyd.
        Also sie bei eynander waren,
895 Biß es sich nohet den fünff jaren.
    Progne irn man batt hertzlich sehr,
    Er solt sie lossen über meer
    Zû ihr schwester Philomelam;
    Dann sie ihr entlich solchs fürnam,
900 Das sie wolt iren vatter sehen,
    Wo das ir man wollt lossen bschehen:
    'So aber solchs je nit mag sein,[1]
    So bitt ich, kông und herre mein,
    Bring mir mein schwester zû mir her!
905 Damit mein vatter dich gewer,
    So gib ihm trew und eydt zû pfandt,
    Daß du sie wider inn sein landt

*

[1] Progne bit iren man, das er ir schwester Philomela zu ir
bringen wol.

*

Zu den versen 906—1041 ist uns Wickrams vorlage erhalten,
ein in Oldenburg gefundenes pergamentblatt aus einer um 1623 zer-
schnittenen hs. der Ovidverdeutschung Albrechts von Halber-
stadt (zweispaltig, ende des 13. jahrh., bezeichnet IXc, d. h. das
67. blatt der ganzen hs.); zuerst veröffentlicht 1865 von A. Lübben,
Germania 10, 238—241. Es ist noch nicht benutzt bei Bartsch, Al-
brecht von Halberstadt 1861 s. 107, v. 3—126.

'al] Diu] vrowe irem manne: Den] vater vnde die swester
     'ob] ich etteswanne   min!
   Ja v]liz in hulden icht getete,   ma]ch des aber nicht sin,
     vo]lgt, herre, miner bete;   Diu] swester kome zû mir here.
 5 Lat] mich varen uber se,   10 vf] daz er dich gewere,
     vf] daz daz ich gese   Gib] ime den eit ze phande,
                                           daz] wir sie ime ze lande,

Wöllest schicken inn kurtzen tagen!
Von grossen freyden will ich sagen,
920 Wo mir mein will thut für sich gohn.'
　　Der frawen bitt ward volg gethon.
Der könig do nit lenger beyt.
Uff solche fart er sich bereyt
Mit vil der schiffen zů der fart.
925 Der wind ihm auch gantz glücklich wardt
Zů seinem fürgenomnem far,
Darumb kam er kürtzlichen dar.

Cap. 11.

Tereus fert inn Thraciam [l. Atticam], begert an seinem schweher sein
tochter Philomelam mit ihm zu lossenn, schwert also seinem schweher
eyn falschen eyd. [Ovid 6, 447—449.]

Sobald sein schweher nun vernam,
Das sein tochtermann gfaren kam
930 Und daß er in heymsuchen wolt,
Do thet er, als er billich solt,
Frölich empfieng er seine gest,
Grůst sie, so er mocht uff das best.
Tereus saumet sich nit lang
935 Und sagte gleich an dem anfang,
Was d ursach seiner zůkunfft wer,
Und sagt: 'Her schweher, ich beger,
Wölt mich geweren meiner bett.

*

Send]en in uil kûrzen tagen!
ich] wil iz ze grozer [ere]
　　　sagen,
15 Mac]h min wille vure gan.'
de]r vrowen bete wart getan.
Der] koning nicht en beite,
wa]n daz er sich bereite
Mit] den schiffen an die vart.
20 ou]ch stunt der wint dare
　　　wart,

da]z sin eidem dare quam,
25 Er] in gesehen wolde.
do] tet er, als er solde;
Er] grůzte sine geste,
di]e snoden vnde die beste,
Mi]t sconem antfange.
30 do] ne redete nicht lange
To]reus die krumbe,
er] en sagete, war vmbe
Er] dar komen were.

Mein weib mich zû euch gschicket hett,
940 Welche ist ewer eygen kindt,
Und bitt euch, das ir ihr vergünt,
Das Philomela mit mir far, [1])
Ir schwester, (darum komm ich har)
Welche auch ewer tochter ist.
945 Drumb versprich ich euch sonder list,
Mit geschwornem eyd ich mich verpfent,
Das ich sie wider bring behendt
Alher inn ewer kônigrich.
Druff wil mein ehr verpfenden ich.'

Cap. 12.
Wie Philomela inn den sal kam und Tereus innbrünstig gegen ihr
entzünt wardt. [Ovid 6, 450—464.]

950 In solchen dingen kam her gohn,
Von dern wegen die bitt ward gton,
Philomela das edel blût.
Ir kleyder waren reich von gût,
Von golt gaben sie liechten schin; [2])
955 Ja wann zû Rom eyn keyserin
Semliche kleyder solte tragen,
Môcht sie mit recht nit drûber klagen.
Jedoch thet ir jungfrewlich schôn
Der kôstlicheyt gantz weit vorgehn,

*

1) Die schon Philomela.
2) Die grosse schone Philomele bringt sie umb ihr jungfreylich ehr.

*

d]az du sie wellest lazen
[22] Ir swester gesehen.
   mach unser wille geschehn,
Wiltu dar an genenden,
40 daz wir sie heim senden
In kurzen tagen beide,
   daz swer ich bi dem eide.'
Die wile quam her gegan,
   dar vmbe daz biten wart
        get[an].
45 An grozeme homûte

kleidere uil gûte
Trûch sie ane uon golde
ob sie tragen solde
Da ze Rome ein keiserin,
50 des wil ich gewis sin,
Sie worden da uil tiure.
doch was div creatiure
So wunnechlich dar vnder,
daz man gotes wunder
55 Dar ane mochte scowen.
vûr megede, vûr vrowen,

960 So das man an ihr schônen gstalt
Mocht spüren gottes gnad und gwalt.
Ir wunnicklicher schoner leib
Übertraff all irrdischen weib;
Sie fürtraff ir schône so fern
965 Gleich dem liechtenden morgenstern,
Der all andrem gestirrn vorgoht;
[63b] Wann in das trübe gwülck verlot,
So müssendt im all sternen wichen
Mitnander sampt und sonderlichen.
970 Also erlöscht die wolgethon
All zier anderer frawen schon.
Eyn kron trug sie, als ir gezam;
Mit irem zimmer die schôn kam
Gantz züchtig gangen inn den sal.
975 Do bschawet man sie überal;
Under irn gspilen sie erscheyn,
Gleich imm meyen die blümlin reyn
Dem andren unkrut scheinen vor.
Tereus all sein krafft verlor,
980 Bald er der schonen sichtig wardt
Philomela der jungfraw zart,
Welchs inen beyden nachmals bang
Thet bringen über gar unlang.
Dann bald sie Tereus ansach,

*

Vür alle erdesche wip
g[at] ir wunnechlicher lip
Ze uorne alse verne
60 so der tage sterne,
Swenner luter uf gat
vnd in diu trûbe verlat
Vnde die sternen alle
vil gare mit talle
65 Mûzen ime vnt wichen.
recht al samelichen
Erleschete div reine
daz edele gesteine
An ir libe also gare,
70 daz is niemen gewar[e].

Durch ir selbes scone
sie trôch eine krone
[b1] In der] koninginne sal.
si]e trat uil lise in den sal,
75 Diu sc]one Phylomena,
vnd] ir gesellen dar na.
Dar] under sie ze uorn schein,
wu]nnechlicher uil dan ein
Blu]me in dem meyen
80 ein]er wilden feyen
Gelic]he sie erluchte.
daz] sie so scone duchte
Dem] gaste zû dem male,
daz] wart ir beider quale.

985 Ihm von ir schôn und lieb weh gschach,
Das er nit sprechen kunt eyn wort.
So ward er von ir schôn bedort,
Inn liebe hub er an zu brinnen,
Vergessen hatt er seiner sinnen.
990 Er hatt gedancken manigfalt,
Wie er die tochter mit gewalt
Vor irem vatter môcht behalten,
Seim schwâher Pandion dem alten.
Darzû erdocht er manchen sinn,
995 Damit er ir zuchtmeysterin
Bewegen môcht durch gob und mieth,
Das sie im die jungfraw verrieth,
Und ob sie im gleich für ihrn lohn
Wirt heyschen sein kôngliche kron,
1000 Darzû sein gantzes kônigreich.
Also brann er gantz tobendtleich
Inn bôser liebe hart verwundt.
Auch macht er mit im selb eyn bundt,
So Philomela solcher bitt
1005 An sie geleyt in gweret nit,
Wolt er sie mit blûtigem schwerdt
Dringen, darzû mit schrecken hert.
Also macht im der teuffelsgnos
Eyn rechnung auch der ehren blos.

*

5 Wan dJo sie Tereus gesach,
 niJe geschieht, daź ime ge-
                scach.
Gar erJ der rede vergaz
 vndJ allez swigende saz.
Er beJgund en binnen
90 raJzen uon vnsinnen
VndvJongedankenmanechvalt
 doJ gedacht er mit gewalt
PandJyony dem alden
 dieJ maget uor behalden
95 VndeJ sie beherten
 mitJ blûtegen swerten.
Do geJdachter aber, wie

er] einer vrowon, div sie
Hete] in grozer hûte,
100 ver]gebe mit deme gûtc,
 Daz siJe daz kint verriete
 durJch lon vnde durch miété,
 VndJ ob sie ouch ze lone
  eischJete die krone
105 VndJ al sin koning riche.
  also] tobeliche
 Was er] des tiubels genoz,
  in dJuchte nicht ze groz
[b2] Alle ding durch sie ze tûne.
110 so tumplichen kûne

1010 Dann in gentzlich befilet nicht,
    Was er solt thun inn solcher gschicht;
    So gentzlich was der taub und tum,
    Inn seim gmüt irr inn eyner summ.

Cap. 13.

Philomela als sie vernimpt ihren vatter, bitt und begert sie selb[?]:
ihm, ihr zu erlauben; wenig wissen mocht den argen willen, [?]
schwoger zů ir tragen thet. [Ovid 6, 465—482.]

    Als nun sein schweher also lang
1015 Thet schweigen, ward Tereo bang.
    Zum andren mal thet er fürtragen
    Seiner frawen beger mit klagen;
    Doch bracht in die falsch lieb darzů,
    Dann sie ließ ihm keyn rast noch rhů.
1020 Sein bitt ghen seim schweher was groß.
    Und stalt sich kleglich über d moß,
    Als wann semliche bit und bger
    Von wegen seiner frawen wer;
    Wann er dann etwan ferner bat,
1025 Dann ihm sein fraw empholen hatt,
    Sagt er: 'Es daucht mich billich sein,
    Was mich hatt gbetten die fraw mein.'
    Philomela die bat auch sehr
    Irn vatter, das sie über meer

*

Machet ime div minne
  daz herz vnd al die sinne.
Daz swigen ducht in al ze lanc,
  went in div liebe betwanc
115 Keren an der weide
  mit bete ioch mit leide
Zů siner vrowen botescaft.
  div minne tet in redehaft.
Swen er uz dem wege trat
120 vnd uzer mazen gebat,
Verrer den er solde,
  so sageter, daz wolde
Sin vrowe recht al samelich,
  iz ware uil vmbillich,

125 Ob er nicht en tete.
  des in sin vrowe bete.
Ouch weinet er dar [?]
  wie getan ein wunder.
Das meinen [!] an der e[?]
130 vber ne mach werden.
Zů sinem ungelucke
  ouch hanget an deme[?]
Vf deme vater uil na
  div scone Philomen[?]
135 Mit wizen iren hende
  vnde bat sich sende[?]
Vlizechlichen uber se.
  daz sie die swester g[?]

1030 Zů irer schwester môchte schiffen,
Wust doch nicht von den falschen griffen,
So ir schwoger inn seim sinn trug,
An sie gwalt zlegen mit unfug.
Darumb begert sie zu geschehen,
1035 Das sie ihr schwester môcht gesehen,
Sie kůst irn vatter an den mundt
Und bat ihn mehr dann tausent stundt,
Sie bat ihn als ye mehr und mehr;
Der vatter darumb trauret sehr.
1040 So dann Tereus semlichs sach,
Seim hertzen also weh geschach,
Daß er die jungfraw ehgedocht
An ihren mundt nit kůssen mocht
An stadt ihrs vatters, wie gehôrt;
1045 Dann forcht und scham im sôllichs wert.
Do hoffet er gentzlich der stundt,
Das er auch iren roten mundt
Môcht kůssen nach dem willen sein.
Solchs lang verziehen bracht ihm pein.

Cap. 14.

ndion gewert sein tochter und tochterman irer bitt; geht daruff
jederman zů rhu und schlaff. [Ovid 6, 483—489.]

1050 Also Pandion sie geweret,
Davon ihr beyder freyd ward gmeret;
Doch wuste Philomela nicht,
Was ihr würd bgegnen der geschicht.
Do nun sie hatt gesegnet schon
1055 Irn vatter kônig Pandion,
Rust sie sich zů mit grosser freydt.
All ding ward zů der fart bereyt,
[a] So man must haben zu der noth.

*

Dar vmbe kuste sinen mvnt   daz was ein groz quale
) die scone maget wol dusent   Dem ungetruwen gaste
        [stunt]   vnde wůcherte vaste.
Des vater; zů dem male

Nun was es an der zeit fast spot,
1060 So das man alle tisch bereit,
Die schönen tücher druff geleit
Mit sampt vil kostbarlicher speis
Noch brauch und königlicher weiß.
Der wein inn manchem gülden gschir
1065 Gar reichlich ward getragen für.
Der könig grosse ehr beweiß
Seim tochterman; dem schalck so freiß
Thet er als gûtes, so er kundt.
In dem do nehert sich die stund,
1070 Das jederman solt schloffen ghon.
Von dem tisch wurden sie uffsthon
Und legten sich nider zu rhû
Biß an den andren morgen frû.

Cap. 15.

Tereus die nacht inn mancherlei bösen gedancken volbracht, biß zu
morgen ongeschloffen lag. [Ovid 6, 490—510.]

Tereus dieselbig nacht lag
1075 Inn grossem schmertzen, schwerer klag
Und docht an Philomele gstalt,
Bewag ir schöne manigfalt,
Ir rote wenglein, hendtlein weiß,
Darbey ir lieplich gsprech so leiß,
1080 Als sie mit irem vatter redt;
Er ir so gantz wargnummen het,
Als ihn so lieplich an thet sehen,
Davon im hertzlich weh thet gschehen.
Tereus die lang nacht hinbrocht,
1085 Das er stetz an die junckfraw gdocht
Und acht sie für die höchste plûm,
Gab ir vor alln junckfrawen rhumb.
Also verschliß die nacht inn sorgen
Tereus biß an liechten morgen.
1090 Sobald es aber immer taget,
Tereus sambt der schönen maget

Urlop von dem vatter begerten.
Domit sie im sein hertz beschwerten,
Jedoch gleitet er sie beid sandt
1095 Biß zu den schiffen mit der hand [1])
Und sagt: 'Ach liebster tochterman,
Dir will ich jetz empfolen han
Philomela, die tochter mein,
Du wôlst ir trewer pfleger sein.
1100 Bey unsern gôttern man ich dich,
Das du sie fûrest gantz trewlich.
Darzu hab ich inn pflicht dich gnummen,
Das du sie bald lost widerkummen.
Dann soltest du sie lang behalten,
1105 So brecht sie undren grundt mich alten,
Weils mir inn meynr alten zeit
Freid, mût und langes lebèn geit.
Drumb, liebste tochter, bit ich dich,
Du wôlst nit lang verlossen mich
1110 Und wider zu mir kummen baldt,
Ansehen mich, dein vatter alt.'
   Semlichs gerett, traurig zuhandt
Der alt sich setzet inn den sand.
Seinr tochter hinfart krenckt ihn sehr,
1115 Kein wort mocht er gereden mehr,
Von zeher warn sein augen naß.
Sein eygen hertz im saget, das
Er sein tochter zum letzten sah;
Davon seim hertzen leid geschah.

Cap. 16.

Tereus sampt der junckfrawen wirt von dem vatter geurlaubt. Tereus,
-obald er inn das schiff kummen, meint er jetz seinem schnôden fûr-
nemen statt zu thûn. (Ovid 6, 511—549.)

1120   Sobaldt sie inn das schiff ward gnommen,
Do sind mit hauff die schiffleut kummen

*

1) Der alt Pandion geleitet seinen tochterman und tochter zu
dem schiff.

Und hand die segel auffgezogen.
Von stundt an kam eyn windt geflogen,
Der trib sie mit gwalt auf den see.
1125 'Nun hab ich sunst kein bgerens meh,'
Sagt Tereus, der schandtlich man,
Er sah die junckfraw felschlich an.
'Jetz für ich mit mir, des ich bger,
Ich kam gantz såligklichen her.'
1130 Domit ichs aber nit mach zlang,
Im wardt inn seinem leib gantz bang
Von grossen freiden, die er hett.
Inn dem er sich fast nehern thet
Zu seinem künigreich und landt.
1135 Den segel von dem mast er bandt
Und lies in nieder bey der hab.
Sie tratten von dem schiff hinab
Inn eyn klein schiff, trug sie an landt.
    Sobaldt und sie drauff gtretten hand,
1140 Ich meyn auff das land von dem schiff,
Tereus die schön magt ergriff
Und zog sie bhendt inn eyn gefildt
Von beumen finster, dick und wild.
Philomela die weinet sehr
1145 Und frogt, wo doch ir schwester wer;
Dorauff wardt ir gar kein bescheit.
Tereus zwang die schöne meit
Und pflag do mit ir, was er wolt,
Doch billich glossen haben solt,
1150 Dieweil ir schwester was sein weib.
[64b] Aber ir wunderschöner leib
Verhetzt inn, das er sie beschluff,
Wie fast sie laut schrey manchen ruff,
Nant vatter und schwester mit namen.
1155 Sie rufft auch an die gött alsamen.
Ir ruffen aber klein verfieng; [1]
Dann er sein willen ann ir bgieng,

1) Tereus notzogt seiner frauwen schwester.

Weil niemandt solchen zwang vernam.
    Biß das sie wider von im kam,
1160 Schrei sie: 'Ach meiner ehren leider!'
    Zerrissen waß ir hor und kleider;
    Sie weinet gar inn grossem schmertz
    Und schlug mit feusten an ir hertz,
    Sagt: 'Du schentlicher böser wicht,
1165 Mochtest du solchen zwancksal nicht
    Gelossen durch die schwester mein,
    Welche doch ist die haußfraw dein?
    Und so dich nit bewegen wolt
    Mein junckfrawschafft, wie billich solt,
1170 Darzu der eidt, so du hast gthon
    Bey den himlischen göttern schon,
    So solte dich doch han enthalten
    Die zeher meins vatters deß alten,
    Welcher dich also freundtlich bat,
1175 Als er mich dir bevolhen hat.
    Darzu du im mit hartem eidt
    Versprochen hast und zugeseit,
    Mich zu bewarn vor aller schandt,
    Und wider bringen inn sein landt.
1180 Nun aber hast durch dein maineidt
    Dein trew und ehr verloren beid;
    Du bist eyn maineydiger mann,
    Gantz trewloß hast an mir gethan.
    Nimm hin, du schalck, das leben mein,
1185 Weil ich meinr ehren braubt muß sein!
    Du darfest dich gar nit erbarmen [1])
    Über mich ellende und armen.
    Ich wolt, du hetst mich für die noth
    Vor diser gschicht gschlagen zu todt,
1190 Doch weiß ich, wann die götter sehen
    Den gwalt, so heut an mir thut gschehen,
    So anders macht an ihn thut sthon,
    Sie wurdens nit ungrochen lohn,

*

1) Philomela, als sie ir ehr hat verloren, begert sie zu sterben.

Wie das von ihn gsagt wirt worhafft,
1195 Das sie vermůgen solche krafft.
Darzu, wann ich zůn leuten kum,
Will ichs sagen inn eyner summ,
Was du heut an mir hast begangen.
So aber ich von dir wirdt gfangen
1200 Inn disem dicken finstern waldt.
Den wilden thieren klag ichs baldt.
Ich thun ihn deinen gwalt verkünden,
Dein unglauben und last der sůnden;
Über dich schrei ich laut und roch
1205 Gegen steinen und beumen hoch.
Die felsen wil ich auch bewegen
Und mit meinr grossen klag erregen;
Dann vil der gôtt ir wonung hand
Uff hohen bergen inn dem landt.
1210 Dis werden mein klegliche wort[1])
Zu hertzen fassen an dem ort
Und solchen hochmůt, gwalt und hon
An dir nit ungerochen lohn.'
Damit die junckfraw endt ir klag.
1215   Als nun der schalck hort solche sag,
Gantz tobend, wütendt er do wardt
Und gegen der junckfrawen hart
Bewegt inn grausam grossen zorn,
Welche er größlich lobt zuforn.

[54a] Inhalt der dritten figur des sechsten buch:
Ovidii von verenderung der gestalten.

Tereus fart inn Thraciam,
Philomela auch inn saal kam,
Philomela bgert über meer,
Ir vatter darumb trawret sehr.
5 Tereus brint inn liebe hert,
Von seinem schwcher wirt er gwert.
Philomele wirt ir zung abgeschnitten.
Bachi fäst halt man mit unsitten.

*

1) Die gôtt horen die kleglichen stimmen der klagenden.

Progne zu irer schwester kam,
10 Wirt irem mann Tereo gram,
Ir eigen kindt tödtet sie gar.
Philomela mit dem haupt kumpt dar;
Sie gwinnen all drey fogels gstalt.
Boreas inn grosse lieb falt,
15 Fürt Orithyam hin mit gwalt. [1]

Cap. 17.

Tereus schneit Philomele die zungen ab, damit sie semlichen zwanck-
sal nit von im außbring, lest sie ellend und betrüpt inn der wüste
allein, fart mit seinem schiff wider darvon. [Ovid 6, 549—586.]

1220 Ir trawen im sein hertz erschreckt,
So ward er auch aus zorn bewegt,
Das er inn groß verzweifflung kam.
Von irm goltfarben hor er nam,
Daraus macht er eyn starck gebend [2]
1225 Und band die zarten weissen hendt
Der Philomela an den rucken,
Thet demnach bhendt eyn messer zucken.
Davon die trawrig junckfraw jung
Empfohen thet grosse hoffnung,
1230 Vermeinet, der schalck wird sie tödten,
Damit ir gholffen würd auß nöten. [3]
Den hals reckt sie im willig dar
Und thet ihn erst beschelten gar.
Domit er sie on als mitleiden
1235 Mit seinem messer thet durchschneiden.
Er aber mit eynr eyßnen zangen
Ir zungen riß aus iren wangen
Und schneid ir die ab mit dem schwert;
Zu sterben sie do erst begert.
1240 Zu seim schiff gieng der schalckhafft gschwindt

*

1) Holzschnitt 18: Rechts schneidet Tereus der an einen baum
g-bundenen Philomela die zunge aus; links steht Procne neben der
-itzenden Philomela und der leiche eines knaben, dessen kopf sie in
der hand hält. Im hintergrunde ein schiff.
2) Philomela wirt mit irem hor gebunden.
3) Philomela freut sich des todts.

Und für dohin mit schnellem wind
Heim in sein statt zu seiner frawen.
Heimlich hat inn deß mordts gerawen.
Wiewol er nie dergleichen thet,
1245 Darzu kein wort nie davon redt.
Bald er zu Progne seim weib kam
Und aber sie gar nicht vernam,
Wie es doch umb ir schwester stůnd,
Do fragt sie iren man geschwind.
1250 Erdochte antwurt er ir bodt
Und sagt, sie wer vor langem todt.
[66a] Doch zwang ihn sein falsch hertz so sehr,
Das er mußt lohn eyn seufftzen schwer.
Er weinet fälschlich, also das
1255 Im Progne sein redt glauben was.
Sobaldt sie das vernommen hodt,
Legt sie von ir kôngliche wodt
Und zog bald an eyn schwartzes kleit;
Dann ir was umb die schwester leidt,
1260 Und wolt nit lossen trôsten sich.
Ir schwester klagt sie hertziklich.
Zu tag, zu nacht, zu aller stundt
Jamert sie sich aus hertzen grundt.
Groß opffer bracht sie für die gött,
1265 Darzu offt für sie bitten thet.
        Philomela die magt ellendt
Ging imm wald umb und wand ir hend,
Sunst mocht sie ir noth niemans sagen,
Auch nit mit irer zungen klagen,
1270 Dann ir die abgeschnitten was.
Zuletzst die bdrůbt fraw nidersaß
Und wircket eynen gürtel weiß, [1]
Daran legt sie all iren fleiß.
Sie thet darauff künstlich erhaben
1275 Eyn gschrifft von rot seiden buchstaben.

*

1) Philomela wirckt eynen gurtel, darin sie ir leidt mit geschrifft
irer schwester zu wissen thut.

Wer solche laß, zu stund ward bricht
Der schentlichen und bösen gschicht,
Die Tereus an ir hat gthon.
Als nun war gmacht der gürtel schon,
Sie ihn rundweiß zusammen wand
Und gab ihn eynem weib zuhandt.
Schickt ihn ir schwester Progne zhauß.
Sobald sie nun den gürtel auß
Der rollen ließ, ward sie versthon
Die schalckheit, so ir man gethon.
Inn jamer sie den gürtel sach,
Jedoch kein wort nit darzu sprach;
Dann ir das leidt stopffet den mundt.
Das sie keyn wort nit reden kundt.
Sie thet, als wer sie gantz sinlos,
So mechtig was ir leid und groß.
Von onmacht sie zur erden sanck
Und lag gantz sinloß on gedanck.
Das trib sie etwan manig stund,
Das sie ir leid nit mossen kundt.
Hie wend wirs eyn weil lassen bleiben
Und von den Bachiades schreiben.

Cap. 18.

Von dem fest Bachi, wie inn was gstalt das gehalten worden, nemlich von den weibern, wie die also rosend umbher gelauffen sind mit iren wehren. [Ovid 6, 587—593.]

Hie mus ich diß auch melden mit,
Es was eyn heidenischer sit,
So das sich inn dem gantzen landt
Die weiber haufften allesandt.
Deß weins gott Bacho gschachs zu ehren,
Das weiplich gschlecht thet sich empören.
Zu dreien malen inn dem jar
Eyn solche hochzeit bey ihn war.
So sie von wein dann waren voll,
So roßten sie umb vol und tholl
Durch alles landt. Solchs was ir sit.

19 *

Kein man zu ihn dorfft kummen nit,
1310 Sunst ward er von ihn gar zerrissen,
Zerhackt, zerstochen und zerschmissen,
Und wurffen die stuck her und dar.
Eyn mutter ward irs suns gewar,
Denen erwüscht sie sonder barm
1315 Und riß behend von im eyn arm;
Doch klaget sie gleich an der statt,
Das sie nit mehr begriffen hatt.
Die andren theilten ihn behendt,
Wurffen die stück an alle endt.
1320 Zu unglück kam er under sie;
Dann im möcht wehrs sein gschehen nie.
Sie trugen auch wider gwonheit
Eyn jede eyn seltzammes kleidt,
Das hieng von seiten zu der erden.
1325 Etlichs waren heut von den pferden,
Die andern von hirschen und bern.
Irn grus wolt ich nit haben gern.
Mit krenzlin warn ir köpff umbgeben,
Welche gmacht waren von weinreben.
1330 Jede eyn schefflein mit ir trug,
Und rosten starck umb mit unfüg
Durch alle landtschafft überall
Über gepürg und über thal.

Cap. 19.

Progne laufft auch mit solchen rosenden weibern, kumpt an das ort,
do ir liebe schwester von irem mann Tereo geschwecht, fürt sie mit
ir zu hauß. [Ovid 6, 594–605.]

Die küngin auch mußt lauffen mit
1335 Persönlich noch deß landes sit;
Dann inn der unsinnigen schar
Galt eyne wie die ander gar.
Progne betriept inn irem sin
Lieff auch gantz rosend mit ihn hin.
1340 Gegen dem wald irs laufts sie pflag,
Inn welchem wald ir schwester lag.

Sobald sie nun kam inn den waldt,
Do fande sie eyn gruben baldt,
[66b] Inn dem ir schwester wonung hatt.
1345 Gar laut schrei sie do an der statt:
'O schwester mein, wo haltst du dich?
O schwester mein, kum und tröst mich!
Ach du bist lang zeit hie gelegen,
Das dein gar niemans hat gepflegen.'
1350 Mit dem sind sie geloffen fort
Und also kommen an das ort,
Do sie ir schwester haus ersach,
In welchem ir die schmoch geschach
Von irem man, wie oben ghört.
1355 Progne gleich an demselben ort
In übergrossen kummer kam,
Die schwester floch vor grosser scham.
Progne nam ir gbend von dem har
Und warff das irer schwester dar,
1360 Gantz jemerlich sie sie ansach,
Eh dann sie kein wort zu ir sprach.

Cap. 20.

Progne berath sich, durch was grimmen sie iren man umbbringen wöll,
damit die schmoch irer schwester gerochen werd. [Ovid 6, 605—623.]

Philomela ir gsicht hinwandt;
Dann sie bedrüpt die schmoch unnd schandt,
So ir ir schwager hat gethon,
1365 Meint, die schwester hast sie davon.
Ir handt reicht sie ir weinend dar,
Vor scham stund sie gantz rosenfar.
Sie deut auch mit der hand den eyd,
Das ir die schmocheyt wer gantz leydt.
1370 Als Progne semlichs deuthen sach,
Steurt sie ir schwester bald und sprach:
'Schweig, schwester! Dann dein leid mag hit
Mit weinen grochen werden nit.
Disen gwalt will ich anderst rechen,

1375 Mein mann mit eygner handt erstechen
Durch sein falsch hertz inn einem stich.
Wo aber gut wil duncken dich,
So nim ich im anders sein leben;
Mit gifft kan ich im auch vergeben.
1380 Doch gibst darzu den willen dein,
Ich stich im aus die augen sein
Oder schneidt im auß die mißthat,
Damit er solchs begangen hat.
So dir der ding gefallen nit,
1385 Wil ich ihn inn schloffender zit.
Ferbrennen in eym fewr behend,
Domit er schmertzlich nem sein endt.
Ich kan nit wissen, was ich soll
Erdencken jetz zu disem mol,
1390 Domit ich ihn durch mein unfůg
Mőg peinigen und martern gnůg.'
     Die wort sie kaum geredet gar,
So kumpt zu ir gelauffen dar
Ithys ir kint, eyn kneblin klein,
1395 Und umbfieng bald die mŭtter sein.
Sie sagt: 'Jetz find ich rot und fůg,
Domit ich mich mag rechen gnůg.'
Sie sach das kindt gantz grimmig ahn
Und sagt: 'Wie bist so gleich gethon
1400 Deim ungetrewen vatter zwar!'
Domit thets ir redt schweigen gar;
Dann ir gemũt verkeret was
Gegen dem kindt inn grossem haß.

Cap. 21.

Wie Progne aus grossem grimmigem zorn ir eygen kindt umbringt.
kocht und bereit irem man das zu eyner speis, welcher sein kindt
unwissend fressen thut. [Ovid 6, 624—652.]

     Das kindt zu seiner mutter gieng,
1405 Mit seinen ermlin sie umbfieng,
Gar freundtlich es sie halst und kust
Und spilt kintlich auff irer brust.

Do begund sie sich erst erbarmen
Des unschuldigen kind, deß armen.
1110 Die mütterliche trew sie zwang,
Das wasser aus irn augen trang;
Jedoch so brann der zorn noch fester.
Jemerlich sach sie an die schwester,
Demnach blickts wider an das kindt
1115 Und sagt: 'Mein freid ist gantz eyn windt.
Kindt meins, sag mir, was ist dein freud,
Dieweil mein schwester dult solch leidt?¹)
Warumb heißt du eyn mutter mich,
Dieweil dein vatter so schendlich
1120 Mein schwester gmacht hat zu eym stummen,
Ir zung sampt irer ehr genummen?
Derhalb hastu nit fristung mehr,
Bezaln must meiner schwester ehr.'
Sie fürts hinein dem hauß eyn endt;
1125 Das kindt reckt auff sein beden hend,
Weinend die mutter es ansah,
Dann im der todt jetz was gantz nah,
Gar jemmerlich es weint und schrei.
Die mutter bhend das kindt entzwey
1130 Mit seines vatters schwert thet schlagen,
Sein redt und leben bed gelagen.
Die schwester rach auch do ir leid,
Dem kind sie bald sein haubt abschneidt.
Sein leib ward gar von ihn zerrissen,
[67a] Eyns theils brieten sie an den spiessen,
Das ander ward beim fewr gesotten.
    Diß wirthschafft aber ward verbotten
Dem gsind im hauß allen inn gmein;
Tereo irem mann allein
1140 Hat sie eyn semlich mol bereit
Und lud ihn noch deß landts gwonheit,
Das er eynsmols solt mit ir essen.
Als sie nun waren ztisch gesessen,

*

1) Progne erbarmt sich ires kindts, bringts aber doch umb.

Trug man die speiß fürn könig dar.
1445 Tereus ward sein nit gewar,
Das er sein blût und fleisch do fraß.
Er sagt gar offt: 'Ey wie kumpt, das [1])
Mein sun Ithys nit ist zugegen
Und thut mit mir der molzeit pflegen?'

Cap. 22.

Philomela wirfft dem Tereo seines eygnen kindts kopff inn sein an-
gesicht, darbey er erkennen solt, waß er für eyn speiß gessen het.
[Ovid 6, 653—667. 671—674.]

1450   Zuhandt Progne gar unzaghafft
Offnete die grausam wirtschafft.
Sie sagt: 'Du schalck, treuloß, unmilt,
Du hast den fressen, den du wilt;
Dann er dir warlich ist gantz nha.'
1455   Inn dem sprung her Philomela
Gantz grausam mit zerstreutem har,
Ir hend und kleider gantz blûtfar,
Sie warff deß kindts haupt under sie.
Ir tag het sie warlichen nie
1460 So gern geret als dises mol.
     Tereus saß, war schreckens vol; [2])
Sobald er immer sach das haupt,
Do wardt er aller sin beraupt,
Inn zorn im sein hertz thet erhitzen.
1465 Beim tisch mocht er auch nit mehr sitzen,
Die tafel sties er von im trot,
Vermeint Progne zu schlagen thodt,
Sie zu erwürgen was im gach.
Sie flohen bald; er lieff ihn nach,
1470 Vermeinet sie inn solchem jagen
All beide samen zu erschlagen.
     Sein willen aber gschahe nicht;
Dann inn der wunderlichen gschicht

*

1) Tereus frist sein eigen kindt.
2) Tereus erkant das haupt seines kindts.

Begund es die gött zu erbarmen,
175 Und schirmetten die beden armen.
Dann er zu stund ward eyn widhopff.
Das schwert wůchs im auff seinem kopff.
Eyn langer schnabel ward sein spies,
Damit er vormals schoß und stieß.
180 Die bantzersprinckeln stond im frey,
Als ob er schon gewopnet sey.

Cap. 23.

Progne wirt inn eyne schwalben, Philomela inn eyn nachtigal, Te-
reus inn eynen widhopffen verkert werden; solchs alles der notzwang
Terei zu wegen brocht. [Ovid 6, 667—670.]

Progne die küngin eyn schwalm wardt.
Dann sie auch noch ist von der art,
Das sie auch noch bey unsern zeiten
185 Gern wonen thut noch bey den leuten.
Dann unter hauses obetach
Sucht sie nach herberg und gemach.
Sie ist noch schwartz an federn rich,
Den schwartzen kleidern gantz gelich,
190 Von welchen oben ist gesagt,
Inn welchen sie ir schwester klagt.
Darzu eyn fleck von rotem blůt
Nit weit von irem mundt sthon thůt;
Der sternfleck von irs kindts blůt kam,
195 Als sie im selb das leben nam.
Nun hört, wie Philomela ward
Gantz von menschlicher gstalt verkart!
Sie wardt zustundt eyn nachtigal,
Wie mans noch hört inn berg und thal
200 Klagen ir höchstes ungemach,
Welchs ir zuvor im waldt geschach.
Also flog sie schnel inn den waldt
Klagen ir leidt semlicher gstalt.
Sobaldt der may herinher dringt,
205 Das laub und graß herfůrher springt,
So höret man ir stim so hell

Imm walt, und klagt ir ungevel
Und erstes krentzlein, so sie trůg
Und ir har ab zu rucken schlug.
1510 Auch hat all ir schön gwendet sich
Inn lieplichs gsang als samentlich,
Die noch mit irem süssem schal
Fürtrifft die andern vogel all,
Wie sie auch andern frawen zvor
1515 Mit irer schön ist gangen vor.

Cap. 24.

Boreas, der mechtig windt, wirbt umb die tochter Erithei [l. Erechthei].
welche Orithya genant was, welche im versagt wardt; davon der
mechtig windt sehr zürnet. [Ovid 6, 675—701.]

[67b]   Der kummer und groß ungefell
Der beyden töchtern bracht zu hell
Köng Pandionem vor der zeit.
Darzů kam uff eyn ander seit
1520 Sein landt, sein reich und könglichs hůß,
Welchs noch im bsas Eritheus,
Welcher nit hatt [eins] hares breyt
An ritterschafft oder reichheyt.
Acht kinder hatt [er] an der zal
1525 Vier megt, vier knaben inn der wahl;
Zwo töchtern schon erwachssen warn
An schöne gleich, manbar an jarn.
Cephalus deren eyn bekam,
Die hieß Procris mit irem nam. [1]
1530 Die ander Orithya hieß.
Boreas umb sie freien ließ,
Welcher ist ein seer starcker windt.
Der warb umb das vil schöne kindt.
Als aber im sein bitt versagt
1535 Und im abgschlagen ward die magt,
Sah, das sein gůtlich bitt verlorn,
Solchs thet dem starcken windt fast zorn,

*

1) Procris wirt dem Cephalo zum weib vermehelt.

Welcher do bloset nordort her.
· Er sagt: 'Mir wirt glont meiner bger.
1540 Ei warumb brauch ich nit mein krafft?
Hei warumb bin ich so zaghafft?
Warumb thet ich die bitt bestohn,
Dieweil ich solche stercke hon,
Damit ich thu die wolcken treiben,
1545 Daß sie sich vor mir müssen scheiben
Sie mit meiner macht zammen reyb,
Das ich die fewresblick rauß treyb
Und mach durch tonder grossen prommen,
Wann ich und meins gleich zamen kommen
1550 Und inn der hôh zusammen stossen,
Welche dann auch seind windtsgenossen!
Mit meinem starcken blost und wegen
Für ich zû schne und schlos den regen, [1])
Ich beweg auch das weite meer,
1555 Deß grünen waldts laub ich erfrôr
Und mach in alles laubes blos.
Keyn baum uff erd mir ist so groß,
Den ich mit meyner sterck zustundt
Nit reiß mit wurtzlen auß dem grundt.
1560 So ich dann under d erden schliff, [2])
Ich sie mit gantzem gwalt ergriff,
Das sie sich auff mein rucken schittet,
Davon die gantze welt erbidet.
Derhalb stand ich von aller bett,
1565 So ich umb Orithya thet.
Ich far hin zû der erden baldt
Und für sie hin mit gantzem gwalt.'

Cap. 25.

Boreas inn eyner windtsbraut furt mit ihm hinweg die schône Orithya;
die emphet unnd gebiert von ihm zwen sün, welche flügel und federn
an ihrem leib gewunnen. [Ovid 6, 702—721.]

*

1) Boreas der keltist windt.
2) Boreas so der under die erden kompt, wirdt die erd von im
zu eym erdbidem bewegt.

Als Boreas semlichs hatt gret,
Er seine flügel schütten thet
1570 Von dem ort uff, do er dann lack,
Davon die gantze erd erschrack.
Von grundt thet er uffregen sehr
Die grossen hauffen sandt am meer.
Inn solchem nebel, staub und sandt
1575 Flog er uff inn die höh zuhandt.
Den staub er von der erd uffweget,
Als hett sich do eyn wint erreget,
So etwan eyn stadt ist entzündt.
Inn disem staub und starcken windt
1580 Furt er deß königs kindt mit im,
Die schrey gar laut mit heller stimm.
Im was gegen den wolcken goch,
Die spatzen flogen im starck noch.
Auch sagt man, das er nie verzuck
1585 An seim starck fürgenommen fluck,
Biß er mit seiner braut hinkam
Zů einem volck, das heyst mit nam
Cicones; do ließ er sich wider [1)
Mit seiner braut zur erden nider.
1590   Inn grossen freyden sie umbfieng,
Zwen sün sie do von im empfieng,
Die wurden schön, der mutter glich.
Jedoch irs vatters art gentzlich
Sich auch an in erzeygen wardt;
1595 Dann in nach ires vatters art
Wuchssen federn an allen enden
Beyde an füssen und an henden.
Die waren weißgraw als eyn eiß;
Ir namen Cethes und Calais.
1600   Die furt nachmalen über see
Jason samt andern gferten meh,
Als er in d insel Colchos fur,
Do mancher held sein leib verlor,

1) Boreas kompt zu den Cicones.

So was auß seines vatters landt,
1605 Welche umbkamen alle sandt.
Dann sie das gůldin fliß so rich
Zu gwinnen meynten all gmeynglich,
Darzů die gůldin åpffel schon.
Jason solch gfar auch wolt bestohn;
1610 Dann er meynt je preis zu erwerben
Oder ritterlich drum zu sterben.

[68b] **Das siebendt bůch Ovidii von der verenderung der gestalten.**

Inhalt der ersten figur deß siebenden buchs
Ovidii von verenderung der gestalten.

Jason fert ůbr meer inn Colchos,
Medea entzůnt inn lieb groß.
Jason das gůldin fliß gewan,
Medea fert mit im darvon.
5 Bei nacht holt sie der kreuter vil,
Irn alten schweher jungern wil. ¹)

[69a]   C a p. 1.
Wie Jason inn die insel Colchos gefaren und aldo deß königs tochter
Medea gegen im inn grosser liebe entzůnt wirdt, hilfft im durch ir
kunst hinder das gůldin fliß. [Ovid 7. 1—148.]

    Jason mit seinen gferten zwar
    Uff meeres flůt leyd groß gefar,
    Biß sie das landt mochten erkunden.
    Zulest sie doch das ort erfunden,
5   Da Phasis fleisset inn das meer.
    Da namen sie irs weges ker
    Und richten ire segel satt
    Grad gegen des königs hauptstat,
    Mit freyden gingen sie an landt.
10 Gar baldt Jason eyn weg erfandt,
    Daß er selbs vor den könig ging.
    Der könig sie gar schön empfing
    Und fragt, was ir anligen wer.
    Als er verstundt Jasons beger,

                    *

    1) H o l z s c h n i t t 19: Iason kämpft wider die feuerschnaubenden
stiere, wider die aus der erde hervorwachsenden geharnischten männer
und wider den drachen und pflückt äpfel von einem baume, unter dem
ein widder steht. Im hintergrunde ein schiff.

15 Das er suchet das gülden fliß,
Do brachts dem könig kümmernis.
Er zeygt Jasoni an die gfar,
So darunder verborgen war,
Als dan was gferlich angst und noth,
20 Grausam erschrecken, grimmer thot.
Weil im der köng solch angst erzalt,
Des köngs tochter des jünglings gstalt
Ermessen ward, gantz tieff entzünt;
Medea hieß des königs kindt. [1]
25 Die tochter inn der zauberei
War scharpff und irer kunst fast frei;
Dann was sie inn irm sinn gedocht,
Durch ir kunst bald zuwegen brocht.
Medea gwan semlichen lust [2]
30 Zů Jasoni, das sie nit wust,
Wie sie ir hertz möcht wenden ab.
Antwort sie offt ir selber gab,
Sie sagt: 'Medea, gib dich baldt
Inn Jasonis deß jünglings gwalt!
35 Dann im der gott der lieb wont bei.
Doch wundret mich fast, wie im sei,
Das ich mein hertz soll gfangen han [3]
Gegen eym gantz landtfrembden man.
Ach krenck dich nit, Medea, fast
40 Gegen dem jungen frembden gast!
Was kümmert dich sein angst und noth,
Oder ob er kom inn den todt!
Solt ich meins vatters gnad und huldt
Verlieren und seinr ungedult
45 Gegen mir selb eyn ursach werden?
Nun hab ich gschworen mit geferden
Den göttern und dem vatter mein,
Mein ehr zu bhalten keüsch und rein.

*

1) Medea, die gros zauberin.
2) Medea entzint inn liebe gegen Jasoni.
3) Medea die redt und antwort mit ir selbs.

Solt ich mit eynem frembden man
50 Ziehen vom vatter weit hindan,
So würdt ich an der frembt eyn gast
Und allem volck eyn überlast.
Mir wirt wol inn meins vatters reich
Eyn man, so mir mag sein geleich,
55 Darumb schlag ich auß meinem hertzen
Eyn solchen vergeblichen schmertzen;
Dann es fast übel ist gethon.
O weh, ich mag nit widerstohn.
Vernunfft rath mir an eynem end,
60 Die lieb zuruck mich wider wendt.
Ach, theyl ich im mein hülff nit mit,
So kombt er umb; dofur hülfft nit,
Die götter stünden im dann bei.
Nun müß ich doch bekennen frei,
65 Das Jason meiner lieb ist werdt.
Wen wolten doch sein züchtig gberdt,
Sein adelich wolgstalte jugent,
Sein herkummen, ritterlich tugent
Nit zů seiner lieb thun bewegen?
70 Mein hertz imm leib sich thut erregen,
Könglicher kronen ist er wert.
Ach, das er meines leibs begert,
Der wolredende jüngling milt,
Bekleydet mit der tugent schilt!
75 Er ists, der so weiblichs gemůt
Bewegen kan durch seine gůt.
Nun will ich suchen schnellen roth,
Damit im nit den grimmen todt
Tůhen die ochssen ungeheur
80 Durch ir außspewendt stinckend feur.
Ich will in auch erreten baldt
Vor der grausamen ritter gwalt,
So auß den zenen wachssen werden
Deß serpents, so mans wirfft in d erden.
85 Ich sicher ihn vor ungemach,
Das im schatt nichts der feuren trach;

Ich soll im helffen wunderschnell
Hinder das gülden widderfell.
Ach, solt sein schöne drumb zergohn,
9o Mein tag müst ich inn trauren stohn,
Inn jamer und kleglichem weynen. [1])
Ja warlich wer mein hertz gantz steynen
Und kelter dann eyn hartes eisen,
Solt ich im nit mein gnad beweisen?
[69b] Doch thu ich gantz unweißlich dran,
Das ich nit faren loß den man,
Das er den ochssen werd zu theyl
Oder den starcken rittern geyl
Und loß im den brinnenden trachen
100 Seins jungen lebens entschafft machen.
Er fare recht dahin sein stroß,
Meiner hülff bleibet [er] gantz bloß.
Dann so ich in erlösen thet
Und er den gülden schepper het,
105 Sein lieb er zů eynr andren went
Und thet, als wann er mich nit kent.
Ja wann solchs gschicht, so můß in gott
Hinnemen mit dem grimmen todt.
Doch zeyget mir sein tugent, das
110 Er leb on allen falsch und haß.
Wie möcht eym solchem jüngling frei
Semliches laster wonen bei!
Auch mag ich nemen in inn pflicht,
Das er mich darff verlossen nicht.
115 Bei den göttern můß er mir schweren,
Sein trew nimmer von mir zu keren.
Ei, was soll mir solch forcht und schwer?
Ich bin doch gantz gewis, das er
Nimmermehr wird gelossen mich.
120 Inn das griechische königrich
Wirt er mich freuntlich mit im füren,
Mich daselbst als eyn köngin zieren.

* * *

1) Medea steht inn grossem zweiffel.

Do werden mir landt, stedt und leüth
Underthan sein zů aller zeit;
125 Die adelichen schonen frawen
    Werd ich inn meinem dienst anschawen.
    Mit dem Jason will ich darvon,
    Und solt ich all mein freünd verlon,
    Den vatter, brůder, schwestern mein.
130 Zepter und kron soll mir nit sein
    Eyn hindernus an meiner fart.
    Ich darff mich auch nit bsorgen hart:
    Mein vatter ursach seiner tag
    Mir nimmer nachgefolgen mag;
135 So ist mein bruder noch eyn kint,
    Dem solche weg unkündig sindt;
    Die schwester mag mich nit abwenden.
    So ich mich bsinn an allen enden,
    Verlos ich nur eyn sach gering.
140 Bekum dardurch sehr grosse ding.
    Wann ich den Jason bring zu landt,
    Werdt ich sehr globt inn meinem standt
    Von seinem volck gleich jung und alten,
    Das ich irn herren hab behalten.
145 Ach, wie werd ich inn Kriechenlandt
    Groß zierheyt finden allerhandt,
    So mir hie mögen haben nicht!
    Dann uns das meer davon entzücht.
    Auch werd ich haben eynen man,
150 So keyn weib gnug volloben kan,
    Welchen ich nimmer will verlossen,
    Mit im ziehen all gbirg und strossen.
    Ja werens schon gantz schlupffrig eiß,
    Noch folg ich im mit gantzem fleiß.
155 Und solt ich schon bston uff dem meer
    Manicher handen sorgen schwer,
    Das uns die steyn und schroffen groß
    Zuwider weren solcher moß,
    Das unser schiff doran zergingen,
160 Noch graust mir nit vor solchen dingen.

Von Scylle und Charybdis gwalt[1])
Hört man sagen grausamer gstalt,
Welchs sei eyn hôle inn dem meer,
Lauff zwirbels weiß zusammen sehr;
105 Wo das begreiff eyn schiff, zustundt
Verschluck es das biß an den grundt.

Das ander sei eyn thier der moß
Mit vil grausamen heuptern groß,
So bald im eyn schiff kompt zû gsicht,
110 Greifft es darin und loßet nicht,
Erwischt heraus, so vil es mag
Des volcks, verschlingt das, wie ich sag.
Noch mag mich solche grosse gfar
Von lieb abwenden nit eyn har.

115 Bald ich Jasonem hab umbfangen,
Zustund ist mir all sorg entgangen,
So ich mich freuntlich zû im schmuck.
Wiewol mich wider treibt zuruck,
Das ich mein gûtes gschrey verlos
120 Und mach mich selb an ehren blos.
Ach, wie werd ich dem vatter mein
Bringen so schmertzlich grosse pein!'

Wiewol Medea solchs bedocht,
Sie iren lust nit zemmen mocht.
125 Sie stund uff, ward inn tempel gohn,
Drinn die drifache göttin stohn,
Welche mit namen sindt genent
Luna, die ob der erden brent,
Diana, bsitzt die erden satt,
130 Proserpina, ir wonung hatt
Zû undrist inn der hellen grunt.

Als Medea solch weg begunt
Zu wandren, bkompt ir uff der stroß
Jason, davon sie auß der moß
135 Anzünt wardt gar mit newem fewr.
Von dem anblick deß jünglings theur

*

1) Von den zweyen meerwundern Scylle und Charybdis.

20*

Die lieb, so jetz vertrocknet war,
Anzünt sich wider gantz und gar.
[70a] Gleich eynem kolen, so verdeckt
200 Mit eschen ist und wirt empleckt
Von eynem starcken lufft und windt,
Hept jetz von newem an und brint,
Also die lieb inn ir uffgieng
Gantz schnel, do sie sach den jüngling.
205 Dann er fast schon gezieret was,
Scheyn gantz durchleuchtend über dmaß.
Medea gantz an im vergafft,
Als wern ir augen an ihn ghafft,
Ir bein und marck ann ir erkalt.
210 Sie docht: 'Du bist eyn gott, ich halt.'
Jason thet sich zu iren nohen,
Bot ir sein hand, thet sie umbfohen
Und sprach: 'O junckfraw erentrich,
Welt euch erbarmen über mich
215 Und helffend mir, das ich gesig!
Darumb versprich ich mich ewig
Zu dienen euch, sunst andrer kein.
Ach bgnodend mich, zart junckfraw rein!'
Medea sach Jasonem ahn, [1]
220 Züchtig zu weinen sie began
Und sagt: 'O jüngling, nimm von mir
Mein trew, das ich will helffen dir,
(Dann mich die liebe darzu zwingt,
Dein edle schön mich dohin dringt)
225 So du mich nemen wilt zu weib
Und mir ergeben deinen leib,
Mich mit dir füren über meer.'
Jason ward ir geloben sehr
Bei obgemelten göttin rich,
230 Mit eid thet er verpflichten sich,
Imm tempel ward die glübt volbrocht.
Medea nimmer warten mocht,

*

1) Medea gibt sich Jasoni für eigen.

Eyn kraut thet sie dem jüngling geben,
Sagt im sein krafft und tugent eben,
25 Domit möcht er wohl sicher fechten,
Das im die ding kein schaden brechten,
Weder die stier, risen noch trach.
Jason sich iren gantz versprach
Und wider inn sein herberg kart,
20 Deß andren tags mit freuden wart.
    Am andern tag deß morgens fru
Schickt sich Jason eilendts darzu
Zum kampff. Do das volck solchs vernam,
Uff eyn gefildt zusammen kam
25 Eyn groß anzal von mann und frawen,
Dem kampff und wunder zuzuschawen.
Der künig saß inn eym gestül
Mit depichn bhangt am schatten kül,
Uff sein zepter sich lenen thet,
50 Dem kampff und streit zuschawen weth.
Jason stund do inn heldenmüt
Angthon mit schilt und harnisch güt.
    Do kamen feurspewende thier, [1])
Ungzempter starcker ochsen vier;
55 Auß iren meulern gieng das fewr
Gleich eynem ofen ungehewr.
Wann sie den othum von ihn liessen,
Zu iren naßlöchern außpliessen
Eyn fewrflammenden bösen gstanck,
50 Das graß davon ward welck und kranck,
So sies mit othum bliessen ahn.
Jason als eyn gehertzter man
Die ungeheuren thier anlieff,
Auß krafft deß krauts sie schnel angriff.
55 Den gstanck und flammen wag er ring,
So aus irn wüsten beuchen gieng;
Das feur inn ihnen braßlet sehr,
Als wann das eyn kalckofen wer.

1) Die feurspeiende ochsen.

Jasons gesellen waren leydig,

270 Als sie sahen die ochsen freidig
Gegen Jasoni innher tringen
So gar mit ungeheuren sprüngen.
Aber durch zauberey und kunst
Mocht im nit schaden solcher brunst.

275　　　Jason die ochsen machet zam,
Ackert mit ihn, die zeen er nam[1])
Von dem serpent, sehts inn den grundt.
Do wuchsen auß der erdt zustundt
Vil starcker risen one zal[2])

280 Fast wol gewopnet überal.
Sein gselschafft erschrack sehr der ding
Und sprachen fast zu dem jüngling.
Davon ward er manlich und kün,
Schlug sich fast inn der wisen grün

285 Mit disen starcken risen allen.
Darab sein volck nam klein gefallen,
Von leydt wanden sie ire hendt.
Medea an demselben endt
Den grossen streit von Jason sach;

290 Davon irm hertzen weh geschach,
Sie sprach heimlich zur selben stund
Etlich caracter, die sie kundt,
Davon deß helden mannesmut
Erstarckt und ward noch baß behut.

295 Auch schickt Medea im eyn steyn,
Deß krafft und tugent was nit kleyn.
Sobaldt er d risen domit rürt,
Er sie aus irer ordnung fürt,
Und wurden unter nander drant,

300 Das je eyner den andern schant,
Schlugen eynander selb zu todt.
Dardurch kam Jason ausser noth;

[70b] Dann im gewendet ward sein leidt.

*

1) Jason zempt die ochsen.
2) Jason kempfft mit den rittern, die aus der erden gewachsen.

Davon die Kriechen namen freidt,
25 Dieweil ir herr hatt überwunden
Die gwachßnen mann inn kurtzen stunden.
Medea sich kaum mocht enthalten,
Ir hertz wolt ir inn freiden spalten.
Inn irem sinn wünschts offt heymlich:
30 'Ach, das ich möcht umbfohen dich
Nach meines hertzen lust und bgir!
Grösser freud möcht nit gschehen mir.'
Sie lobt das kraut und auch sein krafft
Das ahn im hat solch meisterschafft;
35 Auch das die gött solchs dran geleit,
Drumb sie ihn allen groß lob seit.
Noch hatt Jason nit gantz und gar
Gesiget inn der grossen gfar;
Er schickt sich bald zum dritten kampff.
40 Eyn trach vol fewr unnd schwebels tampf
Den must er auch gentzlich besthon;
Wann sunst mocht sein will nit fürghon.

Cap. 2.

Jason kempfft mit dem ungeheuren trachen, macht ihn also auß an-
leitung Medee schloffen, fert demnach mit dem gülden fliß und Medea
darvon. [Ovid 7. 149--178]

Jason wolt jetz dem grossen trachen
Auch seines lebens entschafft machen,
5 Welcher do was grausam und wildt,
Eyn ungeheur erschrocken bildt
Mit scharpffen zenen, spitzen klawen,
Das eym billich darob thet grawen.
Er hatt eyn dreyfechtige zungen,
10 Sein leib was groß und gar getrungen.
Deß gülden apffelbaums er hut,
Darzu deß reichen widders gût.
Jason den wurm mit safft begoß
Von eynem kraut, des tugent groß
15 Wircket vil wunders an der stett
Sampt vil caractern, so er redt;

Davon der trach gantz hart entschlieff.
Jason zun gülden apffeln lieff
Und brach der ab, so vil er wolt,
340 Nam auch das reiche fliß von goldt.
   Heimlich er zu Medea kam,
Die hatt bereit ir gschefft als sam,
Fůr mit Jason heimlich darvon.
Sie nam irn jüngsten brůder schon;
345 Und als der vatter schnel nocheilt, [1]
Sie irn bruder inn stuck zertheilt.
Der vatter ir stets eilet nach.
Eyn fůß sie bhendt herfürher zoch,
Darnach das haupt, bald druff eyn hand,
350 Warffs hin. Der vatter bald erkant
Die stuck, stund ab, klaupt sie zusammen.
Inn solcher weil ab dem weg kamen
Jason und auch Medea klug.
Das meer sie bhend inn Kriechen trug.
355   Die Kriechen baldt vernummen hand,
Das ire sün kemen zu land,
So mit Jasoni gwesen waren
Und mit ihm über meer gefaren. [2]
Die Kriechen vil khü theten bringen,
360 Ir hörner bhenckt mit gülden ringen,
Die schlugen sie darnider bhendt.
Viel weirauch ward aldo verbrent,
Das bschach den göttern zgfallen als.
Jasons vatter deßselben mals
365 Alters halb nit zugegen war;
Dann er uff im hatt vil der jar.
   Eyn solchs Jason bekümmern thet,
Zu seinem weib Medeam redt:
'Ach du mein außerwelte kron,
370 Dem ich mich gmacht hab unterthon,
Ach hilff und roth dem vatter mein,

*

1) Medea zerhawet iren jungsten bruder inn stucken.
2) Opffer der Krichen.

Das ihm eyns theils der jaren sein
Abgangen, und leg mir die zu, [1])
Domit er lenger leben thu!'
25 Mit weinen augen er sie batt.
    Medea im geantwurt hatt:
'O Jason, das mag nit erghon,
Den götten solche ding zusthon.
Wie möcht ich kürtzen dir dein leben
30 Und das eym andern menschen geben!
Sein altes leben ihm erlengen
Die götter mügens nit verhengen.
Hecate die göttin drifältig
Semlicher dingen ist gewaltig,
35 Die tag zu kurtzen und zu strecken.
Doch loß dich mein redt nit erschrecken
Und hab dein jor inn irem bhalter!
Mag ich dann deines vatters alter
Erringern, will ich mich nit sparen
40 Und mich inn aller kunst erfaren.
Ich wil ihn machen jung von art,
Als do er erstmal schar sein bart.
Darzu helff göttin Hecate,
Dann ich mich der müh untersthe.'

Cap. 3.

Wie Medea inn der nacht hinfert, wunderparliche kreuter zu irer
[?la] zauberei graßt, damit sie iren schweher jung machen meynet.
[Ovid 7, 179—237.]

45 Als nun der mon der dritten nacht
Voll werden solt inn seiner macht,
Bei nacht und hellem moneschein
Macht sich Medea uff alleyn
Gantz barfůs, unbedecktem haupt,
50 Ir hor zerflogen und zerstraubt.
Sie kam für 'eynen waldt, war grün,
Medea die zauberin kün.

1) Jason bitt Medeam, das sie seinen vatter wider jung machen wöll.

Der himel blaw vol sternen was,
Alleyn der taw hatt gmachet naß,
405 Das gfögel saß an seiner rhu,
Keyn ander thier hort man darzů,
Das laub an beümen hatt auch rast,
All creaturen schlieffen fast.
      Medea hub uff ire hend
410 Und want sich uff der welt fier end,
Dreimolen sich umbwenden thet,
Eh dann sie keyn wort nie geredt,
Demnach neygt sie sich uff die erd,
Ir har inn kůlen taw rumbkert
415 Und thet damit besprengen sich.
Zum gebet schicket sie sich glich
Und rufft die Nacht gantz treulich ahn,
Das sie ir solt eyn beistandt than. [1]
      Sie sagt: 'O Nacht, wie trew du bist.
420 Mir nit můglich zu sagen ist.
Ich ruff euch ahn inn diser wildt,
Das wasser, weldt und grünen gfildt.
Ir gött, so der nacht hand gewalt,
Ach helffent mir inn solcher gstalt!
425 O du drifache Hecate,
Mir jetz inn meiner kunst beisthe!
Dann du hast mechtig gwalt und krafft,
Kreutern, wort, wurtzeln meysterschafft,
Dur die ich offt bezwungen hon
430 Die wasserflüs, berg uffzugohn.
Ich zwing die stechent noter scharpff,
Wann ich ir gifft und eyter darff;
Mit worten, kreütern ich offt bindt
Die ungestům rauschenden windt;
435 Steig unverletzt inn meeresgrunt,
Wann ichs beger, zů aller stundt.
Das wůtendt meer das kann ich stillen,
Die wolcken ich nach meinem willen

•

1) Medea zu irer zauberei ruft die Nacht ahn.

Zusammen inn eyn finstre jag;
140 Wans schon ist an eym mittentag,
Kan ich sie hin und wider treiben.
Die hohen berge kan ich scheiben,
Den waldt kan ich ohn windt bewegen,
Die starcken beum müsent sich tregen,
145 Reiß sie mit wurtzlen auß der erden,
Zu boden sie gefellet werden.
Den mon durch kunst mach ich auch voll,
Die erden spalt ich allzumol [1])
Hinab biß inn die tieff der hell.
150 Was geyster ich daraus erwel,
Die müssen zů mir uffher faren;
Die todten, so verstorben waren,
Müsent auch wider uffher gohn.
Die feuren ochssen musten lohn
155 Irn grimmen můt und gehn zů joch;
Die gwachssen ritter zwang ich och,
Musten eynander selb erschlagen.
Was soll ich von dem trachen sagen,
Der deß güldenen schöppers hůt
160 Und auch des apffelbaumes gůt,
Welcher die gülden äpffel tragen?
Mit schloff thet ich den trachen schlagen,
Das er entschlieff und nie erwacht,
Biß Jason gantz von dannen bracht
165 Die apffel und das gülden fliß,
Furts inn Kriechen ohn hindernis.
Jetz bedörfft ich der kreuter gwalt,
Damit ich meinen schweher alt
Möcht machen wider jung von joren.
170 Bit euch, ir götter ausserkoren,
Ir wolt mir hie zů meim brauch geben
Den karren, so ich sich hie neben,
Darinn zwen trachen stehn gespannen,
Werden mich füren gwis von dannen.'

*

1) Zauberer mussen den teuffel zu hilff haben.

475   Medea streych mit irer hant
       Die trachen inn dem karren gspaut.
       Als sie den göttern danck gesaget,
       Steigs uff den karrich unverzaget,
       Leytet sittig der trachen zeum [1]
480   Und fur hin über alle bäum
       Hoch inn den wolcken, biß sie kam
       Über das gantz Thessaliam.
       Do sah sie auff der erden stohn
       Tempe, den waldt ahn bäumen schon, [2]
485   Darinn vil kreuter, wurtzlen, safft
       Wuchssen, die hatten grosse krafft.
       Wiewol Medea vor was gwon
       Die zholn uff Ossa und Pelion, [3]
       Uff dem Pindus und Otrius
490   Und uff der höhe Olympus,
       Der kreuter graßt sie nach der schwer,
       Nach ires hertzen will und bger.
       Etlich sie nur das kraut abschnitt,
       Die andren nams die wurtzel mitt.
[71b] Inn den lauteren brunnenquallen
       Fandt sie auch kraut nach irem gfallen,
       An dem staden Sperchiades [4]
       Fandt sie auch kraut ir kunst gemeß.
       Amphrysus und auch Enipeus,
500   Deßgleich auch das wasser Peneus
       Das gab ir auch köstliches graß,
       So sie zů ir kunst notturfft was.
       Als Medea neůn gantzer tag
       Uff dem gebierg und welden lag,
505   Wurtzlen und kreuter suchen that
       Und sie jetzund ir notturfft hatt,

•

1) Medea fart uff eynem karren, inn wolchem zwen trachen waren
gespannen.
   2) Der schon walt Tempe.
   3) Namen etlicher grossen breg.
   4) Namen etlicher wasser.

Sie solchs uff iren karren leyt.
Die trachen stunden gleich bereyt
Und warten irs gebotts mit fleis.
290 Medea inn der kunst gantz weis
Etliche kreuter zammenbandt,
Bestreych die trachen beyde sandt. [1]
Zustund ir alte heut von in
Durch krafft der kreuter gieng dahin ;
295 Sie wurden beyd so junger gstalt,
Als weren sie erst eyns jars alt.
Davon Medea ward gewis,
Ir würd glingen ohn hindernis.

Cap. 4.

Als Medea ir bereytschafft zamenbringt, fert sie wider mit iren trachen
zuhauß, macht iren schweher wider jung. [Ovid 7, 238—293.]

Medea uff den karrich saß,
300 Wie sie ir kunst thet lernen das,
Die beyden zügel zhanden nam,
Fur durch den lufft, inn Kriechen kam
Und ließ sich vor dem hoff zu thal,
Gieng umb keyn ding nit inn den sal,
305 Auch sonst under keyn dach noch gmeur.
Redt auch keyn wort, die künstnern teur.
Von wasen sie zwen althar macht ;
Der recht ward Hecate eracht,
Der zů der lincken seiten stundt,
310 Bawt sie der juget. Inn den grunt
Macht sie zwo gruben zimlich groß,
Eyns schwartzen stieres blůt sie goß
Inn beyde gruben, mit milch gmischt
Und honig, so geleütert ist.
315 Demnach thets fallen uff den grundt,
Den kŏng der hell sie bitten bgundt.
Desgleich sein weib und all sein gsellen,
So daß sie irem schweher wöllen

*

1) Medea probiert ihr kunst.

Sein alten leib noch lenger sparen; [1]
540 Dann sein seel jetz zur hell solt faren.
Medea ward ir bitt gewert.
   Demnach sie an das gsindt begert,
Das irn schweher Esonem alt
Jetz zuher tragen solten baldt.
545 Das gschach, er ward mit blosser haut
Dahin glegt uff das krefftig kraut,
Gantz gdeckt, das er nichts sah noch hort.
Medea sprach etliche wort,
Die machten in entschloffen gar.
550 Sie sagt: 'Ir umbstender, nempt war,
Gehnt hin, das ir die heylig gschicht
Nit sehen mit unreynem gsicht!'
Das volck als samen gieng darvon;
Medea blib gantz eynig stohn. [2]
555   Sie nam inn d handt eyn brant und schaub,
Darzů eyn questen gmacht von laub.
Sobaldt sie das imm blůt genetzet,
Sie die ding wider von ir setzet
Und lieff schnell umb den althar sehr
560 Dreimal, als wann sie sinnlos wer,
Ja gleich als wer sie truncken satt.
Den althar sie bereychet hatt
Mit schwebel, und irn schweher schloffen
Reycht sie auch. Als sie rumb was glauffen.
565 Da stundt sie still, laß etlich wort
Und sprengt die ding uff alle ort
Mit der laubquesten gfült von blůt.
Ir breytschafft was gemachet gůt,
Das stundt und sod fast bei dem feur.
570 Medea nam die kreuter teur,
Deßgleich die wurtzlen und den samen,
Das schut sie inn den kessel zamen.
Sie nam auch steyn und meeresgries,

      *

1) Medea bettet zu den hellischen göttern.
2) Medea gantz alleyn sein will.

Weliches das meer liegen ließ, [1])
25 So es anlauffet grausam flût.
Die fettich von eym strixen gût
Nam sie mit federn, fleysch und beyn.
Der strix soll etwan gwesen sein
Eyn man und durch die götter wert
30 Inn eyn solchen vogel verkert.
Medea nam auch eyns wolffs geyl,
Warffs inn kessel eyn gûten theyl.
Drei heut nam sie auch von den schlangen.
So alters halben ab warn gangen.
35 Eyns alten hirtzen leber nam,
Das unschlit, so drumb steht alssam
Mit sampt dem fel, so darum klebt,
Der mûst neunhundert jar han glebt.
Auch nam sie von dem sternenschiessen
40 Des schmaltzes, so davon thut fliessen.
Sie thet auch inn den kessel legen
Eyn hirrn von eyner alten kregen.
[72a] Die ding nam sie alle zusammen
Und noch wol tausent stück mit namen,
45 Rurts sieden undernander fast
Mit eynes starcken ölbaums ast.
Derselb was vor lang gwesen dürr;
Sobaldt sie in stieß inn das gschirr,
Do fieng er an zû grunen baldt,
50 Bracht laub, blûst, frücht gantz schöner gstalt.
Und war der schaum vom kessel sprang
Uff erden, so vor gdorret lang,
Do wuchs zûstund blûmlin und graß;
So krefftig die materi was.
55 Als nun die ding waren vollent,
Medea nam eyn messer bhendt
Und stachs irm schweher durch sein hals:
Sein altes blût lieff von im als.
Sie goß der salben inn die wundt,

---

1) Was die zaubererin Medea zu ir zauberei gebraucht hab.

610 Auch schut sie ims inn seinen mundt.
    Er was vor gantz graw als eyn straus;
    Dasselb graw hor gieng alles rauß, ¹)
    Sein alte haut gel, zeh und bleych
    Ward weiß, fleyschfarb, gantz lind unnd weych.
615 Die alten tieffen runtzlen hol
    Wurden getrungen fleysches vol.
    Auch gwan er frisch und junges blůt,
    Dabei eyn jungen frechen můt,
    War starck und můtig, wie er vor
620 Was gwesen umb sein viertzigst jor.
    Davon Medea freyd ward groß
    Inn irem hertzen über dmoß.

[73a] Inhalt der andern figur des siebenden buchs
         Ovidii von verenderung der gestalten.

    Pelias wirt von ir umbrocht,
    Von Jasoni wirt sie verschmacht.
    Egeus halt eyn grossen tag
    Von Eaco und Cephali frag.
  5 Eacus sagt sein grosse noth,
    Eacus bit Jovem den gott. ²)

Cap. 5.

Medea gleißnet, iren vettern Peliam gleich irem schweher jung zu
machen, beredt seine beiden töchtern, das sie irem vatter den hals
abstechen. Demnach fleücht die zauberin Medea darvon, leßt Peliam
            todt ligen. (Ovid 7, 297—360.)

    Als Medea die ding volnbrocht,
    Die grosse untrew sie bedocht,
625 So Pelias, irs mannes frindt,
    Dem Jason zu hat gricht geschwindt,
    So das er ihn schickt über meer
    Gegen dem ungezemten heer,
    Als gwesen warn die ochsen wildt,

*

1) Eson wirt wider jung.
2) Holzschnitt 20: Rechts steht Medea vor einem zauber-
kessel, links wird der auf seinem bette liegende Pelias von seinen
zwei töchtern und Medea erschlagen.

630 Deßgleich die ritter gantz unmilt;
　　Als er stritt umb das gülden fliß,
　　Pelias meint, Jason solt gwiß
　　Umbkommen.　Solch untrewer rath
　　Medeam fast verdrossen hadt.
635 　Sie gieng hin inn sein hauß felschlich,
　　Thet keins argen annhemen sich.
　　Pelias töchtern wolgethon,
　　Die Medeam empfiengen schon.
　　Ir vatter was von alter schwach,
640 Das er nit vil mehr hort und sach.
　　Medea zeigt ihn ahn mit list,
　　Wie ir schweher jung worden ist.
　　Die töchtern liegen ir vast ahn,
　　Das irn vatter, den schwachen man,
645 Wöll wider zu vermügen bringen.
　　Medea schweiget zu den dingen
　　Gleissend, als wann sies ungern thet.
　　Sie legen ann sie grosse beth.
　　Zuletzt versprach sie ihn der dingen.
650 Hies ir eyn alten widder bringen,
　　An dem wolt sie ir kunst probieren
　　Und ihn mit jungem alter zieren.
　　Sie brochten ir den widder dar,
　　Deß lange woll rauch zottet gar,
655 Mit eyner rauch rumpfechten stirn,
　　Uff seinem haupt eyn starck gehirn.
　　Medea stieß ihn inn die salb, [1]
　　Do ward im sein leib allenthalb
　　Mit frischer newer haut und woll
[73b] Gantz kraus und schon geziert das mol,
　　Sein hörner wurden kurtz und klein,
　　Gleich eynem jungen lemblin schein,
　　So drei tag muttermilch het gsogen.
　　Die töchtern wurden mit betrogen,
665 Lagen Medea vester ahn,

*

[1] Eyn falsche prob.

Das irn vatter, den alten mann,
Seins alters halb wolte entladen.
Das sagt sie ihn zu sunder schaden.
Sie nam valsch kreuter inn eym schein
670 Und schüts inn eynen kessel nein
Und sods, als wans die rechten weren;
Damit volstreckt sie ir begeren.
Sie wartet auch der nacht mit fleiß,
Do braucht sie kunst semlicher weiß.
675 Dann als Pelias gsind und er
Zu rhu warn gangen, schlieffen sehr,
Schut sie unkrefftig kreutter zammen
Und hieng sie über fewres flammen.
Den töchtern gabe sie den roth,
680 Sie müsten iren vatter z todt
Thun schlagen, als blůt von im lassen,
Wies irem schweher gthon der massen.
    Sie volgten ir und giengen trodt
Hin inn irs vatters kemminodt
685 Zu dem schloffbeth, do er an lag. ¹)
Jedoch scheucht jede vor dem schlag;
Dann sie jammert deß vatters sterben.
Drumb thet Medea fleissig werben
Und sprach den töchtern zu mit fleiß.
690 Sagt: 'Soll ich hie erlangen preiß
Ann ewerm vatter, müßt ir lohn
Das alt geblůt gantz von im ghon,
Damit er gantz news inn sich vaß.'
    Wiewols den töchtern zwider waß,
695 Noch giengen sie gmeinlichen dar,
Verhuben ire augen gar
Und schlugen gmeinlich noch dem alten.
Er wacht, thet seine hend fürhalten
Und sagt: 'O ir mein liebsten kindt,
700 Ach was ist das für böse sündt?
    O lieben töchtern, schonend min,

1) Die töchtern entsetzend sich iren vatter umbzubringen.

Denckt, das ich ewer vatter bin!' [1])
Dieweil er also fûrt sein klag,
Gab im Medea eynen schlag,
₇₆ Das ihm sein haupt gantz vom leib kam,
Inn seinem blût uff dem beth schwamm.
   Medea schwang sich schnel darvon,
Ließ die bkümmerten tôchtern sthon
Bei irem vatter inn dem leidt.
₇₀ Medea war inn grosser freidt,
Das sie sich an dem Pelias
Gerochen hatt semlicher maß.
Sie fur hin durch die wolcken schnel
Noch dem volnbrachten ungevell.
₇₅ Medea hatt auch zeit der sachen,
Das sie mit den fliegenden trachen
Thet schnel hinfliegen durch die lifft.
Sunst hettens ir groß leidt gestifft
Und sie gwißlich zu todt erschlagen.
₈₀ Die trachen aber thettens tragen
Schnel und baldt durch die wolcken hoch.
Den Peliam sie überfloch [2])
Und die gegent so wol bekant,
Irs alters halb Cerambi gnant,
₈₅ Welcher berg inn der sintfluß groß
Von den nimphis semlicher moß
Bewart, das sein spitz außer recket,
Wiewol sunst all welt waß bedecket
Mit wasser. Noch weiter sie kam
₉₀ Für die gegent Aeoliam.
Sie flog auch für den felsen hart,
Der gleich eym trachen ghawen wardt
Und sicht noch heuts tags wie eyn trach.
Die gegend sie auch übersach,
₉₅ Do Bachus eyn kû und diepstal,

                    *

1) Klag des vatters gegen seinen tochtern.
2) Medea verflucht manche gegent, deren von kurtze wegen etlich
aus und gelossen.

                                    21 *

So sein sun gthon, schmeichlend verhal
Inn gstalt eyns falschen hirschen gdicht.
Irn weg sie durch manch gegend richt,
Biß sie zum Jason wider kam.
740   Inn irer zukunfft sie vernam,
Das Jason im für seinen leib
Gnummen Isyphile zu weib.
Medea gedocht ir zu lonen;
Durch zauber machts eyn gülde kronen,
745 Die war gemacht von gsotnem goldt.
Als Isyphile die tragen wolt [1])
Und uff ir haupt setzen began,
Do saß sie inn eym fewr und bran.

Cap. 6.

Jason wil Medeam nit mehr zum weib haben von wegen irer boßheit.
Medea bringt Jasoni zwey kindt umb, als er mit der Isyphile hoch-
zeit hatt, fleucht demnach zu Aegeo dem könig gehn Athen. [Ovid
7, 394—424.]

Als nun Jason vernummen hatt
750   Dise und andre missethat,
So von seim weib Medea gschach,
Groß sorg und zorn sein hertz durchbrach.
Er wolt ir nit genohen meh,
Domit im args von ir nit gscheh;
755 Jason nam im eyn ander weib.
Drauff wogt Medea iren leib;
[74a] Dann als die new brautlauff geschach,
Sie im sein beide kindt erstach
Und schwang sich noch semlicher roch
760 Inn eym lufft inn die wolcken hoch;
Jason het sie sunst auch umbrocht.
Dise Medea obgedocht
Zu Aegeo dem künig kam,
Welcher könig sie zum weib nam.
765 Gar kurtz darnach kam auch zu huß

---

1) Die brinnend kron, so Medea Isiphile irer gemeinerin schicket.

Deß königs sun gnant Theseus,
Der kam erst auß seinr mütter landt
Und was noch mencklich unbekant.
Inn manheit hatt sich der jüngling
70 Geübt und ghandlet grosse ding,
Dardurch erlangt groß lob und preiß;
Der kam jetz dar inn gastes weiß.
Medea baldt eyn gifft bereit,
Inn eynen tranck sie solichs leit,
75 Aconitum nent man das gifft, [1]
Dann es all andre übertrifft;
Den hat sie brocht auß Scytia.
Derselb gewachsen was alda,
Als Hercules der heldt so tewr
80 Cerberum den helhundt unghewr [2]
Zoh aus der hellen, do er lag,
Mit seiner ketten an den tag.
Welcher hundt grausam widerbal,
Das inn eym gantzen land erschal;
85 Er schaumt auch sehr auß seinem schlund;
Wo der schaum hinfallen begundt,
So er inn zorn von im thet schwingen,
Do thet zu stundt eyn kraut entspringen.
Das was dem schaum gleich weiß unnd blanck.
90 Aus dem Medea macht den tranck,
Dieweil keyn gifft sunst war so arck,
Weder so krefftig noch so starck.
Den tranck gabs irem man Aegeo,
Der reicht in seinem sun Theseo,
95 Welcher im noch waß unbekant.
Theseus nam den inn sein handt;
Als er ihn nun reicht zu dem mundt
Und wolt jetz trincken an der stundt
Den tranck auß eynem gülden kopff,
100 So erkent Aegeus den knopff,

*

1) Medea will ires mans sun mit gifft umbbringen.
2) Cerberus der hellisch thorhuter von Herculi umbbrocht.

Welchen Theseus am schwert trug;
Den kopff er im auß der hand schlug
Und ward seins suns zukunfft fast fro.
   Medea bleib nit lenger do,
805 Inn eym nebel sie sich verstal
Und macht sich eilens aus dem sal.
Der zauber ir deß hilff thet geben,
Sunst wer sie kummen umb ir leben.

Cap. 7.

Von dem opffer Aegei, und wie Minos umb hülff anrüfft wider die von
Athen, auch wie Aeacus antwurt. [Ovid 7, 425—432. 452—460. 472—489]

   Aegeus grosser freuden pflag,
810 Als er erlept hat solchen tag,
Das im sein sun was kummen wider.
Er schlug gar vil der ochsen nider,
So man den göttern opffern wolt.
Er hies auch, das man eilens solt
815 Eyn hoff außrieffen inn dem landt.
Zu dem das volck kam alles sand
Inn freiden auff deß königs fest.
Das wardt gehalten uff das best.
Dann man fandt inn der gantzen statt
820 Kein haus, do man nit freudt inn hatt.
   Jedoch ward solche grosse freid
Vermischet mit etlichem leidt,
Welches dann brocht dem könig schwer.
Dann Aegeo kamen die meer,
825 Wie im Minos, der köng von Crete,
Unzalbarlichen schaden thete;
Dann er verhergt im all sein landt
Mit schwert, mit rauben und mit brandt.
   Ursach eyn schul was zu Athen,
830 Darauff hatt Minos eyn son sthen,
Welcher mit tugend was geziert,
Gantz fleissig und wol er studiert.
Deß trugen im die andren haß:
Eynsmols er inn eym fenster saß,

835 Do trungen sie auff inen sehr
Und stiessen in nab inn das meer.
Davon Minoß ergrimmet hart,
Eyn groß heer er versamlen wardt,
Schickts inn das landt mit gantzem gwalt
840 Und für er heimlich eilens baldt
Schnel uff dem meer, biß das er kam
Inn das küngreich Oenopium.
Aeacus was derselb küng gnant, [1])
Noch seiner müter hies das landt.
845 Egina hieß die mutter sin,
Von Jupiter empfieng sie ihn.
　Minos sagt zu im: 'Ich beger
Von dir, könig, hundert ritter.
An Athen will ich rechen nun,
850 Das sie umbrocht hand meinen sun
Androgeum, mein liebes kindt.'
Aeacus antwort im geschwindt:
'Die von Athen seind mir zu lieb;
Fürwor ich sie mit nicht betrieb,
855 Dann ich ihn alles guten gan.'
[74b]　Minos der fur inn zorn hindan
Und sagt: 'Dir wirt ir freuntschafft leyt,
Das glob ich dir bei meinem eydt,
Soll anders ich erleben daß.'
860 Damit köng Minos fur sein straß.

Cap. 8.

Cephalus wirt von den Atheniensern inn botschafftsweis zů Eaco ge-
sandt umb hülff wider den könig Minos. Cephalus fragt Aeacum nach
seinem alten hoffgesindt, davon Aeacus ser betrübt wirt. [Ovid 7,
490—522.]

　In dem so sicht man uff dem meer
Eyn schiff von ferrem streichen her,
Welches do schiffet von Athen.
Druff sassen Pallantis sün zwen,

---

1) Eacus köng inn [Egina].

865 Welcher [do] was vor Montalban
Seins leibs und lebens worden ahn,
Mit namen Clitus und Buten,
Cephalus auch, all von Athen.
Sobald sie an deß meers port kamen.
870 Lieffen des kônigs sůn bedsamen
Von irer burg herab behendts,
Empfingen da mit reverentz
Die drei, so auch warn kônigskindt.
Sie achtents auch für ire frindt,
875 Welch warn Phocus und Thelamon,
Auch Peleus, da sidher von
Der starck Achilles ward geborn.
Doch was Cephalus lang davorn
Auch mehr gewesen an dem endt;
880 Drumb er baldt von in wardt erkent.
Sie hiesent in bald wilekum sein
Freuntlich, darzů die jüngling fein [1]
Die namen sie bald bei der handt,
Furtens zum kônig allesandt.
885   Cephalus von art wolberedt
Sein botschafft eilens werben thet,
Sagt: 'O her kông, mich hand hergsant
Die von Athen, den man ir landt
Überzeucht gar inn starcker maß. [2]
890 Darumb, kônig, zu hertzen faß
Dein alte freuntschafft und ir trew!
Die wôllest jetzundt machen new
Und schick ihn deiner ritterschafft, ,
Damit gemehret werd ir krafft!'
895   Sobald er semlichs hatt geredt,
Der kônig im geantwort hett:
'Laß ab von deiner bitt so sehr!
Athen hat mir zu gbieten mehr.
Was ich für volck hab inn meim landt,

*

1) Wie Cephalus und sein geselschafft empfangen worden.
2) Bit und werbung Cephali an den kônig.

900 Soll in sein bholffen alles sandt,
Auch was ich sonst geleysten kan,
Wiewol mir neulich volcks zerran.
Meins alten volcks ich keyn mehr hab,
Mit todt sindts mir all gangen ab.
905 Mein stat und landt voll jungs volcks ist,
An junger manschafft mir nichts brist.'
   Cephalus sagt: 'So můß dein rich
Nit schwecher werden ewiglich.
Ich frey mich diser juget sehr,
910 Seh auch warlichen keynen mehr,
So vor bei dir inn deim reich saß,
Als ich das nechst mol bei dir was.
Eyn gantz gleichs alter seh ich hie,
So ich mein tag hab gsehen nie.
915 Wo seindt die alten? Ich seh keynen.'
   Der kŏnig hub fast ahn zu weynen
Und sagt: 'Ach, den du noch thust fragen,
Seindt todt und faul, kan ich dir sagen,
Und gantz zů erden worden schon.
920 Wie solches gschach, hŏr mich darvon!

Cap. 9.

Aeacus erzelt Cephalo eyn grausamen grossen sterben, welchen Juno
dorch iren neid, so sie zů im getragen, inn seinem landt zugericht hat,
so das von vergifftung der wasser vieh und leut sterben. [Ovid 7,
523—613.]

   'Juno mein mutter hasset sehr,
Drumb sie mich gbar von Jupiter;
Sie nam auch sonder groß vertrieß,
Drumb ich mein gantze lantschafft hieß
925 Nennen nach meiner muttr Eginen.
Dann kurtze zeit hernach verschinen
Schickt sie mir eyn plag inn das landt
Über mein gantz kŏngreich alsandt.
Juno eyn dicken schwartzen lufft,
930 Gleich wers eyns finstern regens tufft.
Von gifft rhab uff die erden ließ

Althalben wie deß meeres grieß,
Vergifft den boden überall.
Do wuchssen notern ohne zal
935 Inn den weihern, brunnen und pfützen.
Das gifft thet inn das wasser sitzen;
Welcher dann dises wassers tranck,
Der must sterben ohn allen danck.
Diß jamer allererst begundt
940 Erstlich zu kommen an die hundt,
Das doch der kleynist schaden was.
Das gwildt und gfögel auch nit gnaß,
[75a] Das schof gieng serben, biß es starb;
Der schefer auch nichts dran erwarb
945 Weder an der wollen noch fell.
Umb die ochssen stund es gantz hell,
Welche do zogen inn dem joch.
Die armen pferdt und esel och
Die sturben auch gar schnell zuhandt.
950 Das reitroß gar keyn hülff nit fundt,
Von seinem schnellen lauff geschwindt
Starb es dahin gleich wie eyn windt.
So grausam wütet dise sucht.
Den hirschen halff auch nit sein flucht.
955 Die zeen hulffen nit das wildtschwein,
Der ber vergaß der stercke sein;
Wann sie all traff der gmeyne schlag.
Das landt voll todten cörper lag
Imm holtz, uff ackern und inn wegen.
960 Darzu was es so lang gelegen.
So das sein die wölff nit enmochten.
Die vögel nit darnach gedochten:
Der unlust so fast davon floß,
So das der gstanck ward also groß,
965 Das bei dem pflug der ackerman
Gantz gehes sterben do began
Und lag bei seinen ochssen todt.
Also fing erst an solche noth,
Das volck ward krank gleich wie·das vich.

970 Sobald eynr lag der kranckheyt siech,
Der dorrt gentzlich auß inn seim leib.
Was othums dann von inen treib,
Verderbt in ire hels und zungen,
Das sie zerkloben und zersprungen.
975 Sie kundten vor der grossen hitzen
Weder geliegen noch gesitzen;
Keyn beth, so das schon gmacht von siden,
Mocht keyner under im geliden,
Sie wurffen von in alle decken
980 Und theten sich uff d erden strecken
Gantz blos; dann die hitz was so hart,
Die erd von in erhitzet wardt.
Do halff auch keynes artzes roht;
Dann sie auch gehes lagen todt,
985 Sobald sie zů den siechen giengen:
Zustund sie die kranckheyt empfiengen,
Das sie selb vil eh todt gelagen
Dann die, dern sie mit artznei pflagen.
Sie truncken auß den drůben pfůtzen,
990 Do fandt man nichts, so sie mocht nůtzen.
Uff den weiern und uff den wågen
Sie elendt, můd und krafftlos lagen.
Mancher buckt sich, begert zu trincken.
So thet er unders wasser sincken,
995 Ertranck schwachheyt halb an der stadt,
Keyn hůlff noch roth ir keyner hatt.
Auß der stat krochen sie alsandt
Und lagen zerstrawt uff dem landt.
Als wann die stadt eyn ursach wer
1000 Ir hartsåligen kranckheyt schwer.
Auch sah man inn den feldern breyt
Volck liegen wie die schoff zerstrewt,
Gleich wie das ecker von der eych
Thut fallen und die epffel weych
1005 Durch faulhe vom baum fallen nider.
Gleich wo man sach hin und herwider,
Wo eyner nur sein gsicht hin bot,

Do lag das volck kranck oder todt.
Ach, ich hett gern das leben mein
1010 Verschetzet. Do mocht es nit sein;
Dann ich must sampt meinem gesindt [1])
Sehen eyn solche noth so gschwindt,
Welchs mir gar grossen schmertzen brocht;
Gar offt ich hin und wider gdocht.
1015 Nempt war des tempels, den ir sehen!
Drinn ist fast grosse bitt geschehen.
Inn dem Jupiter der groß gott
Angrüffet wirt stets frů und spot,
Der güldin aar ist druff mit fleiß
1020 Gsetzet dem reichen gott zů preis.
Aldo batt für den man das weib,
Der vatter für seins kindes leib;
Doch eh sie bschlussen ir gebett,
Sie der todt hingenommen hett,
1025 So das die bittenden eh sturben
Dann die, von dern wegen sie wurben.
Offt man inn iren henden fandt
Den weirauch, so noch unverbrant;
Die ochssen, so zum opffer bracht,
1030 Sturben, eh dann sie wurden gschlacht.
Eyn solchs ist selb geschehen mir;
Dann man mir furt eyn ochssen für,
Jupiter wolt ich opffern in,
Dabei auch stunden mein drei sôn.
1035 Also ich für mein kindt und reich
Wil opffern, [so] felt der ochs gleich
Vor unser aller angesicht,
Wie wol er was geschlagen nicht.
Es thetten auch inn solcher noth
1040 Vil leut in selber an den todt.
Also die schmertzlich grosse forcht
An in semlichen trübsal worcht,

*

1) Eacus wolt lieber sterben dann solchen jamer an seinem volck
schen.

So das sie meynten gnesen sin,
Wann sie mit todt füren dohin.
1045 Die todten lagen unvergraben,
Dann niemant mocht weil darzû haben.
[75b] Do wardt verbrant inn eyner sum
Der böß, deßgleichen auch der frum.
Do begieng man die todten lichen
1050 Alnthalben unbescheidenlichen.
Do wardt vergessen aller pflicht,
Weder weibs noch mans acht man nicht,
Das kindt trawrt umb sein vatter klein.
Es wardt das graben zu gemein,
1055 Darzu das holtz zum todtenfewr
Jetz mangels halben worden tewr.

Cap. 10.

Aeacus bitt den gott Jupiter umb eyn ander volck. Im wirt eyn zei-
chen an eynem baum geben, an welchem baum sehr viel omessen lieffen,
welche all zu jungen starcken mannen wurden. [Ovid 7, 614—660.]

'Diß grosse jammer, so ich sach,
Mir zwor mein ellends hertz durchbrach.
Hertzlich rufft ich Jupiter an
1060 Und sagt: 'Soll ich nit zweiffeln dran.
Jupiter, das die mutter mein
Gewesen sey der schloffgsel dein,
So welst dich ires suns nit schemen,
Welcher dich thut eyn vatter nemen.
1065 So gib du mir mein volck jetz wider
Oder schlag mich mit ihnen nider!'
Als ich solchs grett, eyn blix herschoß.
Dabey eyn tunderklapff nit groß.
Baldt wünschet ich inn meinem mût,
1070 Das solichs zeichen were gût.
Secht, wie ich umb mich sich zur seit,
So statt bey mir eyn eych, was breit,
Vom waldt, welcher wirt gnant Dodon.
Derselbig wald ist also schon,
1075 Das ihn Jupiter geignet hatt;

Kein baum dann eychen darin statt.
Dran kruchen wundervil on zal
Omeissen zu berg und zu thal.
Mit iren eyern ich sie sach
1080 Lauffen, zu Jupiter ich sprach:
'Ach vatter, loß dein gwalt hie scheinen
Und hilff mir wider zu den meinen,
Das ich so manchen man bekum,
Als omeissen lauffen hie umb,
1085 Domit ich wider bsetz mein statt!'
　　Sobald und ich semlichs gebat,
Fieng der baum oben an zu biben,
Wiewol von winden ungetriben.
Semlicher handel mich erschreckt,
1090 Das sich davon mein leib bewegt;
Mein haut strupfft mir zusammen gar,
Mein hor stund uff dem haupt empor.
Doch hoffet ich, mein bitt die wer
Erhört von dem gott Jupiter,
1095 Wiewol ich nit saget davon
Und thet bhend druff an mein rhů ghon.
　　Do kam mir für eyn solcher traum,
Wie vor mir stůnd derselb eychbaum,
Deßgleichen die omeißen dran,
1100 Dern jede lauffen thet ir ban.
Auch thet sich der baum schitten fast;
Hoch oben inn seins gipffels ast[1]
Lieffend omeißen auff und nider,
Etlich die fülen abher wider.
1105 Wie sie nun lagen auff der erden,
Sah ich sie feintlich grösser werden.
Die schwartze farb vergieng ihn baldt,
Hingieng ihn auch die dürr gestalt.
Zletzst wurden aus ihn grade man.
1110 Thethen uff iren beynen sthon.
Inn solchem gsicht mein hertz frent sich.

*

[1] Aus omeissen werden leuth.

Die grosse freud erwecket mich;
Ich fieng hertzlich zu trawren ahn,
Das ich verlorn hatt solche man,
1115 Gantz schwerer unmût mich umbgab.
Dieweil ich solchen schmertzen hab,
Hôr ich imm palast eyn getoß,
Als wer darin eyn volck sehr groß;
Dann er war schall und gtümels vol.
1120 Doch dorfft ich noch nit trawen wol
Und meint, der traum betruge mich.
  Von ungeschicht begeit es sich,
Das ich will zu der thür außghon,
So bkumpt mir mein sun Thelamon
1125 Und sagt: 'Vatter, du solt dich frawen.
Kum her, thu das new volck beschawen!
Vol newer leut der pallast stat.'
  Gar gschwindt ich nur die thür uffthadt,
So get mir das volck starck entgegen,
1130 Unter ihn was manch stoltzer tegen,
Sie grüsten alle freuntlich mich.
Ich danckt Jupiter fleissiglich,
Unter sie theilt ich statt und landt,
Mirmidonas ich das volck nant.
1135 Dann dises volck zu aller will
Mag dulden grosser arbeit vil.
Im ist gericht sein sin und mût
Ehr zu bekummen und groß gût,
Seind auch gwachsen von gleichen jaren.
1140 Diß volck laß ich jetzt mit euch faren
Hin gehn Athen, mein lieben frindt.
Derhalb fart hin, wann ir habt windt!'

[76a]   Cap. 11 (9).

Der tag ist hinweg, die nacht wirt mit süssem schloff vertreiben. Deß
morgens gedt Cephalus mit deß königs sünen spacieren, sagt ihn von
der tugent deß spieß, welchen er inn seiner handt trug. [Ovid 7,
              661—686.]

  Der tag mit freiden wardt verzert,

Der kŏnig die gest reichlich ehrt.

1145 Als aber nun der obent kam,
Mencklich urlaub vom kŏnig nam,
Und ward also die finster nacht
Mit sŭßem schloff zu endt gebracht.
    Am andern tag deß morgens fru
1150 Breit sich das volck eilens darzu.
Die gsanten herren von Athen,
Pallantis junge sŭn die zwen,
Deßgleichen Cephalus der dritt
On urlop woltens scheiden nit,
1155 Wiewol der kŏng nitt was vorhanden
Und noch nit von seim beth uffgstanden.
Phocus, deß kŏnigs eyner son;
Kam zu den dreyen herren ghon.
So was Thelamon und Peleus
1160 Noch mehr rittern gereiset uß.
Phocus fŭrt sie uff eynen gang
Uff eyn summerlaub schon und lang,
Do sassen sie zusammen nider,
Triben ir gsprech hin und herwider.
1165   Cephalus trug inn seiner handt
Eyn spies, deß holtz was unerkant,
Und das das eysen wesen solt,
Das was gemacht von feinem goldt.
Phocus des kŏnigs sun besach
1170 Den spieß fast eben, darnach sprach:
'Ich bin gewesen manchen weg
Zu holtz, zu feldt, uff dem gejeg,
Hab auch durchzogen manchen walt,
Sah aber nie solch holtz gestalt;
1175 Fŭrwar ich schŏner holtz nie sach.'
    Cephalus gŭtig zŭ ihm sprach:
'Dich mag billichen wundern das
Doch, wann du wŭrdest brichtet baß,
Der tugent, so an dem spies leit.
1180 Hŏr zu, ich triff domit alzeit
Als, was ich bger, und fell daß nider;

Von ihm selb kumpt der spieß herwider
Zuruck zu meiner handt geflogen
Bhendt, als schtß man ihn von eym bogen.'

Cap. 12.

Phocus deß königs sun wundert sich der tugent deß spieß, bgert von
Cephalo zu wissen, wer ihn deß spieß beroten hab. Cephalus sagt
ihm wunderlich geschichten. [Ovid 7, 685—758.]

1185   Phocus batt ihn und lag im ahn,
      Das er im gebe zu versthan,
      Wer ihn deß spieß berothen hett.
      Cephalus gwert inn seiner beth,
      Gantz trauriglich er zu ihm sprach,
1190 Mit btrübten augen ihn ansach:
      'Dein frogen mir unmût gebûrt.'
        Solchs gredt Cephalus weinen wirt,
      Sagt doch: 'Nit wunder dich der sachen,
      Das mich der spieß thut weinen machen!
1195 Furwar ich ihn verwerffen sott;
      Dann er meins liebsten weibs mich hot
      Beraupt. Das muß ich klagen sehr,
      Mag frölich werden niemmermehr.
      Ich weiß nit, ob du wissest, das
1200 Der sterckest wind gnant Boreas
      Meins weibs schwester nam zur ameyen,
      Die allerschönste Orithien.
      Procris die was ir schwester zwor,
      Welche ich durch den spieß verlor.
1205 Das aber Boreas nit nam
      Procrim und jene überkam,
      Das macht, das Eritheus mir
      Procris hatt gmâhelt kurtz darfir.
      Sie was schön, jung, zůchtiger gberd, [1]
1210 Tugentsam und als lobes werdt,
      Sie macht mir frölich tag und stundt;
      Das falsch glück mir semlichs vergunt.

*

1) O betten dise Procris unsere weiber geerbet!

Hôr zu, als ich eynsmols zu waldt
Den wilden thieren lang nochstalt,
1215 Deß morgens lag eyn grosser taw,
Da kam zu mir eyn schône fraw
Aurora, welch eyn gôttin gnant
Der morgenrôte wirt. Zuhant
Bat sie mich fast umb die holtschafft,
1220 Betastet mich mit solcher krafft,
Sie umbfing mich und halst mich sehr.
Drumb meint ich, das mir spôttlich wer,
Wo ich die fraw nit lieben solt,
Dieweil sies von mir haben wolt.
1225 Jedoch lag mir imm hertzen mein
Mein Procriß, aller ehrn eyn schrein.
Deßhalb fleht ich der gôttin fast,
Sie solt erlossen mich deß last,
[76b] Dann mir zimpt baß Procris die zart.
1230 Aurora fast drumb zürnen wardt,
Sagt: 'Hab Procrim, du solt sie han.'
Sie fur hinweg und ließ mich stahn,
Nit weiß ich, war sie sich verbargck.
Mein hertz umbgab groß sorg so starck.
1235 Aurora gab mir inn mein gdanck,
Procris die wer ahn ehren kranck;
Dann so ich zu wald wer noch wildt,
So sucht sie auch uff irem gfildt
Ir gattung. Doch erwag ich wider
1240 Ir zucht, die hielt sie frumb und bider,
Gedacht doch, das ir schône gstalt
Ir ursach geb zur bulschafft baldt.
Also hatt ich eyn gûte zeit
Mit mir selber eyn harten streit,
1245 Zulest nam ich mir fûr, das ich
Mein gstalt verwandlen wolt gentzlich
Und sie probieren solcher gstalt. ¹)
      Mein anschlag ich vollendet baldt

1) Cephalus probirt seine liebste Procris.

Und thet verwandlen sonder beyt
1250 Mein angesicht, haupt, gang und kleydt.
Ich kam schmeychent zů ir gegangen,
Von ir ward ich zůchtig empfangen,
Als eyner keuschen frawen zam.
Dabei ich gar nichts args abnam;
1255 Hett ich mich nur gesettigt dran!
An irn augen sah ich ir ahn,
Das sie hertzlich geweynet hett;
Dann sie fast umb mich sorgen thet, [1]
Weil sie mich glaubet sein zu waldt
1260 Under der wilden thieren gwalt.
Ir schône ich gar hoch bedocht,
Das ich mich kaum enthalten mocht,
Das ich nit kůst irn roten mundt.
Gern hett ich mich gleich an der stundt
1265 Der schônsten zu erkennen geben;
Doch wolt ich vor erkunden eben,
Was doch hinder ir wer verborgen,
Dann mich truckt noch deß zweiffels sorgen.
Als ich sie hertzlich gbetten hab,
1270 Sie mir gantz zůchtig antwort gab
Und sprach: 'Ich hab mir ausserkoren
Eyn man ahn tugent hochgeboren,
Keyn ander man inn aller welt
Mir sicherlich für in gefelt.
1275 Demselben ich mein liebe gahn,
Wirt ewig sonst keym underthan.'
    Solch antwort gfiel mir an ir fast,
Doch wolt ich noch nit haben rast
Und erdocht eynen andren fundt,
1280 Versprach ir golt so manig pfundt, [2]
Das sie mir wilfart nur eyn nacht.
Durch solch versprochne gob ich macht,
Das sie mir ir lieb gantz versprach.

1) Sorg, so Procris umb ihren man getragen.
2) Golt erweycht manich hart hertz.

22 *

O wie weh meinem hertzen gschach!
1285 Mein frembt gwandt zog ich ab zuhandt,
Gar baldt mich mein Procris erkant.
Ich schrey gar laut: 'Nun sih ich wol,
Was man weibern verträwen sol;
Dann ichs jetz selb erfaren hab.'
1290   Procris schwig still, keyn antwort gab,
Umbgeben hatt sie grosse scham.
Gar kurtz darnach sie die flucht nam
Und lieff hin von den leuthen baldt
Inn eynen grünen dicken waldt,
1295 Satzt ir für, daß sie mit keym man
Nimmermehr wolt keyn gmeynschafft han.
Inn dem waldt sie Diana fandt,
Eyn göttin deß gejegts genant,
Der folget sie nach überall
1300 Beyde zů berg und auch zů thal.
   Ich ward bekümmert mehr dann vil
Und volgt ir noch inn schneller yhl,
Biß ich sie zulest wider fandt.
Mein schuld ich gegen ir erkant[1])
1305 Und sagt: 'Hett man gelobet mir
Halb sovil, als ich globt hab dir,
Ich hett mich warlich solcher mossen
Das rodt golt auch bewegen lossen.'
   Also sie wider mit mir kart
1310 Die schöne tugentreich und zart,
Groß freyd hatten mir manche stundt.
Diana hatt ir gschenckt eyn hundt
Und disen spies von tugent rich,
Wie oben hab erzelet ich,
1315 So das uff erd nichts ist so schnell,
Das man durch disen spieß nit fell.
Disen spies mir mein Procris gab,
Das ich von meim argwon stünd ab.

                         *

   1) Cephalus findt sein Procris, bekent sich unrecht gegen ir ge-
thon haben.

Jetz weyst du deß spieß tugendt wol.
1320 Darumb sag ich dir auch dißmol
Groß abentheur auch von dem hundt,
Mit welchem ich groß ding bestundt.

Cap. 13.

Abentheur von dem hundt Lelape, welcher Procridi von der göttin
Diana geschenckt ward. [Ovid 7, 763—794.]

'Derselbig hundt was Lelaps gnant.
Nun was eyn thier inn unserm landt,
1325 Grausamers thiers erhort man nie,
[77a] Dann es den leuthen und dem vih
Thet übergrossen schaden nu.
Zuhandt samletten sich darzu
Vil schneller und starcker jüngling,
1330 Die umbgaben das thier zu ring
Umb mit vil außgespanten netzen,
Mit hunden, jagen und mit hetzen.
Keyn seil noch netz so hoch nit waß,
Das sich das thier davon entsaß,
1335 Es sprang darüber gantz geschwindt
Und acht allein solch gwalt für windt.
Kein hundt ihm auch zulauffen mocht,
Biß ich mein hund Lelaps dar brocht.
Sobaldt und er kam uff die spür,
1340 Zoch er mit solcher stercke für, [1]
Ich hielt an mich, das windbandt brach.
Dem hundt was noch dem thier so gach,
Das er mir kam auß meim gesicht.
Der staub sich hinder ihm uffricht,
1345 So er warff von sein füssen bhendt,
Noch wust ich nit, an welches endt
Der hundt durch seinen lauff hinfloch.
Ich steig uff eynen bühel hoch,
Deß newen hundts lauff zu besehen.
1350 Nun mag ich sicherlich verjehen,

*

1) Lelaps der hundt.

Kein pfeil noch vogel ist so schnel,
Darzu der hagelstein sinwell,
Der gehlich zu der erden schleth,
So der windt gantz auß krefften geth.
1355 Also gentzlichen mich beducht,
Als ich das thier sah an der flucht
Und Lelaps den hundt an der jaget
So tröstlich lauffen unverzaget.
Wann er das thier jetz meint zu greiffen,
1360 Zustundt begundt·es ihm entschleiffen.
Das thier was gantz listiger art,
Dann es nit strackes lieff fürwart,
Jetz lieff es zwers, baldt noch der krumb.
Der hund thets behend jagen umb
1365 Und lieff ihm stetz mit listen für;
So ers meint haben an der kûr,
Wolts jetz mit krefften greiffen ahn,
So entwûscht es im bhendt davon
Und schos dann vogelschnell hinfûr.
1370 Mein spies nam ich behendt zu mir
Und thu domit ein plick umb mich,
So hand sie beid verwandlet sich
Inn marmelstein, beid thier und hundt
Zum lauff jedes imm bossen stundt,
1375 Inn schneller flucht das thier erschien,
Der hundt, als wann er jaget hin.
Durch welchen got solch wunder gschach,
Ich nie erfaren hab hernach,
Weiß auch nit, welchs erlegen wer,
1380 Das thier ald hund von lauffen schwer.'
Semlichs geret do endten sich
Cephalus wort gantz trauriglich.

Cap. 14.

Phocus nimpt war der traurigen gestalt Cephali; solchs ursacht ihn
noch weitter zu frogen von dem spieß, den er trug, auch von Aurora
der morgenröte göttin. [Ovid 7, 794—834.]

Deß königs sun sein trawren sach,

Zu Cephalo er weitter sprach:
1385 'Ach Cephale, hab kein vertrieß
Und sag uns doch, worumb der spieß
Dich traurig mach!' Er sprach: 'Ich sag,
Vernempt! Gar manchen lieben tag
Hab ich gehept mit meinem weib.
1390 Sie hett auch nicht für meinem leib
Genummen den gott Jupiter,
Und so Venus selb kummen wer,
Ich hett mir sie auch nit erwelt.
So was mein hertz gentzlich gestelt
1395 Gegen Procri dem schönen bildt,
Welch bgobt was mit der tugent schilt.
Eyn tag muß ich noch immer klagen,
Do was ich gangen uff das jagen.
Es bscha morgens, als d sonn uffgadt
1400 Und ir schein am gbirg widerschlat;
Dann mich mein jugent also trib,
Das ich niemmer doheim belieb.
Darzu nam ich zu keiner stundt
Weder seiler, garn oder hundt
1405 Noch keiner gselschafft acht ich nit,
Allein den spieß den nam ich mit.
Sunst dorfft ich auch uff erdt nit mehr,
Dann wilprets gnůg gab diser ger.
Deß morgens ich vil thier geschoß,
1410 So das mich der arbeyt vertroß.
Ich legt mich nider inn das graß,
Do der schatten am breitsten waß
Und mich zu kůlsten ducht die statt.
Die kielen lufft ich hertzlich batt, [1]
1415 Das sie keme und mich anweget
Uff die hitz, so alın mir erreget;
Dann es waß heiß umb mitten tag.
Ich ruffte mit hertzlicher klag:

*

[1] Aurora [l. Aura] ist der lufft, eyn gottin der morgenrote, welchen lafi alle die begeren, so mit grosser hitz beladen sind.

'Ach kumpt, fraw Lufft, benemment mir
1420 Die hitz! Fraw Lufft, ach wo seit ir?
Ir allein mügt mir geben stewr
Jetz vor des heissen sunnen fewr.
[77b] Die hitz hat mich gemacht zaghafft.
Ach sterckent mich durch ewer krafft,
1425 Frau Lufft, ach habt nit lenger beit!
Dann ich hie nacket lig bereit
Euch zu empfohen inn mein schoß;
Nach euch steth mein verlangen groß,
Dann ich bin euch hertzlichen holdt
1430 Umb euwern milten reichen solt.
Ir liebendt mir so manigfalt,
Ich sig eynig ald inn dem walt.
Mich müden mögt ir machen gsunt.
Ach das mir jetz an meinem mundt
1435 Euwerß krefftigen otums gieng,
Groß freid ich inn meim hertzen fieng.'
    Dieweil ich mein klag fürt also,
Stundt einer rumb, ich weiß nit wo,
Der hat solch redt von mir gehort.
1440 Denselben bdrogen meine wort,
Und meinet mich mit meinem schreien
Etwan rieffen eyner waltfeyen,
Bey deren ich zu schloffen bgert.
Er lieff schnel hin auff solchem gfert
1445 Und sagt meinr frawen alles das,
Wie es von mir geredet was.
Sobald und ir die mehr fürbracht, [1]
Fiel sie darnider inn omacht,
Das man sie zustundt muste laben,
1450 Noch solchem großen ungehaben
Gewan sie doch ir krafft eyn theil
Und klaget fast ir groß unheil.
Sie eüfert und wust nit umb waß,
Sie fluchet und trug grossen haß

*

1) Cephalus wirt gegen seiner Procris verrotten.

1455 Eynem unsichtbarlichen weib
Und eynem namen sonder leib.
Wiewol sie noch fast zweifflet dran
Und glaubt nit, sie erfür es dann,
Doch wolt sie mir getrawen nicht.
1460 Nun hört eyn jemerliche gschicht!

[78a] Inhalt der dritten figur deß siebenden buchs
Ovidii von verenderung der gestalten.

Cephalus von seim spies wirt gfragt,
Wer in des broten hat, er sagt,
Seins hundt Lelaps art er erzalt.
Von Cephali traurigen gstalt.
5 Procris wirt jemerlich erschossen
Von Cephalo, irm bethgenossen. [1])

Cap. 15.

Procris schleicht ihrem Cephalo heymlich nach, hört von ihm das groß
und hertzlich verlangen, so er noch der külen lufft Aurora [!] trug; Procris
meynt ihn eynem weib rufen, sie erseufßt hertzlich. Cephalus erhört
solchen seufftzen, meynet eyn wildes thier inn der hurst verborgen
liegen, scheußt darnach, triefft Procrim und wundet sie zü dem todt.
[Ovid 7, 835—862.]

'An dem nechsten tag gleich herno
Geschach mir armen gleich also,
Das ich mich nach grosser arbeyt
Aber hatt an mein rhu geleyt
1465 An külen schatten durch gemach.
Durch abentheur aber geschach,
[78b] Das ich fraw Lufft thet ruffen an.
Dieweil mir ir hülff gar zerran,
Ich sagt: 'Fraw Lufft, nit thunt verziehen
1470 Und mich verloßnen armen fliehen!
Ach thunt euch meines leydts erbarmen
Und helffendt mir betrübten armen!'

∗

1) Holzschnitt 21: Rechts gibt Diana der königin Procris einen
jagdhund; links steht Cephalus mit bogen und jagdspeer vor der er-
schossenen Procris; im hintergrunde empfängt Procris von dem ver-
kleideten Cephalus einen geldbeutel.

Dieweil ich also rieff fraw Lufft,
So hór ich eynes seufftzens sufft,

1475 Als wann der kem von grossem leydt.
Also rûffet ich anderweit:
'Fraw Lufft, ach wie seit ir so lang?
Ich seh noch gern ewern zugang
Und nem ewer lieb für all weib

1480 Zu hûlff und trost meim bdrûbtem leib.
So ir nit bûßen mir die hitz,
Vor grosser omacht ich verschwitz.'
Diß geredt, hôr ich etwas regen
Und hinder mir sich fast bewegen.

1485 Ich meynt, es wer eyn wildes thier,
Mein spies nam ich behendt zû mir, [1]
Schoß in mit gantzen krefften sehr.
Do ließ es eynen schrey, nit mehr,
Das gschrey war weiblich und nit grimm.

1490 An solcher gantz kleglichen stimm
Thet ich gentzlich abnemen, das
Es mein hertzliebste Procris was.
Inn grossem jamer lieff ich dar,
Do fandt ich ire kleyder gar

1495 Mit blût berunnen jemerlich;
Den spieß hatt sie gantz schmertziglich
Auß der wunden gezogen gar.
Ich reyß mein hemet und lieff dar
Und sties das inn ir tieffe wunden:

1500 'Ach mir, das ich dich hie hab funden,
Hertzliches lieb für alle weib!
Ach das solchs bschehen wer meim leib!
Weh mir, das du mir je hast geben
Den spieß, welcher dir nam dein leben!'

1505 Inn dem was sie schon halber todt,
Und jetzund inn der letzten noth
Ir schwache zungen sie bezwanck
Mir zuzusprechen also kranck.

*

1) Cephalus erscheust sein liebste Procris.

Sie sagt: 'Ach thu, das ich beger!
1310 Drumb ich dich auch gantz teur beschwer,
Ja bei der freuntschafft allermeyst,
Die ich arme dir hab geleyst,
Auch umb die grosse liebe din,
Weil du mich arme sendest hin
1315 Jetzundt gantz todt ab zů der hellen,
Das du dich nit wŏlst zugesellen
Der Lufft, welchern du grieffet hast.
Ich bitt, das du sie nimmer last
Inn mein beth kommen ewiglich.'
1320   Do hort erst an den worten ich,
Das sie betrogen was mit nam.
Ich sagt ir die ding allesam,
Wie ich mit hitz wer gwesen bschwert,
Hett der kůle und luffts begert.
1325 Drumb ich fast meinen unfal klagt
Und ir mein unschuldt grůntlich sagt.
Das aber mocht nit helffen mich,
Dann sie verscheyden thet gentzlich.'

[79b] **Das acht bûch Ovidii von verenderung der gestalten.**

Inhalt der ersten figur des achten buchs
Ovidii von verenderung der gestalten.

Wie Nisus unbezwinglich war,
Scylla rauffet ihm auß das har.
Minos weib eynen stier gebiert,
Der Labirynth gemachet wirt. [1])

Cap. 1.

Nisus wirt von Minos dem kŏnig belegert. Sein tochter Scylla raufft
ihm sein goldtgleissend har auß, von welchem er unûberwintlich ge-
wesen; sie macht mancherley anschleg, wie sie ires vatters feindt
gefallen mŏcht. [Ovid 7, 863—865. 8, 1—80.]

> Als Cephalus sein grosses leidt
> Von anfang biß zu endt hatt gseit,
> Zu weinen fiengen sie all abn,
> Cephalus auch weinen began.
> 5 Inn dem erwachet Eacus
> Und kam zu seinr schloffkammer rus.
> Do handt sie urlup von ihm gnummen;
> Demnach seind auch sein zwen sŭn kummen
> Mit eyner grossen heereskrafft
> 10 Und außerleßnen ritterschafft,
> Welche der kŏnig mit ihn sant,
> Domit sie bschirmpten Kriechenlandt.
> Jedoch ruhten sie noch eyn tag,
> Biß das der ostenwindt gelag.
> 15 Sobaldt eyn windt für sie kam gflogen,

---

1) Holzschnitt 22: Rechts reisst Scylla dem schlafenden vater
ein har aus; links reicht sie dies har, vor der stadt stehend, dem ge-
waffneten Minos.

Handt sie die segel uffgezogen,
Seind gantz glücklich über meer kummen,
Ehe der monat eyn endt gnummen.
   Der zeit der köng von Creten lag
20 Vor eyner burg sechs gantzer tag,
Uff welcher könig Nisus saß,
Sein tochter Scylla bey im was. [1]
Nisus hatt fornen an seim kopff
Eyn hor zu vordrist an dem schopff,
[80a] Von welchem obgemelten har
Nisus gantz unbezwinglich war;
Dann weil das uff seim haupt thet stohn,
Mocht es seim landt nit übel gohn.
   Das har leuchtet under den grawen
30 Horen, gleich wie federn eyns pfawen
Auß seinem grawen hor es scheyn.
   Eyn hoher thurn, gebawt von steyn
Und quadren, stund vor der burg thor,
Der reycht hoch inn den lufft empor.
35 Des thurnes quadern lieblich klungen,
Wann man sie rurt, wie seyten sungen,
Welches do kam von solchen schulden:
Phebus eynsmals sein harpffen gulden
Von ungeschicht do liegen ließ,
40 Des klingen noch die quadern sies.
   Eyns tags deß köngs tochter alleyn
Ging uff den thurn, schlug an die steyn,
Das sie erklungen wie eyn glaß.
   Das thet sie, weil es noch fried waß,
45 Sie thets auch inn deß krieges zeiten,
Damit sie seh das heer von weiten.
Sie erkant jetz der fürsten namen,
Ir pferdt, ir woffen allesamen,
Doch liebt ir für die andren weit
50 Minos der könig zů der zeit.
   Er saß uff eynem pferdt, was schon,

                        *

1) Scylla eyn tochter Nisi.

Inn harnasch was er angethon,
Sein gleissendt helm sein haupt bedecket,
Vil pfawenfedren druff gestecket, [1]
55 Den schilt an seinem hals er hatt.
Solchs der junckfrawen gfallen that;
Wann er dann schos seins spieses schafft,
So lobt sie seiner arme krafft; .
Auch wann er mit dem bogen schoß,
60 Lobt sie in für gott Phebum groß;
So er dann ungewopnet reit
Und ungewopnet überschreit
Sein schonen weissen castelan,
So lobt sie in für alle man.
65 Inn grosser liebe ir gemût
Gegen dem kônig hertzlich wût,
Das pferdt, welches den kônig furt,
Deßgleich den zaum, welchen er rurt
Mit seiner schon milchweissen handt,
70 Ward gantz selig von ir genant.
Sie nam ir dick inn iren sinn,
Daß sie heymlich wolt zû im hin
Streichen hinaus under die findt.
Demnach satzt sie ir für geschwindt,
75 Sie wolte also gantz gehlingen [2]
Über den hohen thurn abspringen
Oder wolt morgens an aln orten
Offnen der bschloßnen burgen pforten
Und irs vatters feindt lossen ein.
80   Sie docht: 'Minos, wers der wil dein,
So wolt ichs thun on alle beyt,
Und solt mirs immer werden leydt.'
Damit beschawet sie das zelt,
Welchs gantz herrlich scheyn inn dem feldt.
85 Sie sagt: 'Deß unglücks frey ich mich,
Ja daß der kông von Crete sich

*

1) Minos der kônig, wie er gekleydt gewesen sei.
2) Liebe sinnlos.

Belegert hat inn unser landt;
Sonst hett ich in nimmer erkant.
Ja wer die feintschafft nit beschehen,
90 Ich hett den kónig nimmer gsehen.
Ach wenn es nur baldt darzû kem,
Das er mich inn sein gselschafft nem
Und das mir kundt wirt seiner trewen,
So mûst mich nimmermehr gereuen
95 Seiner feindtschafft, so er jetz fûrt.
Ach das ich jetzundt wer geziert
Mit federn, ich wolt fliegen hin
Und frogen, wie er doch sein sinn
Zû mir stalt, ob er mich wolt han.
100 Doch sei von mir fast weit hindan,
Das ich ihm dise bûrg uffgeb.
Eh bleib ich on man, weil ich leb.
Solt ich eyn verretherin sein,
Das brecht mir schmertz und ewig pein.
105 Doch man undr zweyen bôsen soll
Das beste kiesen allemol.
Verretterei die thut offt kommen
Dem siglosen zû grossem frommen.
Minos thut auch nit unrecht dran,
110 Das er den krieg hat gfangen ahn,
Dieweil er richt seins sunes todt;
Zû disem krieg treibt in die noth.
Aber darumb mein vatter fecht,
Ist wider alles gôttlich recht;
115 Drumb werden wir gwißlich siglos.
Wart ich so lang, biß das Minos
Dise burg mit gewalt gewindt,
So haßt er mich und wirt mir findt;
Darzû wirt auch, wo ich lang beit,
120 Von blût gschehen eyn grosser streit.
Darumb ich alleyn fleis anker,
Damit ich solchen streit erwehr.
So sorg ich auch, der kóng Minos
Môchte von unserm pfeil und gschos

125 Gewundet werden on geferdt.
     Ach wer wolt aber sein so hert,
     Das er eyn solchen leib verwunt,
     Des schöne wol eyn steyn entzunt!
[80b] Der schönst ist er übr alle man.
130 Seinr schön soll niemant wunder han;
     Europa hies sein mütter schon,
     Die schönest köngin von Sidon, [1])
     Durch die sich Jupiter verwilt
     Und nam an sich eyns ochsen bildt.
135 Wolan, ich hab bedocht sovil,
     Den handel ich recht wagen will;
     Frisch dran, der will ist gentzlich da.
     Doch mag ich im nit kummen nha;
     Dann so mein vatter schleust die thor,
140 So seind der hüter vil darvor.
     Ach, mir wer jetz gleich also mehr,
     Das ich on eynen vatter wehr;
     So stundt die burg und fest an mir.
     Wolan, ich hab mir gsetzet für,
145 Das ich erschlag den vatter mein.
     Durch was wolt ich doch zaghafft sein?
     Ich will auch brennen, heists die gschicht.
     Doch damit ich dern keines nicht
     Volbringen oder wircken dar,
150 So rauff ich aus meins vatters har,
     Daran sein gantz königreich sthot.
     Gott geb wie mirs darnach erghot,
     So will ich meines vatters leben
     Und mich mitsampt dem feindt ergeben.'

Cap. 2.

Scylla, die tochter Nisi, raufft irem vatter das gülden hor auß, bringt
das dem könig Minos. Sie aber wirdt übel von ihm gehandlet; Minos
fert noch eroberung deß landts hinweg, lest Scyllam hinder ihm, Minos
wirt von Scylla übel außgangen. [Ovid 8, 81—151.]

155   Als ir Scylla solches gedocht,

                         *

1) Europa eyn mutter Minei, welchen sie von Jupiter empfahen.

Inn solcher zeit do ward es nacht,
Welche den menschen machet wancken
Schwerlich imm sinn und inn gedancken.
Scylla sich inn der finstre breit
160 Zu thun eyn semlich schandt und leidt.
Und umb deß ersten schloffes zeit,
So der schloff alle welt umbgeit,
Noch teglicher arbeit so schwer
Hat jederman schloffens beger,
165 Scylla zu irem vatter kam,
Das gülden hor von seim haupt nam
Und gieng also noch ir beger
Allein hinauß ins kônigs heer
Inn deß kônigs Minos gezelt,
170 Den sie ir für all mann erwelt.

Alsbald sie für den kônig trat,
Sie ihm das hor gegeben hatt
Und sagt: 'Kônig, nimm hin zuhandt,
Hie gib ich dir burg und das landt
175 Deß kônigs, welchs tochter ich bin,
Beger dofür kein andern gwin,
Dann das du mich fürest mit dir
Von hinnen; das ist mein begir.
Die grosse lieb mir solchen rath
180 Gegeben hat zu diser that.'

Also sagt sie, bot ims hor dar.
Minos der saß erschrocken gar,
Do er den ungelimpf ersach.
Er zuckt von ir sein handt und sprach:
185 'Weh dir deß gar grossen unbildt!
Ey das du immer lauffest wildt
Hin auß der welt! Dein ich nit bger.
Das wôll niemmer gott Jupiter,
Der zu Creten erzogen ist,
190 Das du dohin kumpst, weil du bist
Worlichen aller weiber schand.
Du kummest niemmer inn mein landt.'
Als er diß gret, macht er im bhendt

Das landt dienstbar mit gült und rent.
195 Die segel er uffspannen hieß,
Mit sein schiffen von landt er stieß
Und wolt also faren von dann.

Dovon Scylla groß unmut gwan;
Do sie irn anschlag sah verlorn,
200 Rufft sie hinach auß grossem zorn:
'Wer hatt dich so schnel machen fliehen
Und deine schiff von dem landt ziehen!
Nun hastu doch von mir die gnadt,
Das dir das landt jetz zinsbar statt.
205 Sag, warumb dich mein lieb nit bwag,
Dieweil an dir all mein trost lag?
Wo wiltu mich jetz weisen hin,[1]
Die beyder seit verloren bin?
Zu den meinen darff ich nit wider,
210 Dann durch mein schuldt ligend sie nider,
Das gantz landt wirt man vor mir bschlissen.
Inn argem muß ich dein geniessen,
Das andre landt sich werden scheuhen
An meiner boßheyt und untrewen.
215 Der welt verlust acht ich nit groß
Von wegen deiner lieb, Minos.
Hoffet, du wirdst mich füren mit
Inn Cretam. Solchs gschicht aber nit.
Ich sag, wo du mir werest das,
220 Dein mutter nit Europa was,
Welche do was eyn weib so schon
Geporen aus dem landt Sidon,
[81a] Aber eyn wildt grimme lewin
Auß Armenia ist die mutter din,
225 Oder Charybdis die grausam
Dich gbar, welche inn dem meer schwam
Und noch ist imm wütenden meer.
Wer do saget, das Jupiter
Dein vatter je gewesen sei,

*

1) Scylla bedenckt erst iren unfal.

330 Der leugt; im wont keyn warheyt bei.
Auch wer do sagt, das er inn gstalt
Eyns ochssens dein mutter verfalt,
Der leügt den gott Jupiter ahn;
Eyn wilder ochs was, der dich gwan.

335 O vatter, bürg und gantzes rich,
Ir mögt euch frewen sicherlich;
Mein grosses leydt ist jetz vorhandt.
Ich widerred nimmer die schandt,
Die ich an euch begangen hab,

340 Verretherlich den feinden gab;
Jetzundt wirt mir darumb der lohn.
Ach eyner, dem ich leydts gethon,
Der schlag mich jetzundt todt gentzlich.
Sag, Minos, warumb fleüchstu mich,

345 Die dir doch halff zû solchem sig?
Derhalb bin ich jetz gantz traurig.
Sag, Minos, wiltu richter sein
Diß landts und auch deß vatters mein,
So zimet deinem schnöden leib

350 Pasiphoe, das schnöde weib,
Welche von eym ochssen gewan
Eyn kindt, welchs also ist gethon:
Von oben auß eyn mensch uffs halb,
Von unden ab gstalt wie eyn kalb.

355 Wunder dich nit, das ich jetz dir
Die lieb eyns ochssen setze für!
Dann du bist wilder dann eyn stier,
Dir gleichet zwar keyn wildes thier.
Wiewol du mir dein schiff jetz werest,

360 Du dannoch nit on mich hinferest.
Du werest mir nit durch dein grimm,
Das ich dir nit deim schiff nachschwim.'
    Mit dem gret sprang sie inn das meer
Und schwam also durch jamerbger,

365 So lang sie mit den henden griff
Das hinder theyl an seinem schiff.
Nisus, der jetz eyn sperber was,

23 *

Hoch inn dem lufft ersahe das;
Er schoß rhab nach seinr tochter bhendt
270 Und krammet sie stets inn die hendt,
Damit das sie deß iren griff
Must gentzlich abstohn von dem schiff.
Als sie sich nun nim mocht erhalten
Vor dem sperber Niso dem alten,
275 Sie sich zu sterben gantz vermaß.
Zustund sie auch eyn vogel was,
Welchen man nent kriechischer wiß
Der horechtig vogel Ciris.
Der nammen ist ir worden zwar
280 Von Nini ires vatters har.

Cap. 3.

Deß kŏnig Minos weib gebeert eyn wunderthier, welchs eyn halber
ochs und halber mensch was. Von den wunderbaren hauß, welchs
Dedalus, der kunstreich werckman, machet, inn welches dises wunder
versperrt ward. [Ovid 8, 152—182.]

Minos, demnoch er gsiget hette,
Fur wider inn sein landt gehn Crete.
Gantz frŏlich er inn sein reich kam,
Hundert ochsen ließ er mit nam
285 Schlahen dem Jupiter zu ehren.
Inn dem sich das gschrey fast thet mehren
Von seinem weib imm gantzen landt,
Aller welt kuntbar ward die schandt.
Eyn gburt sie bkam, dran was das halb
290 Eyn kindt, das ander theyl eyn kalb.
Das ließ Minos der moß verwaren, [1]
So das sein gstalt nimmer erfaren
Und das auch keyn man sehe nimmer.
  Do ließ er im machen eyn zimmer
295 So wunderbarlich und irrsam,
Wer inn dasselbig zimmer kam,
Derselbig kundt sich gar mit nichten

1) Minotaurus eyn wundergeburt.

Hin wider zů dem außgang richten.
Ihm hatt gemachet sollich huß
300 Der kunstreich meyster Dedalus,
Welcher der listigst werckman was,
So je das gantz erdtrich besaß.
Diß hauß er inn den grundt thet legen
So gar mit seltzamen umbwegen,
305 Gleich wie Mäander fliessen thut,
Das eyn jetz důnckt inn seinem můt,
Er werd jetz fliessen in das meer,
So fleust er schimpfflich hin, dann her
Und schweyffet inn dem landt herumb
310 Mit seinem fluss irsam und krumb,
Kompt wider zů deß brunnes stadt,
Von dannen er sein außflus hatt.
Also inn disem Laberynth
Die weg so gantz irrlichen sindt.
315 Dann welcher meynt do aussen sein,
So gieng er erst inns werck hinein;
Welcher meynt, er wer gar imm hauß,
'Slh] Der gieng gantz irrsam wider rauß
Und kam dann wider zů der thůr;
320 So waren die geng gentzlich irr.

Nun můßt die wundergburt darein
Teglich han zů der narung sein
Zwen man, die er gentzlichen fraß.
Doch was vom kŏng versehen das,
325 Die man im zů zins muste geben,
Denselben nam dann bhendt ir leben
Das ungeheur monstrum und thier,
Do oben von handt ghŏret ir.

Das stundt so lang, biß Theseus,
330 Des vatter was kŏng Egeus,
Ward auch gegeben, das man ihn
Solt zů dem monstrum schicken hin.
Derselb macht eyn endt solcher noth
Und schlug das ungheur thier zů todt.
335 Darzů halff im durch list geschwindt

Ariadne, deß kônigs kindt.[1])
Sie macht im von bech etlich klôs
Wie klewlin garn inn solcher grôß
Und befalch do dem jungen tâgen,
340 Er solts dem thier werffen entgegen,
So es ghen im uffspert sein rachen,
Baldt wûrd im solchs an zeenen bachen.
Auch bandt sie im eyn faden ahn,
Demselben nach solt er hnein gahn,
345 Und wann er das thier wurd erschlagen,
Wûrd ihn der fad wider rhaus tragen.
Als nun sein will vergangen was,
Theseus wider zu schiff saß
Und fur mit sein gferten von landt,
350 Ließ Ariadne uff dem sandt
Sitzen unnd fur gantz schnell und gschwindt
Wider anheym mit gûtem windt.
       Ariadne saß uff dem meer
Hertzlich betrûbt und weynet sehr.
355 Inn solchem leiden zû ir kam
Gott Bachus, groß freyd mit ir nam.
Demnach do satzt er ir zû lohn
Uff ir haupt sein eygene kron
Und furt sie mit im schnell und bhendt
360 Hoch mit im in das firmament.
Do seht ir Ariadne stohn
Gentzlich geschicket wie eyn kron;
Darumb ist sie eyn gôttin gnent.
Also begabt sie Bachus bhendt.

[82a]   Inhalt der andern figur deß achten bûchs
           Ovidii von verenderung der gestalten.
Dedalus sein sun fliegen lert,
Der felt todt, so er zû hoch fert.
Wer den circkel und seg erdacht,
Wie der groß eber inns landt bracht
5 Und wie derselbig wirt gehetzt.[1])
                    *

1) Ariadne lert Theseum, das thier umbzubringen.
2) Holzschnitt 23: Dädalus fliegt übers meer, während Icarus

Cap. 4.

Dedalus, der kunstreich werckman, macht im selbs flügel, damit er inn
den lufft fliegen thut, gibt seinem sun underricht, weß er sich halten
soll. Er aber folget seinem vatter nicht, fleügt zů hoch, sein gefider
schmeltzt im von der sonnen, Icarus felt hernider zů todt. [Ovid 8,
183—235.]

[82b]   Dedalus wolt umb nichten mee
         Wonen zu Creten inn dem see;
         Dann er im das landt hatt erkoren,
         Aus wellichem er was geporen.
         Er docht: 'Der kŏnig will mir weren,
370   Das ich nit soll aus seim landt keren;
         Weil er mir meer und landt verspert,
         Fürwar er mir den lufft nit wert.'
         Also Dedalus sein kunst leit
         An starcke newe fettich breit,
375   Und wie die federn solten kleben,
         Legt er sie fein ordlich und eben. [1])
         Je eyne legt er noch der eynen,
         Die grossen stalt er noch den kleinen,
         Die kleinesten hefft er mit wachs,
380   Die grŏsten band er an mit flachs
         Und krummet sie künstlich suptil,
         Domit sie fasten lufftes vil
         Und er sie schwingen mŏcht dest baß.
         Icarus sein sun bey im saß,
385   Der jung den alten frogen thet,
         Was er mit dem werck schaffen wett.
         Als der vatter das werck volzogen,
         Ist er hoch inn die lufft geflogen,
         Dorinn schwang er sich hin und her.
390   Zu seinem jungen sun sagt er:
         'Mein sun, hab acht, wie ich im thu!
         Drumb schick dein sinn mit fleiß darzu,
         Das du im wie ich thust also!

*

hinabstürzt. Unten am strande sammelt Dädalus die stücke des leich-
nams in eine runde schachtel.
   1) Dedalus macht ihm selb flügel.

Hab acht, das du nit fliegst zu ho,
395 Damit nit von der sonn dein gfider
Zerschmeltz! Lug, flieg auch nicht zu nider,
Damit dein gfider nit werd naß
Von wasser und du werdest laß!
Derhalben solt mir strack nochfliegen
400 Und lug und loß dich nit betriegen
Deiner blüenden jugent sterck,
Die leer, mein sun, gar eben merck!'
Domit küßt er in und umbfing,
Dem kuß eyn grosser seufftz nochgieng.
405   Als nun der vatter die wort gredt,
Er und sein sun baldt fliegen thet,
Hoch inn die lufft thetten sich schwingen.
Herunder vil der fischer giengen,
Mit iren anglen die fisch zugen,
410 Ersahen die zwen, wie sie flugen.
Je eyner zu dem andern redt:
'Die seind on zweiffel beide gött.
Secht zu, wie sie spalten den windt!'
Der vatter trost mit fleiß sein kindt
415 Und sahe offt hin und herwider,
Domit er nit zu hoch noch nider
Thet fliegen, meint ihn zu bewaren,
So das ihm nichts möcht widerfaren.
Inn dem fleugt dort her eyn adlar,
420 Der lert sein jungen fliegen gar.
Nun hatten sie zur lincken handt
Inn irem gsicht dise drey landt
Mit namen Samos und Paroß,
Dergleichen auch die statt Delos,
425 Lebinthos zu der rechten seit
[Und] Calydne, welches landt geit
Vil honig und bin ohne zal.
Do flog der vatter ab ghen thal
Zwischen obgnanten landen hin;
430 Der sun aber hatt seinen sin

Gericht als inn die hôch on witz. [1])
Also rurt ihn der sunnen hitz,
So das das wachs anfieng erwarmen:
Baldt fielen im von seinen armen
435 Die federn, das er also bloß
Mit starckem fal zur erden schoß,
Zerschmettert wol inn tausent stück.

Der vatter hinab sah zurück,
Welcher jetz nit mehr vatter hieß,
440 Traurig er sein redt hôren ließ,
Sagt: 'Ich heiß vatter jetz nit me.
Ach wo bist, mein sun Icare,
Icare mein sun, wo bist du?
Ach wo soll ich dich suchen nu?'
445 Also Dedalus schawet nider,
Do sah er seines suns gefider
Hieunden schwimmen uff dem meer
Gantz allenthalben schweben her,
Den sun sah er auch lygen dort
450 Zerschmettert gantz an meeres port.
Der vatter flog zur erden gar
Und suchet die stuck hin und har,
Die laß er zammen inn eyn lad
Und begrub sie ans môres gstadt.
455 Ob der leich thet er hefftig klagen,
Sein hend winden und zamenschlagen.
Drumb noch der staden, meer und landt
Von ihm Icareum wirt gnant.

Cap. 5.

Eyn großer künstner, welcher das segenblat erfunden, deßgleichen den
zirkel, diser wirt von Dedalo von eynem hauß zů todt geworffen, inn
dem fallen zu eynem rephun verwandlet, welchs rephun sich deß un-
fals Icari fast frewet. [Ovid 8, 236—259.]

[83a] Daß rephun schawet rab und sach
460 Dedali grosses ungemach,

*

1) Icarus aus unghorsam seines vatters lebr verachtend fleugt zu
hoch, die sunn durch ir hitz schmeltzt das wachs, Icarus felt zu todt.

Von eynem baum, daruff es saß,
Ließ es erscheinen seinen haß
Gegen Dedalo ann der stundt.
Vor grossen freuden es begundt
465 Rüffen und seine federn schlagen.
    Das rephun was vor kurtzen tagen
Eyn mann gewesen listig weiß
Und schwecht Dedali seinen preiß,
Das gschach inn Kriechen zu Athen.
470 Dann es künstlicher list fand zwen:
Erstlichen bey deß fisches grodt
Die segen er erfunden hot,
Den zirckel auch durch list er fand,
Wellichen man mag inn der handt
475 Künstlich brauchen und haben muß;
Stillsthon lost man den eynen fuß,
Daß ander theil herumb thut ghon.
Dedalus hessig ward davon;
Den man, welcher die kunst erfandt,
480 Stieß er hoch von eyns hauses wandt,
Do hett er sich gefallen z todt.
Pallas im aber ir hülff bodt,
Welliche dann eyn göttin ist
Der weißheit, kunst und gschwinden list.
485 Dann als er fallen wolt, zuhandt
Sie ihn inn eyn rephun verwant;
Also das gfider ihn bewart,
So das er nit mocht fallen hart.
Also sein bhender list und sinn
490 Ward gwendet an das gfider hin,
Dergleichen an sein fuß und bein.
    Auch darff bey disem tag noch kein
Rephun sich inn die höe lossen,
Dann es den fal förchtet dermossen;
495 Sein eyer imm gestreuß und hecken
Thut sampt auch seinem nest verstecken,
Dann es je immer sorget sider,
Es falle von der höe nider.

Cap. 6.

Die landtschafft Sidon ist jetz gantz reichlich mit korn und wein be-
gobet; das volck deß landts opffert allen göttern sonder dem gott
Phebo und Diane. Sie werden darüber sehr erzürnet, Diana schicket
eyn groß hawendt schwein inn die landtschaft, welchs sehr grossen
schaden thet, jedoch zuletzst von Meleagro umbrocht. [Ovid 8, 260—328.]

Dedalus flog, biß das er kam

500 Heym inn sein landt Syciliam.

Auch wurden die von Athen fro

Und dancketen fast Theseo;

Dann er sie jetz ledig hatt gmacht

Deß grossen zinses obgedacht,

505 Den sie inn Cretam mußten senden

Auß Kriechenlandt von allen enden

Dem ungeheuren monstro speis. [1])

Dovon Theseus grossen preiß

Erlangt, drumb er das thier erschlagen,

510 Von seiner manheit thet man sagen

Beide zu landt und auch zu stett.

Noch weiter grosse hilff er thet

Allenthalb, wo er sah die nodt,

Er sich mit eignem leib dar bot,

515 Derhalb trug er deß lobs eyn kron.

Nun hatten auch die von Sidon

Von seiner grossen manheit ghert,

Drumb das volck seiner hilff begert.

Bey ihn auch Meleager was,

520 Eyn küner jüngling über d maß.

Nun gieng inn ires landts gefildt

Eyn sehr grausamer eber wildt,

Welchen Diana hatt gesant

Ghen Culidone inn das landt

525 Auß grossem grimmen haß und zorn.

Das landt was jetz gantz reich von korn

Und andrem gtreidt; darumb sie thetten

*

1) Minotaurus, welcher im Laberynt gewesen und von Theseo er-
schlagen.

Groß opffer gmeinlich allen götten,
Wein und korn inn die tempel brachten
530 Eym jeden gott noch seim errachten.
Cereri brochtens garben schwer,
Deß weines gott Bacho zu ehr
Brochten sie grosse gschir mit wein,
Staltens inn seine tempel fein;
535 Aber den Phebum und Dian
Die liessen sie on opffer sthon,
Und ward ihn gar kein opffer bracht.
    Sie sagten: 'Unser ist nit gdocht.
Wolan, sie dörffen dencken nicht,
540 Daß an ihn solch vergeß geschicht [1])
Noch bleiben werde ungerochen.'
    Sobaldt sie semlichs hatt gesprochen,
Sant sie ihn disen eber dar.
Deß augen waren rodt fewrfar,
545 Sein birsten stunden im uffwart
Wie nodlen scharpff und eisen hart.
Sein gwerff und zeen er fürher warff
Gewetzet wie eyn messer scharff,
Die warn schier eyner elen lanck.
550 Der schaum gieng uß seim maul milchblanck,
[83b] Den warff es grausam auß seim schlund,
Wann es sein zeen wetzen begund.
Und wann es inn dem zorn ertoß,
So mußt der baum sein sicher groß,
555 Wann es inn grimm daran geriet,
Das es in nit von nander schriet,
Als wann er abgeseget wer.
Die ackerleut die klagten sehr
Ir arbeit, so sie hatten gleit
560 An ire güten acker breit;
Dann das schwein verwüst sie so gar,
Als wer nie nichs gesehet dar.

                    *

1) Von dem grossen eber, welcher hinoch von Meleagro umb-
brocht wardt.

Und wans jetz inn die hôe stundt,
So schriets es mit den zenen z grundt.
565 Reiffs oder unreiffs blib vermitten,
Als wers mit der sichel zerschnitten.
Den wein thet es auch gantz verheren,
Den stock verwôfit es mit den beren
Und schriet [es] bey der erden z grundt.
570 Die frucht, so uff den baumen stundt,
Weder oelber noch die lorber,
Vor disem schwein mocht bleiben mehr.
Inn summa, welcher baum frucht trug,
Es mit seim gwerff darnider schlug.
575 Dem füch es grossen schaden thedt,
Kein hirt noch hund s davon erret.
Die leut inn die stett musten fliehen,
Domit es sie nit thet beziehen.
     Zuletzst bedochtens iren nutz
580 Und machten eyn starcken aufischutz
Edler und starcker jüngling vil,
Deren eyns theyl ich nennen wil,
Deren jeder hofft zu gesigen
Und das grausam schwein zu erkriegen.
585 Meleager der was der eyn, [1])
So uff disem gejegt erschein.
Und der beschreigten Helena
Zwen sün mit namen waren da.
Jason der was auch auff dem gjeidt,
590 Peleus und Telamon beid.
Dohin kam auch der schnel Idas
Und die beiden sun Thestias,
Der eyn unter inn hieß Toxippus,
Der ander mit namen Plexippus,
595 Dryas, dergleichen Hipoteus,
Acastus kam und auch Ceneus,
Welcher eyn weib war gwesn etwan
Und aber wardt zu eynem mann.

                    *

1) Namen der jeger, so das gros schwein gehetzt hundt.

Nempt war, do was der starck Theseus
600 Und sein lieber freundt Panopeus,
Der war eyn vatter Ixion.
Do was auch der schnell Echion,
Phyleus und Eudicion,
Dergleich sein sun Ipodion
605 Sampt seim fast lieben sun Actor,
Eyn sun Phenix, gnant Amintor.
Do was auch der alte Nestor,
Doch gschach diß umb sein junge jar.
Noch vil der andren kommen dar,
610 Die ich nit mag genennen gar.
     Zwo schöner junckfrawen dar kamen;
Tegea hieß die eyn mit namen, [1]
D ander was gnant Athalantis,
Welche offt erlangt grossen priß,
615 Inn welden und uff grüner heidt
Thet sie dem wilpret vil zu leidt.
Sie was eyn wunderschöne maget
Und kam geschürtzet uff die jaget
Inn eynem rock gleich eynem mann;
620 Den briß eyn güldenes fürspann
Zusammen an ir brust davorn.
Eyn starcken bogen trugs von horn,
Eyn köcher mit sein pfeilen breit
Trug sie hangend an irer seit.
625 Ir hor zu zöpffen gflochten waß,
Ob dem haupt was gebunden das.
Ir angesicht lieplich erschein,
So das niemandt die junckfraw rein
Ansehen mocht, den sie nit baldt
630 Thet fohen durch ir schöne gstalt.
Inn irer lieb ward gfangen schwer
Der jung und starck Meleager,
Baldt er die junckfraw erstlich sach:

*

1) Tegea unnd Athalantis, zwo schöner junckfrawen, welche beid
jegerin waren.

'Ey wie selig der wer', er sprach,
55 'Welchem deyn lieb thet wonen bey!'
Also ward der kůn jůngling frey
Mit der junckfrawen lieb behafft,
Das er vergaß all seiner krafft.

Cap. 7.

Wie das groß schwein gehetzt wardt unnd von Thegea durch eyn ohr
geschossen, zuletst von Meleagro gar umbbrocht und erlegt. [Ovid
8, 329—424.]

        Do was eyn unabghawner waldt
60 Von beumen manigs jares alt,
    An welchem unten inn dem grundt
    Eyn thal von moß und roren stundt;
    Was regens von den bergen schoß
    Unden imm grundt zusammenfloß.
65 Das thal umbstalten sie mit netzen
    Und bgunden das groß schwein drein hetzen,
    Zu ring herumb sie mit den hunden
[84a] An der wehr wolbereytet stunden.
    Die andren im nachvolgen mitt
50 Hunden nach seinem gspôr und schritt
    Und reytzten fast zů irem schaden
    Den eber mit zorn überladen.
    Vor inen sprang der ungeheur
    Gleich eynem schnellem blix von feur,
55 So do kompt auß den wolcken her,
    Jetz lieff es richt, dann nach der zwer.
    Mit seinem groß schaumenden schlundt
    Strawet es offt und dick die hundt;
    Dann balt im eynr thet widerstahn,
60 So griff es in mit frevel ahn,
    Damit der hundt schnell von im ließ.
        Echion der wandt im sein spies
    Und meynt den eber haben gwundt;
    Do mißrith im der schutz zustundt,
65 So das er neben im hinstreych
    Und bstecken thet inn eyner eych.

Jason mit seim schafft schos hinoch;
Doch was im gwesen vil zû goch,
Der schutz gieng inn die erd mit gwalt.
670   Meleager selb anrûfft baldt
Phebum den gott, sagt: 'Hab ich gthon
Dein wiln, o Phebe, so laß stohn
Diß schwein noch heut inn meinem gwalt!'
Damit er zû dem schutz sich stalt.
675 Seinr bitt von Phebo er genoß,
Dann er traff den, nach dem er schos;
Doch mocht sein schus nit hafften gar,
Dann im Diana (nemendt war)
Das eisen sein von dem schafft nam,
680 Dann im der schafft on eisen kam.
    Das schwein hefftig zürnen began,
Sein gsicht inn seinem haupt sehr bran,
Lieff fast grimm ghen Eupalamon,
Bei welchem auch stund Pelagon,
685 Und thet nach den beyden eyn schrot,
Das sie beydsammen lagen todt.
Das gderm in zû der seit rhaus fiel,
Das blût sehr zû der erden wiel.
    Enesimus der flog behendt,
690 Den hatt es an der flucht berent
Und schriet im mit sein scharpffen zänen
Beydsammen sein adern und sennen
Mit gwalt am knie mit fleysch und allen,
So das er must zû boden fallen.
695   Nestor hett es auch do erleydt,
Ihm aber erst sein todt was breyt
Vor Troy, drumb in das schwein nit hafft.
Nestor satzt aber seinen schafft
Hinder sich inn die erd behendt
700 Und sprang gar schnell vom selben endt,
Uff eynem stammen saß er do.
Der eber im bhendt rauschet noh
Und schriet den baum inn grimmer maß,
Daruff Nestor inn schrecken saß.

76   Castor und auch der bruder sein
     Pollux eiltten sehr auff das schwein
     Uff iren gengen pferden hoch.
     Das schwein in durch die beum empfloch,
     Welch dick gestedd die pferdt noch spieß
710 Dem schwein die richt nit folgen ließ;
     Sonst hetten sie es gwis erleyt
     Und in ir lob gar weit erbreyt,
     Auch verdient eyns lorberbaums kron.
         Zu gach gar was dem Telamon,
715 Er straucht, wie dann das gar leicht mag,
     An eyner wurtzel, die do lag,
     Und fiel gegen der stirnen nider.
     Sein bruder hett in aber wider
     Gar völlicklichen uffgezogen,
720 Eh Tegeaea iren bogen
     Hatte mit krefften starck gespannen
     Und gschossen do vor allen mannen
     Das schwein und inn das or gewundt,
     Das der strol darinn stackt zu stundt.
725 Meleager ward sein gewar,
     Dann die burst von schweyß was rotfar.
     Deßhalb erfreyt er sich deß mehr,
     Dann wer sein selb gwesen die ehr,
     Und sagt: 'Dir wirt billich zů lohn
730 Vor all andren des siges kron;
     Du wirst uns mannen die benemen.'
         Des würden sich die andern schemen
     All, die do waren uff dem holtz,
     Manch jung weydlicher jeger stoltz.
735 Erst spanten sie die bogen sehr
     Und schossen do ger über ger.
     Die pfeil gieng eyner umb den andren,
     Thetten sehr dick imm lufft rumb wandren;
     Noch mochten sie das schwein nit zwingen.
740 Zulesten thet herfürher springen
     Arcas der starck jung mit der parten
     Und schrey: 'Hie můß man fleissig warten

Wickram VII.   24

Und nit von jagen hie abstohn.
Solt unser gůt lob undergohn,
745 Das man eyn weib für uns solt preisen
Und ir semliche ehr beweisen?'
Sein parten er auß krefften warff,
Welche do was on massen scharff,
Und gieng dem schwein manlich entgegen.
750 Das schwein ergriff den kůnen tegen
Und hiew im eyn wundt lang und groß,
[84b] Das inngweidt ihm herausser schoß.
    Pirithous ersahe das,
Welcher sein gut freundt und gsel waß,
755 Der sprang herzu aus gantzer krafft
Und erschůt seinen langen schafft,
Damit wolt er wunden das schwein.
    Theseus sagt: 'O lieb freundt mein,
Ja du eyn halb theil meiner seel,
760 Nit eyl zu deinem ungevel!
Eyn unverzagt und tapffer mann
Soll alweg sorg vor schaden han.
Zu vil verwegene kůnheit
Hat manchen brocht inn grosses leit.'
765 Nit weither sagt Theseus mehr
Und schoß sein spieß aus krefften sehr.
Der schuß wer im geroten gnůg,
Dann das eyn ast im den abtrůg,
Der an eynem mistelbaum hieng
770 Und rab biß uff die erden gieng.
    Jason der schoß und traff auch nicht
Das schwein; dann der spieß von ungschicht
Gieng ann der seit durch eynen hundt,
Domit was er ghefft inn den grundt.
775 Meleager thet bhendt zwen schitz
Mit zweien langen geren spitz
Und schoß das schwein durch seinen ruck,
So das deß spiesses vorder stuck
Durch deß schweins bauch hindurchin ging,
780 Dardurch es thet grausame sprüng

Und lieff als umb inn der tobheit.
Behendt der jüngling was bereit
Und ruffet eynem mit eym geer,
Der kam behendt gelauffen sehr.
₇₂₅ Meleager erwüscht den spieß,
Gar sittig er ihn sincken ließ
Und stieß in vornen zum bug inn,
Domit so fellet er das schwein.
   Die jeger schrien gmeinlich all
₇₃₀ Mit grossem gschrey, frölichem schall,
Das gschach Meleager zu lob.
Sie stunden all gmeinlichen drob
Und namen ihn deß thiers groß wunder.
Doch wolts keiner anrüren bsunder,
₇₃₅ Biß das eyn jeder seinen spieß
Mit gantzen krefften darinn stieß.

[85a] Inhalt der dritten figur des achten buchs
Ovidii von verenderung der gestalten.
Althea kumpt inn grosses leyt,
Den stecken sie inn das fewr treyt;
Meleager sturbt, wirt verbrant.
Ceres ir magt zum Hunger sant.
₅ Wie der Hunger gestaltet sey,
Dem Erisichton wont er bey. [1]

[85b]   Cap. 8.
Meleager der kün jüngling erlegt das groß schwein, schneidt im den
kopff ab, schenckt das Atalante der jungfrawen. Darab Plexippus
sehr zürnen thet, widerrüth das Meleagro, nam der magt das haupt;
Meleager erscheust seinen vättern zu todt.   [Ovid 8, 425—444.]

   Meleager der hertzhafft man
Mit sein füssen den kopff regt an
Und wegt in also hin und har.
₈₉₀ Er sagt: 'Ir gsellen, nemend war,
Diß übergrossen schweines haupt
Soll mir werden mit recht erlaubt.

                    *

1) Holzschnitt 24: Atalante hat einen pfeil dem eber ins
ohr geschossen, auf den drei hunde und drei jäger mit speeren und
bogen lostürmen.

                    24 *

Dieweil es nun von recht mein iß,
So schenck ichs fraw Atalantis,
805 Das sies hab z eyner gob von mir.'
Er schriet das haupt ab und gabs ir
So rauch, schweyssig, mit scharpffem gwerff,
Die waren starck, lang nach der scherpff.
Die gob ir sehr fast angnem was,
810 Drumb ir Meleager schanckt das.
　　Eyn solchs den andren thet fast zorn
Das d jungfraw ward geehrt zuforn;
Jedoch burgen sie solchen haß
Sonder zwen, deren jeder was
815 Meleagers vätter und freundt.
Plexippus sagt gantz unbesinnt:
'Mir wöndts fürwor nit gůt lohn sin,
Das d unser jegerrecht schenckst hin.
Drumb, Atalante, solt verstohn,
820 Das haupt bringst du jetz nit darvon;
Dann dir dein schön nit helffen mag,
Noch der dirs geben hat den tag.'
Solchs gret zuckt er ir schnell das haupt.
Also ward sie der gob beraubt,
825 Auch Meleager seines rechts.
　　Do ward nit lang verschont deß gschlechts.
Meleager ergrimmet was
Und sagt: 'Du solt bezalen das.'
Sein geren er baldt durch in schoß,
830 Das im sein blůt zur erden floß.
Also Plexippus todt und wundt
Gar schnell dorthin fiell uff den grundt.
　　Toxippus stund und sah die not,
Wie sein brůder lag und was todt,
835 Und wůßt auch nit, was er thun solt,
Ob er sein bruder rechen wolt;
Dann er sorgt, im würd auch sein theyl.
Meleager, inn solcher weil
Toxippus stund so zweiffelhafft,
840 Do zuckt er behendt seinen schafft

Plexippo auß seinr tieffen wunden
Und schoß in also warm daunden
Toxippo zum brustleffel inn,
Das er dem todten bruder sin
545 Erfolgen thet an seiner fart
Und mit im zů der hellen kart.

Cap. 9.

Althea, eyn mutter Meleagri und eyn schwester Plexippi, zürnt sehr
über iren sun Meleagro, darumb er ihren bruder umbracht. Althea
legt eyn brandt inn eyn fewr, welchen ir die drei göttin geben hat-
ten, als sie iren sun erstlich gebar. Von solchem brand Meleager
tödtlich entzünt und zulest starb. [Ovid 8, 445—474.]

Althea jetzundt alle gött
Mit grossem opffer gehret hett,
Dorumb das der sieg was gefallen
550 Irem sun vor den andern allen.

Als aber sie ir brüder beid
Sach tragen todt, ir grosse freid
Inn lautter kummer wendet sich,
Wie dann freudt nimpt eyn end gwonlich;
555 Dann ir vil wirser ward dann weh. [1]

Die götter, so sie lobet eh,
Den flucht sie jetz und schalt sie hart,
Ir freid inn weinen gekert wardt.

Als aber sie erst wardt versthon,
560 Das ir sun hatt die todtschlag gthon,
Do verbarg sie irn zorn behendt
Und bedocht sich der sach eylend,
Weß ir doch wer hierin zu thun.
Bedocht, als sie gbar iren sun,
565 Domol sach sie drei göttin sthon,
Welchen das lebn ist underthon.
Dieselben göttin obgenant
Die gingen inn das hauß zuhandt, [2]

*

1) Altea zirnt über Meleagro.
2) Wie die drey gottin dess lebens Althea eynen stecken inn das
fewr tragen.

Eyn stecken sie ins fewer brachten
870 Und mit außtruckten worten sprachen:
'Kindt, wiß, dein leben ist dir bschert,
So lang der steck inn dem fewr wert.'
Diß gret, verschwanden sie zuhandt.
Die müter zucket schnel den brandt
875 Ausser dem fewr, der jetz was bsenget,
Welchen sie baldt mit wasser sprenget,
[86a] Den brandt hatt sie noch zů der stundt.
Der zeit blib auch ir sun gesundt,
Der oberzelt Meleager.
880   Denselbigen brant trug sie her,
Von dürrem holtz machet sie ahn
Eyn feur; als das mit krefften bran,
Den brandt sie viermol fürher zoch,
Als wolt sie in verbrennen och,
885 Und wann er dann anhub und brant,
Zuckt sie in wider mit der handt.
Also fochten gar lang zusammen
Krefftig inn eym hertzen zwen namen,
Nemlich die schwester für den bruder,
890 Demnach focht für das kindt die muter.
Jetzundt erbleycht sie der mißthat,
Welch sie inn irem hertzen hatt,
So das sie den brandt wolt verbrennen
Und ires suns leben zertrennen;
895 Demnach sie irs suns mordt bedocht,
Welchs ir von zorn eyn röte brocht.
Ir angsicht wardt mancherley gstalt,
Jetzundt also, dann wider baldt
Sach sie eym trawenden gelich,
900 Demnach sah sie gantz erbermlich.
Der hertzliche [und] grosse schmertz
Dorret ir ihr weibliches hertz,
Wiewol ir warn die augen naß
Des elendts halb, inn dem sie was.
905 Und als eyn schiff von wals und windt
Uff und ab wirt getrieben gschwindt,

Jetz sicht mans baldt an disem port,
Gleich ist es an eym andren ort,
Also sie offt den zorn legt nider,
910 Baldt aber fasset sie in wider.
Also strit sie die wanckelmût
[Jetzt] für die mutter mit der gût,
[Dann] mit dem argen für die schwester;
Jedoch so wardt ir zorn je fester.

Cap. 10.

Althea machet eyn sehr groß fewr an, darinn tregt sie den stecken,
so ir vonn den dreien gôttin gegeben wardt; wiewol sie zuvor man-
chen wunderbarlichen gedancken hatt, jedoch zulest von dem zorn
überwunden ward. [Ovid 8, 475—514.]

915 Do nun das feur was wol erbrant,
Hub sie den stecken inn der handt,
Sie sagt: 'Wolhin, verbrenn zû glût,
Der du doch bist mein fleysch und blût!
Komment, ir helschen gôtter, gschwindt,
920 Der ewer drei mit namen sindt,
Die tobentlichen Hertzenleydt,
Unsinn und auch Vergessenheyt!
Baldt uff, ir schwester alle drei,
Damit ewer roth dabei sei!
925 Ich will rechen die groß mißthat,
So mein sun selbs begangen hat;
Dann mich die groß not darzû zwingt,
Und todt wider zu tôdten dringt,
Und übel wider übelthat. [1])
930 Wiewol mir auch zugegen staht
Mein man Oeneus, das er soll
Seins kindts braubt werden dises mol,
Hergegen auch der vatter mein
Seinr beden sûn braubet soll sein.
935 Thestius vatter, du must klagen,
Deßgleichen mein man leyd mûß tragen.

*

1) Bôs mit bôsem gerochen.

Meinr brûder seelen, kompt herzû
Und rothen mir, wie ich im thu,
Und sehen, durch was grosse sach
940 Ich ewer seelenbgengnis mach
Mit meinem sun und eygnen kindt!
Ey nit, Althea, schnell erwindt
Und bring nit umb dein sun obgdocht,
Welchen du uff die welt hast brocht
945 Mit jemerlicher angst und not!
Nit bring dein sun schnell zû dem todt!
Ach brûder mein, thunt mirs erheben,
Thunt mirs als eynr mutter vergeben,
Ja das ich meines kindes schon!
950 Soll im nit werden gleicher lohn
Seins grossen mordts, so er begieng?
Ey, soll sighafft sein der jüngling
Und wesen diß kôngreichs eyn herr?
Er mûß ufftragen nimmermehr
955 Den cepter und kôngliche kron
Des kônigreichs zu Calydon.
Der schnôd bôß jüngling muß ersterben,
Welcher solt seinen vatter erben,
Des vatters trost, des landes fal,
960 An welchem sein hülff hangt zumal.
Weh mir, diß sag ich von unsinn.
Wo ist die liebe kommen hin,
So mutter zû irem kindt treyt?
Wo ist zehen monat arbeyt,
965 Do ich in mûßt erarnen teur
Und in erlôst vom ersten feur?
Ich wolt, du werst domal verbrant,
So wer diß grosse mordt verwant. [1])
Von meiner hülff genaßt du do,
970 Von deiner schuldt stûrbst du also.
Derhalben antwort mir dein leben,

*

1) Also sagt noch manche mutter zu den ungerotenen kindern
Ich wolt, ich hett dich imm bad ertrencket.

[86b] Das ich dir zweymol hab gegeben,
　　　Als dein leib erst ann die welt kam
　　　Und do ich dich auß dem fewr nam!
975 Der leben gib mir eins herwider
　　　Oder leg mich mit todt hie nider,
　　　So mag ich zu mein brüdern kummen.
　　　Ich weiß nit, wes mich mag gefrummen,
　　　Ich wolt geben und doch enmag.
980 Meiner brüder wund und todtschlag
　　　Und meins suns leib zu beider seit
　　　Stond und handt mit eynander streit.
　　　Wolan, mein brüder müssen sigen,
　　　Und ich wil gar darnider ligen,
985 Domit ewer todt werdt gerochen.'
　　　　Sobaldt und sie das hat gesprochen,
　　　Wandt sie die augen anderstwar;
　　　Bekümmert und erzürnet gar
　　　Warff sie den stecken inn die glüt.
990 Nun dauchte sie inn irem müt,
　　　Der steck erseufftzt gleich eynem mann,
　　　Als er inn dem fewr lag und brann.

Cap. 11.

Meleager stirbt von grossem wetagen, wirt noch heidnischen sitten
verbrant. Seine schwestern dobey sthendt, vor leidt zu baumen ver-
kert werden. [Ovid 8, 515—541. 716—722.]

　　　Meleager wußt lang noch nicht
　　　Umb dise fürgenummen gschicht
995 Und wardt doch solcher moß entzint
　　　Gleich eynem brant, so hefftig brint.
　　　Mit gwalt meint er semliche pein
　　　Zu dempffen; das mocht nit gesein.
　　　Wiewol er leit so groß wehtagen,
1000 Kundt er doch niemandt davon sagen.
　　　Der sterckist jüngling obgedocht,
　　　So unlang das groß schwein umbbrocht,
　　　Der brann inn seinem leib gentzlich.
　　　Das fewr zum hertzen flachte sich,

1005 Also das leben sein zerran
     Sampt dem brant, so inn dem fewr brann.
         Sein elends sterben bgunden weynen
     Zu Calydone alle gmeynen;
     Sein junges leben, stoltzen leib
1010 Weinten beid sammen mann und weib.
     Inn summa unter reich und armen
     Thet sein das landtvolck als erbarmen.
     Die weiber rissen kleider, har,
     Das ir landts tröster gstorben war.
1015 Vor leidt sein vatter sich bestaupt
     Mit eschen oben auff seim haupt
     Und walgt sich imm staub hin und her,
     Verflucht gar offt das sein alter,
     Er klaget beide sun und weib.
1020 Wann die mutter hatt iren leib
     Mit eynem messer gar durchstochen
     Und ir volbrochte sind gerochen.
     Ja wann ich tausend zungen het,
     Der jede bsunder reden thet,
1025 So möcht ich nit genůg gesagen
     Ja von der armen schwestern klagen,
     Von jamer, klagen und von rewen,
     Ir hor rauffen und hertzen blewen.
     Irn bruder sie halßten und küsten
1030 Und druckten ihn zu iren brüsten,
     Dieweil und sie ihn mochten haben.
         Als man ihn ins fewr thet begraben,
     Die schwestern weinend dobei stunden.
     Zuhandt sich von der erden unden
1035 Eyn rind stig biß an iren mundt.
     Sie sagten zamen: 'Sind gesunt!'
     Das war eyn lindt und auch eyn eych.
     Do sah man, wie das volck her streich
     Und branten do iren wirauch.
1040 Solchs hab ich selb gesehen auch
     Und auch von alten leuten ghört,
     Welch glaubwirdig sind, ehrenwerdt.

Cap. 12.

Achelous erzalt eyn wunderparliche geschicht von eynem mann Eri-
sichthon, welcher der göttin Ceres iren baum abgehawen, dorumb er
schwerlich von Cereri geplogt wardt. [Ovid 8, 725—798.]

Eyn semlichs bewegt sie alsammen,
Theseum sunderlich mit namen.
1045 Er hatt im weiter sagen baß
Von der götter wunder etwas.
Achelous saget zu ihm:
'O teurer held, mein red vernimm!
Es ist [gar] mancher dingen art,
1050 Dem der leib anderst ist gekart
Und bleibt dann immer so gestalt.
Etliche haben doch gewalt,
Das sie sich gentzlich thun verstellen,
Inn wellicher hand ding sie wellen.
1055 Als Proteus offt auß dem meer
Thut kummen uff das erdtrich her,
Der kan verwandlen sein gestalt
Inn mancherley weiß manigfalt.
Dann Proteus der ward etwan
1060 Zu eym lewen auß eynem mann,
Demnach wardt er eyn eber wildt,
[87a] Demnach hatt er eyns hirschen bildt;
Doch blib er inn der form nit lang,
Er wardt eyn ungehewrer schlang,
1065 Demnoch verwandlet er sich schier
Inn eynen starck hornechten stier,
Zu zeiten wie eyn baum erschein,
Demnach wardt er gleich eynem stein,
Er wardt auch wie eyn wassr etwann,
1070 Demnoch gleich wie eyn fewr er brann
Und ander mehr der gstalten vil,
Das zu erzelen nem lang wil.
Eyn man der hatt eyn tochter schon,
Der hieß mit nam Erisichthon,
1075 Die hatt auch gleich irs vatters art,
Das sie sich inn manchs bildt verkart.

Solchs war die schuld, wie ich sag hie:
Ir vatter lebet, das er nie
Den göttern keinen dienst nie thet
1080 Weder mit opffer noch mit bett;
Dazu er frevel hawen torst
Den göttern ire weld und forst,
Die inen zugeeyget waren.
Eyn schönen walt von langen jaren
1085 Ließ er mit exen niderhawen;
Die trutz gschach Cereri der frawen,
Welche ist deß korns eyn göttin.
    Eyn grosser eychbaum stund darin,
Der machet für sich selb eyn walt
1090 Ja anzusehen breit und alt.
Das landtvolck inn grosser andacht
Dohin gar manig opffer bracht
Vor kranckheit, so man do genas;
Dann diser baum sehr heylig was.
1095 Den baum hieß er auch niderhawen,
Bey welchem man offt die waltfrawen
Hat hören husten und auch lachen
Und do eyn wild getemmer machen;
Do hort man sie offt singen süß,
1100 Offt spürt man inn dem taw ir füß;
Zu zeyten inn eyns ringes gang
Sungen sie umb den baum ir gsang.
Die eych was so wonsam und schon,
Keyn man mochts inn eynr stundt umbghon;
1105 Unter ir stundt auch vil mehr graß,
Dann sunst in dem wald niergen waß.
Doch wolt er sie nit lossen sthan
Und hieß sie seine knecht umbschlan.
Die knecht aber forchten sich sehr,
1110 Ihn aber mocht nit wenden mehr.
Als er sein knecht sich forchten sach,
Nam er eyn beyel, zu ihn sprach:
'Was acht ich darauff, das Cereß
Disen baum liebet! Schweigt mir deß!

1115 Sie loß ir selber eyn baum werden,
Dann disen haw ich zu der erden.'
Mit dem hiw er mit gantzer krafft
Inn den baum, das rauß gieng der safft.
Von dem schlag erschut sich die eych,
1120 Ir laub und zweig die wurden bleich
Und auch die eycheln, so druff stunden.
Sobald er empfing solcher wunden,
Der baum erblûtet von dem schlagen.
Noch dorfft niemandt nichts zu im sagen;
1125 Doch so beredt sollichs eyn mann.
Er ließ den baum, lieff jenen ahn,
Schlug in, das im sein haupt zerkin,
Sagt: 'Hab das für die warnung din!'
Demnach den baum wider anlieff.
1130 　Secht zû, wo auß dem baum gar tieff
Eyn sehr klegliche stimm klagber
Erschall, sagt: 'Ach und immer mehr!
Ich bin eyn maget, won hie inn,
Mein fraw ist Ceres die gôttin.
1135 Jetzundt sterb ich von deinen schulden,
Darzu der baum; solchs mustu dulden.'
Jedoch ließ er nit sein gemût,
Den baum er stetig niderschrit,
Biß er in gar zu boden falt.
1140 Solchs hand die gôttin inn dem waldt
Erfarn, so man nent Dryades;
Sie weinten disen handel bôß,
Sagten: 'Wo wend wir tantzen bey?'
Sie klagtens frawen Cereri,
1145 Wie sie wern irer eych beraubt.
Cereß auß zorn erschût ir haupt;
So groß und mechtig was ir zorn,
Das alles reyff und zeitig korn
Gar fast erbibet inn den felden.
1150 Sie gdocht ihm sollichs zu vergelten
Mit so gar jemerlicher wiß
Durch grossen jamer, hungers friß,

Wiewol der Hunger und auch sie [1])
Vormolen kamen zammen nie;
1155 Dann es den zweien von den götten
Ernstlich von nander ist gebotten.
    Darumb sie sandt eyn andre magt,
Zu deren sie gar ernstlich sagt:
'Rüst dich und far hin wunderbaldt
1160 Inn Scytiam, die insel kalt,
Ich mein inn die unfruchtbar erden!
Dann do mag nimmermehr gewerden
Weder [ein] frucht noch ander korn,
Dann do ists immer tieff gefrorn.
1165 Do sihet man wandlen tegleichen
[87b] Zitern [und] frost und als ferbleichen,
Welche sind deß hungers gesindt.
Doselbs lug und den Hunger findt,
Dem soltu von mir ernstlich sagen,
1170 Das er Erisichthonis magen
Althalb mit hunger überschit,
So das inn mög ersettgen nit
Uff erdt keyn speiß, wie vil der sey.
Sein güter soll er all dobey
1175 Verschwenden und gantz werden ohn
Umb den trutz, so er mir gethon,
Das er mit seiner boßheit argck
Meint angsigen meinr gottheit starck.
Eylents solt dich uff den weg machen,
1180 Sitz schnell uff disen grossen trachen,
Darauff magst du inn eil dar faren.
Derhalb thu dich nit lenger sparen!'
    Die junckfraw saß behendt uff ihn
Und fur inn schneller eyl dohin
1185 Durch die wolcken, biß [das] sie kam
Inn das grausam kalt Scytiam
Ann das vil hoch gbirg Caucason,

*

1) Der hunger und Ceres mögen kein wonung beynander haben,
dann Ceres ist eyn gottin der frucht.

Doselbs der Hunger was gewon
Zu hausen inn eym kalten loch,
1190 Wie ir das werd vernemen och.

Cap. 13.

Ceres die göttin schickt irer megt eyne zu des hungers gott, befilcht
ihm, dem Erisichthon sein leib mit hunger zu beschweren, domit er
als sein gut verzeren thet. [Ovid 8, 799—868.]

Die magt ersach den Hunger wol
Uff eynem acker; stein so vil
Do samlet er inn grosser pein,
Mit den zenen und neglen sein
1195 Kratzt er die wurtzeln aus der erden,
Ob ihm eyn bißlein möchte werden,
Sein har was ihm zerstraubt und graw,
Sein augen thieff schilichen plaw,
Sein handt spant ihm über das bein,
1200 Sein dürren wangen, lefftzen klein,
Sehr bleich tödtlich war sein angsicht,
An im spürt man keins fleisches nicht.
Beschaben, rostig, schwartz sein kel,
Sein zeen im waren rostig gel,
1205 Das bein im durch die haut rauß stach,
Zu zalen man das gnugsam sach.
Und do sein bauch zu recht solt sthon,
Do sach man nichs, er was darvon.
Die haut im an der brust thet kleben,
1210 Auch an seim rucken sah man eben
Das gebeyn und die ripp mitt allen
Nit anders, dann wolten sie fallen.
Als in die magt nun wol besach,
Vor im stund, also zů im sprach:
1215 'Mein fraw will semlichs von dir han,
Das [d] Erisichtonem den man
Mit hunger gar solt überfallen.'
Die wort hatt sie nit grett mit allen,
Do umbgab sie des hungers pein;
1220 Ir hertz von hunger leit groß pein,

Also das ir ir hertz bgundt schwachen.
Zuhandt want sie umb iren trachen,
Inn schnellem flugk der wider kam
Geflogen inn Emonyam.
1225   Der Hunger hatt auch nit gebeyt,
Er fur hin durch die lufft bereyt
Und stund also vor dem pallas,
Do Erisichton innen was;
Denselben er noch schloffen fandt.
1230 Der Hunger blies im do zuhandt
Die hungerssucht inn seinen magen;
Er kundt nit lenger do vertragen
Inn so eym fruchtbarlichen landt,
Inn sein dürr landtschafft er sich wandt.
1235   Erisichton noch lenger pflag
Des schloffes, inn dem er do lag.
Imm schloff hielt er sich gleich gemeß
Mit seinem mundt, als wann er eß,
Zeen wider zeen er beissen thet,
1240 Demnach er fast weit ghenet het,
Lag inn dem traum und fraß den lufft;
Also der hunger in besufft.
Sobald er fieng zu wachen ahn,
Der hunger inn im wůt und bran
1245 Inn seim gederm und inn seim magen.
Zustund můßt im das gsindt fürtragen
Alles, das sie [do] mochten han
Eshaffter speis. Solchs daucht den man
In seinem magen sein nit mehr,
1250 Dann wer es gwesen eyn erdber;
Und speis, daran eyn gantze stadt
Gnug hatt, mocht in nit machen satt
Und daucht in minder dann eyn ey.
Man trug imm speis für mancherlei,
1255 Noch gstund im nit sein hunger groß
Und ward je grösser all sein froß,
Gleich wie das meer von vil innflůssen
Von regen und von wassergůssen.

Und gleich eynem feur, welchs nieman
1350 Mit stro und holtz gesetten kan,
Es wirt noch mehr grosser und breyt,
[88a] Je mehr man stro und holtz zutreyt,
Also dem Erisichtone
Sein hunger wuchs je meh und meh,
1355 Dann je grösser ward die wirtschafft,
Je grösser gwan sein hunger krafft;
Dann im sein bauch je mehr und mehr
Ward krafftlos, eitel und auch leer
So lang, biß er sein erb und gelt
1360 Hauß, hoff und was er hatt imm feldt,
Das hatt er fressen und verzeret;
Noch ward dem hunger nit geweret,
So lang das dem fressigen man
Alles des, so er jhe gewan,
1365 Nichts dann sein tochter überbleyb;
Die er hin zu verkauffen treyb,
Damit er sich, so lang das wert,
Seins hungers mit dem gelt ernehrt.

Das edel kindt, die tochter fein,
1370 Hatt nit gewont eyn magt zu sein,
Zu dem meer ire hend sie bodt
Und sagt: 'Ach hilff mir auß der not,
Neptune! Dann mein erste blüm
Ward dir von meinem magetum.'
1375 Neptunus gwert sie irer bett,
Das sie ward und was zu [der] stedt
Eynem fischer gantz gleich gethon,
So mit den anglen fischen gohn.
Ir herr, der sie kaufft, folgt ir noh;
1380 Er sach sich umb und wist nit, wo
Sein kauffte magt doch hin wer kommen:
'O fischer, hastu nit vernommen
Von meiner erst erkaufften maget
Inn bösen kleydern?' Als er fraget,
1385 Die magt zů stund sich sah verwildt
Und an ir han eyn anders bildt;

Sie freyet sich, das sie der man
Nach ir selb fragen do began.
Der fischer sprach: 'Glaub sicherlich,
1300 Das noch heut niemant sahe ich
An diser meiner fischen weyd
Dann dich und mich uns alle beyd.
Ich sich auch stets den fischen zů,
Anders warlich nicht sehen thu.'

Cap. 14.

Erisichton von wegen grosses hungers verkaufft sein tochter, welche
alle mol inn eyn ander gestalt verwandlet ward und also offt inn ver-
kerter gestalt verkaufft ward, damit ir vatter seinen hunger büsset
[Ovid 8, 869—884.]

1305 'Der man gieng also hin sein straß
Und was gantz traurig aus der maß.
Die tochter kam zum vatter wider,
Welcher sie offt verkauffet sider;
Die tochter aber alle fart 1)
1310 An irer gstalt verkeret ward,
Jetz wards eyn vogel, dann eyn man,
Zu einem pferdt ward sie etwan.
So neret ihn die tochter lang;
Doch ward im zuletzst also bang
1315 Von grossem hunger ungehab,
Biß er sein eygen fleisch hiew ab
Und fraß das seim hunger zu statt.
    Wie mancher der wort wunder hat,
So ich hie vornen hab erzalt,
1320 Nun hab ich sein auch vollen gwalt,
Das ich mein leib und gstalt verwildt
Inn dreyerley verkerter bildt:
Zu eynem man wirdt ich zu zeiten,
Demnach eyn kleine weil ich beiten,
1325 So lig ich uff der erdten lang,

1) Diser freund ist gwesen Acteon, welcher nachmal von sein
eygen hunden umbkam. [Diese randnote ist versehentlich aus bl. 284
zu buch 3, v. 324 hier wiederholt].

Bin eyn grausamer grosser schlang,
Demnach eyn ochs gar freysamlich,
Wie ir dann mûgent sehen mich
An disem meinem eynen horn.
1330 Das ander ich vor lang verlorn,
    Als mir das von der stirn gebrochen.'
    Also hat diser fluß gesprochen
Und erseufftzet zu solchen worten,
Das sie es alle sammen horten.

Inhaltsübersicht.

402   Georg Wickram.

BIBLIOTHEK

DES

LITTERARISCHEN VEREINS

IN STUTTGART.

CCXXXVIII.

TÜBINGEN.

GEDRUCKT AUF KOSTEN DES LITTERARISCHEN VEREINS.

1905.

DIE

ERSTE DEUTSCHE BIBEL.

ZWEITER BAND
(BRIEFE, APOSTELGESCHICHTE, OFFENBARUNG)

HERAUSGEGEBEN

VON

W. KURRELMEYER.

———————

GEDRUCKT FÜR DEN LITTERARISCHEN VEREIN IN STUTTGART
TÜBINGEN 1905.

DRUCK VON H. LAUPP JR IN TÜBINGEN.

An fragt dez erſten: worumb
nach den ewangelyen die do
ſein ein erfüllung dez geſeczes·
vnd in dem vns forderlich ge-
geben ſeind ebenpild vnd gebot
zů leben: warumb ſant pauls
der zwölffbot wolt ſein epiſteln
zů einer itzlichen kierchen ſen-
den. Vnd daz iſt geſchehen dorumb: das in dem an-
vange der geperten kyerchen würden abgehauwen
laſter: die da warn gegenwertig oder die noch möch-
ten entſpriſſen: gleicher weis als die propheten vnd
ir ebenpild vnd ir ſprach nach dem geſetze moyſi in
dem man alle gotz gebote las: idoch ſeint den noch ge
uolget die propfeten die verdempt haben die ſünde
der menſchen: vnd dorzů von eins ebenpilds wegen
vnd zů eim gedechtniß haben ſy vns beſchriben gelaſſen
ir prophecei Aber fragt man: worumb paulus nit

*

6 forderlich] volkummenlich Z—Oa. 8 warumb] fehlt K—Oa.
paulus G. 9 der apoſtel Oa. 10 iegklichen E—Oa. 11 Vnd]
wachſenden Z—Sa, fehlt K—Oa. 12 geperten] fehlt Z—Oa. . 14
entſpriſſen — 20 prophecei] entſpringen. vnnd darnach die (fehlt
ZcSa) kunfftigen fragen auffſchlüſſe mit dem exempel der propheten.
die dann nach dem gegeben geſacz moyſi in dem alle gebot gotes war-
den (wurden ZcSaOOa) geleſen noch dann nichts minder mit irer
haylſamen (·me ZcSa) lere habend ſy allzeyt nidergedrucket die ſünde
des volcks vnnd von wegen des exempels wie wir füllen leben haben
ſy auch zů vnſer gedächtnuß die bücher übergeſendet Z—Oa. 15
ſpracht MEP. 16 dennoch MEP. 17 ſünder P.

*

10 yclichen Ng. 18 von] + euch Ng. 19 laſſen BNg.
20 paulus hat nicht mer Ng.

Kurrelmeyer, Bibel. II.

mer hat geſchriben zů den kirchen denn nuer ·x· epiſt-
telen. Denn warumb ir ſein ·x· mit der epiſteln ad
hebreos: wenn die vier andern ſein beſunder hat er
gericht zů beſundern iúngern. Das iſt dorumb ge-
ſcheen daz er wolt beweiſen daz die neuwe ee nit en-
zwey wer von der alten ee: vnd das er nit wolt tun
wider daz geſetze moyſi: vnd darumb hat er geordent
x· epiſteln zů den ·x· gebotten vnſers herren: vnd wie
viel er hat aufgeſetzt gebot den die da warn gefreit
von pharao aus egypten lande: alſo viel hat diſer
epiſteln aufgeſaczt den die gefreiet ſein worden von
dem teufel vnd von dem dienſt der abtgôterei. Vnd
die zwů ſteinein tafeln: nach dem alz ſy haben aufge-
ſprochen gar weiſe mann· die haben ein figûr zweier
ee: das iſt der altten vnde der neuwen ee. Die epi-
ſteln die er ſchreibt adhebreos vmb die haben etzlich
gekriegt vnd haben geſprochen das ſy nit ſant pauls
ſeint· vmb daz daz ſein name nit dorynn zů vôrderſt
geſchriben ſey· vnd dorumb auch das die wort vnd
ſchrift den andern epiſteln vngleich ſein: ſunder ſy
ſprechen alſo daz ſy barnabas gemacht hab nach dem
als wil tertulianus aber die andern ſprechen das ſy

·

21 den kriechen MEP.   nuer] *fehlt* Z—Oa.   22 **Denn**]
dann ZcSaO, wann Oa.   der] den MEPOa.   epiſtel Z—O.
zů den iuden Z—Oa.   23 wann ZcSaOOa.   ſein — 24 **iungern**]
ſeind beſunder zů den iungern geantwurt Z—Oa.   26 **wolt tun**]
tâte Z—Oa.   28 zů den] nach der zal der Z—Oa.   vnſerns
ZcSa.   29 er] der Z—Oa.   gefreit — 31 den] erlediget von
pharâone auß egipten lande mit ſo vil epiſteln leret er die Z-Oa.
32 **Vnd — 36 adhebreos**] Wann auch zwo ſtainin tafeln ſol er gehabt
haben die die da (*fehlt* Sc) haben gehabt die figur zwaier teſtament
als vns die weyſen gelerten mann gegeben haben. Die epiſtel die er
(*fehlt* ZcSa) ſchreybt zů den iuden Z—Oa.   37 **haben**] *fehlt* K—Oa.
panls M, paulus SG.   40 **ſchrift**] die geſchrifft E—Oa.   **ſunder**
ſy] vnd Z—Oa.   41 ſprachen MEP.   barrabas MEP.   42 ter-
culianus MEP.

·

23 andern vier B.   28 gepot Ng.   31 vom teufel BNg.
33 **alz**] vnd B.   34 mannen BNg.   39 ſein vnd auch dorumb
BNg.   40 geſchrift BNg.

lucas gemacht hab: Die dritten meinen daz fy cle-
mens gemacht habe der gewefen ift ein iunger der
zwölfboten vnd ein bifchof zů rom Vnd dem müffen
wir alfo antwurten: ift dorumb die epiftel adhebreos
nit fant pauls dorumb daz fein nam nit dorynn ge-
fchriben ift fo ift fy auch nit der andern barnabe luce
clementis· den warumb es fein auch ire namen nit
dorin gefchriben. Alfo wer die epiftel nyemantz das
doch gar vnzimlich ift vnd grob lautet in vnferen
oren: es ift gelaubig das die epiftel fant pauls fey
die fo clar fcheint in meifterlicher lere vnd fprache.
Vnd wenn denn bei der hebreifchen kierchen paulus
wart gehabt in falfchem argwone als ein zuftörer
dez gefeczes: vnd dorumb wolt paulus in der oben ge-
fchriben epifteln verfchweigen feinen namen· vnd
wolt geben gezeuckniß der warheyt ihefu crifti mit
figuren des gefetzes: auf das das icht der haß den die
iuden trůgen zů dem namen dez prelaten pauls wurd
aufgefchloffen der nůtz der letzgen. Vnd es ift nit
wunder das paulus ift geweft gefprecher in feiner
eigen zungen· daz ift in hebreifch wenn in einer frem-
den zungen das ift in kriechifch: wenn die andern
epifteln hat er alle gefchriben in kriechifcher zungen.
Auch werden etlich bewegt warumb fant pauls die

*

43 fy] fehlt ZcSa.   45 dem] den Z—Oa.   47 nit gefant
ZcSa.   paulfen Z—Oa.   48 andern] + als Z—Oa. barna-
bas A.   49 den] dann ZcSaO, wann Oa.   darinn nit E—SK—Oa.
50 yemantz MEP.   52 ift] + mer Z—Oa.   paulfen ZASK—Oa.
54 Vnd — der] aber darumb das bey den Z—Oa.   56 paulus] er
Z—Oa.   obgefchriben EPZS—Oa, abgefchriben A.   58 zeügk-
nuß Sb, + von Z—Oa.   mit] vnd von den Z—Oa.   59 icht]
nit Z—Oa.   60 paulus P, pauli Z—Oa.   wurd — 61 nütz] auf-
fchlüffe den nucz Z—Oa.   2 wann ZcSa, dann OOa.   3 kriechi-
fcher Z—KSb—Oa.   5 fant — 13 aufgefent] der römer epiftel
zům erften feye (fei zum (zů dem Sc) erften K—Oa) gefeczet. fo er

*

44 geweft BNg.   49 auch — nit] ir namen auch nicht B, auch
nicht ir namen Ng.   53 fo] do Ng.   lere] mere Ng.   54 he-
brebemifchen Ng.   55 erftürer Ng, erftöre B.   3 in] fehlt B.
5 fant] fehlt BNg.

erſten epiſteln hat geſaczt in diß bůch: ſo doch offen-
bar iſt das er ſy doch nit dez erſten hat geſchriben zů
den rŏmern. Wenn er ſelber erkennet do er wandert
gegen iheruſalem: das er vor het geſchriben den von corinten
vnd auch etzlichen anderen. Vnd vmb das wŏllent
etlich das alſo vernemen daz paulus alſo hat geordet
all ſein epiſteln· das die erſte in der ſaczung der orde-
nung ſei zů dem letzten aufgeſent worden: auf das
das man durch alle epiſteln mag komen zů der ſtaf-
feln der volkomenheit. Wann worumb etlich rŏmer
warn ſo grob vnd vnuernúftig· das ſy nit mochten
vernemen das ſy ſeilig wern worden vnd behaltten
worden mit gotz genaden· on ir eigen verdintniß:
vmb das ſelb warn zweierley menſchen aufſtŏſſig·
vnd kriegten mit einander. Vnd die ſelben dorften
wol daz ſy von paulus lere vnd ſchrifte wúrden be-
ſtetiget: vnd vmbe das verneuwet paulus die ver-
gangen laſter vnd ſchanden der heiden. Den von co-
rinten ſpricht paulus wie im got hab gegeben die ge-
nade der kunſt vnd der witze: vnd nit allein ſtraft
ſy paulus vmb ir ſúnde: auch dorumb das ſy andere
ſúnder nit haben geſtraft alz aldo do er ſchreibt vnd
ſpricht. Man hort von euch wye von vnkeuſcheit.

*

doch die nit czům erſten hab (hat OOa) geſchriben. wann (fehlt Sc)
paulus bezeuget ſelb (ſelbs ZcSa) daz er diſe (die Oa) epiſtel geſchri-
ben hab da er ſeye gezogen gen iheruſalem. vnd die corinthier. vnnd
ander ietzund vor ermanet hab das ſy den dienſt den er wúrde mit im
(jn OOa) tragen in den briefen aufflŏſen. Aber darnach wŏllen etlich
man ſol es alſo (al Sc) verſtan das all epiſtel geordent ſeyen daz diſe
epiſtel am erſten geſeczet (fehlt ZcSa) wurde wie wol ſy zům letzern
(letzten AZc—Oa) ſey geſendet Z—Oa.   5 paulus P.
    9 er] fehlt P.   12 ſitzung P.   14 mŏchte kummen Z—Oa.
16 vnd] + auch Sc, ſo OOa.   17 wern — 18 worden] vnd behalten
worden wern K—Oa.   18 verdienſtnuß K—Oa.   21 pauls ZcSa.
geſchrifft P—Oa.   23 Den corinthiern aber ſpricht Oa.   corinthien
K—O. 24 jn Oa.   28 hŏrt vnder euch die (fehlt OOa) vnkeuſcheit Z—Oa.

*

    6 ſo] + es BNg.   7 ſie hat nicht des erſten geſchriben BNg.
8 bekent BNg.   11 hat alſo BNg.   14 mochte BNg.   15 etz-
liche BNg.   20 mit] vnter BNg.   bedorfften B.   21 geſtetigt BNg.

Vnd aber mer. Als ir gefamelt feit mit meinem
geift: fo fol man die menfchen geben deme fathan.
In der anderen epifteln lobet er fy: vnd fpricht mit
vermanung das fy mer vnd mer follen zûnemen.
Gallathe werden entfchúldiget das fy feint on alle
lafter: on das allein· das fy haben gelaubt den lifti-
gen valfchen apoftolen. Die ephefy werden nit ge-
ftrafft in keinen fachen funder fy fein wirdig viel
lobs: wann fy behalten haben apoftolifchen gelauben.
Die philippenfer die werden noch hôher gelobt: dor-
umb daz fy nit wolten hôren die falfchen apofteln.
Die callofenfes die warn alfo gefchickt: das fy der
zwôlfbot fant pauls leiplich nit het gefehen: idoch fo
waren fy des lobs wert. Alfo fchreibet paulus. Ir
brúder ift es alfo das ich mit dem leib euch nit bin
gegenwertig: idoch mit dem geifte bin ich mit euch·
vnd frewe mich daz ich febe ewer ordenung. Die von
theffalenicenfes rûfft paulus aus in zweien epifteln:
das fy alles lobs wert fein nit allein dorumb das fy
den gelauben der warheit vnbrúchelich gehaltten ha-
ben: funder auch dorumb das fy von den fúnden fein
beftendig in echtung irer mitburger. Was fol ich
fprechen von den hebreifchen: fo man von in fpricht

*

30 fo] fehlt Z—Oa.　　33 Gallache M.　　34 luftigen M, lúfti-
gen E—Sa.　　36 keinen] eynichen K—Oa.　　37 haben] fehlt A.
38 philippenfes Z—Oa.　　die] fehlt K—Oa.　　40 Die — 50 mit-
burger] Die von teffalonicenfes rûfft paulus auß in zwayen epifteln
daz fy alles lobs wert feind. nit allein darumb daz fy den gelauben
der warheyt vnbrichlich gehalten haben. funder auch daz fy in der
durchâchtung der burger feyen beftândig erfunden worden. Aber die
colofenfes waren fôllich das (fehlt K—Oa) wie wol fy nit waren leyp-
lich erfechen von fant paulfen (pauls ZcSa). So feyen fy doch des
lobes wirdig bey im gehabt gewefen das er im (in AZc—Oa) alfo zů
gefchriben hatt wie wol ich leyplich von euch bin. noch dann (den-
nocht SbOOa) fo bin ich doch (fehlt K—Oa) mit dem gayft freuwend
bey euch vnd fich euwer ordnung Z—Oa.　　40 callofcenfes EP.

*

32 fie fúllen mer vnd mer zu nemen BNg.　　Gallathe] + die Ng.
38 philippenfes BNg.　　41 fant] fehlt BNg.　　43 es] das BNg.
45 mich] + des BNg.　　50 in] + der BNg.　　51 in] + das BNg.

das fy feind nachuolger der von theffalenicenfes · die
manigueltigz lobs wert fein. Alz gefchriben ftet.
Vnd ir brúder feint worden nachuolger der kirchen
gotz · die do fein in iudea: wann ir dafelb habt gelitten
von euwern mitburgern: daz fy haben erlitten von
den iuden. Vnd dez gleichen gewehent er zů den hebre
ifchen. Ir habt mit leiden gehabt mit den geuangen:
auch habt ir frölichen aufgenomen den raub euwer
gúter: wann ir habt bekant daz ir habt heffer gúter
vnd beleibelichere *Ein ander vorrede über*
die Epifteln pauli zů den Rômern.

Omer feind die do aus den iuden
vnd beiden gelaubten: die mit eim
hochfertigen krieg fich wider ein
ander fetzten. Wann die iuden
fprachen. Wir fein daz volck gotz ·
die er von dem anefange hat liep
gehabt vnd erneret: wir feint be
fchnitten aus dem gefchlechte abrahams · von dem
heilgen ftamm fein wir abgeftigen: vnd got ift zum
erften erkant in dem iudifchen lande. Wir fein er-
löfet von egipten mit zeichen vnd mit den kreften
gotes das mere mit trúknem fúß úbergiengen: do

*

52 der Theffalonicenfer Oa.   55 ir **dafelb**] auch ir Z—Oa.
hebent ZcSa.   57 **iuden**] burgern ZcSa.   Vnd — **hebreifchen**]
wann die ding gedencket er bey den hebreyfchen und fpricht Z—Oa.
genechent EP.   60 erkant ZcSa.   **beffer — 61 beleibelichere**]
ein beffer vnd (+ auch Sb) ein (*fehlt* ZcSaG) beleybend gůt Z—Oa.
3 **die**] vnnd Z—Oa.   9 **aus**] vnd feyen auß Z—Oa.   12 egipto
Z—Oa.   13 **úbergiengen — 16 kindern**] haben wir durchgangen
da die fchwâriften fluß vnfer veinde bedeckten (bedecken ZAS) vns
hatt geregnet das hymelbrot der herre in der wúfte. vnd als feynen
fúnen hatt er vns die fpeyß geraychet Z—Oa.

*

52 **feind**] + worden BNg.   53 lobet Ng.   alfo BNg.   54 brú-
der] + vnd ir B, ir Ng.   55 erliden BNg.   58 **ifchen**] +
vnd fpricht BNg.   61 pleylicher Ng.   2 *Diese vorrede bieten* BNg
in anderer fassung.

die fchwerften vnden vnfere feind bewollen. Vns
15 regent er manna in der wúfte: vnd vns anbechte die
himelifche fpeis als fein kindern. Vns gieng er vor
tag vnd nacht in dem pfeiler dez wolckens vnd dez
feuers: das er vns auf dem weg den weg zeigt. Auch
das wir der anderen vnauffprechelichen woltete bei
19 vns fchwigen: wir warn allein wirdig das gefetz
gotz zúenphahen · vnd zúhórn die ftymm gotz reden:
vnd feinen willen zúerkennen. In dem gefetze ift
vns criftus gefant: vnd hat bezeuget das er zú dem
kommen ift fagent· ich kom nicht neuwer zú den
25 fchaffen des haus jfrahel: fo er euch mer hund hieß wenn
menfchen. Dorumbe ift das nit rechtt das ir vns
gleich folt geacht werden: ir do heut laft die abgóter
den ir vom anfang habt gedient: vnd nit billicher
in die ftat der neuw bekerten aus dem gewalte des
30 gefetzes vnd der gewonheite geacht werde? Noch
deffelbigen habt ir nit verdient: neuer daz die milde
barmherzikeit gotz euch laffen wolt zú vnfer nach
uolgunge. Aber die heiden die wider antwurten.
Ye mer gúttete gotz ir bei euch verkúndigt: ie mer
35 fúnde ir euch fchúldig erzeiget. Wann in allen den
dingen feit ir alwegen vndanckfam gewefen. Wann
mit den fúffen mit den ir das trucken mer úbergingt·
dantzt ir vor den abgótern: die ir macht vnd mitt

*

14 Vns] Vnd M.   15 vns] in MEP.   diente P.   17 in
der faulen Z—Oa.   18 dem weg] dem (den K—Sc) vnweg Z—Oa.
19 wir] wirt S.   woltete — 20 wirdig] gúttáte die er vns er-
zayget hatt gefchweygen. fo feyen wir allein wirdig gewefen Z—Oa.
20 das] des MEP.   22 feinen] *fehlt* ZcSa.   erkennen Z—Oa.
23 gefant] gelobt K—Oa.   dem] den OOa.   24 ift] *fehlt* ZcSa.
Ich bin nit kummen denn (dann ZcSaOOa) allayn zú den fchaffen die
da verdarben des hauß Z—Oa.   25 jfrahels E—SK—Oa.   27 ir
— laft] Die ir heut habend verlaffen Z—Oa.   die] den ZcSa.
28 den] die ZcSa.   nit] mit P.   30 vnd] von Z—Oa.   ge-
fcháczet Z—Oa.   31 daffelbig Z—SK—Oa, da felbig ZcSa.   ge-
dienet ZcSa.   neuer] nu A, + allayn Z—Oa.   verkúndent
AZcSa.   33 heyden antwurten her engegen (dargegen K—Oa) ye
mer Z—Oa.   35 fúnde] fóllt ZcSa.   den] *fehlt* K—Oa.

dem munde mitt dem ir ein lützell do vor vmb den
dot euwer widerfachen den berreen fungt: abtgôtter
hiefcht ir euch zûwerden: vnd mit den augen mit den
ir pflagt anzûfehen | got zû eren in den wolcken: facbt
ir an die abtgôtter.   Auch vor dem himel brot eyßtt
euch: vnd allweg in der wûft wider den herren mur-
melt: vnd wolt widerkeren in egipt von dann euch
der herr auffûrt mit mechtiger hant.   Waz me.   Euer
vetter alfo mit mancher reitzung den herren reitzten.
daz fy all in der wûft fturben: alfo das nit mer von
den elteften wenn zwen in daz gelobte land giengen.
Sunder was vertzel wir euch die altten ding: wenn
ir auch der kein het getan von dem allein euch nye-
mand vrteilet wirdig der genade · das ir den herren
ihefum criftum durch die weiffagen allewege euch
verheiffen nit allein mit den ftymmen nit woltt
funder auch in mit dem fchentlichen dot verwûften?
In dem fo wir in erkanten zûhant glaubten wir ·
fo vns von im vor nit gebrediget was.   Dorumbe
beweifen wir das wir dientten den abtgôttern nitt
ift zûzûfchreiben der verftockung des gemûtes: funder
der miffkennung.   Wann dem erkanten dem wir bald

39 **lützell**] wenig P, klayn zeyt Z—Oa.   **do — 40 dot**] vor
von des todfchlags wegen Z—Oa.   40 eüere OOa.   widerfacher
Z—Oa.   fungent (fingent A) da begertend ir das euch abgôtter
wurden Z—Oa.   41 begert ir P.   **den** (*zweites*)] dem ZS.   42 an-
zefechen got in der (den ZcSaOOa) wolcken vnd in dem feûr erend.
fahent ir auch an Z—Oa (an *fehlt* ZcSa).   43 **vor dem**] daz Z—Oa.
eyßtt euch] eifcht euch E, begert euch P, ift euch verdroffen gewefen
Z—Oa.   44 habend ir (*fehlt* ZcSa) gemurmelt Z—Oa.   45 egipten G.
46 mer Zc—Oa.   47 reyczen ZcSa.   49 wann ZcSa, dann OOa.
50 Aber waz erneuwen wir Z—Oa.   wann Z—Oa.   51 auch die
ding mit nichte (nichten K—Oa) hetten Z—Oa.   52 **den**] dem A—Sa.
53 **durch — 56 dem**] der euch durch der (die ZcSa) weyffagen ftymm
allwegen (alweg KGSc) ift verhayffen gewefen. nit allein den (*fehlt*
K—Oa) nit wôltent (wôllent ZcSa) auffnemen. aber auch mit fchnôdiftem
tod habend verderbet. Den Z—Oa.   54 verhieffent M, verhieffen EP.
57 **im**] in G.   **vor**] *fehlt* Sb.   59 ift zûfchreyben EP, ift czû
zefchâczen Z—Oa.   60 dem (den ZAS) vnwiffen (vnweifen ZcSa).
Wann Z—Oa.   **dem** (*erstes*) **— 61 geuolgt**] den erkanten den wir

volgen: etwen wir hetten geuolgt ob wir vor erkant
ȝ ɉ] hetten. Aber ob ir euch rúmt von dem gefchlechte
des adels: funder fo machet euch mere die nachuol-
gung der fitten wenn die fleifchliche geburt kinder
zúfein der heilgen. Auch efau vnd yfmahel fo fy fein
5 von dem gefchlecht abrahams: doch werden fy mit
nicht vnder die kinder gezelte. Dorumbe fo fich die
alfo miteinander kriegtten· der pot fetzt fich in daz
mittel: alfo die fragen der widerteil vrteilt· das er
kein teil beueftigt das er mit feiner gerechtikeit die
10 behaltfam bette verdient: funder zeiget daz die beide
volcker fchwerlich gefúndet haben: die iuden ernft-
lich das fy durch die v̇bertrettung des gefetzes gott
geunert haben: funder die beiden fo fy erkannten von
der gefchópffde den fchópffer alls gott foltten geeret
15 haben· fein wunniglich in die geleichfam gemachtt
mit der hant verwandelten: auch mit einer gewern
vernunft beweift er beide volcker zúfein vnd gleiche
genad begreiffen· zú vorderft fo es in dem felhigen
gefetze vor gefaget ift: die iuden vnd die beiden zú
20 dem gelauben crifti fein zúrúffen. Dorumb nach ein-

yeczund nachuolgten dem hetten (herren ZcSa) wir ettwa auch nach-
geuolget Z‑Sa, fo wir dem (den OOa) erkanten ietzund nachuolgen
(nachuolgten OOa). fo hetten wir im ettwa auch nachgeuolget K—Oa.
60 dem (zweites)] den P.
    61 ob wir] hetten wir in Z—Oa.   1 hetten — 2 mere] alfo aber
berúment ir euch von dem adel euwers gefchlächts. als mache euch nit
merer Z—Oa.   3 wenn — 4 zúfein] dann (wann Oa) die leyplich
gebúrde das ir feyend fún Z—Oa.   5 mit nicht] nit Z—Oa.   6 fo
fich] da Z—Oa.   7 der apoftel legt fich darzwifchen vnd alfo Z—Oa.
9 die behaltfam] daz hayl Z—Oa.   11 ernftlich] gewiflich P, fehlt
K—Oa.   13 aber Z—Oa.   14 der — 18 felbigen] der creatur (den
creatur O, den creaturen Oa) den fchópffer da (fo OOa) folten fy den
als got geeret haben. Aber fy verkerten fein glori in die abgótter mit
der hand gemachet (gewachet ZAS). doch das fy czú bayder (beiden
A) feyten die genad eruolget hetten. zaygt er in durch die warhaff-
tigißt (-tigifte ZcSa, -tigiften KG, -tigen Sb—Oa) vrfach das fy gleych
feyen voran. So er erzayget das in einem Z—Oa.   14 den] der MEP.
19 ift] feye. daz Z—Oa.   20 fein — 22 vermant] folten berúffet werden.
von wólliches dings wegen er (fehlt ZcSa) fie (fey ZS) gegen einander de-
mútiget (gedemútiget ZcSa) vnd zú dem frid vnd aynigkeit ermanet Z—Oa.

ander fy demütigent: zů dem fride vnd zů der einhel-
likeit vermant. *Ein ander vorrede über die epiſtel zů den Romern.*

D Ie römer ſein in den teilen zů lam-
parten. Die ſein fürkomen von
den falſchen botten: vnd warn ein-
gefůrte vntter den namen iheſu
criſti in der ee vnd in den weiſſagen.
Diſe widerrůfft der hotte zů dem
gewern vnd zů dem ewangeliſchen
gelauben ſchreibent in von corinten. *Hie hebt
an die epiſtel pauli zů den Römern*   *I*

P Aulus knecht iheſu criſti· ge
růffen ein bott geſunderet in
das ewangelium gotz· | das er
vor verhieß durch ſein weiſ-
ſagen in den heilgen ſchriftten
| von ſeim ſun· der im iſt ge-
macht von dem ſamen dauids
nach dem fleiſche· | der do iſt
vor geordent der ſůn gottes in der kraft nach dem
geiſte der heilikeitt von der aufferſtendung der doten
vnſers herren iheſu criſti: | durch den wir enpfiengen

•

21 gedemütiget ZcSa.   22 verman MEP.   23 ſeind des tayls
wälſcher land Z—Oa.   25 **warn — 29 gewern**] warent vnder
dem namen vnſers herren iheſu chriſti in eyn fůret (criſti vngelert
K—Oa) in das geſacz vnnd in die propheten. Diſe wider vodert der
apoſtel zů dem waren Z—Oa.   29 den P.   ewangiligiſhen **M.**
30 corintho Z—Oa.   32 **Paulus**] + ein ZAZc—Oa, iſt ein S. ge-
nant ein apoſtel Z—Oa.   36 geſchriften P—Oa.   37 **im**] in
Z—SaGSc.   38 dauid Z—Oa.   39 **der**] das MEP.   **iſt**] *fehlt*
SbOOa.   41 auß der vrſtend der Z—Oa.

•

23 **lamparten**] ytalie BNgWr.   24 diſe BNgWr.   25 czwelf
poten BNgWr.   vnd vnder dem namen (+ des herren BNg) iheſu
criſti in der ee vnd den propheten waren ſie ain gefůrt.   28 zwelf-
bot zu dem waren gelauben des ewangelij vnd ſchreibet in von co-
rintheo BNgWr.

die genad vnd die botheit zůgehorſamen den gelau-
ben in allen leuten vmb ſein namen: | in den auch ir
45 ſeit gerůffen iheſu criſti: | mitt allen den gerůfftten
heilgen die da ſeind zů rome den geliebetten gotes ·
genad ſei mit euch vnd fride von got vnſerm vat-
ter vnd dem herren iheſu criſti. Ernſtlich ich mach
zům erſten genade meim got durch iheſum criſtum
50 vmb euch all: das euwer gelaub werd erkunt in aller
der wellt. Wann gott der iſt mir gezeuge dem ich
diene in meinem geiſte in dem ewangelium ſeines
ſuns: daz ich mach euwer gedenckung zů allen zeiten
on vntterlaſ in meinen gebeten: flehentt ob ich in   10
55 etlicher weis etwenn hab etlichen gelůckſeilgen weg
zů kommen zů euch in dem willen gotz. Wann ich   11
beger euch zůſehen: das ich euch etwas mit teile der
geiſtlichen genaden euch zů veſten: | das iſt entzamt   12
zůtröſten in euch durch den euweren gelauben vnd
60 durch den meinen der do iſt in ein. Wann brůder ich   13
will euch nit miſkennen: wann ich fürſatztt dick
zůkommen zů euch vnd ich bin beliben verbotten vntz

43 vnd das apoſtolat Z—Oa.   44 den] dem Z—Oa.   45 ge-
uodert Z—Oa.   geuoderten Z—Oa.   46 da] + auch Sc.   47 vnd]
+ der Z—Oa.   48 vnd] + von Oa.   criſto OOa.   Ernſt-
lich] Gewiſlich P, Wann K—Oa.   mach] wurck Z—Sa, ſagt K—Oa.
49 danck AK—Oa.   mein S.   50 das] wann Z—Oa.   wirt
verkůndet Z—Oa.   51 der (2)] fehlt K—Oa.   mir] + ein Z—Oa.
53 mach] thů Z—Oa.   54 flehentt] emſſigklich bittend Z—Oa.
55 etwenn] + czů zeyten Z—Oa.   etlichen] einen Z—Oa.   56 in
dem] im OOa.   58 genad euch zůbeſtätten das iſt miteinander
Z—Oa.   59 zů tröſten] fehlt Z—Oa.   den] fehlt K—Oa.   .60 ein]
vns allen Z—Oa.   61 will nit das ir nit wiſſend das ich offt für-
geſeczet hab Z—Oa.   1 vntz] biß Sb—Oa.

43 zugehorſam T.   Mit gelauben ſetzt F wieder ein; cf. 355 c 14.
44 den] dem TF.   45 iheſum criſtum TF.   gerůfftten] gerufen
TF.   46 geliebetten] lieb habenden TF.   48 vnd] + von T.
criſto TF.   macht TF.   51 mir] in F.   53 macht TF.
55 hab ainen geluklichen weg TF.   57 zegeſechen TF.   tailt F.
59 zůtröſten] zewerden getroſt TF.   den] fehlt TF.   60 durch]
fehlt TF.   61 fürſatzt] + mir TF (unterſtrichen T).   1 beliben
verbotten] bleiben TF, + verpoten ta.

her: das ich hab etlichen wûcher in euch als auch in
den andern beiden. Vnd ir do feit zû rome˙ ich bin
v. 14. fchuldig euch zûbredigen. Den kriechen vnd den frem
15. den den weifen vnd den vnweifen: | alfo daz do ift be-
16. reit in mir. Wann ich fchemlich nit daz ewangelium.
Wann es ift die kraft gotz eim yglichen geleubigen
in behaltfam: zûm erften den iuden vnd den kriechen.
17. Wann das recht gotz wirt eroffent in im von dem
18. gelauben in den gelauben: als gefchriben ift. Wann
der gerecht lebt vom gelauben. Wann der zorn gotz
wirt eroffent vom himel ꝟber alle vnganckheit vnd
ꝟber daz vnrecht der leute: die do enthabent die war-
19. heit gotz in das vnrecht: | wann was got ift erkante
das ift eroffent in im. Wann gott der hat es in er-
20. offent. Wann die vngefichtigen ding fein felbs die
werdent angefehen von der gefchôpfd der welt durch
die ding die do fein gemacht in vernamen: vnd fein
ewige kraft vnd die gotheit: alfo das fy fein vnent-

*

2 hab ein frucht Z—Oa.   3 Vnd — 6 mir] Den (Der S) krie-
chen vnd den barbern den weyfen vnd vnweyfen bin ich fchuldig. alfo
das (+ ich ZcSa) in mir berait ift auch euch die ir zû rom feyt das
ewangeli verkünden (zeuerkünden K—Oa) Z—Oa.   6 fchemlich]
fchem mich PK—Oa, fchamrôtte Z—Sa.   des ewangeliums K—Oa.
7 gelauben Oa.   8 in daz heyl Z—Oa.   den (erftes)] dem ZASK—Sc.
den (zweites)] ZSKSc.   9 Wann — von] Die gerechtigkeit gottes
wirt in (im ZS, fehlt ZcSa) dem geoffenbaret (offenbaret ZcSa, offenge-
baret ASKG) auß Z—Oa.   10 den] dem ZAS.   Wann] fehlt
OOa.   11 vom] auß dem Z—Oa.   12 von ZAZcSaScOa.   vn-
ganckeit] gûttigkait Z—Sa, vngûttigkeit K—Oa.   13 die vngerech-
tigkait Z—Oa.   der — 14 vnrecht] fehlt Sc.   13 menfchen
Z—Oa.   verhaben ZS—O, veriahen A, verhalten Oa.   14 der
vngerechtigkait Z—Oa.   15 im] in Z—SaG—Oa.   Wann —
eroffent] fehlt S.   der] fehlt K—Oa.   es in] in es ZcSa, es
jm Sc.   16 die vnfichtbern ding gottes die (fehlt K—Oa) werden
Z—Oa.   17 der creatur K—Oa.   18 die (zweites)] fehlt Sc.   do]
fehlt K—Sc.   gemacht vnd verftanden Z—Oa.   19 vnaußredlich
Z—Sa, vnentfchultlich K—Oa.

*

7 eim] ain F.   8 behaltham F.   11 von dem TF.   13 ꝟber]
+ all F.   13, 14 vngerecht T.   15 im] in TF.   17 von]
+ got T, geftrichen.

20 redlich. Wann wie daz ſy erkanten got ſy wunnick-   v. 21
lichten nit alſo gote oder machten genade: wann ſy
verüppigten in iren gedancken: vnd ir vnweiſes
hertze iſt erdunckelte. Wann ſy ſagent ſich zůſein   22
weiſe ſy ſeind gemacht tumb Vnd verwandelten
25 die wunnicklich dez vnzerbrochelichen gotz in die ge-
leichſam dez bildes des zerbrochen menſchen: vnd der
vogelen vnd der vierfúſſigen vnd der ſchlangen.
Dorumb got der antwurte ſy in die begerung ires   24
hertzen in die vnreinikeit: das ſy quelent ir leib mit
30 laſter in in ſelb. Die do entſampt verwandelten die   25
wunnicklich der vnzerbrochelichen warheite gotz in
die lúgen: vnd erten vnd dienten mer der geſchöpfd
den dem ſchöpffer: der do iſt geſegent in den welten
amen. Dorumb got der antwurte ſy in die marter   26
35 des laſters. Wann ire weyher die verwandelten die
natúrliche gewonheite: in die gewonheit die do iſt
wider die natur. Wann auch zů gleicher weys die   27
mann die lieſſen die natúrlichen gewonheit der weib
ſy prunnen an ein ander in iren begirden: die mann
40 die werckten die boſheit an den mannen vnter ein-

*

20 daz] wol Z—Oa.   glorificirten K—Oa, + auch Sc.   21
machten] wurckten Z—Sa, ſagten K—Oa.   danck K—Oa.   aber
Z—Oa.   22 verſchwunden Z—Oa.   23 ſagent ſy ſeyen Z—Oa.
24 ſeind toren worden Z—Oa.   tumbs M.   25 die glori dez
vnzerſtörlichen Z—Oa.   gleychnuß Z—Oa.   26 zerſtörlichen Z—Oa.
vnd] + auch Sc.   27 vnd (zweites)] + auch Sc.   28 darumb
hat ſy got geantwurt in Z—Oa.   ires] des Sb.   29 quelent]
geſchwellent P, peynigen Z—Oa.   30 entſampt] fehlt Z—Oa.   31
wunnicklich der vnzerbrochelichen] fehlt Z—Oa.   32 geſchöpfd]
ſchöpff Z, geſchöpff gots ZcSa, creatur K—Oa.   33 dann dem SOOa.
34 der] fehlt K—Oa.   35 die (erstes)] fehlt K—Oa.   37 Wann]
vnd Z—Oa.   38 die (zweites)] fehlt K—Oa.   39 brunnen (brin-
nen A) in iren begirden gegen einander Z—Oa.   40 die (erstes)]
fehlt K—Oa.   würcken G.

*

20 ſwie TF, ſ getilgt F.   nit alſo] in nit alz TF.   24 ſy]
vnd TF.   26 zerprochenlichen TF.   27 vogel TF.   30 ent-
ſampt] fehlt TF, nachgetragen ta.   31 wunnicklich der vnzerbroche-
lichen] fehlt TF.   33 iſt ain geſegenter TF, ain geſtrichen T.
35 weip TF.   39 an] vnter TF.   40 werkten pozhait T.

ander: vnd enpfingent den lone irrs irtumbs in in

v. 28. felber der do gezam. Vnd als fy nit bewerten got zů
haben in die erkennung: got der antwurt fy in ein
verfperten fyn· das fy tůnd die dinge die do nichten

29. geziment: | erfůllt mit aller vngangheite: mit dem   ῑῑ
vbel mit gemeiner vnkeufch· mit vnkeufch vnd mit
arkeit· mit geizikeit vnd mit fchalckheit· vol neids
der manfchlachte· der krieg· der triekeit· der vbeltu-

30. ung· rauber· | hinderreder· hefflicher gotz· murmeler   ﬦ
lefterere· hochfertige· erhaben· genallent in felber·

31. finder der vbeln ding· vngehorfam den vettern· | vn
weife· vngezogen· on begerung on gelůbd· on er-

32. bermbd. Wie das fy erkanten das recht gotz· fy ver-
namen fein nit wann die fölche ding tund die fein
wirdig des todes: nit alleine die die fy tund: wann   ﬦ
auch die do gehellent den tunden.   *ij*

---

41 ires irrfals Z—Oa.   42 felber den fy folten darumb (*fehlt*
Sc) empfachen Z—Oa.   43 in der erkantnuß Z—Oa.   der] *fehlt*
K—Oa.   44 **verfperten**] verfpotten P, verworffen Z—Oa.   dife
ding ZcSa.   do] *fehlt* A.   nicht Z–Oa.   45 aller boßheyt
P—Oa, + vnd Z—Oa.   46 **mit** (*erstes*) — 47 **geizikeit**] mit der
(*fehlt* OOa) vnkeufch. mit (+ der Sb) geizikait Z—Oa.   48 der (4)]
fehlt Z—Oa.   **triekeit**] falfch Z—Oa.   übeltetung G.   49 häff-
lich got Z—Oa.   50 **lefterere — erhaben**] *fehlt* Z—Oa.   hoch-
fertiger P.   52 **on begerung**] vnbegerung ZcSa.   **gelůbd**] lůb
Z, lieb ASZcSa.   53 **Wie das**] die wol ZS, die wie wol A, wie wol
ZcSu, die do K—Oa.   die rechtigkait ZAZcSa, die gerechtigkeit
SK—Oa.   **fy** (*zweites*)] *fehlt* K–Oa.   54 **fein**] die K—Oa.   **die**
(*zweites*)] *fehlt* OOa.   55 Sunder Z—Oa.   56 **auch**] *fehlt* OOa.
den thůnd P.   verhengen Z–Sa, verwilligen K—Oa.

---

44 **verfperten**] verfprochen TF.   nit TF.   46 **vnd**] *fehlt* TF.
47 **mit geizikeit vnd**] *fehlt* TF.   49 **rauber**] ravern T; raber F,
auf rasur.   49 **hinderreder**] hinderer der TF, *umgeändert* hinder-
reder F.   50 **genallent in felber**] *unterstrichen* T.   51 vbel TF.
55 **todes**] + vnd TF.   **die die**] di TF.   56 **tunden**] di fi
tunt TF.

O Ein yglich menſch du da vrteilſt dorumb
biſt du vnentredlich. Wann in dem du vr-
teilſt ein andern: du verdambſt dich ſelber.
o) Wann du tuſt die ſelben ding die du vrteilſt. | Wann   2
wir wiſſen: daz das vrteil gotz iſt nach der warheit
z) an die die do tund ſolche ding. Wann wunnicklich
vnd ere vnd fride einem yglichen der do wirckt das
gůte· zů dem erſten den iuden· vnd den kriechen· vnd
die enphahung. Ein yglicher menſch du da vrteilſt   3.
ö die die ſolche dinge tund vnd du tuſt ſy wenſtu des
das du entflieheſt das vrteil gotz? Oder verſchmechſt
du die reichtum ſeiner gute vnd der gefridſam vnd
der langen volendunge? Miſkennſtu das dich die
gůte gotz zůfůrte zů der bůſſe? Wann nach deiner
10 hertikeit vnd nach dem vnrewigen hertzen ſchatzeſt
du dir den zorn an dem tage des zorns vnd der eroff-
nunge des gerechten vrteil gotz: | der do widergibte   6.
einem yglichen noch ſeinen wercken. Ernſtlich wun-   7.
nicklich vnd ere vnd vnzerbrochenkeit: den die nach
ß der gefridſam des gůten wercks: ſůchen daz ewig
leben. Wann zorn vnd vnwirdikeit· durechten· vnd   8.
angſt· den die do ſeind vom krieg vnd die do nit ge-

57 Darumb du menſch du biſt vnaußgeredt (vnentſchultlich K—Oa),
ein iegklicher der du vrtayleſt Z—Oa.   1 an] in Z—Oa.   **Wann**
— 4 **da**] Schāczeſt du aber O menſch der du Z—Oa.   4 enphahung
ein yglicher. Menſch MEP.   5 **wenſtu des**] *fehlt* Z—Oa.   7 gůt-
hait (gůttat S) vnd der geduld (gelůbd S). vnd der langkmůtigkait.
wayßt du nit. Das Z—Oa.   10 vnrůbigen EP.   11 an den M.
offenbarung Z—Oa.   12 **des**] dem S.   13 **Ernſtlich**] Gewiſlich
P, Aber K—Oa.   glori vnd ere vnd vnzerſtörlichait Z—Oa.   15 der
gedult Z—Oa.   **wercks**] + den MEP, den die da Z—Sc.   ewi-
gen ZAS.   16 Aber Z—Oa.   **vnwirdikeit**] gramſchafft K—Sc,
vnwirßkait OOa.   **durechten**] trůbſal Z—Oa.   17 **do**] *fehlt* OOa.
vom] auß Z—Oa.

*

57 O ain ieglich T, *unterstrichen.*   58 biſtu TF.   dem] + daz TF.
1 an den di TF.   **wunnicklich** — 4 enphahung] *fehlt* TF.   4 ein]
O ain TF; (wan o ain ieglicher *unterstrichen* T).   5 des] *fehlt* TF.
6 enphflieheſt dem vrtail TF.   9 **Wann**] aber TF.   10 deim TF.
ſenwaltu TF.   15 **ſůchen**] ſint ze ſuchen TF.   16 **Wann**] aber TF.
17 **die** (*erstes*)] *nachgetragen* T.   vom] von dem TF.

hellent der warheit· wann ſy gelauben der vngang-

v. 9. heite: | in einer yglichen ſele des menſchen des der do
wircket das ꝟbell: zů dem erſten den iuden vnd den   ꝛ

10. kriechen. Wann wunnicklich vnd ere vnd frid eim
yglichen der do wirckt das gůt: zů dem erſten den iuden

11. vnd den kriechen. Wann die enphachunge der leibe

12. iſt nit bei gotte. Wann alle die do ſůnten on ee· die
verderben on ee· vnd alle die do ſůnten in der ee: die wer   ꝛ

13. dent geurteilt durch die ee. Wann nit die hŏrer der ee die
ſein gerecht bei got: wann die wercker der ee die werdent

14. gerechthaftigt. Wann wie das die beiden nit haben
di ee ſy tund natůrlich die ding die do ſint der ee ſo ſy
nit habent die ee in diſe weys ſy ſelb ſeind in ein ee: ꝛ

15. | die do zeigen daz werck der ee geſchriben in iren hertzen:
wann ir gewiſſen gibt in gezeug vnd der beſagenden
gedancken vnter einander oder ioch der beſchirmenden:

16. | an dem tag an dem got wirt vrteiln die verborgen
ding der menſchen nach meim ewangelium durch   ꝛ)

*

18 Aber Z—Oa.   der boßheyt P—Oa.   19 eyn ieglich ſel
Z—Oa.   des der] das Z—Sc, der OOa.   20 den (2)] des Z—Oa.
21 Aber glori Z—Oa.   vnd (erstes)] fehlt Oa.   22 den] dem
ZASG.   23 den] dem Z—SaG.   auffnemung der perſonen Z—Oa.
24 ee — 25 on ee] das geſatz die werden vergan on daz geſatz Z—Oa.
25 verdeben M, vergend EP.   der ee] dem geſetz K—Oa.   26 die
ee] das geſetz K—Oa.   die (zweites)] fehlt S.   hŏrer] here MEP.
die (letztes)] fehlt K—Oa.   27 Aber Z—Oa.   die (zweites)] fehlt K—Oa.
28 gerechtuertigt K—Oa.   Wann] Dann Oa.   das] fehlt Z—Oa.
heiden] + die Z—O, die da Oa.   29 ſy (erstes)] die Z—Sa, fehlt
K—Oa.   natürliche ding ZcSa.   30 habend ein ſollich ge-
ſatz ſy ſeind in ſelb (ſelbs ZcSa) das geſatz Z—Oa.   31 jrem SbO.
32 wann] + auch Sc.   gezeügknuß. vnd zwiſchen (zewiſſen ZcSa)
in ſelbs der verſagenden (verclagenden K—Oa) gedancken. Oder auch
Z—Oa.

*

19 ieglich TF.   20 zů dem] zem TF.   den] dem T.   21
Wann] vnd F.   frid eim] gefrid aim F, gefridſaim T.   22 zů
dem] zum TF.   den] dem T.   24 on — 25 ſůnten] nachge-
tragen F.   26 nit] fehlt TF.   27 ſein] ſint nit TF.   28 ge-
rechthaftig TF.   ſwi TF, ſ getilgt F.   heiden] + di TF.   29 ſy
(erstes)] vnd TF.   ſo ſy] di in diſer weiz di TF.   30 in diſe
weys] fehlt TF.   in ein] ain T.   34 an dem] ſo TF.

ihefum criftum. Wann ob du bift ꝟbernant ein iud   v. 17.
ꝟnd růeſt in der ee · ꝟnd wunnicklichſt dich in got ·
ꝟnd haſt erkant feinen willen · ꝟnd bewerſt die nutz-   18.
famen dinge gelerter durch die ee · | du verſichſt dich   19.
felb zůfein ein leitter der blinden · ein liechte der die
do feind in der vinſtere · | ein lerer der vnweiſen · ein   20.
meiſter · der kind zůhaben das bilde der wiſſenheit vnd
der warheit in der ee: | dorumb was lerſtu ein andern   21.
du lerſt nit dich felber. Du predigſt nit zůſteln du
ſtilſt. Du fprichſt nit zůbrechen die ee du brichſt die   22.
ee. Du verpannſt die abgőter du machſt das opffer
dem abgot. Du wunnicklichſt dich in der ee: du vn   23.
ereſt gőt durch den ꝟberganck der ee. Wann der name   24.
gotz wirt verfpot durch euch vnder den beiden: als
geſchriben iſt. Ernſtlich die befchneidunge ꝉ verfecht   25.
ob du behůteſt die ee: wann ob du bift ein ꝟbergeer
der ee: dein befchneidung iſt gemacht ein ꝟberwach-
fung. Dorumb ob die ꝟberwachfung behůt die ge-   26.
rechtikeite der ee: denn fein ꝟberwachfung wirt fy
nit geacht zů der befchneidung? Vnd die ꝟberwach-   27.

---

36 Wirft du aber ein iud zů genennet Z—Oa.   37 glorireſt in
got Z—Oa.   38 nutzbern ding vnderweyfet durch Z—Oa.   40 felbs
S, felber ZcSa.   41 vinſternuß ZcSa.   42 kind der do hat die
(fehlt Sc) form der kunſt vnd Z—Oa.   44 du (erstes)] vnd Z—Oa.
dich nit E—Oa.   45 nit zerbrechen ZcSa.   46 du verflůcheſt
Z—Oa.   47 glorireſt in der Z—Oa.   48 durch die ꝟbertrettung
Z—Oa.   49 wirt gelőßtert Z—Oa.   50 Ernftlich] Gewiſſlich P,
fehlt K—Oa.   verfecht] verfehe MEP, iſt nütz Z—Oa.   51 ob
(erstes) — 52 ee] behőlteſt (behő teſt Z, behůteſt A) du (ob du be-
hůteſt K—Oa) das gefatz. Biſtu aber ein ꝟbertretter des gefatz Z—Oa.
52 gemacht] worden Z—Oa.   53 verwachßung Sc.   die rechtig-
kait Z—Oa.   54 denn — 55 befchneidung] wirt denn nit des (die
SZcSa) ꝟberwachfung in die befchneidung gefchŏczet Z—Oa.

---

36 krift TF.   39 gelert TF.   blinten vnd ain TF.   41 vnd
ainen lerer TF. ·   42 zůhaben das] habent TF.   44 vnd lerft TF.
vnd ſtilft TF.   45 ee] + vnd TF.   46 verdamft T, verdanft F.
apgot du maichft TF.   47 du] vnd TF.   50 iſt] + in yfaia
TF, in beiden gestrichen.   51 du (zweites)] nachtr. T.   52 ee]
nachtr. F.

ſung die do iſt von nature die vrteilt die ee ſy ver-
wůſte dich: du do biſt ein vbergeer der ee durch den
v. 28. bůchſtaben vnd durch die beſchneidung. Wann der
do iſt in offen der iſt nit ein iude noch die beſchnei-
29. dung die do iſt in offen in dem fleiſch: | wann der do
iſt in verborgen der iſt ein iude vnd die beſchneidung
des hertzen im geiſt nit mit dem bůchſtaben: dez lob
iſt nit von dem menſchen wann von got. iij

1. DOrumb was dings iſt von des hin den iu-
den· oder weliches iſt der nůtz der beſchnei-
2. dung. | Es iſt vil durch alle weys. Ernſt-
lich zům erſten: das in ſeind gelaubt die red gotes.
3. | Wann waz ob ir etlich nit glauben? Denn ir vn-
4. gelaub veruppigt den gelauben gotz. Nichten ſey·
Wann got der iſt gewer: wann ein yglich menſch
iſt ein lúgener als geſchriben iſt: das du werdeſt
gerechthaftigt in deinen worten vnd vberwindeſt
5. ſo du wirſt geurteilt. Wann ob vnſer vngangheit
lobt das recht gotz: was ſag wir? Iſt den got vn-

*

56 **iſt**] ich G. **von**] auß der Z—Oa. ee vnd verzo̊ret dich der du biſt Z—Oa. 58 Wann nit der do offenlich ein iud iſt. noch auch die beſchneidung die do offenlich im leyb iſt. Aber der do in (*fehlt* S) verborgenheit (verborgenlich S) ein iud iſt. vnd die Z—Oa. 1 mit den P. 2 nit auß den menſchen ſunder auß got K-Oa. 3 **dings**] *fehlt* Z—Oa. **von — iuden**] mer denn der iud Z—Sa, weiter dem iuden K—Oa. 4 welichen MEP, was Z—Oa. 5 **weys**] maß Z—Oa. **Ernſtlich**] Gewiſlich P, Aber K—Oa. 6 zů dem S. **gelaubt**] beuolhen Z—Oa. 7 Was aber. ob etlich auß in nit gelaubet haben. hat nicht ir vngelaub den gelauben gotes außgelåret. Das ſeye nit. Wann got iſt warhafft. Aber ein iegklicher menſch lugenhaftig Z—Oa. 8 ſeyt EP. 10 **als**] + es auch Sb. 11 gerechtuertigt K—Oa. 12 **ob**] + auch Sc. boßheyt P—Oa. 13 die gerechtigkeit Z—Oa. **vngeng**] bo̊ß P—Oa.

*

56 verwuſtet TF. 59 **in offen**] offenlich *corr.* F, *auf rasur.* **der iſt**] *teilweise getilgt* F. 60 **in offen**] offen TF. 61 **der iſt**] *teilweise getilgt* F. 2 **dem**] den T. 3 **den**] dem TF. 7 gelaubten TF. 8 **den**] er den TF. Nit enſei TF. 9 **got**] *nachtr.* F. **der**] *fehlt* TF. 12 **wirſt geurteilt**] vrtailſt F. **vnſer**] eur TF.

geng: der do eintregt den zorn? Ich fag noch dem
15 menfchen. Nit enfeye in einer anderen weys wie   v. 6
wirt gott vrteilen dife werlte Wann ob die warheit   7
gotz begnúgt in meiner lúge in feiner wunnicklich
was werd ich ‘auch noch geurteilt als ein fúnder | vnd   8.
nit als wir werden verfpot· vnd als etlich fprechen
20 vns zefagen· wir tûn die vbeln ding das die gûten
komen? Der verdampnung ift mit recht. | Dorumb   9.
Was vberfteig wir fy? In keiner weys. Wann
wir zeigten mit redlickeit die iuden vnd die kriechen
alle zefein vnder der fúnde: | als es ift gefchriben Das   10.
25 keiner ift gerecht: | noch ift vernemen: noch ift fúchen   11.
got. All neigtten fy fich entzampt ·fy feind gemacht   12.
vnnútz: er ift nit der do tût das gût er ift nit vntz
an ein. Ir kel ift ein offens grab: fy taten triecklich   13.
mit iren zungen: daz eyter afpis ift vnder iren lefpen.
30 Der mund ift vol flûchs vnd pitterkeit: | ir fúß fein   14. 1
fchnel zû vergieffen das blût. Zerknifchung vnd   16.
vnfelikeit ift in iren wegen: | vnd fy erkantten nit   17.
den weg dez frids: | die vorcht gotz was nit vor iren   18.
augen. Wann wir wiffen· das welche ding die ee   19.

*

14 dem] den P.   15 **Nit enfeye**] das fei nit Z—Oa.   **in —
weys**] anderft Z—Sa, Suft K—Oa.   16 wirt] wir Z—Sa.   17 gotz
ift vberflûßig gewefen in fein glori Z—Oa.   18 ich dann als der
fúnder geurtaylet vnd Z—Oa.   19 verfpot] gelôßtert Z—Oa.   **als**]
+ auch Sc.   20 **vns zefagen**] daz wir fprechen Z—Oa.   dnig M.
21 verdamnuß Z—Oa.   **mit recht**] nit recht P, gerecht Z—Oa.
Dorumb — 23 redlickeit] was aber vbertreffen fy mit welche
(nichten K—Oa) wir haben (+ auch Sc) gezaiget das Z—Oa.   23 die
kirchen P.   24 all feyen Z—Oa.   Als gefchriben ift Z—Oa.
24 **alle**] fehlt A.   25 egrecht M.   26 fich vnd fein miteinander
vnnütz worden Z—Oa.   27 vntz] biß SbSc.   28 fy würckten
fälfchlich Z—Oa.   29 daz gift der fchlangen afpis Z—Oa.   lefftzen
PSOOa, lebfen Zc—Sc.   30 Der] Ir Z—Oa.   32 fy] fehlt Sb.
34 aber Z—Oa.   ee redt] er tet MEP.

*

14 intrait TF.   20 **wir tûn**] Tun wir TF.   23 zaigen TF.
24 alz gefchriben ift TF.   26 nagent T.   29 aiter afpndicz TF.
33 was] ift TF.   34 fwelbe TF.

redt ſy redt zů den die do ſeind in der ee? Das ein yg-
lich mund werd verhabet vnd alle die werlte werde

v. 20. vndertenig got: | vnd alles fleiſch wirt nit gerecht-
haftigt vor im von den wercken der ee. Wann die

21. erkennung der ſůnd die iſt durch die ee. Wann nu
iſt eroffent das recht gotz on die ee: vnd bezeugt von

22. der ee vnd von den weyſſagen. Wann das recht gotz
durch den gelauben iheſu criſti: iſt in all vnd vber
all die do gelauben an in. Wann die vnderſchiedung

23. iſt nit des iuden vnd des kriechen. Wann all ſůnten

24. ſy: vnd bedôrffen der wunnicklich gotz. Gerechthaf-
tigt vergeben durch ſein genad durch die erlôſung

25. die do iſt in iheſu criſto: | den got fůrſatzt ein verſů-
ner durch den gelauben in ſeim blůt zů erzeigunge

26. ſeins rechts vmb die vergebung der vergangen vbel | in
der aufenthaltung gotes zů erzeygen ſein gerechti-
keit in diſem zeit: das erſelb ſey gerecht vnd zůge-
rechthaftigen den der do iſt von dem gelauben iheſu

27. criſti. | Dorumb wo iſt deine wunnicklich? Sy iſt
aufgeſchloſſen? Durch welche ee der werck Nayn

*

35 **redt — ee**] zů den die do ſeind in der ee redet ſy Z—Oa, +
ſy Z—Sa.   iegklicher Z—Oa.   36 **verhabet**] verſchoppet Z—Oa.
die] *fehlt* K—Oa.   37 **nit**] *fehlt* Sb.   gerechtuertigt K—Oa.
38 **von**] auß Z—Oa.   39 erkantnuß Z—Oa.   **die** (*erstes*)] *fehlt*
K—Oa.   Aber Z—Oa.   40 eroffen ZAS.   die gerechtigkait
Z—Oa.   **vnd**] *fehlt* Z—Oa.   41 Aber die gerechtigkait gottes
Z—Oa.   42 **iheſu**] *fehlt* P.   43 die vnderſchaid Z—Oa.   44 wann
ſy haben all geſůndet Z—Oa.   45 bedorfften K—Oa.   der glori
P—Oa.   Gerecht gemachet vergebens Z—Oa.   48 **zů**] + der
Z—Oa.   49 ſeiner gerechtikait vmb der vergebung willen der ver-
gangenden (vergangen ZcSa, vorgeenden K—Oa) miſſetat Z—Oa.
rechtz vergebung vmb die vergangen MEP.   50 aufferhaltung S.
51 **diſem**] diſer K—Oa.   **erſelb**] er Z—Oa.   gerechtmachend
Z—Oa.   52 **den**] dem Sb.   **von**] auß Z—Oa.   53 glori P,
glorirung Z—Oa.

*

35 **ſy redt**] + ſi TF.   37 **vnd**] wan TF.   40 deroffen TF.
die] *fehlt* TF.   43 **des inden vnd des kriechen**] *unterstrichen* T.
49 **rechtz — 50 gerechtikeit**] rechten vm di vergibung der vorgen-
den miſſtat in der enthabung gotz zu der zaigung ſeins rechtes TF.
54 aus befloſſen TF.

5 Wann durch die ee dez gelauben. | Wann wir maffen   v. 28.
zegerechthaftigen den menfchen durch den gelauben:
on die werck der ee. Ift denn got allein der iuden?   29.
Ift er nit auch der heyden? Ia er ift auch der heyden.
Wann ernftlich ein got ift der do gerechthaftigt die   30.
9 befchneidung von dem gelauben · vnd die vberwach-
fung durch den gelauben · | dorumb verwúft wir die   31.
11 ee durch den gelauben? Nit enfey. Wann wir be-
ftetigen die ee.   iiij

D Orumb waz fag wir abraham vnfern vat-   1.
   ter haben funden nach dem fleifch? Wann   2.
5 ob abraham ift gerechthaftigt von den wercken
der ee · er hat wunnicklich: wann nit bei got. Wann   3.
was fpricht die fchrift? Abraham der gelaubt got:
vnd es ift im gezalt zû dem' rechtten. Wann der do
wirckt · der lone wirt im nit geacht noch genaden ·
9 wann noch gelte. Wann dem der do nit werckt · wann er   5.
gelaubt an den der do gerechthaftigt den vnmilten
fein gelaub wirt gezalte zû dem rechtten nach dem
fúrfatz der genaden gotz: | vnd als dauid fpricht die   6.
felikeit des menfchen dem gott tregt das recht ver-

*

55 Aber Z—Oa.   wir maynen das der menfch gerechtmachet
werde durch Z—Oa.   58 auch nit SOOa.   59 ernftlich]
gewißlich P, fehlt K—Oa.   gerechtmachet Z—Oa.   60 von]
auß Z—Oa.   61 verwúßten Z—Sa, zerbrechen K—Oa.   1 Das
feye nit. Aber Z—Oa.   3 vnferm S.   4 Wann] vnd P.   5
ift — von] ift gemachet worden auß Z—Oa.   6 wunnicklich] ere
P, die glori Z—Oa.   wann] aber Z—Oa.   Wann] vnd P.   7 ge-
fchrifft E—Oa.   der] fehlt K—Oa.   8 zû der gerechtigkeit Z—Oa.
9 der] den S.   noch] + den Sc.   10 Aber nach der fchuld. aber
Z—Oa.   dem] den OOa.   wann er] vnd Z—Oa.   11 gerecht-
machet Z—Oa.   den vngútigen K—Oa.   12 zû der gerechtigkayt
Z—Oa.   14 dem] den Oa.   tregt genâm die gerechtikait on die Z—Oa.

*

58 Ift er] + den TF.   heyden] + Wan ernftlich TF (unter-
ftrichen T).   59 Wann ernftlich] fehlt TF.   4 gefunden T.
6 wunnicklich] + ernftlich T.   9 geachtent T, geachten F.
10 gelte] fchuld TF.   enwerkt TF.   11 gerechthaftig F.   13 fur-
faczt TF.

v. 7. geben on die wercke der ee. Sy feind felige der vn-
gangheit fint vergeben: vnd der fúnd da feind bedackt.

8. Selige ift der man dem der herre nit acht die fúnde.

9. Dorumb dife felikeit beleibt fy allein in der befchney-
dung: oder auch in der vberwachfung? Wann wir
fagent: das abraham der gelaube ift gezalt zû dem

10. rechten. Dorumb in welcherweys ift er im gezalt.
In der befchneydunge: oder auch in der vberwach-
fung. Nit in der befchneydung: wann in der vber-

11. wachfung? Vnd er enpfieng das zeychen der befchney
dunge das zeychen des rechtz des gelauben der do ift
in der vberwachfung: daz er fey ein vatter aller ge-
leubigen durch die vberwachfung: das es auch in

12. wirt gezalt zû dem rechten. Vnd daz er fey ein vatter
der befchneydung: nit allein den die do feind von der
befchneydung: wann auch den die do nachuolgent
den fûfftapffen dez gelauben der do ift in der vberwach-

13. fung vnfers vatters abrahams Wann die geheyf-
funge die ift nit abrahams oder feim famen durch
die ee das er wer ein erb der werlt: wann durch das

14. rechte des gelauben. Wann ob die allein fein erben
die do feind von der ee· der gelaub ift vppig: die ge-

                                    *

15 boßheyt P, miffetat Z—Oa.   16 da] *fehlt* Z—Oa.   bedeckt
find K—Oa.   17 acht] verarget hat K—Oa.   18 fy] *fehlt* EZ—Oa.
19 auch] *fehlt* SbOOa.   20 das der gelaub feie abrahe gefchâtzet
(gefetzet Oa) worden zû der gerechtigkayt Z—Oa.   21 im] *fehlt* Z—Oa.
22 auch] *fehlt* Z—Oa.   23 aber Z—Oa.   25 der gerechtigkait Z—Oa.
26 er ein vatter feye ZAZc—Oa.   27 es] er ZcSa.   in] im OOa.
28 werde gefchâczet (gefeczet Sc) zû der gerechtigkait Z—Oa.   29 von]
auß Z—Oa.   30 Sunder Z—Oa.   31 den] des MEP, dem ZAZcSaSc.
fûß ftapfel Sc.   32 abraham. Wann die verhayffung abrahams oder
feinem famen ift nit durch Z—Oa.   34 Aber durch die gerechtig-
kait Z—Oa.   35 erben feyen Z—Oa.   36 auß der ee. So ift der
gelaub vernichtet. vnd ift die verheiffung abgetilget (abtilget SbOOa)
wann Z—Oa.

                                    *

21 gezalt] + zu dem rechten T, *unterstrichen.*   23 wann] fun-
der T.   24 Vnd] Wan TF.   32 vater abraham TF.   33 oder]
vnd TF.   durch die ee) *fehlt* TF.   34 werlt] + durch (dur F)
di e TF.   36 vervppigt T.

heyſſung iſt eytel. Wann die ee wircket den zorn.
Wann do nit iſt die ee: do iſt nit die vbergeung | von   16.
dem gelauben: dorumb das die geheyſſung ſey veſt
10 von dem gelauben nach der genade eim yglichen ſa-
men. Nit alleine dem der do iſt von der ee: wann
auch dem der do iſt von dem gelauben abrahams der
do iſt vnſer aller vatter: | als geſchriben iſt. Wann   17.
ich ſatzt dich ein vatter mancher leute vor got dem
15 du glaubteſt: der do leblicht die doten: vnd růft die
ding die do nit ſind. als die ding die do ſint. Wann
do abraham nit hett die zůuerſicht zebegreiffen er ge
laubt got vnd het den gelauben zegeberen wider die zůuer-
ſicht: er weſt gott zeuermůgen alle dinge. Wann er   18.
20 gelaubt wider die zůuerſicht in die zůuerſicht: das
er wurd ein vatter maniger leúte: nach dem daz ge-
ſagt iſt zů im. Alſuſt wirt dein ſame: als die ſtern
des hymels vnd als der ſand des meres. Vnd er ward   19.
nit gekrenckt in dem glauben noch enmerckt tod ſei
25 nen leyb · wie das er ytzund vilnach was · C · ierig
vnd das purdlin ſaren tode. Vnd er zweyuelt ioch   20.
nit mit vngelauben in der geheiſſung gotz: wann er

*

37 würcker O.   38 Wann] Vnd P.   nit iſt] iſt nit S.
rbertrettung K—Oa.   von — 39 dorumb] darumb iſt (+ nit Sb)
auß dem gelauben Z—Oa.   39 verhaiſſung Z—Oa.   40 von dem
gelauben] fehlt Z—Oa.   41 auß der ee aber Z—Oa.   42 von]
auß Z—Oa.   43 Wann] fehlt OOa.   44 ich] fehlt Sb.   vil
volcks Z—Oa.   45 lebentig machet Z—Oa.   vordert Z—Oa.
46 Wann — 50 zůuerſicht (zweites)] der do wider die hoffnung in die
hoffnung gelaubet Z—Oa, + hat K—Oa.   51 viel völcker nach dem
als im geſaget iſt. Alſo Z—Oa.   52 Alſo P.   53 als] fehlt Z—Oa.
54 mörcket das ſein leyb außtod (außgeſtorben K—Oa) wäre, wie wol
er yetzund (yetz OOa) nachend (nach OOa) hundert iar allt ward vnd
der leyb Sare auch auß tod (auß geſtorben K—Oa) Vnd Z—Oa.
57 verheyſſung Z—Oa.

*

38 von dem gelauben] fehlt TF.   43 geſchriben iſt] geſchriben F.
46 enſint TF.   ding] fehlt TF.   die] fehlt F, nachgetragen fc.
Wann — 49 dinge] unterstrichen T.   47 zebegreiffen] zegeperen T,
zegepeten F.   48 czu gepeten F.   54 in dem] am TF.   55 was
vilnach TF.   56 perlein T, porlein F.   auch TF.

ward geftercket in dem glauben gebent die wunni-

v. 21. klich gott: | wiffent völliclich · das gott ift gewaltig

22. ioch zethûn welche ding er gehieß.   Vnd dorumb ift   9)

23. es im gezalt zû dem rechten.   Es ift nit allein gefchriben   [58.

24. vmb in das es im ift gezalt zû dem rechten: | wann
auch vmh vns den es wirt gezelt wir da gelauben
an den der da derftûnd vnferen herren ihefum criftum

25. von den toten: | der da ift geantwurt vmb vnfer miftat ·
vnd derftûnd vmb vnfer gerechtigkeit.   ‒

1.   W   Ann wir feind gerechthaftiget von dem ge
lauben wir haben den fride zû gotte durch

2.   vnferen herren ihefum criftum: | durch den
wir haben die genachung durch den gelauben in der
gnad: in der wir ften vnd wir wunniclichen vns   10

3. in der zûuerficht der wunniclich der fûn gottes.   Wann
nit allein: wann wir wunniclichen vns auch in den
durechten: wyffent das das durechten wercket die

4. gefridfam: | wann die gefridfam die bewerung: wann

5. die bewerung die zûuerficht.   Wann die zûuerficht
verwûft nit: wann die lieb gottes ift gegoffen in

*

58 die ere P, die glori Z—Oa,   60 auch Z—Oa.   61 der
gerechtigkait. Es ist aber nit Z—Oa.   1 gefchâczet zû der gerech-
tikait Aber vmb vns Z - Oa.   2 es] se M, fy E.   gefchâczet czû
der gerechtigkait die wir gelauben in in der do hat erkúcket Z—Oa.
gelaubten E.   3 vnferm E.   4 von dem tod Sc.   da] fehlt MEP.
5 erftanden Z—Oa.   rechtuertigung K—Oa.   6 Darumb feyen
(fo K—Oa) wir gerecht gemachet (gerechtmachet KSc, + fein K—Oa)
auß dem gelauben. So fûllen wir haben Z—Oa.   9 haben einen zû-
gang Z—Oa.   der] die Z—Oa.   10 wir gloriren in der hoffnung
der glori Z—Oa.   12 aber wir gloriren auch Z—Oa.   wunnic-
lichen] eren P.   13 trûbfalen wiffent das die trûbfal wircket die
geduld. vnd die geduld die bewârung. aber die bewârung die hoffnung.
Die hoffnung aber (+ die Z—Sa) fchendet nit Z—Oa.   15 die
(zweites)] das MEP.

*

58 in dem] im TF.   60 fwelhe TF, (f getilgt F).   61 rechten]
+ wan TF.   2 den] + daz F, getilgt.   da] fehlt TF.   3 krift T.
6 Uan T.   8 vnfer F.   9 genahenung TF.   12 allein] + in der
zuverficht nachtrag F.

vnſere hertzen: durch den heiligen geiſt der vns iſt
geben. Wann vmb waz dinges iſt criſtus tod vmb   v. 6
die vngengen nach dem zeit noch do wir warn ſiech?
Wann kaum ſtirbet yemands vmb den gerechten.
Wann wer tar villeichte ſterben vmb den gůten.
Wann got der lobt ſein lieb in vns: wann ob criſtus   8
iſt tod vmb vns noch do wir warn ſůnder. Dorumb   9
wie vil mer ſey wir nu gerechthaftiget in ſeinem
blůt wir werden behalten von dem zorn durch in.
Wann ob do wir warn feinde wir ſein verſůnt zů   10
got· durch den tod ſeins ſuns: wie vil mer verſůnt   ·
wir werden behalten in ſeim leben. Wann nit allein   11
in diſem: wann wir wunnicklichen vns auch in got
durch vnſern herren iheſum criſtum: durch den wir
nu enpfingen die verſůnung. Dorumb als die ſůnd   12
ein gienge in diſe werllt vntz czů der ee wann die
ſůnd wart nit geacht durch ein menſchen vnd durch
die ſůnd der tod: alſo vberget auch nun der tod: in all
die menſchen in dem ſy all ſůnten. Wann die ſůnd   13
was in diſe werlt vntz zů der ee. Wann die ſůnde

---

18 gegeben K—Oa.   warumb iſt aber criſtus do wir noch
krank warn nach der zeit für die böſen geſtorben. dann hört ſtirbet
einer für den gerechten Z—Oa.   19 **vngengen**] böſen P.   20 kaum]
kum E, kumm P.   21 getarr K—Oa.   vmb] für Z—Oa.   22 **Wann**]
aber Z—Oa.   der] *fehlt* K—Oa.   24 mer wir die wir nun ſeien
gerecht gemachet Z—Oa.   25 **wir**] *fehlt* Z—Oa.   gehalten MEP,
hailſam Z—Oa.   26 ob] *fehlt* Z—Oa.   veind ſeyen wir nun ver-
ſůnet worden got Z—Oa.   27 wie vil mer] vil mer wir Z—Oa.
28 **wir**] *fehlt* Z—Oa.   29 aber Z—Oa.   **wunnicklichen vns**] eren
vns P, gloriren Z—Oa.   31 nu] *fehlt* Sc.   32 vntz—33 menſchen]
fehlt Z—Oa.   34 Alſo iſt auch durch gangen der tod Z—Oa.   35 die
(*erstes*)] *fehlt* Z—Oa.   dem] den ScOOa.   36 **vntz**] biß Sb—Oa.
Aber Z—Oa.

---

18 gegeben T.   19 warn] *nachgetragen* T.   20 ſturb T,
ſtürb F.   ymant TF.   25 wir] vnd F.   26 **feinde**] fremd TF,
durch rasur: feind F.   27 verſůnt] + wir TF (*unterstrichen* T).
32 diſe] di F.   vntz—33 geacht] *fehlt* TF.   36 was] + nit
TF, *in beiden getilgt*.   diſe] dirr TF.

v. 14. ward nit geacht do die ee nit enwas: | wann der tode
der reichſent von adam vntz zů moyſes · ioch in den
die do nichten ſünten in der geleichſam des vbergangs
15. adam: der do iſt ein bild des künftigen. Wann die
gabe: iſt auch nit als die miſtat. Wann ob manig
ſeind tod in der miſtat eins: wieuil mer die genad
gotz vnd der gib: begnůgt in manigen in der gnad
16. eins manns iheſu criſti. Vnd die gabe iſt auch nit
alſo: als durch ein ſünde. Wann das vrteil iſt von
eim in die verdampnunge: wann die genade von
17. manigen miſtaten in die gerechtikeite. Wann ob
der tod hat gereichſent durch den menſchen in der miſ-
tat eins: ernſtlich wie vil mer enpfahen die begnů-
gung der genaden vnd des gibs vnd des rechtz vnd
ſy reichſent in das ewig leben durch ein iheſum criſ-
18. tum. Dorumb als der tod iſt in alle die menſchen
in die verdampnung durch die miſtat eins: alſuſt
iſt er auch in alle die menſchen in die gerechtikeite
19. des lebens durch das recht eines. Wann als manige

*
    37 geacht] verübel gehabtt Z—Sa, verarget KGSbOOa, verärgert Sc.
nit was Z—Oa.   tod hat gereigiret Z—Oa (regiret GOOa).   38 vntz]
biß Sb—Oa.   moyſem ZA, moyſen S—Oa.   auch Z—Oa.   den]
dem P, die Z—O.   39 nicht Z—Oa.   geleichnuß der vbertretung
Ade Z—Oa.   40 bild] form Z—Oa.   Aber Z—Oa.   42 in]
auß Z—Oa.   eins] + menſchen Z—Oa.   43 vnd — 44 criſti]
vnd die gab in der (gab in der fehlt G) genad eins menſchen iheſu
criſti iſt überflüſſig geweſen in vil Z—Oa.   44 criſti] fehlt P.
45 von] auß Z—Oa.   46 aber Z—Oa.   47 gerechtmachung Z—Oa.
48 hat gereygiret Z—Oa.   49 ernſtlich] gewißlich P, fehlt K—Oa.
mer die empfahenden die überflüßigkait Z—Oa.   50 des gibs —
51 criſtum] der gabe vnd der gerechtikait werden regiren durch einen
iheſum criſtum in dem leben Z—Oa.   52 allen ZcSa   die]
fehlt Z—Oa.   53 verdampnung — 54 in die] fehlt Sb.   53 verdam-
nus OOa.   eins] + menſchen Z—Oa.   alſo P—Oa.   54 er]
es K—Oa.   die (erſtes)] fehlt K—Oa.   gerechtmachung Z—Oa.
55 durch die gerechtigkait eins menſchen. Wann als vil ſünder ſeien
geſeczet worden durch .Z—Oa.

*
    37 wann] + do F, geſtrichen.   39 nit enſundten TF.   40 adams
TF.   43 in] nachgetragen T.   manig TF.   48 den] ainen TF.
49 enphahen] enphachent ſi TF.   51 ſy reichſent] reichſen TF.
52 allen F.   53 durch di] in der TF.   54 er] getilgt F.

feind gefchicket funder durch die vngehorfam eines
menfchen: alfo werdent auch manig gefchicket ge-
recht durch die gehorfam eins menfchen. Wann die　　　　v. 20
ee vnder in gieng: das die miffetat begnúgt. Wann
⁵⁰ do die miffetat begnúgt · do begnúgt auch die gnad:
als die fúnd hat gereichfent als in den tod · alfo reich-　　21
ᵇᵇ) fent auch die gnad durch das recht in das ewig le-
ben: durch vnfern herrn ibefum criftum.　　　　　　　　vj

Dorumb was fagen wir beleib wir in der
　　　fúnd: das die gnad begnúgt? Nit enfey.
⁵　　　　Wan wir do feint tod der fúnde: in welcher
weys lebt wir noch in ir? Oder brúder mifkennet
ir daz: welche wir do fein getauft in ihefu crifto in
feim tod fei wir getauft? Wann wir fein entzampt
begraben mit im durch den tauff in den tod: alfo in
10 welcher weyfe criftus derftúnd von den doten durch
die wunnicklich des vatters · das auch wir alfo gen
in der newerkeit des lebens. Wann ob wir fein ent-
fampt gemacht gepflantzt der gleichfam feins todes:
wir werden auch entfampt feiner auferftendunge.
15 Ditz wift: daz vnfer alter menfch entzampt ift ge-

·

57 manig gerecht gefetzet Z—Oa. 58 **Wann — 61 als**] Das ge-
fatz ift aber eingangen (eingegangen ZcSaSbO). das vberflúffig wúrde
die miffetat. Wo aber vberflúßig ift gewefen die miffetat. Da ift auch
vberflúßig gewefenn die gnad. Das. als (alles Sc) geregiret (regieret
ZcSa) hat die fúnde Z—Oa. 61 **reichfent — 62 criftum**] auch die
genad foll regiren durch die gerechtigkayt in das ewig leben durch
ihefum criftum vnfern herren Z—Oa. 3 **was**] das ZcSa. 4 **gnad**
úberflußig werde. das feye nit. Wann feyen wir (wir feyen ZcSa) tod
der fúnde. wie werden wir noch leben in ir Z—Oa. 6 **wiffend ir**
nit das Z—Oa. 7 **do**] *fehlt* Z—Oa. 8 **entzampt**] miteinander P,
fehlt Z—Oa. 9 in dem SZcSaG. **also—10 derftúnd**] das. wie
criftus ift erftanden Z—Oa. 11 **die glori** P—Oa. **das—14 auf-**
erftendunge] Alfo auch wir fúllen wandlen in der neúkait (newigkeit
K—Oa) des lebens. Seyen wir nun gepflanczet worden der gleichnuß
feines todes. So werden wir auch mit gepflantzet feiner vrftend Z—Oa.
12, 14, 15, 20 **entfampt**] miteinander P. 15 **Ditz**] Das Z—Oa.

·

60 **do die**] do F. 61 **als**] *fehlt* TF.

kreuzigt daz der leyh der ſúnden werd verwúſt: daz

v. 7. wir von dez hin nit dienen der ſúnde. Wann der do
iſt tod der ſúnde: der iſt gerechthaftigt von der ſúnd.

8. Wann ob wir ſeint tod mit criſto wir wiſſent das

9. wir auch entzampt leben mit im: | wiſt das criſtus
erſtûnd von den doten ytzunt ſtirbet er nit: der tod

10. herſcht ſein nit von des hin. Wann das er iſt tod der
ſúnde: zû eim mal iſt er tod: wann das er lebet das

11. lebt er gott. Alſo auch ir ernſtlich moſt euch zeſein
tod der ſúnd: wann lebt got in ihefu criſto vnſerm

12. herren. Dorumbe die ſúnde reichſent nit in eurem

13. tödigen leyh: daz ir gehorſamt iren geitikeiten. Wann
noch engebt eure gelider geweſſen der vngangheite
der ſúnd: wann geht euch got als lebentigen von den

14. doten: vnd eure gelider geweſſen des rechtz gotz Wann
die ſúnd die herſche nit in euch. Wann ir ſeyt nit

---

entzampt — 17 nit] iſt mit gekreútziget worden. daz zerſtôret werde
der leyb der ſúnde. das wir fúro (fúrohin S, fúran K—Oa) nit Z—Oa.

18 tod iſt Z—Oa. **gerecht gemacht** Z—Oa. **19 Seyen** wir nun tod mit
criſto. So gelauben wir. daz wir auch werden leben mit criſto dann
wir wiſſen daz criſtus Z—Oa. **21 erſtûnd—24 gott]** der erſtanden
iſt auß den todten ietzund nit ſtirbet. der tod wirt fúro (fúran K—Oa)
nit herſchen úber in. wann daz er tod iſt der ſúnde. do iſt er eynoßt
(ein mal K—Oa) geſtorben. Das (Waz K—Oa) aber lebet. das lebet
got Z—Oa. **24 ir]** + daz ir Sc. **ernſtlich]** gewißlich P, *fehlt*
Z—Oa. **moſt—27 geitikeiten]** ſchätzend euch das ir ſeiend tod der
ſúnde. Aber ir lebend got in chriſto ihefu. Darumb ſol nit regirn die
ſúnde in ewrm tödtlichen leib. das ir gehorſam ſeyend iren begirlic-
kaitten Z—Oa. **25 lebt]** lobt MEP. **27 Wann—29 von]** Ir
fúllend auch nit erpieten der ſúnde ewre gelider (+ die SbOOa) waf-
fen der boßhait. Aber erpietend euch got als die lebenden auß Z—Oa.
28 der boßheyt P. **30 geweſſen — gotz]** die waffen der gerech-
tigkait got Z—Oa. **31 ſúnde** wirt euch nit herſchen Z—Oa.
herſcht P.

---

22 ſein] im TF. **26 in]** *fehlt* TF, *nachgetragen corr.* T. **28 ge-
weſſen—30 gelider]** *fehlt* T; gewefen dez vngengz der fund Sunder
engebt euch: gote alz auz den toten lebentig vnd ewer gebider *nachtr.
corr.* **29 lebentig** F. **30 got** T, gote F. **31 herſchet** TF.

vnder der ee: wann vnder der gnad. | Dorumb? Was   15.
fúnd wir: das wir nit feind vnder der ee wann vnder
der genad. Nit enfey. | Oder wift ir nit das dem ir   16
5 euch gaht knecht zegehorfamen: des knecht feit ir dem
ir gehorfamet˙ es fey der fúnde zů dem tod oder der
gehorfamung zů dem rechten? Wann genad zů got   17.
das ir wart knecht der fúnde: wann ir habet gehor-
famt vom hertzen˙ in daffelb bild der lere in dem ir
10 feit geantwurt. Wann erlőft von der fúnde: ir feit   18.
gemacht knecht dez rechtz. Ich fag menfchlich ding   19.
vmb die kranckheite euwers fleifches: wann als ir
gabt eure gelider zedienen der vnreinikeite vnd der
vngangheit zů der vngangheit: alfo gebt nu euere
15 gelider zedienen in die heilikeit des rechtz. Wann do   20.
ir wart knecht der fúnde: ir wart frey des rechtens.
Dorumb welchen wůcher bett ir do in den dingen: 21.
in den ir euch fchamet? Wann ir ende ift der tod.

32 vnder dem gefatz. aber vnder Z—Oa.   **Dorumb—34 genad]**
fehlt P.   33 werden wir fúnden. wann wir feyen nit vnder dem ge-
fatz aber vnder der genad. das feie nit Z—Oa.   **34 dem]** wem
Z—GScOOa, wen Sb.   35 euch erpiettend (empiettend S) knecht zů
dienen. des feyend ir knecht. dem ir gehorfam feiend gewefen. aint-
weders der fúnde Z—Oa.   36 der fúnder MEP.   37 gehorfam
zů der gerechtigkait. Aber die (*fehlt* OOa) genad (danck K—Oa) fag
ich gott Z—Oa.   dem gerechten P.   **38 wart]** feiend gewefen
Z—Oa.   **wann—40 erlőft]** aber ir feyend gehorfam gewefen auß dem
hertzen. in die geftalt der lere. In der ir feyend gegeben. Aber nun.
So ir feiend erlediget Z—Oa.   **40 ir—42 fleifches]** feyend ir worden
diener der gerechtigkait. Ich rede menfchlich vmb der (die ZcSa) blő-
digkait willen ewres leybs Z—Oa.   **43 gabt]** habend erpotten Z—Oa.
44 boßheyt (2) P—Oa.   **gebt—47 dingen]** nun. Súllend ir erpietten
ewre gelider zů dienen der gerechtigkait in die heyligmachung. wann
do ir warend knecht der funde. do waren ir ledig der gerechtigkait.
Was frücht (forcht Sc) hättendt ir aber nun (do OOa) zůmal (aber zů
difem mal S) Z—Oa.   **45 Wann]** Vnd ,P.   46 rechten EP.
48 euch] auch P.   **fchamet—ift]** nun fchämend. Wann das ende
der daigen (dingen A, *fehlt* S, felben K—Oa) ift Z—Oa.

32 **Dorumb—34 enfey]** *fehlt* TF; Dorumb—ee *nachgetragen* ta, +
aber *von einem fpäteren corr.*, + nit enfei ta.   45 gerechtez TF.
46 rechtz TF.   **48 euch]** + nu TF. '

v. 22. Wann nun ſeit ir erlôſet von der ſúnde · wann ir
      ſeit gemachet knecht gotz: zehaben euren wůcher in
23. heilikeit: wann an dem end das ewige leben. Wann
    der zins der ſúnden iſt der tod: wann die genad gotz iſt
    ewigs leben in ibeſu criſto vnſerm herrn.   *vij*

1.   O Der brúder miſkennt ir wann ich rede zů
         den die do wiſſen die ee · wann die ee herſcht
2.   in dem menſchen als vil zeitz er lebt? Wann
    das weyb das do iſt vnder dem mann: iſt gebunden
    zů der ee die weyl der man lebt. Wann ob ir man
3. ſtirbet ſy iſt enpunden von der ee des manns. Dorumb
    die weyl der man lebt ſy wirt gerůffen ein ebrecherin
    ob ſy wirt mit eim andern mann: wann ob ir man
    ſtirbt: ſy iſt erlôſt von der ee des manns: daz ſy icht
    ſey gerůffen ein ebrecherin ob ſy wirt mit einem an-
4. dern mann. Vnd dorumb mein brúder ir ſeyt ge-
    tôdigt der ee durch den leyh criſti: das ir ſeyt eines
    andern der do erſtůnd von den toten: daz ir wůchern
5. zů got. Wann do wir warn in dem fleyſch · die mar-

                              *

        49 Wann] aber Z—Oa.   erlôdiget Z—Oa.   wann—52 zins]
vnd ſeiend worden diener gots vnd habend ewer frucht in die heylig-
machung (heylmachung G) vnd das ewige leben zů einem ende. Wann
der ſoldt Z—Oa.   52 wann] aber Z—Oa.   dien gead Sc.   gotz
iſt] iſt das Z—Oa.   53 ewig leben in criſto iheſu Z—Oa.   54 Oder
wiſſennd ir nit brúder ich rede (+ auch Sb) mit Z—Oa.   55 wiſſen
daz geſetz. Das. das geſetz herſchet Z—Oa.   herſht M.   56 wieuil
zeyt Z—Oa.   57 mann—59 enpunden] mann die weyl der man lebt
So iſt ſy der ee angebunden. Iſt aber ir man geſtorben. So iſt ſy er-
lediget Z—Oa.   59 Dorumb] Oder MEP.   60 ſy—61 mit] So wirt
ſy ein ebrecherin geheyſſen. iſt daz ſy iſt bey Z—Oa.   61 wann—
c 1 iſt] Iſt aber der man tod. So iſt ſy Z—Oa.   1 enlôſt P.   icht]
nit OOa.   2 gerůffen] *fehlt* Z—Oa.   mit] ſein bey Z—Oa.   3 ge-
tôdtet Z—Oa.   5 ir frucht bringet got Z—Oa.   6 martern] leyden
Z—Oa.

                              *

        53 iheſum T.   54 Oder] Oer T, d *nachgetragen*; Der F.
57 mann] + ſi TE.   58 Wann—60 lebt] *fehlt* T, *nachgetragen.*
61 wann] *fehlt* TF.   1, ſturb TF.   icht] nit TF.   5 iſt der-
ſtanden TF, (iſt *unterſtrichen*, -en *getilgt* T).   ir] wir TF.

tern der ſúnd die do warn durch die ee die wirckten
in vnſern gelidern: das ſy wûcherten dem tod. Wann   v. 6.
nu ſey wir erlôſt von der ee dez tods· in der wir warn
¹⁰ enthabt: alſo das wir dienen in der ernewerkeit des
geiſtes vnd nit in dem alter des bûchſtabens. Dor-   7.
vmb was ſagen wir? Iſt die ee ſúnd? Nit enſey.
Wann ich erkannt nit die ſúnd neuer durch die ee.
Wann ich wiſt nit die geytikeit: het die ee nit ge-
¹⁵ ſprochen. Nit begeytig. | Wann die ſúnde hat ent-   8.
pfangen die vrſach: durch daz gebot ſy wirckte in
mir all geytikeit. Wann die ſúnd waz tod on die ee.
| Wann ich lebt etwenn on ee. Wann do das gebot   9.
kam: die ſúnd ward wider lebentig. Wann ich bin   10.
²⁰ tode: vnd das gebot iſt mer ſunden das do was zû
dem leben: ditz czeſein zû dem tod. Wann die ſúnd   11.
entpfinge die vrſach durch das gebot ſy verleytte
mich: vnd erſchlûg mich durch es. Dorumb ernſt-   12.
lich die ee iſt heilig: vnd daz gebot iſt heilig vnd ge-
²⁵ recht vnd gût. Dorumb iſt es gût das mir iſt ge-   13.
macht der tode? Nit enſey. Wann die ſúnde hat
mir gewircket den tod durch das gût das die ſúnde

*

8 ſy frúcht brâchten Z—Oa.   dem] den P.   Aber Z—Oa.
10 enthabt] begriffen Z—Oa.   newigkait Z—Oa.   11 altar S.
12 ſund. daz ſeie nit Z—Oa.   13 erkenn Z—Oa.   neuer] fehlt
Z—Oa.   14 die (erstes)] fehlt ZcSa.   begirlickait Z—Oa.   15 Du
ſolt nit begern. Do aber die ſúnde empfieng die vrſach. do hat die
ſúnde durch das gebot in mir gewúrcket alle begirlikait Z—Oa.   16
wirckten MEP.   18 Wann] Vnd P.   on] + die P—Oa.   aber Z—Oa.
19 aber Z—Oa.   20 mer] mir Z—Oa.   21 Wann] + do Z—Oa.   22
ſy — 23 es] do hat ſУ mich verfúret. vnd durch ſy getôtet Z—Oa.   23
verleyten MEP.   23 ernſtlich] gewißlich P, fehlt K—Oa.   24 gebot
—vnd] fehlt Z—Oa.   25 Dorumb — gemacht] daz do gût iſt. Das
iſt mir worden Z—Oa.   26 daz ſeye nit Z—Oa.   27 mir mer] Z—Oa.

*

7 durch die] vnter der TF.   10 newerkeit TF.   11 geiſt F.
14 het—geſprochen] neur di e ſpreche TF.   16 vrſach] ſchuld TF,
vrſache ta.   wirkt TF.   17 waz] + der TF, in beiden getilgt.
22 vrſach] ſchuld TF, vrſache ta.   verlaitt TF.   24 heilig (erstes)]
belig T, gehelig F; + vnd gerecht TF (das plus getilgt T).   27 mir]
nit F, getilgt; m' T, auf rasur.

erſchein: das die ſúnd werd gemacht zeſúnden durch
v. 14. das gebot vber die moß. Wann wir wiſſen daz: daz
die ee iſt geyſtlich. Wann ich bin fleyſchlich: ver-
15. kauft vnder der ſúnde. Wann ich vernym nit das
ich wirck. Wann ich tûn nit das gût das ich wil:
16. wann das vbel das ich haſt das tû ich. Wann ob ich
tû das ich nit enwill: ich gehell der ee das ſy iſt gût
17. Wann nu ytzunt wircke ich ſein nit wann das do
18. die ſúnd entwelt in mir. Wann ich weys das: das
gût nit entwelet in mir das iſt in meim fleyſche.
Wann der will iſt mir zûgeleget: wann ich vind
19. nit zûuolbringen daz gût. Wann ich tû nit daz gût
das ich will: wann das vbel das ich nitt enwil das
20. tû ich. Wann ob ich tû das ich nit enwil̤: ich wirck
21. ſein nit: wann die ſúnd die do entwelt in mir. Dor-
vmb ich vind ein ee die mir wil wol tûn: wann daz
22. vbel leyt mir an. Wann ich entzampt wolluſtig
23. mich der ee gotz nach dem ynnern menſchen. Wann
ich ſich ein ander ee in meinen gelidern: wider ſtreiten
der ee meins hertzen: vnd fûrt mich geuangen in der
24. ee der ſúnden die do iſt in meinen gelydern. O ich
vnſeliger menſch: wer erlôſt mich von dem leyh dez
25. tods? Die genad gotz: durch iheſum criſtum vnſern
herrn. Dorumb ich diene der ee gotz mit dem gemút:
wann mit dem fleyſch der ee der ſúnden.   *viij*

·

28 werde ſúndent Z—Oa.   29 daz:] *fehlt* OOa.   30 **Wann**]
Vnd P, *fehlt* Z—Oa.   bin] + aber Z—Oa.   31 **Wann**] Vnd P.
verſtee Z—Oa.   33 **wann**] aber Z—Oa.   **Wann**] Vnd P, *fehlt* Oa.
ob ich tû] Thû ich aber Z—Oa.   34 will Z—Oa.   35 aber nu
Z—Oa.   wirckte MEP.   Aber daz wonet in mir die ſúnde Z—Oa.
36 **Wann**] Vnd P.   37 wonet Z—Oa.   38 **Wann**] Vnd Z—Oa.
will liget mir an. Aber Z—Oa.   39 zûuolbeingen Z, zeuolbeynigen S.
Wann] Vnd P.   40 aber Z—Oa.   40, 41 will Z—Oa.   42 aber
Z—Oa.   wonet Z—Oa.   44 **entzampt**] miteinander P, *fehlt* Z—Oa.
45 Aber Z—Oa.   46 wider (wi- | Sc) ſtrebend Z—Oa.   47 gemúts
Z—Oa.   51 **ee**] genad Sc.   52 Aber Z—Oa.

·

29 **daz:**] *fehlt* TF.   35 **das do**] *fehlt* TF, daz da *nachtr.* ta.   45
inerſten TF.   49 **dez**] dicz TF.   51 **dem**] *fehlt* TF, *nachgetragen* ta.

DOrumb nu ift kein ding der verdampnung
den die do feint in ihefu crifto: die do nit gen
nach dem fleyfch. Wann die ee des geyftes
dez lebens in ihefu crifto: die hat mich erlöft von der
ee der fünden vnd des todes. Wann das do was vn-
müglich der ee in dem fy fiecht durch das fleyfch: got
fant fein fun in der geleichfam dez fleyfchs der fünd:
vnd verdampnet die fünd in dem fleyfch von der fünd·
' das die gerechtikeit der ee würd erfült in vns: wir
do nit gen nach dem fleyfch· wann nach dem geyft.
Wann die do feind nach dem fleyfche· die wiffent
die ding die do feint dez ffleyfchs: wann die do feint
nach dem geyft: die enphindent die ding die do fint
des geyftes. Wann die weifheit des fleyfchs ift der
tod: wann die weyfheit des geyfts ift das leben vnd
der frid. Wann die weyfheit dez fleyfchs ift ein fein-
din gotz. Wann fy ift nit vndertenig der ee gotes·
wann noch fy enmag. Wann die do feint in dem fleifch:

v. 1.

2.

3.

6.

8.

∗

53 kein ding] nichtz K—Oa.   verdampnuß Z—Oa.   54 do
(erstes)] fehlt S.   gen] wandlent Z—Sa, wandern K—Oa.   56 die]
fehlt K—Oa.   58 dem] den OOa.   59 in die geleichnuß Z—Oa.
60 verdampt Z—Oa.   die — d 4 dem] | des fleyfch aber die do feind
nach dem | fche die wiffendt die ding die do feind | geyft wann dye do
feind nach dem flei | len nach dem fleyfchs. Aber nach dem | de erfüllet
in vns dye wir nit wand | Das die gerechtmachunge der ee wür | die
fünde in dem fleyfchs von der fünde ZcSa; die zeilen 40—46 (nach Zc)
stehen in umgekehrter folge, sonst ist der text von Z unverändert: Sa
druckt den unsinn zeilengleich nach.   61 gerechtmachung Z—Oa.
eefullt Z.   vns] + die Z—Oa.   1 do nit gen] nit wandlen Z—Oa.
aber Z—Oa.   2 Wann] Vnd P.   die (zweites)] fehlt OOa.   3 aber
Z—Oa.   4 empfiengen S.   5 der flayfch S.   6 aber Z—Oa.
7 Wann] Vnd P.   veind in got ZAZc—Oa.   8 Wann] Vnd P.
nit] fehlt Sb.   9 wann fy mag auch nit Z—Oa.   Wann] Vnd P.
jmm OOa.

∗

54 do nit] nit TF.   55 nach] fehlt TF, in beiden nachgetragen.
57 do] es F, da T, auf rasur.   vnmüglich] wuniclich TF; unter-
strichen T, + vnmochlich te; umgeändert vnmuglich F.   58 fiechten T.
59 in der] in di TF.   60 verdampnet] er vertampt TF.   1 nach]
in TF; nach ta.   5 der — 7 ift] fehlt T, nachgetragen ta.   9 wann]
fehlt TF.

Kurrelmeyer, Bibel. II.   3

v. 9. die môgent got nit geuallen. Wann ir feyt nit in
dem fleyfch wann in dem geyfte: idoch ob der geyft
gotz entwelt in euch. Wann ob etlicher nit hat den
10. geyft crifti: dirr ift nit fein. Wann ob criftus
ift in euch: ernftlich der leyh ift tod vmb die fúnde:
11. wann der geyft lebt vmb die gerechtikeit. Vnd ob
des geyft der do erftûnde ihefus von den doten wirt
wonen in euch: der do tet auferften ihefum criftum
von den doten der leblicht auch euer dôtig leyh: vmb
12. feinen geyft der do entwelet in euch. Brúder wir
fein nit fchuldig dem fleyfche: das wir lebent nach
13. dem fleyfch. Wann ob ir lebet nach dem fleyfch · ir
fterbt: wann ob ir mit dem geyft dôtiget die werck
14. dez fleyfchs · ir lebt. Wann alle die do werden geiagt
15. von dem geyfte gotz dife feint die fún gotz. Wann
ir enpfiengent nit den geyft des dienfts anderweyt in
vorcht: wann ir enpfiengt den geyft der gewynnung
16 der fúne gotz: in dem wir rûffen vatter vatter. Wann
er felb der geyft gab gezeug vnferm geyfte: das wir

*

10 **Wann**] Vnd P, aber Z—Oa.   11 funder Z—Oa.   12 wont
P—Oa.   **Wann**] Vnd P, *fehlt* Z—Oa.   **ob etlicher**] welcher
aber Z—Oa.   13 **dirr**] der P—Oa.   **fein**] + nam MEP.   Ift
aber criftus in euch Z—Oa.   14 **ernftlich**] gewißlich P, *fehlt* Z—Oa.
15 aber Z—Oa.   rechtuertigung K—Oa.   16 do erkúcket (+ hat
K—Oa) ihefum Z—Oa.   wirt wonet Z.   18 der wirt lebentig
machen ewer tôdtlich Z—Oa.   dôtigt EP.   19 wonet P—Oa.
20 fein fchuldig nit (mit G) dem Z—Oa.   **das — 21 fleyfch** (*erstes*)]
fehlt S.   22 fterbt. Ob ir aber mit Z—Oa.   tôdtet Z—Oa.   23 fo
werdet ir leben Z—Oa.   geúbet Z—Oa.   24 **dife**] die K—Oa.
die] *fehlt* K—Oa.   26 aber ir habend empfangen den geyft der
erwôlung Z—Oa.   27 **dem**] den MPSbOOa.   Abba vatter Z—Oa.
28 felbs P.   zeugknuß Z—G, gezeúgknuß Sb—Oa.

*

10 **got nit**] got F, + nit fc.   15 **Vnd**] Wan TF.   16 **des**]
der TF.   **geyft**] + dez, *nachtr.* T.   derftund ihefum criftum TF.
wirt wonen] entwelt TF.   17 **tet auferften**] derftund TF.
22 **fterbt**] *nachgetragen* F.   26 gewunnung TF.   27 **rûffen**] +
aba, *corr.* T.

fein die fún gotz. Wann ob fún· vnd erben: ernftlich   v. 17.
ı erben gotz· wann entzampt erben crifti: idoch ob wir ent
fampt leyden wir werdent auch entzampt gewun-
nicklicht. Wann ich maß daz die martern ditz zeitz   18.
nit feint entzampt wirdig zû der kúnftigen wun-
nicklich: die do wirt eroffent in vns. Wann die bei-   19.
tung der gefchôpfd beyt der eroffnung der fún gotz.
Wann die gefchôpfde ift vndertenig der vppikeite   20.
nichten wellent: wann vmb den dem fy vnderleget
in zûuerficht: | wann ioch fy felb die gefchôpfd wirt   . 21.
erlôft von dem dienft der zerbrochenkeit in die freikeit
ı der wunnickliche der fún gotz. Wann wir wiffen: 22.
daz ein yglich gefchôpfd erfeuftzet vnd gepirt vntz
her· | wann auch nit allein fy wann auch wir haben   23.
die erftikeit des geiftes· vnd wir felb feufzen vnder
einander zû der gewynnunge der fún gotz: beytent
ı der erlôfung vnfers leybs. Wann wir fein gemacht   24.
behaltten mit zûuerficht. Wann die zûuerficht die
do wirt gefehen die ift nit zûuerficht. Wann ob fich   25.

*

29 **Wann — vnd**] feyen wir nu fún. So feien wir auch Z—Oa.
ernftlich] gewißlich P, *fehlt* S, Fûrwar K—Oa.   30 **erben** (*erstes*)]
fehlt S.   aber mit (nit S) erben Z—Oa.   30 — 33 **entzampt** (4)]
miteinander P.   30 wir mit leyden Z—Oa.   31 auch mit im glorifiziret
Z—Oa.   geeret P.   32 fchâtze Z—SbOOa, fecze Sc.   die leidungen
OOa.   difer zeyt Zc—Oa.   33 mit wirdig Z—Oa.   glori P—Oa.
34 **die** (*zweites*)] der OOa.   harrung K—Oa.   35 der creatur harret
K—Oa.   36 die creatur K—Oa.   **vppikeite**] eytelkeit K—Oa.
37 nicht wôllend. aber Z—Oa.   den der fie vnderworffen hat K—Oa.
dem] den SZcSa.   38 in der hoffnung. wann auch Z—Oa.   die
creatur K—Oa.   39 der zerftôrlikait Z—Oa.   **die**] der S.   frey-
heyt Z—Oa.   40 glori P—Oa.   41 creatur K—Oa.   biß Sb—Oa.
42 **wann auch**] aber Z—Oa.   Sunder auch wir die wir haben Z—Oa.
43 felbs P.   feuftzen in vns zû der erwôlung Z—Oa.   44 harrende
K—Oa.   45 **der**] die Z—Sa.   fein haylfam worden in der hofnung.
Aber die hoffnung die Z—Oa.   47 gelehen ZS.   **die**] *fehlt* K—Oa.
ift kein hoffnung. wann was einer ficht. waz hoffet er. Wann ob Z—Oa.

*

37 nit TF.   vnterleigt TF.   39 **dienft**] geift TF, dienfte te.
zerprochtenikeit TF.   42 **auch**] *fehlt* TF.   **wir**] + felb TF.
43 feufczten TF.   44 gewunnung TF.   **der**] des F.   **ficht**]
— wz verficht er td.

etlicher verſicht an das das er ſicht? Wann ob wir
vns verſehen an das das do nit wirt geſehen: wir
v. 26. beyten durch die gefridſam. Wann auch zegleicher
weys der geyſt hilft vnſer kranckheit. Wann wir
wiſſen nit was wir betten als es geczimt: wann er
ſelbs der geyſt bete vmb vns mitt vnerkúntlichen
27. ſeufzen die vns nit môgen werden bedeut. Wann
der do erſûchet die hertzen der weys was dinges der
geyſt begert: wann er bete nach got vmb die heilgen.
28. Wann wir wiſſen das den die got lieb habent· ent-
ſampt wirckent alle ding in gût: die die nach dem
29. fúrſatz ſeint gerûffen heilig. Wann die er vor wiſt
die hat er auch vor geordent daz ſy wurden entſampt
geleich dem bilde ſeins ſuns das er ſelb ſey der erſt
30. geborn vnder manigen brúdern. Wann die er vor
ordent diſe hat er auch gerûffen: vnd den er hat ge-
rûffen diſe hat er auch gerechthaftiget. Wann die
er hat gerechthaftigt: diſe hat er auch gemichelicht
31. Dorumb was ſag wir zediſen dingen. Ob gott iſt
32. mit vns: wer iſt wider vns? Der ioch nit vergab
ſeim eingeborn ſun: wann er antwurt in vmb vns
alle. In welcherweys gab er vns auch nit alle ding

50 harren K—Oa.   die — 51 weys] geduld defgleychs Z—Oa
(-leych ZcSa).   52 als man mûß. Aber er ſelb Z—Oa.   53 betet
K—Oa.   mit — 54 bedeut] mit vnaufſprechenlichen (-ſprclichen ZcSa,
-ſprechlichen GScO, -ſprechlichem Oa) ſeuftzen Z—Oa.   55 weyßt
ZcSaOOa, wayße Sc.   57 Aber Z—Oa.   entſampt] miteinander P,
fehlt Z—Oa.   58 gût. den die K—Oa.   59 geheyſſen Z—Oa.
60 auch] fehlt OOa.   entſampt] miteinander P, mit Z—Oa.   61 der
bildnuß Z—Oa.   1 geborn in vil Z—Oa.   2 hat geordent Z—Oa.
auch geuodert. vnd die er hat geuodert Z—Oa.   3 auch] fehlt P.
gerechtgemachet Z—Sa, gerechtuertigt K—Oa.   Wann] fehlt Z—Oa.
4 er aber hat Z—Oa.   gerecht gemachet ZASK—Oa, rechtgemachet
ZcSa.   gemichelicht] großmacht P, großmâchtiget Z—Oa.   6 auch
nit hat vberſehen Z—Oa.   7 aber er hat in geantwurt (antwurt ZA)
vmb Z—Oa.   vmb] fehlt Eb.   8 alle (fehlt S) wie hat er vns auch
dann nit alle ding geben Z—Oa.   nit] mit Eb.

49 nit wirt geſehen] wir nit enſechen TF.   53 ſelb TF
pitt TF.   54 feufzen — bedeut] ſeufczten TF.   57 den] di TF.
den durch rasur T.   die] nachtr. T.   2 den] di TF.

mit ime? Wer befagt wider die derwelten gotz? v. 33.
) Gott ift der der da gerechthaftigt. | Wer ift der der 34.
da verdampt? Ihefus criftus der da ift tod vmb vns
der ioch auch der da aufferftunde : der da ift zû der
zefwen gottes : der bittet ioch vmb vns. Dorumb 35.
wer fchait vns von der lieb crifti? Die anvechten oder
i angft oder iagung oder hunger oder nackenkeit oder
verderbung: oder verfolgung oder waffen? Als es 36.
ift gfchriben. Wann wir werden getôdiget vmb
dich den gantzen tag: wir fein gemaft als die fchaff
der erfchlahung. Wann in allen difen dingen hab 37.
) wir vberwunden: vmb den der vns lieb het. Wann 38.
ich bin gewyß: daz noch der tod noch daz leben noch
die engel noch die fúrftentum noch die tugent noch
die anftenden ding noch die kúnftigen dinge noch
die krefte noch die gewelt noch die ftercke | noch die 39.
i hôch noch die tyef noch ander gefchôpfde vns mag .
gefcheyden von der lieb gotz: die do ift in ihefu crifto
vnferm herrn. *ix*

*

9 wer wirt verfagen Z—Oa.   10 der der gerechtmachet Z—Oa.
12 ioch] ia Z—Oa.   der da (*erstes*)] *fehlt* OOa.   ift auferftanden
Z-Oa.   13 gerechten E—Oa.   bittet ioch] auch bittet Z—Oa.
14 wer wirt vns fchaiden Z—Oa.   anuechtung Z—Oa.   oder]
+ die Z—Sc.   15 iagung] durchächtung Z—Oa.   16 verfolgung
— waffen] das fchwert Z—Oa.   17 getôdtet Z—Oa.   18 gefchâczet
Z-Oa.   19 aber Z—Oa.   dingen uberwúnden wir Z—Oa.
20 Wann] Vnd P.   21 noch (*erstes*)] wôder Z—Oa.   22 tugent]
krefft engel Z—Oa.   23 die anftenden ding noch] *fehlt* P.
24 krefte — die (*drittes*)] *fehlt* Z—Oa.   25 noch] + ein Z—Oa.
26 leib Eb.

*

10 der da] da TF.   der (*letztes*)] *fehlt* T.   11 vns] + halbe
zeile rasur T.   12 auch] *fehlt* T.   der da aufferftunde] der-
ftand TF.   14 criftus T.   Die anvechten] durchten TF.
16 oder verfolgung] *fehlt* TF.   es] *fehlt* TF.   17 gefchriben ift
wan vm dich werd wir getodigt den TF.   22 die tugent noch]
fehlt TF.   23 noch die] + fu | F.   dinge] *fehlt* TF.   25 noch
(*zweites*)] + kain TF.   mag vns TF.

v. 1.　Ich ſage die warheit in criſto iheſu ich leuge
　　　nit· mein gewiſſen gibt mir gezeug in dem
2.　　　heilgen geiſt: | das mir iſt michel trúb-
3. ſal: vnd emſig ſchmertzen meim hertzen. Wann ich
maſt mich ſelber zeſein verpannen von criſto vmb
mein brúder die do ſeind mein mogen nach dem fleyſch
4. | die do ſeind jſraheliſch: der gewynnung iſt der ſun
gotz vnd wunnicklich vnd gezeug vnd die tragung
5. der ee vnd dinſt vnd geheyſſung: | der vetter ſeind von
den criſtus iſt geborn nach dem fleyſch· der do iſt ein
geſegenter· got vber alle ding in den welten amen.
6. Wann nit dorumb das er das wort gotz hab vber-
tretten. Wann die do ſeint von jſrahel die ſeint nit all
7. jſraheliſch: | noch die do ſeint ſamen abrahams die
ſeint nit all ſún. Wann in yſaac wirt dir gerúffen der
8. ſame: | das iſt die do nit ſeint ſún des fleyſches diſe
　ſeint die ſún gotz: wann die do ſeint ſún der geheyſ-
9. ſung die werden gemaſt in dem ſamen. Wann ditz
iſt das wort der geheyſſunge. Nach diſem zeyt kum
10. ich: vnd ſaren wirt ein ſun. Vnd nit allein ſy: wann
auch rebecca het zwen ſún von einer gemeinſamung

*

28 Ich ſahe Sc.　　29 gezeúgknuß Z—Oa.　　30 das] + das
M—Oa.　iſt] + ein Z—Oa.　michel] groß PAZc—Oa.　32 maſt
mich] begerte Z—Oa.　verpannen] ein fluch Z—Oa.　33 mogen]
freunt Ż—Oa.　34 gewynnung] außerwölung Z—Oa.　35 wun-
nicklich] glori P, die glori Z—Oa.　vnd] + die Z—Oa.　gezeúg-
nuß Z—KSb—Oa, zewgnuß G.　36 vnd der dienſt vnd die verhaiſ-
ſung Z—Oa.　von] auß Z—Oa.　37 den] dem P.　in den]
der Sb.　39 aber Z—Oa.　er] fehlt Z—Oa.　hab vbertretten]
gefallen ſey Z—Oa.　40 von] vor MEP, auß Z—Oa.　41 ſeint] +
der Z—Oa.　die (zweites)] fehlt OOa.　42 Aber Z—Oa.　genennet
Z—Oa.　43 iſt nit die do Z—Oa.　44 Aber Z—Oa.　verhaiſſung
Z—Oa.　45 werden geſchätzet Z—Oa.　in den Sc.　46 verhaiſſung
Z—Oa.　diſer K—Oa.　zeyt] + ſo Z—Oa.　47 ſare Z—Oa.
wann] ſunder Z—Oa.　48 eyner beſchlaffung Z—Oa.

•

28 iheſu] fehlt TF.　　29 in dem] im TF.　　30 michelz TF.
trubſalz F.　31 emſigen TF.　32 ſelb TF.　34 gewunnung TF.
38 amen] fehlt TF, nachgetragen ta.　39 wan nit daz daz wort gotz
viel TF.　40 all] fehlt TF.　43 do] fehlt TF.　47 Vnd] Wan TF.

yſaacs vnſers vatter. Wann do ſy dennoch nit warn   v. 11.
ɔ geborn oder hetten getan kein ding des gûten oder
des vbeln: wann das der fúrſatze belibe nach der er-
welung gottes: | nit von den wercken wann von der   12.
rúffung iſt geſagt zû ir: das der merer dient dem
mynnern | als es iſt geſchriben. Ich het lieb iacob: 13.
ő wann ich het in haſſe eſau. Dorumb was ſag wir?   14.
Iſt denn die vngangkeit bei got? Nit enſey. | Wann   15.
er ſprach zû moyſes. Ich erbarm mich des ich mich
erbarm. Vnd verleyhe die erbermbde des ich mich
erbarm. Dorumb nit des wellenden noch des lauf-   16.
ɔ fenden ſunder es iſt des erbarmenden gotz got iſt ſich
zûerbarmen. Wann die ſchrift ſpricht zû pharaon.   17.
«ı Wann in diſem ſelben erſtûnd ich dich das ich zeyg mein
kraft in dir: vnd daz mein name werd erkunt in allem
dem land. Dorumb er erbarmt ſich des er wil: vnd   18.
erhertent den er wil. Dorumb du ſpricheſt zû mir   19.
ɔ Was wirt noch geſûchet? Wann wer wider ſtet
ſeim willen? O menſche: du wer biſt du· du do ant-   20
wurſt got? Spricht denn das irdiſche vas zû dem
der es hat gemacht: warumb haſtu mich gemacht
alſo? Oder der hafner hat er nit den gewalt von den   21.

*

49 yſaac ZcSa.   vatters E—Oa.   **Wann**] vnd Z—Oa.   50
kein — 51 **wann**] etwas gûts. oder vbels Z—Oa.   52 nit auß
den wercken. aber auß dem (den SbOOa) vodretten (hayſchenden
K—Oa) iſt geſaget Z—Oa.   53 wirt dienen Z—Oa.   55 **wann**]
aber Z—Oa.   56 **vngangkeit**] boßheyt P, vngleychait Z—Oa.   das
ſeye nit Z—Oa.   57 ſpricht Z—Oa.   moyſe ZAK—Oa, moyſen
SZɛSa.   58 vnd wirt geben die barmhertzikait Z—Oa.   60 **got** —
61 **zûerbarmen**] *fehlt* Z—Oa.   61 geſchrifft Z—Oa.   1 **Wann**]
fehlt OOa.   in daſſelb hab ich dich erkücket Z—Oa.   **dich**] *fehlt*
MEP.   2 **mein**] dein MEP.   verkundet in aller erde Z—Oa.
3 **des**] wem Z—Oa.   4 **den**] wen Z—Oa.   5 **Wann**] Vud P,
fehlt Z—Oa.   6 **du** (*erstes*)] *fehlt* Z—Oa.   du do] der du Z—Oa.
9 **der** — **er**] hat der hafner K—Oa.   gewalt auß einem knollen
kots zûmachen Z—Oa.

*

53 **das**] *fehlt* TF.   **dient**] wirt dienent TF.   57 **mich erbarm**]
wil TF; *unterstrichen* T, mich derbarme ta.   60 **ſunder** — **gotz**]
wan TF.   3 **land**] + darum T, *gestrichen*.   6 **du** (*erstes*)] *fehlt* T.
antwurt F.   9 **nit den**] nit TF.   von dem TF.

felben famungen des horbes zemachen ernftlich ein vafz

v. 22. in eren: wann daz ander in lafter? Vnd ob got wil
zeygen fein zorn· vnd machen kunt feinen gewalt
er enthabt die vaß des zorns in mancher gefridfam

23. bereyt in dem tod: | das er zeygt die reychtum feiner
wunnicklich in die vaß der erbermde die er hat vor

24. bereyt in wunnicklich? Vnd die er hat gerüffen:
nit allein von den iuden wann auch von den heyden:

25. | als er fprichet in ofee. Ich enrüffe nit mein volck·
mein volck: vnd nit meim lieb· meim lieb· vnd nit

26. begreiffen die erbarmd begreyffen die erbarmd. Vnd
es wirt: an der ftat do es ift gefagt zů in ir nit mein
volck: dann werdent fy gerüffen die fún gotz des le-

27. bentigen. | Wann yfaias der rüfft vmb ifrahel. Ob die
zal der fún jfrahel wer als der fand des merеs: die gelaffen

28. wurden gemacht behalten. Wann er follent daz wort
vnd kúrtzet es in gleichheit: wann der herre macht

29. ein kurtzes wort auf aller der erd. Vnd als yfaias

·

10 **ernftlich**] gewißlich P, *fehlt* K—Oa.   11 in die eren vnd
das annder zů dem lafter. hat nun got. der do wil erzaigen den zorn
vnd erkant machen fein máchtigkait. gelittenn in vil geduld die vaß
Z—Oa.   13 **in** — 14 **in**] gefchickt zů Z—Oa.   14 **er**] *fehlt* OOa.
zeygt] erzaigete Z—Oa.   15 glori P—Oa.   barmhertzikait die
er berayt hat zů der glori. Die er auch vns hat berůffet Z—Oa.
17 auß den iuden funder auch auß den Z—Oa.   18 **enrüffe**] enrůfft EP,
wirt vordern Z—Oa.   19 **meim** (2)] mein E—Oa.   **meim lieb** (*zweites*)
fehlt P.   20 begriffen die barmhertzikeyt begriffen die erbermde Z—Oa.
21 **wirt**] + gefchehen Z—Oa.   **es**] in Z—Oa.   **zů in ir**] Ir feyt Z—Oa.
22 **dann**] do Z—Oa.   **fy**] + nit G.   genennet die fún des leben-
tigen gots. Aber yfaias fchreyet Z—Oa.   rüffte P.   **Ob**] lft das wirt
Z - Oa.   24 **wer**] *fehlt* Z—Oa.   25 würden haylfam. aber daz
verzerend vnd abkúrtzend wort in der geleychait. Wann das gekürtzet
wort wirt machen der herre auff der erden. Vnd als vor gefaget hat
yfaias. Nur (Nun ZcSa) allein der herre fabaoth hette vns gelaffen den
famen Z—Oa.   erfollent M, erfüllent EP.   26 kúrtze EP.

*

10 **vaß**] *fehlt* T, *nachgetragen* ta.   11 **lafter**] + wan daz
andern in eren TF; *gestrichen* F.   12 machten TF.   14 zaigte TF.
16 **hat**] *fehlt* F.   18 ruf TF.   19 **meim** (2)] mein TF.   20 be-
greyffen die erbarmd] *fehlt* T, *nachgetragen* ta.   **die**] di | di F
22 **dann**] do TF.   25 **er**] do er TF.   26 machte T.   27 **Vnd**] wan F.

vor fagt ob vns der herr nit het gelaffen famen wir
wern gemacht als die fodomer: vnd wern gemacht
30 geleych als die gomorrer. Dorumb was fag wir?   v. 30.
Das die heyden die do nit nachuolgent dem rechten
habent begryffen das recht: wann das recht das do
ift von dem gelauben. Wann jfrahel der nachuolgt der   31.
ee des rechtz: er volkum nit in der ee des rechtz. Wann   32.
5 worumb: er fûcht zegerechthaftigen nit von gelau-
ben: wann als von den wercken. Sy fchatten an dem
fteyne der fchadung: | als gefchriben ift. Secht ich   33.
fetz in fyon den fteyn der fchadung: vnd den fteyn
des trûbfals: vnd ein yglicher der do gelaubet an in
10 der wirt nit gefchemlicht.   x

B rûder: ernftlich der will meins hertzen ift
das auch flechung werde gemacht zû gotte
vmb fy in die behaltfam. Wann ich gib in   2.
gezeug das fy habent die lieb gotz: wann nit nach der
5 wiffenheit. Wann fy mifkanten daz recht gotz: vnd   3.
fûchten zebeftetigen das ire: wann fy feind nit vn-
dertenig dem recht gotz. Wann criftus ift ein end der

29 wâren (werden S) worden als zodoma (fodoma OOa) vnd wâren
geleych worden als gomorra Z—Oa.   30 was wôllen wir fagen Z—Oa.
31 nachuolgten der gerechtigkeyt Z—Oa.   32 begriffen die gerechti-
keyt. aber die gerechtikait die do ift auß dem gelauben. Aber ifrahel
nachuolgend dem gefatz der gerechtigkeit ift nit komen in daz gefatz
der gerechtigkeyt. Warumb wann nit auß dem gelauben funder als
(fehlt S) auß den wercken. Wann fy haben belaydiget den fteyn der
belaydigung. Als Z—Oa.   wann] vnd P.   34 volkumpt Eb.   35
zerechthafftigen EP.   37 Secht] Nemend war Z—Oa.   38 der be-
laydigung vnd den felßen der fchande Z—Oa.   39 ein yeder OOa.
do] fehlt Z—KScOOa.   in in foll (folt Sc) nit gefchendet werden
Z—Oa.   41 ernftlich] gewißlich P, fehlt K—Oa.   ift — 43 behalt-
fam] vnd die bittung czû got gefchicht fûr fy in das hayl Z—Oa.
42 das] daz das EP.   44 gezeugknuß Z—Oa.   leibe Sc.   Aber
Z—Oa.   45 fy wußtenn nit die gerechtigkeyt gotz Z—Oa.   46 wann
fy] vnd Z—Oa.   47 der gerechtigkeyt gotz Z—Oa.

28 herr] + der here TF.   31 nachuolgten TF.   33 von dem]
vom TF.   34 Warum wan er fucht nit zu gerechthaftigen vom TF:
er fucht, zu gerechthaftigen unterstrichen T.   36 fchalken TF, durch
rasur fchatten T.   44 wann] vnd TF.

v. 5. ee: zů dem rechten eim yglichen geleubigen. Wann
moyſes ſchreyb: wann das recht das do iſt von der

6. ee der menſch der es tůt: der lebt in im. Wann das
recht das do iſt von dem gelauben das ſpricht alſo.
Nit ſprich in deim hertzen · wer ſteygt auf in den

7. himel · daz iſt criſtus widergefůrt: | oder wer ſteygt
ab in das abgrund · das iſt criſtum widerzerůffen von

8. den doten. | Wann waz ſpricht die ſchrift? Das wort
iſt nachen in deim munde und in deim hertzen. Das

9. iſt das wort des gelauben das wir predigen: | wann
ob du begichſt den herren ibeſum criſtum in deinem
mund: vnd gelaubſt es in deim hertzen · das in got er-

10. ſtůnd von den doten: du wirſt behalten. Wann mit
dem hertzen wirt gelaubt zů dem rechten: wann die
begechung dez mundes wirt getan zů der behaltſam.   [·5

11. | Wann die ſchrifft ſpricht in yſaia. Ein ieglicher

12. der do gelaubt an in der wirt nit geſchemlicht. Wann
die vnderſchydunge die iſt nitt den iuden vnd den
kriechen. Wann der ſelb herr aller: der iſt reych in allen   ·

13. die in anrůffent. Wann ein ieglicher der do anrůfft

14. den namen des herren: der wirt behalten. Dorumb

<hr>

48 czů der gerechtigkeyt Z—Oa.   eim] ein AS.   49 moyſes
hat geſchriben das der menſch der do thůt die gerechtigkeit die do
iſt auß dem geſatz der wirt leben in ir. Aber die gerechtigkeyt die do
iſt auß dem gelauben die (fehlt OOa) ſpricht Z—Oa.   49 der — 51
von] fehlt P.   53 criſtus widergefůrt] daz er herab fůre criſtum
Z—Oa.   54 den abgrund Z—Oa.   55 Aber Z - Oa.   waz] fehlt S
geſchrifft EbP—Oa.   56 nachen] noch MEP.   58 bekenneſt
Z—Oa.   59 got erkúcket hab (hatt Sc) von Z—Oa.   61 dem (erſtes)]
dim A.   hertzen gelaubet man zů (mit G) der gerechtigkait. Aber die
bekennung Z—Oa.   1 zů dem hail Z—Oa.   2 geſchrifft P—Oa.
in yſaia] fehlt Z—Oa.   3 an] in Z—Oa.   der (zweites)] fehlt OOa.
geſchendet Z—Oa.   4 die (zweites)] fehlt K—Oa.   5 herr] +
der Z—Oa.   allen] alle K—Oa.

<hr>

51 vom T.   53 widergefůrt] her wider (nider T, durch raſur)
zufuren TF.   54 wider zefuren F.   55 den] dem F.   59 es]
fehlt TF.   got von den toten derſtund du wirdeſt TF.   2 di ſpricht
ſchrift F.   yſaiam TF.   4 die iſt] iſt TF.   5 der iſt] iſt TF.
6 anrůfft — 7 herren] gelaubt an in TF; geſtrichen T, anruft den
namen dez herren ta.

in welcherweys anrúffent fy den an den fy nit gelau-
bent? Oder in welcherweyfe gelaubent fy dem den fy
10 nit horten oder in welcherweis hôrent fy : on den predi-
ger? Wann in welcherweys predigent fy : neuer fy   v. 15.
werdent gefant? Als gefchriben ift. O wie fchon
feint die fúß der die do erkundent den fride: der die do
predigent die gûten ding. Wann fy gehorfament   16.
15 nit all dem ewangelium. Wann yfaias fprichet. O
herr: wer gelaubt vnfer gehôrd? Dorumb der ge-   17.
laub ift von der gehôrd: wann die gehôrd ift durch
das wort crifti. | Wann ich fag. Horten fy denn nit?   18.
Vnd ernftlich ir done gieng aus auf alle die erde :
20 vnd ir wort in die end dez vmbrings der erd. Wann   19.
ich fag. Erkannt denn nit jfrahel? Moyfes der erfte
fpricht. Ich zûfúr euch zû dem neyde nit in ein volck
in ein vnweyfes volck: ich fende in euch den zorn.
    Wann yfaias getar vnd fprach. Ich bin funden von   20.
25 den die mich nit fûchten : vnd erfchein offenlich den
die mich nit fragten. | Wann zû jfrahel fpricht er. Ich   21.
ftrackt mein hand den gantzen tag zû dem vngeleu-
bigen volck: vnd zû den widerfagenden mir.   *xj*

*

8 wie werden fy den (denn Zc—Oa) anrúffen in an den fy nit ge-
laubten. oder wie werden fy dem (den Oa) gelauben den fy Z—Oa.
10 on den] an dem K—Oa.   11 Wann] Vnd P, *fehlt* Z—Oa.   wie
werden fy aber predigen nur (nun ZcSa) fy Z—Oa.   13 verkuntent Z,
verkunten AKG, verkündent SZcSa, verkündeten Sb—Oa.   14 gûte
ZcSa.   Aber Z—Oa.   15 ewangelio Z—Oa.   16 hat gelau-
bet vnferm Z—Oa.   gehôr Z—Sc.   17 auß dem gehôr (gehôrde
SbOOa) aber das gehôr (gehôrde SbOOa) ift Z—Oa.   18 Wann]
Vnd P, Aber Z—Oa.   Hôrend Z—Oa.   19 ernftlich] gewißlich
P, doch K—Oa.   auf] in Z—Oa.   die] *fehlt* K—Oa.   20
vmbkrais P, kreys Z—Oa.   Aber Z—Oa.   22 nit in ein] in
kein Z—Oa.   23 wnweyfes M.   24 Wann] *fehlt* Eb, Aber Z—Oa.
fpricht Z—Oa.   erfunden Z—Oa.   25 fúchen Z—Sc.   bin erfchy-
nen Z—Oa.   offenlichen G.   26 Wann] Vnd Z—Oa.   er] ee P.

*

10 on den] ain F.   11 Wann] oder TF.   13 erkundent]
predigent TF.   16 gehôrd] + wan TF.   17 der] dem F.   18 das]
di T.   wort] + gots F.   21 Moyfes] wan TF; + moyfes ta, fc.
12 fprach TF.   23 euch in TF.   24 fpricht TF.   28 volk
wan fi widerfagten mir TF.

1. **D**Orumb ich fag. Vertreybt denn got fein
volck? Nit enfey. Wann ich bin auch jfra-
helifch von dem famen abrahams von der ge-
2. burt benyamins. Got vertreybt nit fein volck das
er vor wift. Oder wift ir nit waz die fchrifft fpricht
in helia: in welcherweys er bette zû got wider jfrahel?
3. O herre fy erfchlûgen deine weyffagen: vnd durch
grûben dein elter: vnd ich bin gelaffen allein: vnd fy
4. fûchten mein fele. Wann was fprichet die gôtliche
antwurt zû im? Ich hab mir gelaffen· vij daufent
der mann: die do nit neygeten ire knye vor baal.
5. Dorumb auch alfo in difem zeyt: die gelaffen wer-
den gemacht behalten wann nach erwelung der
6. genaden. Wann ob die genad: ytzund nit ift von
den wercken. In einer anderen weys die genade ift
7. ytzund nit genad. | Dorumb? Was dings das jfrahel
fûcht das begreyff er nit: wann die erwelung ift be-
8. gryffen: wann die anderen feind erplent | als es ift
gefchriben. Got der gab in den geyft der rew: augen
das fy nit feben vnd orn das fy nit hôren: vntz an
9. difen heutigen tag. | Vnd dauid fpricht. Ir tifch wirt

*

29 hat denn got vertriben K—Oa.   30 Das feye nit Z—Oa.
auch ein ifrahelit auß dem Z—Oa.   32 Beniamin Oa.   33 was] das
SbOOa.   gefchrifft P—Oa.   37 Aber Z—Oa.   39 der] fehlt
P—Oa.   40 alfo] alle S.   in difer K—Oa.   werden — 41
behalten] feyen heylwertig worden Z—Oa.   42 von] auß Z—Oa.
43 In — weys] Anderft Z—Oa.   44 nit] kein Z—Oa.   dings]
fehlt Z—Oa.   45 begreyff — 46 wann] hat er nit eruolget. Aber
die wôlung die (fehlt K—Oa) hats (hat es AS, hat K—Oa) eruolget (Aber
— eruolget fehlt Sb) Aber Z—Oa.   46 als gefchriben ift Z—Oa.
47 der (erstes)] fehlt K—Oa.   48 vntz] biß Sb—Oa   49 difem Z.

*

29 vertraib TF.   30 auch ich bin TF.   32 benyamin TF.
36 alain gelaffen TF.   37 fuchen TF.   Wann] vnd TF.   39
ennaigten TF.   41 wann] fehlt TF.   der nach TF; nach der
durch zeichen angedeutet T.   42 genaden] + werden gemacht behal-
ten T, gestrichen.   43 einer] kainer TF, k getilgt T.   anderen]
nachgetragen F.   45 welung T.   46 alz gefchriben ift TF.   47
der gab] gab TF.   den] dem F.   48 horten T.

,) vor in in ein ſtrick: vnd in vahung vnd in trúbſal
vnd in der widergeltung ir ſelbs. Ir augen ertunck-   v. 10.
elnt das ſy nit enſehent: vnd ir rugken die werden
zů allen zeyten krump. | Dorumb ich ſag. Schatten   11.
ſy denn alſo das ſy vielen? Nit enſey. Sunder ir
ñ miſſetat· iſt ein behaltſam den heyden: daz ſy in nach
volgtten. Vnd ob ir miſſetat ſeind reychtum der   12.
werlt· vnd ir mynnerung reychtum der heyden: wie
vil mer ir erfúllung? Wann ich ſag euch heyden.   13.
Die weyl ich bin ein bot der heyden ernſtlich ich ere
») mein ambechtung: | ob ich in etlicherweys bewege   14.
mein fleyſch zů der nachuolgung: das ich etliche
ą mach behalten von in. Wann ob ir verluſt iſt ein   15.
verſúnung der werlt: welchs wirt die enphahung
neuer das leben von den doten? Vnd ob die beko-   16.
runge iſt heilig: vnd der ſamnung. Vnd ob die
ñ wurtzel iſt heilig: vnd die eſte. Vnd ob etlich von   17.
den eſten ſeind zerbrochen: wann du wert ein wilder
olbaum du biſt ein gezweygt in in vnd biſt gemacht
ein geſelle der wurczeln vnd der feyſt des olbaums:
nichten welſt werden gewunnicklicht wider die eſſt.   18.

*

50 einem G.   **trúbſal**] ſchande Z—Oa.   51 in ſelbs Z—Oa.
ertunckelnt] ertunckelt Eb, ſullen verfinſtert werden Z—Oa.   52 nit
ſehent vnd iren (jre ZcSa) rucken krummen allzeyt. Darumb Z—Oa.   53
Schatten — 54 Sunder] haben ſy dann alſo belaydiget das ſy vielen.
daz ſeye nit. Aber auß Z - Oa.   **ir**] die ir P.   55 iſt daz hail Z—Oa.
in nach volgtten] in nachuolgen P, die lieb haben Z—Oa.   58 ir
volkumenheyt Z—Oa.   59 **bot**] + oder (+ ein A) apoſtel Z—Oa.
ernſtlich] gewißlich P, *fehlt* K—Oa.   60 mein dienung P, meinen·
dienſt Z—Oa.   1 mache heylſam auß in Z—Oa.   3 **neuer**] nun
ZcSa.   **von**] auß Z—Oa.   **die — 4 ſamnung**] das kein opfer iſt So
iſt auch heylig der knoll Z—Oa.   5 **vnd**] 'auch Z—Oa.   **von**]
auß Z—Oa.   6 **wann**] wie wol Z—Oa.   wareſt Z—Oa.   9 nicht
glorire wider die öſt. Glorireſt du aber. du tregſt Z—Oa.   werden
geeret P.

*

50 **in in**] in F, + in fa, *auf raſur.*   in ain vachung vnd in ain
trubſal TF.   51 **augen**] + di TF.   53 Schaidten TF.   55 **den**]
der F.   1 macht TF.   6 **wann**] + do TF.   7 paum F,
ol- *nachtr.* fa.   9, 14 nit TF.

Vnd ob du dich wunnicklicheſt: du tregſt nit die

v. 19. wurtzel: wann die wurtzel dich. Dorumb du ſprichſt
Die eſſt ſeind zerbrochen : daz ich wird in gezweygt

20. Wol. Die eſt ſein zerbrochen vmb den vngelauben.
Wann du ſteſt in dem gelauben. Nichten welleſt

21. wiſſen die hohen ding wann vôrcht dich. Wann ob
gott nit vergab den natûrlichen eſſten: ich vôrchte

22. villeicht er vergibt auch dir nit. Dorumb ſich die
gûte und die hertikeit gotz. Ernſtlich die hertikeit
gotz in die die do vielen: wann die gût gotz in dir:
ob du beleibſt in der gût. Vnd in einer andern weys

23. du wirſt aufgehauen. Wann ob auch ſy nit bleyben
in dem vngelauben ſy werdent in gezweyget. Wann

24. got der iſt gewaltig ſy anderweyd in zezweygen. Dor-
vmb ob du biſt aufgehauen von dem wilden natûr
lichen olbaum vnd biſt in gezweygt wider die natur
in ein gûten olbaum: wie vil mer die nach der natur

25. werdent in gezweygt irm olbaum? Wann brûder
ich wil euch nit mißkennen diſe taugen: das ir icht
ſeyt weys euch ſelber: wann die plintheit geſchach
von teyl in jſrahel vntz das die erfûllunge der heyden

26. eingieng: | vnd alſuſt wirt behalten alles jſrahel als es

*

10 dich ereſt P.   11 wann] aber Z—Oa.   12 ich darein geſeet
werde Z—Oa.   14 aber Z—Oa.   nicht Z—Oa.   15 wann]
aber Z—Oa.   Wann — 17 nit] wann hat got nit v́berſehen (+ den
natûrlichen eſſten K—Oa) daz er villeicht auch dir nit v́berſehe Z—Oa.
18 Ernſtlich] Gewißlich P, fehlt K—Oa.   die hertikeit gotz] fehlt
OOa.   19 Aber Z—Oa.   dir] die G.   20 Vnd — weys]
anderſt Z—Oa.   21 du] auch du Z—Sc.   nit] fehlt S.   22
gezweyget] + oder ein geſeet Z—Oa.   23 der] fehlt K—Oa.   an-
derweyd] aber A.   25 in] im ZAS.   26 die] + die Z—Oa.
nach der] fehlt EP.   . 28 will nit das ir nit wiſſend. die heymlikait
(heiligkeyt GSbOOa) das ir Z—Oa.   icht] nit AOOa.   30 von]
auß einem Z—Oa.   biß Sb—Oa.   die volkummenheyt Z—Oa.
31 alſo P—Oa.   wûrde Z—Oa.   als geſchriben iſt Z—Oa.

*

17 vergib TF.   22 vn-] nachgetragen T.   23 der] fehlt T.
Dorumb] wan TF.   24 du] nachgetragen T.   von aim naturlichen
wilden olpaum TF; + wie vil mer di nach der natur in ainen guten
T, geſtrichen.   26 die] + di TF.   28 nit] + ze TF.   diſe]
di T.   29 plintheit] + geſach T, geſtrichen.

ift gefchriben. Er kumpt von fyon: der do erlöft vnd
abkert die vngangkeit von iacob. Vnd dirr gezeug   v. 27.
der ift in von mir: fo ich abnym ir fünd. Spricht   28.
, der herre ernftlich feind nach dem ewangelium vmb
euch: wann lieben nach der erwelung vmb die vetter.
Wann die gab vnd die rüffung gotz feind on büß.   29.
Wann als auch ir etwenn nit gelaubt got wann nu   30.
habt ir begriffen die erbarmbd vmb iren vngelauben:
) : alfo gelaubent auch ˙fy nu nit an euer erbarmbd: daz   31.
auch fy begriffen die erbarmbd. Wann gott der be-   32.
fchloß alle ding in dem vngelauben: das er fich er-
barmt aller. O höch der reichtum der weyfheit vnd   33.
der wiffentheit gotz: wie vnbegreyflich feint feine
; vrteyl: vnd wie vnerfüchlich feind fein weg. Wann   34.
wer erkannt den fyn des herren: oder wer was fein
ratgeb? Oder wer gab im zů dem erften: vnd im   35.
wirt wider gegeben. Wann von im vnd durch in vnd in   36.
im feind alle ding: im fein ere vnd wunnicklich in
0 den welten der welt.   *xij*

D Orumb brüder ich bit euch durch die erbarmd
gotz: das ir geht euer leyh zů eim lebentigen
opffer· heiligs· gefelligs got· euer dinft fey

                              *

32 wirt kumen K—Oa.   von] auß Z—Oa.   33 vngütigkeit
Z—Oa. **dirr gezeug**] der gezeug P, das teftament Z—Oa.   34
der] *fehlt* Z—Oa.   fünden ZcSaSbOOa.   **Spricht der herre**] *fehlt*
K—Oa.   35 **ernftlich**] gewißlich P, Fůrwar K—Oa.   **feind**] *fehlt*
K—Oa.   **ewangelium**] + werden fie veind K—Oa.   36 aber
die liebften Z—Oa.   37 **die** (*zweites*)] *fehlt* OOa.   38 **wann**] aber
Z—Oa.   39, 40 barmhertzigkeyt Z—Oa.   40 **an**] in Z—Oa.   41
die barmhertzigkeit Z—Oa.   **der**] *fehlt* K—Oa.   44 **wiffentheit**]
kunft Z—Oa.   vnbegryffenlich Sc.   45 **wie**] die ZcSa.   vnerfarlich
Z—Oa.   46 erkennet Sb—Oa.   den fun Sc.   47 **im**] in G.   48
von] auß Z—Oa.   49 **fein**] feiner S.   **wunnicklich**] glori P—Oa.
50 **welt**] + amen Z—Oa.   51 barmhertzigkeit Z—KSb—Oa, barem-
hertzig G.   52 lyeb Sc.   53 heylig Z—Oa.   geuellig Z—KSb—Oa,
geuiel G.

                              *

34 **der**] *fehlt* TF.   35 ewangelio TF.   37 **gotz**] + di TF.
42 derbarme TF.   **47 zů dem**] zum TF.   49 fey TF.

v. 2. redlich. Vnd nit welt euch entfampt geleychen dirr
welt: wann wert wider gebildet ir der erneuerkeit
euers fynns: das ir bewert welchs do fey der will gotz
3. gûter· vnd wolgeualner· vnd durnechter. Wann
ich fag durch die genade die mir ift gegeben· allen
den die do feint vnder euch: nit mer zewiffen denn
es getzimt zewiffen· wann zewiffen zû der maß: vnd
als got hat geteylt eim ieglichen daz maß des gelau-
4. ben. Wann als wir haben manig gelider in einem
leyb: wann alle die gelider die babent nit das felbe
5. werk: | alfo fey wir manig ein leyh in crifto: wann
6. funderlich die gelider einer des anderen: | wann wir
haben vnderfcheyden gaben nach der genad die vns
ift gegeben. Es fey die weyffagung· nach der red-
7. likeit des gelauben. Oder die ambechtung: nach der
8. ambechtung. Oder der do lert: in der lere. | Der do vn-
derweyft in der vnderweyfung. Der do gibt: in der
einualt. Der do fûr ift: in der forg. Der fich erbarmt
9. in der miltikeit. | Die lieb: on gleichfen. Haffent das
10. vbel: zûhaftent dem gûten. Die lieb der brûderfchaft
die habt lieb vnder einander fûrkumpt einander mit

*

54 redlich] vernúnftig Z—Oa.   entfampt] miteinander P, zû
Z—Oa.   dirr] der P, difer Z—Oa.   55 Aber Z—Oa.   newig·
keit Z—Oa.   57 gût vnd wolgeuâllig vnd volckumen Z—Oa.   58
fag] + úch A.   60 Aber Z—Oa.   61 daz] die Z—Oa.   1 vil
Z—Oa.   2 aber Z—Oa.   die (2)] fehlt Z—Oa.   nit] + allein S.
das felbe] eyn Z—Oa.   3 vil Z—Oa.   wann — 4 gelider] aber
iegklich Z—Oa.   4 wann] fehlt Z—Oa.   5 vnderfchidlich Z—Oa.
6 Es fey] Aintweders Z—Oa.   redlikeit] vrfach Z—Oa.   7 Oder
der dienft in der dienung Z—Oa.   7, 8 ambechtung] dienung P.
8 lert] lernet Sb.   vnderweyft — 9 vnderweyfung] vermanet in
der vermanung Z—Oa.   11 on] + die SbOOa.   gleychßnerey Z—Oa.
12 Anhangend Z—Oa.   Die lieb] mit Z—Sa, lyebhabend an
(fehlt OOa) einander. dy lyeb K—Oa.   13 die] fehlt Z—Oa.   habt
— einander (erstes)] fehlt K—Oa.   einander (zweites)] eyner den
(dem ZcSa) andern Z—Sa.

*

54 euch] fehlt T.   55 neuerkait T, neurerkait F.   57 wol·
geuallender vnd durnechtiger TF.   59 die fehlt T.   2 liebe T.
5 gab TF.   7 nach] in TF.   11 lieb] + der ·bruderfchaft F.
gestrichen.   12 zuhaft TF.

eren. Mitt ſorgſamkeit nit trege: mit hitzigem   v. 11.
; geyſt: dient dem herrn. Frewet euch mit zûuerſicht: 12.
ſeyt gefridſam mit dem durechten: anſtet dem gebet.
Gemeinſampt euch in dem notdurftigen dinge der   13.
heilgen: nachuolgt der herbergung. Sagt wol den   14.
die euch iagent. Saget wol vnd nit enwôllet vbel
ſagen. Frewet euch mit den frewenden: weint mit   15.
den weinenden. Ditz ſelb enphindet vnder einander.   16.
Nichten wiſt die hohen ding: wann entſampt gehelt
den demûtigen. Nichten wôlt ſein witzig bey euch
ſelber. Niemand widergebt vbel vmb vbel: fúrſecht   17.
, die gûten ding nit allein vor gott: wann auch vor
allen leuten. Ob es mag werden getan daz es iſt von   18.
euch: habt den frid mit allen leuten. Aller liebſten   19.
nichten rechet euch ſelber: wann gebet die ſtat dem
zorne. Wann es iſt geſchriben. Mir die rach: vnd
) ich widergilt ſpricht der herr. Wann ob ioch deinen   20.
feind hungert gib im zeeſſen: ob in dúrſtet: gib im
zetrincken. Wann tûſtu ditz: du ſamenſt die kolen
des feuers auf ſein haubte. Nichten wellet werden   21.
vberwunden von dem vbel: wann vberwindet das
; vbel in dem gûten.   *xiij*

*

14 **mit hitzigem**] hitzgend in dem Z—Oa.   15 **Frewet euch**]
Frolockend K—Oa.   in der hoffnung. ſeyend geduldig in trûbſal.
anſteet Z—Oa.   17 **Gemeinſampt euch**] Gem ein | ſampt euch E, Gem
miteinander euch P, teylhafftigend K—Oa.   den notdurftigen dingen
K—Oa.   19 euch durchâchten Z—Oa.   nit fûllend ir flûchen Z—Oa.
21 Daſſelb Z—Oa.   22 nit P—Oa.   . aber mitempfindent den (dem
Sc) Z—Oa.   **entſampt**] miteinander P.   23 Nicht Z—Oa.   25
aber Z—Oa.   26 menſchen Z—Oa.   daz auß euch iſt habend
frid Z—Oa.   27 allen menſchen ZAZc—Oa, allem menſch S.   28
nicht Z—Oa.   aber Z—Oa.   30 Aber iſt daz deinen veind hungeret
ſpeys in. Dúrßt in gib Z—Oa.   deine M, dein EP.   31 gib in EP.
33 Du ſolt nit vberwunden werden von Z—Oa.   34 aber Z—Oa.

*

16 **mit**] in TF.   17 dem T, *umgeändert* den; den F.   dingen TF.
19 **enwôllet**] welt in TF.   20 **weint**] vnd weint TF.   22, 23,28
nit TF.   29 racht T.   30 widergib F, widergibt T.   33 nit TF.
34 dẽ (den F) vbeln TF.   35 **in**] mit TF.

1. Ein ieglich fel die fey vndertenig den oberften
gewelten. Wann der gewalt ift nit neuer
von got. Wann die ding die do feint: die
2. feint geordent von got. Dorumb der do widerftet dem
gewalt: der widerftet der ordnung gotz. Wann die
do widerftend: fy gewynnent in felbs die verdamp-
3. nung. Wann die fúrften die feind nit die vorchte
des gûten wercks wann dez vbeln. Wann wiltu nit
vôrchten den gewalt. So tû das gût· vnd du wirft
4. haben das lob von im. Wann der ambechter gotz der
ift: dir in dem gûten. Wann ob du vbel tûft: fo vorcht
dir. Wann er tregt nit das waffen on fach. Wann
der ambechter gotz der ift ein recher in dem zorn: dem
5. der do vbel tût. Dorumb feyt vndertenig der not-
durft: nit allein vmb den zorn: wann auch vmb die
6. gewiffen. Wann dorumb fo gebt in auch den zins.
Wann fy feind die ambechter gotes: die dienent in
7. difem felben. Dorumb widergebt die fchuld allen.
Dem den zins den zins: dem den zol den zol: dem die
8. vorcht die vorcht: dem die ere die er. Niemand fôlt
kein ding: neuer das ir lieb habet einander. Wann
9. der lieb hat feinen nechften: der erfúlt die ee. Wann

---

*

36 **die**] *fehlt* K—Oa.   den hôcheren Z—Oa.   37 derwelten E,
erwelten P.   **neuer**] dann allein Z—Oa.   39 **do**] *fehlt* OOa.
40 **Wann**] Vnd Z—Oa.   41 verdamnuß Z—Oa.   42 **die** (*zweites*)]
fehlt OOa.   **die** (*drittes*)] der Z—Oa.   43 **wann**] Aber Z—Oa.
44 **vnd du wirft**] So wirft du Z—Oa.   45 der diener P—Oa.   **der**
(*letztes*)] *fehlt* K—Oa.   46 thûft du aber vbel. fo Z—Oa.   47 **fach**]
vrfach Z—Sc, vrfachen SbOOa.   48 der diener P—Oa.   **der** (*zweites*)]
fehlt PK—Oa.   52 Vnd fie feind diener P.   die diener Z—Oa.
: die] + do Z—Oa.   **in** — 53 **felben**] in daffelb Z--Sa, vmb daz
felb K—Oa.   55 **die** (*erstes*)] der OOa.   56 **kein ding**] ir ichs Z—Sa,
ir ichts K—Oa.   **neuer**] nun ZcSa.   57 **der** (*erstes*)] + da SbOOa.
der hat erfúllt das gefatz Z—Oa.   **Wann**] Vnd P.

*

36 **die**] *fehlt* TF.   **den**] dem T.   41 **fy**] di TF.   42 **der**
vorcht TF.   48 **ift**] + dir in dem guten wan ob du vbel tuft fo
furcht dir T, *unterftrichen*.   49 **der** (*zweites*)] von TF, *unterftrichen*
T, der ta.   52 **fy**] di da TF.   54 Wem zins den (dem T) zins
wem (+ den F) zol (zold T) dem zolt (fold T) wem die vorcht TF.
55 **dem**] wem TF.   57 **lieb**] da lieb TF.

nit briche die ee˙ nit erfchlach˙ nit ftil˙ nit enfage
valfchen gezeug˙ nit begeitig das ding deins nechften:
) wann ob kein ander gebott ift das wirt erfüllet in
difem wort: hab lieb deinen nechften als dich felber.
)| Die lieb des nechften wirckt nit das vbel. Dorumb   v. 10.
die erfüllung der ee das ift die liebe. Vnd brüder   11.
wift ditz zeyt: das ytzund ift die ftund vns auf zů-
ften von dem fchlaf. Wann nehern ift nu vnfer be-
) haltfam: denn do wir glaubten. Die nacht gieng   12.
vor hin: wann der tag hat fich genahent. Dorumb
wir werffen von vns die werck der vinfter vnd wer-
den geuaft mit den geweffen des liechtes: | alfo das   13.
wir gen erfamlich an dem tag. Nit in frafheiten
) vnd in trunckenheiten˙ nit in petlinn vnd in vnkeufch-
en˙ nit in neyden vnd in kriegen: | wann vaffet den   14.
herren ihefum criftum: vnd alfo daz ir icht volbringt
die forg des fleyfchs in euren begirden.   *xiiij*

W ann enphacht den fiechen in dem gelauben: 1.
nitt in den kriegen der gedancken. Wann   2.
einander der gelaubet fich zeeffen alle ding.

*

58 nit tôt Z—Oa. nit fage valfche gezeugknuß nit beger Z—Oa.
60 **wann**] Vnd Z—Oa. **kein**] ein Z—Oa. 1 nechfter P. 2 die
volkumenheyt des gefatz daz (*fehlt* K—Oa) ift Z—Oa. **die** (*zweites*)]
+ die KSb. 3 **ditz**] die Z—Oa. 4 **nu**] nit Sc. vnfer heyl
dann wir gelaubet haben. die nacht ift fürgangen (fürgegangen S) aber
der tag Z—Oa. 6 Darumb füllen wir von vns werffen (verften G)
die Z—Oa. 8 angeleget mit den waffen Z—Oa. 9 erfamlichen O.
an] in Z—Oa. 10 **vnd** (*erftes*)] noch G. **petlinn**] den fchlaf-
kämern Z—Oa. 11 aber Z—Oa. **vaffet**] *fehlt* P, lögend an Z - Oa.
12 **alfo**] *fehlt* Z—Oa. **ir**] *fehlt* S. **icht**] nit AOOa. 14 Aber
nemend auff den fchwachen Z—Oa. **den**] die P. 15 **Wann**]
vnd P. 16 **der**] *fehlt* AK—Oa. **fich zeeffen**] das er effe Z—Oa.

*

58 prich nit TF. fag TF. 60 **wann**] vnd TF. 61 **wort**]
fehlt TF, worte ta. 3 zeit (+ daz F) di ftund ift iezunt vns TF.
4 vom TF. 7 **wir**] *fehlt* TF. 8 mit dem T. 9 erfamiclich TF.
10 **vnd in trunckenheiten**] *fehlt* T, *nachgetragen* ta. pettleinen TF.
11 krieg F, kreik T. 13 **euren**] den TF. 16 **einander der**]
einer TF.

v. 3. Wann der do ift fiech: der effe kol. | Der der do effe
der verfchmech nit den vaftenden: vnd der do vaft:
der vrteyl nit den effenden. Wann got der enphecht

4. in Du wer bift du du do vrteilft den fremden knecht?
Er ftet feim herrn oder velt. Wann beftet er. Wann

5. got der ift gewaltig in zebeftetigen. Wann einer der
vrteylt den tag zwifchen dem tag: wann einander
vrteylt allen den tag. Wann ein ieglicher begnúgt

6. in feim fynn. Der do weyß den tag· der weyß in dem
herren· wann der do ift· der ift dem herren. Wann er

7. macht genade got.* Wann vnfer keiner lebt im felber

8. vnd keiner ftirbt im felber. Wann ob wir leben wir
leben dem herren: ob wir fterben· wir fterben dem
herren. Es fey das wir leben oder fterben wir feind

9. dez herren. Wann in difem ift criftus tod vnd erftûnd:

10. das er auch herfch der lebentigen vnd der doten. Wann
du was vrteyleft du deinen brûder: oder worumbe
verfchmechft du deinen brûder? Wann all werden

11. wir ften vor dem gericht crifti. Wann es ift gefchriben.
Ich leb fpricht der herr: wann alles knye wirt mir
geneygt: vnd ein ieglich zung begiecht dem herrn.

17 kolen MEP. der (*letztes*)] *fehlt* SOOa. do ißt ZAZc—Oa.
18 verfchmecht EP. 19 der (*letztes*)] *fehlt* K—Oa. hat in auff·
genomen Z—Oa. 21 völt aber er wirt fteen Z—Oa. 22 der (2)] *fehlt*
K—Oa. in zeftellen Z—Oa. 23 wann — 24 Wann] vnd P.
23 wann] Aber Z—Oa. einander]+ der A. 24 den tag. Wann]
tag Z—Oa. begnúgt] fei vberflúßig Z—Oa. 25 weyß (2)]
verftet Z—Oa. 26 wann] vnd Z—Oa. 27 wurcket genad got
Z—Sa, fagt got danck K—Oa. 28 vnd — felber] *fehlt* S. 29 ob
— 30 herren] *fehlt* P. 30 Es fey das] Darumb Z—Oa. fo feyen
wir Z—Oa. 31 difem] + fo Sb. 32 der (2)] den ZcSa. Aber
Z—Oa. 33 du (*zweites*)] *fehlt* A. deinem KGSc. 35 ften]
fterben Sb. gericht] richterftúl ZSK—Oa, richtftúl AZcSa. 37
fpricht] fchricht Sc. 37 wirt veryehen Z—Oa.

17 Der] *fehlt* TF. 18 do] *fehlt* F. 20 bift du] biftu TF.
22 der (2)] *fehlt* TF. 23 dem] den T. einander] ainer TF,
ain ander ta. 24 den] *fehlt* TF. 26 vnd der da iffet der effe TF.
27* got]+ vnd der da vaftet der vafte dem herren vnd macht gnad got TF.
kainer] *nachgetragen* F. 32 auch] *fehlt* TF. 33 vrtailftu TF.
34 verfmechftu TF.

Dorumb vnfer ieglicher gibt rede zů gotte fúr fich   v. 12.
felber. Dorumb wir vrteylent nit von des hin an   13.
v einander. Wann ditz vrteylt mer das ir icht leget
fchadung oder das trůbfal dem brůder. Ich weyß vnd   14
verfich mich im herrn ihefus: das kein ding ift vn-
rein durch in: neuer der im maft zefein etliche ding
vnrein: es ift im vnrein. Wann ob dein hrůder wirt   15.
s betrůbt vmb dein effen: ytzund geftu nit nach der
lieb. Nichten welft in verliefen mit dem effen: nach
betrůben vmb den criftus ift tod. Dorumb vnfer gůt   16.
werd nit verfpot. Wann das reych gotes ift nit in   17.
effen oder in trincken: wann recht vnd frid vnd freud
o in dem heilgen geyft. Wann der criftus dient in difem 18.
der gefelt got: vnd ift bewert den leuten. Dorumb   19.
wir nachuolgen den dingen die do feind des frids:
vnd behúten an einander die ding die do feind zů der
bauung. Nichten welft verwúften das werck gotz   20.
s vmb das effen. Ernftlich alle ding die feind reine:
wann bôß ift dem menfchen der do ift durch die er-
grung. Gůt ift nit zeeffen das fleifch noch zedrincken 21.

*

38 wirt rechung (rechnung ASZcSaG—Oa) geben fúr fich felbs got.
Darumb. Súllen wir fúro (fúran K—Oa) nicht einander vrteilen. aber
das vrteilend (vrteyl G) mer. das ir nicht legend ein belaydigung dem
brůder oder die fchande. Ich Z—Oa.   42 in dem Sb—Oa.   jhefu
EPZS—Oa, *fehlt* A.   43 neuer — 44 es] dann allein dem der do
maynt etwas vnrein zefein. daz Z—Oa   44 **Wann**] Vnd P.   **ob**]
+ do SbOOa.   45 **dein**] daz Z—Oa.   46 Nicht Z—Oa.   ver-
lieren G.   47 **vmb den**] in dem MEP.   48 **verfpot**] gelôßtert
Z—Oa.   **in** — 49 **freud**] das effen oder trincken. Aber die gerech-
tigkeit vnd der frid vnd die freud Z—Oa.   50 crifto Z—Oa.   51
Dorumb] + fullen Z—Oa.   53 **an**] *fehlt* AOOa.   54 Nicht Z—Oa.
55 **Ernftlich**] Gewiflich P, dann KGSc, denn SbO, wann Oa.   **die**]
fehlt K—Oa.   56 Aber Z—Oa.   dem menfch Z, der menfch S.
ergrung] belaydigung Z—Oa.   57 nit effen Z—Oa.   noch trincken
den wein Z—Oa.

*

39 **an**] *fehlt* TF.   41 den brudern wan ich TF.   46 nit en-
wellft TF.   **mit dem**] vm dein TF.   48 **in**] *fehlt* TF.   49
oder in] vnd TF.   50 **in dem**] im TF.   53 **an**] *fehlt* TF.   54
nit enwelft TF.   55 **vmb das**] mit dem TF.

wein: nach in dem dein brûder fchat oder wirt betrûbt

v. 22. oder fiecht. Den gelauben den du haft bey dir felber
den hab vor got. Er ift felig der do nit vrteylt fich

23. felber in dem das er hewert. Wann der do vnderfcheit:
ob er ift der ift verdampt: wann er ift nit von dem ge-
lauben. Wann alles das das do nit ift von dem ge-
lauben das ift fûnde.   *x.*

1. W ann wir ftarcken fûllen enthaben die kranck-
heit der fiechen: vnd nit geuallen vns felb.

2. Vnfer iegleicher geualle feim nechften in der

. 3. ğúte: zû der pawung. Wann criftus der geuiel nit
im felber: wann als gefchriben ift: die itwiffung der

4. die dir itwifften die vielen auf mich. Wann die ding
die do feind gefchriben die feint gefchriben zû vnfer
lere: daz wir durch die gefridfam vnd durch den troft

5. der gefchrift haben die zûuerficht. Wann gott des
frides vnd des troftes der geb euch ditz felb zewiffen

6. vndereinander nach ihefum criftum: | das ir einhellig
mit eim munde eret got vnd den vatter vnfers herren

7. ihefu crifti. Dorumb enphacht ein ander alz auch euch

8. criftus enphieng in der ere gotz. Wann ich fag ihefum

*

58 brûder belaydiget oder wirt geôrgert oder wirt fchwach Z—Oa.
59 Den] Der S.   60 den] *fehlt* K—Oa.   61 Wann] Aber Z—Oa.
vnderfcheit] *fehlt* E, *jedoch nicht in allen exemplaren.*   1 der ift]
der wirt Z—Oa.   nit] *fehlt* MEP.   1, 2 von] auß Z—Oa.   3
lauben] *fehlt* E, *jedoch nicht in allen exemplaren.*   4 Aber wir die
ftôrckern fûllen enthalten Z—Oa.   5 felbs P.   6 in das gût Z—Oa.
7 der (*zweites*)] *fehlt* E—Oa.   nit] *fehlt* A.   8 itwiffung — 9
itwifften] vbelrôder Z—Sa, verargung der verargenden K—Oa.   9
itwiffen P.   die (*zweites*)] alle Z—Oa.   11 gefridfam] geduld Z—Oa.
13 der] *fehlt* K—Oa.   daffelb Z—Oa.   15 erte MEP.   16
enphacht] + an Sc.   17 fag das ihefus criftus fey gewefen Z—Oa.

*

58 den wein TF.   61 dem] den F.   er] *nachgetragen* T.
bewert] wirt begert F, *umgeändert* gebert.   2 das das] daz TF.
6 in dem guten TF.   7 criftus der] criftus TF.   8 felb TF.
ietwiffe TF.   9 itwiffen TF.   Wann] + all tc.   10 die
feint gefchriben] *fehlt* TF.   11 lere] + fint gefchriben tc, fint
fi gefchriben fc.   durch den] den TF.   12 fchrift TF.   15
mit] vnd mit TF.   16 euch auch TF.

criſtum zeſein geweſen ein ambechter der beſneydung
vmb die warheit gotz zeueſten die gehaiſſungen der vetter:
  wann die beiden zů eren gott über die derbarmbd: als   v. 9.
geſchriben iſt. Dorumb ich begich dir herre vnder
den heiden: vnd ſinge deim namen. Vnd aber ſpricht   10.
er. Haiden derfrewet euch mit ſeim volck. | Vnd aber.   11.
Alle leute lobt den herrn: vnd alle volck michelicht
  in. | Vnd anderwaid ſpricht yſayas. Er würt die   12.
wurtzel yeſſe: der do aufftet zerichten die leute: vnd
die leute verſechent ſich an in. Wann gott der zůuer-   13.
ſicht der derfülle euch mit aller freude vnd mit fride
in dem gelauben: das ir begnügt in der zůuerſicht vnd
  in der kraft des heiligen geiſts. Wann mein brůder   14.
ich bin gewiß vnd ich ſelb von euch: das ir auch ſeint
vol der liebe ˙ derfüllt mit aller wiſſentheit: alſo daz
ir mügt gemanen an einander. Wann brůder ich   15.
ſchreib euch turſticlich von taile: als wider furent
  euch in gedenckung: vmb die gnad die mir iſt gege
ben von gott | das ich ſey der ambechter iheſu criſti ze-   16.
geheiligen das ewangelium gotz vnder den heiden:
das das opffer der beiden werd an enphencklich vnd ge-   17.
heiligt in dem heiligen geiſt. Dorumb ich hab wun

*

18 ein diener P—Oa.   19 **warheit**] arbeit MEP.   zůbeſtâten
die verheyſſung Z—Oa.   20 Aber Z—Oa.   **zů**] fehlt Z—Oa.   21
Dorumb] fehlt OOa.   ich wil dir herre veryehen Z—Oa.   22 dein
S—Oa.   23 **er**] + Ir Z—Oa.   24 **leute**] heyden Z—SaSb—Oa,
beyde KG.   **alle**] alles E—Oa.   gröſſet in P, machet in groß
Z—Oa.   25 **anderwaid**] aber A.   26 yeſſe vnd der do wirt
auffteen zeregiren dy heyden. in den werden die heyden hoffnung haben.
aber gott der hoffnung Z—Oa.   28 **der**] fehlt K—Oa.   erfüllet OOa.
29 begundt Sc.   30 Aber Z—Oa.   31 gewiß bin ich ſelbs von K—Oa.
33 ermanen Z—Oa.   **an**] fehlt AOOa.   Aber brůder ich hab euch
kecklicher (künlicher KG, künlichen SbOOa, kündlicher Sc) geſchriben
auß eim teyl Z—Oa.   35 gedâchtnuß Z—Oa.   36 diener P—Oa.
zeheyligen ASK—Oa.   37 **vnder**] vnd P.   38 **heiden**] + do Sb.
an] fehlt Z—Oa.   39 hab glori P, hab die glori Z—Oa.

*

21 **herre**] fehlt TF.   22 **ſinge**] ſag daz lob TF.   **deim**] dein F.
23 freut TF.   27 verfecht TF.   31 auch ir TF.   32 weiſheit T.
34 turſticlich alz von tail wider TF.   36 iheſum criſtum TF.   38
gebeilig im heiligen TF.

v. 18. niclich in ihefu crifti zû gott. Wann ich tar nit ge
reden keins der ding die criftus nit wúrckt durch mich
in der gehorfam der heiden: in dem wort vnd in den

19. wercken | in der craft der zeichen vnd der wunder in der
craft des heiligen geiftes: alfo das ich derfúlle das
ewangelium crifti von iherufalem durch die vmb-

20. halbung vntz zû illiricum. Wann alfuft hab ich ge
brediget daz ewangelium · da criftus nit ift genant

21. daz ich nit pawete auf ein fremd gruntuefte · | wann alz
gefchriben ift in yfaya den nit ift derkunt von im die

22. fechent: vnd die do nit enhorten die vernement · vmb
das bin ich aller meift gehindert zekumen zû euch.

23. Wann nu fúrbas hab ich nit ftat in difen gegenten:
wann ich het begerung zekumen zû euch ytzunt vor

24. manigen vergenden iaren: | fo ich begynne zegen in
hyfpania: ich verfich mich daz ich fúrgend euch ge
feche · vnd von euch werde do hin gefúrt · ob ich euch

25. zem erften werde gewonen von tail. Dorumb nu ge

26. ich zû jherufalem ze ambechten den heiligen. Wann die
macedonier vnd die achaier die habent bewerte ze-
nachen etleich fammenung vnder den armen der heiligen

27 die do feint in jherufalem. Wann es geniel in: vnd fy feint
ir fchuldiger: Wann ob die beiden feint gemacht teil

*

    40 crifto E—Oa.   getarr nit reden K—Oa.   41 keins] etwas
Z—Oa.   42 der (erstes)] die Z—Oa.   44 erfúllet hab Z—Oa.
45 durch den vmbfchwayf Z—Oa.   46 biß Sb—Oa.   illiritum M,
illericum ZcSa.   Aber alfo Z—Oa.   47 da — nit] nit do criftus
Z—Oa.   48 auf] fehlt P.   gruntue · ftwann M.   Aber Z—Oa.
49 gefcriben M, hefchriben G.   den] der MEP.   verkunt Z—Oa.
50 nit hörten von im die Z—Oa.   51 bin] ward Z—Oa.   52 Aber
Z—Oa.   54 vergangen K—Oa.   55 euch werde (werd euch G)
fehen Z—Oa.   56 euch (zweites)] ouch úch A.   57 zem] zû dem
AScOa, vom G.   werde troßten auß ein (einem K—Oa) teylZ—Oa.
nu ge] neige M—Oa.   58 zedienen P—Oa.   59 die (zweites)]
fehlt K—Oa.   zemachen — 60 den] zethûn ein predig oder (÷
ein G) lere in die Z—Oa.   1 gemacht] worden Z—Oa.
*

    40 ihefu crifto F, ibefum criftum T.   41 dingen F.   42 in
der] in di TF.   49 yfaias TF.   50 do] fehlt T.   vernemt TF.
60 machen etleich] fehlt TF; machen etlich ta.   61 feint in] fint zu TF.

haftig ir geiftliche ding: fy fúllen in auch ambechten
in den fleifchlichen. Dorumb fo ich ditz volend vnd in be-   v. 28.
zeichen difen wûcher: ich gee durch euch in hyfpania
ѕ Wann ich waiß daz: fo ich kum zû euch daz ich kum in   29.
der begnúgung des fegens crifti. Dorumb brúder ich bit   30.
euch durch vnfern herren ihefum criftum vnd durch
die lieb des heiligen geifts das ir mir helft in eueren
gebetten zû got: | das ich werd derlôft von den vngetreu   31.
ю wen die da feint in iudea: vnd daz opher meins dienfts
werd an enphengklich den heiligen in jherufalem: | das ich   32.
kum zû euch in freuden durch den willen gottz vnd
rûwe mit euch. Wann gott dez frides fey mit euch   33.
allen. Amen.   *xvj*

ιѕ W ann ich enphilch euch pheben vnfer fwefter
die do ift in der ambechtung der kirchen die
do ift zû cencris | das ir fy enphacht wirdiclich   2.
mit den heiligen im herren: vnd ir beyftet in eim ieg-
lichen gefcheffte in dem fy euwer bedarf. Wann auch
ю fy felb zû ftûnd manigem: vnd mir. Grúfft prifcam   3.
vnd aquilam mein helffer iu ihefu crifti: | die ir half-   4.
adern vnderlegten vmb mein fele: den ich nit allein
mache gnad wann auch alle die kirchen der baiden:

*

2 geyftlichen AK—Oa.   **fy fúllen]** So fúllen fy Z—Oa.   **auch**
in P.   dienen P—Oa.   3 in den leiblichen dingen Z—Oa.   **vnd**
in] in MEP, vnd Z—Oa.   4 difen — gee] in die frucht. So will ich
dann geen Z—Oa.   hyfpaniam OOa.   9 den vngelaubigen Z—Oa.
10 da] *fehlt* MEP.   **11 an]** *fehlt* Z—Oa.   **den]** dem ZSZcSa.
13 Aber Z—Oa.   15 **euch]** + aber Z—Oa.   phebem OOa.   16
der dienung P, dem dienft Z—Oa.   17 zû cencris] theutris M,
theucris E—Sc, in theucris OOa.   **ir]** er A.   wirdigklichen SbOOa.
18 im] in dem ScOa.   ir beftet EP, feiend ir beyftåndig (beftåndig
ZcSaSbOOa) Z—Oa.   19 Wann fúrwar fy ift beygeftanden manigen
Z—Oa.   20 priftam MZSZcSa, priftan EP, Prifcham G.   21 aqui-
lan EP.   crifto E—Oa.   22 vnklegten M.   **den]** dem Z—SaG.
23 fag gnad (danck K—Oa) aber auch Z—Oa.   **die]** *fehlt* K—Oa.

*

2 geiftlichen TF.   5 **Wann]** vnd T.   **zû — kum]** ich kum
zu euch TF.   10 in iude TF.   **daz]** + daz TF.   **Amen]**
fehlt TF, *nachtr.* ta.   21 ihefum criftum TF.

v. 5. | vnd ir haimlich kirchen. Grúfft ephenetum meinen
lieben: der do ift der erfticlich in afye in crifto ihefu.

6. Grúfft marien die do vil het gearbeit vnder euch.

7. Grúfft andronicum vnd iuliam mein magen vnd
mein enzamt geuangen die do feint die edeln vnder den

8. botten: die auch vor mir waren in crifto. Grúfft am-

9. pliacum meinen liebften im herrn. Grúfft vrbanum
vnfern helfer in crifto ihefu: vnd ftachim meinen

10. lieben. | Grúfft appellen den frumen in crifto. Grúft

11. die die do feint von dem hauß ariftoboli. Grúfft he-
rodionem meinen magen. Grúfft die die do feint von

12. dem haus narciffi: die die do feint im herren. Grúft
triphenam vnd triphofam: die do vil habent gearbeit
im herrn. Grúft perfidam die aller liebften: die do vil

13. hat gearbeit im herrn. Grúffent den derwelten roten

14. im herrn: vnd fein mutter vnd die meinen. Grúfft
afyncretum fleogonciam hermen patrobam hermam:

15. vnd die brúder die mit in feint. Grúfft philologum
vnd iuliam vnd nereum vnd fein fchwefter vnd olim
piadem: vnd alle die heyligen die mit ine feint.

16. ¦ Grúfft einander im heyligen kuß. Euch grúffent all

*

24 **haimlich**] haußgenoffen Z—Oa.   25 **erfticlich**] erft K—Oa.
afia Z—Oa.   26 mariam Z—Oa.   hat Z—Oa.   27 adronicum S.
meinen P.   **magen**] freund Z—Oa.   28 **enzamt**] miteinander
P, *fehlt* Z—Sa, mit K—Oa.   29 apofteln Z—Oa.   **vor**] von OOa.
crifto] + Iefu G.   ampliatum K—Oa.   30 **im**] in dem ScOa.
31 ftachin Z—Oa.   meinem M.   33 **von**] auß Z—Oa.   hero-
dienem M, herodem Sb, herodianem ScOOa.   34 mein Z—Sa.   **ma-
gen**] freúndt Z—Oa.   **von**] auß Z—Oa.   35 **die die**] die Z—Oa.
in dem ScOa.   36 die do arbeyten Z—Oa.   37, 38 in dem ScOa.
38 Gegrúffent P.   **roten**] ruffum Z—Oa.   39 in dem ScOa·
fein] mein Sc.   40 anfyncretum MEP, afmeretum Z—Oa.   **fleo**-
gontam Z—KSbSc, degontam G, fleogantam OOa.   patroban SbOOa.
41 **mit**] bey Z—Oa.   im MEPS.   philogum E—Oa.   42 viliam
M.   **vnd** (*zweites*)] + auch Sb.   43 **die** (*erstes*)] *fehlt* K—Oa.
mit] bey Z—Oa.   **ine**] ime MEP.   44 in dem ScOa.   44 grúffet K—Oa.

*

24 haimlichen TF.   25 erftlich afye TF.   **ihefu**] *fehlt* TF.
28 **feint**] + die edel T, *gestrichen*.   29 amphyacum F.   31 **ihefu**]
fehlt TF.   32 **appellen**] + vnd fc.   33 herodyomen TF.   35
die die] di TF.   narriffi F.   **im**] in dem T.   40 flegonciam TF.

₅ die kirchen in crifto. Wann brúder ich bit euch das   v. 17
ir merckt die die do machent die mifhellungen die
ergerungen on die lere die ir habt gelert: vnd naigt
euch von in. Wann die in dife weyfe die dienent   18
nit crifto vnferm herren wann irem bauch: vnd durch
₀ die fúffen wort vnd durch die fegen verlaitent fy die
hertzen der vnfchedlichen. Wann euwer gehorffam   19
die ift deroffent an einer ieglichen ftat. Dorumb
ich frewe mich in euch: wann ich will euch zefein
weife in dem gútten: vnd einueltig in dem úbelen.
₅ Wann gott des fridez der zerknifcht fathanas fnel-   20
liclich vnder euweren fúffen. Die gnad vnfers herren
ihefu crifti die fei mit euch Euch grúffet thimotheus   21
mein helfer: vnd lucius vnd iafon vnd fofipater
mein magen. Ich der dritt ich grúß euch: ich do   22
₀ fchreib dife epiftel im herren. Euch grúfft gayus   23
mein wúrte: vnd alle die kirchen der beiden. Euch
₅) grúfft eraftus der fchreiner der ftat: vnd der vierd
brúder. Die gnad vnfers herrn ibefu crifti fey mit   24
euch allen. Wann dem der do ift gewaltig euch zefeften   25
noch meim ewangelium in der bredige ihefu crifti:

*

45 die — wann] kirchen crifti. Aber Z—Oa.   46 die die] die Sc.
machent zwitracht. vnd belaydigung Z—Oa.   47 lere] *fehlt* Oa.
gelernet Sb.   48 in dife weyfe] felben Z—Oa.   die (*letztes*)]
fehlt K—Oa.   49 aber Z—Oa.   jren EPSZcSa.   51 vnfchul-
digen. Aber Z—Oa.   52 die] *fehlt* K—Oa.   eroffent] lautmer
Z—Oa.   ieglicher M.   53 aber ich will das (des KG) ir weyß
feiend Z—Oa.   54 dem (*erstes*)] den·K—Sc.   dem úbel. vnd
got Z—Oa.   55 der] *fehlt* K—Oa.   fathanam Z—Oa.   fchnelligk-
lichen SbOOa.   56 herres K.   57 die] *fehlt* AOOa.   59 mein
geborn freúnt. ich felb drit grúß euch. Der ich gefchriben hab dife
(die SOOa) epiftel Z—Oa.   60 in dem ScOa.   1 craftus Z—Sa.
fchreiner] fchatzmayfter K—Oa.   vierd brúder] brúder quartus
Z—Oa.   3 Wann dem] Dem aber Z—Oa.   zebeftáten Z—Oa.
4 ewangeliun M.   in] vnd Z—Oa.

*

46 mifhellung vnd di ergrung TF.   48 difer weiz TF.   53 will]
+ ich T, *geftrichen*.   54 wiczig TF.   57 Euch] *fehlt* TF, *nachgetragen*
ta fc.   58 yafon (nafon F) vnd lucius TF.   59 gruzft T, gruzt F.
2 crifti] + di TF.   3 allen] + amen TF.   4 ewangelio TF.

noch der eroffunge der verſwigen taugen in den ewigen
v. 26. zeyten | die nu iſt gemacht offen durch die geſchrift
der weiſſagen nach dem gebot des ewigen gottz zů der
27. gehorſamkeit des gelauben in allen leúten | dem ein-
derkannten dem weyſen gott durch iheſum criſtum
dem ſey ere vnd wunniclich in den werlten der werlt
Amen. *Hie endet die Epiſtel zů den Rômern
Vnd hebt an die vorrede über die erſte epiſtel.*

D ie von corinth ſeint achaier: diſe
horten zegleicherweys von den bot-
ten daz wort der warheit: vnd wur
den verkert manniguelticlich von
den valſchen botten. Etliche von
den kleffigen reden werltlicher weyſ-
heit: die andern wurden ein geſúrt
in die irrtum der iudiſchen ee. Diſe wider rufft der
botte zů der waren vnd ewangeliſcher weyſheit: ſchreib
end in von epheſi bey thimotheo ſeim iunger. *Hie
endet die vorrede Vnd hebt an die erſte epiſtel zů den Corintern*

5 **taugen**] heymlikeyt Z—O, -chaiten Oa.   6 **gemacht offen**]
offengebaret ZASKGSbO, geoffenbaret ZcSaOa, offenbaret Sc.   7 **der**]
des Sc.   8 **dem — 9 dem**] allein erkant den (dem K—Sc) Z—Oa.
10 **dem**] *fehlt* K—Oa.   vnd glori P—Oa.   13 **Die von corinth**]
Corinthi Z—Oa.   achaici E—Oa.   14 von dem apoſtel Z—Oa.
16 manigfaltigklichen SbOOa.   17 apoſteln Z—Oa.   18 **den**]
dem SSbOOa.   **reden**] auffprechen ZS—Oa, uß geſprochen A.   19
andern ſein eingeſúrt worden Z—Oa.   21 **botte**] botten MEP, apoſtel
Z—Oa.   ewangeliſchen SbOOa.   22 exheſi M, epheſo Z—Oa.
durch thimotheum Z—Oa.

5 eroffenung TF.   **in den**] vor dem TF.   6 ſchrift TF.
9 **dem**] *fehlt* TF.   13 *Diese vorrede bieten* BNgWr *in anderer fassung.*

P Aulus gerůffen ein botte ihefu
crifti durch den willen gotts vnd
foftenes der brůder | der kirchen gotz   2.
die do ift zecorinth: den heiligen in
ibefu crifti mit allen den gerůffen
heiligen: die do an rúffent den nam-
en vnfers herrn ihefu crifti an ein
er ieglichen ftat der iren vnd der
vnfern. Gnad fey mit euch vnd frid von got vnf-   3.
erm vatter: vnd von dem herrn ihefu crifti. Ich mache   4.
gnad meim got zů allen zeyten vmb euch in der gnade
gottz die euch ift gegeben in ihefu crifti: | ir feint ge   5.
macht reich in im in allem wort vnd in aller wif
fentheit: | als der gezeug criftus ift geueftent in euch   6.
alfo das euch nit gebrefte an keiner gnad: baitent der   7.
eroffnung vnfers herrn ihefu crifti: | der auch euch vef   8.
tent on fchulde vntz an das ende: an dem tag der zů
kunft vnfers herrn ihefu crifti. Wann gott der ift   9.
getrew: durch den ir feint gerůffen in die gefelfchaft
feins funns vnfers herrn ihefu crifti. Wann brůder   10.
ich bit euch durch den namen vnfers herren ibefu crifti:
daz ir alle fagt das felb: vnd das nit feyn fchaidungen

*

24 genennet ein apoftel Z—Oa.   27 ift Corinthy den (dem ZcSa)
geheyligten in Ihefu crifto genanten heiligen mit allen den die do an
Z—Oa.   28 crifto EP.   geůffen M.   32 got] *fehlt* S.   33
chrifto K—Oa.   **mache]** fag Z—Oa.   34 danck K—Oa.   **in** —
35 euch] *fehlt* P.   35 crifto E—Oa.   **ir — 36 wort]** Wann ir
feyend in allen dingen reich worden in im in wort Z—Oa.   37 als
die czeůgknuß crifti Z—Oa.   38 nit gebrech SbOOa.   harrend
K—Oa.   **der]** die Z—Sa.   39 offenbarung Z—Oa.   **euch]**
fehlt ZcSa.   wirt beftâten Z—Oa.   40 biß Sb—Oa.   **an dem**
— 41 crifti] *fehlt* Z—Oa.   41 der] *fehlt* PK—Oa.   42 geuodert
Z—Oa.   **gefelfchaft]** fchar P.   43 Aber Z—Oa.   **45 vnd]**
fehlt P.   fey MEP.   zwiträcht Z—Oa.

*

24 ihefum criftum TF.   27 geheiligten TF.   28 crifto TF.
33 vnd] *nachtr.* F.   crifto TF.   macht TF.   34 mein F.
euch] + alle TF.   35 crifto daz ir TF.   41 krift T.   43
vnfers herrn] *fehlt* TF, *nachgetragen* ta.   45 dicz felb TF.   fchai-
dung TF.

vnder euch. Wann feint durnechtig in dem felben

v. 11. fynne: vnd in der felben wiffentheit. Wann mein hrúder
mir ift deroffent von euch von den die do feint zeclo-

12. es: das kriege feint vnder euch. Wann brúder ditz
fag ich: das euwer ieglicher fpricht. Ernftlich ich
bin paulus: wann ich appollen· wann ich cephas:

13. wann ich krifts. | Dorumb ift criftus getailt? Ift
denn paulus gecreútziget vmb euch: oder feint ir ge

14. taufft in dem namen paulus? Ich mache gnad meim
gott daz ich euwer keinen hab getaufft· neuer crifpum

15. vnd gayum: | das keiner fpreche daz ir feint getaufft

16. in meim namen. Wann ich taufft auch das hauß
ftephans: ich weys nit ob ich euwer keinen der andern

17. hab getaufft. Wann criftus fant mich nit zetauffen
wann zů bredigen: nit in der weyfheit des wortes:

18. das daz creútz crifti icht werd verúppigt. Wann daz
wort des creútzes ift ernftlich ein torheit den die do   [30]
verderbent: wann den die do werdent gemacht behalten

19. das ift vns ift es die kraft gotz. Wann es ift ge-
fchriben in yfayas. Ich verleúfe die wifheit der weif
en: vnd verfprich die fúrfechung der fúrfechenden.

20. Wo ift der weife wo ift der fchreiber. wo ift der der-

<hr />

46 Aber feind volkummen in einem fynn Z—Oa.   47 **der felben**]
einer Z—Oa.   48 **deroffent**] bedeút Z—SbOOa, begeút Sc.   49
Aber Z—Oa.   50 **Ernftlich**] Gewißlich P, *fehlt* K—Oa.   51 bin
pauli. Ich aber bin appollo. So bin ich cephe. So bin ich crifti. Ift
dann criftus Z—Oa.   52 **krifts**] criftus EP.   54 pauli. Ich fag
Z—Oa.   danck K—Oa.   55 **neuer**] Dann allein Z—Oa.   56
geyum K—Sc.   57 Ich hon aber auch (ewch S) getauffet daz hauß
ftephane Z—Oa.   58 **der**] den G.   60 aber Z—Oa.   61 crifti
nicht werde außgelãret Z—Oa.   1 **ernftlich**] gewißlich P, *fehlt*
K—Oa.   2 Aber den die do heylwertig werdent Z—Oa.   3 ift
es] *fehlt* EP.   4 in yfayas] *fehlt* Z—Oa.   wird verliefen Z—KSb—Oa,
wird verlieren G.   5 wird verwerffen die fúrfichtigkeyt der fúr-
fichtigen Z—Oa.

<hr />

48 **euch**] + vnd TF.   51 pauli TF.   52 **krifts**] crifti TF.
54 pauli ich macht TF.   55 **euwer**] *fehlt* TF, eur ta.   57 **auch**]
euch F.   58 ftephane TF.   ich der andern eur kainen TF.   59
mich] *fehlt* F, *nachgetragen* fa.   zetauft T.   2 **den**] *fehlt* TF.
4 **in yfayas**] *fehlt* TF, *nachgetragen* ta.

ſûcher dirr werlte? Machte denn gott nit tump die
weiſheit dirr werlt? Wann das die werlt nit der-   v. 21
kant gott durch ir weyſheit in der weyſheit gottz:
⁰ es geuiel gott zemachen behalten die gelaubigen durch
die einualt der bredig. Wann ioch die iuden eiſchent   22
zeichen: vnd die kriechen ſûchent weyſheit. Wann   23
wir bredigen criſtus gecreützigt: ernſtlich ein trûb-
ſal den iuden˙ wann ein torheit den beiden: | wann in ſelb   24
⁵ den gerûffen iuden vnd den kriechen: bredigen wir
criſtum die kraft gotz vnd die wiſheit gottz. Wann   25
daz do iſt ein tumbheit gottz˙ das iſt weiſer denn die
leûte: vnd daz do iſt ein kranckheit gotz daz iſt ſterck
er den leûten. Wann brûder ſecht euwer rûffunge: 26.
⁰ wann nit manig weyſe nach dem fleiſch nit manig
gewaltig nit manig edel: | wann der herre gott erwelt   27.
die tummen ding der werlt das er ſchemlich die weiſ
en: | vnd gott erwelt die krancken ding der werlt daz   28.
er ſchemlich die ſtarcken: vnd got der erwelt die vn
⁵ edlen ding der werlt vnd die verſmechelichen vnd die
ding die do nit ſeint: daz er verwûſt die ding die do

*

7, 8 dirr] der P.   7 hat denn nit got toret gemachet die Z—Oa.
8 Wann — 11 éiſchent] Aber darumb daz in der weyßheit (welt Sc)
gottes. die welt nit hat erkennet got durch die weyßheit. hat gefallen
gott durch die einfalt der predig heylſam zemachen die gelaubigen
Wann auch die iuden begerent Z—Oa.   12 Aber Z—Oa.   13
criſtum Z—Oa.   ernſtlich] gewiſlich P, fúrwar Z—Oa.   ein —
15 vnd den] den iuden ein ſchande den heiden. aber ein torheit. aber.
den genoderten iuden vnd auch Z—Oa, + den Sc.   15 den (erstes)]
fehlt P.   17 torheyt Z—Oa.   18 menſchen Z—Oa.   ein] fehlt P.
19 den leûten] denn die menſchen Z—Oa.   20 manig (2)) vil Z—Oa.
21 manig — 22 werlt] vil edel. aber die ding. die do toret feind der
welt hat got erwôlet Z—Oa.   21, 24 erwelt M.   22 ſchende Z—Oa.
23 gott — 25 verſmechelichen] die ſchwachen diſer welt hat got er-
wôlet daz er ſchende die ſtarcken ding. vnd die vnedeln vnd verſchmâch-
lichen ding der welt hat got erwôlt Z—Oa.   26 do (erstes)] fehlt
Z—Oa.   verwûſt] zerbrâche Z—Oa.

*

7 Machte — 8 dirr werlt] fehlt T, hat den nit got torat gemacht
di waiſheit dirr werlt nachtr. th.   15 predigt TF.   19 den leûten]
den di leut TF.   20 wan manig ſint nit weiz TF.   21 wan got der
erwelte TF.   23 gott] + der TF.   26 nit enſint TF.

v. 29. feint: | das alles fleifch icht werde gewunniclicht in
30. feiner befcheude. Wann von im feint ir gerüffen in
ihefu crifti: der vns ift gemacht ein weyfheit von
gott vnd ein gerechtikeit vnd ein heylikeite vnd ein
31. derlöfung: | als es gefchriben ift: in ieremias der fich
wunniclicht der werd gewunniclicht in dem herrn.   *ij*

1. Und hrúder do ich kam zû euch: ich kam nit
in der hôche dez wortes oder der weifheit· zû der
2. kúnden euch den gezeug crifti. Wann ich
vrtailet mich nit zûwiffen etliche ding vnder euch
3. neur ihefum criftum: vnd difen gecreûtzigt. Vnd
ich was bey euch in kranckheit vnd in vorcht vnd in
4. vil klophen: | vnd mein wort vnd mein bredig waz
nit in vnderfcheidlichen wortten der menfchlichen
weifheit· wann in der zaigung des geiftes vnd der
5. crafft: | das euwer gelaub icht fey in der weifheit der
6. menfchen wann in der crafft gottz. Wann wir re-
den die weifheit vnder den durnechtigen. Wann nit
die weifheit dirr werlt noch der fürften dirr werlt
7. die do werdent verwûft: | wann wir reden die weifheit

---

27 **alles** — 29 **crifti**] nit werde gloriren aller leyb in feinem an-
geficht. Auß im aber feyend ir (ir feyend ZcSa) in crifto Ihefu Z—Oa.
27 werde geeret P.   28 feinem angeficht P.   im] in P.   29
crifto EP.   29 **gemacht** — 32 **gewunniclicht**] worden die weyß-
heyt. vnd die gerechtigkeyt. vnd die heyligmachung (haylmachung OOa).
vnd die erlöfung. das. als wie gefchriben ift. wer gloriret. der foll glo-
riren Z—Oa.   32 eeret der werd geeret P.   34 **zû** — 35 **den**]
euch verkúndent die Z—Oa.   35 **den**] zû dem P.   zeugknuß
Z—G, gezeügknuß Sb—Oa.   36 **etliche ding**] etwaz Z—Oa.   37
neur] nun ZcSa.   39 **klophen**] zittern Z—Oa.   40 **vnderfcheid-**
lichen] ratlichen Z—Oa.   41 **wann**] Aber Z—Sa, funder K—Oa.
42 **icht**] nit Z—Oa.   43 Aber (2) Z—Oa.   44 den (dem Sb)
volckumen aber nit Z—Oa.   46 **dirr** (2)] der P.   Aber Z—Oa.

---

29 crifto TF.   30 **vnd ein heylikeite**] *fehlt* TF; vnd heilikeit
ta, ein heilikeit fa.   31 **in ieremias**] *fehlt* TF, *nachgetragen* ta.
32 **werd** — **dem**] wunniclich fich im TF.   37 **vnd**] wan T.   38
bey] mit TF.   in (*zweites*)] *nachgetragen* T.   in (*drittes*)] *fehlt* T.
42 **icht**] nit TF.

gotz die do ift verborgen in der taugen : die got vor
ordent vor den werlten zů vnſer wunniclich | die kein-
er der fúrſten dirr werlt derkant. Wann ob ſy ſy hetten
derkant: ſy betten nit gekreutziget den herrn der wun-
niglich. Als geſchriben iſt : das aug nie ſach noch
das or gehort noch in das hertz des menſchen auf gẹ
ſtaig: die dinge die gott hat berait den die in lieb
habent. Wann gott hat ſy vns deroffent durch ſein
geiſte. Wann der geiſte derfůcht alle ding : ioch die
tieffen ding gottz. Wann welher der menſchen waiß
die ding die do ſeint des menſchen : neuer der geiſt
dez menſchen der in im iſt. Alſo derkennt auch keiner
die ding die da ſeint gottz neuer der geiſt gotz. Wann
wir enphingen nit den geiſt dirr werlte wann den
geiſt der do iſt von gott : das wir wiſſen die ding
die vns ſeint gegeben von got : | die auch wir reden nit
in den vngelerten wortten menſchlicher weyſheit ·
wann in der lere dez geiſts : wir entzamt gelichen den
geiſtlichen die geiſtlichen ding. Wann der vichlich
menſch der vernympt nit die do ſeint des geiſts gotz.
Wann es iſt im ein torheit : vnd er mag es nit ver-

v. 8.

9.

10.

11.

12.

13.

14.

*

47 **gotz** — 48 **ordent**] gotz. in der heymlikeyt die do iſt verbor-
gen. Die got vor erwŏlet hat Z—Oa.   48 **vor**] von S.   **zů**]
fehlt S.   glori Z—Oa.   49 **dirr**] dir M, der P, diſer Z—Oa.
werlt] + hat Z—Oa.   50 der glori P—Oa.   51 das aug hat
nie geſehen Z—Oa.   52 **auf geſtaig**] iſt auff gangen Z—GSc, iſt
auff gegangen SbOOa.   53 **die** (*zweites*)] + da OOa.   54 Aber
Z—Oa.   offengebaret ZZcSaKSc, geoffenbart ASbOOa, offenbaret SG.
[ein] den G.   55 verfůcht P.   auch Z—Oa.   56 tieffe ding G.
wŏlicher menſch OOa.   weyßt AZcSaOOa.   57 **neuer**] nun ZcSa.
58 Alſo hat auch keiner erkennet Z—Oa.   59 da] *fehlt* Sc.   **neuer**]
nun ZcSa.   60 wir haben nit empfangen den Z—Oa.   **dirr**]
der P.   Sunder Z—Oa.   61 **von**] auß Z—Oa.   3 Aber Z—Oa.
wir] *fehlt* Z—Oa.   **entzamt**] miteinander P, zůſamen Z—Oa.   ge-
leichend Z—Oa.   dem ZcSa.   4 vihiſch K—Oa.   5 der]
fehlt K—Oa.   6 ein] *fehlt* Sc.
                            *
48 **zů**] in TF.   50 **nit**] nye TF.   51 **iſt**] + in yſaias TF.
augen nye geſach TF.   52 **or**] + nye TF.   **menſchen**] + nye TF.
2 gelerten TF.   4 vichlicher F.   5 der] *fehlt* TF.   **die**] +
dink di TF.   des] + menſchen T, *gestrichen*.   6 mag ſein nit TF.

v. 15. nemen: wann er wird verfůcht geiſtlich. Wann der
geiſtlich vrtailt alle ding: vnd er ſelb wirt geurtailt
16. von keim als es iſt geſchriben: | wann wer derkante
den ſyn des herrn oder wer hatt in gelert: neur der
geiſt des herrn der in hatt gelert? Wann wir hab-
en den ſyn criſts   *iij*

1. B rúder ich mocht nit reden zů euch als zů den
2. geiſtlichen: wann als zů fleiſchlichen. Ich
gab euch milch zetrinken als zů den lútzeln
in criſto vnd nit das eſſen. Wann do mocht ir ſein
3. nit: wann ernſtlich nu múgt ir ſein nit. Wann
noch ſeyt ir fleiſchlich. Wann ſo neyde vnd kriege
ſeint vnder euch: ſeyt ir denn nit fleiſchlich vnd get
4. noch dem menſchen? Wann ſo etlicher ſpricht ernſt
lich ich bin paulus· wann ein ander ich appollen· ſeyt
5. ir denn nit menſchen? Dorumbe was iſt appoll?
Wann was iſt paul? Wann ein ambechter des dem
ir glaubt. Vnd als der herr hat gegeben eim ieglichen.
6. Ich pflantzt appolle der weſſert: wann got gab die
7. wachſung. Dorumb nach der do pflantzt iſt kein

*

7 **wirt verfůcht**] ſtirbet Z—Oa.   aber Z—Oa.   8 er wirt
von nyemand geurteilt als Z—Oa.   9 **es**] *fehlt* K—Oa.   **wann**]
fehlt OOa.   derkante] hat (*fehlt* Sc) erkant Z—Oa.   10 **neur**]
nun ZcSa.   11 Aber Z—Oa.   12 criſti E—Oa.   14 aber Z—Oa.
15 als zů den kindern P, als den (dem Sc) kleinen Z—Oa.   16 Wann
ir mocht ſein nit vnd auch ietzund múgend Z—Oa.   **ſein nit**] nit
ſein P.   17 gewiſlich P.   18 ir ſeyt noch Z—Oa.   fleiſlich P.
kriegen M.   20 **dem**] den SbOOa.   **ernſtlich**] gewiſlich P, *fehlt*
K—Oa.   21 pauli. vnd ein Z—Oa.   appollo Z—Oa.   22 appollo
Z—Oa.   23 **Wann** (*erstes*)] vnd Z—Oa.   pauli Z—Sa, paulus K—Oa.
Wann (*zweites*) — 24 ir] Sy ſeind des diener dem (den SbOOa) ir habend
Z—Oa.   23 diener P.   25 **Ich** — 26 **Dorumb**] Ich hab gepflantzet
appollo hat geweſſert. Aber got hat geben (gegeben Zc—Sc) das gewáchs.
vnd alſo Z—Oa.   25 pflantz EP.   26 **kein ding**] etwas Z—Oa.

*

7 geiſtlichen TF.   9 als es iſt geſchriben] *fehlt* TF.   10
ſynen T, ſyne F.   in] im F.   **neur** — 11 gelert] *fehlt* TF;
neur der geiſt dez herren *nachtr.* ta.   12 criſti TF.   13 gereden TF.
14 zů] + den TF.   15 zů] *getilgt* F, *fehlt* T.   21 pauls TF.
22 **appoll**] paulus TF.   23 **paul**] appollo TF.   **ein**] *fehlt* TF.

ding noch der do waffert: wann gott gibt die wachf
ung. Wann der do pflantzt vnd der do weffert die
feint ains. Wann ein ieglicher enphecht aigen lone
noch feiner arbeit. Wann wir fein die helffer gotz.
Ir feyt ackrung gotts : ir feyt die pawung gotts.
Ich hab gelegt gruntuefte als ein weyfer man mei-
fter nach der gnad gotz die mir ift gegeben: wann
ein ander der pawe dorauff. Wann ein iegliccher fech
ϫ in welcherweys er dorauff pawe. Wann keiner mag
gelegen ein ander gruntuefte on die die do ift gelegt:
die ift ihefus criftus. Wann ob etlicher dorauff paw
et auff die gruntuefte golt filber edel geftein holtze
hewe ftopphel: | das werck eins ieglichen wirt offen.
ꝑ Wann der tag des herrn der entleucht es: wann es
wirt deroffent in dem feuer: vnd das werck eins ieg
lichen wie getan es fey hewert das feuer. Ob etlichs
werck bleibt daz er dorauff baute: er enphecht den lon.
Ob etlichs printe es leidt die verwüftung: wann er
ꝓ felbe wirt behalten: alfo als ioch durch das feuer.
Wifft ir nit das ir feyt der tempel gotts: vnd der
geift gottz entwelt in euch? Wann ob etlicher ent-

27 noch] wann MEP.   aber got der do gibt daz gewåchs. aber
der Z—Oa.   29 aber Z—Oa.   31 feyt (erstes)] + die Z—Oa.
die] fehlt K—Oa.   gelegt] + ein Z—Oa.   man meifter] baw-
meyfter Z—Oa.   33 Aber Z—Oa.   34 der] fehlt K—Oa.
bauwet Z—Oa.   Aber Z—Oa.   36 do] fehlt A.   37 Wann
ob etlicher] Wer aber Z—Oa.   38 holtzhawe S.   39 ftopffel.
hew ZcSn.   offenbar Z—Oa.   40 entleucht es] wirt es erklåren
Z—Oa.   41 geöffnet SbOOa.   in dem] im Oa.   42 hatt
bawt Z—Sa, hat gebaut K—Oa.   44 etlichs] + werck Z—Oa.
wann — 45 ioch] Er wirt aber heylwertig. doch alfo. als Z - Oa.   45
felbs P.   47 wont P—Oa.   47 Wann — entzeubert] vermay-
liget (vermaßget A) aber einer Z—Oa; G wiederholt den schluss des bl.
376 beim anfang des folgenden (= 44 Ob etlichs — 47 vermayliget aber.)

*

27 gott] + der da TF.   31 feyt] + di TF.   32 gelegt]
+ ain TF.   man] fehlt TF.   33 geben TF.   34 der] fehlt TF.
pawe] + euch TF (getilgt F).   37 die] daz TF.   dorauff] fehlt TF.
38 die] dife T.   filber] + oder TF.   39 offen] deroffent TF.
42 fey] + daz TF.   44 printe] werk prinnet TF.   47 Wann] vnd TF.

zeubert den tempel gotz: gott der verwúſt in. **Wann**

v. 18. der tempel gotz iſt heilig: der ir ſeyt. **Keiner** verleit
euch: ob etlicher wirt geſechen zeſein weyſe vnder euch

19. in dirr welt: er wird tump daz er ſey weyſe. **Wann**
die weyſheit dirr werlte iſt ein tumpheit bey gott.
Wann es iſt geſchriben in yſayas. **Ich** begraif die

20. weyſen in ir kúndikeit. | **Vnd** aber. **Der** herr der
kannt die gedancken der weyſen: das ſy ſein vppig.

21. Dorumb keiner wunniclich ſich vnder den leuten.

22. **Wann** alle ding die ſeint euwer: | es ſey paulus es
ſey appoll es ſey cephas oder die werlt oder das leben
oder der tod oder die gegenwertigen dinge oder die

23. künftigen. **Wann** alle ding die ſeint euwer: | wann
ir ſeyt kriſts: wann criſtus iſt gotts.   *iiij*

1. **A**lſuſt maſſt vns der menſch als die ambechter
kriſts: wann als die tailer der heimligkeit

2. gottz. **Hie** wirt ietzunt geſůcht vnder den

3. tailern: ob etlicher wirt funden getrew. **Wann** mir
iſt vmb das minſt das ich werd geurteilt von euch:
oder von den menſchlichen tagen. **Wann** ich vrteil

---

48 Got wirt in zerſtråen Z—Oa.   *   49 **gots**] + der Sb.   **Keiner**
— 51 **weyſe**] Nyemand verfúre ſich ſelb (ſelber SbOOa) wirt einer
vnder euch erſehen (geſehen Sc) daz er weyß ſeye (ſey weyß Sc) in
diſer (+ welt K— Oa). Er ſoll (ſolle ZcSa) toret werden das er weyß
ſeye Z—Oa.   51, 52 **dirr**] der P.   51 **Wann**] vnd P.   52 **tump-
heit**] torheyt Z—SbOOa, toret Sc.   53 **in yſaias**] in yſaia EP, *fehlt*
Z—Oa. Ich will begreiffen Z—Oa.   54 liſtigkeyt Z - Oa.   **herr**]
+ hat Z - Oa.   55 **vppig**] eytel K—Oa.   56 **wunniclich ſich**]
eret ſich P, ſoll gloriren Z - Oa.   in den (dem Sc) menſchen Z—Oa.
58 appollo Z—Oa.   59 der] den MEP, *fehlt* A.   60 **die**] *fehlt*
K—Oa.   **wann** *(letztes)*] *fehlt* Z - Oa.   61 **ſeyt**] + aber Z—Oa.
kriſts] criſtus EP, criſti Z—Oa.   **wann**] Aber Z—Oa.   1 Alſo
P—Oa   ſchåtze Z—Oa.   diener P - Oa.   2 criſtus EP, criſti
Z—Oa.   **wann**] Vnd Z—Oa.   außteiler Z—Oa.   3 gefraget
Z—Oa.   4 außteilern das (dē S) etlicher werde gefunden Z—Oa.
6 von dem menſchlichen tag.ꓹnoch auch vrteyl ich mich nit ſelber Z—Oa.

48 wuſt T.   52 diſer T.   *   53 **in yſayas**] *fehlt* TF.   57 **ſey**]
ſeit F.   58 ſeit appollo F.   61 criſti TF.   1 **Alſuſt**] Alſu
F, *rasur.*   maz T; ſchetze F *auf rasur.*   2 criſti TF.   **wann**]
vnd F.   **heimligkeit**] ambechtung TF.   6 dem menſchlichen tag TF.

nit mich felber. Wann ich bin mir nit gewiffe: wann
in difem bin ich nit gerechthaftigt. Wann der mich
vrteilt: das ift der herr. Dorumb nichten welt vr-
10 teiln vor dem zeyt: vntze das der herre kumt der do
entleucht die verporgen ding der vinfter vnd der-
offent die râte der hertzen· vnd denn wirt lobe eim
ieglichen von gott. Wann brûder dife ding hab ich
geordent in mir vnd appollen vmb euch: das ir lernt
15 in vns das icht fey zerbleet einer wider den andern
vmb den andern vber das das gefchriben ift. Wann
wer vnderfchait dich? Wann was haft du das du
nit haft enphangen? Wann ob du es haft enphang
en: was wunniglichft du dich als dúß nit haft ent
20 phangen? Ietzunt feyt ir gefatt: ietzunt feyt ir   8.
gemacht reich. Ir reichfent on vns. Vnd wolt got
das ir reichfenten: das auch wir reichfenten mit
euch. Wann ich maß das vns gott hat gezeigt die   9.
iungften botten als geordent dem tode: wann wir
25 fein gemacht ein ankapf: dirr werlt vnd den eng-
len vnd den leuten. Wir tummen vmb criftum: 10.
wann ir weyfen in crifto. Wir krancken: wann ir

*

7, 8 **Wann**] Vnd P.   7 nichts gewiffend. Aber in dem bin Z—Oa.
8 nit] *fehlt* OOa.   gerechtuertigt K—Oa.   Aber Z—Oa.   9 nit Z–Oa.
10 dem] der K—Oa.   biß Sb—Oa.   11 kumme der do wirt erleúch-
ten Z—Oa.   wirt offenbaren Z—Oa.   14 appollo Z—Oa.   lerent
ZASSc, lernet ZcSa, leret KG, lernt SbO, lernent Oa.   15 icht] niß
1OOa.   17 **Wann**] Vnd P.   18 **Wann** — 19 **entphangen**] Haft
du es aber empfangen was glorireft du als habeft (+ du GSbOOa) es
nit enpfangen Z—Oa.   19 was ereft du P.   21 regirent Z—KSb–Oa,
reigirer G.   22 ir wûrden regieren das auch wir wûrden regiren Z - Oa.
23 ich fchâtz Z—Oa.   vns] vn. G.   24 dem] den Oa.   25 **ankapf**]
an kampf M, on kampf EP, aufffchawung Z—Oa.   dirr] der P.
26 den menfchen. wir feien toren Z—Oa.   vmb] vnd P.   27 aber
ir feiend weyß in crifto. wir feyen kranck. Aber ir feyt ftarck Z—Oa.

*

7 gewiffen TF.   9 nit TF.   14 appollo TF.   15 **in vns**]
vnter euch zepleet TF.   17 haftu TF.   19 wunniclichftu dich
alz ob du es nit habft TF.   22 reichfent (2) TF.   26 **Wir**
tummen] Wan wir tump TF.   27 weiz TF.

v. 11. ſtarcken. Ir edel: wann wir vnedeln. | Vntz zů dirr
ſtund vns hungert vnd důrſt vnd wir ſein nackent:
vnd werden geſlagen mit halfflegen vnd wir ſein

12. vnſtette: | wir arbeiten vnd wercken mit vnſern benden.
Vns wirt geflůcht: vnd wir geſegnen. Wir leiden

13. das durechten: vnd enthabens. Wir werden verſpot:
vnd wir flechen. Wir ſein gemacht als ein aufker-
ung dirr werlt: vnd ein hin wurff aller vntz her.

14. Ich ſchreib diſe ding nit daz ich euch ſchemlich: wann
das ich mane meine liebſten ſůne vnd getrewe im

15. herrn. Wann irr habt x· M· meiſter in criſto: wann
nit manig vetter. Wann ich gebar euch in iheſu

16. criſto durch das ewangelium. Dorumb brůder ich
bit euch: ſeit mein nachuolger· als auch ich criſts.

17. Dorumb ſante ich zů euch thimotheum der do iſt mein
liebſter ſun vnd getrew im herrn: der euch macht ze
manen mein wege die do ſeint in iheſu criſto: vnd
alſo lere ich allenthalben in einer ieglichen kirchen.

18. Etlich die ſeint alſo zerbleet: alz ich nit ſei kůnftig

19. zů euch. Wann ich kum zů euch ſchier ob es der herr
wil: vnd ich derkenn nit das wort der die do ſeint

*

28 **wann**] mann M—Oa.   vnedel Z—Oa.   biß Sb—Oa.   dirr]
der P—Oa.   29 **vns**] *fehlt* Z—Oa.   důrſt] + vns Z—Oa.   30 wir]
fehlt Z—Oa.   32 wir werden verflůcht Z—Oa.   geſegenten PA.
33 **das** — 34 **gemacht**] die (*fehlt* OOa) durchächtung. Vnnd duldens
(dulden die K—Oa). Wir werden gelößtert vnd wir beten fleyßlich
(fleyſchlich G). wir ſeyn worden Z—Oa.   33 enthaben P.   34 **als**]
aln G.   35 **dirr**] der P.   biß Sb—Oa.   36 euch wöll ſchenden.
Aber das ich erman Z—Oa.   37 in dem Sb—Oa.   38 **Wann**]
+ ob K—Oa..   wann] aber Z—Oa.   39 maniger P, vil Z—Oa.
ich hab euch (ich G) geboren Z—Oa.   in chriſto ieſu A.   41 **auch**]
fehlt Sc.   criſtus EP, criſti Z—Oa.   43 in dem Sc.   **macht
zemanen**] kunt mach (macht Oa) Z—Oa.   44 **vnd** — 45 **ich**] als ich
lere (lerne Sb) Z—Oa.   46 als ſey ich nit Z—Oa.   47 aber Z—Oa.

*

28 **wir**] ir F.   vnedel TF.   32 derleiden TF.   35 **hin wurff**]
hinderwerfung TF, *durch raſur* hinwerfung F.   37 allerliebſten TF.
38 **Wann**] + ob TF.   39 iheſus criſtus F.   41 **euch**] *fehlt* T,
nachtr. ta.   43 **vnd** — **herrn**] *fehlt* TF, *nachtr.* ta.   46 zepleet TF.

zerbelet: wann die craft. Wann das reich gotts iſt
30 nit in dem wort: wann in der craft. Was welt ir?
Ich kum zů euch in der růte˙ oder in der lieb vnd in
dem geiſt der ſenfte.

Ytzunt wirt mit all gehŏrt gemein vnkeuſch
ung vnder euch: vnd ſŏllich gemein vnkeuſch
5   ung als do nit wirt genant vnder den heiden:
alſo das etlicher hab das weyp ſeins vatters. Vnd
ir ſeyt zerbleet: vnd hett ir nit mer klag: das der
wurd genomen von mitzt euwer der do tett ditz werck.
; Ernſtlich ich abeweſent mit dem leib. Wann ge-
| 60 genwertig mit dem geiſt: ietzunt hab ich geurteilt
| als gegenwertig dem der do wirckt alſo | ſo ir ſeyt
je e] geſament in dem namen vnſers herren iheſu criſti
vnd in meim geiſt mit der kraft dez herren iheſu | zeant
wurtten den in diſe weys ſathanas in dem tode dez
; flaiſchs: das der geiſt werd behalten an dem tag vnſers
5 herrn iheſu criſti. Euwer wunniclich iſt nit gůt.
Wiſſt ir nit das ein lútzel hefel zerbricht allen ſam
menung? Gereinigt den alten hefel: das ir ſeit ein
newe beſprengung ir ſeyt als derbe. Wann criſtus vn-

*

49 zerblǎet. aber die tugend Z—Oa.   50 aber in der tugent Z—Oa.
52 ſenfftmútigkait Z—Oa.   53 Ytzunt — 55 genant] Es wúrt die vn-
keúſch ganz vnder eúch erhŏret. Vnnd ein ſŏllich vnkeuſch deß gleych
(geleychen OOa) nit wirt erhŏret Z—Oa.   58 von mit euwer P, von euwer
mitte Z—Oa.   59 Ernſtlich] Gewiſlich P, fůrwar K—Oa.   ich bin
in (im A) abgeweſen (abweſen ZcSa) mit Z—Oa.   Aber Z—Oa.   60
eitzunt M.   ich] fehlt K—Sc.   61 dem] den Z—Sc.   hat gewurcket.
alſo das ir Z—Oa.   3 den — 4 flaiſchs] Einen (einem Sb) ſŏllichen
mennſchen des teúffels in die verdamnuß des leybs zů dem tod Z - Oa.
5 glori Z—Oa.   6 kleines P, wenig Z—Oa.   hŏfel (hefels A)
eynen gantzen taig zerſtŏret. reiniget auß den Z - Oa.   8 beſpreng-
ung] bereſpung ME, ſtraffung P, geſprengung ZA, beſpregung KG.
ir — derbe] als ir ſeiend die vngehefelten (vngefŏlten Z) brot Z—Oa.

*

51 zů euch] fehlt TF, nachtr. ta.   55 heiden] + den TF (ge-
ſtrichen T).   57 ir ſeyt] ſeit T.   vnd ir het TF.   58 abge-
numen TF.   2 in] fehlt TF.   iheſus TF.   3 den] fehlt T; den
in auf rasur F.   diſer TF.   dem] den T.   8 ir — derbe]
als ir ſeit derben TF.   vnſern TF.

v. 8. ſer oſtern der iſt geopffert.　Dorumb wir wirtſchef-
ten: nit in dem alten hefel noch in dem hefel des vbels　　　1(
vnd der ſchalckheit: wann in dem derben der lauter
9. keit vnd der warheit.　Ich ſchreib euch in der epiſtel:
das ir euch nit vermiſchten zů den gemein vnkeuſch
10. ern.　Vnd ernſtlich nit zů den gemein vnkeuſchern
dirr werlt oder zů den argen oder den raubern oder den　　　1
dienern der abgötter: in einer andern weys ir ſolt
11. ſein aufgegangen von dirr werlt.　Wann nu ſchreib
ich euch nit zeuermiſchen.　Wann ob der der do iſt
genant ein brůder vnder euch iſt ein gemein vnkeuſch
er oder ein arger oder ein diener der abgötter oder ein　　　2
vbelſager oder ein trunckner oder ein rauber: es iſt
nit zů enphachen das eſſen mit dem in diſe weys.
12. Wann was iſt mir zeurteilen von den die do ſeint
aufwendig?　Vrteilt ir denn nit von den die do ſeint
13. inwendig?　Wann gott wirt vrteilen die do ſeint
aufwendig.　Nemt ab daz vbel von euch ſelber.　　　*vj*

*

9 der] *fehlt* Z—Oa.　wir] + ſullend Z—Oa.　10 dem (*erstes*)] den P.
noch] aber G.　11 Aber in den vngeſeůrten broten der reinikeyt
Z—Oa.　dem] den P.　12 Ich hab euch geſchriben Z—Oa.
13 vermiſchet den vnkeuſchern (vnkeůſchen ZcSa) Z—Oa.　14 ernſt·
lich] gewiſlich P, *fehlt* K—Oa.　nit den vnkeuſchern Z—Oa.　15,
17 dirr] der P.　15 zů den argen] den geytigen Z—Oa.　16 in
— weys] Anderſt Z—Oa.　17 Aber nun hab ich euch geſchriben
Z—Oa.　18 wann ob] Iſt das Z—Oa.　der der] der P.　19 gemein;
fehlt Z—Oa.　20 arger] geytiger Z—Oa.　21 ubelröder Z—Oa.
es — 22 weys] mit eim ſöllichen ſullen ir nit nemen die ſpeys Z—Oa.
24 do] *fehlt* OOa.　25 wirt] + die Z—Oa.　26 ab] hin Z—Oa.
von] auß Z—Oa.

*

11 vnd] + in TF.　lauterkeit] lauter TF.　13 vermyſcht TF.
14 Vnd — vnkeuſchern] *fehlt* TF; *nachgetragen* ta, + dirr werlt.
16 apgot TF.　19 iſt] + er F.　gemainer T.　20 oder ein
diener — 21 vbelſager oder] *fehlt* T.　20 apgot F.　22 en-
phachten T.　diſer TF.　23 do] + nit F (*gestrichen*).　24 die]
+ di TF.

TÁr euwer keiner haben gefcheffte wider den
andern zewerden geurteilt bey den vngengen:
vnd nit bey den heiligen. Oder wifft ir nit:
₃₀ das die heiligen werdent vrteilen von dirr werlte?
Vnd ob die werlte wirt geurteilet vnder euch: ir
feyt vnwirdig ir do vrteilt von den minften? Wann
wifft ir nit das wir werden vrteilen die engelen?
Wieuil mer die werltlichen ding? | Dorumb ob ir
₃₅ hett die werltlichen ding: die do feint die verfchmech
ften in der kirchen dife fchickt zeurteiln. Wann ich
fag es zů euwer fcham. Alfuft ift kein weyfer vn
der euch: der do můg geurteiln zwifchen dem brůder
vnd feim brůder: | wann der brůder kriegt mit dem
₄₀ brůder in dem vrteil: vnd ditz ift bey den vngetrew-
en˙ vnd nit bey den heiligen. | Ernftlich ietzunt ift
mit all mifftate vnder euch: das ir habt die vrteil
vnder euch. Warumb enphacht ir nit mer das vn
rechte? Worumb derleite ir nit mer die triekeit?
₄₅ Wann ir thůnt das vnrecht vnd betriegt: dife ding
den brůdern. Oder wifft ir nit das die vngengen nit
befitzen das reich gottz? Nicht enwelt irren: noch
die gemeinen vnkeufcher˙ noch die diener der abgốt-
ter: noch die ebrecher˙ noch die waichen˙ noch die
₅₀ gemainfamer der mann˙ | noch die dieb˙ noch die ar

v. 1.

2.

3.

5.

6.

8.
9.

10.

*

27 Getarr K—Oa. **keiner haben**] einer haben ein Z—Oa.
28 geurteilet zewerden bey den bốfen Z—Oa. **bốßen P.** **30 dirr**]
der P. **31 vnder — 32 do**] in euch fo feyt ir vnwirdig die ir Z—Oa.
32 **den**] dem K—Oa. **Wann**] fehlt Z—Oa. 35 wetlichen O.
36 fetzend Z—Oa. **Wann**] fehlt Z—Oa. 37 Alfo Z—Oa. 38
dem brůder vnd] fehlt Z—Oa. 40 gericht Z—Oa. vntreůwen
P, vngelaubigen Z—Oa. 41 **den**] dem P. **Ernftlich**] Gewiflich P,
fehlt K—Oa. 42 **mit all mifftate**] die miffetat gantz Z—Oa. **ir**] + do
Sb. die gericht Z—Oa. 44 erleůte P, leydent Z—Oa. betrieglichkeyt
K—Oa. 45 Aber ir thůnd vnrecht Z—Oa. **dife ding**] vnd das Z—Oa.
46 bốßen P—Oa. 47 **enwelt**] fullent ir Z—Oa. **48 gemeinen**]
fehlt Z—Oa. 50 **dieb**] lieb ZS.-Sc. **argen**] geytigen Z—Oa.

*

27 habent ain gefcheft TF. 33 engel TF. **35 ding**] dink
(geftrichen) vrtail T, vrtail F. 39 **wann**] + ob TF. 45 daz
vngerecht T. **dife ding**] vnd diez TF.

gen· noch die trunckner· noch die vbel fager· noch
v. 11. die rauber· die befitzen nit das reich gotz. Wann
ernftlich dife ding feyt ir gewefen: wann ir feyt ge-
wafchen· wann ir feyt geheiligt· wann ir feyt ge-
rechaftigt: in dem namen vnfers herren ihefu crifti
12. vnd in dem geift vnfers gottz. Alle ding feint mir
derlaubt: wann alle ding die gezyment nit. Alle
ding feint mir derlaubt: wann ich wert gekert vn
13. der den gewalt keins. Wann das effen dem bauch vnd
der bauch dem effen: wann gott verwûft auch difen
vnd das. Wann der leib nit der gemein vnkeufche
14. wann dem herren: vnd der herr dem leib. Wann gott
der do derftund den herren: der derftet auch vns durch
15. fein craft. Wifft ir nit das euwer leib feint die gli-
der crifti? Dorumb nym ich die glider crifti: vnd
16. mache fy gelider der gemeinen. Nit enfey? | Oder
wifft ir nit: das der do zû hafft der gemeinen ain leib
wirtt er gemacht? Wann es fpricht. Es werdent
17. zwey in eim fleifch. Wann der do zûhafft dem herrn:
18. ein geift ift er. Dorumb fliecht die gemein vnkeufch.
Wann ein ieglich fúnde die der menfch tût die ift

*

51 truncken E—Oa. noch die rauber] *fehlt* G. 52 ·die
(*zweites*)] werden Sc, *fehlt* KGSbOOa. nit] *fehlt* Z—Oa. Wann]
Vnd Z—Oa. 53 ernftlich] gewiflich P, *fehlt* K—Oa. aber Z—Oa.
gewachffen EP, abgewachfen ZAZcSa, abgewafchen SK—Oa. 54 aber
(2) Z—Oa. gerechtuertiget K—Oa. 56 feint — 59 keins] zymment
(gezymmen Oa) mir. Aber nit alle ding find nutzber. alle ding ge-
zyment mir. Aber vnder nyemands gewalt wirt ich geachtet Z—Oa.
60 dem] das S. Aber Z—Oa. 61 das — gemein] dife. Aber
der leib ift nit vndergeworffen (vnderworffen S) der Z—Oa. 1 wann
funder Z—Oa. Wann] Aber Z—Oa. 2 der do — vns] hat auch
erkücket den herren vnd wirt vns erkücken Z—Oa. den] dem P.
4 ich] + denn Z—Oa. 5 Das gefchehe nit Z—Oa. 6 do anhanget
der gemeinen der (*fehlt* K—Oa) wirt mit (nit OOa) ir ein leyb. Wann
es fpricht die gefchrifft Z—Oa. 8 Aber der do anhanget dem
herren der ift ein geift mit im. Darumb Z—Oa. 10 fünde] funder P.

*

51 trunken TF. 52 Wann] vnd F, *fehlt* T. 54 wann
(*erstes*)] vnd F. 57 die] *fehlt* TF. 60 gott] + der TF. 7 er
fpricht TF. 9 geift] + ift TF.

aufwendig des leibs: wann der do gemein vnkeufcht·
der fúndet in feinem leibe. Oder wifft ir nit daz eu-
were glider fein ein tempel des heiligen geifts der in
euch ift den ir habt von got: vnd ir feyt nit euwer?
Wann ir feyt gekaufft mit michelm werd: wun-
niclicht vnd tragt gott in euwerem leib.

vij

Wann von den dingen ir mir fchreibt: gůt
ift den mannen nit zerúren daz weyp. Wann
vmb die gemein vnkeufche ein ieglicher hab
fein weyp: vnd ein ieglich hab iren man. Der man
geb das gelte dem weyp: wann auch zeglicherweys:
die frauw dem man. Die frauw hat nit gewalt irs
leibs wann der man: wann auch zů gleicherweyß der
man hat nit gewalt feins leibs wann das weyp.
Nit enwelt betriegen einander neuer villeicht von
der gehellungen zů dem zeyt das ir múffigt dem ge-
bette: wann aber wider bekert in ditz felb: das euch
fathanas icht verfúche vmb euwer vnenthabikeit.
Wann ditz fag ich nach vergebung: vnd nit nach

*

11 außwendigs S. **wann — gemein]** wer aber Z—Oa. vn-
kúfcheyt A. 12 feynem ZcSaG. 15 kaufft P. **michelm]**
groffem P, einem groffen Z—Oa. glorificzirend Z—Oa. 17 Aber
Z—Oa. **ir]** von M, von den ir E—Oa. mir habent gefchriben
Z—Oa. 18 dem mann nit zů berůren OOa. aber von der
vnkeufch wegen Z—Oa. 19 ein yeder OOa. **21 geb — 22 frauw]**
widergellte das er foll dem weyb. (+ vnd SbOOa) defgleychs (des
gleychen ASK—Oa, des gleych ZcSa) auch das weyb Z—Oa. 23
wann (erstes)] funder P, Aber Z—Oa. **wann auch zů gleicher-**
weyß] Deßgleichs (des gleichen ASK—Oa, des gleich ZcSa) auch Z–Oa.
24 funder P—Oa. 25 nit wöllend Z—Oa. beriegen OOa. **neuer]**
nun ZcSa. **von — 27 felb]** auß verhengknuß auff ein zeit das ir
múgend warten dem gebet vnd darnach kerend wider in daffelb Z—Oa.
28 fathanas nit werde verfúchen Z—Oa. vnentheltnuß Z—Oa.
29 Aber Z—Oa. **vergebung]** verhencknuß OOa.

*

16 **-niclicht]** + euch TF, *unterstrichen* T. trag T. **21 gelte]**
leftunge F, *gestrichen*, gelt fa. 22 **die frauw]** daz weip TF. **man]**
+ wan auch F, *gestrichen.* **Die frauw]** daz weip TF. 23 mane TF.
24 viep T. 25 wellt TF. 26 gehellung TF. muczigt TF.
27 **wann — bekert]** vnd aber kert wider TF.

gebotte. Wann ich wil all menſchen zeſein als mich
ſelber. Wann ein ieglicher hat ein eigen gab von

v. 7.
8. got: ernſtlich einer alſuſt: wann der ander alſo Wann
ich ſag den vngemehelten vnd den witwen: gůt iſt

9. in ob ſy beleihen alſo als auch ich. Vnd ob ſy ſich nit
enthaben · ſy gemehelent. Wann beſſer iſt zegemehe

10. len denn zebrinnen. Wann die do ſeint gefůgt zů der
ee den gebeut ich nit wann der herre: dem weyp ſich

11. nit zeſcheiden von dem mann. Vnd ob ſy ſich ſcheit ·
ſy beleib vngemehelt oder verſön ſich mit irem mann.

12. Vnd der man laſſe nit das weyp. | Wann den andern
ſag ich nit der herr. Ob etlich brůder hat ein vngetrew-
es weyp · vnd diſe gehilt zewonen mit im · er laß ir

13. nit. Vnd ob etlich weyp hat ein vngetrewen man
vnd dirr gehilt zeentwelen mit ir · ſy laß nit den man.

14. Wann der vngetrewe man wirt geheiliget durch
das getrewe weyp: vnd das vngetrew weyp wirt
geheiligt durch den getrewen man. In einer andern
weyß ewer ſün die werdent vnrain: wann nu ſeint

30 ſein Z—Oa.   31 Aber Z—Oa.   32 ernſtlich] gewiſlich
P, *fehlt* K—Oa.   alſuſt : wann] alſo vnd Z—Oa.   Wann] Aber
Z—Oa.   33 wittiben SbOOa.   34 ob ſy beleiben] beleybent ſy
S, ob ſy behalten OOa.   35 enthalten K—Oa.   ſy gemehelent]
ſo nemen (+ ſie K—Oa) man Z–Oa.   iſt — 36 Wann] iſt ge-
mâchelen denn gebrennt werden. Aber den Z—Oa.   36 Wann]
Vnnd P.   37 wann — 38 von] ich. aber der herr daz ſich daz
weyb nit ſcheyde von Z—Oa.   40 Wann] Aber OOa.   den] die
MEP.   41 etlich] ein Z—Oa.   vngetrewes] getrewes MEP.
vngelaubig Z—Oa.   42 zewonen bey im. Er ſoll ſy nit laſſen Z—Oa.
43 etlich] ein Z—Oa.   vngelaubigen Z—Oa.   44 dirr] der P,
fehlt Z–Oa.   zewonen bey ir Z—Oa.   45 vngelaubig iſt gehey-
liget durch die gelaubigen frauwen. vnd daz weib iſt geheiliget worden
durch den gelaubigen man. Anderſt ewer Z - Oa.   48 die] *fehlt*
K—Oa.   wâren vnrain. aber Z—Oa.

.

30 leut TF.   35 ſy] ſo TF.   36 Wann] + den TF.   41
etlicher TF.   44 zewonen TF.   47 vngetrewenT, vn- *geſtrichen*.
48 ſun wern vnrain TF.

ſy heilig. Vnd ob ſich der vngetrewe ſchaid· er ſchaid   v. 15.
ſich. Wann der brůder oder die ſchweſter iſt nit vn-
der legt dem dienſt in diſe weyß. Got der rieff vns
in fride. Wann wo von waiſt du weyp ob du macht   16.
behalten den man. Oder wo von waiſtu man ob du
macht behalten das weyp? Neuer als gott hat ge   17.
teilt eim ieglichen. Vnd als gott hat gerůffen eim
ieglichen alſo gee er: vnd als ich lere in allen kirch
en. Iſt etlicher gerůffen beſchnitten: der zůfůr nit   18.
die vberwachſung. Iſt etlicher gerůffen in der vber-
wachſung: der wirt nit beſchnitten. Wann die be-   19.
ſchneidung: die iſt nit· vnd die vberwachſung iſt
nit· wann die behůtung der gebot gotz. Ein ieglicher   20.
beleib in der růffung. in der er iſt gerůffen bey got.
   Biſtu gerůffen ein knecht: dir ſey nit ſorg. Wann   21.
ob du ioch macht werden frey: dez gewon mer Wann   22.
der da iſt gerůffen ein knecht im herrn: der iſt frey
des herren. Vnd zegeleicherweys der da iſt gerůffen
frey: der iſt ein knecht criſti. Mit wert ſeyt ir gekaufft: 28.

*

49 Vnd — 52 fride] vnd (fehlt K—Oa) iſt daz der vnglaubig ab-
ſchaidet. ſo ſchaide (+ er K—Oa) ab. wann der brůder iſt nit vnder-
geworfen (vnderworffen G) dem dienſt oder die ſchweſter in dem ſelben.
Aber in dem frid hat vns got geuodert Z—Oa.   51 dem] den P.
52, 54 můgeſt Z—Oa.   54 Neuer] Nun ZcSa.   55 geuodert
einen Z—Oa.   56 lerne Sb.   57 Iſt ein beſchnitner geuodert.
der Z—Oa.   58 Iſt einer geuodert in Z—Oa.   59 der ſoll nit
beſchniten werden Z—Oa.   60 die (erstes)] fehlt AK—Oa.   61 auch
(fehlt Sc) nichts. aber die behaltung der Z—Oa.   ieglicher] + der
ZcSa.   1 berůffung Z—Oa.   berůffet Z—Oa.   2 geuodert
Wann — 3 gewon] magſtu aber frei werden daz gebrauch Z—Oa.
4 gerůffet Z—Sc, berůffet OOa.   knetht M.   in dem Sc.   5
geuodert Z—Oa.   6 iſt] ſey S.   Mit — 7 enwelt] ir ſeind ge-
kauffet vmb einen werd. Ir ſůllend nit Z—Oa.   6 wert] wer MEP.

*

49 Vnd] Wan TF.   51 dienſt] + dem TF.   diſer TF.
52 von] won T, fehlt F.   waiſtu TF.   machſt TF.   53 -ten
den — 54 behal-] nachgetragen T.   54 macht] machſt F, mugeſt T.
als] fehlt TF.   58 die — gerůffen] nachtr. T.   Iſt — vber-
wachſung] fehlt F, nachtr. : in der vberwachſung etlicher gerufen iſt.
60 die iſt] iſt TF.   vnd — 61 nit] nachtr. T.   3 machſt T.
4 in dem TF.   ain freyer TF.

v. 24. nicht enwelt werden knecht der menſchen. Ein ieg-
licher brůder beleib bey gott in der růffung : in der er iſt ge-
25. růffen. Wann von den maiden hab wir nit das gebot
des herren : Wann ich gib rate als ich hab begriffen
die derbarmd vom herren : wie das ich bin getrew.
26. Dorumb ich maß ditz zeſein gůt vmb die anſtende
notturfft : wann gůt iſt den menſchen zeſein alſo.
27. Biſtu gebunden dem weip : nicht enwelſt ſůchen die
entpindung. Biſtu derlôſt von dem weip : nicht
28. enwelſt ſůchen das weip. Wann ob du enphechſt das
weip du ſůndeſt nit : vnd ob die maid gemechelt ſy
ſůndt nit. Iedoch werdent ſy haben das trůbſal des
29. fleiſchs in diſe weys. Wann ich vergibs euch. | Dor
umb brůder ditz ſag ich. Daz zeyt iſt kurtz. Gelaſſen
iſt : das die habent die weip · ſeint als die ir nit ha-
30. bent : | vnd die do wainent : als ſy nit wainent : vnd
die ſich frewen : als ſy ſich nit frewent : | vnd die do
31. kauffent : als ſy nit beſitzen : vnd die do nyeſſent dirr
werlt · als ſy ir nit nyeſſent. · Wann das pild dirr

*

8 iſt berůfft. Aber von den iunckfrawen hab ich kein gebot Z—Oa.
10 Aber Z—Oa.   11 von dem K—Oa.   wie — 12 gůt] das ich
ſeye getrew. wann ich ſchätze das daz gůt ſeie Z—Oa.   13 iſt zů
ſein den menſchen alſo SbOOa.   den] dem AS.   14 verpunden S.
wôlſt Z—Oa.   15 entpfindung EP, erlôſung Z—Oa.   16 wôlleſt
Z—Oa.   Wann — das] Ob du aber nympſt eyn Z—Oa.   17 ob]
+ du A.   iunckfraw K—Oa.   gemâchelſt ZA, vermählſt S.
ſy] ſey M.   18 das] die Z—Sc, fehlt OOa.   19 in diſe weys]
fehlt Z—Oa.   vergibe es OOa.   20 Daz] das die A, Die K—Oa.
Gelaſſen — 21 weip] Es iſt aber ůber daz auch die. die do (fehlt OOa)
haben weib Z—Oa.   21 die (zweites)]·daz P.   22 nit weynet A.
24 do gebrauchen diſe Z—Oa.   dirr] der P.   25 ir] der K—Oa.
wann (+ nun auch Sb) die figur diſer Z—Oa.   der P.

*

7 nit wellt TF.   8 gerůffen] gerufung F.   9 wir] ich TF.
11 die] fehlt TF.   ſwie TF.   13 den] dem TF.   14 dem]
zu dem TF.   nit welleſt TF.   15 nit welſt TF.   16 enphechſt
das] nimſt ain TF.   19 diſer TF.   vergib euchz TF.   20 kurtz]
+ vnd iſt TF.   21 iſt — weip] daz di da habent weip TF.   nit
enhabent TF.   23 frewen] + alz ſy ſich nit frewen T, gestrichen.
24 die] + di F.   genyeſen TF.   25 ſy] fehlt F.   genyeſen TF.

werlt zerget. Wann ich wil euch zefein on forg.   v. 32.
Der do ift on das weip· der ift forgfam der ding die
do feint des herren: in welcherweys er geualle gott.
Wann der do ift mit dem weip: der ift beforgt der   33.
ding die do feint der werlt· in welcherweys er geuall
dem weip: | vnd er ift geteilt. Vnd das weip vnge-   34.
mechelt vnd die maide die gedenckt der dinge die do
feint des herren: das fy fey heilig mit dem leib vnd
mit dem geift. Wann die do gemechelt die gedenckt
der ding die do feint der werlt: in welcherweys fy ge-
ualle dem mann. Wann ditz fag ich zů euwerem   35.
nutze· nit das ich euch lege einen ftrick: wann das
ich euch bewege zů dem das do ift erfam vnd das es
gebe zimlikeit on bekůmerung: wann das ich euch
beweg zů dem zebitten den herrn. Wann ob fich et-   36.
licher mafft werden gefechen zefein vnrain vber fein
meide daz fy fei vberwachfen vnd es gezimt alfo wer
den gethan: das er thů das fy wil. Ob er fy gemechelt
er fůndt nit Wann der do hat geordent veft in feim   37.
hertzen nit habent die noturft· wann habent den gwalt

*

26 aber ich will das ir feind on Z—Oa.   28 in welcherweys]
wie Z—Oa.   29 Der aber bey dem weyb ift. der ift forgueltig der
Z—Oa.   mit] von P.   30 in welcherweys] wie Z—Oa.   31 er]
es MEP.   32 maide die] iunckfraw K—Oa.   34 Aber die do
gemåhelt ift die Z—Oa.   35 werlt] + Vnnd Sc.   in welcher-
weys] wie Z—Oa.   geuallen P, wolgefall Sc.   36 Wann] vnd
Z—Oa.   37 lege] anwerff Z - Oa.   Aber Z - Oa.   38 es] er
MEP, do Z—Oa.   39 gebe — 41 mafft] gebe die macht zebitten
den herren on hindernuß. Ob aber einer fchåtzet Z—Oa. 41 werden
— vnrain] das er fehe ein fchnôdigkait Z—Sa, daz er fchnôd gefehen
werd K - Oa.   vber fein] von feiner Z—Sa.   42 meide — 43
gethan] iunckfrawen das fy vber allt feye. vnd alfo můß es (+ wer-
den oder Z—Sa) befchehen (gefchehen A) Z—Oa.   43 das — das]
der thůe (thůt S) was Z—Oa.   er (zweites)] fehlt M—Oa.   ge-
mechelt] + wirt Z—Oa.   44 hat gefetzet Z—Oa.   45 hertzen.
vnd nit hat die notdurft Aber er hat den (fehlt A) gewalt Z—Oa.

*

26 zeget TF.   on] fehlt F, nachtr. fc.   29 geforgt TF.   33
das] + fey T, geftrichen.   34 do] da ift TF.   39 wann — 40
dem] fehlt TF.   40 Wann] vnd F.   41 meide] + darum TF.
43 fefticlich TF.

irs willens: vnd der ditz hat geurteilt in feim hertz

v. 38. en zebehûten fein meide: wol thût er. Vnd dorumb
der fein maid fûgt zû der ee wol thût er: vnd der ir

39. nit zûfûgt· bas thût er. Das weip ift gebunden der
ee: alfuil zeytz ir man lebt. Vnd ob ir man ftirbt:
fy ift derlôft von der ee des manns. Sy gemehelt wen

40. fy wil: allein im herren. Wann fy wirt feliger: ob
fy beleibt alfuft nach meim rate. Wann ich wen:
das ich hab den geift gottes. *viij*

1. **W**ann von den dingen die do werdent geopffert
den abgôtern wir wiffen: das wir all haben
wiffentheit. Wann die wiffentheit die ble-

2. et: wann die lieh die pauwet. Wann ob ficb etlicher
mafft zewiffen etwas: fo er noch nit hat derkannt

3. in welcherweys im gezimt zewiffen. Wann ob et-

4. licher gott liebhat: dirr ift erkannt von im. Wann
von den effen die do werdent geopffert den abgôttern:
wir wiffen das daz abgott ift kein ding in dirr welt:

5. vnd das kein got ift neuer einer. Wann noch ob do
find die do werdent gefagt gôtter es fey im himel
oder auf der erde: ernftlich es feint manig gôtt vnd

47, 48 iunckfrawen K—Oa. 48 ir] fie K—Oa. 49 zûfûgt
der tût beefjrs Z—Oa. 50 zeyt P—Oa. ir (*erstes*)] der G.
51 wem Z—Oa. 52 in dem Sc. Aber Z—Oa. 53 alfo Z—Oa.
Wann] + auch S. 54 das] + auch Z—Oa. viij] xiij ZK, xvi G.
55 Aber Z—Oa. 57 Wann] *fehlt* Z—Oa. 58 wann] aber Z—Oa.
die (*zweites*)] *fehlt* K—Oa. Wann — 59 hat] ob fich aber einer
fchâczet (fchâcze Sc) das er etwaz wiffe. vnd hat noch nit Z—Oa.
59 im — etlicher] er muffe wiffen. Wer aber Z—Oa. 61 dirr] der
P—Oa. Aber Z—Oa. 1 den (*erstes*)] dem PZSZcSaSc. 2 der
abgott Z—Oa. ißt ZcSa. ift kein ding] nichts ift K—Oa.
dirr] der P—Oa. 3 neuer]ı dann allein ZS—Oa, nun allein A.
noch — 4 find] ob fchon feien Z—Oa. 4 werdent gehaiffen Z—Oa.
in dem Sc. 5 ernftlich] gewiflich P, *fehlt* K—Oa.

---

46 zebehalten TF. 48 der] zu der TF. 52 pleib alfo TF.
55 apgoten TF. 57 die panwet] pawet TF. 1 apgoten TF.
2 daz] der T. dirr] der TF. 3 noch — 4 gôtter] ob ioch di wern
got di da fint gefagt TF; di wern got di *gestrichen* T, gefagt *gestrichen*
u. von ta ersetzt durch: die da werdent gefagt gôter. 5 feint] wern TF.

manig herrn: | vns ift allein ein got der vatter von dem alle v. 5.
dinge vnd wir in im· vnd ein herre ihefus criftus
durch den alle ding vnd wir durch in. Wann die
wiffentheit ift nit in allen. Wann etlich die babent
die gewiffen des abgottz vntz nun· als fy effent die
geopfferten ding der abgôtter: vnd ir gewiffen wie
das fy fey kranck fy wirt entzeubert. Wann das effen
lobt vns nit zû got. Wann ob wir effen wir begnûg
en nit· ob wir nit effen wir gebreften nit. Secht: 9.
daz villeicht ditz ewer vrlaub icht wert ein ergrung
den fiechen. Wann ob etlicher ficbt den der do hat die , 10.
gewiffen rûen in dem hauß des abgotts: fein gewiffen
wie das fy fey kranck wirt fÿ denn nit gebauwet ze
effen die geopfferten ding der abgôtter. Vnd der 11.
fiech brûder verdirbt in deiner gewiffen: vmb den
criftus ift tod. Wann alfuft fûndt ir an die hrûder · 12.
vnd fchlacht ir kranck gewiffen: ir fûnt in crifto.
Vmb waz dings ob daz effen betrûbt meinen brûder 13.
ich effe nit fleifch ewiclich: das ich icht betrûbe mei
nen brûder   ix

*

6 vns ift] vnd ift P, Doch ift vns Z—Oa.   ein] fehlt G.   8
Aber Z—Oa.   9 Wann — 10 gewiffen] aber etlich (+ die Sb)
feien mit (in OOa) der wiffenheyt Z—Oa.   10 biß Sb—Oa.   11 wie
— 12 wirt] fo es kranck ift. wirt Z—Oa.   12 vermayliget ZSZcSaSb
—Oa, vermaßget A, verwayliget KG.   13 lobt — zû] beuilcht vnd
nit Z—Oa.   begnúgen nit] werden nit reich noch auch Z—Oa.
14 wir gebreften nit] werden wir manglen Z—Oa.   15 ewer]
vnfer Z—Oa.   icht] nit AOOa.   ergrung] belaydigung ZS—Oa,
beladung A.   16 ficht] fiecht ME.   18 wie — gebauwet] fo
es kranck ift wirt gebawen Z—Oa.   19 geopfferten] gefchôpfften
P, opfferten ZS.   20 Wann — an] Vnnd wenn ir alfo fundent
wider Z—Oa.   21 Criftum Z—Oa.   23 Darumb ergert nun die fpeyß
meinen brûder So will ich nit effen das fleyfch Z—Oa.   24 weic-
lich EP, ewenklich A.   ich nit erger Z—Oa.

*

8 durch in] in im TF.   11 wie] fwie F, fehlt T.   12 fey]
ift TF.   13 wir] + wiffen F, gestrichen.   16 den (zweites)]
der TF.   hat] nachgetragen T.   17 hauß des abgotts] abgotz-
hauf T, apgot F.   18 fwie TF.   denn] fehlt TF.   19 ap-
got TF.   21 ir an] wan F.

v. 1.   Bin ich denn nit ein frey? Bin ich denn nit
        ein botte? Sach ich denn nit den herren ihe-
        ſum criſtum? Seyt ir denn nit mein werck
2.   in dem herren? Vnd ob ich den andern nit bin ein
     bott: wann iedoch ich bin euchs. Wann ir ſeyt ein
3.   zeichen meiner botheit im herren. Ditz iſt mein be-
4.   ſchirmung bey den die mich fragent. Hab wir nit
5.   gewalt zeeſſen vnd zetrincken? Hab wir nit den ge-
     walt ein ſchweſter ein weip vmbzefúren: als auch die
     andern hotten vnd die brúder des herren vnd cephas?
6.   Oder ich allein vnd barnabas · hab wir nit den ge-
7.   walt zewircken diſe ding? Wer ritterſchafte im-
     mer ſeiner zerungen? Wer pflanzet den weingarten:
     vnd iſſt nit von ſeim wúcher? Wer waidet die her-
8.   ten: vnd iſſt nit von der milch der herde? Sag ich
     denn diſe dinge nach dem menſchen? Oder ſpricht nit
9.   die ee diſe ding? Wann es iſt geſchriben in der ee
     moyſes. Nit verbind den mund dez ochſen des tret
10   tenden. Iſt denn gott ſorge von den ochſen? | Oder
     ſpricht er nit diſe dinge vmb vns? Wann ernſtlich
     ſy ſeint geſchriben vmb vns: das der der do eert ſol eren

*

27 apoſtel K—Oa.   Sag S.   29 den] dem ZSZcSa.   30 apoſtel
K—Oa.   wann — euchs] So bin ich doch euch (do eúwer ZcSa.
doch ewer G) einer Z—Oa.   31 meiner ſendung Z–Oa.   in dem &c.
32 wir] +- denn Z—Oa.   33 wir] + denn SbOOa.   nit den]
dann nit S.   35 apoſtel K—Oa.   cephas] + daz iſt petruₛ
Z—Oa.   36 vnd] oder Z—Oa.   37 wer treybet ritterſchaſſt ye
mit ſeynem ſoldt Z—Oa.   immer] i mer E, in mer P.   39 ſeim
— 40 von] fehlt P.   39 ſeiner frucht Z—Oa.   hert Z—Oa.   41
denn] dann nit OOa.   43 moyſi Z—Oa.   dez — trettenden]
dem (den K—Sc, der SbOOa) treſchenden (treſthenden Z, tröſthen-
den S) ochſſen Z—Oa.   44 Iſt — ochſen] fehlt S.   gott] + die
ZZc—Sb, diſe A, nit die OOa.   den] dem AZcSa.   45 ernſtlich
gewiſlich P, fehlt K—Oa.   46 eert — 47 zúuerſicht] agkert der
(fehlt K—Oa) ſoll agkeren in der hoffnung Z—Oa.

*

27 den] vnſer TF.   30 euchs] + ain pot TF.   32 wir’ +-
den TF.   33 wir den nit gewalt ain weip ain ſweſter vm zu furen
TF.   36 alain ich TF.   37 ritterſcheftet TF.   immer] ┬
mit TF.   38 pflancz TF.   39 hert TF.

in zůuerſicht: vnd der do triſcht · der treſch zeenphachen
die wůcher in zůuerſicht. Ob wir euch haben geſeet   v. 11.
die geiſtlichen ding: iſt es michel ob wir ſchneiden
᾿ euer fleiſchlich Ob die andern ſeint gemacht teilhaf   12.
tig ewers gewalts · worumb wir nit mer? Wann
wir haben nit genützt in diſem gewalt. Wann alle
ding enthab wir: das wir icht geben ein ergrung
dem ewangelium criſti. Wiſſt ir nit daz die do wirck   13.
᾿ ent in der heilikeit: die eſſent die dinge die do ſeint
von der heilikeit? Vnd die do dienent dem alter die
werdent gemacht teilhaftig mit dem alter: | vnd alſo   14.
hat geordent der herre den die do derkůndent das ewan
gelium: zeleben von dem ewangelium. Wann ich   15.
᾿᾿ hab nit gewont keins dirr ding. Wann ich ſchreib
nit diſe dinge: alſo das ſy werden gethan an mir
᾿᾿᾿ Wann gůt iſt mir mer zeſterben: denn das yemant
verůppig mein wunniclich. Wann ob ich bredig: 16.
mir iſt nit wunniglich. Wann notturfft ligt mir
an. Wann we iſt mir: wo ich nichten bredige:
᾿ Wann ob ich ditz tůn willicklich ich hab den lon: 17.
wann ob ich vngern · die teilung iſt mir erlaubt.

                              *

47 **triſcht**] tritt MEP.   **zeenphachen — 48 zůuerſicht**] in der
hoffnung zů empfahen die frůcht Z—Oa.   49 **michel**] groß PAZc—Oa.
50 **fleiſchlich**] leypliche ding Z—Oa.   **gemacht**] *fehlt* Z—Oa.   51
nit] *fehlt* S.   **mer? Wann**] billicher. aber Z—Oa.   52 nit ge-
brauchet diſen Z—Oa.   53 **enthab**] dulden Z—Oa.   **icht**] nit
A00a.   54 ewangelio OOa.   56 **von**] in SbOOa.   57 **gemacht**]
fehlt Z—Oa.   58 verkůndent Z—Oa.   59 ewangelio. Aber ich
hab keins der ding gebrauchet. aber ich hab diſe ding nit geſchriben.
alſo das Z—Oa.   60 **dirr**] der EP.   61 **an**] in Z—Oa.   2 ver-
nichte mein glori Z—Oa.   3 es iſt mir kein glori.. wann die not-
durfft Z—Oa.   4 we mir. iſt daz ich nicht Z—Oa.   5 **Wann**]
Vnd P.   willenklich A.   6 **ob ich**] ob tů ichs aber Z—Sa, thu
ich es aber K—Oa.   außtaylung iſt mir beuolhen Z—Oa.

                              *

47 **triſcht der**] dreſch der F; *fehlt* T, dreſchet der *nachtr. corr.*
49 **es**] + den TF.   50 fleiſchlichen TF.   51 **nit**] + noch TF.
53 **ein**] *fehlt* TF.   1 **mer**] *fehlt* T.   2 meinen T.   4 **wo**]
ob TF.   nit enpredig TF.   5 **ob ich**] ob F.   6 **ich**] *fehlt* TF.
teilung] zerung TF; *gestrichen* T, teilunge ta.

v. 18. | Dorumb welchs ift mein lon? Daz ich bredig daz
ewangelium· on zerung ich fetz das ewangelium:
das ich nit gewon meins gewalts in dem ewange-
19. lium. Wann do ich waz frey von allen· ich macht
20. mich ein knecht aller: das ich gewúnn manig. Vnd
ich bin gemachte als ein iude den iuden: das ich ge
wúnne die iuden. Den die do warn vnter der ee·
als ich were vnter der ee· das wie daz ich nit was vn-
der der ee daz ich gewynn die do waren vnder der ee.
21. Den die do waren on ee als ich wer on ee: wie das
ich nit was on die ee gots· wann ich was in der ee
22. crifti: daz ich gewúnn die die do warn on ee. Ich bin
gemacht ein fiecher den fiechen: das ich gewúnn die
fiechen. Allen bin ich gemacht alle ding: das ich
23. fy all macht behalten. Wann alle ding thû ich vmb
das ewangelium: das ich fein wurd gemacht teil-
24. haftig. Wifft ir nit das die do lauffent zû dem zyl
ernftlich alle lauffent fy: wann einer enphecht den
25. lon? Alfuft laufft: das ir begreifft. | Wann ein ieg-

<hr>

7 Daz] + fo Z—Oa.   8 on — fetz] ich (fehlt Z—Sa) fetze on
(+ die G) zerung (zierung ZcSa) Z—Oa.   9 nit mißbrauch meinen
gewalt in dem ewangelio Z—Oa.   10 Wann] Vnd P.   von —
macht] auß allen do macht ich Z—Oa.   11 ich vil menfchen ge-
wúnn Z—Oa.   Vnd] fehlt OOa.   12 gemachte] worden Z—Oa.
13 warn] feyen Z—Oa.   14 als wûr ich—Oa.   das — ich]
So ich doch felb Z—Oa.   15 der ee (erftes)] ee Z.   16 on (erftes):
+ die Z—Oa.   als — ee] als wer ich on die ee (vnnd Sc) Z—K
Sb—Oa, fehlt G.   wie das — 17 gots] So ich doch on die ee gottes
nit waz Z—Oa.   18 die die] die P.   on] + die Z—Oa.   19,
20 gemacht] worden Z—Oa.   22 gemacht] fehlt Z—Oa.   23 zú·
in Z—Oa.   24 ernftlich] gewiflich P, fehlt Z—Oa.   Aber Z—Oa.
25 alfo Z—Oa.   Wann] Vnnd P.

<hr>

9 das — ewangelium] fehlt T, das ich nicht mißbrauche meinen
gewalt in dem ewangelio nachtr. th.   nit] icht F.   11 manig] + nach
dem gelauben TF (unterftrichen T).   14 das wie] fwie TF.   der
(erftes)] fehlt TF, nachgetragen fa.   ich] fehlt F, nachtr. fa.   die]
di di TF.   16 fwie TF.   19 gemacht] + alz TF.   23 dem]
+ zem F, geftrichen.   25 lauf ich daz ich begreif TF; ein corr. T
ftellt die lesart von M wieder her.

licher der do ſtreyt am ſtreyt der enthabt ſich vor allen:
vnd ernſtlichen daz ſy enphachent die zerbrochenlichen
kron: wann wir die vntzerbrochen. Dorumb alſuſt
lauff ich nit als in vngewys: alſuſt ſtreyt ich nit
als ſchlachent den lufft. Wann ich keſtige meinen   27.
leib· vnd kere in in dienſt: ſo ich den andern bredig:
daz ich vielleicht icht werd gemacht verſprochen.   *x*

WAnn hrúder ich wil euch nit miſſkennen:
wann vnſer vetter die waren all vnder dem
wolcken vnd alle vbergingen ſy das mer:
vnd all ſeint ſy getaufft in moyſes in dem wolcken   2.
vnd in dem mere. Vnd all aſſen ſy das ſelbe geiſt-   3.
lich eſſen: | vnd all truncken ſy den ſelben geiſtlichen   4.
tranck. Wann ſy truncken von dem geiſtlichen der ſtain
nochuolgt in: wann der ſtain was criſtus. Wann   5.
got dem waz nit wolgeuallent in ir manig. Wann
ſy vielen in der wúſte. Wann diſe ding ſeint gethan   6.
in vnſerm bilde: das wir nit ſein begeitiger der vbelen
ding: als auch ſy begeitigten. Noch werden gemacht
diener der abgótter als etlich von in: als geſchriben

*

26 vor **allen**] von allen dingen Z—Oa.   27 gewiſlichen P,
ernſtlich Z—Sa, *fehlt* K—Oa.   **daz**] die daz Z—Oa.   zerſtórlichen
kron. aber wir die vnzerſtórtenn Z—Oa.   28, 29 alſo Z—Oa.   31
in in] + den Z—Oa.   32 villeicht nit werde verworffen Z—Oa.
33 **wil — miſſkennen**] würd eüch miſkennen P, will nit daz ir nit (*fehlt*
ZcSa) wiſſent Z—Oa.   34 **die**] *fehlt* K—Oa.   **dem**] den K—Oa.
35 **wolcken**] vólckern G.   36 moyſen Z—Sc, moyſe OOa.   **dem**] den
PK—Oa.   37 **das ſelbe**] ein Z—Oa.   38 trincken MEPZS.   **den**
ſelben] ein Z—Oa.   geyſtlichs Z—Oa.   39 **Wann**] Vnd P.   trincken
MEPZSZcSa.   **dem**] den S.   **der ſtain**] der ſtamm P, felßen
der in Z—Oa.   40 **in — ſtain**] in vnd der ſtamm P, Aber der felß
Z—Oa.   **Wann**] Vnd P, aber Z—Oa.   41 **ir manig**] manigen
auß in Z—Oa.   **Wann**] Vnd P.   42 aber Z—Oa.   geſchehen
OOa.   43 vnſer figur Z—Oa.   begerer Z—Oa.   44 ſy begeret
haben. noch ſüllend ir werden diener Z—Oa.   45 von] auß Z—Oa.

*

26 **am**] ain T.   34 **die**] + da F.   36 **vnd**] wann TF.   37
Vnd — 38 **eſſen**] *fehlt* TF, *nachtr.* ta.   40 **ſtain**] + daz TF.   41
dem] *fehlt* TF.   42 **gethan**] + zu in oder in TF.   43 **in**]
raſur F.   ſint TF.   44 **Noch**] nit TF.   45 apgot TF.

ift. Das volck faß zeeffen vnd zetrincken: vnd ftůnd

v. 8. auff zefpielen. Nach gemein vnkeufchen als etlich
von in gemein vnkeufchten: vnd es vieln an eim

9. tag ˙xxiij˙ M. Noch verfůchen criftum als in ir
etlich verfůchten: vnd verdurben von den fchlangen.

10. Noch enmurmeln als ir etlich murmelten: vnd ver

11. durben von dem verwůfter. Wann alle dife ding
gefchachen in zů eim bilde: wann fy feint gefchriben
zů vnfer befferung: in die die enden der werlt feint

12. komen. Dorumb der fich wene zeften: der feche daz er

13. icht vall. Die verfůchung begreiff euch nit neuer
die menfchlich. Wann got der ift getrew˙ der euch nit
leidet zůuerfůchen vber das das ir můgt: wann er
thůt ioch hilff mit der verfůchung: vber das das

14. ir můgt erleiden. Dorumb aller liebften: fliecht die

15. dienft der abgôtter. Ich rede als den weyfen: ir

16. felb vrteilt was ich fag. Den kelch des fegens den
wir gefegen: ift er nit ein gemainfamung des blůtz
crifti? Vnd das brot das wir brechen: ift es nit ein

17. tailung des leibs des herren? Wann wir manig fein
ein brot vnd ein leib: all werd wir gemacht teilhaf

46 effen vnd trincken ZSZcSa, effent vnd trinckent A.   ftůnd
Sb, ftůnden OOa.   47 gemein] fůllen wir Z—Oa.   48 auß in geur
keůfchet haben. vnd vieln Z—Oa.   49 Noch] + fůllen wir Z—O;
in ir etlich] etlich auß in Z—Oa.   51 Noch fůllen ir (wir A) murme
jen Z—Oa.   52 den P.   den verwůftern Zc—Oa.   Aber Z—Oa.   5
feien gefcheben in der (difer A) figur. aber fy Z—Oa.   54 zů] in
55 der do maynet das er ftee. Der Z—Oa.   56 icht] nicht Z—O
begreyfft Z—Sc.   neuer] nun ZcSaOOa.   57 der (erftes)] feh
K—Oa.   59 ioch hilff] auch merung der tugenden Z—Oa.   mi
nur Sc.   vber das] das Z—Sc, fehlt OOa.   60 ir] + fy Z—O
leyden SbOOa.   die] von dem Z—Oa.   61 abgôttern MEP.   als
mit euch. Als mit Z—Oa.   ir — b 1 was] vrtaylend (vrteyle KSt
vrteyl G) ir das Z—Oa.   4 tailung] + oder gemainfamung OOa
manig fein] feien vil Z—Sc, vil find OOa.   5 all — 7 crifti] wi
all. Die wir taylheften (teylnemen K—Oa) von einem brot Z—Oa.

51 enmurmelten F.   55 der] wèr T.   went TF.   zeftain T
56 begreift TF.   59 mit] in TF.   vber das das ir] daz irz TF
60 die] den TF.   61 apgot TF.   als] zu euch alz zu TF.   1 ge-
fegens T.   2 ein] fehlt TF, di nachtr. fa.

tig von eim brot vnd von eim kelche: wir fein ein
leib crifti. | Secht jfrahel nach dem fleifch. Die do effent   v. 1:
die opffer· feint fy denn nit teilhaftig des alters?
   Dorumb waz fag ich? Das do wirt geopffert den   19
abgöttern fey kein ding: oder das das abgot fey kein
ding? Wann die ding die die heiden opffernt: die   20
opffernt fy den teufelen: vnd nit gott. Wann ich
wil euch nit zewerden gefellen der teufel. Ir mûgt   21
nit getrincken den kelch des herren· vnd den kelch der
teufel: ir mûgt nit gefein teilhaftig des tifchs dez
herren: vnd des tifchs der teufel. Oder neyde wir den   22
herrn? Sey wir denn nit ftercker denn er? | Alle ding   23
fein mir derlaubt: wann alle ding gezyment nit.
Alle ding feint mir erlaubt: wann alle dinge die
bauwent nit. Keiner fûcht das fein ift: wann das   24
do ift eins andern. Alles das do wirt gekaufft vn-   25
der den tifchen: das effet nit fragt vmb die gewif
fen. | Die erde ift dez herren: vnd ir erfûllung. | Ob   26. 2
euch etlicher der vngetrewen rûfft zû dem abentef-
fen vnd ir welt gen: alles das euch wirt fûrgefetzt
das efft: nit fragt vmb die gewiffen. Wann ob et   28
licher fpricht ditz ift geopffert den abgöttern: nicht

                                                *

   7 dem] deim Z—Sc.   **affen** Oa.   **10 kein** (2)] ein Z—Oa
das das] das der Z—Oa.   **12 dem teufel** Z—Oa.   **Wann]** *fehlt*
Z—Oa.   **13 wil aber nit** das ir werdent Z—Oa.   **Ir]** wann ir
Z—Oa.   **15 nit teylbaftig** fein Z—Oa.   **16 neyde]** fehen Z—Oa.
den] dem ZcSa.   **18 fein — 20 nit]** gezymend mir. aber nit alle ding
fein nûtz. alle ding gezymend mir. aber nit alle ding bawend Z—Oa.
20 fûcht Z—Oa.   **wann]** dann Oa.   **21 verkaufft** Z—Oa.   **22 tifchen**
— gewiffen] fleyfchbenken daz effend vnd fragend nichts von des ge-
wiffens wegen Z—Oa.   **effet nit fragt]** ift nit gefragt MEP.   **24**
vngelauben ZAS, vngelaubigen Zc—Oa.   **25 fûrgelegt** P.   **26 Wann**
— 27 ditz] Spricht aber einer das Z—Oa.   **27 nicht — 28 vmb]**
ir fûllends (fûllet es K—Oa) nit (+ effen K—Oa) vmb Z—Oa.

                                                *

   9 do] daz TF.   **10 apgoten** TF.   **das das]** daz der T.   **fey]**
fehlt T, *nachgetragen* ta.   **kein** (*zweites*)] kainer F.   **17 nit]** *fehlt* TF.
18 mir] + der T.   **19 die]** *fehlt* TF.   **21 verkauft** TF.   **22 effet]**
+ vnd TF.   **24 ruf** T.   **dem]** den F.   **25 vnd]** + ob TF.
welt] + dar TF (*getilgt* T).   **26 Wann]** vnd F.   **27 apgoten** TF.

enwelt eſſen vmb den der es hat geſagte: vnd vmb
v. 29. die gewiſſen. Wann ich ſag nit vmb dein gewiſ-
ſen: wann des andern. Wann worumb wirt geur-
30. teilt mein freykeit von einer fremden gewiſſen? Ob
ich werd teilhaftig mit gnaden: was werd ich ver
31. ſpott dorumb das ich mache gnade? Dorumb ob ir
eſſt oder trinckt· oder tût kein ander ding: alle ding
32. tût zû der wunniclich got. Seyt on ſchaden den iu-
33. den vnd den heiden vnd der kirchen gotz: | vnd alſuſt
genall ich allen durch alle dinge· ich ſûche nit das
mir iſt nútz: wann das manigen das ſy werden ge-
macht behalten.   xj

1.   S eyt mein nachuolger: als auch ich criſtus.
2.   Wann brúder ich lob euch das ir mein ſeyt
       gedenckent durch alle ding: vnd haltet mein
3. gebott als ich euchs hab geantwurt. Wann ich wil
euch zewiſſen: daz criſtus iſt ein haubt eins ieglichen
manns. Wann der man iſt ein haubt des weibes.
4. Wann gott iſt ein haubt criſti. | Ein ieglich man
bettent oder weyſſagent mit bedecktem haubt: der
5. entzeubert ſein haubt. Wann ein ieglich weip bet-
tent oder weyſſagent mit vnbedecktem haubt: die

29 Aber Z—Sc.   **Wann — gewiſſen]** *fehlt* OOa.   30 wann]
aber Z—Oa, + vmb Sc.   **Wann]** *fehlt* Z—Oa.   wirt] + dann
Z—Oa.   32 ich byn teylhaftig mit der genade. warumb wirl ich
gelôßtert 'Z—Oa.   33 **mache gnade]** danckberkeyt ſage Z—Oa.
34 tû ZAS.   kein] ein Z—Oa.   35 ſullend ir tûn zû der glori
Z—Oa.   gotz E—Oa.   36 der] den S.   vnd — 37 allen]
Als auch ich wolgeuall allen Z—Oa, + den OOa.   38 aber Z—Oa.
werden — 39 behalten] heylſam werden Z—Oa.   40 criſti Z—Oa.
41 ſeyt] ſtyt M, *fehlt* Z—Oa.   42 **gedenckent]** gedenckt EP, ingedanck
ſeynd Z—Oa.   43 úch A, euch K—Oa.   hab gegeben. Aber ich will
das ir wiſſend Z—Oa.   45 Aber Z—Oa.   46 aber Z—Oa.   ꝛegk-
licher ZcSaSc.   47 der] *fehlt* K—Oa.   48 vermayliget ZS—Oa,
vermaßget A.   **Wann]** Vnnd P, Aber Z—Oa.   49 die] *fehlt* K—Oa.

28 **enwelt]** + es TF.   32 **gnaden]** der gnad TF.   33 macht
TF.   34 **alle ding]** *nachtr.* F.   35 **zû]** in TF.   ſchaiden TF.
45 **Wann]** *fehlt* T.   46 ieglicher T.   49 vn-] *vom ſchreiber nach-
getragen* F.

₂₁ entzeubert ir haubt. Wann ein ding ift: vnd fy werd
befchorn. Vnd ob fich daz weip nit bedeckt: fy werd   v. 6.
hefcbroten. Wann ob dem weip ift lefterlich zebefchro-
ten oder zebefcheren: fy deck ir haubt. Ernftlich der
man fol nit decken fein haubt: wann er ift ein bilde
₃₃ vnd die wunnicliche gottz: wann das weip ift ein
wunnicklich des manns. Wann der man ift nit von   8.
dem weip: wann das weip von dem manne. Wann   9.
der man ift nit gefchaffen vmb das weip: wann daz
weip vmb den man. Dorumb fol das weip haben ein   10.
₄₀ bedeckfal auff irem haubt: vmb die engel. Iedoch   11.
noch der man one das weip: noch das weip on den
₄₅ man im herrn. Wann als daz weip ift von dem mann: 12.
alfo ift auch der man durch das weip. Wann alle
ding feint von gott. Ir felb vrteilt getzympt es dem   13.
weip vnbedeckt zebitten gott? Sy felb die natur lert   14.
₅ euchs nit. Wann ernftlich ob der man zeúcht hare
es ift im ein laffter: | wann ob ir das weip zeúcht har   15.
es ift ir ein wunniglich: wann die har feint ir ge-

*

50 befchnódiget ZSZc—SbOOa, fchnódiget A, befchódiget Sc.   50
Wann] Vnd P.   vnd] als Z—Oa.   51 fich] fehlt Z—Oa.   weip]
fehlt OOa.   nit] + wirt Z—Oa.   bedeckt fy werd] bedóckt.
So wirde fy ZAZc—Oa, fehlt S.   52 befchroten — 53 ir] befchoren.
Ift denn fchnód dem (daz 8) weyb daz fy befchoren werde. oder
glaczet. fo dócke (bedecke + fie K—Oa) das Z—Oa.   52 dem] dei
ME.   53 Ernftlich] Gewiflich P, Aber Z—Oa.   54 bedecken
ZcSaOOa.   fein] das OOa.   55 glori gotz. aber Z—Oa.   56
wunnicklich] eer Z—Oa.   von] auß Z—Oa.   57 wann] funder
P, aber Z—Oa.   von] auß Z—Oa.   58 wann] funder P, aber
Z—Oa.   60 bedeckung K—Oa.   haubt] + vnd Z—Oa.   1 in
dem Sc.   2 Aber Z—Oa.   alle] + die A.   3 auß got. vr-
taylend ir felb Z—Oa.   zymmet OOa.   4 anzebetten got. noch
auch die natur Z—Oa.   lernt Sb.   5 euchs nit] euch nit EP,
euch Z—Oa.   Wann] Vnd P.   ernftlich] gewiflich P, fehlt K—Oa.
6 wann] vnd P, fehlt Z—Oa.   ir] + aber Z—Oa.   7 ein eer Z—Oa.

*

50 vnd] daz TF.   51 Vnd] Wan TF.   bedeck T.   52 be-
fchroten] befchronten T, befchionten F.   zebefchroten] zebefchtoren
F.   53 deck] bedeckt T, deckt F.   55 die] fehlt TF.   60 deck-
fal TF.   3 es] fehlt F, nachtr. fa.   4 weip] fehlt F, nachtr. fa.
5 ob] + im TF.   6 wann] vnd TF.

v. 16. geben zů eim deckſal. Wann ob etlicher wirt geſe-
hen zeſein kriegiſch vnder euch: ſölliche gewonheit
17. hab wir nit: noch die kirchen gottz. Wann ditz ge
beůt ich: nit lobent daz ir nit euch ſament in beſſer-
18. ung wann in ergerung. Ernſtlich ſo ir euch zům
erſten ſament in der kirchen ich hôr zeſein miſſhel-
19. lung vnder euch: vnd ich glaub ſein eins tails. Wann
es getzympt ioch irrtum zeſein: das die do ſeint be-
20. wert werdent offen vnder euch. Dorumb ſo ir euch
ſament in ain: ietzunt iſt nit zeeſſen daz herlich ahent
21. eſſen. Wann ein ieglicher nympt vor hin ſein ahent
eſſen zeeſſen. Vnd ernſtlich einer iſt hungerig: wann
22. der ander truncken. Habt ir denn nit heůſer zeeſſen
vnd zetrincken. Oder verſchmecht ir die kirchen gotz:
vnd ſchemlicht die die do nit babent? Was ſag ich
23. euch? Ich lob euch: in diſem lob ich euch nit. | Wann
ich enpfienge es vom herren das auch ich euch habe
geantwurt: wann der herre iheſus in der nacht in
24. der er wart geantwurt: er nam daz brot: | vnd macht
gnad er brachs vnd ſprach. Enphacht und eſſt· Ditz
iſt mein leib: der vmb euch wirt geantwurt. Ditz
25. thůt in meiner gedenckung. Vnd zegleicherweys
den kelch: dornach do er het zůnacht geſſen ſagent.

*

8 einer bedeckung. wirt aber einer geſehen daz er kriegiſch (krie-
chiſch ZcSa) ſeye. wir haben nit ein ſollich gewonhait Z—Oa.   10
Wann] Vnd P.   11 lobet K—Oa.   euch nit ſament EP, nit ze-
ſamen kument Z—Oa.   12 **wann**] vnd P, aber Z—Oa.   Gewiſlich
P, fůrwar K—Oa.   13 hôre daz zwitrâcht vnder euch ſeien vnd
ich gelaubs auch ein tayl. wann es mûſſen kâtzerey ſein Z—Oa.   16
offenbar Z—Oa.   ir zůſamen kumend. ietzunt Z—Oa.   19 **zeeſſen**]
zeſein P.   **ernſtlich**] gewiſlich P, fehlt K—Oa.   aber Z—Oa.
22 ſchendent Z—Oa.   24 ich hab empfangen vom Z—Oa.   26 **der
er**] + do Sb.   : **er**] fehlt K—Oa.   **macht gnad**] ſaget danck
K—Oa.   27 Nemends vnd eſſends Z—Sa, Nemt vnd eſſet K—Oa.
27, 28 Das Z—Oa.   29 gedâchtnuß Z—Oa.   30 geeſſen S—Oa.

*

8 **Wann**] Vnd TF.   9 **ſölliche**] ain ſolhe TF.   10, 13 kirch
TF.   11 euch nit TF.   14 **ich**] fehlt T.   **eins tails**] von
tail TF.   17 nit iſt F.   30 **ander**] + iſt TF.   23 **in**] aber
in TF.   24 von dem TF.

Ditz ift der kelch der newen gezeúg in meim blût.
Wie dick ir in trinckte das thût in meiner gedenck
ung. Wann wie dick ir efft das brot vnd trinckt v. 26
den kelch: den tod des herren derkunt ir vntz das er
5 kumpt. Dorumb der do ifft ditz brot vnd trinckt den 27
kelch des herrn vnwirdiglich: fchuldig wirt er des
leibs vnd des blûts des herrn. Wann der menfche 28
bewere fich felber: vnd effe alfo von difem brot: vnd
trinck von dem kelch. Wann der do ifft vnd trinckt 29
10 vnwirdiglich vrteil ifft er vnd trinckt im felber:
nit vnderfchaident den leib des herrn. Dorumb feint . 30
manig fiech vnd kranck vnder euch: vnd fterbent
manig. Vnd ob wir vns felber vrteiln: ernftlich 31.
wir werdent nit geurteilet. Aber fo wir werden 32
15 geurteilt· wir werden berefpt vom herrn : das wir
nit werden verdampt mit dirr werlt. Dorumb mein 33
brúder fo ir euch fament zeeffen : bait einander. Ob 34
etlichen hungert der effe do heym das ir euch icht fa
ment in daz vrteil. Wann ich orden euch die andern
20 ding fo ich kome. *xij*

*

31 des newen teftaments Z—Oa. 32, 33 dick] offt OOa. 32
gedechtnuß Z—Oa. 33 ir] + in P. 34 den — ir] So werdent
ir verkúnden den tod des herren Z—Oa. biß Sb—Oa. er] ir
MEP. 35 daz Z—Oa. 37 leydes Sb. des (erstes)] fehlt OOa.
Aber Z—Oa. 38 felb P. 40 vrtayl — felber] er ißt und trinckt
im daz gericht Z—Oa. 43 vil. vrtaylen (vrteylten KSbOOa) wir
aber (aber wir SbOOa) vns felber (felb SbOOa) fúrwar Z—Oa. ge-
wiflich P. 44 werden (erstes)] wirden ZA, wûrden K—Oa. 45
geftrafft P—Oa. von dem Sb—Oa. 46 dirr] der P. 47 harrend
K—Oa. 48 da heymen SbOOa. das ir nicht zûfamen kument
Z—Oa. 49 Aber ich will euch orden die Z—Oa.

*

32 Wie — 33 Wann] fehlt TF, nachgetragen td. 33 dickt TF.
34 ir — 35 kumpt] nachgetragen T. 34 vntz] bis F. 38 difen F.
44 Aber] wan TF. 45 geurteilt wir werden] fehlt TF, nachge-
tragen ta. 47 bait] fo paitt TF. 48 hunger TF.

v. 1.   W ann brúder ich wil euch nit miſſkennen von
 2.   den geiſtlichen. Ir wiſſt daz do ir wart hei-
                den: ir wurdet gefúrt als gend zů den ſtum-
 3. men abtgöttern. Dorumb ich thůn euch kunt: das
keiner rett in dem geiſt gotz der do ſpricht verpannen
iheſus. Vnd keiner mag geſagen der herr iheſus:
 4. nuer in dem heiligen geiſt. Dorumb tailungen der
 5. gnaden ſeint: wann erſelb der heilig geiſt. Vnd die
tailungen der ambechtung ſeint: wann er ſelb der
 6. herr. Vnd die tailung der wirckung ſeint: wann
 7. erſelb gott der do wirckt alle ding in allen. Wann
eim ieglichen wirt gegeben die eroffnung dez geiſtz:
 8. zů dem nutz. Ernſtlich dem einen wirt gegeben daz
wort der weyſheit durch den geiſt: wann dem andern
 9. das wort der wiſſentheit nach dem ſelben geiſt. Dem
andern der glaube in dem ſelben geiſt: dem andern die
10. gnad der geſuntheit in eim geiſt. Dem andern die
wirckung der tugent dem andern die weyſſagung:
dem andern die vnderſcheidung der geiſt: dem an-
dern die geſchlecht der zungen· dem andern die auf-
11. legung der wort. Wann alle diſe ding werckt einer
vnd er ſelb der geiſt: teilent eim ieglichen als er wil.

*

51 will nit das ir nitt wiſſend Z—Oa.   **von]** vor MEP.   52 **das**
— 54 **abtgöttern]** da ir heyden waret wurdet ir zu den ſtummen ab-
göttereyen geend gefúret K—Oa.   53 **ir** — 54 **abtgöttern]** nach
dem vnd ir gefúret zů den ſtumenden abgötteren alſo giengend ir Z—Sa.
54 **ich thůn]** thů ich Z—Oa.   55 ſpricht einen flůch iheſu Z—Oa.
57 **nuer]** nun ZcSa.   **Dorumb]** Aber Z—Oa.   58 **wann** — 61
gott] aber einer iſt der (+ geiſt OOa) vnd die taylungen der dienſt-
berkait ſeyen. aber einer iſt der herr. vnd taylung ſeyen der wůrckun-
gen. Aber einer iſt got Z—Oa.   59 teylung der dienſt P.   61 **allen]**
+ dingen Z—Oa.   **Wann]** Vnd P, _fehlt_ Z—Oa.   1 offenbarung
Z—Oa.   2 **Ernſtlich]** Gewiſlich P, _fehlt_ K—Oa.   3 aber Z—Oa.
dem] den ZAS.   4 die rede der weyßheyt Z—Oa.   5 der glaubt G.
in den EPZSZcSa.   10 der rede. Aber Z—Oa.   11 ſelber P.   **eim]** ein M.

*

53 wurd T, wurden F.   54 apgoten TF.   57 **dem]** deim F.
58 **heilig]** _fehlt_ TF.   59 tailung TF.   1 ieglichem T.   2 ge-
ben F.   4 **das wort]** _fehlt_ T, _nachgetragen_ ta.   5, 7 **die]** _fehlt_ T.
11 **geiſt]** + iſt T.

Wann als der leib iſt ein˙ vnd hat manig glider: v. 12.
wann alle die glider des leibs wie daz ſy ſeint manig
ſy ſeint ein leib: als auch criſtus. Wann alle ſey   13.
15 wir getaufft in eim geiſt in einem leib: es ſeint iu-
den oder beiden oder aygen oder freyen: vnd all ſey
wir getrenckt in eim geiſt. Wann ioch der leib iſt   14.
nit ein glid wann manige. Wann ob der fůß ſpricht˙   15,
ich bin nit die hand˙ ich bin nit vom leib: iſt er denn
20 dorumb nit vom leib? Vnd ob daz ore ſpricht: wann   16.
ich bin nit das auge˙ ich bin nit von dem leib: iſt
es dorumb nit vom leib? Ob aller der leib were das   '   17.
aug: wo iſt die gehőrd? Ob er aller wer die gehőrd
Wo wer der geſchmack? | Wann nu hat got geſetzt   18.
25 die glider am leib ir ieglichs als er wolt. Vnd ob   19.
ſy all wern ein gelid: wo wer der leib? Wann ernſt-   . 20.
lich nu ſeint manig glider: wann ein leib. Wann   21.
das aug mag nit geſprechen zů der hand˙ ich bedarff
nit deiner werck: oder aber das haubt zů den fůſſen:
30 ir ſeyt mir nit noturfftig. Wann wieuil mer die   22.
do werdent geſehen zeſein die krenckern glider dez leibz:
die ſeint notturftig. Vnd die wir maſſen zeſein die   23.
rnedelſten glider des leibs: diſen vmb geb wir be-
gnůglich ere. Vnd die do ſeint vnſer vnerbern: die

*

12 ainr O, ainer Oa.   vil Z—Oa.   13 aber Z—Oa.   die]
ſehlt K—Oa.   **wie]** *ſehlt* ZA.   **daz — 14 ſeint]** wol ir vil ſeynd
doch ſeind ſy Z—Oa.   **15 einem]** einen KSbO.   **16 oder** (*zweites*)]
ſehlt S.   **aygen]** knecht Z—Oa.   **17 ioch]** *ſehlt* Z—Oa.   **18 wann]**
ſunder P, aber Z—Oa.   **manige]** vil gelid Z—Oa.   **19 von dem**
SbOOa.   **20 von dem** Sb—Oa.   **21 vom leib** E—SbO.   **22 von**
dem Sc.   **Ob aller der]** wenn der gantz Z—Oa.   **23 die gehőrd**
(*erſtes*)] das gehőr Z—Sc, das gehőrde SbOOa.   **25 an dem** Sc.
26 wern] wer EP.   **ernſtlich]** gewiſlich P, *ſehlt* Z—Oa.   **27 vil**
gelider. aber ein Z—Oa.   **30 Aber** Z—Oa.   **31 ſeint die not-**
důrfftigern Z—Oa.   ſchätzen Z—Oa.   **33 diſe** Z—Oa.   ůber-
fluſiger ere Z—Oa.   **34 vnſer]** vns MEP.   vnerbere Z—Oa.

*

13 ſwi TF.   18 ob] + ſi F.   20 von dem TF.   **wann]**
ſehlt TF.   21 **von dem]** vom TF.   24 geſamk F.   33 be-
gunliche TF.

v. 24. babent begnúglich erfamkeit. Wann vnfer erbern
bedúrffen keins. Wann gott der tempert im den leib
25. dem do gebraft· zegeben begnúglich ere: | das nit fey
fchaidung am leib: wann die glider feyen forgfam
26. vmb ein ander in difem felben. Vnd ob ein glid lei-
det· alle die glider leident entzamt: ob fich ein glid
wunniglicht: alle die glider frewent fich entzamt.
27. Wann ir feyt der leib crifti: vnd glider von dem glid.
28. | vnd ernftlich gott der fatzt etlich in die kirchen· zů
dem erften die botten· zů dem andern mal die weyffag-
en: zů dem dritten mal die lerer: dornach die krefft·
dornach die gnaden der gefuntheit: helffer berichter·
29. gefchlecht der zungen: aufleger der wort· | feint fy
denn all hotten. Seint fy denn all weyffagen? Seint
30. fy denn all lerer? Seint fy denn all krefte? | Habent
fy denn alle die gnad der gefuntheit? Redent fy denn
31. all in zungen? Legent fy denn all auß? | Wann habt
lieb die beffern geiftlichen gaben· vnd ich zeyge
euch noch einen hôheren weg.   *xiij*

1.   O b ich rede in zungen der engel vnd der leút:
wann hab ich der lieb nit: ich bin gemacht
als ein ere lautent oder als ein fchell klingent
2. Vnd ob ich hab die weyffagung· vnd erkennen all

35 begnúglicher erfamkait. Aber vnfer erfame ding bedúrffen keins.
Aber got der (*fehlt* K—Oa) hat temperiret den leib Z—Oa.   37 dem]
+ dem Z—O.   38 am] ein P, im Z—SbOOa, in dem Sc. Aber
Z—Oa.   39 difem felben] in felb Z—Oa.   40 entzamt — 41
wunniglicht] mitt im. Oder gloriret ein glid Z—Oa.   41 die] *fehlt*
K—Oa.   entzamt] mit im Z—Oa.   42 ernftlich] gewiflich P.
fehlt Z—Oa.   43 die] der Z—O.   44 die apoftel OOa.   46
helffungen regirung Z—Oa.   48 apoftel OOa.   50 gefuntmachung
Z—Oa.   51 in] mit den Z—Oa.   aber Z—Oa.   52 lieb]
die lieb MEP.   54 in] + der Z—Oa.   der menfchen. Aber hab
Z—Oa.   56 ere] glockfpeys ZASKSbO, glockenfpeyß ZcSaGScOa.

35 erbern] + di TF.   38 am] im TF.   42 vnd] + di TF.
43 zů dem] zum TF.   44, 45 zum TF.   46 gnad TF.   49 lerer
— 50 alle] kreft zehaben fint fi den all lerer habent fi den all TF.
52 gaben] dink TF.   54 leút : wann] menfchen oder leut vnd TF.
57 hab] + alle TF.   all] *fehlt* TF, *nachtr.* fa.

tugent vnd all wiſſentheit vnd ob ich hab allen den
glauben alſo das ich vbertrag die berg· wann hab
ich der lieb nit ich bin nichtz. Vnd ob ich tail alles
mein gût an die eſſen der armen· vnd ob ich antwurt
meinen leib alſo das ich brinne: wann hab ich der
lieb nit: es verfecht mir nichtz. Die lieb iſt gefrid-
ſam: ſy iſt gútig. Die lieb die neit nit· ſy thût nit
widerwertigs: ſy zerbleet ſich nit· | ſy iſt nit geitig:
ſy ſûcht nit die ding die ir ſeint. Sy raitzt nit· ſy
gedenckt nit daz vbel: | ſy frewet ſich nit vber die vn-
gangkeit: wann ſy entzamt frewet ſich der warheit.
Alle ding vber tregt ſy· alle ding gelaubt ſy· alle   7
ding verſicbt ſy ſich· alle ding derleidt ſy. Die lieb   8
geuiel nye. Es ſey das die weyſſagungen werden
verúppigt: es ſey das die zungen aufhôrent: es ſey
das die wiſſentheit werde verwûſt. Wann wir er-   9
kennen vom tail: vnd weyſſagen vom tail. Wann   10
ſo das kumpt das do iſt durnechtig: ſo wirt ver-
úppigt das daz do iſt vom tail. Do ich was ein lútzler   11
ich rett als ein lútzler: ich wiſſt als ein lútzler: ich

*

58 **tugent**] heymlikait Z—Oa.   **wiſſentheit**] kunſt Z—Oa.
den] *fehlt* K—Oa.   59 übertraff S.   berg. hab ich aber der (die
SZcSa) lieb Z—Oa.   60 außtail Z—Oa.   61 gût in die ſpeyß
Z—Oa.   1 meinem Sc.   brinne. hab ich aber Z—Oa.   2 es
iſt mir nichts nútz. Die lieb iſt duldig Z—Oa.   3 **die**] *fehlt* AK—Oa.
4 **widerwertigs**] vnrecht Z—Oa.   **geitig**] + auf eer Z - Oa.   5 ſy
wirt nit geraytzet Z—Oa.   6 **vber**] *fehlt* P.   **vngangkeit**] boß-
heyt P - Oa.   7 aber ſy mit freuet Z—Oa.   9 ding hoffet ſy.
alle ding duldet ſy Z—Oa.   **Die**] Diſe P.   11 **verúppigt**] ge-
raumet Z—Sa, außgeleret K—Oa.   es ſey (2)] oder Z—Oa.   13
vom (*erstes*)] von P.   **vom tail** (2)] vnuolkumenlich Z--Oa.   **Wann
ſo das**] So aber Z—Oa.   14 **iſt durnechtig**] volkumen iſt Z—Oa.
verúppigt] außgeraumet Z—Oa.   15 **das — tail**] daz do vnuol-
kumen iſt Z—Oa.   **was ein lútzler**] was ein kind P, klein was
Z—Oa.   16, 17 **lútzler** (3)] kind P, kleiner Z—Oa.

*

58 taugen TF.   **ich**] *nachgetragen* F.   **den**] *fehlt* TF.   59
vbertruge T, vbertraige F.   61 **an die**] in daz TF.   1 **der lieb
nit**] nit der lieb TF.   8 **vber tregt**] vertregt TF.   9 **derleidt**]
enthabt TF.   11 veruppig TF.   16 ich **wiſſt als ein lútzler**
fehlt TF, *nachgetragen* ta.

gedacht als ein lútzler. Wann do ich wart gemacht
ein man: ich verúppiget die ding die do waren des

v. 12. lútzeln. Wann nu ſeben wir durch den ſpiegel in
bedeckung: wann denn von antlútz zů antlútz. Wann
nu erkenn ich vom tail: wann denn erkenn ich: als

13. ich auch bin erkannt. Wann nu beleibent diſe drey
ding der gelaub die zůuerſicht die lieb Wann daz merer
dirr ding iſt die liebe.   *xiiij*

1.   N achuolgt der lieh: habt lieb die geiſtlichen
2.   ding: wann mer das ir weyſſagt. Wann der
          do rett in der zungen: der rett nit den menſch-
en: wann gott. Wann keiner hôrt es. Wann der geiſt

3. rett taugne ding Wann der do weyſſagt: der rett
den menſchen zů der bauwunge vnd zů der vnter-

4. weyſung vnd zů der trôſtung. Der do rett in der
zungen der bauwet ſich ſelber: wann der do weyſſagt

5. der bauwet die kirchen. Wann ich wil eůch all zere
den in zungen: wann mer zeweyſſagen. Wann er
iſt merer der do weyſſagt denn der do rett in zungen:
nuer villeicht er vnderſchait es: das die kirch ent-

* * *

17 **Wann** — 18 **ding**] ſo ich aber bin ein man (ein man bin A)
worden do (ſo A) han ich außgeraumet (außgereůtt OOa) die ding
Z—Oa.   18 **des lútzeln**] der kinder P, dez kleinen Z—Oa.   19
Wann] vnd P.   20 **wann**] aber Z—Oa.   vom E.   **Wann**]
fehlt Z—Oa.   21 ich vnuolkumenlich (-lichen SbOOa) Aber denn (+
ſo Sb) wird ich erkennen als Z—Oa.   22 auch ich E—Oa.   aber
Z—Oa.   23 Die hoffnung. die liebe. Aber die grôſſer auß den iſt
Z—Oa.   24 der ding P.   26 **wann**] Aber vil Z—Oa.   27 nit]
mit S.   28 aber (2) Z—Oa.   29 heimliche ding Z—Oa.   32 **wann**
der do] wer aber Z—Oa.   33 **Wann** — 34 **zeweyſſagen**] aber daz
ir all (*fehlt* OOa) redent. in zungen. aber doch mer daz ir weyſſagent
Z—Oa.   er] der Z—Oa.   35 mer K—Oa.   36 **nuer**] nun ZcSa.
vnderſchait es] lege auß es ZAKGSbOOa, lege es auß SZcSaSc.

* * *

19 ſecht wir TF.   20 **bedeckung : wann**] gelichſam aber TF.
22 derpleibent TF, der- *getilgt* T.   23 **zůuerſicht**] + vnd TF.   24
ding] + daz TF.   25 **habt** — 26 **ding**] die geiſtlichen ding habt
lieb T.   27 **in der**] in TF.   **den**] dem TF.   28 nymant TF.
34 **zeweyſſagen**] daz ir weiſſagent TF.   35 mer TF.   36 enphacht TF.

phach die bauwung. Wann brúder· ob ich nu kum
zů eúch zů reden in· zungen· waz nútz ich eúch: nuer
ich rede zů eúch aintweder in der eroffnung· oder in
der wiſſentheit· oder in der weyſſagung· oder in der
lere? Idoch die ding die do ſeint on ſele die ſeint ze-
gehen die ſtymm· es ſey das horn· oder die herpffe· nuer
ſy gehen vnderſcheidunge der dǒne in welcherweys
wirt zewiſſen was do wirt geſungen oder was do
wirt geherfft? Wann ob daz born gibt ein vngewiß
ſtymm· wer berait ſich zů dem ſtreyt? Alſo auch ir
nuer ir gebt ein offens wort durch die zungen: in
welcherweys wirt zewiſſen was do wirt geſagt.
Wann ir wert reden in lúfften. | Ich wene das vil
geſchlecht der zungen ſeint in dirr werlt: vnd keins dirr
ding iſt on ſtymm. Dorumb ob ich miſſkenn die kraft
der ſtymm ich werd frembd dem zů dem ich rede: vnd
der zů mir rett der wirt mir fremd. Alſo auch ir
do ſeyt nachuolger der geiſtlichen ding: ſůcht daz ir
begnúgt zů der bauwung der kirchen. Vnd dorumb
der do rett in der zungen: der bett das er vnterſchaid.
Wann ob ich bett mit der zungen mein geiſt der bet:

*

37 Aber Z—Oa.   38 euch redend in den zungen. wird ich euch
nutz ſein Z—Oa.   in] + der EP.   nuer] nun ZcSa.   39 eint-
weders ZcSa.   41 lere — 42 ſtymm] le | re. dy ſeynd geben dye
ſtymme. | Iedoch die ding die do ſeind on ſele] G.   41 ſeind geben
Z—Oa.   42 nuer] nun ZcSa   44 wirt gewiſſen M, wirt man
wiſſen Z—Oa.   45 gibt] wirdt geben Z—Oa.   46 wǎr wirt ſich
beraiten Z—Oa.   47 nuer] nun ZcSa.   offen rede Z—Oa.   48
wirt gewiſſen M, wirt man wiſſen Z—Oa.   49 in die lúft Z—Oa.
50 dirr (2)] der P—Oa.   51 miſſkenn] nit wiſſen wird ZAZc—Oa,
nit wirt wiſſen S.   52 werd] wird ein barbar oder Z—Oa.   frembd
dem] frembd | den Z, frembden AS, frembd dē ZcSa.   54 do] die
ir Z—Oa.   geiſtlichen ding] gaiſt Z—Oa.   55 begnúgt] vber-
flüſſig ſeyend Z—Oa.   56 der do] der der do ZcSa.   der ſol
betten Z—Oa.   57 der (letztes)] fehlt K—Oa.

*

38 zů reden] redent TF.   44 wirt geweſt TF.   46 Alſo]
+ vnd TF.   48 was] daz F.   49 in] + den TF.   das] +
alz TF.   50 vnd] + ir TF.   51 iſt] ſint TF.   56 das —
57 bett] fehlt TF, nachtr. corr. T, fc.   56 er] + iſt TF.

v. 15. wann mein geiſt gemút iſt on wůcher. Dorumb
waz iſt es? Ich bette mit dem geiſt: vnd bett mit
dem gemút. Ich lob mit dem geiſt: vnd lob mit dem ge-
16. mút. Ob du wol ſagſt eim andern mit dem geiſt: wer
derfúllt die ſtat des leyen? In welcherweys ſpricht
er amen vber den ſegen? Wann er waiſt nit waz
17. du ſageſt. Wann ernſtlich du machſt wol gnade:
18. wann der ander wirt nit gebauwen. Ich mach gnad
19. meim gott daz ich rede in euer aller zungen. Wann
ich will reden fúnff wort meins ſinns in der kirchen:
daz auch ich lere die andern: denn ·x· tauſent wort
20. in der zungen. Brúder: nicht enwelt werden kinder
der ſinnen: wann ſeyt lútzel in dem vbel: wann ſeyt
21. durnechtig in den ſynnen. Wann es iſt geſchriben
in der ee. Wann ich rede zů diſem volck in andern
zungen vnd in andern leſpen: vnd alſuſt hőrnt ſy mich
22. nit ſpricht der herre. Dorumb die zungen ſeint in
zeichen nit den getrewen: wann den vngetrewen:
wann die weyſſagung ſeint nit den vngetrewen:

*

58 Aber mein gemút iſt on frúcht Z—Oa.   59 bett — 60 vnd]
fehlt P.   60 vnd lob] vnd wird auch loben Z—Oa.   61 wol —
andern] wol redeſt Z—Oa.   1 leyen] vnweyſen Z—Oa.   2 amen]
einen P.   den] deinen Z—Oa.   wayß S, weſt K—Oa.   3 ernſt-
lich] gewiſlich P, *fehlt* K—Oa.   du wúrckeſt wol danckberkait. Aber
Z—Oa.   4 mach gnad] mach gnad wúrck gnad Z—Sa, ſag danck
K—Oa.   5 mein E.   Aber Z—Oa.   6 fúnff] ·v· Z, úwer A.
wort in meinem ſynn Z—Oa.   7 lerne Sb.   8 in] ſy EP.   nicht
wőlt Z—Oa.   9 in den ſynnen. Aber ſeyend klein in der boßheyt.
vnd volkumen in Z—Oa.   lútzel] kinder P.   11 Wann] Vnnd P.
12 lefftzen PASOOa, lebſen Zc—Sc.   alſo Z—Oa.   13 in] jnen OOa.
14 nit dem Sc.   gelaubigen. aber den vngelaubigen. Aber die weiſ-
ſagungen Z—Oa.   wann] ſunder P.   15 vngetrewen — 16 ge-
trewen] vngelaubigen. Aber den gelaubigen Z—Oa.

*

58 geiſt] *fehlt* TF.   59 waz] + dingz TF.   60 Ich — gemút]
fehlt T, *nachgetragen* ta.   2 den] deinen TF.   7 daz auch ich]
do mit ich auch TF.   8 in — enwelt] in verborgen (verberger T)
zungen mein bruder nit weld TF; verberger *unterstrichen und durch* der
ersetzt corr. T.   9 vbeln TF.   wann] vnd F.   11 dem ſinne TF.
in ainer andern TF.   15 die — 16 wann] *fehlt* F.

wann den getrewen. Dorumb ob fich alle die kirchen   v. 23.
fament in ain vnd fy all redent in zungen: wann
gend dor ein leien oder vngetrewen· fprechen fy denn
nit was vnfynnt ir? Wann ob fy all weyffagen: 24.
ı wann get dor ein ain vngetrewer oder ein leye er wirt
ꝛberwunden von allen: er wirt geurteilt von allen.
Wann die heimlichen ding feins hertzen werdent of-   25.
fen: vnd alfuft vellt er auf das antlütz er anbettet
gott: er derkunt gewerliche das gott fey in eüch?
ı ı Dorumb brüder waz ift es? Da ir feyt gefament·   26.
euwer ieglicher hat den pfalm· er hat die lere· er hat
die eroffnung· er hat die zungen· er hat die aufle-
gung· alle ding werden gethan zů der bauwung.
Wann ob etlicher rett in der zungen· nach zwayen·   27.
ı oder vil nach dreyen· vnd durch die tail: vnd einer
vnderfchaid es. Wann ob der vnderfchaider nit wirt: 28.
er fchweig in der kirchen: wann er rede im felb vnd
gott. Wann zwen die weyffagen oder drey fagent: 29.
vnd die andern die vrteilent. Vnd ob eim andern   30.
ı fitzenden wirt eroffent: der erfte fchweig. Wann ir   31.

16 funder P.   die] *fehlt* K—Oa.   17 famment ZSZcSa, famlent
A, fameln K—Oa.   in] + der EP, den Z—Oa.   wann — 18
vngetrewen] aber geend auch darein die groben vnweifen. oder die
vngelaubigen Z—Oa.   20 wann — wirt] Geet aber ein. eyn vnge-
laubiger oder ein vnweyfer (+ der K—Oa) wirt Z—Oa.   21 über-
künden S.   22 Wann] Vnd ob P, *fehlt* Z—Oa.   werdent] feind
Z—Oa.   23 alfuft] alfoft ZA. alfofft S, alfo ZcSa, als offt K—Oa.
antlütz. vnd würt got anbeten verkündent das werlich got Z—Oa.   24
verkunt P.   in ewch fey S.   25 Da] Das MEP. So Z—Oa.   ir]
ift Oa.   zůfamen kumend Z—Oa.   26 den] *fehlt* ZcSa.   palm
MEP.   27 die heymlichen offenbarung Z—Oa.   30 vil nach]
fchier K—Oa.   31 Wann ob] Vnd ob P, Ob aber Z—Oa.   vnder-
fchaydet A.   32 wann er] vnd Z—Oa.   33 aber zwen oder drey
weyffagen fullen fagen Z—Oa.   34 andern füllen vrtaylen Z—Oa.
35 der] die OOa.   Wann] vnd P.

16 kirch TF.   18 dor] darin TF.   oder] + ain TF.   19
Wann] aber TF.   20 wann] vnd TF.   23 vellet *nachtr.* T.   24 er]
vnd TF.   derkunt] der hunger (hunger *gestrichen*) kunt F.   25 Da]
fo TF.   28 alle ding] er hat alle dink di da TF.   30 vil] +
auch TF.   33 drey] + di TF.   35 fitzenden] + etwaz TF.
7*

mŭgt weyffagen durch alle: das fy all lern: vnd
v. 32. all vnderweyfen. Vnd die geift der weyffagen feint
33. vndertenig den weyffagen. Wann gott der ift nit
der miffhellung wann des frides: alfo lere ich in al-
34. len den kirchen der heiligen. Die weib fchwigent in
den kirchen. Wann· in wirt nit geftatt zereden wann
35. zefein vndertenig: als die ee fpricht. Wann ob fy
etwas wellent lern: fy fragent do heym ir mann.
Wann es ift lefterlich dem weip zereden in der kirchen.
36. Oder ginge das wort gotz aus von euch: oder volkam
37. es allain in zŭ eůch? Ob etlicher wirt gefechen zefein
ein weyffag: oder ein geiftlicher: der derkennt die
ding die ich eůch fchreib: wann es feint die gebott
38. des herrn. Wann ob etlicher miffkennt: der wirt
39. miffkannt. Dorumb brŭder habt lieb zeweyffagen:
40. vnd nicht enwellt weren zereden in zungen. Wann
alle dinge werden gethan vnder eůch zymlich vnd
nach ordnungen.   .17·

1.   Wann hrŭder ich thŭn eůch kunt das ewan-
     gelium das ich eůch brediget· vnd das ir
2.   enpfingt in dem ir auch ftet· | durch das ir

                              *

36 mŭgt] + all Z—Oa.   leren Z—GScOOa, lernen Sb.   37
die] der Zc—Oa.   feint] ift Z—Oa.   38 den weyffagen] den
weyffagung MEP, der weyffagung Z—Oa.   der] fehlt K—Oa.   39
funder P, aber Z—Oa.   als ich auch lere. in allen kirchen Z—Oa.
40 fchwigent] fullen fchweygen Z—Oa.   41 in] nu MEP.   wann]
funder P, aber Z—Oa.   42 daz fy vndertånig feien als Z—Oa.
Wann] vnd P, fehlt Z—Oa.   fy] + aber Z—Oa.   43 lernen SbSc,
leren OOa.   fo fullen fie fragen Z-Oa.   iren EP.   44 weib
daz fy rede Z-Oa.   45 volkam] kam Z—Oa.   46 zŭ] fehlt Z—Oa.
gefehen daz er feye Z—Oa.   47 der fol erkennen Z—Oa.   49 Ob
aber etlicher nit wayß (weyßt AZcSaOOa) der wirt nit gewiffet Z—Oa.
51 nicht wôlt Z—Oa.   in] + der EP, den Z—Oa.   Aber Z—Oa
52 ding fullen gefchehen in euch erberklichen (-lich OOa) vnd Z—Oa.
54 Aber Z—Oa.   55 gepredigt hab Z—Oa.   56 das ir] + auch Z—Oa.

                              *

36 mŭgt] + alle TF.   alle] + vnd TF.   37 all] fehlt TF.
die] der TF.   weiffagung TF.   38 der] fehlt TF.   43 ler-
nen TF.   46 zŭ] fehlt TF.   47 erkenne TF.   51 nit welt TF.
53 ordenung TF.   das ir] + auch TF.

wert behalten: vnd ob irs habt mit der befchaiden-
heit ichs eúch hab gebredigt: ir gelaubeten nit vp-
pig. Wann ich antwúrt eúch zûm erften das auch   v. 3.
⁊ ich enphinge: das criftus ift tod vmb vnfer fúnde
nach den gefchriften: | vnd das er ift begraben vnd
⁊ das er erftûnd am dritten tag nach den gefchriften:
    vnd das er ift gefehen cephas: vnd dornach den · xj   5.
Dornach ift er gefehen mer denn · v · hundert brú-   6.
dern entzamt: von den manig beliben vntz nu: wann
⁊ etlich die fturben. Dornach ift er gefehen iacob: dor   7.
nach allen den botten. Wann zû iungft aller · ift er   8.
auch mir gefehen als eim verdúrbling. Wann ich der   9.
minft bin der botten: ich bin nit wirdig zewerden
ein bote gerúffen: wann ich iagt die kirchen gots.
10 Wann das ich bin das bin ich vmb die gnad gotz: 10.
wann fein gnad was nit vppig in mir: wann ich
hab gearbeit begnúglicher denn difz all. Wann nit
ich: wann die gnad gotts mit mir. Wann ob ich   11.
oder fy: alfuft haben gebredigt: vnd ir es alfo habt

*

57 vnd — 58 vppig] in waz vrfach (vrfachen SbOOa) ich euch
hab gepredigt. Ift das irs (ir es KSb—Oa. ir G) behaltet. nur (nun
ZcSa) allein ir habend vmbfunft gelaubet Z—Oa.   59 zû dem Sc.
1 an dem G—Oa.   2 cephas] worden cephe. das ift petro Z—Oa.
aynlffen ZS, eylffen AZc—Oa.   4 miteinander auß den vil Z—Oa.
beleytend ZSZcSa, beleybend AK—Oa.   biß Sb—Oa.   Aber Z—Oa.
5 etlich find geftorben K—Oa.   iacobo Z—Oa.   6 allen zwolf-
boten. Aber Z—Oa.   zû] czú dem Sc.   7 gefehen] + worden
Z—Oa.   ein PS.   ich bin der minft vnder den zwelfboten (apo-
fteln OOa) der ich nit wirdig bin genennet zewerden (werden Sc) ein
zwölfbot (apoftel OOa). wann ich hab durchâchtet die Z—Oa.   10
aber Z—Oa.   11 vppig] lâr Z—Oa.   12 Aber Z—Oa.   nit]
mit P.   13 wann] Sunder Z—Oa.   14 Alfo Z—Oa.

*

57 vnd] fehlt TF.   behabt TF.   58 ich TF.   gelaubt TF.
61 fchriften TF.   1 er] + ift T, unterstrichen.   tagz TF.   fchrif-
ten TF.   2 gefehen] + von TF.   xj] ailfen vnd TF.   3 ift
er gefehen mer denn] fehlt TF, nachgetragen ta.   4 pleiben TF.
7 ain TF.   ich bin der minft der TF.   9 gerufen ein pot TF.
10 das bin ich] bin daz T, daz bin F.   12 denn] den | den F.   nit
ich] ich nit TF.   13 mit] in TF.   14 vnd ir es] wan ir TF.

v. 12. gelaubt. Wann ob criftus wirt gebredigt das er er-
ftûnd von den toten: in welcherweys fprechent et-
lich vnder eúch · das die auferftendung der toten nit
13. enfey? Wann ob die auferftendung der toten nit
14. enift: criftus erftûnd nit. Wann ob criftus nit er-
ftûnd: vnfer bredig die ift vppig: vnd euer glaub
15. ift eitel. Wann wir werden auch funden valfch ge
zeúgen gots: daz wir haben gefagt valfche gezeúg-
ung wider gott das er criftus derftûnd den er nit er
16. ftûnd ob die toten nit erftend. Ob die toten nit der-
17. ftend · noch criftus der erftûnd. Wann ob criftus nit
erftûnd: euwer gelaub ift vppig. Wann noch feyt
18. ir in euweren fúnden. Vnd dorumb die do fturben
19. in crifto die verdurben. Ob wir vns allein in difem
leben fein zeuerfehen in crifto: wir fein ermer denn
20. all leút. Wann nu criftus ift erftanden von den toten
21. zûm erften der fchlaffenden: | wann ernftlich der tod
ift durch den menfchen: vnd die auferftendung der
22. toten durch den menfchen. Vnd als fy all fturben in
adam: alfo werdent fy auch alle geleblicht in crifto
23. Ein ieglicher in feim orden: zû dem erften criftus.

*

15 **erftûnd**] feye erftanden Z—Oa.   17 aufferfteeung K—Oa.
18 **enfey**] fey Z—Oa.   **ob**] *fehlt* P.   aufffteeung KGSc, auffer-
fteeung SbOOa.   19 ift. So ift auch criftus nit erftanden. Ift aber
criftus nit erftanden. So ift vmbfunft vnfer predig. vnd Z—Oa.   21
eitel] vnnútz A.   **Wann**] *fehlt* Z—Oa.   erfunden Z—Oa.   22
valfche gezeúgnuß Z—Oa.   23 chriftum erkúcket hab den er nit
hat erkucket Ift das die todten Z—Oa.   25 **noch — ob**] So ift auch
criftus nit erftanden. Ift dann Z—Oa.   26 erftanden. So ift euwer
gelaub eytel (vnnútz A, *fehlt* S). Wann ir feyent noch in Z—Oa.   28
die find verdorben Z—Oa.   **vns**] *fehlt* Z—Oa.   29 fein (*erstes*)] *fehlt*
K—Oa.   **zeuerfehen**] hoffnung haben Z—Oa.   **ermer**] dürftiger
K—Oa.   30 all menfchen Z—Oa.   31 zû dem Sc.   **der** (*erstes*)]
den S.   **ernftlich**] gewiflich P, *fehlt* K—Oa.   32 aufferfteeung K—Oa.
33 als all menfchen fterben in Z—Oa.   34 lebendig Z—Oa.

*

19 **criftus erftûnd nit**] fo ift auch criftus nit (+ der F) derftan-
den TF.   21 gezeug TF.   22 valfchen gezeug TF.   24 **Ob**]
Wan ob TF.   25 **Wann**] nit vnd TF.   28 criftus T.   difen F.
29 leben verfechten an crifto TF.   **zû dem**] zum TF.

Dornach die die do feint criftus: die do gelaubent an
fein zůkunft.   Dornach das ende fo er antwurt das   v. 24.
reich got vnd dem vatter: fo er verúppigt allen fúr-
ftenthům vnd gewalt vnd krafft vnd herfchafft.
⟩ Wann im gezympt zereichfen: vntz das er legt all   25.
fein feinde vnder fein fúffe.   Wann zeiungft der tot   26.
feind wird verwůft.   Wann alle ding vnderlegt er   27.
fein fúffen.   Wann fo er fpricht alle ding feint im
vnderlegt: on zweyfel on den der im vnderlegt al
⟩ le ding.   Wann fo im werden vnderlegt alle ding: 28.
denn auch erfelb der fun wirt im vnderlegt der im
vnderlegt alle ding: daz er fey gott alle ding in al-
len.   In einer andern weys waz tůnd die die do wer-   29
den getauffet vmb die toten?   Ob die toten mit all
⟩ nit erftend: waz werdent fy auch getaufft vmb fy?
Worumb verderben auch wir in einer ieglichen ftund?   30.
Brúder ich ftirb teglich vmb euwer wunniglich: 31.
die ich hab in ibefu crifto vnferm herrn.   Ob ich hab   32
geftritten nach dem menfchen wider die tier zeephefi:
⟩ waz verfecht es mir ob die toten nit derftend?   Wir
effen vnd trincken: morgen fterben wir.   Nicht en-   33.

*
36 chrifti Z—Oa.   38 dem] den G.   er außtilget Z—Oa.
allem P.   39 vnd herfchafft] fehlt Z—Oa.   40 Aber der můß
regniren Z—Oa.   im] nu MEP.   biß Sb—Oa.   lôge Z—Oa.
41 Aber zům (zů dem SSc) lötzten wirt der veindtlich tod zerknyfchet
Z-Oa.   42 ding hat er vndergeworffen Z—Oa.   43 So er aber
fpricht Z—Oa.   feint] werden G.   44 im vnderlegt] im hat
vnderworffen Z—SbOOa, im hat vndergeworffen Sc.   45 werden]
feind G.   vndergeleget ZcSaSc.   46 denn — 47 gott] So wirt
im auch denn der fun vndergeworffen. der im hat alle ding vnderge-
worffen. das got feye Z—Oa.   48 In — tůnd die] dingen, anderft
waz werden die thůn Z—Oa.   49 mit all] gantz Z—Oa.   52 tâg-
lichen SbOOa.   ewer glori Z—Oa.   55 was ift es mir nutz. ift
daz die todten Z—Oa.   Wir] + fúllen Z—Oa.   56 morgen
werden wir fterben. Nicht fúllent ir verfúret werden Z—Oa.

*
38 alle TF.   41 der] aller der TF.   42 ding] + feint im
T, gestrichen.   vnderlegt] + an zweifel an dem der im vnterlegt
alle dink T, gestrichen.   44 vntergelegt T.   45 Wann — ding]
fehlt TF, nachtr. ta.   47 fey] + ainTF.   55 waz] + verfeck
T, gestrichen.   56 trincken] + wan TF.

welt werden verlait. Wann die bófen rede zerprech-

v. 34. ent die gûten fitten. Gerechten wachte: vnd nicht
enwelt fúnden. Wann etlich die babent die miffken-

35. nung gotts. Ich rede es eúch zû der fchame. | Wann
etlicher fpricht. In welcherweys erftand die toten?

36. Oder mit wie getan leib koment fy? | Du vnwey-
fer daz du feheft es wirt nit geleblicht: nuer es fterb

37. zûm erften. | Vnd das du feheft? Du febeft nit den
leib der do ift kúnftig: wann ein bloß korn: als des

38. waitzen· oder eins der andern. Wann gott gibt im
den leib als er wil: vnd eim ieglichen famen einen

39. eigen leib. Alles fleifch ift nit das felb fleifch: wann
die einen der menfchen die andern der vich: vnd die

40. andern der vogel: wann die andern der vifche. Vnd
es feint leib himlifch: vnd leib irdifch. Wann ernft-
lich ein andre wunniglich ift der himelifchen: wann

41. ein andre der irdifchen. Ein ander clarheit des funns:
wann ein andere clarheit der menin: wann ein ander
clarheit der ftern. Wann als fich der ftern vnderfchaidt

42. von dem ftern in der clarheit: | alfo ift auch die auff

*

58 fitten] + Ir Z—Oa.   59 wôlt Z—Oa.   Wann] + auch Sc.
die (erstes)] die || vnd nit wôlt fünden/wann ettlich die | ZcSa; letzte
zeile der seite zu anfang der folgenden wiederholt.   die habent] haben
K—Oa.   die vnwiffenhait Z—Oa.   60 rede — 61 toten] fag
euch zû eren. Aber fpricht eyner wie werden die todten erftaan Z—Oa.
1 wie — fy] wôlcherlay leib werden fy komen Z—Oa.   2 es
(erstes)] das ZcSa.   nit lebendig. nur (nun ZcSa) allein es fterbe
vor. vnd was fäeft du. Du fäeft Z—Oa.   4 aber Z—Sa, oder K—Oa.
korn] horn MEP: so das Wernigeröder ex. von M., das Rosenthal'sche
jedoch richtig korn.   des] das Z—Oa.   7 nit eyn flaifch Aber eins ift
der menfch. das ander der vich Z—Oa.   9 wann] vnd Z—SbOOa.
vns Sc.   10 feind hymelifch leib vnd (vnd | vnd Z) irdifch leib. Aber
ein andere ift die glori der himelifchen. vnd ein Z—Oa.   irdlich.
Wann gewiflich P.   12 der funnen vnd ein Z—Oa.   13 des mons
vnd ein Z—Oa.   14 als] + ich ZcSa.   14 aufferfteeung K—Oa.

*

57 Wann] fehlt TF.   1 getanem TF.   6 den] ainen TF.
eim] ain TF.   8 vnd] fehlt TF.   10 vnd] + der TF (getilgt T).
11 himelifch TF.   12 funen TF.   13 wann] fehlt TF.   clarheit]
+ dez funen T, gestrichen.

erſtendung der toten. Er wirt geſeet in zerbrochen-
keit: er ſtet auff in der vnzerbrochenheit: | er wirt geſe-   v. 43.
et in vnedelkeit er derſtet in wunniglich· er wirt
geſeet in kranckheit: vnd erſtet in kraft. Er wirt   44.
30 geſeet ein leib vihlich: er derſtet ein leib geiſtlich.
Ob der leib iſt vihlich: er iſt auch geiſtlich: | als ge   45.
ſchriben iſt in geneſz. Der erſt menſch adam iſt ge
macht in ein lebentig ſele: der iungſt adam in eim
geiſt der do leblichte. Wann nit zům erſten das do   46.
5 iſt geiſtlich: wann das do iſt vihlich: dornach das
do iſt geiſtlich. Der erſt menſch von der erde irdiſch: 47.
der ander menſch von dem himel himeliſch. Wie ge-   48.
tan der irdiſch alſo gleich ſeint auch die irdiſchen:
vnd wie gethan der himeliſche alſo gleich ſeint auch
39 die himeliſchen. Dorumb als wir haben getragen   49
das bilde des irdiſchen: alſo trag wir auch das bild
des himeliſchen. Wann brúder ditz ſag ich: das daz   50.
fleiſch vnd das blůt nit múgen beſitzen das reich gotz:
noch die zerbrochenkeit beſitzen die vnzerbrochenkeit.
35 Secht ich ſag eúch ein taugen. Ernſtlich all erſtee   51.

*

16 in — 17 iu] in der zerſtörlikayt vnd wirt auff ſteen in Z—Oa.
17 vnzerbrochenheit] zerbrochenheit MEP, vnzerſtörikayt Z, vnzerſtö-
lichkeyt A, zerſtörligkeyt S, vnzerſtörlichkeyt Zc—Oa.   18 in (erſtes)]
+ der SOa.   er — er] vnd erſteet (erſtert Z, erſtört KSc, erſtöret
G) in der glori. er Z—Oa.   19 in der kraft Z—Oa.   Er] Es
Z—Oa.   20 geſeet ein (in A) tierlicher (vilichem A, zyerlicher S)
leyb vnd erſteet Z—Oa.   leib (zweites)] leyde Sb.   21 Ob] oder G.
ryhlichen Sb, vichiſch OOa.   22 in geneſ] fehlt Z—Oa.   23 eim]
ein A, ainē O, aiñ Oa.   24 lebentig machet Z—Oa.   zů dem SSc
das] der Z—Oa.   25 aber Z—Oa.   26 der] fehlt ZASK—Oa.
28 der] iſt der OOa.   31 alſo füllen wir auch tragen Z—Oa.
32 Aber Z—Oa.   34 Noch die zerſtörung die vnzerſtörlicheit wirt
beſiczen Z—Oa.   35 taugen] haimlich ding Z—Oa.   Ernſtlich]
Gewiſlich P, fehlt K—Oa.

*

16 toten] gerechten TF; unterſtrichen T, toten ta.   17 er ſtet
auff] vnd derſtet TF.   der] fehlt TF.   19 kranckheit] klarheit F.
vnd] er TF.   22 geneſis T.   24 leblicht TF.   26 irdiſche TF.
28, 29 alſo gleich] alfuſt TF.   31 trag wir] tragte TF, + wir ta.
34 beſiczt TF.

v. 52. wir: wann all werde wir nit verwandelt.   In der
bewegung eins plicks des augen: in dem iungſten
born.   Wann er ſingt mit dem born: vnd die toten
erſtend in dem vnzerbrochen: vnd wir werden verwan
53. delt.   Wann es gezympt ditz zerbrochlich zeuaſſen die
vnzerbrochenkeit: vnd ditz tôdig zeuaſſen die vntô-
54. dikeit.   Wann ſo ditz tôdig vaſſt die vntôdikeit:
denn wirt das wort das geſchriben iſt· in oſee.   Der
55. tod iſt beſoffen in der vberwindunge.   O tod wo
iſt dein vberwindung?   O tode wo iſt dein garte?
56. Wann der garte des todes iſt die ſúnde· wann die
57. kraft der ſúnde iſt die ee.   Wann genad gott: der
vns gab die vberwindung durch vnſern herrn ihe
58. ſum criſtum.   Dorumb mein lieben brúder ſeint ſtet
vnd vnbeweglich: begnúget ze allen zeyten in dem
werck des herrn: wiſſt daz euer arbeit nit iſt vppig
im herren.   *Das ·xvj· Capitel.*

1.   W ann von den leſungen die do werden getan
               vnder den heiligen: als ich hab geordent den
2.   kirchen zû galath: alſo thût auch ir | durch

*

36 **wann** — 37 **iungſten**] aber nit werde wir verwandelt. In einem
punckt in einem augenplick in dem letzten Z—Oa.   38 er wirt
ſingen Z—Oa.   39 in dem vnzerſtôret ZASK—Oa, in dem vnzer-
ſtôrten ZcSa.   40 **es** — 44 **beſoffen**] es múß der zerſtôrlich leyb
anlegen die vnzerſtôrlichkayt. vnnd der tôdtlich leyb anlegen die vn-
tôdtlickait. wenn aber der tôdtlich leyb anleget die vntôdligkait. Denn
ſo (*fehlt* OOa) wirt die red die geſchriben iſt. verzârct iſt der tod Z—Oa.
42 **Wann**] Vnd P.   43 **denn**] dem P.   44 beſchaffen MEP.   44.
45 **O**] *fehlt* Z—Oa.   45, 46 **garte**] angel Z—Oa.   46 **wann**] vnd
P, aber Z—Oa.   47 **Wann**] aber die Z—Oa.   50 **begnúget**] vnd
úberflúſſig Z—Oa.   51 **vppig**] eytel ZS—Oa, groß A.   52 in
dem Sc.   53 Aber OOa.   loſungen K—Oa.   **do**] *fehlt* A.
.54 in die hayligen Z—Oa.   55 **zû**] *fehlt* Z—Oa.   galach M,
galathie Z—Oa.

*

37 **dem**] den F.   38 **Wann**] + ſo TF.   39 **dem**] *fehlt* TF.
40 zeprochenlich TF.   43 **wort**] + derfult TF.   47 **genad**] +
zu TF.   49 **lieben**] *fehlt* TF, *nachtr.* ta.   55 galat TF.

einen des fambftags wann euwer ieglicher leg bey
im felber verporgen das im wol geuall fo ich kum
das denn icht lefungen werdent gemacht. Wann fo   v. 3.
ich werd gegenwúrtig: die ir habet bewert durch
  die epifteln dife fende ich zetragen euwer genad in .
jherufalem. Vnd ob es wirt wirdig das auch ich gee: 4.
fy gend auch mit mir. Wann ich kum zů eúch: fo   5.
ich vbergee macedon. Wann ich vbergee macedon.
Wann villeicht ich beleib bey eúch oder ioch ich win-   6.
ter: daz ir mich fúrt wo hin ich gee. Wann ich wil   7.
eúch nu nit gefechen in dem vbergang. Wann ich
verfiche mich etweuil zeyts zebeleiben bey eúch: ob
es der herre geftatt. Wann ich wird beleihen zů ephefi   8.
vntz zů pfingften. Wann ein michel túr ift mir auf   9.
gethan vnd ein offen: vnd manig widerwertigen.
Wann ob thimotheus kumpt zů eúch: fecht das er   10.
fey bey eúch on vorcht. Wann er wirckt das werck
des herrn als auch ich. Dorumb keiner verfchmech   11.
in. Wann fúrt in her in fride: das er kum zů mir
Wann ich bait fein mit den brúdern. | Wann ich tů   ·12.
eúch kunt von appoln dem brúder: das ich in vil batt

*

56 fabbaths K—Oa. **wann]** *fehlt* Z—Oa. 57 verbergend
ZAZc—Oa, übergend S. 58 **icht]** nicht Z—Oa. lofungen K—Oa.
60 ich das fy tragen Z—Oa. 1 **mir]** + fo werden fy mit mir geen
Z—Oa. kam G. 2 vbergee (*erftes*) — **macedon]** wird durch-
geen Macedoniam. dann (wann Oa) ich wird durch Macedoniam geen.
vbergee (*zweites*)] aber gee P. 3 **Wann]** vnd P, Aber Z—Oa. **ioch
ich]** auch ich beleyb bey euch den Z—Oa. 5 fehen in dem gang
Z—Oa. 6 zeyt P—Oa. 7 Vnd ich will P. ephefum Z—SaOOa,
epheftum KGSbSc. 8 biß Sb—Oa. groß P, groffe Z—Oa. 9
offen] offen war Z, offenwar S, offen | war ZcSa, offenbare A, fcheyn-
perliche K—Oa. vil Z—Oa. 10 **Wann ob]** Vnd P, Ob aber
Z—Oa. 12 verfchmácht Z—Sa. 13 **Wann]** Vnd P, Aber Z—Oa.
im Z—SbO, in dem ScOa. 14 ich harr K—Oa. **Wann** (*zweites*)]
Vnd P, Aber Z—Oa. 15 **euch]** + do Sb. Appollo Z—Oa.

*

56 **des fambftags]** ieglichen famftag TF; *vom corr.* ta *erfetzt durch:*
dez famftagz. 60 **die]** + durch TF, *in beiden geftrichen.* epiftel TF.
1 **auch]** *fehlt* TF. 3 **ich** (*erftes*)] *fehlt* TF. 15 appollo TF.

das er kem zů eúch mit den brúdern: vnd ernftlich
es waz nit fein wille daz er nu kem. Wann er kumpt:

v. 13. fo es im wirt fúgen. Wacht und ftet im gelauben·

14. thůt menlich vnd wert geftercket im herren: | alle

15. eúwere .ding die werden gethan in der lieb. Wann
brúder ich bitt eúch· ir erkennt das haus ftephane
vnd fortunati vnd achaici die do.waren die erften zů
achaie· vnd fich felb ordenten in die ambechtung der

16. heiligen: | daz auch ir feyt vndertenig den in difeweys·
vnd eim ieglichen entzamt werckenden vnd arbeitenden

17. vnder eúch. Wann ich frewe mich in der gegenwúrt
fteffans vnd fortunati vnd achaici: wann fy felbe

18. erfúllten das daz euch gebraft. Wann fy widermach-
ten meinen geift vnd den euweren. Dorumb erkennt

19. die die do feint in dife weys. Eúch grúffent alle die   3
kirchen zů afie. Eúch grúffent vil im herrn aquila
vnd prifcilla mit ir haimlichen kirchen: bey den ich

20. auch herberg. | Eúch grúffent alle die brúder. Grúfft

21. einander: in dem heiligen kuffe. Mein grúß: in der

22. hand paulus. Ob etlicher nit liebhat vnfern herrn jhefum   5

* * *

16 **ernftlich**] gewiflich P, *fehlt* K—Oa.   17 Vann M, Aber Z—Oa.
er (*zweites*)] ir G.   18 in dem gelauben Sb—Oa.   19 mánlche
ZcSa.   in dem Sc.   20 **die**] *fehlt* PK—Oa.   Aber Z—Oa.
22 **vnd** (*zweites*) — **zů**] wann fy feyen die erften Z—Oa.   23 vnd
haben fich felb (*fehlt* OOa) geordent in den dyenft Z—Oa.   die
dienft P.   24 **daz auch**] dzoch A.   feyt — difeweys] den felben
feyt vndertánig Z—Oa.   25 ein EP.   **entzampt**] *fehlt* Z—Oa.
26 **Wann**] Vnd P.   27 ftephane Z—Oa.   achaci Z—Oa.   fy
— 30 weys] das das euch gebraft haben fy erfúllet. wann fy haben
widerbracht meinen vnd euwern geyft. Darumb erkennends (erkennet
K—Oa) wer fy feyen Z—Oa.   28 **euch**] auch MEP.   30 **die**
(*letztes*)] *fehlt* K—Oa.   31 **zů**] *fehlt* Z—Oa.   in dem GScOa.
32 priftilla MEP.   **ir**] *fehlt* EP.   **haimlichen**] hailigen MEP,
haußgenoffen Z—Oa.   33 **die**] *fehlt* K—Oa.   **Grúfft**] + an Sc.
35 pauli Z—Oa.

* * *

16 **vnd**] wan TF.   17 kem] + zu euch mit den brudern T, *ge-
ftrichen*.   22 achayam F.   23 achaya TF.   24 vntertedig T.
difer weiz TF.   25 vnd (*zweites*)] + den TF.   27 ftephane *TF.*
28 **Wann** — 29 geift] *fehlt* TF, *nachgetragen* ta.   30 **die die**] di T.
difer weiz TF.   32 prifca TF.   auch ich TF.

criſtum: der ſey verpannen maranatha. Die gnad   v. 23.
vnſers herren iheſu criſti ſey mit eúch. Mein lieb   24.
ſey mit eúch allen in iheſu criſto.· Amen. *Hie endet
die erſte epiſtel zú den Corintern Vnd hebt*
o *an die vorrede über die ander epiſtel zu den Corintern.*

N ach der getanen búſz von in ſchreibet er
in ein tröſtlich epiſtel von troade durch
tytum· vnd entzampt lobt ſy vnd vnder
weyſt ſy: zú beſſer: gewer lere zeygt ſy
5   zeſein betrúbt ſunder gebeſſert. *Hie endet
die vorrede Vnd hebt an die ander Epiſtel
zú den Corintern. Das erſte Capittel.*

P aulus bott iheſu criſti durch
den willen gots vnd thimo-
o theus der brúder: der kirchen
gotz die do iſt zú corinth mit
allen den heiligen die do ſeint
in allem achaia. Gnad ſey mit   2.
eúch vnd frid von got vnſerm
5   vatter vnd von dem herrn iheſu
criſti. Gott der iſt geſegent vnd der vatter vnſers   3.
herren iheſu criſti ein vatter der erbermd vnd ein got
alles troſtes· | der vns tröſt in allem vnſerm durech

*

36 **verpannen maranatha**] geteylet von dem herren Z—Oa.   38
chriſto iheſu Z—Oa.   A M E N KG.   41 **Nach** — 42
in] Paulus ſchribt den Corinthiern nach der volbrachten búß A.   41
getanen] volbrachten ZS—Oa.   **in**] den Corinthiern ZS—Oa.   42 **in**]
im ZcSa.   43 **entzampt**] *fehlt* Z—Oa.   **vnderweyſt** — 45 **gebeſſert**]
ermanet ſy czú Beſſeren dingen vnd erzeyget auch darinnen daz ſy ſeyen
betrúbet worden aber gebeſſert Z—Oa.   48 **bott**] ein bot Z—Sa, eyn
apoſtel K—Oa.   52 **den**] *fehlt* K—Oa.   53 allen PZS, *fehlt* ZcSa.
achaia] + die Z—Oa.   54 **vnd**] + der Z—Oa.   56 chriſto Z—Oa.
der (erſtes)] *fehlt* K—Oa.   58 in aller vnſer (*fehlt* Sb) trúbſal das Z—Oa.

*

36 **maranatha**] *fehlt* F.   37 **Mein** — 38 **euch**] *fehlt* TF, *nach-
getragen corr.* T.   41 *Diese vorrede bieten* BNgWr *in anderer fassung.*
48 **durch den**] nach dem TF.   57 **vatter**] *fehlt* TF, *nachgetragen* ta ſc.

ten: das auch wir felb múgen tróften die die do feint
in aller bedruckung durch die vnderweyfung mit
der auch wir felber werden vnderweyſt von gotte:

v. 5. ¦ wann als die marter crifti begnúget in vns alfo be

6. gnúgt auch vnfer troft durch criftum. Wann es fey
daz wir werden betrúbt vmb euwer vnderweyfung
vnd vmb euwer behaltfam· es fey das wir werden
getróft vmb euwer tróftung· es fey das wir werden
vnderweyfet vmb euwer vnderweyfung vnd vmb
die behaltfam· die do wirckt die treglikeit der felben

7. leidungen die auch wir Ieiden· | daz vnfer zúuerficht
fey veft vmb eúch: wann wiſſt als ir feyt gefellen

8. der leidungen· alfo wert ir auch des troftes. Wann
hrúder wir wellen eúch nit miſſkennen von vnferm
durechten das do ift getan in afya: wann wir feint
befchwert vher die maß vnd vher die kraft· alfo daz

9. vns ioch verdroß zeleben. Wann wir felb hetten in vns
felber die antwurt des todes· das wir vns nit fein
verfechen in vns wann in gott der do erftet die toten·

10. ¦ der vns hat derlóft von alfuil trúbfal vnd derlóft:

·

59 mirfelb ZcSa.　　61 der wir auch S.　　　1 begnúget — 3
betrúbt] úberfluſſig feyen in vns. alfo auch durch chriftum ift uber-
flúſſig vnfer troft. Ob wir aber betrúbet werden Z—Oa.　　2 vnfer]
vns MEP.　　3 vnderweyfung] ermanung Z—Oa.　　4 vmb — 7
behaltfam] heyl oder getróftet vmb euwern troft (+ vnnd heyl Sb)
oder ermanet werden vmb euwer ermanung (manung KSb—Oa) Z—Oa.
6 vnderweyfet] vnderweyfer MEP.　　　7 treglikeit] triegkeyt P, ge-
dultigkeit Z—Oa.　　　8 zúuerficht — 9 als] hoffnung ſtátt feye fúr
euch wiſſend das. wie Z—Oa.　　　10 auch] + gefellen Z—Oa.　　11
eúch — 12 getan] nit das ir nit wiſſendt von vnfer trúbfale die da ge-
fchehen ift Z—Oa. vnfern MEP.　　12 afaya ME.　　14 auch Z—Oa.
felbs SbOOa.　　15 vns — 16 aber] nit feyen in vns vertrauwend. aber
Z—Oa.　　16 erkúcket Z—Oa.　　　17 derlóft:] + vns A.

·

59 getroften TF.　　60 die vnderweyfung] vnterwerfung T.　　61 felb
TF.　　1 martern crifti begnugent TF.　　begnug T.　　4 euwer] di TF.
wir] fehlt F.　　5 euwer] er TF.　　8 leidung TF.　　9 wann
wiſſt] wiffet wan TF.　　10 leidung TF.　　auch der troftung TF.
11 brúder] fehlt T.　　eúch] fehlt TF.　　12 feint] warn TF.
17 trubfaln TF.

an den wir vns verfechen wann er derlôſt ioch noch
ſeyt auch helfent in eúch in dem gebette vmb vns·   v. 11.
ɒ das die genaden werdent gemacht vmb vns durch
manige von den bilden maniger antlútze des gibs
der do iſt in vns. Wann ditz iſt vnſer wunniglich   12.
der gezeúg vnſer gewiſſen: daz wir haben gewandelt
in dirr werlt in der ainfalt vnd in der rainikeit gottz
ɜ vnd nit in der fleiſchlichen weyſheit wann in der ge-
nad gottz· wann begnúglicher zú eúch. Wann wir   13.
ſchreiben eúch nit andre ding denn die ir habt gele-
ſen vnd erkannt. Wann ich verſich mich das ir ſy
derkennt vntz an das ende· | vnd als ir vns habt er-   14.
ɒ kannt vom tail: wann wir ſein euwer wunniglich
als auch ir die vnſer an dem tag vnſers herrn ihe-
ſu criſti. Vnd mit dirr zúuerſicht wolt ich zúm erſten   15.
kumen zú eúch das ir bett die andern genade | vnd   16.
durch eúch vbergeen in macedon vnd aber von ma-
ɕ cedon kumen zú eúch vnd von eúch werden gefúrt
in iude. Dorumb do ich ditz wolt: gewont ich denn   17.
der leichtikeit. Oder gedenck ich nach dem fleiſch die
ding die ich gedenck daz bey mir ſey ia vnd nein. Wann   18.
gott der iſt getrewe wann vnſer wort das do was

     18 **an** — **19 vns**] in den wir hoffen vnd er wirt vns auch noch
erlôſen iſt das ir helffend mit euwerem gebett fúr vns Z—Oa.   20
die — **22 vns**] auß vil ménſchen angeſicht der gabe. dy in vns iſt.
durch vil menſchen genaden gewúrcket werden fúr vns Z—Oa.   21
antlützer P.   22 das iſt vnſer glori die gezeugknuß vnſers gewiſſens
Z—Oa.   23 gewandert K—Oa.   24 dirr] der P.   25 **wann**]
ſunder P, Aber Z—Oa.   26 **wann begnúglicher**] ſein wir gewandlet
(gewandert K—Oa) in der welt. doch úberflúſſiger Z—Oa.   27 **die**]
fehlt ZcSa.   28 **Wann** — **derkennt**] Aber ich hab hoffnung das irs
(ir es ZcSa, ir K—Oa) werdent erkennen Z—Oa.   29 biß Sb—Oa.
30 **vom**] von P, auß eynem Z—Oa.   euwer glori Z—Oa.   32 **mit**]
in Z—Oa.   der P.   zú dem Sc.   34 geen in macedoniam
vnd aber von macedonia Z—Oa.   35 wurden M.   36 iudeam
Z—Oa.   **gewont** — **37 der**] hab ich denn nit gebrauchet die Z—Oa.
38 **mir**] in MEP.   39 der] *fehlt* K—Oa.

     18 an dem TF.   auch TF.   19 **in euch**] euch TF (*unter-
strichen* T).   22 der] *fehlt* F.   24 in dirr werlt] *fehlt* TF, *nach-
getragen* ta.   **rainikeit**] lauter TF.

bey eúch˙ nit was inn ime ia vnd nein wann in

v. 19. im was ia. Wann ihefus der fun gottz der do ift
gebredigt durch vns in eúch durch mich vnd filua-
num vnd thimotheum nit was in im ia vnd nein˙

20. wann ia was in im. Wann alfuil der gehaiffung
gotz feint ia˙ waz in im. Vnd dornach fprechen wir

21. durch in amen zû got zû vnfer wunniglich. Wann
der vns hat geueftent mit eúch in crifto˙ vnd gott

22. der vns fielbe : | vnd der vns hat gezeichent vnd gab

23. vns das pfand des geifts in vnfere hertzen. Wann
ich anrúffe gott zû eim gezeúg in meiner fele daz ich

24. fúrbas nit kam zû corinth eúch zefchonen˙ | nit das
wir herfchen euwerem gelauben wann wir fein helffer
euwer freuden: wann ftet im gelauben.   *ij*

1.   Wann ditz felb hab ich geordent bey mir: daz
ich aber icht keme zû eúch in traurigkeit.

2.   Wann ob ich eúch betrúbe vnd wer ift der
der mich derfrewet nuer der do wirt betrúbt von mir?

3. Vnd ditz felb fchreibe ich eúch fo ich kum daz ich nit
enhab die traurigkeit vber die traurikeit˙ von den
dingen mir do gezympt zefrewen ich verfich mich in

            *
40 **nit** — 41 **ia**] ift nicht in im. Es ift. vnd neyn Aber im ift. Es
ift Z—Oa.   43 **nit** — 45 **dornach**] in dem ift nit gewefen ia vnd
neyn Aber in im ift gewefen. Es ift. Wann wie vil der verheyffungen
gottes feind. fo ift (ich S) doch in im. Es ift. Vnd darumb Z—Oa.
44 **Wann**] Vnd P.   46 **durch** — 47 **geueftent**] amen. got zû vnfer
(einer A) glori. Der (Die A) aber vns beftättet Z—Oa.   47 **gott** —
48 **fielbe**] der vns hat gefalbet got Z—Oa.   48 bezaichent PZcSa.
49 vnferm Z—Oa.   51 bin kumen K—Oa.   zû corinthen euwer
fchonend Z—Oa.   52 eúweren P.   Aber Z—Oa.   53 eúwern ZcSa.
wann] + ir Z—Oa.   in dem Sc.   54 Aber daffelb (da felb A) han
ich gefeczet daz ich nit aber (*fehlt* Sc) kâme Z—Oa.   **ich**] wir P.
57 **nuer**] nun ZcSa.   **von**] auß Z—Oa.   58 felb han ich gefchriben
euch Z—Oa.   59 hab Z—Oa.   60 **mir** — **in**] ich mich mûßte
freúwen. Vertrauwend (getrawende K—Oa) in Z—Oa.

            *
40 **wann ia im was ia**] *fehlt* TF.   41 **ihefus**] + criftus TF.
45 in in T.   Vnd darum durch in fprech wir amen TF.   47 criftus TF.
48 gezaigent TF.   49 vns] *fehlt* TF.   50 in] wider TF, *geftrichen*
T, in *nachtr.* ta.   mein fel TF.   56 der] *fehlt* TF.   58 **felb**] *fehlt* F.

eúch allen das mein freud ist ewer aller. Wann
ich fchreib eúch von manigen durechten vnd von der
angft des hertzen durch manig treher daz ir icht wert
betrúbet: wann das ir wiffet wiethan lieb ich hab
begnúglich in eúch. Wann ob mich etlicher hat be-
trúbt· der hat mich nit betrúbt· wann vom tail: das
ich eúch icht all befchwere. Dife ftraffunge die do
wirt gethan von manigen die begnúgt dem der do
ift in difeweys· | alfo daz ir do wider mer vergeht vnd
in tróftet: das villeicht der do ift in difeweys icht
werde befoffen mit begnúglicher traurikeit· | dorumb
ich bitt eúch· das ir veftent die lieb in im. Wann
dorumb fchreib ich eúch das ich derkenne euwer be-
werunge: oder ob ir feyt gehorfam in allen dingen.
Wann ob ir yemant habt vergeben etwas: vnd ich   10
Wann auch ich das ich hab vergeben· das hab ich
vergeben vmb eúch· in dem pild crifti· | das wir nit   11
werden betrogen von fathanas. Wann wir miff-
kennen nit fein fchalckhaftigen gedancken. Wann   12
do ich was kumen zú troade vmb das ewangelium
crifti vnd mir ein túr was aufgetan im herrn: | ich   13

61 allen] aller EP.   das] wann Z—Oa.   frúnd A.   ift]
dye ift Sb.   1 eúch — der] euch auß vil trúbfale vnnd Z—Oa.   2
durch vil záher nit das ir betrúbet werdent aber das ir wiffent was
liebe Z—Oa.   3 wie gethan EP.   4 überflúffiger Z—Oa.   Wann]
vnd P, Aber Z—Oa.   5 aber Z—Oa.   vom] von P, auß eim
Z—Oa.   6 icht] nit Z—Oa.   7 dem] den M.   8 mer] mir
MEP.   9 in tróftet] werdent getróftet Z—Oa.   ift — 10 trau-
rikeit] ein follicher ift nit werde mit mer (mir S) überflúffiger traurig-
keyt (+ werde ZSZcSa, spatium A) verzeret K—Oa.   11 im] in Z—Oa.
14 Wann — ich] Wenn ir aber ettwas nachgelaffen habent das han
auch ich vergeben Z—Oa.   15 das hab ich] hab K—Oa.   16 dem
pild] der perfon Z—Oa.   17 fathana. wann vns feyen nit vnwiffend
fein gedancken Z—Oa.   19 troadem Z—Oa.   20 in dem Sb—Oa.

61 das — aller] fehlt TF; wan mein freud ift di ewer aller nachtr. th.
3 wiegetan TF.   5 der — betrübt] fehlt TF, nachgetragen ta.   vom]
fehlt T, nachgetragen ta.   6 icht] nit TF.   8, 9 difer weiz TF.
11 pit ich euch daz ir in veftent in der lieb wan TF.   15 auch]
fehlt TF, nachgetragen th.   vergeben] + etwas F.

Kurrelmeyer, Bibel. II.   8

het nit rûe meim geiſt˙ dorumb daz ich nit vand ty-
tum meinen brûder: wann ich geſegent ſy ich gieng

v. 14. zû macedon. Wann gnad zû gott der vns zû allen
zeyten macht zeûberwinden in iheſu criſto˙ vnd der-
offent durch vns den geſchmack ſeiner derkennung

15. an einer ieglichen ſtatt: | wann wir ſein ein gûter
geſchmack criſts zû got in den die do werdent behalt-

16. en: vnd in den die do verderbent. Ernſtlich den einen
ein geſchmacke des todes zû dem tod: wann den
andern ein geſchmack des lebens zû dem leben. Vnd

17. wer iſt alſo zymlich zû diſen dingen? Wann wir ſein
nit als manig die do felſchent eebrechent das wort
gotts: wann wir reden vor gott in kriſt von der
traurigkeit als von gott. *iij*

1. **B**Eginnen wir aber zeloben vns ſelber: oder
bedúrffen wir etwas als etlich mit loblichen

2. epiſteln zû eúch oder von eúch? Ir ſeyt vnſer
epiſtel geſchriben in vnſern hertzen˙ die do wirt ge
wiſſen vnd geleſen vnd eroffent von allen leûten:

3. | wann ir ſeyt die epiſtel criſti geambecht von vns vnd

*

21 rew MEP. **meim]** mein MP, in meinem G. 22 meinem Sc.
aber Z—Oa. **ich** *(zweites)*] vnd Z—Oa. 23 in macedoniam.
Aber die genad ſeye got Z—Oa. 24 uberwinden Z—Oa. 25 er-
kanntnuß Z—Oa. 27 criſtus EP, criſti Z—Oa. in dem P. 28
Ernſtlich] Gewiſlich P, doch K—Oa. 29 **ein]** *fehlt* SbOOa. Aber
Z—Oa. **den]** + ein MEP. 30 einen K—Oa. **Vnd]** Wann S.
32 **felſchent]** fleiſchent M, *fehlt* E—Oa. erbrechent S. 33 **wann**
— 34 **gott]** Aber auß der reynigkeit als auß gott. vor got in (er ZcSa)
criſto reden wir Z—Oa. 33 criſto EP. 35 Wir heben widerumb
an vns ſelb ze loben. oder Z—Oa. 36 **etwas — loblichen]** nicht als
etlich lobſam Z—Oa. 37 **von]** auß Z—Oa. 38 **do — 39 eroffent]**
man wayß (wayßt AZc—GScOOa) vnd lißt eroffent Z—Oa. 39 men-
ſchen Z—Oa. 40 **geambecht]** gedienet P, gegeben Z—Oa.

*

21 **daz]** *nachtr.* T. **nit** *(zweites)*] *nachtr.* F. thyten TF.
22 **ich** *(zweites)*] vnd TF. 23 **zû]** in TF. 27 criſti TF. 28
Ernſtlich -- 29 geſchmacke] *fehlt* TF, ernſtlich andern ein geſchmak
nachtr. ta F. 32 **felſchent]** *fehlt* TF. 33 criſto TF. 34
traurigkeit] klarheit TF. 38 vnſer TF.

nit gefchriben mit tynten wann mit dem geift gotz
des lebentigen: nit in den ftainen tafeln: wann in
den fleifchlichen tafeln des hertzens. Wann wir ha   v. 4
ben ein fölich zůuerficht durch criftum zů gott: | das   r
wir nit fein begnůgen zegedencken etwas von vns
als von vns· wann vnfer begnůgung ift von got:
der vns auch macht zymliche ambechter des newen
gezeůgs nit mit den bůchftaben wann mit dem geift
Wann der bůchftab der erfchlecht: wann der geift
der leblicht. Vnd ob die ambechtung des tods gebil-
det mit den bůchftaben in den ftainen waz in wun-
niglich· alfo das fich die fůn jfrahel nit mochten ver-
nemen an das antlůtz moyfes· vmb die wunniglich
feines antlůtz die do wart verůppiget: | in welcher-   8
weys die ambechtung des geifts wirt fy nit mer in
wunniglich? Wann ob die ambechtung der ver-
dampnůfz ift in wunniglich: wieuil mer die am-

*

41 **nit — wann**] gefchriben nit mit tinten aber Z—Oa.   42 Aber
Z—Oa.   44 **das — 45 begnügen**] nit das wir feyen genůgfam Z—Oa.
46 **von (2)**] auß Z—Oa.   Aber Z—Oa.   47 auch hat gemacht
tauglich Z—Oa.   diener P—Oa.   48 teftaments Z—Oa.   aber
Z—Oa.   49 bůchftab der (*fehlt* K—Oa) tödtet. Aber der geyft der
(*fehlt* K—Oa) machet lebentig. Ift nun die reychung oder dienung des
todes mit bůchftaben geformet. in den fteynen gewefen in der glori.
Alfo Z—Oa.   50 die dienft P.   52 **fich**] *fehlt* Z—Oa.   52 ver-
nemen — 61 wunniglich] fehen in das antlůtz moyfi von der glori
wegen feines angefichts. die da wirt außgeláret. Wie wirt nit mer die
dienung oder raychung des geyftz fein in der glori. Wann ift nun die
dienung der verdampnuß. die glori vil mer ift überflůffiger die dienft-
berkeyt der gerechtigkeyt in der glori. wann das da ift erfchynen in
dem tayl das ift noch nit glorificzieret. von der übertráffenlichen glori
wegen. wann ift nun das außgerewt wirt. durch die glori Z—Oa.   55,
56, 57 **die ambechtung**] die dienft P.

*

41 gefchriben nit mit TF.   45 **begnügen ze-**] *fehlt* TF, begnů-
gende ta, + ze (*von einem späteren corr.*)   46 als von vns] *fehlt* T.
48 **wann — 51 mit**] *vom fchreiber nachgetragen* F.   48 **wann — 49**
Wann] *fehlt* T, funder dez geiftz wen *nachtr.* te.   49 **Wann**] *fehlt* TF.
bůchftab der] puchftaben TF.   53 **an**] in T.   56 **wunniglich**]
+ wie vil mer F; wan ob, *nachtr. vom fchreiber: er setzte alſo zuerst*
bei wunniglich (57) *an, bemerkte dann das versehen, ohne das plus zu*
streichen.

8 *

v. 10. bechtung des rechts begnúgt in wunniglich. Wann
es iſt noch nit gewunniglicht daz do erſchain in diſem

11. tail: vmb die vberſteigent wunniglich. Wann ob
daz wirt verúppigt daz do iſt durch die wunniglich:
wieuil mer das do beleibt· das iſt in wunniglich.

12. Dorumb wir haben ſóllich troſte wir gewonen vil

13. zúuerſicht. Vnd nit als moyſes legt daz deckſal auf
ſein antlútz: alſo das ſich die ſún jſrahel nit vernemen

14. an ſein antlútz das do wart verúppigt | wann ir ſinn
ſeint dertunckelt: vntze an diſen heútigen tage das
ſelb deckſal in der lece der alten ee beleibt es vngeof-

15. fenbart· wann es wirt verúppigt in criſto: | aber vntz
auff diſen heútigen tag ſo moyſes wirt geleſen daz

16. deckſal iſt gelegt auff ir hertze. Wann ſo ſy werdent
bekert zú dem herren das deckſal wirt abgenomen.

17. | Wann der herre iſt ein geiſt. Wann wo der geiſt des

18. herren iſt do iſt freykeit. Wann wir ſchauwen all
mit offem antlútze die wunniglich des herren vnd
wir werden vbertragen in das ſelb bild von der klar-
heit in die klarheit: als von dem geiſt des herrn. *iiij*

1. Dorumb wir haben diſe ambechtung nach dem
das wir haben begriffen die derbermde wir
2. gebreſten nit: | wann wir ſchaiden von vns

58 des rechte MEP.   1 das iſt] iſt OOa.   in der glori
Z—Oa.   2 haben wir ſollichen troſt. So gebrauchen wir vil Z—Oa.
4 alſo — 5 an] das nicht die ſún iſrahel ſehen in Z—Oa.   5 wirt
Z—Oa.   verúppigt] außgeraumet Z—Sc, außgereüt OOa.   ſúnn P.
6 biß SbSc.   7 ſelbig Sc.   lece] lere MEP, letzen Z—SbOOa,
letſten Sc.   es nit geoffenbart Z—Oa.   8 außgetilget Z—SbOOa,
außgeteilt Sc.   biß Sb—Oa.   10 ſo] fehlt Z—Oa.   12 ein] der
Z—Oa.   Wann wo] Vnnd wo P, wa aber Z—Oa.   14 die glori
P—Oa.   15 wir — vbertragen] werden geformet Z—Oa.   17 diſ⸗
dienſt P, diſe dienſtberkeit Z—Oa.   19 aber Z—Oa.

60 vberſteigenden TF.   2 ſulhen troſt TF.   5 ſein] daz TF.
wann] vnd F.   7 in — 8 wann] pleibt vnderoffent in der lecz der
alten gezeugz daz TF.   8 aber] wan TF.   9 auff] an TF.   10
iſt] wirt TF.   14 vnd] wan TF.   17 wir haben] habende}T.
auf raſur.   18 wir (*zweites*)] nit T, *auf raſur.*   19 nit] wir T,
auf raſur.   wir] *teilweiſe getilgt* T.   ſchaiden] + wir ta.

2 die verborgen ding des lafters· wir geen niť in der
kúndikeit noch eebrechend velfchen das wort gots:
wann in der eroffnung der warheit lobent vns felber
zů einer ieglichen gewiffen der leút vor gott. Vnd
ob ioch vnfer ewangelium ift bedeckt es ift bedecket
5 in den die do verderbent: | in den got dirr welt hat er-
plennt die hertzen der vngetrauwen· das do nit er-
fcbein die entleúchtung des ewangelium der wun-
niglich crifts: der do ift ein bilde des vngefichtigen
gotts. Wann wir bredigen nit vns felber wann
10 ihefum criftum vnfern herrn. Wann wir fein eúwer
knecht durch ihefum: | wann gott der do fprache das
liecht zů erfcheinen von den vinftern: der leúcht in
eúwerm hertzen zů der entleúchtung der wiffentheit
der klarheit gotts an dem antlútz ihefu crifti. Wann
15 wir haben difen fchatz in den irdifchen vaffen: daz
die hôch fey der krefft gots: vnd nit von vns. Wann
wir derleiden das durechten in allen dingen: wann
wir werden nit geengftiget. Wir werden arme:
vnd wir werden nit entfetzt. Wir erleiden iagung:
20 wann wir werden nit gelaffen. Wir werden ver-

v. 3

5.

6.

8.

9.

*

20 **wir geen niť**] niť·wandlendt Z—Oa. 21 liftikeit Z—Oa.
erbrechent S. **velfchen**]*fehlt* Z—Oa. 22 **wann**] funder P, Aber Z—Oa.
lobet MEP. 23 tåglichen Sb. menfchen Z—Oa. 24 auch
Z—Oa. 25 **den** (*zweites*)] dem Z—Oa. der welt P. 26 vn-
gelaubigen Z—Oa. 27 erleuchtung Z—Oa. ewangeliums ZcSa.
der glori P—Oa. 28 Criftus P, chrifti Z—Oa. **des vngefich-**
tigen] *fehlt* Z—Oa. 29 **wann**] Aber Z—Oa. 30 **Wann wir**]
Aber vns Z—Oa. 32 **zů**] *fehlt* Z—Oa. vinfternußen der hatt
erleúcht (errewcht S) in vnfern herczen Z—Oa. 33 erleuchtung
Z—Oa. 34 got in dem Z—Oa. **Wann**] Vnd P. 36 **von**]
auß Z—Oa. 37 leyden trúbfal Z—Oa. Aber Z—Oa. 39 **vnd**]
aber Z—Oa. erleyden durchâchtung aber Z—Oa. 40 verlaffen
Z—Oa.

*

20 **wir geen niť**] nit gende T, *auf rasur.* 21 **eebrechend**] *fehlt*
TF, ebrechende ta. enfelfchen TF. 25 derplendet TF. 28
crifti TF. 29 **gotts**] *fehlt* TF. 31 **das**] ain TF. 33 euren TF.
34 ihefus criftus TF. 36 **der**] di T, *rasur.* kraft TF. 39
vnd] wan TF. leiden TF. 40 **gelaffen**] + wan wir werden
gediemutiget wan wir weren nit gefchemlicht, *nachgetragen* F.

v. 10. worffen: wann wir verderben nit. Zeallen zeiten vmb
trag wir die tödigung crifti in vnferm leibe: das
auch daz leben ihefus wird eroffent in vnfern leiben.

11. Wann wir do zů allen zeyten leben wir werden ge-
antwúrt in den tod vmb ihefum: das auch daz leben

12. ihefu wirt eroffent in vnferm tödigen fleifch. Dor
umb der tod wirckt in vns: wann das leben in eúch.

13. Wann wir haben den felben geift des gelauben als
gefchriben ift ich gelaub dorumb hab ich geret: vnd

14. wir gelauben · dorumb fo reden auch wir: | wir wif-
fen das der der do erftůnd ihefus der erftet auch vns

15. mit ihefu: vnd fchickt vns mit eúch. Wann alle
ding feint vmb eúch: das die begnúgent gnad be
gnůg durch manig machung der genad zů der wun-

16. niglich gotz. Dorumb vns gebrift nit: wann wie
das dirr vnfer menfch der do ift aufwendig wirt zer-
brochen: idoch der do ift inwendig der wirt ernewert

17. von tag zů tag. Wann difz vnfers durechtens daz
do ift in der gegenwurt daz ift kurtz vnd leicht: vnd
wirckte in vns die ewigen búrd der wunniglich in
die höch vber die mafz: nit enfchawent vns die ding

41 Aber Z—Oa.   nit zeallen zeiten. Vmb MEP.   **Zeallen — 42
tödigung**] Wir tragen all zeyt vmb die töttung Z—Oa.   **42 crifti in**]
Ihefu in Z—SaG, Ihefuin K, Ihefum Sb—Oa.   43 ihefu werd Z—Oa.
44 do] *fehlt* Z—Oa.   **leben wir**] die wir leben Z—Oa.   46 werd Z—Oa.
tödtlichen leyb Z—Oa.   **47 wann**] vnd P, aber Z—Oa.   **48 Wann**]
Vnd P.   49 Ich hab gelaubet Z—Oa.   **51 erftůnd — 52 mit**]
erkúcket ihefum. Er (*fehlt* K—Oa) wirt auch vns mit ihefu erkúcken
vnnd wirt (*fehlt* K—Oa) feczen mit Z—Oa.   53 die úberflúffig gnad
durch vil in der wúrckung der genad feye úberflúffig in die glori gottes
Z—Oa.   54 glori P.   **55 wie**] + wol Z—Oa.   **56 dirr**] der P.
wirt zerftóret Z—Oa.   **58 Wann**] Vnd P.   ditz (dife Sb—Oa) vnfer
trúbfale die da ift in difem (difer K—Oa) zeyt augenblicklich vnd
leúcht Z—Oa.   60 glori P—Oa.   **61 die** (*erftes*)] der Z—Oa.
nit — vns] fo wir nit anfchauwend Z—Oa.

42 **crifti**] ihefus TF.   **44 do**] di T, daz F.   45, 46 ihefus TF.
49 gelaubt TF.   50 redt F.   51 **der der**] der TF.   ihefum TF.
52 ihefus TF.   54 genaden TF.   **55 wann**] + daz T, *geftrichen.*
fwi TF.   vnfern TF.   **56 wirt**] w' F.   zeprechen T.   58
vnfer (vnfern F) durechten TF.

[a] die do werden gefehen wann die ding die do nit wer-
den gefechen. Wann die ding die do werden gefechen   v. 18.
die feint zergencklich: wann die do nit werden ge-
fechen die feint ewig.   *v*

5   **W**ann wir wiffen daz: ob vnfer irdifch haus
dirr entwelung wirt verwúft: daa wir ha
ben ein pauwung von gott ein haus nit ge
macht mit der hand wann ewiges in den himelu.
Vnd in difem derfeúftzen wir wann wir begeren   2.
10 vber zúuaffen vnfer entwelung die do ift von dem
himel: | idoch ob wir werden geuafft vnd nit ge-   3.
funden nackent. Wann wir do ioch fein in difem   4.
tabernackel wir feúftzen befchwert: dorumb daz wir
nit wellen werden nackent. Wann vberuafft: das
15 das do ift tôdig werde befoffen von dem leben. Wann   5.
der vns volmacht in difem das ift got: der vns gab
das pfand des geifts. Dorumb wir dúrren ze allen   6.
zeyten vnd wiffen: das die weil wir fein in difem
leib wir werden gefrembdet vom herren. Wann wir   7.
20 geen durch den gelauben: vnd nit durch das bilde ·
Wann wir dúrren vnd haben einen gúten willen mer   8.
werden gefrembdet vom leib vnd zefein gegenwúrtig
zú got: | vnd dorumb wir fleiffen vns im zegeuallen   9.

---

1 aber Z—Oa.   do (*zweites*)] fehlt OOa.   3 zergångklien Sb.
wann] vnd P, *fehlt* Z—Oa.   do] aber Z—Oa.   5 irdifcher ZAS,
irdifches Zc—GSbOOa, jrrdifch Sc.   6 der P.   difer wonung
wirt aufgelôfet Z—Oa.   7 von] auß Z—Oa.   8 **wann**] ein Z—Oa.
9 Vnd] wann auch Z—Oa.   befeúfftzen P.   **wann — 12 nackent**]
vnfer wonung die von hymel ift úberangeleget zewerden begerend. ob
wir aber werden erfunden bekleydet vnd nit nackent Z—Oa.   12 **wir**]
ver M.   do ioch] die wir Z—Oa, + funden Sb.   13 wir (*erstes*)]
fehlt Z—Oa.   14 **werden — 15 befoffen**] außgezogen werden. aber
úberangeleget. das verzeret werde das da tôdtlich ift Z—Oa.   15
Wann — 16 das] Der vns aber machet in das felb der Z—Oa.   19
wir — gefrembdet] ellenden Z—Oa.   von dem Sc.   22 **werden**
gefrembdet] ellenden Z—Oa.   von dem Sc.   vnd feind Z—Oa.
23 in M—Sc.

---

5 **daz**] + ob T, *gestrichen*.   6 wonung TF.   11 **vnd nit**
ge-] wir werden nit TF.   14 vbervaffent TF.   23 **zú**] *fehlt* TF.

v. 10. es ſey abeweſent oder gegenwirtig. Wann all múſz
wir werden offen vor dem gericht criſti: das ein ieg-
licher wider bring daz aigen ding des leibs als er hat
11. getan es ſey das gût oder daz vbel. Dorumb wir wiſſen
die vorcht des herrn wir raten den leúten: wann wir
ſein offen zû got. Wann ich verſich mich auch vns
12. zeſein offen in eúweren gewiſſen. Wir loben vns
nit aber eúch: wann wir geben eúch die vrſache ze-
werden gewunniglicht vmb vns: das ir eúch habt
zû den die ſich wunniglichen am antlútz vnd nit im
13. hertzen. Wann es ſey ob wir mit dem gemút vber
·14. ſteigen zû got: oder ſeyen getempert zû eúch. Wann
die lieb criſti die zwingt vns: maſſent das: wann
ob criſtus iſt eins tod vmb alle ſeind ſy dorumb alle
15. tod. Wann criſtus iſt tod vmb all: das die die do
lebent ietzunt nit leben in ſelber: wann dem der do
16. iſt tod vmb ſy vnd derſtûnd. Dorumb von des hin
derkenn wir keinen nach dem fleiſch. Vnd ob wir
criſtum hetten erkannt nach dem fleiſch: wann nu
17. ieezunt erkenn wir ſein nit. Dorumb iſt keinerhand

*

24 es ſey] wir ſeyent Z—Oa.   25 offengebaret ZS—Sc, offenbaret
A, geoffenbaret OOa.   26 -licher ſage die eygen werck Z—Oa.   27
das — daz] gût oder Z—Oa.   28 orcht M, v *ausgefallen.*   aber
Z—Oa.   29 offenbar got Z—Oa.   **vns zeſein offen]** daz wir
offenbar ſeyen Z—Oa.   30 eûwer P.   31 nit widerumb euch.
Aber Z—Oa.   **die** — 32 vmb] vrſach das ir gloryerendt vmb (vnd
A) Z—Oa.   33 zû dem P.   die da gloryeren in dem angeſicht
Z—Oa.   in dem ScOa.   34 übertreffendt got Z—Oa.   35 **ge-
tempert zû]** getemperiert zù EP, mächter ZAS, mächtiger ZcSa, nüch-
ter K—Oa.   **eúch]** e wch ZcSa.   **Wann]** Vnnd P.   36 **die**
(*zweites*)] *fehlt* K—Oa.   ſchâczend das. wann iſt einer tod fûr all
menſchen. darumb ſeyen ſy all geſtorben Z—Oa.   38 **Wann]** Vnd
P—Oa.   39 **in]** in jne SbOOa.   ſunder P, aber Z—Oa.   40 vnd
iſt erſtanden. vnd alſo auß dem erkenn Z—Oa.   43 **keinerhand** —
45 **Wann]** eyn neuwe creatur in chriſto. ſo ſeyen die alten vergangen.
ſich ſy ſeyen gancz new worden. Aber Z—Oa.

*

26 **wider bring]** furpring TF.   **des]** ſeines TF.   28 **herrn]**
fehlt TF, *nachgetragen* ta, ſc.   **raten]** + ſi F, *rasur* T.   31 **die]**
fehlt TF.   33 **die]** *nachtr.* T.   36 twinget TF.   37 **criſtus iſt
eins]** ainer iſt TF.   38 **Wann]** vnd TF.   39 ſelb TF.

new gefchôpffd die ift in crifto: die alten vbergieng
45 en: vnd fecht alle ding feint gemacht new. Wann   v. 18.
alle ding feint von gott der vns im hat verfônt durch
criftum: vnd gab vns die ambechtung der verfônung
Wann ernftlich gott der was in crifto verfônent im   19.
die werlt: nit achtent in ir mifftate: vnd er fatzt
50 in vns das wort der verfônung. Dorumb wir ge-   20.
wonen der botheit in crifto als got vnderweifet durch
vns: wir flechen eúch vmb criftum· wert verfônt
zû gott. Der do nit erkannt die fúnd got der macht·   21.
in ein fúnde vmb vns: das wir wurden gemacht
55 das recht gotts in im.   *Das ·vj· Capitel*

W ann helffent: vnderweyfe wir eúch das ir
icht entphacht die genad gotts in vppig.
    | Wann er fpricht in yfaia. Ich derhort dich   2.
in anenphencklich zeyt: vnd halff dir an dem tag der
60 behaltfam. Secht nu ift das anenphencklich zeyt:
fecht nu feint die tag der behaltfam. Niemant gebt   3.
65 keinen fchaden: das vnfer ambechtung nit werd ge
ftrafft. Wann wir geben vns felber in allen dingen

*

46 von] auß Z—Oa.   47 dienung P, dienftberkeit Z—Oa.   48
ernftlich] gewiflich P, *fehlt* K—Oa.   der] *fehlt* K—Oa.   verfônet E.
50 wir — 55 recht] wir gebrauchen (gebrauchten G) die fendung fúr
chrifto. als ermane got durch vns. wir bitten euch fúr chrifto. wer-
dent got verfônet in (den K—Oa) der da nit hat erkennet die fúnde.
den (*fehlt* K—Oa) hatt gott (got hat S, + der vater K—Oa) gemachet die
funde das wir wurden die gerechtigkeit Z—Oa.   52 wert] wirt
MEP.   55 das reich MEP.   56 Wann — 57 vppig] Aber helffend
bitten vnd ermanen (manen OOa) wir euch das ir nit nemend vmb funft
die genad gottes Z—Oa.   58 in — 60 zeyt] in der angenomen zeyt
han ich dich erhôret. vnd in dem tag des hayls han ich dir geholffen.
Sechend nun ift die auffnemlich (annámlich OOa) zeyt Z—Oa.   61 der
behatfam M, des heyls Z—Oa.   1 keinen — 4 nôten] ein beley-
digung. das vnfer dienft nicht werde gelôfteret. Aber in allen dingen
füllen wir vns erzeygen. als die diener gottes. In vil gedult in trúbfa-
len. in nottúrfften Z—Oa.   3 die diener P.

*

52 verfônt] + got T, *geftrichen.*   54 in] en T, *fehlt* F.   56
Wann] + bruder TF.   57 vuppig T.   58 yfaias TF.   59 in
dem an enphenklichen TF.   61 fecht] *fehlt* TF.   1 nit] icht TF.

als die ambechter gotz in vil gefridſam: in durech-
v. 5. ten˙ in nôten˙ in engſten˙ | in ſchlegen˙ in karkern˙
in widertailn˙ in arbeiten˙ in wachen˙ in vaſſten˙
6. | in keúſch˙ in wiſſentheit˙ in langer volendung˙ in
ſenfte˙ in dem heiligen geiſt˙ in der lieb on gleichſen:
7. | in dem wort der warheit: in der kraft gotz. Durch
die geweſſen des rechts: zů der zeſwen vnd zů der win
8. ſter. Durch wunniglich vnd vnedelkeit: durch vbel
benemung vnd gůt benemung. Als verlaiter vnd
9. gewere˙ | als vnderkannt vnd erkannt. Als ſterbent
vnd ſecht wir leben als gekeſtigt vnd nit getôdigt.
10. Als traurig wann zeallen zeyten frewent: als ge
breſtig: wann vil gereicht: als nit habent vnd alle
11. dinge beſitzend. O ir von corinth vnſer mund iſt
12. offen zů eúch: vnſer hertz iſt geweitert. Nichten
ſeyt geengſtigt in vns. Wann ſeyt geengſtigt in
13. eúweren inedern. Wann wir haben die ſelben wi-
dergeltung des lones: ich rede als zů eúch ſúnen: vnd
14. ir ſeyt geweitert. Nicht enwelt fúren daz ioch mit
den vngetrewen. Oder was tailung iſt der gerech-
tikeit mit der vngangkeit: oder was geſelſchaft iſt
15. dem liecht zů der vinſter? Oder waz gemainſamung
iſt criſtus zů belial? Oder waz tails iſt dem getrewen

*

5 in vachen S.   7 ſenfftigkeit K—Oa.   in einer vngedichten
liebe Z—Oa.   9 waffen der gerechtigkeit Z—Oa.   gerechten vnd zů
der lincken (gelincken Sc) EZ—Oa.   winſter] vinſter P.   **10 wun-
niglich**] glori P, die glori Z—Oa.   10 durch vbel gerůchte vnd gůt
gerůchte K—Sc, durch bôſen leůmbden oder gůten leůmbden OOa.
11 Als die verfůrer vnd warhaften Z—Oa.   13 keſtiget ZcSa.   14 aber
Z—Oa.   als dúrftig aber vil reichmachent Z—Oa.   15 gerecht MEP.
16 corintho Z—Oa.   17 Nicht Z—Oa.   18 aber Z—Oa.   **19 inedern**]
inwendigen (eynw- ZcSa) gelidern Z—Oa.   **20 des — 21 geweytert**]
Ich ſags (ſag K—Oa) euch als den ſunen werdendt auch ir geweytert
Z—Oa.   21 wôlt Z—Oa.   22 vngelaubigen Z—Oa.   mittaylung
Z—Oa.   **23 vngangkeit**] boßheyt P—Oa.   24 winſter M, ling-
ken E, vinſternuß Z—Oa.   25 criſti Z—Oa.   dem gelaubigen
mit dem vngelaubigen Z—Oa.

*

7 gelichſen T, gelichen F, + ſzen fa.   11 benemung (2) F, be-
wenung (2) T.   14 zeitent F.   15 **wann**] vnd TF.   gericht TF.
17 nit TF.   19 den ſelben widergelt TF.   **20 eúch**] den TF.

mit dem vngetrewen? Oder welhe gehellung iſt dem v. 18.
tempel gotts mit den abtgôttern? Wann ir ſeyt der
tempel gotz des lebentigen: als der herr ſpricht: wann
ich entwel in in vnd gee vnder in: vnd ich wird ir
30 got vnd ſy ſelb werdent mir ein volck. Dorumb geet 17.
aus von mitzt ir vnd wert vnderſchaiden ſpricht der
herr: vnd nicht enwelt ´rûren das vnrain: vnd ich
enphach eûch · | vnd ich wird eûch zû eim vatter: vnd 18.
ir wert mir zû ſûnen vnd zû tôchtern ſpricht der herr
35 gott als gewaltiger. *vij*

D Orumb aller liebſten wir haben diſe gehaiſ-
ſungen wir gerainigen vns von aller ent-
zeûberkeite des fleiſches vnd des geiſts: vol
bringt die heiligkeit in der vorcht gotz. Facht vns 2.
40 Vnd wir ſchatten keim: wir zerbrachen keinen:
wir betrugen keinen. Ich ſag es nit zû eûwer ver 3.
dampnung. Wann ich vor ſagt es das ir ſeyt ent-
zampt zeſterben vnd entzamt zeleben in vnſern hertzen
Wann vil troſtes iſt mir bey eûch: vil wunniglich
45 iſt mir vmb eûch. Ich bin derfûllt mit trôſtung:

*

29 ich will wonen in in. vnd wandlen (wandern K—Oa) in in Z—Oa.
ich (*letztes*)] *fehlt* Sb. 30 **ſelb**] ſelbs P, *fehlt* Z—Oa. 31 von
mitten ir P, von irer mitt Z—Sc, von irer mitten OOa. geſchaiden
Z—Oa. 32 wôlt Z—Oa. 35 got der allmâchtig Z—Oa. 36 diſe
verheyſſungen . Wir ſûllen vns reynigen von aller vermayligung (ver-
maßgunge A) des Z—Oa. 40 **Vnd — keinen**] wir haben niemant
belaidiget. wir habent niemant zerſtôret Z—Oa. 41 betrigen PAZcSa.
eûwern MEP. verdamnuß. Wann wir haben euchs (euch ZcSa, euch
es KGSc, es euch SbOOa) vor geſaget das ir ſeyent in vnſern hertzen
mit vns zeſterben (ze ſtreben G) vnd mit vns zeleben. wann vil Z—Oa.
42,43 **entzampt**] miteinander P. 44 vil-glorirung Z—Oa. 45 vmb]
bey P.

*

27 abgoten TF. 29 enwelt TF. 31 geſchaiden TF. 32 den
vnrainen TF. 33 enphacht TF. ich] *fehlt* TF. 34 vnd]
fehlt TF. 35 alles TF. 36 **wir haben**] habend T, *durch raſur.*
gehaiſſung TF. 37 **wir gerainigen**] gerainigen wir T, *durch raſur.*
38 volpringent TF. 42 ich] wir T, *auf raſur.* ſeyt] *fehlt* TF.
nachgetragen T.

ich vberbegnúg mit freuden in allem vnferm dur-
v. 5. echten. Wann do wir ioch warn kumen zů ma-
cedon· vnfer fleifch het kein rûe: wann wir erleiden
alles durechten. Wann aufwendig die ftreyt: in-
6. wendig die vorcht. Wann gott der do trôft die de-
mútigen: der hat vns getrôft in der zůkunft tyten.
7. Wann nit allain in feiner zůkunft: wann ioch in
der trôftung mit der er ift getrôfte in vns· wider
bringent vns eûwer begirde eûwer wainen eûwer
klagen vmb mich· alfo das ich mich mer frewet.
8. Wann ob ich eúch hab betrúbet in der epifteln: es
rewet mich nit. Vnd ob es mich rewet fechent das
nachuolgen dife epiftel eúch hat betrúbt zů der ftund:
9. | vnd nu frewe ich mich nit daz ir feyt betrúbt zů der
rewe. Wann ir feyt betrúbt nach got: das ir icht
10. leidet den gebreften von vns in kein ding. Wann
die traurikeit die do ift nach gott die wircket ftete
bûfz in behaltfam: wann die traurikeit der werlt die
11. wirckt den tod. Wann fecht ditz felb macht eúch ze
betrúben nach gott wiegethane forg fy wircket in

*

46 ich bin ÿberflúßig mit frewden in aller (all Sb) vnfer trúbfal
Z—Oa. 47 ioch] doch K—Oa. 48 fleifch] leib Z—Oa. **wann**
— 49 Wann] aber alle trúbfal haben wir erlitten Z—Oa. 51 titi
Z—Oa. 52 Wann] aber doch Z—Oa. **wann ioch**] funder auch
Z—Oa. 53 vns] euch Z—Oa. 56 es] ir MEP. 57 **fechent**]
fo ich fich Z—Sa, fehende doch K—Oa. 58 **nachuolgen**] *fehlt*
Z—Oa. **eúch — ftund**] Vnnd ob es euch fchon auf ein zeit hat
betrúbet Z—Sa, euch fchon auff ein ftund hat betrúbt K—Oa. 59
vnd — 60 rewe] So frewe ich mich doch nun nit darumb. das ir be-
trúbet feiend. Aber̃ darumb daz ir betrúbet feiend zů der (*fehlt* OOa)
bûßwertigkeit Z—Oa. 60 icht] in nichte ZAS, im nit ZcSa, in
nichten K—Oa. 61 von] auß Z—Oa. **in keim ding**] *fehlt* Z—Oa.
1 ftete — 2 wann] die bûß in das beftåndlich heyl. Aber Z—Oa. 2
die (*zweites*)] *fehlt* K—Oa. 3 daffelb K—Oa. 4 wie vil forg Z—Oa.

*

47 **wir ioch warn**] ich ioch waz TF, *unterstrichen* T, wir waren ta.
48 **vnfer**] mein TF, vnfer ta. **wann**] vnd T. 49 **Wann**] *fehlt* TF.
ftreyt] + vnd TF. 50 vorchten T. 51 tyti TF. 55 klag TF.
freudt TF. 58 **nachuolgen — eúch**] euch dife epiftel TF. 59
betrúbt] + wan daz ir feit betrubt TF. 60 **rewe. Wann**] puz TF.
61 **den**] + den F. keinen dingen TF.

₅ euch: wann auch die befchirmung: wann die vn-
wirdigkeit˙ wann die vorcht˙ wann die begird˙
wann die nachuolgung˙ wann die rachung. In
allen dingen gabt ir euch zefein vnentzeubert in dem
gefcheft. Vnd dorumb ob ich euch fchraib ich fchraib   v. 12.
₁₀ nit umb den der do tet das vnrecht noch vmb den der
es hat erlitten: wann zû eroffen vnfer forg die wir
haben vmb euch vor got. Vnd dorumb wir fein ge-   13.
trôft. Wann mer begnúglicher fey wir erfrewet in
vnfer trôftung vber die freúd tyti: wann fein geift
₁₅ ift wider gemacht von euch allen. Vnd ob ich mich   14.
etwaz hab gewunniglicht bey im von euch˙ ich fcham
mich fein nit: wann als wir haben gerett von euch
alle ding in der warheit: vnd alfo vnfer wunnig-
lich die do was zu thyten ift gemacht die warheit.
₂₀ Vnd fein ineder die feint begnúglich in euch: gedenck   15.
ent euwer aller gehorfam in welcherweys ir in ent
pfiengt mit vorchte vnd mit klopffen. Ich frewe   16.
mich: das ich mich verfich in euch allen.   *viij*

ann brúder ich thûn euch kunt die genade
₂₅ W gotz die do ift gegeben in den kirchen zû ma-
cedon: | das die begnúgung irr freude was   2.
in maniger bewerung des trûbfals vnd ir hôchfte

5 **wann** (*erstes*)] vnd Z—Oa.   **wann** (*zweites*)] aber Z—Oa.
vnwirde Z—Oa.   6 **wann** (2)] aber Z—Oa.   7 **wann** (*erstes*) —
rachung] Aber die liebe. aber die rach Z—Oa.   8 **gabt — in**] ha-
bendt ir euch erzeiget das ir feind vnuermayliget Z—Oa.   11 Aber
Z—Oa.   12 **getrôft — 14 freúd**] getrôft worden. Aber in vnfer
trôftung feyen wir mer vberflúffiger erfrewet von der freud wegen
Z—Oa.   13 **mer**] mir MEP.   16 hab geeret P, hab gloriret Z—Oa.
im] in ME.   **ich**] *fehlt* P.   17 aber Z—Oa.   18 vnfer ere P,
vnfer glorirung Z—Oa.   19 tytun Z, tytum A—Oa.   ift worden
Z—Oa.   20 **ineder die**] die ineder MP, inwendige gelider Z—Oa.
feint] die feind Z—Sa.   vberflúffiger Z—Oa.   22 **kloppfen**] zittern
Z—Oa.   24 Aber brúder wir thûn Z—Oa.   25 macedonie Z—Oa.

7 rach TF.   8 vnczebert F, -en- *übergeschrieben.*   11 derliden TF.
13 derfreudt TF.   14 **trôftung**] freud TF.   thyten TF.   19 do]
fehlt T.   25 **in**] *fehlt* TF, *nachgetragen* tc.   26 freuden TF.

armkeit die begnúgten in den reichtumen irr einualt

v. 3. Wann ich gib in gezeúg nach der kraft: das ſy warn

4. willig vber die kraft | flechent: vnd mit maniger
vnterweyſung zú der gnad vnd zú der gemeinſam-
ung der ambechtung die do wirt gethan vnder den

5. heiligen. Vnd nit als wir vns verſachen: wann ſy
gaben ſich ſelber: zûm erſten dem herrn· dornach vns

6. durch den willen gots: | alſo das wir batten thyten
als er anfieng das er auch alſo volbring diſe gnad

7. in eúch. Wann als ir begnúgt in allen dingen in
dem gelauben vnd in dem wort vnd in der wiſſent-
heit vnd in aller ſorg vnd hierúber mit euwer lieb
in vns: alſo das ir ioch begnúget in dirr genade.

8. Ich ſag nit als gebietend: wann durch die ſorg der
andern ich entzampt bewere ioch den gûten ſinn eúer

9. lieb. Wann wiſſt die gnad vnſers herrn iheſu criſti:
das do er waz reich er wart gemacht arm vmb eúch:

10. das ir wúrdet gereicht in ſeinen gebreſten. Wann
ich gib rate in diſem. Wann ditz iſt euch nútz: ir
do anfiengt vor dem vergenden iar· nit allein zú

11. thûn wann ioch zewellen. Wann auch nu volbringt
es mit dem wercke: als der mûte des willen iſt bereit

---

28 **armkeit**] eynigkeyt S, armmut K—Oa.   29 gezeugknuß
Z—Oa.   30 **flechent — 32 den**] mit vil ermanung vns bittend die
genad vnnd gemaynſame des dienſts der do geſchicht in die Z—Oa.
32 dienung P.   34 zú dem Sc.   35 tytum Z—Oa.   36 **als**] das Z—Oa.
37 aber als ir ÿberflúſſig ſeyent in Z—Oa.   38 wyßheyt A.   39
euwer] vnſer S.   40 **alſo — genade**] Das auch ir in der gnad ÿber-
flúßig ſeyend Z—Oa.   **dirr**] der P.   41 aber Z—Oa.   42 **ich —
ioch**] bewâre ich auch Z—Oa.   **entzampt**] miteinander P.   43
Wann] + ir Z—Oa.   44 **das**] fehlt K—Oa.   **do — 45 Wann**] wie
wol er reych was. Iſt er dúrftig (dúrfftig OOa) worden vmb euch das
ir in ſeiner armût reych wârend (werdet SbOOa) Vnd Z—Oa.   46 **gib**]
+ den Z—Oa.   **ir — 48 ioch**] die ir nit allein habend angefangen
zetûn. Sunder auch Z—Oa.   47 vor den P.   48 **Wann**] Vnd P.
49 **als der mûte**] das als das gemût Z—Oa.   **willen**] llᴀen P.

---

28 begnugt TF.   rechtumen TF.   35 thytum TF.   37 **in**
dem] im TF.   39 **mit**] nachgetragen T.   48 vnſern F.   **iheſu**]
fehlt T.   iheſus criſtus F.   45 ſein T, ſeim F.   48 auch TF.
49 **der mûte**] daz gemut T (ge- über d. zeile).   **iſt**] fehlt TF.

50 Alfo fey er auch zůuolbringen von dem das ir habt.
Wann ob der wille ift bereit: er ift auch anentphenck- v. 12.
lich nach dem das er hat· nit nach dem daz er nichten
hat. Wann ich wil nit daz den andern fey vergebung· 13.
wann euch das durechten: wann von gleichheit | in 14.
55 dem gegenwertigen zeyt das euwer begnúgung er-
fúlle iren gebreften· das auch ir begnúgung fey ein
derfüllung eúwers gebreften: das gleichheit werd
| als gefchriben ift. Der do vil hett dem begnúgt nit: 15.
vnd der do ein lútzel hett· dem gebraft nit. Wann 16.
60 gnad zů gott der do gab die felb forge vmb eúch in
dem hertzen thyten: | wann ernftlich er entphieng die 17.
14] vnderweyfungen: wann do er was forgfamer mit
feim willen gieng er zů eúch. Wir fanten auch mit 18.
im vnfern brůder· des lob do ift in dem ewangelium
durch alle die kirchen. Wann nit allein: wann er 19.
5 ift ioch geordent von den kirchen ein gefell vnfers
ellends in der gnad die do wirt geambecht von vns
zů der wunniglich des herren vnd zů vnferm vor
geordenten willen | vermeydent das: das vns keiner 20

*

51 **auch**] *fehlt* A.   empfengklichen ZcSa, angeneme K—Oa.
52 nicht Z—Oa.   54 **wann** (*erstes*) — **von**] vnd euch die trúbfale.
Aber auß der Z—Oa.   **wann** (*zweites*)] vnd P.   55 **dem**] der
K—Oa.   57 **das**] + die Z—Oa.   58 **dem**] den P.   **dem** —
60 **gott**] der ift nit reich gewefen. vnd der do wienig het. dem (den
KGSbOOa, der Sc) minderet es nit. Aber die genad feie got Z—Oa.
59 **lútzel**] kind P.   61 tyti Z—Oa.   **ernftlich**] gewißlich P,
fehlt K—Oa.   1 ermanung. aber do Z—Oa.   **was forgfamer**]
was forgfam er MEP, forgfeltiger was Z—Sc, forgfältig was OOa.
mit — 2 euch] do gieng er mit feim willen czů euch Z—Oa.   2 **er**]
fehlt EP.   4 **die**] *fehlt* Z—Oa.   **Wann**] aber Z—Oa.   5 auch Z—Oa.
den] der SbOOa.   6 **der**] die Z—Oa.   wirt gedient P—Oa.
7 glori P—Oa.   vngeordenten S.

*

51 **bereit**] + Alfo fey er auch zevolpringen von dem das ir
habt wan ob der wille ift berait T, *gestrichen.*   **er**] es F.   **auch**]
fehlt TF.   52 nit enhat TF.   53 **fey**] + di TF.   54 **dur-
echten**] trubfal TF.   57 **eúwers**] etwaz TF; *gestrichen* T, ewers ta.
58, 59 **do**] *fehlt* TF.   60 felben TF.   61 thyti F, titi T.   1 vn-
terweyfung TF.   forgfam TF.   3 **vnfern**] den TF.   5 auch
TF.   6 **von**] *fehlt* TF, *nachtr.* ta.

leftere in dirr derfúllung die do wirt geambecht von
v. 21. vns zů der wunniglich des herren. Wann wir fúr-
l'echen die gúten ding: nit allein vor gott: wann
22. auch vor den leúten. Wann wir fanten auch mit in
appollen vnfern brúder den wir dick bewerten zefein
forgfam in manigen dingen: wann nu ift er vil forg
23. famer: vil trofts ift mir in eúch | es fey vmb thyten
der do ift mein gefelle vnd ein helffer in eúch: oder
vnfer brúder die hotten der kirchen der wunniglich
24. crifti. Dorumb zaigt an in die zaigunge die do ift
eúwer lieb vnfer wunnigliche vmb eúch: an dem
antlútz der kirchen. *Das ·ix· Capitel.*

1. Wann mir ift von begnúgung eúch zefchrei-
ben· von der ambechtung die do wirt getan
2. vnder den heiligen. Wann ich wais berait
euweren mût vmb den ich mich wunniglich von
euch bey den macedoniern: wann achaia ift berait von
dem vorgenden iar: vnd eúwer lieb hat bewegt manig
3. Wann wir fanten die brúder: das es nit wúrd ver-
úppigt von eúch das wir vns wunniglichen in difem
4. taile: als ich fprach feyt berait: | fo die macedonier

*

9 dirr] der P—Oa.   wirt gedient P—Oa.   10 glori P—Oa.
11 **die gûten**] gúte Z—Oa.   funder Z—Oa.   12 dem (den OOa)
menfchen Z—Oa.   **Wann**] Vnd P, *fehlt* Z—Oa.   mit im OOa.
13 appollo Z—Oa.   dem P.   dick bewûrt haben das er offt
forgfam ift in Z—Oa.   14 Aber Z—Oa.   15 **ift**] *fehlt* P.   titum
Z—Oa.   16 **ift**] + der Sb.   17 glori P—Oa.   18 **zaigt —
zaigunge**] die erzaigung Z—Oa.   **ift**] + in P.   19 **vnfer —
20 antlútz**] vnd vnfer glori fúr euch. erzaigend in die. in dem ange-
ficht Z—Oa.   19 glori P.   21 **von**] auß ZAZc—Oa, auch S.
2 der dienunge P, dem dienft Z—Oa.   **die**] der OOa.   23 **vn-
der den**] in die Z—Oa.   **ich**] + es Sb.   **wais**] was MEP.
wayß daz ewer gemût berait ift. vmb wôllichs ich glorir von Z—Oa.
24 euwerem MEP.   mich glori P.   26 vergangen Z—Oa.   27 aber
Z—Oa.   **es**] *fehlt* Z—Oa.   wúrde außgetilget Z—Oa.   28 eren
P, gloriren Z—Oa.   29 **als ich fprach**] das als wie ich gefprochen
hab ir Z—Oa.

*

12 **den**] allen T.   14 **ift er**] *fehlt* TF.   19 **lieb**] + vnd TF.
23 waz F; waiz T, *auf rafur.*   24 ewerm .TF (-n *durch rafur* T).

n kumen mit mir vnd vindent eúch vnberaite wir
fchamen vns das wir eúch nit fagen in dirr enthab
ung. Dorumb ich gedacht notturfftig zebitten die   v. 5.
brúder das fy vor kemen zú eúch: vnd vorberaiten
difen vorgehaiffen fegen zefein berait: alfo als
5 ein fegen: nit als ein arkeit. Wann ditz fag ich.   6.
Das der do feet ein lútzel der fchneyde auch ein lútzel:
vnd der do feet in den fegen· der fchneyt auch von den
fegnen. Wann ein ieglicher als er hat geordent in   7.
feim hertzen: nit von traurikeit oder von notturfft
n Wann got hat lieb den frólichen geber. | Wann got   8.
der ift gewaltige zemachen begnúgen all genade in
euch: das ir habt all begnúgung zeallen zeyten in
allen dingen das ir begnúgt in eim ieglichen gúten
werck: | als gefchriben ift. Er tailt er gab den armen   9.
5 vnd fein gerechtikeit beleibt ewigklich. Wann der   10.
do ambecht den famen den feenden: vnd gibt daz brot
zeeffen. Vnd er manigualtigt eúweren famen vnd
merte die wachfung der frúcht eúwer gerechtikeit: | daz   11.
ir werdet gereicht in allen dingen vnd begnúgt in al-
20 ler einualt: die do wirckt durch vns die machungen

*

30 **wir**] das wir Z—Oa.   31 vns fchâmen Sc.   **nit**] + fullen
Z—Oa.   **dirr**] der P.   difer habe Z—Oa.   32 notturfft S.
34 **difen**] den Z—Oa.   vorgehaiffungen MEP, verhaiffen Z—Oa.
zefein berait] das der (er Sc) berait feye Z—Oa.   35 **arkeit**] arbeit
MEP, geytigkeit Z—Oa.   aber Z—Oa.   36 wenig (2) P—Oa.
fchneit ZcSaScOOa.   37 **den** (2)] dem P—Oa.   **von**] in ZcSa.
38 fegen PA—Oa.   39 **von** (2)] auß Z—Oa.   40 **den**] *fehlt* ZcSa.
41 **der**] *fehlt* K—Oa.   gewaltig vberflúßig zemachen Z—Oa.   genag
ZcSa.   43 **das ir**] Vnd Z—Oa.   44 **tailt er gab**] hat außge-
teylet vnd gegeben Z—Oa.   45 ewigklichen Sb.   **Wann der
do**] Der aber Z—Oa.   46 **ambecht**] dient P, raichet Z—Oa.   dem
famen P.   dem feenden Sb—Oa.   47 **er**] *fehlt* Z—Oa.   48 wirt
meren Z—Oa.   fúrcht P.   49 gericht ZcSa.   **aller**] alle Z—Oa.
50 do wurcken G.   **machungen**] wúrckung Z—Oa.

*

35 **ein**] *fehlt* TF.   36 fneidet TF.   37 **do**] + fneidet T,
gestrichen.   fegnen TF.   44 **er**] vnd TF; *gestrichen* T, er ta.
46 dem feenden T.   47 ewerm TF.   48 mert TF.   50 mach-
ung TF.

Kurrelmeyer, Bibel. II.   9

v. 12. der gnaden zů got.   Wann die ambechtung des ampts er
füllt nit allein die ding die do gebraſten den heiligen:
wann ſy begnúgt auch durch manig machung der

13. gnaden im herrn | durch die bewerung dez amptz: wun
niglicht got in der gehorſam eůer begechung in dem ewan
gelium criſti vnd in der einualt der gemeinſamung in

14. in vnd in allen: | vnd in ir flechunge vmb eůch: be-
gernt eůch vmb die vberſteigent gnad gots in euch

15. Wann genad zů gott vber ſein vnerkúntlich gab

1. Wann ich ſelb paulus ich bit euch   *x*
durch die ſenft vnd durch die maß criſti:
ernſtlich ich do bin demůtig an dem antlútz vnder
eůch: wann abweſent verſich ich mich in eůch.

2. Wann ich bit daz ich gegenwertig icht entúre durch
die zůuerſicht mit der ich werd gemaſſt zetúrren vn-
der etlich: die vns maſſen als wir geen nach dem

3. fleiſch.   Wann gee wir in dem fleiſch wir ritterſcheften

4. nit nach dem fleiſch.   Wann die geweffen vnſer ritter

*

51 **zů got**] gotz Z—Oa.   **ambechtung**] ſtraffung P, dienſtber-
keit Z—Oa.   **des**] diſes Z—Oa.   52 gebreſten Z—Oa.   53 Sunder
auch ſy iſt v́berflúſſig durch vill wúrckung der Z—Oa.   54 in dem
ScOa.   die bewâren OOa.   **wunniglicht**] eret P, Lobend Z—Oa.
55 veriehung Z—Oa.   ewangelio Z—Oa.   56 **der (***zweites***)**] ewer
Z—Oa.   57 bittung Z—Oa.   59 **Wann — gott**] Ich ſage die
(dir S) gnade Z—Oa.   vnaufſprechliche Z—Oa.   61 ſenfftmútig-
keit vnd mâſſikeit criſti Z—Oa.   1 **ernſtlich**] gewißlich P, *fehlt*
Z—Oa.   **ich — an**] der ich ia demútig bin in Z—Oa.   2 Aber
Z—Oa.   abweyſent MEP, in (ym S) meinem abweſen Z—Oa, + ſo
SbOOa.   3 Aber Z—Oa.   **icht**] nicht Z—Oa.   4 **die**] das
MEP, diſe Z—Oa.   werd vermaynet. daz ich nit túre (getúr Oa)
wider etlich Z—Oa.   5 **maſſen — 6 fleiſch (***zweites***)**] ſchätzen. als
wandlen (wandern K—Oa) wir nach dem leyb wir wandlen (wandern
K—Oa) in dem leyb Z—Oa.   7 **nit**] aber nit Z—Oa.   waffen
AZc—Oa.

*

54 **dez**] dicz TF.   56 **der (***zweites***)**] *fehlt* TF, *nachtr.* T.   57 **in
ir**] in iir T, irr F.   58 **eůch**] + zeſechen fc.   **euch**] + wan gnade
gotz in euch T, *gestrichen*.   5 etlichen TF.   6 **Wann — fleiſch**]
fehlt TF, *nachtr.* ta.

fchaft die feint nit fleifchlich: wann der gewalt ift
von got zů der verwúftnung der veften· zůuerwůften
10 die rate· | vnd ein ieglich hôch fich zů derheben wider   v. 5.
die wiffentheit gotz: vnd kerent in geuangenfchaft
ein ieglich vernunfft in dem dienft crifti: | vnd habent   6.
in berait zerechen all vngehorfam: wann fo eůer
gehorfam wird derfúllt. Secht die ding die do feint   7.
15 nach dem antlútz. Ob fich etlicher verficht zefein criftus:
der gedenck aber des bey im felber: wann als er felb
ift criftus· alfo auch wir. Wann ob ich ioch fúrbas icht   8.
werde gewunniglicht von vnferm gewalt den vns
der herr gab in bauwung vnd nit in vnfer verwúft
20 nungen: ich fchem mich fein nit. Wann das ich nit   9.
werde gemaufft als eůch zů derfchrecken durch die
epiftel: | wann ernftlich fy fprechent die epifteln feint   10.
fchwer vnd ftarck: wann die gegewertigen dinge
des leibs die feint kranck vnd daz wort verfchmech-
25 lich: | dorumb der do ift in difeweys der gedenck des: 11.
wann wiegethan wir fein abewefent in dem wort

---

8 die] *fehlt* K—Oa.   Aber Z—Oa.   der] *fehlt* Sb.   9 veften·
zůuerwůften] warnungen verwúftend Z—Oa.   10 zů derheben]
vberhebend Z—Oa.   11 die — geuangenfchaft] die kunft gottes.
vnd in die gefengknuß fúrend Z—Oa.   12 *In* MEP *stehen die zeilen*
13, 14 *vor* 12.   ein — vernunfft] alle verftántnuß Z—Oa.   dem]
den ZASK—Oa.   13 berait] beraitfchafft Z—Oa.   zerechnen
MEP.   vngehorfamkeit Z—GScOa, vngbhorfamigkeit SbO.   wann
— 14 Secht] So erfúllet wirt euwer gehorfame. Schauwend Z—Oa.
15 antlútz — 17 criftus] angeficht. ob einer im (in ZcSa, *fehlt* Sc)
vertrauwet das er feye chrifti. fo fol er widerumb bedencken bey
im felber. daz wie er chrifti ift Z—Oa.   17 ob — 18 gewunnig-
licht] auch ob ich weyter wúrd glorieren Z—Oa.   17 fúrbas icht]
fúrbrich MEP.   18 werde geeret P.   von] in Sb.   19 gab]
in] hatt geben in der Z—Oa.   verwúftung — 21 zů] zerftôruug
Ich wird mich nit fchâmen. das ich aber nit gefcháczet werde als wôll
ich euch Z—Oa.   22 wann—epifteln] fprechent fy Z—Oa.   ernft-
lich] gewißlich P.   23 aber Z—Oa.   24 die] *fehlt* K—Oa.   25
in difeweys] ein follicher Z—Oa.   26 wann] *fehlt* P—Oa.   wie-
gethan] das wie Z–Sa, wie K—Oa.

---

8 die] *fehlt* TF.   wann] vnd T, *auf rasur.*   ift] *gestrichen* F.
10 rett TF.   19 in] zu TF.   25 der] daz TF; *umgeändert:* der
T.   difer weiz TF.

durch die epiſteln: alſólich ſey wir auch gegenwúr
v. 12. tig in dem werck. Wann wir túrren vns nit in ge
zweyen oder geleichen etlichen die ſich ſelbe lobent:
wann wir ſelb loben vns ſelber in vns: vnd ent-
13. zampt geleichen vns ſelb vns. Wann wir wunnig
lichen vns nit vber die maß: wann nach der maß
der regel die vns got maſſe das maß zeraichen vntz
14. zû eúch. Wann wir vberſtrecken vns nit als nit
raichent vntz zû eúch. Wann wir volkumen vntz
15. zû eúch in dem ewangelium criſti: | nichten wunnig
licht vber die maß in den frembden arbeiten. Wann
babent die zûuerſicht eúwer gewachſen trewe · ze-
werden gewunniglichet in eúch nach vnſer regel
16. ioch in der begnúgung: | in die ding die eúch fúr-
bas ſeint zebredigen: nit in einer frembden regel in
den dingen die do ſeint vorberait zewunniglichen.
17. Wann der ſich wunniglicht der wirt gewunniglicht
18. im herren. Wann der ſich ſelb lobt der wirt nit be-
wert: wann den gott lobt.   *Das · xj · capitel*

*

27 Sȯllich Z—Oa.   28 getürren SbOOa.   **in gezweyen]**
einmúſchen Z—Oa.   29 ſelbs P, ſelbert Sb, ſelber OOa.   30 **ſelb]**
ſelbs SbOOa.   vns (*erstes*)] + auch Sb.   **entzampt]** miteinander P,
fehlt Z—Oa.   31 aber wir werden nicht gloryeren über Z—Oa.   **wir**
eren P.   32 Aber Z—Oa.   33 **die — maſſe]** mit der vns got
gemeſſen hat Z—Oa.   biß Sb—Oa.   35 biß (2) Sb - Oa.   **wir**
kumen Z—Oa.   36 ewangelio Z- Oa.   nichten eret P, nit gloryerend
Z—Oa.   37 **Wann]** Vnd P, aber Z—Oa.   38 wir haben Z—Oa.
ewers gewachſen gelaubens großmechtiget (-tig K—Oa) czú werden in
euch Z—Oa.   39 geeret P.   40 **ioch]** *fehlt* Z—Oa.   **in (***zweites***)]**
Ja auch in Z—Oa.   42 **zewunniglichen — 43 gewunniglicht]** zeeren.
Vnd der ſich eret der wirt geeret P, zeglorieren, Wer aber glorieret,
der ſol glorieren Z—Oa.   44 in dem SScOa.   ſelbs P.   45 aber Z—Oa.

*

27 ſulch TF.   28 in zu zweigen TF.   29 oder] + vns TF.
etlichen — 31 geleichen vns] *fehlt* T, nachtr. ta.   31 **ſelb vns]**
vns ſelb T.   32 **wann]** + och T.   **wann nach der maß]** *fehlt* F.
33 **das maß]** *fehlt* F.   raichent TF.   35 **wir]** + vberſtrekken
vns T, *gestrichen.*   **volkumen]** komen TF.   36 ewangelio TF.
nit enwunniclichent TF.   37 **Wann]** + wir TF.   38 **die]** *fehlt* T.
39 **gewunniglichet]** gemichellicht TF.

WOlt got das ir erlitten ein lútzel meiner vn
weyſheit: wann ioch vndertraget mich.   v. 1.
Wann ich hab eúch lieb in der lieb gotz: wann   2.
ich hab eúch gemechelt eim man criſtum ze-
⁵ geben ein keuſchen maid. Wann ich vórcht villeicht   3.
als der ſchlang betrog eua mit ſeiner kúndikeit: daz
alſo werden zerbrochen eúwer ſinn vnd vallent aus
von der einualt die do iſt in criſto. Wann ob der
kumpt der do bredigt einandern criſtum den wir nit
⁵ haben gebredigt: oder entphacht ir einen andern geiſt
den ir nit entphiengt oder ein ander ewangelium daz
ir nit entphiengt: ir derleit mit recht. Wann ich   5.
maſſe mich nit minner haben getan von den maiſten
botten. Wann ob ich ioch bin vngelert in dem wort: 6.
¹⁰ ſunder nit in der wiſſentheit. Wann ich bin euch
offen in allen dingen. Oder thet ich denn die ſúnde
¹¹ zegedemútigen mich ſelber: daz ir wúrdet erhócht?
Wann ich bredigt euch das ewangelium gotz ver-
geben: | ich beraubt die andern kirchen zúenphachen   8.
die zerung zú euwer ambechtung: | vnd do ich was   9.
⁵ bey euch vnd mir gebraſt ich was keim ein púrde.

•

46 duldetend Z—Sa, gedultet K–Oa. ein wenig P—Oa. mein
K–Oa. 47 Sunder auch vbertragend Z—Oa. 49 **man**] + wann
MEP. erbietten (zeerbitten K—Oa) criſto ein keuſche iunckfrauwen.
aber das nit als die ſchlang betrog euam mit irer argliſtigkeit. alſo
werden auch zerſtóret euwer Z—Oa. 50 **Wann**] Vnd P. 51 **der**]
die P. 53 **Wann**] Vnd P. 54 **kumpt der do**] da kumpt Z—Oa.
eyn ander ZcSa, einen andern K—Oa. 55 **ir**] *fehlt* Z—Oa. 57 Ir
wúrdend recht leyden. wann ich ſchácze das ich nichts minder gethan
hab von Z—Oa. 58 **minner**] in mir MEP. **den**] dem AZcSa.
59 **ioch bin**] ia bin ZAZc Oa, bin Ia S. 60 **ſunder**] aber Z—Oa.
wiſſentheit] kunſt Z—Oa. 61 offenbar Z—Oa. oder hab ich
denn ſúnde gethan Z—Oa. 1 **zegedemútigen — ſelber**] das ich
mich ſelb diemútiget Z—Oa. das ich wúrd Sc. 2 hab euch
geprediget Z—Oa. 3 vnd hab beraubet Z—Oa. 4 den ſold Z—Oa.
euwer dienung P, euwerem dienſt Z—Oa. 5 was euwerem keynen
(ewer keinem K—Oa) ſchwer Z—Oa.

•

46 derlidt TF. 50 keuſche TF. 54 gepredigt TF. 56 nit
habt enphangen TF. 61 offent T. die] *fehlt* T. 2 **Wann**]
fehlt TF.

Wann das mir gebrafte das derfúllten die hrúder
die do kamen von macedon: vnd ich behúte mich
v. 10. eúch on púrde in allen dingen: vnd behút.   Die war
heit crifti ift in mir: wann dife wunniglich wirt
11. nit zerbrochen in mir in den gegenten achaie.   Wor
umb? Das ich eúch nit liebhabe? Got der waiß.
12. Wann was ich thú· das thú ich das ich abhauwe
ir vrfach· der die do wellent die vrfachen: daz fy alfőlich
werden funden in dem fy fich wunniglichen als auch
13. wir.   Wann valfche botten in difeweys feint trieck
lich wircker: vnd verwandelnt fich in die botten crifti
14. ! Vnd es ift nit wunder.   Wann er felb fathanas
15. verwandelt fich in einen engel des liechts.   Dorumb
ift es nit michel· ob fein ambechter werden verwan-
delt als die ambechter des rechts: der ende wirt nach
16. iren wercken.   Aber fag ich· das mich keiner maffe
zefein ein vnweyfen In einer andern weyfe entphacht
mich als ein vnweyfen: das auch ein lútzel ift das
17. ich mich wunniglich.   Das ich rede ich rede es nit
nach got wann als in der vnweyfheit: in dirr ent-
18 habung der wunniglich.   Wann manig wunnig-
lichten fich nach dem fleifch: vnd ich werd gewun-
19. niglicht.   Wann gern vertragt ir die vnweyfen:

6 **Wann**] Vnd P.   7 macedonia Z—Oa.   8 **behút**] will mich
behúten Z—Oa.   9 glori P, gloryerung Z—Oa.   10 vnderbrochen
Z—Oa.   achie S.   11 weyßt AZc—Oa.   13 **fy — 14 als**]
warinn (warn A) fy gloryeren werden erfunden als Z—Oa.   14 in den P.
glorieren P.   15 Wann főllich valfch apoftelen feind trugenhafft
(trúghafft K—Sc, trúghafftig OOa) werckleút verwandlend fich in die
apofteln Z—Oa.   16 verwandelt EP.   19 es ift A.   nit groß ob
fein diener P—Oa.   20 diener P—Oa.   der gerechtigkeyt Z—Oa.
21 keiner fchácze Z—Oa.   22 **In — 24 wunniglich**] Anderft als eynen
vnweyfen nemendt mich auff das auch ich ein wenig gloryere Z—Oa.
23 ein wenig P.   25 **wann als**] aber Z—Oa.   **dirr**] der P.
difer habe der glori. wann vil (+ die Sb) gloryeren nach dem leyb vnd
ich will gloryeren Z—Oa.   28 vbertraget Z—Oa.

11 **waiß**] + es TF.   12 **das**] + vnd ta.   **ich** (*zweites*)]
getilgt T.   13 **ir**] di TF.   15 Wann di in difer weiz fint valfch
poten trecklich TF.   23 **das**] + daz TF.   24 **ich rede ich rede**]
ich red F.

ſo ir ſelb ſeyt weyſe. Wann ir erleit es ob eúch ye-   v. 20.
mant kert in dienſt: ob eúch yemant verwúſt· ob
euch yemant entphecht· ob euch yemant erhebt: ob
euch yemant ſchlecht an das antlútz. Ich ſag nach   21.
der vnedelkeit: als wir wern ſiech in diſem teil. In
dem yemant tar: ich ſag in der vnweyſheit: vnd
ich tar. | Seint ſy hebreiſch: vnd ich. Seint ſy jſrahe-   22.
liſch: vnd ich. Seint ſy ſamen abrahams: vnd ich.
Seint ſy ambechter criſti: vnd ich. Ich ſag minner   23.
weyſe: vnd mer ich. In vil arbeiten in karkern be-
gnúglich: in ſchlegen vber die maß: dick in den
tóden· Zú ·v· malen entphieng ich von den iuden   24.
ains minner denn ·xl. Zú ·iij· .malen bin ich geſchla-   25.
gen mit rúten: zú eim mal bin ich geſteint: zú ·iij
maln leid ich ſchiffbrechung. Tags vnd nachts
was ich in der tieff des meres. Dick in den wegen: 26.
in verderbung der dieb· in der verderbung der floß·
in verderbungen von geſchlecht· in verderbungen von
den heiden· in verderbungen in der ſtat· in verder-
bungen in der einóden· in verderbungen in dem mere·
in verderbungen vnder den valſchen brúdern. In   27.

*

29 ſelbs P, ſelbert SbOOa.   30 in] + den Z—Oa.   ver-
wúſt] + oder frißt Z—Sa.   31 entphecht] nympt Z—Oa.   31 euch
(*zweites*)] ſich M—Oa.   32 an] in Z—Oa.   ſag] + do Sb.   33 Als
wären wir Z—Oa.   34 nyemand ZcSa.   35 tar] + auch Z—Oa.
hebryſch Z.   **Seint** (*zweites*) — 36 ich (*erstes*)] *fehlt* Sc.   36 ſy]
+ der ZASK—Oa, des ZcSa.   37 diener P—Oa.   ſag] + als
eyn Z—Oa.   38 weyſer OOa.   kárckern überflüßſigklicher Z—Oa.
40 han ich empfangen Z—Oa.   41 denn vierczig ſchläg Z—Oa.
42 verſteynet worden. Drey mal han ich erlitten den ſchiffbruch Z—Oa.
44 **Dick**] Offt OOa.   45 in (*erstes*)] + den K—Sc, der OOa.   dieb]
die S, mörder OOa.   46 in (*erstes*)] + den Sc.   **verderbungen**
(*erstes*)] der verderbung A.   **von** (*erstes*)] auß dem Z—Oa.   48 in
(*zweites*)] + den Sc.   49 vnder] in Z—Oa.

*

30 kert — 31 **yemant** (*erstes*)] *nachtr.* F.   33 als] + ab F.   diſen F.
40 tóden] noten T, t- *vom corr. übergeschrieben*; toten F, *das erste t auf.*
rasur.   41 ains] + iuden T, *gestrichen.*   42 bin] wart TF.   43
ſchifpruchunge TF.   45 **in der**] in TF.   46, 47, 48 verderbung TF.
48 ainod TF.

arbeyte vnd in gebreſten: in vil wachen. In hun-
ger vnd in durſt: in vil vaſſten. In kelte vnd in
v. 28. nackentheit: | on die ding die do ſeint auſwendig:
29. mein teglich anſteung die ſorg aller kirchen. Wer
iſt ſiech: vnd ich nit bin ſiech? Wer wirt betrůbt:
30. vnd ich nichten prinne? Ob es gezympt zewunnig-
lichen: ich wunniglich mich in den dingen die do ſeint
31. meins ſiechtums. Got vnd der vatter vnſers herrn
iheſu criſti der do iſt geſegent in der werlt der waiß
32. daz ich nit enleůg. Der brobſt von damaſti dez volcks
zů areth des kůnigs behůt die ſtatt der damaſtier das
33. er mich vieng: | vnd durch ein venſter wart ich gelaſſen
in eim korb durch die maur: vnd alſo entpfloch ich   [12
ſeinen henden.   *Das ·xij· capitel*

1.   O b es gezympt zewunniglichen: ernſtlich es
gezympt nit. Wann ich kum zů den ge-
ſichten vnd zů den eroffnungen des herren.
2. Ich wais einen man in criſto vor ·xiiij· iarn es ſey
imm leib oder auſwendig des leibs ich enwaiß got der
waiß: er wart gezuckt in diſeweys vntz zů dem drit-
3. ten himel. Vnd ich waiß ein menſchen in diſeweys
es ·ſey imm leibe oder auſwendig des leibs ich enwaiß

•

50 in den gebreſten Vnnd in vil Sc.   52 do] *fehlt* OOa.   54 ich
bin nicht Z—Oa.   **betrůbt — 56 mich]** geſchendet vnd (+ ich K—Oa)
wird nit (*fehlt* Sc) gebrennet. Ob man ſol glorieren ſo wil ich gloryeren
Z—Oa.   **56 wunniglich]** ere P.   **57 der]** *fehlt* Z—Oa.   58 weyßt
AZcSaOOa.   59 leug Z—Oa.   **von]** *fehlt* Z—Oa.   damaſci
E—Oa.   60 zů — kůnigs] des kůnigs arethe Z—Oa.   damaſcener
Z—Oa.   3 Ob man můß gloryeren Z—Oa.   gewunniglichen MEP.
ernſtlich] gewißlich P, *fehlt* Z—Oa.   4 gezympt] iſt gezympt M.
Aber Z—Oa.   7 in dem Sc.   **ich — 8 diſeweys]** das weyß ich
nicht got der (*fehlt* K—Oa) weyß (weyſts AZcSa, weyß es K—Sc, weyßt
es OOa) diſe verzuckung Z—Oa.   8 biß Sb—Oa.   9 ein ſöllichen
menſchen. es ſey Z—Oa.   10 in dem ScOa.   **ich enwaiß]** ich weyß
es nit ZAZc—Oa, das weyß ich nicht S.

•

55 nit enprinne TF.   Ob] *anfang des 12. cap.* TF.   58 den werl-
ten TF.   60 damaſcener TF.   8 **waiß]** + es T.   8, 9 diſer
weiz TF.

gott der waiß: | wann er wart gezuckt in das para- v. 4.
deyß: vnd er hort taugne wort die nit gezyment ze
reden zů den menſchen. Vmb ditz ding in diſeweys 5.
wunniglich ich mich: wann ich wunniglich mich
15 nit vmb mich nuer in meinen ſiechtumen. Wann 6.
ob ich mich ioch wil wunniglichen: ich werd nit vn
weyſe. Wann ich ſag die warheit. Wann ich ver-
gib es: das mich keiner maß vber das daz er ſech an
mir: oder etwas hort von mir. Vnd mich villeicht
20 die michelich der eroffenungen icht derhebe: der garte
meins fleiſchs iſt mir gegeben der engel ſathanas der
mich halſſchlegt. Dorumb ich batt den herren zů 8.
dreyen malen das er ſcheide von mir: | vnd er ſprach 9.
zů mir. Dir begnůg meiner genade. Wann die
25 kraft wirt volbracht imm ſiechtum. Dorumb gern
wunniglich ich mich in meinen ſiechtumen: daz die
kraft criſti entwel in mir. Dorumb geuall ich mir 10.
in meinen ſiechtumen: in den laſtern in den nôten
in iagungen: iu engſten vmb criſtum. Wann ſo ich
30 bin ſiech denn bin ich gewaltig. Ich bin gemacht vn 11.

11 der waiß] der weyßts AZcSa, weyß es KSbSc, weyß G, wayßt
es OOa. 12 taugne] hymliſche Z—Sc, haymliche OOa. 13 zů
den] dem Z—O, den Oa. in — 15 mich] wird ich gloryeren. aber
für mich nichts Z—Oa. 14 ere (2) P. 15 nuer] nun ZcSa.
16 auch Z—Oa. will eren P, will gloryeren Z—Oa. 18 ſchâcze
Z—Oa. 19 mich — 21 gegeben] das mich nit die grôſſe der offen-
barung überhebe iſt mir geben worden die anfechtung meines leybs
Z—Oa. 20 die grôſſe P. 21 Sathane Z—Oa. 22 halſſchlache.
Darumb bat ich Z—Oa. czedrey ZcSa. 23 er wiche Z—Oa.
24 mein Z—Oa. 25 tugent wirt volkummen in der (fehlt OOa)
blôdigkeit. Darumb Z—Oa. wirt] wart MEP. gern — 26 mich]
gern will ich (wil ich gern S) gloryeren Z—Oa. 26 ere ich P.
meinen blôdigkeiten Z—Oa. 27 criſti] fehlt S. entwon P, wone
Z—Oa. 28 meinen blôdigkeiten Z—Oa. 29 iagungen] durch-
âchtungen Z—Oa. chriſto Z—Oa. ſo] fehlt S. 30 Ich bin
gemacht] Bin ich worden Z—Oa.

11 waiß] + es TF. 13 dem TF. diſer weiz TF. 16
wird F, wurd T. 18 daz] fehlt TF. ſicht TF. 19 mich]
+ icht T. 20 der — icht] der offenung T, fehlt F. 24 mein TF.
26 meim ſiechtum TF. 29 in (erstes)] + den TF. 30 bin ich] bin TF.

weyſe : ir zwungt mich ſein. Wann ich ſolt werden
gelobt von eúch. Wann ich hab nit minner getau
von den die do waren hotten vber die maß. Wann
v. 12. ob ich ioch nichten bin : | idoch die zaichen meiner bot-
heit ſeint gemacht vber eúch in aller gefridſam in
13. zaichen vnd in wundern vnd in krefften. Wann was
iſt es daz ir minner habt gehabt vor den andern kirch-
en : nuer daz ich eúch ſelb nit beſchwerte? Vergebt
mir das vnrecht.   *xiij*

14. SEcht all hie zûm dritten mal bin ich bereit
     zekumen zů euch : vnd ich wirde euch nit
     ſchwere. Wann ich ſûch nit die dinge die
eúwer ſeind : wann eúch. Wann die ſún ſúllen nit
15. ſchatzen den vettern : wann die vetter den ſúnen Wann ich
gib mich vil gern vnd ich ſelb werd vergeben vmb
eúwer ſeln : wie das ich eúch mer liebhett ich werd
16. minner lieb gehabt von euch. | Wann ſeyt das. Ich
euch nit beſchwert : wann do ich was liſtig vieng
17. ich eúch mit triekeit. Oder betrog ich euch durch der
18. keinen die ich ſante zů eúch. Ich hatt thyten : vnd

*

31 zwingt mich darzû Z—Oa.   ſolt gelobet werden Z—Oa.
32 **Wann**] Vnd P.   33 da ſeyen apoſtel Z—Oa.   34 ia nichts bin
Z.—Oa.   meiner ſendunge ſeind worden Z—Oa.   35 aller geduldt
Z.—Oa.   36 **krefften**] tugenden Z—Oa.   37 **andern**] *fehlt* Sc.
38 **nuer**] nun ZcSa.   ich ſelb (ſelber SbOOa) euch nit hab beſchwâret
Z.—Oa.   ſelbs P.   40 zû dem Sc.   43 **wann**] aber Z—Oa.
44 **ſchatzen**] ſchetz ſameln K—Oa.   **den** (*erstes*)] *fehlt* K—Oa.
vettern — **vetter**] vatter vnd die (*fehlt* S—Oa) mûter. aber vatter vnd
mûter Z—Oa.   **den** (*zweites*)] der AZcSa.   **Wann**] vnd P.   45 werd
gegeben Sc.   46 **das**] *fehlt* P, wol Z—Oa.   lieb hab Z—Oa.   47
Wann — 48 euch] Das ſey nun alſo. ich han euch doch Z—Oa.   47
Ich] *fehlt* EP.   48 Aber Z—Oa.   49 **mit — ich**] denn mit falſch.
Han ich denn ye betrogen Z—Oa.   **der keinen**] den keinen P,
einen der daſigen ZZcSa, einen der da ſyen A, einen der S, einen der
ihenen K—Oa.   50 **die ich ſendete**] geſandt ward S.   tytum Z—Oa.

*

31 twungt TF.   34 nit enbin TF.   36 **vnd** (*erstes*)] *fehlt* TF.
37 **gehabt vor**] von TF.   38 ſelb euch TF.   45 vbergeben TF.
46 ſwie F.   47 **ſeyt**] maz T, *unterstrichen,* ſeit ta.   50 **die**] daz F.

fant mit im den brûder denn thyt betrog er euch gieng
wir nit in dem felben geift. Vmbkam euch nit thy-
tus? Wanderten wir nit in dem felben geift? Nach
uolgt wir nit den felben fûfftapphen? Etwenn wont
5 ir daz wir vns entfchuldigen bey euch? Wir reden
vor gott in crifto. Wann aller liebften alle dinge
vmb euwer bauung. Wann ich vôrcht fo ich kum·
das ich euch villeicht icht vinde fôliche als ich euch
wil: vnd ich werd funden von euch einen fôlichen
0 als ir mich nichten welt: das villeicht neid vnd krieg
ftarck gemût miffhellungen hinderrede raunungen
4) zerbleungen widertail nit fein vnder euch. So ich
kum daz mich got villeicht aber icht gedemûtig bey
euch: vnd ich bewaine manig von den die do vor
fûnten vnd machten nit bûß vber die vnreinikeit
5 vnd vber die gemein vnkeufchen vnd vber die vn
keufch die fy taten. Secht hie zûm dritten mal kum
ich zû euch· das in dem mund zweyer oder dreyer ftee
gezeûg alles wortz. Ich vorfagt es vnd fag es euch
als gegenwûrtig vnd nu abwefent den die do vor

v. 19.

20.

21.

2.

*

51 im — 53 geift?] im eynen brûder. hatt euch denn tytus be-
trogen. Haben wir denn nit gewandlet *(fehlt* ZcSa, gewandert K—Oa)
in einem geyft Z—Oa. 51 denn] den MEP. er euch] *fehlt* EP.
53 wir] ir MEP. 54 wir] mir S. den] dem Z—Oa. wont] wentet
K—0, maintet Oa. 57 Wann] Vnd P. ich kâme SbOOa. 58
icht] nit AOOa. 59 ein fôllicher Z—Oa. 60 mich] *fehlt* G. nicht
Z—Oa. 61 raumungen Sb, raubungen OOa. 1 zerbluungen A.
erbläuungen SbOOa. widertail] auffleûff Z—Oa. 2 nicht aber
diemûttige Z—Oa. gediemûtiget P. 3 bemeyne S. von] auß
Z—Oa. 4 machten] wirckten ZAZc—Oa, wûrcken S. bûß] *fehlt* ZcSa.
5 vnkeufch] vngefchamberen (fchampern OOa) wercke Z—Oa. 6
Sech M. zû dem ASSc. 7 das] *fehlt* Z—Oa. dreyer wirt fteen alles
wort Z—Oa. 9 nu] im MEP, nun in meinem Z—Oa. abwefen Z—Oa.

*

52 wir] + den TF. Vmbkam — 53 geift] *fehlt* TF. 54 wont]
wart F. 58 fulher TF. 59 vnd] wan TF. ain fulher TF.
60 nit TF. 61 mifbellung T, mifheltung F. raunung T, ramiung F.
1 zepleung vnd widertail fey vnter TF. 2 villicht got TF. 4
macht F. die] ir TF; *geftrichen* T, die ta. 5 ir gemain vn-
keufch TF. 8 fag] vorfag TF.

fúnten vnd den andern allen: wann ob ich aber kum

v. 3. ich vergib nicht. Oder fúcht ir fein bewerung crifti
der do wirckt in mir? Der nit ift fiech in euch wann

4. er ift gewaltig in euch. Wann ob er ioch ift ge-
kreútziget von der kranckheit: wann er lebt von der
krafft gotz. Wann wir fein ioch fiech in im: wann

5. wir leben mit im von der krafft gotz in euch. Ver-
fúcht euch felber: ob ir feyt im gelauben bewert euch
felb. Oder derkennt ir nit euch felb: wann ihefus
criftus der ift in euch? Nuer villeicht ir feyt ver-

6. fprochen. Wann ich verfich mich das ir derkennt:

7. das wir nit fein verfprochen. Wann wir bitten got
das ir thût kein ding des vbels nit das wir fcheinen
bewert wann das ir thût das do ift gût. Wann wir

8. fein als verfprochen. Wann wir mûgen nit etwaz

9. wider die warheit: wann vmb die warheit. Wann
wir freuen vns fo wir fein fiech: wann ir feyt ge-
waltig. Vnd ditz betten wir zû euwer vollendung:

10. | wann dorumb abwefent fchreib ich dife ding: das
ich gegenwertig icht thû hertigklich nach dem ge-
walt den mir der herr gab zû der bauwung vnd nit

11. zû euwer verwúftung. Von des hin brúder frewet

*

11 fein erfarung der da redet in mir criftus. Der Z—Oa.   13 ob]
fehlt K–Oa.   auch Z–Oa.   14 von (2)] auß Z–Oa.   aber Z—Oa.
15 **wann** (*zweites*)] Aber Z—Oa.   auch Z—Oa.   16 **von**] auß Z—Oa.
17 in dem Sc.   18 **felb** (*erstes*)] felber A.   **felb** (*zweites*)] felber SbOOa.
19 **der**] *fehlt* K—Oa.   [**Nuer**] nun ZcSa.   verworffen Z—Oa.   21
verworffen Z—Oa.   23 **wann**] aber Z—Oa.   **ift gût**] gût ift A.
Wann] Aber Z—Oa.   24 verworffen Z—Oa.   **Wann**] vnd P.
25 **wann**] aber Z—Oa.   **Wann**] Vnd P.   26 aber Z—Oa.   ⸲ 27
betten] hetten Z—Oa.   wer A.   **zû**] *fehlt* Z—Oa.   28 **wann
dorumb**] darumb in Z—Oa.   abwefent MEP, abwefen Z—Oa.   29
nicht hertigklicher thû Z—Oa.   31 **Von des**] Fúro Z—Sa, Fúran
K—Oa.

*

12 wirkt F, *gestrichen*, rett fc.   16 wir lebt TF.   18 **felb**
(*erstes*)] + ob ir feit T, *gestrichen*.   19 **der**] *fehlt* T.   22 vbeln TF.
nit] auf T, *auf rasur*; nit ta.   23 **bewert**] verfprochen F; bewert
T, *auf rasur*.

euch: feyt durnechtig: vnderweyfet euch˙ entphint
ditz felb. Habt den frid: wann gott des frides vnd der
lieb der wirt mit euch. Grúfft einander im heiligen   v. 12.
5 kuffe. Eúch grúffent all heiligen. | Die gnad vnfers   13.
herrn ihefu crifti˙ vnd die lieb gotz˙ vnd die gemein-
famung dez heiligen geiftz die fei mit euch allen Amen
Hie endet die ander epiftel zů den Corintern
Vnd hebt an die vorrede über die epiftel zů den Gallatern.

10 **D**Ie gallater fein kriechen. Die entphien-
gen zům erften das wort der warheit von
dem hotten: funder nach feiner abwefung
feint fy verfůcht von den valfchen hotten: .
das fy nit werden gekert in das gefetze
15 vnd in die befchneidung. Dife widerrůfft der bott
zů dem gelauben der warheit fchreibend in von ephefon
Hie endet die vorrede Vnd hebt an die
Epiftel zů den Gallatern das erfte capitel.

20 **P**aulus bot nit von den menfch
en noch durch den menfchen
wann durch ihefum criftum
vnd gott dem vatter der in er-
ftůnd von den toten: | vnd alle   2.
die brúder die mit mir feint:
25 den kirchen zů galath. Gnad   3.
fey mit euch vnd frid von got

32 feyt volkummen. ermanent. verftandent daffelb (das felbig
SbOOa). Habt frid Z—Oa.   34 der] *fehlt* AK—Oa.   in dem Sc.
37 die] *fehlt* K—Oa.   40 Die (*erftes*)] *fehlt* Z—Oa.   41 zů dem
Z—Oa.   42 den MZASKSb.   apofteln K—Sc, apoftel OOa.   Aber
nach feinem abfchid Z—Oa.   43 apofteln K—Oa.   44 nit —
gekert] gekeret (bekeret Sc) wúrden Z—Oa.   45 apoftel Z—Oa.
46 ephefo Z—Oa.   49 bot] ein bot Z—Sa, ein apoftel K—Oa.   51
aber Z—Oa.   52 der] den ZS.   erkúckte Z—Oa.   54 die
(*erftes*)] *fehlt* K—Oa.   55 Gnad] Die genad Z—Oa.   56 frid] der
frid Z—Oa.

33 wann] vnd TF.   34 der] *getilgt* F.   36 vnd (*zweites*)]
wan F; vnd T, *auf rafur.*   40 *Diefe vorrede in* BNgWr *in anderer*
faffung.   49 dem TF.   52 dem] den TF.

v. 4. vnferm vatter vnd von dem herrn ihefu crifto: | der
ſich ſelb gabe vmb vnſer ſúnden das er vns derlôſt
von der vngengen gegenwúrtigen werlt nach dem
5. willen gotz vnd vnſers vatters: | dem ſey wunnig-
6. lich in den werlten amen. Mich wundert das ir ſeyt
als ſchier vbertragen von dem der euch rieff in die
7. gnad crifti in einander ewangelium | daz nit iſt anders:
nuer es ſeint andern die euch betrúben: vnd wellent
8. verkeren das ewangelium crifti. Wann wie daz wir
oder der engel vom himel euch predigt on das daz ir
entphiengt wir euch haben gebredigt: der ſey ver-
9. pannen. Als wir euch vorſagten vnd nu aber ſag
ich: ob eúch iemant bredigt on daz daz ir entphiengt:
10. der ſey verpannen. Wann rate ich nu den leúten·
oder got? Oder ſúch ich zegeuallen den leúten? Ob
ich noch geuiel den leúten: ich wer nit der knechte
11. crifti. Wann brúder ich thûn euch kunt daz ewan-
gelium das do iſt gebredigt von mir: wann es iſt
12. nit nach dem menſchen. Wann ich entphieng es nit
von dem menſchen noch enlernt es: ſunder durch die
13. eroffnung ibeſu crifti. Wann ir hort etwen mein
wandlung in der iudiſcheit· das ich iagt die kirchen

•

58 ſelbs SbOOa.   59 der gegenwúrtigen ſchalckhafftigen welt
Z—Oa.   vngengen] bôſen P.   60 ſey] da iſt Z—Oa.   glori
P—Oa.   1 rieff] hat gerûffet ZAZc—Oa, hat berûffet S.   3 nuer]
nun ZcSa.   ander E—Oa.   4 Aber ob wir Z—Oa.   5 von
P—Oa.   predige Z—Oa.   ir — 6 verpannen] wir euch warlich
verkúndet haben. daz ſeye verflûcht Z—Oa.   8 predige Z—Oa.
empfangen habent Z—Oa.   9 verflûcht Z—Oa.   12 euch] + do Sb.
13 gebredig M, warlich gebrediget Z—Oa.   14 ich han es auch nit
empfangen Z—Oa.   15 von den SbOOa.   enlernt es] auch ge-
lernet Z—Oa.   17 iagt] durchâchte Z—Oa.

•

58 das er] der TF.   61 werlten] + der welt TF.   ſeyt]
fehlt TF.   1 ſchier] + ſeit TF.   dem] den TF.   2 aim
andern F.   4 ſwie TF.   5 der] fehlt TF.   on das] anderz F.
daz] nachgetragen T.   ir — 6 gebredigt] wir euch predigen TF.
8 ichz TF.   on daz] anderz F.   9 nu] fehlt TF.   10 ich]
fehlt F.   leúten] + wan TF.   wird TF.   13 gepredigt TF.
es] er F.   15 durch die] nachtr. T.

gots vber die maſ · vnd anſtreit ſy : | vnd ich zůnam   v. 14.
in der iudiſcheit vber manig meins entzampt alters
20 in meim geſchlecht : zeſein ein begnůglicher nach-
uolger meiner vetterlichen ſitten. Wann do es dem   15.
geuiel der mich ſundert von dem leib meiner můtter
vnd mich rieff durch ſein genad | das er eroffent ſein   16.
ſun durch mich das ich in bredigt vnder den beiden :
25 wann zehant gehal ich nit dem fleiſch vnd dem blůt.
Noch enkam zů jheruſalem zů meinen fůrgenden botten :   17.
wann ich gieng hin in arabia : vnd aber kert ich
wider zů damaſch. Dornach nach · iij · iaren kam ich   18.
zů jheruſalem zegeſechen petern : vnd ich belaib bey im · xv ·
30 tag. Wann einander der botten ſach ich keinen : nuer   19.
iacoben den brůder des herrn. Wann die ding die ich   20.
iu ſchreib : ſecht vor gott wann ich leůg nit. Dor-   21.
nach kam ich in die tail zů ſiri vnd cylici. Wann ich   22.
was vnderkannt dem antlůtz · der kirchen zů iudee ·
35 die do warn in criſto. Wann allein daz ſy hetten ge   23.
hort von mir : wann der vns etwen iagt nu bredigt
er den gelauben den er etwen anſtrait : | vnd ſy wun-   24.
niglichten gott in mir.   *Das · ij · Capitel*

*

18 **anſtreit ſy**] ſucht ſy auß Z—Oa.   19 manigt EP.   **manig**
— alters] vil mein mit genoſſen Z—Oa.   **entzampt**] *fehlt* P.   20
zeſein — begnůglicher] vnd war (was SbOOa) ein vberfliſſiger Z—Oa.
21 **Wann**] Vnd P, Aber Z—Oa.   23 růffet P—Sc, berůffet OOa.
verkundet Z—Oa.   25 **wann**] *fehlt* Z—Oa.   26 **enkam**] er kam
Z—Sc, ich kam OOa.   . **zů**] gen Z—Oa.   zwelffboten Z—Oa.
27 **wann**] Aber Z—Oa.   28 damaſcum Z—Oa.   **nach**] in P.
29 **zů**] in Z—Oa.   zuſehen K—Oa.   petrum E—Oa.   xv] lv MEP.
30 aber keinen andern zwelffboten han ich geſehen Z—Oa.   **nuer**] nun
ZcSa.   31 iacobum E—Oa.   aber Z—Oa.   32 **iu**] in MEP, euch Z—Oa.
33 **zů**] *fehlt* Z—Oa.   Syrie Z—Oa.   cilicie E—Oa.   aber Z—Oa.
34 **dem**] mit dem ZS—Oa, mit A.   den kirchen Iudee Z—Oa.   35 Aber
Z—Oa.   36 **iagt**] durchåchtet Z—Oa.   37 ettwen außſacht Z—Oa.
ſy ereten P, ſy erklårten Z—KSb—Oa, ſy erklert G.   39 **ich ſtaig**]
gieng ich Z—Oa.   **auff**] *fehlt* Sc.

*

18 aus ſtreit T.   28 ich kam TF.   29 zuſechen T.   30
einander der] der andern TF.   31 iacobum TF.   **den**] der F.
32 **iu**] euch TF.   33 **vnd**] + zu TF.   38 **mir**] + O ir vnſynnigen
von galath wer hat euch betrogen T, *geſtrichen.*   **auff**] + nach der
erofnung T, *geſtrichen.*

v. 1.
2.

D ornach nach ·xiiij· iaren ich ſtaig aber auff
zů jheruſalem mit barnabas: vnd nam tyten. Wann
ich ſtaig auff nach der eroffnung: vnd ent-
zampt trůg ich mit in daz ewangelium das ich bre-
digt vnder den beiden. Wann einhalb diſen die do
wurden geſechen zeſein etwas: das ich villeicht icht
3. lůffe in vppig oder bett gelauffen. Wann noch thyt
der do was mit mir· wie das er was ein beiden er
4. wart nit bezwungen zebeſchneiden: | wann vmb die
vnterein gefůrten valſche brůder die vnder in gieng
en zeuerſprechen vnſer freykeit die wir haben in ihe
ſu criſto: daz ſy vns kerten in dienſt der vnderlegung
5. Gehull wir nit zů der ſtund: daz die warheit des ewan-
6. gelium beleib bey vns. Wann von den die warn ge-
ſechen zeſein etwas: wiegetan ſy etwen warn mir
iſt nit dorumb oder es verfecht mir nit. Got der ent
phecht nit das pilde des menſchen. Wann die mir
waren geſechen zeſein etwas ſy entzampt trůgen mir
7. kein ding. Wann dorwider do ſy geſachen das mir
was gelaubt daz ewangelium der vberwachſung als

*

40 barnaba. Vnd nam auch tytum. Aber ich gieng auff Z—Oa.
41 **entzampt**] miteinander P, *fehlt* Z—Oa.   42 **trůg ich**] redt ich
Z—Sa, ich redt K—Oa.   predig Z—Oa.   43 **vnder**] *fehlt* Z—Oa.
Wann] vnd P, Aber Z—Oa.   ienhalb K—Oa.   diſem EP.   44
icht] nicht Z—Oa.   45 vmbſunſt Z—Oa.   tytus E—Oa.   46 **das**]
wol Z—Oa.   **er wart nit**] iſt Z—Oa.   46 **zebeſchneiden : wann**]
worden das er wúrde beſchniten. aber Z—Oa..   48 valſchen Z—Oa.
brůde EP.   **in giengen**] eingangen ſeyen Z—Oa.   50 keren Oa.
51 Gehill M.   **Gehull — ſtund**] den (dem Sb) haben wir zů keyner
ſtund gewichen Z—Oa.   52 **vns. Wann**] euch. Aber Z—Oa.   **die**]
+ da Z—Oa.   53 **wiegetan — 55 pilde**] wer ſy ettwan geweſen
ſeyen gehört mir (jn jr ZcSa) nit zů. wann got nympt nit auf die
perſon Z—Oa.   53 **ſy**] ſey MEP.   56 **ſy — 57 ding**] die (haben
K—Oa) mit mir nichts geredet Z—Oa.   56 **entzampt**] miteinander P.
57 ſachen E—Oa.   58 **gelaubt**] beuolchen Z—Oa.

*

40 **Wann**] vnd TF.   41 **entzampt**] *fehlt* TF, *nachtr.* ta.   42 **trůg
ich**] trug TF.   predig TF.   45 lief TF.   thyten TF.   46 ſwie TF.
47 betwungen TF.   **die**] + di T, *umgeändert* der.   48 **die**] + da TF.
49 ihefu] *fehlt* TF, *nachtr.* ta.   51 **der**] keyn F, *auf rasur.*   ewan-
gely TF.   52 **die**] *fehlt* T, *nachtr.* ta.   **warn**] da warn TF.

auch petern der befchneidung · | wann der do wirckte   v. 8.
60 peter in der botheit der befchneidung · der worcht auch
mir vnder den heiden: | vnd do fy derkanten die gnad   9.
b] die mir ift gegeben: vnd iacob vnd peter vnd iohan-
nes die do waren gefechen zefein ein feûle do fy hetten
derkannt die gnad gotz die mir ift gegeben fy gaben
auch mir vnd barnabas die zefwen der gefelfchaft daz
5 wir vnder den heiden wann fy inn der befchneidung:
' daz wir wern allein gedencken der armen. Vnd ditz felb   10.
was ioch mir forgfamlich zûthûne. Wann do pe-   11.
ter waz kumen zû anthiochia ich widerftûnd im am
antlûtz: wann er was ftrefflich. Wann ee etlich kamen   12.
10 von iacob er affe mit den heiden: wann do fy waren
kumen er hinderzoch fich vnd fundert fich er vorcht
die do warn von der befchneidung. Vnd die andern   13.
iuden gehullen feiner geleichfenheit: alfo das auch
barnabas wart gefûrt von in in die felben geleich-
15 fenheit. Wann do ich hett gefechen das fy nit recht   14.
giengen nach der warheit des ewangelium: ich fprach

*

59, 60 petro E—Oa.   60 in die fendung Z—Oa.   der hat
auch mir gewircket vnder Z—Oa.   61 derkunten ME, verkunten P.
1 gegeben. Iacobus vnd Petrus Z—Oa.   2 ein] die Z—Oa.   feûlen
SbOOa.   do (zweites) — 3 gegeben] fehlt Z—Oa.   4 auch] fehlt Z—Oa.
barnabe Z—Oa.   gerechten E—Oa.   gefelfchaft] fchar P.   5
aber Z—Oa.   der] die Z—Oa.   6 wern gedencken allein Z—Oa.
7 auch Z—Oa.   zû | zû thûn O.   Wann] Vnd P.   petrus
Z—Oa.   8 anchiochia M, antiochiam Z—Oa.   am] in das Z—Oa.
9 ee] fehlt MEP, ee das Z—Oa.   10 Iacobo Z—Oa.   wann] vnd P,
fehlt Z—Oa.   fy] + aber Z—Oa.   11 er vorcht] vnd vorcht
Z—Oa.   12 do] die do E—Oa.   13 gehellen MEP, verhengten
Z—Oa.   feinem (feinen Sc) vnrechten erzeygen alfo Z—Oa.   14 in
daffelb vnrechtlich erzeygen. Aber da Z—Oa.   16 ewangeliums
Z—Oa.   fprich Sb.

*

59 wann — 60 befchneidung] fehlt T; wan der (+ do von einem
fpäteren corr.) werkte peter in der potheit der befchneidung nachtr. ta.
der (zweites)] + werk fa.   61 vnd — b 1 gegeben] fehlt TF.   4
zefem TF.   5 wir] + predigten fa.   6 alain wern TF.   Vnd]
wan TF.   7 mir ioch TF.   8 anthiochia] anchyoch T; rasur +
ioch F, antioch fa.   10 affe] waz T, w getilgt.   wann] vnd TF.
12 die] + di TF.   . 14 in (zweites)] nachgetragen T.

zů peter vor allen. Ob das dů bift ein iude du lebft
heidenlich vnd nit iudifchlich: in welcherweys zwin-

v. 15. geft du die beiden zeiudifchen? Wir feyen iuden von

16. natur vnd nit fúnder von den heiden: | wann wir
wiffen das der menfch nit wirt gerechthaftigt von
den wercken der ee · nuer durch den gelauben ibefu
crifti: vnd wir gelauben in ibefu crifto · das wir
werden gerechthaftigt von dem gelauben crifti vnd
nit von den wercken der ee. Dorumb alles fleifch wirt

17. nit gerechthaftigt von den wercken der ee. Vnd ob
wir fůchen zegerechthaftigen in crifto wir felb wer-
den ioch funden fúnder: ift denn criftus ein ambech-

18. ter der fúnden? Nit enfey. | Wann ob ich aber wider
bauw die ding die ich hab verwúft: ich orden mich

19. ein vbergeer. Wann ich bin tod der ee durch die ee
das ich lebe zů gott: mit crifto bin ich gefteckt an daz

20. kreútz. Wann ietzunt leb ich nit: wann criftus lebte
in mir. Wann das ich nu leb in dem fleifch · do leb
ich in dem gelauben des fun gots: der mich liebhett

21. vnd fich felb antwurt vmb mich. Ich verwirff nit
die gnad gotz. Wann ob das recht ift durch die ee:
dorumb criftus der ift tod vergeben.   *iij*

*

17 petro Z—Oa.   das] du der Z—Oa.   du *(letztes)] fehlt*
Z—Oa.   18 heydenifch vnd nicht iudifch Z—Oa.   20, 21 **von**]
auß Z—Oa.   21 gerechtuertigt K—Oa.   22 nuer] nun ZoSa.
24, 26 gerechtuertigt K—Oa.   24, 25 von] auß Z—Oa.   27 fúchen
— 28 fúnder] fůchen daz wir werden gerecht gemachet in chrifto. fo
feyen wir fúnder erfunden worden Z—Oa.   27 felbs P.   28 ein
diener P—Oa.   29 Nit enfey] das feye nit Z—Oa.   30 **ich orden**
— 31 vbergeer] *fehlt* P.   30 ich orden] fo ftöll ich Z—Oa.   32
zů] *fehlt* Z—Oa.   gefteckt] genaglet Z—Oa.   33 **wann**] aber Z—Oa.
35 funs K—Oa.   37 das recht] das reich MEP, die gerechtigkeit
Z—Oa.   38 **dorumb — ift**] fo ift criftus OOa.   der] *fehlt* K—Oa.
tod vergeben] vmb funft geftorben Z—Oa.

*

17 zů] *fehlt* T.   petern TF.   ob] + du *fwie* T, du *wie* F.
18 twingftu TF.   19 zeiudifchen] ze fein iudifchlich TF; + fo *nachtr.* fo.
20 wann] *fehlt* TF.   22 nuer durch den] wan von dem TF.   23
an ihefum criftum TF.   32 gefteck T, r *nachgetragen* (= geftreck).
36 mich] + wan TF.   38 der] *fehlt* TF.   vergebenz TF.

Oir vnſinnigen von galath: wer hat eůch be   v. 1
trogen nit zeglauben der warheit? Vor der
augen ihefus criſtus iſt verdampt: vnd gekreůtz
iget in eůch. Ditz allein wil ich lernen von euch.   2.
Entphiengt ir den geiſt von den wercken der ee: oder
von der gehórd des gelauben? Alſuſt ſeyt ir tump: 3.
das ir anfiengt mit dem geiſt: wann nu volendet
ir in dem fleiſch. Alſouil habt ir derlitten on ſach∷
idoch ob on ſache. Dorumb der eůch gab den geiſt vnd   u.
wirckt er die krefft in eůch: von den wercken der ee·
oder von der gehórde des gelauben? Als geſchriben   6.
iſt: ahraham gelaubt gott vnd es iſt im gezalt zů
dem rechten. Dorumb derkennt: das die do ſeint von   7.
dem gelauben: diſe ſeint die ſůn abrahams. Wann   8.
fůrſehent die geſchrift das got gerechthaftigt die
heiden vom gelauben: er vor derkunt es abraham
wann all leůt werdent geſegent in dir. Dorumb die   9.
do ſeint vom gelauben: die werdent geſegent mit
dem getrewen abraham. Wann die do ſeint von den   10.
wercken der ee: die ſeint vnder dem flůch. Wann es
iſt geſchriben. Verflůcht iſt ein ieglicher der do nit
beleibt in allen den dingen die do ſeint geſchriben in
dem bůch der ee: das er ſy thů. Wann keiner wirt   11.
gerechthaftigt bey gott in der ee· wann es iſt offen:

39 vnbeſynten (-ter Sb) Galather Z—Oa.   40 nit zeglauben]
das ir nicht ſeyend gehorſam Z—Oa.   der (*zweites*)] den MEP.   41 ihefu
criſti MEP.   43, 44 von] auß Z—Oa.   44 Alſo P—Oa.   toren
Z—Oa.   45 wann] vnd Z—Oa.   46 Alſouil — 47 ob] Habent
ir ſo vil erlitten on vrſach. Ob aber Z—Oa.   48 er] *fehlt* Z—Oa.
48, 49 von] auß Z—Oa.   50 bezalet Sb.   51 der gerechtigkeit
Z—Oa.   53 fůrſehent] daz (der S) fůrſicht Z—Oa.   gerecht-
uertigt K—Sc, rechtfertiget OOa.   54 vom] auß dem Z—Oa.   Er
verkůndet vor Abrahe Z—Oa.   55 vólcker Z—Oa.   56 vom] auß
dem Z—Oa.   57 die do] wóllich Z—Oa.   von] auß Z—Oa.
60 den] *fehlt* K—Oa.   61 wirt] hett Z—Sc.   1 gerechtuertigt
K—Oa.   offenbar Z—Oa.

42 wil] wolt TF.   48 wirkten T, wirken F.   53 ſchrift TF.
54, 56 von dem TF.   58 flucht F.   Wann — 59 geſchriben]
alz geſchriben iſt TF.   59 Verflůcht iſt] *fehlt* T, *nachtr.* te.

v. 12. das der gerecht lebt von dem gelauben. Wann die ee
ift nit vom gelauben: wann der fy thût der lebt in

13. ir. Criftus hat vns derlôft von dem flûch der ee er
ift gemacht verflûcht vmb vns: wann es ift ge-
fchriben verflûcht ift ein ieglicher der do hanget am

14. holtze: | daz der fegen abrahams were vnder den heiden
in ihefu crifto· das wir entphachen die gehaiffung

15. des geifts durch den gelauben. Brúder ich fag nach
dem menfchen: idoch keiner verfchmeche oder vber or-

16. dent den geueftenten gezeúg des menfchen. Abra-
ham dem feint gefagt die gehaiffungen: vnd feim
famen. Er fpricht nit in famen als in manigen wann

17. in eim: vnd den famen der do ift in crifto. Wann
difen gezeúg den fage ich geueftent von gott: das
nach ·cccc· vnd ·xxx· iaren wart gemacht die ee: er
macht ir nit vppig zeuerúppigen die gehaiffung.

18. Wann ob das erbe ift von der ee: ietzunt ift es nit
von der gehaiffung. Wann got der gab fy abraham

19. durch die gehaiffung. Dorumb was ift gefetzt die
ee? Vmb den vbergeer ift fy gefetzt: vntz das der
fame kem den er gehieß: geordent durch die engel

2 von] auß Z—Oa. 3 vom] auß dem Z—Oa. 4 ir] in Z—Oa.
5 gemacht] worden Z—Oa. ift fchriben Sc. 6 an dem SScOa.
7 were] wúrde ZAZc—Oa, wirt S. 8 verheyffung Z—Oa. 10 dem]
den ZcSa. idoch — 11 Abraham] yedoch die beftátt zeugknuß der
menfchen verfchmâhet nyemandt. oder ordet darúber. Abrahe Z—Oa.
10 kein MEP. 12 dem] fehlt K—Oa. verheyffung K—Sc, ver-
haiffungen OOa. fein ZZcSa. 13 in (erftes)] im EP, vnd den
Z—Oa. manigen — 14 famen] vil. aber als in einem. Vnd deinem
(deinen OOa) famen Z—Oa. 14 in — 15 das] chriftus. aber ich
fag das die gezeugknuß ift beftâtet von got. die dann Z—Oa. 16
wart — 17 gehaiffung] ift worden die ee. Sy macht nit eytel (vnnútz
A) zúuertilgen dy verheyffung Z—Oa. 18, 19 von] auß Z—Oa.
19, 20 verheyffung Z—Oa. 19 der (zweites)] fehlt KGScOOa. 20
gefetzt] fehlt Z—Oa. 21 vmb die übergeung Z—Oa. biß Sb—Oa.
22 den er] deiner MEP, dem er Z—Sa. gehieß] geheiß EP, in
verheyffen het Z—Oa.

2 vom TF. 4 krift TF. 7 were] wurd TF. 10 oder]
noch TF. orden TF. 11 des] der TF. 12 gehaifung TF.
14 den] deim TF. in crifto] criftus TF. 19 fy] + es TF
(getilgt T). 21 den] di TF. ift fy gefetzt] fehlt TF.

inn der hande des mitlers. Der mitler ift nit eins: v. 20.
wann gott ift ein. Dorumb ift die ee wider die ge-   21.
haiffung gots? Nichten fey. Wann ob ein ee wer
gegeben die do mocht geleblichen· gewerlich daz recht
were von der ee. Wann die fchrift befchleúft alle ding   22.
vnder der fúnde: das die gehaiffung wúrde gegeben
den geleubigen von dem gelauben ihefu crifti. Wann   23.
ee das der gelaub kam wir wurden behút vnder der
ee: befchloffen in dem felben gelauben der do was zú
eroffen. Dorumb die ee was vnfer laiter in crifto: 24.
das wir werden gerechthaftigt von dem gelauben.
Vnd do der gelaub kam: ietzunt fey wir nit vnder   25.
dem laiter. Wann all feyt ir die fún gotz: durch den   26.
gelauben der do ift in ihefu crifto. Wann all ir·do feyt   27.
getaufft in crifto: criftum habt ir geuafft. Nit en   28.
ift iude noch kriech: nit ift eigen noch frey: nit ift
man noch weip.. Wann all feyt ir ein ding in ihe
fu crifto. Wann ob ir feyt krifts: dorumb ir feyt der   29.
fame abrahams vnd erben nach der geheiffungen.

*

22 den er] deiner MEP, dem er Z—Sa.   **gehieß**] geheiß EP,
in verheyffen het Z—Oa.   23 Der] Aber der Z—Oa.   24 aber
Z—Oa.   einer Z—Oa.   verheyffung K—Oa.   25 **Nichten**
— **26 gegeben**] Das feye nicht. Wann wäre gegeben worden die ee
Z—Oa.   26 macht MEP.   **geleblichen** — 27 **Wann**] lebentig
machen. fúrwar auß dem gefetz wäre die gerechtigkeyt. Aber Z—Oa.
27 gefchrifft P—Oa.   hat befchloffen Z—Oa.   28 **die — 29 crifti**]
die verheyffung auß dem gelauben ihefu chrifti wúrde gegeben den
gelaubigen Z—Oa.   31 in] vnder E—Oa.   33 gerechtuertigt
K—Oa.   von] auß Z—Oa.   34 nit] + mer SbOOa.   35 dem]
den M, der SG.   35 die] *fehlt* E—Oa.   36 **all ir do**] wöllich
ir Z—Oa.   37 ir — 39 man] ir .angeleget. Es ift keyn iude noch
(+ ein Z—Sa) kriech. Es ift kein knecht noch frey. Es ift kein man
Z—Oa.   40 criftus EP, chrifti Z—Oa.   **ir feyt** (*zweites*)] feyt
ir Z—Oa.   41 **der**] den AZcSa.   verheyffungen Z—Sa, verheyf-
fung K—Oa.

*

23 der] di T.   24 **gott**] + der TF.   25 Nyt enfey TF.
32 deroffenn F, deroffenung T.   34 **Vnd**] wan TF.   36 ihefus
criftus TF.   37 **criftum**] krift TF.   en] *fehlt* TF.   38 krichen TF.
aigner noch freier TF.   39 ihefum criftum TF.   40 crifti TF.
ir feyt] feyt ir TF.   41 gehaifung TF.

v. 1. Wann ich fag. Alſuil zeyts der erbe   *iiij*
ift ein lützeler er vnderſchaid kein ding von

2.   dem knecht· wie daz er ſey ein herr aller· | wann
er ift vnder den hútern vnd vnder den meiftern vntz

3. zů dem vorgeordenten zeyt von dem vatter. Als
auch wir do wir waren lützel: wir waren dienent vnder

4. den elamenten dirr werlt. Vnd do die erfúllung des
zeyts kam gott der ſante ſeinen ſun geborn von dem

5. weib gemacht vnder der ee: | das er die erlôfte die do
waren vnder der ee: das wir entphiengen die ge-

6. winnung der ſún. Wann das ir ſeyt die ſún gotz:
gott der ſante den geift ſeins ſuns in vnſere hertzen

7. zerúffen vatter vatter. Dorumb ietzunt ift er nit
ein knecht· wann ein ſun. Vnd ob ſun: vnd erbe zů

8. gott. Wann entzampt erben crifti. | Wann ernftlich
do miſſkannt ir got: vnd dienten den die do nit ſeint

9. got von natur. Vnd nu ſo ir got derkennt ir ſeyt
auch erkannt von got: dorumb in welcherweys wert
ir abgekert zů den krancken vnd zů den gebreftigen

10. elamenten den ir anderweid welt dienen? Behút die

11. tag vnd die moned vnd die zeyt vnd die iar. Wann
ich vôrcht: daz ich villeicht hab gearbeit vnder eúch

*

42 wieuiel zeyt der erbe klein ift Z—Oa.   43 ein kleiner P.
kein ding] nichts Z—Oa.   44 **daz]** *fehlt* P, wol Z—Oa.   aber
Z—Oa.   45 **er]** *fehlt* Sb.   meynftern A, meyßten Sb.   biß
Sb—Oa.   46 dem geordenten SbOOa.   47 kinder P, klein
Z—Oa.   48 **dirr]** der P.   der zeyt Z—Oa.   49 **der]** *fehlt*
K—Oa.   ſun gemachet auß dem Z—Oa.   51 **gewinnung]** auß-
erwelung Z—Oa.   54 **zerúffen]** ſchreyend Z—Oa.   55 aber Z—Oa.
Vnd — 57 **got]** Vnd ift er (er ift Sc) ein ſun So ift er auch ein erb
durch got. Aber da zemal wißtent ir got nit Z—Oa.   55 **vnd]** *fehlt* P.
56 **entzampt]** miteinander P.   gewißlich P.   57 die — 58 **Vnd]**
die von natur nit gôtter feind. Aber Z—Oa.   60 gekert Z—Oa.
61 **Behút]** Ir vermerckend Z—Oa.   1 vnd (*zweites*)] *fehlt* P.   2
vôrcht] + euch Z—Oa.

*

43 **ein]** *fehlt* TF.   luczel F.   44 ſwie TF.   51 **das]** *fehlt* T.
gewunnung TF.   52 **das]** *fehlt* TF.   **gotz]** + wan TF.   54
vatter (*erstes*)] *gestrichen* T, aba *nachtr.* ta.   56 **Wann** (*erstes*)] *fehlt* TF.
57 dient TF.   60 aber bekert TF.   61 andern wait F.   **dienen]**
+ dem (*durch rasur* den) ir F, wen ir T.

12. on ſache. | Seyt als ich: wann auch ich als ir. Brů
13. der ich bit eůch : ir ſchatt mir kein ding. Wann ir
wiſſt das ich eůch ietzunt zům erſten bredigt durch
14. die kranckheit des fleiſchs: | ir habt nit verſchmecht
noch vervnwirdigt eůwer verſůchungen inn meim
fleiſch: wann ir entphiengt mich als den engel gotz:
15. vnd als iheſum criſtum. Dorumb wo iſt eůwer ſe-
likeit: wann ich gib eůch gezeůg: das ob es mocht
werden gethan ir bett aufgeprochen eůwere augen:
16. vnd het mirs gegeben. Dorumb ich bin euch gemacht
17. ein feinde ſagent euch die warheit. Sy habent euch
lieb vnd nit wol: wann ſy wellent euch aufbeſchlieſ-
18. ſen: das ir ſy lieb habt. Wann zeallen zeyten habt lieb
daz gůt in gůt: vnd nit allein ſo ich bin gegenwůr-
19. tig bey euch. Mein ſůnlin die ich anderweyd gebir:
20. vntz criſtus wirt gepildet in euch. Vnd nu wolt
ich ſein geweſen bei euch vnd verwandeln mein ſtymm:
21. wann ich wird geſchemlicht vnder euch. Sagt mir :
22. ir do welt ſein vnder der ee. Laſt ir nit die ee? | Wann
es iſt geſchriben daz abraham hat zwen ſůn: einen von
23. der dirn: vnd einen von der freyen. Wann der von
der diern was geborn nach dem fleiſch: wann der
24. von der freyen durch die geheiſſung. Wann diß ſeint
zwen gezeůg· die do ſeint geſagt durch geiſtlichen

10

15

20

25

*

4 ir habt mich nichts beleydiget. wann Z—Oa.   ſchait M.
5 zům nächſten hab geprediget Z—Oa.   8 aber Z—Oa.   10 ge-
zeugknuß Z—Oa.   12 mirs] mir es A, mir die K—Oa.   bin jch
ZcSa.   gemacht] worden Z—Oa.   14 beſchlieſſen S, außſchlieſſen
OOa.   15 liebhat G.   zů aller zeyt SbOOa.   16 in gůt]
fehlt P.   17 Mein] Ir mein Z—Oa.   die] ſo S.   ich] fehlt
P, + euch Z—Oa.   18 biß Sb—Oa.   19 ſein geweſen] geren ſeyn
Z—Oa.   20 geſchendet in euch Z—Oa.   21 ir do] die ir Z—Oa.
laſſet Sb—Oa.   22 hat] + gehabt Z—Oa.   23 vnd] + den ZcSa.
freyen] eefrauwen Z—Oa.   Wann] fehlt OOa.   24 aber Z—Oa.
25 der eefrauwen Z—Oa.   verheyſſung. aber Z—Oa.   26 zwey
teſtament Z—Oa.

*

4 Wann ir] wan TF.   7 verſuchung TF.   9 Dorumb] fehlt TF.
12 mir ſi F, mir ſey T.   15 zeyten habt] + ir T, getilgt.
16 gůt] dem guten TF.   18 vntz] + daz TF.   Vnd] wan TF.
19 bei] mit TF.

ſinn. Ernſtlich den ein an dem berg ſyna gebernt in

v. 25. dienſt: die do iſt agar. Wann ſyna iſt ein berg in
arabia der do iſt gefúgt zû der ˙ die nu iſt jheruſalem : vnd

26. dient mit iren ſûnen. Wann die jheruſalem die do iſt oben

27. die iſt frey: die do iſt vnſer mûter. Wann es iſt ge
ſchriben. Frew dich vnperhaftige du do nit gebirſt :
briche aus vnd rúff du do nit gebirſt : wann vil mer
ſeint ſûn der gelaſſen : denn der die do hat den man.

28. Wann brúder wir ſein ſúne der geheiſſung nach yſa-

29. ac. Wan in welcherweys denn der der do iſt geborn
nach dem fleiſch der iagt den der do iſt geborn nach

30. dem geiſt: als auch nu. Wann waz ſpricht die ſchrift?
Wirff aus die diern vnd iren ſun. Wann der ſun
der diern der wirt nit erbe: mit dem ſun der freyen

31. Dorumb brúder wir ſein nit ſúne der diernen wann
der freyen: mit der freykeit mit der vns criſtus hat
derlôſt.   *v*

1.   **D**Orumb ſteet: vnd nicht enwelt anderwaid
behalten werden mit dem ioch des dienſtes

2.   Secht ich paulus ich ſag eúch: wann ob ir

3. wert beſchnitten criſtus verfecht euch kein ding. Wann
ich bezeúg eim ieglichen menſchen der ſich beſchneit :

4. das er iſt ſchuldig zethûn alle die ding der ee. Ir
ſeyt verúpigt von criſto. Ir do wert gerechthafftigt

*

27 **Ernſtlich**] Gewißlich P, Dann K—O, Wann Oa.   **den**] dem
P.   geprennt in dem dienſt ZcSa.   29 **nu iſt**] + in E—Oa.
31 **Wann**] Vnd P.   32 **du do**] da du Z—Sc, die du OOa.   32,
33 gebriſt ZcSa.   33 würffe Sb.   **du do**] die du K—Oa.   35
Aber Z—Oa.   verheyſſung Z—Oa.   36 Aber wie denn Z—Oa.
der der] der P.   37 **der iagt**] durchächte Z—Oa.   38 alſo Z—Oa.
geſchrifft E—Oa.   40 der (*zweites*)] *fehlt* SK—Oa.   **nit**] + ein
Z—Oa.   41 aber Z—Oa.   44 entwelt M, wôlt Z—Oa.   **46 ich**
(*zweites*)] *fehlt* Z—Oa.   47 criſti MEP.   wirt euch nicht nútz
ſein. Aber Z—Oa.   48 ainen OOa.   49 die] *fehlt* K—Oa.   50
ſeyt außgetilget Z—Oa.   do] die ir Z—Oa.   gerechtuertigt K—Oa.

*

29 **nu iſt**] + in F.   34 **hat**] haben TF.   36 **der der**] der TF.
39 **ſchrift**] ſpricht F.   40 erben TF.   43 derloſtet F.   **45 behalten
werden**] werden gehabt T, werden behabt F.   **46 ich ſag**] ſag TF.
49 **das er**] der F.   50 **wert**] da werd T, wer di F.

in der ee: ir ſeyt aufgeuallen von der genad. Wann   v. 5.
wir haiten mit dem geiſte der zûuerſichte des rechtz
vom glauben. Wann die beſchneidung verfecht   6.
kein ding noch die vberwachſung in iheſu criſti:
55 wann der glaub der do wirckt durch die liebe. Ir luft
wol. Wer hat eúch betrogen nit zegehorſamen der
warheit | Niemant gehellt. Diſe vnderweyſung iſt   8.
nit von dem der eúch rieff. Ein lútzeler hefel zerbricht   9.
allen ſamnung. Ich verſich mich von eúch im   10.
60 herrn daz ir wiſſt kein ander ding. Wann der eúch be-
trúbt: der tregt daz vrteil wer er iſt. Wann brúder   11.
↑↓ ob ich noch predig die beſchneidung: was leide ich
noch die iagung? Dorumb daz trúbſal des kreútzs
criſti iſt verúppigt. Vnd mit meinem willen ſy   12
werdent abgehauwen die euch betrúbent. Wann brú   13.
5 der ir ſeyt gerúffen in freykeit: allein das ir ichte
gebt eúwer freykeit in die ſchuld des fleiſches · wann
dient an einander durch die lieb des geiſts. Wann   14.
alle die ee wirt derfúllt in eim wort: hab lieb deinen
nechſten als dich ſelber. Vnd ob ir peiſſt vnd eſſt   15.
10 an einander: ſecht das ir icht wert verwúſt von ein
ander. Wann ich ſag in criſto: geet im geiſt vnd   16.
nit volbringt die begirden des fleiſches. Wann das   17.
fleiſch begeitigt wider den geiſt: vnd der geiſt wider
das fleiſch. Wann diſe ſeint in widerwertig an ein

---

52 wir harren K—Oa.   der gerechtigkeit auß dem gelauben
Z—Oa.   53 **Wann**] + noch ZASK—Oa.   verſchneidung MEP.
verfecht — 54 ding] iſt zu ettwem (ettwen SK—Sb, etwaz OOa) nútz
Z—Oa.   54 criſto E—Oa.   55 aber Z—Oa.   56 gehorſamen P.
57 **gehellt**] verhengent Z—Oa.   58 euch hat gerúffet. Ein wieniger
hefel zerſtóret den ganczen teyg Z—Oa.   kleiner P.   59 von]
+ herren M.   61 Aber Z—Oa.   2 iagung] durchechtung Z—Oa.
daz trúbſal] die ſchande Z—Oa.   3 iſt vertilget Z—Oa.   5 geuodert
Z—Oa.   **ichte**] nit AOOa.   6 Aber Z—Oa.   8 **die**] *fehlt* K—Oa.
wort] weg MEP.   9 ſelb OOa.   10 **an**] *fehlt* OOa.   **icht**] nit AOOa.
wert verzeret Z—Oa.   11 **im**] in dem Sc.   13 begeret Z—Oa.
14 **in**] *fehlt* Z—Oa.   **an**] *fehlt* AOOa.

---

55 lieft TF.   57 gehllt TF.   59 verſicht F.   3 criſti]
fehlt T.   7 **an**] *fehlt* TF.   9 peifet TF.   10 **an**] *fehlt* TF.
11 **in criſto**] *fehlt* TF.   12 begird TF.   14 **das**] *fehlt* T.   **an**] *fehlt* TF.

v. 18. ander: daz ir nit thût welhe ding ir wôllt. Vnd ob
ir wert gefúrt vom geiſt: ir ſeyt nit vnder der ee.

19. Wann die werck des fleiſches ſeint offen: welche do
ſeint gemein vnkeuſch· vnreinikeit· arkeit· vn-

20. keuſch· | dienſt der abtgôtter· zauberniß· feintſchaft·
neide· krieg· zorn ſcheltwort· miſſhellungen· irrtum·

21. | haß· manſchlacht· fraſheit· trunckenheit· vnd die
diſen ſeint geleich: die ich eúch vorſage als ich euch
vorſagt: wann die ſôliche ding thûnd die gewin-

22. nent nit das reich gotz. Wann der wûcher des geiſts
iſt die lieb· freude· frid· gefridſam· lang volendung·

23. gútikeit· ſenfte· gelaube· | meſſikeit· enthebikeit·
keuſchheit. Wann wider die in diſeweys iſt nit die

24. ee. Wann die do ſeint criſtus: die kreútzigent ir
fleiſch mit den ſúnden vnd mit den geitikeiten.   *vj*

25. O b wir leben im geiſt: vnd wir geen im geiſt
26.   Wir werden nit gemacht geitig der vp-
    pigen: wunniglich bewegent an einander ⁚

6, 1. neident an einander. Vnd brúder: vnd ob der menſch
wirt bekúmert in etlicher miſſtat· ir do ſeit geiſtlich

---

16 von dem Sc.   17 Aber Z—Oa.   offenbar die dann ſeyen
eebrechung vnreynigkeit. vngeſchâmige (vnſchâmige ZcSaOOa) werck.
vnkeuſch Z—Oa.   22 als — 23 vorſagt] *fehlt* P.   24 Aber die
frucht des Z—Oa.   25 frid — 26 ſenfte] frid. geduldt. langkmûtig-
keit. gûttigkeit. ſenfftmûtigkeit Z—Oa.   26 enthebikeit] behâbig-
keyt OOa.   27 Wann — iſt] wider diſe iſt Z—Oa.   28 criſti
Z—Oa.   29 geitikeiten] begirlichkeyten Z—Oa.   30 in dem (2) Sc.
vnd wir] ſo ſúllen wir auch Z—Oa.   31 Wir — 32 einander] wir
ſúllen nit werden begirlich eytler (vnnútzer A) ere an (*fehlt* OOa) ein-
ander reiczend (yeczund Sc) Z—Oa.   31 vppigen] gee vppigen M,
geúppigen EP.   32 glori P.   33 an] *fehlt* OOa.   Vnd] *fehlt*
Z—Oa.   34 etlicher] einer Z—Oa.   do] die ir Z—Oa.

*

15 ſwelhe TF.   Vnd] wan TF.   16 vom] im TF.   17 do]
fehlt TF, *nachtr. corr.* T.   18 ſeint] + ſi TF (*getilgt* T).   vnkeuch
(2) T.   19 apgot TF.   27 keuſch TF.   diſer weiz TF.   28
criſti TF.   30 vnd] *fehlt* TF.   wir geen im geiſt] *fehlt* T; wir
ioch gen im geiſt *nachtr.* td.   31 veruppigen F.   32 einander]
+ vnd TF.   33 an] *fehlt* TF.   Vnd] wan TF.   vnd] *fehlt* TF.
der] ain TF.   34 in] mit TF.

35 vnderweyſt den in diſeweys inn dem geiſt der ſenft
merck dich ſelber daz auch du icht werdeſt verſůcht.
Einer trag die bůrd des andern: vnd alſuſt erfůllt   v. 2.
ir die ee criſti. Wann ob ſich etlicher maſſt zeſein et-   3.
was ſo er iſt kein ding: erſelb verlait ſich. Wann   4.
40 ein ieglicher bewer ſein wercke: vnd alſuſt wirt er
haben wunniglich in im ſelber: vnd nit in eim an-
dern. Wann ein ieglicher wirt tragen ſein bůrde.   5.
Wann der do iſt gelert in dem wort: der gemeinſam   6.
ſich zů dem der in Iere in allen gůten dingen. Nicht   7.
45 enwelt irren. Gott wirt nit verſpott. | Wann die   8.
ding die der menſch ſeet: ioch diſe ſchneit er. Wann
der do ſeet in ſeim fleiſch· der ſchneit auch von dem
fleiſch die zerbrochenkeit: wann der do ſeet in dem
geiſt: der ſchneit auch von dem geiſt das ewig leben.
50 Wann tůn das gůt wir gebreſten nit: wann wir   9.
ſchneiden in ſeim zeyt vnd vns gebriſt nit. Dorumb   10.
die weil wir haben daz zeyt ſo wircken wol zů allen:
wann aller meiſt zů den heimlichen des gelauben.
Secht mit wiegetanen bůchſtaben ich euch ſchraib   11.
55 mit meiner hand. Wann die do wellent geuallen   12.
in dem fleiſch diſe zwingent euch zebeſchneiden: das

*

35 **in diſeweys**] in diſer weis P, *fehlt* Z—Oa.   **inn dem**] im A.
geiſt : der ME.   ſenfftmůttigkeit Z—Oa.   36 icht] nicht Z—Oa.
37 alſo P—Oa.   38 ir] er Oa.   ſchâczet das er ettwas ſeye ſo
er nichts iſt. er verfůrt ſich. aber Z—Oa.   39 er ſelbs P.   40 alſo
P—Oa.   er] *fehlt* A.   41 glori P—Oa.   43 **Wann**] Vnd P.
iſt gelert] wirt vnderwiſen Z—Oa.   : der] *fehlt* OOa.   44 lerne Sb.
45 wôlt Z—Oa.   46 ioch] idoch MEP.   ioch — er] die (*fehlt*
OOa) wirt er auch ſchneyden Z—Oa.   48 zerſtôrligkeit. Aber Z—Oa.
50 **Wann — nit**] Wir ſůllen aber gůts thůn vnd nit auffhôren Z—Oa.
51 gebricht Sc.   52 die zeyt Z—Oa.   **wircken**] + wir E—Oa.
53 aber Z—Oa.   den] dem GSc.   **heimlichen**] haußgenoſſen Z—Oa.
54 **wiegetanen**] was Z—Oa.

*

35 diſer weiz TF.   36 ſelb TF.   37 alſo TF.   38 mas TF.
39 derſelb T, d *getilgt*; er ſelber F.   40 alſo TF.   41 ſelb TF.
45 wellt TF.   46 ſchneit] ſned T, i *nachtr.*; ſnet F.   50 gůt] + vnd TF.
52 **die weil**] wie vil T.   daz] di F.   **wircken**] + wir *corr.* T.
56 diſ twingent TF.   zeſneiden F.   alain daz ſi nit T.

fy allein nit leiden die iagung des kreútzes crifti.

v. 13. Wann die do werdent befchnitten die behútent nit
die ee: wann fy wellent euch befchneiden daz fy werden

14. gewunniglicht in eúwerem fleifch. Wann mir ift
nit zewunniglichen nuer in dem creútz vnfers herrn
ihefu crifti: durch den mir die werlt ift gekreútzigt:

15. vnd ich der werlt. Wann die befchneidung verfecht
kein dinge noch die vberwachfung in ihefu crifto
durch den gelauben ibefu crifti: wann die new ge-

16. fchôpffd. Vnd alle die do nachuolgend dirr regel:

17. frid vnd derbarmde vber fy vnd vber ifrahel gotz. Von
des hin brúder keiner fey mir laidig. Wann ich trag

18. das zeichen des herren ihefu in meim leibe. Brúder
die gnad vnfers herrn ihefu crifti fey mit eúwerem
geifte Amen. *Hie endet die epiftel zû den*
Gallatern Vnd hebt an die Epiftel zû
den Laodociern.

P aulus hott nit von den menfchen
noch durch den menfchen: wann
durch ihefum criftum. Den brú-
dern die do feind zû laodoci. Gnad

2. fey mit euch vnd fride von gott
vnferm vatter vnd von dem herrn

3. ihefu crifti. Ich mach gnad meim

*

57 **iagung**] durchâchtung Z—Oa. 59 Aber fy wôllen das ir
befchniten werdent. das fy múgen gloriern in Z—Oa. 60 geeret in P.
Aber Z—Oa. 61 zeeren P, zû glorieren Z—Oa. **nuer**] nun ZcSa.
2 **die — 4 gefchôpffd**] in chrifto ihefu ift nit ettwas nútz die be-
fchneydung noch auch *(fehlt Sb)* die überwachfung. aber die new creatur
Z—Oa. 5 **dirr**] der P. 6 **derbarmde**] + feye Z—Oa. **Von**
des] Fúro Z—SaSbOOa, Fûran KGSc. 13 **bott**] ein bot A, ein
apoftel K—Oa. 14 aber Z—Oa. 16 laodici ZcSaG. Die
genad Z—Oa. 17 **vnd**] + der Z—Oa. 19 chrifto Z—Oa. wirck
gnad Z—Sa, fag danck K—Oa.

*

59 zebefneiden TF. 60 wunniclichen TF. 4 **durch — crifti**]
fehlt TF. newen TF. 5 **die**] + di TF. 8 **das**] die TF.
ihefus TF. 13 *Der brief an die Laod. fteht in* TF *zwifchen 2. Thess.*
u. 1. Tim. dem F. 16 laodicz TF. 19 crifto TF. macht TF.

30 gott: durch alles mein gebett. Dorumb das ir feyt
zebeleiben in im: vnd zů volenden in gůten wercken.
Baitent der gehaiffung an dem tag des vrteiles:
I euch nit verwúftent mit etlicher vppiger rede: die
das deroffent das euch abkerte von der warheit des
25 ewangelium: das do wirt gebrediget von mir. Vnd
nu gott der mache die ding· die do feint von mir:
feint dienent zů dem nutze der warheit des ewange
ly. Vnd thůnd die gůtikeit der wercke die do feint
der behaltfam des ewigen lebens. Vnd nu meine   6.
30 band die feint offen: die ich derleide in crifto: vmb
die ich mich frewe· vnd frew mich: | vnd ditz ift mir
zů der ewigen behaltfam. Das fęlb ift getan euch ze-
helffen in eůeren gebetten: vnd von der ambechtung
des heiligen geifts. Es fey durch daz leben· oder durch
35 den tod. Wann mir zeleben ift ein leben in crifto: vnd   8.
fterben ein gewinn. Vnd erfelb thů fein erbarmd in   9.
euch: das ir habt die felben lieb vnd feyt einhellig.
Dorumb aller liebften: als ir habt gehort die vor-   10.
wiffentheit des herren: alfo behabt fy: vnd thůt fy
40 in der vorcht gotz· vnd euch wirt das leben ewiglich.
Wann got ift der do wirckt in euch: | vnd welch ding   11. 1·
ir thůt die tůt on hinderrede: oder on fúnde. Vnd   13.
aller liebften es ift das heffte: frewet euch im herrn·
vnd hút euch vor aller vnreiner gewennung. All   14.
45 eůwer eifchung feint offen bey gott: vnd feyt vefft

21 beleybent Z—Oa.   22 Harrend K—Oa.   verheyffung Z—Oa.
23 verwúftendt euch nit mit Z—Oa.   úppigen A.   die das]
das die Z—Oa.   25 ewangeliums Z—Oa.   26 der] fehlt K—Oa.
macht E—Oa.   27 feint] fehlt Z—Oa.   ewangeliums ZcSa.
29 des heyls K—Oa.   30 die (erstes)] fehlt K—Oa.   32 behalfam M.
ift gefchechen A.   33 der dienung P—Oa.   35 mir] wir Sc.   39
gehabt G.   40 ewenklich A.   43 in dem ASc.   45 offenbar Z—Oa.

*

23 verwuftent nit etlicher vppigen TF.   24 das fi euch abekc-
rent TF.   25 ewangelii TF.   26 mache] + das TF.   27 feint]
fehlt T, fint ta.   ewangelis F, ewangelumcz T.   28 tut T.
33 ambechtungen TF.   35 leben] + in di F, gestrichen.   krift TF.
vnd] + leben F, gestrichen.   42 an fund oder an hinderred TF.   43
freud TF.   45 fey TF.   vefft] feifte TF.

v. 15. in dem finn crifti. Vnd die ding die do feint gantz
vnd gewer vnd keufch vnd zymlich vnd recht vnd
16. lieblich: die thût. Vnd die ding die ir habt gehort
vnd entphangen: die behabt im hertzen: vnd der frid
18. gotz der wirt mit euch. Eûch grûffent alle heiligen.
19. Die genade vnfers herren ihefu crifti: die fey mit
20. eûwerem geift: | vnd macht dife epiftel zelefen den von
colofenfes* zû euch Amen. *Hie hebt an die vor-
rede uber die Epiftel zû den Ephefiern.*

Ephefy feint afiani· dife do fy entphiengen
das wort der warheit do beftûnden fy vefft
in dem gelauben. Dife lobt der apoftel
vnd fchreibt in von rom aus dem kercker
bey dem dyacon tytitum. *Hie endet die vorrede*
Vnd hebt an die Epiftel zû den Ephefiern
Das erfte Capittel.

[349

Paulus bott ihefu crifti durch
den willen gotz allen den hei-
ligen die do feint zû ephefi:
vnd den getreuwen in ihefu
2. crifto. Genad fey mit euch
vnd fride von gott vnferm
vatter: vnd von dem herrn ihe
3. fu crifto. Got der ift gefegent
vnd der vatter vnfers herren ihefu crifti der vns hat
gefegent in allem geiftlichen fegen in den himelifchen

49 habt G, behalt Sc.   in dem Sc.   50 der] *fehlt* K—Oa.
51 : die] *fehlt* K—Oa.   · 52 dife] die Z—Oa.   von] *fehlt* Z—Oa.
53 tolofenfes M, colofenfern Z—Oa.   55 afiam MZcSa.   56 do —
fy] beftunden K—Oa.   59 bey] *fehlt* G.   dem ewangelier Z—Oa.
tyticum E—Sc, tytico OOa.   1 bott] ein apoftel Z—Oa.   2 den
(*zweites*)] *fehlt* K—Oa.   3 zû] *fehlt* Z—Oa.   4 vnd] von MEP.
gelaubigen Z—Oa.   8 der] *fehlt* K—Oa.   ift] feye Z—Oa.

50 gotz der] *fehlt* TF.   51 vnfer F.   52 epifteln TF.   53
* colofens vnd di von colofens zu euch TF.   Amen] *fehlt* TF.   55
Ephefy] + das B, die NgWr.   58 den kerkern BNgWr.   59 bey]
die Wr.   2 allen den] vnd allen TF.

dingen in criſto: | als er vns hat derwelt in im ſelber   v. 4.
vor der ſchickung der werlt: das wir ſein heilig vnd
vnfleckhaftig in ſeiner beſcheúd in der lieb. Der vns   5.
vor ordent in die gewinnung der ſúne durch iheſum
15 criſtum in im ſelber nach dem fúrſatz ſeins willen
' in dem lobe der wunniglich ſeiner gnaden: in der er   6.
vns liebhett in ſeim lieben ſun: | in dem wir haben   7.
derlôſung durch ſein blût in die vergibung der ſúnden
nach den reichtumen ſeiner gnad | die do vberbegnúgt   8.
20 in vns in aller weyſheit vnd in der fúrſechung gots:
¦ daz er vns machte zeerkennen die heilikeit ſeins willen   9.
nach ſeiner wolgeuallung die er fúrſatzt in im | in der   10.
tailung der erfúllung der zeyt zû widerorden alle ding
in criſto die do ſeint in den himeln vnd die do ſeint
25 auf der erde in im. In dem auch wir ſein gerûffen   11.
nach loſ: vor geordent nach dem fúrſatz des der do
wirckt alle dinge nach dem rate ſeins willen: | das   12.
wir ſein in dem lobe ſeiner wunniglich wir vns vor
verſachen in criſto. Aller liebſten in dem auch ſo ir   13.
30 habt gehort das wort der warheit das ewangelium
eúwer behaltſam: in dem auch ir geleubigen ſeyt ge-
zaichent mit dem heiligen geiſt der gehaiſſung: | der   14.
do iſt ein pfant vnſers erbs in die erlôſung der ge-
winnung in dem lob ſeiner wunniglich. Vnd dor-   15.

*

12 ſchickung] ſatzung Z—Oa.   13 vnuermeyliget (vnvermaß-
get A, vnvermâliget ZcSa) in ſeinem angeſicht Z—Oa.   14 vor ge-
ſchâchzet hat in die erwôlung der ſún Z—Oa.   16 in] zû Z—Oa.
glori P—Oa.   17 liebhett] danckber gemachet hat Z—Oa.   18 in]
ſehlt Z—Oa.   19 den] dem ZSK—Oa.   reichtumb SbOOn.   da
tberflúſſig iſt geweſen Z—Oa.   20 fúrſichtigkeit Z—Oa.   21 machte
zeerkennen] tât·offenbar Z—Oa.   22 fúrſatz M.   23 zû beſtât-
ten Z—Oa.   25 der] ſehlt Sc.   berúffet Z—Oa.   26 nach]
+ dem Z—Oa.   28 in] czû Z—Oa.   glori P—Oa.   wir vns]
die wir Z—Oa.   29 hoffnung haben in Z—Oa.   dem] den MP.
31 ewers heyls Z—Oa.   32 verheyſſung Z—Oa.   33 in die] in
der EP, zû der Z—Oa.   34 in] zû Z—Oa.   glori P—Oa.

*

12 heilige TF.   14 gewunnung TF.   16 genad TF.   18
ſunden TF.   19 gnaden TF.   26 nach loſ] ſehlt TF, nachtr. ta.
29 auch] + ir TF.   33 gewunnung TF.

umb ich do hǒr euer treuwe die do iſt in iheſu criſto

v. 16. vnd die lieb vnder allen heiligen: | ich hǒr nit auf ze-
machen gnad vmb eúch ich mach eúer gedenckung

17. in meinen gebetten: | das got der wunniglich der vat-
ter vnſers herren iheſu criſti euch gebe den geiſt der
weyſheit vnd der eroffenung in ſeiner derkennung

18. | zeentlúchten die augen eúwers hertzen: daz ir wiſſt
welch do ſey die zǔuerſicht ſeiner rǔffung vnd welch
do ſeind die reichtum der wunniglich ſeins erbs in

19. den heiligen: | vnd welche do ſey die vberſteigent miche-
lich ſeiner kraft in vns wir do gelauben nach der werck

20. ung des gewaltz ſeiner kraft | die er worcht in criſto:
er erſtǔnd in von den toten‧ vnd ſchickt in zǔ ſeiner

21. zeſwen in den himeliſchen dingen | vber alles fúrſten
thǔm vnd gewalt vnd kraft vnd herſchaft‧ vnd ein
ieglich name der do wirt genante nit allein in dirr

22. werlt wann auch in der kúnftigen: | vnd alle ding
vnderlegt er ſeinen fúſſen. Vnd er gab in ein haubt

23. vber alle die kirchen | die do iſt ſein leib: vnd ſein er-
fúllung: wann er erfúllt alle die ding in allen   *ij*

35 ich — die] ich der ich hǒr euweren gelauben der Z—Oa.   criſto
jheſu Sc.   36 lieb in all Z—Oa.   czǔ wircken genad Z—Sa,
danck zu ſagen K—Oa.   37 ich mach] habend Z—Oa.   gedǎcht-
nuß Z—Oa.   38 wunniglich der vatter] glori den vatter P, vatter
der glori Z—Oa.   40 der offenbarung Z—Oa.   feyn Z—Sc.
41 zuerleuchten K—Oa.   42 welchs (2) E—Oa.   hoffnung Z—Oa.
rǔffungen SbOOa.   43 glori P—Oa.   44 wǒlliches Z—Oa.   grǒß-
lich P, grǒſſe Z—Oa.   45 in vns die wir gelaubet haben Z—Oa.
46 worcht] gewúrcket hat Z—Sc, gewurcket OOa.   47 er erſtǔnd]
Erkúckendt Z—Oa.   vnd ſeczend Z—Oa.   48 gerechten E—Oa.
50 yegklicher PSbOOa.   dirr] der E—Oa.   51 wann] Sunder
Z—Oa.   der] den EP.   52 ein] zǔ eim Z—Oa.   53 die (erſtes)]
fehlt K—Oa.   ſein volkummenheit Z—Oa.   54 wann er] vnd wann
er MEP, der Z—Oa.   die] fehlt AK—Oa.   allen] + dingen Z—Oa.

*

35 horte T, hort F.   36 hort T.   zu gemachen T, czu mach-
ten F.   37 macht TF.   38 wunniglich] + vnd TF.   42 welch (2)]
welhes TF.   48 zeſem F, fehlt T; zeſwen ta.   49 vnd (letztes)] +
vber TF, gestrichen T.   54 die] fehlt TF.

Und ir do ir wart tode inn den miſſtaten   v. 1.
vnd in eúeren ſúnden | in den ir etwenn giengt   2.
nach der werlt dirr werlt: nach ˙dem fúrſten
des gewalts des lufts ˙ der geiſt der do nu wirckt in
die ſún der vngeleubigen : | in den wir auch etwenn   3.
all wandelten in den begirden vnſers fleiſches tůnd
den willen des fleiſchs vnd der gedancken : vnd wir
waren ſún des zorns von natur als auch die andern.
Wann gott der do iſt reich in der erbarmd vmb ſein   4.
michel lieb mit der er vns liebhet : | vnd do wir waren   5.
tod in den ſúnden entzampt leblicht er vns in criſto ˙
vmb des gnad ſeyt ir gemacht behalten : | vnd entzampt   6.
erſtůnd er vns in criſto vnd entzampt macht er vns
zeſitzen in den himeliſchen dingen in iheſu criſto : | daz
er zaigte in den vberkumenden werlten die begnů-
gent reichtum ſeiner gnad in gúte vber vns in ihe
ſu criſto. Wann vmb ſein genad ſeyt ir gemacht be-   8.
halten durch den gelauben : wann ditz iſt nit von vns
Wann es iſt der gib gotz : | nit von den wercken : daz   9.
ſich keiner wunniglich. Wann wir ſein die geſchöpfd   10.
ſein ſelbs : geſchaffen in iheſu criſto in gúten werck-
en : die got vorberait das wir geen in in. Dorumb   11.
ſeyt gedenckent daz ir etwenn wart beiden in dem fleiſch

*

57 dirr] der P.   dem] den SbOOa.   58 des lufts MEP, difes
lufts Z—Oa.   59 vngelenbigen] miſztrawung Z—Oa.   60 vnſer
fleyſch S.   2 Aber OOa.   3 groſſe P-Oa.   4 entzampt]
miteinander P, fehlt Z—Oa.   machet er vns lebendig Z—Oa.   5
vmb] durch Z—Oa.   gemacht — 7 zeſitzen] behalten vnd hat
vns mit erkúcket vnd machen (machet SbOOa) mit ſiczen Z—Oa.   5.
6 miteinander P.   9 gúte] der gútheit Z—Oa.   10 vmb ſein]
durch die Z—Oa.   gemacht behalten] behalten worden Z—Oa.
11 wann] vnd Z—Oa.   von vns] auß euch Z—Oa.   12 die gabe Z—Oa.
von] auß Z—Oa.   13 ſich keiner wunniglich] ſy keiner ere P,
keiner gloryere Z—Oa.   13 die — 14 geſchaffen] ſein werck be-
ſchaffen Z—Oa.   16 ſeyt ingedenck Z—Oa.

*

59 den ſunen TF.   2 reicht F.   4 er enczamt leiblicht
(lieblicht T) vns TF.   6 in criſto] fehlt TF.   7 ſiczen TF.
iheſu] fehlt TF ; iheſum ta.   8 begnugenten TF.   12 die gab TF.
13 die] fehlt T.   14 ſeines TF.   15 in im T.

ir do wart geſagt ein vberwachſung von den do wirt
geſagt die beſchneidung in dem fleiſch gemacht mit

v. 12. der hand: | ir do in dem zeyt wart on criſtum gefremdet
von der wandelung iſrahel: vnd geſte der gezeúge nit
habend die zúuerſicht der gehaiſſung: vnd on got in

13. dirr werlt· | wann nu in iheſu criſto ir do etwenn **wart**

14. verr ir ſeyt gemacht nahen: in dem blút criſti. **Wann**
erſelb iſt vnſer frid der do ietweders macht eins: vnd
verwúſt die mittlen wand der maure die feintſcheſſt

15. in ſeim fleiſch: | er verúppigt die ee der gebot mit ge-
botten das er verberg zwai in im ſelbe machent den

16. frid in eim newen menſchen: | das er ſy baide verſúnt
in eim leib zú got durch daz kreútz derſchlachent die

17. feintſchaft in im ſelber: | er kam vnd brediget euch
den frid ir do wart verr· vnd den frid den die do **waren**

18. nachen: | wann durch in hab wir baide genachung

19. in eim geiſt zú dem vatter. Dorumb ietzunt ſeyt ir
nit geſte vnd frembde wann ir ſeyt burger der hei-

20. ligen vnd haimlichen gotz: | vberpaute auf die grunt
ueſte der botten vnd der weyſſagen iheſu criſti dem

21. oberſten winckelſtein: | in dem alle die gemacht pau-

22. ung wechſt in dem heiligen tempel im herrn. In dem

17 **ir — geſagt**] die ir wardent (wurden S, werdet K - Oa) ge-
nennet Z—Oa.   von dem PZcSa.   **do**] daz da Z—Oa.   18
beſagt P, genennet Z—Oa.   19 hand. die ir warn in dem (der K—Oa)
zeyt on chriſto Z—Oa.   20 **von**] in Sb.   gezeugknuß Z—Sc.
zeúgknuß OOa.   21 habt SbOOa.   verheyſſung Z—Oa.   22 **dirr**]
der P.   wel EP.   aber Z—Oa.   **ir do**] die Z—Sa, die ir K—Oa.
23 **ir**] *fehlt* K—Oa.   ſeyt worden Z—Oa.   25 **verwúſt**] *fehlt* Z—Oa.
wand der] wander SbOOa.   **maure**] + Aufflöſend Z—Oa.   26 er
verúppigt] Vertilgend Z—Oa.   **gebotten**] den vrteylen Z—Oa.   27
verberg] bawe Z—Oa.   **im**] ſich Z—Oa.   ſelber P.   30 ſelb
SbOOa.   **er**] vnd Z—Oa.   31 frid die ir verr warend. vnnd Z—Oa.
die] ir P.   32 **wir**] + vil S.   beyde einen zúgang Z—Oa.   33
in] im ZAS.   34 aber Z—Oa.   35 vnd haußgenoſſen gottes über
gebauwet Z—Oa.   36 apoſtel K—Oa.   37 **die**] *fehlt* K—Oa.
38 **in dem**] zú einem Z—Oa.

18 **in dem**] im TF.   19 kriſt TF.   23 nach TF.   27 ver-
purg TF.   **ſelbe**] ſelben T, ſelb. er F.   machtent TF.   28.
29 ain TF.   30 ſelb TF.   32 genachenung TF.   36 criſto TF.
37 vberſten TF.   38 **dem**] aim TF.

auch ir entzampt ſeyt gepauwen in der entwelung
gots: in dem heiligen geiſt.   *iij*

Umb die gnad des dings ich paulus geuang-   v. 1.
ner iheſu criſti vmb euch heiden: | iedoch ob   2.
ir habt gehort die tailung der genad gotts
die mir iſt gegeben in euch: | wann nach der eroffe-   3.
nunge iſt mir gemacht kunt die heiligkeit als ich
vor kurtzlich ſchreib | daz ir leſenden múgt vernemen   4.
mein weyſheit in der ambechtung criſti: | das auch   5.
den andern geſchlechten den ſúnen der leúte nit iſt
erkannt · als es nu iſt deroffent ſeinen heiligen bot-
ten und den weyſſagen zeſein im geiſt: | die beiden ent   6.
zampt erben vnd entzampt leiplich vnd entzampt teil
hafftig ſeiner gehaiſſung in iheſu criſto durch das
ewangelium | des ich bin gemacht ein ambechter nach
der gab der genad gotz die mir iſt gegeben nach der
, wirckung ſeiner kraft. Wann mir minſten aller   8.
der heiligen iſt gegeben diſe genad: zů bredigen vn-
der den beiden die vnderſúchlich reichtum criſti: | vnd   9.
zů entleúchten all welche do ſey die tailung der heilig-
keit verborgen vor den werlten in got der do beſchúff
, alle ding: | das er ſy machte zu erkennen den fúrſten   10.
vnd den gewelten in den himeliſchen dingen durch

---

*

39 **entzampt**] miteinander P, *fehlt* Z—Oa.   **ſeyt gepauwen**]
ſeyt zepauwen MEP, fúllend mit gebauwet werden Z—Oa.   zů einer
wonung Z—Oa.   45 **gemacht kunt**] kunt thůn (gethan K—Oa)
worden Z—Oa.   46 leſend Z—Oa.   47 der dienung P, dem
dienſt Z—Oa.   48 menſchen Z—Oa.   50 zeſein — heiden] im
geyſt das die heyden ſeyen Z—Oa.   50, 51 **entzampt (3)**] miteinan-
der P, mit Z—Oa.   52 verheyſſung Z—Oa.   53 bin worden Z—Oa.
ein diener P—Oa.   55 **mir**] wir M, mit ZcSa.   dem minſten
Z—Oa.   56 **der**] *fehlt* Z—Oa.   57 vnerfarlich Z—Sc, vnerfarlichen
SbOOa.   reichtumben Z—Oa.   58 erleuchten K—Oa.   60 **ſy
— erkennen**] bekant wúrde Z—Oa.

*

40 **in dem**] im TF.   41 **paulus**] + ain TF.   45 **mir**] *nachtr.* F.
50 di haiden zeſein im geiſt TF.   51 lieplich T.   56 **der**] *fehlt* TF.
heiligen] + vns TF (*gestrichen* T).   58 welhz TF.   **do ſey**]
fehlt T; da ſei *nachtr.* ta.

v. 11. die kirchen manigs pildes in der weyſheit gotz· | nach
der volendung der werlten die er macht in iheſu criſto
12. vnſerm herrn: | in dem wir haben troſt vnd genach-
13. ung in der zûuerſicht durch ſein trewe. Dorumb ich
bitt das ir nit gebreſtet in meinem durechten vmb
14. eúch: daz do iſt euwer wunniglich. Vmb die gnad
ditz dings valte ich meine knye zû dem vatter vn-
15. ſers herren iheſu criſti | von dem alles vetterlich wirt
16. genant in den himeln vnd auff der erde: | das er eúch
geb kraft nach den reichtumen ſeiner wunniglich.
zeſtercken durch ſeinen geiſt in eim innern menſchen
17. | macht criſtum zû entwelen durch den gelauben in
eúeren hertzen: in der lieb gewurtzelt vnd gegrunt-
18. feſt: | das ir mûgt begreiffen mit allen den heiligen
welchs ſey die weite vnd die lenge vnd die hôch vnd
19. die tieff. Auch zewiſſen die vberſteigent lieb der wiſ-
ſentheit criſti: daz ir wert derfûllt in aller derfûllung
20. gots. Wann dem der do iſt gewaltig zemachen alle
ding vberbenûglicher denn wir eiſchen oder vernemen
21. nach der kraft die do wirckt in vns: dem ſey wun-
niglich in der kirchen vnd in iheſu criſto in allen den
geſchlechten der werlten der werlten   *iiij*

1.   D Orumb ich geuangner im herrn ich bitte
               eúch: das ir get wirdiglich in der rûffung
2.   in der ir ſeyt gerûffen | mit aller demútigkeyt

1 manigs — der] die vil geformet Z—Oa.   2 werlte E, welte
P—Oa.   3 den S.   genachung] einen zûgang Z—Oa.   4 ſeinen
gelauben Z—Oa.   5 meinen trûbſalen Z—Oa.   6 daz] die Z—Oa.
glori P—Oa.   7 valte] naige Z—Oa.   8 auß dem alle vetter-
licheyt Z—Oa.   9 eúch] + da SbOOa.   10 glori P—Oa.   11
zeſtercken] + die tugendt Z—Oa.   eim] dem Z—SbOOa, den Sc.
12 macht — entwelen] das criſtus wone Z—Oa.   zû inwonen P.
14 den] fehlt K—Oa.   16 die (erstes)] fehlt Z—Sc.   17 all Z—Oa.
erfúllungen Sb.   19 bitten Z—Oa.   oder vermeynen S.   20
wirckt] wirt Z—Oa.   ere P, glori Z—Oa.   21 allen] fehlt P.
den] fehlt K—Oa.   22 werlten (erstes)] welte EP, welt Z—Oa.
werlten (zweites)] + Amen Z—Oa.   28 geuagner ZcSa.   bitte] +
auch Sc.   25 gerûffet Z—Oa.

   2 werlt TF.   5 vmb euch] fehlt TF, nachtr. corr. T.   9 im
himel TF.   10 dem TF.   13 gewurczel F.   15 welchs] +
da TF.   22 werlt der werlt TF.

vnd mit ſenft: vnd mit gefridſam vndertragt ein
ander in der lieb: | ſeyt ſorgſam zů behůten die eini-   v. 3.
keit des geiſts in dem hande des frides. Ein leib · vnd   · 4.
ein geiſt: als ir ſeyt gerůffen in einer zůuerſicht eů-
ı wer růffung. Ein herr: vnd ein gelaube: ein tauff.   5.
Ein got vnd ein vatter aller: der do iſt vber all vnd   6.
durch alle ding: vnd in vns allen. Wann vnſer   7.
ieglichem iſt gegeben die gnad nach der maß der gab
criſti. | Dorumb das er ſpricht. Criſtus ſteig auff in   8.
ı die hôch das er fůrt die geuangenſchaft geuangen:
er gab gab den leůten. Wann das er auffteig: waz   9.
iſt es nuer das er auch nider ſteig zům erſten in die
niderſten teil der erde? Der do abſteige: erſelbe iſt   10.
auch der do auffteig vber alle die himel: das er der-
ı fůllt alle ding. Vnd ernſtlich er gab etlich botten ·   11.
wann etlich weyſſagen · vnd die andern ewangeli-
ſten wann die andern birten vnd lerer | zů der vollen   12.
dung der heiligen in das wercke des hantwercks in
die pauwung des leibs criſti: | vntz das wir im all   13.
ꝭ engegen lauffen in der einikeit des gelauben vnd der er
kennung des ſun gotz: in eim durnechtigen mann
in der maß der erfůllung des alters criſti: | das wir   14.
ietzund nit ſein lůtzel vnten vnd werden vmb-

•

26 mit ſenfftmůtigkeit. mit gedulde v̄bertragend Z—Oa.   28 leib]
liebe OOa.   29 gerůffet ZAZc—Oa, berůffet S.   hoffnung Z—Oa.
eůwer růffung] *fehlt* Sc.   34 das er ſpricht] ſpricht er Z—Oa.
35 das — 36 Wann] vnd hat gefůret die gefangen geſãngknuß. vnd
gegeben die gaben den (dem G) menſchen. Aber Z—Oa.   36 gab
gab] gab P.   37 auch herabgeſtigen iſt Z—Oa.   zů dem Sc.
38 er ſelbs P.   39 auch] *fehlt* SbOOa.   die] *fehlt* Z—Oa.   er-
fůlle Z—Sa.   40 ernſtlich] gewiſlich P, *fehlt* K—Oa.   41, 42
wann] aber Z—Oa.   43 hantwercks] dienſts Z—Oa.   44 biß
Sb—Oa.   46 funs K—Sc.   eim volkumen Z—Oa.   47 der
(erſtes)] die SOa.   maß der] *fehlt* S.   48 lůtzel vnten] lůtzel
vntreuw ME, kinder vntreuw P, klein zweyflend Z—Oa.

•

29 einer] + zever T, *gestrichen*.   30 růffung] *fehlt* T, *nachtr.* te.
32 vnd] *fehlt* TF.   34 Criſtus] kriſt TF.   36 das] *fehlt* T, daz *nachtr.* td.
38 derſelb T.   41 vnd] wan TF.   44 all engegen] alkeggen F,
all eggehen T.   47 des] + at T, *gestrichen*.   48 vmgetragen TF.

tragen mit eim ieglichen wind der lere in der ſchalck-
heit der menſchen in der kúndikeit zû der vmbfúr-

v. 15. ung des irrtums. Wann wir thûn die warheit in
der liebe wir wachſen in im durch alle ding criſtus

16. der iſt ein haubt: | von dem aller der leib iſt * zeſamen
geſtrickt durch ein ieglich fúgung der vndern am-
bechtung nach der wirckung in der maſſe eins ieg
lichen gelides er tût die merung ſeins leibs: in der

17. pauwung in der lieb. Dorumb ditz ſage ich vnd be
zeúg in dem herren: das ir ietzund nit geet als die

18. beiden gend in der vppikeit irrs ſinns | haben ertunck
elt vernunft der vinſter: gefrembdet von dem weg
gotz durch die miſſkennung die do iſt inn in vmb die

19. blintheit irs hertzen: | die do verzweifelten vnd ſich
ſelb antwurten in die vnkeuſche · in die wirckung

20. der vnreinikeit: in aller arkeit. Wann alſo habt ir

21. nit gelert criſtum: | iedoch ob ir in etwenn habt ge-
hort vnd ſeyt gelert in im als die warheit iſt in criſto:

22. | legt von eúch den alten menſchen nach der erſten wan
delung der do wirt zerbrochen nach den begirden des

23. irrtums. Wann wert derneúwert mit dem geiſt eú

24. wers gemúts: | vnd vaſſt einen neuwen menſchen

*

50 -heit] + der maß O.   51 **der** (*zweites*)] *fehlt* ZcSa.   arg-
lißtikeyt Z—Oa.   der irrſale Z—Oa.   52 **wir**] vnd fúllen Z—Oa.
criſtus der iſt] der do iſt criſtus Z—Oa.   53 auß dem der gantz
leyb Z—Oa.   54 vndern dienung P, vnderdienung Z—Oa.   **56 der**]
ſein Z—Oa.   **58 ir**] er ZcSa.   59 eytelkeit K—Oa.   irs ſuns
K—Sc.   habend ein verfúnfzterte verſtántnuß gefrembdet Z—Oa.
2 **in die** (*erstes*)] der Z—Oa.   3 **der — 5 im**] aller vnreinikeit in
die geitigkeyt. Aber ir habend nit alſo gelernet criſtum. Iſt ſach anderſt
das ir in gehóret habend. vnd ſeiend in im vnderweiſet Z—Oa.   5
criſto — 6 wandelung] iheſu. Das ir von euch legendt nach dem alten
wandel den alten menſchen Z—Oa.   7 zerſtóret nach den begerungen
der irrſale. Aber Z—Oa.   9 **vaſſt**] legend an Z—Oa.

*

49 **der**] die TF.   52 kriſt TF.   53 * **zeſamen**] + gefugt
vnd zuſamen TF.   56 **die**] *fehlt* TF.   58 **-zeug**] + es TF.   59
habent TF.   61 **durch die**] von der TF.   1 verzweifeln TF.
3 vnraininckeit T.   4 gelernt TF.   5 **criſto**] iheſus TF.   8 **wert**
derneúwert] dernewert euch TF.

der do ift gefchaffen nach got in den rechten vnd in
der heiligkeit der warheit. Dorumb legt von eúch die   v. 25.
luge ret die warheit ein ieglicher mit feim nechften:
wann wir fein gelider einer des andern. Zúrnt: 26.
vnd nichten welt fúnden. Der fun der neig fich nit
vber eúeren zorn. | Nit gebt ftat dem teúfel. | Der do ftal   27. 28.
der ftele ietzund nit: wann er arbeit mer zewercken
mit feinen henden das do ift gût: das er hab douon
er gebe den die do leident gebreften. Ioch alles vbel   29.
wort gee nit aus von eúerem munde: wann das do
ift gût zû der pauwung des gelauben: das es gebe
genade den die es hôrn. Vnd nit enwelt betrûben   30.
den heiligen geift gots: in dem ir feyt gezeichent an
dem tag der erlôfung. All bitterkeit vnd zorn vnd   31.
vnwirdikeit vnd rûff vnd fpott werd genomen von
ı euch: mit allem vbel. Wann feyt gútig an einander: 32.
vnd barmhertzig vnd vergeht einander: als euch auch
gott vergabe in crifto.   v

D Orumb feyt nachuolger gots als die aller   1.
    liebften fún: | vnd get in der lieb als vns auch   2.
    criftus liebhett: vnd fich felb antwurt vmb
ₒ euch ein opffer vnd ein oblat zû eim gefchmack der
fenft. Wann gemein vnkeufch vnd all vnreinikeit   3.

*

10 do gefchaffen ift A.   in der gerechtigkeit Z—Oa.   den]
dem P.   13 gelider] + der P.   14 nicht enwôlt A, nichtt wôlt S.
Die funn (fynn ZcSa) gang (gee K—Oa) nit vnder vber Z—Oa.   16
Aber er foll merer arbaiten wúrckend Z—Oa.   18 den] dem P.   ge-
breften — 20 gût] die notdurfft kein vbel rede foll außgeen auß
ewerm munde. aber ein gût rede Z—Oa.   20, 21 es] fy Z—Oa.
21 dem P.   wôlt Z—Oa.   24 vnwirdikeit] vnwirßkeyt AOOa.
rûff]gefchray Z—Oa.   werd] + auch Sc.   25 Aber Z—Oa.   an]
fehlt OOa.   26 auch] fehlt Z—Oa.   30 liebheit M.   felbs P.
32 fenftigkeit K—Oa.   Aber Z—Oa.   all] fehlt P.

*

10 in der] nachtr. T.   12 luge] + vnd TF.   14 nit TF.
der] fehlt TF.   18 leident] + den TF.   Idoch TF.   20 es]
er TF.   21 wellet TF.   23 erlôfung] + wan TF.   aller F.
24 genunen F.   27 criftus TF.   28 aller] fehlt TF.   29 lieben F.
vns] euch TF.   31 oblat] + got TF.

v. 4. oder argkeit | oder entzeuberkeit: oder tump rede oder
bôfer fchimpff der nit gehôrt zû dem ding werd nit
genant vnder eúch: wann mer die machung der gna-
5. den als es gezympt den heiligen. Wann ditz wifft
vnd vernement: daz ein ieglicher gemein vnkeufcher
oder ein vnreiner oder ein arger das do ift ein dienft
der abgôtter nit habt erb an dem reich crifti vnd gotz
6. Keiner verlait eúch mit vppigen worten: wann vmb
ditz ding kam der zorn gotz auff den fun der vnge-
7. leubig. Dorumb nit enwelt werden gemacht teil-
8. haftig ir. Wann ir wart etwenn vinfter: wann
nu ein liecht im herren: geet als die fún des liechts.
9. Wann der wûcher des liechtes ift in aller gúte vnd
10. in der gerechtikeit vnd in der warheit. Bewert was
11. do fey wolgeuallung gott: | vnd nit enwellt euch ge-
meinfamen den vnwûcherhaftigen wercken der vin-
12. fter: wann mer berefpt fy. Wann die dinge die do
werden gethan in verborgen von in: die feind ioch
13. lefterlich zefagen. Wann alle ding die do werden be-
refpt vom liecht die werdent eroffent. Wann alles

*

33 **argkeit — oder** (*letztes*)] *fehlt* K—Oa. 34 **bôfer** — 36
heiligen] geytigkeit werde nit genennet vnder euch als gezymet den
heyligen oder fchnôdikeyt. oder toret rede. oder búbifch vmblauffung
die nit gehôren zû dem ding Aber mer wirckung der gnaden Z - Oa.
35 **mer**] mir ME, nur P. 37 wernemendt ZA. **gemein**] *fehlt* Z—Oa.
38 **arger**] geytiger Z—Oa. 39 hat AKSb—Oa, hab G. **an dem**]
in dem Z—Sc, im OOa. 40 verfûre euch mit eyteln K—Oa 41 fun
des mißtrawens Z—Oa. 42 wôlt Z—Oa. **gemacht**] *fehlt* Z—Oa.
43 **ir** (*erstes*)] derfelben K—Oa. **wann**] Aber Z—Oa. 45 Aber die
frucht Z—Oa. gúthait Z—Oa. 46 **Bewert**] Nuer MEP. 47
feye ein wolgeuallen Z—Oa. nit gemeynfament eúch den S. wôlt
ZAZc—Oa. 48 vnfruchthaftigen Z·-Sa, vnfruchtpern K—Oa. vin-
ßternuffen Z—Sc, finfternuß SbOOa. 49 aber ftraffend fy mer Z—Oa
ftrafft P. 50 von jm SbSc. **ioch**] ye K—Oa. 51 werden
geftrafft P—Oa. 52 **vom**] von P. **vom — eroffent**] die wer-
den offengebaret (offenbaret A, geoffenbaret SbOOa) vom (von dem
ZcSa) liecht Z—Oa.

*

84 den dingen T. 35 genad TF. 39 abgot TF. 41 dife TF.
den] di TF. vngeleubigen TF. 47 wolgeuallent TF. 52 von
dem TF.

14. das do wirt eroffent das iſt das liecht. Dorumb daz
er ſpricht. Stee auf du do ſchlefft vnd ſtee auf vom
15. tod: vnd criſtus der entleúcht dich. Dorumb brúder   55
ſecht in welcherweys ir geet weyſliche: nit als die
16. vngengen wann als die weyſen: | erlöſt das zeyt wann
17. die tag die ſeind vbel. Dorumb nit enwelt werden
vnweyſe: wann vernempt welchs do ſey der will gotz
18. Vnd nit enwelt werden truncken des weins in dem   60
do iſt die vnkeuſch: wann wert derfúllt mit dem
19. heiligen geiſt | redt euch ſelber in pſalmen vnd in loben   [370 c
vnd in geiſtlichen geſengen ſingt vnd pſalmpt dem
20. herrn in eúeren hertzen: | macht genad zú allen zeyten
vmb all in dem namen vnſers herrn iheſu criſti gott
21. vnd dem vatter. Seyt vndertenig einander: in der   5
22. vorcht criſti. Die weib ſeyen vndertenig iren man-
23. nen als dem herren: | wann der man iſt ein haubt des
weibs als criſtus iſt ein haubt der kirchen: erſelb iſt
24. ein behalter irs leibs. Wann als die kirch iſt vnder
tenig criſto: alſo ſúllen auch die weib ſein vnder-   10
25. tenig iren mannen in allen dingen. Mann habt lieb
eúwere weibe als criſtus bett lieb die kirchen: vnd
26. ſich ſelb antwurt vmb ſÿ | daz er ſy geheiliget zegereini
gen mit der waſchung des waſſers in dem wort des

53 daz er ſpricht] ſpricht er Z—Oa.   54 du do] der du AK—Oa,
du der do S.   ſchläfft SZc—Oa.   von dem K—Oa.   55 der] fehlt
K—Oa.   wirt dich erleúchten Z—Oa.   56 weyſſlichen SbOOa.   57
vngengen] böſſen P, vnweiſen Z—Oa.   **wann** (erstes)] ſunder P, Aber
Z—Oa.   das] die Z—Oa.   58 die (zweites)] fehlt Z—Oa.   vbel]
böſ Z—Oa.   wölt Z—Oa.   59 ſunder P, Aber Z—Oa.   verſtandent
Z—Sa, verſteend K—Oa.   60 wölt Z—Oa.   von dem wein Z—Oa.
61 Aber Z—Oa.   wirt M.   2 geſegen ZSKGSc.   pſallirent Z—Oa.
3 wúrckent genad Z—Sa, danck ſagend K—Oa.   6 **criſti**] gotes S.
9 **Wann**] Vnnd P.   10 **vndertenig**] fehlt Sb.   11 **dingen**] + ir
Z—Oa.   13 ſy] ſey P.   **geheiligt zegereinigen**] haylig machte
vnd rainigte OOa.   13 reynigent Z—Sc.   14 **der**] dem GOOa.
waſchung] wachſſung KP, tauff Z—Oa.

54 **ſchlefft vnd**] ſleſeſt TF.   57 **vngengen**] vnweiſen TF.
derleſt T.   58 **die ſeind**] ſint TF.   wellt TF.   1 ſelmen TF.
12 lieb het TF.   13 zu rainigen T.   14 **waſchung**] wachſung
F, wachſ (gestrichen) waſchung T.

v. 27. lebens: | das er im felbe geb ein wunniglich kirchen
nit babent flecke oder runtz oder etlich ding in dife-
weys: wann das fy fey heilig vnd vnfleckhaftig.

28. Vnd alfo füllen die mann liebhaben ire weib: als
ire leibe. Wann der fein weip ·liebhat: der hat fich

29. felber lieb. Wann keiner het in haß nie fein fleifch:
wann er derzeúchts vnd fúrt es als auch criftus die

30. kirche: | wann wir fein gelider irs leibs von irem

31. fleifch vnd von iren beinen. Vmb ditz ding left der
man den vatter vnd fein mútter: vnd zúhafft feim

32. weip: vnd es werdent zwey in eim fleifch. Dife hei-
ligkeit die ift michel. Wann ich fag: in crifto vnd

33. in der kirchen. Vnd ir idoch funderlich ein ieglich-
er habe lieb fein weip als fich felber: wann das weip
vôrcht iren man.   *vj*

1. S úne gehorfampt eúweren vettern im herrn.
2. Wann ditz ift gerecht. | Ere deinen vatter
    vnd dein mútter: das do ift das erfte gebot

3. in der gehaiffung: | daz dir fey wol vnd feyeft lengers

4. lebens auff der erden. Vnd ir vetter nichten welt
bewegen eúwer fún zú dem zorn: wann ziecht fy in

---

15 felber Z—Oa.   16 die do kein magkel oder runßel hat oder
Z—Oa.   17 Aber Z—Oa.   vnuermayliget ZS—Oa, vnuer-
maßgett A.   20 felb E—Oa.   **Wann]** Vnd P.   21 Aber Z—Oa.
erzeucht SK—Oa.   **fúrt]** erneret Z—Oa.   **auch]** *fehlt* S.   22 **irs**
— **irem]** crifti von feinem Z—Oa.   ' 23 **iren]** feinen Z—Oa.   24
den] *fehlt* Z—Oa.   **fein]** *fehlt* S.   vnd wird anhangen Z—Oa.
feim] fein P.   26 **die ift]** ift die S, ift K—Oa.   groß P—Oa.
Aber Z—Oa.   28 felbert Sb.   aber Z—Oa.   29 foll furchten
K—Oa.   30 feyt gehorfam Z—Oa.   31 das Z—Oa.   33 ver-
heyffung Z—Oa.   feyeft langwierdig auff Z—Oa.   34 nicht Z—Oa.
35 Aber Z—Oa.   **ziecht]** reicht MEP, erziechent Z—Oa.

---

16 **oder runtz]** noch runczel TF.   difer weiz TF.   20 het
nye in haffe fein TF.   22 kirchen TF.   23 **beinen]** + vnd T.
24 **den]** *rasur* F.   **fein]** di TF.   26 **die]** *fehlt* T.   30 **im herrn]**
nachgetragen T.   31 recht TF.   33 **dir]** ir F, d *nachtr.* fa.   34
erd TF.   nit enwelt T, nit wellt F.

der lere vnd in der bereſpung des herren. Knecht ge-   v. 5.
horſampt den fleiſchlichen herrn mit vorcht vnd mit
klopffen · vnd in der einualt eűers hertzen als criſtus:
l nit dient zů den augen als geuallent den leűten: wann   6.
40 als die knecht criſti tűnd den willen gotz: von dem
geműt l mit gůtem willen dient als dem herrn vnd   7.
nit den leűten: l wann wiſſt das gůt das ein ieglicher   8.
tůt er entphecht es vom herren es ſey der aigen oder
der frey. Vnd ir herren thůt in die ſelben ding ver   9.
45 gebt in die droe: wiſſt das eűwer herr vnd der ir iſt
in den himeln: vnd die entphachung der perſon iſt
nit bey got. Von des hin brůder wert geſterckt im   10.
herren vnd in dem gewalt ſeiner kraft. Vaſſt eűch   11.
mit dem geweffen gotz das ir műgt ſteen wider die
50 lagen des teűfels: l wann eűch iſt nit ſtreyt wider   12.
das fleiſch vnd das blůt wann wider die fűrſten vnd
die gewelte: wider die richter der werlt dirr vinſter:
wider die geiſtlichen ſchalckhaftigen in den hime-
liſchen. Dorumb nempt das geweffen gottz das ir   13.
55 műgt widerſteen an dem vbelen tag: vnd zeſteen
durnechtig in allen dingen. Dorumb ſtet begurtet   14.
eűwer lancken in der warheit: vnd vaſſt eűch mit
dem halſperg des rechts: l vnd ſchůchd die fűß in der   15.

36 lere] zucht Z—Oa.   **in der]** *fehlt* OOa.   ſtraffung P,
ſtraff Z—Oa.   **Knecht — 37 fleiſchlichen]** ir ſeyent gehorſam den
(dem G) leyplichen Z – Oa.   **37 mit** (*zweites*)] *fehlt* OOa.   38
klopffen · vnd] zittern Z—Oa.   Criſto Z – Oa.   39 Aber Z—Oa.
40 von] auß Z—Oa.   41 gůten G.   42 menſchen. wiſſent Z—Oa.
43 thůt daz wirt er nemen von dem herren. er ſeye ein eygen menſch
oder Z—Oa.   **44 der]** *fehlt* E – Oa.   **ding]** + vnd Z—Oa,   45
die trãung Z—Oa.   wiß P.   46 auffnemung Z—Oa.   47 Fůro
hin Z—Sa, Fůranhin K—Oa.   48 an legendt euch daz wappen kleyd
gots Z—Oa.   **49 die lagen]** den heymlichen neyd Z—Oa.   **50 wann]**
vnd P.   **51 wann]** vnd P, aber Z—Oa.   **52 dirr]** der P.   vinſter-
nuſſen Z—Oa.   54 das wappen kleyd Z—Oa.   **55 zeſteen durnechtig]**
volkummen ſteen Z—Oa.   56 ſteet vnd gůrtendt euwer lenden Z—Oa.
57 vnd legend an daz banczer der gerechtigkeit Z—Oa.   58 beſchuht
K—Oa.

46 perſon] leib TF.   **49 geſten** TF.   **51 vnd das]** vnd wider
daz TF.   **52 gewaltigen** TF.   **55 vnd ſten** TF.   **56 ſtet]** +
vnd TF.   **57 euch mit]** *fehlt* TF.

v. 16. vorberaitung des ewangely des frides.   In allen dingen
nempt den fchilt des gelauben in dem ir múgt ver-
lefchen alle die feúrein gefchoß des fchalckhaftigen:

17. vnd entphacht den helm der behaltfam· vnd daz waf-   [¹⁷⁰

18. fen des geiftes das do ift das wort gottz: | durch ein
ieglich gebett vnd flechung bett in eim ieglichen zeyt
im geift vnd wacht in im in aller ftetikeit vnd in

19. flechung vmb all heiligen | vnd vmb mich: daz mir
werd gegeben das wort in der auftûung meins mun-
des zemachen kunt mit troft vnd hantwerck des ewan

20. geliums | vmb das ich gewon der botheit in dirr ket-
ten: alfo das ich túre gereden als es mir gezympt.

21. Wann ir auch wifft die ding die bey mir find vnd
was ich thû: thiticus der lieb brûder vnd der ge-
trew ambechter: wann das wort gotz mag nit fein

22. gebunden im herren: | den ich fante zû eúch in difem
felben der macht eúch kunt alle ding das ir erkennt
die ding die bey vns feind: vnd eúwer hertzen wer-

23. den getrôft | frid fey den brûdern vnd die lieb mit der
trew von gott vnferm vatter: vnd von dem herren

24. ihefu crifto.   Die genad fey mit allen den die do lieb

*

60 erlôfchen Z—Oa.   61 die] *fehlt* K—Oa.   fchalckhafftigiften
ZS—GSc.   1 des heyls vnd daz fchwert Z—Oa.   3 bett] bettendt
ZASK—Oa, hetten ZcSa.   in einer K—Oa.   4 geift] *fehlt* Z—Oa.
in flechung] emffig (emffiger K—Oa) bittung Z—Oa.   7 **vnd hant-
werck**] die heimligkeit Z—Oa.   des ewangelium S.   8 vmb —
botheit] darumb ich gebrauch die botfchafft Z—Oa.   **dirr**] der
E—Oa.   9 reden K—Oa.   10 Vnd daz auch ir wiffend Z—Oa.
die geding P.   11 thithitus M.   12 diener P—Oa.   **wann**]
vnd P.   **wann** — 13 gebunden] *fehlt* Z—Oa.   13 im] in dem
Z—Oa.   in daz felb Z—Oa.   14 der] *fehlt* K—Oa.   mach-
end Sb, mach | esd O, mache Oa.   15 vns] euch P.   **16 mit**]
mt K, nit G, nicht Sc.   dem gelauben Z—Oa.

*

59 ewangelium TF.   59 feureinen TF.   7 vnd] daz TF.
ewangelium TF.   10 **Wann**] + daz TF.   12 **ambechter** —
13 herren] *fehlt* TF; Sünder daz wort gotez nicht mag werden gepun-
den *nachtr.* te, *hinter* gezympt (z. 9); ta *trug dann das noch fehlende*
ambechter *nach.*   14 mach TF.   15 hertzen] + di TF.

habent vnſeren herren iheſu criſt in vnzerbrochen-
20 keyte Amen. *Hie endet die epiſtel zů den*
Epheſiern Vnd hebt an die vorrede über
die Epiſtel zů den philippenſern.

DIe philipenſer ſeint macedonier. Die ſo
ſy betten entphangen das wort der war-
25 heyt ſy beſtůnden in dem gelauben: noch
ſy aufnamen die valſchen botten. Diſe
entzampt lobt der bott: ſchreibende in von rom von
dem karcker durch epafroditen. *Hie endet die*
vorrede Vnd hebt an die Epiſtel zů den
30 *philippenſern das erſte capitel.*

Paulus vnd thimotheus knecht   v. 1.
iheſu criſti: mit allen den hei-
ligen in iheſu criſto die do ſeind
zů philipenſes mit den biſchof
35 fen vnd mit den dyaken am-
bechtern. Genad ſey mit eůch   2.
vnd frid von got vnſerm vat
ter: vnd von dem herren ihe-
ſu criſto. Ich mach gnad meim gott in aller eůwer   3.
40 gedenckung | in allen meinen gebetten zů allen zeyten   4.
vmb eůch alle ich mach gebet mit freuden | vber eů-   5.
wer gemeinſamung in dem ewangelium criſti von
dem erſten tag vntz nu: | ich verſich mich ditz ſelb der   6.

---

19 iheſum Z—Oa.   criſti EP, chriſtum Z—Oa.   in der vn-
zerſtörlicheit Z—Oa.   20 **Amen**] *fehlt* S.   23 **Die** (*erstes*)] *fehlt*
Z—Oa.   ſo] als Z—Oa.   25 ſy] *fehlt* K—Oa.   noch — 26 botten]
noch (*fehlt* K - Oa) vnd namen nit auf die (*fehlt* OOa) valſchen (falſch
OOa) apoſtel Z—Oa.   27 **entzampt**] *fehlt* Z—Oa.   apoſtel Z—Oa.
von (*zweites*)] auß Z—Oa.   28 epafirditen M, epafroditum Z—Oa.
31 dy knecht K—Oa.   32 den] *fehlt* K—Oa.   34 **zů philipenſes**]
philipis Z—Oa.   35 **dyaken**] ewangeliern Z—Oa.   **ambechtern**]
dienern P, *fehlt* Z—Oa.   39 wirck gnad Z—Sa, ſag danck K—Oa.
41 mach] thů Z—Oa.   42 ewangelio OOa.   43 biß Sb—Oa.
ich — ditz] vertrawent daz Z—Oa.   der] daz Z - Oa.

---

19 iheſum criſtum TF.   23 *Diese vorrede in* BNgWr *in anderer fassung.*
34 in philipens TF.   35 **dyaken**] *fehlt* TF.   39 macht TF.   mein F.

do anuieng das gůt werck in euch das ers volbring

v. 7. vntz an den tag ihefu crifti. Als mir ditz ift recht
zeentphinden vmb euch all: dorumb daz ich euch hab
in dem hertzen vnd in meinen banden vnd in der be
fchirmung vnd in der veftenkeit des ewangelium:

8. euch all zefein gefellen meiner freude. Wann gott
der ift mir gezeúg in welcherweys ich euch all beger

9. in den inedern ibefu crifti. Vnd ditz bett ich: das
euwer lieb begnúg mer vnd mer in der wiffentheit

10. vnd in allen finnen: | das ir bewerte die nutzfamen
ding das ir feyt reine vnd on fchadung vntz an den

11. tag crifti: | erfúllt mit dem wůcher des rechts ihefu

12. crifti zů der wunniglich vnd zů dem lob gotz. Wann
brúder ich wil euch zewiffen: das die dinge die bey
mir feind mer kamen zů dem nutz des ewangeliums·

13. | alfo das mein bande werdent offen in crifto· in eim

14. ieglichen ding haufe vnd in den andern allen: | das
manige von den brúdern die fich verfachen an dem
herren: torften begnúglicher reden das wort gotz on   [371]

15. vorcht in meinen handen. Ernftlich etlich die bre-
digen criftum vmb den neyde vnd vmb krieg: wann

16. etlich vmb den gůten willen. Etlich von der liebe:

45 biß Sb—Oa.   an dem ZSZcSa.   48 der beftätung Z—0,
der beftätigung Oa.   ewangeliums ZAZc—Oa, ewangely S.   49
daz ir all feind gefellen Z—Oa.   50 der] fehlt K-Oa.   all be-
gert A, beger all ZcSa.   51 inedern] inwendigen geledern Z—Oa.
52 mir vnd mir M.   der wiffentheit] aller kunft Z—Oa.   53 nutz-
famen] beffern Z—Oa.   54 on verletzung K—Oa.   biß Sb—Oa.
55 mit der frucht der gerechtigkeyt Z—Oa.   56 wunniglich] glori
Z—Oa.   Aber Z—Oa.   57 will das ir wiffendt Z—Oa.   die
(letztes)] + do ZcSa.   58 ewangeli S.   59 wurden offenbar Z—Oa.
60 gerichthauß Z—Oa.   61 manige — 371 a 2 banden] vil auß den
brúdern in dem (den ZcSaSbOOa) herren getrauwend in meinen ban-
den úberflúffiger dörften (getorften K—Oa) on vorcht reden das wort
gotes Z—Oa.   2 Ernftlich] Gewiflich P, Dann K—Oa.   die] fehlt
K—Oa.   3 wann] aber Z—Oa.

44 er es TF.   45 ihefu] fehlt TF.   50 der] fehlt TF.   ge-
zeúg] + vnd TF.   53 allem fynne TF.   53 bewert TF.   nucz-
famz TF.   55 ihefus criftus TF.   57 euch ze-] rasur F, dz ir fb.
58 ewangelium TF.   61 dem] den F.   3 dem] fehlt TF.

5 wiſſent das ich bin geſetzt in der beſchirmung des
ewangeliums. Wann etlich die derkunden criſtum   v. 17.
vom krieg nicht reine: ſy maſſent ſich die bedruck-
ung zeerſten in meinen handen. Wann was iſt es?   18.
So criſtus wirt derkunt in allerweyſe es ſey durch
10 die ſchulde oder durch die warheit: vnd in diſem frew
ich mich· wann ich wirde mich ſein auch freuen.
Wann ich waiß daz mir ditz kumpt zů der behaltſam.   19.
durch eúwer gebet vnd durch die vnder ambechtung
des geiſts iheſu criſti· | nach der haitung vnd nach   20.
15 meiner zůuerſicht wann ich wirde geſchemlicht in
keim: wann in allem troſt als nu vnd zů allen zeyten
ſo criſtus wirt gemichelicht in meim leihe: es ſey
durch daz leben oder durch den tod. Wann criſtus iſt   21.
mir zeleben: vnd ſterben iſt mir ein gewinnen. Wann   22.
20 ob hie zeleben in dem fleiſch: iſt mir ein wůcher des
werckes: vnd ich miſſkenne was ich erwele: | wann   23.
ich wird bezwungen: von zweyen ich hab die bege-
rung. Zeenbinden vnd zeſein mit criſto es iſt vil beſ
ſer: | wann zebeleiben in dem fleiſch· iſt notturfftig   24.
25 vmb eúch. Ich verſich mich ditz vnd weyß das ich   25.
beleib vnd wird beleiben eúch allen zů eúerem nutz vnd
zů der freúde des gelauben: | das euwer freud begnúg   26.

*

6 ewangely S.   **Wann — 8 in**] Aber etlich auß kriege ver-
kúnden chriſtum nit lauter meynend. das ſy erkúcken zwangkſale Z—Oa.
9 verkúnt Z—Oa.   10 erfreüw OOa.   12 zů dem heyl Z—Oa.
13 **ambechtung**] dienſt P, dienung Z—Oa.   14 geiſts] *fehlt* S.
harrung K—Oa.   15 wirde in keinen dingen geſchendet Z—Oa.
16 **wann**] vnnd P, aber Z—Oa.   vnd] vns EP.   17 großgemacht P,
großmechtiget Z—Oa.   18 **Wann**] Vnd P.   19 ſterben — ge-
winnen] ein gewin zeſterben Z—Oa.   **Wann**] Vnnd P.   20 frucht
Z—Oa.   21 vnd wayß nit was ich ſol erwelen Z—Oa.   22 hab
ich Z—Oa.   23 **Zeenbinden**] aufgelöſet zewerden (werden K—Oa)
Z—Oa.   24 ſunder P, Aber Z—Oa.

*

5 der] di TF.   6 ewangelium TF.   verkunden F, ver- *auf*
raſur.   7 vom] von F, vom T.   8 zereſen T.   14 pawung
T, *umgeändert* paitung.   19 gewin TF.   20 ein] + vns T, *ge-*
ſtrichen.   22 betwungen TF.   23 criſtus TF.   24 in dem]
im TF.   25 vmb] + ich T, *geſtrichen.*

in ihefu crifto in mir: durch mein zûkunft aber zû

v. 27. euch. Wandelt allein wirdiglich in dem ewangelio
crifti: es fey fo ich kum vnd euch gefich· oder das
ich abwefent hôre von euch: das ir fteet einhellig·
in eim geift· entzampt arbeit in dem gelauben des

28. ewangely: | vnd derfchreckt in keim von den wider-
wertigen das in ift ein fache des verleufes: wann

29. euch der behaltfam. Vnd ditz von gott. | Wann euch
ift gegeben vmb crifto· nit allein das ir gelaubt an in
wann das ir auch derleidet vmb in: habt den felben
ftreyt den ir habt gefechen an mir: vnd nu gehort
von mir.   *Das ·ij· Capitel*

1.   D Orumb was troftes der ift in crifto· was
freude der lieb· was gefelfchaft des geifts·

2.   was ineder der erbarmd: | erfúllt mein freud·
das ir wifft ditz felb· habt die felben liebe: einhellig·

3. entphint ditz felb. Nichten thût durch neyde noch
durch die vppigen wunniglich: wann maffet vn-

4. der einander die oberften in der demût: | all merckent
fy nit die ding die ir feind· wann ioch die do feind

5. der andern. Wann ditz entphint in euch: das auch

6. in ihefu crifto. Wie das er was in dem bilde gotz er

*

31 euch das: ir ME.   32 miteinander arbeitent Z—Oa.   33 kein ZcSa.
von dem P.   34 fache der verdamnuß. aber euch des heyls. vnd
ZcSa.   daz Z—Oa.   36 vmb] in M—Oa.   37 Aber Z—Oa.
leydent Z—Oa.   40 der] *fehlt* Z—Oa.   42 ineder] inwendige ge-
lider Z—Oa.   43, 44 ditz] das Z—Oa.   43 einhelligklich Z—Oa.
44 Nicht Z—Oa.   noch] oder SbOOa.   45 eyttlen ZS—Oa, vn-
nûtzen A.   glori. Aber fchâczendt vnder Z—Oa.   46 oberern
Z—Oa.   all — 47 ioch] nit merckent yeglich (yeglichen K—Oa)
die ding die ir feind aber Z—Oa.   48 Aber das Z—Oa.   49 in
chrifto ihefu. wie wol er Z—Oa.

*

29 ewangelium TF.   30 geficht TF.   31 hort TF.   33
ewangelium TF.   36 geben F.   40 der ift] *getilgt* T.   41 freu-
den TF.   44 nit entut TF.   45 maffet] + im TF; *gestrichen* T,
umgeändert: in F.   46 oberften] hochften TF.   47 ir] *rasur* F,
nachtr. fb.   49 Wie] fwie F, Ez wie T.

ɒ maſſt nit den rauhe weſent ſich geleich got: | wann
er verúppigt ſich ſelber er nam an ſich das bilde des
knechts er iſt gemacht in die geleichſam der mann:
vnd iſt funden in der wandelung als ein man | er ge   8.
demútigt ſich ſelber er iſt gemacht gehorſam got dem
5 vatter vntz an den tod: wann vntz an den tode des
kreútzes. Dorumb gott erhôcht in˙ vnd gab im einen   9.
namen der do iſt vber ein ieglichen namen: | das in   10.
dem namen iheſu criſti wúrd genaigt alles knye der
himeliſchen vnd der irdiſchen vnd der helliſchen: | vnd   11.
ɷ ein ieglich zunge begeche das der herre iheſus criſtus
iſt in der wunniglich gotts des vatters. Dorumb   12.
ᵢᵥᵣ mein aller liebſten als ir zú allen zeyten habt gehor-
ſampt: nit allein in meiner gegenwurt wann wie
uil mer nu in meim abweſent: mit vorcht vnd mit
klophen wirckt eúwer behaltſam. Wann gott iſt der   13.
5 do wirckt in euch vnd den willen vnd zeuolbringen
vmb den gúten willen. Wann alle dinge thút an   14.
murmelunge vnd on zweyffelung: | das ir ſeyt on   15.
klag vnd einfaltig ſún gotz vnbereſplich in mitzt dez
bôſen geſchlechtes vnd des verkerten: vnder den ir
10 leúcht als die liechtuaß in der werlte | enthabent das   16.
wort des lebens zú meiner wunniglich zú dem tage

50 maſſt — 51 nam] gedacht daz er got geleich wâre. aber er hatt
ſich ſelb (ſelber G) vernichtet vnd nam Z—Oa.   nit] mit EP.
52 er iſt] vnd ward Z—Oa.   gleychnuß der menſchen Z—Oa.   53 wan-
derung K—Oa.   ein menſch Z—Oa.   gedemtiugt M, demutigt K—Oa.
54 ſelber vnd iſt worden Z—Oa.   55 biß (2) Sb—Oa.   an (2)]
in Z—Oa.   aber Z—Oa.   56 erhôch MEP, erhôret OOa.   57
ein ieglichen] all Z—Oa.   das — 58 namen] fehlt Sc.   59 der
(erstes)] fehlt Oa.   60 bekennte Z—GSc, bekennet SbOOa.   61 glori
Z—Oa.   1 ſeyend gehorſam geweſen Z—Oa.   2 wann wie] aber
Z—Oa.   3 nu] fehlt ZcSa.   4 zittern wirckt euwer heyl Z—Oa.
5 dem] der Sc.   6 Aber Z—Oa.   8 vnſtrafflich P, on ſtraff Z—Oa.
in der mitt Z—Oa.   9 vnder] vnd er KGSbSc.   dem SbOOa.
ir] ich P.   10 liechter Z—Sa, liechte K—Oa.   behaltend Z—Oa.
11 glori an dem Z—Oa.

56 gott] + der TF.   59 vnd (erstes)] fehlt TF.   2 wie] fehlt
TF.   3 meinem abweſen TF.   5 willen vnd] wiln TF.   9 ver-
kerten] + vnd des TF (gestrichen T).   11 zú] an TF.   vppig] + wan TF.

crifti: wann ich lieff nit in vppig noch hab gearbeit

v. 17. in vppig: | wann ob ich ioch wird geopffert vber das
opffer vnd vber den dienft eúwers gelauben: ich freu
mich vnd wird entzampt erfreuwet in euch allen.

18. Wann deffelben freuwet auch euch: vnd entzampt

19. freuwet euch mein. Wann ich verfich mich in dem
herrn jhefu thimotheum fchier zefenden zû euch: das
auch ich fey gûttes mûtes derkennent die ding die

20. bey euch feind. Wann ich hab keinen als einhellig:

21. der mit reiner begerung fey forgfam vmb euch. Wann
all fûchent fy die ding die ir feind: nit die do feint

22. ihefu crifti. Wann derkennt fein bewerung: wann
er dient mit mir in dem ewangelium als der fun dem

23. vatter. Dorumb difen verfich ich mich fchier zefen-
den zû euch: daz ich feche die ding die bey mir feind.

24. Wann ich verfich mich im herrn: das auch ich felb

25. fchier kum zû euch. Wann ich gedacht notturfftig
epafroditum den brûder vnd entzampt wercker vnd
entzampt mein ritter· wann eúeren botten· vnd ein
ambechter meiner notturfft· fchier zefenden zû euch:

26. | wann ernftlich er begert euch all: vnd was traurig

27. dorumb das ir bett gehôrt in zû fiechen. Wann der
fiechtum was vntz zû dem tode: wann gott der er-
barmt fich fein. Wann nit allein fein: wann auch

---

12 in vppig] eytel ZS—Sc, vnnútz A, lâr OOa.   13 in — wann]
vmb funft. Vnnd Z—Oa.   ioch] ia S, auch K—Oa.   geopffer M.
15 wird — in] mit frolock Z—Oa.   16 entzampt — 17 mein] fro-
locket mit mir Z—Oa.   17 Wann] Vnd P.   18 ihefu] fehlt S.
zefenden] zefehen S.   19 gemûtes OOa.   23 Wann] Vnnd P, Aber Z—Oa.
24 er hat gedienet Z—Oa.   ewangelio OOa.   27 verfich] + auch Sc.
29 vnd (erstes)] + auch Sc.   den mithelffer vnd meinen mitritter. Aber
euweren apoftel vnd diener meiner Z—Oa.   30 meim P.   31 die-
ner P.   32 ernftlich] gewiflich P, fehlt K—Oa.   33 in zû fûchen
MEP, das er kranck wer Z—Oa.   der — 34 was] er ift kranck ge-
wefen Z—Oa.   34 biß Sb—Oa.   aber got hat fich fein erbarmet.
Aber nit Z—Oa.   35 Wann] Vnd P.   wann] funder P, ia Z—Oa

---

13 wann] fehlt TF.   17 euch] nachtr. F.   18 ihefus TF.
19 fey] nachtr. T.   derkent TF.   20 kain TF.   21 begerung]
gewiffen TF; begerung ta.   22 fuchten TF.   25 difen] in difen TF.
29 epfroditum TF.   30 meinen enczamt ritter TF.   ainen TF.

mein: daz ich nit hett die traurikeit vber die trauri-
keit. Dorumb eylent fante ich in: fo ir in gefecht   v. 28.
das ir euch aber freuwet: vnd das ich fey on trauri
keit. Dorumb entphacht in mit aller freude im her-   29.
40 ren: vnd habt mit eren den in difewey̕. | wann er   30.
genacht fich vntz an den tod vmb das werck crifti:
zeantwurten fein fele˙ das er derfúllt das das do ge-
brefte von euch vmb meinen dienft.   iij

    MEin brúder von des hin freuet euch im her-
45   ren. Ernftlich mir ift nit treg euch zefchrei
    ben die felben ding: wann euch notturfftig.
Secht die hund: fecht die vbelen wercker: fecht die   2.
befchneydung. Wann wir fein die befchneydung   3.
wir do gott dienen mit dem geift: vnd wunniglichen
50 vns in ibefu crifto vnd nit habend die zûuerficht in
dem fleifche | wie wol vnd ich habe die zûuerficht in
dem fleifch. Ob einander wirt gefechen fich zûuerfechen
in dem fleifch: ich mer | befchnitten an dem achten   5.
tag von dem gefchlecht jfrahel von der geburt benia-
55 min: ein hebrer von den hebreern ein pharifeer nach
der ee: | ich iagt die kirchen gotz nach dem neyde: vnd   6.
ich wandelt on klag nach dem rechten das do ift in
der ee. Wann die ding die mir waren gewinn: dife

*

39 im herczen Z—Oa.   40 **mit—er]** in mit eren wann es Z—Oa.
41 biß Sb—Oa.   43 **von]** auß Z—Oa.   **dienft]** geyft Z—Oa.
44 **von — hin]** fúrohin Z—SaSbOOa, fúranhin KGSc.   45 Gewif-
lich P, wann K—Oa.   46 **wann]** Aber ZAZc—Oa, auch S.   47 bófen
werckleút Z—Oa.   49 **wir do]** die wir Z—Oa.   **dem]** + hey-
ligen Sc.   gloryeren (+ auch Sc) in Z—Oa.   51 **vnd]** das Z—Oa.
52 **Ob]** + auch Sc.   53 zebefchneyden MEP.   achtenden Sc.
54 **von** (*erftes*)**]** auß Z—Oa.   55 **hebreern]** hebreerin E—Oa, + vnd
auch Sc.   56 **ich iagt]** Durcháchtend Z—Oa.   57 der gerechtigkeit
die da Z—Oa.   58 **dife]** die Sb, *fehlt* OOa.

*

38 **ich]** auch ich TF.   40 difer weiz TF.   41 genachent TF.
50 ibefus criftus TF.   51 **wie wol]** *fehlt* TF.   **die]** kain TF.
gefechten fich zefechten TF.   53 aichten F.   55 **den hebreern]**
hebreer TF.

12 *

v. 8. hab ich gemaſſt ein verwúſtnung vmb criſtum. Iedoch
ich maß alle ding zeſein ein verwúſtnung vmb die
vberſteigent wiſſentheit vnſers herren iheſu criſti
meins herren: vmb den maſſt ich alle ding ein ver-   ſ
wúſtung· vnd ich maß ſy als miſt daz ich gewinn criſtum·

9. | vnd wúrd funden in im nicht habend mein recht daz
do iſt von der ee: wann das do iſt von dem gelauben
iheſu criſti· das recht das do iſt von gott in dem ge

10. lauben | in zú erkennen· vnd die kraft ſeiner auffer-
ſtendung· vnd die geſelſchaft ſeiner leidung· ent-

11. zampt gebildet zů ſeim tod: | ob ich in in etlich weyſe
engegen lauff zů der aufferſtendung die do iſt von

12. den toten: | nit das ich ietzund hab entphangen oder
daz ich ietzund bin volkumen. Wann ich nachuolg:
ob ich in etlicherweys begreiff in dem auch ich bin be-

13. gryffen von iheſu criſto. Brúder: ich maß mich
nit habend begriffen. Wann eins: ich vergiſſe der
ding die do ſeind do hinten wann ich ſtreck mich ſel-

14. ber zů den die do ſeind do vor: | ich nachuolg dem vor
geordenten lon: der oberſten rúffung gotz in iheſu

15. criſto. Dorumb welh wir do ſein durnechtig wir ent

•

59 gemaſſt — 60 vmb] geſchåczet abgeng (ſchaden K—Oa) vmb
chriſtum. Aber doch ich ſchåcze das alle ding ſeyen abgeng (ſchaden
K—Oa) vmb Z—Oa.   61 wiſſentheit] kunſt Z—Oa.   vnſers]
+ lieben Sc.   1 maſſt — 2 maß] han ich alle ding zenichte ge-
macht vnd ſchåcze Z—Oa.   .1 ein verwúſt MEP.   2 als] + den Sc.
3 funden] erfunden Z—SaOOa, funden er KGSbSc.   mein gerech-
tigkeit die da iſt auß der ee. Aber die da iſt auß dem Z—Oa.   4
wann] ſunder P.   5 die gerechtigkeit die da iſt auß got Z—Oa.
6 aufferſteeung K—Oa.   7 vnd] + auch Sc.   leydungen Z—Sa.
entzampt] fehlt Z—Oa.   8 in in] in Z—Oa.   9 aufferſteeung
K—Oa.   do] fehlt ZcSa.   von] auß ZAZc—Oa, zů S.   11 bin]
ſey Z—Oa.   Aber Z—Oa.   12 ich (erstes)] + auch Sc.   auch
ich] ich auch S.   13 ich meyn nit das ich hab begriffen Z—Oa.
15 Aber Z—Oa.   ſtercke ZcSa.   16 nachuolg] + auch Sc.
den Z—Sa.   18 welh] well MEP.   do — 19 ditz] ſeyen vol-
kummen das ſüllen wir empfinden Z—Oa.

•

59 criſtus TF.   1 meins herren] fehlt TF.   5 iheſus cri-
ſtus TF.   8 in in] in TF.   12 begriffent TF.   17 gevor-
dienten T, gevorderenten F.   18 welh] ſwelhe TF.

phinden ditz: vnd ob ir wiſſt kein ander ding · vnd
20 ditz hat eúch got eroffent. Idoch zú diſem volkum   v. 16.
wir das wir wiſſen ditz ſelbe: vnd beleiben in dem
ſelben orden. Brúder ſeyt mein nachuolger: vnd   17.
behút die die alſo geend als ir do habt vnſer bilde.
Wann manig geend die ich eúch dick ſagte: wann   18.
5 auch nu weinent ſag ich feinde des creútzes criſti: | der   19.
ende iſt der tod: der bauch iſt ir gott: vnd ir wun-
niglich in ir ſchand die do wiſſent die irdiſchen ding
    Wann vnſer wandelung iſt in den himeln. Douon   20.
wir beyten des behalters vnſers herren iheſu criſti:
30 | der do widerbildet den leib vnſer demút entzampt ge   21.
bildet dem leibe ſeiner lauter: nach der wirckung
ſeiner krafft mit der er im auch mage vnderlegen
alle ding.   *Das · iiij· Capittel*

DOrumb mein aller liebſten brúder vnd beger
5   lichſten: mein freud vnd mein kron: alſuſt
     ſteet im herren vil lieben. Icb bit euchodiam   2.
vnd flech ſinthicen ditz ſelb zewiſſen im herrn.
Ich bitt auch dich geſell germon: hilff den die mit   3.
mir habeŋ gearbeit in dem ewangelio mit clementen
10 vnd mit den andern meinen helffern: der namen do
ſeind geſchriben in dem búche des lebens. Zú allen

*

20 **volknm**] kumen Z—Oa.   21 daſſelb Z—Oa.   23 behút]
merckend Z—Oa.   do] *fehlt* Z—Oa.   vnſer form Z—Oa.   24
waan — 25 **ich**] Aber nun ſag ich weynend die Z—Oa.   26 ir glori
P, die glori Z—Oa.   28 Aber Z—Oa.   wanderung K—Oa.   29
harren Z—Oa.   30 vnſers P.   **entzampt**] zú Z—Oa.   31 ſeiner
clarheit Z—Oa.   33 lale M.   35 Alſo Z—Oa.   36 ir lieb-
ſten Z—Oa.   37 bitt ſinthicem Z—Oa.   ditz] durch ſy MEP,
daz Z—Oa.   38 **auch dich**] *fehlt* Sc.   **geſell germon**] mein mit
geleycher brúder Z—Oa.   40 den] *fehlt* K—Oa.   do] *fehlt* OOa.

*

19 andern TF.   23 do] *fehlt* TF.   28 **Wann**] Aber TF.
29 **wir beyten**] paitt wir auch (och T) TF.   31 ſeiner] *fehlt* T,
nachtr. ta.   36 **euchodiam**] euch (*unterstrichen*) euchodyam T, euch
Odyam F.   37 ſynticem TF.   39 ewangelium TF.   40 dem F.
41 Frewt euch im herren zu allen zeiten vnd aber TF.

zeyten freuwet eúch im herren: aber ſag ich freuwet

v. 5. eúch. | Eúwer maſ ſey derkannt allen leúten.   Der

6. herre iſt nachen.   Vnd ſeyt nit ſorgſam: wann in
allen gebetten vnd flechunge mit der machung der

7. gnaden eúwer eiſchung ſeint erkannt bey got.   Vnd
der fride gotz der do vberſteigt allen ſinn: der behút
eúwer hertz vnd eúwer vernunft in iheſu criſto vn-

8. ſerm herren.   Von des hin brúder welch ding ſeind
gewer · welch ſeind gerecht · welch ſeind keuſch · welch
ſeind heilig · welch do ſeind lieblich · welche do ſeind
gúter benennung · iſt keiner hand tugent · iſt keiner

9. hand lob der zucht · dirr ding gedenckt : | die ir habt
gelernet · vnd entphangen · vnd gehort · vnd geſechen
an mir.   Dorumb diſe thút : vnd got des frides wirt

10. mit eúch.   Wann ich bin gróſlich erfreuwet im her-
ren das ir zú etlichem zeyte habt wider bluet zeent-
phinden vmb mich als ir auch habt entphunden.   Wann

11. ir wart bekúmert.   Ich ſag es nit vmb den gebreſten.
Wann ich habe gelernt in den ich bin begnúgent.

12. ˙ Ich kan gedemútigen : vnd kan begnúgen.   Vnd ich
bin geſchickt allenthalben in allen dingen : vnd ſat-
ten vnd hungern vnd begnúgen vnd armkeit zelei-

13. den.   Ich mag alle ding : in dem der mich ſtercket.

*

42 ſruewet M.   43 meſſigkeit Z—Oa.   44 ſeyt] ſehlt Z—Oa.
ſunder P, aber Z—Oa.   45 flechunge] fleyſſig (·ger K—Oa) bittung
Z—Oa.   machung] wirckung Z—Oa.   46 begerung P, heyſchung
Z—Oa.   47 allem Z—O.   48 vnd] von S.   50 war Z—Oa.
51 leiblich MEP.   52 gúter benemung P, gútes lobes Z—Oa.   kei-
nerley (2) K—Oa.   53 dirr] die Z—Oa.   55 in mir Z—Oa.
56 gróßlichen SbOOa.   57 ir] er S.   zú — bluet] darnach zúzeyten
habend wider gegronet Z—Oa.   zeentphinden vmb] zeenphachen P.
58 mich] euch MEP.   Wann] Vnd P.   61 kan diemútig wer-
den Z—Oa.   1 allenthalb ZcSa.   ſatten] erſattet werden (wor-
den S) Z—Oa.   2 armut K—Oa.   3 in den ZAS.

*

44 Vnd ſeyt nit] Nit ſeit TF.   45 gepet vnd in flehung TF.
49 ſwelhe TF.   50 ſwelhe dink ſint gerecht welhe da ſint keuſch
ſwelhe TF.   51 ſwelhe ſint lieblich ſwelhe TF.   58 habt ent-
phunden] enphundt TF.   60 bin begnug TF.   61 kan — kan]
kan T, kam F; kan demutig werd ich nachtr. td.

Idoch ir thet wol: ir gemeinſampt euch meim dur   v. 14.
5 echten. Wann auch ir von philipenß ir wiſſt das   15.
an dem anfang des ewangeliums do ich gieng von
macedonia· kein kirch gemeinſampt ſich zů mir in
der redlikeit der gab vnd der entphachung· nuer ir al
lein: | wann ir ſantet mir auch zů theſalonicam zů   16.
10 eim mal vnd zwir zů dem nutz. Wann ich ſůch nit   17.
die gabe: wann ich ſůch den begnůglichen wůcher
in euwer redlikeit. Wann ich hab alle ding: vnd   18.
begnůg. Ich bin erfůllt mit entphachungen von
epafrodithen: die ir ſant zů eim geſchmack der ſenft
15 ein anentphencklichs opffer geuellichs gott. Wann   19.
mein gott der erfůllt all euwer begerung nach ſeinen
reichtumen in wunniglich in iheſu criſto. Wann   20.
got vnd vnſerm vatter ſey wunniglich: in den werlt
en der werlt amen. Grůſſt einen ieglichen heiligen   21.
20 in iheſu criſto. Euch grůſſent alle die brůder die mit
mir ſeind. Euch grůſſent alle heiligen: wann aller   22.
meiſte die do ſeind von dem haus des keyſers. Die   23.
genade vnſers herren iheſu criſti ſey mit euwerem
geiſt Amen.
25 *Hie endet die epiſtel zů philippenſern Vnd hebt an die*
vorrede über die epiſtel zů den Coloſenſern.

*

4 : ir — durechten] gemaynſamend meiner trůbſal Z—Oa.   mein P·
5 von] *fehlt* Z—Oa.   philipenſer ZcSa.   6 ewangelium SbOOa.
8 redlikeit] rechnung Z—Oa.   gaben SbOOa.   ir] du ZcSa.
9 zů (*erstes*)] *fehlt* Z—Oa.   10 zwiren E—GSc.   11 wann — 12 red-
likeit] aber ich ſůch die überflüſſigen frucht in euwer rechnung Z—Oa.
13 Bin ich MEP.   14 ſenfftigkeit ein angenemes opfer K—Oa.   15
vnd got wolgefellig. aber Z—Oa.   16 begerung] begnůg MEP, be-
gir Z—Sc, begierde SbOOa.   17 in der glori Z—Oa.   Aber Z—Oa.
18 glori Z—Oa.   20 die (*erstes*)] *fehlt* K—Oa.   mit] bey Z—Sc,
do bey SbOOa.   21 alle] allen S, auch alle Sc.   aber Z—Oa.

*

4 meim] mein in TF.   6 ewangelij T, ewangelium F.   9
theeſſalonicam TF.   13 enphanchunge F.   14 epfroditen den
ir TF.

Die colofenfer: die feint afiani als auch die laodicenfer: vnd fy waren vorkumen oder betrogen von den valfchen botten. Noch erfelbs der bott genacht fich nit zů in funder vnd dife ftrafft er durch die epiftel. Wann fy horten das wort von arcippo: der do entphienge das ambecht in in. Dorumb der bott ietzund gebunden fchreibt in von ephefo durch tyticum den dyacken vnd onefimum den accoliten. *Hie endet die vorrede. Vnd hebt an die epiftel zů den Collofenfern.*

2. **P**aulus bot ihefu crifti durch den willen gotz˙ vnd thimotheus der brůder: | den heiligen vnd den getreuwen brúdern˙ die do feint zů colofenfes in ihefu crifto. Gnad fey mit eúch vnd frid von got vnferm vatter: vnd von dem herrn ihefu cri-

3. fto. Wir machen genade gotte vnd dem vatter vnfers herrn ihefu crifti zů allen zeyten betent vmb

4. eúch: | wir horten eúwer treuwe in ihefu crifto vnd

5. die lieb die ir habt vnder allen heiligen | vmb die zů uerficht die eúch ift gefetzt in den himeln: die ir habt

27 die] *fehlt* K—Oa. 28 lodicenfer ZcSa. 30 apofteln K—Oa. erfelbs — 32 er] czů den (dem A) kam der apoftel. Aber er ftrafft auch die (fye K—Oa) Z—Oa. 34 artippo M. die dienft P, die dienftberkeyt Z—Oa. in fy Z—Oa. 35 apoftel Z—Oa. 36 tytitum M, Thitum Oa. onefunum M, onefinum E, onefium P. 37 accoliten] -|- berůffend fy zů der warheit des gelaubens K—Oa. 39 bot] ein apoftel Z—Oa. 43 feind colofis Z—Oa. 47 wúrcken genad Z—Sa, fagen danck K—Oa. 48 bittent P. 49 euweren gelauben Z—Oa.

27 *Diese vorrede in* BNgWr *in anderer fassung.* 42 brúdern] -|- in ihefu crifto ta. 43 feint] -|- di da fint T, *gestrichen.* colofens TF. in ihefu crifto] *fehlt* TF. 48 betent — 50 heiligen] *fehlt* T, *nachtr.* ta.

gehort in dem wort der warheit des ewangeliums | daz   v. 6.
do ift kument zû euch als es ift in aller der werlte·
vnd wûchert vnd wechft als in euch von dem tage
55 an dem irs habt gehort vnd erkannt die genad gotz
in der warheit: | als ir habt gelernet von epafroditen   7.
vnferm liebften entzampt knechte: der do ift ein ge
treuwer ambechter ihefu crifti vmb euch. Der vns   8.
auch hat eroffent eûwer lieb im geift. Vnd dorumb   9.
60 von dem tag wir haben gebort wir horten nit auf
zebetten vnd zeeifchen vmb eúch: das ir wert erfûllt
2 ʙ) in der erkennung feins willen in aller weyfheit vnd
in geiftlicher vernunft: | das ir geet wirdigklich ge   10.
uallent got durch alle ding: wûchert vnd wachft
in eim ieglichen gûten werck in der wiffentheit gotz:
5 gefterckt in aller kraft nach dem gewalt feiner lauter   11.
in aller gefridfam vnd in langer vollendung vnd
mit geiftlicher freuden: | wir machen genad got vnd   12.
dem vatter: der vns macht wirdig in dem teil des
loffes der heiligen in dem liecht der warheit. Der vns   13.
10 erlôft von dem gewalt der vinfter: vnd vns vber-
trûg in das reich des funs feiner liebe: | in dem wir   14.
haben erlôfung in die vergibung der fúnden. Der   15.
do ift ein bild des vngefichtigen gotz· ein erftgebor-
ner aller der gefchôpffd: | wann in im feind geordent   16.
15 alle ding in den himeln vnd auff der erde die gefich-

---

53 es] er ZcSa.   der] *fehlt* K—Oa.   56 epafra Z—Oa.   57
entzampt] mit Z—Oa.   58 diener P—Oa.   60 **tag**] + an dem
Z—Oa.   hôren wir nit Z—Oa.   3 got] von got MEP.   4 **wiffent**-
heit] kunft Z—Oa.   5 **lauter**] klarheit Z—Oa.   6 **gefridfam**
— vnd] gedult vnd langkmûtigkeit Z—Oa.   **7 wir machen genad**]
wirckend gnad Z—Sa, fagend danck K—Oa.   8 hat gemacht Z—Oa.
teil] tal G.   10 vinfternuß K—Oa.   11 **feiner**] in der ZcSa.
12 **die**] der S.   13 vnfihtigen K—Oa.   der erftgeboren Z—Oa.
14 der] *fehlt* K—Oa.   gefchôpff Z—Sc.   15 fihtigen K—Oa.

---

52 ewangelium TF.   53 kumen TF.   55 ir TF.   56 gelert
T, *verwiſcht daher von* ta *wiederholt.*   epafrodito TF.   60 wir
es haben TF.   4 ieglichem T.   6 **gefridfam**] weifheit TF; *un-*
terſtrichen T, gefridfam ta.   10 vnd] + der F.   11 des — liebe]
feins lieben funs TF; *unterſtrichen* T, dez funs feiner liebe ta.

tigen vnd die vngefichtigen. Es feyen die tron oder
die herfchaft oder die fürftenthům oder die gewelt:
v. 17. durch in vnd in im feind gefchaffen alle ding. Vnd
erfelb ift vor allen: vnd alle dinge die befteend in
18. im. Vnd erfelb ift ein haubt des leibes der kirchen der
do ift ein anuang ein erftgeborner von den totten:
das erfelb fey haltent die herfchaft in allen dingen.
19. Wann in im entzampt geuiel zeentwelen leiplich aller
20. erfüllung der gotheit: | vnd durch in feind zeuerfúnen
alle dinge: zefein gefridfam in im durch das blůt
feins creútzes es feyen ding die do feind in den himln
21. oder die do feind auff der erde. Vnd ir do ir etwenn
wart gefrembdet von dem gelauben vnd feinde des
22. finns: in den bôfen wercken: | wann nu hat er verfú-
net in dem leib feins fleifches durch feinen tod · eúch
zegeben heilig vnd vnfleckhaftig vnd vnberefplich
23. vor im: | idoch ob ir beleibt gegruntueſſt in dem ge-
lauben vnd ftete vnd vnbeweglich von der zâuerficht
des ewangeliums das ir habt gehort: das do ift ge-
brediget in aller gefchôpffd die do feind vnder dem
24. himel: des ich paul bin gemacht ein ambechter: | nu
freuwe ich mich in den martern vmb eúch: vnd er
fúlle die ding die do gebraften der leidunge crifti in
25. meim fleifch vmb feinen leib der do ift die kirch. Des

*

16 vnfihtigen K—Oa.   19, 20 erfelb] er Z—Oa.   19 die] *fehlt*
K—Oa.   21 der erftgeboren auß den Z—Oa.   23 in — 24 got-
heit] got geuiele das in im wonten (wonete SbOOa) alle volkummen-
heyt Z—Oa.   24 feind — 25 im] wurden (würde SbOOa) verfonet
alle ding in im gefridfamendt Z—Oa.   26 ding] *fehlt* Z—Oa.   27
do (*zweites*)] die Z—Oa.   ir (*zweites*)] nit S.   28 des finns] mit
den fynnen Z—Oa.   29 Aber Z—Oa.   31 vnuermeyliget ZS—Oa,
vnuermaßget A.   vnftrafflich P, onftraffber Z—Oa.   35 gefchôpff
Z—Sc.   36 paulus bin gemachet worden ein diener. der ich mich
nun freúwe (erfreue SbOOa) in den leydungen Z—Oa.   diener P.

*

16 vnd die] vnd T.   19 die] *fehlt* TF.   20 des leibes] *fehlt*
TF, *nachtr.* ta.   22 fey habent T.   23 Wann] vnd TF.   aller]
all T, + der TF.   26 feyen] + di TF.   29 den] *fehlt* TF.
33 verficht TF, zu *nachgetragen* ta fa.   35 feind] ift TF.   den F.
36 paulus TF.

40 ich bin gemacht ein ambechter nach der teylung gotz
die mir ift gegeben in eúch: das ich erfúlle daz wort
gotz · | die taugen crifti die do was verborgen vor den   v. 26.
werlten vnd vor den gefchlechten: wann nu ift fy
eroffent feinen heiligen | den fy got nit wolt machen   27.
45 zeerkennen die reichtum der wunniglich dirr taugen
vnder den beiden: die do ift criftus ein zûuerficht der
wunniglich in eúch: | den wir erkunden: zeberefpen   28.
einen ieglichen menfchen vnd zelernen einen ieglichen
menfchen in aller weyfheit: das wir geben einen ieg-
50 lichen menfchen durnechtig in ihefu crifto: | in dem   29.
auch ich arbeit zeftreyten nach feiner wirckung die
er wirckt in mir in der kraft.   ij

W ann ich wil eúch zewiffen wiegethan forge
ich habe vmb eúch vnd vmb die do feind zû
55 laodici · vnd die do nit fachen mein antlútz
in dem fleifch: | das ir hertzen werden getrôftet ge-   2.
vnderweyft in der lieb vnd in allen reichtum der er-
fúllung der vernunft in der erkennung der taugen
gotz des vatters vnfers herren ihefu crifti: | in dem do   3.
60 feind verborgen alle die fchetze der weyfheit vnd der
wiffentheit. Wann ditz fag ich: daz eúch keiner betrieg

40 bin worden Z—Oa.   diener P—Oa.   42 taugen] heym-
licheit Z—Oa.   43 Aber Z—Oa.   45 zeerkennen] bekant Z—Oa.
der glori difer heymlicheit in den Z—Oa.   dirr] der P.   46 chriftus
die hoffnung der glori Z—Oa.   47 den] dem P.   verkunden Z—Oa.
ftraffen P, ftraffendt Z—Oa.   48 vnd vnderweyfend Z—Oa.   49
geben] erzeygen Z—Oa.   50 durnechtig] volkummen Z—Oa.   51
ftreyttendt Z—Oa.   52 in der] der Sc.   53 will daz ir wiffent
wôlche forg Z—Oa.   55 laoici P, laodoci Z—Oa.   do] fehlt SbOOa.
56 ge-] get M, gett P, fehlt Z—Oa.   57 allem S.   zeichtum
M, reichtummen Zc—Oa.   58 heymligkeit Z—Oa.   59 gotz] got
Z—Sa, vnd gotz Sc.   60 die] fehlt K—Oa.   61 wiffentheit] kunft
Z—Oa.   Wann] Vnnd P, Aber Z—Oa.   ditz] das Z—Oa.   daz]
+ auch Sc.

40 bin] fehlt F, nachtr. fb.   43 vnd] fehlt TF.   44 den —
nit] dem got TF.   45 zekennen TF.   48 zeleren TF.   53 Wann]
+ bruder TF, unterstrichen T.   54 het TF.   die] + di TF.
56 getrôftet] fehlt TF, getrôft ta.

v. 5. in der hôch der rede. Wann ob ich ioch bin abwefent   [572
mit dem leib: wann mit dem geift bin ich mit eúch
ich freuwe mich vnd fich eúwer ordnung· vnd fein
veftenkeit· die do ift in crifto vnd erfúll das do ge-
6. braft dem nutze eúwers gelauben. Dorumb als ir
habt entphangen vnfern herrn ibefum criftum geet
7. in im· | gewurtzelt vnd vber bauwet in im· vnd ge-
ueftent in dem gelauben vnd als ir habt gelernt: alfo
8. begnúgt in im in der machung der genaden. Secht   1
das eúch keiner betrieg durch die werltlichen weyf-
heit: vnd durch die vppigen triegkeit nach den fitten
der menfchen· nach den elementen dirr werlt: vnd
9. nit nach criftum. Wann in im entwelt leiplich alle
10. die erfúllung der gotheit: | vnd ir feyt erfúllt in im
der do ift ein haubt alles fúrftenthûms vnd des ge-   1
11. walt. In dem auch ir feyt befchnitten mit der befchnei-
dung nit gemacht mit der hand in der beraubung
des leibs des fleifches: wann in der befchneidung crifti
12. | wann ir feyt entzampt begraben zû im in den tauff:
in dem auch ir feyt derftanden durch den gelauben der
13. wirckung gotz der in erftûnd von den toten. Vnd
ir do ir wart tod in den mifftaten vnd in der vber-
·wachfung euers fleifches er entzampt leblichet eúch

*

1 **Wann**] vnd P.   **ioch**] ja SbOOa.   2 aber Z—Oa.   **mit**]
bey Z—Oa.   4 veftigkeit Z—Oa.   5 dem] den A.   jres ge-
laubens SbOOa.   7 **vber**] aber MEP.   **vnd** (*zweites*)] + aber P.
beftâttet Z—Oa.   8 **vnd als**] als auch Z—Oa.   **alfo**] *fehlt* Z—Oa.
9 wirckung Z—Oa.   11 **den**] dem E—Oa.   12 **dirr**] der P.
13 **entwelt** — 14 **erfúllung**] inwonet alle volkummenheyt Z—Oa.   18
des] vnd Sc.   Aber Z—Oa.   19 feyt mit (nit K—Oa) begraben
in dem tauff Z—Oa.   **den**] dem P.   21 in hat erkúcket Z—Oa.
22 **ir do**] euch die Z—Oa.   23 er — 24 er (*erstes*)] hat er mit le-
bentig gemacht mit im vnd Z—Oa.

*

2 **dem** (*zweites*)] *fehlt* F, *nachtr.* fa.   3 **ich**] *fehlt* F.   4 der-
fullt TF.   **do gebraft**] daz da praft T.   11 dem TF.   17 macht
F, ge- *nachtr.* fa.   18 **befchneidung**] + dez leibz TF, *unterstrichen* T.
19 **den**] dem T, der F.   22 **in den** — 23 **fleifches**] *fehlt* TF, *nach-*
getragen td.   23 leblich F.

mit im er vergab eúch all mifftat · | er vertiligt die   v. 14.
₂₅ bantuefft des gebottes wider eúch die eúch was wi-
derwertig. Vnd er nams im felber von mitzt zehefften
dem creútz : | er beraubt die fúrftenthúm vnd die ge-   15.
welt der vberfúrt dúrftiklich : offenlich fy zeúberwin-
den in im felber. Dorumb keiner vrteil eúch in dem   16.
₃₀ effen oder in dem trincken oder in dem teyl des meff-
tages oder in der monfeier oder der fambftag | die do   17.
feind ein fchatte der kúnftigen dinge : wann der leib
crifti. Keiner verleyt eúch wellent in der demút vnd   18.
in der geiftlikeit der engel die er nit ficht : vppigklich
₃₅ zerbleetes finns feins fleifchs : | vnd nit helt das haubt   19.
von dem aller der leibe ift zefamen geknúpphet vnd
gemacbet die fúgungen mit der ambechtunge vnd
wechft im herren in der merung gotz. Dorumb ob   20.
ir feyt tod in crifto von den elementen dirr werlte :
₄₀ was vrteylt ir noch als die lebentigen in dirr werlt.
' Nit enrúrt · noch bekort · noch begreifft : | alle ding   21. 22.
die do feind in die verderbung in der felben gewon-
heit nach den geboten vnd nach den leren der mann :

24 mit in MEP.   er (*zweites*) — 27 er] Abtilgent die bandtge-
fchrifft des vrteyls die da was wider vns. vnnd das vns wider was hatt
er entbebet von der mitte vnd genaglet an das kreucz Vnd hatt Z—Oa.
25 gebettes MEP.   26 von mit P.   28 er — zeúberwinden] vnd
úbergefúrt getrewlich. vnnd fy offenbar úberwunden Z—Oa.   30 des
hochzeytlichen tages Z—Oa.   31 oder an (in K—Oa) dem fabbath
Z—Oa.   32 aber Z—Oa.   33 wellend] wonend MEP, willigklich
Z—Sc, willig SbOOa.   34 die] der SbOOa.   vppigklich — 35
finns] wandlend vmb funft zerbleet in dem finn Z—Oa.   36 von —
38 in] auß (+ dem A) der gancz leyb durch zúfamen knúpffung vnd
(+ auch Sc) zúfamenfúgung (zámenfúgung ZS, zemanfugung A) vnder-
gereychet vnd gebawen wóchft zú Z—Oa.   37 der dienft P.   39,
40 dirr] der P.   40 was] das M—Oa.   41 enrúre EP, rúrend
Z—Oa.   noch verfúchent Z—Oa.   42 felben gebrauchung Z—Oa.
43 den (*zweites*)] fehlt ZcSa.   menfchen Z – Oa.

25 hantfeften TF.   wider] vnter F; wider T, *auf rasur.*   26
Vnd] fehlt TF.   nam fi TF.   zeheften von miczt TF.   27 dez
kreuczes TF; (dem kreucze T, *durch rasur*).   33 kriftz T.   34 er]
gent TF; *unterstrichen* T.   ficht] fich TF, + gent ta.   35 zer-
bleetes] der zerpleet TF.   37 di fugung gemacht TF.   41 be-
koft F.   43 mannen F, maîn T.

v. 23. | ernſtlich die do feind habend die redlikeit der weyſ-
heit in der vberflüſſikeit oder hochfart vnd in der de-   ᴕ
můt vnd nit zeſchonen dem leib: noch in etlicher eren
zů der ſattheit des bauches vnd zů dem fleiſche des
fleiſçhes.   *Das · iij · Capitel.*

1. Dorumb ob ir ſeyt entzampt erſtanden mit
criſto ſůcht die ding die do ſeint oben do criſtus   ᴐ
2. iſt ſitzent zů der zeſwen gotz: | entphint die
ding die do ſeind oben: nit die do ſeind auf der erden.
3. Wann ir ſeyt tod vnd eůer leben iſt verborgen mit
4. criſto in gott: | wann ſo criſtus eůer leben erſcheint:
denn derſcheinent auch ir mit im in wunniglich.   ᴕ
5. Dorumb tödiget eůwer gelider die do ſeind auff der
erd: die gemein vnkeuſchung · die vnreinikeit · die
geluſt · die böſ begerung · vnd die argkeit · die do iſt
6. ein dienſt der abgötter · | vmb diſe ding kam der zorn
7. gotts auff die ſůn des vngelauben: | in dem ir auch   ᴕ
8. etwenn wandelten do ir lebten in in. Wann nu legt
auch von eůch alle ding: den zorn die hinderrede die   [᷃᷃]
vnwirdikeit des vbeln den ſpot das ſchemlich wort
9. laſſt nit aus von eůwerem munde. Nichten welt
ligen einander: ziecht aus den alten menſchen mit

∗

44 ernſtlich] gewißlich P, *fehlt* K—Oa.   **feind]** + vnd Z—Oa.
redlikeit] vrſach Z—Oa.   **45 vberflüſſikeit oder hochfart]** hoff-
lichen vermerckunge Z—Oa.   **vnd]** + auch Sc.   **46 dem]** den
Z—Oa.   **in]** an Oa.   **etlicher]** einer Z—Oa.   **47 ſattheit —
fleiſche]** erſattung Z—Sc, ſattung OOa.   **49 entzampt]** mit Z—Oa.
50 obnen SbOOa.   **51 gerechten** E—Oa.   **52 do** (*zweites*)] *fehlt* Sc.
55 mit] mir P.   in der glori Z—Oa.   **56 tödten** OOa.   **58 arg-
keit]** geyttigkeit Z—Oa.   **61 gewandert habt** K—Oa.   Aber Z—Oa.
1 den zorn] die vnwürde Z—Sa, den zorn die gramſchafft (vnwirßkait
OOa) K—Oa.   **hinderrede — 3 aus]** boßheit. die gotzlöſterung. die
ſchnöden rede Z—Oa.   **3 Nit** Z—Oa.   **4 ziecht]** + euch Z—Oa.

∗

45 oder hochfart] vnd in der hoffart TF; vnd *unterstrichen* T, oder
nachtr. ta.   **47 bauches — fleiſche]** *unterstrichen* T.   **fleiſche]** fleis F.
51 zeſem TF.   **54 wan alſo** F.   **58 poſen** TF.   **60 auch ir** TF.
61 do] vnd do TF.   lebt TF.   **3 laz** TF.   nit enwellt TF.
4 zeit T.

﹐ feinen wercken | vnd vaſſt in einen neuwen der do iſt ⁣ v. 10.
erneuwert in der erkennung gotz der in geſchūff nach
feinem bild: | do nit iſt beide noch iude: der man vnd ⁣ 11.
das weip· die beſchneidung vnd die vberwachſung·
der frembd vnd der ſcita· der eigen vnd der frey: wann
10 criſtus iſt alle ding in allen. Vaſſt eūch als die er- ⁣ 12.
welten gotz heilig vnd liebe ineder der erbarmd: die
gūte· die maſ· die demūtikeit· die gefridſam· | vnder ⁣ 1:1.
tragt aneinander vnd vergeht eūch ſelber ob etlicher
hat die klag wider den andern: als eūch auch der herr
15 vergab alſo auch ir. Wann vber alle diſe ding habt ⁣ 14.
die lieb das do iſt ein band der durnechtikeit: | vnd der ⁣ 15.
frid criſti derfreuwet ſich in eūweren hertzen· in dem
ir ſeyt gerūffen in eim leib: vnd ſeyt danckber. Wann ⁣ 16.
das wort criſti entwelt in eūch begnūglich: in aller
20 weyſheit lernt vnd manent eūch ſelber in geſengen
vnd in loben vnd ſingt dem herren in geiſtlichen ge-
ſengen in der gnade ſingend dem herrn in eūweren
hertzen Alles das ir thūt in dem wort oder in dem ⁣ 17.
werck: alle ding thūt in dem namen vnſers herrn
25 iheſu criſti: macht gnad gott dem vatter durch in.

*

5 vaſſt — 7 bild] leget an den neūwen. der da wirt erneūwert in
die erkantnuß nach der bildnuß des der in beſchaffen hatt Z—Oa.
7 der — 8 weip] fehlt Z—Oa. 8 die (zweites)] fehlt OOa. 9 Aber
Z—Oa. 10 legend euch an als Z—Oa. 11 heilig — 12 vnder-
tragt] als die heyligen vnd liebhaber die (der S) inwendigen gelider
der barmherczigkeit. Gūttigkeyt. diemūtigkeit. Meſſigkeit. gedultigkeit.
übertragend Z—Oa. 13 einander EPSSbOOa. 15 Aber Z—Oa.
16 ein] fehlt S. der volkumenheyt Z—Oa. 17 criſti] + der
Z—Sa. erfreuwe Z—Oa. dem] den Z—Oa. 18 genoderet
Z—Oa. Wann] fehlt Z—Oa. 19 entwelt] fol wonen Z—Oa.
20 lernt S, lernet Sb, leret OOa. geſengen — 21 geſengen] den
pſalmen vnd ymnen. vnd in (fehlt ZcSa) geyſtlichen lobgeſangen (lob-
ſangen OOa) Z—Oa. · 25 wūrckend gnad Z—Sa, ſagt danck K—Oa.

*

7 noch] vnd TF. 9 ſcita] erkant TF, ſcita ta. 14 wider
den andern] fehlt TF. 16 das] di TF. 17 frewt TF. ewerm
TF. 19 in aller] fehlt T, nachtr. ta. 20 mant TF. 22 ſingend
dem herren] fehlt TF, nachtr. ta. 25 gott] + vnd TF.

v. 18. Weip ſeind vndertenig den mannen: als es gezimpt
19. im herrn. Mann habt lieb eŭwere weib: vnd nicht
20. enwelt ſein bitter zŭ in. Súne gehorſampt den ge-
bereren durch alle ding: wann ditz iſt geuellich dem
21. herren. Vetter nichten welt bewegen eŭwer ſún zŭ
der vnwirdikeit: das ſy nit werden lútzels gemútz.
22. Knecht gehorſampt eŭeren fleiſchlichen herren durch
alle ding: nicht dient dem augen das ir geuallt den
leúten: wann vŏrchtent den herrn in der einualt des
23. hertzen. Was dings ir thŭt: das werckt von dem
24. gemút· als dem herren vnd nit den menſchen: | wiſſt
das ir entphacht vom herrn den widergelt des erbs.
25. Dient dem herren iheſu criſti. | Wann der do thŭt daz
vnrecht der entphecht das das er thet vngencklich:
4, 1. vnd die entphachung der leib iſt nit bey got. Ir herrn
tŭt den knechten daz do iſt gerecht vnd geleich: wiſſt
das auch ir habt einen herrn im himel.   *iiij*

2.   A nſteet dem gebet: wacht in im in der
3.   machung der gnaden: | bettet entzampt
vmb vns: das vns got aufthŭ die túr des

*

26 **Weip** — 27 **Mann**] Ir weip ir ſúllendt vndertånig ſein den man-
nen als ir ſúllendt im herren. Ir mann Z—Oa.   28 wŏlt Z—Oa.
Súne — 29 **ditz**] Ir ſún ſeyend gehorſam euweren våttern vnd mŭtern.
wann das Z—Oa.   29 **dem**] in dem Z—Oa.   30 nit E—Oa.
31 dem zoren das Z—Oa.   kleines P—Oa.   32 leyblichen OOa.
33 **dient** — 34 **leúten**] dienent czŭ dem (*fehlt* K—Oa) augen (*fehlt*
Z—Sa) als gefallend den menſchen Z—Oa.   33 den augen P.   34
ſunder P, aber Z—Oa.   35 **von**] auß Z—Oa.   37 empfahen werdt
K—Oa.   von dem E—Oa.   **den widergelt**] die widerleczung Z—Sa,
die widerlegung K—Oa.   38 chriſto Z—Oa.   39 **vngencklich**] bŏßlich
P, vnrechtlich ZS--Oa, vnredlich A.   40 die aufnemung der perſon
Z—Oa   41 **tŭt**] gebent Z—Oa.   42 in dem S.   42 **himel** —
44 **gnaden**] himel: wacht in (nit P) im in der (+ gnad der EP) mach-
ung. [Cap. 4] Anſteet dem gebet der gnaden MEP, hymel. Anhangend
dem gebet vnd wachend in im in der wúrckung der genad (genaden S)
Z—Oa.   44 **bettet** — 45 **vmb**] [Cap. 4] Betend mit einander auch
fúr Z—Oa.   45 thúr der rede Z—Oa.

*

27 **im**] dem TF.   28 welt TF.   **gebereren**] pererern T.
30 nit enwellt TF.   33 **dem**] zu dẽ T, zu den F.   **das**] alz TF.
34 furcht TF.   36 **den**] dem F.   38 criſto TF.   42 **im**] in dem TF.

worts zereden die taugen criſti: dorumb bin
ich auch geuangen: | das ich ſy eroffent alſo das mir
gezimpt zereden. Geet in der weyſheit zů den die do
ſeind aufwendig: erlôſt das zeyt. Eúwer wort ſey
zů allen zeyten in genade bewart mit der weyſheit: 50
daz ir wiſſt in welcherweys eúch gezimpt zeantwurt-
en eim ieglichen. Thyticus der liebſt brůder vnd der
getreuw ambechter vnd der entzampt knecht im her
ren der mach eúch kunt alle ding die bey mir ſeind:
den ich ſante zů eúch zů diſem ſelben das er erkenn die   55
ding die bey eúch ſeind: vnd eúwere hertzen werden
getrôſt | mit honeſimo dem lieben vnd dem getrewen
brůder der do iſt von eúch: der thůt eúch kunt alle
ding die hie werden getan. Eúch grúſſt ariſtarchus
mein entzampt geuangner: vnd marcus der nefe   60
barnaba: von dem ir entphiengt die gebot. Ob er
kumpt zů eúch: entphacht in. Vnd ibeſus der do iſt   [372 d
geſagt gerecht: die do ſeind von der beſchneidung.
Diſe ſeind allein mein helffer in dem reich gotz: die
mir waren ein troſt. Eúch grúſt epafras der do iſt
von eúch der knecht iheſu criſti: zů allen zeyten iſt
er ſorgſam in den gebetten vmb eúch: das ir ſteet
durnechtig vnd vol in allem dem willen gotz. Ich
gib im gezeúg: das er hat vil arbeit vmb eúch vnd
vmb die die do ſeind* zů ierapoli. Eúch grúſſt lucas
der liebſt artzt: vnd demas. Grúſſt die hrúder die do   10

*

46 heymlicheit Z—Oa.   47 auch] fehlt Sc.   48 den] den den
P, dem ZS.   49 die zeyt Z—Oa.   50 bewart] geſprenget Z—Oa.
52 eim] ein PZS—Sa.   vnd] + auch Sc.   53 diener P—Oa.
entzampt] mit ZAZc—Oa, milt S.   im herten S.   54 der — feind]
fehlt Z—Oa.   55 diſem] die M, dě EKGSc, dem P, den Z—SaSbOOa.
56 eúwere — 57 getrôſt] trôſte euwere herczen Z—Oa.   57 one-
ſimo dem liebſten Z—Oa.   dem (zweites)] fehlt G.   58 auß euch. die
werden euch kundt thůn alle ding Z—Oa.   60 entzampt] mit Z—Oa.
der ſchwôſter ſun barnabe Z—Oa.   1 da wirt genennet Z—Oa.   2,
5 von] auß Z—Oa.   7 durnechtig] volkummen Z—Oa.   dem]
fehlt Z—Oa.   gotz] + wan Z—Oa.   8 gezeugknuß Z—Oa.

*

48 Ge TF.   die] + di T.   54 macht TF.   4 mir] wir F.
9* zů] + laodicie vnd vm alle di da ſint zu TF.   lucas] nachtr. F.

feind zů laodicie vnd nimphan vnd die kirchen die
v. 16. do ift in feim haufe.　Vnd fo dife epiftel wirt gele-
fen bey eúch˙ macht auch das fy werd gelefen der kirch
en zů laodicie: vnd die von laodici werde eúch gele-
17. fen. | Vnd fagt arcippo.　Sich die ambechtung die
du haft entphangen im herren: das du fy erfúlleft.
18. Meinen grůfz: in der hande pauls˙ feyt gedenckent
meiner bande.　Die genad vnfers herren ihefu crifti
fey mit eúch allen　Amen.　*Hie endet*
die epiftel zů den Colofenfern Vnd hebt an die
vorrede über die erfte Epiftel zů den Theffalonicenfern.

D Ie theffolonicenfern feind mace-
donier in crifto ihefu: die do fy het
ten entphangen das wort der war-
heit fy beftůnden in dem gelauben:
auch in der veruolgung verborgen
ir burger.　Dorumb noch fy ent-
phiengen nit die valfchen botten
noch die ding die do wurden gefagt von den valfchen
botten.　Dife entzampt lobt der bot fchreibend in von
athenis durch thyticum den dyacken vnd onefimum
den accollitum.　Wann fy warn nicht allein volkumen
in allen dingen: funder auch die andern wurden ge
beffert in irem worte.　*Hie endet die vorrede*
vnd hebt an die erfte Epiftel zů den
Theffallonicenfern　　　　　　　　　*I*

　　11 **zů**] *fehlt* Z—Oa.　　laodocie OOa.　　12 **dife**] die P—Oa.
13 **macht**] Thůnd Z—Oa.　　14 **zů**] *fehlt* Z—Oa.　　15 **fagt**] + auch
Sc.　　die dienft die P, die dienft den Z—Sa, den dienft den K—Oa.
16 **fy**] den Z—Oa.　　17 pauli Z—Oa.　　18 meiner hand S.　　22 **Die**
theffolonicenfern] theffalonicenfer ZS—Sc, Paulus fchribt den theffa-
lonicenfer die A, Die theffalonicenfer OOa.　　23 **in crifto ihefu**] *fehlt*
Z—Oa.　　25 **fy**] *fehlt* K—Oa.　　26 der — 28 **botten**] der durchächtung
irer burger. Darumb namen fy auch nit auff die valfchen apofteln Z—Oa.
30 Dife lobet mit andern der apoftel Z—Oa.　　31 atheni P.　　one-
funum ME, efumum P.　　32 accoliten OOa.　　34 iren wortten S.

　　11 laodicz TF.　　**vnd die**] + di F.　　12 **feim**] irem F, irem
feim T.　　14 laodicz TF.　　17 paulus TF.　　18 **crifti**] + di
F. der T.　　22 *Diese vorrede in* BNgWr *in anderer fassung.*

P aulus vnd ſiluanus vnd thi-   v. 1.
motheus: der kirchen zů theſ-
ſolonicenſeß in got dem vat-
ter vnd dem herrn ibeſu criſti :
   genad ſey mit eůch vnd fride   2.
von gott dem vatter vnd von
dem herren ibeſu criſto. Wir
machen gnad zů gott zů allen
45 zeyten vmb eůch alle | wir machen euwer gedenckung   3.
on vnderloß in vnſern gebetten: vnd wir gedencken ·
des wercks eůwers gelauben vnd der arbeyt· vnd der
lieb· vnd der enthabung der zůuerſicht vnſers herren
ibeſu criſti: vor gott vnd vnſerem vatter. Lieben   4.
50 brůder wiſſt eůwer erwelung von gott: | wann vn-   5.
ſer ewangelium was nicht allein zů eůch in dem wort
wann auch in der kraft vnd in dem heiligen geiſte
vnd in maniger erfůllung: als ir wiſſt wiegetan
wir warn mit eůch vmb eůch. Vnd ir ſeyt gemacht   6.
55 vnſer nachuolger vnd des herrn: zů entphachen daz
wort in manigen durechten vnd mit der freud des
heiligen geiſts: | alſo das ir ſeyt gemacht ein bild al-   7.
len gelaubigen in macedonia vnd in achaia. Wann   8.
von eůch iſt vermert das wort des herren nicht allein
60 in macedonia vnd in achaia: wann auch eůwer ge-

---

38 der] die MEP.   der theſſalonicenſer K—Oa.   39 dem]
vnſerm Z—Oa.   40 chriſto Z—Oa.   42 von — 43 criſto] *fehlt*
Z—Oa.   44 ſüllen wircken gnad Z—Sa, ſagen danck K—Oa.   **zů]**
fehlt Z—Oa.   **45 wir machen]** thůnd Z—Oa.   49 vnd] *fehlt* OOa.
52 aber Z—Oa.   54 ſeyt worden Z—Oa.   55 **zů — 56 vnd]**
Empfachendt (+ auch Sc) das wort in vil trůbſale Z—Oa.   60 vnd]
+ auch Sb.   Sunder auch Z—Oa.

---

38 teſſalonycena TF.   39 **vatter]** + vnd dem vater T, *geſtrichen*.
40 criſto TF.   41 **genad—43 criſto]** *fehlt* T, *nachtr.* ta.   44 machten TF.
zů gott] got TF.   53 **wiegetan]** in welher TF, + weiz T.   54
vmb euch. Vnd] Wan TF.   55 zu enphant T.   56 durnechten
TF, n *getilgt* F.

laube der do iſt zů gott der iſt durnechtige an einer
ieglichen ſtat: alſo das vns nit ſey durfft etwas zů
v. 9. reden. Wann ſy ſelb erkundent von vns wiegetanen
eingang wir betten zů eúch: vnd in welcherweys ir
ſeyt bekert zů gott von den abgôttern zedienen gott
10. dem lebentigen vnd dem gewern: | vnd zebeyten ſeins
ſuns von den himeln iheſu den er derſtůnde von den
toten: der vns hat erlôſt von dem kúnftigen zorn.   *ij*

1. W ann brúder ir ſelb wiſſt vnſern eingang zů
2. eúch· wann er was nit vppig: | wann wir er-
litten manig ding: vnd geirret mit laſtern
als ir wiſſt in philipenß: wiegetan zůuerſicht wir
hetten im herrn zereden zů eúch das ewangelium gotz
3. in maniger ſorg. Wann vnſer vnderweyſung die
was nit von dem irrtum oder von der vnreinnigkeit
4. noch in triekeit: | wann als wir ſein bewert von got
das vns wurd glaubt daz ewangelium alſo red wir:
nit als geuallent den leúten: wann gott der do bewert
5. vnſer hertzen. Wann wir waren etwenn nit in dem
wort der geuallung als ir wiſſt: noch in der ſchuld
6. der argkeit gott der iſt gezeúge: | wir ſůchen nit die
wunniglich von den leúten noch von eúch noch von
7. den andern | wie das wir eúch mochten ſein ein búrd

61 **der** (*zweites*)] *fehlt* K—Oa.   iſt volkummen Z—Oa.   1 nicht
nottúrfftig feye Z—Oa.   2 verkúndent Z—Oa.   wiegethanem P,
wôllicherley Z—Oa.   5 **vnd** (*erstes*)] + auch Sc.   dem waren Z—Oa.
vnd zuharren K—Oa.   6 Iheſum den er hat erkúcket Z—Oa.   von
dem S.   7 von den S.   9 **nit**] *fehlt* P.   eytel ZS—Oa, vn-
nútz A.   Aber Z—Oa.   10 **litten**] + vor Z—Oa   **geirret**]
gepeyniget Z—Oa.   11 in philippis. was zůuerſicht Z—Oa.   13 **die**]
fehlt K—Oa.   14 von der irrſale. Noch von Z—Oa.   15 in dem
falſch. Aber als Z—Oa.   17 ſunder PK—Oa, aber Z—Sa.   18 **waren**]
+ auch Z—Oa.   **in dem**] im OOa.   19 **geuallung**] zútitlung
ZS—Sa, zútilgung A, zuſchmaychlung K—Oa.   20 **argkeit**] geyttig-
keit Z—Oa.   **der** (*zweites*)] *fehlt* K—Oa.   21 glori Z—Oa.   22 **das**]
wol Z—Oa.   **búrd**] bild A.   ·

2 derkunten TF.   5 apgoten TF.   6 iheſus TF.   9 **wir**]
vor TF.   derlieden TF.   10 **geirret**] gequelt TF.   14 **oder**]
noch TF.   18 **Wann**] + noch ta.   **etwenn nit**] nit etwen F.
etwen T.   20 **die**] *fehlt* TF.   22 ſwie TF.

als die hotten criſti. Wann wir ſein gemacht lútzel
in mitzt eúer als die amme fúrt ir ſúne: | alſo begert   v. 8.
25 wir eúch geitigklich· wir wolten eúch antwurten   •
nit allein das ewangelium gotts wann auch vnſer
ſeln : wann ir ſeyt vns gemachet vil liebe. Wann   9.
brúder ſeyt gedenckente vnſer arbeit vnd der mú-
dung : wirckent tages vnd nachts· das wir eúwer
30 keinen beſchwerten: wir bredigten in eúch daz ewan
gelium gotz. Wann ir ſeyt gezeúg vnd gott: wie   10.
heilig vnd gerecht vnd on klag wir eúch waren ir
do habt gelaubt : | wir flechten eúwer ieglichen als der   11.
vatter ſein ſun als ir wiſſt : | vnd tróſtent bezeúg wir   12.
35 das ir gienget wirdigklich zú gott der vns rieff in
ſeim reiche vnd in die wunnigklich. Vnd dorumb   13.
mach wir genad got on vnderloß: wann do ir ent-
phiengt von vns das wort der gehórd gotz ir ent-
phiengt es nit als das wort der menſchen wann als
40 das gewer wort gotz iſt: der do wirckt in eúch ir do
gelaubt an in. Wann brúder ir ſeyt gemacht nach   14.
uolger der kirchen gots die do ſeind in iude in iheſu
criſto: wann ir habt auch erlitten die ſelben ding von
eúweren geſchlechten als auch ſy von den iuden: | die   15.

*

23 aber Z—Oa.   ſein worden kleyn Z—Oa.   kinder in mit P.
24 eúer] + gleych Z—Oa.   Als fúre die amm Z—Sa.   begeren
S, begereten K—Oa.   25 geyttigklichen Sb.   26 ewangeli OOa.
Sunder auch Z—Oa.   27 vns worden die allerliebſten Z—Oa.   31
Wann] fehlt Z—Oa.   32 ir do] die ir Z—Oa.   33 wir batten vaſt Z—Oa.
34 tróſteten K—Oa.   bezeúg wir] euch vnd habend bezeúget (ge-
zúget A) Z—Oa.   35 der euch hat berúffet in ſein Z—Oa.   36 in
ſein glori Z—Oa.   37 wúrcken wir gnad Z—Sa, ſagen wir danck
K—Oa.   38 des gehórs Z—Sc, des gehórdes SbOOa.   39 ſunder
P, aber Z—Oa.   40 gewer] war Z—Oa.   ir do] die ir Z—Oa.
41 an] in Z—Oa.   Wann] Vnnd P.   ſeyt worden Z—Oa.   42
indea Z—Oa.

*

24 ir] di T, ir tc.   28 gedenken TF.   muung TF, d nach-
getragen T.   30 in] vnter TF.   31 vnd] von TF; vnd durch raſur
corr. T.   32 vnd (erſtes)] + wie TF.   34 vnd] vnd || vnd F.
bezeugt TF.   35 get TF.   36 in] fehlt T.   37 macht TF.
38 wort] + gotz T, getilgt.   42 ſeind] iſt TF.   44 eurem ge-
ſlecht F.   45 den F, auf raſur.   iheſus TF.

auch erſchlůgen den herrn ibeſum vnd die weyſſagen
vnd iagten vns: vnd ſy geuallent nit gott· ſy ſeind

v. 16. widerwertig allen leůten : | vnd werent vns zereden
zů den beiden das ſy nit werden behalten: das ſy zů
allen zeyten erfůllent ir ſůnde. Wann der zorn gotz

17. fůrkam auf ſy vntz an das ende. Wann brůder wir
ſein geſcheiden von eůch zů dem zeit mit dem mund· vnd
mit der geſicbt nit mit dem hertzen : wir eilten begnůg-
lich zeſechen eůwer antlůtz mit maniger begerung :

18. | wann wir wolten kumen zů eůch. Ernſtlich ich pau-
lus zů eim mal vnd aber: wann ſathanas der bekůmert

19. vns. Wann welch iſt vnſer zůuerſicht oder freude
oder ein kron der wunniglich? Seyt ir denn nit vor

20. vnſerm herren ibeſu criſto in ſeiner zůkunft? Wann
ir ſeyt vnſer wunniglich vnd freude.   *iij*

1. **D**Orumb wir enthaben nit von des hin· vns
2.   geuiel allein zebeleiben zeathen : | vnd wir ſanten
thimothe vnſern brůder vnd den ambechter gotz vnd
vnſern entzampt wircker in dem ewangelio criſti
eůch zůueſten vnd zů vnderweyſen vmb eůer trew:

3. | das keiner werd bewegt in diſen durechten. Wann
4. ir ſelb wiſſt: das wir ſein geſetzt in diſem. Wann

46 iagen vns MEP, haben vns durchåchtet Z—Oa.   ſy (*erſtes*)]
fehlt Z—Oa.   ſy (*zweites*)] vnd Z–Oa.   47 menſchen Z—Oa.
48 nit — behalten] heylwårtig wůrden Z—Oa.   49 Wann] *fehlt*
Z—Oa.   50 biß Sb—Oa.   52 der] dem Z—Oa.   begnůglichen
SbOOa.   54 Ernſtlich] Gewiflich P, *fehlt* K—Oa.   55 wann]
aber Z—Sc, *fehlt* OOa.   der] *fehlt* K—Oa.   irret vns Z—Oa.   56
wôlchs Z—Oa.   57 ein] die Z—Oa.   glori Z—Oa.   58 ibeſum
chriſtum Z—Oa.   59 wunni Z—Sa, glori K—Oa.   60 Dorumb—
61 wir] Do (Ob G) wirs (wir K—Oa) nit mochten gedulden fůro (fůran
K—Oa) da gefiel czů beleiben czů Athen alleyn. vnd Z—Oa.   1 thi-
motheum E—Oa.   diener P—Oa.   vnd — 2 wircker] *fehlt* Z—Oa.
3 eůch — trew] vnd zebeſtåtten vnd czů (*fehlt* S) ermanend vmb euwern
gelauben Z–Oa.   4 trůbſalen Z—Oa.

48 nit] icht TF.   51 vnd] *fehlt* TF.   52 der] dem F.   54
kumen] reden TF.   58 ibeſum criſtum TF.   60 enthaben TF.
61 zu athenen T, zu achenen F.   2 ewangelium TF.   4 diſem TF.
5 diſen T.

ioch do wir waren bey eúch wir bredigten euch vns
zů derleiden die durechten: als es ift gethan vnd ir
wiſſt es. Vnd dorumb ich enthabt nit von des hin   v. 5.
ich fant zů erkennen eúwer treuwe : das euch vil-
10 leicht icht verfůch der der do verfůchet: vnd vnfer
arbeit wirt eitel. Wann nu fo thimothe kumpt von   6.
euch zů vns vnd vns derkunt euwer treuw vnd die
lieb : vnd das ir vnfer habt zů allen zeyten gůt
gedenckung: begerent vns zů gefechen· als auch
15 wir eúch : | dorumb brúder wir fein getröft in euch
in allem vnferem gebreſten vnd in dem durechten
vmb euwer treuw : | wann nu leben wir: ob ir ſteet   8.
im herren. Wann wiegethan machung der genade   9.
mủg wir gott widergeben vmb euch in aller freud
20 mit der wir vns frewen vmb euch vor vnferm her-
ren : | wir betten begnúglich tags vnd nachts daz wir   10.
gefechen euwer antlútz vnd erfúllen die ding die do
gebreſtent euwers gelauben? Wann erfelb got vnd   11.
vnfer vatter vnd der herre ihefus criftus der richte
25 vnfern weg zů euch. Wann der herre maniguelltig   12.
euch: vnd mach zebegnúgen euwer lieb vnder ein-

*

6 auch da Z—Oa.   predigen Sc.   vns — 7 durechten] das
(fehlt Sb) wir wúrdendt leyden trúbfal Z—Oa.   7 iſt gefchehen A.
8 ich mocht es fúro (fúran K—Oa) nit gedulden (dulden A) vnd fendet
Z—Oa.   9 ewern gelauben Z—Oa.   10 icht] nit AOOa.   11 werde
Z—Oa.   Aber Z—Oa.   nu fo] nur P.   thimotheus E—Oa.
12 derkunt] defo | kunt P, verkúndt Z—Oa; das fo (P) gehört zu zeile
11, wo das hierher gehörende r steht.   euwern gelauben Z—Oa.   13
habt] + vnd M—Sa.   14 vns zefechen E—Oa.   16 aller vnfer
notturfft vnd trúbfale durch euweren gelauben Z—Oa.   18 wiegethan
— genade] was wúrckunge der genaden Z—Sa, was danckfagung
K—Oa.   20 vnnfern ZcSa.   21 wir — begnúglich] Bettent úber-
fiúffiger Z—Oa.   wir (zweites)] + do Sb.   22 fechen Z—Oa.
23 euwerm Z—Oa.   Wann] Vnd P, Er aber Z—Sa, Aber K—Oa.
erfelb] fehlt Z—Oa.   24 got vnd vnfer] vnfer got vnd K—Sc.   vnd]
fehlt Oa.   der (zweites)] fehlt KGScOOa.   fchicke Z—Oa.   25 aber
Z—Oa.   26 mache úberflúffig Z—Oa.   ewern S.   lieb] leib M—Sc.

*

7 zů — die] zerleiden TF.   10 icht verfucht TF.   vnfer]
eur TF.   11 eitel] veruppigt T, veruppig F.   14 zu fechen T.
16 vnfern TF.   17 wann] vnd TF.   20 freuten T, freuden F.

v. 13. ander vnd in alle: als auch die vnfer in euch | zeue-
ften euwer hertze on klag in der heiligkeit vor gott
vnd vnferm vatter in der zůkunfte vnfers herren
ihefu crifti mit allen feinen heiligen.   *iiij*

1. **D**Orumb brúder von des hin bitten wir vnd
flechen euch in dem herren ihefu: alfo das ir
habt entphangen von vns in welcherweys
euch gezimpt zegeen vnd alfo zegeuallen got das ir
2. auch alfo geet: das ir begnúgt mer. Wann ir wifſt
die gebott die ich euch gab durch vnfern herrn ibefum
3. criftum. Wann ditz ift der will gotz euwer heilig-
keit das ir euch enthabt von der gemein vnkeufch:
4. | das euwer ieglicher wiſſe zebefitzen fein vaſſe in hei-
5. ligkeit vnd in eren: | nit in der marter der begirden
6. als auch die beiden die do miſſkennent gott. Vnd daz
keiner vbergee noch betrieg feinen brúder in dem ge-
fchefft: wann der herre ift ein recher von allen difen
dingen als wir euch vor fagten vnd haben euch be-
7. zeúgt. Wann got der rieff vns nit in vnreinikeit:
8. wann in heiligkeit. Dorumb der do verfchmecht dife
ding der verfchmecht nit den menfchen wann got:
9. der ioch gabe feinen heiligen geift in eúch. Wann
wir hetten euch nit durft zefchreiben von der lieb der

*

27 **auch**] euch ZcSa.   vnfern E—Oa.   in] *fehlt* Z—Oa.   zů-
beftâten Z—Oa.   28 hertzen P—Oa.   31 von des hin] hin fûran
K—Sc, fûrohyn OOa.   32 **ihefu — das**] das (*fehlt* K—Oa) als wie
Z—Oa.   33 **in — 35 mer**] wie ir fúllend wandlen (wandern K—Oa)
vnd got geuallen als ir auch (auch ir Oa) wandlendt (wandert K—Oa)
das ir mer úberflúffig feyent Z—Oa.   37 Aber das ift Z—Oa.   hey-
ligmachung K—Oa.   38 **euch**] mich Sb.   40 **der marter**] den
leyden K—Oa. ·   42 **gefchefft**] gefchlâcht Z—Oa.   45 got hat
vns nit genoderet in Z—Oa.   46 funder P, aber Z—Oa.   in] +
die Z—Oa.   47 funder P, aber Z—Oa.   48 auch hat geben (ge-
geben ZcSa) Z—Oa.   **euch — 49 durft**] vns. Aber wir hetten nit
notturfft euch Z—Oa.   49 durff M.

*

29 **vnferm**] vn | vnferm F.   30 all TF.   32 ihefus TF.
das] alz T.   36 **herrn**] + vnfern T, *geftrichen*.   ihefus criftus TF.
38 **von der**] vor T.   40 begird TF.

50 brúderſchaft. Wann ir ſelb habt gelernt von gott:
das ir liebhabt an einander. Ditz thût auch an allen   v. 10.
brúdern: in allem macedonia. Wann brúder wir
1 bitten euch das ir begnúgt mere: | vnd gebt fleyß daz   11.
ir ſeyt ſenſt· vnd das ir thût euwer geſchefft· vnd
55 wirckt mit euweren henden als wir euch gebuten:
· vnd das ir geet erſamklich zů den die do ſeind auſ-   12.
wendig· vnd begert keins dings. Wann brúder wir   .   13.
wellen euch nit miſſkennen von den ſchlaffenden:
daz ir nit werdent betrúbt als auch die andern die do
60 nit habende zůuerſichte. Wann ob wir gelauben   14.
das iheſus iſt tod vnd erſtůnd: alſo zůfůrt auch got
63 c| mit im die do ſchlieffen durch ibeſum. Wann diſe   15.
ding ſag wir euch in dem wort des herren: wann
wir do leben wir do ſein vbrig: wir fúrkumen nit in
der zůkunft des herren die die do ſchlieffen. Wann   16.
5 erſelb der herr ſteigt ab vom himel in dem gebot vnd
in der ſtymm des ertzengels: vnd in dem born gotz vnd
die do ſeind tod in criſto die erſtend zům erſten. Dor   17.
nach wir wir do leben wir do werden gelaſſen wir
werden entzampt gezuckt mit in in den wolcken criſti

*

51 fúllend liebhaben Z—Oa.   auch in all brúder Z—Oa.   52
macedoniam Z—Sc.   Aber Z—Oa.   53 ir mer úberflúſſig ſeiend
vnd Z—Oa.   54 ſenſt] gerůet Z—Oa.   55 gebutte EP, haben
geboten Z—Oa.   57 aber Z—Oa.   58 miſſkennen] verborgen
zu ſein K—Oa.   60 keyn hoffnung haben Z—Oa.   61 Alſo wirt
auch zůfůren Z—Oa.   3 do (erstes) — nit] die wir leben. die wir
vberig ſeyendt. Wir werden nit furkummen Z—Oa.   4 des herren]
vnſers herren Iheſu chriſti Z—Oa.   entſchlaffen ſeyen Z—Oa.   5 er-
ſelb — ab] der herr ſelb wirt herabſteygen Z—Oa.   6 dem] den
Z—Sa.   horn] oren S.   7 zů dem Z—Oa.   8 wir (erstes)]
fehlt E—Sa, die K—Oa.   wir (zweites) — do (zweites)] wir leben
die wir Z—Oa.   9 entzampt] fehlt Z—Oa.   mit im Sb—Oa.
criſto Z—Oa.

*

51 an (erstes)] fehlt TF.   53 gebt] + den TF.   57 vnd] +
nit TF.   dings] + kainz TF.   59 auch] fehlt TF.   do] fehlt
TF.   60 haben TF.   gelaubt TF.   iheſus] iheſus || daz iheſus F.
1 die] di di TF.   iheſus TF.   3 wir] + wir TF.   4 die
(zweites)] nachtr. F.   ſlafent TF.

engegen in den luften: vnd alſuſt werd wir zů allen
v. 18. zeyten mit dem herren. Dorumb trôſtend an einander
in diſen worten.   *Das · v · Capittel*

1.   Wann ir bedurfft nit daz ich eúch ſchreib von
2.   den zeyten vnd von den bewegungen. Wann
       ir ſelb wiſſt das fleyſſiglich: das der tag des
3. herren kumpt alſo in der nacht als der dieh. Wann
ſo ſy ſagent fride vnd ſicherkeit: denn kumpt vber
ſy der gech tod als das ſer in dem leib der habenden:
4. vnd entphfliechent nit. Wann brúder ir ſeyt nit in
den vinſtern: das eúch der tag begreiff als der dieb.
5. Wann alle ſeyt ir ſún des liechts: vnd ſún des tags.
6. Wann ir ſeyt nit der nacht noch der vinſtern. | Dor-
umb wir ſchlaffen nit als auch die andern: wann
7. wir wachen vnd ſein getempert. Wann die do ſchlaf-
fent nachts ſchlaffent ſy: vnd die do ſeind truncken
8. nachts ſeind ſy truncken. Wann wir wir do ſein des
tags wir ſein getempert: geuaſſt mit dem halſperg
des gelauben vnd der lieb vnd mit dem helm der zů
9. uerſicht vnd der behaltſam: | wann got der ſatzt vns

*

10 den luften M. den lûften EP, die luft Z—Oa.   alfo Z—Oa.
11 mit] bey Z—Oa.   Dorumb] vnd alfo Z—Oa.   an] *fehlt* OOa.
einander] aneinder Z.   13 Ir bedúrffent aber nit brúder. das wir
euch ſchreyben Z—Oa.   14 **von — bewegungen**] augenblicken
Z—Oa.   15 ſelbs K—Oa.   das (*erstes*)] *fehlt* Sc.   fleiſſigk-
lichen ZcSa.   18 ſy] ſich M—AZcSa.   **gech — ſer**] ſchmertz
Z—Sa, tod als (vnd SbOOa) der ſchmertz K—Oa.   **der habenden**]
des der in hat Z—Sa, habende K—Oa.   19 Aber Z—Oa.   20 den
vinſter ME, dem vinſter P, den vinſternúſſen Z—Oa.   22 vinſternußen
Z—Sa, vinſternuß K—Oa.   23 wir ſúllen nit ſchlaffen Z—Oa.   Aber
wir ſúllen wachen vnd nůchter ſein Z—Oa.   26 bei der nacht Z—Oa.
Aber wir die wir ſeyen des tages ſúllen núchter ſein angeleget mit
dem pantzer Z—Oa.   **wir wir**] wir EP.   28 **vnd** (*erstes*)] +
mit ZcSa.   **dem**] *fehlt* A.   zúuerſicht] hoffnung Z—Oa.   29 des
heyls wann got hat vns nit geſeczet in den czorn. Aber Z—Oa.

*

11 **an**] *fehlt* TF.   15 **wiſſt das**] wiſſet TF.   18 **das**] der
F, *auf rasur von* dz.   ſer] *fehlt* F.   **der habenden**] habende F,
durch rasur. 19 **vnd**] + ſi TF.   21 **ir**] + di TF.   **des tags**] gotz TF.

30 nit in einem zorne wann in die gewinnung der be-
haltſam durch vnſern herren iheſum criſtum | der do   v. 10.
iſt tod vmb vns: es ſey das wir wachen oder ſchlaf-
fen: wir leben enzampt mit im. Dorumb trôſt ein   11.
ander· vnd pauet einander: als ir auch thût. Wann   12.
35 brûder wir bitten eûch das ir erkennt die die do ar-
beitent vnder eûch: vnd eûch vorſint im herrn· vnd
eûch manent: | daz ir ſy habt begnûglich in der lieb vmb   13.
ir werck: habt den frid mit in. Wann brûder wir   14.
bitten euch: bereſpt die vnſenften: trôſt die lûtzels
40 gemûtes· entphacht die ſiechen: ſeyt gefridſam zû
allen zeyten. Secht das keiner widergebe vbel vmb   15.
vbel: wann zû allen zeyten nachuolget dem das do
iſt gût vnder einander vnd in all. Zû allen zeyten   16.
freuwet eûch im herrn: | bettent on vnderloß: | macht   17. 18
45 genad in allen dingen. Wann ditz iſt der will gotz
in iheſu criſto: in eûch allen. Nicht enwelt verleſch   19.
en den geiſt: | nicht enwelt verſchmechen die weyſſag-   20.
ung. Wann alle ding bewert: das gût iſt das be-   21.
habt: | vnd enthabt eûch vor allen bôſen bilden. Wann   22. 23
50 erſelb gott des frides geheilig eûch durch alle ding:
das eûwer geiſt vnd die ſel vnd der leib werd behût
gentzlich on klage an dem tag der zûkunft vnſers

*

30 des heils Z—Oa.   33 ſo ſûllen wir leben mit Z—Oa.   34
aber Z—Oa.   35 brûder] fehlt G.   36 verſûnt MEP.   in dem S.
37 manet MEP.   habt ûberflûßiger Z—Oa.   38 Aber Z—Oa.
39 ſtrafft P—Oa.   vnſenften] vnrûbigen Z–Sa, vnrûygen KGSc—Oa,
vnreynen Sb.   kleineſ gemûtes P, kleinmûtigen Z–Oa.   40 ſeyt
geduldig Z—Oa.   41 zeyten] fehlt Z—Oa.   42 Aber Z—Oa.
44 in dem P.   Sagent genad Z—Sa, Sagt danck K—Oa.   46 Nich-
ten welt P, Nit wôlt Z—Oa.   47 nichten welt P, Nit wôlt Z—Oa.
48 Aber Z—Oa.   behalt P, gehabt ZcSa.   49 Aber Z—Oa.   50
geheyligt P, heylige K—Oa.   51 vnd ſel vnd leib K—Oa.

*

30 in die] di T.   gewunnung TF.   34 vnd] fehlt TF.   35
die die] di T.   43 einander] euch TF.   all] allen TF.   44
freud TF.   pet TF.   45 gotz] fehlt T.   46, 47 wellt TF.
48 das] + da corr. T.   49 alle poſen pild TF.   50 frides] +
der TF.   52 tag] + der tag TF (unterstrichen T).

v. 24. herren iheſu criſti. Wann gott der iſt getreuwe der
25. eúch rieff: der es auch thût. Brúder: bettent vmb
26. vns. Grúſſet alle die brúder: in dem heiligen kuſſe.
27. Ich beſchwer eúch bey dem herrn: das die epiſtel werd
28. geleſen allen heiligen brúdern. Die genad vnſers
     herren iheſu criſti ſey mit eúch allen. Amen. *Hie
     endet die erſte Epiſtel zů den Theſſalloni-
     cenſern Vnd hebt an die vorrede über die
     ander Epiſtel zů den Theſſalonicenſern.*

DIe ander epiſtele zů den theſſalonicenſeren
ſchreibt der hott: vnd thût in kund von
den letzten zeyten von der zůkunfte des
widerſachen vnd von ſeiner zerſtôrung.
Wann er ſchreibt diſe epiſtel von athenis durch ty-
tum den dyacken vnd oneſimum den accolliten. *Hie
endet die vorrede Vnd hebt an die ander
epiſtel zů den Theſſalonicenſern.*

Paulus vnd ſiluanus vnd thi-
motheus: der kirchen zů theſ-
ſalonicenſes in gott vnſerm
vatter vnd dem herren iheſu
2. criſto: | gnad ſey mit eúch vnd
frid von gott vnſerm vatter
vnd von dem herrn iheſu criſto.
3. Brúder wir ſúllen zů allen
zeyten machen genade gott vmb eúch alſo als es iſt

*

53 der (*erstes*)] *fehlt* K—Oa.   54 rieff] rûſft vnd P, rieſft ZA,
rûſt Zc—Oa.   auch wirt thůn Z—Oa.   55 die] *fehlt* Z—Oa.   53
iheſu] *fehlt* G.   1 Die — zů] Theſſaſolica. Zů Z—Sc, *fehlt* OOa.
den] *fehlt* ME.   2 der bott] ſant Paulus der zwelfbott (apoſtel OOa)
die andern epiſtel Z—Oa.   5 Wann er] Vnnd Z—Oa.   diſe]
die S.   6 den ewangelier Z—Oa.   oneſium M.   10 zů theſſa-
lonica Z—Oa.   13 die gnad Z—Oa.   14 der frid Z—Oa.   17 ſagen
gnad got Z—Sa, got danckſagen K—Oa.

*

54 pett TF.   56 die] diſe TF.   58 allen] *fehlt* TF, *nachtr.* ta.
1 *Diese vorrede in* BNgWr *in anderer fassung.*   10 teſſalonicens TF.
12 vnd] + in TF.   17 gott] *fehlt* TF, *nachtr.* ta.

wirdig : das eůwer gelaube vberwachſe vnd die lieb
eins ieglichen eůwer aller begnůg vnder einander :

20 ; alſo daz auch wir ſelb werden gewunniglicht in eůch   v. 4.
in den kirchen gotz vmb eůwer gefridſam vnd vmb
treuwe in allen eůeren durechten vnd in den trůb-
ſalen die ir erleidet | zů der beyſchaft des gerechten vr-   5.
teyls gotz : das ir werdet gehabt wirdig in dem reich

25 gotz vmb den ir auch erleidet : | iedoch ob es iſt recht   6.
bey got widerzegeben daz trůbſal den die eůch betrůb-
ent : vnd eůch ir do wert betrůbt die růe mit vns in
der eroffnunge des herrn iheſu vom himel mit den
engeln ſeiner kraft | zegeben die rach in der flammen   8.

30 des feůers den die do nit derkannten gott vnd die do
nit gehorſampten dem ewangelium vnſers herrn ihe-
ſu criſti. Die do gehent ewig peine in den tod vor dem   9.
antlůtz des herrn vnd vor der wunniglich ſeiner kraft :
ſo er kumpt zewerden gewunniglicht in ſeinen hei-   10.

35 ligen. vnd zewerden wunderlich in allen die do ge-
laubten : wann vnſer gezeůg iſt gelaubt vber eůch
an dem tag. In dem wir auch betten zů allen zeyten   11.
vmb eůch das vnſer got eůch gerůchen zerůffen mit
ſeiner růffung : vnd erfůll allen den willen der gůten

v. 12. vnd das werck des gelauben in gůter kraft: | das der
nam vnſers herren iheſu criſti werd geleútert vmb
eúch: vnd ir in im: nach der genad vnſers gotz vnd
des herrn iheſu criſti. *Das · ij · Capittel.*

1. Wann brúder wir bittẹn eúch durch die zů-
kunft unſers herren iheſu criſti vnd vnſers
2. ſamnungers in diſem ſelben: | daz ir nit ſchier
werdet bewegt von eúweren ſinnen noch erſchreckt
durch den geiſt noch durch das wort noch durch die
epiſtel als geſant durch vns: als der tag des herren
3. anſteet. | Keiner verleyt eúch in keinerweys. Wann
nuer es kum zům erſten miſſhellung: vnd der man
4. der ſúnde wirt eroffent der ſun des verleuſes · | der do
iſt widerwertig vnd erhaben vber alles das das do
iſt geſagt gott oder das do wirt geert: alſo das er
ſitze in dem tempel gotz er zeygt ſich als er ſey gott.
5. Behabt ir nit daz do ich was bey eúch ich ſagt eúch
6. diſe ding? Vnd nu wiſſt ir was do enthabt: das es
7. werd eroffent in ſeim zeyt. Wann ietzunt wircket
er die taugen der vngangkeit: allein das der do hellt

40 gůter] der Z—Oa. 41 nam] man S. werd klariſitziert
K—Oa. vmb] in Z—Oa. 44 Aber Z—Oa. 45 vnſer ſam-
lung in den ſelben Z—Oa. ſchier] bald OOa. 47 erſchreck S.
49 geſät ZcSa, ſañt Sb. als] + werde anſteen Z—Oa. 50 aa-
ſteet] *fehlt* Z—Oa. 51 nuer] nu A. der menſch ZAZc—Oa,
der menſchen S. 52 ſun der verdamnuß Z—Oa. 53 vnd wirt er-
hóbet Z—Oa. 54 iſt genennet Z—Oa. 55 er zeygt] vnd erzaige
Z—Oa. er ſey] ſey er Z—GScOOa. 56 Gehabt Z—Sa, Gehalt
KGSc, Gehallet Sb, Behalten OOa. daz] + das Z—Oa. eúch
(*erſtes*)] + das Z—Sa. ich euch ſaget Z—Oa. euch? (euch.
EP) Diſe ding vnd MEP. 57 nn] nit MEP. do] in Z—Sa, *fehlt*
K—Oa. cnthab Z—Sa, enthalt K—Oa. 58 ſein Sc. 59 taugen
— 61 vngeng] heymlikeit der boßheyt ſouil. das. wer ietzunt hellt. der
hallte als lang vntz (biß Sb—Oa) es werde von der mitte vnd denn ſo
(*fehlt* OOa) wirt offengebaret (offenbaret A, geoffenbaret S) der böö
menſch Z—Oa. 59 der boßheyt P.

40 gůter] der TF. 41 vmb] in TF. 43 iheſus criſtus TF.
45 vnſers (*zweites*)] vnſern F. 46 ſamnung TF. 47 ewerm ſynne
TF. 50 anſte TF. 52 ſund T, ſonden F. 53 alles] *fehlt* TF.
das das] + daz T, *unterſtrichen.* 55 ſiczt TF. 57 es] er TF. 58 wirk T.

60 nun behab: biß das es werd getan von mitzt. Vnd   v. 8.
denn wirt eroffent der vngeng den der herre iheſus
1,5) erſchlecht mit dem geiſt ſeins mundes: vnd verwúſt
in in der entleúchtung ſeiner zûkunft · | wann des zû   9.
kunft iſt nach der wirckung ſathanas in aller kraft
vnd in zeychen vnd in lúglichen wundern | vnd in allem   10.
5 widerteyl der vngangkeit den die do verderben: dor-
umb das daz ſy nit entphiengen die lieb der warheit
das ſy wurden behalten. Vnd dorumb gott der ſant   11.
in die wirckung des irrthums das ſy gelaubent der
luge: | daz ſy alle werdent geurteilt die do nit glaub-   12.
10 ten der warheit: wann ſy gehullen der vngangkeit.
Wann lieben brúder von gott wir ſúllen zû allen   13.
zeyten machen genad gott vmb euch: das euch gott
zûm erſten hat erwelt in behaltſam in die heiligkeit
des geiſtes vnd in dem gelauben der warheit: | in dem   14.
15 er euch auch hat gerûffen durch vnſer ewangelium
in die gewinnung der wunniglich vnſers herrn ihe-
ſu criſti. Dorumb brúder ſtet: vnd behabt die ſitten   15.
die ir habt gelernt: es ſey durch das wort oder durch
vnſer epiſtel. Wann erſelb vnſer herr ibeſus criſtus   16.
20 vnd gott vnſer vatter der vns liebhett · vnd vns

*

60 von mitten P.   61 der bôß P.   1 vnd wirt in zerſtören
in der erleuchtung (leúchtung Sc) Z—Oa.   2 wann] *fehlt* Z—Oa.
3 ſathane Z—Oa.   4 in aller verfúrung der boßheyt Z—Oa.   5 boß-
heit P.   6 daz] *fehlt* Z—Oa.   7 got wirt in ſenden die wirckung
der irrſale Z—Oa.   8 des] daz P.   9 gelaubent Z—Oa.   10 war-
heit] + vnd der gerechtigkeyt S.   aber ſy vergúnten (verwilligten
K-Oa) der boßheyt aber lieben Z—Oa.   boßheyt P.   11 von
gott] *fehlt* Z—Oa.   12 wircken genad got Z—Sa, got danck ſagen
K—Oa.   13 zû dem ZcSa.   erwôlt zû dem hail in (*fehlt* Sb) der
heyligkeit Z—Oa.   14 in (*erstes*)] *fehlt* Sb.   dem (*zweites*)] den
ZAS.   15 gerúffet Z—Sc, berúfft OOa.   16 die] der Z—Oa.
glori P—Oa.   17 behaltent Z—Oa.   19 die epiſtel Sb.   Wann
erſelb] Er aber Z—Sa, Aber K—Oa.   20 von gott vnſerm MEP.
gott] + vnd Z—Oa.

*

60 behabt TF; behalt F, *durch raſur.*   2 in mit der TF.   6 das]
ſi TF, *getilgt* F.   7 ſendt TF.   15 auch euch TF.   vnſern F.
16 gewunnung TF.   20 vnſer] der TF; *unterstrichen* T, vnſer ta.

v. 17. gab den ewigen troſt vnd gût zûuerſicht | der vnder
weyſe eûwere hertzen in genad: vnd veſtens in eim
ieglichen gûten werck vnd in dem wort.   *iij*

1.   U On des hin brúder bettet vmb vns das das
                wort des herren lauf vnd werd gelautert als
2.   auch bey euch: | vnd das wir werden erlôſt von
den vnzimlichen vnd von den bôſen leúten. Wann
3. der gelaube iſt nit aller. Wann gott der iſt getrew
4. der euch veſteut: vnd behút vor dem vbeln. Wann
brúder wir verſechen vns von euch im herren: das
ir thût die ding die wir euch gebuten: vnd tût ſy.
5. Wann der herr richt eûwer hertzen in der lieb gotz:
6. vnd in der gefridſam criſti. Wann brúder wir er-
kunden euch in dem namen vnſers herrn iheſu criſti:
das ir euch abziecht von eim ieglichen brúder gend
vnordenlich: vnd nit nach dem ſitten den ſy entphien-
7. geu von vns. Wann ir ſelb wiſſt in welcherweys
euch gezimpt vns nachzeuolgen: wann wir waren
8. vnder euch in rûw | noch aſſen das brot vergeben von
keim: wann in arbeit vnd in múung wir worchten

*

21 vnd] + auch Sb.   der] *fehlt* K—Oa.   22 veſtens] be-
ſtâtte euch Z—Oa.   23 dem wort] gûtter rede Z—Oa.   24 Furan-
hin K—Sc, Fûrhin OOa.   25 werde klariſitziert K—Oa.   26 das]
+ auch Z—Oa.   27 den vngeſtûmen vnd bôſen leuten Z—Oa.   28
nit] mit S.   aber der herr iſt Z—Oa.   29 euch wirt beſtâtten
vnd (+ auch Sc) behüten Z—Oa.   den übeln P, dem übel Z—Oa.
Wann] vnd P, Aber Z—Oa.   30 vns] auch vns Sc.   31 gebotten
haben vnd thût ſy vnd werdent ſy thûn. Aber der herr (+ der S)
ſchicke Z—Oa.   33 geduld criſti. Aber Z—Oa.   verkünden P—Oa.
35 entzieht Z—Oa.   brúder der vnordenlich wandert K—Oa.   36
dem] den SSb.   37 wißt wie man vns mûß nachuolgen Z—Oa.   39
in rûw] nit vnrûbig Z—KSb—Oa, nit rûyg G.   vergebens Z—Oa.
40 Aber Z—Oa.   haben wir gewircket (gearbeit SbOOa) tag vnd
nacht Z—Oa.

*

21 zûuerſicht] + in der genad TF.   22 in genad] *fehlt* TF.
23 gûten] *fehlt* TF.   26, 27 vnd] *fehlt* TF.   34 euch] *fehlt* T.
nachtr. ta.   iheſus criſtus TF.   35 ieglichen TF.   36 dem]
den TF.   ſy entphiengen] ir enphiengt TF.   38 vns] *fehlt* TF.
nachzeuolgen] + vns ta (euch *unterstrichen*).   waren] + nit TF.

tags vnd nachts: das wir eúeren keinen beſchwer-
ten: | nit als wir nit hetten den gewalt: wann das   v. 9.
wir vns ſelb gaben ein bild vns nachzeuolgen. Wann do   10.
wir warn bei euch wir erkunten eúch diſe ding: wann
45 ob etlicher nit wil wircken: der eſſe nit. Wann wir   11.
horten etlich gend vnder euch in rûw nit werckent:
wann tûnd hûbſchlich. Wann den die do ſeind in diſe   12.
weys derkúnd wir vnd flechen in dem herren iheſu
criſto das ſy wercken vnd eſſen ir brot mit ſchweig-
50 ung. Wann brúder nit enwelt gebreſten wol zû-   13.
tûn. Wann ob etlicher nit gehorſampt vnſerm wort   14.
diſen merckt durch die epiſtel: vnd nit vermiſchet
eúch mit im das er werd geſchemlicht. Vnd nichten   15.
welt in achten als ein feind: wann bereſpt in als den
55 brûder. Wann erſelb der herr des frides geb eúch den   16.
ewigen frid an einer ieglichen ſtat. Der herr ſey mit
euch allen amen. Meinen grûſs in der hand paulus: 17.
das do iſt ein zeychen in einer ieglichen epiſtel. Die
ich ſchreib. Die genad vnſers herrn iheſu criſti ſey   18.
60 mit eúch allen Amen. *Hie endet die ander*
epiſtel zû den Theſſalonicenſern Vnd hebt
[61] *an die vorrede úber die erſte epiſtel zû Thymotheo.*

---

42 aber Z—Oa.   43 bild] ebenbild euch Z—Oa.   44 ver-
kunten P—Oa.   46 wandernd K—Oa.   in — 48 flechen] vn-
rübiglichen nichts wirckend. Aber hôflich thûnd den. aber die ſôllich
feind verkunden wir vnd bitten ſy Z—Oa.   48 verkûnd P.   50 Aber
Z—Oa.   wôlt Z—Oa.   51 Vnd ob P, ob aber Z—Oa.   52 durch
die epiſtel den môrckend Z—Oa.   53 eúch] auch KGSc.   geſchent
P—Oa.   nicht Z—Oa.   54 Aber Z—Oa.   ſtrafft P—Oa.
den] ein P.   55 **Wann** — **herr**] Er (*fehlt* K—Oa) aber got Z—Oa.
57 **grûſs**] + ſey Sc.   pauli Z—Oa.   58 do] *fehlt* ZcSa.   **Die
ich ſchreib**] alſo ſchreib ich Z—KSb—Oa, alſo ſchreib G (*schluss des
blattes*).   59 **Die** — 60 **Amen**] *fehlt* G.

*

41 eur TF.   42 **den**] *fehlt* TF.   45 eſſe] + auch TF.   **wir**]
nachtr. F.   46 etlich vnter euch gent in TF.   47 diſer TF.
49 **mit**] in TF.   50 wellt TF.   52 **vnd**] *fehlt* TF.   nit en-
welt TF.   54 **den**] ainen TF.   56 ain ieglicher TF.

Thimotheum lert vnd vnderweyſt paulus von
der ordenung des biſchoffs vnd des dyacon ·
vnd von aller zucht der kirchen: vnd ſchreibt
im von laudicia durch thyticum dyaconum. *Hie
endet die vorrede Vnd hebt an die erſte
Epiſtel zů Thymotheo Das erſte capitel*

2.
Paulus bot ibeſu criſti nach dem
gebot gotz vnd vnſers behal-
ters ibeſu criſti der do iſt vn-
ſer zůuerſicht: | ſey zů thimo-
the dem lieben ſun in der trewe:
genad vnd erbarmd vnd frid
von got vnſerm vatter vnd
von dem herren iheſu criſto.

3. Als ich dich bat daz du belibeſt zů epheſi do ich gieng
in macedon · das du erkúnteſt etlichen das ſy nit an

4. ders lerten: | noch vernemen an die ſpiler vnd an die
vngeenten geſchlecht: die mer geben die fragen denn

5. die pauung gotz die do iſt in dem gelauben. **Wann**
das ende des gebotts iſt die lieb: von reinen hertzen ·
vnd von **gůter gewiſſen**: vnd von dem gelauben on

✦

2 Sanctum thimotheum leret ſant pauls (Paulus leret ſanctum thimo-
theum A) vnd vnderweyſet in von Z—Oa.   3 des biſtumbs vnd der
wirdikeit des ewangeliers vnd aller geiſtlicher zucht ſchreybend Z—Oa.
5 in MEP.   thytitum M.   den ewangelier Z—Oa.   8 Paulus
der apoſtel Z—Sc, Der apoſtel paulus OOa.   11 ſey zů] *fehlt* Z—Oa.
thimotheo P—Oa.   12 dem] vnſerm Z—Oa.   in dem gelauben
ſeye genad vnd barmherczigkeit Z—Oa.   16 epheſum Z—Oa.   17
macedoniam Z—Oa.   verkúnteſt P—Oa.   18 vernemen — an
die] auffmerckten den lügmåren vnd den Z—Oa.   19 geſchlechten
die da geben mer frag Z—Oa.   mer] mir MEP.   20 do] *fehlt* P.
21 reynem SZcSaSb—Oa.   22 dem] den Sc.   **gelauben on ge-**
leichſen] vngedichten gelauben Z—Oa.

✦

   2 **vnderweyſt**] + ſand Wr.   5 **durch thyticum dyaconum**]
fehlt BNgWr.   9 vnſer behalter TF.   10 iheſus criſtus T.   11
ſey — 12 trewe] *fehlt* TF.   15 criſto] + ſey zu thymotheo dem
lieben ſun in der trewe TF.   16 pleibſt TF.   18 ſpiler] ſpeler
T, ſpelt F.   19 geſchlecht] + zungen TF.   frage TF.   21
raim TF.   22 **vnd von gůter gewiſſen**] *fehlt* TF, *nachtr.* ta.

geleichfen. Von dem etlich irrten fy feind bekert in   v. 6.
vppig rede: | fy wellent fein lerer der ee vnd vernement   7.
25 nit noch die ding die fy redent: noch von den fy ve
ftent. Wann wir wiffen das die ee ift gût ob fy et-   8.
licher eelich neuft: | wir wiffen das dem gerechten nit   9.
ift gefetzt die ee wann den vngerechten vnd den nit
vndertenigen: den vnmilten vnd den fúndern den
30 maintetigen vnd den verpannern den fchlacheren
vatter vnd mûtter den manfchlechten | vnd den ge-   10.
mein vnkeufchern der mann beyliger vnd den pfla
gern den lugnern vnd den mainaidern: vnd ob an-
ders icht ift widerwertig der gantzen lere: | die do ift   11.
35 nach dem ewangelium der wunniglich des feligen
gotz das mir ift gelaubt. Ich mach genad dem der   12.
mich fterckt in ihefu crifto vnferm herren: wann er
mafft mich getreuw fetzent in das hantwerck. Ich   13.
do was zûm erften ein verfpotter vnd ein iager vnd
40 ein lefterer: wann ich hab begriffen die erbarmd gots

*

23 dem] den ZSZcSaKGSc.   24 wellet ME.   25 fy beftåttend.
Aber Z—Oa.   26 gût wer fy redlichen brauchet Z—Oa.   27 dem]
den Z—Oa.   28 aber P—Oa.   den (letztes)] fehlt Sc.   29 vnmilten]
vngûtigen K—Oa.   30 manigtetigen MEP, boßhaffttigen Z—Oa.
verpannern — 32 pflagern] vermeyligten (vermaßgeten A) vnd den
vatterfchlåchtigen vnd mûterfchlâchtigen vnd den manfchlâchtigen vnd
den vnkeufchern vnd den befchlaffern der knaben (der knaben fehlt Sc)
vnd den fchlagern oder leût verfúrern Z—Oa.   31 den (zweites)]
fehlt P.   34 ich O, ichts Oa.   35 der glori K—Oa.   36 das
— mach] der mir beuolchen ift. Ich fag Z—Oa.   danck K—Oa.
37 er — 41 ding] wer mich getrew gefchâczet hat in dem dienft der
ich vor gewefen bin ein gots lôfterer vnd ein durchâchter vnd vol
lafters. Aber ich hab eruolget die barmherczigkeit gottes. wann ich
hab es vnwiffend thûn (gethan SK—Oa) Z—Oa.   39 verfpotts M.

*

23 gekert T, gelert F.   25 noch] fehlt TF.   redent] leren
TF; unterstrichen T, reden ta.   27 dem] den T.   28 den nit]
nit TF.   29 vndertenigen] + vnd T, unterstrichen.   den (erstes)]
+ verpan T, gestrichen.   31 mûtter] + vnd TF.   manfchlech-
ten vnd] manflecken TF.   32 der mann beyliger] den gemain-
famern der manne TF.   pflagern] + vnd TF.   33 anders icht]
kain ander dink TF.   34 gancz TF.   36 gelauben TF.   macht
TF.   37 ihefus criftus T.

wann in miſſkennung tet ich diſe ding in dem vn

v. 14. gelauben. Wann die gnad vnſers herrn iheſu criſti
vberbegnůgt mit der treuw vnd mit der lieb die do

15. iſt in iheſu criſto. Getrew iſt das wort vnd wirdig
aller entphachung: wann ibeſus criſtus kam in diſe
werlt zemachen behalten die ſünder: der ich bin der

16. erſt. Wann dorumb hab ich begriffen die erbarmd:
das iheſus criſtus zům erſten zeygt an mir all ge-   .
fridſam zů einer beyſchaft der die im ſeint zegelauben

17. in das ewig leben. Wann dem kůnig der werlt dem
vntŏdigen dem vngeſichtigen dem allein got dem
ſey ere vnd wunniglich: in den werlten der werlte

18. amen. O ſun thimothe ditz gebott entphilch ich dir
nach den vorgenden die do weyſſagten in dir: das du

19. ritterſchefteſt in in gůt ritterſchaft | habent die treu
vnd gůt gewiſſen. Die etlich vertriben ſy ſchiffbrůch-

20. ten vmb den gelauben: | von den was himeneus vnd
alexander die ich antwurt ſathanas: daz ſy nit leren
zeſpotten.   *Das · ij · Capitel.*

---

41 dem gelauben Oa.   42 aber Z—Oa.   **gnad]** *fehlt* Sc.
43 die *(fehlt* K—Oa) iſt überflüſſig geweſen mit dem gelauben Z—Oa
44 chriſto iheſu Z—Oa.   46 heylſam zemachen Z—Oa.   **48 all
gefridſam]** geduldt Z—Oa.   49 beyſchaft] vnderweyſung Z—Oa.
im werdent gelauben Z—Oa.   50 Aber Z—Oa.   51 vntŏdtlichen.
vnſichtbern alleyn gott ſeye Z—Oa.   52 wunni Z—Sa, glori K—Oa.
53 **gebott]** + das Sb.   54 den] dem Sc.   **die do weyſſagten]**
weyſſagungen Z—Oa.   55 den gelauben vnd das gůt Z—Oa.   56
vertriben ſy] verwurffen vnd Z—Oa.   ſchyſſbraucheten SbOOa.
57 bey dem gelauben. auß den dann iſt Hymeneus Z—Oa.   **den**
(zweites)] dem EP.   himenus E, hinenus P.   58 geantwurt hab
Sathane. das ſy lernen nit gotlŏſteren Z—Oa.

---

41 **in dem]** im TF.   42 iheſus criſtus F.   48 zaig TF.
51 all ainen TF.   53 **amen]** *nachtr.* T.   54 **die do weyſſagten]**
weiſſagen TF.   56 **gůt]** di TF.   57 **was]** *fehlt* TF; iſt ta
ymineus TF.   58 **nit leren]** lernen nit TF.

₆₀ **D**Orumb ich bit zům erſten aller flechungen   v. 1.
      gebette eiſchungen machung der genaden
₁₅ zewerden gemacht vmb all leút: | vmb die kúnig vnd   2.
      vmb all die do ſeind geſchickt in der hôch: das wir
      tůn ein ſenftz vnd ein ſtilles leben in aller miltikeit
      vnd in keuſch. Wann ditz iſt gůt vnd anentphenck   3.
₅ lich vor got vnſerm behalter: | der do wil das all leút   4.
      werden behalten: vnd zekumen zů der erkennung der
      warheit. Wann ein got iſt vnd ein mitler gotz vnd   5.
      der mann der man iheſus criſtus: | der ſich ſelbér gab   6.
      zů einer erlôſung vmb all. Des gezeůg iſt geueſtent
₁₀ in ſeinen zeyten: | in dem ich bin geſetzt ein brediger   7.
      vnd ein bott. Ich ſag die warheit vnd leúg nicht:
      ein lerer der heiden in dem gelauben vnd in der war-
      heit. Wann ich wil all mann zebetten an einer ieg-   8.
      lichen ſtat: ſy heben auf reine die hende on zorn vnd
₁₅ on miſſhellung. Vnd zegeleicherweys die weib in   9.
      die geordent gewant · zeziern ſich mit ſcham vnd mit
      temperung : nit mit gedreeten baren oder mit gold
      oder mit mergriſlin oder mit teúrem gewand: | wann   10.
      es gezimpt den weiben: das ſy geloben die miltikeit

60 Warumb Sc.   bit] bin P, -|- das Z—Oa.   **aller flechungen**]
geſchechen emſſig bittung Z—Oa.   61 eyſchung Z—SaSbOOa, hey-
ſchung KGSc.   wurckung der genaden Z—Sa, danckſagung K—Oa.
1 **zewerden — leút**] vmb all menſchen Z—Oa.   2 **geſchickt**] *fehlt*
Z—Oa.   **wir**] -|- do Sb.   3 wircken Z—Oa.   ſeuftz M, ſeůftz
E, ſeůfftz P, růbigs ZAS, růwigs ZcSa, růygs KGSc, ryngs SbOOa.
miltikeit] gůttigkeyt K—Oa.   4 vnd keúſcheit ZS—Oa, *fehlt* A.
daz Z—Oa.   angeneme K—Oa. 5 menſchen Z—Oa. 6 vnd das ſy kumen
Z—Oa.   8 der menſchen der menſch Z—Oa.   9 gezewgknuß K—Oa.
10 **dem**] den Z—Oa.   11 ein apoſtel Z—Oa.   13 **Wann** — 14
die] Darumb will ich das die mann beten an aller ſtat auffhebent reyn
Z—Oa.   16 **die geordent**] geziertem Z—Sc, -ten OOa.   gewanden
SOa.   **mit** (*letztes*)] *fehlt* SbOOa.   17 nüchterkeit. nicht mit ge-
flochten Z—Oa.   18 berlin Z—Oa.   koßberm Z—Sa, koſtlichem
K—Oa.   aber da gezympt Z—Oa.   19 die gůtigkeit K—Oa.

60 all F.   flehung gepet aiſchung TF.   61 machtung F.
6 **zekumen**] daz ſi kumen TF.   7 **vnd ein**] ain F; aim T, *umge-*
ändert ain.   8 ſelb TF.   12 der (*erstes*)] *fehlt* TF, *nachtr.* fb.
16 den geordenten gewanden ziren ſich TF.   18 mergriſleinen TF.
19 gelauben T, geloben *durch rasur*.   **miltikeit**] keuſch TF, miltikeit ta.

v. 11. durch die gûten werck. Das weib lern in fchweig-
12. ung: mit aller vndertenikeit. Wann ich geftatt nit
dem weibe zelernen noch zeherfchen vher den man:
13. wann zefein in fchweigung. Wann adam was zûm
14. erften gebildt dornach eua: | vnd adam wart nit ver
leit: wann das weib was verleit in der vbergeung.
15. Wann fy wirt behalten durch die geberung der fûn:
ob fy beleibt in der treuw vnd in der lieb vnd in der
heiligkeit mit der temperung.   *iij*

1. G Etreuw ift daz wort. Ob etlicher begert eins
2.   biftumbs: ein gût werck begert er. Dorumb
es gezimpt dem bifchoff zefein vnberefplich·
ein man eins weibs: einen getemperten· einen witzi
gen· vnd einen gezierten· einen keufchen· einen her-
3. berger· einen lerer· | nit einen weins truncken· nit
einen fchlacher· wann einen meffigen: nit einen
4. krieger· nit einen geitigen | aber einen wol fúrge-
fatzten feim haus: babent vndertenig fún mit al-
5. ler keufch. Wann ob etlicher nichten weys fúr zefein
feim haus: in welcherweys hat er fleyß der kirchen

*

22 den weyben P—Oa.   daz fy vnderweifen Z—Oa.   **den**]
die SOOa.   23 funder P.   aber daz *(fehlt* S) fy feye (feyen AS)
in der ftille Z—Oa.   **adam**] + der Sb.   24 verfúret Z—Oa.
25 funder P, aber Z—Oa.   **was**] warde OOa.   26 aber Z—Oa.
wirt] + auch Sc.   belhaten ZcSa.   **27 ob**] ift daz Z—Oa.   dem
gelauben Z—Oa.   28 der núchterkeit Z—Oa.   29 ein biftumb
Z—Oa.   31 zefein vngeftrafft P, daz er feye vnftraffber Z—Oa.
32 einen *(erftes)* — 36 fúrgefatzten] núchter gezieret weys. gefchâmig
(fchâmig OOa) ein herberger der armen. ein le rer. kein weinfúller. keyn
fchlacher. aber mâffig. nit kriegifch. nit geytig. aber wol fúrgefeczet
Z—Oa.   34 einen *(zweites)*] *fehlt* P.   35 ein fchacher funder P.
37 gehorfam Z—Oa.   38 keufcheit. Wer aber *(fehlt* Sc) nit ways (weyft
SAOOa) vorzefein in feinem Z—Oa.   39 **haus**] + nun wie vnd Sb.

*

22 zeleren TF.   24 vnd] wan TF.   25 **was**] wart TF.
27 getrewe T.   29 ift] + got T, *geftrichen.*   32 miczigen TF,
wiczigen *corr.* T.   33 vnd] *fehlt* TF.   34 einen] + kriger T.
geftrichen.   36 **aber**] *fehlt* TF.   38 ob — **nichten**] der nit TF.

40 gotz. Nicht ein newen bekerten· ſo er wirt erhaben   v. 6.
in der hochfart daz er icht vall in das vrteyl des teú-
fels. Wann im gezimpt auch zehaben einen gûten ge
zeúg von den die do feind auſwendig: das er icht vall
in den itwiß vnd in den ſtrick des teúfels. Zegleicher   8.
45 weys die ambechter keuſch· nit zwiualtiger zungen·
nit gegeben vil weins: nit nachuolgent dem leſter
lichen gewinnen: | habent das hantwerck des gelauben   9.
in reiner gewiſſen. Wann diſe werdent auch zûm   10.
erſten bewert: vnd ambechten alſo das ſy haben kein
50 ſchulde. Zegleicherweyſe die weyb zeſein keuſch: 11.
nit hinderredent: getempert· getrew in allen dingen.
Ioch die ambechter ſeyen mann eins weibs: die do   12.
wol vor ſeyen iren ſúnen vnd iren heuſern. Wann   13.
die do wol ambechten· die gewinnent in ſelb gûte
55 wirdigkeit: vnd vil troſtes in der treuw die do iſt
in iheſu criſto. O ſun thimothe diſe ding ſchreib ich   14.
dir: ich verſich mich ſchier zekumen zû dir. Wann   15.
ob ich mich ſaume: das du wiſſeſt in welcherweys
dir gezimpt zewandeln in dem haus gotts das do iſt
60 die kirch gotz des lebentigen ein ſeúl ·vnd ein veſten-
*

40 bekerte KGSc, bekert SbOOa.   41 icht] nit Z—Oa.   42
Wann] *fehlt* Z—Oa.   ein gût gezeugknuß Z—Oa.   43 icht] nicht
Z—Oa.   44 in daz laſter vnd Z—Oa.   **den** (*zweites*)] dem G.   45
die — zungen] ſúllen auch die ewangelier geſchämig ſein nit zwi-
zunget Z—Oa.   die diener P.   **nit]** mit MEP.   47 den dienſt
Z—Oa.   48 vnd diſe ſúllen aber zûm erſten bewäret werden vnd
alſo ſúllen ſy dienen daz Z—Oa.   49 dienten P.   50 weyb ſúllen
ſeyn geſchämig (ſchämig OOa) nit ere abſchneydent. nüchter. getrew
Z—Oa.   52 **Ioch — ſeyen]** Die ewangelier ſúllen ſein Z—Oa.   die
diener P.   **do]** + ſúllen Z—Oa.   53 **Wann — 54 ambechten]**
wöllich aber wol dienend Z—Oa.   54 dienen P.   jm ſelb Sc.
gûten M.   55 dem gelauben der da Z—Oa.   57 verſicht MEP.
Ob ich aber verzeuch Z—Oa.   59 gezymme Z—Oa.   zuwandern
K—Oa.   60 beſtättung Z—Oa.
*

41 in di hoffart TF, + daz er icht valle in di hochfart T (*ge-
strichen*).   **42 einen]** *fehlt* TF.   43 von] vor TF, von *corr.* T.
46 gegebent F, gebent T.   48 **Wann]** vnd F.   dicz TF.   51
getempert] + vnd TF.   52 Idoch TF.   58 **mich]** ich F, *ge-
strichen.*

v. 16. keit der warheit. Vnd offenlich ift michel die heiligkeit
der erbermde die do ift eroffent im fleifch ⸱ fy ift ge-
rechthaftigt in dem geift: fy erfchein den engeln fy
ift gebredigt den leûten: fy ift gelaubt in der werlt ⸱
fy ift entpfangen in wunniglich.   *iiij*

1. **W**ann der geift fpricht offenlich ⸱ daz in den iung
ften zeiten fich etlich fcheident von dem ge-
lauben: fy vernement fich an die geift des irr
2. thums vnd in den leren der teûfel ⸱ | fy redent die lug
3. in triegkeit vnd babent vnrein ir gewiffen: | fy we-
reut zegemecheln: fy lerent zû enthaben vor den effen
die got hat befchaffen zû entphachen mit der mach-
ung der genad den getreuwen: vnd den die do kanten
4. die warheit. Wann alle die gefchôpffd gotz ift gût:
vnd ift nit zûuerwerffen daz do wirt entphangen mit
5. der machung der genad. Wann es wirt geheiliget
6. durch daz wort gotz vnd durch das gebet. Dife ding
fúrleg den brúdern ⸱ du wirft ein gûter ambechter
ihefu crifti: erzogen mit den worten der treuw vnd
7. mit der gûten lere der du bift nachgeuolgt. Wann

*

61 groß P—Oa.   1 erbermde] gûtigkeit Z−Oa.   2 gerecht-
uertiget K—Oa.   ift erfchynen Z−Oa.   3 menfchen OOa.   in]
fehlt MEP.   4 ift auffgenómeu in der glori Z−Oa.   5 Aber Z−Oa.
fpricht] ift P.   letzten Z−Oa.   7 fy − 8 in] auffmerckend
den geyften der irrfale. vnnd Z−Oa.   8 fy − 9 ir] in der gleichß-
nerey. redent die lûge. vnd habend ein verwundt Z−Oa.   9 wereut]
wer K—Oa.   10 zemâheln ZcSa.   fy − fpeyfeu] vnd fich zû
enthalten von den fpeyfen Z−Oa.   11 got befchaffen hat zû Z−Oa.
empfahung Sc.   der] *fehlt* Z−Oa.   wúrckung der genaden Z−Sa.
danckfagung K—Oa.   12 den gelaubigen Z−Oa.   do haben er-
kennet Z−Oa.   13 die (*zweites*)] *fehlt* K—Oa.   gefchôpff Z−Sc.
14 nichtz S.   15 der] *fehlt* K—Oa.   wirckung der genad Z−Sa.
danckfagung Z−Oa.   17 gûter] *fehlt* P.   diener P−Oa.   18 des
gelaubens Z−Oa.   19 **Wann**] Vnd P, Aber Z−Oa.

*

1 der] di F.   1, 2 **in dem**] im TF.   8 an di lere TF.   11
gefchaffen F.   12 trewen TF.   derkenten TF.   14 zewerfen
F, -ver- *nachtr. corr.*   15 machungen F.   genaden TF.   17 gut F.
geheilig TF.

20 fcheuche die tumben vnd die eytel fpiler. Vb dich
felber zů der miltikeit. Wann die leiplich vbung ift   v. 8.
nútz zů lútzeln dingen. Das aber die fenftmútikeit
ift nútz zů allen dingen: habent die geheyffung des
lebens· das do nu ift vnd des kúnftigen. Getrew ift   9.
25 das wort: vnd wirdig aller entphachung. Wann   10.
in difem arbeyten wir vnd vns wirt geflůcht wann
wir verfechen vns an gott den lebentigen: der do ift
ein behalter aller menfchen: aller meyft der getreu-
wen. Dife ding gebeút vnd lere. Keiner verfchmech   11. 12.
30 dein iugent: wann biß ein beyfchaft der getreuwen·
in dem wort· in der wandelung· in der liebe· in der
treuw· in der keufch· | fo ich kum vernym dich an die   13.
letzen vnd an die vnderweyfung der lere. Nichten   14.
wellft verfchmechen die gnad die in dir ift: die dir
35 ift gegeben durch die weyffagung mit der aufleg-
ung der hende des priefters. Dirr ding gedenck: biß   15.
in in: das dein nutz werd eroffent allen. Vernym   16.
dich an die lere vnd ftee in ir gerecht in difen: wann
thúftu ditz· du machft dich ioch felber behalten: vnd
40 die die dich hôrent.   Das ·v· Capitel.

*

20 fcheuche] + do Sb.   eytel] groffen A.   fpiler] lugmer
ZASK—Oa, lugner ZcSa.   Vb] Vmb EP.   21 miltikeit] gútig-
keit K—Oa.   22 zů wienig dingen núcz. aber die gútigkeit Z—Oa.
wenig P.   23 ift] dy ift SbOOa.   verheyffung Z—Oa.   24 vnd]
+ auch Sb.   27 wir hoffen in gott Z—Oa.   28 der gelaubigen
Z—Oa.   30 Aber biß ein ebenbild der gelaubigen Z—Oa.   31 dem
wandel Z—Oa.   dem gelauben Z—Oa.   32 vernym dich an]
fo vermercke Z—Oa.   33 an] fehlt Z—Oa.   Nit Z—Oa.   35
anflechung MEP.   36 der priefterfchafft Z—Oa.   Dirr] Der EP,
Die Z—Oa.   37 Vernym dich an] Merck auff dich vnd auff Z—Oa.
38 ir — difen] in Z—Oa.   39 magft MEP.   heylfam Z—Oa.

*

20 eiteln fpeler TF.   22 Das — fenftmútikeit] wan di mil-
tikeit TF.   28 menfchen] + vnd F.   29 dink — lere] lere vnd
vnderweiz TF; vnd vnderweiz gestrichen T, + dink gepeut vnd nachtr. ta.
29 verfmecht TF.   30 wann] fehlt TF.   peifchaf TF.   32 keuch
T, [nachgetragen.   fo] + vncz daz nachtr. ta.   die] fehlt TF, nachtr. ta.
33 nit enwellft TF.   36 hant TF.   38 gerecht in difen] fehlt
TF.   40 die die] di T.

. 1.
2.   N icht berefp den allten: wann flech in als ein
      vatter· die iungen als die brúder: | die alten
      als die mútter: die iungling als die fcbwe-
3. ftern· in aller keufch. Ere die witwen· die do feind
4. gewere witwen. Wann ob etlich witwe hat fún oder
enencklein: fy ler fy zům erften wol zerichten ir haus
vnd wider zegeben das entlechent mal den vettern.
5. Wann ditz ift anentphencklich vor got. | Wann die
do ift ein gewere witwe vnd ein vngetróft die ver
fech fich an gott: vnd anftee tages vnd nachts den   5
6. flechungen vnd den gebeten. Wann die do ift iu den
7. wolluften: lebentig ift fy tod. Vnd dife ding gebeút:
8. das fy feind vnberefplich. Wann ob etlicher nit hat
rúch der feinen vnd aller meyft der heimlichen· der hat
verlaugent der treuw: vnd ift erger denn der vnge   5
9. treuw. Die witwe werd nit mynner derwelt denn
von ·lx· iaren· die do ift gewefen ein weib eins man-
10. nes: | habent den gezeúg in gůten wercken: ob fy hat
erzogen fúne· ob fy hat entphangen in die herberg
ob fy hat gezwagen die fúß der heiligen: ob fy hat   6
geambecht den die do leident das durechten: ob fy ift
11. nachgeuolgt eim ieglichen gůten wercke. Wann   [373
fcheuch die iungen witwen. Wann fo fy feind vn-

    *

    41 ftraff P—Oa.   aber bit Z—Oa.   im EP.   ein] den
Z–Oa.   42 alten] + frauwen Z—Oa.   43 iungling] iungen
tóchter Z—Oa.   45 gewer] war Z—Oa.   46 encklein EPZS—GOa,
enicklein Sc, enicklen SbO, funs kind A.   fy ler fy] fol (fo SG)
lernen Z—Oa.   regyeren Z—Oa.   47 widergelten die gútheit
vattern vnd mútern Z—Oa.   48 ift angeneme K—Oa.   **gewere**;
ware Z—Oa.   51 dem gebete SbOOa.   Aber Z—Oa.   53 vn-
ftrafflich P, vnftrafber Z—Oa.   54 rúch] forg Z—Oa.   **feinen**]
feyen S.   **heimlichen**] haußgenoffen Z—Oa.   55 den gelauben
Z—Oa.   vngelaubig Z—Oa.   58 die gezeúgknuß Z—Oa.   61
gedient P—Oa.   leyden trúbfale Z—Oa.   1 Aber Z—Oa.   2
fcheuch] meyde OOa.   **fo**] *fehlt* S.

    *

    41 ein] ainer F.   43 iunglingin TF.   46 enynklein TF.
zereichten TF.   56 denn] + von F, *gestrichen.*   59 herberger TF.
60 getwagen TF.   61 ift] hat T.   1 **Wann**] *fehlt* TF.   2 **fcheuch**]
Sech euch TF, *das erste* e *in beiden getilgt.*

keufch fy wellen gemecheln in crifto: | fy haben die ver-   v. 12.
dampnung: wann fy babent gemacht vppig die erften
5 treuw.   Wann auch zegeleicherweys múfiglich lernt   13.
fy vmbgen die heufer: wann nit allein múffiglich
wann auch wortlich vnd húbfchliche reden das nit
gezimpt.   Dorumb wil ich die iungen witwen ze-   14.
gemecheln· zegebern fún zefein mútter des ingefin-
10 des: vnd vmb die gnad des flúchs zegeben kein fchuld
dem widerwertigen.   Wann ietzunt feind etlich hin-   15.
derfich gekert nach fathanas.   Ob etlicher getreuwer   16.
oder ob etliche getrew hat witwe der vnder ambecht
in das die kirch nit werd befchwert: das den die do
15 feind gewer witwen begnúge.   Die priefter die do   17.
wol vor feind die werden gehabt wirdig zwiualtiger
ere: aller meyft die fich arbeyten in dem wort vnd in
der lere. | Wann die fchrift fpricht.   Nit verbind den   18.
munde des ochfen des trettenden.   Vnd wirdig ift
20 der wirckent feins lones.   Nit enwelft entpfachen   19.
die befagung wider den priefter: nuer vnder zweyen
oder dreyen gezeúgen.   Die fúnder berefpe vor allen: 20.
das auch die andern haben vorcht.   Ich bezeug vor got   21.
vnd vor ihefu crifto vnd vor feinen erwelten engeln·

*

3 wellen] + fy Z—Sa, fich K—Oa.   fy (*zweites*)] vnd Z—Oa.
verdampnuß Z—Oa.   4 haben eytel (groß A) gemachet Z - Oa.
5 lernet ZS—Oa.   6 vmbgeend E, vmbgeben P.   wann] *fehlt*
Z—Oa.   7 funder Z—Oa.   redet Z—Sa.   8 ich] + daz Z—Oa.
ze- — 11 widerwertigen] gemecheln gebern fún vnd feyen haußmúter.
vnd kein vrfach geben dem widerteyl von wegen des verflúchten Z—Oa.
12 Ob — 13 witwe] Ob yemant ein getrewe wittwen hat K—Oa.
13 vnder] *fehlt* Z—Oa.   ambecht in] ambech· | tin M, ambech | tin
E, dienfte P, diene in Z—Oa.   15 gewer] war Z—Oa.   18 ge-
fchrifft E—Oa.   19 des trefchenden ochffen Z—Oa.   20 Nit
wólft Z—Oa.   21 verfagung.   22 oder treüen S.   ftraff P—Oa.
alle ZA.   24 vnd (*zweites*)] vij Sc.

*

5 lernent T, lerdent F.   7 das] fi daz da TF.   10 vnd —
flúchs] *fehlt* TF, *nachtr.* ta.   12 getreuwer — 13 etliche] gewer
oder T, -wer oder *unterstrichen*, -trewer oder etliche *nachtr.* ta.   13
wittwen TF.   14 in] *fehlt* TF.   krich F.   16 zwifeltig TF.
20 wirker TF.   wellft TF.   24 ihefum criftum TF.

das du behúteſt diſe ding nichten tů on vor vrteil:

v. 22. zeneygen in einen andern teyl. Nit aufleg die hende
ſchier keim: noch gemeinſam dich zů den frembden

23. ſúnden. Bebút dich ſelber keuſch. | Nichten welſt
ioch trincken waſſer: wann nútze ein lútzels wein
vmb deinen magen vnd vmb deinen emſſig ſiechtuni.

24. Die ſúnd etlicher leút die ſeind offen fúrgend zů dem

25. vrteyl: wann auch etlich die nachuolgent. Wann
auch zegeleicherweys die gůten ſeind offen: vnd die
ſich anders habent die múgen ſich nit verbergen.   *vj*

1.   D orumb die knecht die do ſeind vnder dem ioch
          die maſſen ir herren wirdig aller eren: das
          der nam des herrn vnd die ler icht werd ver

2. ſpott. Wann die do babent getreuw herren die ver-
ſchmechent ir nit wann ſy ſeind gebrúder: wann ſy
dienent mer wann ſy ſeind getrew vnd lieb: das ſy
werden teylhaftig der gůtet diſe ding die lere: vnd

3. vnderweyſe. Wann ob etlicher anders leret· vnd nit
gehillt den gantzen worten vnſers herrn iheſu criſti·

                              *

25 nichten — 27 keim] on vor vrteyl (on vorteyl K—Oa) Nichts
thú daz du dich neygeſt auff einen teyl. du ſolt keinen (keinem ZcSa
K8b—Oa) bald auffliegen die hende Z—Oa.   27 zů] *fehlt* Z—Oa.
28 Nicht Z—Oa.   29 ioch] noch Z—Oa.   ſunder
nútze P, aber brauch Z—Oa.   ein wenig wein P, ein lúczels weyns
Z—KG, ein lůczel weins 8b, ein wenig weins ScOOa.   **deinen** (*zwei-*
tes)] dein Z—Oa.   30 ſiechtummen SbOOa.   31 ſúnder etlich
MEP.   die] *fehlt* K—Oa.   offenbar Z—Oa.   32 **wann**] vnd
Z—Oa.   **Wann**] *fehlt* Z—Oa.   33 **gůten**]+ werck Z—Oa.   offen-
bar Z—Oa.   34 múgen nit verborgen werden Z—Oa.   35 **Dorumb**
— do] Wóllich knecht Z—Oa.   36 die ſúllen ſcháczen (ſcháczten
ZcSa) ir Z—Oa.   ler nicht werde gelóſtert Z—Oa.   39 ir] ſy Z—Oa.
brúder. aber mer ſúllen ſy in dienen darumb das (+ die A, ſy K—Oa)
gelaubig ſeyen vnd liebhaber. wann ſy ſeyend teylháftig Z—Oa.   41
die] *fehlt* OOa.   42 ermane ſy. Aber ob Z—Oa.   nit] mit ZSZcSa.
43 den geſunden reden Z—Oa.

                              *

     25 nit TF.   27 zů] *fehlt* TF.   den] dem F.   28 nit en-
wellſt TF.   29 ioch] noch TF.   30 vm den TF.   emſigen T.
34 mugen nit ſein verporgen TF.   37 icht] nit TF.   39 bruder TF.
40 **das ſy werden**] di da ſint T.   41 **gůtet**] + gotz F.

vnd der ler die do ift nach der erbarmd: | dirr ift hoch   v. 4.
45 fertig nit wiffent wann fiechent vmb die fragen vnd
vmb die ftreit der wort: von den do werdent geborn
neyd krieg fpot vbel arckwon· | quelungen der menfch
en die zerbrochenkeit des hertzen vnd die do feind be-
raubet von der warheit: fy maffent die erbarmd ze-
50 fein ein den gewinn. Wann die erbarmd ift ein mich-   6.
ler gewinn: mit begnúgung. Wann in dife werlt   7.
brachte wir nichts: on zweiuel doraus múg wir
nichts bringen. Wann fo wir haben die narung vnd   8.
do mit wir fein bedeckt: in difen dingen begnúg vns.
55 Wann die do wellent werden reich· die vallent in   9.
die verfúchunge vnd in den ftricke des teúfels vnd
in manig begirden vnnutz vnd fchedlichen: die die
leút fenckent in den tod vnd in den verleufe. Wann   10.
die geitikeit ift ein wurtzeln aller hófen dinge: die
60 etlich iefchen fy irrten von dem gelauben: vnd zweig-
ten fich in manigen nóten. Wann o du man gotts   11.
[75 b] fleúch dife ding. Wann nachuolg dem rechten· der
erbarmd· dem gelauben· der lieb· der gefridfam· der
fenft. Streyt den gúten ftreit des gelauben: das du   12.

44 erbarmd] gúttigkeit Z—Oa.   der ift P—Oa.   45 nit —
46 geborn] vnd kan nichts. Aber er ift kranck bey den fragen. vnd
ftreyten der wort. auß den entfpringen Z—Oa.   47 fpot — 51 be-
gnúgung] gotzlófterung. bóß arckwon. ftreytungen der menfchen zer-
rútt in dem gemút. vnnd die da beraubet feyen der warheit. vnd fchác-
zen das der gewyn feye ein gúttigkeit Es ift aber ein groffer gewyn
die gúttigkeyt (gútigbeit ZcSa) mit der genúgfamigkeyt Z—Oa.   47
peinigung P.   50 den] fehlt EP.   groffer P.   54 fein] werden Z—Oa.
begnúgt ZcSa.   55 do] fehlt P.   56 den] dem P.   57 vnnúcz begirden
vnd fchódlich Z—Oa.   58 verfenckent Z—Oa.   den (2)] dem P.
in die verdampnuß Z—Oa.   60 begerten vnd irrten Z—Oa.   zweig-
ten — 61 Wann] verwickelten fich in vil fchmerczen. du aber Z—Oa.
1 Wann nachuolg] Vnnd verfolgen ZSZcSa, Vnd verfolge A, Volgnach
K—Oa.   dem — 3 fenft] die (der K—Oa) gerechtigkeit. gúttigkeit.
Den (dem K—Oa) gelauben die (fehlt SbOOa) geduldt. die (fehlt OOa)
fenfftmútigkeyt Z—Oa.

47 quelung TF.   48 hertzen] gemutz TF.   beraubet] be-
trubt T.   50 ein den] ainen TF, unterstrichen T, den ta.   52, 53
nit TF.   55 reicht F.   56 die] fehlt TF.   57 begird TF.
fchedlich TF   59 bófen] vbeln TF.   60 fy] vnd TF.   zweigen TF.

begreiffeſt das ewig leben: in dem du biſt gerůffen
vnd begich gůte begechung vor manigen gezeůgen.

v. 13. Wann ich gebeůt dir vor got der do leblicht alle ding
in iheſu criſto der do gabe gůten gezeůg vnder poncio

14. pylatus ein gůt begechung: | das du behůteſt ditz ge
bott on flecken vnbereſplich vntz zů der zůkunft vn-

15. ſers herren ibeſu criſti: | den do zeygt in ſeinen zeyten
der ſelig vnd der allein gewaltig der kůnig der kůni

16. gen: vnd der herſchenden | der allein hat die vntôdi-
keyt vnd entwelt in eim vngenechlichen liecht: den
keiner der menſchen ſach noch enmag geſechen: dem
ſey wunniglich vnd ere vnd gebot ewiglich amen.

17. Gebeůt den reichen dirr werlt nicht zewiſſen die hohen
ding : noch zeuerſechen an die vngewiſheit der reich-
tum wann an gott den lebentigen der vns gibt alle

18. ding begnůglich zenieſſen: | lere ſy wol zetůn zewer-
den reich in gůten wercken: zegeben leichtiglich˙ ge-

19. meinſamlich: | in ſchetzen ein gůt gruntueſſt iu das

*

4 gerůffet Z—Oa.   5 bekenn ein gůte bekandtnuß Z—Oa.   6
Wann] *fehlt* Z—Oa.   da lebentig machet Z—Oa.   7 gab ge-
zeůgknuß Z—Oa.   8 pylato E—Oa.   bekantnuß. das du halteſt
(behalteſt K—Oa) das gebot on mackel. onſtraſſber Z—Oa.   9 onſtraf-
lich P.   biß SbSc.   10 **criſti]** *fehlt* Sc.   den er wirt zeygen
Z—Oa.   12 vntôdtlicheit Z—Oa.   13 inwonet P—Oa.   **14 men-**
ſchen] menſch ZAZcSa.   noch auch mag geſehen ZS—Oa, noch
auch geſehen mag A.   15 **wunniglich vnd]** glori vnd P, wunn vnd
Z—Sa, *fehlt* K—Oa.   gebot] gewalt Z—Oa.   ewigklichen KGSc.
16 **den]** dem P—Sa.   der welt P.   17 noch hoffnung (+ zů
Z—Sa) haben in vngewißheit (vngewiſſenheit S) Z—Oa.   vngewiſſen-
heit P.   der — 18 **lebentigen]** *fehlt* S.   18 **wann]** vnd P, aber
Z—Oa.   **an]** in Z—Oa.   den] dem Z—Sa.   19 zemeſſen MEP.
wol : zetůn ME, wolthůn Z—Sa.   reych werden Z—Sa, reych ze-
werden K—Oa.   20 geben Z—Sa.   zegemeinſamen K—Oa.   21
iu ſchetzen] inen zeſchåczen Z—Sa, inen ſchetze ſameln K—Oa.
einen gůten grundt Z—Oa.

*

8 pilato TF.   9 flecken] flek vnd TF.   11 **kůnigen : vnd]**
kunig vnd der herr TF.   12 herſchendenden F, *letztes* den *geſtrichen*.
14 moge T, mage F.   17 vngewiſſen reichtum TF.   20 reich]
gericht TF.   **leichtiglich]** miltiklich TF, *unterſtrichen* T, leichtik-
lich ta.   gemeinſamler TF.   21 in ze ſchaczen TF.

künftig: das fy begreiffen das gewer leben. O thy-   v. 20.
mothe behút das gebot: fcheuch die verpannen newe-
rung der ftymm vnd die widerfetzung oder fúrfetz-
25 ung der wiffentheit der valfchen namen: | die etlich   21.
iefchen fy vielen aus vmb den gelauben. Die gnad
gotz fey mit dir. *Hie endet die erfte epiftel*
vnd hebt an die vorrede über die ander epiftel.

A ber fchreibet er thimothe von der vnder-
30   weyfung der marter vnd von aller ord-
nung der warheit: vnd was fey künftig
in den iungften zeyten · vnd von feiner
leidigung: vnd fchreibt im von der ftat rome. *Hie*
endet die vorrede Vnd hebt an die ander
35 *epiftel zù Thymotheo das erft capitel.*

P aulus bot ibefu crifti durch den
willen gotz nach der geheyf-
fung des lebens das do ift in
ihefu crifto · | thimothe dem lieben   2.
40   fun · genad vnd erbarmd vnd
frid von gott vnferm vatter
vnd von dem herrn ihefu cri
fto. Ich mache genad mein-   3.
em gotte dem ich diene von meinen fúrgeenden

*

22 **gewer**] war Z—Oa.   23 **gebot**] dir beuolhen K—Oa.
fcheuch] fleühe OOa.   **verpannen**] vnheyligen Z—Oa.   24 vnder-
feczung Sc.   25 **der** (*zweites*)] des K—Oa.   26 verhieffen ZAS,
hieffen ZcSa, verheyffen K—Oa.   **gotz fey**] *fehlt* K—Oa.   29
fchreib P.   thimotheo Z—Oa.   **vnderweyfung der**] ermanung
der ZAZc—Oa, *fehlt* S.   30 **von**] *fehlt* Z—Oa.   31 was künfftig
feye Z—Oa.   32 leczten Z—Oa.   feinem K—Oa.   33 leydung
AS, leyden K—Oa.   36 **bot**] ein apoftel Z—Oa.   37 verheyffung
Z—Oa.   39 thymotheo dem liebften Z—Oa.   **dem**] den EP.
43 würcke gnad Z—Oa, fag danck K—Oa.   44 meinem ME.   **fúr-**
geenden] *fehlt* Z—Oa.

*

25 des valfchen TF.   27 **dir**] + amen TF.   29 *Diese vor-*
rede in BNgWr *in anderer faffung.*   39 thymotheo TF.   42 crifto]
fehlt TF.   43 macht TF.   **meinem**] mein F.   44 vorgenden
gepurten TF.   gedendunk F.

geberern in reiner gewiſſen: das ich habe deine ge-
denckunge on vnderloſe in meinen gebetten tages

v. 4. vnd nachtes | begert ich dich zegeſechen ich gedencke

5. deiner treber das ich werd erfúllt mit freuden. Zû
entphachen die gedenckung des gelauben der in dir
iſt nichten geleichſent vnd der zûm erſten entwelt
in leide deiner anen vnd eunice deiner mûtter. Wann

6. ich bin gewiß das er auch iſt in dir | vmb diſe ſache
mane ich dich daz du erſteſt die gnad gotz die in dir

7. iſt durch die auflegung meiner hende. Wann gott
der gab vns nit den geiſt der vorcht wann der kraft

8. vnd der lieb vnd der temperung. Dorumb nit enwelſt
ſchemlichen den gezeúg vnſers herrn iheſu criſti noch
mich ſeins geuangen: wann entzampt arbeyt in dem

9. ewangelio nach der kraft gotz· | der vns hat erlôſt vnd
hat vns gerûffen mit ſeiner heiligen rûffung: nit
nach vnſern wercken wann nach ſeim fúrſatz zû der
genade· die vns iſt gegeben in iheſu criſto vor den

10. werltlichen zeiten. Wann nu iſt ſy eroffent durch die
entleúchtung vnſers behalters iheſu criſti: der do ernſt
lich hat verwúſt den tod· wann er entleúcht das leben

*

45 geberer MEP, vorgeberern Z—Sa, eltern K—Oa.   **deine]**
fehlt P.   gedenckungen SbOOa.   46 tag vnd nacht vnnd be-
gere dich zeſehen Z—Oa.   48 záher Z—Sc, záhern SbOOa.   **Zû
entphachen]** An mich nemend Z—Sa, nemende K—Oa.   49 gedácht-
nuß Z—Oa.   50 nicht gedichtet Z—Oa.   **der]** *fehlt* S.   zû
dem Sc.   wonet Z—Oa.   51 loyde ZAZc—Oa.   anfrawen
K—Oa.   leunice SbO.   52 **diſe]** die K—Oa.   53 du erweckeſt
Z—Oa.   54 außlegung Sb.   55 der (*erstes*)] *fehlt* K—Oa.   **gab]**
gabs MEP.   **den]** der MEP.   vorcht. aber der tugent Z—Oa.
56 **temperung]** nûchterkeit Z—Oa.   nit wölſt verſchmehen die ge-
zeugknuß Z—Oa.   58 ſeinen geuangen. aber arbeit mit dem Z—Oa.
entzampt] miteinander P.   60 hat] *fehlt* K—Oa.   gerûffet Z—Oa.
61 aber Z—Oa.   **zû]** vnd Z—Oa.   2 werltlichen] wölchen S.
3 erleychtung Z—Oa.   **iheſu criſti]** *fehlt* S.   **ernſtlich]** gewiß-
lich P, *fehlt* SK—Oa.   4 **wann er]** vnd hat Z—Sa, vnd K—Oa.
erleúcht daz leben Vnd die vnzerſtôrlicheit (vnerlicheit S) Z—Oa.

*

47 zeſechen TF.   50 nit TF.   51 loyde TF.   einyce T, *getilgt*
F, ewuce fb.   56 vnd lieb TF.   nit wellſt dich ſchamen des TF.
57 kriſt TF.   58 mich] mein TF.   3 der — 4 hat] wan er TF.

5 in vnzerbrochenkeit durch das ewangelium : | in dem   v. 11.
ich bin gefetzt ein brediger vnd ein bott vnd ein
meifter der beiden. Vmb welch fache erleid ich ioch   12.
dife ding : wann ich wird nit gefchemlicht. Wann
ich weyß wem ich gelaubt : vnd bin gewiß das er ift
10 gewaltig zebehúten mein gebott an dem tag. Hab daz   13.
bilde der gantzen wort gehort von mir in der trew
vnd in der lieb in ihefu crifto. Behút das gút gebot   14.
durch den heiligen geift der do entwelt in vns. Wann   15.
ditz weyß ich das alle die do feind in afya feind ab-
15 gekert von mir : von den ift phigellus vnd hermo-
genes. Wann der herre geb die derbarmd dem haus   16.
onefiphori : wann erfelb dick troft mich vnd er fchamt
fich nit meiner ketten : | wann do er was kumen zú   17.
rome forgfamklich fúcht er mich vnd vand mich.
20 Der herre geb im zefinden die erbarmde vom herren   18.
an dem tag. Vnd du erkannteft baß wie manige
ding er mir ambecht zú ephifi.   *ij*

DOrumb du mein fun fterck dich in der gnad   1.
die do ift in ihefu crifto : | vnd die du haft ge-   2.
5   hort von mir durch manig gezeúg dife ding
entphilch den getreuwen leúten die do auch werdent

*

6 **ein** (*letztes*)] + ein M.   7 auch Z—Oa.   8 aber Z—Oa.
gefchendet Z—Oa.   9 wem] wenn S.   **gelaubt**] + han Z—Oa.
10 zebehalten Z—Oa.   11 der gefunten wort die (+ du K—Oa) von
mir gehóret haft in dem gelauben. in der trew Z—Oa.   13 wont
P—Oa.   14 **ditz weyß ich**] du weyft Z—Oa.   15 von dem ZAKGSc.
16 Aber Z—Oa.   17 wann er hat mich offt erkúcket oder getróft
vnd hat nicht verfchmâcht mein ketten. aber Z—Oa.   er felbs P.
18 nit] mit MEP.   20 vom herren] von got Z—Oa.   21 er-
kenneft A.   wie] die P.   22 **ambecht**] dient P, reychte oder
diente Z—Sa, reychet K—Oa.   in ephefo Z—Oa.   23 **gnad**] + vnd
Sc.   25 gezeugknuß K—Oa.   26 gelaubigen menfchen Z—Oa.

*

9 **vnd**] + bu F, *gestrichen*.   10 **an dem**] vncz an den TF.   11
wort] + di du haft TF.   12 **vnd**] *fehlt* TF.   14 **weyß ich**] wiffe
TF.   15 phyllegus T.   17 honefyphori TF.   er] *fehlt* TF.
20 von dem TF.   24 **die du**] du T.   25 **mir**] + von mir T,
gestrichen.

v. 3. zimlich zelernen die andern. Dorumb du arbeit als
4. ein gůt ritter ihefu crifti. Keiner ritterfchaft gott·
der vnderwindet fich der werltlichen gefchefft: das er
5. dem geualle dem er fich hat hewert. Wann ioch der
do ftreit am ftreit der wirt nit gekrônt nuer er ftreyt
6. elich. Wann dem arbeitenden pauwer gezimpt zům
7. erften zů entphachen von den wůchern. Vernym
die ding die ich fag: wann der herr gibt dir vernunft
8. in allen dingen. Biß gedenckent vnfern herrn ihe-
fu crifti zefein erftanden von den toten von dem famen
9. dauids nach meim ewangelium | zů dem ich arbeit vntz
zů den banden als vbel wirckent: wann das wort
10. gots ift nit gebunden. Dorumb alle ding die erleid
ich vmb die erwelten: das auch fy begriffen die be-
baltfam die do ift in ihefu crifto mit himelifcher wun
11. niglich. | Getreuw ift das wort. Wann ob wir ent-
12. zampt fterben· vnd wir leben entzampt: | wann ob
wir erleiden vnd wir reichfen entzampt. Ob wir fein
13. verlaugen vnd er verlaugent vns: | wann ob wir

*

27 gefchicket zeunderweyfen die Z—Oa.   28 gůter SbOOa.
Keiner] + der da Z—Oa.   29 **der** (*erstes*)] *fehlt* K—Oa.   30 auch
Z—Oa.   31 an dem SbOOa.   32 redlich (redlichen Sb). Der
arbeytent pawman fol am erften von den frůchten nemen Z—Oa.
34 **ich**] + do Sb.   **dir**] die MEP.   35 jngedenckend Sb, inge-
denck OOa.   daz vnfer herr ihefus chriftus feye erftanden Z—Oa.
36 **von**] auß ZS—Oa, vff A.   37 dauid Z—Oa.   **zů**] in Z—Oa.
biß Sb—Oa.   38 als wůrcke ich bôßlich. wann Z—Oa.   39 nit
angebunden Z—Oa.   **die**] *fehlt* SK—On.   40 fy eruolgten das
heyl Z—Oa.   41 **die**] das K—Oa.   **wunniglich**] glori PK—Oa.
wunn Z—Sa.   42 **wir**] ir P, mir Sc.   42, 43, **44 entzampt**]
miteinander P.   42 **entzampt** — 45 **wir**] mitgeftorben feyen fo
werden wir auch mitleben. Ift das wir leyden wir werden mit reg-
nyeren. ift das wir werden verlaugnen. er wirt auch vns verlaugnen.
ift das wir Z—Oa.

*

28 **ritterfchaft**] + zu TF (*gestrichen* T).   29 fich werltlich:
gefcheftz TF.   31 **am ftreit**] *fehlt* T.   32 **elich**] menelich TF.
(men- *unterstrichen* T).   **arbeitenden**] arbaiten dem F.   34 fur-
nuft TF.   35 **Biß gedenckent**] gedenken F.   ihefum criftum
T, ihefu crifto F.   37 **zů**] in TF.   38 **als**] alles TF.   40 be-
greifen TF.   42 **Wann**] *fehlt* TF.   43 -zamt leben wir fterben
enczamt TF.   44 leiden T.   **vnd**] *fehlt* TF.   45 **vns**] vnfer TF.

nit gelauben er beleibet getreuwe: fich felb mag er
nit verlaugen. Dife ding mane ich zebezeúgen vor   v. 14.
got. Nit enwelft kriegen mit den worten: es ift zú
nicht nútz nuer zú der verkerung der hørenden. Sorg   15.
30 famcklich beforg dich felber· zúgeben got ein bewerten
wircker: einen vnfchemlichen· recht betrachtent das
wort der warheit. Wann fcheúch die verpannen vnd   16.
die vppigen rede. Wann fy nútzen vil zú der vn-
miltikeit: | wann ir wort verfecht als der krebffe. Von 17.
55 den ift hymeneus vnd phyletus: | die do feint geuallen   18.
von der warheit fagent die auferftendung ietzunt
fein getan: vnd verkerten den glauben etlicher. Wann   19.
die veftt gruntueftt gotz die ftet: babent ditz zeichen.
Der herre erkannt die fein feind: vnd ein ieglicher
60 der do nennt den namen des herrn der fcheid fich von
der vngangkeit. Wann in dem michelen haus feind   20.
3a) nit allein vaß guldin vnd filbrin· wann auch húltzin
vnd irdein: vnd ernftlich eins in eren: wann das ander
in laffter. Wann ob fich etlicher gereinigt von difen: 21.
der wirt ein vaß in eren geheiligt: vnd nútz dem herrn

*

46 er — er] fo beleibt er doch gelaubig. Er mag fich felb (felber S)
Z—Oa. felbs P.   47 mane ich] aber ermane Z—Oa.   bezeúgend
Z—KSb—Oa, bezeuge G.   48 wølft K—Oa.   49 nichten SSbOOa.
50 felb ZAZc—Oa.   zúgeben — 54 als] daz du dich got erzeygeft
bewârlich. Einen vnfchentlichen arbeyter. betrachtend das wort gottes.
Aber vnerber vnd eytel (vnnútz A) rede vermeyde. wann fy dienen vil
zú der vngútigkeit. vnd ir rede kreúcht wie Z—Oa.   54 Von] Auß
Z—Oa.   55 feint] + auß Z—Oa.   56 fagent] + das Z—Oa.
aufferfteeung K—Oa.   fey yeczund gethan Z—Oa.   57 Aber Z—Oa.
58 die (zweites)] fehlt K—Oa.   59 hat (fehlt Sc) erkennet die ding
(die ding fehlt G) die da fein feyen Z—Oa.   feind] veind EP.
60 da anrúffet Z—Oa.   fchied S.   61 boßheit P—Oa.   groffen
P—Oa.   1 vaß] die Z—Oa.   vnd] + die SSb.   wann] vaß.
funder Z—Oa.   auch] + die Oa.   2 ernftlich] gewißlich P,
fehlt K—Oa.   zú der eren aber Z—Oa.   3 in] zú dem Z—O, zúm Oa.
wøllicher fich aber reyniget Z—Oa.   difem P.   4 in] zú der Z—Oa.

*

46 feins felbes TF.   mag' nit F.   49 vberkerung T.   51 das]
di TF.   55 ymeneus TF.   57 zefein TF.   58 die ftet] befte
T, beftet F.   61 der] aller TF.   1 nit] nachtr. F.   goldeine
vnd filbereine TF.   hulczein vnd irdeine TF.

v. 22. bereit zů allem gůtem werck. Wann fleúch die iungen
begirden: wann nachuolg dem rechten dem gelauben
der lieb dem fride mit den die do anrůffent den herrn
23. mit reinem hertzen. Wann fcheúch die tumben fragen
vnd die do feind on lere: wiß das fy geberent ʔkrieg.
24. Wann dem knecht des herren gezimpt nit zekriegen:
25. wann zefein fenft zů allen· lerlich· gefridfam | mit maß
berefpent die die do widerftend der warheit: das in
gott etwenn geb die bůß zů derkennen die warheit·
26. | vnd fich fcheiden von den ftricken des teúfels: von den
fy waren gehabt geuangen nach feim willen.   *iij*

1. W ann ditz wiffe das in den iungften tagen·
2.   anftend verderblich zeyt: | vnd die leút wer-
dent liebhaben fich felber· geitig· erhaben·
hochfertig· fpotter vngehorfam den vettern· vndanck-
3. ber maintetig· | on begerunge on fride· lefterer· vn-
enthebig· vnmilt· on gůt· verrater· widerfpenig·
zerbleet liebhaber der wolluftigen ding· mer denn gotz:
5. | ernftlich fy haben daz bild der miltikeit· wann fy ver-
                          *

5 allem gůten werck PZZcSa, allen gůten wercken ASb—Oa, allen
gůten werck KG.   Aber Z—Oa.   6 wann] vnd P—Oa.   der ge-
rechtigkeit Z—Oa.   dem (*zweites*)] den Z—SaG.   7 dem] den Z—Sa.
8 Aber Z—Oa.   meyde OOa.   toreten Z—Oa.   9 lere] zucht
Z—Oa.   begeren kryeg. Aber der Z—Oa.   10 gezimpt] fol Z—Oa.
kriegen K—Oa.   11 wann — fenft] wann zefein funder fenft Z—Sa.
funder fenfftmůtig K—Oa.   lerlich] .lerer MEP, lerfam Z—Oa.
gefridfam] gedultig ZS—Oa, gedult A.   mit mäffigkeit Z—Oa.
12 ftraffent P—Oa.   das] + nit Z—Oa.   15 fy gehalten werden
geuangen czů feim Z—Oa.   16 Aber das Z—Oa.   wifft MEP,
wiffen Sc.   17 anfteen werden K—Oa.   menfchen Z—Oa.   19
fpotter] gotzlöfterer Z—Oa.   vngehorfamfam P.   den vettern]
vatter vnd můter Z—Oa.   20 maintetig] fchalckhafftig Z—Oa.
begerunge] begnúge MEP, begir Z—GSc, begierde SbOOa.   21 vn-
milt] vngůtig K—Oa.   22 lieb haben P, liebhader ZcSa.   23 ernft-
lich] gewißlich P, *fehlt* Z—Oa.   fy — bild] habend die geftalt
Z—Oa.   der gůtigkeit K—Oa.   aber Z—Oa.
                          *

5 iungften begird TF.   7 dem di F.   11 lerlich] lerer TF,
unterstrichen T, lerlich ta.   17 verderpliche TF.   werdent] *fehlt*
T, *nachtr.* ta.   18 fich] *fehlt* F, *nachtr.* fb.   20 mainteig TF.

laugent feiner kraft. Vnd dife die fcheúch. | Wann   v. 6.
5 von den feind die durchbrechent die heufer vnd fú-
rent die weiblin geuangen geladen mit den fúnden·
die do werdent gefûrt in manigerhand begirden: | ze
allen zeyten lernt fy· vnd volkument nymmer zû der
wiffentheit der warheit. Als iamnes vnd mambres   8.
10 widerftûnden moyfes· alfo widerftend auch dife der
warheit: leút zerbrochens gemúts· verfprochen vmb
den glauben: | wann fy nit nútzent von des hin. Wann   9.
ir vnweyfheit wirt offen allen leúten: als auch die
ir was. Wann du bift nachgeuolgt meiner lere· der   10.
15 ordnung· dem fúrfatz· dem gelauben der langen volen-
dung der lieh der gefridfam | der iagungen den ley-   11.
dungen· welch mir feind getan ze anthyoch zû ychonio
zeliftris· folich iagung ich hab erlitten vnd der herr
hat mich derlôft von allen. Vnd alle die do wellen   12.
20 leben miltiglich in ihefu crifto die werdent leiden daz
durechten. Wann die bôfen leút vnd die verlaiter   13.
die nútzent in ergrung: fy irrent vnd fendent in irr-
tum. Wann du beleib in den dingen die du haft ge-   14.
lernt. Vnd die dir feind gelaubt: wiffe von wem

*

24 feiner kraft] die tugent Z—Oa.   die] fehlt K—Oa.
fleûhe Sb, meyd OOa.   25 von] auß Z—Oa.   28 lernend Z—Sa,
leren K—Oa.   fy] fehlt Z—Oa.   volkument] kumment Z—Sa,
fehlt K—Oa.   29 warheit] + kumend K—Oa.   iamues MEP.
30 moyfi Z—Oa.   31 verworffen bey dem gelauben. aber fúrohin
(fûranhin KGSc) werden fy nicht núcz fchaffen. wann Z—Oa.   33
vnwiffenhait OOa.   die ir] der Z—Sa, derfelben K—Oa.   34
Wann] Vnd P, Aber Z—Oa.   nachgeuolg M.   35 langen
volendung] langmûtigkeit Z—Oa.   36 der geduld. den durch-
âchtungen Z—Oa.   37 ychou zeliftris M, yconioliftris E—Oa.
38 durchâchtung Z—Oa.   40 leben gûtiglich K—Oa.   daz] fehlt
Z—Oa.   41 durchâchtung. aber die Z—Oa.   menfchen K—Oa.
verlaiter] verfûrer die (fehlt K—Oa) nemen auff zû bôferm verleyter
(fehlt K—Oa) Z—Oa.   42 die — fy] fehlt K—Oa.   núntzend A.
fendent] fendt M, find EP, laffend Z—Oa.   in die irrfale Z—Oa.
43 Wann] Vnd P, aber Z—Oa.

*

25 feind die] + da TF.   durperchent F.   29 mandres TF;
manbres durch rafur F.   32 nuczent nit TF.   33 die ir] dirr F.
37 fwelhe TF.   39 da milticlich wellen leben in TF.

v. 15. du ſy haſt gelernt· | wann du haſt erkannt die heili-
gen bůchſtaben von deiner iugent· die dich mügen
vnderweyſen zů der behaltſam durch den gelauben der
16. do iſt in iheſu criſto. Wann all gôtlich ſchrifte ein
geetempt von gott· iſt nůtz zelernen· zeſtraffen· zů
17. bereſpen· zů vnderweyſen in der gerechtikeit : | das der
man gotz ſey durnechtig vnd gelert zů eim ieglichen
gůten werck. *Das ·iiij· Capittel.*

1. ICh bezeůg vor gott vnd vor iheſu criſto der
do iſt zeurteilen die lebentigen vnd die toten·
2. vnd ſein zůkunft vnd ſein reich : | predig daz
wort anſtee zimlich vnd vnzimlich· bereſpe· fleche·
3. ſtraffe· in aller gefridſam vnd in der lere. Wann das
zeyt wirt ſo ſy nit enthabent die gantzen ler : wann
ſy ſchatzent in maiſter nach iren begirden hitziger
4. orn : | vnd ernſtlich ſy abkerend die gehôrd von der war-
5. heit : wann ſy werdent bekert zů den ſpilen. Wann
du wache· du arbeyt in allen dingen· thů das werck
des ewangeliſten· erfúlle dein ambechtung· biß ge-
6. tempert. Wann ietzunt werd ich geopffert : vnd daz

*

45 du erkennſt Sc. 47 czů dem heyl Z—Oa. 48 **Wann**
— 49 **geetempt**] Ein yeglich geſchrifft gôtlich eyn geyſtet (geyſter A, ge-
geyſtet K—Oa) Z—Oa. 48 geſchrifft P. 49 **von gott**] *fehlt* K—Oa.
zů bereſpen] zů beſtraffen P, anzufarn K—Oa. 50 **in**] *fehlt* S. 51
durnechtig vnd gelert] volkumen Z—Oa. 52 **werck**] + vnder-
weyſet Z—Oa. 54 **do**] *fehlt* Sc. wirt vrteylen Z—Oa. **vnd**]
+ auch Sc. 56 **zimlich — 60 die**] nottúrfftigklich. Straff vngeſtům-
lich (vngeſtůmigklich Sb—Oa) bit anfar in aller geduld vnd lere. wann
es wirt die zeit daz ſy nit werden leyden die geſunten lere. Aber ſy
werden in ſchåczen (ſchåtzten ZcSa, erwelen K—Oa) meyſter vaulend
(raunend KGSbOOa, raumendt Sc) in den (die G) oren vnd werden ab-
keren ir Z—Oa. 56 **bereſpe**] ſtraff P. 60 gewißlich P. gehôr
Z—GSc. 61 vnd werden ſich keren Z—Oa. **ſpilen**] lugmåren
Z—Sa, lúgnern K—Oa. Aber Z—Oa. 1 **du** (*zweites*)] vnd Z—Oa.
2 dein dienung P, deinen dienſt Z—Oa. Biß nůchter Z—Oa. 3
Wann] denn Sb. **daz**] die Z—Oa.

*

48 **iſt**] + in dir TF (*getilgt* T). **ein geetempt**] in gedemt TF.
51 **gelert**] berait TF, gelait T, *durch raſur;* gelert ta. 56 **vnd**] +
in TF. 58 **enthabent**] leiden TF. 61 ſpelern TF. 1 **du**
arbeyt] arbait TF. 3 **ich**] + getempert T, *geſtrichen.*

zeyt meiner enpindung anſteet. Den gůten ſtreyt   v. 7.
5 ſtrait ich: den lauf volent ich: die trew behielt ich.
In dem kůnftigen iſt mir geſetzt die kron des rechts: 8.
die mir der herr got gibt an dem tag der gerecht vr
teyler. Wann nit allein mir: wann auch den die do
liebhabent ſein zůkunft. Eyl zůkumen ſchier zů mir.   9.
10 Wann demas der hat mich gelaſſen liebhabent diſe   10.
werlt vnd gieng hin zů theſſalonicam · creſcens in
galaciam · thytus in dalmaciam · | lucas iſt allein mit   11.
mir. Nym marcum vnd zůfůr in mit dir: wann
er iſt mir nůtz in der ambechtung. Wann thyticum   12.
15 ließ ich zů ephiſi. Den mantel den ich ließ zů troade   13.
bey carpum ſo du kumpſt den bring mit dir vnd die
bůcher: wann allermeiſt das permůt. Alexander   14.
der kůppferer der zeygt mir vile vbele ding: der herr
wirt im widergeben nach ſeinen wercken: | den ſcheůch   15.
20 auch du. Wann er widerſtůnd ſer meinen worten.
In meiner erſten beſchirmung · keiner was bey mir ·   16.
wann all lieſſen ſy mich: es werd in nit geacht. Wann   17.
der herr zůſtůnd mir vnd ſterckt mich daz ſein bredig

*

4 meiner auflöſung Z—Oa.   anſteet] die anſtet Z—Sa, iſt ent-
gegen K—Oa.   5 Den gelauben han ich behalten.   6 dem]
den Z—Oa.   des reichs MEP, der gerechtigkeit Z—Oa.   7 ge-
rechten KGSc, rechten SbOOa.   8 Wann] vnd P, aber Z—Oa.
wann] ſunder Z—Oa.   10 der] fehlt K—Oa.   liebhabent] wann
er hat lieb Z—Oa.   12 galiciam AZcSaG.   thytus in dalma-
ciam] fehlt S.   dalmacian M.   mit] bey Z—Oa.   14 der
dienung P, dem dienſt Z—Oa.   Aber Z—Oa.   15 epheſum Z—Oa.
troide M.   16 den] fehlt K—Oa.   17 bůcher] wůcher MEP.
aber Z—Oa.   pergamen K—Oa.   18 der ſchatzmeyſter K—Oa.
der] fehlt K—Oa.   zeygt] hat Z—Oa.   ding] + erzeyget Z—Oa.
19 den meyd OOa.   20 widerſteet vaſt vnſern Z—Oa.   22 aber
Z—Oa.   all] fehlt E—Oa.   ſy lieſſen S.   mich] + all Z—Oa.

*

4 enphindung TF.   5 trew] + di F.   6 die] + kron dez
T, geſtrichen.   reiches T, reichtz F.   9 zu mir ſchier TF.   10
der] fehlt TF.   11 hin] fehlt TF, nachtr. ta.   12 in — lucas]
fehlt TF, nachtr. ta.   15 epheſen TF.   18 vil vbeler TF.   19
wirt im widergeben] widergeb im TF.   21 meiner] me | mer F.
mir pey TF.

werd erfúllt durch mich: vnd alle leút hôrn das ich
v. 18. bin erlôſt von dem mund des lewen. Wann der herr
hat mich erlôſt von eim ieglichen hôſen werck· vnd
macht mich behalten in ſein himeliſch reich: dem ſey
19. wunniglich in den werlten der werlte amen. Grúß
priſcam vnd aquilam: vnd das haus oneſiphori.
20. Eraſtus beleib zů corinth: trophinum ließ ich ſiech
21. zů milet. Eyle zůkumen zů mir vor dem winter.
Dich grúſſt eubolus vnd pudens vnd linus vnd claudia:
22. vnd alle die brúder. Der herr ibeſus criſtus der ſey
mit deim geiſt. Die gnad gotz ſey mit eúch Amen
*Hie endet die ander epiſtel zů Thymotheo Vnd hebt
an die vorrede über die epiſtel zů Thyto.*

T Hytum macht er zůuermanen vnd vn-
derweyſen in von der ordnung des prie-
ſters vnd von der geiſtlichen wandelung
vnd zůuermeyden die ketzer: die do gelau-
ben den ſitten der iuden· ſchreibende im von nicopoli
Hie endet die vorrede Vnd hebt an die
epiſtel zů Thyto das erſte Capittel.

*

24 wûrde Sb, wirt OOa.   leút] *fehlt* S.   27 wirt mich heyl-
ſam machen Z—Oa.   ſeim EPAS.   himeliſchen AS.   28 glori
PK—Oa, wunn Z—Sa.   29 priſtilam M—Sa, priſcillam K—Oa.   30
corinth] corinthum aber Z—Oa.   32 grúſſent Z—Oa.   eubelus M.
pudeus MEP.   hini M, limus G.   33 **die]** *fehlt* Z—Oa.   **der]**
fehlt SK—Oa.   34 **mit]** bey Z—Oa.   **deim]** dem MEP.   *gotz*
ſey] fehlt K—Oa.   **Amen]** *fehlt* Sc.   37 Thytum tût er verma-
nen ZS—Sc, Paulus thůt vermanen thytum A, Er thůt Thytum verma-
nenn OOa.   vnd vnderweiſt Z—Oa.   38 der prieſterſchaſft
Z—GScOOa, der brieſterſchaſften Sb.   39 **der]** *fehlt* P.   wanderung
K—Oa.   41 ſchreibenden MEP.   zů im Z—Oa.   von ani-
copoch M.

*

24 wurde TF.   **vnd]** + durch T, *gestrichen.*   29 piſtam F.
honeſiphori TF.   32 gruz TF.   33 **die]** *fehlt* TF.   **der]** *fehlt*
TF.   37 *Diese vorrede in* BNgWr *in anderer fassung.*

Paulus knecht gotz wann bott　　　　v. 1.
45　　ihefu crifti nach der treuw der
erwelten gotz vnd nach der er-
kennung der warheit· die do
ift nach der erbarmd | in der zů　　2.
uerficht des ewigen lebens: die
50　　gott vor den werltlichen zeiten
der do nit leůgt hat verheiffen·
| wann er hat eroffent fein wort in feinen zeyten in　　3.
der bredig· die mir ift gelaubt nach dem gebot gotz
vnfers behalters: | thyto dem lieben fun nach der ge-
55 meinen treuw dem fey genad vnd fride von gott dem
vatter vnd von ihefu crifto vnferm behalter Vmb die　　5.
gnad ditz dings ließ ich dich zů cret daz du berichteft
die ding die do gebreftent: vnd fchickft priefter durch
die ftet als ich auch dir hab geordent· | ob etlicher ift　　6.
60 on fchuld ein man: eins weihs babent getreuw fůn
nit in der befagung der vnkeufch oder nit vndertenig.
376b] Wann es gezimpt dem bifchoff zefein on fchuld als
dem teyler gotz: nit ein hochfertigen nit einen zwiuel-
tiger zungen nit einen zornigen nit ein weins trunck
en nit ein fchlacher· nit einen geitigen des vnreinen

*

44 **Paulus**] + der Z—Oa. Aber ein apoftel Z—Oa. 45 nach
dem gelauben Z—Oa. der (*zweites*)] *fehlt* Z—Sa. 48 **erbarmd**]
gůtigkeyt Z—Oa. der (*zweites*)] die ZAZc—Oa. zů uerfich M.
49 **ewigen**] *fehlt* Sc. die] daz Z—Oa. 52 er hat aber Z—Oa.
feim wort K—Sc. **gelaubt**] beuolchen Z—Oa. 54 **dem**] den
ZSZcSa. nach dem gemeynen gelauben Z—Oa. 55 **dem** (*erstes*)]
den S, *fehlt* K—Oa. 56 **von**] *fehlt* Z—Oa. vnfers S. 57 **gnad**]
fach Z—Oa. **berichteft**] ftraffeft Z—Oa. 58 vnd feczeft Z—Oa.
60 weybs vnd hat (*fehlt* S) gelaubig fůn Z—Oa. 61 **nit** (*erstes*)] mit S.
verfagung Z—Oa. 1 fein S. 2 **ein** (*erstes*) — 7 **do**] das er feye hochfertig.
Nit zornig. nit vol weins. kein fchlager. nicht geytig fchnôds gewins.
Aber eyn wiert der armen. gůtig. nüchter. gerecht. heylig. keůfch. vmb-
fahend die gelaubig rede die da Z—Oa. 3 **ein**] eins MEP.

*

48 **nach**] *fehlt* T, *nachtr.* ta. der (*erstes*)] *fehlt* TF. 50 **gott**]
+ gehiez TF. 51 **hat verheiffen**] *fehlt* TF. 52 feim zeit TF.
53 **dem**] den T. 54 thyten TF. 2 **ein**] alain F; ainen T, *auf*
rasur. **nit — 3 zungen**] *unterstrichen* T.

v. 8. gewins: | wann ein herberger einen gútigen: ein witzigen.
einen getemperten· einen rechten· einen heiligen· einen

9. enthebigen· | vmbuachent das getreuw wort das do
ift nach der getreuwen lere: das er fey gewaltig zů
vnderweyfen in der gantzen lere· vnd zeberefpen die

10. die do widerfagent. Wann manig feind vngehor-
fam· vppiger red vnd verlaiter· wann allermeift die

11. do feind von der befchneidung | dife gezimpt zeberefpen:
die do verkerent alle die heufer· fy lernt die ding die
do nit gezimpt vmb die gnad des vnreinen gewins.

12. | Einer von in ir eygner weyffag der fprach. Die
von cret feind zů allen zeyten lúgner bőß tier tregs

13. bauches. | Dirr gezeúg ift gewer. Vmb dife fach be

14. refp fy hertiglich das fy feyen gantz in der trew: | daz
fy fich nit vernemen an die iudifchen fpiler vnd an
den gebotten der mann die fich abkerent von der war-

15. heit. Den reinen feind alle ding rein: wann den ent-
zeúberten vnd den vngetreuwen nichts ift in reine:
wann ir gedancken vnd die gewiffen die feind vn-

16. rein. Sy fagent fich zů erkennen gott wann fy ver-

*

5 **herberger**] erbergen MEP.   6 **einen** (*erstes*)] einem P.   8
der] *fehlt* Sc.   **getreuwen**] gefunten Z—Oa.   9 zeftraffen P,
ftraffe Z—Oa.   **die**] *fehlt* A.   10 widerredent Z—Oa.   **feind**]
+ auch Z—Oa.   11 **wann**] *fehlt* Z—Oa.   12 **dife**] die A.   múß
man ftrauffen Z—Oa.   zeftraffen P.   13 **verkerent**] wercken G.
alle hewfer K—Oa.   **fy lernt**] vnd vnderweyfen Z—Oa.   **die
ding**] *fehlt* S.   14 gezympt von wegen fchnôdes gewins Z—Oa.
vmb] vnd MEP.   15 **von**] auß Z—Oa.   **ir**] ein MEP.   **der**]
fehlt OOa.   16 **cret**] + feind die Z—Sa.   17 **Dirr**] Der P.   Dife
zeugknuß ift war Z—Oa.   beftraffe P, ftraff Z—Oa.   18 feyen ge-
fundt in dem gelauben vnd nicht auffmerckend den iudifchen lugmâren
vnd den Z—Oa.   der menfchen Z—Oa.   **fich**]
+ auch Sc.   21 **Den**] Dem Sb—Oa.   aber den vermeyligten
(vermaßgetten A) vnd den vngelaubigen ift nichts (núntz A) reyn Z—Oa.
23 aber ir gemût vnd gewiffen feyen vermeyliget (vermaßgett A) Sy
bekennen das fy got kennen. aber fy Z—Oa.

*
        6 getempert TF.   8 **getreuwen**] *fehlt* TF.   11 vppig F.
reder TF.   12 dicz TF, dife ta.   14 geziment F.   19 fpelr TF.
20 di gepot TF.   **fich**] fi TF.   21 **rein**] *fehlt* F.   **wann**]
wan | wan F.   23 **die feind**] ift TF, fint ta.

25 laugent fein mit den wercken: fo fy feind verbannen
vnd vngleúbige vnd verfprochen zû eim ieglichen
gûten wercke.   *Das ·ij· Capittel*

W ann du rede die dinge die do gezyment die   v. 1.
gantzen lere. Die alten daz fy fein getempert: 2.
30   witzig· gantz in der treuw: in der lieb in der
gefridfam· | zegleicher weis die alten weib in heiliger waut: 3.
nit lefterin· nit dienent vil weins: wol lerent | das   4.
fy leren weyfheit. Die iunglingen: das fy liebhaben
ire mann: das fy liebhaben ir fún: | witzig· keufch·   5.
35 getempert babent die forg des haufes: gútig vnder
tenig iren mannen· das das wort gots nit werd ver-
fpott. Zûgeleicherweys vnderweyfe die iungen das   6.
fy fein getempert. In allen dingen gib dich felb ein   7.
beyfchaft gûter werck: in der lere· in gantzheit· in
40 keufch· in fchwerheit. Vnd vnberefplich | das gantz   8.
wort: das fich der fcham der do ift von dem widerwer-
tigen: nit hab zefagen kein vbel von vns. Die knecht   9.
zefein vndertenig iren herrn geuallent in allen dingen:
nicht widerfagent· | nit betriegent· zeigent die gúten 10.
45 treuw in allen dingen: das fy ziern die ler gotz vn-
fers behalters in allen dingen. Wann die genad gots   11.

26 vngelaubig Z—Oa.   28 Aber Z—Oa.   die (*letztes*)] der Oa.
29 **getempert**] núchter. gefchâmig Z—Oa.   30 **der treuw**] dem
gelauben Z—Oa.   **lieb**] + vnnd Sc.   31 geduldt Z—Oa.   deß
gleychs ZAZcSa, des geleichen SK—Sc, des geleich OOa.   **weis**]
fehlt ME.   32 lôftererin Z—Oa.   wein Z—Oa.   lernen Sc.
33 lern ZASKGSb, lerent ZcSa, lernen OOa.   die weißhait Oa.   33
iunglingen] iungen weyb Z—Oa.   35 **getempert**] núchter Z—Oa.
gútig] gnúg MEP.   **vndertenig**] vnder den MEP, gehorfam Z—Oa.
36 **verfpott**] gelôfteret Z—Oa.   38 núchter Z—Oa   felb zû
einem exempel Z—Oa.   40 **Vnd** — 41 **widerwertigen**] Ein gefundt
vnftraffber wort das fich der der da wider ift fich fchâme Z—Oa.
40 vnftrafflich P.   41 **der fcham**] erfchain MEP.   **dem**] den MEP.
42 **kein**] enich KGSb, ainich OOa.   43 das fy feyen Z—Oa.

33 iunglingin TF.   37 **Zûgeleicherweys**] + zu TF (*gestrichen* T).
41 **das**] der F, daz fb.   45 **dingen**] *nachtr.* F ; + Nit wider fagent
T, *gestrichen*.   **gotz**] + vnd TF.

v. 12. vnfers behalters derfchein allen leúten | fy lert vns:
das wir verlaugnen der vnmiltikeit vnd die werlt-
lichen begird· daz wir leben in dirr werlt temperlich vnd

13. recht vnd milt: | beiten der gûten zûuerficht vnd der zû
kunft der wunniglich des micheln gots vnd vnfers

14. behalters ibefu crifti: | der fich felb gab vmb vns das
er vns erlôft von aller vngankeit: vnd gereinigt im
ein onentphencklichs volck ein nachuolgends gûter

15. werck. Dife ding lere vnd vnderweyfe: vnd berefp
mit allem gebott. Keiner verfchmech dich.   *iij*

1. **M**ane fy zefein vndertenig den fúrften vnd den
gewelten zegehorfamen: in dem gebot: zefein

2. bereyt zû eim ieglichen gûten werck: | nye-
mant zeuerfpotten· nicht zefein kriegifch· wann mef-

3. fig: zeygent all fenfte zû allen leúten. Wann wir
warn auch etwenn vnweyfe vnd vngelaubig irrent
wir dienten den begirden vnd den manigerhand wol-
luften: tûnd in vbel vnd in neid: heflich· hafft wir

4. einander. Wann do die gût vnd die menfcheit gotz

5. vnfers behalters derfchein | nit von den wercken des

*

47 ift erfchynen allen menfchen vnderweyfend vns Z—Oa.   48
der] die Z—Oa.   `   vngutigkeit K—Oa.   49 begirden Z—Oa.
dirr] der P.   nûchter vnd gerecht Z—Oa.   50 vnd gûttig har-
rend der K—Oa.   51 glori Z—Oa.   groffen PA—Oa.   .52 **ihefu**
— 54 **on·**] | lôft von aller boßheyt· vnnd gereinigt im ein on | jhefu
crifti· der fich felb gab vmb vns das er vns er || P; *die beiden letzten
zeilen der seite sind versetzt.*   53 boßheyt P—Oa.   gerinigt M.
54 ein angenems volck K—Oa.   55 ftraff P—Oa.   57 Erman
fy das fy feyen Z—Oa.   58 gewâlten irem wort gehorfamen (zuge-
horfamen KGSbOOa, vngehorfamen Sc) das fy feyen bereyt Z—Oa.
60 lôfteren (zuleftern K—Oa). das fy nit kriegifch feyen aber Z—Oa.
61 erzeygent alle fenfftmûtigkeit zû allen menfchen Z—Oa.   2 **den**
(*zweites*) — 4 **gût**] manigerley wolluftigkeiten (-keyt A). vnd wúrckten
in der boßheit vnnd in dem neyd. heßlich haffend an (*fehlt* OOa) ein-
ander. Da aber die gûtigkeit Z—Oa.   4 **die** (*zweites*)] *fehlt* Z—GSc.
menheyt A.   5 heylers Z—Oa.   von] auß Z—Oa.   der ge-
rechtigkeit Z—Oa.
*
50 miltiklich TF.   54 guten werken TF.   58 **in**] *fehlt* TF.
61 **Wann**] *fehlt* T.

rechtes die wir tetten wann er macht vns behalten
nach feiner erbarmd durch die wafchung der andern
geburt vnd der erneuwerung des heiligen geifts | den   v. 6.
er goß in vns begnúglich durch ihefum criftum vn
10 feren behalter: | das wir werden gerechthaftiget in   7.
feiner genad wir feyen erben nach der zúuerficht des
ewigen lebens. | Getrew ift das wort. Vnd von difen   8.
wil ich dich zefeften: die andern daz die do gelaubent
gott gerúchent vor zefein den gúten wercken. Wann
15 dife dinge feind gút vnd nútze den leúten. Wann   9.
fcheúch die tumen fragen · vnd die gefchlecht der zun-
gen vnd die kriege vnd die ftreyt der ee. Wann fy
feind vnnútz vnd vppig. Scheúch den mann irrer nach   10.
der erften vnd nach der andern berefpung: | wiß das   11.
20 er ift verkert der do ift in difer weys: | vnd fúnt fo er
wirt verdampt mit eygem vrteyl. So ich fende zú   12.
dir artheman oder thyticum: eyle zúkumen zú mir
zú nichopolim. Wann do hab ich geordent zewintern.
Zenam den gelerten der ee vnd apollum die fúrfeind   13.
25 forgfamklich: das in nichts gebreft. Wann das fy   14.
ioch lernen fúrzefein vnfern gúten wercken zú den

*

6 aber er hat vns heylfam gemachet Z—Oa. 7 barmherczig-
keit Z—Oa. die wachfung P, den tauff Z—GSc, die tauff SbOOa.
der widergeberung Z—Oa. 8 vnd vernewerung Z—Sc, vnd ver-
neúwung OOa. 9 er hatt außgegoffen Z—Oa. vns] + in Sc.
10 wir] + auch Sb. gerechthafftig A, gerechtuertigt K—Oa. 11
wir] vnnd Z—Oa. 12 difem P—Oa. 13 beftätten Z—Oa. die
andern] fehlt Z—Oa. 14 gerúchent] forg haben OOa. 15 feind]
+ auch gar Sb. den menfchen Aber du vermeyde die toreten fra-
gen Z—Oa. 16 vnd] + auch Sc. 18 vppig] eytel K—Oa.
den mann irrer] die keczer den menfchen Z—Sc, den kätzerfchen
menfchen OOa. 19 vnd] + auch Sb. ftraffung P, ftraff Z—Oa.
20 der — weys] wóllicher der ift Z—Oa. 21 eygen ZcSaG. 22
archeman M, arthenam P, arthemam Z—KSbSc, aretham G. 23 zú]
fehlt P. do ich hab P. 24 Zenaui M. gelerten] glauben MEP.
apllo ZcSa. fúrfehend MEP, vor feyen Z—Oa. 25 forgfeltigklich
Z—Oa. Wann — 26 ioch] aber doch daz fy Z—Oa. 26 vorfein Z—Oa.

*

7 wachfung TF. 12 dife T. 14 geruchten F. 21 wirt
T, ift nachtr. tc. 22 archema TF. 23 zú] in TF, zu ta. 24
appollen T, appllon F.

v. 15. notturftigen nützen: daz ſy nit ſeind vnfruchtber. Dich
grúſſent die brúder die mit mir ſeind. Grúß die die
vns liebhaben in der treuw. Die gnad gotz ſey mit
eúch allen Amen. *Hie endet die epiſtel zů tyto
vnd hebt an die vorrede über die epiſtel zu phylemoni.*

E in vorred zů philemoni macht er frúnt-
lich bůchſtaben vor oneſimo ſeinem knecht:
ſchreibend im von der ſtat rom von dem
karcker durch den vor geſchriben oneſimum
*Hie endet die vorrede Vnd hebt an die
Epiſtel zů Phylemoni.*

P aulus geuangner iheſu criſti
vnd thimotheus der brúder:
philemon dem lieben vnd vn-
2.   ſerm helffer · | vnd appie der lieb-
ſten ſchweſter vnd archipo vn
ſerm entzampt ritter: vnd der
kirchen die do iſt in deim hauß.
3.   Genad ſey mit eúch vnd frid
von gott vnſerm vatter: vnd von dem herrn iheſu
4. criſto. Ich mach gnad meim gott ich mach dein ge
5. denckung zů allen zeyten in meinen gebetten | ich hort
dein lieb vnd die treuw die du haſt in dem herrn iheſu
6. vnd in allen heiligen: | das die gemeinſamung deins

*

27 nit] *fehlt* MEP.   28 die (*erstes*)] all Z—Oa.   mit] bey
Z—Oa.   29 in dem gelauben Z—Oa.   gotz] vnſers herren Iheſu
criſti ZcSa.   ſey] *fehlt* K—Oa.   32 Ein vorred zů] *fehlt* Z—Oa.
Philomoni A, Philemon ZcSa.   frúntlich — 33 vor] dienſtlich brief
vmb Z—Oa.   33 ſeinen S.   38 Paulus der gefangen Z—Oa.
40 philemoni ZS—Oa, philomoni A.   43 entzampt] mit Z—Oa.
der] den MEP.   47 wúrcke gnad Z—Sa, ſag danck K—Oa.   ich —
48 zeyten] alle zeyt habend dein gedåchtnuß Z—Oa.   49 den ge-
lauben den Z—Oa.   du haſt] do iſt MEP.   50 all Z—Oa.

*

27 vnwucherhaftig TF.   32 *Diese vorrede in* BNgWr *in anderer
fassung.*   39 thymomotheus F.   40 lieben] liebſten ta, *getilgt.*
vnd] *fehlt* TF.   41 liebſten] lieben T, liebſten ta; *fehlt* F, lieben ſc.
49 iheſus TF.

gelauben der do ift in ihefu crifto werd fcheinber in
der˜erkennung alles gûten wercks. Wann ich bett   v. 7.
groß freud vnd trôftung in deiner lieb: wann brû-
der die ineder der heiligen rñeten durch dich. Dorumb   8.
55 hab ich vil troftes in ihefu crifto dir zegebieten das
do gehort zû dem dinge: wann ich bitt mer | vmb dein   9.
lieb fo du bift ein fôlicher als der alt pauls wann auch
nu ich geuangner ihefu crifti: | ich bit dich vmb ho-   10.
nefimo meinen fun den ich gebar in meinen banden
60 | der dir etwenn was vnnûtze: wann ioch nu ift er   11.
mir vnd dir nûtz: | den fante ich dir wider. Wann   12.
du enphach in als mein ineder. Meinen liebften fun   13.
den ich wolt mit mir haben: daz er mir ambecht fûr
dich in den banden des ewangeliums. Wann an deinen   14.
rate wolt ich nichts tûn: das dein gût nit were als
5 von gebreften˙ wann williglich. Wann villeicht   15.
dorumb fchied er fich von dir zû der ftund˙ daz du in
entphiengft ewiglich: | ietzunt nit als einen knecht   16.
wann fûr ein knecht den liebften brûder: allermeift
mir. Wann ioch wieuil mer dir: in dem fleifch vnd
10 im herren? Wann ob du mich haft einen gefellen: 17.
entphach in als mich. Wann ob er dir etwas hat ge-   18.
fchatt oder fol: daz acht mir. Ich paulus fchreib dife 19.
ding mit meiner hand. Ich vergilt es: nit das ich
dir fage das du dich felb folt mir. Dorumb brûder   20.

---

54 ineder] inwendigen gelider Z—Oa.   56 mer] in MEP.   dein]
der ZAZc—Oa, die S.   57 paulus Z—Oa.   58 ich (zweites)] fehlt
K—Oa.   dich] ich OOa.   onefimo AK—Oa.   60 wann ioch]
aber Z—Oa.   61 Aber Z—Oa.   1 ineder] inwendige gelider Z—Oa.
2 ich bey mir wolt haben SbOOa.   er] ir OOa.   dienet P, diente
Z—Oa.   4 gûtheyt Z—Oa.   als] fehlt Sb.   5 auß der not-
turfft. aber willig Z—Oa.   8 aber Z—Oa.   brûdern MEP.   11
Hat er dir aber (a A) etwas gefchadet Z—Oa.   12 fol] + er dir
K—Oa.   14 felbs S.

---

55 ich hab F.   57 paulus TF.   60 ioch] fehlt TF, nachtr. ta.
2 wolt haben behabt (behalt F) bei mir daz TF.   3 ewangilumiz T,
ewungelurcz F.   7 enphecheft TF.   11 enphacht TF.

tû als ich eifche ich nútze dich im herren: wider mach

v. 21. mein ineder. Ich fchreib dir ich verfach mich von dein-
er gehorfam: vnd ich weyß das du tûft vber das daz

22. ich fag. Wann auch zegeleicherweys bereyt mir die
herberg: wann ich verfich mich eúch zegeben durch

23. eúwer gebette. Dich grúfft epafras mein entzampt

24. geuangner in ihefu crifto: | marchus ariftarchus de-

25. mas vnd lucas mein helffer. Die genad vnfers her-
ren ihefu crifti die fey mit eúwerem geift Amen.
Hie endet die Epiftel zû philemoni Vnd
hebt an die vorrede zû den Hebreern

Z Vm erften ift zefagen worumb
paulus der bot fchreibend dife epi
ftel nicht hat behalten feinen fitten:
oder das wort feines namen oder
fchreib die wirdikeit der ordnung.
Dife ift die fach daz er fchreib zû
in die do glauben aus der befchnei-
dung vilnoch als ein bot der beiden vnd nicht der iu-
den: wann wiffend ir hochfart· dorumb zeigt er auch
fein demútikeit er wolt nit fúrbringen den dienft feins
ambechts. Wann auch zûgleicherweys iohannes der
bot durch der fach willen der demútikeit fatzt er nit
vor feinen namen. Dorumb dife epiftel wirt ge-
fagt das fy fey gefant von dem botten zû den iuden

٭

15 **nútze** — 16 **ineder**] will dich brauchen im (in dem Oa) herren
die (du K—Oa) widerbringe meyne inwendige gelider in chrifto Z—Oa.
15 **wider**] vnd MEP.   17 **du**] *fehlt* P.   18 **mir**] nuer MEP.   20
epefras P.   **entzampt**] *fehlt* P, mit Z—Oa.   22 meim O.   23
die] *fehlt* K—Oa.   27 apoftel OOa.   32 **in**] den K—Oa.   ge-
laubten Z—Oa.   33 **vilnoch**] *fehlt* K—Oa.   apoftel K—Oa.
34 wann er wúßt Z—Oa.   **auch**] *fehlt* SbOOa.   35 fúrtragen das
verdienen feines ampts Z—Oa.   36 **ambechts — auch**] dienfts·
Vnd P.   37 zwelffbot Z—Oa.   er feinen namen nit vor Z—Oa.
38 von feinem MEP.   39 von den MEP.   apoftel Z—Oa.

٭

18 **die**] ain TF, *unterftrichen* T, die ta.   21 ihefus criftus TF.
23 **die**] *fehlt* TF.   26 *Diese vorrede in* BNgWr *in anderer faffung.*

5 gefchriben in hebreyfcher zungen: des finn vnd orden
hat behalten lucas der ewangelift nach dem tod funt pau
lus des botten vnd fy auflegt in kriechifch fprache. *Hie
endet die vorrede Vnd hebt an die epiftel
zů den hebreern Das erfte Capittel.*

5

GOtt ret etwen zů den vettern
in den weyffagen in mani-
gerhand rede vnd in mani-
gerweyfe: | zů iungft in difen
tagen hat er gerette zů vns
10 im fun den er fchickt ein erben
aller ding: durch den er auch
macht die werlte. Wie das
er were ein fchein der wunniglich · vnd ein bild feiner
enthabung. Vnd trůg alle ding in dem wort feiner
15 kraft er tůt die gereinigung der fůnden: er fitzt zů
der zefwen der magenkraft in den hochen | alfuil er ift
gemacht beffer denn die engel: alfuil hat er geerbet
einen vnderfcheidlichern namen vor in. Wann zů
welchem der engel fprach er etwenn du bift mein

*

40 ordnung Z—Oa.   41 behaltet M.   **dem tod]** der dat E‑Sa,
der hinfart K—Oa.   **fant]** *fehlt* E—Oa.   pauli des zwelfbotten
(apoftels Oa) vnd *(fehlt* EP) hat fy aufgelegt E—Oa.   46 manigerley
K—Oa.   50 in dem SOa.   fetzte Z—Oa.   53 were] ift Z—Oa,
glori P—Oa.   **54 enthabung]** fubftantz Z—Oa.   55 reynigung
K—Oa.   56 gerechten ‚E—Oa.   der mayeftat P—Oa.   **57 die]**
der ZeSa.   **alfuil — 58 vnderfcheidlichern]** Souil vnderfchidlicher
er hat (hat er K—Oa) erörbet (erbet Sc) den Z—Oa.   57 er gearbeit
MEP.   **58 zů — 59 etwenn]** im (wölchem OOa) hat er zů zeiten
gefaget auß den englen Z—Oa.   **59 etwenn]** thet wenn MEP.

*

46 maniger red TF.   **47 manigerweyfe]** manigerhant weiz aber
nu TF (aber nu *geftrichen* T).   48 iungften TF.   49 gered TF.
50 **im]** in feinem TF.   52 Swie TF.   **53 er]** *nachtr.* T.   **were]**
fey TF.   **54 vnd trůg]** tragent TF.   55 tunt TF.   56 zefem TF.
hochen] himeln TF.   ift er T.   57 alz vil er erbt vnterfchaiden
den namen TF; hat . . . ge‑ . . einen *nachtr.* ta, *durch rafur* vnder-
fchaidlichen T.   58 **Wann]** *fehlt* TF.   59 welhen TF.   **mein]**
nachtr. T.

ſun ich gebar dich heút? Vnd anderweid. Ich wird

v. 6. im zů eim vatter: vnd er wirt mir zů eim ſun. Vnd
aber ſo er einfúrt den erſtgeborn in dem vmbring der
erd er ſpricht. Vnd alle die engel gotz die anbettent

7. in. | Vnd ernſtlich zů‑den engeln ſpricht er. Der ſein
engel macht geiſt: vnd ſeinen ambechter einen flamm

8. des feurs. | Wann zů dem ſun. Dein trone got in den
werlten der werlt: die růt der geleicheit iſt ein růt

9. deins reichs Du haſt lieb gehabt die gerechtikeit vnd
haſt gehaſſt die vngangkeit: dorumb gott dein got
der ſielb dich mit dem ól der freuden vor dein entzampt

10. teylhaftigen. Vnd o herre du haſt gegruntueſt die
erde an dem angeng: vnd die werck deiner hend das

11. ſeind die himel. Sy verderbent wann du beleibſt: vnd

12. alle deraltent ſy als die gewand. Vnd du verwan‑
delſt ſy als ein deckſal vnd ſy werdent verwandelt:
wann du ſelb biſt deins ſelbs vnd dein iar gebreſtent

13. nit. Wann zů welchem der engel ſprach er etwenn

*

60 **anderweid**] aber A.   61 **mir**] im P.   1 **dem**] den Z— Oa.
vmbkraiß PK—Oa.   2 **die** (2)] *fehlt* K—Oa.   3 **ernſtlich**] gewißlich
P, *fehlt* K—Oa.   **Der — 4 macht**] Wer (Der do K—Oa) machet ſein
engel Z—Oa.   4 ſeinen dienern P, ſein diener Z—Oa.   5 Aber Z—Oa.
got] get M, geet EP, iſt Z—Oa.   7 **gehabt**] habt P.   8 boßheyt
P—Oa.   9 der (*fehlt* K—Oa) hat dich geſalbet mit Z—Oa.   **dein**]
dem MEP, deinem OOa.   **entzampt**] miteinder P, mit Z—Oa.   10 **o**]
fehlt Z—Oa.   du herr Oa.   11 anfang K— Oa.   **das**] *fehlt* K—Oa.
12 aber Z—Oa.   13 **die**] das Z—Oa. .   14 **ein deckſal**] das
klayd Z—Oa.   15 Aber du biſt der ſelb vnd Z—Oa.

*

60 Vnd aber TF.   61 **zů eim** (2)] ein TF, zu eim ta.
2 **Vnd**] *fehlt* TF.   **gotz die**] gotz TF.   4 geiſt macht engel vnd
ſein TF.   **einen**] *fehlt* TF.   5 **Wann**] Aber TF.   **ſun**] +
got TF, (*unterſtrichen* T).   **got**] iſt TF; *unterſtrichen* T, got ta.
6 **werlt**] +˙ vnd TF.   gelicheit dez rechtz iſt TF; (dez rechtz
unterſtrichen T).   7 **die gerechtikeit**] daz recht TF.   10 **teyl‑
haftigen — 11 angeng**] gelichen aber du herre am anegeng gruntfeſt
di erd TF; gelichen *unterſtrichen* T, teilhaftigen ta.   11 henden TF.
12 **wann**] aber TF.   13 **die**] daz TF.   verwandeſt F.   14 **ein**]
daz TF.   15 **wann**] aber TF.   dein ſelbſt TF.   16 **Wann**]
fehlt TF.

fitze zů meiner zefwen: biß das ich geleg dein feind
zů eim fchamel deiner fúß? Seint denn alle die geift   v. 14.
ambechter: gefant in die ambechtung vmb die die
9 do entphachent das erb der behaltfam.   ij

D orumb vns gezimpt begnúglich zebehúten
die ding die wir haben gehort: daz wir vil-
leicht icht abflieffen. Wann ob das wort ift   2.
gemacht veffte daz do ift gefagt durch die engel· vnd
5 ein ieglich vberganck vnd vngehorfam entphechte
den rechten widergelt des lons: | in welcherweys ent-   3.
pfliech wir ob wir verfaumen als michel behaltfam?
Do fy hetten entphangen den anuang zů erkúnden
durch den herrn: von den die do horten fy ift geueftent
10 in vns entzampt: | bezeúgt von gott mit zeichen vnd
mit wundern vnd mit manigerhande kreffte vnd
mit teylungen des heiligen geifts nach feim willen.
Wann got der vnderlegt nit den engeln den kúnftigen   5.
vmbring der erd: von dem wir reden. Wann einer   6.
15 bezeúgt an einer ftat fagent. Was ift der menfch daz

*

17 gerechten E—Oa.   ich fetze Z—Oa.   18 denn — 19 vmb]
fy denn nit all dienent geyft gefant in den (dem G) dienft vmb Z—Oa.
19 diener P.   die dienung P.   die die] die ZcSa.   20 erb des
heyls Z—Oa.   21 begnúglicher Z—Oa.   23 nitt durchauß flieffen
Z—Oa.   24 worden ftât das Z—Oa.   25 yegklicher S.   25 ge-
horfam EP.   26 entpfliecht ZAS, empfliehen K—Oa.   27 als — 30
entzampt] fouil hayls. Das ift in vns beftât als es hett den anfang
empfangen daz es auß gefprochen wirde durch den herren von in.
Die es gehört hetten Z—Oa.   27 groffe P.   29 von dem P.
30 miteinander P.   33 der] fehlt K—Oa.   engel MEP.   34
vmbkraiß PK—Oa.   von den MZ—Oa.   Wann — 35 fagent]
fehlt S.   35 einer] feiner Sc.

*

17 ficzt TF.   zefem vncz ich leg TF.   18 fuzz den di geift
fint fi (+ nit ta) alle TF.   19 die die] di T.   21 begnug-
lichen TF.   23 Wann] vnd TF.   24 macht TF, ge- nachtr. ta.
26 den] fehlt TF.   lons] + denn TF.   27 verfaumen] + ein TF.
28 Do — entphangen] fwi daz fi enphiengen TF.   29 von — 30 von]
fi ift geveftent in vns von den di es (+ da nachtr. ta) horten enzamt
bezeugent TF.   32 mit] + den TF.   35 Was] + dingz TF.

16*

du fein bift gedenckent: oder der fune des menfchen

v. 7. daz du in heimfûchft? Du haft in geminnert ein lútz-
el von den engeln: du haft in gekrônt mit wunnig-
lich vnd mit eren: vnd haft in gefchicket vber die

8. werck deiner hend. Vnd alle ding haftu vnderlegt
feinen fúffen. Wann in dem daz er im vnderlegt alle
ding: er ließ im nichtz on vnderlegt. Wann nu fech

9. wir im noch nit fein vnderlegt alle ding. Wann wir
fachen den ihefus der do ift geminnert ein lútzel den
die engel· gekrônt mit wunniglich vnd mit eren
vmb die marter des tods: das die genad gotz bekort

10. den tod vmb all. Wann vmb den alle ding vnd durch
den alle ding: den meifter ir behaltfam der do zûfûrt
manig fún in die wunniglich den gezam zeuollenden

11. durch die marter. Wann der do geheiligt vnd die do
werdent geheiligt: die feind all von eim. Vmb dife

12. fach wirt er nit gefchemlicht fy zerûffen hrúder | fa-
gent. Ich derkúnd deinen namen meinen brúdern:

13. ich lob dich in mitzt der kirchen. | Vnd aber. Ich werd
getrew in im. Vnd aber. Sich ich vnd mein kind:

*

37 ein wenig P—Oa.   38 glori P—Oa.   39 gefetzet Z—Oa.
42 im] in GSbOOa.   Aber Z—Oa.   43 fein] das im feyen Z—Sa,
fehlt K—Oa.   44 fehen Z—Oa.   jhefum E—Oa.   wenig P—Oa.
45 glori P—Oa.   46 bekort] verfûchet Z—Oa.   48 den — be-
haltfam] *fehlt* Z—Oa.   49 glori P—Oa.   den — zenollenden]
den (dem GOa) merer ires hails dem (*fehlt* K—Oa) gezam. Das er
(+ auch Sc) verzeret (verzerrt O) wûrde Z—Oa.   50 **Wann**] Vnd P.
heyliget Z—Oa.   51 **die**] vnnd Sc.   von] auß Z—Oa.   52 **er**] —
auch Sc.   gefchendet. das er fy nennet Z—Oa.   53 verkúnde
Z—Oa.   54 mitten P, mitt Z—Oa.

*

38 kront TF.   39 vnd] du TF, vnd ta.   40 **Vnd**] *fehlt* TF,
nachtr. ta.   alle — vnderlegt] du haft vnderlegt alle dink TF.
42 **Wann — 43 vnderlegt**] *nachtr.* F.   42 **nu**] *fehlt* T, *nachtr.* ta.
43 **wir** (*zweites*)] *fehlt* TF, *nachtr.* ta.   44 fechen TF, fachen ta.
45 **gekrônt — 46 genad**] vm di marter des todz gekront mit wun-
niclich vnd mit ern daz er in der genad TF; in der *getilgt* T, di *nachtr.* ta.
46 bekoft TF.   48 **do**] *fehlt* T.   50 **vnd — 51 geheiligt**] *fehlt* T;
vnd der da werd geheiligt *nachtr.* tc.   52 fache got der fchamt fich fein
nit fi (fey T) zu rufen TF; got *geftrichen* T, er *nachtr.* ta.   53 **brú-**
dern] + vnd TF.   55 **fich**] *fehlt* TF.

die mir got gab. Dorumb daz die kind gemeinſamp-   v. 14.
ten dem fleiſch vnd dem blůt: vnd erſelb teylt zege-
leicherweys den ſelben: das er durch den tod verwůſt
den der do hett das gebot des tods das iſt den teůfel:
vnd die erloſt die in der vorcht des tods warn ſchuldig   15.
dem dienſt durch alles das leben. Wann nye begreiff   16.
er die engel: wann er begreiff den ſamen abrahams.
Douon ſolt er werden geleich den brúdern durch   17.
alle ding: das er wurde ein barmhertziger vnd ein
trewer biſchoff zů gott: das er verſůnt die miſſtat
des volcks. Wann in dem in dem er erleide vnd wart   18.
verſůcht: alſo er auch gewaltig iſt zehelffen den die
do werdent verſůcht.   *Das ·iij· Capitel*

UOn des hin heiligen brúder teylhaftige der
himeliſchen růffung· merckt iheſum ein bot-
ten vnd ein biſchoff vnſer beiechung: | der do   2.
iſt getreuw dem der in macht: als moyſes in allem
ſeim haus. Wann dirr iſt gemacht oder gehabt wir-   3.
dig merer wunniglich vor moyſes: als vil merer

*

57 teylt] was nit tailhafftig Z—Oa.   58 den] dem POOa.
59 dem teůfel ZAS, der teůfel OOa.   60 vnd erlôſt die die in E—Oa.
61 dem] den ZcSa.   das] *fehlt* K—Oa.   nye] an keiner ſtat Z—Oa.
1 aber Z—Oa.   abrahe Z—Oa.   2 geleichen MEP.   4 getreůwer OOa.
5 in (*zweites*) — 6 iſt] dar in er hat gelitten. Dar in iſt er auch ver-
ſůchet worden. vnd auch (*fehlt* Sc) dar in mechtig worden Z—Oa.
5 er] *fehlt* P.   8 Dauon ir heyligen Z—Oa.   9 Ieſum den apoſtel
Z—Oa.   10 ein] den Z—Oa.   beechung M, bekennung Z—Oa.
12 dirr] der P.   iſt] + auch Sc.   gemacht oder] *fehlt* Z—Oa.
wirdiger glori. denn moyſes wie vil mer Z—Oa.

*

57 teylt] *fehlt* TF.   58 -leicherweys] + iſt gemacht tailhaftig
TF.   60 vnd — 61 dienſt] daz er di derloſt di da warn ſchuldig dem
dienſt vm di vorcht dez todz TF.   61 nye] *fehlt* TF, ni *nachtr.*
corr. T.   2 Douon] Darum TF.   4 getrew TF.   5 Wann
— 6 iſt] Er iſt verfucht in dem daz er derleid vnd iſt gewaltig
TF; in — vnd *unterstrichen* T, wan in dem in dem er derleid vnd
wart *nachtr.* ta.   8 Uon] Darum von TF.   heilige TF.
9 pot TF.   11 dem] in dem TF.   moyſes] + waz TF.   12 ſein T.
Wann] *fehlt* TF.   gemacht oder] *fehlt* TF.   13 wunniglich vor]
ern den TF.

v. 4. eren hat das haus dem der es macht. Wann ein ieg-
lich haus wirt gebauwen von etlichen. Wann der do
5. befchůff alle ding. Das ift got. | Vnd ernftlich moy-
fes was getreuw in allem feim haus als ein knecht
6. zů eim gezeúg der die do warn zefagen: | wann criftus
ift als ein fun in feim haus. Das haus wir fein: ob
wir behaben den troft vnd die wunniglich der zůuer-
7. ficht veft vntz an das end. Als vmb was dings als
8. der heilig geift fpricht ob ir heút hort fein ftymm | nichten
welt erherten eúwere hertzen: als in der bitterkeyt
9. nach dem tag der verfůchung in der wůft. Do mich
verfůchten eúer vetter: fy bewerten vnd fachen mein
10. werck. Dorumb viertzig iar was ich leidig difem
gefchlecht: vnd fprach dife irrent zů allen zeyten mit
11. den hertzen. Wann fy erkannten nit mein weg: | den
ich fchwůr in meim zorn fy gend nit in mein růe.
12. Dorumb brůder fecht: das villeicht das in eúwer
keim fey ein vbels hertz des vngelauben fich zefcheiden
13. von gott dem lebentigen. Wann vnderweyfet euch
felber durch einen ieglichen tag hiß daz heút wirt vber

*

14 das haus] der herr K—Oa. dem — macht] der es hat
gebawen Z—Oa. yegkliches SbOOa. 15 Wann der do] Der aber
Z—Oa. 16 Das] Der Z—Oa. ernftlich] gewißlich P, fehlt K—Oa.
18 czů ein zeúgknúß (gezeugknuß ZcSaOa) der ding die do Z—Oa.
Aber Z—Oa. 19 ein] der Z—Oa. haus feyen wir Z—Oa.
20 behalten S, haben ZcSa. vnd] + auch Sc. die] der SZcSa.
glori P—Oa. 12 biß SbSc. Als — dings] Darumb Z—Oa.
22 ir] + auch Sc. fein] ir M—Sa. nicht Z—Oa. 24 mich]
+ auch Sc. 28 dem hertzen. aber Z—Oa. 29 gend nit] gerent
nit ZcSa, werden nit eingeen K—Oa. 30 das in — 31 fey] nicht
feye in ewer eynem Z—Oa 31 vbels] bôß S. 32 Aber Z—Oa.
33 übermant S, zugenant K—Oa.

*

14 eren] + der T, gestrichen. dem] unterstrichen T. macht]
hat gemacht TF. 15 gepawt TF. 16 gefchuf TF. Vnd:
Wan T. 18 der] + dink TF. aber krift TF. 19 fein] +
Idoch TF. 20 behalten TF. 21 end] + Darum TF. 26 werk
xl iar Darum waz TF. 27 dis TF. 28 dem herczen Aber fi TF.
meine F, meinen T. den] di F. 29 giengen TF. 30 das in]
das TF. 31 kniner TF. fich] fehlt TF; nachtr. ta. 33 felb TF.
ein ieglich F.

nannt das keiner von euch erherte in der trugheit der
5) fúnden. Wann wir fein gemacht teylhaftig crifto: v. 14.
idoch ob wir behaben den anfang feiner enthabung
vefft vntz an das end: | als lang biß es wirt gefagt   15.
ob ir heút hort fein ftymm nit enwelt erherten eúwer
hertzen als in der bitterkeit. Wann etlich hortens fy   16.
10) derbitterten: wann nit alle die do aufgiengen von
egipt durch moyfen. Wann welchen was er leidig   17.
xl· iar? Denn nit den die do fúnten: der efer do wur-
den nidergefchlagen in der wúft? Welchen fchwúr   18.
er nit einzegeen in fein rúe: nuer den die do waren
15) vngeleubig? Vnd wir fachen das fy nit mochten   19.
eingen in fein rúe vmb den vngelauben.   *iiij*

DOrumb brúder wir vorchten: daz villeicht die
geheiffung ift ein gelaffen in fein rúe· das
keiner von eúch werd gemafft abwefent.
20) Wann es ift vns erkúnt als auch in: wann daz wort   2.

*

34 von] auß Z—Oa.   trieglichheyt K—Oa.   35 **gemacht**] wor-
den Z—Oa.   36 **enthabung**] fubftantz Z—Oa.   37 **vntz**] biß Sb—Oa.
biß] ÷ das AZcSa.   38 **ir**] wir SbO, + auch Sc.   nit wôlt Z—Oa.
39 horten Zc—Oa.   **fy**] vnd Z—Oa.   40 **wann — do**] wann alle die
do nit MEP, aber doch nit all die do Z—Oa.   41 egipto AS.   welchen
M—Sa.   42 viertzehen iar Sb.   **Denn nit den**] War (Was ZcSaOOa,
+ ift Sb) er nit den (denn Sc, difen OOa) leydig Z—Oa.   **der**] deren
OOa.   **efer do**] aß Z—Oa.   43 Welchem ZcSa.   45 **nit**] *fehlt* Sc.
47 **vorchten — 49 abwefent**] fúllen fúrchten das nicht villeicht einer
auß vns werde gefchätzet. daz er feye in abwefen einzegeen in des rúe.
verlaffend die verheyffung Z—Sa, fúllen fúrchten. das nicht vielleycht
in verlaffner verheyffung einzugeen in fein rue einer auß vns werde
gefchetzet. das er·fey in abwefen K—Oa.   49 abweyfent MEP.
50 **ift**] + auch Z—Oa.   verkúnt P, verkúndet worden Z—Oa.
auch — 51 in] wie inen. aber in ift nit nutz gewefen die rede des
gehôres. Wann fy ward Z—Oa.   50 **wann**] vnd P.

*

34 traukeit T, *unterstrichen,* trikeit tc; trikeyt F, *auf rasur.*   35
krifts F.   36 behalten TF.   37 **biß**] alz TF.   hortens]
+ vnd TF.   40 **wann**] aber TF.   41 moyfes TF.   42 **Denn**]
fehlt T, *nachtr.* ta.   den] + den T.   funden TF.   efer] + di
da TF.   43 wúft] + oder TF.   46 den] iren TF.   48 **ein**]
fehlt TF.   in] +zegen in TF.   50 **wann**] alz TF, wan ta.

der gehôrd daz veruieng in nicht vermifcht dem glauben
v. 3. von den dingen die fy horten.   Wann wir geen ein
in fein rûe wir do gelauben: als er fprach.   Als ich
fchwûr in meim zorn: fy gend nit in mein rû.   Vnd
ernftlich do volbracht warn die werck feyt der fchick-
4. ung der werlt: | wann einer fprach an einer ftat von
dem fibenden tag alfo.   Vnd got der rûet an dem fihen-
5. den tag von allen feinen wercken.   Vnd anderweid
6. an der ftat.   Sy gend nit in mein rûe. | Dorumb wann
es ift etlichen vbrig einzegen in fy: vnd die den es
zûm erften was erkûnt die giengen nit ein vmb den
7. vngelauben: | aber zilt er in einen tag heût in dauid
fagent· noch alfuil zeyts als do vor ift gefagt: ob
ir heût hort fein ftymm nit enwelt erherten ewer hertzen
8. als in der bitterkeit.   Wann ob in ihefus nun bett
gegeben rûe: nye bett er gerett von einer andern:
9. nach difem tag.   Dorumb die durnechtige rûe wirt
10. gelaffen dem volck gotz.   Wann der do ift eingegangen

*

51 dem] den S.   52 von) auß Z—Oa.   wir werden ein geen
in die rûe die wir haben gelaubet als wie er gefprochen hat Z—Oa.
54 fie werden nit eingeen in K—Oa.   55 ernftlich] gewißlich P,
fehlt K—Oa.   verbracht K—Oa.   warn] wann M, er E—Oa.
57 der] *fehlt* K—Oa.   58 anderweid] aber A.   59 Sie werden
nit geen in K—Oa.   60 etlichem M—Oa.   61 erkûnt] *fehlt* E—Oa,
schluss der seite E.   1 zilt er] zûrnt er MEP, endet er Z—Sc, er
endet SbOOa.   in (*erstes*)] *fehlt* Z—Oa.   2 fouil zeyt Z—Oa.
3 nit wôlt Z—Oa.   4 ob in] ob P.   5 rûc. So redte er nymmer
von Z—Oa.   6 nach — 7 gelaffen] darnach an dem tag. vnd alfo
wirt gelaffen der tag der ewigen rûe Z—Oa.   7 do] *fehlt* Z—Oa.
8 rûe der hat auch felb (felber S) gerûet Z—Oa.   er felbs P.

*

51 gehôrd daz] gehort TF.   in — glauben] fi nit. Nicht
gemifcht (gemacht F) mit der trewe TF.   54 fy gend nit] ob fi
gent TF, + nit ta.   55 ernftlich do di werk gotz warn volbracht
feit TF; (gotz *unterstrichen* T).   57 der] + rwt (*gestrichen*) T.
58 Vnd aber an ainer andern ftat ob fi in gen in TF; (ainer andern
gestrichen T).   59 meim F.   **Dorumb]** *fehlt* TF.   60 zu gen TF.
2 ift — 3 heut] gefchriben ift heut ob ir TF; gefchriben *unterftrichen*
T, gefagt ta.   3 wellt TF.   4 nun] naue TF.   6 Dorumb
die durnechtige] vnd alfo TF; *unterftrichen* T, dorum die durnechtige ta.

in fein rûe: ioch erfelb rûet von feinen wercken als
auch gott von den feinen. Dorumb wir eylen zegen   v. 11.
10 in die rûe: das keiner vall in das felb bilde des vn-
gelauben. Wann das wort gotz ift lebentig vnd ge   12.
waltig vnd fchnittiger eim ieglichen waffen fcharff
ietweder halb: vnd reicht vntz zû der teylung der fele
vnd des geifts· vnd der fûgung vnd der marck: vnd
15 er ift ein vnderfcheider der gedancken vnd der mein-
ung des hertzen. Vnd kein gefchôpffd ift vngefich-   13.
tig in feiner befcheude: wann alle dinge die feind
nackent vnd offen in feinen augen: zû dem ift vns
das wort. Dorumb wir haben ein micheln bifchoff   14.
20 ihefum den fun gotz der do durchbrach die himel: ha-
ben wir die beiechung vnfer zûuerficht. Wann wir   15.
haben nit ein bifchoff der do nit mag entzampt leiden
vnfern fiechtumen: wann verfûcht durch alle ding
durch die geleichfam on fûnd. Dorumb wir genachen   16.
25 vns mit troft zû dem throne feiner genad: das wir

*

10 ebenbild Z—Oa.   12 denn ein iegklich (yegklichs ZcSa) zwi-
schneydigs fchwert vnd Z—Oa.   13 biß Sb—Oa.   14 der (erstes)]
fehlt Sb.   16 des] der Oa.   vnfichtig P, vnfichtber Z—Oa.
17 feinem PS.   angeficht P—Oa.   aber Z—Oa.   die] fehlt K—Oa.
18 nackent] bloß Z—Oa.   zû den MEP.   19 haben wir Z—Oa.
groffen PASK—Oa.   20 haben — 21 zûuerficht] So fullen wir
halten. die bekennung vnnfer hoffnung Z—Oa.   22 mûge Z—Oa.
entzampt] miteinander P, mit Z—Oa.   23 vnfern fiechtumb A,
vnferm fiechtumen S.   aber Z—Oa.   24 vmb die gleychnuß Z—Oa.
wir — 25 vns] fullen wir czûgan Z—Oa.

*

8 ioch] fehlt TF.   von] + allen TF.   9 eylen] + in TF.
10 die] diefe TF.   11 lebentig] + vnd gemacht lebentig TF (ge-
strichen T).   12 eim ieglichen] den alle TF.   fcharf ietweder
halb] fehlt TF, nachgetragen ta.   14 vnd di zufugung der TF.
15 manung F.   16 gefchopf TF.   17 die] fehlt TF.   18 in]
vor TF.   20 ihefum — himel] der da durch (durcht T) der da
(unterftrichen T, getilgt F) prach (pricht T) di himel ihefum den fun
gotz TF.   21 wir] fehlt TF.   Wann] fehlt TF.   23 fiechtum TF,
-en nachtr. corr. T.   24 durch] vm TF.   gelichtfam TF.   genach-
ten TF.   25 genaden TF.

begreiffen die erbarmde· vnd vinden die genad zim-
licher hilff.　　　　　　　　　　　　　　　　　　　·ʒ·

v. 1. Wann ein ieglich bifchoff der do ift genomen
von den leúten der wirt gefchickt vmb die
leút in den dingen die do feind zů gott: das
2. er opffer die gahen vnd die opffer vmb die fúnd. Der
do múg entzampt fein leidig den die do miffkennent
vnd irrent: wann ioch erfelb ift vmbgeben mit kranck
3. heit: | vnd dorumb fol er opffern vmb die fúnd· ioch
4. als wol vmb fich felber als vmb das volcke. Keiner
nympt im die ere: wann der do wirt gerůffen von
5. gott als aaron. Alfo auch criftus der wunniglicht
nit fich felber das er wúrd ein bifchoff: wann der do
fprach zů im. Du bift mein fun: heút gebar ich dich.
6. | Vnd als er fpricht an einer andern ftat. Du bift ein
7. pfaff ewiglich: nach dem orden melchifedech. Der
in den tagen feins fleifchs opffert: die gebette vnd
die flechungen mit ftarckem růff vnd mit trehern·
zů dem der in mocht machen behalten vom tod· vnd
8. er wart erhórt vmb fein erfamkeit. Vnd ernftlich
wie das er was der fun gotz er lernt gehorfam von

*

26 ergreiffen ZcSa.　　vinden] + auch Sc.　　zimlicher] in
notdurfftiger Z—Oa.　　28 ift auff genomen auß den menfchen der
wirt gefetzet fúr die menfchen Z—Oa.　32 múg mitleydig fein Z—Oa.
miteinander P.　　33 wann er ift auch felb (felbs S) Z—Oa.　　34 ioch]
fehlt Z—Oa.　　36 Aber Z—Oa.　　gerůffet Z—Oa.　　37 der] fehlt
K—Oa.　　eret P, erkláret Z—Oa.　　38 Aber Z—Oa.　　40 bift] +
auch Sc.　　41 priefter P—Oa .　　ewigklichen Sc.　　nach den Z.
43 die bittungen Z—Oa.　　zúchern Z—Oa.　　44 machen] fehlt OOa.
von dem SOOa.　　45 ernftlich] gewißlich P, fehlt K—Oa.　　46 wie
das] da Z—Oa.　　lernet die gehorfam auß Z—Oa.

*

26 die genad] genad in TF.　　31 gab TF.　　32 den] fehlt TF.
33 kranckheit: vnd] fichtum TF.　　36 im] + felb TF (unterftrichen T).
36 wirt] ift TF; geftrichen T, wirt ta.　　38 fich nit TF.　　39 fprach]
red TF.　　ich gebar dich heut Alz er auch fpricht TF.　　40 andern]
fehlt TF.　　41 melfchifedech F.　　42 den] fehlt TF.　　43 flechung
TF.　　44 von dem TF.　　46 fwi TF.　　lert TF.

den dingen die er derleid: | vnd vollendent ift er ge-   v. 9.
macht ein fache der ewigen behaltfam: allen den ge-
horfamenten im | er ift genant ein bifchoff von gott   10.
50 nach dem orden melchifedech. Von dem ift vns ein   11.
groß wort vnd ein vnunderfcheidlichs zefagen: wann
ir feyt gemacht fchwache zehörn. Wann do ir folt   12.
fein gewefen meifter vmb daz zeyt: anderweid bedurft
ir das ir wurdt gelert welchs feind die elementen des
55 anuangs der wort gotz: vnd ir feyt gemacht als den
durfft fey der milch nit der ftarcken fpeiß. Wann ein   13.
ieglicher der do ift teylhaftig der milch: der ift vn-
teilhaftig des wortz des rechts. Wann er ift ein lütze
ler. Wann dife ftarck fpeiß ift der durnechtigen: der   14.
60 die vmb die gewonheit haben geübt die finn zû der
vnderfcheidung des gûten vnd des vbeln.   v)

[277 d] Umb was dings laß wir vnderwegen daz wort
des anuangs crifti wir werden getragen zû
der durnechtikeit: nit legen anderweid die
gruntueft der bûß von den tödigen wercken· vnd des

47 derleid—49 im] hett erlitten. vnd ift verzeret worden allen der
die im gehorfamenten von wegen des ewigen heyls Z—Oa.   51 vnder-
fcheydlichs E—Oa.   52 gemacht] worden Z—Sc, fehlt OOa.   Wann]
vnd P.   53 gewefen — 54 welchs] von der zeyt wegen. fo bedürffent
ir widerumb das ir (ir das ir widerumb OOa) vnderweyfet (vnderwifen
K—Oa) werdent was Z—Oa.   54 fei P.   vnd feyt worden als
die den not ift die milich nit die ftarck fpeys Z—Oa.   57 der
(zweites)] fehlt OOa.   58 der gerechtigkeit Z—Oa.   ein — 59 dur-
nechtigen] kleyn. Aber der volkummen ift die ftarck fpeyß Z—Oa.
58 kleiner P.   61 des (zweites)] das P.   böfen Z—Oa.   1 Umb
was dings] Darumb Z—Oa.   ding P.   2 wir] vnd Z—Oa.   3 der vol-
kumenheit nit werffendt widerumb die Z—Oa.   4 der bûß] fehlt Z—Oa.
tödtlichen Z—Oa.

47 leid TF.   macht TF.   49 im] + vnd TF.   geruffen
TF.   50 melfchifdech F.   vns ift TF.   51 vnderfcheidlichz
TF.   52 Wann do] fwi daz TF.   54 element TF.   56 durf ift
der milch vnd der nit ftarken TF.   57 der milch — vnteilhaftig]
fehlt T, teilhaftig der milch der ift vn nachtr. ta.   59 dife] di TF.
der die] vnd der TF; vnd unterstrichen T, di nachgetragen ta.   ir
fin TF.   61 gûten] + werkez TF.   1 daz — 2 wir] den anevang
dez wortz crifti (kriftz F) vnd TF.   4 gruntfeften TF.

v. 2. gelauben zů gott· | den tauff der lere· vnd der aufle-
gung der hende· vnd der auferſtendung der toten:

3. vnd des ewigen vrteyls. Vnd ernſtlich wir thůn

4. diſe ding: ob es gott geſtatt. Wann den die do zů
eim mal ſeind entleůcht· vnd haben auch bekort die
himeliſchen gaben· vnd ſeind gemacht teylhaftig des

5. heiligen geiſts: | ſy bekorten nit mynner das gůt wort

6. gotz· vnd die krefft der kůnftigen werlt: | vnd ſeind
geuallen: vnmúglich iſt in anderweid zeerneuweren
zů der bůſs: anderweid kreútzigent ſy den ſun gotz in

7. in ſelb: vnd babent in verſchmecht. Wann die erd
die do dick trinckt den kumenden regen auff ſy vnd ſy
gebirt zimlichen wůcher den von den ſy wirt gebauwen

8. ſy entphecht den ſegen von gott: | wann die do fúr-
bringt dorn vnd diſteln vnd iſt verſprochen vnd nach
en dem flůch. Der vollendung wirt in brinnung.

9. Wann aller liebſten wir verſechen vns von euch beſ

*

6 aufferſteeung KGSbOOa, auffſteung Sc.   7 **ernſtlich]** ge-
wißlich P, *fehlt* Z—Oa.   die ding wöllen wir thůn ob Z—Oa.
8 dem die P.   9 erleúcht Z—Oa.   bekert MEP, verſúchet Z—Oa.
10 worden teylhaffttig Z—KSb—Oa, teylhaftig worden G.   11 ſy]
fehlt K—Oa.   verſúchen Z—Oa.   13 **vnmúglich]** glori P, vnmúg-
lichen Sc.   15 ſelbs OOa.   16 **dick]** offt OOa.   **kumpt — auff
ſy]** kumpt trincken den regen auff ſy MEP, den regen trincket der
herab kummet Z—Oa.   vnd ſy — 17 **wůcher]** vnnd bringet not-
túrfftig graß. oder kraut Z—Oa.   17 begirt P.   ſy — 18 ſy] es
wirt gearbeyt. das Z—Oa.   18 **wann — 20 brinnung]** Bringet es
aber diſtel vnd (oder OOa) dorn es iſt verworffen vnd dem (den ScOOa)
verflúchten am nächſten des verzerung gehöret zu dem brandt Z—Oa.

*

6 **vnd der]** vnd di TF.   7 **wir — 8 es]** dicz tu wir ob ſein TF.
8 **Wann]** + vnmuglich iſt TF; *unterstrichen* T.   **den]** di TF.
do] *fehlt* TF.   9 **ſeind]** ſundent T, *durch rasur* ſint.   erleucht T.
bekoſt F.   10 gab TF.   11 **ſy bekorten]** vnd habent bekort
(bekoſt F) TF.   des guten TF.   14 ſi in ſelb den ſun gotz vnd TF.
16 vf ſich vnd gebirt TF.   17 gepawt di enphachten TF; enphecht
T *durch rasur.*   18 **von gott]** *unterstrichen* T.   aber TF.   fur-
bringen TF; furbringet T *durch rasur.*   19 diſteln vnd dorn di iſt
verſprochen vnd iſt necher dem TF.   21 Aber TF.

ſer vnd nechern ding der behaltſam: iedoch ob wir
alſo reden. Wann gott der iſt nit vngerecht das er   v. 10.
vergeſſe eúwers wercks vnd der lieb die ir habt ge-
25 zeigt ſeim namen: wann ir habt geambecht den hei-
ligen vnd ambechtent. Wann wir hegern ewer ieg-   11.
lichen zezeigen die ſelben ſorg zů der erfúllung der zů-
uerſicht vntze an das ende | das ir nit wert gemacht   12.
trege: wann nachuolger der die mit dem gelauben
30 vnd mit der gefridſam erbent die geheiſſung | wann   13.
gott gehieß abraham · wann er hett keinen merern
durch den er ſchwůr: er ſchwůr durch ſich ſelber | ſa-   14.
gent · nuer geſegent geſegen ich dich vnd manig-
ueltigent manigueltig ich dich : | vnd alſo lang tra-   15.
35 gent entphieng er die geheiſſung. Wann die leúte   16.
ſchwerent bey iren mern: vnd der eyde iſt ein ende
zů der veſtenkeit aller irer widerwertigkeit. In dem   17.
got begnúglich wolt zeigen die vnbeweglikeit ſeins
rates den erben der geheiſſung · er vnderſatzt das ge-
40 ſchworn recht: | das wir durch zwey vnbeweglich ding   18.

*

22 nechere ding dem heyl gleych ob wir Z—Oa.   behatſam M.
23 der] *fehlt* K—Oa.   25 ſeim] ſein ZSZcSa, in ſeinem K—Oa.
wann] die Z—Oa.   gedient P—Oa.   26 ambechtent] dienent P,
nach (noch ASK—Oa) dienent Z—Oa.   yegklichem OOa.   27 der
(*erstes*)] *fehlt* OOa.   28 biß Sb—Oa.   nit trâg werdendt Z—Oa.
29 wann] *fehlt* Z—Sa, ſunder K—Oa.   30 der geduldt Z—Oa.
verheyſſungen Z—SbOOa, überheyſſungen Sc.   31 verheß Z—Oa.
33 nuer] nun OOa.   manigueltigent] *fehlt* P.   35 verheyſſung
Z—Oa.   menſchen Z—Oa.   36 iren mern] dem gröſſern dann ſy
feind Z—Oa.   37 feſtikeit OOa.   In den M.   38 got der da wolt
begnůglich zeigen Z—Oa.   39 dem Oa.   verheyſſung Z—Oa.
er] *fehlt* K—Oa.   40 wir] er M—Sa.

*

22 iedoch ob] ſwi daz TF.   23 der] *fehlt* TF.   vnrecht T.
25 -zeigt] + in TF.   wann] vnd TF, wan *corr.* T *durch*
raſur.   26 begerten TF.   29 wann] vnd TF, wan *corr.* T
durch raſur.   30 erbent] ſint erben TF, (ſint *unterstrichen* T).
33 vnd — 34 dich] *nachgetragen* F.   35 Wann] vnd TF, wan *corr.* T
durch raſur.   37 veſtikait TF.   38 begnuglicht TF.   erzaigen den
geladen der erben die vnbeweglichkeit ſeins rats TF; (gel. d. erben
unterstrichen T, erben der geheiſſung *nachtr.* ta).   40 wir] er TF.

in den gott was vnmúglich zeligen· wir haben den
aller vefteften troft wir do entzampt fliechen zehalten
v. 19. die fúrgefatzten zúuerficht: | die wir haben gewiß
vnd veft als ein anker der fele vnd eingend vntz in
20. die ynnerften ding des deckfals: | do ihefus der fúr-
lauffer eingieng vmb vns· er ift gemacht ein ewiger
bifchoff nach dem orden melchifedech.   *vij*

1.   W ann dirr melchifedech der kúnig falim der
          pfaff des oberften gotz der do begegent abraham
          do er widerkert von der fchlachung der kúnig:
2. vnd er gefegent im: | dem abraham teylt den zehenden
aller ding: ernftlich zům erften wirt er gefagt ein
kúnig des rechts· wann auch dornach ein kúnig fa-
3. lim das ift ein kúnig des frides: | on vatter· vnd on
mútter· vnd on gefchlecht· nicht habent den anuang
der tag noch ein ende des lebens: wann er ift geleich
4. dem fun gotz er beleibt ein pfaff ewiglich. Wann fecht
wie groß dirr was: dem auch abraham der patriarch
5. gabe die zehenden von den erftlichen dingen. Vnd

        *

41 **in den**] + da Z—Oa.   **wir**] daz wir Z—Sa, *fehlt* K—Oa.
42 aller ftörckften troft die wir mit fliechen (flehen OOa) Z—Oa.
miteinander P.   44 biß Sb—Oa.   46 vns. der worden ift ein
Z—Oa.   48 **Wann**] *fehlt* OOa.   **dirr**] der P.   falem E—Oa.
der] der der M, vnnd Z—Oa.   49 priefter P—Oa.   51 **er**] *fehlt*
Z—Oa.   **dem**] den A, vnd dem K—Oa.   52 **ernftlich**] gewiß-
lich P, *fehlt* K—Oa.   **gefagt**] außgeleget Z—Oa.   53 der ge-
rechtigkeit. aber darnach Z—Oa.   falem E—Oa.   56 geleychet
ZAZc—Oa.   57 er] vnnd Z—Oa.   priefter P—Oa.   Aber fehent
an Z—Oa.   58 dirr] der POa.   was] fey Z—Oa.   59 ernft-
lichen P, böften Z—Oa.

        *

41 **vnmuglich**] + ift TF (*getilgt* T).   42 **aller vefteften**] veften
TF.   43 gewiffen fchier vnd vefte TF; (-fen fchier *unterstrichen* T).
45 **ynnerften ding**] in dirften tail TF.   46 **vns**] + vnd TF.   ein
pifchof ewiglich TF.   47 den T.   melfchifedech F.   49 **phaffe**]
+ gotz TF; *unterstrichen* T.   51 **er**] *fehlt* TF, *nachtr.* ta.   im]
den TF, im ta.   teylt] gab TF.   52 wirt] ift TF, wirt ta.
53 **wann auch**] *fehlt* TF, wan ta.   54 vnd] *fehlt* TF.   55 den]
fehlt TF.   56 ein] *fehlt* TF.   57 gotz] + vnd TF.   **Wann**] *fehlt*
TF.   58 dem] den T.   59 die] den TF.   dingen — 60 pfaffheit]
nachgetragen F.   59 **Vnd ernftlich**] wan TF, vnd ernftlich ta.

6) ernſtlich die do entphachent die pfaffheit von den ſún
en leui· die habent das gebott zenemen den zehenden
8 2) von dem volck nach der ee daz iſt von iren brúdern:
wie das ſy auch aufgiengen von den lancken abra-
hams. Wann daz geſchlecht wart nit gezalt in in·   v. 6.
vnd der do nam den zehenden von abraham: der ge-
5 ſegent den der do bett die geheiſſungen. Wann on   7.
all widerſagung: das der mynner wúrd geſegent
von dem merern. Vnd ernſtlich die ſterbenden leút die   8.
nement hie den zehenden: wann do bezeúgt er das er
lebt. Vnd das es alſo ſey geſagt: vnd leui: der do   9.
10 nam den zehenden der. wart verzehent durch abraham.
Wann noch was er in den lancken des vatters: do   10.
im begegent melchiſedech. Dorumb ob die vollen-   11.
dung was durch die leuitiſchen pfaffheit· wann daz
volcke entphieng die ee vnder im: was was noch
15 durfft einen andern pfaffen aufzeſten nach dem orden
melchiſedech vnd nit geſagt nach dem orden aarons?
Wann do die pfaffheit wart vbertragen: durfft waz   12.
auch das die vbertragung der ee wurd. Wann in   13.

*

60 ernſtlich] gewißlich P, *fehlt* K—Oa.   prieſterheyt P, prieſter-
ſchafft Z—Oa.   2 wie wol auch ſy Z—Oa.   lenden Z—Oa.   3
Aber Z—Oa.   wirt Z—Oa.   4 vnd der do] Er Z—Oa.   : der]
vnd Z—Oa.   5 verheyſſungen. Aber Z—Oa.   6 widerred das da
mynder iſt. wúrd Z—Oa.   7 von den A—Sa.   ernſtlich] gewiß-
lich P, *fehlt* K—Oa.   die (*zweites*)] *fehlt* K—Oa.   8 Aber Z—Oa.
bezeyget Z—Sa, erzeyget K—Oa.   9 geſagt] + durch abraham
Z—Oa.   10 durch abraham] *fehlt* Z—Oa.   11 wann er was
noch Z—Oa.   er] es MEP.   landen AZcSa, lenden K—Oa.   13
prieſterheyt P, prieſterſchafft Z—Oa.   14 was war OOa.   15 not-
turfft Z—Oa.   prieſter P—Oa.   16 melchiſedech — orden] *fehlt* P.
geſagt] + werden Z—Oa.   17 prieſterheyt P, prieſterſchafft Z—Oa.
durfft — 18 auch] da was auch notturfft Z—Oa.

*

1 brúdern] + ir bruder TF.   2 wie] ſwi T, ſari F.   auch]
fehlt TF.   3 Wann] *fehlt* TF, *nachtr.* ta.   nit wart gezalt vnder
in TF.   4 vnd] *fehlt* TF.   abraham vnd ge· TF.   5 gehai-
ſung TF.   Wann] *fehlt* TE.   12 begegent] + dirr TF.   13
leuiſchen TF, + ·ti· *corr.* T.   Dorumb] Wan TF.   14 was was]
was F.   15 durft daz ein ander phaf vfzeſtund (ze ſtund F, vf *über-
geschrieben*) TF.   16 nit] + w'n TF.   orden] + melchiſedech
T, *gestrichen*.   18 das] alz T, *unterstrichen*, daz *corr.*

dem dife ding werdent gefagt der ift von eim andern
gefchlecht: von dem keiner was bereit zedienent dem
v. 14. allter. Wann es ift offen das vnfer herre ift geborn
von iuda: in dem gefchlecht moyfes nichts hat ge-
15. rett von den pfaffen. Vnd es ift noch mer offen·
das ein ander pfaff aufftet nach dem orden melchi-
16. fedech | der nit ift gemacht fleifchlich nach der ee des
gebots: wann nach der kraft des vnentpintlichen
17. lebens. Wann er bezeúgt: das du bift ein pfaff ewig-
18. lich nach dem orden melchifedech. Ernftlich die ver-
fprochenkeyt wirt gemacht des vorgenden gebottes
19. vmb fein kranckheit vnd vmb die vnnútzikeit. Wann
die ee zúfúrt kein ding zú der durnechtikeit. Wann
ein vnder einfúrung einer beffern zúuerficht wirt ge-
20. macht durch die wir vns genachen zú got: | vnd alf
uil es ift· es ift nit on gefchworn recht. Ernftlich
die andern feind gemacht pfaffen on gefchworn recht:
21. | wann dirr mit gefchworn recht durch den der do fprach
zú im. Der herre fchwúr vnd es reuwet in nit: du
22. bift ein pfaff ewiglich. Alfuil ift ibefus gemacht
23. ein geheiffer eins beffern gezeúgs. Vnd ernftlich ma-
nig ander feind gemacht pfaffen nach der ee dorumb

21 offenbar Z—Oa. 22 von] auß Z—Oa. 23 prieftern P—Oa.
offenbar Z—Oa. 24 priefter P—Oa. aufteet ZcSa. 26 aber
Z—Oa. vnentphencklichen MEP, vnaufflößlichen ZS—Oa, vnufflöfen-
lichen A. 27 priefter P—Oa. ewenklich A. 28 Ernftlich]
Gewißlich P, fehlt K—Oa. 29 gemacht] fehlt Z—Oa. 30 die,
fehlt A. 31 ee hatt keyn ding zúgefúret der volkummenheit Z—Oa.
32 vnder] ander M—Oa. 34 es ift nit] nicht Z—Oa. Ernft-
lich] Gewißlich P, fehlt K—Oa. 35 feynd priefter worden on das
gefchworen Z—Oa. priefter P. 36 Aber Z—Oa. dirr] der P.
gefchworem ZcSaSbOOa. 37 herre] + der S. 38 priefter P—Oa.
ewenklich A, ewigklichen Sc. Alfuil — 40 nach] So vil böffer zeugk-
nuß ift eyn verheyffer worden ihefus. vnd vil ander feind worden
priefter (priefter worden S) nach Z—Oa. 39 gewißlich eins andern P.
40 priefter P.

20 zedienent] + zu TF. 21 vnfer] der TF, vnfer ta. 23
rett] + kain dink TF. 26 vnpintliche lebenz TF. 33 genach-
ten TF. 35 di andern] manig ander di TF. 39 ein] fehlt TF.

das in wurd gewert zebeleiben mit dem tod: | wann   v. 24.
dirr hat ewig pfaffheit dorumb das er beleibt ewig-
lich. Douon mag er auch machen behalten ewiglich   25.
er genacht fich durch fich felber zů got: zů allen zeiten
lebentig zebitten vmb vns. Wann vns gezam das   26.
vns wer ein fôlicher bifchoff: heilig˙ vnfchedlich˙ vn-
entzeúbert˙ gefundert von den fúndern˙ vnd gemacht
hôcher denn die himel. Der nit hat teglichs durfft   27.
als die pfaffen die zům erften opffernt die opffer vmb
ir miffetat: dornach vmb das volck. Ditz tet vnfer
herre er opffert fich felber zů eim mal. Wann die ee   28.
fchicket man pfaffen die do habent die kranckheit:
wann das wort des gefchworn rechts daz do ift nach
der ee˙ fchickt ein durnechtigen fun ewiglich.   *viij*

W ann ein gefetz vber die ding die do werdent
gefagt. Wir haben einen fôlichen bifchoff:
der do entzampt fitzt zů ˙der zefwen des gefef
feß der michelich in den himeln | ein ambechter der hei-
ligen˙ vnd des waren tabernackels: den gott macht
vnd nit der menfch. Wann ein ieglich bifchoff wirt   3.

*

41 gewert] verboten Z—Oa.   Aber Z—Oa.   42 dirr] der P.   prie-
fterheyt P, priefterfchafft Z—Oa.   ewenklich A.   43 auch heyl-
fam machen Z—Oa.   ewenklich A.   44 gemacht P, genachend
Z—Sa, nehnet K—Oa.   fich] *fehlt* Z-Oa.   45 vns (*zweites*)]
das Z—Oa.   46 vns] + auch SbOOa.   vnfchedlich] vnfchuldig
Z—Oa.   vnuermåliget ZS—Oa, vnuermaßget A.   48 tåg-
liche S.   notturfft als wie die priefter zům Z—Oa.   49 priefter P.
50 vmb die fúnde des volcks Z—Oa.   vnfer] der Sc.   52 fchicket
man] des menfchen feczent (fetzet K—Oa) die Z—Oa.   priefter P—Oa.
die (*zweites*)] *fehlt* P.   53 Aber Z—Oa.   54 ee feczet den volkumen
fun Z—Oa.   ewenklich A.   55 Ein capitel aber úber Z—Oa.
57 entzampt] miteinander P, mit̨ Z—Oa.   gerechten E—Oa.   des
ftúls Z—Oa.   58 der grôff P—Oa.   ein] der Z—Oa.   diener P—Oa.
60 yegklicher P.

*

42 er] der TF, er ta.   43 machten TF.   46 vnfchedlicher TF.
47 vnd] + er ift TF.   51 felb zeim TF.   Wann] *fehlt* TF.
54 ewicklichen TF.   55 gefetz] capitel TF, gefetzcze ta.   57 ze-
fem TF.   gefezzes TF.   58 magenkraft TF, michelich ta.

Kurrelmeyer, Bibel. II.   17

gefchickt zeopffern die gaben vnd die opffer. Douon
v. 4. ift auch difem durfft etwas zehaben daz er opffer. Dor-
umb ob er were auf der erde : er were nit ein pfaff
5. do die warn die do opffernt die gaben nach der ee | die
do dienent dem bild vnd dem fchatten der himlifchen :
als moyfes wart geantwurt do er volendt den taber-
nackel. Er fprach fich mach alle ding nach dem bild :
6. das dir ift gezeigt an dem herge. Wann nu hat er
geloft ein beffer ambechtung alfuil er ift ein mitler
eins beffern gezeúgs : der do ift geheiligt in beffern
7. geheiffungen. Wann ob der erft wer leer der fchuld :
8. ernftlich die ftat dez andern wurd nit gefúcht Wann
ieremias berefpt fy vnd fpricht. Secht die tag kum-
ent fpricht der herr : vnd ich vollend ein neuwen ge-
9. zeúg auf das haus iuda vnd auf das haus jfrahel : | nit
nach dem gezeúg den ich macht iren vettern an dem
tag an dem ich begreiff ir hand daz ich fy auffúrt von
dem land egipt : wann fý beliben nit in meim gezeúg :

*

61 gefeczet Z—Oa.   1 **difem**] difen EP, *fehlt* Z—Oa.   notturfft
(not OOa) daz er habe ettwas das Z—Oa.   2 **were** (*erstes*)] werde
MEP.   **er** (*zweites*)] vnd Z—Oa.   priefter P—Oa.   3 **do die**]
als Z—Oa.   opferten Z—Oa.   dem gefacz Z—Oa.   6 Schaw
das du alle ding macheft Z—Oa.   8 **geloft — 10 fchuld**] erlöfet
eynen beffern dienft. wie vil vnd beffer gezeugknuß. Er ift gewefen ein
mitler. das in befferen verheyffungen geheyliget ift. wann wâre nun
das vor lârer (ler K—Oa) gewefen (+ der K—Oa) fchuld Z—Oa.
8 dienung P.   10 **ernftlich**] gewißlich P, *fehlt* K—Oa.   12 **ieremias**]
er Z—Oa.   ftraffet P, löfteret Z—Oa.   13 neuwe A--Oa.   gezeugk·
nuß Z—Oa.   15 nach der gezeugknuß (zeügknuß OOa) die ich Z—Oa.
macht] + auch Sb.   17 egypti AS.   meiner zeugknuß (gezeugk·
nuß AS) vnd Z—Oa.

*

61 gab TF.   4 befcheitigung TF, fchaten ta.   5 **wart
geantwurt**] enphieng di antwurt TF.   6 fich alle dink mach nach
difem TF.   8 **er —9 eins**] der mitler ift TF ; (ift *unterstrichen* T, er ift
ein *nachtr.* ta).   9 **ift**] wirt TF.   **in**] mit TF.   10 gehaifung TF.
wer leer] werker T, *durch rasur* wer ler ; wer F, *auf rasur*.   13 **ein —
14 jfrahel**] vber daz hauf ifrahel vnd vber daz hauf iuda einen newen
gezeug vnd TF.   15 **macht**] hab (han F) geordent TF.

vnd ich verfchmecht fy fpricht der herr. Wann ditz   v. 10.
ift der gezeúg den ich orden dem haus jfrahel nach difen
20 tagen fpricht der herr· ich gib mein ee in irm gemút
vnd vberfchreib fy in irm hertzen: vnd ich wird in
zú eim got: vnd fy werdent mir zú eim volck. Vnd   11.
ein ieglicher lert nit fein nechften vnd ein ieglicher
fein brúder fagent erkenn den herrn: wann all wiffen
25 fy mich von dem minften vntz zú iren meiften: | wann   12.
ich werd vergiblich iren vngangkeiten· vnd ietzunt
gedenck ich nit ir fúnd. Wann zefagen das neuw: 13.
eraltent das erft. Wann daz do eraltent vnd eraltent:
ift necher dem tod. Vnd ernftlich der erft het die ge-
30 rechtikeit der úbung: vnd daz werltlich heilig.   _ix_

W ann der erft tabernackel wart gemacht· in   2.
     dem do waren die kertzftal vnd der tifch vnd
     die fúrlegung der brot das do ift gefagt ein
heiligkeit: | wann nach dem deckfal: der ander taber-   3.
35 nackel der do ift gefagt ein heiligkeit der heiligen | ha-   4.
bent ein guldin rauchuaß vnd die arch des gezeúgs
allenthalben bedeckt mit gold: in der do was der guldein

*

18 ich hab fy verfaumet Z—Oa.   **ditz**] das Z—Oa.   19 die
zeugknuß (gezeúgknuß AS) die ich wird orden Z—Oa.   21 iren Z—Sc.
25 von den PZcSaOOa, vom A.   biß Sb—Oa.   **iren**] dem A, irem S.
26 boßheyten P—Oa.   27 ir — 30 **heilig**] irer fúnden. Aber ich
wird fagen das new gefacz hat daz erft alt gemachet. was aber eraltent
vnd anfacht alt werden. das ift nachent dem tod. Doch hatt das erft
gefacz gehabt die gerechtmachung (+ des gepewes K—Oa) vnd die
weltlich heyligkeit Z—Oa.   29 gewißlich P.   32 leuchter K—Oa.
34 aber Z—Oa.   35 **der**] die MEP.   do heyffet ein Z—Oa.   36 des
teftaments Z—Oa.   37 allenthab ZcSa.   **der**] den Z—Oa.

*

18 **ich**] fi TF, ich ta.   19 **orden**] han geordent TF.   20 **irm**]
ain F.   22 **zú** (_erstes_)] _fehlt_ TF, _nachgetragen_ ta.   **eim** (_erstes_)]
ein F; einē T, _auf rasur._   25 **minften**] iungften F.   **zú iren**]
an den TF.   **wann**] vnd TF.   26 genedich TF, vergiblich ta.
28 **do**] _fehlt_ TF.   29 **necher**] nechern zu TF.   30 heligtum T, -tum
unterstrichen; heiligtum F.   31 **wart**] ift TF.   32 **die**] + guldin T,
unterstrichen; guldein F.   **der**] di TF.   33 **das**] di TF, daz ta.
34 der T, _umgeändert_ dz.   35 **ift**] wirt TF.   37 vm geben mit gold
allenthalben TF.

aimer habent die manna· vnd die rût aarons die do

v. 5. hett geblúet· vnd die taffeln des gezeúgs: | vnd auff
ir waren die cherubin der wunniglich zebefchetigen
die betftatt: von den nu nit ift zûfagen durch all:

6. Wann do dife ding warn zûfamen gelegt· alfo ernft
lich in dem erften tabernackel giengen zeallen zeyten
die pfaffen zû vollenden die ambechtung der opffer:

7. | wann in dem andern gieng allein der bifchoff zû eim
mal im iar nit on blût das er opffert vmb fein miff

8. kennung vnd des volcks: | ditz bezeichent der heilige
geift· den weg der heiligen nit zefein eroffent noch

9. in dem erften tabernackel habent die ordnung. Die
do ift ein geleichfam des gegenwertigen zeits: noch
der do werdent geopffert die gaben vnd die opffer die
do nit múgen gemachen durnechtig den dienenden

10. nach der gewiffen: | nuer allein in den effen vnd in
den trincken vnd in manigerhand tauffe vnd in den
gerechtikeiten des fleifchs: vntz zû dem zeyt der auf

11. gelegten befferung. Wann criftus beleibent ein bifchof

*

38 aimer]`eyner Z, einer A.   die manna] in im daz hymelbrot Z—Oa.
aaron Z—Oa.   39 teftamentz ZS—Oa, teftement A.   40 die] ÷
engel Z—Oa.   chernbin ZcSa.   der glori P—Oa.   zebeftetigen MEP,
vmbfchâtigent Z—Oa.   41 beftat P, bettafeln Z—Oa.   von dem
ScOOa.   all] alle ding Z—Oa.   42 alfo ernftlich] *fehlt* Z—Oa.
gewißlich P.   43 gieng S.   zeiten ein die priefter volbringend
die ampt. Aber in Z—Oa.   44 priefter P.   dienung P.   45 zû]
zft G.   46 fein vnd des volcks vnwiffenheit. das bedeútet der Z—Oa.
48 den — 50 zeits] das noch nit ward eröffet der weg der heiligen
die weyl noch hette daz erft teftament den beftandt. Dife gleychnuß
ift der gegenwirtigen zeyt Z—Oa.   48 noch] bei K—Oa.   51 vnd]
fehlt P.   52 machen volkummen den Z—Oa.   54 manigerlei K—Oa.
55 biß Sb—Oa.   dem] der K—Oa.   56 Aber Z—Oa.   beleybt S.

*

39 het geblúet] wider plutet TF.   41 pet tafel T, pet tafelel F.
43 ·lich] + nt F, *geftrichen*.   giengen di phaffen zu allen zeiten
volbringent di TF.   45 wann] aber TF.   andern] + tabernakel
TF.   46 on] + fremdes TF (*unterstrichen* T).   47 ditz] dife dink
TF, dicz ta.   48 heiligen] + noch TF.   49 Die] daz TF, die ta.
51 gab TF.   52 dienft TF, ta ändert: dienenden.   54 dem
trinken F.   taufen TF.   56 criftus — 57 gûtet] *fehlt* T, *nachtr. te.*

der kúnftigen gûtet durch einen weytern vnd durch
ein durnechtigern tabernackel nicht gemacht mit der
hand das ift nit dirr gefchôpffd: | noch durch daz blût   v. 12.
6) der bôck oder kelber wann durch eigens blût gieng er
zû eim mal in die heilikeit: er vand ewig erlôfung.
78 c] Wann ob das blût der bôck vnd der ftier vnd die be-   13.
fprengt afche der kelber geheiligt die entzeúberten zû
der gereinigung des fleifchs: | wieuil mer das blût   14.
crifti der fich opffert got vnfleckhaftig durch den hei-
5 ligen geift vnd gereinigt vnfer gewiffen von den
tôdigen wercken zedienen gott dem lebentigen. Vnd   15.
dorumb ift er ein mitler des·newen gezeúgs: das er
mit dem tod vnderkem in der erlôfung der vberge-
ungen· die do waren vnder dem erften gezeúg: die
10 do entphiengen die geheiffung die feind gerûffen des
ewigen erbs. Wann wo der gezeúg ift: do ift durfft   16.
das der tod des bezeúgers vnderkum. Wann der gè-   17.
zeúg ift geuefftent in den toten. In einer andern weis
es verfecht nit: fo der lebt der do hat bezeúgt. Douon   18.
15 ernftlich der erft ift nit geheiligt on blût. Wann do   19.
alles das gebott der ee wart gelefen allem volck von

*

57 gûter A.   durch ein] fehlt Z—Oa.   58 durchnechtigen EP,
volkumern Z—Oa.   59 dirr] der P.   gefchôpf Z—Sa, fchôpffung
K—Oa.   60 aber Z—Oa.   61 er] vnd Z—Oa.   1 die — 3
fleifchs] der âfch (âchß S) des kalbs gefprenget zû der reynigung heylig
machet die vermeyligten (vermaßgeten A) Z—Oa.   4 in fleckhaftig
MEP, vnuermeyliget ZS—Oa, vnuermaßget A.   5 vnd] hat Z—Oa.
von]fehlt Z—Oa.   6 todten Z—Oa.   7 er (erstes)] fehlt P.   gefeczes Z—Oa.
8 der (erstes)] die Z—Oa.   9 gefecz Z—Oa.   die do] fehlt Z—Oa.
10 geheiffung — 11 erbs] verheyffung der ewigen erbfchafft die da
geuodert feind Z—Oa.   10 gerûfte P.   11 das gefacz ift Z—Oa.
notturfft Z—Oa.   12 das gefacz Z—Oa.   13 In — 14 lebt] anderft
er ift noch nit núcz die weyl er lebet Z—Oa.   15 ernftlich] gewiß·
lich P, fehlt K—Oa.   16 das] fehlt K—Oa.

. *

58 ein] fehlt T.   60 oder] + der TF.   61 er] vnd er TF.
1 berengt TF; gestrichen T, befprengt ta.   2 kalben TF.   4 fich]
+ felber TF.   5 gerainig F.   8 in di TF.   vbergeung TF.
9 gezeugen TF.   .10 di da fint TF.   gerufung F.   12 bezeuger
TF, -s nachtr. T.   15 do] fehlt T, nachtr. ta.   16 von] wan T.

moyſes: er nam das blůt der kelber vnd der bŏck mit
waſſer vnd mit roter wolle vnd mit yſop: vnd be
v. 20. ſprengt das bůch vnd alles volck | ſagent. Ditz iſt
21. das blůt des gezeŭgs: das gott gebot zů euch. Vnd
er beſprengt auch zegeleicherweys mit dem blůt den
22. tabernackel vnd alle die vaſs der ambechtung. Vnd
alle ding wurden vilnoch gereinigt in dem blůt nach
der ee: vnd die vergibung was nit on die vergieſ-
23. ſung des blůts. Ernſtlich was was denn durfft den
bilden der himeliſchen zewerden gereinigt mit diſen
opffern: wann ſy ſelb die himeliſchen werdent gereini-
24. get mit heſſern denn mit diſen opffern. Wann ihe-
ſus gieng nit in die heiligkeit gemacht mit der hand
die do ſeind bilden der gewern ding: wann in in ſelb
den himel: das er nu erſchein dem antlůtz gotz vmb
25. vns. Wann er opffert ſich ſelb nit dicke: als der
biſchoff eingieng in die heiligkeit in frembdem blůt
26. durch alle iar. In einer andern weys im gezam dick
haben erlitten ſind der ſchickung der werlt. Wann
nu derſchein er zů eim mal durch ſein opffer in der
vollendung der werlt · zů der verwůſtung der ſůnd
27. Vnd als es iſt geordent dem menſchen zů eim mal

*

17 moyſi Z—Sc, moyſe OOa.   20 blůt] bůch Z—Oa.   deſ
geſeczes Z—Oa.   22 die] *fehlt* K—Oa.   der dienung P, des dienſts
Z—Oa.   23 vilnoch] ſchier K—Oa.   24 vergeſſung MEP.
25 Ernſtlich] Gewißlich P, *fehlt* K—Oa.   notturfft K—Oa.   28 denn]
deim ZcSa.   30 da warden (warn OOa) ebenbild der waren ding.
aber in den Z—Oa.   31 hymlen S.   vmb] *fehlt* SbOOa.
32 Wann — als] Noch auch das er ſich ſelb offt opfere als wie Z—Oa.
33 eingeet Z—Oa.   frembden MO.   34 In — 37 ſůnd] Anderſt
er můſte offt gelitten haben von dem anuangk der welt. Aber nun iſt
er erſchynen eyns in der volbringung der welt in der entſeczung der
ſůnde durch ſein opfer Z—Oa.   38 als] + wie Z—Oa.   dem] den S.

*

17 er] *nachtr.* T.   19 volck ſagent] daz volk TF.   20 das
(*erstes*)] *fehlt* F.   das (*zweites*)] den TF.   25 di pild T, *auf rasur.*
26 diſem F.   27 ſelb] + der T, *gestrichen.*   28 peſſern oppbern
den mit diſen TF.   30 dingen TF.   32 di piſchof ingiengen T.
33 in dem fremden TF.   36 zů eim] zem TF.   38 geordent]
+ der werlt F, *gestrichen.*

*zefterben˙ wann dornach das vrteyl: | vnd alfuft wart   v. 28.
40 criftus geopffert zů eim mal zefterben. Wann dor-
nach das vrteyl vnd alfuft wart criftus geopffert
zů eim mal zeuerwůften die fúnd maniger: wann
zů dem andern mal erfcheint er on fůnd den die fein
beytent in behaltfam.   *Das* ˙*x*˙ *Capitel.*

45   W ann die ee ift babent den fchatten der kúnf
        tigen gúte nit das felb bild der ding: das do
        niemer mag machen durnechtig die genach-
enden: die fy opffernt ftetiklich mit den felben opffern
durch all iar. In einer andern weys die ambechter   2.
50 gereinigt zů eim mal: die hetten aufgehort zeopffern.
Dorumb das fy fúrbas heten kein gewiffen der fúnd
' wann die gedechtniß der fúnd was in in durch alle   3.
iar. Wann es ift vnmúglich mit dem blůt der ftier   4.
vnd der böck abzenemen die fúnd. Dorumb eingend   5.
55 die werlt fpricht er. Du wolteft nit das opffer vnd
das oblat: wann du haft mir volmacht den leib. Vnd   6.

*

39 aber Z—Oa.   vnd — wart] Alfo ift auch Z—Oa.   alfo P.
40 criftus] + eyns Z—Oa.   zů — 42 wann] züerfchöpfen die fúnde
vil menfchen Z—Oa.   41 alfo P.   43 Zům Z—O.   wirt er
erfcheinen on fund allen den die fein warten zů dem heyl Z—Oa.
45 ee] *fehlt* P.   ift] *fehlt* K—Oa   fchattent MEP.   46 gútter
Z—Oa.   das do — 49 iar] die mag nymmer volkummen machen
die genachenden zů got mit den felben opffern die fy durch alle iar on
aufhörlich opferent Z—Su, durch alle iar in denfelben hoftien. dy fie
vnaufhörlich opffern mag nymmer zufalligklich. volkumen machen
K—Oa.   49 In — 53 iar] anderft fy hetten aufgehöret zeopfern
darumb das die diener eyneft gereyniget nit hetten fúro (fúran K—Oa)
das gewiffen der fúnde aber in in (in jm Sc) befchicht (gefchicht A)
durch alle iar die gedächtnuß der fúnden Z—Oa.   49 diener P.
53 es] er Z—Oa.   vnmúglich] glori P.   54 eingend] + in Z—Oa.
56 aber Z—Oa.   mir] *fehlt* P.   volmacht] zúgefúget Z—Oa.

*

40 *-fterben — 42 ze-] *fehlt* TF.   46 dinge di da TF.
47 minner TF; nummer T. *durch rasur.*   mugen T, mage F.
gemachen TF.   48 fterklich TF, *umgeändert* ftetiklich T.   50 zů
eim] zem TF.   52 gehugnuz TF, gedechtnuz ta.   54 ingieng F,
-d *übergeschrieben.*   55 die werlt] *fehlt* TF.   woltfte F.

die entzûnten opffer vmb die fûnd geuielen dir nit.

v. 7. ⌐ Do fprach ich. Sich ich kum. In dem haubt des bûchs
ift gefchriben von mir: o got daz ich tû deinen willen.

8. Do vor fagent: wann die opffer vnd die oblat vnd
die gantzen opffer vmb die fûnd der enwolteftu nit·
die do werdent geopffert nach der ee die geuielen dir

9. nit· | do fprach ich fich ich kum· o got das ich tû deinen
willen: er nimpt ab das erft das er beftetig daz ander.

10. In dem willen fey wir geheiligt: zû eim mal durch

11. das opffer des leibs ihefu crifti. Vnd ernftlich ein ieg-
lich pfaff ift bereyt teglichs zeambechten: vnd dicke
zeopffern die felben opffer die nymmer mûgen ab-

12. genemen die fûnd. Wann dirr fitzt zû der zefwen gotz

13. vnd opffert ein ewigs opffer vmb die fûnd: | von des
hin beyt er biß daz fein feind werden gelegt ein fchamel

14. feiner fûß. Wann mit eim opffer hat er volendt die

15. geheiligten ewiglich. Wann vns entzampt bezeûgt

16. der heilig geift. Wann dornach fprach er. | Wann ditz
ift der gezeûg den ich bezeûgt zû in nach difen tagen
fpricht der herre ich gib mein ee in iren hertzen vnd

17. vberfchreib fy in ir gemût: | vnd ietzunt fûrbas ge

*

57 entzúnte Z—Oa.   58 fprachen O.   60 **Do vor**] oben Z—Oa.
61 der] *fehlt* K—Oa.   wolteftu Z—Oa.   **nit**] + noch Z—Oa.
2 nit] *fehlt* Z—Oa.   5 crifti] + eyneft Z—Oa.   **ernftlich**] gewiß-
lich P, *fehlt* K—Oa.   6 priefter P—Oa.   zedienen P, dienendt
Z—GScOOa, dient Sb.   7 hinnemen Z—Oa.   8 Aber Z—Oa.
dirr] der E—Oa.   gerechten E—Oa.   gots. der da hat geopferet
Z—Oa.   **von des hin**] fúro Z—Sa, fúran K—Oa.   **10 beyt er**]
beytendt Z—Sa, harrend K—Oa.   **daz**] *fehlt* Sc.   gefeczet Z—Oa.
12 ewenklich A.   aber Z—Oa.   **entzampt**] miteinander P,
fehlt Z—Oa.   13 fprach er] vnd er fprach Z—Oa.   **Wann**] vnd P.
14 ift das gefecz daz ich bezeûge Z—Oa.   zû jm Sc.   **15 gib**]
hab Sc.   ire K—Oa.   16 verfchreyb Z—Sc, fchreib OOa.

*

57 gezunten T, gezuntzen F, ganczen ta.   opphert F.   58 fpricht
F.   ficht F.   61 entwoltft du TF.   2 ich (*zweites*)] *fehlt* TF,
nachtr. ta fb.   3 beftetigt TF.   5 ihefus TF.   kriftz T, kriftes F.
8 zefem TF.   10 ein] zu eim TF.   12 **Wann**] vnd TF.   13 fpricht
F.   14 bezeug TF.   15 irem T.   16 aber fchreib F.   ir] irem
T, iren F.

denck ich nit ir fúnd vnd ir vngangkeit. Wann wo
die vergibung dirr ding ift: ietzunt ift nit opffer
vmb die fúnd. Dorumb brúder wir haben troft· in   19.
dem eingang der heiligeu in dem blůt crifti | daz er vns 20.
anuieng ein neůwen weg vnd ein lebentigen· durch
das deckfal das ift durch fein fleifch: | vnd durch den   21.
micheln pfaffen vber das haus gotz: | wann wir ge-   22.
nachem vns mit dem hertzen in die erfúllung des ge
lauben zebefprengen die hertzen von der hófen gewif-
fen: vnd zů wafchen den leib mit reinem waffer: | wir   23.
behaben die vnbeweglich beiechung vnfer zůuer-
ficht wann er ift getreuw der do gehieß. Vnd wir   24.
mercken an einander in der bewegung der lieb vnd der
gůten wercke: | nichten laffen vnfern famnung als   25.
gewonheit ift etlichen wann trôftent: vnd alfuil mer
als ir gefecht den genachenden tag. Wann ob wir   26.
willigklich fúnden nach der entphachung der erken-
nung der warheit ietzunt wirt nit gelaffen daz opffer
vmb die fúnd: | wann ein fraiflich beytung des vr-   27.
teyles vnd der neide des feuers: ift zeuerwúften die
widerwertigen. Wann der do macht vppig die ee   28.

∗

17 boßheyt P—Oa.   18 dirr] der E—Oa.   nit] + das Z—Oa.
19 troft] fehlt Sc.   20 dem (erftes)] den MP.   daz] den Z—SaSbOOa,
denn KGSc.   21 hat angehaben ein Z—Oa.   23 groffen priefter
P—Oa.   wann — 24 vns] wir fúllen zů geen Z—Oa.   24 dem]
den EP, warem Z—Oa.   erfúllung] volkummenheit Z—Oa.   25 be-
fprenget (befpreht G) nach den (dem OOa) hertzen Z—Oa.   der]
dem Z—Oa.   26 vnd abgewafchen nach dem leib Z—Oa.   27 be-
haben] haben P, fúllen halten Z—Oa.   vnabgeneyglichen (vnabneig-
lichen S, vnabneyglich K—Oa) veriechung vnfer hoffnung Z—Oa.
beiechung. Vnfer MEP.   28 verhyeß K—Oa.   wir] + fúllen Z—Oa.
29 an] fehlt OOa.   30 nicht laffend vnfer Z—Oa.   31 aber Z—Oa.
32 zůgenachenden Z—Oa.   33 willigklichen ZcSa.   35 aber ein
erfchrockenlich Z—Oa.   harrung K—Oa.   36 feuwers der da wirt
verzeren die Z—Oa.   37 eytel ZS—Oa, vnnútz A.

∗

18 opphert F.   27 behalten TF.   28 wir] mir F.   30 nicht TF.
vnfer TF.   31 vnd] ain ander TF; + in der bewegung der lieb T,
geftrichen.   32 fecht TF.   33 enphangen TF.

moyſes der ſtirbt on all erbarmd vnder zweyen oder
v. 29. dreyen gezeúgen: | wieuil mer erger quelung went
ir zeuerdienen den der do vertritt den ſun gotz· vnd
fúrt vnrein das blút des gezeúgs· vnd tút laſter dem
30. geiſt der genaden· in dem er iſt geheiliget? Wann
wir wiſſen der do ſprach. Mir die rach: vnd ich wi-
dergib. Vnd aber. Wann der herr vrteylt ſein volck
31. Wann es iſt fraiſlich zeuallen in die hende gots des
32. lebentigen. Wann gedenckt der erſten tag in den ir
ſeyt entleúcht ir habt erlitten einen micheln ſtreyt der
33. martern: | vnd ernſtlich in dem andern ſeit ir gemacht
ein ſchawung den itwiſſen vnd den trúbſaln: wann
in dem andern ſeit ir gemacht geſellen der die do wandelten
34. alſo. Wann ir habt entzampt erlitten mit den ge-
uangen: vnd ir entphiengt den raube euwers gúts
mit freuden: vnd erkennt euch zehaben ein beſſer vnd
35. ein beleibent enthabung. Dorumb nichten welt ver
lieſen eweren troſt: der do hat den micheln widergelt.
36. Wann euch iſt durfft der gefridſam: das ir tút den
37. willen gotz widertragt die geheiſſung. Wann noch
ein lútzel der do iſt kúnftig der kumpt vnd ſaumpt
38. ſich nit: | wann der gerecht lebt von dem gelauben.

•

38 moyſi Z—Oa.   39 peinung P, peyn Z—Oa.   wert Sc.
40 ir] er MEP, der Z—Oa.   den] fehlt Z—Oa.   41 des geſeczes
Z—Oa.   43 wiſſen] + den Z—Oa.   widergib] + ſy Z—Oa.
44 wirt vrteylen Z—Oa.   45 grauſamlich Z—Oa.   46 aber Z—Oa.
47 erleúcht. vnnd habt Z—Oa.   groſſen P—Oa.   48 marter
ZAZc—Oa, martrer S.   ernſtlich] gewißlich P, fehlt K—Oa.   ge-
macht] worden Z—Oa.   49 ſchawung mit flúchen vnd trúbſal
aber Z—Oa.   50 dem] den M.   die] fehlt MEP.   wandelent
Z—KSb—Oa, wandern G.   51 habt ein mitleyden gehabt mit Z—Oa.
entzampt] miteinander P.   52 ir] fehlt Z—Oa.   euwer gútter
Z—Oa.   53 erkenn Oa.   54 habe. Darumb nit Z—Oa.   55 hat
ein groß widerbelónung Z—Oa.   groſſen P.   56 iſt notturft
die gedult Z—Oa.   57 gotz] + vnd Z—Oa.   58 lútzel] wenig
P, kleyn zeyt Z—Oa.   59 aber Z—Oa.   von] auß Z—Oa.

•

43 ſpricht T, a übergeſchrieben.   45 es] er F.   52 enphieng F.
gúts] gotz F.   54 nicht TF.   57 widertragent TF.   59 von
dem] vom TF.

60 Wann ob er fich hinderzeúcht: es geuellt nit meiner fel
Wann * ob er fich hinderzeúcht es geuellt nit in: | wann   v. 39.
a] wir fein nit fúne der hinderziechung in verleufe:
wann des gelauben in die gewinnung der fel.   xj

W ann der gelaube ift ein enthabung der ding
        der man hat zûuerficht vnd ein deroffnung
5   der die do nit erfchinen. Wann in difem ge   2.
wunnen gezeúg die alten. Wir vernemen mit dem   3.
glauben die werlt zefein gemacht mit dem wort gotz:
das die gefichtigen wurden von den vngefichtigen.
Vmb den glauben abel der opffert got ein mers opf
10 fer denn kein: durch das gewan er den gezeúg zefein
gerecht: gott der gab gezeúg feinen gaben: durch
die er ftarb· vnd noch rett er. Vmb den glauben·   5.
enoch ward vbertragen das er nit fech den tod: vnd er
wart nit funden: wann got der vbertrûg in. Wann
15 vor der vbertragung hett er den gezeúg das er ge-
uiel gott. Wann es ift vnmúglich gott zegeuallen   6.
on den gelauben. Wann es gezimpt den genachenden

                                *

    60 es — nit] er wirt nit geuallen Z—Oa.   61 * Wann — wann]
fehlt Z—Oa.   1 fein] + aber Z—Oa.   fúne] fehlt Sb.   in die
verdampnuß. aber Z—Oa.   3 Aber Z—Oa.   ein fubftantz Z—Oa.
4 ein ftâter anhang der ding die Z—Oa.   5 difem haben erfolget
die gezeugknuß Z—Oa.   7 daz die welt feyen zúgefûget Z--Oa.
8 fihtigen K—Oa.   von] auß Z—Oa.   vnfichtigen ASK—Oa.
9 Auß dem gelauben hatt abel geopfert ein Z—Oa.   opffert] opffer
MEP.   merers OOa.   10 er die zeugknuß (gezeugknuß K—Oa)
das er ift gerecht Z—Oa.   11 der] fehlt K—Oa.   gab] habe Sb.
gezeugknuß Z—Oa.   12 die ftarb er vnd redet noch. durch den
Z—Oa.   13 enoch ward] er ward ME, ee ward P, ward Enoch
Z—Oa.   erhebet das Z—Oa.   14 der] fehlt PK—Oa.   hett
in erhebet Z—Oa.   15 erhebung hett er gezeugknuß Z—Oa.   er
(zweites)] + auch Sc.   16 geuallen Z—Oa.   17 den (zweites)]
dem Z–Sa.

                                *

    61 * Wann — in] fehlt TF.   4 der] di TF, umgeändert der T.
5 derfcheinen TF.   8 von] nfit TF, auz corr. T.   9 der] fehlt TF.
merers TF.   opphert F.   10 den] fehlt TF.   13 fecht F.
15 gezeúg] gelauben TF, gezeug ta.   16 ift] + wniclich got ze
fallen T, gestrichen.   zegeuallen] zefallen TF.

zů gott zegelauben das er iſt: vnd wirt ein loner den
v. 7. die in ſůchent. Vmb den gelauben noe der entpfieng ant-
wurt von den dingen die noch nit waren geſechen ·
vôrchtent bereyt er die arch zů der behaltſam ſeines
hauſes: durch die er verdampt die werlt: vnd er iſt
geſchickt ein erb des rechts daz do iſt durch den gelau-
8. ben. Vmb den glauben der do iſt geheyſſen abraham
der gehorſampt aufzegen an die ſtatt die er was zů
entphachen zů eim erb: er gieng auſ vnd wiſſt nit
9. wo er gieng. Vmb den glauben wont er in dem land
der geheiſſung als in dem frembden: zeentwelen in
hůtlin mit yſaac vnd mit iacob den entzampt erben
10. der ſelben geheiſſung. Wann er beyt der ſtatt die do
bett die gruntueſten: der gott was ein meiſter vnd
11. ein macher. Vmb den glauben· vnd ſy ſelb ſara die
vnberhaftig die entphienge die kraft vmb den ge
lauben in der entphachung des ſamens· ioch vber daz
zeyt des allters: wann ſy gelaubt zeſein getreuw den
12. der do gehieſ. Vnd dorumb ſy wurden geborn von
eim: vnd do dirr was tod ſy waren in der menig als
die ſtern des himels: vnd als der vnzellich ſande der
13. do iſt an dem geſtat des mers. Diſe ſturben all vmb
den gelauben ſy entphiengen nit die geheiſſungen:

*

18 vnd ſeye ein beloner Z—Oa.   19 **Vmb den**] Vnd MEP, Durch
den Z—Oa.   **der**] *fehlt* K—Oa.   entpfint MEP.   20 **geſechen**]
+ vnd Z—Oa.   21 **der behaltſam**] dem teyl Z—Oa.   22 **er** (*erstes*)]
+ ward G.   **die werlt**] *fehlt* Z—Oa.   23 geſeczet das er ſeye
ein erb der gerechtigkeit die da Z—Oa.   24 **Vmb**] Durch Z—Oa.
27 **wo**] wahin Z—Oa.   **Vmb**] Durch Z—Oa.   28 verheyſſung Z—Oa.
dem] den Z—Sa.   zewonen P, vnd wonet Z—Oa.   29 **den** (**dem**
SbOOa) hůtlen Z—Oa.   den miteinander erben P, den (dem Sb)
miterben Z—Oa.   30 **der ſelben**] *fehlt* P.   verheyſſung Z—Oa.
harret K—Oa.   32 **Vmb**] durch Z—Oa.   **vnd ſy ſelb**] auch Z—Oa.
ſelbs P.   33 überhafftig A.   **die** (*erstes*)] *fehlt* K—Oa.   **vmb
den gelauben**] *fehlt* Z—Oa.   34 auch on die zeyt Z—Oa.   35 **ſy**]
+ het OOa.   gelaubt das der (er K—Oa) getreůw wâr der es verhieſ
Z—Oa.   **dem**] den MP.   37 **dirr**] der P.   **was**] ward ZcSa.
40 **ſy**] vnd Z—Oa.   verheyſſungen Z—Oa.

*

18 lon F.   29 **vnd**] *fehlt* TF, *nachtr.* tc.   32 **Vmb den glau-
ben**] *fehlt* TF.   **die**] + di TF.   39 **geſtat**] vber tc.

wann fy faben fy von verr vnd grüfften fy: vnd be-
iachen das fy waren geft vnd pilgerin auf der erde.
Wann die do fagent dife ding: die bezeichent fich ze   v. 14.
füchen das vetterlich land. Vnd ernftlich hetten fy   15.
45 das gedacht von dann fy warn aufgegangen: fy hetten
das zeyt widerzekeren. Wann nu eifchent fy daz beffer: 16.
das ift zewiffen das himelifch. Dorumb got der wirt
nit gefchemlicht· zewerden gerüffen ir gott. Wann
er hat in bereyt die ftat. Vmb den gelauben· abraham   17.
50 der opffert yfaac do er wart verfücht: vnd er opffert
den ein geborn der do entphieng die geheiffungen: | zů   18.
dem gefagt ift· wann in yfaac wirt dir gerüffen der
fame: | er maff das got ift gewaltig in zů erften von   19.
den toten. Vnd douon entphieng er in in einer geleich-
55 fam. Vmb den gelauben· yfaac der gefegent iacob   20.
vnd efau von den künftigen dingen· Vmb den ge-   21.
lauben· do iacob ftarbe er gefegent ein ieglichen der
fün iofephs: vnd anbett die höch feiner růt. Vmb   22.
den gelauben· do iofeph ftarb er gedacht von dem auf-
60 gang der füne jfrahel: vnd gebot von feinen beinen.

*

41 Aber Z—Oa.   fahen] haben EPS.   von] an von Z—Oa.
bekennten ZS—Oa, kenden A.   43 bezeychent das fy füchen Z—Oa.
44 ernftlich] gewißlich P, fehlt K—Oa.   45 das] des Z—Oa.
46 das] die Z—Oa.   Wann] Vnd P, Aber Z–Oa.   begeren fy
das Z—Oa.   47 zewiffen] fehlt Z—Oa.   der] fehlt K—Oa.
nitt wurd Sb.   48 gefchendet das er würt genennet Z—Oa.   49 die]
dife SbOOa.   Vmb] Vnd MEP, Durch Z—Oa.   50 der] fehlt
K—Oa.   verfücht (verüfcht G) das er follte opfferen Z—Oa.
51 der do] in dem er Z—Oa.   ·verheyffungen Z—Oa.   52 gerüffet
Z—Oa.   53 wann er gedacht gott Z—Oa.   zů erkücken Z—Oa.
54 in in] in MEP.   ein geleychnuß. Durch den Z—Oa.   55 der]
fehlt K—Oa.   56 von den] von Sb.   Vmb] Durch Z—Oa.
57 iacob wolt fterben Z—Oa.   58 Vmb] Durch Z—Oa.   60 vnd]
von Sb.

*

41 :vnd] fehlt TF.   45 das] dez TF.   46 widerzekent TF,
r nachgetragen T.   47 wirt] mir F, getilgt, wirt fa.   50 der]
fehlt TF.   vnd er] + wart T, gestrichen.   51 gehaiffung TF.
52 geruffung F.   55 der] fehlt TF.   56 von dem T.   57 der]
den F.   59 iofeph gedacht er ftarb TF; die corr. stellen in beiden die
richtige folge her.

v. 23. Vmb den glauben. Do moyſes wart geborn er wart
verholn ·iij· moned von ſeinen geberern vnd dorumb
daz ſy hetten geſehen ein ſchons kind: ſy vorchten nit

24. das gebott des kúnigs. Vmb den gelauben· do moy-
ſes wart gemacht groß er verlaugent ſich zeſein ein

25. ſun der tochter pharaons: | er derwelt mer zewerden
gequelt mit dem volck gotz· denn zehaben die freud

26. der zergencklichen ſúnde: | er maſſt merer reichtum
den itwiß criſti denn den ſchatz der egiptier. Wann

27. er verſach ſich an den widergelt. Vmb den glauben·
ließ er egipt: er vorcht nit die hertikeit des kúnigs
Wann er enthabt den vngeſichtigen als geſehente

28. Vmb den gelauben· begieng er das oſtern vnd die
vergieſſung des blúts: das ſy der icht rúrt der do ver

29. wúſt die erſten geborn. Vmb den gelauben· vber-
giengen ſy das rote mere als durch die trucken erd:

30. do daz bewerten die egiptier ſy wurden verwúſt. Vmb
den gelauben· vielen die mauren zú iericho in dem

31. vmbgang ·vij· tag. Vmb den gelauben· raab die
gemein verdarb nit mit den vngeleubigen: zeent-

32. phachen die ſpecher mit frid. Vnd was ſag ich noch?
Wann des zeyts gebriſt mir zú derkúnden· von ge-

*

61 Vmb] Durch Z—Oa.   1 verborgen Z—Oa.   von] vor
M—Oa.   3 Vmb] Durch Z—Oa.   4 gemacht] fehlt Z—Oa.
verlaugent das er wâr Z—Oa.   5 pharonis Z, pharaonis A—Oa.
mer daz er wirde Z—Oa.   6 gepeinigt P—Oa.   7 er ſchâtzet
Z—Oa.   8 den (dem S) flúch Z—Oa.   denn dem MEP.   9 an]
on K—Oa.   dem widergelt P, die widerbelonung Z—Oa.   Vmb]
durch Z—Oa.   10 er] vnd Z—Oa.   11 er geduldet den vnſicht-
bern als ſehe er in Z—Oa.   vnſichtigen P.   12 Vmb] durch Z—Oa.
das] die Z—Oa.   di. vergieſſung M.   13 der] er P.   nicht
berûret Z—Oa.   14 erßt gepornen S, erſtgeboren Zc—Oa.   Vmb]
durch Z—Oa.   15 durch] fehlt P.   16 bewerten] erfúren Z—Oa.
18 vmbkraiß P.   19 gemein] + fraw Z—Oa.   zeentphachen]
wann ſy empfieng Z—Oa.   21 die zeyt Z—Oa.   zú verkúnden
P—Oa.

*

1 geporern F, auf rasur.   5 czu wurd F.   8 kriſtz TF.
egipter T, egipti F.   13 rûrt] wtt F.   17 zû] fehlt T.   18 vmb-
gang] gange F.   19 vngelauben F.   21 dicz zeitz gepriſtz TF.

deon˙ von barach˙ von fambſon˙ von iepte˙ von da-
uid˙ von famuel˙ vnd von den andern weyſſagen:
die durch den gelauben vberwunden die reiche. Sy　　　v. 33.
25 worchten daz recht: ſy entphiengen die geheiſſungen.
Sy verhabten die mund der lewen: | ſy verleſchten die　　　34.
geche des feuers. Sy flúchtigten die geſellſchaft des
waffens: ſy genaſen vom ſiechtum: ſy wurden ge-
macht ſtarck am ſtreyt. Sy verkerten die herbergen
30 der frembden: | die weib entphiengen ir toten von der　　　35.
auferſtendunge. Wann die andern ſeint gedent ſy
entphiengen nit die erlóſung: das ſy funden ein beſ-
ſer auferſtendung. Wann die andern die derlitten　　　36.
ſpot vnd ſchleg vnd hierúber die band vnd die kar-
35 ker: | ſy feind geſteinet ſy feind geſegt ſy feind ver-
ſúcht: ſy ſturben in der erſchlachung des waffens.
Sy vmbgiengen in dachs fellen vnd in geyß fellen:
gebreſtig˙ geengſtigt˙ gequelt: | der die werlt nit waz　　　38.
wirdig: ſy irrten in den ainóden˙ in den bergen˙ vnd
40 in den holern vnd in den klúften der erde. Vnd ſy　　　39.
wurden all hewert mit dem gezeúge des gelauben ſy
entphiengen nit die geheiſſung: | got fúrſehent etwaz　　　40.
beſſers vmb vns: das ſy nit wurden volendt on vns

＊

25 vorchten P.　　　die gerechtigkeit Z—Oa.　　　verheyſſungen
Z—Oa.　　　26 verſchopten Z—Oa.　　　verleſchen P, erlóſchten Z—Oa.
27 gecht EP.　　　flúchtigen MEP, iagten auß Z—Oa.　　　die ſpitz des
ſchwertes Z—Oa.　　　28 von der kranckheyt Z—Oa.　　　**gemacht]**
fehlt Z—Oa.　　　29 vmbkerten Z—Oa.　　　31 aufferſteeung K—Oa.
Aber Z—Oa.　　　**ſy]** vnd Z—Oa.　　　33 aufferſteeung K—Oa.　　　Aber
Z—Oa.　　　**die** (*zweites*)] *fehlt* K—Oa.　　　35 verſteinet worden Z—Oa.
geſegent Sb—Oa.　　　verſúchet worden Z—Oa.　　　36 des ſchwerts
Z—Oa.　　　38 **gequelt]** gepeinigt P, gezwungen Z—Oa.　　　39 jrre-
deten Sb.　　　**40 der]** die O.　　　41 mit der zeúgnuß Z—Oa.　　　**ſy]**
vnd Z—Oa.　　　42 verheiſſung Z—Oa.　　　fúrſeche Z—Oa.　　　43 vmb]
fúr Z—Oa.　　　wúrden vertzeret Z—Oa.

＊

28 von F.　　　32 loſung F, + der *nachtr.* fa.　　　33 derlitten] da
lieten TF, der lieten *durch raſur* T.　　　35 geſagt TF, *umgeändert* geſegt T.
36 ſterben TF.　　　37 ingiengen TF.　　　40 **holern]** holten F.　　　**ſy]**
diſe TF.　　　41 zeug TF.

1. Und dorumb wir haben ein fölichs   *xij*
in gefatztes wolcken der gezeúg: legen von
vns all búrd vnd die fúnd die vns vmbftet
wir lauffen durch die gefridfam zů dem ftreyt vns
2. fúrgefatzt· | wir fechen an ihefum den meifter des ge
lauben· vnd den volender ihefum der do enthabt das
kreútze im fúrgefatzt die freude· verfchmecht die
3. fcham vnd fitzt zů der zefwen des gefeffes gotz. Ge-
denckt des do hat erlitten ein fölich widerfagung
wider fich felb von den fúndern: daz ir nit wert ge-
4. macht treg gebreften in ewern felen. Wann ir habt
noch nit widerftanden vntz an daz plůt zewiderftreiten
5. wider die fúnde: | vnd ir habt vergeffen des trofts der
da rett zů euch als zů den fúnen fagent. Mein fun
nichten welft verfchmehen die lere des herren: noch
6. múd werden fo du wirft berefpt von im. Wann den
der herre liebhat den keftigt er: wann er geifelt einen
7. ieglichen fun den er entphecht. Zeuolenden in der
lere. Wann gott der opffert fich eúch als den fúnen.
8. Wann wer ift der fun den der vatter nit keftigt? | Vnd
ob ir feyt aufwendig der lere· der do all feind gemacht
teilhaftig. Dorumb ir feit kebfkinder vnd nit fún.

*

44 föllich in gefetzte wolcken der gezeúgen. legend Z—Oa.   47
wir — 51 **fcham**] wir fúllend laufen zů dem fúrgefetzten ftreyt vns.
vnd fchawen in den merer des gelaubens. vnd in den volender ihefum.
do im die frewde fúrgefetzet warde. do erlitte er das kreútz. vnd ver-
fchmähet die fchande Z—Oa.   50 im **fúrgefatzt**] *fehlt* P.   51 ge-
rechten E—Oa.   53 felber S.   **gemacht — 54 in**] trâg abnemend
von Z—Oa.   55 biß Sb—Oa.   zů ftreyten wider die OOa.   58
nicht P—Oa.   welt P.   59 geftrafft P—Oa.   **den**] wen Z—Oa.
61 er auffnympt.   verharrend in Z—Oa.   1 **lere**] zucht Z—Oa.
der] *fehlt* K—Oa.   3 aufwendigen P, aufferhalb Z—Oa.   der zucht
Z—Oa.   **do**] will Z—Sa, fy K—Oa.   feyen teilhaftig worden.
Darumb feyend ir eebrecher Z—Oa.

*

44 **wir haben**] *ungeändert* habend T.   45 **legen**] + wir *corr.* T.
46 funden TF.   48 ihefus F.   49 **ihefnm**] *fehlt* TF.   50 furfaczt
(-ge- *nachtr.* ta) mit (+ der F) freuden TF; di *corr.* T (= mit). **die**
(*letztes*)] mit TF, die *corr.* T.   59 **múd werden**] enmue dich TF,
mude werde ta.   3 **ir**] *fehlt* F.   **all**] an F.

5 Ernftlich dornach het wir vetter lerer vnfers fleifch: v. 9.
vnd wir vorchten fy. Wieuil merer gehorfam wir
nit dem vatter der geift vnd wir leben? Vnd ernft-   10.
lichen fy lerten vns in dem zeyt der lützeln tag nach
irm willen: wann dirr zû dem das do ift nútz zeent-
10 phachen in fein heiligkeit. Wann ernftlich ein ieglich   11.
ler in der gegenwurt die wirt nit gefehen zefein der
freuden· wann des traurens: wann dornach gibt fy
ein begnúglichen wûcher des rechts den geûbten durch
fy. Dorumb richtent auf die gelaffen hende vnd die   12.
15 enbunden knye: | vnd macht recht die genge eûwern   13.
fúffen· das keiner hinck vnd irr. Wann mer werd ge-
funt. Nachuolgt dem fride vnd der heiligkeit mit   14.
all: on die niemant geficht got. Schawet das keiner   15.
gebrefte der genad gotz: noch kein wurtzel der bit-
20 terkeit anderweid keime: die eûch bekúmert vnd ma-
nig werdent entzeûbert durch fy. Keiner fey ein ge-   16.
mein vnkeûfcher oder ein verpanner als efau: der vmb
ein effen verkaufft fein erft geburt. Wann wifft: 17.
das er dornach begert zeerben den fegen er ward ver-

*

5 **Ernftlich**] Gewißlich P, *fehlt* K—Oa.   6 **Wienil — 7 nit**]
Seyen wir nit vilmer fchuldig zegehorfamen Z—Oa.   7 **vnd wir**]
das wir werden Z—Oa.   **ernftlichen**] gewißlich P, ernftlich S, *fehlt*
K-Oa.   8 **dem**] der K-Oa.   **lützeln**] wenigen P.   9 Aber
Z-Oa.   nútz ift Z-Oa.   10 **in**] *fehlt* Z—Oa.   **ernftlich**]
gewißlich P, *fehlt* K—Oa.   **ieglich ler**] ieglicher EP, ieglich zucht
Z-Oa.   11 **die**] *fehlt* K—Oa.   **zefein**] das fy feye etwas Z—Oa.
12 aber (2) Z—Oa.   13 begnûglich frucht der gerechtigkeit Z-Oa.
den] dem AZcSa.   16 **vnd irr**] in ir MEP.   Aber das er merer
gefunt werde Z-Oa.   18 allen ZASK—Oa, allem ZcSa.   19 **noch
kein**] Das nicht ein Z-Oa.   20 **keime**] grone Z—Sa, grunend K—Oa.
die] *fehlt* K—Oa.   euch bekimer Z—SbOOa, *fehlt* Sc.   21 werdent (werd
G) durch fy vermeyliget (vermaßget A) Z—Oa.   **gemein**] *fehlt* Z—Oa.
22 **oder**] vnd P.   24 **das**] do Z—Oa.   fegen. do ward er ver-
worffen Z—Oa.

*

5 **het**] her F, hetten fb.   fleifchs TF.   6 mer TF.   7 **Vnd**]
fehlt TF.   Ernftlich TF.   9 zenphacht TF.   13 **ein**] *fehlt* TF.
geûbten] gearbeit F.   18 allen TF.   **Schawet**] + fecht TF.
19 **noch**] + daz TF.   20 bekumernt TF.   21 **fey**] ift T.

fprochen. Wann er vand nit die ftatt der bûß: wie

v. 18. das er fy fûcht mit trehern. Wann ir habt eúch nit
genachent zû dem berúrlichen vnd zû dem genechlichen
feúer vnd zû der túrmlung· vnd zû der tunckel vnd

19. zû dem fturmwind | vnd zû dem done des horns vnd
zû der ftymm der wort: die etlich horten fy entfchul-·

20. digten fich das in icht wurde das wort. Wann fy
trûgen nit daz do wart gefagt: vnd ob das vich rûrt

21. den berg es wirt verfteint. Vnd alfo fraiflich was
es das do wart gefechen. Moyfes fprach. Ich bin er-

22. fchrocken vnd derpidemt. Wann ir habt eúch ge-
nachent zû dem berge fyon vnd zû der ftatt gotz des
lebentigen zû der himelifchen iherufalem· vnd zû der ma-

23. nig taufent der úbung der engel· | vnd zû der kirchen
der erften die do feind entzampt gefchriben in den hi-
meln: vnd zû gott dem vrteyler aller der geift der ge-

24. rechten vnd der durnechtigen· | vnd zû ihefum dem mitt-
ler des neúwen gezeúgs: vnd dem vergieffer des blûtz·

25. baß redent denn abels. Secht das ir icht widerfagt
dem redenden. Wann ob die nit entpfluchen die do
widerfagten dem der do rett auff der erden· wieuil
mer wir ob wir widerfagen dem der do rett zû vns

26. von den himeln: | des ftymm bewegt do die erd: wann

*

26 das] wol Z-Oa.   hette gefûchet mit czäheren Z-Oa.
27 dem (erstes)] den AZcSa.   berúrlichen] brúchlichen EP, begreyf-
lichen Z—Oa.   28 windfprewl ZS—Oa, windfbrut A.   30 etlich —
fy] dy fy horten Z—Oa.   31 nicht Z-Oa.   35 erpident ZcSa.
Aber Z-Oa.   37 der (erstes)] dem PK·-Oa, des Z—Sa.   vnd zû
dem (der AZc—Oa) emßigkeit vil taufend engel Z-Oa.   39 erften]
+ frûcht Z—Oa.   entzampt] miteinander P, mit Z—Oa.   40 aller]
fehlt A.   der (erstes)] fehlt K—Oa.   geiften M—Oa.   der gerechten]
gericht MEP.   41 vnd (erstes)] fehlt Z—Oa.   der volkumen Z—Oa.
den E—SaScOOa.   42 teftaments. vnd zû der fprengung des plût·
der do beffer redent ift denn abel Z—Oa.   vnd den M.   43 nicht
AOOa.   44 dem] den PZcSa.   45, 46 widerfprechen K—Oa.
47 hat bewegt die erd aber Z—Oa.

*

25 fwie TF.   27 genechen TF, genechlichen ta.   41 ihefus
TF.   45 widerfagent TF.   dem] den F.   47 bewegt do]
do bewegt TF.

nu verheifft er fagent. Vnd ich beweg noch zů eim
mal: nit allein die erd wann auch den himel. Wann   v. 27.
50 was ift es das er fpricht noch zů eim mal: er eroffent
die vbertragung der beweglichen ding als der getanen:
das die ding beliben die do feint vnbeweglich. Dor-   28.
umb wir entphachen daz vnbeweglich reich wir ha-
ben die gnad: durch die wir dienen zegeuallen got
55 mit vorcht vnd mit erfamkeit. Wann vnfer gott   29.
ift ein verwúftends feuer.   *xiij*

D ie lieb der brůderfchaft beleib in eůch: | vnd   1. 2.
nichten welt vergeffen der herbergung. Wann
durch dife geuielen etlich gott die die engel
60 entphiengen in die herberg. Gedenckt der geuangen   3.
als ir entzampt geuangner: vnd der arbeitenden als
541 auch ir entzampt wont in dem leib. Ein erfams ge
mecheln fey in allen: vnd ein vnfleckhaftigs bett.
Wann got der wirt vrteiln die gemein vnkeúfcher
vnd die eebrecher. Sitten feyen on arckeit: fy begnú   5.
65 gent der gegenwúrtigen ding. Wann erfelb der herr
fprache. Ich laß dich nit noch enlaß dich: | alfo das   6.
wir zůuerfichtigklich fagen. Der herre ift mir ein

*

49 **wann**] Sunder Z—Oa. den] die P. **Wann — 50 eroffent**]
So er aber noch eyneft fpricht. Erclaret er Z—Oa. 52 vnbeweg-
lichen Sc. 53 **wir** (*zweites*)] vnd Z—Oa. **haben**] + auch Sc.
54 **wir**] + fúllen Z–Oa. 56 verzerends Z—Oa. 57 **Die**) Dife OOa.
58 nicht Z—Oa. 59 **dife**) die K—Oa. **genielen**] geuielen ding
ZAS, ding geuielen ZcSa. **gott** — 60 **herberg**] den engeln. in der
herberg empfangen K—Oa. 61 als feyend ir mit in gefangen Z—Oa.
entzampt] miteinander P. 1 wonend auch ir in Z–Oa. mit-
einander P. erfame gemechlung Z—Oa. 2 vnuermcyligtes
Z<—Oa, vnuermaßgetes A. 3 **der**] *fehlt* K–Oa. **gemein**] *fehlt*
Z—Oa. 4 Ewer fitten fúllen feyn benůgig der gegenwúrtigen ding
on (+ die S) geytigkeyt Z—Oa. 6 verlaß Z—Oa.

*

50 **es das er**] daz TF, + er *corr.* T. 52 beleiben TF.
56 **verwúftends**] + fure T, *geftrichen.* 60 gedenke T, gedenk F.
61 gefangen TF. 2 vnfleckhaftig TF. 4 Di fitten fein (+ in T)
euch on TF. **fy**] feit TF. 5 dingen TF. **herr**] + fpricht T,
geftrichen. 6 fpricht TF. 7 zuuerfictlichen TF.

helffer: wann ich vôrcht nit was dings mir der menſch

v. 7. thût. Gedenckt eúwcr fúrgeſatzten die do haben ge-
rett zû eúch das wort gots: ſecht an den aufgange

8. irr wandelung‧ nachuolget dem gelauben. Iheſus
criſtus der do was geſtern vnd heút: vnd erſelb be-

9. leibt in den werlten. Nichten welt werden verleyt
mit den manigerley Ieren vnd mit den frembden.
Wann es iſt das beſſte zebeſtetigen das hertz mit der
gnad: nit in den eſſen die do nit ennútzen den genden

10. in in. Wann wir haben ein alter: von dem nit habent

11. gewalt zeeſſen die do dienent dem tabernackel. Wann
der vich blût wirt eingetragen in die heiligkeit durch
den biſchoff vmb die ſúnd: ir leib werden verbrant

12. aufwendig den herbergen. Dorumb das iheſus ge-
heiligt das volck durch ſein blût er leid aufwendig

13. des tors. Dorumb wir gen aus zû im aufwendig

14. der herbergen: vnd tragen ſeinen itwiß. Wann wir
haben hie nit ein beleibent ſtat: wann wir ſûchen die

15. kúnftige. Dorumb durch in opffer wir das opffer
des lobs zû allen zeyten got: das iſt den wûcher der

16. beiechenden leſpen ſeim namen. Wann nichten welt
vergeſſen der wol thûung vnd der gemeinſamung
Wann gott der wirt erarnet mit ſôlichen opffern.

17. Gehorſampt eúwern fúrgeſatzten: vnd ſeyt in vn-

*

8 helfer. Ich wird nit vôrchten. was Z—Oa.   9 thû Z—Oa.
fúrgeſatzten] brôbſt Z—Oa.   13 Nicht Z—Oa.   14 den (erstes)
fehlt Z—Oa.   16 nit nútz warn Z—Oa.   19 der] wôlcher Z—Oa.
20 ir] der Z—Sa, der ſelben K—Oa.   leib] + ſúllen Z—Oa.
22 plût hat er gelitten Z—Oa.   23 Darumb. ſúllen wir außgeen
Z—Oa.   24 itwiß] ſpot P, flûch Z—Oa.   25 Aber wir ſúllen
ſûchen Z—Oa.   27 die frucht der bekennenden ſeinem (ſeinen
AK—Oa) namen. Aber nicht Z–Oa.   28 lefftzen P.   30 Wann mit
ſôlichen opfern wirt gott verdienet Z—Oa.   31 fúrgeſatzten]
brôbßten Z—Oa.

*

10 ausgink F.   12 kriſtz TF.   do] fehlt TF, nachtr. corr. T.
vnd (erstes)] + iſt F; waz T (gestrichen).   14 den — leren] der
(dē F) manigerlay lere TF.   16 nuczen TF.   20 geprant TF.
25 hie nit ein] nit hie ein T, hie nit F.   ſtat] der ſtat F.   31 fur
geſaczen F.

dertenig. Wann fy felb wachent als fy feind zegeben
rede vmb eúwer feln: das fy ditz thûn mit freuden:
vnd nit feúftzent. Wann ditz gezimpt eúch nit. | Bet-   v. 18.
ss tent vmb vns. Wann wir verfechen vns das wir
haben gûtt gewiffen: vnd wol wellen wandeln in
allen dingen. Wann ditz bitt ich eúch mer zethûn: 19.
fo ich fchnelligklich wird gefchickt zû eúch. Wann   20.
got des frids der do auffûrt von den toten den miche-
10 len hirten der fchaff vnfern herrn ihefum criftum iu
dem blût des ewigen gezeúgs · | er volmach eúch in eim   21.
ieglichen gûten werck das ir thût feinen willen: er
felb thû in eúch das do geuall vor im durch ibefum
criftum: dem fey wunniglich in den werlten der werlt
15 amen. Wann brúder ich bitt eúch: das ir vertragt   22.
das wort des troftes · wann ich fchreibe eúch durch
lútzele ding. Erkennt thymothe vnfern brúder den   23.
gefanten: mit dem ich euch gefich fo er kumpt fchnel-
ligklich. Grúfft all euwer fúrgefatzten: vnd all hei-   24.
20 ligen. Eúch grúffent die brúder von lantparten.
· Die genad fey mit euch allen Amen. *Hie endet*   25.
die Epiftel zû den hebreern Vnd hebt an die
vorrede über das Bottenbuch Actus apoftolorum.

*

32 fy wachent vaßt als múffen fy rechung geben vmb Z—Oa.
wachent] machent MEP.   34 vnd mit feúfftzen P.   36 wol]
wir Sc.   37 **Wann** — 38 fo] weytter aber bit ich euch. das ir das
thûnd das Z—Oa.   38 fchnelligklicher euch widergeben werde.
wann Z—Oa.   39 hat außgefúret Z—Oa.   groffen P—Oa.
41 gezeúgs — 42 werck] teftaments der bereite euch in aller gútheyt
Z—Oa.   43 felb] *fehlt* Z—Oa.   44 dem] den SbSc.   glori P—Oa.
45 übertragend Z—Oa.   46 ich Hab euch Gefchriben mit garwienig
Gefchrifften. Erkennt Z—Oa.   47 wenig ding P.   thymotheum
E—Oa.   brúder gefant P.   48 euch will fechen Z—Oa.   fchnel-
liglichen P.   50 von welfchen landen Z—Oa.   51 fey] *fehlt* K—Oa.
53 *Nach der rubrik fchalten die ausgaben* Z—Oa *folgende vorrede ein:*
Es fpricht der pfalmift. fy werden wandlen (wandern K—Oa) von den
tugenden. in die tugend. Nach den Epiftlen fandt paulfen. vor langeft
auß kriechifcher fprach in die lateinifchen außgeleget. vnd in ein bûch

*

40 ihefus criftus TF.   48 euch] + fchier TF (*geftrichen* T).
er fnellicklich kumt TF.   49 allen F.   50 lamparten F, lamperten
T.   51 **allen**] *fehlt* TF.

Vcas ein antbiochier von der ge
burte ein fyrus· des lobe in dem
ewangelio gefprochen wirt· bey
authiochia was ein vorder mei-
fter der kunfte der ertzney· vnd
auch ein iunger der apoftel crifti:
dornach volgt er fant paul nach
vntz zů einer rechten peicht· vnd beleib on fünde in
feiner magtumfchaft· vnd wolt vnferm herrn dienen
Er ward ·lxxxiiij· iar allt vnd ftarb in dem lande
pitinia vol mit dem heiligen geift: mit dem treiben
des heiligen geiftes vnd er in den teylen achaye fein
ewangelium fchreib· in dem er den geleubigen von
kriechen die fleifchung vnfers herren mit treúwer

gefchriben. Ir liebften dominon (domnion K—Oa) vnd rogatiane (roga-
tione A) ir (fehlt K—Oa) nôttent mich daz ich die wúrckung der (de,
ZcSa) zwelfbotten zů latein außlege vnd fchreibe. das felb bůch. daran
nyemand foll czweyflen. Ift gemachet vnd gefchryben worden von ader
durch (ader durch fehlt AK—Oa) fant (dem heyligen A) Lucas den
(luca dem AK—Oa) ewangeliften. Geboren von anthiochia der do was
ein meyfter der kunft der ertzney. Vnnd (der K-Oa) darnach hat
gedienet fant paulfen dem apoftel. vnd ift worden. (oder
warde fehlt K—Oa) ein iunger chrifti. Es drucket die hâlß. wann man
offt darauf leget ein fchwâre búrde. wann die lere der neydigen fchâtzen
daz die ding die wir fchreiben wirdig feyen der ftraffe oder verwerfung.
aber der haß. neyd. vnd die fchendung. foll mich mit der hilff crifti.
die ding außlegen (außzelegen K—Oa). Nit gefchweygen (fchweygen S).
54 Der ewangelift Lucas ein S.   55 lobe wirt gefungen in dem
ewangelio A.   56 ewangelio wirt gefungen ZS--Oa.   57 anthio-
chiam Z—Oa.   59 auch] fehlt Sc.   60 volgt] fehlt P.   paul—61
fünde] Paulfen vntz (biß Sb—Oa) zů der bekennung. On tôdtlich fünde
beleybend Z—Oa.   1 der iunckfrawfchafft. wolte er (der Sc) merer
got dienen Z—Oa.   3 bithima EP, bithinia ZASK-Oa, bithimia
ZcSa.   geift — 5 er] geyft. der ermanet in. das er fchrib daz
ewangelium in den enden achaie. Vnd ôffnet Z—Oa.   5 von] fehlt
Z—Oa. 6 die mennfch wârung (werdung AK—Oa) des herren Z—Oa.

54 geburte] purt Wr.   ein anthiochier] fehlt BNgWr.
59 apoftel] + ihefu B.   60 paulus BNgWr.   3 bitinia der felb
ftumb ward von got nach dem vnd er in den taylen achaie fein
ewangely gefchraib Wr.   6 trewer auzleg erzaigt vnd auch vnfern
herren Wr.

auflegung auflegt: vnd er hat erzeigt vnſern her-
ren von dem geſchlecht dauids entſpringend. Dem
ſelben luce iſt nicht vnpillich gewalt gegeben in ver
10 borgen heiligkeit zů ſchreiben die werck der heiligen
apoſteln: auf das daz er got der do vol was gůtz‧ vnd
in dem der ſun der verlieſung erloſchen iſt‧ er wolt
ſchreiben das die zal der erwelung des loſes gotz‧
erfüllet werd nach dem gebett der apoſtel: vnd das
15 er ſandt vnd ſatzt paulus zů eim ende der ‧xij‧ bot-
lichen werck‧ den gott lang erwelt hat einen ſtreyter
ſeiner eigen einſprechung. Das wolt lucas zeygen
den leſenden mit kurtzer rede: das in beſſer deuchte
denn das er den verdroſſen lang rede gegeben hett:
20 wann er weſſt daz der wirckent pauman ſeiner eigen
frucht nyeſſen ſolt. Dem ſelben ſant luce hat alſo
mit geuolgt göttliche genad: das ſein ertzney nit
allein gefrumt hat‧ zů dem heil des leibs ſunder auch
zů dem heyl der ſele. *Hie endet die vorrede vnd*
25 *hebt an das Bottenbůch Actus apoſtolorum*

*

7 auflegung — 8 entſpringend] verkúndung. vnd daz der ſelb
Chriſtus der herr wåre abgeftigen auß dem geſchlåcht dauid Z—Oa.
9 verborgner K—Oa.   **11 er**] do Z—Oa.   **got**] get M, geet EP.
der — 17 einſprechung] vol waz in got. Vnd war nun (vnd als nu
waz K—Oa) außgelöſchet der ſun der verdammnuß. Vnd das gebet be-
ſchehen was von den apoſteln. daz erfüllet wirde mit dem loß die zal
der erwölung criſti. Vnd alſo gåbe paulum zů einer volbringung
(-ungen O) den wúrckungen der zwelfboten. Als lang vnd in der herre
håtte erwölt. ſtrebend (ſterbend GSc) wider die anfechtung des fleiſch
Z‑Oa.   **13 zalung** MEP.   **15 paulum** EP.   **eim**] + der M.
20 baume P.   **21 frucht můß eſſen** Z—Oa.

*

7 erzeigt] + auch BNg.   **9 gegeben ze ſchreyben di werch**
der heyligen apoſtel alz ainem der gotz vil iſt in got vnd in dem Wr.
10 heiligkeiten B.   **11 do**] *fehlt* B.   **12 dem**] den BNg.   **iſt**]
was B.   **14 gepot** Ng.   **15 er ſant paulus** ſaczte (ſchatz Wr) zu
einem BNgWr.   **16 einen**] + wider BNgWr.   **18 leſenden**] +
vnd den got ſuchenden BNgWr.   **rede**] *fehlt* Wr.   **19 das**] *fehlt*
BNgWr.   **verdroſſen**] ſlebign Wr.   **19 lang**] langgie BNgWr.
21 lucas B.

v. 1.

theophile ernftlich ich macht
die erften rede von allen den
dingen die ihefus anuieng ze

2.

thûn vnd zeleren: | vntz an den
tag an dem er wart entphan-
gen gebieten den botten die er
erwelt durch den heiligen geift

3.

Vnd den er fich felb gab le-
hentig nach feiner marter in manigen eroffnungen ·
erfcheinent in durch ·xl· tag: er rett von dem reich

4. gotz. Vnd entzampt effent gebot er in daz fy fich nich-
ten fchieden von iherufalem· wann das fy beyten der geheif-
fungen des vatters die ir habt gehort durch meinen

5. munde fagent: | wann ernftlich iohannes taufft im
waffer: wann ir wert tauffen im heiligen geift.

6. Dorumb nit nach manigen difen tagen die do warn
gefament die fragten in fagent. O herre: ob du in

7. difem zeyt wider ordenft das reiche jfrahel? Wann er
fprach zû in. Eúch ift nit zû erkennen die zeyt oder
die bewegung die der vatter hat gefetzt in feim ge

*

26 O] fehlt Sc.   ernftlich] fehlt P—Oa.   macht — 27 rede]
hon die predig getûn (gethan AZ—Oa) Z—Oa.   27 den] fehlt Z—Oa.
29 zelernen Z—Sc.   biß Sb—Oa.   30 wart — 31 botten] gebot
den apoftlen Z—Oa.   33 felbs OOa.   35 er rett] vnd redent
Z—Oa.   36 entzampt] miteinander P, mit in Z—Oa.   fich] fehlt
Z—Oa.   nit P—Oa.   37 abfchieden Z—Oa.   aber Z—Oa.
harreten K—Oa.   geheiffunge P, verheyffung Z—Oa.   39 ernftlich]
fehlt PK—Oa.   40 aber Z—Oa.   41 Dorumb] fehlt Z—Oa.
tagen] + darumb Z—Oa.   42 gefamelt P, zûfamen kumen Z—Oa.
O] fehlt Z—Oa.   ob] wirft Z—Oa.   43 difer K—Oa.   ordenft]
geben Z—Oa.   Wann] fehlt Z—Oa.   ift] gehôrt Z—Oa.   45 be-
wegung] augenblick Z—Oa.   fein ZcSa.

*

31 dem F.   poten durch den heyligen geift di er derwelt TF.
33 Vnd] fehlt TF.   fich] + auch TF.   34 in manigen eroff-
nungen] fehlt TF.   35 durch ·xl· tag] fehlt TF; in manig offenung
dur xl tag nachtr. ta.   er rett] vnd redet mit in TF.   36 nit TF.
39 in dem TF.   40 wann] aber TF.   getauft TF, geändert:
taufen F.   41 Dorumb] fehlt TF.   tagen] + dorum TF.
43 difem] der F.   45 webegung F.

walt: | wann ir entphacht die krefft des heiligen geifts   v. 8.
von ohent kument in eúch: vnd ir wert mir gezeúg
in iherufalem vnd in allem iude vnd in famari· vnd vntz
an das end der erd. Vnd do er die ding het gefagt: 9.
50 fy fahen in erhaben: vnd das wolcken entpfieng in
von iren augen. Vnd do fy in fachen geen in dem   10.
himel: fecht zwen mann ftúnden bey in in weyffen
gewanden: | die do ioch fprachen. Mann galileer was   11.
ftet ir auff fechent in den himel? Dirr ihefus der do
55 ift entphangen von eúch in den himel: alfuft kumpt
er als ir in facht geen in dem himel. Do kerten fy   12.
wider in iherufalem von dem herge der do ift geheiffen der
ólberg der do ift bey iherufalem: babent den weg des famb-
ftags. Vnd do fy waren eingegangen in den foler·   13.
60 fy ftigen auff in die hóche do fy beliben peter vnd io-
hannes iacobe vnd andreas philippe vnd thomas
65 b) bartholomeus vnd matheus: iacob alphei vnd fymon
zelotes vnd iudas iacobi. Dife warn all vollendent   14.
einhellich in dem gebet mit den weihen vnd mit maria
der mútter ihefu: vnd mit feinen brúdern. In den   15.
5 tagen peter ftúnd auf in mitzt der brúder vnd fprach

*

46 Aber ir werdent empfahen Z—Oa.   48 iudea. vnd in famaria
Z—Oa.   biß Sb—Oa.   50 fahen das er erhebet ward. vnd die
wolcken Z—Oa.   51 in fachen] fahen in Z—Oa.   52 bey im ZcSa.
53 ioch] auch Z—Sc, *fehlt* OOa.   Ir gallileyfchen mann Z—Oa.
54 Dirr] Der Z—Oa.   55 alfo P—Oa.   wirt er kumen Z—Oa.
56 in (*erstes*)] *fehlt* G.   58 fambftags] fabbaths K—Oa, + das ift ein
meyl Z—Oa.   59 foler] balaft A.   60 giengen Z—Oa.   in die hóche]
fchlt Z—Oa.   petrus E—Oa.   vnd] + auch Sc.   61 jacobus E—Oa.
philippus E—Oa.   1 iacobus ZcSa.   2 Dife] Die P.   vollendent]
verharreten ZAS, verharren ZcSa, verharrend K—Oa.   3 einbelliklich
ZS—Oa, einhellenklich A.   5 petrus E—Oa.   in mitt P, in der
mitt Z—Oa.   **vilnach]** nahend Z—Oa.

*

46 geift F.   47 kument von oben TF.   48 iude vnd] + vncz F.
vnd vntz] vncz TF.   49 zu dem end TF.   die ding] dicz TF.
50 fy—erhaben] er wart derhaben zu irr angeficht TF.   51 den F.
53 do ioch] auch TF.   57 in] zu TF.   60 beliben] plaib TF.
61 thomas] bartholomeus TF.   1 bartholomeus] thomas TF.
alpheus T, alppus F.   2 Dicz TF.   3 marian TF.   4 ihefus TF.
5 vnd fprach] *fehlt* TF.

Wann die gefellfchaffte der mannen was vilnach

v. 16. entzampt ·xx· vnd· C. Er fprach o mann brúder: es
gezimpt zů derfúllen die fchrifte die die heilig geift
vor rett durch den munde dauids von iudas der do

17. was ein leyter der die do viengen ihefum | der do ward
entzampt gezalt vnder vns: vnd bett geloft oder ge

18. wunnen daz loß dirr ambechtung. Vnd ernftlich dirr
befaß den acker von dem lon der vngangkeit: vnd
aufgehangner oder do er was aufgehangen er zer-
reyß in mitzt: vnd alle die fein ineder die wurden

19. verzett. Vnd es ift gemacht kunt allen den die do ent-
welen in iherufalem: alfo das dirr acker in irr zunge ift

20. geheiffen acheldemach· das ift acker des blůts. Wann
es ift gefchriben in dem bůch der falme. Ir entwe-
lung werd verwúft: vnd er enwirt nit der do entwelt

21. in ir. Vnd ein ander der entphecht fein biftum. | Dor
umb es gezimpt von difen mannen die do feind ge-
fament mit vns in eim ieglichen zeyt in dem der herr

22. ihefus eingieng vnd aufgieng vnder vns | anuach-

*

6 bey einander P, miteinander Z—Oa.   bey zweintzig vnd
hunderten. Ir mann Z—Oa.   8 můß erfúllet werden Z—Oa.   ge-
fchrifft P—Oa.   9 dauid Z—Oa.   10 fúrer Z—Oa.   der die
iefum fiengen A.   11 **entzampt**] miteinander P, mit Z—Oa.
12 difer anbettung P, difes dienfts Z—Oa.   **ernftlich**] gewißlich P,
fehlt K—Oa.   **dirr**] der Z—Oa.   13 boßheit P—Oa.   14 **aufge-
hangner oder**] *fehlt* Z—Oa,   zerbrach mitt (mitten K—Oa) enzway
vnd alle feine ingewayd die (*fehlt* K—Oa) warn außgegoffen Z—Oa.
16 ift (*fehlt* Sc) kunt worden Z—Oa.   wonen P—Oa.   17 **dirr**]
der Z—Oa.   18 **ift**] + ein Z-Oa.   19 wonung P, mitwonung
Z—Oa.   20 werde ôd vnd der feie nit der do Z—Oa.   wont P,
wone Z—Oa.   21 **der**] *fehlt* K—Oa.   22 es můß auß difen Z—Oa.

*

7 **entzampt**] *fehlt* TF.   Er] vnd er TF.   o] *fehlt* TF.   9 **vor
rett**] hat vorgefagt TF.   **durch**] + man F.   10 **do — do**] ihefus
viengen vnd TF.   11 **oder gewunnen**] *fehlt* TF.   13 **lon**] wert
TF.   14 **aufgehangner — zerreyß**] aufgehangen raizz (riazz F)
er TF.   15 **die fein**] fein TF.   16 verzeet TF.   wonent TF.
18 **das — 19 gefchriben**] *nachtr.* F.   **ift**] + ein TF.   19 felm
fein gedenkung (entwelung ta) werd gemacht wuft vnd er fei nit der
da entwele TF.   20 **der**] *fehlt* TF.

25 ent von dem tauff iohannes‘ vntz an den tag in dem
er wart entphangen von vns: einen von difen ze-
werden ein gezeúg feiner auferftendung mit vns.
Vnd fy fchickten zwen mann: iofeph der do ift ge-   v. 23.
heiffen barfabas‘ der do ift vbernant gerecht: vnd
30 mathiam. | Sy betten vnd fprachen. O herre du der-   24.
kennft die hertzen aller: zeyge vns einen von difen
zweyen den du erweleft | zeentphachen an die ftat der   25.
ambechtung vnd der botheit: von der iudas ift vber
gangen das er gieng an fein ftat | vnd fy gaben in   26.
35 die loß, Vnd daz loß viel auf mathiam: vnd er wart
gezalt mit den eyliffen botten.   *ij*

Und do die tag der pfingften wurden erfúllt:
die iunger warn all miteinander an der felben
ftatt. Vnd ein don wart gemacht gechlich   2.
40 vom himel‘ als eins ftarcken geifts des zúkumenden:
vnd erfúllt alles das haus do fy waren fitzent. Vnd   3.
geteylt zungen als feuer die erfchinen in: vnd faß
auf ir ieglichen. Vnd fy wurden all erfúllt mit dem
heiligen geift: vnd viengen an zereden mit mani-

***

25 iohannis Z—Oa.   biß SbSc.   26 **wart**] ward ift Z—Sa,
ift K—Oa.   erhaben Z—Oa.   eyner auß difen werden Z—Oa.
27 aufferfteeung K—Oa.   28 ftellten Z—Oa.   29 zúgennet ZA,
zúgenennet S—Oa.   30 baten S.   31 **von**] auß Z—Oa.   32 zene-
men an die ftatt difes dienfts Z—Oa.   33 anbettung P.   **der**]
des K—Oa.   **botheit**] boßheit P—Sa, apoftelampts K—Oa.   35 **die**]
daz A.   36 **mit**] von Sb.   eylften EP.   apoftlen Z—Oa.
37 **pfingften**] + Oder fünftzig tag Z—Oa.   38 bey einander Z—Oa.
39 **wart**] + auch Sc.   **gemacht**] *fehlt* Z—Oa.   fchnelliklich Z—Oa.
40 von dem P.   ftarcken zúkumenden geyftes Z—Oa.   41 **das**]
fehlt K—Oa.   42 **als**] + das Z—Oa.   **die**] *fehlt* K—Oa.
44 manigerley K—Oa.

***

25 **in**] an TF.   28 **fy**] *fehlt* TF.   34 **gieng**] ge TF.   36 ailif
TF.   39 **ein** — **gechlich**] gehing wart gemacht ain don TF.
40 ain TF, eins ta.   geift TF, -z *nachtr. corr.* T.   42 zungen
derfchynen in alz feuer TF.   43 ieglichem TF.   **44 mit**] in TF.

gerhant zungen als in der heilig geift gab zereden.

v. 5. Wann geiftlich mann iuden die do warn entwelen
in iherufalem: von eim ieglichen gefchlechte das do was

6. vnder dem himel. Wann do dife ftymm wart gemacht
die menig die fament fich: vnd wart verwúfts ge-
mútes: wann ein ieglicher hort fy reden in feiner

7. zungen. Wann fy erfchracken alle: vnd wunderten
fich fagent zû einander. Secht die die do reden feind

8. fy nit all galileer? Vnd in welcherweys hort wir
ein ieglicher vnfer zungen in der wir fein geborn?

9. Die von parth· vnd die von medy· vnd die von
elamith· vnd die do entwelen zû mefopotania· vnd
zû iude· vnd zû capadocion· zû puntz· vnd zû afia·

10. | zû frigiam· vnd zû panphilia· zû egipt· vnd die teil
libie· die do ift bey dem cirenem· vnd die frembden

11. rômer· | vnd die iuden vnd die neúwen bekerten die
von creth vnd die von arabia: wir horten fy reden

12. in vnfern zungen die micheln ding gotz. Wann fy
erfchracken alle: vnd wunderten fich fagent zû ein

13. ander. Wann was wil ditz fein? | Wann die andern

45 zereden — 47 ieglichen] außzereden. Vnd es warn in iherufa-
lem geyftlich mann wonend. auß allem Z—Oa. 46 entwelen] won P.
48 Wann] Vnd Z—Oa. do] fehlt Sc. 49 die (zweites)] fehlt Z—Oa.
ward irrig in dem gemût Z—Oa. 51 Wann] Vnd Z—Oa. 53 ha-
ben wir gehôret Z—Oa. 55 Die parthi vnd medi vnd elamiten
Z—Oa. partht M. 56 won P, wonten Z—O, wonen Oa. zû]
in Z—Oa. mefopotaniam Z—Sa, mefopotamia K—Oa. vnd]
fehlt Z—Oa. 57 zû (erstes) — afia] iudeam. vnd capadotiam (-ciam
SZcSa) ponthum. vnd afiam Z—Sa, iudea. vnd capadotia (-cia G—Oa)
pontho vnd afia K—Oa. 58 frigia K-Oa. panphiliam Z—Sa,
pamphilia K—Oa. egipten P. die] in den KGSc, in dem SbOOa.
59 dem] den P, fehlt Z—Oa. cironem MEP. 1 groffen P—Oa.
ding] wunderwerck Z—Oa. Aber Z—Oa. 3 Wann (erstes)] vnd
P, fehlt Z—Oa. Wann (zweites)] vnd P, Aber Z—Oa. andern!
+ die ZcSa.

46 do] fehlt TF. wonent TF. 47 ain TF. was] ift TF.
49 famenten TF. 51 Wann] fehlt TF. 52 dife die TF. 53 hor
TF. 55 die (letztes)] fehlt TF. 56 entwelten TF. mefopotamia
TF. vnd (letztes)] fehlt TF. 57 iudea TF. capadocia TF.
ponti TF. 58 frigia TF. pamphilia TF. 60 new TF.
3 Wann] fehlt TF.

fprachen fpottent: wann dife die feint vol moftes.
5 Wann peter ftûnd auf mit den ·xj· botten er hûb auf   v. 14.
fein ftymm: vnd rett zû in fagent. O mann iuden vnd
all ir do entwelt in iherufalem ditz fey eûch kunt: vnd ver
nement mein wort mit den orn. Wann dife feind   15.
nit truncken als ir went: wie das es ift die drytte
10 ftund des tags. Wann ditz ift das gefagt ift durch   16.
iobel den weyffagen. Vnd es wirt in den iungften   17.
tagen fpricht der herr ich geûß aus von meim geift
vher alles fleifch. Vnd ewer fún vnd euwer tôchter
die weyffagent: vnd ewer iungen die gefechent die
15 geficbt: vnd ewer alten treument die treume. Vnd   18.
ernftlich in den tagen ich geûß aus von meim geift
vber mein knecht vnd vber mein diern vnd fy weyf
fagen:| vnd ich gib die wunder oben im himel vnd   19.
die zeychen auf der erd niden: das blût vnd das feúr
20 vnd den tampffe des rauches. Der funn wirt gekert   20.
in vinfter vnd die menin in blûte: ee denn das do
kumpt der michel tag des herren vnd der offenbar.
Vnd ein ieglicher der do anrûfft den namen des her   21.

*

4 **fprachen fpottent**] fpotteten P.   **wann dife die**] Sy Z—Oa.
5 **Wann**] Vnd OOa.   petrus E—Oa.   **auf**] *fehlt* Z—Oa.   6 vnd]
+ er P.   O] Ir Z—Oa.   7 all ir do] die ir Z—Oa.   wont P—S
K- Oa, inwonent ZcSa.   9 went] wen S, meinent SOa.   **wie das**]
So Z—Oa.   **es**] *fehlt* G.   10 Aber das Z—Oa.   11 letften OOa.
12 will auß gieffen Z—Oa.   14 **die** (*erstes*)] *fehlt* K—Oa.   werden
weyffagen Z - Oa.   **die** (*zweites*)] *fehlt* K—Oa.   **gefechent**] werden
Z—Sa, werden fehen K—Oa.   15 Vnd] + auch Sc.   16 **ernftlich**]
gewißlich P, *fehlt* K—Oa.   will außgieffen Z—Oa.   17 diern]
diener Z—Oa.   19 hieniden Z—Oa.   20 den] dem ZAS.   Der]
Die Z—Oa.   fumi ZcSa.   21 in die vinfternuß vnd der mon Z - Oa.
22 groß P—Oa.

*

4 **fprachen fpottent**] di fpotten fagent TF.   **die**] *fehlt* TF.
5 **auf**] + zum (zu F) erften TF.   6 **rett**] fprach TF.   **fagent**]
fehlt TF.   7 all] *fehlt* F.   vernement] enphacht TF.   9 **wie
das**] fo TF.   12 herr] + vnd TF.   14 vnd] *fehlt* T, + ez wirt
in den tagen daz F.   **die gefechent**] fehent TF.   15 eurn TF.
16 **ich geûß**] geußa ich TF (a *getilgt* T).   18 im himel oben TF.
19 die] *fehlt* TF.   **auf**] an TF.   **das** (2)] *fehlt* TF.   20 den]
fehlt TF.   21 **denn das do**] daz TF.

v. 22. ren der wirt behalten. O mann von ifrahel· hört dife
wort. Ihefus von nazareth ein man bewert von gott
vnder eúch mit krefften vnd mit zeychen vnd mit
wundern die got tet durch in in mitzt eúwer als ir
23. wiſſt: | difen erfchlůgt ir: quelent mit vollentem
rat vnd mit der verwiffentheit gotz geantwurt durch
24 die hende der vngengen. Den gott erftůnd von den
entbunden nôten der helle: bey den es was vnmúg-
25. lich das er wúrd enthabt von ir. Wann dauid fprach
von im. Ich fúrfach den herrn zů allen zeyten in meiner
befcheud: wann er ift mir zů der zefwen das ich icht
26. werd bewegt. Vmb ditz ift erfrewet mein hertz vnd
mein zung die derhöcht fich: vnd hie herúber mein
27. fleifch das růet in zůuerficht. Wann du left nit mein
fel in der helle: noch gibft deinen heiligen zegefehen
28. die zerbrochenkeit. Du haft mir gemacht kunt die
weg des lebens: du erfúlleft mich mit freuden mit
29. deim antlútz. O mann brúder: es gezimpt dúrftig-
lich zereden zů eúch von dauid dem patriarchen wann
er ift tod· vnd ift begraben: vnd fein grab ift bey vns

*

24 der] fehlt OOa.   O] Ir Z—Oa.   25 Ihefum Z—Oa.   den
bewerten man Z—Oa.   27 mitten P, mitt Z—Oa   28 quelent]
peinigent P, naglent an daz holtz Z—Oa.   30 vngengen] böfen
P—Oa.   erftůnd — 31 was] hat erkúcket do er het aufgelöfet die
fchmärtzen der hölle. Darumb was es Z—Oa.   31 vnmúglich] wun-
nigklich Z—Sa.   32 wúrde gehalten Z—Oa.   ir] im K—Oa.
fpricht Z—Oa.   33 meinen Z, meinem A—Oa.   34 angeficht
P—Oa.   gerechten E—Oa.   ichten P, nicht Z—Oa.   35 ift]
-|- er ZSZcSa.   36 zung hat gefrolocket. Darnach auch mein Z—Oa.
vnd herúber E, vnd hierúber P.   37 das] fehlt K—Oa.   in der
hoffnung Z—Oa.   38 deinem AOOa.   das er fehe Z—Oa.
39 zerbrochelicheit P, zerftôrlickeit Z—Oa.   40 du wirft mich er-
fúllen Z—Oa.   41 O] Ir Z—Oa.

*

24 iherufalem TF.   26 mit krefften vnd] fehlt TF, mit kreften
nachtr. ta.   30 derftund vnd enpand in von den noten TF; den enpunden
noten der helle ta.   31 bey den] darum daz TF; pei den ta.
es] er TF.   33 dem F.   34 ich] er TF.   35 bewege TF.
36 hie] fehlt TF.   37 das] fehlt TF.   růet] rugt F.   lefeft TF.
38 deim TF.   zefechen TF.

vntz an difen heútigen tag. Dorumb wie daz er was   30.
ein weyffag vnd wefft das im gott hett gefchworn
mit gefchworem recht zefitzen auf fein gefeffe von
dem wůcher feiner lancken: | fúrfehent rett er von der   31.
auferftendung crifti: wann er wart nit gelaffen in
der helle· noch fein fleyfch fache die zerbrochenkeit.
Dorumb gott der erftůnd difen ihefum: dem wir all   32.
fein gezeúg. Dorumb ift er erhôcht zů der zefwen gotz·   33.
vnd mit der geheiffung des heiligen geyftes die er
entphieng von dem vatter: der goß in vns difen gib
den ir fecht vnd hôrt. Wann dauid fteig nit auf in   34.
den himel. Wann erfelb fprach. Der herr fprach zů
mein herren fitz zů meiner zefwen: | vntz das ich ge-   35.
leg dein feind zů eim fchamel deiner fůß. Dorumb   36.
wiffe ficherlich alles haus jfrahel: das gott macht difen
ihefum einen herren vnd einen gefalbten den ir habt
gekreútziget· Do fy gehorten dife ding fy wurden   37.
gemacht rewigs hertzen: vnd fprachen zů peter vnd
zů den andern botten. O mann brúder zeigt vns was
tů wir? Wann peter fprach zů in: ich fprich macht   38.
bůß· vnd ewer ieglicher werd getaufft in dem namen

* * *

44 biß Sb—Oa.   difen] den ZcSa.   wie daz] do Z—Oa.
er] es Sc.   46 feinem (finen A) ftůl von der frucht feiner lenden
Z—Oa.   48 aufferfteeung K—Oa.   verlaffend Z—Sa, verlaffen
K—Oa.   49 zerftôrlickeit. Den ihefum hat got erkücket des wir
Z—Oa.   50 erkücket P.   51 gezeúgen feyen Z—Oa.   gerechten
E—Oa.   52 verheyffung Z—Oa.   53 dife gab die Z—Oa.
55 er fpricht (+ nit ZcSa) felb Z—Oa.   56 gerechten E—Oa.
biß Sb—Oa.   lege Z—Oa.   58 hat gemachet Z—Oa.   60 hörten
K-Oa.   61 gemacht] fehlt Z—Oa.   reynigs A, rủwigs SbOOa.
petrum E—Oa.   1 0] Ir Z—Oa.   2 Wann] vnd Z-Oa.   petrus
E—Oa.   in] inn Z, im AS.   macht] Wúrckend Z—Oa.

* * *

44 wie daz] da TF.   46 feim TF.   48 wart] ift TF.
49 feim T.   fache] + nit TF.   50 Dorumb] fehlt TF.   ihefus
TF.   dem] dez F, dz T, dez ta.   51 er ift TF.   zefem TF.
53 der goß] goß er TF.   56 zefem bis TF.   58 macht] hat
gemacht TF.   59 ihefus den ir habt gekreuczigt ainen herren vnd
ainen gefalbten TF.   61 gemacht] fehlt TF.   petern TF.   1 zeigt
vns] fehlt TF, nachtr. ta.   2 ich fprich] fehlt TF.

ihefu crifti in vergibung eúer fúnd: vnd entphacht

v. 39. den gib des heiligen geiftes. Wann eúch ift dife ge-
heiffung vnd eúweren fúnen: vnd allen den die do
feind verr vnd allen den den der herre vnfer got hat

40. zúgerúffen. Ioch mit manigen andern worten be-
zeúgt er: vnd vnderweyft fy fagent. Wann wert

41. behalten von difem hófen gefchlecht. Dorumb die
do entpfiengen fein wort die wurden getaufft: vnd
wurden zúgelegt an dem tag vilnach drey taufent

42. feln. Wann fy waren all vollendent in der lere der
botten: vnd in der gemeinfamung der brechung des

43. brottes· vnd in den gebeten. Wann vorcht wart ge
macht in einer ieglichen fele. Vnd manig zeychen
vnd wunder wurden gethan in iherufalem durch die bot-

44. ten: vnd michel vorcht was in in allen. Ioch alle die
die do gelaubten die waren miteinander: vnd hetten

45. alle dinge gemein. Vnd verkaufften die befitzung
vnd die enthabung: vnd fy teylten fy allen als eim

46. ieglichen was durfft. Vnd fy warn teglich volen-
dent im tempel fy brachen das brot vmb die heufer·
vnd entphiengen das effen mit freuden vnd in der

*

4 vnd fo werdent ir emphahen die gab Z—Oa.   5 verheyffung Z—Oa.
7 vnd] von Z—Oa.   den dem der ZS.   got wirt herzú rúffen. Auch
Z—Oa.   9 Wann] fehlt Z—Oa.   10 bófen E—Oa.   11 do] + auch Sc.
wort] predig Z—Oa.   12 vilnach] vilnach bey ZAS, vil nahet bey
ZcSa, bei K—Oa.   dreyffigtaufent G.   13 Aber Z—Oa.   all beftándig
Z—Oa.   15 Vnd vorcht ward einer Z—Oa.   17 apoftel OOa.
18 groß P—Oa.   was] ward P.   Auch Z—Oa.   die] fehlt
ZcSa.   19 die (zweites)] fehlt K—Oa.   bey einander Z—Oa.
hetten] hórten Sb.   21 die habe Z—Oa.   fy (erstes)] fehlt Z—Oa.
als] nach dem vnd Z—Oa.   22 dürfftig ZcSa, notturfft K—Oa.
táglich beleybend Z—Oa.   23 bey den hewfern Z—Oa.   24 in] mit P.

*

4 ihefus criftus zu einer vergebunge ewer funden TF.   vnd]
+ ir TF.   5 di gab F.   7 verre di vnfer herr got hat TF.
8 manig TF.   9 Wann] fehlt TF.   11 vnd] + es TF.   12 vil-
nach] + 3000 F.   13 fy] fehlt F.   17 die] + hent der TF.
18 in in] in TF.   die] fehlt TF.   21 enthabung] entwelung TF.
vnd fy] vnd TF.   22 ieglicher T.   teglichz TF.   23 -dent]
+ ainhellig TF.   24 in] mit TF.

25 einualt des hertzen: | entzampt lobten fy got vnd het-   v. 47.
ten die genade zů allem volck. Wann der herre der
mert fy teglich die do wurden gemacht behalten in
difem felben.   *Das ·iij· Capittel.*

30 Wann in den tagen peter vnd iohannes die fti-
gen auf in den tempel: zů der ·ix· ftůnd des
gebettes. Vnd do was ein man der do wart   2.
getragen lame von dem leib feiner můtter den fy teg-
lich fetzten: zů dem tor des tempels das do ift gefagt
fchőne: das er iefch das almůfen von den genden in
35 den tempel. Do difer het gefehen petrum vnd iohan   3.
nem· anfahent einzegeen in den tempel: er batt das
er entpfieng das almůfen. Wann peter fach in an
mit iohannes vnd fprach. Schaw an vns. | Vnd er ver
nam fich an fy: er verfach fich etwas zeentphachen
40 von in. | Wann peter fprach zů im. Golt vnd filber ift   6.
mir nit: wann das ich hab das gib ich dir. Ste auf
in dem namen ihefu crifti von nazareth vnd gee. Er
begreyff fein zefwen hand vnd hůb in auf: vnd zehant

*

25 **entzampt**] miteinander P, vnd Z—Oa.   **fy**] *fehlt* Z—Oa.
26 **Wann**] Vnd Z—Oa.   **der** (*zweites*)] *fehlt* PK—Oa.   27 **gemacht**]
fehlt Z—Oa.   28 **difem**] dem K—Oa.   29 Aber Z—Oa.   **in den
tagen**] *fehlt* Z—Oa.   petrus E—Oa.   **die**] *fehlt* PK—Oa.   giengen
auff Z—Oa.   31 **der do**] der P.   do lam waz auß dem Z—Oa.
32 **teglich**] + trůgen vnd Z—Oa.   33 das do fchőn hayffet Z—Oa.
34 hiefch KSb—Oa, hieß G.   35 **vnd**] + auch Sc.   37 **Wann**]
Vnnd Z—Oa.   petrus E—Oa.   38 iohanne Z—Oa.   in vns. Vnd
der fchawet in fy Z—Oa.   40 **von**] an MEP.   **in**] im GSc.
Wann] Vnd Z—Oa.   petrus E—Oa.   41 Aber Z—Oa.   43 ge-
rechten E, gerecht P, gerechte Z—Oa.

*

26 **die**] *fehlt* TF.   gnaden T.   27 **fy**] *fehlt* TF.   teglichz
TF.   28 difen F.   felbe T.   29 **in den tagen**] *fehlt* TF.
do wart getragen] waz TF.   32 teglichz trugen vnd faczten in zu
TF.   33 **ift gefagt**] waz gehaiffen TF.   34 **den**] *fehlt* F, *nachtr.*
fa.   **genden**] ingeinden T, ingengden F.   35 dirr TF.   petern
TF.   27 **almůfen**] + von in TF.   39 **er**] vnd TF.   41 **wann**]
aber TF.   **Ste auf**] *fehlt* TF.   42 **vnd**] Ste vf vnd TF.   **gee**]
+ vnd TF.   43 zefem TF.

v. 8. fein foln vnd fein verfen wurden gefterckt. Er fprang
vnd ftůnd vnd gieng: vnd gieng ein mit in in den
9. tempel: vnd fpringent vnd lobent gott. Vnd alles
10. volck fach in geend: vnd lobent gott. Wann fy er-
kannten in: daz er der was der do faß zů dem almůfen
zů dem fchônen tor des tempels. Vnd fy wurden er-
fúllt mit fchrecken· vnd zweyfelten· in dem das im
11. was gefchechen. Wann do dirr der do wart gemacht
gefunt hielten peter vnd iohaunes: alles volck lieff
zů in erfchrocken zů der vorlauben die do ift geheiffen
12. falomons. Wann do es peter fach: er antwurt zů
dem volcke. O mann jfrahel was wundert ir eůch in
difem· oder was fecht ir vns an: das wir difen ha-
ben gemacht gend als mit vnfer kraft oder mit milt?
13. Gott abraham gott yfaac vnd gott iacobs· got vn-
fer vetter der hat gewunniglicht feinen fun ihefum:
den ir ernftlich habt geantwurt vnd habt fein ver-
laugent vor dem antlútze pilatus do er in vrteylt
14. zelaffen. Wann ir habt verlaugent des heiligen vnd
des gerechten: vnd iefcht eůch zegeben einen man man

44 fein (*zweites*)] feind Z.   45 ftůnd vnd gieng] gieng vnd
ftůnd P.   : vnd gieng] *fehlt* G.   46 fpringent lobet er got P,
fprang vnd lobet got Z—Oa.   47 lobet K—Oa.   50 im] in Z—Sc.
51 gefchechen — 52 hielten] befchechen. Vnnd do das volck hielte Z—Oa.
52 petrus EP, petrum Z—Oa.   iohannez E, iohannem P—KSb—Oa,
iohannen G.   54 falomonis. Vnd do Z—Oa.   petrus E—Oa.
55 volck. Ir ifrahelifchen mann Z—Oa.   56 fahet Sb.   57 mit
milt] gůtigkeit Z—Oa.   58 vnd] *fehlt* Sb.   iacob P—Oa.   59 vat-
ter P.   der] *fehlt* K—Oa.   hat geglorieret P, hat glorifitziret
Z—Oa.   60 ernftlich] gewißlich P, *fehlt* Z—Oa.   61 angeficht
pylati Z—Oa.   verteylet ZS.   1 Aber Z—Oa.   2 iefch ZSZcSa,
hiefcht AK—Oa.   einem ZS.   manfchlächtigen man Z—Oa.

44 gefterckt] + vnd TF.   45 vnd er gieng in TF.   46 tem-
pel] + gend TF.   Vnd] *fehlt* TF.   alles — 47 gott] *fehlt* T.
49 erfüllt] all derfult TF.   50 im] da TF.   51 dirr] *unterstrichen*
T, fie ta.   wart] faz zu den almufen waz F.   52 hielt F.
petern vnd iohannem TF.   54 gefach TF.   56 das] alz TF.
haben] hetten TF.   57 gend als] gefunt TF.   milt] walt T,
milt ta.   58 abraham] + vnd T.   got yfaacz T, gotz yfaacz F.
59 der] *fehlt* TF.   ihefus TF.   Wann] aber TF.   habt]
fehlt TF.   2 manfchleger] manflecken TF.

fchleger: | vnd ir erfchlûgt den meyfter des lebens.   v. 15.
Den got erftûnd von den doten: des wir fein gezeûg:
5 in der trew feins namen vnd fein nam hat geueftent   16
difen den ir fecht vnd erkennet: vnd der gelaub der
do ift durch in der gab difem die gantzen gefuntheit
in der befcheud ewer aller. Vnd nu brûder ich weys   17.
das ir ditz habt gethan durch die miffkennung: als
10 auch ewer fûrften. Wann got der do verkûndet durch   18.
den mund feiner weyffagen zû erleiden feinen gefalb-
ten: er erfûllt es alfo. Dorumb rewet eûch vnd wert   19.
bekert das eûwer fûnd werden vertiligt: | fo das zeyt   20.
der rûwe kumpt von der befcheude des herren vnd er
15 fant eûch ihefum criftum der euch ift gebredigt: | den   21.
ernftlich der himel getzam zeentphachen vntz an die
zeyt der wider ordenung aller der ding die gott hat
gerett durch den munde der heiligen weyffagen die
do feind von der werlt. Ernftlich moyfes der fprach   22.
20 zû eûwern vettern. Wann der herre eûwer gott der
derftet eûch einen weyffagen von eûwern brûdern:

* * *

3 ir] fehlt Z—Oa.   4 Den hat got erkûcket Z—Oa.   erkûckt
P.   des feien wir zeûgen. vnd in dem gelauben feins Z—Oa.   8 der
angeficht P, dem angeficht Z—Oa.   9 die vnwiffenheyt Z—Oa.
10 Aber Z—Oa.   11 leyden Oa.   12 er — eûch] Der (fehlt K—Oa)
hat es alfo erfûllet. Darumb wûrckend bûß Z—Oa.   13 die zeyt
Z—Oa.   14 reûwe E, rewe P.   kumend Z—Oa.   der angeficht
P, dem angeficht Z—Oa.   er fant eûch] fende (fendet K—Oa) den
Z—Oa.   15 den] do Z—Sa.   16 ernftlich] gewißlich P, fehlt Z—Oa.
mûß der himel empfahen Z—Oa.   biß Sb—Oa.   in die Z—Oa.
17 der (zweites)] fehlt K—Oa.   19 Ernftlich] fehlt PK—Oa.   der]
fehlt K—Oa.   20 der (zweites)] fehlt K—Oa.   21 erkûckt euch P,
wûrt euch erkûckenn Z—Oa.

*

3 vnd ir erfchlûgt] aber TF.   lebens] + den derflugt ir TF.
4 gezeugen TF.   in der trew feins namen] fehlt TF, nachgetragen
ta.   7 hat difem gegeben TF.   10 Wann] aber TF.   vor derkunt
TF.   11 feiner] aller TF.   zeleiden TF.   12 er] der TF.
13 fo] vnd fo TF.   14 rûwe] rasur F, rue fb.   kumpt] kunt F.
15 fend T, fendt F.   euch] + den TF (gestrichen T).   der] +
durch TF (gestrichen T).   16 der] dy T.   die] daz TF.   17 der
ding] ding TF.   20 eûwern] vnfern TF; (zu vnfern vetern unter-
strichen T).

den wert ir hŏrn als mich felb nach allen den dingen

v. 23. die er hat gerett zů eúch. Wann es wirt: ein ieg-
lich fel die do nichten hort difen weyffagen die wirt

24. verwúft von irem volck. Vnd alle die weyffagen
von famuel vnd von des hin die do haben gerett die

25. erkúndten dife tag. Wann ir feyt fún der weyffa-
gen vnd des gezeúgs: den got hat geordent zů eúern
vettern fagent zů abraham. Alle die ingefinde der

26. erd werdent gefegent in deim famen. Got der erftŭnd
euch zům erften feinen fun er fant in zegefegen eúch:
daz fich ein ieglicher beker von feiner fchalckheit.   *iiij*

1. Wann do fy redten zů dem volcke · die pfaffen
vnd die meyfterfchafft des tempels vnd die

2. verleiter die vberkomen · | leidig das fy lerten
das volck vnd erkúndten die auferftendung in ihe-

3. fu von den dotten · | vnd legten die hende an fy: vnd
fatzten fy in hůte vntz an den morgen. Wann es

4. was ietzunt abent. Wann ir manig die do hetten
gehort das wort die glaubten · vnd die zale der mann

5. wart gemacht als · v M. Wann es wart getan an

22 **den** (*zweites*)] *fehlt* K—Oa.   23 **Wann es wirt:**] Vnd Z—Oa.
24 nicht P—Oa.   25 die] *fehlt* K—Oa.   26 des] darnach Z—SbOOa,
den darnach Sc.   27 verkúnten Z—Oa.   difen K—Oa.   **Wann**
Vnd Z—Oa.   28 des teftaments Z—Oa.   den] daz K—Oa.   **zů**
fehlt P.   29 die] *fehlt* K—Oa.   vŏlcker Z—Oa.   30 der] *fehlt*
K—Oa.   erkúckt P, hat erkúcket Z—Oa.   31 zů dem PSc.
er] vnd Z—Oa.   33 **Wann**] Und Z—Oa.   volcke] + do kamen
dar zů Z—Oa.   die priefter P—Oa.   35 **verleiter die vberkomen**]
Saduceyer die warn Z—Oa.   36 verkúndeten P—Oa.   aufferfteeung
K—Oa.   37 von] auß Z—Oa.   38 **hůte**] die gefengknuß Z—Oa.
biß Sb—Oa.   39 ir vil Z—Oa.   40 die (*erstes*)] *fehlt* K—Oa.
41 ward bey fúnftaufeten. Vnd Z—Oa.   es gefchahe K—Oa.

23 **hat gerett**] redt TF.   **wirt**] + daz TF.   24 nit enhort
TF.   25 **weyffagen**] + vnd TF.   27 difen TF.   ir] *fehlt* F.
30 **erd**] + di TF.   **famen**] + wan TF.   31 **fun**] + ihefus TF.
31 **zegefegen**] wol fagent zu TF.   32 beker ain ieglicher TF.
33 **fy**] di F.   die] + furften der TF.   34 maifter TF.   36 **in**]
fehlt TF.   ihefus TF.   37 **legten**] fi legten TF.   39 **ir
manig**] manig von in TF.

dem morgen das ir fúrften vnd die allten vnd die
fchreiber wurden gefament in iherufalem: | vnd annas der   v. 6.
fúrft der pfaffen· vnd kayphas· vnd iohatas· vnd
45 alexander· vnd alfuil als ir warn von dem pfefflichen
gefchlecht mit in. Sy fchickten fy in mitzt vnd frag   7.
ten fy. In was krafft oder in was namen tet ir vns
dife ding? Do wart peter erfúllt mit dem heiligen   8.
geift· er fprach zû in. Fúrften des volckes vnd die
50 alten des haufes jfrahel hôrt: | ob wir heút werden ge-   9.
urteylt von eúch in der woltûung des fiechen menfch-
en in der er ift gemacht gefunt: | ditz fey eúch allen   10.
kunt vnd allem volck jfrahel das in dem namen ihefu
crifti von nazareth den ir habt gekreútzigt den gott
55 erftûnd von den doten· in difem namen ftet dirr ge
funt vor euch. Ditz ift der ftein der do ift verfprochen   11.
von euch bauwern· dirr ift gemacht in das haubt des
winckels: | die behaltfam ift in difem vnd in keim an-   12.
dern. Wann kein ander nam ift gegeben den leuten
60 vnder dem himel: in dem vns gezimpt zewerden be-
halten. Wann do fy fahen die ftetigkeit peters vnd   13.
5 b) iohannes: vnd bewerten das fy warn mann leyen

*

43 amas Z.   44 priefter Z—Oa.   iohatas] Iohannes ZASK—Oa,
iohamies ZcSa.   45 alfuil als] wieuil Z—Oa.   priefterlichen
Z—Oa.   46 mit in] *fehlt* Z—Oa.   ftallten fy in die mitte Z—Oa.
47 vns] *fehlt* Z—Oa.   48 petrus E—Oa.   49 er] vnd Z—Oa.
Ir fúrften Z—Oa.   die] ir K—Oa.   51 von eúch] *fehlt* Z—Oa.
52 er] *fehlt* Sb.   54 gott] tod Z—Sa.   55 erftûnd] erkückt P,
hat er (*fehlt* SK—Oa) erkúcket Z—Oa.   56 vor] von P.   ver-
worffen Z—Oa.   57 dirr] der Z—Oa.   58 die behaltfam] vnd das
heyl Z—Oa.   59 dem OOa.   menfchen Z—Oa.   60 dem wir
mûffen heylfam werden. Vnnd do Z—Oa.   61 die beftendigkeyt
Petri Z—Oa.   1 iohannis. vnd do (*fehlt* OOa) fy erfûren daz fy
menfchen warn on kunft vnd grob layen. Sy Z—Oa.

*

42 die (*zweites*)] ir TF.   45 als ir warn] ir waz TF.   47 tet
ir vns] tut ir TF.   49 er] vnd TF.   die] *fehlt* TF.   51 des]
ainz TF.   52 allen] *fehlt* TF, *nachtr.* ta.   53 vnd] von TF; vnd
durch rasur T.   56 wart verfprochen TF.   57 pawenden TF.
haubtz TF.   58 die] vnd di TF.   kain T, kainer F.   59 Wann]
noch TF.   61 gefachen TF.   1 bewerten] heten bewert T,
heten berut F.

vnd on bûchſtaben ſy wunderten ſich: vnd erkanten
v. 14. ſy das ſy warn geweſt mit iheſu. Vnd ſy ſahen den
man ſtend mit in der do was gemacht geſunt:
15. ſy mochten nit widerſagen. Wann ſy gebutten ſy
aufzeſcheiden vom rate: vnd ſy redten zů einander
16. ' ſagent. Was tů wir diſen mannen? Wann ernſt
lich ditz zeychen iſt gemacht kunt durch alle die die
do entwelent in iheruſalem. Es iſt offen: vnd wir mûgen
17. ſein nit gelaugen. Wann das es fúrbaß icht werd
eroffent vnder dem volck: wir droen in das ſy von
des hin nichten reden in diſem namen zů keinem der
18. mann. Sy rieffen ſy: vnd derkunten in das ſy nit
all nichten redten noch lerten in dem namen iheſu.
19. Wann peter vnd iohannes antwurten vnd ſprachen
20. zů in. Vrteylt ob es iſt recht in der beſcheude gottz
euch ee zehôrn denn got. Wann wir mûgen nichts
gelaſſen nicht zereden die dinge die wir ſachen vnd
21. horten. Vnd ſy droeten in vnd lieſſen ſy: ſy funden

*

3 das] wann Z—Oa.   3, 4 mit] bey Z—Oa.   4 in] + vnd
MEP.   geſunt gemachet Z—Oa.   5 darwider ſagen. Aber ſy
gebuten in das ſy abgiengen auſſer ires rats Z—Oa.   6 ſy] fehlt
Z—Oa.   7 ernſtlich] gewißlich P,·fehlt Z—Oa.   8 iſt nit (fehlt
K—Oa) nun offenbar durch ſy allen den die do wonten Z—Oa.   9
entwelent] won P.   vnd] fehlt SbOOa.   10 ſein] fehlt P.
gelauben Z—Sa.   Aber das es (er K—Oa) fúrbas nicht Z—Oa.
11 geöffnet ZcSa.   wir — 13 rieffen] So ſüllen wir in droen Das
ſy fúrohin (fúranhin K—Oa). nitt reden mit eym menſchen in diſem
namen. Vnnd vorderten Z—Oa.   13 verkünten P—Oa.   ſie gantz
nichtz redten K—Oa.   14 allen ZcSa.   nicht P—Sa.   15 Aber
Z—Oa.   petrus E—Oa.   16 Vrteylt] + ir Z—Oa.   recht
ſeye Z—Oa.   der angeſicht P, dem angeſicht Z—Oa.   17 nicht
Z—Oa.   18 laſſen K—Oa.   nichts reden MEP.   das wir nit von
dem reden. den wir geſehen vnd gehôrt haben Z—Oa.

*

2 wunderten] verbunderten F.   3 geweſen mit iheſus TF.
5 ſi enmochten nit dawider geſagen TF.   5 ſy aufzeſcheiden] in
aufwendig zeſchaiden TF.   9 entwelten TF.   11 eroffent] vermert
TF.   von des hin nichten] furbas nit TF.   12 keinen der mann]
kaim menſchen TF.   13 ruffen F.   ſy] in TF.   14 nit enredten
noch enlerten TF.   iheſus TF.   15 iohannes] + di TF.   17 nit
geloſen TF.   18 wir haben gehort vnd geſechen TF.

20 nit fach in welcherweys fis quelten vmb das volck:
wann all wunniglichten fy gott in dem das do was
getan in dem daz do was gefchechen. Wann der man   v. 22.
in dem das zeychen der gefuntheit was gefchechen:
was mer denn ˙xl˙ ierig. Wann do fy warn gelaffen   23.
25 fy komen zů den iren: vnd fy erkunten in wie manig
ding die fürften der pfaffen vnd die fchreiber hetten
gefagt zů in. Do fis gehorten: fy hůben auf einhel-   24.
lig die ftymm zů dem herren vnd fprachen. O herr du
haft gemacht den himel vnd die erd vnd das mer vnd
30 alle dinge die do feind in in: | du do fprecht mit dem   25.
heiligen geift durch den mund dauids vnfers vatters
deins kindes worumb grifgramten die heyden vnd
die volck gedachten in vppig | die künig der erden zů   26.
ftůnden vnd die fürften famenten fich in ein wider
35 den herrn vnd wider feinen gefalbten: | wann gewer   27.
lich herodes vnd poncio pilatus die famenten fich in
dirr ftatte mit den beiden vnd mit den volcken jfrahel
wider dein heiligs kind ibefum das du fielbd: | zetůn   28.
die ding die dein hand vnd dein rat haben geordent
40 das fy wurden gethan. Vnd nu herr gott fchaw an   29.

*

20 fie fy K—Oa. peinigten P—Oa. von des volcks wegen
Z—Oa. 21 alles volck das (*fehlt* K—Oa) lobet das zaichen das do
was gefchehen in difem menfchen Wann Z—Oa. **wunniglichten**]
ereten P. 24 **Wann**] Vnd Z—Oa. 25 **fy** (*zweites*)] *fehlt* Z—Oa.
verkunten P—Oa. 26 priefterfchaft P, priefter Z—Oa. 27 **fiß**]
fie ſ KGSc, fy SbOOa. einbelligen P. 30 Der du haft gefprochen
Z—Oa. 33 **in vppig**] eytel ding ZS—Oa, vnnütz ding A. 34 in
eins Z—Oa. 35 werlich Z—Oa. 36 ponciufpylatus ZASK—Oa,
poncius pylatus ZcSa. **die**] *fehlt* K—Oa. 38 du haft gefalbet
Z—Oa. 40 **an**] in Z—Oa.

*

20 nit vm waz fach fi fi TF. 22 **getan — was**] *fehlt* F. 24
was] der waz TF. 25 **vnd fy**] vnd TF. 26 der fchreiber F.
27 **in**] + wie manige dink F. **fis**] fi es TF. 28 **du**] + da TF.
30 di in in fint TF. **mit**] in TF. 32 grifgrament TF; + fie T
(*geftrichen*). 33 **erden**] + di TF. 36 poncius TF. 36 famten
fich] fint gefament TF. 37 dem volck TF. 38 ihefus TF.
fielbft TF. 39 **hand**] *fehlt* F. **dein**] den TF. **haben**] hat TF.
40 **Vnd — fchaw**] O herr nu fich TF. **an**] in T, *fehlt* F, *nachtr.* fb.

ir droe: vnd gib deinen knechten zereden dein wort

v. 30. mit aller dúrftigkeit | in dem daz du ftreckft dein hand
zů der gefuntheit das zeychen vnd wunder werden ge

31. tan durch den namen deins heiligen funs ihefus. Vnd
do fy hetten gebettet die ftatt wart bewegt in der fy
warn gefament: vnd fy wurden alle erfúllt mit dem
heiligen geift: vnd redten das wort gots mit aller

32. dúrftigkeit. Wann die menig der geleúbigen was
ein hertz vnd ein fel: noch ir keiner fagt zefein fein keins
der ding die er befaffe: wann alle ding warn in ge

33. mein. Vnd die botten gaben gezeúg der auferften-
dung vnfers herrn ibefu crifti mit michler krafft:

34. vnd michel gnad was in in allen. Wann ir keiner
was gebreftig vnder in. Wann alfuil als do waren
die befitzer der ecker oder der heufer: die verkauftens

35. fy brachten die werd der ding die fy verkauften: | vnd
legten fy fúr die fúß der botten. Wann fy teylten fy

36. allen als eim ieglichen was durfft. Wann iofeph der
do ift vbernant barfabas von den botten· das will
fagen fun des troftes· ein leuit· des gefchlechts von

*

42 fterckft MEP, auftrockeft Z—Oa.   43 den gefuntheyten vnd
das die zaichen Z—Oa.   44 ihefu Z—Oa.   45 gebotten MEP.
48 Aber der mânig Z—Oa.   49 fagt das keins der ding fein (feye
SZcSa) war (wer K—Oa) die Z—Oa.   51 gezeúgknus Z—Oa.   auf-
erfteeung K—Oa.   52 groffer PAK—Oa, michel ZSZcSa.   53 groffer P,
groffe Z—Oa.   **Wann]** Vnd Z—Oa.   54 **alfuil als]** wieuil Z—Oa.
55 **die** (erstes)] fehlt Z—Oa.   **der** (zweites)] die K—Sc.   **:die]** der K—Sc.
verkauften es K—Oa.   56 **fy]** vnd Z—Oa.   57 **botten — 58
Wann]** apoftel. wann es ward ir iegklichem geteylet nach dem vnd
eim iegklichem (-chen Zc—Oa) notdurft ward. Aber Z—Oa.   58 alle
MEP.   59 zúgenant Z—Oa.   **will]** vil ZcSa.   60 **fagen]** +
ein Z—Oa.

*

41 vergib T, ver- getilgt.   42 fterkeft F.   43 **das]** vnd daz
TF, daz getilgt T.   48 **Wann]** vnd T.   49 **ir]** fehlt TF.   **fein
keins]** fehlt TF, nachtr. ta.   50 **der]** di TF.   **ding** (zweites)]
di F.   52 ihefus T.   53 **in in]** in TF.   **ir]** fehlt TF.   54 **als
do]** ir T, vnd ir F.   55 **oder]** vnd TF.   **heufer]** + vnd TF.
vorkauften TF; + di T (getilgt).   56 **fy]** + vnd TF.   heten
verkauft TF.   60 **fun]** ain fun TF.

37. cipern | do dirr het den acker er verkaufft in: vnd bracht
den werd vnd legt in fúr die fúß der hotten.   *v*

1. W ann ein man mit namen ananias mit fa-
phira feiner hauffrawen der verkaufft einen
2.   acker: | vnd betrog von dem werd des ackers
mit der gewiffen feiner hauffrauwen: er bracht einen
3. teyl· vnd legt in zů den fúffen der botten. Wann pe-
ter fprach zů anania. Worumb hat fathanas ver-
fůcht dein hertz dich zeliegen dem heiligen geift: vnd
4. zebetriegen von dem werd des ackers? Beleibent be-
laib es dir denn nit: vnd das do wart verkaufft das   10
was in deim gewalt? Worumb haftu gefetzt ditz
vbel ding in dein hertz? Wann du haft nicht gelo-
5. gen dem menfchen wann gott. Wann ananias hort
dife wort: er viel nider vnd ftarbe. Vnd michel
vorchte wart gemachet vber alle die do horten dife   15
6. ding. Wann iungling ftůnden auf fy bewegten in:
7. fy trůgen in aus vnd begrůben in. Wann vnderlaß
wart gemacht als drey ftunde: fein weib gieng ein

•

1 leg KSb.   apofte Z, apoftel A—Oa.   2 Aber Z—Oa.
3 der] *fehlt* K—Oa.   5 mit wiffen Z—Oa.   6 Wann] Vnd P—Oa.
petrus E—Oa.   8 hertz das du liegeft Z—Oa.   9 zebetriegen]
zebetrúben MEP, das (+ du OOa) heymlich abtriegeft (abtrügeft Sc,
abtregft OOa) Z—Oa.   **Beleibent — 10 nit]** Belib es (*fehlt* OOa)
denn nit dir bey leybend (by lybend A, beleybend SZcSa, bewerd
K—Sc, der werd OOa) Z—Oa, + des ackers. Belib es (er OOa) denn nit
dir beleibend K—Oa.   10 das (*erstes*)] *fehlt* OOa.   do wart]
fehlt K—Oa.   das (*zweites*)] *fehlt* K—Oa.   11 deim] feinem Sc.
13 aber got. Vnd do ananias Z—Oa.   14 Vnd es ward ein groffe
vorcht über Z—Oa.   groffe P.   15 die] + die E—Sc.   16 Wann]
Vnd P—Oa.   **iungling — 17 fy]** alfo ftůnden auff die iungen
(iugen K, juden Sc, junger Oa) vnd teten in hinweg vnd Z—Oa.
17 Wann — 18 ftunde] Vnd es gefchach als bey dreyen ftunden vnd
Z—Oa.

•

61 den] ainen TF.   2 mit] waz bei TF.   5 feines weibez
(beibez F) TF.   6 vor di fuzz TF.   7 zů] *fehlt* TF.   10 da]
fehlt TF, *nachtr.* ta   12 ding] *fehlt* TF, *nachtr.* ta.   Wann] *fehlt*
TF.   13 Wann] + do TF.   gehort TF.   15 do — 16 ding]
es horten TF.   17 fy] vnd TF.   Wann] vnd TF.

v. 8. vnd weſt nit das do was getan. Wann peter ſprach
zů ir. Weib ſage mir: verkaufft ir den acker vmb
9. alſuil. Vnd ſy ſprach. Ia vmb alſuil. | Peter ſprach
zů ir. Ernſtlich waz gezam eúch zeuerſůchen den geiſt
des herren? Sich die fúſſe der die do haben begraben
deinen man die ſeind zů der túre: die tragent auch
10. dich aus. Zehant viel ſy nider fúr ſein fúß: vnd ſtarb.
Wann die iungling giengen ein ſy funden ſy tode:
vnd trůgen ſy aus vnd begrůben ſy zů irem mann.
11. Vnd michel vorcht wart gemacht in aller kirchen:
12. vnd in allen den die do horten diſe ding. Wann vil
zeychen vnd wunder wurden gethan durch die hend
der hotten vnder dem volck. Wann ſy warn alle ein
13. hellig in der vorlauben ſalomons. Wann keiner der
andern torſt ſich fúgen zů in: wann das volck miche-
14. licht ſy. Wann die menig der geleubigen der mann vnd
15. der weib wart ſer gemanigueltigt im herren: | alſo
das ſy die ſiechen auſlegten an die ſtraſſen vnd leg-
ten ſy in betten vnd in bettlein vnd zehant ſo petter
kem das ſein ſchat beſchettigt ir ieglich das ſy wúr-
16. den geſunt von iren ſiechtumen. Wann auch die

*

19 **Wann**] Vnd P—Oa.   petrus E—Oa.   20 **verkaufft**] habend
Z—Oa.   21 **alſuil** (*erstes*)] ſouil verkaufft Z—Oa.   Petrus E—Oa.
22 **Ernſtlich**] Gewiſlich P, *fehlt* K—Oa.   25 **aus**] hinauß Z—Oa.
26 **Wann**] Vnd Z—Oa.   **ſy** (*erstes*)] vnd Z—Oa.   28 **michel**] groß P, ein
groß Z—Oa.   **wart**] was OOa.   **gemacht**] *fehlt* Z—Oa.   31 apo-
ſtel OOa.   **Wann**] Vnd Z—Oa.   32 ſalomonis A—Oa.   33 Aber
Z—Oa.   grôſt P—Oa.   34 **Wann**] Vnd Z—Oa.   35 in dem Sc.
37 **vnd zehant ſo**] das wenn Z—Sa, wenn K—Oa.   petrus E—Oa.
38 **kem das**] + doch Z—Oa.   beſtetiget PSc.   **das ſy**] vnd Z—Oa.
39 **geſunt**] erlôdiget Z—Oa.   **Wann ioch**] Auch Z—Oa.

*

19 **vnd**] ſi TF.   **das**] waz TF.   **die tragent**] vnd nement TF.
25 **aus**] vnd TF.   **fúr**] zu F.   ſeinen fuzzen TF.   26 **Wann**]
vnd TF.   27 **trůgen**] ſi trugen TF.   28 **aller**] + der TF.
31 ainhelling vnter der TF.   33 geſugen TF.   **volk**] + dz TF.
36 ſi auslegten ir ſiechen.   37 pett TF.   **vnd zehant**] *fehlt* TF.
38 **ſein**] allain ſein TF.   ieglichen vnd ſi TF.   39 derloſt TF.
iren] do T, dem F.   **auch**] *fehlt* TF.

40 menig der nachwendigen ſtett ſy lieſſe zů iheruſalem · ſy
brachten die ſiechen vnd die do warn gemút von den
vnreinen geiſten: die wurden alle geſunt. Wann
annas fúrſt der pfaffen ſtůnd auff vnd alle die mit
im warn daz do iſt ein irrthtum der verleyter ſy wur
45 den erfúllt mit neyd: | vnd legten die hend an die bot
ten: vnd ſatztten ſy in offen hůt. Wann der engel
des herren tet auff die túr des karckers in der nachte
vnd fůrt ſy aus vnd ſprach. Geet: vnd ſtet rett im
tempel zů dem volck alle die wort ditz lebens. Do ſy
50 es gehorten ſŷ giengen frú in den tempel: vnd lerten.
Wann do annas fúrſt der pfaffen was kumen vnd
die die mit im warn · vnd alle die alten der ſún jſrahel:
die entzampt růfften dem rat · vnd ſanten zů dem
karcker das ſy wúrden zůgefůrt. Wann do die am-
55 hechter warn kumen vnd beten aufgetan den karck-
er vnd do ſy ir nit funden: ſy kerten wider vnd er-
kunten | ſagent. Ernſtlich wir funden den karcker
beſchloſſen mit allem fleiß: vnd die húter die ſtůnden

v. 17.

18.

19.

20.
21.

22.

23.

40 nahenden ſtett Z—Oa.   ſy (erstes)] fehlt Z - Oa.   lieſſen
P.   ſy (zweites)] vnd Z—Oa.   42 Wann annas] Vnd der Z—Oa.
43 prieſter P—Oa.   44 daz] die K—Oa.   ein (fehlt ZcSa) ketzerey
der ſaduceyer. Vnd ſy Z—Oa.   45 an die] an ZcSa.   apoſteln
OOa.   46 in] + die Z—Oa.   Aber Z—Oa.   48 in dem PSc.
49 die] fehlt K—Oa.   50 hortten Zc—Oa.   51 Wann — 53 rat]
Do kam der fúrſt der prieſter (preiſter Z) vnnd die bey im warn vnd
vorderten zůſammen den rat. vnd all die (fehlt K—Oa) alten der ſún
Iſrahel Z—Oa.   51 prieſter P.   53 miteinander P.   den
rat P.   vnd] + die ZcSa.   54 Wann] Vnd Z—Oa.   do die]
die do P.   diener P—Ca.   56 do ſy ir] ir Z—Sa, ſy K—Oa.
verkünten P—Oa.   57 Ernſtlich] Gewißlich P, fehlt K—Oa.   58 die
(zweites)] fehlt K—Oa.

40 die lief TF.   43 annas] +- der TF.   pfaffen] + der
TF.   die] + di TF.   47 tet] der tet TF.   48 er furt TF.
rett] fehlt TF.   49 tempel] + vnd redt TF.   50 es] nachtr. T.
frú] fur F.   51 do] ⊦ daz het gehort TF (unterstrichen T).   fúrſt] der
furſt TF.   was kumen] fehlt TF, nachr. ta.   52 die die] di TF.
53 die] ſi TF.   riefen TF.   57 kunten] + in TF.   58 vnd]
wan TF.   die ſtůnden] ſtunden TF.

zů den túrn: wann do wir beten aufgetan wir funden

v. 24. nyemant inwendig. Wann do die meifterfchaft des   9?
tempels vnd die fúrften der pfaffen hetten gehort dife
wort: fy wurden verwůftes gemúts vnd zweyfelten   (⁻⁹1 ₹

25. von in was dings do wúrd getan. Wann einer kam
der erkunt in fagent: wann fecht die mann die ir
bett gelegt in den karcker die fteend in dem tempel:

26. vnd lernt daz volck. Do gieng die meifterfchaft des
tempels mit den ambechtern: vnd zůfůrt fy on fterck.
Wann fy vorchten das volck das fy icht wúrden ge

27. fteint. Vnd do fis betten zůgefůrt: fy fchicktens in

28. den rat. Vnd der fúrft der pfaffen der fragt fy | fa-
gent. Gebieten gebiet wir eúch das ir nichten lert   1)
in difem namen: vnd fecht ir habt erfúllt iherufalem mit
eúwer lere: vnd wolt einfúren vber vns das blůt

29. des manns. Wann petter vnd die hotten antwurten
vnd fprachen. Es gezimpt got mer zegehorfamen

30. denn den menfchen. Wann got vnfer vetter der er-   (5]
ftůnd difen ihefum: den ir habt erfchlagen henckent

31. an das holtz. Got der erhócht difen fúrften vnd den

*

59 **wann — aufgetan**] Vnd als wir den kercker auf fperten Z—Oa.
60 **Wann**] Vnd P—Oa.   61 priefter P—Oa.   1 **wurden — vnd**]
fehlt Z—Oa.   2 Aber Z—Oa.   3 verkünt P—Oa.   4 habt
P—Oa.   **die**] *fehlt* K—Oa.   6 dienern P—Oa.   **fterck**]
widerftand Z—Oa.   7 nit wúrden verfteint Z—Oa.   8 **fis**] fie fy
A, fy K—Oa.   fchickten fy K—Oa.   9 priefter P—Oa.   **der**] *fehlt*
K—Oa.   10 **gebiet**] geboten Z—Oa.   nicht P—Oa.   leren foltet
K—Oa.   13 menfchen Z—Oa.   **Wann**] Vnd P—Oa.   petrus E—Oa.
apoftel Z—Oa.   14 Man můß got Z—Oa.   gehorfamen Z—Sc, gehorfam
fein OOa.   15 vatter SZcSa.   **der**] *fehlt* K—Oa.   erkückt P,
hat erkúckęt Z—Oa.   17 der] *fehlt* K—Oa.

*

59 **zů**] bei TF.   **wann**] aber TF.   60 maifter TF, + fchaft
ta.   3 **der**] vnd TF.   **wann**] *fehlt* TF.   4 **hett**] habt TF.
den] *fehlt* F.   im tempel TF.   5 der maifter TF; die maifter-
fchaft ta.   6 **on**] + alle TF.   8 **fis**] fi TF, fiz ta.   **fchick-
tens**] ftalten fi TF.   10 nit enlernt T, nit enlert F.   11 **habt**]
fehlt TF.   13 **botten**] + di TF.   14 **mer**] mir T.   15 **den**]
dem TF.   16 ihefus den ir ernftlich habt derflagen habent TF.
17 der] hat TF.   difen] + zu aim TF.   den] zu aim TF.

behalter zů ſeiner zeſwen zegeben bůß iſrahel vnd die ver
gibung der ſúnden: | vnd wir ſein gezeúg dirr wort: v. 32.
20 vnd der heilig geiſt den gott gab allen den gehorſa-
menten im. Vnd do ſy beten gehort diſe ding ſy er-   33.
bitterten: vnd gedachten ſy zedȯten. Wann ein pha   34.
riſeer ſtůnd auf im rat mit namen gamaliel ein ge
lerter der ee ein erberer als volcks: er gebot die mann
25 ein lútzel zewerden aufwendig. Vnd er ſprach zů in   35.
O mann iſraheler vernemt eúch vber diſe manne:
was dings ir ſeyt zethůn. Wann vor diſen tagen   36.
ſtůnd auf theodas ſagent ſich zeſein etlichen miche-
len: dem gehal die zale der mann als ˙cccc: er wart
30 derſchlagen vnd alle die im gelaubten die wurden
verwůſt: vnd wurden gemacht zů nichten. Nach diſem   37.
ſtůnd auf iudas der galileer in den tagen der beiech-
ung: vnd abkert das volcke nach im. Vnd erſelb
verdarb: vnd alle die die im gehullen die wurden
35 verwůſt. Vnd nu dorumb ſag ich eúch: ſcheyt eúch   38.
von diſen mannen˙ vnd laſſt ſy. Wann ob dirr rat
oder das werck iſt von dem menſchen˙ es wirt ver-

·

18 **zů**] mit Z—Oa.   gerechten E—Oa.   **zegeben**] + die
Z—Oa.   20 **allen**] *fehlt* P.   **den**) + die K—Oa.   22 **Wann**]
Vnd P, Aber Z—Oa.   in dem Sc.   24 der geſatz G.   allem
volck Z—Oa.   **gebot**] + das Z—Oa.   25 ein klein weyl hinauß
tråten Z—Oa.   wenig P.   zů in Ir iſraeliſchen mann Z—Oa.
26 diſen mann ZSZcSa, diſe mann A, diſe menſchen K—Oa.   27 **ze-**
thůn] thůn Z—Oa.   28 **ſtůnd auf**] was Z—Oa.   theoadas M,
theo das ZcSa.   ſagent. Das er eyner wår dem do vergúnte (ver-
willigt K—Oa) die zal bey vierhunderten Z—Oa.   **michelen**] groſ P.
32 **iudas**] indas K, in das SbSc.   veriechung Z—Oa.   33 Vnd
er Z—Oa.   34 **die die**] die S.   verhengen ZSZcSa, verhengten
AK—Oa.   35 **ſcheyt eúch**] diſe ding alſo. weychend ab Z—Oa.
37 **von**] auß Z—Oa.   **dem**] diſem P, den Z—Sa.

*

18 mit ſeiner zeſem zegeben di puzz TF.   20 dem got F.
gab] hat gegeben TF.   21 iu T.   22 zeſlachen TF.   **mit**]
bei TF.   24 erber allez T, ebrer allez F.   25 **zewerden**] ze-
ſchaiden TF.   26 **O mann iſraheler**] man von iſrahel TF.   28 **et-**
lichen] ain T, ainen F.   31 **gemacht**] pracht TF.   34 **die wurden**]
wurden T.   35 ſagt ichz euch F, ſag ich zeuch T.   37 **iſt**] + aus F.

v. 39. wúft: | wann ob es ift von got ir múgt fein nit ver
wúften: vnd daz ir villeicht icht wert funden wider

40. ftreitent got. Wann fy gehullen im: | vnd fy entzampt
rieffen den botten vnd do fy fy hetten gefchlagen fy
erkunten in daz fy von des hin nit retten in dem na-

41. men ihefu: vnd lieffen fy. Vnd ernftlich fy giengen
freuwent von der befcheud des rates: das fy waren
gehabt wirdig zeerleiden laffter in dem namen des

42. herren ihefu. Wann fy horten nit auff teglichs im
tempel vnd vmb die beufer zelernen: vnd zebredigen
ihefum criftum.   vj

1. W ann in den tagen do die zal der iunger wûchs
die murmelung der kriechen wart gemacht
wider die ebreer: dorumb daz ir witwen wur-

2. den verfchmecht in der teglichen ambechtung. Wann
die zwölff entzampt rieffen die menig der iunger fy
fprachen. Vns ift nit recht zelaffen das wort gotz:

*

38 ob er (es AK—Oa) aber ift auß got Z—Oa.   fein] in Z—Oa.
39 vnd] fehlt Z—Oa.   icht — 42 nit] nicht werd funden das ir wöl-
lend got (got wöllet G) wider ftreiten. Vnd fy volgten im. Vnd vo-
derten zûfamen die apoftel vnd verkúnten fy (ine K—O, den ander
allen Oa) gefchlagen (fehlt Oa) Das fy fy (fehlt AK—Oa) gantz (weyter
K—Oa) nit Z—Oa.   40 miteinander P.   42 verkunten P.
43 ernftlich] gewißlich P, fehlt Z—Oa.   fy (zweites)] die apoftel
Z—Oa.   44 der] dem Z—Oa.   angeficht P—Oa.   das] Wann
Z—Oa.   46 Wann Z—Oa.   teglich G.   in dem Sc.   47 Vnd
bey den heufern lerend. vnd verkúndend Z–Oa.   49 Aber Z—Oa.
wûchs] + Do ward Z—Oa.   50 wart gemacht] fehlt Z—Oa.
51 hebreer E—Oa.   52 anbettunge P, dienung Z—Oa.   Wann —
53 rieffen] vnnd rúfften (berúfften K—Oa) zûfamen die zwelff Z—Oa.
entzampt] miteinander P.   der menig P.   iungen MEP, iungern
Z—Sc.   fy] Vnd Z—Oa.   54 Vns] Es Z—Oa.

*

38 wann] aber TF.   39 widerftreitent] ftreitent wider TF.
41 dem F.   boten vnd flugen fi vnd derkunten TF.   42 von des
hin] furbas TF.   43 ihefus TF.   45 zeleyden fchendung vnd lafter
vm den namen des herren ihefus. Wan teglichz horten fi nit vf in dem
TF.   47 zelern TF.   48 ihefum criftum] criftus T, + ihefu ta;
ihefus criftus F.   49 Wann] fehlt TF.   50 die] fehlt F.   53
zwölff] 12 di TF.   der menig TF.   fy] vnd TF.   dem F.

55 vnd zeambechten den difchen. Dorumb brúder merckt   v. 3.
von eúch ˙vij˙ mann gûts gezeúgs vnd vol des hei-
ligen geifts vnd der weyfheit: die wir fchicken vber
ditz werck. Wann wir werden anften dem gebet vnd   4.
der ambechtung des wortes. Vnd das wort geuiel   5.
60 vor aller der menig. Vnd fy erwelten ftephan einen
man vol des gelauben vnd des heiligen geifts: vnd
62 a] philipp vnd prochorum vnd nicanorem vnd thimo-
nem vnd parmenam vnd niclaus den fremden von
anthioch. Diß fchickten fy fúr die befcheude der bot-   6.
ten: vnd bettent legtent fy in auf die hend. Vnd das   7.
5 wort des herrn wûchs: vnd die zal der iunger wart
gröflich gemanigualtigt in iherufalem. Ioch manig ge-
fellfchaft der pfaffen die gehorfampt mit dem ge-
lauben. Wann ftephan vol der gnaden vnd der fterck   8.
der thet michle zeichen vnd wunder vnder dem volck.
10 Wann etlich ftûnden auf von der fynagogen die do ift   9.
geheiffen der libertiner vnd der cirener vnd der alexan
der˙ vnd der die do warn von cilici vnd von afia die
kriegten mit ftephan: | vnd fy mochten nit widerften   10.
der weyfheit vnd dem geift der do rett: Dorumb

*

55 vnd dienen P—Sa, vnd zedienen K—Oa.   56 von] auß Z—Oa.
gûtter gezeúgknuß Z—Oa.   57 wir fchicken] verfchicken M, wòllen
wir fetzen Z—Oa.   58 Wir werden aber Z—Oa.   59 der anbettung
P, dem dienft Z—Oa.   60 der] fehlt K—Oa.   fephan M, ftephanum
E—Oa.   61 vol] fehlt Sc.   1 philippum Z—Oa.   procerum A.
uicanorumZA, vicanorum S, nicanorum ZcSa.   2 niclaum EP, nicolaum
Z—Oa.   dem M.   3 Die ftôlten fy Z—Oa.   die] das Z—Oa.
angeficht P—Oa.   6 Auch vil fchar Z—Oa.   7 der priefter P.   die]
fehlt P.   gehorfampten dem gelauben. Aber Z—Oa.   8 ftephanus E—Oa.
9 der] fehlt K—Oa.   groß P, groffe Z—Oa.   vnder] in Z—Oa.
10 Aber Z—Oa.   11 alexandriner Z—Oa.   12 cilicia Z—KSb—Oa,
cicilia G.   13 difputierten Z—Oa.   ftephanum EP, ftephano Z—Oa.

*

57 fchickten TF.   58 Wann] aber TF.   60 vor] wol F; vor
T, auf rasur.   1 philippen TF.   porcorum F.   nicanorum TF.
thimotheus TF; umgeändert: thimonem ta   2 nicholaum TF.   7
die gehorfampt mit] gehorfamten TF.   den F.   9 der] fehlt TF.
11 der (erstes)] fehlt TF.   di cyrener vnd di allexander F.   12 ci-
licia TF.   die kriegten] vnd tefputirten TF.   14 Dorumb do] Darum
TF; Darum — turftikeit vnterstrichen T, wie auch 16 -en der warheit.

fy wurden berefpt von im mit aller durftikeit. Dor

v. 11. umb do fy nit mochten widerfteen der warheit | do vnderfchickten fy mann die fich fagten in haben gebort zefagen die wort des fpottes wider moyfen vnd wider

12. gott. Alfo bewegten fy das volck vnd die alten vnd die fchreiber: vnd fy entzampt lieffen vnd zuckten in

13. vnd zûfûrten in in den rat: | vnd fchickten valfch ge zeûgen die do fprachen. Dirr man hort nit auf zereden die wort des fpottes wider dife heiligen ftatt vnd die

14. ee. Wann wir horten in fagent: das ihefus von nazareth verwûft dife ftatt: vnd verwandelt die fitten

15. die vns moyfes hat geantwurt: | vnd alle die do faf fen im rat die fahen in an: fy fahen fein antlûtz als

1. das antlûtz des engels. Wann der fûrft der pfaffen fprach zû ftephan ob dife ding wern alfo.   *vij*

2. | **E**r fprach. O mann brûder vnd vetter hôrt. Gott der wunniglich der erfchein abraham vnferm vatter do er was in mefopotania ee

3. denn er entwelt in carram: | vnd er fprach zû im. Gee aus von dem lande vnd von deiner erkennung: vnd

*

15 geftrafft P—Oa.   **Dorumb**] Vnd Z—Oa.   17 die do fagten (+ das fy fagten ZSZcSa) das fy heten gehôrt in reden die wort der gotzlôfterung wider got. Vnd alfo Z—Oa.   20 vnd die lieffen zûfamen vnd Z—Oa.   **entzampt**] miteinander P.   21 ftôlten Z—Oa.   22 Der mann Z—Oa.   23 **des fpottes**] *fehlt* Z—Oa. **vnd**] *fehlt* P, + wider Z—Oa.   25 wirt zerbrechen Z—Oa.   wirt verwandeln Z—Oa.   26 hat gegeben Z—Oa.   27 im] in dem Sc. 28 Aber Z—Oa.   briefter Z—Oa.   29 ftephanum Z—Oa.   werden alfo Z—Sa, alfo wern K—Oa.   30 O] Ir Z—Oa.   31 der eren Z—Oa.   der] *fehlt* K—Oa.   abrakam M.   32 mefopotania ZK—Oa, merfopotamia A.   33 denn] das Z—Oa.   wonet P—Oa.   tarram M, carran Z—Sa, charran KSbOOa, charan G, echaran Sc.   vnd fprach Z—Oa.   34 deiner geburd Z—Oa.

*

15 in T.   16 vnderfchickten] vnterfanten TF.   17 fagten ze haben gehort in zereden TF.   18 moyfen — 23 fpottes] *nachtr.* F. moifes TF.   19 volkt F.   20 vnd — lieffen] fi lieffen enczampt TF.   21 furten TF.   **in in**] in F.   gezeug TF.   23 vnd] + wider TF.   27 fy] vnd TF.   28 des] einz TF.   33 charram TF.   34 deim T.

35 kum in das land das ich dir zeyg. Do gieng er aus   v. 4.
von dem land der chaldeer: vnd entwelt in charram.
Vnd dornach do ſein vatter was tod er vbertrůg in
in das lande: in dem ir nu entwelt. Vnd er gab im
nit erben in im noch den fůſſchritt des fůſſes: wann
40 er gelobts im zegeben zů einer beſitzunge vnd ſeim
ſamen nach im: wann do er nit hett ſůne. Gott der   6.
rett zů im· wann dein ſam wirt ellend in eim fremb-
den lande: vnd ſy vnderlegent ſy dem dienſt vnd que-
lent ſy vbel ·cccc· iare: | vnd den leůten den ſy dienen
45 die vrteyl ich ſpricht der herr. Vnd nach diſen din-
gen gend ſy aus: vnd dienent mir an dirr ſtat. Vnd   8.
er gab im den gezeůg der beſchneidung· vnd alſuſt
gebar er yſaac vnd beſchneid in an dem achten tag:
vnd yſaac iacob: vnd iacob die ·xij· vetter.
50 Die ·xij· vetter niten ioſeph vnd verkaufften in in   9.
egipt: vnd gott was mit im. Vnd erloſt in von   10.
allen ſeinen trůbſaln: vnd gab im gnad vnd weyſ-
heit in der beſcheud pharaons des kůnigs egipt: vnd
er ſchickt in einen fůrgeſatzten vber egipt vnd vber

*

36 wont P—Oa.   tharram M, charran E—AZcSaKSb—Oa, carra
P, carran S.   37 **vbertrůg**] enthůb Z—Oa.   38 wonend. Vnd gab
im keinen ŏrbteil Z—Oa.   39 **den**] keinen Z—Oa.   Aber Z—Oa.
41 **wann**] *fehlt* Z—Oa.   er noch keinen ſun het Z—Oa.   **der**]
fehlt K—Oa.   42 redt aber zů im. Dein ſun (ſam K—Oa) wirt in-
woner in Z—Oa.   43 ſy werden ſy vnderwerfen dem dienſt vnd ſy
übel halten ·cccc· iar Z—Oa.   peinigent P.   45 **die**] *fehlt* K—Oa.
vrteylt MEP.   46 **dirr**] der Z—Oa.   47 gab in das teſtament
Z—Oa.   alſo P—Oa.   48 achtenden PSbOOa.   **49 yſaac**]
+ vnd MEP.   xij. patriarchen. vnd die patriarchen die (*fehlt* K—Oa)
haßten Z—Oa.   53 **der**] dem Z—Oa.   angeſicht P—Oa.   pha-
raonis des kůnigs der egyptier. vnd er ſeczt in zů einem ŏberſten über
egiptum Z—Oa.

*

38 dicz TF.   nu ir T.   39 **den**] ainen TF.   **des**] + ſchues
F, *gestrichen.*   40 gelobt im es TF.   41 **wann**] vnd TF.   ſunz
TF.   42 **ſam**] + der TF.   44 **vbel**] *fehlt* TF.   daz volk dē TF.
45 **die**] daz TF.   48 **achten**] 8 TF.   49 **vnd** (*zweites*)] *fehlt* TF.
50 **Die ·xij· vetter**] *fehlt* F.   51 **gott**] + der T.   **53 kunigs**]
+ von TF.   54 **einen**] zu aim TF.

v. 11. alles fein haus. Wann hunger kam in allem lande
egipt vnd chanaan vnd michel trúbfal: vnd vnfer
12. vetter funden nit die fpeyß. Wann do iacob gebort
zefein treyd in egipt· er fant zům erften vnfer vetter:
13. ' vnd zům andern mal iofeph wart erkannt von feinen
brúdern: vnd pharaon wart deroffent fein gefchlecht.
14. Wann iofeph fant er rieff iacob feim vatter: vnd
15. alles fein gefchlecht in ·lxxv· feln. Vnd iacob fteig
16. ab in egipt: vnd erfelb ftarb vnd vnfer vetter· Vnd
fy wurden vbertragen in fichem: vnd wurden ge-
legt in das grab das abraham vnfer vatter kaufft
mit dem werd des filbers von den fúnen emor des fun
17. fichem. Wann do das zeyt der geheiffung genachent
das die gott gehieß abraham das volck wúchs vnd
18. wart gemanigueltigt in egipt: | vntz biß her wúchs
ein ander kúnig in egipt der nit derkannt iofeph.
19. Dirr betrog vnfer gefchlecht er quelt vnfer vetter:
das fy auflegten ir kind das fy icht wurden geleb-
20. licht. In dem felben zeyt moyfes wart geborn· vnd
er was gott lieb· er wart erzogen ·iij· moned in dem

55 **Wann**] Vnd der Z—Oa.   56 egipten P, egipti Z—Oa.
michel] groß P, ein groß Z—Oa.   57 nit fpeys. Do aber iacob het
gehórt daz getrayd (korn A) was in egipto Z—Oa.   59 ward iofeph
K—Oa.   60 pharao P, pharaoni Z—Oa.   feym ZeSa.   61 Aber
Z—Oa.   **iofeph**] + der P-Sa.   fendet vnd vodert feinen Z—Oa.
1 **fteig**] der zog Z—Sa.   2 egiptum Z—Oa.   **erfelb**] er Z—Oa,
fehlt P.   5 des funs PK—Oa.   6 fichen MEP.   Do aber czúnahet
die zeyt der verheyffung. die got het bekennet abrahe Z—Oa.   ver-
heiffung P.   8 egipto Z—Oa.   **vntz biß**] Biß das Sc, vntz OOa.
auf ftúnd Z—Oa.   9 egipto Z—Oa.   10 der vmgab vnfer Z—Oa.
er] vnd Z—Oa.   peinigt P—Oa.   11 aufworffen P.   fy nit
lebten P, fy nit wurden lebentig gemacht Z—Oa.   12 **dem**] der K—Oa.
ward moifes P.   13 er (*erstes*)] *fehlt* Z—Oa.   **er** (*zweites*)] der
Z—Oa.

55 **kam**] waz TF.   56 **vnd** (*zweites*)] + ain TF.   57 **Wann**]
waz F.   59 wart iofeph TF.   61 vnd rief fein vater TF.   5 dē
fun TF.   6 genacht TF.   7 **die**] *fehlt* TF.   8 vncz daz ain
ander kunig vf ftund TF.   10 er] vnd TF.   **vetter**] + alfo TF.
12 demfelbigen T, derfelben F.   wart moyfes TF.   13 er (*zweites*)]
vnd TF.

haus feins vatters. Wann do er wart aufgelegt die v. 21.
15 tochter pharaons nam in: vnd zoch in ir zů eim fun.
Vnd moyfes wart gelert in aller weyfheit der egip 22.
tier: vnd was gewaltig in worten vnd in feinen
wercken. Wann do im das zeyt ·xl· iar ward erfúllt: 23.
es fteig auf in fein hertz das er heimfůcht fein brúder
20 die fún jfrahel. Wann do er fach einen erleiden das vn 24.
recht er rach in: vnd thet rach dem der do erleid das
vnrecht vnd erfchlůg den egiptier. Wann er mafft 25.
fein brúder zeuernemen: das in gott bett gegeben die
behaltfam durch fein hand. Vnd fy vernamen fein
25 nit. Wann an dem andern tag er derfchein in do fy 26.
kriegten: vnd verfúnt fy in frid fagent. O mann: ir
feyt brúder. Was fchatt eúwer einer dem andern?
Wann der do tet das vnrecht feim nechften: der ver 27.
treib in fagent. Wer hat dich gefchickt zů eim fúr-
30 ften vnd zů eim vrteyler vber vns? Wilt du auch 28.
mich derfchlachen· als du geftern derfchlůgt einen
egiptier? Wann moyfes der floch in difem wort: 29.
vnd wart gemacht frembd in dem land madian: do
gebar er zwen fún. Vnd do· xl iar waren volendet: 30.

*

14 **Wann**] Aber P, Vnd Z—Oa. 15 pharonis Z, pharaonis
A—Oa. **in ir**] iren M—Sa. 17 in den worten Sc. 18 **Wann**]
vnd P, *fehlt* Z—Oa. **im**] in ZcSa. **das**] aber die Z—Oa.
19 **es fteig**] er fteig E, do ftig im Z—Oa. 20 **Wann**] Vnd Z—Oa.
einen] + hebreer P. 22 Vnd er meynte das das fein brúder ver-
ftúnden Z—Oa. 23 das heyl Z—Oa. 25 Aber Z—Oa. erfchyn
er in Z—Oa. 26 **in**] + dem Sc. O] + ir Z—Oa. 27 dem]
fehlt O. 28 **Wann**] Vnnd Z—Oa. 29 dich] + auch Sb.
gefetzt P—Oa. 30 vnd] + auch Sb. 31 erfchlůgeft P—Oa.
einen] den Z—Oa. 32 **Wann**] Vnnd Z—Oa. **der**] *fehlt* K—Oa.
dem wort P. 33 **gemacht**] *fehlt* Z—Oa.

*

14 **aufgelegt**] + vf den flozz TF. 15 **nam**] di nam TF.
17 **was**] er waz TF. **feinen**] *fehlt* TF. 18 im wart derfullt daz
(di F) zeit 40 iar TF. 19 **es**] er F. 20 ainen fach leiden TF.
21 leid TF. 22 **mafft**] want daz TF. 23 vernemen TF. **hett
gegeben**] geb TF. 25 **an**] *fehlt* F. **dem**] nim TF. **der-
fchein**] + er TF. 26 **vnd**] + er TF. 28 aber TF. 29 gefchick F.
30 Wiltu TF. 31 gerftern F. derflugft den TF. 34 derfullt TF.

der engel des herrn erfchein im in der wúft des bergs
v. 31. fyna in der flammen des feúers des hefdorn. Wann
moyfes fehent es wundert fich der geficbt. Vnd do
er fich genachent das er fy mercket: die ftymm des
32. herren wart gemacht zů im fagent. Ich bins gott
deiner vetter: gott abrahams got yfaacs· vnd gott
iacobs. Wann moyfes wart gemacht erfchrocken:
33. vnd torft nit gemercken. Vnd der herre fprach zů
im. Enbind daz gefchúch deiner fúß. Wann die ftat
34. an der du fteft die ift heilig erde. Er fprach fechent
fache ich die quelung meines volckes das do ift in
egipt: vnd hort ir feúftzen: vnd fteig ab fy zeerlöfen
35. Vnd nu· kum vnd ich fend dich in egipt. | Difen
moyfen den fy verlaugenten fagent wer hat dich ge
fchickt einen fúrften vnd ein vrteyler vber vns: got
fant difen fúrften vnd den erlöfer mit der hand des
36. engels der im was erfchinen im hefdorn. Dirr fůrt
fy aus thůnd michle zeychen vnd wunder in dem land
egipt vnd in der wúft: vnd in dem roten mere ·xl
37. iar. Dirr ift moyfes der do fprach zů den fúnen ifrahel·

*

     36 der] dem P.   **hefdorn]** heffdorn. Oder des bufch Z—Sa,
bufchs K—Oa.   vnd do moyfes fach daz geficht. do verwundert er
fich der geficht Z—Oa.   **37** er wundert ME, verwundert er P.   38
er (*zweites*)] *fehlt* K—Sc.   **39** ward gethan Z—Oa.   bin Z—Oa.
40 abraham got yfaac Z—Oa.   **41** iacob Z—Sc.   **Wann —
erfchrocken]** Vnd moyfes erfchrack P—Oa.   **42** getorft K—Oa.
mörcken Z—Oa.   **44 die]** *fehlt* K—Oa.   **ift]** + ein Z—Oa.
erde] *fehlt* P.   **45** han ich gefehen die zwangkfale Z—Oa.   peini-
gung P.   **46** egipto. vnd han gehöret Z—Oa.   feúftzgen ZAS.
vnd bin herab komen Z—Oa.   **48** fprechend K—Oa.   gefetzt
P—Oa.   **49 einen]** zů einem OOa.   **51 im hefdorn]** im hefdorn
oder in dem bufch Z—Sa, in dem bufch K—Oa.   der fúrt Z—Oa.
52 groffə PAZc—Oa.   **53** egipti Z—Oa.

*

     37 moyfes der fach es vnd wundert TF.   **40 abrahams]** + vnd
TF.   **41 Wann]** + got T, *gestrichen.*   **42** torft fi nit merken TF.
der] *nachtr.* F.   **45** hab ich gefechen TF.   **46** vnd ich hab gehort
ir TF.   ich bin abgeftigen fi zelofen TF.   **49 einen]** zu aim TF.
ein] zu aim TF.   **50** der fant TF.   **51** in dem bifdorn TF.
53 egipt vnd in dem roten (toten F) mere vnd in der wuft **40** iar TF.
54 dem fune F.

₅₅ got der erſtet eúch einen weyſſagen von eúwern brú
dern: den wert ir hôrn als mich ſelben. Dirr iſt der   v. 38.
do was in der kirchen in der einôd mit dem engel der
do rett zû im an dem berg ſyna vnd mit vnſern vet
tern: dirr entphieng die wort des lebens vns zege-
₆₀ ben. Dem nit wolten gehorſamen vnſer vetter: 39.
wann ſy vertriben in vnd wurden abgekert mit iren
_[2 c] hertzen in egipt: | ſagent zû aaron. Mach vns gôt   40.
die vns vorgen. Wann diſem moyſen der vns hat
aufgefûrt von dem land egipt: wir wiſſen nit was
im iſt geſchechen. Vnd ſy machten ein kalb in den   41.
₅ tagen: vnd opfferten opffer dem abtgott: vnd wur-
den erfreuwet in den wercken irr hend. Wann got der   42.
verkert ſy: vnd antwurt ſy zedienen der ritterſchaft
des himels: als es iſt geſchriben in dem bûch der weyſ
ſagen. Haus iſrahel bracht ir mir denn die opffer vnd
₁₀ oblat in der wûſt ·xl· iar? Vnd ir entphiengt den   43.
tabernackel moloch vnd rempha den ſtern gotz· die
bilde die ir macht anzebetten ſy: vnd ich vbertrag
eúch in babilon. Der tabernackel des gezeúgs der do   44.
was mit vnſern vettern in der wûſt als got hat ge

*

55 der] *fehlt* K—Oa.   erkúckt euch P, wirt euch erkúcken
Z—Oa.   56 ſelber E—AZc—Oa, ſelb S.   57 einôd] eôdin ZcSa,
59 **dirr entphieng**] der do hat empfangen Z—Oa.   61 aber Z—Oa.
wurden] waren Z—Oa.   abbekeret ZS—Sc, abkeret A.   irem
K—Oa.   1 egipto Z—Oa.   **ſagent zû aaron**] *fehlt* ZcSa.   2 **Wann**]
+ waz K—Oa.   diſen moyſes P, diſem moyſi Z—Oa.   3 egipto
Z—Oa.   **wir** — 4 **geſchehen**] iſt geſchehen. wiſſen wir nit K—Oa.
6 der] *fehlt* K—Oa.   8 **in**] *fehlt* P.   9 **Haus — denn**] Ir haus
iſrahel habend ir mir denn geopffert Z—Oa.   10 lx· iar M.   12
machtent (machent AZcSa) das ſys anbettent. Vnnd übertrag Z—Oa.
13 der gezeúknuß Z—Oa.

*

55 **eúwern**] + weiſſ T, *geſtrichen*.   56 ſelber TF.   58 ſinai
TF.   59 **vns**) euch TF.   60 **Dem**] + da TF.   wolt F.   **vnſer**]
eur TF.   61 abkert TF.   3 diſen F, + manne TF.   5 vnd
freuten ſich TF.   6 aber TF.   7 **antwurt**] macht TF.   8 alz
geſchriben iſt TF.   9 **bracht**] opphert TF.   10 di oblat TF.
11 **ſtern**] + ewerz TF.   12 **ſy**] *fehlt* TF.   14 **als**] + in TF.

ordent redent zů moyſes: das er in machte nach dem

v. 45. bilde das er bett geſehen.   Den auch vnſer vetter ein
fůrten mit iheſu zů entphachen in die beſitzung der
heiden: die gott vertreib vor dem antlůtz vnſer vet

46. ter vntz an die tag dauids.   Der do vand genad vor
gott: vnd er ieſch das er funde den tabernackel gotz

47. iacobs.   Wann ſalomon der bauwet im ein haus.

48. Wann der hôchſt entwelt nit in den dingen gemacht

49. mit den henden: als der weyſſag ſpricht.   Der himel
iſt mir ein geſeſſe: wann die erd iſt ein ſchamel meiner
fůß.   Wann was haus bauwet ir mir ſpricht der herr:

50. oder welchs iſt die ſtatt meiner růw?   Mein hande

51. hat ſy denn nit gemacht alle diſe ding?   Hertz half-
beins vnd vnbeſchnitner hertzen vnd orn· ir wider
ſtůnd zů allen zeyten dem heiligen geiſt: als eůwere

52. vetter alſo auch ir.   Welchen der weyſſagen iagten
nit euwer vetter?   Vnd erſchlůgen die die do vor
erkunten von der zůkunft des gerechten: des ir nu

53. ſeyt geweſt verreter vnd manſchlegen: | ir do ent-
phiengt die ee in dem orden der engel vnd behůt ir

54. nit.   Wann do ſy horten diſe ding ſy erbitterten in iren

*

15 moyſen Z—Oa.   in] fehlt MEP, das Z—Oa.   19 biß
Sb—Oa.   in den tag dauid Z—Oa.   20 er (erstes)] fehlt Z—Oa.
hycfch AK—Oa.   21 iacob Z—Oa.   der] fehlt PK—Oa.   22 Aber
Z—Oa.   entwelt] wont PK—Oa, der wonet Z—Sa.   23 der
weißſagen Sb.   26 Hat denn mein hand nit KGSbOOa, Hat denn
nicht mein hand Sc.   28 vmbſchnytner Sc.   30 haben nit durâchtet
euwer Z—Oa.   31 vor] fehlt S.   32 verkůnten P—Oa.   33 man-
ſchleger EP, manſchlâchter Z—Oa.   ir do] Die ir Z—Oa.   34 der
ordnung Z—Oa.   35 Wann] Vnd OOa.   erbittern MEP.

*

17 iheſus TF.   zů entphachen] fehlt TF.   19 in den tagen
TF.   20 er] fehlt TF.   21 der] fehlt TF.   22 aber TF.   dingen]
+ di da ſint TF.   23 der hant TF.   24 mir ein] mein TF.
wann] vnd TF.   25 Wann] vnd TF.   haufes paut TF.   26 Mein
hande] fehlt TF.   27 ſy] fehlt TF.   nit] + mein hant TF.
30 alfo] alz TF.   31 erſchlůgen] di flugen F.   die die] di TF.
vor] fehlt TF.   32 des] dicz TF.   33 gewefen TF.   man-
ſchlachter F.   do] fehlt TF.   34 der ordenung TF.   35 gehorten
T, georten F.

hertzen: vnd grifgramten mit den zenden an in. Wann   v. 55.
do ftephan was vol des heiligen geiftes · er fach auff
in den himel vnd fach die wunniglich gotz vnd ihe
fum fteen zů der zefwen gotz. | Vnd er fprach. Secht   56.
40 ich fich den himel offen: vnd den fun der meyd ften
zů der zefwen gotts. Wann fy rieffen mit michler   57.
ftymm vnd verhabten ire orn: vnd machten gech ein
hellig an in. Vnd wurffen in aus aufwendig der ftat   58.
vnd fteinten in: vnd die gezeůg legten ir gewande
45 zů den fůffen eins iunglins: der do ift geheiffen faulus.
Vnd fy fteinten ftephan anrůffent vnd fagent. O   59.
herr ihefus entphach mein geift. Wann do er het ge-   60.
neygt die knye: er rieff mit einer micheln ftymm fa-
gent. O herr: nit fchick in dife fůnd. Vnd do er ditz
50 hett gefagt: er entfchlieff im herrn. Wann faulus
was gehellig feins todes   *viij*

W ann an dem tag michel durechten wart ge
macht in der kirchen die do was zů iherufalem: vnd
fy wurden all verzett durch die gegent iude

---

36 Do aber ftephanus Z—Oa.   38 glori P—Oa.   39 gerechten
E—Oa.   40 fun des menfchen Z—Oa.   41 gerechten E—Oa.
aber fy fchrien auß Z—Oa.   mit] gar mit Sb.   groffer PAZc—Oa.
42 vnd verhůben Z—Oa.   machten ein vngeftůme eynmůtigklichen
wider in Z—Oa.   43 in (*zweites*)] *fehlt* M.   44 gezeugen legten
hin fein gewande Z—Oa.   45 do hieß faulus Z—Oa.   46 fy]
fehlt Z—Oa.   ftephanum Z—Oa.   O] *fehlt* Z—Oa.   47 Herre
Ihefu Z—Oa.   Wann] Vnd Z—Oa.   48 knye. do fchry er mit
groffer Z—Oa.   einer groffen P.   49 O] *fehlt* Z—Oa.   nit ftôll
in an Z—Sa, nit fetze ine K—Oa.   50 entfchlieff] + auch Sb.   in
dem Sc.   Saulus aber was verhengen feinen tod Z—Oa.   52 Aber
es wart an difem tag ein groß durchâchtung in Z—Oa.   micheln
ME, groß P.   53 der] difer Sc.   54 zerftrâct ZZcSa, zer-
ftôret A, zerftrewet SK—Oa.

38 vnd | vnd fach F.   ihefus TF.   39 zefem TF.   er] *fehlt*
TF.   40 di himel TF.   41 zefem der kreft gotz vnd fi TF.
michler] ainer micheln TF.   44 gezeugen TF.   45 ift] waz TF.
49 nit enfchikke in dicz zu ainer funde TF.   52 michel trubfal
TF.   54 all] *fehlt* T.

v. 2. vnd famari on die boten. Wann vorchtfam mann
die berûchten ftephan: vnd machten michel weinen

3. vber in. Wann faul der verwûft die kirchen: er gieng
ein durch die heufer er zoch aus die manne vnd die

4. weib: vnd antwurt fy in hût. Dorumb die do warn
zerftrewet die vbergiengen vnd bredigten daz wort

5. gotz. Wann philipp der fteig ab in die ftatt famari

6. er bredigt in ihefum. Wann die gefelfchaft vernam
fich einhelligklichen an den dingen die do waren ge-
fagt von philipp. Sy horten vnd fachen die zeychen

7. die er tet. Wann ir manig die do beten die vnreinen
geift: die rieffen mit michler ftymm vnd giengen aus.
Wann manig lidfûchtigen vnd lamen wurden ge-

8. funt. Wann michel freud wart gemacht in der ftat

9. Wann ein man bey namen fymon der do vor was
geweft ein zauberer in der ftat verleytent das volck

10. der famaritan fagent fich zefein einen micheln: | dem

*

55 famarie Z—Oa.   apoftel. Aber die vorchtfamen (forgfamen G)
mann die (fehlt K—Oa) beforgten ftephanum. Vnd tetten ein groß klag
Z—Oa.   56 groß wein P.   57 Aber faulus Z—Oa.   der] fehlt K—Oa.
er] vnd OOa.   58 die (erstes)] fehlt ZS—Sc.   er] vnd Z—Oa.   59 in]
+ die Z—Sc.   geuângknuß Z—Oa.   die] + die S.   60 durch-
giengen Z—Oa.   61 philippus E—Oa.   der] fehlt K—Oa.   famarie
Z—Oa.   1 er] vnd Z—Oa.   predigten Z—Sc.   in] fehlt O.   aber
die fcharen vermârckten einhelligklichen (-lich OOa, einhellenklichen A)
auff die ding Z—Oa.   2 einhelligklich P.   3 philippo E—Oa.
4 die (letztes)] den A.   5 fchrien Z—Oa.   groffer P—Oa.   6 Aber
Z—Oa.   manig gihtbrüchig K—Oa.   7 -funt. Vnd darumb warde
ein groffe freud in Z—GScOOa.   Wann — ftat] fehlt Sb.   groß
freud P.   8 Wann] Vnd P, Aber Z—Oa.   bey] mit Z—Oa.   9
gewefen Sc.   10 der — micheln] famarie vnd (fehlt OOa) fprach
daz er wâre ein groffer Z—Oa.   ein groffen P.   dem] den ZAS.

*

55 famarie TF.   56 machten] + ein TF.   57 der] fehlt T.
58 ein] + in T.   vnd zoch TF; + vns F, gestrichen.   59 warn]
wurn F.   61 gotz] + vm di ftet vnd vm di caftell ze iude TF
(gestrichen T).   der] fehlt TF.   die] ain TF, di corr. T.   61 fa-
marie TF.   1 er] vnd TF.   ihefus vnd TF.   di vernamen
fich ainhellig an di dink di da wurden gefagt TF.   6 Wann] vnd
TF.   lamen] + di TF.   7 Wann] vnd ain TF.   8 Wann —
9 ftat] nachtr. F.   9 gewefen T, gebefen F.   verleytent] der
verlaitte TF.   10 der famaritan] famarie TF.

ſy all lúſmenten von dem minſten vntz an den mey-
ſten ſagent. Ditz iſt die kraft gotz die do wirt ge-
heiſſen michel. Wann ſy vernamen ſich an in: dor   v. 11.
umb das er ſy bett betrogen vil zeyts mit ſeinen zau
15 berlichen kúnſten. Wann do gelaubten ſy philipp do   12.
er bredigt das reich gots: die mann vnd die weyb
wurden getaufft in dem namen iheſu criſti. Do ge-   13.
laubt auch der ſelb ſymon: vnd do er was getaufft er
hielt ſich zů philipp. Er ſach ioch aller meyſte die
20 zeychen vnd die krefft werden gethan. Erſchrocken
wundert er ſich. Wann do die botten die do warn in   14.
iheruſalem hetten gehort das ſamari bett entpfangen das
wort gottz: ſy ſanten zů in petter vnd iohannes.
Vnd do ſy warn kumen ſy betten vmb ſy: das ſy ent   15.
25 phiengen den heiligen geiſt. Wann der heilig geiſt   16.
was dennoch nit kumen in ir keinen: wann ſy warn
allein getaufft in dem namen iheſu. Do legten ſy   17.
die hende auff ſy: vnd ſy entphiengen den heiligen
geiſt. Wann do das bett geſehen ſymon das der hei-   18.
30 lig geiſt wart gegeben durch die auflegung der hend

*

11 all aufmerckten K—Oa.   von den Z—KSb—Oa.   biß
Sb—Oa.   an] zů Z—Oa.   13 groß P—Oa.   Aber ſy vermerckten
(merckten OOa) in. darumb Z—Oa.   15 Wann — 16 gots] Do ſy
aber heten gelaubet philippo der do prediget von dem reich gottes do
warden Z—Oa.   philippo EP.   16 vnd] + auch Sb.   wurden]
fehlt Z—Oa.   18 was] ward OOa.   19 enthielt OOa.   philippo
E—Oa.   auch Z—Oa.   20 krefften SbO.   21 Wann do] Do
aber Z—Oa.   apoſtel OOa.   22 ſamaria Z—Oa.   23 ſanten]
+ auch Sb.   petrum vnd iohannem (·nen G) E—Oa.   24 batten
OOa.   26 dennocht ASZcSaSb—Oa.   aber Z—Oa.   28 ſy
(zweites)] fehlt Z—Oa.   29 Wann] Vnd Z—Oa.   30 geben A.

*

11 luzemten ſi alle TF.   12 wirt] iſt TF.   15 do ſi ge-
laubten philipp der predigt von dem reich TF.   16 weyb] + di TF.
17 iheſus criſtus TF.   19 Er] vnd TF.   auch TF.   20 krefft]
wunder di da TF.   gethan] + vnd TF.   22 das auch ſamaria
TF.   24 Vnd] fehlt TF.   27 iheſu] dez herren iheſus TF.   28 in
auf die hende TF.   29 do ſymon het geſechen daz der TF.   30
wurd TF.

v. 19. der hotten: er bracht in gût | ſagent. Geht auch mir
difen gewalt: wem ich aufleg die hende das er ent-
20. phach den heiligen geiſt. Wann do das hett gefehen
ſymon petter er ſprach zû im. Dein ſchatz ſey mit
dir in verleûß: wann du haſt gemaſſt den gib gotz
21. in befitzung des ſchatzes. Dir iſt nit teyl noch loß
in difem wort. Wann dein hertz iſt nit gerecht vor
22. gott. Wann ich fich dich zeſein in der galle der bit-
23. terkeit vnd in der bewellung der vngangkeit. Dor-
umb mach bûß von dirr deiner ſchalckheit: vnd bit
gott das dir villeicht werde vergeben der gedancke
24. deins hertzen. Wann ſymon antwurt vnd ſprach.
Bitt auch ir den herrn fûr mich: das keins der ding
25. kum auf mich die ir habt geſagt. Vnd ernſtlich ſy
bezeûgten vnd retten das wort des herren ſy kerten
wider zû iherufalem: vnd bredigten in manigen gegen-
26. ten der ſamaritaner. Wann der engel des herren rett
zû philipp ſagent. Stee auf: vnd gee gen mittem-
tag zû dem weg der do nider ſteigt von iherufalem in
27. gazam: dirr iſt wûſte. Er ſtûnd auf vnd gieng.
Vnd fecht ein keufcher man more ein gewaltiger
candacis der kûnigin der moren· dirr was vber all

*

31 der] + ·xij· Z—Oa.   mir auch OOa.   33 **Wann**] Vnd
P—Oa.   **do — 34 er**] petrus Z—Oa.   34 petrus EP.   gelt
Z—Oa.   35 verdamnuß. Wann du haft (+ auch Sb) gefchâczet das
die gab gottes mûge mitt dem geldt befeſſen werden Z—Oa.   38 **ze-
fein**] fein Z—Oa.   39 **bewellung**] verfchuldung Z—Oa.   boßheit
P, vngûtigkeit K—Oa.   40 **mach**] thû K—Oa.   41 der danck C.
.42 Aber Z—Oa.   44 **ernſtlich**] gewißlich P, *fehlt* K—Oa.   45 **ſy**]
vnd Z—Oa.   46 **zû**] in Sc.   **bredigten**] + das ewangeli Z—Oa.
47 Aber Z—Oa.   48 philippo E—Oa.   49 do ab geet Z—Oa.
von] zû M— Oa.   50 **dirr**] die Z—Oa, + da OOa.   51 **man**]
+ ein Z—Oa.   52 **dirr**] Der do Z—Oa.

*

32 **er**] der TF.   33 **do — 34 ſymon**] *fehlt* TF.   34 **er**]
fehlt TF.   36 **in — ſchatzes**] ze befiezen vm den ſchatz TF.
38 **zefein**] *fehlt* TF.   40 falkeit T.   41 **dir**] dur F.   **der**]
dirr T, dür F.   43 **fûr**] vmb TF.   45 begunden zereden vnd
zebezeugen daz wort gotz vnd kerten TF.   46 **zû**] in TF.   48 **gen**]
gegen TF.   49 ab ſteigt TF.   51 **more ein**] moram TF.

ir reichtum der kam anzebeten in iherufalem: | er kert wider v. 28.
vnd faffe auf feinem wagen· vnd laß yfaias den weyf

55 fagen. | Wann der geift fprach zů philipp. Genach   29.
dich: vnd zůfůg dich in difen wagen. Wann phi-   30.
lipp lieff: vnd hort in lefen yfaias den weyffagen vnd
er fprach zů im. Wenftu das du vernempft die ding
die du lift? | Er fprach. Vnd in welcherweys mag   31.

60 ichs vernemen: fo mirs nyemant hat eroffent? Vnd
er batt philippen das er aufftig: vnd feß mit im.

[53a] | Wann die ftatt der fchrift die er laß die was dife. Er   32.
ift gefůrt als das fchaff zů der erfchlacht: vnd als daz
lamp on ftymm vor den fcherenden es· alfuft tet er nit
auf feinen mund. Sein vrteyl ift erhaben in demůt.   33.

5 Wer erkunt fein gefchlecht? Wann fein leben wirt
abgenomen von der erd. Wann der keufch antwurt   34.
er fprach zů philipp? Ich bit dich von wem fpricht
der weyffag ditz? Von im felber oder von keim an-
dern? Wann philipp tet auf feinen mund: er vieng   35.

10 an von dirr fchrift: vnd bredigt im ihefum. Vnd   36.
do fy giengen durch den weg: fy komen zů eim waf-

                                   *

53 ir] *fehlt* Z—Oa.   54 fein P, feinen A—Oa.   yfaiam Z—Oa.
55 **Wann**] Vnd Z—Oa.   philippo E—Oa.   56 zů difem wagen.
Vnd Z—Oa.   philippus E—Oa.   57 **lieff**] + zů Z—Oa.   yfaiam
E—Oa.   58 dife ding OOa.   60 ich K—Oa.   mir K—Oa.
61 philippum E—Oa.   **mit**] bey Z—Oa.   1 **Wann**] Vnd Z—Oa.
gefchrift P—Oa.   **was dife. Er**] was. Dirr M, was do. Dirr E, was
da Difer P, was die. Er Z—Oa.   2 tödtung Z—Oa.   3 **den**] dem
A—Oa.   **es**] das K—Oa.   alfo P—Oa.   4 **in**] + dem P.
demůtigkeit. wer wirt groß fprechen Z—Oa.   5 verkůnt P.   6 **Wann**]
Vnd Z—Oa.   antwurt philippo vnd fprach Ich Z—Oa.   7 philippo
P.   **fpricht**] redt P.   8 **ditz**] das (diß OOa) ding Z—Oa.   **keim**]
eim Z—Oa.   9 **Wann**] Vnd Z—Oa.   philippus Z—Oa.   **er**] vnd
Z—Oa.   10 gefchrift P—Oa.   in G.

                                 ▲

53 **kam**] waz kumen TF.   **er**] vnd er TF.   54 **vnd faffe**]
ficzend TF.   55 philippen genachen TF.   56 fuge dich zu difem
TF.   57 yfaiam TF.   59 **Vnd**] *fehlt* TF.   60 ich fi TF.   mir
fi TF.   2 **erfchlacht**] derflahung T, flahung F.   **vnd**] + der-
ftumet TF.   4 **erhaben**] abgenomen TF.   **in**] + di T.   6 **Wann**]
fehlt TF.   7 **er**] vnd TF.   philippen TF.   **fpricht**] redt TF.
10 ibefus TF.   11 gieng TF.

fer. Vnd der keufch fprach. Sich hie ift waffer. Wer
v. 37. wert mir das ich icht werde getaufft: | vnd philipp
fprach. Es gezimpt ob du gelaubft von gantzem hertz
en. Er antwurt vnd fprach. Ich gelaube ibefum criftum ɪ
38. zefein den fun gotz. Vnd er gebot zeften den wagen.
Vnd fy ftigen ab ietweders in daz waffer. philipp vnd
der keufche: vnd er taufft in. Vnd der heilig geift
39. fteig auff den keufchen. Wann do fy waren aufge-
ftigen von dem waffer der geift des herrn zuckt phi-
lippen: wann der keufch fach in nit von des hin. Wann
40. freuwent gieng er durch feinen weg. Wann phi-
lipp der wart funden in azoto: er vbergieng vnd bre
digt in allen fteten biß das er kam in cefari.　　ix

1. Saulus der lebt nach der droe vnd in der fchlach ꝫ
ung der iunger des herrn er genacht fich zů
2. dem fúrften der pfaffen · | vnd iefch von im
die brieff zů den fynagogen in damafch: welch er fúnd
des wegs mann oder weib: das er fy fúrt geuangen
3. in iherufalem. Vnd do er macht den weg: es gefchach daz ꝫ

*

13 icht] nicht Z—Oa.　　philippus Z—Oa.　　14 von] auß Z—Oa.
15 gelaub das ihefus criftus fey der fun Z—Oa.　　17 ietweder Z—Oa.
philippus Z—Oa.　　19 Do fy aber warn Z—Oa.　　20 zucht ZAS.
philippum Z—Oa.　　21 wann] vnd OOa.　　nit fúromer (fúran mer
K—Oa) Aber Z—Oa.　　22 Wann] Vnd P.　　philippus Z—Oa.
23 der] fehlt K—Oa.　　azoto. Vnd durchgieng Z—Oa.　　24 cefaream
Z—Oa.　　25 Paulus der do noch lebet der droungen vnd der (die G)
fchlahung (fchawung Sc) in die iunger Z—Oa.　　26 er] der Z—Oa.
27 dem] den P—SbOOa.　　priefterfchafft P, priefter Z—Oa.　　hiefch
K—Oa.　　von im Z—SaG.　　28 zů den] der G.　　damafcum
Z—Oa.　　welch er] wölicher SbOOa.　　30 macht] gieng Z—Oa.

*

13 icht] nit TF.　　14 Es gezimpt] fehlt TF.　　gantzem] allem
deim TF.　　herczen] + es gezimt TF.　　16 dē wagen T, dem
wagen F.　　17 ietweder TF.　　18 Vnd — 19 keufchen] unterftrichen
T.　　19 fteig] viel TF.　　Wann] vnd TF.　　21 wann] vnd TF.
22 fein TF.　　23 der] fehlt TF.　　24 allen] + den TF.　　er] fehlt
F, nachtr. fb.　　zu cefaria TF.　　25 der derflachung TF.　　27 iefch
brieff von im TF.　　28 welch er] ob er iemant TF.　　29 dicz TF.
30 in] zu TF.

er genachent zů damafch. Vnd ein liecht vmbleúcht
in gechling vom himel: | er viel nider auff die erde
vnd hort ein ftymm fagent zů im. Saule faule: wor-
umb iagftu mich? | Er fprach. O hèrre wer biftu?   5.
35 Vnd er fprach. Ich bins ihefus von nazareth: den
du iagft. Hert ift dir zeftreyten wider den garten.
| Vnd erfchrocken vnd pidempt fprach er. O herr: waz   6.
wild das ich tůn? Vnd er fprach zů im. Ste auf
vnd ge in die ftat: vnd do wirt dir gefagt was dir
40 gezimpt zethůn. Wann die mann die do waren ge-
fellt mit im die ftůnden gemacht erfchrocken: ernft
lich fy horten die ftymm: wann fy fahen nyemant der
do rett. Wann faulus ftůnd auff von der erde vnd   8.
do er bett aufgethan die augen er gefach nit. Vnd
45 fy zugen in bey den henden · fy fůrten in in damafch.
Er was do · iij · tag vnd fach nit : vnd aß nit vnd   9.
tranck nit. Wann ein iungling was in damafch bey   10.
namen ananias. Vnd der herr fprach zů im in dem
geficbt. Anania. Vnd er fprach. O herre nym war
50 ich bin engegen. | Vnd der herre fprach zů im. Stee   11.
auff vnd ge in die gaffen die do ift geheiffen recht:

*

31 nahet OOa.   zů damafco Z—Oa.   32 vom] von ZcSaOOa,
von dem GSc.   34 durchâchft (+ du Oa) mich Z—Oa.   35 Vnd]
fehlt Z—Oa.   bin Z—Oa.   36 du durchâchteft Z—Oa.   Schwer
ift K—Oa.   den garten] dy anfechtung des fleyfch Z—Oa.   37 O]
fehlt Z—Oa.   40 Wann] Vnd Z—Oa.   waren gefellt] giengen
Z—Oa.   41 im] fehlt ZcSa.   die] fehlt K—Oa.   ftůnden]
waren P.   gemacht] fehlt Z—Oa.   ernftlich] gewißlich P, fehlt
K—Oa.   42 Aber Z—Oa.   der — 43 rett] fehlt Z—Oa.   43 Wann]
Vnnd P—Oa.   44 fach OOa.   45 fy (zweites)] vnnd Z—Oa.   da-
mafco ZAZc—Oa, damafcum S.   46 Er] Vnd er Z—Oa.   47 Wann]
Vnd Z—Oa.   damafco mit namen Z—Oa.   48 herr] + der P.
49 O] fehlt Z—Oa.

*
32 er] vnd er TF.   auff] an TF.   35 bin TF.   36 gart TF.
37 pidment TF.   wilt du T, wiltu F.   38 er] der herr TF.
41 mit] zu TF.   42 wann] aber TF.   45 vnd furten in zu damafch
vnd er TF.   46 gefach T, gefacht F.   vnd tranck] noch en-
trank TF.   47 iunger TF.   48 in] nachtr. F.   dem] der TF.
49 Ananias TF.   nym war] fich TF.   50 engegenwurtik TF.
51 gerecht TF.

vnd ſůch in dem haus iude‧ ſaul mit namen tarſen-
v. 12. ſem. Wann ſich er bett. | Vnd er ſach den man bey
namen ananias eingen zů im: vnd im auflegen die
13. hende das er entphieng ʼdie geſicht. Wann ananias
antwurt. O herre ich hab gehort von manigen von
diſem mann: wie manig vbel er hat getan deinen
14. heiligen in iheruſalem. Vnd dirr hat den gewalt von den
fůrſten der pfaffen: zebinden all die do anrůffen deinen
15. namen. | Wann der herr ſprach zů im. Gee: wann er
iſt mir ein vaß der erwelung: das er trag meinen
namen vor den kůnigen vnd vor den leůten vnd vor
16. den ſůnen iſrahel. Wann ich zeyg im: wie manig ding
17. im gezimpt zeerleiden vmb meinen namen. Vnd
ananias gieng hin vnd gieng ein in das haus: er
legt im auff die hand vnd ſprach. Saule brůder: der
herre iheſus der dir erſchein an dem weg an dem du
kempt‧ der hat mich geſant‧ daz du geſechſt vnd wer-
18. deſt erfůllt mit dem heiligen geiſt. Vnd zehant vielen
von ſeinen augen als die ſchůppen: vnd er entphieng
die geſicht. Er ſtůnd auff vnd wart getaufft: vnd
do er hett entphangen das eſſen er wart geſtercket.
19. Vnd ſaulus was mit den iungern die do warn in
20. damaſch durch etlich tag. Zehant paulus gieng ein

*

52 Saulum Z—Oa. 53 **ſach**] erſahe Sc. **bey**] mit Z—Oa.
54 engeen ZAZcSa. **im**] in M. 55 **die**] das P—Oa. **Wann**]
Vnd P—Oa. 56 **O**] *fehlt* Z—Oa. 57 hab Z—Oa. 59 prieſter
P—Oa. 60 **Wann**] Vnd Z—Oa. 2 ich wird im (jn Sc) czaigen
Z—Oa. 3 er můſte (můß OOa) erleiden Z—Oa. 4 **er**] vnd Z-Oa.
6 dir iſt erſchinen Z—Oa. **an dem** (*zweites*)] den ZASKGSb, dem
ZcSaSc, durch den OOa. 7 kameſt Z—KSb—Oa, kanteſt G. **der**]
fehlt K—Oa. geſecht EP, ſeheſt Oa. 9 **er**] *fehlt* Z—Sa. 10 **die**]
das Z—Oa. 12 **mit**] bey Z—Oa. 23 damaſco Z—Oa. **Zehant**
— gieng] Vnd giengen zehand Z—Oa. ſaulus EP.

*

52 iudas ſaulum bey namen von thars TF. 53 **den**] ainen TF.
55 **die**] daz TF. **Wann**] vnd TF. 57 wie vil vbele (vbeler F)
ding TF. 3 zeleiden TF. 4 **ein**] *fehlt* TF. **er**] vnd TF.
6 **erſchein**] iſt der ſchain T, iſt derſchin F. 7 kumd T, komd F.
10 **Er**] vnd er TF. 12 **Vnd**] wan TF. 13 **durch**] *fehlt* TF.
tag] + wan TF. ſaulus TF. **tag**] + wan T.

in die fynagogen vnd brediget ihefum: das dirr
15 ift der fun gotz. Wann alle die es horten die erfchrack　　v. 21.
en: vnd fprachen. Ift dirr nit der do anftreyt in iherufalem
alle die do anrüffent difen namen? Vnd zû difem
kam er her: das er fy fûrt geuangen zû den fúrften
der pfaffen. Wann paulus wart mer gefterckt vnd　　22.
20 fchemlicht die iuden die do entwelten zû damafch: er
reftent daz dirr ift crift. Wann do manig tag .wurden　　23.
erfûllt: die iuden machten ein rat das fy in erfchlûgen
| Wann paulus wurden gemacht kunt ir lag. Wann　　24.
fy behûten die tor der ftat tags vnd nachts: das fy
25 in erfchlûgen. Wann die iunger die namen in nachtz　　25.
vnd fy legten in in einen korb: vnd lieffen in durch
die maur. Wann do er was kumen in iherufalem er fleiß　　26.
fich zefúgen zû den iungern: vnd alle vorchten fy in:
fy gelaubten nit das er wer ein iunger. Wann bar-　　27.
30 nabas der begreyff in er fûrt in zû den botten: vnd
erkunt in in welcherweys er hett gefehen den herren
in dem weg vnd das er het gerett zû im vnd in welcher
weys er bett getan treúwlich in damafch in dem na

*

15 der] ein P.　　　Wann] Vnd Z—Oa.　　　16 außftreyt Z—Sa,
auß ftreyttet K—Oa.　　　17 anrúfften ZAZcSaKSc.　　　19 priefter.
Aber Z—Oa.　　faulus E—Oa.　　ward] + vil Z—Oa.　　20 gefchem-
licht E, fchant P, fchendet ZAZc—Oa, fchenden S.　　wonten P—Oa.
in damafco. beftättend das difer ift criftus vnd do Z—Oa.　　22 mach-
ten] namen G.　　　23 Wann] vnd Z—Oa.　　faulo wurd E—Oa.
gemacht kunt] gethan Z—Sa, kundt getan K—Oa.　　ir heymlich
neyd Z—Oa.　　24 fy (erftes)] fehlt Sb.　　tag vnd nacht Z—Oa.
25 Aber Z—Oa.　　die (zweites)] fehlt PK—Oa.　　in bey nacht Z—Oa.
26 fy] fehlt OOa.　　durch] her ab durch Z—Oa.　　27 Wann] Vnd
Z—Oa.　　er verfúcht Z—Oa.　　28 fich] + zù Z—Oa.　　29 fy] vnd
Z—Oa.　　Aber Z—Oa.　　30 der] fehlt PK—Oa.　　er] vnd Z—Oa.
zwelfboten Z—Oa.　　31 verkünt P—Oa.　　er — 33 weys] fehlt S.
33 damafco Z—Oa.

*

14 ihefus TF.　　15 ift] wer TF.　　16 der] + der T.　　17 die]
+ di T.　　20 wonten TF.　　er] vnd TF.　　21 wer criftus TF.
23 Wann] vnd TF.　　25 in in der nacht TF.　　26 fy] fehlt TF.
in in] in TF.　　27 in] zu TF.　　28 in] + wan TF.　　31 erkunt]
er derkunt TF.　　32 zû] mit TF.　　zu damafch TF.

v. 28. men ihefu. Vnd er was mit in eingend vnd auf-
gend in iherufalem: thûnd trewlich in dem namen des her

29. ren ibefu. Vnd er ret mit den heiden vnd difputiert
mit den kriechen: wann fy fûchten in zû erfchlachen.

30. Vnd do das erkannten die brûder die fûrten in aus

31. nachts in cefare: vnd lieffen in zû tarfche. Ernftlich
die kirche bett fride durch alles iude vnd galile vnd
famari: vnd wart gebauwet gend in der vorcht des
herrn: vnd wart erfúllt mit der trôftung des heiligen

32. geiftes. Wann es wart gethan do petter vbergieng
durch all · das er kem zû den heiligen die do entwelten

33. zû lide. Wann er vant do ein man bey namen ene-
as · von · viij · iarn ligent in dem bett: dirr was lid-

34. fúchtig. | Vnd petter fprach zû im. Enea: der herre
ihefus criftus der gefunde dich. Ste auf: vnd bet dir

35. Vnd zehant ftûnd er auf. | Vnd alle die in fahen die
do entwelten zû lide vnd zû farone: die wurden be-

36. kert zû dem herren. Wann ein iunglingin was in
ioppe bey namen thabita: das will fagen dorcas.

*

34 mit im M—Sa.   35 des herren] fehlt A.   37 Aber Z—Oa.
38 die (zweites)] fy OOa.   39 bey nacht Z—G, bey der nacht Sb—Oa.
cefaream Z—Oa.   zû] in Z—Oa.   tarfe P, tharfum Z—Sc, thar-
fium OOa.   **Ernftlich]** Gewißlich P, Wann K—Oa.   40 iudeam
vnd galileam Z—Oa.   41 famariam Z—Oa.   gebauwen Z—Oa.
43 **Wann]** Vnd Z—Oa.   es gefchach A.   petrus E—Oa.
durchgieng durch Z—Oa.   44 wonten P—Oa.   45 **Wann]** Vnd
Z—Oa.   vant] nannt MEP.   bey] mit Z—Oa.   46 dirr] der
Z—Oa.   gihtbrûchig K—Oa.   47 petrus E—Oa.   48 der]
fehlt K—Oa.   mache dich gefund Z—Oa.   50 wonten P—Oa.
51 Aber Z—Oa.   iüngling P, iungerin Z—Oa.   52 bey] mit Z—Oa.
das will fagen] die do außgeleget wúrt genennet Z—Oa.   dortas M.

*

34 ihefu] dez herren ihefus TF.   **vnd aufgend]** nachtr. F.
35 getreulich TF.   36 ihefus TF.   37 wann] vnd TF.   38 Vnd]
fehlt TF.   het derkant T, hetten derkant F.   die (zweites)] fi TF.
39 zu cefaria TF.   zû tarfche] thars TF, zu nachtr. fa.   41 famaria
TF.   42 der] nachtr. T.   43 Wann] vnd TF.   44 das] fehlt TF.
dem F.   wonten TF.   45 Wann] vnd TF.   enea ligent in dem
bett von 8 iarn TF.   48 gefunt TF.   49 in fahen die] fehlt TF.
50 lidda vnd zu farona di fachen in vnd wurden TF.   51 Wann]
vnd TF.

Dife was vol gûter werck vnd almûfen die fy macht
Wann es wart getan in den tagen: das fy fiecht vnd   v. 37.
³⁵ ftarb. Do fy fy hetten gewafchen: fy legten fy in den
foler. Wann lida was nit verr von ioppe: wann do   38.
die iunger gehorten das petter was in ir fy fanten
zwen mann zû im: bittend· nichten faum dich zû-
kumen vntze zû vns. Wann petter ftûnd auff: er   39.
⁴⁰ kam mit in. Vnd do er was kumen fy fûrten in in
den foler: alle die witwen die vmbftûnden in vnd
^[c] weinten: vnd zeygten die röcke vnd die gewand die
in dorcas hett gemacht. Wann do fy petter all bett   40.
aufgeworffen· er neygt fein knye vnd bet: er wart
bekert zû dem leib vnd fprach. Thabita ftee auff.
⁵ Vnd fy thet auff ire augen: fy fach pettern an vnd
faffe. Er gab ir die bant: vnd er richt fy auff· vnd   41.
do er bett gerûffen die heiligen vnd die witwen er be-
zeichent fy lebentig. Wann ditz wart gemacht kunt   42.
durch alles ioppem· vnd manig gelaubten im herrn.
¹⁰ Wann es wart getan das er entwelt manig tag in   43.
ioppe bey fymon dem ledrer.   *x*

53 **macht**] tett Z—Oa.   54 es gefchach A.   **das**] do EP.
55 fy fy] fy Sb.   gewachffen PZA.   56 foler] palaft A.   **Wann**]
Vnd Z—Oa.   **wann**] Vnd Z—Oa.   57 hörten K—Oa.   petrus
E—Oa.   58 nicht Z—Oa.   59 vntze] biß SbSc, *fehlt* OOa.
Wann] Vnd Z—Oa.   petrus E—Oa.   er] vnd Z—Oa.   61 foler]
palaft A, + Vnd Z—Oa.   **die** (2)] *fehlt* K—Oa.   1 **zeygten**] +
im Z—Oa.   die gewande vnd die röck vnd die in P.   2 in] im S.
dortas M.   **Wann**] Vnd Z—Oa.   petrus P—Oa.   3 vnd
bet] *fehlt* G.   **er wart bekert**] vnd keret fich Z—Oa.   5 fy
(*zweites*)] vnd Z—Oa.   petrum E—Oa.   6 er] *fehlt* Z—Oa.
7 genodert Z—Oa.   **er bezeichent**] do gab er Z—Oa.   8 **Wann**]
Vnd Z—Oa.   **gemacht kunt**] offenbar Z—Oa.   9 ioppen EZ—Oa,
ioppe P.   vil gelaubten in den herren Z—Oa.   10 **Wann**] Vnnd
Z—Oa.   es gefchach A.   wonet P—Oa.

53 **vnd**] + der TF.   54 **Wann**] vnd TF.   55 **Do**] wan do TF.
56 **wann do**] vnd do TF.   58 zu im zwen man bittend nit enfaum
TF.   59 **vntze**] *fehlt* TF.   er] vnd TF.   61 **foler**] + vnd TF.
vnd] di F, *fehlt* T.   1 wainend TF.   3 **wart bekert**] vmkert
fich TF.   4 beip F, *umgeändert:* leip.   5 Vnd do fi het vf getan
ir TF.   6 **vnd er**] vnd TF.   9 im] an den TF.   11 **dem**] aim TF.

v. 1. **W**ann ein man was in cefare. Bey namen cor
neli ein centurio der gefellfchaffte die do ift
2. geheiffen ytalica· | ein geiftlicher vnd vôrchtent
gott mit allem feim haus : er macht vil almûfen dem
3. volck : vnd bett zûm herren zû allen zeyten. . Er fach
offenlich im geficht als vmb die ·ix· ftund des tags
den engel des herren eingend zû im : vnd fagent im.
4. Corneli. | Er fach in an : begriffen mit vorcht vnd
fprach. O herre wer biftu? Wann er fprach zû im.
Dein gebett vnd dein almûfen feint aufgeftigen in
5. gedenckung in der befcheud gots. Vnd nu fend mann
in ioppen : vnd rieff eim Iymon der do ift vbernant
6. peter. Dirr herbergt bey Iymon dem ledrer : des haus
ift bey dem mere. Der fagt dir : was dir gezimpt ze
7. tûn. Vnd do fich der engel bett gefcheiden der do rett
zû im : er rieff zweyen feinen heimlichen vnd einem
ritter vôrchtent den herren von den die im gehorfa-
8. menten. Do er in bett erkunt alle ding : er fante fy
9. in ioppe. Wann an dem andern tage do fy machten
den weg vnd genachten der ftat : peter fteyg auf in
10. die hôch das er bett vmb die ·vj· ftunde. Vnd do in

*

12 **Wann**] Vnd Z—Oa.   Cefarea. mit namen cornelius Z—Oa.
14 ytalia EP, wâlfch Z—Oa.   15 **macht**] tet Z—Oa.   16 zû dem
SSc.   17 offenlichen P.   in dem Sc.   20 **O**] *fehlt* Z—Oa.
Wann] Vnd Z—Oa.   22 die gedâchtnuß Z—Oa.   **der**] dem
Z—Oa.   angeficht P—Oa.   **gots**] des herren Z—Oa.   23 voder
einen mit namen Z—Oa.   czûgenennet Z—Oa.   24 petrus E—Oa.
wirt beherberget Z—Oa.   27 rieffet Z—Oa.   einen ZASG.   28
von] auß Z—Oa.   · in E—SK—Oa.   29 **Do**] Vnd do Z—Oa.
verkûnt P—Oa.   20 ioppen Z—Oa.   **Wann**] Vnnd Z—Oa.   mach-
ten] giengen Z—Oa.   31 petrus E—Oa.

*

12 cefaria TF.   13 hunderter TF.   15 **macht**] + er macht
F, *geftrichen*.   16 **Er**] vnd er TF.   17 in dem TF.   18 des
herren] gotz TF.   19 **Er**] vnd er TF.   23 vbernant ift F.
24 wirt beherbergt TF.   **dem**] aim TF.   25 **was dir**] waz TF,
dir *nachtr.* ta.   27 **zû**] mit TF.   zwen feiner TF.   28 **den**
herren] got TF.   von dem F.   30 **Wann**] + es wart getan TF.
31 genachenten TF.

hungert er wolt eſſen: wann ſy bereyten ims die auf
ſteygung des gemũts viel auf in. Vnd er ſach den   v. 11.
35 himel offen: vnd ein vaß niderſteigen als ein michel
leylache vier ôrtrigs nider gelaſſen vom himel an
die erde: | in dem do waren alle die vierfũſſigen ding   12.
vnd die ſchlangen der erde· oder die krichenden· vnd
die vogel des himels. Vnd ein ſtymm wart gemacht   13.
40 zũ im ſagent. Petter ſte auff: erſchlach vnd iſſe.
  ·Wann petter ſprach. O herre es ſey von mir: wann   14.
als gemein oder vnrein aſſe ich nye. Vnd die ſtymm   15.
ſprach aber zũ im zũm andern mal. Du nichten ſag
vnrein die ding: die gott hat gereinigt. Wann ditz   16.
45 wart gethan durch ·iij· ſtund. Vnd zehant das vaß
was entpfangen in den himel. Vnd do petter zwey-   17.
uelt in im was die geſicbt were die er bett geſehen:
ſecht die mann die do waren geſant von corneli die
fũchten das haus ſymons· vnd ſtũnden zũ der tũr.
50 Vnd do ſy betten gerũffen: ſy fragten ob ſymon der   18.
do iſt vbernant peter herberg do bett. Wann do peter   19.
gedacht von der geſicbt: der geiſt ſprach zũ im. Sich

*

33 er] vnd Z—Oa.   wann] vnd Z—Oa.   die enzuckung Z—Oa.
35 groß P—Oa.   36 vier — nider] herab mit vier zipflen Z—Oa.
vierôrtrigs P.   von ZcSa, von dem Sc.   37 die (zweites)] fehlt
SK—Oa.   38 oder] vnd P.   39 wart gemacht] ward getan
ZS—Oa, geſchach A.   40 zũ im] fehlt P.   tôdt Z—Oa.
41 Wann] Vnd P—Oa.   petrus E—Oa.   O] fehlt Z—Oa.   es]
das Z—Oa.   42 vnrein] + ding Z—Oa.   43 zũm] zũ dem
Z—Oa   Du ſollt das (die K—Oa) ding nit vnrein heyſſen die
Z—Oa   44 Wann] Vnd Z—Oa.   45 geſchahe A.   zũ dreien
malen Z—Oa.   46 was] fehlt Sb, ward OOa.   in den] im P.
do] fehlt P, + ich OOa.   petrus E—Oa.   48 cornelio Z—Oa
49 ſimonis P—Oa.   ·50 gerieffet Z—Oa.   51 zũgenannt Z—Oa.
petrus (2) E—Oa.   Wann] Vnd Z—Oa.

*

33 wolt nit eſſen wan do ſi imz beraitten ain vffteigung TF; nit
unterstrichen T.   36 vier] ain vier TF.   38 der] in der TF.
oder die krichenden] fehlt TF.   39 die] fehlt TF.   41 es]
diez TF.   42 alles gemaines vnd vnrainz azz TF.   43 zũ — nichten]
zum andern mal zu im nit T, ſprach zu im andern mal zu im nit F.
46 was] wart TF.   Vnd] wan TF.   48 cornelio TF.   51 da
het di herberg TF.   peter] + nach TF.

v. 20. drey mann die füchent dich. Dorumb ftee auff vnd
fteyg ab : vnd gee mit in nichten zweyfel: wann
21. ich hab fy gefant. Wann peter fteyg ab zů den man
nen er fprach. Secht ich bins den ir fůcht. Welchs
22. ift die fach vmb die ir feyt kumen? Sy fprachen zů
im. Cornelius ein centurio ein gerechter man vnd
vôrchtent got vnd babent gůten gezeůg von allem
dem volcke der iuden : der entphieng antwurt von
dem heiligen engel dir zerůffen in fein haus: vnd zů
23. hôren die wort von dir. Dorumb petter der fůrt fy
ein er entphieng fy in die herberge. Wann an dem
andern tag petter ftůnd auf: vnd gieng mit in · vnd
etlich von den brůdern von ioppe die gefellten fich zů
24. im. Wann an dem andern tag er gieng in cefare :
wann cornelius beytet ir: vnd do er bett geladen fein
25. magen vnd fein notturfftigen freůnde. Vnd do es
wart getan do petter was eingegangen in cefare cor
nelius begegent im: er viel nider zů feinen fůffen
26. vnd anhett in. | Wann peter hůb in auff fagent. Ste
auf: wann ich bin ein man als auch du anbett got.

53 die] *fehlt* K—Oa.   54 gang ab Z—Oa.   nicht P–Oa.
55 **Wann**] Vnd Z—Oa.   petrus E—Oa.   gieng ab Z—Oa.
56 er] vnd Z—Oa.   bin K—Oa.   fficht A.   59 habent ge-
zeůgknuß Z—Oa.   60 dem] *fehlt* K–Oa.   hat empfangen Z–Oa.
1 petrus E—Oa.   der] *fehlt* K—Oa.   fůrt fy] gieng P.   2 er]
vnd Z–Oa.   **Wann**] Vnd Z—Oa.   3 petrus Z—Oa.   4 die]
fehlt K—Oa.   5 **Wann**] Vnd Z—Oa.   gieng er AK—Oa.   cefa-
ream Z—Oa.   6 wann] vnd Z–Oa.   harret K–Sc, wartet OOa.
7 **magen**] zugewanten K—Oa.   notturfftige AZc—Sc.   **Vnd**] *fehlt*
OOa.   do] *fehlt* Z—Oa.   8 gefchach A.   petrus EZ—Oa.   cefa-
ream Z—Oa.   9 er] der P, vnd Z—Oa.   10 **Wann**] Vnd P, Aber Z—Oa.
petrus EZ—Oa.   11 menfch Z—Oa.   anbett got] *fehlt* Z—Oa.

53 die] *fehlt* TF.   54 nit enzweifel TF.   55 fy] dich TF, fie
nachtr. ta.   56 nen] + di da warn gefant von corneli TF (*unterftrichen*
T).   er] vnd TF.   bins] + der TF.   58 der centurig TF.
59 **habent**] hat TF.   60 dem] *fehlt* TF.   hat enphangen TF.
ein er] vnd TF, in Er *nachtr.* ta.   4 ioppen TF.   5 cefaria TF.
6 **beytet**] der paitt TF.   vnd] *fehlt* TF.   geruffen TF.   7 vnd
di nachwendigen freunt TF.   do] *fehlt* TF.   8 cefarea TF.
9 der begegent TF.   nider] *fehlt* TF.   11 menfch TF.   an-
bett got] *unterftrichen* T.

Er gieng ein vnd rett mit im: vnd er vand manig   v. 27.
die do warn gefament: | vnd er fprach zû in. Ir wifft   28.
in welcherweys es fey verpannen ein man iuden ze
15 gemeinfamen oder zegenachen zû eim frembden ge-
fchlecht. Wann got hat mir gezeigt keinen menfch
en zefagen gemein oder vnrein *: | dorumb frag ich eûch: 29.
vmb was fach ift das ir mir habt gerûffen. Corne-   30.
lius fprach. Egeftern an dem vierden tag vntz zû
20 dirr ftund ich was bettend in meim haus an der ·ix
ftund des tags: vnd ein man ftûnd vor mir in weyf
fem gewand: | vnd fprach zû mir. Corneli dein gebet   31.
ift erhôrt: vnd dein almûfen feind in gedenckung
in der befcheud gotz: | dorumb fend in ioppen vnd rûff   32.
25 fymon der do ift genant pettrus: difer hat herberg
in dem haus fymonis des ledrers bey dem mere· fo der
kumpt der rett zû dir. Dorumb zehant fant ich zû   33.
dir: vnd du haft wolgetan das du bift kumen. Dor
umb nu fei wir all gegenwertig in deiner befcheud:
30 bereyt zehôrn alle dinge die dir feind gebotten vom
herren. Wann peter tet auff feinen mund er fprach.   34.
Wann ich vinde in der warheit das gott nit ift ein

*

12 er] *fehlt* Z—Oa.   13 warn zûfamen kumen Z—Oa.   14 es]
er G.   ein — 15 zegenachen] fich zefûgen czû eim mann zû eim
iuden. oder zegenahen Z—Oa.   15 zû eim] *fehlt* Sc.   18 ge-
rûffet Z—Oa.   19 biß Sb—Oa.   20 der ftund POa.   was
ich Z—Oa.   22 Cornelius P.   24 in dem angeficht P—Oa.
berûff OOa.   27 der] er Z—Oa.   zehant] als bald OOa.   29 in
deim angeficht P—Oa, + Vnnd Z—Oa.   30 von dem Sc.   31 Wann]
Vnd P—Oa.   petrus EZ—Oa.   mund vnd fprach. Ich han er-
faren in Z—Oa.

*

12 er] *fehlt* T.   13 er] *fehlt* TF.   wifß T   14 fey] ift
TF.   15 gemainfamen vnd zegen alz zu TF.   16 aber TF.   kei-
nen] + der TF.   17* vnrein] + darum bin ich kumen an zweifel
geruffen von euch TF.   18 ift das] *fehlt* TF.   mir] mich TF.
Cornelius] + der TF.   19 am TF.   20 an] zu TF.   21 vnd]
+ fich TF.   man] main F.   23 feind] + kumen TF.   24 vor
der TF.   25 vbernant peter dirr wirt beherbergt TF.   26 ainz
ledrer TF.   27 der] er TF.   zû] nach TF.   31 er] vnd TF.
32 Wann ich vinde] Ich hab funden TF.

v. 35. entphacher der perfon: | wann im ift anentphencklich:
von eim ieglichen gefchlecht daz in vórcht vnd wirckt
36. das recht. Er fant das wort den fúnen ifrahel· zú der-
kúnden den fride durch ihefum criftum: dirr ift ein
37. herr aller. Vnd ir wifft das ditz wort ift gemacht
durch alles iude. Wann anfachent von galile nach
38. dem tauff den iohannes bredigt | ibefum von nazareth
in welcherweys in gott fielb mit dem heiligen geift
vnd mit krafft: dirr vbergieng wolzethûn vnd ze
gefunden alle die bedruckten vom teúfel: wann got
39. der was mit im. Vnd wir fein gezeúg aller der ding
die er tet in der gegent der iuden vnd in iherufalem: den
40. fy erfchlûgen henckent an daz holtz. Den gott erftûnd
41. am dritten tage vnd er gabe in zewerden offen· | nit
allem volck wann vns den vorgeordenten gezeúgen
von got: wir do affen vnd truncken mit im dornach
do er was erftanden von den dotten. Vnd wandelten
42. mit im ·xl· tage | vnd er gebot vns zebredigen dem
volck vnd zebezeúgen: das erfelb ift der do ift gefchickt
43. ein vrteyler der lebentigen vnd der doten. Difem ge
bent gezeúg alle die weyffagen zeentphachen die ver

*

33 aber Z—Oa. empfengklich ZcSa, angeneme K—Oa. 35 die
gerechtigkeyt Z—Oa. wort] werck Z—Oa. verkünden P—Oa.
36 dirr] der P. 37 gethan ZS—Oa, gefchehen A. 38 iudeam
Z—Oa. Wann] Vnd P. galilea Z—Oa. 39 den] das K—Oa.
40 falbet P, falbte Z—Oa. 41 der P—Oa. durchgieng Z—Oa.
ze] fehlt A. 42 die] fehlt K—Oa. von dem K—Oa. wann]
vnd P. 43 der (erstes)] fehlt K—Oa. mit] bey Z—Oa. ge-
zeúgen Z—Oa. 45 Den] + hat Z—Oa. got erkúckt an dem P—Oa.
46 er] fehlt Z—Oa. offenbar Z—Oa. 47 aber Z—Oa. 48 wir
do] die wir Z—Oa. 49 wandelten — 50 tage] fehlt Z—Oa. 50 xj·
tage MEP. vns] vnd P. 51 ift gefetzet Z—Oa. 53 gezeúgk-
nuß Z—Oa. die] fehlt PK—Oa.

*

33 perfon] leib TF. im] nu TF. 35 zú derkúnden] derkun-
dent TF. 37 Vnd] fehlt TF. wifß T. ditz] daz TF.
38 Wann] fehlt TF. 39 ihefus TF. 41 woltunt vnd gefunt TF.
43 der was] waz F. 45 henckent] habent TF. 46 an dem TF.
er] fehlt TF. 49 wandelten — 50 vnd] unterstrichen T. 51 der]
+ der TF. gefchickt] + von got TF.

gibung der ſúnden durch ſeinen namen: alle die do
55 gelaubent an in. Noch do peter rett diſe wort: der　　　　ᵥ. 44.
heilig geiſt viel auf alle die do horten das wort gotz.
Vnd die getreúwen die do waren von der beſchnei-　　　　45.
dung die do waren kumen mit peter die erſchracken:
das die genad des heiligen geiſts was gegoſſen auf
60 die heiden. Wann ſy horten ſy reden in zungen: vnd　　*46.
michelichten gott. Do antwurt petter. | Wer mag　　.　47.
54 aj denn gewern dem waſſer daſ diſ̃ nit werden getaufft
die do haben entphangen den heiligen geiſt als auch
wir? Vnd er gebot ſy zetauffen in dem namen ihe-　　　48.
ſu criſti. Do baten ſy in: das er beleib bey in etlich
5 tage.　　　　　　　　　　　　　　*Das ·xi· Capitel.*

Wann do die botten vnd die brúder die do warn
in iude horten: das auch die beiden hetten ent
pfangen das wort gots vnd ſy erten gott·
Dorumb nach vil zeyts peter wolt gen in iheruſalem: vnd　　2.
10 er entzampt rieff den brúdern vnd veſtent ſy: vnd er
macht ein begnúglich wort lernt ſy durch die gegent
die getreúwen: die do waren von der beſchneidung
die kriegten wider in | ſagent. Worumb biſtu einge　　　3.
gangen zú den mannen die do haben die vberwach-
15 ſung: vnd haſt geſſen mit in? Wann peter vieng

＊

55 petrus EZ—Oa.　56 die] + die A.　do] *fehlt* Sc.　57 die
gelaubigen Z—Oa.　58 petro EZ—Oa.　61 groſſten P, großmachend
Z—Oa.　petrus EZ—Oa.　1 diſ̃] die OOa.　nit werden] wurd
P.　6 Wann] Vnd P—Oa.　7 iudea Z—Oa.　8 ſy — 13 ſagent]
Vnd do er was auffgangen (vffgegangen A) in iheruſalem. do kriegten
wider in die do waren auſ̃ der beſchneydung. vnnd ſprachen Z—Oa.
9 zeiten P.　petrus EP.　10 rúfft P.　11 begnúglichs P.
12 die (*erstes*)] der EP.　13 biſt du Z—Sc. biſt OOa.　15 geeſſen
Zc—Oa.　Wann] Vnd P—Oa.　petrus E—Oa.

＊

54 die] + di TF.　56 die] + di TF.　58 derſchrackten F.
59 auf] in TF.　61 michellichen TF.　1 denn] *fehlt* TF.　3 ihe-
ſus criſtus T.　4 er] + da TF.　7 gehorten TF.　9 in] zu TF.
10 vnd er] vnd TF.　11 begnuglichez wort vnd lert TF.　gegent]
+ wan do er waz auf geſtigen zu iheruſalem TF.

v.5. an: er legt in aus den orden der geficht fagent. Ich
was bettent in der ftatt ioppe· vnd ich fach ein ge-
ficht in der bedunckung des gemûts: ein vaß nider
fteygen als ein michel leilach vier ôrtrigs nider ge-

6. laffen vom himel: vnd es kam vntz zû mir. In dem
ich fchauwet vnd merckt: vnd fach die vierfûffigen
· ding der erde vnd die tier vnd die kriechenden ding

7. vnd die vogel des bimels. Wann ich hort ein ftymm
fagent zû mir. Petter ftee auff erfchlach vnd iffe.

8. | Wann ich fprach. O herre in keinerweys: wann ge
meins oder vnreines gieng nye in meinen munde.

9. Wann die ftymm antwurt zûm ander mal von dem
himel fagent. Du nit fag vnrein: das gott hat ge-

10. reinigt. Wann ditz wart gethan durch ·iij· ftund:
vnd alle ding wurden anderweyd entpfangen in den

11. himel. Vnd fecht zehant drey mann ftûnden in dem
haus in dem ich was: gefante von cefare zû mir.

12. Wann der geift fprach zû mir: das ich gieng mit
in vnd nichten zweyuelt. Wann auch diß ·vj· brúder
kamen mit mir: vnd wir giengen ein in das haus

13. des manns. Wann er erkûnt vns in welcherweys er

*

16 er] vnd Z—Oa. dem orden M, die ordnung Z—Oa. ge-
fchicht Z—Sa. 17 bittent Z—Sa. ich] fehlt Z—Oa. 18 der
enzuckung (erzuckung K—Oa) meines gemûts Z—Oa. 19 groß
PAZc—Oa. leylach mit vier zipflen Z—Oa. ôrtigs P. nider
gefeffen S. 20 von dem Sc. es] er Sc. biß Sb—Oa.
21 die überflüffigen Sc. 23 Wann ich hort] Ich hort auch Z—Oa.
24 Petre E—Oa. 25 Wann] Vnd Z—Oa. O] fehlt Z—Oa.
27 Wann] Vnd Z—Oa. zû dem Sc. 28 Du follt nit fagen das
das vnrein feye das Z—Oa. 29 Wann ditz] Vnd daz Z—Sc, Vnd
es OOa. gefchach A. 30 widerumb Z—Oa. in dem ES.
32 cefarea Z—Oa. 33 Wann] Vnd P—GScOOa. Wann — mir]
fehlt Sb. 34 nit Z—Oa. Wann] Vnd Z—Oa. diß] die Z—Oa.
35 wir] fehlt K—Oa. 36 Wann] Vnd Z—Oa. verkûnt P—Oa.

*

16 di ordenung TF. 18 dunkunge F. 19 ein vierortrig TF.
21 fchaute ich merkt TF. 23, 25 Wann] vnd TF. 26 engieng
nie TF. 27 zûm] zu im F. 28 das] di dink di TF. ander-
weyd] wider TF. 31 in] vor TF. 32 waz di da warn gefant TF.
cefarea T, cefaria F. 34 nit enzweifelt TF. 35 brúder] + di TF.
vnd do wir warn gegangen in daz TF. 36 Wann] fehlt TF.

het gefehen einen engel ften in feim haus: vnd fagent
zů im. Corneli fend in ioppen vnd rieff fymon der do
ift vbernant peter: | vnd rett zů dir die wort in den   v. 14.
10 du wirft behalten vnd alles dein haus. Wann do ich   15.
begund zereden der heilig geift viel auff fy: als auch
auff vns feint dem anegeng. Wann ich gedacht des   16.
worts des herren: als er fprach. Ernftlich iohannes
taufft im waffer: wann ir wert getaufft im heili-
15 gen geift. Dorumb ob in gott gab die felben genad   17.
als vns wir do gelauben an vnfern herrn ihefum criftum:
wer was ich das ich möcht geweren gott? Das er
nichten geb den heiligen geift den die do gelaubent in
dem namen ihefu crifti. Do fy gehorten dife dinge   18.
20 fy fchwigen: vnd wunniglichten gott fagent. Vnd
dorumb fo hat gott gegeben den heiden die bůß zů dem
leben. Vnd ernftlich die die do waren zerftrewet von   19.
dem durechten das do wart getan vnder ftephan die
vbergiengen vntz zů phenicen vnd ciper vnd zů an-
25 thioch: fy retten zů nyemant das wort neur allein
zů den iuden. Wann etlich von in warn mann cipri   20.

*

38 fend] find P. růfft P, růffte S. 39 zůgenennet ZASG—Oa,
zůgennet ZcSaK. petrus der wirt reden Z—Oa. vnd] er EP.
in dem MZS. 40 Wann] vnd Z—Oa. 41 anfieng Z—Oa. auch]
fehlt ZcSa. 42 vns von anfang. Vnd ich Z—Oa. bedacht ZAK—
Oa. 43 Ernftlich] Gewißlich P, fehlt K—Oa. 44 hat taufft ZS,
hat getauffet AZc—Oa. im (erstes)] in dem Sc. Aber Z—Oa.
im (zweites)] in dem PSc. 46 wir do] die wir Z—Oa. 47 gewe-
ren] + vnfern S. 48 nicht Z—Oa. glaubten G. 49 hörten
K—Oa. 50 glorierten P, glorifizierten K—Oa. 51 hat] + auch
Z—Oa. 52 ernftlich] gewiflichen P, fehlt K—Oa. die die] die
P. 53 dem] den P—Oa. durchechtern K—Oa. do gefchach A.
ftephano Z—Oa. 54 durchgiengen Z—Oa. biß Sb—Oa. phe-
niten M. cipern Z—Oa. anthiocho ZcSa. 55 neur] nun ZcSa.
56 von] auß Z—Oa.

*

37 den engel TF. vnd] fehlt T, nachtr. tc. in] zu TF.
39 vnd] dirr TF. 41 fy] + vnd TF, unterstrichen T. 42 feint]
an TF. 44 in wzzer F. wann] aber T, ader F. 46 als]
+ auch TF. 48 nit TF. 49 dem] den F. 50 Vnd] fehlt TF.
51 fo] getilgt F. 52 Vnd] wan TF. die die] di TF. 54 vnd
zu ciper vnd antioch TF. 56 in] + di TF. cyprer TF.

er vnd cirener do fy warn eingegangen zů anthioch
fy retten zů den kriechen: vnd erkunten den herrn ihe
v. 21. fum. Vnd die hand des herrn was mit in: vnd ma
nig zal der geleubigen wart bekert zů dem herren.   ɴ|

22. Wann das wort das kam zů den oren der kirchen
die do was in iherufalem vber dife ding: vnd fy fanten bar ⟨ᴊᴴ⟩
23. nabam vntz zů anthioch. Do er was kumen vnd het
gefehen die genad gots er wart erfreuwet: vnd vn-
derweyfet fy all zebcleiben in dem fúrfatze des hertzen
24. im herren: | wann er was ein gůter man vnd vol des
heiligen geiftes vnd des gelauben: wann manig ge-
25. fellfchaft wart zůgelegt dem herren. Wann harna-
26. bas gieng zů tharfis das er fůcht paul: | do er in bett
funden er fůrt in zů anthioch. Vnd fy wandelten ein
gantzes iar in der kirchen: vnd lerten manig gefell-
fchaft: alfo das die iunger zů anthioch zům erften
27. wurden vbernant criften. Wann in den tagen weyf
28. fagen vberkamen von iherufalem zů anthioch: | vnd einer
von in ftůnd auff bey namen agabus der bezeychent
durch den heiligen geift micheln hunger kúnftig in   ʟ

*

57 do] vnd do Z—Oa.   58 kirchen Oa.   verkunten P—Oa.
59 mit] bey ZASK—Oa, be ZcSa.   vil zal Z—Oa.   der vngelaubi-
gen Oa.   61 Wann] Vnd Z—Oa.   das (*zweites*)] *fehlt* K—Oa.
den oren] dem herren MEP.   1 von difen dingen vnd fanten Z—Oa.
barnaban E.   biß Sb—Oa.   4 hertzen] herren MEPOOa.   5 in
dem Sc.   6 wann manig] vnd vil Z—Oa.   7 Wann] Vnd Z—Oa.
8 tharfum Z—Oa.   paulum E—Oa.   9 gefunden ZcSa.   zů] in
Z—Oa.   anthiocho EP, anthiochiam Z—Oa.   wanderten K—Oa.
10 gantze M, gantz OOa.   iar] + da felb Z—Sa, dafelbft K—Oa.
lerte E, lert P.   11 anthiochia Z—Oa.   zů dem SSc.   12 vber-
nant wurden EP, zůgenant wurden Z—Oa.   Vnnd in den tagen kamen
die propheten Z—Oa.   13 vberkam EP.   anthiochiam Z—Oa.
14 bey] mit Z—Oa.   15 groß P, groffen Z—Oa.

*

57 do] vnd do F.   58 ihefus TF.   61 das kam] kom T.
1 in] zu TF.   dife ding] daz TF.   fy] *getilgt* F.   6 wann]
vnd TF.   8 paulum vnd do TF.   11 zů] in TF.   an-
thioch] auch Ioch F.   13 anthioch] + wan michel frewd waz
vns da wir warn gefant TF; *unterstrichen* T.   14 von in bey namen
agabus der ftund auf vnd bezaichent TF.   15 heiligen] *fehlt* TF,
nachtr. ta.   kunftigen auf allem dem vmring TF.

allem vmbring der erde: der do iſt gemachet vnder
claudio dem keyſer. Wann die iunger die fúrſatzten   v. 29.
zeſenden in die ambechtung alſo als ein ieglicher het
den brúdern die do entwelten in iude: | vnd ditz tetten   30.
20 ſy ſy ſantens zů den allten durch die hende barnabas
vnd ſaulus.   *Das ·xij· Capitel*

W ann in dem ſelben zeyt herodes der kúnig ſant   1.
          die hande: das er quelt etlich von der kirchen
          Wann er erſchlůg iacob den brůder iohan-   2.
25 nes mit eim waffen: | vnd er ſach daz es geuiel den iuden   3.
er zůlegt das er begreiff auch peter. Wann es warn
die tag der derbe. Do er in hett begriffen er legt in
in den kercker: vnd·antwurt in zebehúten vier vir-
ern der ritter: vnd er wolt in fúrfúren nach den oſtern
30 dem volck. Vnd ernſtlich peter wart behůt im karck-
er: wann gebet wart gemacht on vnderloß von der
kirchen zů got vmb in. Wann do in herodes was fúr   6.
zefúren: in der ſelben nacht peter was ſchlaffent zwiſch
en zweyen rittern gebunden mit zweyen ketten: vnd

*

16 vmbkrayß PK—Oa.   17 aber Z—Oa.   die (*zweites*)] *fehlt*
K—Oa.   18 die] den Z—GOOa, dem SbSc.   dienſt P—Oa.   alſo]
+ vil OOa.   19 wonten P—Oa.   iudea vnd das Z—Oa.   20 ſy
ſy] ſy vnd Z—Oa.   ſanten P—Oa.   barnabe Z—Oa.   21 ſaul
Z—Sc, ſauli OOa.   22 Wann] Vnd Z—Oa.   dem] der K—Oa.
kúnig] + der P.   23 hande] ſchare Z—Oa.   beinigt P—Oa.
24 Wann er] Vnnd Z—Oa.   erſchlúgen K—Oa.   iacobum Z—Oa.
iohannis Z—Oa.   25 vnd] + do Z—Oa.   26 er auch begriff P,
er auch fieng Z—Oa.   petern EP, petrum Z—Oa.   Aber Z—Oa.
27 derbe] derben brot Z—Sa, vngeſewrten brot K—Oa.   28 virner
M, virnemer EP.   29 er] *fehlt* Z—Oa.   30 ernſtlich] *fehlt* PK—Oa.
petrus E—Oa.   in dem ZcSaSc.   31 aber das gebet Z—Oa.
ward gethan ZS—Oa, geſchach A.   32 Wann do] Vnd do P, Do
aber Z—Oa.   wolt fúrfúren Z—Oa.   33 petrus E—Oa.

*

16 iſt] wart TF.   17 fúrſatzten] + in TF.   18 ambechtigung
F.   het] + zeſenden TF.   19 vnd] *fehlt* TF.   20 hant TF.
22 den ſelben zeiten F.   23 hant TF.   kirchen] + di da waz
zu iude TF.   25 eim] dē TF.   vnd] + do TF.   26 das er] vnd TF.
petern TF.   was der tag TF.   29 vnd nach den oſtern wolt er
in fúrfurn TF.   31 der] den TF.   32 was] + in T, *geſtrichen*.

v. 7. die húter behútten den karcker vor der thúr. Vnd
fecht der engel des herren zúftúnd: vnd ein liecht das
entleúcht in der entwelung des karckers: vnd fchlúg
die feyten des peters vnd weckt in fagent. Stee auff
fchnelligklich. Vnd zehant die keten vieln von fein-
8. en henden. | Wann der engel fprach zú im. Fúrbegúrt
dich: vnd fchúch dich mit dein hofen Vnd er tet alfo
Vnd er fprach zú im. Vmbgib dich mit deim ge-
9. wande: vnd nachuolg mir. Er gieng aus vnd nach
uolgt im: vnd er wefft nit das es was gewere das
do was getan durch den engel. Wann er mafft fich
10. zefehen ein geficht. Wann fy vbergiengen die erften
vnd die andern hút fy kamen zú dem eyfnin tor das
do fúrt zú der ftatt: es wart in vergeben aufgetan
Sy giengen aus vnd fúrgiengen in ein gaß: vnd ze
11. hant fchied fich der engel von im. Vnd petter kerte
wider zú im felb vnd fprach. Nu weyß ich gewer-
lich daz der herr hat gefant feinen engel: vnd hat mich
erlóft von der hand herodes vnd von aller der beytung
12. des volcks der iuden. Er mercket vnd kam zú dem
haus marie der múter iohannes der do ift vbernant

*

36 das] *fehlt* K—Oa.　　37 erfchin Z—Oa.　　wonung P—Oa.
vnd] + der engel Z—Oa.　　38 feiten petri P—Oa.　　39 zehant]
fehlt Z—Oa.　　40 Wann] Vnd P—Oa.　　41 befchúch K—Oa.
42 deim] dem K—Oa.　　43 vnd (*zweites*)] + ich ZcSa.　　44 was
gewere] wer gewere P, war was Z—Oa.　　45 was gefchehen A.
er meynte Z—Oa.　　fich zefehen] er wúrde fehen Z—Sa.　　46 Wann]
vnd P, Vnd do Z—Oa.　　durchgiengen Z—Oa.　　48 es] Die Z—Oa.
in] *fehlt* P.　　vergeben] vergebens P, auch Z—SbOOa, *fehlt* Sc.
50 petrus E—Oa.　　51 felbs P.　　ich] *fehlt* P.　　fúrwar P, warlich
ZASK—Oa, warlichen ZcSa.　　53 aller der] *fehlt* P.　　der beytung]
harrung K—Oa.　　55 ift zúgenennet Z—Oa.

*

35 húter] + di T.　　36 herren] + der TF.　　37 vnd] + er
TF.　　38 des] *fehlt* TF.　　39 fnelliclichen T, fnellikleichn F.
vielen di keten TF.　　40 Gegurt TF.　　41 vnd leg an dein TF;
gestrichen T, fchuch dich mit *nachtr.* ta.　　43 Er] vnd er F.　　44 es]
er TF, *umgeändert* ez T.　　45 was] wart TF.　　mafft] want TF.
47 fy] vnd TF.　　48 es] vnd ez TF.　　49 furgiengen vnd giengen
aus in ain gaffen TF.　　51 felber TF.　　55 marien T, maria F.

marchus: do waren manig gefament vnd betten.

Wann do er klopfft zů der túr ein diern fúrgienge   v. 13.
zegefehen mit namen rode.   Vnd do fy erkant die   14.
ftymm peters fy thet im nit auff die túr vor freuden:
56) wann fy lieff ein vnd erkunt peter zeften vor der túr
| Vnd fy fprachen zů ir.   Du vnfinnft Wann fy veftent   15.
58 c] fich zehaben alfo.   Vnd fy fprachen.   Es ift fein engel.
1 Wann peter vollent klopfend.   Wann do fy hetten   16.
aufgetan die túr: fy faben in vnd erfchracken.   Wann   17.
er wincket in mit der hande das fy fchwigen vnd er
5 gieng ein vnd derkúnt: in welcherweys in der herre
hett aufgefúrt vom karcker.   Vnd fprach.   Erkúnd
iacob vnd den brúdern dife ding.   Er gieng aus vnd
gieng in ein andere ftatt.   Wann do der tage wart   18.
gemacht nit lútzel trúbfal was in den rittern: was
10 dings do were getan von peter.   Oder in welcherweys
er wer aufgegangen.   Wann do in herodes ließ fúchen   19.
vnd fein nit het funden frag wart gemacht von den
hútern er gebot fy fúrzefúren: er fteig ab von iuda

*

56 Do dann warn vil Z—Oa.   57 Wann] Vnd P—Oa.   zů der]
an die P.   58 zů befehen Oa.   erkanten MZS, hett erkennet Sc.
59 red petri P, ftymm fant peters Z—Oa.   60 Aber Z—Oa.   verkunt
P—Oa.   petrum zefein P, das petrus ftúnde Z—Oa.   61 Wann]
Vnd P—Oa.   fy fchwúr Z—Oa.   1 das es alfo wâre. Vnd Z—Oa.
2 Wann (2)] Vnd P.   Petrus aber verharret klopffent. Vnd do Z—Oa.
petrus EP.   3 Wann] Vnd P—Oa.   5 verkúnt P—Oa.   in] +
In Z—Oa.   6 von dem PSc.   Verkúnd P, verkúndent Z—Oa.
7 den] + andern Sc.   8 Wann] Vnd Z—Oa.   9 gemacht] fehlt
Z—Oa.   lútzel] wenig P, ein wenig Z—Oa.   10 wâre gefchehen A.
petro E—Oa.   11 außgangen OOa.   Wann] Vnd P—Oa.   12 fein]
yn A.   Do ward frag von Z—Oa.   13 er (zweites)] Vnd Z—Oa.
iudea Z—Oa.

*

57 wan do peter er kom er klopht zu dem turlin dez torz ain TF
(peter er kom unterstrichen T).   59 im] fehlt F.   60 vnd] fehlt F.
61 Wann] aber TF.   2 peter der vollent ze klophen vnd do TF.
3 derfchrackten F.   5 derkúnt] + in TF.   6 von dem TF.
Vnd] + er TF.   7 ding] + vnd TF.   8 gieng] fehlt T, nachtr.
ta.   in] hin an TF.   9 in] vnter TF.   11 ließ] het laffen TF.
13 hútern] + vnd TF.   fúrzefúren] + vnd TF.   iude in cefarea
TF.

v. 20. in cefare: vnd entwelt do. Wann er was hart erzúrnt
wider die von thiri vnd fydon. Vnd fy komen ein
hellig zû im: fy vnderweyften plafto der do was vber
die kamer des kúnigs vnd iefchen den fride: dorumb
21. das ir gegent wurden gefpeyft von im. Wann an
dem geordenten tag herodes wart geuafft mit kúnig
licbem gewande er faß an dem gericht: vnd vrteylt
22. zû in. Im danckten die von thiri vnd fydon | wann das
volck rieff im die ftymm gotz: vnd nit des menfchen
23. Wann zehant fchlûg in der engel des herren dorumb
daz er nit het gegeben die ere got: er wart verzert von
24. den wúrmen er ftarb. Wann daz wort des herrn wûchs
25. vnd wart gemanigueltiget. Wann barnabas vnd
paulus kerten wider von iherufalem zû anthioch fy erfúllten
alle die ambechtung : fy namen mit in iohannes der
do ift vbernant marchus.   *xiij*

1. Wann weyffagen vnd lerer warn in der kirchen
die do was zû anthioch: vnder den was bar
nahas· vnd fymon der do ift geheiffen fchwartz
vnd lucius der cirener· vnd manahen der do was ein

14 cefaream Z—Oa.   wont P—Oa.   Wann] Vnd Z—Oa.
15 wider] über OOa.   16 fy] vnd Z—Oa.   vnderweyft Sc.
18 Wann] Vnd Z—Oa.   19 beklaydt P—Oa.   20 er] vnd Z—Oa.
an] zû Z—Oa.   dem] *fehlt* ZASK—Oa.   21 Im — wann] Aber
Z—Oa.   22 rieff] rûfft P, das fchrie Z—Sa, fchrye K—Oa.   im]
zûfamen Z—Oa.   23 Wann] Vnd Z—Oa.   24 geben OOa.   er]
vnd ZASK—Oa, vnd er ZcSa.   25 er] vnd Z—Oa.   Wann] Vnd
P—Oa.   des] *fehlt* A.   26 Wann] Vnd P, Aber Z—Oa.   27 zû
anthioch] do Z—O, vnd do Oa.   28 alle] *fehlt* Z—Oa.   die dienft
P, den dienft Z—Oa.   fy] vnd Z—Oa.   johannem E—Oa.   29 ift
zûgenant Z—SbOOa, ift genennet Sc.   30 Aber Z—Oa.   weiffag vnd
lere P.   31 den] dem PZ—Sc.   32 do hieß Z—Oa.   33 ein
entzampt] entzampt ein MEP, ein mit Z—Oa.

14 Wann] + da T.   hart] *fehlt* TF.   15 fydon] wider di fidonier
TF.   16 fy] vnd TF.   17 yeifchen TF.   19 kûnigleiner T.   20 er]
vnd TF.   21 in] + wan TF.   vnd] + di von TF.   22 volck]
+ daz TF.   23 Wann] vnd TF.   24 got] + vnd TF.   25 er]
vnd TF.   26 gemanigualtig F.   27 faulus di kerten TF.   28 fy]
vnd TF.   32 ift] waz TF.

entzampt derzogner herodes des fúrſten des vierden
35 teyls: vnd ſaulus. Wann do ſy ambechten dem herren   v. 2.
vnd vaſten: der heilig geiſt ſpra**c**h· ſundert mir bar
naham vnd ſaulum in das werck zů dem ich ſy hab
entphangen. Do vaſſten ſy vnd betten ſy legten in   3.
auff die hend: vnd lieſſen ſy. Vnd ernſtlich ſy wur-   4.
40 den geſant vom heiligen geiſt vnd giengen zů ſeleutz:
vnd dornach ſchiften ſy zů ciper. Vnd do ſy waren   5.
kumen zů ſalaminam: ſy bredigten das wort gots
in den ſynagogen der iuden. Wann ſy hetten auch
iohannes in der ambechtung. Vnd do ſy waren ge
45 gangen durch alle die inſeln vntz zů paphum: ſy
funden einen man zauberer einen iuden einen valſchen
weyſſagen des nam was barieſu: | der do was mit dem
ratgeben ſergio paulo dem witzigen mann. Dirr
rieff barnabam vnd paul: er begert zehören daz wort
50 gotz. Wann elimas der zauberer widerſtånd in: wann   8.
alſo iſt vnderſcheiden ſein nam: er ſůcht den ratge-
ben abzekern vom gelauben. Wann ſaul der do auch   9.

---

34 Herodis Z—Oa.   35 **Wann**] Vnd Z—Oa.   dienten P—Oa.
36 ſprach] + zů in Z—Oa.   38 aufgenumen Z—Oa.   ſy (*zweites*)]
vnd Z—Oa.   39 **ernſtlich**] *fehlt* PK—Oa.   40 von dem Sc.
ſelentz MSc.   42 ſalamaninam Sc.   43 den] der G.   **Wann**]
Vnd Z—Oa, + do Oa.   44 johannem E—Oa.   der] den P, dem
Z—Oa.   dienſt P—Oa.   ſy] *fehlt* Sb.   45 die] *fehlt* K—Oa.
biß Sb—Oa.   panphum M.   46 man] + eynen Z—Oa.   val-
ſchen] *fehlt* P.   47 bariehu EZ—Oa, barichu P.   dem] den
PZASK—Oa.   48 Dirr] Der Z—Oa.   49 růfft P, beriefft Z—Oa.
paulum. Vnd begert Z—Oa.   50 Aber Z—Oa.   Elynas ZAS.   dez
rauberer K, dem rauberer GSc.   51 alſo wirt außgeleget Z—Oa.   52 von
dem Sc.   Aber ſaulus Z—Oa.   do] *fehlt* Z—Sc.   auch] *fehlt* OOa.

---

35 ambechten vnd vaſten dem herren TF.   36 ſprach] + zu
in TF.   38 ſy (*zweites*)] vnd TF.   40 von dem TF.   komen zu ſe-
leuciam TF.   41 dornach] von dann TF.   cypern TF.   43 auch —44
waren] *nachtr.* F.   44 iohannem F.   ſy hetten durchgangen alle
TF.   46 **einen valſchen**] falſchen TF.   47 barien T, bariſu F.
48 weiſen TF.   paulum vnd begert TF.   50 **Wann**] aber TF.
zauberer] + der TF.   51 alſuſt TF.   nam] + vnd TF.
52 abzekoren F.   von dem TF.   ſaulus der auch iſt paulus der
da waz derfullt TF.

ift paul: der wart erfúllt mit dem heiligen geift er

v. 10. fach in an | vnd fprach. O voller aller triegkeit vnd
aller valfcheit fun des teúfels · ein feind alles rechts:
du left nit ab zeuerkeren die rechten weg des herrn?

11. Vnd nu fich die hand des herren die ift ob dir: du
wirft blint vnd fichft nit den funn vntz zů dem zeyt
Vnd zehant die tunckel vnd die vinfter die viel auf
in: er vmbgieng vnd fůcht wer im geb die hande.

12. Do das bett gefehen der ratgebe das do was getan:
er gelaubt vnd wundert fich vber die ler des herrn.

13. Vnd do paul vnd die die mit im waren hetten ge-
fchifft von papho: fy kamen in bergen panphile.
Wann iohannes fchied fich von in · er kert wider

14. zů iherufalem. Wann fy vbergiengen bergen fy komen zů
anthioch pfidie: fy giengen in die fynagogen vnd

15. faffen an dem fambftag. Wann nach der letzen der
ee vnd der weyffagen: die fúrften der fynagogen
fanten zů in fagent. O mann brúder: ift das wort

*

53 paulus Z—Oa. der] *fehlt* K—Oa. er] der Z - Oa. 54
O du voller aller betrůgnuß Z - Oa. vnd aller valfcheit] *fehlt* P.
55 du fun Z—Oa. ein] du Z—Oa. aller gerechtigkeit Z - Oa.
57 die (*zweites*)] *fehlt* K—Oa. 58 den] die Z—Oa. biß Sb—Oa.
59 die (*letztes*)] *fehlt* K—Oa. 60 hende Z - Oa. was gefchehen A.
1 verwundert Oa. 2 paulus E—Oa. die die] die OOa. hetten
gefchickt P. 3 panpho M. 4 Vnd iohannes P, Iohannes aber
Z - Oa. von im MEP. er] vnd Z—Oa. 5 **Wann**] Vnd P,
Aber Z - Oa. durchgiengen Z—Oa. fy (*zweites*)] vnd Z—Oa.
6 fy] vnd Z—Oa. 7 an] da Oa. fabbath K—Oa. **Wann**]
Vnd P, Aber Z - Oa. 9 O] ╂ ir Z—Oa.

*

53 **er**] der TF. 55 fchalkeit TF; *gestrichen* T, falfcheit ta-
ain fun TF. aller gerechtikeit TF. 56 gerechten TF. 57 **nu**]
fehlt T, *nachtr.* tc. die ift] ift TF. dir] dich T, ╂ vnd TF.
58 gefichft TF. 59 zuhant viel auf in die tunkel vnd vinfter vnd
er gieng vm vnd TF. 61 **Do — getan**] vnd do der ratgeber (rat
gab F) fach daz dink TF. 2 paulus het gefchift von papho vnd di
mit im warn fi TF. 4 **iohannes**] ╂ der TF. er] vnd TF.
5 **Wann**] aber TF. durch pergen vnd komen zu anthiochiam TF.
fy] vnd fi TF. 7 den F. **fambftag**] tag dez famftagz TF.
nach dem TF. 9 **ift das**] ob kain TF.

10 der vnderweyſung in euch ſo ſaget zů dem volcke.
Wann paul ſtůnd auff˙ er zeygt die ſchweygung   v. 16.
mit der hande vnd ſprach. O mann von iſrahel vnd ir
do vorcht gott hort. Gott des volcks iſrahel der er-   17.
welt vnſer vetter vnd erhocht das volck do ſy waren
15 frembd in dem land egipt: vnd er fůrt ſy aus von dem
land in eim hohen arm: | vnd er enthabt ir ſitten durch   18.
das zeyt ˙xl˙ iar. Vnd fůrt ſy in der wůſt | vnd ver-   19.
wůſt ˙vij˙ geſchlecht in dem lande chanaan er teylt
in ir lande mit loß | als nach ˙cccc˙ vnd ˙l˙ iaren: vnd   20.
20 nach diſen dingen gab er vrteyler vntz zů ſamuel
dem weyſſagen. Vnd von des hin ieſchen ſy ein ků-   21.
nig: vnd gott der gab in ſaul den ſun cis˙ einen man
von dem geſchlecht beniamin˙ bey ˙xl˙ iaren. Vnd   22.
do dirr wart abgenomen er erſtůnd in dauid den ků-
25 nig: dem er gab gezeůg vnd ſprach. Ich hab funden
dauid den ſun ieſſe einen man nach meim hertzen: der
do thůt allen meinen willen. Von des ſamen fůrt   23.
got aus iſrahel nach der geheiſſung ibeſu den behalter:
¦ den iohannes bredigt vor dem antlůtz ſeiner zůkunft   24.
30 den tauff der bůß in vergibung der ſůnden allem volck

*

10 der] fehlt Sb.   ſagends ZAZcSa, ſagend es SK—Oa.   11 Vnd
paulus Z—Oa.   er] vnd Z—Oa.   deůtet Z—Sa, bedewtet K—Oa.
12 O] + ir Z—Oa.   ir do] die ir ZS—Oa, die A.   13 der]
fehlt SK—Oa.   15 frembd] inwoner Z—Oa.   egipti Z—Oa.
16 in ein ZAS.   enthielt Z—Oa.   17 die zeyt Z—Oa.   18 er]
vnd Z—Oa.   20 biß Sb - Oa.   21 Vnd darnach erforderten ſy
Z—Oa.   22 der] fehlt Zc—Oa.   24 dirr] der P.   ward ab-
geſetzet. do erkuckt er dauid Z—Oa.   25 den P.   gezeugknuß
Z—Oa.   28 verheyſſung Z—Oa.   iheſum Zc—Oa.

*

10 in] iſt in TF.   ſagt ez TF.   11 paulus der ſtund auf
vnd zaigt TF.   12 O] fehlt TF.   von] fehlt TF.   15 vnd] fehlt TF.
von dem land] von im TF.   16 hohem F.   er] fehlt TF.
ſiten vnd furt ſi in der wuſte (buſte F) durch daz zeit 40 iar vnd ver-
TF.   18 er] vnd TF.   20 er] + en T, in F.   zů] an TF.
22 der] fehlt TF.   tys T, cys F.   23 iar TF.   24 dirr wart] er
waz TF.   25 er auch gab gezeug ſagent TF.   28 got aus ihe-
ſum den behalter iſrahel nach der gehaiſſung vnd iohannes der predigt
TF.   30 fůnden] + in T.

v. 25. jfrahel. Wann do iohannes bett vollendt feinen lauff.
Er fprach ich bin nit der den ir mich maft zefein:
wann fecht er kumpt nach mir: des ich nit bin wir-
26. dig zeenbinden die gefchúch der fúß. O mann brúder
fún des gefchlechts abrahams vnd die do vnder eúch
vórchtent gott: euch ift gefant das wort der behalt-
27. fam. Wann die do entwelent in iherufalem vnd ir fúrften
die miffkannten difen ihefum vnd die ftymmen der
weyffagen fy vrteylten zû erfúllen die ding: die do
28. werden gelefen durch einen ieglichen fambftag. Vnd
funden kein fach des tods an im: fy iefchen von pi-
29. lato das fy in erfchlúgen. Vnd do alle ding waren
vollent die do waren gefchriben von im: fy namen
30. in ab von dem hóltz vnd legten in in das grab. Wann
gott der erftúnd in am dritten tag von den dotten:
31. | er wart gefehen durch manig tag den die do entzampt
mit im aufftigen von galile in iherufalem: dife feind fein
32. gezeúg zû dem volck vntz nu. Vnd wir erkúnden
eúch dife geheiffung die do ift gemachet zû vnferen

*

31 **Wann**] Vnd P—Oa.   32 mich vermeynend Z—Oa.   33 aber
Z—Oa.   byn nit Sc.   34 fchùh G.   O] + ir Z—Oa.   35 **fún**]
fúnd P, ir fún Z—Oa.   abraham Z—Oa.   36 wort difes (des G)
heyls Z—Oa.   37 wonent P, wonten Z—Oa.   38 die erkanten
nit Z—Oa.   40 fabbath K—Oa.   41 hiefchen K—Oa.   42 tótten
Z—Oa.   44 **ab**] *fehlt* Sc.   Aber Z—Oa.   45 **der**] *fehlt* K—Oa.
erkickt P—Oa.   an dem PScOa.   46 **er**] vnd Z—Oa.   **entzampt**]
miteinander P, *fehlt* Z—Oa.   47 mit im waren aufgangen (aufge-
gangen AZcSaGSc) von galilea Z—Oa.   48 biß Sb—Oa.   verkún-
den P—Oa.   49 verheyffung Z—Oa.   gethan ZS—Oa, gefchehen A.

*

32 fprach den ir mich went zefein dez bin ich nit wan TF.   34
zebinden TF.   fchuh TF.   O] *fehlt* TF.   35 **do**] *fehlt* TF.
36 **der**] dirr TF.   38 ihefus TF.   39 dife dink F.   40 **Vnd**]
di derfulten fi vrteilent vnd do fi TF (di — vrteilent *unterstrichen* T).
41 kain fach dez todes funden an TF.   pilatus TF.   42 do fi
hetten vollent alle dink TF.   44 **ab**] *fehlt* TF.   **in in**] in F.
das] ain TF.   **Wann**] aber TF.   45 an dem TF.   46 **er**] der
da TF.   gefechet T.   **tag**] + von TF.   47 warn aufgeftigen
mit im von TF.   di vns noch fint fein gezeugen TF; vns *unterstri-
chen* T. vntz ta   48 gezeugen TF.   49 **dife**] di TF.

30 vettern: | wann gott. der derfúllt fy eúwern fúnen do   v. 33.
er erftûnd ihefum criftum vnd als es ift gefchriben
in dem andern pfalm. Du bift mein fun: ich gebar
dich heút. Wann das in gott erftûnd von den doten   34.
ietzund von des hin ift er nit widerzekern in die zer
35 brochenkeit: er fprach alfo. Wann ich gib euch die
heiligen die getreuwen ding dauids. Vnd dorumb   35.
fpricht er anderfwo. Du gibft nit deinen heiligen ze
feben die zerbrochenkeit. Wann do dauid bett geam-   36.
becht in feim gefchlecht dem willen gotz: er ftarb vnd
60 wart gelegt zû feinen vettern: vnd er fach die zer- .
brochenkeit. Wann den gott erftûnd von den doten   37.
65 der fach nit die zerbrochenkeit. Dorumb mann brúder   38.
ditz fey euch kunt: das durch difen eúch wirt der-
kúndet von allen die vergibunge der fúnden in den
dingen: in den ir nit mocht werden gerechthaftigt
5 in der ee moyfes. Ein ieglicher der do glaubt in difem   39.
der wirt gerechthaftigt · Dorumb fecht daz icht kum   40.

*

50 der] *fehlt* K—Oa. do er erftûnd] erkúckend Z—Oa.   53
Daz in aber got hat erkúcket Z—Oa.   54 des] dannen K—Oa.
wirt er nit widerkern Z—Oa.   zerftôrlickeyt vnnd fprach Z—Oa.
56 dauid Z—Oa.   57 deinem Z—SaOOa.   58 zerftôrlikeit ZAZc—Oa,
erftôrlikeyt S.   dauid in feim gefchlecht het gedienet dem Z—Oa.
gedient P.   60 er] *fehlt* Z—Oa.   zerftôrlickeit. Aber den got hat
erkúcket Z—Oa.   1 zerftôrlickeit Z—Oa.   Dorumb] + ir Z—Oa.
2 das] wann Z—Oa.   wirt euch Z—Oa.   verkûndet P—Oa.
3 die] den S.   in den dingen] *fehlt* Z—Oa.   4 gerechtuertigt
K—Oa.   5 in dem gefatz G.   moyfes] moyfi in difem Z—Oa.
in difem] *fehlt* Z—Oa.   6 gerechtuertigt K—Oa.   nicht Z—Oa.

*

50 wan dife hat got derfult ewern funen do er ihefum derftund
alz gefchriben ift TF.   53 aber dz er in got hab derftanden von
den toten vnd daz er von dez TF; *durch unterftreichen, rasur und zu-
satz stellt* ta *die lesart von* M *wieder her.*   54 zeprochenkait alfuft
fprach er TF.   56 heiligen] + vnd TF.   Vnd] *fehlt* TF.   57
fpricht er auch an einer andern ftat TF.   deim T, dein F.   58 ze-
prochenkait T, geprochenkeit F.   dauid in feim geflecht het ge-
ambecht TF.   61 aber TF.   2 euch fey kunt daz euch durch
difen wirt derkundet di vergebung der funden von allen den TF.
4 in] *fehlt* TF; *nachtr.* ta.   5 an difen TF.   6 daz auf euch icht
kum daz TF.

v. 41. auf euch daz gefagt ift in den weiffagen. Verfchmech
er fecht vnd wundert euch wert zerftrewet: wann
ich wirck ein wercke in eúweren tagen: ein werck
42. das ir nit gelaubt ob euchs etlicher erkúnt. Wann
do fy aúfgiengen: fy baten fy daz fy einen andern famb
43. ftag retten zû in dife wort. Vnd do die fynagog
wart gelaffen · manig der iuden vnd der diener oder
der bauwer der frembden die nachuolgten paul vnd
barnaben: fy retten vnd vnderweyften fy das fy beliben
in der genade gots. Wann das wort wart gemacht
44. zûuernemen durch alle die ftat. Wann an dem an-
dern fambftag famenten fich vilnach alle die ftatt
45. zehóren das wort gots. Wann do die iuden gefahen
die gefellfchaft fy wurden erfúllt mit neyde: vnd
fpottent widerfagten fy den dingen die do wurden
46. gefagt von paul. Do fprachen ftetigklich paul vnd
barnabas. Ernftlich euch gezam zûm erften zereden
das wort gotts: wann ir habt es vertriben vnd ir
habt vns vnwirdig geurteylet des ewigen lebens:

       7 **weiffagen**] + Ir Z—Oa.   *verfchmähet Sc.   8 **euch**] +
vnd Z—Oa.   10 verkünt P, verkúnde Z—Oa.   **Wann**] Vnd Z—Oa.
11 an einem Z—Oa.   fabbath K—Oa.   12 zû im GSb.   13 vil
Z—Oa.   **diener** — 14 **frembden**] die do got erten von dem (den
ZcSaGOOa) frembden Z—Oa.   14 **die**] *fehlt* K—Oa.   paulum
Z—Oa.   **vnd** — 15 **retten**] *fehlt* G.   15 barnabam Z—Oa.
16 **Wann**] Vnd P, Aber Z—Oa.   **das** — 17 **Wann**] *fehlt* Z—Oa.
18 fabbath K—Oa.   **vilnach**] fchier K—Oa.   **alle**] aller Sb, *fehlt*
Sc.   **die**] *fehlt* K—Oa.   ftett GSc.   19 **Wann**] Vnd P—Oa.
fahen Z—Oa.   21 fpottent. vnd widerredten den Z—Oa.   22 von
paulo Z—Oa.   paulus Z—Oa.   **23 Ernftlich**] Gewerlich P, *fehlt*
K—Oa.   Es gezam eüch OOa.   zû dem Ssc.   zûuerkünden Oa.
24 **wann** — 25 **vns**] Aber darumb das irs vertreybend. vnd habend
euch Z—ZcSa.   25 vnwirdigklich ZcSa.

       8 **euch**] + vnd TF.   10 **das**] dez TF.   yemant derkundt TF.
11 **einen**] an dem TF.   13 **wart**] waz TF.   **oder der bauwer**] *fehlt*
TF.   14 paulo vnd barnaba vnd do (*fehlt* F) fi redten TF.   16 vnd
ez wart getan daz daz wort wart vermert durch TF.   17 **Wann**]
vnd TF.   18 famten TF.   19 fachen TF.   22 von paulo TF.
paulus TF.   23 ernftlich daz wort gotz gezam zem erften zereden
zu euch aber daz irz habt vertriben vnd habt euch geurtailt zefein
vnwirdig dez TF.

fecht wir keren wider zů den heyden. Wann alfuft   v. 47.
hat vns gott geboten. Ich fatzt dich zů eim liecht den
leúten das du feyeft zů einer behaltfam vntz zů dem
iungften teyl der erd. Wann do es die beiden gebor-   48.
₃₀ ten vnd wurden erfrewet: vnd wunniglichten das
wort des herren: vnd alle die do waren vorgeordent
zů dem ewigen leben die gelaubten. Wann daz wort   49.
des herren wart gefeet durch alle die gegent zů iude
Wann die iuden die bewegten die geiftlichen weiber   50.
₃₅ vnd die erbern vnd die erften oder die befften der ftat:
vnd erftůnden ein durechtung wider paul vnd bar-
nabas: vnd wurffen fy aus von iren enden. Vnd   51.
fchutten auff fy das geftúpp der fúffe vnd komen zů
yconie. Vnd die iunger wurden erfúllt mit freuden   52.
₄₀ vnd mit dem heiligen geift.   xiiij

W ann es wart getan in hiconio daz fy entzampt
    giengen in die fynagogen der iuden: vnd ret
    ten alfo das ein begnúglich menig gelaubt
der iuden vnd der kriechen. Wann die iuden die do   2.
₄₅ waren vngeleúbig: die erftůnden vnd bewegten die

26 alfo P—Oa.   27 liecht der heyden Z—Oa.   28 biß Sb—Oa.
29 aufferften Z—Oa.   **Wann**] Vnd Z—Oa.   hórten SK—Oa.
30 **vnd** (*erstes*)] Sy Z—Oa.   vnd erten P—Oa.   33 **die**] *fehlt* K—Oa.
zů] *fehlt* Z—Oa.   iudec. Aber Z—Oa.   34 **die** (*zweites*)] *fehlt* K—Oa.
36 erweckten Z—Oa.   **ein**] *fehlt* P.   paulum vnd barnabam Z—Oa.
38 **fchutten — geftúpp**] die fchlúgen auß den ftaub Z—Oa.   **fúffe**]
+ auf fy ZcSa.   39 yconium Z—Oa.   41 **Wann**] Und Z—Oa.
es gefchach A.   yconio E—Oa.   **entzampt**] miteinander PZS—Oa,
miteinandren A.   43 **begnúglich — gelaubt**] groffe mánig Z—Oa.
44 **Wann**] gelaubten. Aber Z—Oa.   45 **erftůnden**] erweckten Z—Oa.

27 vns gepoten der herr TF.   liecht der haiden TF.   28 vncz an
daz end der erd vnd do daz gehorten di haiden fi wurden derfreudt TF.
31 vnd glaubten alz vil ir waz vor geordent zu dem ewigen leben.
vnd daz TF.   33 **zů iude**] *fehlt* TF.   34 **bewegten**] derftunden
TF.   35 **oder die befften**] *fehlt* TF.   36 **erftůnden**] derwekten TF.
durechten TF.   paulum TF.   **vnd**] + paulu T, *gestrichen*.
37 **Vnd**] + fi TF.   38 **auff**] an TF.   39 yconio TF.   **Vnd**]
wan TF.   41 yconio TF.   42 ingiengen in TF.   44 aber TF.

felen der beiden zů dem zorn wider die brúder. Wann

v. 3. der herr gab fchier den frid | dorumb fy entwelten vil
zeyts tůnd treůwlich im herren: gebent den gezeůg
dem wort feiner genad: zegeben die zeychen vnd die

4. wunder zewerden gethan durch ir hende. Wann die
menig der ftatt was geteylt: vnd ernftlich etliche

5. warn mit den iuden: etlich mit den hotten. Wann do
die gech der beiden vnd der iuden was gemacht mit
iren fürften das fy fy quelten mit laffter vnd fy ver

6. fteinten: | fy vernamens vnd fluchen zů den ftetten
liconie liftram vnd derben vnd alle die gegent allumb:

7. | vnd do warn fy bredigen. Vnd alle die menig wart
entzampt bewegt der lere: wann paulus vnd harna

8. bas die entwelten entzampt in liftris. Wann ein man
liftris mit fiechen füffen faß lame von dem leib feiner

9. mütter: der do nie bett gegangen. Wann dirr hort
paulum reden. Er fach in an vnd do er fach das er

10. bett gelauben das er würde gefunt: | er fprach mit
einer micheln ftymm. Ste auf recht auf dein fúß in
dem namen ihefu crifti. Vnd er fprang: vnd gieng

*

46 **Wann** — 47 **frid**] *fehlt* Z—Oa.   47 wonten vil zeit P—Oa.
48 trewlichen S.   in dem ScOa.   **gebent den gezeůg**] gebent
dem gezeůg MEP, *fehlt* Z—Oa.   49 **dem**] dein P, durch das Z—Oa.
zegeben die] das do gab (+ die Oa) gezeůgknuß. gebend Z—Oa.
50 Aber Z—Oa.   51 **ernftlich**] *fehlt* PK—Oa.   52 zwelfbotten
Z—Sc, apofteln OOa.   **Wann** — 53 **gech**] Do aber die vngeftůme
ward Z—Oa.   53 **was gemacht**] *fehlt* Z—Oa.   54 beinigten
P—Oa.   56 lycaonie Z—GScOOa, lyaconie Sb.   derbam P.
die] *fehlt* K · Oa.   gegent in dem vmbfchwaif, vnd predigten da.
Vnd Z—Oa.   57 **die**] *fehlt* K—Oa.   58 **entzampt**] miteinander
PZcSa, famptlich K—Oa.   59 **die**] *fehlt* K—Oa.   wonten P—Oa.
miteinander Z—Oa.   **Wann**] Vnd P—Oa.   **man**] + in Z—Oa.
60 **von**] auß Z—Oa.   61 **Wann dirr**] Vnd der P, Difer Z—Oa.
2 **hett**] + den Z—Oa.   3 groffen PAZc—Oa.   4 **fprang**] +
auff Z—Oa.

*

46 fel TF.   47 **vil**] da vil TF.   48 getreulich im herren vnd
daz wort feiner gnaden daz gab in gezeug vnd gab zaichen vnd wun-
der TF.   52 **iuden**] + wan TF.   **Wann** — 59 **liftris**] *fehlt* TF;
nachtr. ta.   55 **fy**] + vnd fi T.   59 **man**] + waz in TF.   60 der
fas lamer TF.   61 **do**] *fehlt* TF.   1 **Er**] vnd TF.

ᵃ Do die gefellfchaft der liconier gefahen das paulus   v. 11.
hett gethan: fy hûben auff ir ftymm fagent. Die gôt
feind gemacht geleich den menfchen die do feind ab-
geftigen zû vns.   Vnd fy rieffen barnabam iouem: 12.
vnd paulum mercurius: wann erfelb was ein fûrer
10 des wortz Vnd der pfaff iouis der do was vor der ftat   13.
der bracht ftieren vnd kronen zû den tûren: er wolt
in opffern mit dem volck. Do das hetten gehort die   14.
botten barnabas vnd paul fy riffen ir gewande vnd
fprungen vnder die gefellfchaft: rûffent | vnd fagent.   15.
15 O mann: worumb tût ir dife ding? Vnd wir fein
tôdig menfchen geleich eûch · wir erkûnden euch daz
ir euch hekert von difen vppigen dingen zû got dem
lebentigen: der do macht den himel vnd die erde vnd
das mere vnd alle ding die do feind in in: | der in den   16.
20 vergangen gefchlechten ließ alle leût eingen in ire
wege. Vnd ernftlich er ließ nit fich felb on den ge-   17.
zeûg: wolthûnd gibt er den regen von dem himel vnd
die fruchtbern zeyt: er erfûllt euwere hertzen mit der
fpeyß vnd mit der freude. Vnd do fy ditz fagten fy   18.
25 geftillten kaum die gefellfchaft: das fy in nichten

*

5 lycaonier ZAS—SbOOa, lyaconier ZcSa.   fahen K—Oa.
6 gôt] fehlt P.   7 feynd geleych worden Z—Oa.   8 rûfften P,
hieffen Z—Oa.   ionen MEP.   9 mercurium Z—Oa.   erfelb]
er Z—Oa.   10 priefter P—Oa.   des iupiters Z—Oa.   vor] von
MEP.   11 der] fehlt K—Oa.   13 apoftel Z—Oa.   paulus P—Oa.
14 rûffent] fchreiend Z—Oa.   15 O] + ir Z—Oa.   16 tôdtlich
Z—Oa.   verkûnden P—Oa.   17 kerend Z—GScOOa, verkeret Sb.
eyteligen P, eyteln Z—Oa.   18 hat gemachet Z—Oa.   19 alle] + die
E—Sa.   21 wegen MEP.   ernftlich] fehlt PK—Oa.   er verließ Z—Oa.
on gezeûgknuß Z—Oa.   22 gibt er] gib er MEP, vnd gebend Z—Oa.
die regen Z—Oa.   25 kaum] fehlt P.   in] im Z—Sc.   nicht Z—Oa.

*

7 die do] vnd TF.   9 mercurium TF.   erfelb] er TF.
11 ftier vnd kron zu der tur vnd wolt TF.   12 in] umgeändert: fi
corr. F.   13 paulus TF.   fy] + rieffen F, gestrichen.   15 mann]
+ bruder TF.   barumb F.   18 macht] gefchuf TF.   19 di in
in fint TF.   der — 22 gezeûg] fehlt TF, nachtr. ta.   22 di regen
TF.   23 zeit vnd derfullt vnfer herczen TF.   23, 24 der] fehlt TF.
25 nit TF.

v. 19. opfferten. Wann etlich iuden die vberkomen von
anthioch vnd von yconie: vnd vnderweyſten die ge
ſellſchaft vnd ſteinten paulum ſy zugen in aus von
20. der ſtatt: ſy maſſten in zeſein tode. Wann do in die
iunger hetten vmbgeben er ſtûnd auf vnd gieng in
die ſtatt: vnd am andern tag er gieng mit harna-
21. bam in derben. Vnd do ſy hetten gebredigt in der
ſtatt vnd hetten gelert manig: ſy kerten wider in
22. liſtris vnd zû hyconie vnd zû anthioch | ſy veſtenten
die ſelen der iunger˙ vnd vnderweyſten ſy oder lerten
das ſy beliben in dem gelauben: vnd ſprachen das vns
gezimpt durch manig trûbſal einzegen in das reich
23. gots. Vnd do ſy in hetten geſchickt prieſter durch
alle die kirchen vnd hetten gebett mit vaſſten: vnd
24. entpfulhen ſy dem herrn an den ſy glaubten. Sy vber
25. giengen perſidam vnd komen in pamphil: | vnd retten
das wort des herrn in bergen ſy ſtigen ab zû lampar
26. ten | vnd ſchifften dann zû anthioch: von dann warn
ſy geantwurt der genad gots in das werck das ſy er
27. fûllten. Wann do ſy waren kumen vnd hetten ge-

*

26 **Wann**] Vnd P, Aber Z—Oa.   **die**] *fehlt* K—Oa.   kamen
Z—Oa.   27 anthiochia Z—Oa.   yconio Z—Oa.   29 ſtatt. vnd
vermeynten (mainten OOa) er wâr tod Z—Oa.   **Wann**] Vnd P—Oa.
31 an dem PSc.   gieng er K—Oa.   barnaba Z—Oa.   33 geleret
(+ gar Sb) vil menſchen Z—Oa.   34 liſtram vnd yconium vnd zû
anthiochiam beſtâtend Z—Oa.   yconie P.   35 **ſy oder lerten**]
oder ermanten ſy Z—Oa.   36 **das — 37 einzegen**] wann durch vil
trûbſal mûſſen wir eingeen Z—Oa.   38 **ſy**] *fehlt* Sb.   geſetzet
Z—Oa.   39 **die**] *fehlt* K—Oa.   gebetten OOa.   vaſtungen Z—Oa.
vnd entpfulhen ſy] do empfulhen ſy ſy ZASK—Sc, do empfalchen ſy
ſich ZcSa, ſy empfalhen ſy OOa.   40 **vber**] durch Z—Oa.   41 pa-
phil MEP, pamphiliam Z—Oa.   42 giengen ab in wâlſche land
Z—Oa.   43 von dann zû anthiochiam Z—Oa.   45 **Wann**] vnd
Z—Oa.

*

27 yconio TF.   29 **in** (*zweites*)] *fehlt* TF, *nachtr.* tc.   30 iunger
vmgaben TF.   **auf**] *fehlt* TF.   31 an dem TF.   32 **ſy**] *fehlt* F.
in] *fehlt* TF.   33 verkerten TF.   **in**] zu TF.   34 lycaonie TF.
35 ſel TF.   **oder lerten**] *fehlt* TF.   37 durch manig trubſal (·ſail
F) gezimt inzegen TF.   38 **in**] *nachtr.* T.   39 **gebett**] begert F.
vnd] ſi TF.   40 Sy vber — 49 **iungern**] *fehlt* TF; *nachtr.* ta.

fament die kirchen· fy eroffenten wie manig ding
gott hett gethan mit in: das er bett aufgethan den
heiden die túr des gelauben. Wann fy wonten nit ein   v. 28.
lútzels zeyts mit den iungern.   *xv*

50   E tlich ftigen ab von iude vnd lerten die brúder:
       wann wert ir nit befchnitten nach dem fit-
       ten moyfes ir múgt nit werden behalten.
Wann nit ein lútzel widerteyl wart gemacht von   2.
paul vnd von barnabas wider fy: paul der fagt fie
55 zebeleiben alfo als fy gelaubten. Vnd fy fchickten daz
paul vnd barnabas vnd etlich ander von den andern
aufftigen zû den boten vnd zû den prieftern in iherufalem:
vber dife frage. Dorumb dife wurden gefúrt von   3.
der kirchen fy vbergiengen durch phenicen vnd famari
60 fy erkunten die wandelung der beiden: vnd machten
ein michel freud allen brúdern. Wann do fy waren
15 c] kumen zû iherufalem fy wurden entphangen von der kirchen

---

46 do fagten fy wie Z—Oa.   47 **in]** + vnd Z—Oa.   48 **Wann]**
Vnd Z—Oa.   **nit]** mitteinander Sc.   49 kleines zeit P, wienig zeyt
Z—Oa.   bey den Z—Oa.   50 giengen ab von dem iúdifchen land Z—Oa.
51 **wert ir nit]** nur allein ir werdent Z—Oa.   **dem]** den P—Sc.
52 moyfi Z—Oa.   53 **Wann]** Vnd P—Oa.   wenig P, kleiner
Z—Oa.   auflauf Z—Oa.   54 paulo vnd von barnaba Z—Oa.
paul der — 55 **gelaubten]** *fehlt* Z—Oa.   54 **fie]** fich MEP.   55
fetzten Z—Oa.   56 paulus E—Oa.   57 auf follten geen zû den
apoftlen Z—Oa.   59 kirchen vnd giengen Z—Oa.   phenicem
ZS—Oa.   famariam Z—Oa.   60 **fy]** vnd Z—Oa.   verkunten
P—Oa.   die bekerung Z—On.   der beyden G.   61 groß PAZc—
Oa.   **Wann]** Vnd Z—Oa.   **1 der]** den Sc.

---

48 thore des gelaubens T.   49 luczel T.   50 **Etlich]** + die
TF.   53 luczeler krieg TF.   54 paulo TF.   barnabam T, Bar-
naba F.   paulus TF.   56 paulus TF.   **von den andern]**
fehlt TF.   58 **Dorumb** — 61 **brúdern]** *fehlt* T, *nachtr.* ta, *im wort-
laut von* M (59 famariam); Darvmb di abgefurten in iherufalem von
der kirchen durchgingen fenicem vnd famarien. vor kundigende di
bekerunge der haiden. vnd machten groffe frewde. allen brudern F.
61 **Wann** — 3 **in]** wen alze fi quamen (+ zu fb) Ierofolimam. auf ge-
numen fint fi. von der kirchen vnd von den boten. vnd von den eltern.
vorkundigen wye grofe (+ dink fa) gothette getan mitt yn F.

vnd von den botten vnd von den elltern: fy erkunten
v. 5. wie manig dinge gott hett gethan mit in. Wann
etlich die do gelaubten ftånden auff fagent von dem
irrthum der pharifeer: wann es gezimpt fy zebefchney
6. den: vnd vorderlich zebehûten die ee moyfes. Vnd
die boten vnd die alten die kamen zûfamen zegefehen
7. von difem wort. Wann do manig frag wart ge-
macht: peter ftûnd auff er fprach zû in. O mann brû
der: ir wifft das got hat erwelt in vns von den all-
ten tagen durch meinen mund die beiden zehôrn das
8. wort des ewangeliums vnd zeglauben. Vnd got der do
erkannt die hertzen der menfchen· der gab den gezeûg
9. gebent in den heiligen geift als auch vns: | vnd er vn
derfchied nit zwifchen vns vnd in: zegereinigen ir
10. hertzen mit dem gelauben. Dorumb nu was verfûcht
ir den herren· zelegen das ioch auff den hals der iun-

•

2 dem botten Sb.   verkunten P—Oa.   3 **Wann**] Vnd P—Oa.
4 die — 6 moyfes] ftånden auff von der ketzerey der gleichßner die
do gelaubten. fprechend daz dife mûffen befchnitten werden. vnd ge-
bieten das das gefetz moyfi gehalten (behalten ZcSa) werde Z—Oa.
7 die (letztes)] fehlt K—Oa.   zû befehenn OOa   8 **Wann**] Vnd
P—Oa.   do manig] ein groß Z—Oa.   gemacht] fehlt Z—Oa.
9 petrus E—Oa.   er] vnd Z—Oa.   O] Ir Z—Oa.   10 von]
vor MEP.   13 **erkannt**] fehlt Sb, erkennt ScOOa   der (zweites)]
fehlt K—Oa.   den] fehlt Z—Oa.   zeugknuß ZS—SbOOa, gezeugk-
nuß ASc.   15 Reinigend Z—Oa.   16 **dem**] fehlt P.   17 iungen MEP.
18 tragen Z—Oa.

•

2 alten vnd fi derkundten in wie T.   3 **Wann** — 20 fy] wan
auf ftunden etlich von dem irtum. der pharifeer di do gelaubten fpre-
chent. es gezimt in werden zebefniten vnd zevorders zehalden dy ee.
Moifes. wan zefamen quamen di boten. vnd di eldeften. zefehen von
difem wort Do aber ein michel enczamt fuchung gefchach (gefach T.
gefchach ta) auf ftunde petrus fprach zu in Man bruder. ir wiffet daz
von alden tagen in vns erwelt got durch. mynen mund zehorn di
haiden. daz wort dez ewangeli vnd zegloben. vnd got der derkant hat
di herczen. ain gezeugnuzze hat gegeben gebende in den heiligen geift
alz vnde vns vnd nichtz nicht vndergefchaiden hat vnter vns. vnd den
im glauben. rainigende ire herczen Nu aber waz verfucht' got in ze
legen den Ioch auf di hals. adern der iunger. daz noch vnfer veter noch
wir haben mucht tragen. Sunder durch di gnad dez herren Ihefu glaub'
wir werden wehalten (behalten T) geleicher weiz vnd di F, **nachtr. corr.** T.

ger: daz ewer vetter noch wir nit mochten getragen?

Wann wir gelauben zů werden behalten durch die   v. 11.

20 genad des herrn ihefu als auch fy. Wann alle die me   12.

nig die fchweyg: vnd horten barnahan vnd paul er-
kúnden wie manig zeychen vnd wunder got bett ge
than durch fy vnder den beiden. Vnd dornach do fy   13.

gefchwigen: iacob der antwurt fagent. O manne

25 brúder hôrt mich. Symon erkunt das got zům erften   14.

heimfûcht zenemen von den beiden ein volck feim na
men: | vnd difem gehellen die wort der weyffagen: 15.

als es ift gefchriben. Ich ker wider nach difen dingen   16.

ich bauw den tabernackel dauids der do ift geuallen

30 vnd widerbaw feine zerrutten ding: vnd ich richt
in auf: | das die andern der menfchen fûchent den her   17.

*

19 Aber Z—Oa.   das wir behalten werden Z—Oa.   20 **Wann**]
Vnd Z—Oa.   21 **die**] *fehlt* K—Oa.   barnabam E—Oa.   paulum Z—Oa.
verkünden P—Oa.   24 Iacobus Z—Oa.   **der**] *fehlt* K—Oa.   O]
Ir Z—Oa.   25 verkünt P, hat verkunt Z—Oa.   **das**] wie Z—Oa.
zů dem SSc.   26 heym fûcht hab ZA, heym gefûcht hab S—Oa.
von] auß Z—Oa.   27 **gehellen**] + auch Sb.   28 Ich will widerkeren
Z—Oa.   29 vnd will widerbawen Z—Oa.   dauid Z—Oa.   30 vnd
will widerbawen Z—Oa.   feinen MEZSZcSa.   zerrütte SbOOa, zer-
brochnen A.   ich wird in auffrichten Z - Oa.   31 **der**] *fehlt* Z—Oa.

*

20 **Wann**—42 **famftag**] wan al di menig fweg vnd horten barnabas vnd
paulum vorkundigende. wie grozz zeichen. vnd wunder hett getan. der
herre. vnter den haiden. durch fei. Vnd dornach fi fwigen antwort Iacobus
fprechend **Man** bruder hort mich Simon hat verkunt in welcher weife
zum erften got hat befucht zenemen aus den haiden ein volk feim namen
vnd dem vber ain tragen di worter der weiffagen alz gefchriben ift.
Darnach wird ich wider kern vnd wird wider pawen daz geczelt da-
uidis. daz geuallen ift vnd fein verwuftung. vnd (wider T) wirt pawen
vnd auf richten wider *(fehlt* T) wird daz auf daz da fuchen di andern
menfchen den herren vnd all haiden vber di da angerufen ift mein
name fpricht der herre. thund das kunt. von ewik ift dem herren in
fein werk. Darum ich vrtail nicht vnrugfam di di do aus den haiden
wekart (bekart T) werden. zu dem herren. Sunder zefchreiben zu in
auf daz fei fich enthaben von der enczoberkeit. der apgot vnd von der
vnkeufcheit. vnd der verftikkung vnd blute. wan Moifes von alten
tagen. hat in allen fteten di en predigen in den fynagogen. auf daz er
gelefen wirt durch ainen ieglichen fabat F, *nachtr. corr.* T; *dann folgt in*
F *vers 4, im wortlaut von* M, *darauf richtig* v. 22 ff. *Vgl.* Bd. I s. XXVI.

ren vnd alle die leůt vber die mein nam iſt ange-
v. 18. růffen die thůnd diſe dinge ſpricht der herre. Dem
19. herren iſt kunt ſein werck von dirr werlt. Dorumb
ich vrteyl ſy nit zů vnrůwen die von den beiden wer-
20. dent bekert zů dem herrn: | wann zeſchreiben zů in daz
ſy ſich enthaben vor den entzeůberten dingen der ab-
gôtter· vnd der gemeinen vnkeuſch· vnd vor den er-
21. ſtickten vnd vor dem blůt. Wann moyſes hatt von
den allten zeyten in allen ſtetten die in bredigten in
den ſynagogen: do es wůrd geleſeu durch einen ieg
22. lichen ſambſtag. Do geuiel den botten vnd den allten
mit aller der kirchen zů erwelen mann von in vnd
zeſenden zů anthioch mit paul vnd mit barnaban:
iudam der do iſt vbernant barſabas vnd ſilam
23. die erſten mann vnder den brůdern: | ſchreiben durch
ir hend die epiſtel haltend diſe ding. Die hotten vnd
die allten brůder: ſendent grůß den brůdern die do
ſeind von den heiden zů anthioch vnd zů ſyri vnd zů
24. cilici. Wann wir haben gehort das etlich ſeind ge-
gangen von vns vnd haben eůch betrůbet mit den
worten· verkernt eůwer ſeln· den wir nit haben ge-

*

32 **die** (*erstes*)] *fehlt* K—Oa.   **leůt**] heyden Z—Oa.   **angerůfft**
Z—Oa.   33 **die**] *fehlt* K—Oa.   34 **dirr**] der P—Oa.   35 **zů**
vnrůwen] das ſy vnrůig (vngerůig K—Oa) werden Z—Oa.   **die**] +
da A.   36 Aber Z—Oa.   37 enthalten ScOa.   von den vermayli-
gungen (vermaßgungen A) der Z—Oa.   38 **vnd** (*erstes*)] + auch Sb.
vor] von Z—Oa.   dem S.   39 **vor**] von Z—Oa.   **Wann**] Vnd P.
hett vor den MEP.   40 predigen Z—Oa.   42 ſabbath K—Oa.
43 **der**] *fehlt* K—Oa.   **von**] auß Z—Oa.   44 anthiochiam *mit*
paulo Z—Oa.   barnabam EP, barnaba Z—Oa.   45 **iudam**] vnd
iudam MEP.   zůgenant OOa.   47 **haltend diſe ding**] *fehlt* Z—Oa.
48 enbieten Z—Oa.   den grůß Z—GScOOa, die grůß Sb.   49 auß
den heyden anthiochie Z—Oa.   50 cecilie G.   außgangen ZS—Oa,
vßgegangen A.   51 **den**] *fehlt* Z—Oa.   52 verkeret P.

*

44 **zů**] in zu F.   paulo TF.   45 iudas TF.   **barſabas**]
barnabas TF.   46 vnd ſchriben TF.   47 **die**] ain TF; ain—haldent
unterstrichen T.   49 ſyrie TF.   50 **Wann**] vnd TF.   **ge-**] aus TF.
52 zeverkeren TF.   **wir**] + ſein TF.

botten fagent wert befchnitten vnd behút die ee. Dor   v. 25.
umb do wir waren gefament in ein vns geuiel zeer-
55 welen mann vnd zefenden zû eúch mit vnfern aller
liebften mannen barnaban vnd paul: | die do haben ge-   26.
antwurt ir felen vmb den namen vnfers herrn ihe-
fu crifti. Dorumb wir fanten iudam vnd filam: vnd   27.
fy felb erkunten eúch das felb ding mit den worten.
60 Wann es ift gefecben dem heiligen geift vnd vns·   28.
eúch nit aufzelegen fúrbas die búrd denn die dinge
85 41 die do feind notturfftig: | das ir eúch enthabt vor den   29.
geopfferten dingen der abgótt· vnd vor dem blût·
vnd vor der derfteckung· vnd vor der gemein vn-
keufch: vnd die ding die ir nit wolt das fy eúch wer-
5 den getan· das ir fy icht tût den andern. Ob ir eúch
hút vor difen dingen ir tût wol. Vnd feyt gefe-
gent. Dorumb do fy wurden gelaffen fy ftigen ab zû   30.
anthioch: vnd do die menig was gefament fy ant-
wurten in die epiftel. Do fis beten gelefen: fy wur-   31.
10 den erfreuwet vber die tróftung. Wann iudas vnd   32.
Iylas vnd do fy felb waren weyffagen fy troften die
brúder in manigen worten: vnd fy veftenten fy. Wann   33.

*

53 **fagent — ee**] *fehlt* Z—Oa. 54 **do**] *fehlt* P. **waren**]
haben Sb. **in eyns** Z—Oa. 56 **barnabam vnd paulum** P, barnaba
vnd paulo Z—Oa. 58 **haben wir gefendet** Z—Oa. 59 **fy —
worten**] auch *(fehlt* OOa) die werden (werde KSb) euch verkúnden die
felben (felbigen Sc) wort Z—Oa. **verkunten** P. 60 **gefchehen** Oa.
1, 2, 3 **vor**] von Z—Oa. 3 **dem** (den G) **erfteckten** Z—Oa. 4 **vnd
— 6 tût**] von den dingen wann ir euch behúttend So thúnd ir Z—Oa.
7 **giengen ab** Z—Oa. **zû**] in Sc. 8 **anthiochiam** Z—Oa. 9 **fis**]
fie die K—Oa. 10 **Aber** Z—Oa. 11 **vnd — felb**] die do Z—Oa.
die tróften Z—Oa. 12 **Vnd beftâtten** (+ auch Sb) **fy** vnd do **fy** da
ein zeyt warn. fy Z—Oa. **Wann**] Vnd P.

*

53 **fagent — ee**] *unterftrichen* T. **die ee**] Die F, + di ee *nachtr.*
55 **allen** F. 56 **barnaba vnd paulo** TF. 57 **fel** TF. 58 **crifto**
TF. 59 **di felben dink** TF. **furbas nit vfzelegen** TF. **denn**]
an TF. 2 **blût — 3 der** (*zweites*)] *nachtr.* F. 4 **vnd — 5 an-
dern**] *unterftrichen* T. **wolt**] entwellt TF. 5 **getan**] + fecht TF.
7 **wurden**] warn TF. 9 **vnd do fi fi** TF. 10 **Wann — 29 cipern**]
fehlt TF; *nachtr.* ta.

do das zeyt wart gemacht: fy wurden gelaffen mit
fride von den .brúdern zů den die fy hetten gefante.
15 Wann es wart gefehen fyle do zebeleiben: wann iudaz　　*r. 34.*
gieng hin allein zů iherufalem.　Wann paulus vnd　　　*31.*
barnabas die entwelten zů anthioch: fy lerten vnd
bredigten das wort des herrn mit manigen andern
Wann nach etlichen tagen paulus fprach zů harna-　　*35.*
20 ban.　Wir keren wider vnd heimfůchen die hrúder
durch alle die ftett in den wir haben gebredigt das
wort des herren: wie fy fich habent.　Wann barnabas　　*37.*
wolt auch mit im nemen iohannes: der do ift vher
nant marcus.　Wann paulus der bat in: das er fich　　*38.*
25 fchied vnd das er nit gieng mit in von pamphile:
das er nit wúrd entpfangen in das werck zů dem fy
waren gefante.　Wann miffhellung wart gemacht　　*39.*
vnder in˙ das fy fich fchieden von einander: vnd ernft
lich barnabas der nam marcus er fchifft zů cipern.
30 Wann paul erwelt fyla: do er was geantwurt der　　*40.*

　　15 **Wann**] Aber Z—Oa.　　　**wann iudaz**] Iudas aber ZS—Oa,
iudas A.　　16 **zů**] gen P.　　　Aber Z—Oa.　　17 **die**] *fehlt* K—Oa.
wonten P—Oa.　　18 vil Z—Oa.　　19 Aber Z—Oa.　　　barnabam
E—SK—Oa.　　20 Wir wőllen widerkern Z—Oa.　　　　21 **die**] *fehlt*
K—Oa.　　22 **Wann**] Vnd Z—Oa.　　23 johannem E—Oa.　　　wirt
zůgenant Z—Oa.　　　24 **Wann**] Vnd P, Aber Z—Oa.　　　**der**] *fehlt*
K—Oa.　　　er — 27 **gemacht**] der do was abgefchiden von in von
pamphilia (panphilia A, pamphiliam OOa) vnd was nit mit in gangen
folt nit werden genomen in daz werck vnd alfo ward ein zwitracht
Z—Oa.　　27 Vnd mifkennung P.　　28 **ernftlich**] *fehlt* P—Oa.
29 **der**] *fehlt* PK—Oa.　　　marcum E—Oa.　　　ciper ZcSa.　　30 **Wann**]
Vnd P, Aber Z—Oa.　　　paulus E—Oa.　　　**erwelt** — 32 **veftent**]
der do waz geantwurt der gnad gotz von den brúdern der erwelet
fyla vnd zog hin vnd durchgieng Siriam vnd Ciliciam (ciciliam G) be-
ftáttend Z—Oa.

　　13 **do**] + da T.　　　16 **zu iherufalem**] *fehlt* T.　　　22 gehaben
T.　　24 paul T.　　　**das**] *unterstrichen* T, wan ta.　　25 **fchied**] +
von in T, + von pamphil ta.　　　**das**] *unterstrichen* T.　　　**von pam-**
phile] *unterstrichen* T.　　　26 **dem**] den T.　　　**zů** — 27 **gefante**]
unterstrichen T.　　　27 **waren**] worden T.　　　30 **Wann**] + nach et-
lichen tagen TF; *gestrichen* T.　　　paulus der derwelt fylam vnd (+
do F) er TF.

genad gotz er gieng von den brúdern. Wann er durch   v. 41.
gieng fyri vnd cilici er veſtent die kirchen er gebot
zebehúten die gebott der hotten vnd der allten. Vnd
do fy hetten vmbgangen dife gefchlecht fy kamen in
35 derben vnd liſtram.   *Das ·xvj· Capitel*

Und fecht ein iunglinge was do mit namen
thymotheus: ein fun eins weibs einer getreu-
wen witwen: von eim heidnifchen vatter.
Difem gaben die brúder die do waren in liſtris vnd   2.
40 zů hyconie gûten gezeúg. Difen wolt paulus mit   3.
im zegen: er nam vnd befchneyd in vmb die iuden
die do waren in den ſtetten. Wann fy weſten all:
das fein vatter was geweſt ein heiden. Wann do fy
vbergiengen durch die ſtett: fy antwurten in zebe-
45 húten die gebott die do waren gefetzt von den bot
ten vnd von den alten die do warn zů iherufalem. Ernſt   5.
lich die kirchen wurden geueſtent im gelauben: vnd
begnúgten teglichs mit der zal. Wann fy vbergien   6.
gen frigiam vnd die gegent zů galacie: fy wurden verbot-
50 ten von dem heiligen geiſt zereden das wort in aſia. Vnd   7.
do fy warn kumen in miſia von dann fliſſen fy fich

---

31 **Wann**] Vnd P.   32 **gebot**] + auch Sb.   33 Vnd — 34
kamen] Er kam auch Z—Oa.   34 **dife**] die P.   40 **zů**] in G, *fehlt*
Z—KSb—Oa.   yconio gûte zeúgknuß (gezeugknuß AK—Oa) Z—Oa.
43 geweſen SSc.   **ein**] in ZZcSa.   **Wann**] Vnd Z—Oa.   44 durch-
giengen die Z—Oa.   **antwurten**] gaben Z—Oa.   45 gebotten
MEP, apoſtlen Z—Oa.   46 **alten**] leúten MEP, eltern Z—Oa.
Ernſtlich] Gewerlich P, Aber K—Oa.   47 in dem ZcSaSc.   48
tåglich Z—O, tåglichen Oa.   Vnd do fy durchgiengen Z—Oa.   49
zů] *fehlt* Z—Oa.   galiacie M, galicie PSOa.   **verbotten**] *fehlt*
M—Oa.   50, **geyſt**] + verbotten Z—Oa.   51 miſiam fy ver-
fúchten fich Z—Oa.

---

32 **er**] vnd TF.   34 **in**] zu TF.   35 **vnd**] + zu TF.   36
mit] bei TF.   39 **in**] zu TF.   40 licaonie TF.   **gezeúg**] +
vnd TF.   41 **nam**] + en T, in F.   43 geweſen TF.   48 be-
gungten T, begunden F.   **Wann** — 386a 14 zwang fy] *fehlt* TF;
nachtr. ta.   49 gallacie T.   **verbotten**] getwungen T, *unterstrichen,*
verpoten ta.   51 dannen T.

zegen zů bithiniam: vnd der geiſt iheſu geſtatt in
v. 8. nit. Vnd do ſy warn vbergangen miſiam ſy ſtigen
9. ab zů troade: | vnd paul wart gezeygt ein geſicht in
der nacht. Ein man macedon was ſtend: vnd flecht
10. in ſagent. Vbergee in macedon hilff vns. | Wann
do er bett geſehen die geſicht· zehant ſůcht wir zegen
in macedon: vmb einer gewiſſen tat das vns got het
11. gerůffen in zebredigen. Wann wir ſchifften von
troade mit eim rechten lauff kam wir zů ſamotrachi:
12. vnd an dem andern tag zů neapolim: | vnd von dann in
philippis· das do iſt ein frembde ſtatt zů dem erſten   [3·41]
teyl zů macedon. Wann wir warn zebeleiben in dirr
13. ſtatt etlich tage. Wann an eim tag der ſambſtage
wir giengen aus für daz tor bey dem floſ zů dem mer
do do wart geſehen zeſein das gebett wir ſaſſen vnd
14. retten zů den weihen die ſich ſamenten | vnd ein weip
mit namen lidia der ſtatt der thyathyrenorum eine
purpurin oder die do worchte den purpur die horte
das wort ſy anbett gott: der herre tet auff ir hertze
ſich zůuernemen an den dingen die do warn geſagt   u

52 iheſus P.   geſtats in ZSZcSa, geſtat es in AK—Oa.   53
durchgangen Z—Oa.   miſiam] in aſiam MEP.   do giengen ſy
Z—Oa.   54 troaden ZAZc—SbOOa, troadem SSc.   paulo Z—Oa.
55 macedo Z—Oa.   bat Z—Oa.   56 Gang in macedoniam vnd hilff
Z—Oa.   Wann] Vnd P—Oa.   58 macedoniam vnd warn gewiß
daz Z—Oa.   59 gerůffet Z—Sc, berůfft OOa.   Wann] Vnd Z—Oa.
60 troade] + vnd Z—Oa.   ſamotraciam Z—Oa.   1 Die do iſt
eyn ſtatt maniger frembden des erſten Z—Oa.   2 teyl — zebeleiben]
teyls macedonie. aber wir warn Z—Oa.   dirr] der P.   3 Wann]
wonend. oder (vnd ZcSa) redend. Vnnd Z—Oa.   ſabbath K—Oa.
4 giengen wir Z—Oa.   zů dem mer] fehlt Z—Oa.   7 der ſtatt —
8 purpur] ein wůrckerin der purpur (purpurn KO) gewanden der ſtat
der thyathyrenorum Z—Oa.   7 thyathytenorum ME, thyathyneno-
rum P.   einen purpurm MEP.   8 worchte] forcht P.   die
(zweites)] fehlt K—Oa.   9 gott] + dann Z—Oa.   10 das ſy auff·
merckte (·ten ZcSa) den Z—Oa.

52 pithimam T.   iheſus geſtat es in T.   54 paulus T.   ein-
ſichte T.   55 maceden T.   56 maceden vnd hielf T, vnd geſtrichen.
57 zu gein T.   59 von] zu T.   61 dannen T.   1 zů] in T.
5 zeſein] zu T, nachtr. ſein.   7 lyater T.   8 den] fehlt T.   10
warden T.

von paul. Wann do fy was getaufft vnd ir haus:
fy hatt paul fagent. Ob ir mich vrteylt zefein ge-
treuw dem herren: fo get in mein haus vnd beleibt.
Vnd fy zwang fy. | Wann es wart getan do wir auf   16.
15 giengen zů dem gebett ein diern habent den geift der
zauberniß die begegent vns: die do gab groffen ge-
win iren herrn mit der zauberniß. Dife nachuolgt   17.
paulum vnd vns: fy rieff fagent. Diß mann die feind
knecht gotz des hôchften: die eůch erkúnden den weg
20 der behaltfam. | Wann ditz tet fy manig tag. Wann   18.
paulus was leydig er kert fich vmb vnd fprach zů
dem geift. Ich gebeút dir in dem namen ihefu crifti
das du aufgeft von ir Vnd er gieng aus zů der felben
ftunde. Wann do ir herren fahen das die zůuerficht   19.
25 irs gewinnens was aufgegangen: fy begriffen pau-
lum vnd fylam vnd fůrten fy zů den fúrften auff den
marckt: | fy brachten fy den meifterfcheften vnd fprach   20.
en. Dife mann betrůbent fere vnfer ftat fo fy feind
iuden: | vnd erkúndent den fiten der vns nit gezimpt   21.
30 zeentphachen noch zethůn fo wir fein rômer. Vnd   22.
das volck lieff entzampt wider fy: vnd die meifter-
fcheft riffen ir rôck vnd hieffen fy fchlahen mit růten

*

11 paulo Z—Oa. **Wann]** Vnd P—Oa. 12 **paul**] *fehlt* Z—Oa.
vrteylend. das ich gelaubig feye Z—Oa. 14 **fy. Wann]** vns. vnd
Z—Oa. es gefchach A. **auf]** *fehlt* Z—Oa. 15 **ein** — 16 **do]** do
begeget vns ein tôchterlin das het einen warfagenden teúfel. die Z—Oa.
17 irem PA—Oa. mit dem warfagen Z—Oa. 18 rûfft P—Oa.
Diß] Die Z—Oa. **die]** *fehlt* K—Oa. 19 got ZAS. verkúnden
P—Oa. 20 des heyls Z—Oa. **Wann** (2)] Vnd P—Oa. **ditz]**
das Z—Oa. 22 crift P. 24 **Wann]** Vnnd Z—Oa. 25 gewins
Z—Oa. 26 zů dem ZcSaSc. 27 **fy** (*erstes*)] vnd Z—Oa. 28 **fere]**
fehlt Z—Oa. 29 verkúnden P—Oa. 30 aufzenemen Z—Oa.
31 **entzampt]** miteinander P, *fehlt* Z—Oa.

*

12 paulus T. 18 paulo TF. **fy]** vnd TF. **die]** *fehlt*
TF. 19 **Wann** (*erstes*)] vnd TF. 22 ihefus criftus TF. 24 ge-
fachen TF. 25 gewinz TF. 26 zu dem T. **fúrften]** +
der ftat TF. 27 **marckt]** + vnd TF. maiftern TF; + fchef-
ten *nachtr.* ta. 29 **den]** ainen TF. 30 zephachen TF. 31 enc-
zamt lief TF. 32 **-fcheft]** *fehlt* TF; *nachtr.* ta. **vnd]** + fi TF.

Kurrelmeyer, Bibel II.   23

v. 23. Vnd do fy in beten aufgelegt manig fchleg fy leg-
ten fy in den karcker: vnd gebuten dem húter fy fleyf

24. figklich zebehúten. Vnd do er im het entpfangen ein
fólich gebott er legt fy in den ynnerften karcker: vnd

25. hand ir fúffe mit dem holtz. Wann zů mitternacht
paulus vnd fylas die anbetten vnd lobten gott: vnd

26. die do warn in der hůt˙die horten fy. Aber gechlin-
gen wart gemacht ein michel erdbidmung: alfo daz
die gruntueft des karckers wurden bewegt. Vnd ze-
hant wurden aufgetan alle túre: vnd alle ire band

27. wurden entbunden. Wann der hútter des karckers
ward fein gewar vnd fach die túr des karckers offen
er zoch aus ein waffen vnd wolt fich dóten: wann er

28. wond das die geuangen wern entpflohen. Wann
paulus der rieff mit einer micheln ftymm fagent.

29. Nit tů dir kein vbel. Wann wir fein alle hie. | Vnd
der húter iefch ein liecht vnd gieng ein: er wart ge-
macht erfchrocken vnd viel nider zů den fúffen paul

30. vnd fyle: | er fúrt fy aus vnd fprach. O herr: was ge

31. zimpt mir zetůn das ich werd behalten? Sy fprachen.
Gelauh an den herrn ibefum criftum: vnd du wirft

32. behalten vnd dein haus. Vnd fy retten das wort des

＊

33 angeleget vil Z—Oa.　34 húter] + das er Z—Oa.　35
bchútte Z—Sa, behúttet K—Oa.　im] fehlt Z—Oa.　37 Wann]
vnd P, Aber Z—Oa.　38 die] fehlt K—Oa.　39 Aber – 40 ge.
macht] Vnd es was gáchlingen (·ling ASOOa) Z—Oa.　40 groß P.
groffe AZc—Oa.　erpidmung ZKGSc, erpidmungen S.　43 Wann]
Vnd P—Oa.　45 fich] fie A.　46 wond] vand ZSK, fand AZcSaG–Oa.
Wann] Vnd Z–Oa.　47 der] fehlt K—Oa.　´ rúfft P, fchry Z–Oa.
groffen P—Oa.　48 kein] einnich K–Oa.　49 hiefch K–Oa.
war (was K—Oa) erfchrocken Z—Oa.　50 pauli P—Oa.　51 er]
vnd Z—Oa.　fúrten ZcSa.　fprach. Ir herren. was fol ich thůn Z—Oa.
53 criftum. So wirftu Z—Oa.

＊

33 vil TF.　34 hutern T, + dez karkers TF.　35 im] fehlt
TF.　36 den merften F.　39 vnd gechling TF.　42 aufgetan
di tur TF.　band] + di TF.　43 Wann] + do fein TF.　44
fein] fehlt TF.　45 ein] daz TF.　49 gieng ein] do er waz in
gegangen TF.　53 ihefu crifti TF.　54 vnd] + all TF; getilgt
T.　retten] + zu im TF.

55 herren zů im: vnd zů allen den die do waren in ſeim
haus. Er nam ſy in dirr ſtund der nacht vnd wůſch   v. 33.
in ir wunden: vnd zehant wart er getaufft vnd alles
ſein haus. Vnd do er ſy bett gefůrt in ſein haus er   34.
ſatzt in fůr den tiſche: vnd freuwet ſich mit allem
60 ſeim haus vnd gelaubt gott. Vnd do der tag wart   35.
gemacht die meiſterſcheft ſanten ambechter ſagent
161 Laſſt diſe mann. | Wann der hůter des karckers er-   36.
kůndet diſe ding paulo: vnd ſprach die meiſterſcheft
habent geſant das ir wert gelaſſen. Denn nu geet
aus vnd get in frid. | Wann paulus ſprach zů im. Sy   37.
5 habent vns geſchlagen offenlich vnſchedlich mann
rômer vnd babent vns gelegt in den karcker: vnd nu
werffen ſy vns heimlich aus? Es geſchicht nit alſo:
wann ſy kumen vnd werffen vns ſelb aus. Wann   38.
die ambechter erkunten den meiſterſcheften diſe wort
10 Vnd ſy vorchten ſich do ſy horten das ſy warn rômer:
ſy komen vnd baten ſy: das ſy aufgiengen von der   39.

---

56 **dirr**] der E—Oa.   57 **zehant wart er**] ward Z—Oa.   58
haus] + von ſtund an Z—Oa.   60 **do**] *fehlt* Z—Oa.   61 **ge-
macht**] *fehlt* Z—Oa.   **ambechter**] diener P, die hencker Z—Oa.
1 Laſß E—Oa.   **Wann**] vnd Z—Oa.   verkůndet P—SbOOa,
verkůndeten Sc.   3 **Denn**] Darumb Z—Oa.   4 **in**] im ZcSa,
in dem Sc.   **Wann**] Vnd Z—Oa.   zů in P—Oa.   5 **ge-
ſchlagen**] *fehlt* Z—Sc.   6 **vnd habent vns**] *fehlt* Z—Oa.   7 **Es
geſchicht**] *fehlt* Z—Oa.   8 aber Z—Oa.   **ſy**] *fehlt* Z—Sc.   **vns
ſelb**] vns EP, ſy vns Z—Oa.   **Wann**] Vnd P—Oa.   9 **ambechter**]
diener P, hencker oder zůhtiger Z—Oa.   verkunten P—Oa.   11 **ſy**
(*erſtes*)] vnd Z—Oa.   **ſy** (*zweites*)] + vnnd fůrten ſy auß Z—Oa.

---

55 **zů im**] *fehlt* TF.   56 zu der ſelben ſtund TF.   **vnd**]
fehlt F.   58 **vnd — haus**] *nachtr.* F.   59 ain tiſch TF.   61
maiſter TF, + ſchaft *nachtr.* ta.   1 las TF.   **karckers**] + der
TF.   2 maiſter TF, + ſchaft *nachtr.* ta.   3 **Denn**] Darum TF.
5 vnſchuldig TF.   7 aus haimlich TF.   geſchickt F.   8 **ſi**] +
ſelb TF.   **ſelb**] *fehlt* TF.   9 **die**] *fehlt* F.   **erkunten**] di
derkunten T, di da kunten F.   den maiſtern TF, + ſcheften *nachtr.*
ta.   10 gehorten TF.   11 **baten ſy**] + vnd furten ſi aus von
dem karker vnd paten ſi TF.   **von — 12 giengen**] *nachtr.* F.

v. 40. ftatte. Wann fy giengen aus dem karcker· vnd
giengen ein zů liddiam: vnd do fy gefahen die hrúder
fy troften fy: vnd giengen aus.   *xvij*

1. Wann do fy waren gegangen durch amphipo-
lim vnd appoloniam fy komen zů theffaloni
2. cam: da was die fynagog der iuden. Wann
paulus gieng ein zů in nach der gewonheit: vnd vn
derfchied in von den fchriften durch ·iij· fambftag
3. | er tet auff vnd vnderweyfet fy das criftus gezam zů
erleyden vnd zů erfteen von den dotten: vnd das dirr
4. ift ihefus criftus den ich eůch heút erkund. Vnd et-
lich von in die gelaubten: vnd fy zůfúgten fich paul
vnd fyle vnd ein michel menig von den heydnifchen
5. dienern: vnd edel weib nit lútzel. Wann die iuden
die nitten fy vnd namen etlich bôfi mann von dem
volck vnd do die gefellfchaft wart gemacht fy erweck
ten die ftatt: vnd zůftůnden dem haus iafons vnd
6. fůchten fy zefúren vnder das volck. Vnd do fy ir nit
funden· fy zugen iafon vnd etlich brúder zů den fúr-
ften der ftat rúffent: wann dife feind die do erweck-
7. ent die gefellfchafft | vnd die iafon hat entphangen

---

12 **Wann**] Vnd P—Oa.   14 **aus**] hin Z—Oa.   16 appolomam
ME.   17 **da**] das MEP, do dann Z—Oa.   **Wann**] Vnd Z-Oa.
19 gfchrifften P—Oa.   fabbath K—Oa.   20 criftus follte leyden
vnd erfteen Z—Oa.   21 **dirr**] dir E, der P—Oa.   22 verkünd
P—Oa.   23 **die**] *fehlt* K—Oa.   **fy**] *fehlt* Z—Oa.   paulo P—Oa.
24 groß P, groffe AZc—Oa.   **heydnifchen dienern**] inwonenden
oder erenden heyden Z—Oa.   25 **dienern**] die dienern M, diernen E.
wenig P—Oa.   **Wann**] Vnd Z—Oa.   26 **die**] *fehlt* K—Oa.
27 **die**] *fehlt* P.   **wart**] waren Oa.   fy bewôgten Z—Oa.   28 ia-
fonis Z-Oa.   29 **ir**] die K—Oa.   31 fchreiend Z—Oa.   be-
wôgten Z—Oa.   32 **gefellfchafft**] ftatt Z—Oa.

---

12 **aus**] + von TF.   20 vnd beweifte (webeift F) daz criftus
TF.   21 leiden vnd zeften TF.   22 **ift**] *fehlt* TF; *nachtr.* ta.
heut] *fehlt* TF.   23 **fy**] *fehlt* TF.   paulo TF.   25 **dienern**]
dirnen T, *fehlt* F.   weiber TF.   30 dē T, dem F.   31 **wann**]
fehlt TF.   wekkent TF.   32 **gefellfchafft**] ftat TF.   hat yafon TF.

die feind kumen her: vnd dife thûnd alle wider die
gefetz des keyfers fy fagent einen andern kúnig zefein
35 ihefum. Wann fy erweckten daz volck vnd die fúrften   v. 8.
der ftatt horten dife ding: | vnd do fy betten entpfan-   9.
gen die befferung von iafon vnd von den andern fy
lieffen fy. Wann zehant in der nacht die brúder lief   10.
fen paulum vnd fylam in beroen. Do fy warn kumen:
40 fy giengen in die fynagogen der iuden. Wann dife   11.
warn die edelften der iuden die do waren zû thefalo-
nicens: diß entphiengen teglich das wort mit aller
geitikeit: derfûchent die fchrift ob fich dife ding hetten
alfo. Vnd ernftlich manig von in die gelaubten·   12.
45 vnd nit lútzel mann der beiden: vnd der erbern wei-
ber. Wann do die iuden in theffalonicens hetten er   13.
kannt das auch beroe was gebrediget von paul das
wort gots: fy kamen do vnd entzampt bewegten vnd
betrûbten die menig. Vnd do lieffen die brúder ze-   14.
50 hant paul: das er gieng vntz zû dem mere. Wann
fylas vnd thymotheus die beliben do. Wann die do   15.
fûrten paulum die durchfûrten in vntz zû aten: vnd
entphiengen von im das gebott das fy als fchnellig
klich kumen zû im fy giengen hin· zû fylam vnd zû

33 dife] *fehlt* Z—Oa.   34 fagent das ein ander kúnig feye mit
namen Ihefus. vnd bewôgten das Z—Oa.   36 ftatt] + die Z—Sa.
37 **befferung**] genûgthûnung ZS, genûgthûung AZc—Oa.   38 **Wann**]
vnd Z—Oa.   39 beroam. Vnd do Z—Oa.   40 **die**] den A.   **Wann**]
Vnnd Z—Oa.   41 **warn**] + auch Sb.   **iuden**] *fehlt* Z—Oa.
theffalonicam Z—Oa.   43 erfûchten Z—Oa.   gefchrifft P—Oa.
fich] fy MEP.   44 **ernftlich**] *fehlt* PK—Oa.   von] auß Z—Oa.
die] *fehlt* K—Oa.   45 wenig POOa.   weibern M—Oa.   46 **Wann**]
Vnd Z—Oa.   theffalonica Z—Oa.   47 paulo Z—Oa.   48 **do —
bewegten**] vnd bewôgten auch do (*fehlt* Sb) Z—Oa.   **entzampt**]
miteinander P.   50 paulum Z—Oa.   biß SbSc.   Aber Z—Oa.
51 **die** (*erstes*)] *fehlt* K—Oa.   Aber Z—Oa.   die do] + hin Z—Oa.
52 biß Sb—Oa.   athenas Z—Oa.   53 **das — 55 Wann**] Sy giengen
hin zû fylam vnd thimotheum daz als bald fy môchten kâmen zû im.
vnd Z—Oa.

33 vnd fi fint TF.   35 **daz volck**] di ftat TF; daz volck ta.
37 dem andern F.   38 **Wann — 57 abgôtten**] *fehlt* TF; *nachtr.* ta.
47 prediget T.   48 dar T.   50 paulus T.

v. 16. thymothe.　Wann do ir paulus beytet zů athen fein
　　geift wart bewegt in im: er fach die ftatt gezieret
17. oder geleftert mit den abgötten.　Dorumb er difpu-
　　tiert mit den iuden in der fynagogen vnd mit den
　　dienern der heyden: vnd auff dem marckt durch alle
18. tag zů den die do warn engegenwertig.　Wann etlich
　　warn epicurei vnd ftoici werltlich weyfen die retten
　　mit im: vnd etlich fprachen.　Was wil der feer der
　　wort hie zefagen?　Wann die andern fprachen: er
　　wirt gefehen zefein ein erkünder der neuwen teüfel:
　　wann er erkunt in ihefum vnd die auferftendung
19. Sy begriffen in vnd fürten in zů ariopagum fagent
　　Wir mügen wiffen welchs dife neuwe lere ift die
20. do ift gefaget von dir?　Wann du tregft ein etlich
　　new ding in vnfern orn.　Dorumb wir wellen wiffen
21. was dife neuwen ding wellen fein.　Wann die von
　　athen vnd alle die frembden geft die zů keim andern
　　ding waren geübt: denn zehören oder zefagen etwas
22. neuwes.　Wann paulus ftůnd in mitzt ariopagi er
　　fprach.　O mann athen ich fich eüch zefein vberüppig

55 harret K—Sc, wartet OOa.　56 ftatt. das fy geben was der
abtgötterey Z—Oa.　　59 dienern — auff] inwonern vnd an Z—Oa.
alle] + die A.　　60 gegenwertig K—Oa.　　Aber Z—Oa.　　61
warn] fehlt Z—Oa.　　ftoyci naturlich meifter die (fehlt K—Oa) dif·
putierten Z—Oa.　　1 etlich fprachen] etlichen Sb.　　2 fagen Z—Oa.
Wann] Vnd P, Aber Z—Oa.　　3 zefein] als fey er Z—Oa.　　ver-
künder P—Oa.　　4 verkünt P—Oa.　　aufferfteeung K—Oa, + Vnnd
Z—Oa.　　6 Mügen wir Z—Oa.　　7 ift] wirt Z—Oa.　　etlich]
iegklich Z—Oa.　　8 wöllen wir Z—Oa.　　9 neuwen] fehlt Z—Oa.
die athener Z—Oa.　　10 die (zweites)] die warn Z—Sa, warn K—Oa.
11 waren] fehlt Z—Oa.　　12 Wann] Vnd P, Aber Z—Oa.　　in
mitten P, in der mitt Z—Oa.　　er] vnd Z—Oa.　　13 O mann] Ir
mann von Z—Oa.　　eüch — vberüppig] daz ir vol falfch oder abt-
göterei feiend Z—Oa.　　übereitel P.

55 thymotheum T.　　beite T.　　56 gezeirt T.　　57 aptgotern T.
61 epicurier TF.　　4 ihefus TF.　　5 Sy] Di F.　　zů ariopagum]
in iren famunk TF.　　6 welchs] + da fey TF.　　ift] fehlt TF.
7 ift] wirt TF.　　tregft ein] traift in F; intraift in T, in getilgt.
8 vnfer TF.　　10 gefte di muzigten kain andern ding neur zehoren TF.
12 in] im F.　　ariopagi] irz famnungz TF.　　er] vnd TF.　　13
mann] + von TF.

durch alle ding. Wann ich fúrgieng vnd vand ewer   v. 23.
15 abgött: ich fach einen altar in dem gefchriben was.
Dem vnderkanten gott. Dorumb ir anbettet das ir
miffkennt: ditz erkúnd ich eúch. Gott der do macht   24.
dife werlt vnd alle ding die do feind in ir: wie das
dirr ift ein herre des himels vnd der erde: er entwelt
20 nit in den tempeln gemacht mit der hand: | noch wirt   25.
geerett von menfchlichen henden er bedarff keins· fo
er felb gibt allen das leben vnd die ein etnung vnd
alle ding: | vnd er macht von eim alles gefchlecht der   26.
menfchen· zeentwelen auff allem dem antlútz der erd:
25 er vollent die geordenten zeyt vnd die zyl irr entwe
lung· dorumb er gab den leúten | zefúchen gott· ob fy   27.
in villeicht begreiffent oder vindent: wie das er nit
ift verr von vnferm ieglichen. Wann wir leben in   28.
im vnd werden bewegt vnd fein: als einer ewer weyf
30 fagen fprache. Wann wir fein ioch fein gefchlecht
Dorumb fo wir fein das gefchlecbt gotz: wir follen   29.
nit maffen das gold oder das filber oder die kunft: des
gehauwen fteins: vnd der gedanck des menfchen ze-

*

14 vand] fahe Z—Oa.   15 fach] vand Z—Oa.   16 Dem] Den
MEP.   ir (erstes) — 17 ditz] das ir vnwiffend erend daz Z—Oa.
17 verkünd P—Oa.   do] fehlt A.   hat gemachet Z—Oa.   18 wie
— 19 erde] So er ift ein herr Z—Oa.   19 wont P–Oa.   20 ge-
macht — wirt] mit der hand gemachet. Noch auch wirt er Z—Oa.
21 von] mit Z—Oa.   er — 22 allen] daz er eins dings bedúrffe. So
er allen lebenden (lebendigen OOa) gibt Z—Oa.   22 ein etnung]
einung P, eingeyßtung Z—Oa.   23 er — 26 leúten] hat gemachet.
auß einem menfchen alles menfchlich gefchlächt. das. das inwonete
auff allem angeficht der erden. vnd vollendet oder außlegt in die ge-
faczten zeyt vnd die ende irer wonung Z—Oa.   24 zewonen P.
25 wonung P.   27 das] wol Z—Oa.   28 vnfer iegklichem ZS—Oa.
29 einer] etlich Z—Oa.   30 fprachen Z—Oa.   auch Z—Oa.
32 maffen — 34 götlich] fchätzen dem gold vnd dem filber. oder dem

*

14 durch] alz durch TF; alz getilgt T.   vand] fach TF; vand
ta.   16 Darum anpett ir daz TF.   18 wie das] fo TF.   21
von] mit TF.   inedmung TF.   23 vnd — 28 ieglichen] fehlt TF;
nachtr. ta.   27 wie] fwie T.   28 vnfer iglichem T.   29 ewer]
+ aigen TF.   33 di gedancken TF.

v. 30. fein geleych den gôtlichen. Vnd ernftlich gott ver-
fchmecht die zeyt dirr miffkennung· nu derkûnt er
den menfchen das fy alle machen bûß allenthalben:

31. ' dorumb das er hat geordent einen tag an dem er ift
zeurteylen den vmbring in gerechtikeit in eim mann
in dem er hat gefchickt· zegeben den gelauben allen:

32. denn er erftûnd in von den dotten. Wann do fy hetten
gehort die aufferftendung der dotten ernftlich etlich
die fpotten: wann etlich die fprachen. Aber hôr wir

33. dich von difen. Vnd alfo gieng paulus aus von

34. mitzt ir. Wann etlich mann die do gelaubten die
hielten fich zû im: vnder den was auch dionifius ari-
opagita vnd ein weip mit namen damaris: vnd an-
der mit in.   *xviij*

1. N ach difen dingen paulus gieng aus von athen
2.   er kam zû chorint: | vnd er vand einen iuden
       bey namen aquilam von dem gefchlecht pontz

*

ftein mit (+ der A) kunft der außgrabung. Vnd des gedancken des
menfchen das in in geleych feye das gôtlich Z—Oa.
        34 ernftlich] *fehlt* PK—Oa.   **35 dirr]** der P.   **nu — er]**
vnd erkúcket nun Z—Oa.   verkûnfft P.   **36 wúrcken** Z—GOa.
wûrckten SbScO.   37 gefetzet Z—Oa.   wirt vrteylen den krays
der welt in der gleicheyt in Z—Oa.   38 vmbkrayß P.   39 hat
gefetzet. Gebend den Z—Oa.   **40 denn er erftûnd]** vnd erkúckend
Z—Oa.   erkickt P.   dem tod. Vnd do Z—Oa.   41 auffer-
fteeung K—Oa.   **ernftlich]** *fehlt* PK—Oa.   **42 wann etlich]**
vnd etlich P, wann aber Z—Sc, etlich aber OOa.   **Aber — 43 difen]**
wann (*fehlt* Z—GSc) wir wôllen dich widerumb hôren von dem ding
Z—Oa.   **44 mitten ir** P, irer mitte Z—Oa.   **Wann]** vnd P—Oa.
die do] die Z—Sa, *fehlt* K—Oa.   **die** (*zweites*)] vnd Z—Oa.   45
hielten] + auch Sb.   48 gieng (giengen Sb) paulus auß Z—Oa.
49 **er** (*erstes*)] vnd Z—Oa.   **er** (*zweites*)] *fehlt* Z—Oa.   50 **bey]**
mit Z—Oa.   **dem]** *fehlt* Z—Sc.   **pontz]** von der infel ponti Z—Oa.

*

        34 gott] + der TF.   **36 leuten** TF.   **38 gerechtikeit]** ge-
:chait TF.   **40 denn]** *fehlt* TF.   **42 fpotten]** + fein TF.   fpra-
:en wir horten dich aber von TF.   difem F.   giengen F, ·en
·wurichen.   **44 do]** *fehlt* TF.   **die]** vnd TF.   **46 ariopagita]**
···· ····· der fchul TF.   **49 vand]** + da TF.   **50 aquila** TF.

der neulich was kumen von lamparton vnd breffillen
fein hauffrauw dorumb do claudius bett geboten alle
die iuden zefcheiden von rome vnd er genacht fich zû
in: | wann er was der felben kunft er beleib bey in vnd   v. 3.
55 worchte. Wann er was der kunft der feyle | vnd er   4.
difputiert in der fynagogen durch alle fambftag er
fúrlegt in den namen vnfers herren ihefu crifti vnd
vnderweyft den iuden vnd den kriechen. Wann do   5.
fylas vnd thimotheus warn kumen von macedom:
60 paulus der anftûnd den worten er bezeúgt den iuden
ihefum zefein criftus. Wann do fy im widerfagten   6.
65 dj vnd fpotten: er fchutt fein gewande vnd fprach zû
in. Eúwer blût fey auff eúwer haubt. Ich ge rein von
difen zû den heyden. Er gieng dann˙ vnd gieng in
ein haus bey namen thyti eins gerechten dienent got:
5 des haus was gefúgt der fynagogen. Wann crifpus   8.
der fúrft der fynagogen der gelaubt dem herren mit
allem feim haus: vnd manig der chorinter die hortens

---

51 welfchland Z—Sa, welfchem land K—Oa.   prifcillam Z—Oa.
52 allen iûden K—Oa.   53 rom. do gieng er zû Z—Oa.   54 **er**
(*zweites*)] vnd Z—Oa.   55 **Wann**] Vnd P.   **der** (*zweites*)] ein S.
feyle] feúle EP, fayle (fale AS) oder der tabernackeln (-kel SOa) Z—Oa.
56 fabbath K—Oa.   57 den] dem PZS—Sc.   58 **vnderweyft**] riete
den Z—Oa.   **Wann**] Vnd P—Oa.   59 macedonia Z—Oa.   60 der]
fehlt K—Oa.   **anftûnd — 61 do**] prediget daz wort gottes vnd bezeúget
den iuden daz ihefus criftus ift. vnd das (do OOa) Z—Oa.   widerred-
ten Z—Oa.   1 vnd im flûchten. do fchlûg er feyne klaider Z—Oa.
fchûtz P.   2 haubt] *fehlt* P.   gerein MEP, bin reyn Z—Oa.
von difen] auß dem vnd will geen Z—Oa.   3 von dann Z—Oa.
4 bey — des] eins (des ZcSa, *fehlt* Z) gerechten mannes. mit namen
thitus. derfelb dienet got. vnd fein Z—Oa.   5 **Wann**] Vnd P—Oa.
6 der (*drittes*)] *fehlt* K—Oa.   dem] den P.   7 vil Z—Oa.   die]
fehlt K—Oa.   horten E—Oa.

---

51 kumen waz T.   prifcillam TF.   58 di iuden vnd di krichen
TF.   **Wann — 61 criftus**] *fehlt* TF, *nachtr.* ta; *von fa wurde der
vers gleichfalls nachgetragen, aber aus versehen bei der lücke*₁386 b 38,
und daher wieder getilgt. Vgl. Bd. I S. XXVI.   2 gerain T, gareyn
F (reyn *auf rasur*).   3 von dann TF.   4 daz haus ainz gerechten
bei namen tytus (thythus F) TF.   5 der] zu der TF.   6 geglaubt
T.   di es horten TF.

v. 9. ſy gelaubten vnd wurden getaufft. Wann der herre
ſprach zů paul durch die geſicht in der nacht. Nich-
ten wôlſt dir vôrchten: wann red vnd nichten ſchweig

10. Dorumb das ich bin mit dir: wann niemant zůlegt
dir daz er dir ſchad: wann mir iſt vil volcks in dirr

11. ſtat. Wann er ſaſſe do ein iar vnd ·vj· moned: er

12. lert bey in das wort gots. Wann die iuden ſtůnden
auff mit eim gemůt zů gallione dem ratgeben achaie
wider paulum: vnd ſy zůfůrten in zů dem gerichte

13. | ſagent: wann dirr rat den leůten wider die ee zedienen

14. got. Wann do paul anuieng aufzethůn den mund:
gallio ſprach zů den iuden. O mann iuden wer kein
ding vngeng oder etlich bôſe ſúnd ich enthabt eúch

15. recht: | wann ob diſe frag ſeind von dem wort vnd
den namen eúwer ee: ir ſelb geſechts. Ich wil nit

16. ſein ein vrteyler dirr ding. Vnd er zwang ſy zeſchei-

17. den vom gericht. Wann ſy begriffen alle ſoſthenen
den fúrſten der ſynagogen ſy ſchlůgen in vor dem ge

*

8 ſy] vnd Z—Oa. **Wann**] Vnd P—Oa. **herre**] + der P.
9 paulo E—Oa. **die**] eyn Z—Oa. Du ſollt dir nit fúrchten. aber
red vnd ſchweyg nicht Z—Oa. 11 **das**] wann Z—Oa. **wann**]
vnd Z—Oa. **dirr**] der P. 13 Vnd paulus der (*fehlt* K—Oa)
ſaß Z—Oa. vij E, ſiben P. :er] vnd Z—Oa. **14 Wann**]
Vnd P—Oa. 13 **zů**] vnder Z—Oa. achie P. 16 vnd fúrten
Z—Oa. 17 Sagent. Diſer menſch der (*fehlt* K—Oa) rat Z—Oa.
dirr] der P. wider das geſetz G. **18 Wann**] Vnd P—Oa.
paulus Z—Oa. 19 Do ſprach. Gallio zů Z—Oa. O] Ir Z—Oa.
kein — 20 enthabt] etwas vngerecht oder ein bôſe ſúnde ſchuldig dez
todes. ſo duldet ich Z—Oa. 20 **vngeng**] bôß P. 21 Ob aber
Z—Oa. 22 **den**] dem K—Oa. **ir ſelb geſechts**] das lôgent
(ſehet K—Oa) ir ſelb (ſelbs K—Sc) Z—Oa. 23 **dirr**] der P. Vnd
trib ſy auß vom (von SZcSaSbOOa, von dem Sc) gericht Z—Oa. 24
Wann] Vnd P—Oa. 25 ſy] vnd Z—Oa.

*

8 ſy] di TF. 9 nit welleſt TF. 10 furchtent TF. nit
enfweig TF. 11 **das**] *fehlt* TF. **wann**] vnd TF. 12 **das
er**] daz T, dez daz F. **mir**] nit F. 13 **Wann**] vnd TF. ſex
manod TF. **14 Wann — 41 iunger**] *fehlt* TF; *nachtr.* ta. 16 pau-
lus wan zufuerten T. 17 wenn differ ret T. 18 paulus T.
23 differ T. 24 von deme T. ſoftonē T.

richt: vnd gallione dem was nit rûch dirr dinge.

18. Wann do paulus noch bett enthabt manig tag: er
gefegent die brúder er fchifft zû fyri vnd prifcilla vnd
aquila mit im: die im heten gefchorn das haubt in
19. cencris. Wann fy hetten kein kuntfchafft. | Vnd er
kam zû ephefi: vnd er ließ fy do. Wann er gieng in
20. ein fynagog er difputiert mit den iuden. Wann fy
baten in das er lenger zeyt beleib bey in er gehal fein
21. nit: | vnd er gefegent fy vnd fprach. Mir gezimpt
den hochzeytlichen tag der do zûkumpt· zemachen in
iherufalem: vnd aber kere ich wider zû euch ob es got wil:
22. vnd er gieng von ephefi. Vnd fteyg ab in cefar er
fteyg auff vnd grûft die kirchen: vnd fteyge ab zû
23. anthioch. Vnd macht do etlich zeyt er gieng· vnd
durchgieng von ordnung die gegent galat vnd frigi:
24. vnd veftent alle die iunger. Wann ein iude was bey
namen appoll von dem gefchlecht alexanders ein red-
25. famer man gewaltig in den fchrifften: | der kam zû
ephefi. Dirr was gelert am weg des herrn: vnd rett

30

35

40

---

26 gallioni dem *(fehlt* K—Oa) was der ding keyn acht Z—Oa-
dirr] der P. 27 **Wann**] Vnd P—Oa. do] + fich Z—Oa. ent.
halten Z—Oa. manigen S. 28 er] vnd Z—Oa. fyriam Z—Oa-
priftilla MEP. 30 teutris M, teucris E—Oa. er hett ein gelúb.
nuß. Vnd kam Z—Oa. 31 ephefum vnnd ließ Z—Oa. Er gieng
aber ein in die fynagog. vnd difputieret Z—Oa. 32 **Wann**] Vnd do
Z—Oa. 33 in baten das Z—Oa. er verwilliget fich nit. aber
er Z—Oa. 34 **Mir** — 36 **wil**] Ich will wider zû euch keren. will
es got Z—Oa. 37 vnd zog hin von Ephefo. vnd gieng ab in cefa-
ream. er gieng auff Z—Oa. 39 anthiochiam. Vnnd do er da belib
etlich zeyt do gieng er vnd Z—Oa. 40 **von**] nach der Z—Oa.
die] der G. galatiam ZSK, galaciam AGSbOOa, galathiam Sc, ga-
liciam ZcSa. vnd frigiam ZASK—Oa, *fehlt* ZcSa. 41 beftâtet
Z—Oa. die] *fehlt* PK—Oa. **Wann**] Vnd Z—Oa. bey] mit
Z—Oa. 42 appollo Z—Oa. gefchlecht ein alexandriner. ein
beredter man Z—Oa. 43 gefchrifften P—Oa. 44 ephefum Z—Oa.
Der P—Oa. **am**] in dem PK—Oa, denn ZA, den SZcSa.

26 **dem**] *fehlt* T. differ T. 28 gefengte T. 30 ceutris T.
kein] fein T. 34 wan er gefengte T. 35 **in**] zu T. 40 ga-
laath T. 41 **was**] *fehlt* TF. 42 appollo. von der geburt TF.
redleicher TF. 44 **am**] in dem TF.

mit hitzigem geiſt vnd er lernt fleyſſigklich die ding   45
die do waren iheſu: er weſſt allein den tauff iohan-
v. 26. nes. Dorumb dirr begund zethûn treuwlich in der
ſynagogen in dem namen des herren iheſu. Do ditz
hetten gehort priſcilla vnd aquila ſy entphiengen in:
vnd legten im fleyſſigklich heraus den weg dez herrn: 20
27. Wann do er wolt gen zû achaiam: die brûder vnder
weyſten in vnd ſchriben den iungern brieff das ſy in
entphiengen. Do er was kumen: er rett vil zû den
28. die do glaubten. Wann er vberwand die iuden ſterck
lich: er zeigt offenlich durch die ſchrift iheſum zeſein criſtum. 55

1.   W ann es wart getan do appollo   *xix*
           was zû chorinth: vnd paulus vbergieng in
           den oberſten teylen er kam zû ephiſi: vnd er
2. vand etlich iunger. | Er ſprach zû in. Ob ir gelaubt
ir entphiengt den heiligen geiſt? Vnd ſy ſprachen   6)
zû im. Wann ob es iſt der heilige geiſt wir horten

*

45 mit witzigem ZcSa.   **er lernt**] leret Z—Oa.   **46 er**] vnd
Z—Oa.   iohannis Z—Oa.   **47 dirr**] der P.   fieng an Z—Oa.
treülichen PA.   **48 in — iheſu**] *fehlt* Z—Oa.   **ditz**] diſen Z—Oa.
49 priſtilla MEP.   50 im] in M—Sc.   fleiſſigklichen Sb, fleißlich Oa.
auß Z—Oa.   **51 Wann**] Vnd Z—Oa.   achiam MEPS.   53 auff·
nemen. vnd do Z—Oa.   **54 Wann**] Vnd P.   ſtercklichen OOa.
55 er] vnd Z—Oa.   geſchrifft E—Oa.   das criſtus iheſus wâre Z—Oa.
criſtum] *fehlt* MEP.   **56 Wann**] Und Z—Oa.   es geſchach A.
57 corinthum Z—Oa.   durchgieng die ôberen teilen vnd kam in
epheſum. vnd vande Z—Oa.   **59 ob — 60 geiſt**] habend ir nit em-
pfangen den heyligen (heyli | Sc) geyſt gelaubend Z—Oa.   **61 Wann**
— 387 a 1 ir] Nun haben wir doch nit gehôret ob der heylig geſt
ſeye. Do ſprach er zû in. warin (warumb GSc) ſeyend ir denn Z—Oa.

*

45 vnd lert TF.   46 iheſus TF.   er] vnd TF.   **den**] di TF.
47 begung T, begund F, *auf raſur.*   getreulich TF.   48 iheſus
TF.   49 namen in TF.   50 im fleiſiclicher aus TF.   51 gegen
achaia TF.   53 **Do — 54 glaubten**] *fehlt* TF; *nachtr.* ta.   55 er]
vnd TF.   kriſt TF.   57 paul vbergieng di obriſten tail vnd kom
zu epheſen TF.   59 **vand**] + do TF.   **Er**] vnd TF.   60 en-
phacht TF.   61 **Wann**] Noch wir haben gehort TF.   **wir horten**]
fehlt TF.

ᵗ ₐ₎ fein nit. | Wann er fprach. Dorumb in wem feyt ir   v. 3.
getaufft? Sy fprachen. In dem tauff iohannis. | Wann   4.
paulus fprach. Iohannes der taufft das volck in dem
tauff der bûß fagent das fy gelaubten an den der do
5 ift kúnftig nach im das ift in ihefu: | do fy gehorten   5.
dife ding: fy wurden getaufft in dem namen des her
ren ihefu. Vnd do in paul hett aufgelegt die hand: 6.
der heilig geift kam auf fy vnd fy retten in zungen:
vnd weyffagten alfo das fy felber auflegten. Wann   7.
10 aller der warn als ·xij. Wann paul gieng in die fyna   8.
gogen vnd rett mit dúrftikeit durch ·iij· moned: er
difputiert vnd vnderweyft von dem reich gotz. Wann   9.
do etlich derhertenten vnd nit gelaubten fy flûchten
dem weg des herrn: er fundert die iunger vnd fchied
15 fich von in vor aller der menig: er difputiert teg-
lich in der fchûl eins gewaltigen. Wann ditz wart   10.
gethan durch ·ij· iare: alfo das alle die iuden vnd
die heiden die do entwelten in afia die horten daz wort
des herren. Vnd gott der tet nit lútzel kreffte durch   11.
20 die hende pauli: | alfo das ioch fein gewand wart ge   12.
numen von feim leib vnd wart gelegt auf die fiechen

1 Wann] vnd P.   2 fprach ZA.   der tauff Z—KSbSc.
Wann] Vnd P—Oa.   3 der] *fehlt* K—Oa.   4 an] in Z—Oa.
5 ihefum Z—Oa.   do — 7 ihefu] *fehlt* Sb.   8 paulus E—Oa.
9 alfo — 10 Wann] Vnd der mann aller warn bey zwelfen. Vnd
Z—Oa.   10 paulus E—Oa.   11 dúrftikeit] zûuerficht Z—Oa.
er] *fehlt* K—Oa.   12 difputierend K—Oa.   vnderweyft] rattend
ZZc—Oa, rattet A, redtend S.   Wann do] Vnd do P, Do aber Z—Oa.
13 erhörteten Z—Sa, verherteten K—Oa.   14 er — 15 er] vor aller
mânig do fchied er von in vnd befundert die iungern vnd Z—Oa.   15
tâglichen A.   16 Wann] vnd P—Oa.   das Z—Oa.   gefchach A.
17 ·lj·] zwelff S.   die] *fehlt* K—Oa.   18 die (*erstes*)] *fehlt* ZcSa.
wonten P—Oa.   die (*letztes*)] *fehlt* K—Oa.   19 der] *fehlt* K—Oa.
nit lútzel] nit wenig POOa, nit allerley oder wenig Z—Oa, allerley nit
wenig K—Sc.   20 auch Z—Oa.

1 fein — Dorumb] er fprach TF.   ir] + den TF.   3 paulus] +
der TF.   der] *fehlt* TF.   5 wer kunftig TF.   an ihefum TF.   7
ihefus TF.   paulus TF.   8 kam] viel TF.   9 auflegten] weiffagten
TF; alfo weiffagten *unterstrichen* T.   10 der] + manne TF.
paulus TF.   15 der] *fehlt* TF.   18 die horten] horten TF.
19 der] *fehlt* TF.   20 feine gewant wurden TF.   21 wurden TF.

vnd die ſiechtum ſchieden ſich von in: vnd die vn-

v. 13. reinen geiſt giengen aus. Wann auch etlich von den
vmbgenden iuden die do beſchwûren die geiſt die ver
ſûchten anzerûffen den namen des herrn iheſu vber
die die do hetten die vnreinen geiſt ſagent. Ich be-

14. ſchwere eúch bey iheſu den paulus brediget. Wann
eim iuden bey namen ſceue eins fúrſten der pfaffen
dem warn ·vij· ſún: die do teten diſe ding. Wann
ſy giengen ein zû dem der do bett den teúfel. Sy begun-
den anzerûffen den namen des herrn ſagent. Wir ge
bieten dir in dem namen des herrn iheſu den paulus

15. bredigt das du aufgeſt von im: | wann der bôß geiſt
antwurt er ſprach zû in. Iheſus hab ich derkannt:

16. vnd paulum weyß ich. Wann wer ſeyt ir? | Vnd
der man in dem der vnrein geiſt was der ſprang an
ſy vnd herſcht ir beyder· vnd vberwand ſy alſo das ſy
nacket vnd verwundet entpfluchen von dem haus.

17. Wann ditz wart gemacht kunt allen den iuden vnd
den heyden die do entwelten zû epheſi: vnd vorchte
viel auff ſy alle: vnd der nam des herren iheſu criſti

18. wart gemichelicht. Vnd die menig der geleúbigen

19. die kamen ſy beiachen vnd erkunten ire tate. Wann
manig von den die do betten nachgeuolgt den kún-

22 vnreinen] ſchalckhafftigen Z—Oa. 23 Wann] Vnd Z—Oa.
26 die bôſen geyſt. vnd ſprachen Z—Oa. 27 durch iheſum Z—Oa.
Wann] Vnd P—Oa. 28 eim] ein P, einen ZcSa. bey] mit Z—Oa.
ſtene M. eim] einem ZASK—Oa, einen ZcSa. prieſter P—Oa.
29 dem] den ZcSa, fehlt K—Oa. diſe] daz Z—Oa. Wann — 33 im]
fehlt Z—Oa. 33 vnd der ſchalckhaftig geyſt Z—Oa. 34 er] vnd Z—Oa.
Iheſum Z--Oa. 35 aber Z—Oa. 36 vnrein] bôß Z—Oa. der (letztes)]
fehlt K—Oa. 39 Vnd das warde kunt Z—Oa. 39,40 den] fehlt K—Oa.
40 wonent P, wonten Z—Oa. epheſum Z—Oa. vnd] + die Z—Oa.
42 großgemacht P—Oa. die menig] vil Z—Oa. 43 die] fehlt K—Oa.
ſy beiachen] bekennend Z—Oa. verkunten P, verkundend Z—Oa.
Wann] Vnd P, Aber Z—Oa. 44 vil auß den Z—Oa.

25 des] vnſerz T. 25, 27 iheſus TF. 28 eim] ain T.
29 redten TF, teten ta. Wann] vnd TF; (vnd — 33 im unter-
strichen T). 32 des herrn iheſu] iheſus TF. 33 auſt geſt T.
wann] vnd TF. 34 Iheſum TF. 39 wart kunt getan TF.
43 die] + den F. beiachten T, beiaichen F.

45 ſten oder den húbſchen dingen die brachten die búcher
vnd verbranten ſy vor allen: vnd achten iren werd
vnd funden das gût ·l· tauſent pfennig. Vnd alſo   v. 20.
ſtercklich wúchs das wort des herren vnd wart ge-
ſterckt. Wann do diſe ding warn erfúllt paulus fúr   21.
50 ſatzt im geiſt vberzegeen von macedom vnd achaia
vnd zegen zů iheruſalem ſagent: wann dornach ſo ich do
werd: mir gezimpt auch zegeſehen rome. Wann er   22.
ſante zwen in macedom von den die im ambechten
thymotheum vnd eraſtum: vnd erſelb beleib in aſia
55 zů dem zeyt. Wann nit ein lútzel trúbſal wart ge-   23.
macht in dem zeyt von dem weg des herren. Wann   24.
ein goltſchmid was bey namen demetrius der macht
ſilbrin tempel oder heuſer dyane der bracht nit lútzel
gewinne den werckmeyſtern: | er rieffe zůſamen die   25.
60 die do waren meyſter des ſelben dings vnd ſprach.
O mann ir wiſſt daz vns iſt ein michel gewinnung
387b] von diſem hantwerck: | vnd ir ſecht vnd hőrt das dirr   26.
paulus abkert manig geſelſchaft nit allein zů epheſi
wann er vnderweyſt vilnach alles aſia ſagent: wann
es ſeind nit gőt die do werden gemacht mit den hen

45 oder — dingen] *fehlt* OOa.   die (*erstes*)] *fehlt* K—Oa.
46 vnd verbauwen M.   47 gůt] gelt Z—Oa.   Vnd] *fehlt* Z—Oa.
48 ward beſtåttet. Vnd do Z—Oa.   49 paulus der (*fehlt* K—Oa) nam
im fúr im geiſt zegeen Z—Oa.   50 macedon EP, macedonia Z—Oa.
achia S.   51 vnd zegen zů] gån OOa.   ſo] do Sc.   52 So
můß ich auch rom ſehen. vnd ſendet in macedoniam zwen auß den
Z—Oa.   zeſechen P.   Wann] Vnd P.   53 macedon P.   im]
in E.   dienten P—Oa.   54 vnd er belib auf (*fehlt* OOa) ein zeyt
in aſia. Vnd nit Z—Oa.   55 wenig P—Oa.   gemacht] *fehlt* Z—Oa.
56 der zeyt K—Oa.   Wann] Vnd P.   57 bey] mit Z—Oa.   58
oder heuſer] *fehlt* OOa.   bracht] gab Z—Oa.   wenig P—Oa.
59 er rûfft P, der vordert Z—Oa.   die] *fehlt* OOa.   61 O] Ir Z—Oa.
ein michel] ein großer P, die Z—Oa.   gewin P.   1 dirr] der P.
2 abkeret vil volcks Z—Oa.   zů] *fehlt* Z—Oa.   3 wann] ſunder
auch Z—KSb—Oa, ſunder G.   vilnach] ſchier K—Oa.   wann]
fehlt OOa.

45 die (*erstes*)] ſi T.   49 fúrſatzt] der furſacz TF.   50 acha-
iam TF.   53 die] + da F.   4 ze ſein nit TF.

v. 27. den. Wann vns wirt nit allein verderbt dirr teil ze
kumen in verwúſtung: wann auch der michel tem-
pel dyane der wirt geacht zenichten: wann auch ſein
magenkraft diſe begunde zûuerwúſten die do erete
28. alles aſia vnd der vmbring. Do ſy hetten gehort diſe
ding ſy wurden erfúllt mit zorn: vnd rieffen ſagent
29. Diana der epheſier der iſt michel. | Vnd die ſtat wart
derfúllt mit verwúſtung: vnd ſy machten ein gech
mit eim gemút in das rathaus ſy zuckten gayo vnd
30. ariſtarcho die macedonier die geſellen pauls. Wann
do paul wolt eingen vnder das volck die iunger ge-
31. ſtatens nit. Wann etlich von den fúrſten aſie die
do warn ſein freúnde die ſanten zû im: bittent das
32. er ſich nit gebe in das rathaus. Wann die anderen
ſprachen ein anders. Wann die kirch was verwúſt:
vnd manig weſſten nit vmb waz ſach ſy warn kumen
33. Wann die geſellſchaft von den iuden die zugen aus
alexander. ſy flechten in. Dorumb alexander

10

2)

    5 **Wann**] Vnd P, Nun Z—Oa.   wirt vns Z—Oa.   **dirr**] der
P.   teyl das der vns kumm in verwerfung Z—Oa.   6 **wann**] vnd
P, aber Z—Oa.   **der** — 9 **vmbring**] der groſſen gôttin dyane tempel
der *(fehlt* K—Oa) wirt zenichte geſchâtzet (geſeczt Sc), vnd wirt an-
fahen erbrochen zewerden ſein mayeſtat die das gantz aſia vnd der
(+ den ZcSa) vmbkreys eret Z—Oa.   6 groſſe P.   8 mageſtatt P.
ereten EP.   9 **der**] den EP.   vmbkrayß P.   10 rúfften P,
ſchrien auß Z—Oa.   11 **der** *(zweites)*] die Z—Sa, *fehlt* K—Oa
groß P—Oa.   12 **ein**] *fehlt* P.   vngeſtúme Z—Oa.   13 **eim**]
dem S.   rechthauß Z—Oa.   zuckten ſie K—O, zuckendt ſy Oa.
gayum vnd ariſtarchum Z—Oa.   14 mitgeferten Z—Oa.   paulus
EP, pauli Z—Oa.   **Wann**] Vnd P—Oa.   15 paulus E—Oa.
16 aber Z—Oa.   17 **ſanten**] + ſy Sc.   18 **ſich**] ſy P.   das
ſchawhauß Z—Oa.   **Wann**] Vnd P, Aber Z—Oa.   19 ſchrien Z—Oa.
20 **kumen** — 22 **in**] zûſamen kumen. Aber ſy czugen herdan alexan-
drum. vnd die iuden triben in fúr Z—Oa.   21 aus | von alexander MEP.

*

    5 verdirbz F.   8 di begint TF.   ert TF.   9 ſi gehorten TF.
13 **in**] an TF.   14, 15 paulus TF.   16 -ſtaten ſein nit TF.   aſya
TF.   18 **nit**] icht TF.   20 **vmb** — **kumen**] *fehlt* TF; durch welher
ſach ſie warn geſament, *nachtr.* tc.

der iefch die fchweygung mit der hand: er wolt ge
ben die red dem volck. Do fy in hetten erkannt zefein   v. 34.
25 ein iuden: ein ftymm wart gemachet aller als durch
zwû ftûnt rûffent vnd fagent. Dyana der ephefier
ift michel. Vnd do der fchreiber bett geftillt die ge-   35.
felfchaft er fprach. O mann von ephefi: wann welcher
der menfchen ift der nichten weyß zefcin die vbung
30 der ftatt der ephefier die micheln dyani vnd des ge-
fchlechts iouis? Dorumb fo nit mag widerfagen   36.
difen dingen eúch gezimpt zefein gefridfam: vnd nit
zetûn freuenlich. Wann ir habt zûgefûrt dife mann   37.
die do nit fpottent eúwer heiligen noch eúwers gots
35 Vnd ob demetrius vnd die werckmeifter die do feind   38.
mit im babent etlich fach wider fy: die werden ge
than das fy werden gefament vnd feind die ratgeben
fy befagent an einander. Wann ob icht anders dings   39.
ift das ir fûcht: das mag werden entbunden in der
40 elichen kirchen. Wann wir verderben auch zeftraffen   40.
dez heútigen widerteils: fo keiner wirt fchuldig dez auf

*

23 **der** (*erstes*)] *fehlt* K—Oa.   hiefch K—Oa.   **die**] ein P.
wolt] + auch Sb.   24 **red**] rechnung Z—Oa.   **zefein**] *fehlt* P.
das er ein iud was. do (*fehlt* OOa) ward ein ftymm aller Z—Oa.
25 **als**] *fehlt* P.   27 **ift**] + gar Sb.   groß P—Oa.   die fcharen.
Do fprach er. Ir mann Z—Oa.   29 ift der menfchen der nicht wiß
da (das SK—Oa) die ftat. der ephefier feye (+ ein dienerin Z—Sa) der
groffen dyane Z—Oa.   30 groß P.   31 ionis M.   **widerfagen**
— 33 **freuenlich**] widergefaget (widerfagt Oa) werden difen dingen. fo
mûffend ir gefchweiget fein vnd nichts frâuelichs tûn Z—Oa.   32
fridfam P.   33 **dife** — 35 **ob**] die menfchen. vnd nicht kirchen-
brúchel noch lôßterend ewer gôttin. hat aber Z—Oa.   35 **vnd**] +
auch Sb.   36 **habent** — **fy**] ein fach wider einen Z—Oa.   37 **vnd**
— 39 **fûcht**] in der famung der recht fprecher. vnd do die (die do ZeSa)
ratgeben feien. vnd (*fehlt* OOa) do fúllen fy an (*fehlt* SOOa) einander
beclagen. ob ir aber icht (nit A) anders dings fúchend Z—Oa.   40
auch zeftraffen] vnd geftraffet werden Z—Sa, vnd werden geftraffet
K—Oa.   41 auflauffs. So keiner fchuldig feye des czûlaufs Z—Oa.

*

23 yefchen di fweiunge TF.   25 ainen iuden TF.   29 nit
TF.   vbrung T, vbriung F.   30 dez micheln diana TF.   33 fref-
lich T, freflich F.   38 befagten TF.   **Wann**] vnd TF.   39
ir] *fehlt* TF.

lauffes von dem wir nit múgen lang kriegen mit
paul vnd zegeben die rede: vnd do er ditz hett gefagt
er ließ die kirchen.   *xx*

v. 1.   W ann dornach do der wúff bett auffgehorte:
        paulus der rúff den iungern er vnderweyſt
        ſy er gefegent ſy: vnd gieng aus daz er gieng
2. zů macedom.   Wann do er was durchgegangen dife
    teyl vnd ſy bett vnderweyſet mit manigen worten
3. er kam zů kriechen: | do er do was geweſen drey moned
    im wart gemacht lage von den iuden er fchifte zů
    fyri: vnd er bett ein rat das er widerkert durch ma
4. cedom | wann ſofypater pirri der pirener der gefellt
    fich zů im: wann die von theſſalonicens ariſtarchus
    vnd fecundus gaius derbeus vnd thymotheus: wann
5. afia thyticus vnd trophinus.   Do dife waren vor
6. hin gegangen ſy enthabten vns zů troade: | wann
    nach den tagen der derbe wir fchifften von philippis
    wir kamen zů in zů troade in fúnff tagen: do ent-

·

42 nit — 43 rede] múgen (+ kein S) rechnung geben Z—Oa.
45 Nach dem aber. vnd aufhórte das gefchrai Z—Oa.   46 der] *fehlt*
K—Oa.   rúfft P—Oa.   47 er (*erstes*)] vnd Z—Oa.   48 in
macedoniam. Do er aber het durchgangen Z—Oa.   50 er kam —
52 ein] kam er in kriechenland (kriechyfche land OOa) vnd do er da-
felb (dafelbft K—Oa) was drey moned geweſen do warden im heymlich
fúrwartung gemachet von den iuden do er wolt fchiffen in fyriam.
Vnd het Z—Oa.   50 do er] der MEP.   52 durch — 54 theſſa-
lonicens] in macedoniam. Aber es gieng mit im Sofipater der pirribe-
roner vnnd der theſſalonicenfer Z—Oa.   53 foſy pater M.   pierner
P.   55 fecundus] + vnd Z—Oa.   derbus P, derbens ZSZcSa.
wann afia] die afianer. Aber Z—Oa.   56 Do] vnnd do Z—Sa.   57
gegangen — 58 fchifften] gangen. do (*fehlt* K—Oa) hielten ſ̃ (*fehlt*
K—Oa) vns auff troade. Aber wir fchifften nach (+ nach Oa) den ta-
gen der derben (vngefewrten K—Oa) brot Z—Oa.   59 wir] vnd
Z—Oa.   zů in in troadem Z—Oa.   do — 60 Wann] vnnd Z—Oa.
59 wont P.

*

43 paulus TF; nit ... lange kriegen mit paulus vnd *geftrichen* T.
48 difen TF.   52 vnd er] vnd TF.   53 pirener] beroer ta.
54 in TF.   55 fecundus] + vnd TF.   56 vnd] *fehlt* TF, *nachtr.*
corr. T.   58 philippens TF.

60 welt wir ·vij· tag. Wann an einem des fambftag do   v. 7.
wir waren gefamment zebrechen das brott paulus
61 difputiert mit in vnd fterckt ir felen: er was zegen
an dem morgen er verzoch das wort vntz zů mitter
nacht. Wann glafuaß warn in dem foler: do wir   8.
waren gefament. Wann ein iungling bey namen   9.
5 euticus der faffe auf einem venfter: do paulus als lang
difputiert er wart bedruckt mit fchwerem fchlaffe
er wart verfůrt vom fchlaff er viel nider von dem
dritten foler: er wart aufgehaben vnd wart bracht
tod. Do paulus was abgeftigen zů im er neigt fich   10.
10 vher in: er vmbuieng in vnd fprach. Nichten welt
werden betrůbt. Wann fein fel ift in im. | Wann paul   11.
fteyg auff er brach brot vnd affe: vnd do er bett ge-
nůg gerett alfo vntz zů dem liecht: er gieng. Wann   12.
fy fůrten das kind lebentig: vnd fy wurden nit ein
15 lützel getröft. Wann wir ftigen auff in einem fchiff   13.
wir fchifften in affon: von dann fy paul waren zů

*

60 **des fambftag**] des fambftags P, fabbath Z—Oa.   61 **waren
gefamment**] komen warn Z—Oa.   zerbrechen P.   **paulus**) +
der Z—Sa.   1 **fterckt — 3 warn**] wolt zemorgens hinweg ziehen.
vnd verlengert die predig vntz (biß Sb—Oa) in die mittennacht (mit-
ternacht SOOa). Es waren aber vil amplen Z—Oa.   4 **Wann**] Vnd
Z-Oa.   **bey**] mit Z—Oa.   5 euticis M.   **der**] *fehlt* K—Oa.
6 **er wart**] do ward er Z—Oa.   7 do ward er gefůret von dem
fchlaff vnd viel herab Z—Oa.   **von**] vom K.   8 **er — 9 tod**]
vnd ward tod aufgehaben (·gehebet Sc) Z—Oa.   10 **er**] vnd Z—Oa.
Ir fůllend nit betrůbet werden Z—Oa.   11 **Wann** (*zweites*)] Vnd
P—Oa.   **paul**] paulus P, er Z—Oa.   12 **fteyg — 13 gieng**] gieng
auff. vnd brach das brot vnd verfůchet das vnnd redt genůg vntz (biß
Sb—Oa) zů dem liecht. vnd zog alfo hinweg Z—Oa.   13 **Wann**]
Vnd P—Oa.   14 **vnd fy**] herzů. Vnd Z—Oa.   15 wenig P—Oa.
Wann] Vnd P, Aber Z—Oa.   in ein K—Oa.   16 **wir**] vnd Z—Oa.
von — 17 entphachen] Das wir dauon empfiengen (empfieng S) pau-
lum Z—Oa.   16 paulum EP.

*

60 fambftagz TF.   61 **paulus**] + der TF.   2 den F.   3
Wann] + begnůgklich TF.   5 enthicus TF.   9 **tod**] + Darum
TF.   waz paulus F.   10 **in vnd**] vnd F.   welft TF.   11 pau-
lus TF.   12 daz prot TF.   14 **vnd fy**] vnd TF.   15 ein TF.
16 paulus TF.

entphachen.   Wann alſuſt ordent: er ſelber zemachen

v. 14. den weg durch das land.   Wann do er vns het funden
in aſſon: do wir in entphiengen wir komen in mi-

15. tile.   Vnd dornach ſchifften wir am andern tag wir
kamen zů contrachi: vnd an dem andern tag zůfůgt
wir vns zů ſamum: vnd an dem andern tag kam wir

16. zů milet.   Wann paulus bett im fůrgeſetzt vber zů
ſchiffen zů epheſi: das im icht wůrde gemacht ein
ſaumung in aſia.   Wann er eylt ob es im wer můg

17. lich: das er den pfingſtag macht zů iheruſalem.   Wann
er ſant von milite zů epheſi er rieff die merern der

18. geburt der kirchen: | do ſy waren kumen zů im vnd
waren mit einander: er ſprach zů in.   Ir wiſſt von
dem erſten tag an dem ich bin eingegangen in aſia
in welcherweys ich was thůn mit euch durch alles

19. das zeyt | dienent dem herrn mit aller demůtigkeit vnd
mit vil trehern vnd mit verſůchungen die mir ge

20. ſchachen von den lagen der iuden: | in welcherweys ich
euch nit minner hab hinderzogen der nutzſamen ding ·

*

17 **Wann**] Vnd PS.   alſo P—Oa.   18 **Wann**] Vnd P-Oa.
er — 20 **tag wir**] wir zůſamen kamen in aſſon da namen wir in mit
vns. vnd kamen in mitilenem. vnd fůren am (an dem Sc) andern tag
von dann. vnd Z—Oa.   21 **zů contrachi**] gegen chium Z—Oa.
am OOa.   **zůfůgt — 23 milet**] lentten wir zů (+ zů Z—Sa) ſa-
mum. vnd kamen an dem nachuolgenden tag in Miletum Z—Oa.   22
zů ſamum] zůſamen MEP.   23 **Wann**] Vnd P.   24 epheſum
Z - Oa.   **im**] in P.   nit AOOa.   **gemacht**] fehlt Z—Oa.
25 **ſaumung**] ſamnung MEP, verziehen Z—SbOOa, verziehung Sc.
Wann] Vnd P.   26 **macht**] begienge Z—Oa.   **Wann**] Vnd P-Oa.
27 mileto Z—Oa.   er růſt P, vnd vordert Z—Oa.   28 **do**] Vnd
do Z—Oa.   ſy kamen OOa.   29 **mit**] bey Z—Oa.   31 alle
Z—Oa.   32 **das**] die Z—Sa, fehlt K—Oa.   33 mit zåheren Z—Oa.
verſuchen G.   34 auß den (dem G) heymlichen neyden der Z—Oa.
35 **nit — 37 heůfer**] nichtz nůtz entzogen hab das ich euch nit verkůn-

*

19 zu mitilem TF.   20 **wir kamen — 21 tag**] fehlt TF; nachtr.
ta.   22 **zů ſamum**] zuſamen TF.   24 wurden T.   **ein**] ſein TF.
25 ſammung F.   **es**] fehlt T.   27 milit TF.   **die**] den TF.
30 an den F.   33 verſuchung TF.   34 **den**] dem F.   lachen T.
lagen ta.   35 des TF.

ich erkunt euch die wort gotz vnd lert eúch offenlich
| vnd bezeúget durch die heúfer: den iuden vnd den   v. 21.
heyden die búß in gott vnd den gelauben in dem her-
ren iheſu criſto Vnd nu ſecht ich bin gebunden mit   22.
40 dem geiſt ich gee zú iheruſalem ich miſſkenn die ding die
mir ſein kúnftig in ir: | neur daz mir der heilig geiſt   23.
vor bezeúgt durch alle die ſtette ſagent. Wann die
band vnd mein trúbſal: die beleibent mir in iheruſalem.
Wann ich vôrcht keins dirr ding: noch mach mein   24.
45 ſel edeler denn mich: ſo ich nu volend meinen lauf
vnd die ambechtung des wortes das ich entphieng
von dem herrn iheſu zebezeúgen euch das ewangelium
der gnaden gotz. Vnd nu ſecht ich weyß das ir alle   25.
von des hin nichten geſecht mein antlútze: bey den
50 ich bin vbergangen zebredigen das reych gots. Dor   26.
umb ich entzampt bezeúg eúch an dem heútigen tag:
an dem ich bin rein von dem blût aller. Wann ich   27.
hab mit alle nit hinderzogen zú erkúnden in euch den
rate gotz: | vernempt euch vnd aller der hert in der eúch   28.

*

dete vnnd euch lerte offenlich auch durch die heuſer bezeúgend Z—Oa.
36 verkunt P.   38 dem] den E—SK—Sc.   39 iheſu
criſti EP, iheſum criſtum Z—Oa.   40 vnd ways nit die Z—Oa.
41 neur] nun ZcSaOOa.   42 bezeúg EP.   die (erstes)] fehlt
ZASK—Oa.   Wann] Vnd P.   43 vnd] + auch Sb.   mein]
die Z—Oa.   die] fehlt K—Oa.   wartend mein in Z—Oa.   44
Wann] vnd P, aber Z—Oa.   dirr] der PZcSa.   46 die dienſt-
berkeyt P, den dienſt Z—Oa.   47 bezeúgen Sb.   euch] fehlt
Z—Oa.   49 fúrohin Z—Sa, fúranhin K—Sc, fúrhyn OOa.   nicht
werdent ſehen mein antlútz durch die ich bin gangen predigend Z—Oa.
51 entzampt] miteinander P, fehlt Z—Oa.   bezeúg] + nit ZSK—Sc,
mit AZcSaOOa.   52 an — rein] das ich reyn bin Z—Oa.   52
Wann] Vnd P.   53 mit — 54 vernempt] nit geflohen. das ich
euch nit verkúndete allen rat gottes. vermerckend Z—Oa.   54 aller
der hert] aller der ret MEP, auff alles volck oder herd Z—Sc, auff
alle herde OOa.

*

36 ler TF.   37 der iuden TF.   der haiden F, di haiden T.
38 dem] den F.   39 iheſum criſtum TF.   42 alle ſtet TF.
44 mach] enmacht TF.   45 mich] ich F.   47 iheſus TF.   ewang-
li TF.   48 nu] fehlt TF; nachtr. ta.   49 nichten] vbergangen
nit TF (vbergangen unterstrichen T).   52 an dem] daz TF.

der heilig geiſt hat geſatzt biſchoff zerichten die kirch

v. 29. en gotz: die er hat gewunnen mit ſeinem blůt. Ich
weyß daz nach meiner ſcheidung eingend vnder eůch

30. zuckent wolff: die do nit ſchonent der herde. Vnd
von eůch ſelb ſtend auff mann die do redent die ver-

31. kerten ding: daz ſy abkern die iunger nach in · | dorumb
wacht behabt die gedenckung: das ich nit auffhort
durch ·iij· iar tags vnd nachts ich manet ewer ieg-

32. lichen mit trehern. Vnd nu brůder ich entpfilch eůch
got vnd dem wort ſeiner genaden: der do iſt gewal
tig zebauwen vnd zegeben das erb in allen den gebei

33. ligten. Ir ſelb wiſſt das ich nichten begert ſilber vnd

34. gold oder das gewand keins: | wann ioch diſe hend die
haben geambecht die ding die mir warn notturfftig

35. vnd den die mit mir ſeind. Wann ich hab eůch ge-
zeygt alle ding: das alſuſt arbeitent gezimpt zů ent
phachen die krancken · vnd angedechtig ſein des wortz
iheſu: wann er ſagt es. Seliger iſt mer zegeben denn

36. zů entphachen. Vnd do er ditz hett geſagt: er neigt

37. ſein knye mit in allen vnd bett. Wann michels wein-
en wart gemacht allen: vnd ſy neygten ſich auff den

*

55 zeregiern Z—Oa. 57 abſcheydung Z—Oa. ein werden
geen Z—Sa, eingeen werden K—Oa. 59 auß euch ſelb werden auf-
ſtan Z—Oa. ſelber P. 60 **abkern**] bekern P. 61 wachent vnd be-
haltend in gedechtnuß. das ich nit auff gehört hab Z—Oa. 1 tag
vnd nacht vermanend ewer Z—Oa. 2 zåhern Z—Oa. **brůder ich**]
brůderlich Z—Oa. **entpfilch**] + ich Zc—Oa. 4 den] *fehlt* Z—Oa.
geheiligten] + dingen Z—Oa. 5 nit begert hab Z—Oa. 6 oder
eůwer keyns gewande. Wann diſe Z—Oa. die] *fehlt* K—Oa. 7
geambecht] gebeten P, gereychet Z—Oa. 8 **mit**] bey Z—Oa. 9
das] wann Z—Oa. alſo P—Oa. můß man aufnemen Z—Oa.
10 ingedåchtig Z—Oa. 11 er hat es geſaget. Es iſt mer ſåliger
geben wann (dann Oa) nemen Z—Oa. 12 **er** (*erstes*)] *fehlt* ZcSa.
13 **Wann**] Vnd ein Z—Oa. groſſes P, groß Z—Oa. 14 ward
ir aller Z—Oa.

*

56 **blůt**] + vnd F. 57 **weyß**] waz F. vnder euch ingend
TF. 59 ſelber TF. 2 **mit**] + herten T, *gestrichen*; herczen F.
5 nit TF. 8 den] *fehlt* TF. 9 arbaten TF. 10 ſiechen
vnd zu gedenken dez wortz dez herren iheſus wan erſelb ſprach *es*
iſt mer (mir F) ſeliger TF. 12 **Vnd**] *fehlt* TF. 13 michel TF.

15 hals pauli fy kufften in: | fy waren aller meyft leidig
in dem wort das er in bett gefagt das fy von defhin
nit wern zefehen fein antlútz. Vnd fy fûrten in zû
dem fchiffe.

xxj

20 Wann do es wart getan das wir fchifften von
in in einer kúrtze: wir kamen mit rechtem
lauff zû choum: vnd am andern tag zû ro-
dum: vnd dornach in pateram: vnd do wir beten fun
den ein fchiff vberzefaren in phenicen: wir ftigen auf
vnd fchifften. Wann do wir warn erfchinen cipern
25 vnd wir lieffen zû der winfter wir fchifften in fyri:
vnd kamen zû thyri. Wann do was ein fchiff aufle
gent die búrd. Wann do wir hetten funden die iun-
ger wir beliben do ·vij· tag. Die fagten paulum durch
den geift: das er icht aufftig zû iherufalem. Vnd do die
30 tag waren erfúllt wir giengen aus· fy fûrten vns
alle mit den weihen vnd mit den fúnen vntz fúr die
ftatt: vnd do wir hetten geneigt die knye wir betten
an dem geftade. Vnd do wir hetten gefegent einan-
der wir ftigen auf in das fchiff: wann fy kerten wider
35 in die iren. Wann wir vollenten die fchiffung von

2.

3.

5.

6.

7.

*

16 **von defhin**] fûrohin Z—Sa, fûranhin K—Oa. 17 **wern**]
wûrden Oa. gefehen P, fehen Z—Oa. **fy**] *fehlt* Z—Oa. 19
Wann] Und Z—Oa. **do**] *fehlt* A. es gefchach AOOa. von
jm SbOOa. 20 **in einer kúrtze**] *fehlt* Z—Oa. 21 an dem Z—Oa.
rodum] robum P. 23 phenicem Z—Oa. 24 **Wann**] Vnd Z—Oa.
erfchinen] + zû K—Oa. 25 vnd lieffen das zû der lingken hand
Z—Oa. lingken EP. firiam Z—Oa. 26 thytum Z—Sa,
thyrum K—Oa. ein fchich S. 27 **Wann**] Vnnd Z—-Oa. 28
Dife ZASK—Oa. paulo Z—Oa. 29 icht — zû] nit aufgieng
gen Z—Oa. 30 auß. vnd fy belaytent vns Z—Oa. 31 biß Sb—Oa.
33 aneinander Sc. 34 **wann**] vnd P, aber Z—Oa. 35 in ire
herberg. Aber wir Z—Oa.

*

15 paulus TF. wurden TF. 17 **fy**] *fehlt* TF. 20 **in
einer kúrtze**] abftracti T, zu abftracti F; in einer kurcz ta. 21
lauffen zu chum TF. anderm F. 22 patria F. 24 zu cipern
TF. 25 **vnd**] *fehlt* T. **lieffen**] + fi TF. vinfter T. 26
thyri] thitu (*unterftrichen*) thyri T, Tirum F. 28 paulus TF. 34
auf — 36 **ftigen**] *wiederholt* F (*das erfte* ftigen *fchluss der feite*).

thyri wir ſtigen ab zů tholomaidam: vnd do wir het
ten gegrúſſt die brúder wir beleihen bey in einen tag
v. 8. Wann an dem andern tag gieng wir aus wir kamen
zů ceſari. Vnd wir giengen in das haus philipps
des ewangeliſten der do was einer von den ſiben: wir
9. beleiben bey im. Wann diſem warn ˙iiij˙ tŏchter iunck
10. frauwen die do weyſſagten. Vnd do wir do wonten
durch etlich tag: ein weyſſag der vberkam von iuda
11. bey namen agabus. Do dirr was kumen zů vns er
nam die gúrtel pauli: er band im die hend vnd die
fúſſe vnd ſprach. Diſe ding ſpricht der heilig geiſt.
Den man des diſe gúrtel iſt alſo bindent in die iuden
in iheruſalem: vnd ſy antwurten in in die hend der beiden
12. Do wir ditz hetten gehort vnd die die do waren der
13. ſtat: wir baten˙ das er nit aufftig zů iheruſalem. Do ant
wurt paulus vnd ſprach. Was tůt ir weinend vnd
quelent mein hertze. Wann ich bin bereyt vmb den
namen des herren iheſu: nit allein gebunden werden
14. in iheruſalem wann auch zeſterben. Vnd do wir in
nit mochten vnderweyſen: wir gehullen ſagent. Der
15. will des herren werd getan. Wann nach diſen tagen
16. do wir waren bereyt wir ſtigen auf zů iheruſalem. Wann

*

36 thyro vnd fúren ab Z—Oa. ptalamaydam Z—Sa, ptolo-
maydam K—Oa. 38 Aber Z—Oa. wir (zweites)] vnd Z—Oa.
39 ceſaream Z—Oa. wir] fehlt Z—Oa. philippi Z—Oa. 40
wir] vnd Z—Oa. 41 Wann] vnd Z—Oa. 42 der] fehlt K—Oa.
kam Z—Oa. 44 bey] mit Z—Oa. Do] Vnd do Z—Oa. der
was P. 45 er] vnd Z—Oa. 47 diſe] die Sc. alſo werden
in binden Z—Oa. 48 ſy — in in] vnd werden in antwurten in
Z—Oa. 50 aufgieng Z—Oa. 51 paul EP. 52 beinigent
P—Oa. 53 zewerden K—Oa. 54 wann] ſunder P—Oa. ſter-
ben Z—Sa. 55 wir lieſſen dauon vnd ſprachen Z—Oa. 56 Wann]
Vnd Z—Oa. 57 giengen wir auff Z—Oa. zů] gen P. Wann]
Es kamen Z—Oa.

*

36 hetten gegrúſſt] gegruzzten TF. 40 ſibben T, ſelben F.
41 dem TF. 42 Vnd] wan TF. 43 tag] fehlt T, nachtr. tc.
45 nam] + er nam F, gestrichen. paulus TF. fuzz vnd di hend
TF. 48 ſy] fehlt TF. der (gestrichen) der F. 50 nit] icht
TF. 53 iheſus TF. werden gepunden TF. 56 des herren]
gotz TF.

auch von den iungern von cefar die kamen mit vns:
fy fûrten mit in bey dem wir herbergten iafo den cipe
60 rer einen alten iunger. Vnd do wir waren kumen   v. 17.
zû iherufalem: die brûder entphiengen vns gern. Wann   18.
186 a] an dem andern tag paulus gieng ein mit vns zû ia
cob: vnd die alten waren alle gefamet. Do er fy het   19.
gegrûfft: er erkunt durch alle die ding die got hett
getan durch fein ambechtung vnder den beiden. Vnd   20.
5 do fis betten gehort fy michelichten got: vnd fprachen
zû im. Brûder fich daz taufent feint vnder den iuden
die do gelaubent gott: vnd alle feind fy nachuolger
der ee. Wann fy haben gebort von dir: das du lerft   21.
die miffhellungen oder die fcheidung von moyfes
10 der iuden die do feind bey den heiden · fagent daz fy nit
fûllen befchneyden ir fûn: noch eingen nach der ge-
wonheit. | Dorumb was ift es. Ernftlich es gezimpt   22.
zûfamen die menig. Wann fy babent gehort dich
zefein kumen. Dorumb fo thû was wir dir fagen.   23.
15 Wann vns feind vier mann die do habend gelobde
kuntfchaft vber fich. So du dife entphechft geheilig   24.
dich mit in: vnd leg mit in an daz fy fcheren ir haubt:

58 von] auß Z—Oa.   cefar die kamen] cefarea Z—Oa.   59
fy — 60 alten] vnd fûrten mit in iafonem bey dem wir wurden be-
herberget. der was von cipern vnnd ein alter Z—Oa.   61 Aber
Z—Oa.   1 iacobum Z—Oa.   3 do verkundet er in alle ding Z—Oa.
verkunt P.   hat Z—Sa.   4 fein] dein O, des Oa.   dienen
P, dienftberkeit Z—Oa.   vnder] in Z—Oa.   5 großmachten P,
großmechtigen ZAZcSa, großmâchtigten SK—Oa.   7 haben gelaubet
got. vnd feind all lieb haber Z—Oa.   8 aber Z—Oa.   9 die
miffhellungen oder] fehlt Z—Oa.   fcheidung] fchiedung M,
fchneydung Z—Sa, befchneydung K—Oa.   moyfe Z—Sc, moyfi
OOa.   10 bey den] durch die Z—Oa.   12 Ernftlich] fehlt
P, Fúrwar Z—Oa.   es mûß zûfamen komen die mânig. Wann fy
werden hören das du komen feyeft Z—Oa.   15 Wann] fehlt Z—Oa.
do] fehlt Z—Oa. ·   gelobt E—Oa.   16 kuntfchaft] ein gelûbd
Z—Oa.   fich] fie A.   entpfacht P, aufnymbft Z—Oa.

58 cefari TF.   59 im TF.   dem F.   2 alle] fehlt TF.
5 fi es TF.   michelten TF.   6 daz] wie vil ta.   9 miffehellung
TF.   11 folten TF.   13 di menig zefamen (zamen T) TF.
15 gelobde] fehlt TF; nachtr. ta; kuntfchaft unterftrichen T.

vnd ſy wiſſent alle · das die ding ſeind valſch die ſy
babent gehort von dir · wann du ſelb gee vnd behút
v. 25. die ee. Wann von den heyden die do gelaubten den
ſchreiben wir zeurteylen das ſy ſich enthaben vor den
abgöttern vnd von den geopfferten vnd von dem blůt
vnd von der verſtickung vnd vor der gemein vnkeuſch

26. Do nam paulus diſe mann er wart gereinigt mit
in an dem andern tag er gieng in den tempel: vnd
erkúndet die erfúllung der tag der gereinigung vntz
das das opffer wúrde geofferet vor ir ieglichem.

27. Wann do · vij · tag waren vollent: die iuden die do
warn von aſy do ſy in hetten geſehen im tempel ſy er-
weckten alles volck: vnd rúffent legten ſy die hend

28. an in. | O mann iſrahel helfft. Dirr iſt der man der do lert
all allenthalben wider daz volck vnd die ee vnd diſe
ſtatt: vnd hierúber hat er eingefůrt die beiden in den

29. tempel: vnd hat entzeúbert diſe heiligen ſtatt. Wann
ſy fahen trophinum den epheſier mit im in der ſtat:
den ſy maſſten daz in paulus het eingefúrt in den tem

30. pel. Vnd alle die ſtat wart bewegt: vnd ein zůlauff
des volcks wart gemacht. Vnd ſy begriffen paulum
ſy zugen in aus dem tempel: vnd zehant wurden die

*

18 **vnd — alle**] das ſy all wiſſen Z—Oa. ding valſch ſeind
(ſeid ZcSa) die Z—Oa. 19 aber Z—Oa. 20 Aber auß Z—Oa.
den (*erſtes*)] *fehlt* P. **den** (*zweites*)] *fehlt* K—Oa. 21 vrteylend
Z—Oa. **vor**] von Z—Oa. 22 **den**] dem P. 23 von dem
erſteckten Z—Oa. 24, 25 **er**] vnd Z—Oa. 26 verkúndet
P—SaGScOOa, verkúnde KSb. reynigung S. biß Sb—Oa.
27 fúr ir ieglichen Z—Oa. 28 **Wann**] Vnd P—Oa. 29 aſia
Z—Oa. **ſy** (*zweites*)] *fehlt* K—Oa. 30 ſchreiend Z—Oa. **hend**]
band S. 31 O] + ir Z—Oa. **Dirr**] Der P. menſch Z—Oa.
32 **all**] + menſchen Z—Oa. **diſe**] die Sc. 34 entöret Z—Oa.
36 ſY maynten Z—Oa. 37 die] *fehlt* K—Oa. **ein — 38 gemacht**]
vnd wart ein zůlauff des volcks Z—Oa. 39 **ſy**] vnd Z—Oa.

*

19 ſelber TF. 20 gelaubent TF. 22 apgotten TF. opphern
TF. 23 erſtigunge T, erſtickunge F. gemainen TF. 25 **in**] +
in TF. 29 aſia TF. 30 riſſent TF. 31 **mann**] + von TF.
32 **all**] *fehlt* TF. 34 heilig T, heilige F. 36 gefurt TF. dem
F. 37 **wart**] warn T.

40 túr befchloffen. Wann fy fúchten in zû erfchlachen: v. 31.
vnd es wart erkúndet dem tribuner der gefellfchaft·
das alles iherufalem were verwúft. Zehant nam er ritter   32.
vnd hunderter er lieff zû in: do fy fahen den tribun
vnd die ritter: fy horten auff paulum zefchlachen.
45 Do genacht fich der tribuner er begreiff in vnd ge-   33.
bot in zebinden mit zweyen ketten: vnd er fragt wer
er wer: oder was er bett gethan. Wann die andern   34.
rieffen ein anders vnder der gefellfchaft. Vnd do er
nit mocht derkennen die warheit vor dem wúff: er
50 gebot in zefúren in die herbergen. Vnd do paulus was   35.
kumen zû den ftapheln: es gefchach das er wart ge-
tragen von den rittern vmb die fterck des volckes.
Wann die menig des volcks die nachuolgt rúffent: 36.
nym in. Vnd do man in begund einzefúren in die   37.
55 herberg: paulus fprach zû dem tribun. Gezimpt mir
etwas zereden zû dir? Er fprach zû im. Kanft du
kriechifch? Biftu nit der egiptier du do vor difen   38.
tagen haft bewegt das volck: vnd haft aufgefúrt in
die wúft vier taufent der mann der fycarier oder die
60 do babent die waffen? Vnd paulus fprach zû im.   39.
Ich bin ein man iude geborn von tharfis cilicie: das
'388 b] do nit ift vnderkannt der gemein der ftatt cilicie. Dor

*

40 **Wann**] vnnd Z—Oa.   zû tôdten Z—Oa.   41 verkúndt
PAZc—Oa.   42 **verwúft**] auffwôgig Z—Oa.   43 **er**] vnd Z—Oa.
den] die P.   tribuner Z—Oa.   44 do hôrten fy auff Z—Oa.
45 **er**] vnd Z—Oa.   46 **er**] fehlt Z—Oa.   47 Aber Z—Oa.   48
fchrien Z—Oa.   **gefellfchaft**] fchar Z—Oa.   49 **wúff**] gefchray
Z—Oa.   52 **vmb die fterck**] von getreng wegen Z—Oa.   53 **die**
(zweites)] fehlt K—Oa.   **rúffent: nym in**] vnnd fchrien hôb in auff
Z—Oa.   55 **dem**] den Z.   tribuner Z—Oa.   57 **du do**] der du
Z—Oa.   58 tagen bewegteft K—Oa.   59 **der** (erstes)] fehlt Z—Oa.
fytarier M.   61 **man**] + ein Z—Oa.   tharfo Z—Oa.

*

41 **were**] wart TF.   42 gefachen TF.   44 paulus TF.
45 genachent TF.   46 **er**] fehlt TF.   48 **anders vnder**] andere
TF.   **do**] fehlt TF.   49 moch TF.   50 herberg TF.   53 nach-
uolgent T.   55 **paulus**] + der TF.   tribuner TF.   56 **im**] dem
F.   57 krichifchen TF.   59 **oder**] + der TF.   61 thars TF.
cilicie] fehlt TF; nachtr. ta.   1 cilicio TF.

umb ich bit dich: geſtatt mir zereden zů dem volck

v. 40. Vnd do er im ſein bett geſtatt: paulus der ſtůnd in
den ſtapheln er winckt mit der hand zů dem volck:
vnd ein michel ſchweygung wart gemachet er rett
zů in in hebreyſcher zungen ſagent.   *xxij*

1. O mann brůder vnd vetter: hôrt die rede die
2. ich nu widergib zů euch. Wann do ſy horten
das er zů in rett in einer hebreyſcher zungen:
3. ſy gaben mer die ſchweygung. Vnd er ſprach. | Ich
bin ein man iud geborn zů tharſo cilicie: wann ich
bin gezogen in dirr ſtatt bey den fůſſen gamaliels·
gelert nach der warheite der vetterlichen ee: zeſein ein
4. nachuolger der ee als auch ir all heůt ſeyt: | wann ich
hab nachgeuolgt diſem weg vntz zů dem tod· zebin-
den vnd zů antwurten in die hůt die man vnd die
5. weib· | als mir der fůrſt der pfaffen gibt gezeůg vnd
alle die merern der geburt: von den ich entphieng
die brieff ich gieng zů den brůdern in damaſch das
ich ſy fůrt von dann geuangen in iheruſalem das ſy wur-
6. den gepeinigt. Wann es wart gethan do ich gieng

2 bit ich dich Z—Oa.   3 ſein] des ZA, ditz S, das Zc—Oa.
der] *fehlt* K—Oa.   4 er] vnd Z—Oa.   5 groß P, groſſe Z—Oa,
ſtille Z—Oa.   7 O] O Ir Z—KSc, Ir GOOa, Wir Sb.   **rede**] rechnung
Z—Oa.   8 nu] *fehlt* Z—Oa.   **Wann**] Vnd P—Oa.   9 rett] *fehlt* G.
einer] *fehlt* Z—Oa.   10 **ſprach**] + zů in OOa.   11 **man**] + ein
Z—Oa.   **zů**] von Z—Oa.   Aber Z—Oa.   12 erzogen Z—Oa.
bey der ſtatt P.   gamaliel Z—Oa.   13 **zeſein**] *fehlt* Z—Oa.
14 **wann**] Der Z—Oa.   15 diſen EP.   biß SbSc.   **zebinden** –
17 **weib**] Vnd hab gebunden vnd in die gefängknuß gefůret man vnnd
weyb Z—Oa.   16 hůten MEP.   17 prieſtern P, prieſter Z—Oa.
gezeůgknuß Z—Oa.   18 **die**] die die ZA, *fehlt* K—Oa.   von dem
ZAS.   ich nam Z—Oa.   19 **ich**] vnd Z—Oa.   damaſco Z—Oa.
20 **ſy** (*erſtes*)] *fehlt* K—Oa.   **dann**] + die Z—Oa.   21 **Wann**]
Vnd Z—Oa.   es geſchach A

3 **der**] *fehlt* TF.   4 **den**] dem F, + tempel TF (*unterſtrichen* T)
er] vnd TF.   6, 9 ebriſcher TF.   12 derzogen TF.   gamaliel TF.
14 ir heut all TF.   15 **nachgeuolgt**] *unterſtrichen* T, geecht tu.
16 **hůt**] + der man T, *unterſtrichen*.   18 purt TF.   21 **wart**]
warn TF.

vnd genachent damaſch zů mittemtag ein begnůg
lichs liecht das vmbleúcht mich gechling vom himel:
| ich viel nider an die erd vnd ich hort ein ſtymm vom   v. 7.
25 himel ſagent zů mir. Saule ſaule: worumb iagſtu
mich? | Wann ich antwurt. O herr wer biſtu? Vnd   8.
er ſprache zů mir. Ich bin ihefus nazarenus: den
du veruolgeſt. Ernſtlich vnd die mit mir waren   9.
die ſahent das liecht: aber ſy horten nit die ſtymm des
30 der do mit mir redt. | Vnd ich ſprach. O herr was tů   10.
ich? Aber der herre ſprach zů mir. Ste auf vnd gee
in damaſch: vnd do wirt dir geſagt von allen din-
gen das dir gezimpt zethůn. Vnd do ich nichten ſach   11.
vor der klarheit ſeins liechts ich wart gefůrt mit den
35 henden von mein mitgeſellen · vnd kam zů damaſch
Wann ein man ananias babent den gezeůg nach der   12.
ee von allen iuden die do entwelten zů damaſch: | der   13.
kam zů mir er ſtůnd vnd ſprach. Brůder ſaul ſich
mich an. Vnd ich ſach in an zů der ſelben ſtunde.
40 | Vnd er ſprach zů mir. Gott vnſer vatter der hat   14.
dich vorgeordent das du derkenneſt ſeinen willen:
vnd geſecheſt den gerechten vnd hörſt die ſtymm von
ſeinem munde: | wann du wirſt ſein zeůge zů allen   15.

*

22 damaſco in mittemtag ein übergroß Z—Oa.   23 das] fehlt K—Oa.
gåchlich S.   von dem Sc.   24 ich (zweites)] fehlt Z—Oa.   von Z—Oa
25 durchåchteſt du mich. Vnd Z—Oa.   28 du durchåchteſt Z—Oa.
Ernſtlich] Gewiſlich P, fehlt K—Oa.   30 do] fehlt Z—Oa.   31 Aber]
Vnd Z—Oa.   32 damaſcum Z—Oa.   33 das] die OOa.   du
můßt tůn Z—Oa.   nicht Z—Oa.   34 vor] von A.   der]
fehlt SbOOa.   35 in damaſcum. Vnd Z—Oa.   36 der do het gůt
gezeůgknuß der Z—Oa.   37 wonent Z—O, woneten Oa.   in da-
maſco Z—Oa.   38 Saule. Brůder Z—Oa.   40 der] fehlt K—Oa.
42 vnd (erstes)] das du Z—Oa.   von] auß Z—Oa.   43 ſein] +
ſein ZASKGSc.   gezeůg E—Oa.

*

23 -lich TF.   das] fehlt TF.   gechlich TF.   24 vnd
hort TF.   25 iagſt du TF.   26 biſt du TF.   27 bins ihefus
von nazareth den du iagſt vnd ernſtlich di TF.   29 aber] wan TF.
30 redt mit mir TF.   31 Aber] wan TF; + der F (gestrichen).
vnd] fehlt F.   32 allen] + den TF.   33 das] di TF.   nit
geſach TF.   34 gefurt von den geſellen mit den henden TF.   40
veter TF.   42 den] di F.   43 gezeug TF.

menſcben der ding die du haſt geſehen vnd gehört.

v. 16. | Vnd nu worumb ſaumſtu dich? Stee auff wert ge
taufft: vnd lege ab dein ſúnde wann anrúff ſeinen

17. namen. Wann es wart gethan do ich widerkert in
iheruſalem vnd bett in dem tempel: mir geſchach in dem

18. ſchrecken des hertzen: | in zeſehen vnd ſagent zů mir.
Eyle vnd ge ſchnelligklich aus von iheruſalem: wann ſy   50

19. entphachent nit deinen gezeúge von mir. Vnd ich
ſprach. O herr: ſy ſelb wiſſent daz ich was zebeſchlieſ-
ſen im karcker: vnd ſchlachent in den ſynagogen die

20. die do gelaubten an dich. Vnd do das blůt ſtephans
deins gezeúgs wart vergoſſen ich zůſtůnd vnd gehal
entzampt: vnd ich hůt der gewand der die in erſchlů-

21. gen. | Vnd er ſprach zů mir. Gee: wann ich ſend dich

22. verr zů den geſchlechten. Wann ſy horten in vntz zů
diſem wort: vnd hůhen auff ir ſtymm ſagent. Nym
von der erde den der do iſt in diſeweys. Wann im   6·

23. iſt nit zimlich zeleben. Wann do ſy ſchrigen vnd
verwurffen ire gewand vnd wurffen das geſtúpp in   [385 c]

24. den lufft: | der tribuner hieß in einfúren in die burg

*

45 dorumb MEP.   auff] + vnd Z—Oa.   werft EP, wird
Z—Oa.   46 lege] waſch Z—Oa.   vnd rúff an ſeinen Z—Oa.
47 Wann] Vnd Z—Oa.   es geſchach A.   do] fehlt ZcSa.   48 mir
geſchach] daz ich ward Z—Oa.   49 hertzen vnd ſahe in ſprechend
zů Z—Oa.   51 werden nit empfahen dein gezeugknuß (zeúgknuß
ZcSa) Z—Oa.   52 ich] + ſy Z—Oa.   beſchlieſſend Z—Oa.
53 im] in den Z—Oa.   in den] durch die Z—Oa.   die] fehlt
K—Oa.   54 an] in Z—Oa.   ſtephani Z—Oa.   55 ge-
zeugen Z—Oa.   ſtůnd auch do vnd verwilliget darein. vnd Z—Oa.
56 ertödten Z—O, tödten Oa.   58 Wann] Vnd Z—Oa.   biß
SbSc.   60 von — im] in hin von der erde. wann es Z—Oa.   61 ze-
beleiben MEP, daz er lebe Z—Oa.   Wann] Vnd P—Oa.   1 ver-
wurffen] wurffen hin Z—Oa.   den ſtaub Z—Oa.   2 in (erſtes)]
ſy M—SK—Oa.

*

45 ſaumſt (ſaumiſt T) du TF.   auff] + vnd TF.   46 wann]
vnd TF.   51 dein gezeug TF.   mir] dir TF; geſtrichen T, mir ta.
52 ſelben T, ſelbe F.   54 gelaubent TF.   60 den] fehlt TF.
61 ſchirren T.   1 wurffen] verwurffen T; wurffen F, auf raſur.
2 die] fehlt TF.

vnd zefchlachen mit geifeln vnd in zequelen: das er
welft vmb was fach fy in alfo beten gerûffen. Vnd
; do fy in hetten gebunden mit riemen: paulus der fprach
zû dem centurio der im zûftûnd. Gezimpt euch zegei
feln ein man rômer vnd einen vnfchedlichen? Do daz
gehort der centurio das er fich fagt zefein ein burger
zû rome er genacht fich zû dem tribun: vnd erkûndet
10 im fagent. Sich was du bift zethûn? Wann dirr
man ift ein rômifcher burger: | wann der tribun ge
nacht fich er fprach zû im. Sage mir ob du bift ein
rômer. Vnd er fprach. Ia. | Vnd der tribun antwurt
Ich hab mit vil gûter ding entphangen in dirr ftat
15 Vnd paulus fprach. Wann ich bin auch geborn in
ir. Wann die in waren zequelen die fchieden fich ze
hant von im. Vnd der tribun vorcht fich dornach
do er welft das er was ein rômifcher burger: vnd daz
er in hett gebunden. Wann an dem andern tage er
20 wolt fleyffigklicher wiffen vmb welch fach er wûrd
befagt von den iuden er bande in auff: vnd hieß zû
famen kumen die pfaffen vnd allen den rat: er fûr
fûrt paulum vnd fchickt in vnder fy.   *xxiij*

*

3ᵗ fchlahen Z—Oa.   **in]** *fehlt* Z—Oa.   zepeinigen P, peynigen
Z—Oa.   4 im alfo zûfchrien Z—Oa.   5 der] *fehlt* Zc—Oa.
7 man] + einen Z—Oa.   8 hort Z—Oa.   **der]** *fehlt* OOa.   **das**
— 9 rome] *fehlt* Z—Oa.   9 verkûndet Z—Oa.   10 du wereft
(werdeft AK—Oa) thûn Z—Oa.   der P.   **11 wann]** Vnnd Z—Oa.
12 **er]** *fehlt* ZAS, vnnd Zc—Oa.   mir bift du ein Z—Oa.   **14 mit]**
nit MEP, *fehlt* Z—Oa.   **dirr]** der P.   15, 16 **Wann]** Vnnd Z—Oa.
16 in folten peynigen Z—Oa.   zepeinigen P.   17 von in EP.
19 **Wann]** Vnd Z—Oa.   tag wolt er Z—Oa.   20 auß waz fach
Z‑Oa.   21 verfaget Z—Oa.   **er]** vnd Z—Oa.   22 priefter
P—Oa.   **den]** in P, *fehlt* K—Oa.   **er]** vnd Z—Oa.   23 ftellet
Z—Oa.

*

4 wizze T, wiffe F.   **alfo]** *fehlt* TF.   **Vnd]** alfo vnd TF.
6 zugeftund F.   8 der (*fehlt* F) centurio gehort TF.   9 tribuner
TF.   **11 man]** *fehlt* TF.   tribuner TF.   13 tribuner TF.
gutern T.   **14 ding]** burgerrecht F, burgerrecht ding T, ding *unter-
strichen*.   15 euch F.   17 tribuner TF.   **fich]** + vnd F.
20 fleizziclichen TF.   **welch]** waz T, baz F.   **wûrd]** wer TF.
23 paulus TF.

v. 1. Wann paul verſach ſich an den rate er ſprach
O mann brúder: ich hab gewandelt mit einer
ieglichen gûten gewiſſen vor got vntz an
2. diſen heútigen tag. Wann ananias der fúrſt der pfaf
fen der gebot eim beiſtenden im zeſchlahen ſeinen mund
3. | Do ſprach paulus zû im. Gott erſchlach dich du ge
weyſſte wand. Vnd ſitzend vrteylſt du mich nach
der ee: vnd gebeúteſt mich zeſchlahen wider die ee?
4. | Wann die do ſtûnden die ſprachen. Flûchſtu dem ober
5. ſten pfaffen gotz? | Wann paul der ſprach. Brúder
ich weſt nit: das er wer ein fúrſt der pfaffen. Wann
es iſt geſchriben. Nichten flûch dem fúrſten deines
6. volcks. Wann paulus der weſſt das einteyl was der
verlaiter vnd das ander der phariſeer: er rûfft aus
im rate. O brúder mann von iſrahel ich bin ein phari
ſeer: vnd ein ſun der phariſeer. Vnd ich wird ge-
urteylt von der zûuerſicht vnd von der aufferſten-
7. dung der doten. Vnd do er ditz het geſagt· ein michel
miſſhellung wart gemacht zwiſchen den phariſeern

*

24 **Wann**] Und Z—Oa.   paulus E—Oa, + der Z—Sa.   ſabę
in den (dem SbOOa) rat vnd ſprach Z—Oa.   25 **O**] + ir Z—Oa.
einer ieglichen] ewer ieglichem MEP, allê ZAKSc, allen S, 'allem
ZcSaGSbOOa.   26 biß Sb—Oa.   27 **Aber** Z—Oa.   prieſtern P,
brieſter Z—Oa.   28 **der**] *fehlt* K—Oa.   den beyſtenden bey im.
das ſy ſchlûgen Z—Oa.   30 **Vnd**] + du Z—Oa.   ſitzet O.   32
Wann] Vnd P—Oa.   **die** (*zweites*)] *fehlt* OOa.   Fluchteſtu G.
33 prieſtern P, brieſter Z—Oa.   **Wann**] Vnd P—Oa.   paulus
E—Oa   **der**] *fehlt* OOa.   34 **wer**] wz EP, iſt Z—Oa.   prieſtern
P, brieſter Z—Oa.   35 **Nicht** Z—Oa.   **dem**] den M.   36 **der**
(*erſtes*)] *fehlt* K—Oa.   37 ſaduceyer vnd der ander Z—Oa.   **er**
rûfft] vnd ſchry Z—Oa.   38 in dem Sc.   O ir brúder ir mann
Z—Oa.   40 hoffnung Z—Oa.   aufferſtceung K—Oa.   41 hat
KSb—Oa.   **ein — 42 gemacht**] do wart ein groß mißhellung Z—Oa.
41 groß P.

*

24 paulus der verſach TF.   dem F.   27 annas TF; *geſtrichen*
T, ananias ta.   30 **Vnd**] *fehlt* TF.   33 paulus ſprach ich TF.
35 nicht fluch dem furſten dez volkz TF.   37 rief TF.   38 rat
ſagent O man bruder von iſrahel TF; von iſrahel *geſtrichen* T.   39
vnd — phariſeer] *nachtr.* F.   ein] *fehlt* TF.   ich] *fehlt* TF.

vnd den verlaitern: vnd die menig wart enbunden
Wann die verleyter die fagten nit zefein die auffer   v. 8.
ſtendung der doten noch den engel noch den geiſt: wann
die phariſeer beiachen ietweders. Wann michel rûff
wart gemacht: | etlich der phariſeer ſtûnden auff: 9.
vnd ſtritten ſagent. Wir vinden kein ding des vbels
an diſem menſchen. Vnd ob villeicht der geiſt hat
gerett zû im oder der engel? Vnd do ein michel miſſ   10.
hellung wart gemacht: der tribun vorcht das paul
icht wûrd verſert von in· er hieß die ritter abſtey-
gen vnd in zucken von mitzt ir: vnd in zûfûren in
die burg. Wann an der andern nacht der herr zûſtûnd   11.
im vnd ſprach. Paule biß ſtet. Wann als du haſt
bezeûgt von mir in iheruſalem: alfo gezimpt dir zebezeûgen
in rome. Wann do der tag wart gemacht etlich von   12.
den iuden die ſamenten ſich: vnd gelobten ſich· ſagent
nit zeeſſen noch zetrincken: biß das ſy paulum der-
ſchlûgen. Wann die mann die diſen aide hetten ge   13.
macht der waren mer denn ·xl: | diſe genachten ſich   14.
zû den fûrſten der pfaffen vnd zû den allten: vnd
ſprachen zû in. Wir haben gelobd mit gelûbd vns

43 ſaduceyern Z—Oa. 44 Aber die ſaducei die (fehlt K—Oa) ſprechen
(ſprachen ZcSa) daz die vrſteend der todten nit ſeye. noch kein engel
noch kein geiſt. Aber die phariſey beiachen beyderley. Vnd es war
(ward Zc—Oa) ein groß geſchrey vnd etlich Z—Oa.   46 vnd groß
rûff P.   47 etlicher MEP.   49 Vnd] waz iſt es Z—Oa.   50
groß P—Oa.   51 gemacht] fehlt Z—Oa.   tribun] + der Z—Sa.
paulus nit wirde zerriſſen Z—Oa.   53 in (erstes)] fehlt Oa.   mit
ir P, irer mitte Z—Oa.   fûren Z—Oa.   54 Aber Z—Oa.   56
gezimpt dir] mûßt du auch Z—Oa.   bezeûgen Zc—Oa.   57 Wann]
Vnd P—Oa.   der] es Z—Oa.   gemacht] fehlt Z—Oa.   von]
auß Z—Oa.   58 die] fehlt K—Oa.   59 Das ſy nit wolten eſſen oder
trincken Z—Oa.   60 Vnd der mann die exeſamenſchwörung hetten
getan Z—Oa.   61 der] fehlt K—Oa.   genahenten Sb, nahenten
OOa.   1 prieſtern P, brieſter Z—Oa.   2 gelûbd das wir nichtz
wöllen verſûchen Z—Oa.

44 die ſagten] ſagten TF.   45 der doten] fehlt TF.   den (2)|
di F.   46 phariſeer] + di TF.   51 tribuner TF.   51,
55 paulus TF.   59 derflugen paulus TF.   60 die diſen] diſen F.
2 gelûbd] fehlt TF, gelöbde nachtr. ta.

nichts zebekorn: vntz das wir paulum erfchlachen.

v. 15. Dorumb nu ir macht kunt dem tribuner mit den
raten: das er in zûfúr zû eúch als ir feyt erkennen
etwas fichers von im. Wann wir fein bereyt in zû

16. erfchlachen ee denn er fich genachent. Vnd do paulus
fchwefterfun bett gehort ir lagen: er kam vnd gieng

17. in die burg: vnd erkúndet es paulo. Paulus rieffe
zû im ein von den centurien. Er fprache fúr difen
iungling zû dem tribun. Wann er hat im etwas zû

18. deroffen. Ernftlich er nam in: vnd fûrt in zû dem
tribun vnd fprach zû im. Der geuangen pauls der
bat mich das ich difen iungling fûrt zû dir: wann

19. er hat dir etwas zefagen. Wann der tribun der begreiff
fein hand er fchied fich einhalb mit im: vnd fragt

20. in. Was ift daz du mir haft zefagen. | Wann er fprach
Es geuellt den iuden dich zebitten an dem morgen
lichen tag das du paulum fúrfûrteft in den rat · als

21. ob fy etwas gewiffers feind zefûchen von im: | wann
nichten glaub in. Wann im haben gelagt mer denn
viertzig mann von in: die fich babent gelobt nit

3 biß Sb—Oa.   4 **ir macht**] tûnd Z—Oa.   tribun ZcSa.
dem rat Z—Oa.   5 fúrfûre Z—Oa.   als wŏllend ir etwas war-
licher von im erkennen Z—Oa.   6 **Wann**] dann Z—O.   8 lagen
heymlich anfchleg Z—Oa.   9 verkúndet Z—Oa.   **paulo**] + vnd
Z—Oa.   riefft E—Oa.   10 ainem O.   **von**] auß Z—Oa.
Er] Vnd Z—Oa.   11 het (i.   zûuerkúnden Z—Oa.   12 **Ernft-**
lich] Gewiflich P, *fehlt* Z—Oa.   **er**] der Z—Oa.   13 paulus E—Oa.
der] *fehlt* K—Oa.   15 **Wann**] Vnd P, *fehlt* OOa.   **der** *(zweites)*]
fehlt K—Oa.   16 er] vnd Z - Oa.   17 **Wann**] Vnd P—Oa.   19
fúrfûreft Z—Oa.   20 gewiffers haben zefragen Z—Oa.   Aber
gelaub in (im G) nicht Z—Oa.   21 in haffen heimlich mer Z -Oa.
22 **von** — **habent**] dio habent zefamen Z—Oa.

3 **vntz**] bis T, wis F.   paulus derflugen TF.   4 dem rat TF.
5 zufurt TF.   zekennen TF.   6 **bereyt**] *fehlt* TF, *nachtr.* ta.
8 lag TF.   9 derkunte paulus vnd paulus der rief TF.   10 zû
im ein] zefechen einen TF; ze fich einen T, *durch rasur.*   furt TF.
11 tribuner TF.   13 tribuner vnd er fprach TF.   paulus TF.
15 **Wann**] *fehlt* TF.   **der** *(zweites)*] *fehlt* TF.   16 ainhalben TF.
18 geviel TF.   19 paulus furfurft TF.   20 **fy**] *fehlt* TF.   ge-
wizz fei TF.   21 nit gelaubt TF.

zeeſſen noch zetrincken vntz das ſy in derſchlachen:
nun ſeind ſy bereyt vnd beytent deiner geheiſſung.

₂₅ Dorumb der tribun ließ den iungling: er verbot im   v. 22.
das er nyemant ſagt: das er im bett kunt gethan
diſe ding. Er entzampt rieff zweyen centurien vnd   23.
ſprach zů in. Bereyt zwey hundert mann oder ritter
das ſy gen in ceſari: vnd ˙lxx˙ reyter ˙cc˙ mit ſperen
₃₀ von der dritten ſtund der nacht: | vnd bereyt ein vich   24.
Das ir paulum dorauff ſetzt: das ſy in fúren geſunt
zů felix dem richter. Wann er vorcht das in villeicht
die iuden zuckten vnd in erſchlúgen: vnd das er dor
nach erlitt ein laſter. Er ſchreib im ein brieff: hal-   25.
₃₅ tent diſe ding. Claudius liſias ſendet den grůß felix   26.
dem beſſten richter. Diſen man begriffen von den   27.
iuden vnd anzeuachen zetóten von in˙ ich vberkam
vnd erloſt in mit dem her do ich erkannt das er was
ein rómer: | vnd ich wolt wiſſen die ſach die ſy im   28.
₄₀ fúrwurffen ich fůrt in in iren rat. Ich vand in ze   29.
beſagen von der rede irr ee: wann er hett nit wirdig
ding des todes oder laſter in den handen. Vnd do mir   30.
was deroffent von den lagen die ſy im hetten bereyt

*

23 biß Sb—Oa.   24 harren K—Oa.   verheyſſung Z—Oa.   25 er]
vnd Z—Oa.   27 entzampt] fehlt Z - Oa.   rieffet Z—Oa.   28 ˙ij˙
cc˙ mann EP.   mann oder] fehlt Z - Oa.   29 gen] gieng
EP.   in] vntz in Z—G, biß in SbScO.   ceſaream Z—Oa.   vnd
zweyhundert ſpieſſer (ſpeyſer G) von Z—Oa.   30 ein vich] die maul
Z-Oa.   34 ein valſch vercklagung vnnd ſchryb Z-Oa.   35 im]
in K—Oa.   35 den] fehlt ZcSa.   37 anfahend getódt zewerden
(zewreden ZcSa) von Z—Oa.   38 do] doch Z—Oa.   40 ich] vnd
Z—Oa.   fúrten Z—SaSc.   vand daz er verſaget wart von den
fragen irer ee. Aber Z—Oa.   43 was zůgetragen von den (der
K—Oa) heimlichen verpúntnuß (-núſſen S) die Z - Oa.   im] in MEP.

*

23 vntz] bis TF.   25 tribuner TF.   28 mann oder] fehlt TF.
29 reyter] + vnd TF.   31 paulus TF.   das] fehlt TF, nachtr.
ta.   32 in di iuden villich zukten TF.   33 vnd das] daz TF.
34 laſter alz er het enphangen phennig ſchreibent im (in F) TF.   35 liſius
TF.   36 begreiffen TF.   37 ich – 38 in] fehlt F.   40 zebe-
ſagt TF.   41 dē reden T, dem reden F.   nit] kain TF.   42 do]
fehlt TF.

ich fant in zů dir: vnd ich erkund den befagern das
v. 31. fy fagen bey dir. Biß gegrůfft. | Dorumb die ritter
teten nach dem gebott das in was gegeben fy namen
paulum vnd fůrten in in der nacht in antipatridem:
32. . vnd an dem anderen tag lieffen fy die reyter das fy
giengen mit im: die andern kerten wider zů den her
33. bergen. Do fy waren kumen zů cefari vnd hetten ge
antwurt den brieff dem richter: fy ftalten auch paul
34. fůr in. Wann do er het gelefen vnd bett gefragt von
welcher gegent er wer: vnd bett erkannt das er was
35. von cilici: | er fprach fo dein befager kument ich hòr
dich. Vnd er gebot in zebehůten in dem dinckhaus
herodes.   *xxiiij*

1.   W ann nach ·v· tagen ananias fůrft der pfaffen
       der fteyg ab mit den alten vnd mit tertullo
       eim fůrfprechen: die zůgiengen dem richter
2. wider paulum. Vnd erweckten paul: tertullus be-
3. gund in zebefagen fagent. O aller beffter felix wir
entphiengen dich zeallen zeyten vnd allenthalben mit

                              *

    44 vnd verkůnd den verfagern Z – Oa.   45 Biß gegrůfft]
damit můg wol Z—Oa.   46 in gegeben was Sc.   47 autri-
patridem M.   48 ritter Z—Oa.   50 Do] Vnd do Z—Oa.
in cefaream Z—Oa.   51 paulum E—Oa.   52 Wann] Vnd
P—Oa.   er] + in Z—Oa.   54 cilicia E—Oa.   verfager
kument. fo will ich dich hòren Z—Oa.   55 rechthauß herodis
Z—Oa.   57 Wann] Und Z—Oa.   fůrft] der fůrft Z—Oa.
prieftern P, briefter Z—Oa.   58 der] fehlt K—Oa.   gieng ab
Z—Oa.   terculio P, tercullo S.   59 die zůgiengen] giengen zů
Z—Oa.   dem] eim MEP.   60 vnd citierten Z—Oa.   paulum
E—Oa.   61 verclagen Z—Sa, zeuerklagen K—Oa.   wir] So wir
Z—Oa.   1 entphiengen — 5 aufziech] in vil frid thůen durch dich
vnd vil ding werden geftraffet durch dein fůrfichtigkeyt. alle zeyt vnd
allenthalben nemen wir dife ding auff du aller bòßter felix mit aller

                              *

    44 ich (erstes)] fehlt TF.   in] ein TF.   vnd — 45 dir]
fehlt TF.   48 ritter TF; reiter ta.   51 paulus TF.   53 hett] er T.
57 annas TF; ananias ta.   der furft TF.   terculo TF.   59 eim]
ein TF.   60 zugeingen T, giengen F.   paulus F.   terculus
der begunde TF.

aller machung der genaden fo wir thûn durch dich
manige ding in fride: vnd manige ding werdent
geftrafft durch dein fúrfichtikeit. Wann ich bit das
5 ich dich icht lenger aufziech: das du vns hôrft vmb
dein gût. Wir haben funden difen fchelmigen menfch-   5.
en vnd ein bewegenten die widerteil in allen iuden
iu allem vmbring· vnd ein meifter des widerteyls
des irrthums der nazarener: | der fich auch fleyfft zû   6.
10 entzeûbern den tempel: vnd do wir difen begriffen wir
wolten in vrteylen nach vnfer ee. Wann lifias der
tribun vberkam er erloft in von vnfern henden mit
groffem gewalt | er hieß feinen befager kumen zû dir: 8.
von dem du felber macht vrteylen zeerkennen von
15 allen difen dingen: von den wir in befagten. Wann   9.
die iuden vefteten fagent: dife ding fich zehaben alfo
Wann paulus antwurt: do im der richter winckt   10.
zefagen. Ich hab dich geweft zefein ein vrteyler dife
gefchlecht von manigen iarn: ich tû befferung mit
20 gûtem gemût fúr mich. Wann du macht erkennen   11.
das mir nit mer feind denn ·xij· tag feyt daz ich auf
fteig anzebetten in iherufalem: | vnd das fy nit mich haben   12
funden im tempel zedifputieren mit keim oder zemach-

danckberkeyt das ich dich aber nit lenger verziehe. So bit ich dich
kúrtzlich Z—Oa.
  4 **Wann**] Vnd P.   6 **gût**] miltigkeyt Z—Oa.   **fchelmigen**]
vergifftenden Z—Oa.   7 bewegten E—Sa.   8 vmbkrayß K—Oa.
9 der irrfale Z—Oa.   hat gefliffen Z—Oa.   10 enttôren Z—Oa.
do — 11 vrteyln] difen gefangen wolten wir richten Z—Oa.   11
Aber Z—Oa.   12 **tribun**] + der Z—Sa. · kam vnd erlôßt Z—Oa.
13 er] vnd Z—Oa.   fein anclager Z—Oa.   14 von den Z—Oa.
magft vrteylend erkennen Z—Oa.   15 verfagen. vnnd die iuden
lôgten merer wort zû fagent Z—Oa.   17 **Wann**] vnd P—Oa.   18
hab geweßt daz du bift gewefen ein richter Z—Oa.   **dife**] difer P.
19 **ich** — 20 **gemût**] mit gûttem gemût will ich genûg tûn Z—Oa
20 magft Z—Oa.   22 mich nit Sc.   23 in dem Sc.   difpu-
tierend mit einem menfchen oder machend Z—Oa.

  5 derhorft TF.   12 tribuner der vberkam TF.   13 fein TF.
14 machft vrteil zu kennen TF.   17 **paulus**] + der TF.   19 **mit**]
von TF.   20 magft T, mocht F.   22 mich nit TF.   23 zu-
machten TF.

en ein zûlauff der gefelfchaft noch in der fynagogen

v. 13. noch in der ftatt: | fy mûgent ir nit bewern von den

14. fy nu mich hefagent. Wann ditz begich ich dir das
ich diene gott meinem vatter nach dem gefchlechte
daz fy alfuft fagent irrthum: ich gelaub in allen den
dingen die do feind gefchriben in der ee vnd in den weif

15. fagen: | vnd ich hab die zûuerficht in got der auch fy
felber beytent: der kûnftigen aufferftendung der ge

16. rechten vnd der vngengen. Vnd ich felb vbe mich
zû allen zeyten in difem wann on ergrung zehaben
zû allen zeyten die gewiffen zû got: vnd dem menfchen

17. Wann nach manigen iaren ich kam zemachen al-
mûfen vnder meinem volck· vnd oblat vnd gelûbd:

18. | in den fy mich funden gereinigt im tempel: nit mit
der gefellfchaft noch mit dem wûff. Sy begriffen mich:

19. vnd rieffen vnd fprachen. Nym vnfern feind. | Wann
etlich iuden von afya den do gezam zefein bey dir vnd

20. fy befagent ob fy etwas haben wider mich: | oder fy
felb fprechen ob fy etwas vngangkeit haben funden

21. in mir fo ich ftee in dem rate: | neur alleinlich von

*

24 noch] weder Z-Oa.   25 ir] die ding Z—Oa.   26 ver-
fagen. Aber daz vergich Z—Oa.   27 nach der feckt die fy heiffen
(hieffen G) ein ketzerey Z—Oa.   28 in] fehlt Z—Oa.   den] fehlt
K—Oa.   30 hoffnung Z-Oa.   der] den MEP.   31 harren
K—Oa.   aufferfteeung K—Oa.   32 bôßen P—Oa.   33 wann]
das ich Z—Oa.   on — 34 die] on beleydigung hab ein ZAZc—Oa.
hab on beleydigung ein S.   34 dem] zû den Z-Oa.   35 iaren
kam ich zetûn Z—Oa.   36 oblat] opfer Z—Oa.   38 gefell-
fchaft — wûff] fchar noch mit dem pôfel oder zû lauffendem volck
Z-Oa.   39 fchrien Z—Oa.   Hôb auff vnfer veind. aber Z-Oa.
40 von] vnd Oa.   dem do G.   dir] mir K—Oa.   41 fy be-
fagent] mich vercklagen Z—Sa, mich zeuerklagen K—Oa.   hetten
ZASK—Oa.   haben — 42 etwas] fehlt ZcSa.   42 fprachen P, fagen
ZASKSb—Oa, fahen G.   boßheyt P, vngerechts Z—Oa.   43 neur]
nun ZcSa.   allein Z—Oa.

*

25 in] fehlt TF, nachtr. ta.   26 fi mich nu befagten TF.   28
fagten TF.   29 in den] den TF.   32 vnd felbe vbe ich mich TF.
33 wann] fehlt TF.   34 vnd] + zu TF.   35 iarten ich kum
zemachten TF.   36 mein T.   39 niem TF.   41 befagten TF.
oder] + die TF.   43 allein TF.

der einen ſtymm mit der ich rieff ſtend vnder in: wann
45 heút wird ich geurteylt von eúch von der aufferſten-
dung der doten. Wann felix hiellt ſy auff: wiſſent   v. 22.
ſicherlich von dem weg des herrn ſagent. So tribun
liſias abſteygt ich hôre eúch. Vnd er gebot dem cen   23.
turio in zebehúten vnd zehaben rûe: noch keim zewern
50 im zeambechten von den ſeinen. Wann nach etlichen   24.
tagen felix der kam mit truſillen ſeiner hauffrawen
die do was ein iudin er rieff paul: vnd hort von im
den gelauben der do iſt in iheſu criſto. Wann do er   25.
diſputiert von dem rechten vnd von der keuſch vnd
55 von dem kúnftigen vrteyl: felix antwurt erſchrocken
Was hellt dich nu gee: wann ich rúff dich in dem
zimlichen zeyt: | vnd er verſach ſich entzampt das im   26.
wúrd gegeben gût von paulo: vnd dorumb rieff er
im emſſigklich vnd rett mit im. Wann do ˙ij˙ iare   27.
60 waren derfúllt: felix entphieng einen nachuolger
porcium feſtum. Wann felix der wolt den iuden genad
[389 b] verleichen: er ließ paulum geuangen.   xxv

*

44 ſchrei Z—Oa.   45 aufferſteeung K—Oa.   46 Wann] Vnd
Z-Oa.   47 Wenn der tribun liſias komet herab. ſo will ich euch
hôren. Vnd gebot Z—Oa.   49 kein P.   50 im — ſeinen] von
den (dem ZS) ſeinen daz ſy im dienen Z-Oa.   zedienen P.   Wann]
Vnd P-Oa.   51 der] fehlt K—Oa.   druſilla Z—Oa.   52 vnd
voderet paulum Z—Oa.   53 iheſum criſtum. Vnd do Z—Oa.   54
von der gerechtigkeyt Z—Oa.   keúſcheyt Z—Oa.   56 ich will
(fehlt ZcSa) dich wol voderen in notdúrftiger zeyt Z—Oa.   57 ent-
zampt] fehlt Z—Oa.   das] + ich ZcSa.   im] + auch Z—Oa.
58 geben ZcSa.   gelt Z - Oa.   rieft Z—Oa.   59 Wann]
vnd P—Oa.   61 porticium ZAK- Oa, porticum SZcSa.   Wann]
vnd Z—Oa.   felix] fehlt A.   der] fehlt SK—Oa.   1 verleichen]
than Z, thon A, thûn S-Oa.

.   *

46 felix] + der TF.   47 So] ſo der T, ſi F.   tribuner TF.
48 ab ſteig T.   49 kein TF.   50 dem ſeim F.   51 truſillen]
+ mit F.   52 do] fehlt TF.   iuden TF.   hort] + von im
vnd hort F, gestrichen.   53 iheſum criſtum TF.   54 rechten]
+ Von T, gestrichen.   55 felix] + der TF.   56 hielt TF.   rief
dir TF.   in] fehlt TF.   58 paul TF.   60 felix] + der TF.

v. 1. Dorumb nach ·iij· tagen do feftus was kum
men in die gegent: er fteyg auff von cefari
2. in iherufalem. Vnd die fürften der pfaffen vnd
die erften der iuden die veftenten wider paul: fy bat
3. ten in | vnd iefchen die gnad wider in das er in hieß
fúren in iherufalem: fy gedachten der lagen das fy in er-
4. fchlúgen an dem wege. Wann feftus der antwurt
paulum zebehalten in cefari: wann er was in fchnel
5. ligklich zefenden. Dorumb fprach er die do feind die
gewaltiften vnder eúch die fteygen ab entzampt:
ob icht lafters ift an difem mann fy befagent in.
6. Wann er wont vnder in nit mer denn ·viij· tag oder
x· er fteyg ab in cefari: vnd an dem andern tag faß
7. er an dem gericht: vnd er hieß zúfúren paul. Do er
was fúrgefúrt die iuden die do warn abgeftigen von
iherufalem die vmbftúnden in vnd fy fúrwurffen im ma-
8. nig fchwer fach die fy nit mochten beweren: | wann
paul gab die rede: wann ich hab gefúndet kein ding
noch in die ee der iuden· noch in den tempel· noch an

*

2 nach — tagen] fehlt Z—Oa. 3 er fteyg] nach dreyen tagen.
Er gieng Z–Oa. von] in MEP. cefaria Z—Sa, cefarca K—Oa.
4 Vnd] + do P. prieftern P, briefter Z—Oa. 5 die (zweites)]
fehlt K—Oa. veftenten] giengen zú im Z—Oa. paulum vnd
baten Z—Oa. 6 hiefchen K—Oa. hieß] liß P. 7 :fy — lagen]
machend heimlich púntnuß Z—Oa. 8 Aber Z—Oa. der] fehlt
K—Oa. 9 das paulus follt behalten werden in cefarca. wann er
wolte bald hinweg fcheyden. vnd darumb Z–Oa. 10 die — 13 Wann]
wóllich vnder euch mechtig feind die ziehen auch mit ab. vnd waz dann
laßters in difem mann ift. darinn verklagen fy in. Vnd Z–Oa. 13
wont vnder] wont Sb, beywont OOa. 14 x·] zehen tag A. er
fteyg] vnd zog Z—Oa. cefaream Z—Oa. 15 er (zweites)] fehlt
Z.—Oa. fúrfúren paulum. Vnd do er Z—Oa. 16 abgezogen
Z—Oa. 17 die] fehlt K—Oa. fy] fehlt Z–Oa. 18 Aber
paulus gab rechnung Z—Oa. 20 an].wider Z—Oa.

*

5 paulus TF. 11 gewaltigen TF. entzampt] + ob ich F
(ab — ich geftrichen). 12 befagten TF. 13 oder] aber F. 14
x·] fehlt TF, nachtr. te. 15 paulum zufuren TF. 17 fi wurffen
im fur TF. 19 paulus TF. ding] fehlt TF, nachtr. ta. 20 noch
an den keyfer] fehlt TF, nachtr. ta.

den keyſer. Wann feſtus wôlt verleichen genad den   v. 9.
iuden: er antwurt vnd ſprach zů paulo. Wiltu auf
ſteygen zů iheruſalem: vnd do werden geurteylt bey mir
von difen dingen? | Wann paulus ſprach. Ich ſteen   10.
₂₅ zů dem gericht des keyſers: do gezimpt mir das ich
werd geurteylt. Ich hab nit geſchatt den iuden: als
du bas haſt erkannt. Wann ob ich hab geſchat oder   11.
ichts hab gethan das do iſt wirdig dem tod: ich ver
ſag nit zeſterben. Wann ob keins der dinge iſt von
₃₀ den der ſy mich beſchuldigent oder ſagent von mir:
keiner mag mich im gehen. Ich růff dem keyſer. | Do   12.
rett feſtus mit dem rate vnd ſprach. Du haſt ge-
nant den keyſer: du geſt zů dem keyſer. Vnd do etlich   13.
tag warn vbergangen: agrippa der kúnig vnd bero-
₃₅ nice die ſtigen ab zů ceſari zegrúſſen feſtum. Vnd   11.
do ſy do beliben manig tag: feſtus erkúndet dem kú-
nig von paulo ſagent. Ein man iſt gelaſſen geuan
gen von felix: | von dem haten mich die ſúrſten der   15.
pfaffen vnd die alten der iuden do ich was zů iheruſalem:
₄₀ ſy ieſchen die verdampnung wider in. Zů den ant-   16.
wurt ich: es iſt nit gewonheit den rômern zegeben

*

21 den (*erstes*)] dem P.   **Wann**] Vnd Z—Oa.   22 auf ſteygen]
ab geen Z—Oa.   23 geteilet Z—Sc.   mir] dir ZcSa.   24 **Wann**]
Vnd Z—Oa.   25 keyſers. wann ich můß da geurteilet werden Z—Oa.
27 **bas haſt**] das haſtu ME, das haſt P, daz baß haſt Z—Oa.   **Wann**]
Vnd P.   28 **ichts**] nichs A.   hab] *fehlt* K—Oa.   ich — 29 **nit**]
So will ich nit widerſprechen Z—Oa.   29 **Wann ob keins**] Vnd keins
ob P, Ob aber keins Z—Oa.   von den] *fehlt* Z—Oa.   31 růff dem]
berůffe mich an den Z—Oa.   33 keiſer. zů dem keyſer ſolltu geen Z—Oa
34 vergangen Z-Oa.   bernice Z—Oa.   35 ſteygen MEP.   zů]
in S.   cefaream Z—Oa.   36 verkúndet Z—Oa.   37 Ein gefanger
man iſt gelaſſen von Z—Oa.   38 **baten mich**] giengen zů mir Z—Oa.
39 prieſtern P, brieſter Z—Oa.   vnd] vij KSc.   do] doch Z—Sa.
40 ſy] vnd Z—Oa.   begerten P, hieſchen K—Oa.   verdamnuß
Z-Oa.   41 gewonlich Z—Oa.   *

21 **feſtus**] + der F.   wolt den iuden gnad verleichen er TF.
22 paulus TF.   Wilt du T.   24 **paulus**] + der TF.   26 **den** —
27 **geſchat**] *nachtr.* F.   28 toten TF.   31 **im**] in TF.   32 **ge-
nant**] getan TF, genant ta, *durch rasur.*   33 **den**] dem F.   36 **ſy**]
di T.   **feſtus**] + der TF.   37 paulus TF.

etlichen menfchen ee das der der do wirt befagt habe
gegenwertig fein befager: vnd fo er abfteygt er ent
phecht die ftat der befchirmung abzewafchen die fúnd
v. 17. die im werdent fúrgeworffen. Dorumb do dife warn
hergefammet: an dem andern tag ich faß an dem
gericht on alle weytrung oder faumung ich gebot
18. den man herzefúren. Von dem die befager brachten
kein fach do fy in hetten befagt von dem ich fchauet
19. oder arckwont die vbeln ding: | wann fy hetten etlich
fragen wider in von irr vppigen hochfart: vnd von
20. eim doten ihefu den paulus veftent zeleben. Wann
ich zweiuelt von der red in difeweys: ich fprach ob
er wolt gen zú iherufalem: vnd do werden geurteylt von
21. difen dingen. Wann do paul nannt das er wúrde
behalten zú der erkennung auguftus: ich ließ in be-
22. halten biß das ich in fend zú dem keyfer. Wann agrip
pa fprach zú feftus. Ich wolt auch hörn difen menfch
23. en. Feftus fprach morgen wirftu in hören. | Wann
an dem andern tage do agrippa vnd beronice waren
kumen mit maniger zweiuelung oder vmbgeung .
vnd do fy warn eingegangen zú der gehörd mit den

*

42 **etlichen**] einen Z—Oa.   beklaget Z—Oa.   43 **befager** —
44 **befchirmung**] anklager vnd neme ftat fich zewóren vnd Z—Oa.
abgewáfchen Sb.   46 faß ich zú gericht on alles verziehen vnd ge-
bot den man fúrzefúren Z—Oa.   47 famnung MEP.   48 **die**]
+ do P. | **die** — 49 **befagt**] als do ftúnden die anklager. do brach-
ten fy kein fach fúr Z—Oa.   50 **die** — **wann**] daz úbel. Aber Z—Oa.
51 **irr** — **hochfart**] feines irrfaligen gelaubens wegen Z—Oa.   52 **ve-
ftent zeleben**] warlich verkúndete daz er lebet Z—Oa.   **Wann**] vnd
P, vnd do Z—Oa.   53 von difer frag. do fprach ich ob Z-Oa.
55 Vnnd do paulus appellieret das Z—Oa.   56 augufti Z—Oa.   57
Wann] Vnd P—Oa.   58 feftum Z—Oa.   59 **Wann**] Vnd P—Oa.
60 bernice Z—Oa.   61 **maniger** — **vmbgeung**] groffer pomp oder
mit vil (wil G) volcks Z—Oa.   1 **do fy**] fehlt Z-Oa.   verhörung
Z—Oa.

*

42 habent TF.   43 ab fteig T.   44 **der befchirmung**] fehlt
TF, nachtr. ta.   45 **die** — **fúrgeworffen**) fehlt TF.   46 herge-
famtent TF.   47 famnung T, fammung F.   51 frag TF.
52 ihefus TF.   54 **er**] ir TF.   55 paulus TF.   56 ließ] hiezu
TF.   57 fant TF.   59 wirft du TF.   1 dem tribuner TF.

tribunern vnd mit den gewaltigſten mannen der
ſtatt: do feſtus gebot paulus wart zůgefůrt. Vnd   v, 21.
feſtus ſprach. O kúnig agrippa vnd alle ir mann ir
5 do ſeyt entzampt gegenwertig mit vns: ir ſecht diſen
menſchen · von dem mich hat alle die menig der iuden
in iheruſalem angerůfft ſy ieſchen vnd baten: das im fúr
bas nit gezeme zeleben. Wann ich vand in kein wir-   25.
dig ding des todes haben begangen. Wann do er an
10 rieff den keyſer: ich vrteylt in zeſenden zů auguſto
Von dem hab ich nit das ich ſchreib meinem herrn   26.
ein ſichers: dorumb fůrt ich in zů eúch vnd o kúnig
agrippa aller meiſt zů dir: ſo die frag wirt gemacht
das ich hab was ich ſchreib. Wann mich dunckt ze   27.
15 gelaſſen den geuangen on rede: vnd nit zezaichen ſein
ſache.   *Das xxvi Capitel*

W ann agrippa ſprach zů paulo. Dir wirt er-
laubt zereden fúr dich ſelber. Do ſtrackt pau
lus die hand er begund zegeben red er ſprach
20 O kúnig agrippa ich maß mich zeſein ſelig bey dir ·   2.

*

4 ir — 5 mit] die ir gegenwertig ſeyt mit Z—Oa.   6 hat] +
angerůfft K—Oa.   die] *fehlt* K—Oa.   7 angerůfft — baten]
bittend vnd ſchreyend zů mir Z—Oa.   ſy begerten P.   im — 8
zeleben] er (*fehlt* ZA) ſollte fůrbas nit mer leben Z—Sa, er fůrbas nit
mer leben můſte K—Oa.   8 zeloben MEP.   Aber Z—Oa.   9 Vnd
do er das (*fehlt* K— Oa) appellieret zů dem Z—Oa.   10 in] *fehlt* Z—Oa.
auguſtum Z—Oa.   11 nichts gewiſes (gewißt SbOOa) das Z—Oa.
12 ein ſichers] *fehlt* Z—Oa.   13 ſo — 16 ſache] daz wann wir in
gefraget haben. Ich hab was ich ſůll ſchreiben meinem herren. wann
mich beduncket das es ſeye on vernunfft. daz ich in ſende gebunden.
vnd im ſein ſachen nit zewiſſen thů.   13 wart MEP.   17 Wann]
Und Z—Oa.   paulum Z—Oa.   19 hand — ſprach] hende vnd
vieng an rechnung Z—Oa.   20 ich ſchätze das ich heůt ſälig ſeye
bey Z—Oa.   mich] dich MEP.

*

6 menſchen] *fehlt* TF.   hat] bit T, bat F.   7 angerůfft]
fehlt TF.   8 nit] icht TF.   10 in] *fehlt* TF.   11 ſchreib]
ſchreib ein ſicherz F, ſchreibe in ſicherz T.   12 ein ſichers] *fehlt*
TF.   14 zelazzen TF.   17 paul TF.   erlaubt] gelaubt F.
19 red] di rede TF.

ſo ich heút bin beſchirmpt: von allen den dingen in

v. 3. den ich wird beſagt von den iuden: | ſo du weyſt aller
meyſt alle ding die do feind der gewonheit vnd der
frag die do feind bey den iuden: dorumb bit ich dich

4. das du mich hóreſt gefridſamklich. Vnd ernſtlich
alle die iuden die do warn in iheruſalem ſint dem angeng
in meim volck die erkannten mein leben von der iu

5. gent: | ſy vorwiſſten ſint dem augeng ob ſy mir wel-
lent geben den gezeúg daz ich hab gelebt ein phariſeer
nach dem ſicherſten geſchlecht vnſers ordens oder der

6. geiſtlichheit. Vnd nu ſtee ich vndertenig dem vr-
teyl: in der zûuerſicht der geheyſſung die do iſt ge-

7. macht von got zû vnſern vettern. In der vnſer· xij
geſchlecht ſich verſachen zekumen dienent tags vnd
nachts. O kúnig von der zûuerſicht wird ich beſagt

8. von den iuden. Das do wirt vngeleublich geurteilt

9. bey euch ob gott erſtet die doten. Vnd ernſtlich ich
maſſt mich zehaben getan manig widerwertig ding

10. wider den namen iheſu: | das ich ioch thet in iheruſalem.
Vnd do ich hett entphangen den gewalte von den
fúrſten der pfaffen ich beſchloß manige der heiligen
in den karckern: vnd do ſy wurden derſchlagen ich

---

21 den] *fehlt* K—Oa. 22 den (*erstes*)] dem ZS. wird ver-
klaget Z—Oa. 23 die do feind] *fehlt* Z—Oa. 25 hóreſt dul-
digklich Z—Oa. ernſtlich] gewiſlich P, *fehlt* K—Oa. 26 die
(*erstes*)] *fehlt* K—Oa. von anfang Z—Oa. angeng] bôßen P.
28 vorwiſſten — 29 gezeúg] haben mich vor gewißt von anfang. ob
ſy mir czeúgknuß (gezeúgknuß SbOOa) wóllen geben Z—Oa. 28 an-
geng] bôßen P. 32 hoffnung der verheyſſung die do iſt geſcheben
Z—Oa. 34 fúrſehend Z—Oa. tag vnd nacht Z–Oa. 35 hoff-
nung wird ich verſaget Z–Oa. 36 Das do] Was Z—Oa. 37
euch, ſo gott erkúcket Z—Oa. ernſtlich] gewiſlich P, *fehlt* K—Oa.
38 vermeynte daz ich ſollt (*fehlt* OOa) vil widerwertige Z—Oa. 39
iheſu] + nazareni Z—Oa. auch Z—Oa. 40 genomen Z—Oa.
41 prieſtern P, brieſter Z—Oa. vil Z—Oa. der] *fehlt* OOa.

---

28 vorwiſſent TF. 29 den] *fehlt* TF. 30 ſicherſten] ge-
wiſtè T, gewiſtem F. 36 vngelaubig TF. 38 mazze TF.
widerwurtiger TF. 39 iheſus TF.

bracht das vrteyl. Vnd ich tzwang ſy ſtercklich zů   v. 11.
quelen: vnd zůuerſpotten durch alle die ſynagogen·
45 vnd fúrbas vnſinnt ich wider ſy ich wart geiaget
vntz zů den euſſerſten ſteten. Do ich eingieng in ſy   12.
zů damaſch· mit gewalt vnd mit dem verhenckniß
gelůbd der fúrſten der pfaffen: | o kúnig ich ſach zů   13.
mittag mich vmbleichten ein liecht von dem himel
50 an dem weg vber den ſchein des ſunns: vnd die die do
entzampt waren mit mir | vnd wir vielen alle nider   14.
an die erde ich hort ein ſtymm redent zů mir in he-
breyſcher zungen. Saule ſaule worumb iagſtu mich?
Hert iſt dir zeſtreyten wider den garten. | Wann ich   15.
55 ſprach. O herre wer biſtu? Wann der herr ſprach zů
mir. Ich bins iheſus: den du iagſt. | Wann ſte auf: 16.
vnd ſtee auff dein fúß. Wann zů diſem erſchein ich
dir· das ich dich ſchickt einen ambechter vnd ein ge-
zeúg der die du haſt geſehen vnd der ding in den ich
60 dir erſchein: | ich erlôß dich von den volcken vnd von   17.

*

43 ich — 44 ſynagogen] hon durch all ſynagogen emßigklich dio
gepeyniget vnd ſy genôtet zůlôßtern diſen namen Z—Oa.   43 ze-
peinigen P.   44 die] diſe P.   45 ich — geiaget] vnd durch-
ächtet Z - Oa.   46 biß SbOOa.   Do] in den als Z - Oa.   ich]
fehlt ZS, er ZcSa.   ſy zů] fehlt Z—Oa.   47 damaſcum Z—Oa.
dem] den ZAK—Oa, der SZcSa.   verhengknuſſen Sc.   48 ge-
lůbd] fehlt Z—Oa.   prieſtern P, brieſter Z—Oa.   39 von dem]
vom G.   50 der ſunnen Z—Oa.   51 entzampt] fehlt Z—Oa.
53 durchächteſt du mich Z—Oa.   54 Hert] ſchwere K—Oa.   den
garten] die anfechtung des fleyſchs (fleyſch ZA) Z—Oa.   54, 55
Wann] Vnd P—Oa.   56 bin Z—Oa.   du durchächteſt. Aber
ſtee Z—Oa.   57 Wann in dem bin ich dir erſchinen das Z—Oa.
58 ſetze Z—Oa.   diener P—Oa.   einen zeugen der ding die Z—Oa.
60 wolcken S.

*

43 prach F.   44 die] fehlt F.   45 wart geiaget] umgeändert
iagt ſie ta.   46 euſſerſten] auzſerſtetĕn T, auſſern F.   Do]
vnd do TF.   in] vnder TF.   47 verhenckniß] fehlt TF, nachtr. ta;
gelubd gestrichen T.   48 ſacht F.   49 mittemtag vm mich leucht
ein TF.   49 von dem] vom T, von F   50 dem] + himel T,
gestrichen.   die die] di TF.   52 ich] vnd F, fehlt T.   53 wor-
umb] waz TF.   54 garte TF.   56 bin TF.   57 zů] in TF.
60 dem volk F.

v. 18. den leúten vnder die ich dich nu fende · | aufzetûn ire
augen vnd fy werden bekert von der vinfter zû dem
liecht · vnd von dem gewalt fathanas zû gott: das
dife entphachen die vergibung der fúnden: vnd das
loß vnder den heiligen durch den gelauben der do ift
19. in mir. Douon o kúnig agrippa ich was nit vn-
20. geleúbig der himelifchen geficht: | wann ich erkúnd
auch zûm erften den die do feind zû damafch vnd zû
iherufalem vnd in alle die gegent zû iude : vnd den leúten ·
das fy machen bûß · vnd werden bekert zû got: vnd
21. machen wirdig werck der bûß. Vmb dife fach do ich
was im tempel do mich die iuden hetten begriffen vnd
22. fy fliffen fich fy wolten mich erfchlachen. Wann mir
ift geholffen von gotts hilff ich ftee zûbezeúgen vntz
an difen heútigen tag dem minften vnd dem meiften
fagent: nicht zefein aufwendig denn die dinge die
die weyffagen haben gerett zefein kúnftig vnd moy
23. fes : | ob criftus ift zû erleiden · ob der erft ift zû der-
kúnden dem volck vnd den leúten ein liecht von der
24. auferftendung der doten · | do er ret dife ding vnd gab

·

61 leúten] heyden Z – Oa.   außzetûn P   1 vnd] daz Z - Oa.
2 fathane ZASK—Oa, fathau ZcSa.   6 verkúndete ZASKSb - Oa,
verkúnd ZcSaG.   7 auch] fy Z--Oa.   damafcum Z - Oa.   8 die]
fehlt K—Oa.   zû] fehlt Z—Oa.   9 wircken Z—SbOOa, wúrcketen Sc.
10 tûn Z—Oa.   Vmb] vnd S.   11 in dem ZcSa.   do — 12 Wann]
fiengen mich die iuden vnd verfúchten (fuchten K—Oa) mich zetödten.
Aber Z—Oa.   13 gotts — zûbezeúgen] der hilff gotes. vnd (+ ich K—Oa)
ftee das zû beweyfen Z—Oa.   biß Sb—Oa.   14 dem (erftes)] den
Gi—Oa.   dem (zweites)] den PK—Oa.   15 vnd fag nichs anders.
dann Z—Oa.   16 zefein -- 19 doten] vnd moyfes (moyfi ZcSa)
kúnfftig feien. ob criftus feye leidenlich gewefen. ob er der erft feye
auß der vrfteend der todten zúuerkúnden das liecht dem volck vnd
(+ auch Sc) den heyden Z—Oa.

·

1 vnd] daz TF.   3 das] fehlt TF.   5 Douon] do TF; von nachtr.
ta.   8 vnd in alle die] aller TF, getilgt T, vnd in alle die nachtr. ta.
gegent] + der TF (getilgt T).   den] fehlt TF, nachtr. fc.   9 vnd —
10 bûß] nachtr. F.   10 dife] di TF.   11 vnd] fehlt T.   13 gots
hilff] dem rat gotz TF; dem rat unterftrichen T, der hulfe ta.   17
krift ift zeleiden TF.   ift zekunden TF.   ·

die rede: feſtus der ſprach mit einer micheln ſtymm. ₂₀
Paule du vnſinnſt. Die manig bůchſtaben die ke-
.₂₄ rent dich zů der vnſinn. Vnd paulus ſprach: o beſ
ſter felix ich vnſinn nit: wann ich red die wort der
₂₅ warheit vnd der temperung. Wann der kůnig zů dem
ich ſtetigklich red: der weyſ von diſen dingen. Wann ₂₅
ich maſ mich im nit ſein verborgen · keins dirr ding *
₂₆ iſt getan in dem winckel. Kůnig agrippa gelaubſt
₂₇ du den weyſſagen? Ich weyſ daz du glaubſt? | Wann
agrippa ſprach zů paul. Rateſtu mir ·in eim lútzeln
₂₈ zewerden ein crifften. | Vnd paulus ſprach. Ich wunſch ₃₀
bey gott in eim lútzeln vnd in eim meiſten: nit allein
dich · wann auch all die die mich heút hórnt zewerden
₂₉ alſo als auch ich bin: on diſe band. Vnd der kůnig
ſtůnd auf vnd der richter vnd beronice vnd die in zů
₃₀ ſtůnden. Do ſy ſich ſchieden · ſy retten zů einander ₃₅
ſagent: wann dirr menſch hat nit getan kein wir-
₃₁ dig ding des todes oder der band. Wann agrippa ſprach
zů feſtum. Dirr menſch mocht werden gelaſſen: ob

*

20 die rede] rechnung Z — Oa. der] fehlt K—Oa. groſſen
P—Oa. 21 Die — bůchſtaben] Vil geſchrifft Z—Oa. die] fehlt
Ze—Oa. 22 vnſynnigkeit Z—Oa. 23 felix] feſte K—Oa. aber
Z—Oa. red] + auch Sb. 24 nůchterkeit. Vnd der Z—Oa.
25 ich] fehlt Sc. ſtåtigklichen ZeSaOa. der] fehlt K—Oa.
wayſt K—Oa. 26 maß — 27 iſt] waiß. daz im der ding nichs ver-
borgen iſt. dann (wann OOa) der ding keins iſt auch Z—Oa. 27 ge-
ſchehen A. 28 den] dem ZS. Wann] Vnd P—Oa. 29 paul -
30 crifften] paulum (paulo ZeSa). In einem wenigen ding rateſt du
mir. das ich ein criſt werde Z—Oa. 29 in ein wenig P. 31 in
dem kleinen. vnd in dem groſſen Z—Oa. in eim wenig P. 32 wann]
ſunder P—Oa. die die] die A. zewerden alſo] das ſy alſo
werden Z—Oa. 33 als ich auch G. mit diſen banden Z—Oa.
34 der] auch der Sc. bernice E—Oa. 35 Do] Vnnd do Z—Oa.
36, 38 der menſch P. 36 nit] fehlt K—Oa. 37 Wann] Vnd
Z—Oa. 38 het er ſich nit gerúffet Z—Oa.

*

21 paulus TF. manigen buchſtaben verkeren TF. 22 Vnd]
fehlt F. 23 felix TF, -lix unterſtrichen T, ſte nachtr. ta. * ding]
+ wan kainz dirr ding TF. 29 paulus redeſt du TF. luczel
TF. 30 Vnd] fehlt TF. 33 bin] fehlt TF. 34 die] fehlt
T nachtr. ta. 35 ainandern TF.

er fich nit hett gerúffen an den keyfer.　Dorumb vr-
teylt in der richter alfo zefenden dem keyfer.　　　*xxvij*

1.　**W**ann do es im was geurteylt am andern tag
　　zefchiffen in ytalia vnd zeantwurten paule
　　mit den andern geuangen dem centurio bey
2.　namen iulius der gefellfchaft augufti: | wir ftigen
auf in ein fchiff wir begunden zefchiffen zů rome oder
zů affrice· wir enthabten vns bey den ftetten afie:
ariftarcho macedon theffalonicens volenten mit vns
3.　| Wann an dem andern tag kam wir zů fidon.　Wann
iulius betracht paul menfchlicher ding er ließ in gen
4.　zů den freúnden: vnd fein zethůn die forg.　Vnd dor
nach do wir vns hetten aufgehalten wir fchifften zů
ciper: dorumb das die winde waren widerwertig.
5.　Vnd fchifften daz mer cilici vnd panphili wir kamen
6.　zů liftram das do ift ein teyl licie: | vnd do vand der
centurio ein fchiff von alexandrina zefchiffen in yta-
7.　lia: er fatzt vns dorein.　Wann do wir heten gefchifft
manig tag vnd kaum warn kumen zů contrachum:

*

39 an dem G.　　41 **Wann**] Und Z—Oa.　　**was**] ward A.　　**am**
— 42 **zeantwurten**] daz er folt fchiffen in welfchland (welfche land
SSbScOa) vnd antwurten Z—Oa.　　42 paulum E—Oa.　　43 **bey**] mit
Z—Oa.　　44 der keyferlichen fchare Z—Oa.　　45 **wir**] vnd Z—Oa.
gebunden P.　　**oder zů affrice**] *fehlt* Z—Oa.　　46 vnd enthielten
vns Z—Oa.　　47 vnd ariftarchus der theffaloniccnfer auß macedonia
der (*fehlt* K—Oa) verharret bei vns. Vnd an Z—Oa　　48 fydonem.
vnd iulius hielt paulum menfchlich (-lichen ZcSa) vnd ließ Z—Oa.
50 fein acht haben Z—Oa.　　53 cilicie Z—Oa.　　panphile ZAS,
pamphile ZcSa, pamphilie K—Oa.　　**wir**] vnd Z—Oa.　　54 **der**]
fehlt ZcSa.　　55 allexandria daz do wolt fchiffen (fchifften ZA) in
welfchlande (welfche land SSbOOa). vnd er Z—Oa.　　56 **vns**] vncz
ZcSa.　　**Wann**] Vnnd Z—Oa.　　57 **tag**] + fpåt Z—Oa.　　zů
contrachum] gegen gnidum Z—Oa, + vnd K—Oa.

*

40 **zefenden**] zefein TF.　　42 zefchifften TF.　　paul TF.
45 zefchiften TF.　　**oder**] aber F.　　46 afya TF.　　49 menfch-
liche T, menftliche F.　　50 **die**] *fehlt* TF.　　52 **das**] do TF.　　54
do ift] ift TF.　　**ein teyl licie**] taillicht F.　　55 allexandria TF.
56 fatcz F.　　57 contrachim TF.

do vns der wind wert wir fchifften zů creet bey fa-
laim. Vnd do wir kaum do bey gefchifften wir kamen   v. 8.
60 zů einer ftatt die do was geheiffen boniportus: bey
dem do was nachen die ftatt thalafa. Wann do vil   9.
6 5] zeyts was vergangen vnd do ietzunt nit was ficber
fchiffung dorumb das die vafte ietzunt was nahen
vergangen: paulus der troft fy | fagent zů in. Brůder: 10.
ich fich das die fchiffung begint zefein mit vnrecht
5 vnd mit manigen fchaden nit allein der laffte vnd
des fchiffes: wann auch eůwer feln. Wann der cen-   11.
turio gelaubt mer dem fchiffman vnd dem fteůrer:
denn den dingen die do warn gefagt von paulo. Vnd   12.
do das geftat nit was zimlich zewintern: manig die
10 ftifften einen rate zefchiffen dann ob fy in etlichweys
hin mochten kumen zewintern zů phenice zů creet die
geftade zů portum zefchauwen zů affricum vnd zů
chorum. Wann do der mittag wint weet fy mafften   13.
fich zehalten den fůrgefatzten rate: do fy fich hetten
15 erhaben von affon · fy fchifften zů creet. Wann nit   14.

*

58 **wert**] wâet A.   falmonem ZS, falomonem ZcSa, falmonam
K—Oa.   59 **do** (*zweites*)] hin Z—Oa.   do kamen wir Z—Oa.
60 die heyft Z—Oa.   61 **thalafa**] thafia P.   **Wann**] Vnd Z—Oa.
1 zeyt P—Oa.   **do**] *fehlt* Z—Oa.   2 die fchiffung Z—Oa.   **nahen**]
fehlt Z—Oa.   3 **der**] *fehlt* K—Oa.   **Brůder**] Ir mann Z—Oa.
4 **mit**] *fehlt* S.   5 manigem AK—Oa.   des laßts Z—Oa.   6 **wann**]
funder P—Oa.   **eůwer**] vnfer Z—Oa.   **Wann**] Aber Z—Oa.
der] *fehlt* K—Oa.   9 **die**] *fehlt* K—Oa.   10 zefchifften Sc.   von
dann Z—Oa.   11 phenicem (-cen A) czů der porten crete die do
fchauwet zů Z—Oa.   12 **zů** (*letztes*)] *fehlt* Sc.   13 **Wann**] vnd
P, Aber Z—Oa.   **der — 17 es**] vermeynten (vermanten K—Sc) fy
zehalten ir fůrnemen do fy warn abgefchiden. von afon do fůren fy
hin in cretam (-tum OOa). Vnd nit nach vil zeyt lôget fich wider das
fchiff typhonicus der do heyßt ·euroaquilo ein wint von mitternacht
Z—Oa.   15 affen MEP.   **Wann**] Vnd P.

*

58 **wert**] weet TF.   59 **kaum**] kamen TF; kaum T, *durch rasur.*
1 **vergangen**] + Paulus der troft fi fagent F, *gestrichen.*   2 vaften
TF.   7 den fteurer TF.   8 **den**] *fehlt* T, *nachtr.* tc.   paulus
TF.   10 fchickten ein rat TF.   11 ˙ **kumen**] + zefchawen F,
zefchwen T, *unterstrichen.*   creth ze portum ze affricum TF; ta
ändert: phenice ze fchauwen daz geftat ze portum ze affricum.   13
mittaglich TF.

nach vil zeyts tiphonicus der do ift geheiffen ein wint

v. 15. zů mitternacht der leget fich wider es: | vnd do das
fchiff wart begriffen: vnd nit mochte werden ge-
fteúret in dem wind: das fchiff wart gegeben den

16. vnten vnd wir wurden getragen. Niderlauffent   2)
in ein infel die do ift geheiffen der zagel: kaum mocht

17. wir behaben das fchiff. Do es wart aufgebracht wir
nutzten die hilff wann wir hefften daz fchiff wir zugen
die angker: wir vorchten das fy icht vieln in ver-
derbung: alfuft wurden getragen die nider gelaffen   z

18. vaß. Wann an dem andern tag do vns die micheln

19. vngewiter anlagen· fy machten einen wurff | vnd am
dritten tag: fy wurffen aus mit iren henden die rů-

20. der des fchiffs in das mere. Wann vns erfchein noch
die funn noch die fternen durch manig tag vnd nit   3)
ein lützel vngewitter ftůnd an die zůuerficht: aller

21. vnfer behaltfam was ietzunt abgenomen. Vnd do
vil vafftens was gewefen: do ftůnd paulus in mitzt
ir er fprach. O mann hôrt mich ernftlich es gezimpt

*

16 cipholicus MEP.   18 mochten MEP.   19 geftreúret M,
geftretiet PZcSa.   dem] den P.   das] dem MEP.   das —
20 vnten] do ward daz fchiff gegeben dem wind Z—Oa.   19 den]
der MEP.   20 wurden von im getragen vnd warden (wurden ASOOa)
geiaget in ein Z—Oa.   21 der — 22 wir] cauda. vnd mochten
kaum Z—Oa.   22 gehaben P.   23 brauchten hilff. vnd hôfften
Z—Oa.   wir (zweites)] vnd Z—Oa.   24 icht] nicht Z—Oa.
25 alfo wurden fy getragen do das vas verfencket warde. Aber an
Z—Oa.   26 Wann] Vnd P.   groffen P—Oa.   27 Sy tetten
Z—Oa.   an dem ZcSa.   28 wurffen fy Z—Oa.   29 Vnd do vns
nit fchin. wôder die Z—Oa.   30 geftiren durch vil tag vnd vns nit
Z—Oa.   31 klein P—Oa.   ftůnd — 32 abgenomen] anlage. do
war (ward Zc—Oa) ietzunt abgenomen die hoffnung alles vnfers heyls
Z—Oa.   33 in mit ir P—Sa, in irer mitte K—Oa.   34 er] vnd
Z—Oa.   O] + ir Z—Oa.   mich] fehlt SbOOa.   ernftlich]
gewiflich P, fehlt K—Oa.   es — 36 difem] wir folten nit auß

*

16 thipolitus TF.   17 zů] gegen TF.   19 das] fehlt TF;
dem ta, daz fb.   geben di vnten TF.   22 der] fehlt TF.   23 auf-
geprochten TF.   26 daz michel vngewiter TF.   27 an dem TF.
30 der funn TF.   fterne TF.   31 ein] fint TF; unterftrichen T,
ein ta.

35 nit zenemen von creet: vnd zemachen den gewinne
in difem vnrecht vnd in difem vbermût. Vnd nu   v. 22.
rate ich eúch feyt gûts gemúts. Wann die verluft
keiner fele wirt von vns: an das fchiff. Wann der   23.
engel gots des ich bin vnd dem ich diene · der zûftûnd
40 mir in dirr nacht | fagent. Paule nichten vôrcht   24.
dir: wann dir gezimpt zeften vor dem keifer. Vnd
fich gott der hat dir gegeben alle die do fchiffen mit
dir. | Dorumb o mann feyt gûtes gemûtes. Wann   25.
ich gelauh meim got: wann es wirt alfo als es mir
45 ift gefagt. Wann vns gezimpt zekummen in ein   26.
infeln. Wann dornach nach dem · xiiij · tag die nacht   27.
vberkam vns: fo wir fchifften zû adria vmb die
mittenacht die fchiffleúte bedeúcht in zû derfcheinen
etlich gegent. Sy namen daz gewicht: fy funden · xx   28.
50 fchritte: vnd von dann funderten fy fich ein lútzel fy
funden · xv · fchritt. Wann wir vorchten das wir   29.
icht vieln in die herten ftett: wir wurffen · iiij · ang-
ker von dem fchiff wir hofften zewerden den tag. Wann   30.
die fchiffleút die fúchten zefliehen von dem fchiff do

*

gangen (außgegangen ScOOa) fein von cret. vnd das vnrecht gewinlich
machen vnd den Z—Oa.
38 wirt keiner fele auß vns Z—Oa.   40 dirr] der P—Oa.   nicht
P—Oa.   enfûrcht P.   41 wann du mûßt fteen Z—Oa.   42 der]
fehlt K—Oa.   ergeben Z—Oa.   fchifften Z—Oa.   43 o] ir
Z—Oa.   44 als mir Z—Oa.   45 Aber wir mûffen kumen Z—Oa.
46 Wann] Vnnd P, aber Z—Oa.   nach dem] fehlt ZcSa.   xiiij —
47 fo] vnd die vierzehend nacht kam. vnd Z—Oa.   47 vberkumpt vns:
fo wir fchiffen zû andria MEP.   zû] in Z—Oa.   die] fehlt Z—Oa.
48 do gedaucht (gedachten ZcSa) die fchifleut inerfchyn ein gegent Z—Oa.
49 daz] des ZAZcSa.   fy] vnd Z—Oa.   50 fy (erstes)] fehlt MEP.
wenig P—Oa.   fy (zweites)] vnd Z—Oa.   52 icht] nit A.   angken
ZAZcSa.   53 von — tag] vnd begerten das es (fehlt Sc) tag wirde
Z—Oa.   Wann] Vnd P, Aber Z—Oa.   54 die (zweites)] fehlt K—Oa.

*

35 zu machten TF.   36 vnrechten vnd in dem vbermut TF.
40 mir] fehlt F.   paulus nit furcht TF.   42 der] fehlt TF.
geben alle die di do TF.   44 es] fehlt TF.   fchiffen zu andria
TF.   49 xx] 44 F, verwischt T.   50 fchritte] flinte [?] F.   vnd
— 51 fchritt] nachtr. F.   51 xv] xlv F; in T nicht zu entziffern;
xv ta.   54 die (zweites)] fehlt TF.

26 *

fy hetten gelaffen das fchiff in dem mere in geleich-
heit oder in bedenckung als fy anuiengen zeziehen
die angker von dem vordern teyl das das fchiff ficher

v. 31. ftûnd: | paul fprach zû dem centurio vnd zû den rittern
Ob dife nit beleibent in dem fchiff ir mûgt nit werden

32. behalten. Do hiewen ab die ritter die fail des fchiffs:
vnd lieffen es vallen in das waffer oder in das mer.

33. Vnd do das liecht hegund zewerden: paulus der bat   [33 ¹]
fy alle zû entphachen das effen fagent. Heût habt ir
gebeytet von dem ·xiiij· tag vafftent feyt ir beliben:

34. vnd habt nit entphangen. Dorumb ich bitt eûch ze
entphachen die fpeyß vmb eûwer behaltfam: wann

35. ewer keim verdirbt ein hare von feinem haubt. Vnd
do er ditz bett gefagt: er nam das brot er macht ge-
nade gott in der befcheude aller: vnd do ers hett ge-

36. brochen er begund zeeffen. Wann fy wurden alle ge

37. trôft: vnd entphiengen das effen. Wann der felen

38. vnfer aller im· fchiff warn ·cc· vnd lxxvj. Vnd fy
wurden gefatt mit der fpeyß fy wurffen den weytz

39. in das mer: vnd ringerten das fchiff. Wann do der
tag wart gemacht fy erkannten nit die erde: wann

*

55 **dem** — 56 **zeziehen**] daz môre. vnder der meynung als fiengen fy
an außzelaffen Z—Oa.   56 zezeygen MEP.   57 ancken ZAZcSaKSbScO,
anckern Oa.   **das das** — 58 **ftûnd**] des fchiffs Z—Oa.   58 paulus E—Oa.
59 **Ob** — **nit**] Nur allein dife Z—Oa.   60 haweten K—Oa.   1 do
es anfieng liecht werden Z—Oa.   **der**] fehlt K—Oa.   2 all daz fy
nemen die fpeys Z—Oa.   3 gebeyte MEP, gebitten Z—Sa, geharret
K—Oa.   vafftent beleybend Z—Oa.   4 nichts Z—Oa.   euch
das ir nemend Z—Oa.   6 ewerm ZcSa.   7 **er macht**] vnnd wircket
Z—Sa, vnd faget K—Oa.   got danck K—Oa.   8 in dem ange-
ficht ir aller Z—Oa.   9 fieng an Z—Oa.   9, 10 **Wann**] Vnd
Z—Oa.   11 in dem Oa.   lxxvij K—Oa.   12 **fy**] vnd Z—Oa.
13 vnd regierten A.   vnd do es tag ward. fy Z—Oa.   14 Aber
Z—Oa.

*

55 ein geleichait oder ein bedunckung TF.   56 zezaigen TF.
57 **ficher**] fchier TF; *unterftrichen* T, ficher ta.   58 paulus der fprach
TF.   61 das waffer oder in] *fehlt* TF.   1 **Vnd**] wan TF.
3 **tag**] *nachtr.* F.   4 hat T.   nitz T, nihcz F.   8 er TF.
9 **begund**] + es TF.   **Wann** — 10 **effen**] *nachtr.* F.   11 aller
vnfer in dem TF.

15 fy merckten ein ftatt habent die zûlendung: in der
gedachten fy ob fy môchten aufwerffen das fchiffe.
Vnd do fy hetten aufgehaben die angker fy legtens   v. 40.
in das mer· zegeleicherweys gurtens auff die fûg-
ung der gefchirr: vnd fy huben auff ein fegel fy flif
20 fen fich zû dem geftad nach dem ween des lufftes. Vnd   41.
do wir waren eingeuallen in ein verderblich ftatte
do zwey mer kamen zûfamen fy zerbrachen daz fchiff:
vnd ernftlich das vorderteyl des fchiffes beleib behefftet
vnd vnbeweglich: wann das hinderteyl ward ent-
25 bunden von der fterck des meres. Wann es was ·der   42.
rate der rittern das fy erfchlûgen die geuangen· daz
keiner entpflûch fo er aus fchwûmme: | wann der cen-   43.
turio wolt behalten paulum er wert es das es wûrd
getan. Vnd er gebot den die do mochten gefchwûm-
30 men das fy fich zûm erften lieffen in das mere vnd
aufzekumen zû dem land: | wann die andern zetragen   44.
auff den brettern: vnd etlich auff den dingen die do
warn von dem fchiff. Vnd es wart getan alfo: das
alle die fel entgiengen zû dem land.   *xxviij*

35 **U**nd do wir waren aufkumen: do erkant wir
das die infel hieß mitilene. Wann die frembd
den die derbutten vns nit ein lûtzel freûnt-

---

15 **ftatt** — 16 ob] port die do het ein geftadt czû der fy gedach-
ten. ob Z—Oa.   17 legten es K—Oa.   18 gurten es K—Oa.
19 **fy** (*erstes*)] *fehlt* Z—Oa.   **fegel** — 20 **lufftes**] kleynen fegel nach
dem blafen des wâters vnnd gedachten zû dem geftadt Z—Oa.   23
ernftlich] gewiflich P, *fehlt* K—Oa.   **behefftet**] heffte M, hefften
EP, ftât Z—Oa.   24 aber Z—Oa.   ward zerriffen Z—Oa.   25
Wann] Vnd Z—Oa.   27 Aber Z—Oa.   **der**] *fehlt* OOa.   28 pau-
lum. Vnd wôret (were Sb) ab (*fehlt* K—Oa) das es nit gefchâhe. Vnd
gebot Z—Oa.   fchwimmen ZS—Oa.   30 zû dem ZcSaScOa.
31 Aber Z—Oa.   trûgen fy auff Z—Oa.   33 es gefchach AOOa.
34 **die**] *fehlt* K—Oa.   36 militene E—Sc.   **Wann**] Vnd Z—Oa,
+ auch Sc.   37 **die**] *fehlt* K—Oa.   wenig P—Oa.

---

15 auslendung TF.   16 aus gewerfen T, aus geberffen F.   18
gurten fi TF.   20 **ween**] winde TF.   24 vnwegelich F.   26
ritter TF.   36 milten TF.   37 **die**] *fehlt* TF.

v. 2. fchafft. Wann fy entzúnten vns ein feúer fy wider
brachten vns alle: vmb den regen vnd vmb die kelt

3. die vns anlag. Wann do paul bett gefamment ein
menig des haidechs vnd es gelegt auff das feúer: do
ein vipper fúrgieng von der hitz fy kam im an fein

4. hande. Dorumb do die frembden hetten gefehen das
tier bangen an feiner hand: fy fpracben zû einander
Ernftlich dirr menfch ift ein manfchleg: wie das
er ift aufkumen von dem mere die rache left in nit

5. leben. Vnd ernftlich er fchlûg daz tier in das feúr ·

6. vnd er derleyd kein vbel. Vnd fy mafften in zefein
bekert in gefchwulft: vnd gechlingen nider zeuallen
vnd zefterben. Vnd fy verfachen fich lang vnd fahen
kein vbel werden getan an im: fy bekerten fich · vnd

7. fagten in zefein gott. Wann in den ftetten warn ei-
gen eins fúrften der infeln bey namen bubli: der ent
phieng vns · er erbot vns miltigklichen die notturff

8. tigen ding drey tag. Wann es gefchach dem vatter
bubly zeligen von dem ritten vnd von dem darmgicht
oder von der auflauffung der derm. Paulus gieng

*

38 zúnten vns an ein feúr vnd wider Z—Oa.   40 Wann] Vnd
P—Oa.   paulus E—Oa.   ein — 41 haidechs] etwo vil der fpán
Z—Oa.   41 haideths MEP.   es] fÿ Z—SbOOa, fehlt Sc.   leget
ZcSa.   42 kamen MEP.   45 Ernftlich] Gewiflich P, fúrwar K—Oa.
der menfch P—Oa.   manfchláchtiger wie wol er Z—Oa.   47 ernft-
lich] gewiflich P, fehlt K—Oa.   48 er — 49 vnd] er lyd nichs
úbels. Aber fy meynten er wirde gefchwellen vnd Z—Oa.   49 gáchlich
S, gehling G.   vallen vnd fterben Z—Oa.   51 kein — 52 Wann]
das im (in ZcSa) nichs úbels getan warde. Sy kerten fich (+ auch Sc)
zû im. Vnd fprachen. Er ift got. Aber Z—Oa.   52 eygeen ZcSa.
53 mit namen bublius Z—Oa.   54 miltigklich OOa.   55 Wann]
Vnnd Z—Oa.   dem — 57 derm] das der vatter publi lag an dem
fieber. vnd an der roten rúer Z—Oa.   57 aufflaufung P.   derm]
derbine MEP.

*

40 paulus TF.   41 wenig (menig T, durch rasur) dez haidechz
vnd het es gelegt an daz TF.   42 kom T, quam F.   44 einandern
TF.   45 manflecht F.   fwie TF.   47 fchlûg] fchutt TF.
49 gechling TF.   50 Vnd] wan TF.   54 milticlich TF.   56 zeli-
gen] + gemut TF.   57 Paulus] + der TF.

ein zů im: vnd do er het gebet er legt im auf die hand
vnd gefundt in. Vnd do er das bett getan: alle die   v. 9.
60 do waren in der infeln die do betten die fiechtum die
genachenten fich vnd wurden gefunt. Die erten vns   10.
) c] auch mit manigen eren: vnd do wir fchifften fy zů
legten die ding die do warn notturfftig. Wann nach   11.
dreyen moneden wir fchifften in eim fchiff von alex
andrina das verwintert in der infeln: der do was in
5 den zeichen der herbergen. Vnd do wir waren kumen   12.
zů firachufam: do waren wir drey tag. Von dann   13.
fchifften wir wir kamen zů regium: vnd nach eim
tag der mittag wint weet an dem andern tag kam
wir zů puteolos· | do funden wir die brůder fy baten   14.
10 vns zebeleiben bey in ·vij· tag: vnd alfuft kam wir
zů rome. Vnd dornach do es hetten gehort die brůder   15.
fy kamen vns engegen vntz zů aphiphorum· vnd in
dreyen ftetten oder beůfer. Do fy betten gefehen pau
lum: er entphieng den troft er macht genade gott.
15 Wann do wir warn kummen zů rome der centurio   16.
antwurt die geuangen dem richter vnd paulus wart
erlaubt zebeleiben bey im felber: mit dem ritter der
fein hůt. Wann nach dem dritten tage paulus der   17.

*

58 do] dy K—Sc.   er (zweites)] vnd Z—Oa.   legt im auf]
ym aufgelegt OOa.   59 vnd — in] er machet in gefundt Z—Oa.
60 die (zweites)] den G.   61 fich] + zů im Z—Oa.   1 vil Z—Oa.
2 legten] + vns Z—Oa.   Aber Z—Oa.   3 fchifften wir Z—Oa.
alexandria das do was von (fehlt K—Oa) verwintert Z—Oa.   4 do —
5 herbergen] was ein koßber (kôftlich K—Oa) fchloß Z—Oa.   7 wir
(zweites)] vnd Z—Oa.   8 tag do der mittåglich Z—Oa.   9 pu-
trolos P—Oa.   brůder] + vnd Z—Oa.   10 alfo Z—Oa.   11 zů]
gen Z—Oa.   12 biß Sb—Oa.   13 ftetten] tafernen ZAK—Oa,
tabernen SZcSa.   heůfern SK—Oa.   hette K—Oa.   paulias
Z—Sa, paulus K—Oa.   14 er macht] vnd faget Z—Oa.   danck
got K—Oa.   15 Wann] Vnd P, fehlt Z—Oa.   wir] + aber Z—Oa.
zů] gen Z—Oa.   der] fehlt OOa.   16 paulo Z—Oa.   18 Aber
Z—Oa.   der] fehlt Zc—Oa.

*

59 dicz TF.   61 vns auch] auch vns T.   3 allexandrian T,
allexandria F.   6 zů] fehlt TF, nachtr. ta fb.   Do wir waren TF.
11 es gehorten TF.   12 apyphorum TF.   13 heůfern TF.

rûfft den erften der iuden. Vnd do fy waren gefamment er fprach zû in. O mann brúder ich tûn nichtz wider die ee noch wider den vetterlichen fitten: ich bin geuangen von den von iherufalem vnd bin geantwurt

v. 18. in die hende der rómer: | vnd do fy hetten frage von mir fy wolten mich haben gelaffen: dorumb daz kein

19. fchulde des todes was an mir. Wann do es die iuden widerfprachen ich wart betzwungen mich zerúffen an den keyfer: nit als ob ich meim gefchlecht hab etwas zefagen. Denn das ich mein fel erloft von dem tod:

20. | vnd vmb dife fache hab ich gebetten euch zegefechen vnd zereden mit eúch. Wann vmb die hoffnung ifrahel

21. bin ich vmbgeben mit dirr ketten. Vnd fy fprachen zû im. Noch wir haben brieff entphangen von dir von iuda: noch keiner der brúder ift kumen der do hab

22. erkúndet das vbel von dir. Wann wir bitten zehórn von dir die ding die du weyft. Wann vns ift derkúndet von difem orden: das im allenthalben wirt

23. widerfagt. Do fy im betten geordent den tag manig kamen zû im in die herberg· er legt in aus vnd bezeúgt das reich gotz vnd er vnderweyfet ine von ihefu vnd von der ee moyfes vnd von den weyffagen

24. von dem morgen vntz an den ahent. Vnd etlich die

*

19 den] dem P—Sa.   20 O] Ir Z—Oa.   nitt ZcSa.   21 den] die Z-Oa.   24 fy] fo ZcSa.   wöllen Sb.   25 Wann] Vnd P, fehlt Z—Oa.   es] + aber Z—Oa.   26 ich wart] do ward ich Z—Oa. 27 mein MA.   28 zûuerfagen. Aber das Z—Oa.   29 zefehen Zc–Oa. 31 dirr] der P.   32 im] mir Z—Oa.   33 iudea Z—Oa.   hatt G. 34 verkúndet Z—Oa.   Aber Z—Oa.   35 ift erkant Z—Oa.   37 wider gefaget ZcSa.   gefetzet den tag. vil Z—Oa.   39 vnderweyfet] riet Z—Oa.   ine von] me von MEP, von in Z—Sa.   40 vnd (erstes)] fehlt K—Oa.   von (2)] auß Z—Oa.   der — von] fehlt Sb.   moyfi Z—Oa.   vnd] + auch Sc.   41 biß Sb—Oa. die] fehlt K—Oa.

*

19 rief TF.   21 den] di TF.   22 vnd] + ich TF.   23 gefragt TF.   24 mir] im TF.   29 vnd] fehlt TF.   30 die] + fach hab ich gebeten F, gestrichen.   32 haben enphangen prief TF.   34 piten von dir zehorn TF.   39 ihefus TF.

gelaubten den dingen die do wurden gefagt von pau
lo: vnd etlich gelaubten nit. Vnd do fy einander nit   v. 25.
waren gehellen: vnd fich fchieden paulus fprach ein
45 wort. Wann wol hat gerett der heilig geift durch
yfaias den weyffagen zů vnfern vettern | fagent. Ge   26.
zů difem gefchlecht vnd fag zů in. Ir hŏrt mit den
orn vnd vernempt nit· vnd fehent fecht ir vnd ge-
fecht nit. Wann das hertz ditz volcks ift derfeyfft   27.
50 vnd hŏrten fchwerlich mit den oren vnd befchluffen
ir augen: das fy villeicht icht fehen mit den augen
vnd hŏrn mit den orn vnd vernemen mit dem hertzen:
vnd werden bekert vnd ich gefund fy. Dorumb eúch   28.
fey kunt getan: daz dife behaltfam gotz ift gefant den
55 beiden: vnd fy horent. Wann do er ditz rett: manig   29.
iuden die giengen aus von ·im vnd hetten vil fragen
vnder in. Wann paulus beleib ·ij· gantz iar in feiner   30.
herberg: vnd entphieng all die do eingiengen zů im:
er difputiert mit den iuden vnd mit den kriechen | vnd   31.
60 bredigt das reich gots vnd lert die ding die do feind
von dem herrn ibefu mit aller dúrftikeit on hinderung

43 fy] + an Z—Sc.   46 yfaiam E—Oa.   47 hŏrt — 49 nit]
werdent hŏren mit dem or. vnd werdent nit verften vnd fehend wer-
dent ir fehen vnd werdent nit fúr fich fehen Z—Oa.   49 gefeyft A.
50 hŏrent MEP.   51 icht] nicht Z—Oa.   50 dem] den ZAS.
vnd mache (machen ZcSa) fy gefunt Z—Oa.   55 fy werdents (werdent
K—Oa) hŏren. Vnd do er die ding het geredt vil Z—Oa.   horten MEP.
56 die] fehlt Zc—Oa.   hetten] horten MEP.   57 vnder] wider MEP.
Wann] Vnd Z—Oa.   paulus] + der ZSZcSa.   59 er] vnd Z—Oa.
mit den (zweites)] den mit KSb, denn mit Sc.   61 ihefu] + crifto
Z—Oa.   61 dúrftikeit on hinderung] zůuerficht on verbietung.
Amen Z—Oa.

42 paul T, paulum F.   43 einander] fehlt TF.   46 dem F.
48 ir vnd] + fi T, getilgt.   49 -fecht] + fecht TF, getilgt T.   53
vnd (erstes)] fehlt T.   bekert vnd] fi bekert TF.   55 horten TF.
56 die] fehlt F.   giengen vnd heten vil frag TF.   58 enphiengen
TF.   zu in F.   59 den kirchen F.   61 ihefus TF.   on]
+ all F, gestrichen.

Wann dirr iſt iheſus criſtus der ſun gotz durch den   [396 J]
alle die werlt anfecht zewerden geurteylt. *Hie endet*
das bottenbůch Actuum apoſtolorum Vnd hebt
an die vorrede über die epiſtel Iacobi

N Icht ſólich ordenung iſt bey den
kriechen die gentzlich ſchmecken
vnd rechtem gelauben nachuol-
gent der epiſteln ſiben· die heilig
heiſſent· vnd hewert ſeint als man
ſy beſchriben vind in den lateiniſch   10
en bůchern: vnd petrus an der zal
der ·xij· hotten der erſt iſt alſo ſeind auch in der zale
der andern epiſteln ſein die erſten. Vnd als vor lang
die ewangeliſten wir gericht haben zů der warheit
der rechten linien: alſo in der rechten ordnung mit   15
gots hilff hab wir diſe widergeben. Vnd nu iſt die
erſt vnder in: ein iacobi: petri zwů: iohannis drey·
vnd iude ein. Vnd alſo als ſy von in aufgelegt ſeind
getreůwlich alſo ſeind ſy auch aufgelegt getreuw-
lich in lateiniſch red von tulmetzſchung· vnd kein   20
zweiuelung den leſenten ſy machen· noch die eytelkeit

*

1 **Wann** — 2 **geurteylt**] *fehlt* Z—Oa.   1 **dirr**] der P.   5 Es
iſt nit alſo die ordnung bey Z—Oa.   6 gentzlichen Sc.   7 **rech-**
tem] rechten ZAZcSa, recht S, dem rechten K—Oa.   9 gehaiffen OOa.
11 **vnd**] das wie Z—Sa, wie K—Oa.   12 **zale**] ordnung Z—Oa.
13 **andern**] *fehlt* Z—Oa.   die (der G) feinen Z—Oa.   die erſt Z—Sa.
als] + wir ZKSb—Oa, wie G.   14 **wir gericht**] wir gerichten
MEP, gerecht gemacht Z—Oa.   15 **rechten** (*crstes*)] *fehlt* Z—Oa.
in] *fehlt* Z—Oa.   gerechten ordnung K—Oa.   16 widergebe ·
M, wider gegeben OOa.   **Vnd — iacobi**] wann die erſt vnder
in iſt Iacobi aine OOa.   17 **ein**] *fehlt* Z—Sc.   18 aufgelegt MEP.
19 aufgelegt M.   20 von den außlögern. daz ſy kein Z—Oa.   21 **ſy —**
eytelkeit] machten (machen OOa). noch manigerley Z—Oa.

*

2 anfachent TF.   8 ſiben epiſteln B.   9 **man ſy**] man B, mans
NgWr.   12 **in der**] + andern BNgWr.   15 **der rechten** (*zweites*)]
eyner BNg, ainiger Wr.   16 **Vnd**] *fehlt* Wr.   19 auz gelegt
auch Wr.   20 tulmetzſchen BNgWr.   **vnd**] noch NgWr.   21 ey·
telkeit] wandelung Wr.

der red fich felb anricht zů vorderft: an der ftat do wir
gefchriben vinden in der erften epifteln fant iohan-
nis von der einigkeit der heiligen driualtikeit· in dem
25 wir ietzund von den vngeleubigen tulmetzfchen vil
irrunge des rechten gelaubens vinden: an dreyen
funderlichen worten das ift waffer blůt vnd geift in
feiner auflegung fetzten: vnd des vatters vnd des
wortz vnd des geifts zeúcknió vnderwegen lieffen·
30 doran aller meift criftenlicher glaub wirt gefterckt:
vnd des vatters vnd des funs vnd des heiligen geifts
ein gotheit vnd ein wefen wirt hewert. Aber in den
andern epifteln alfuil von vnfer vnd der ander verr
ift die auflegung: der klůckheit des lefers ich wol
35 bephilch. Aber du iunckfrauw crifti euftachium do
du von mir ftet flechung tet die warheit der fchrift
erforfchent mein alter fúrfatz den haffigen zenen zů
nagen gibft: die mich einen valfchen ftórer der hei-
ligen fchrift kúndent. Sunder ich in einem fólchen
40 wercke meiner nechften haffer nit vorcht: noch die
warheit der heiligen fchrift den begerten vorfage.
Hie hebt an ein ander vorrede uber die epiftel Iacobi

22 **anricht**] anfåcht Z—Oa.   25 vngelauben O.   27 ift des
waffers blůts vnd des geyfts Z–Oa.   **in**] vnd in ZcSa.   28 feczen
ZcSa.   33 **vnd — 35 bephilch**] der ander (andern K—Oa) auflegung
verr (vnderfchyden K—Oa) ift daz beuilch ich der klůckheyt des lefers
Z—Oa.   34 **der**] die MEP.   35 **do**] fo Z–Oa.   36 **flechung
tet**] erfrageft Z–Oa.   **fchrift — 38 gibft**] gefchrifft gibft du gleych
mein (meinem Oa) alter den zenen der neydigen czenagen Z—Oa.
38 zerftórer OOa.   39 **fchrift — 40 vorcht**] gefchrifft verkúndent.
Aber ich fúrcht nit in einem fóllichen werck den neyde (neyden Sb)
meiner håffigen Z—Oa.   39 **ich**] + bin MEP.   40 nechfter M.
41 gefchrifft P—Oa.   will ich verfagen den begerenden Z–Oa.

24 **dem**] der BNgWr.   26 bevinden BNgWr.   27 plutes Wr.
32 **den**] der BNgWr.   34 **wol**] das ṄgWr.   36 gefchrift BNgWr.
37 **fúrfatz**] fur B, fúrpaß Ng, *fehlt* Wr.   38 **gibft**] gaift Wr.   ver-
ftórer BNgWr.   39 gefchrift NgWr.   40 **wercke**] + noch BNgWr.
enforchte BNgWr.   41 gefchrift BNgWr.

IAcob der bot vnderweyſt die heiligen prieſterſchaft
von der ⅴbung der himeliſchen gebott vnd von der
regel der gemein oder criſtenlichen behútung: vnd
von der maieſtet der betzwungen gedult · vnd von
der eroffnung maniger ding vnd von der beſſerung
der meiſtern. *Hie endent die vorrede Vnd*
hebt an die epiſtel Iacobi daz erſt Capitel.

v. 1. IAcob knecht gotts vnd vnſers herren iheſu criſti:
ſend grúß den ·xij· geſchlechten die do ſeind in tey-
2. lung. Mein brúder maſſt all freud ſo ir vallt in ma-
3. nigerley verſúchung: | wiſſt daz die bewerung eúers
4. glauben wirckt die gefridſam. Wann die gefridſam
hat ein durnechtiges werck: das ir ſeyt gantz vnd
5. durnechtig gebreſtigent in keim ding. Wann bedarff
ewer ieglicher weyſheit der aiſch ſy von got der gibt
ſy allen begnúglich vnd itwiſſt ir nit: vnd im wirt
6. gegeben. Wann er aiſch in der treuw: vnd nit zwei
uelnt. Wann der do zweiuelt der iſt geleich der vnden
des meres: die do wirt bewegt von dem wind vnd

∗

43 Iacob der apoſtel K—SbOOa, Der apoſtel Iacob Sc.   heylig
EP.   44 ⅴbung] erung Z—Oa.   45 **gemein oder**] *fehlt* Z—Oa.
46 **betzwungen**] onúberwunden Z—Oa.   47 **beſſerung**] lúge Z—Oa.
50 **Iacob**] + ein Z—Oa.   **criſti**] + der Z—Sa.   51 **grúß**] das heyl
Z—Oa.   **in**] + der Z—Oa.   **teylung**] zerſtráung ZS, zerſtreúung
AK—Oa, zerſtörung ZcSa.   52 **Mein — freud**] alle freúd fúllend ir
euch ſchätzen mein brúder Z—Oa.   54 **gefridſam** (2)] geduld Z—Oa.
Wann] Vnd P, Aber Z—Oa.   55 **hat**] die hat ZAS.   ein volkumen
Z—Oa.   56 volkumen Z—Oa.   gebreſtent ZcSa.   **Wann**] vnd P,
fehlt Z—Oa.   bedarff aber einer auß euch der weyßheyt Z—Oa.   57
heyſch AK—Oa.   58 vnd verſchmächt in nit Z—Oa.   **im**] in P—Sc
59 **Wann**] Vnd P,   Aber Z—Oa.   er ſol eyſchen (heyſchen AK—Oa)
in dem vnd nit Z—Oa.   60 **Wann der**] Der aber Z—Oa.   **vnden**]
túnnen Z—Sa, wellen K—Oa.   61 **des meres**] dem zörs ZcSa.

∗

43 *Diese vorrede fehlt* BNgWr.   50 iheſus F.   kriſt TF.
51 ſent gruzt F.   taylungen T.   53 wyſſend T.   56 durnechtig
vnd gepreſtent TF.   kein dinken T.   bedirft T, bedurft F.
57 etlicher TF.   59 heiſt T.   **zweiuelnt**] + nyt T, *gestrichen.*

allumb getragen. Dorumb der menfch der maß fich   v. 7.
nit das er entphach etlich ding vom herren. Wann   8.
der man zwiualtigs gemútz ift vnftet in allen feinen
wegen. Wann der demútig brúder wunniglicht fich   9.
in feiner erhôchung: | wann der reich in feiner demút: 10.
wann er zerget als die blûm des hewes. Wann fo der   11.
funn wirt geborn mit hitz vnd macht dúrr daz hew:
vnd fein blûm die viel: vnd die gezierd irr geftallt
verdarb. Alfo fault auch der reich in feinen wegen
Selig ift der man der do leyt die verfûchung: wann   12.
fo er wirt hewert er entphecht die krone des lebens:
die gott hat geheyffen den die in liebhaben. Keiner   13.
fag fo er wirt verfûcht: das er werd verfûcht von
gott. Wann gott der ift nit ein verfûcher der vbeln
Wann erfelb verfûcht kein. | Wann ein ieglicher wirt   14.
verfûcht von feiner eigen geitikeit: abgezogen vnd
bewollen von des hin. So die geitikeit entphecht fy   15.
gebirt die fúnde: fo die fúnd wirt volbracht fy ge-
birt den tod. Dorumb mein aller liebften brúder nich-   16.
ten wellt alfo irren. Ein ieglich gûtte gab vnd ein   17.
ieglicher durnechtiger gib ift niderfteigent von oben

*

1 **allumb**] wirt vmb Z—Oa.   **der** (*zweites*)] *fehlt* K—Oa.   maß
fich] fchâtze Z—O, fetz Oa.   2 **etlich ding**] etwaz Z—Oa.   von
dem K—Oa.   3 gemûs ZcSa.   4 **Wann**] Vnd P, Aber Z—Oa.
foll glorieren in Z—Oa.   5 **wann**] vnd P, aber Z—Oa.   demûtig-
keit Z—Oa.   6 **wann**] vnd P.   **Wann** — 7 **dúrr**] So (+ auch Sc)
die funn ift auffgangen (auffgegangen Sc) mit hitze. vnd hat dúrr ge-
machet Z—Oa.   8 **die** (*erstes*)] *fehlt* K—Oa.   **viel**] + ab Z—Oa.
9 **auch**] *fehlt* Sc.   10 **wann**] vnd P.   12 **Keiner**] reiner S.
14 **Wann**] vnd P.   **der** (*erstes*)] *fehlt* K—Oa.   15 **Wann** (*erstes*)]
funder P.   **erfelb**] er Z—Oa.   **Wann** (*zweites*)] aber Z—Oa.
16 eignen begirlickeit Z—Oa.   17 **bewollen**] gereiffet Z—Sa, ge-
reytzet K—Oa.   **von** – **hin**] darnach Z—Oa.   begirlickeit Z—Oa.
18 **fo**] + aber Z—Oa.   19 nicht wôlt Z—Oa.   21 iegklich vol-
kumen gab (+ die Z—Sa) ift von oben herab abfteigend Z—Oa.

*

1 getrag TF.   4 wunniklich TF.   9 **in**] + allen T, alle F.
10 verfichung F.   14 der ift] ift TF.   16 **eigen**] *unterstrichen* T,
pôfen ta.   18 **die fúnde — gebirt**] *fehlt* T, *nachtr.* te.   19 **nich-
ten — 20 irren**] nicht welt irren wan TF.   20 **gûtte**] pefte ta.   21
ieglich TF.

von dem vatter der liechte: bey dem nit iſt die ver-

v. 18. wandelung: noch die beſchetigung der ſúnden. Wann
èr gebar vns willigklich in dem wort der warheyt
ſeiner kraft: das wir ſein etlich anuang ſeiner ge-

19. ſchöpffd. | Aller liebſten brúder wiſſt. Wann ein ieg
lich menſch ſey ſchnell zehórn: wann treg zereden:

20. vnd treg zů dem zorn. Wann der zorn des menſchen

21. das recht gots wirckt er nit. Dorumb werfft von
eúch all vnreinikeit vnd die begnúgung des vbeln ·
entphacht in ſenft daz eingezweyet wort: das do mag

22. machen behalten eúwer ſeln. Wann ſeyt wircker des
worts vnd nit allein hórer zebetriegen eúch ſelber:

23. | wann ob etlicher iſt ein hórer des wortz vnd nit ein
wircker dirr wirt geleiche dem tummen mann der do

24. merckt daz antlútz ſeiner geburt in dem ſpiegel. Wann
er merckt ſich ſelber vnd gieng hin: vnd zehant ver

25. gaß er wie getan er was. Wann der ſich verſicht an
die durnechtigen ee der freykeit vnd beleibt in ir dirr
iſt nit gemacht ein vergeſſender hórer wann ein wirck

26. er des wercks: dirr wirt ſelig in ſeim werck. Wann
ob ſich etlicher went zeſein geiſtlich tzwinget er nit

*

23 **ſúnden**] widergeltung Z—Oa. **Wann**] vnd P. 25 **etlich**]
ein Z—Oa. 26 **wiſſt. Wann**] ir wiſſend Z—Oa. 27 ſcheell P.
wann] vnd P, aber Z—Oa. 29 **das — nit**] der (*fehlt* K—Oa) wircket
nit die gerechtikeyt gottes Z—Oa. 30 **die**] *fehlt* Oa. **des —**
31 **wort**] der boßheit. empfahent in der ſenfftmútigkeit daz ein geſact
wort Z—Oa. 32 **machen**] *fehlt* Z—Oa. **Wann ſeyt**] Ir ſúllend
aber ſein Z—Oa. 33 betriegend Z—Oa. 34 **wann**] vnd P.
nit] *fehlt* K—Sc. 35 der wirt P—Oa. geleychet Z—Oa. 36 das
angeſicht OOa. 38 **wie getan — 39 der**] wie er was. Der ſich aber
durchſchauwet. in der ee der volkumen Z—Oa. 39 **dirr**] der P.
dirr — 40 gemacht] nit Z—Oa. vergeſſner Z—Oa. ſunder P,
aber Z—Oa. 41 der wirt P. **Wann**] Vnd P, *fehlt* Z—Oa.
42 **ob — 43 in**] wer ſich aber ſchätzet das er geyſtlich ſeye. vnd nit
zámet ſein zungen. Aber er verfúret Z—Oa.

*

23 ſtunden TF. 25 **etlich**] + ain TF (*geſtrichen* T). 30 **vbeln**]
+ vnd TF. 33 **zebetriegen — 34 wortz**] *fehlt* T, *nachtr.* tb. 35
geleicht TF. **dem**] den F. 36 **dem**] eim TF. 37 **ſelber**]
fehlt TF. 38 wy er getan T (er *getilgt*). vorſich T. 41 ſeinen
werken TF.

fein zungen von den vbeln wann verleyt in fein hertz:
des geiftlikeit ift vppig. Die rein geiftlikeit vnd die
45 vnfleckhaftig bey got vnd dem vatter ift dife: heim
zefûchen die waifen vnd die witwen in irem trûb-
fal: vnd fich zebehûten vnfleckhaftig von dirr werlt

v. 27.

M Ein brûder: nichten welt haben   *ij*
die treûw der wunniglich vnfers herrn ihe-
50 fu crifti in der entphachung der leib. Wann
ob ein man einget in eûweren famnung· babent ein
guldin vingerlein vnd in weyffem gewand: wann
ob auch dorein geet ein armer in fchnôder wate: | ir
verfecht eûch an den der do ift geuafft mit teûrem ge-
55 wand vnd fprecht zû im du fitzeft hie wol: wann zû
dem armen fprecht ir du ftand hie. Oder fitz auf den
fchamel meiner fûffe: | vrteylt ir denn nit bey eûch
felber vnd feyt gemacht vrteyler der vngengen ge-
dancken? | O mein aller liebften brûder hôrt. Erwelt
60 denn got nit die armen in dirr werlt die reichen in der
treûwe vnd erben des reiches: das got hat geheyffen
den die in liebhaben? Wann ir habt geuneret den

2.

3.

5.

6.

*

45 heimfûchen ZcSaOOa.   47 vnvermayligt ZS—Oa, vnuermaßget A.
von der P.   48 nicht Z—Oa.   49 die — **wunniglich**] den ge-
lauben Z—Oa.   50 **entphachung**] glori in der auffnemung Z—Oa.
leib] lieb MEP, perfon Z—Oa.   51 eûwer Z—Oa.   52 **wann**] Vnd
Z—Oa.   53 **ir** — 54 **an**] vnd ir fchawet in Z—Oa.   54 angeleget
Z—Oa.   koßbern Z, koftbaren A, koftberm S, koftbern ZcSa, kôft-
lichem K—Oa.   55 fitze Z—Oa.   **wann**] vnd P, Aber Z—Oa.
56 **dem**] den ZSK—Sc.   **du**] die O.   fecz ZcSa.   **den**] dein M.
58 feyt worden Z—Oa.   **vngengen**] bôßen P—Oa.   59 **O**] *fehlt*
ZASK—Oa.   **dirr**] der P.   welt reych in dem gelauben Z—Oa.
61 verheyffen Z—Oa.

*

43 **den**] dem F.   **wann**] vnd TF.   44 geiftikeit (2) TF.
vorvppig T, verppig F.   45 vnbeflechtig TF.   **vnd**] *fehlt* TF,
nachtr. ta.   haymfuchen T.   47 **fich**] + felb TF.   vnbeflechaftig
TF.   50 kriftz TF.   53 fnodem gewant TF.   55 **vnd**] + ir TF.
60 **denn** *fehlt* T.   **werlt**] + vnd TF.   **die**] *getilgt* F.   reichten
F, ·ten *getilgt*.   1 den (*zweites*)] di TF.

armen. Denn die reichen verdruckent fy euch nit durch
den gewalte· vnd fy ziechent euch·zu den vrteylen?

v. 7. Verfpottent fy denn nit den guten namen der do ift

8. angeruffen vber euch? Iedoch ob ir volbringt die
kuniglichen ee nach den fchriften hab lieb deinen nech

9. ften als dich felber· wol tut ir: | wann ob ir entphacht
die leibe ir wirckt die funde: ir wert berefpt von der

10. ee als die vbergeer. Wann der do behut alle die ee:
wann fchatt er an eim: der ift gemacht fchuldig ir

11. aller. Wann der do fprach nichten brich die ee: der
fprach auch nit erfchlach. Wann ob du nichten brichft
die ee: wann derfchlechftu: du bift gemacht ein vber

12. geer der ee. Alfuft redt vnd alfuft thut: anfacht ze

13. vrteylen als durch die ee der freykeit. Wann das vr
teyl on erbermbd das ift dem: der do nit thut die er-
barmbd. Wann die erbarmbd vberfteygt das vrteil

14. Mein bruder was verfecht es ob fich etlicher fagt ze-
haben den gelauben: wann hat er nit die werck. Mag

15. in denn der gelaub machen behalten? Wann ob der
bruder oder die fchwefter feind nackent vnd bedurffen

*

2 **Denn — nit**] drucken euch denn nit die reichen Z—Oa. 3 **fy**]
fehlt Z—Oa. zeychent MEP. den gerichten leßtern fy Z—Oa.
5 angeruffet Z—Oa. 6 gefchrifften E—Oa. 7 felbs OOa. Ob
ir aber auffnemend die perfon Z—Oa. 8 **wirckt**] + auch Sc. **ir
wert**] *fehlt* Z—Oa. geftrafft P—Oa. 9 **behut — 11 aller**] be-
haltet alle die (*fehlt* K—Oa) ee vnd beleydiget in einem. Er ift ir aller
fchuldig worden Z—Oa. 10 **wann**] vnd P. 11 nicht Z—Oa.
12 todte Z—Oa. **Wann**] Vnd P. nicht Z—Oa. 13 **wann**]
vnd P, aber Z—Oa. derfclechftu M, du todteft Z—Oa. **gemacht**]
worden Z—GScOOa, *fehlt* Sb. 14 Alfo redent vnd alfo tund. als va-
hend ir an geurteylet czewerden Z—Oa. 16 **on**] + die OOa. **das**]
fehlt K—Oa. 17 übertrifft Z—Oa. 18 was wirdt es nütz fein
ob Z—Oa. **fich**] fy ZcSu. 19 **wann**] vnd P—Oa. **er**] *fehlt*
Z—Oa. 20 Vnd ob P, Ob aber Z—Oa. 21 **oder**] vnd Oa.

*

3 dem vrtaill T, dem vrtailt F. 4 **nit**] *fehlt* F. 8 **leibe**]
leib TF, *in beiden rasur.* 11 **der**] + der T. fpricht F. nicht
TF. 12 derflacht T. **Wann**] vnd TF. nit prichts TF.
15 **vrteyl**] vrtalt T. 16 **erbermbd**] di bermd TF.

der teglichen notturfft: | wann ob etlicher von eúch   v. 16.
fpricht zú in· get in fride· ir wert gewermt vnd ge-
fatt· wann gebt ir in nit die ding die do feind not-
25 turfftig dem leibe: was verfecht es eúch? Vnd alfo   17.
ift der gelauh tod in im felber: ob er nit hat die werck
| Wann ob etlicher fpricht. Du haft den gelauben: 18.
wann ich hab die werck. Zeyg mir deinen gelauben
on die werck: vnd ich zeyg dir meinen gelauben von
30 den wercken. Du gelaubft das ein gott ift: wol túft   19.
du. Vnd die teúfel gelaubent es: vnd erpidment.
Wann o vppiger menfch wiltu wiffen: das der ge-   20.
laube ift múffig an die wercke? Abraham vnfer   21.
vatter ward er denn nit gerechthafftigt von den werck
35 en· zeopffern feinen fun yfaac auf den alter? Sichftu   22.
das der gelaub entzampt wirckt in feinen wercken:
vnd der gelaub ift volbracht von den wercken? Vnd   23.
die fchrift ift erfúllt fagent. Abraham der gelaubt
got vnd es ift im gezalt zú dem rechten: vnd der freúnd
40 gots ift er geheiffen. Secht ir das der menfch wirt   24.
gerechthaftiget von den wercken: vnd nicht allein
von dem gelauben? Wann auch zegleicherweys raab   25

22 **wann**] vnd P—Oa.   **ob**] *fehlt* Z—Oa.   **von**] auß Z—Oa.
eúch] + der Z—Sa.   23 **in** (*zweites*)] jm ZcSa, in dem K—Oa.
ir] vnd Z—Oa.   erfattet. Aber ir gebend in Z—Oa.   24 **wann**]
vnd P.   25 **was — 27 fpricht**] Was ift es nútz. Alfo auch der ge-
laub hat er nit die werck. er ift tod in im felb. Es fpricht aber einer
Z—Oa.   27 **Wann**] Vnnd P.   28 **wann**] vnd P, aber Z—Oa.
deinen] den Oa.   29 ich will dir czeygen Z—Oa.   **von**] auß Z—Oa.
32 **Wann o**] O du Z—Oa.   eytler ZS—Sc, vnnútzer AOOa.   34 ge-
rechtgemachet auß (auff ZcSa) Z—Oa.   **den wercken**] *fehlt* Z—Sa.
35 opfferend Z—Oa.   36 **entzampt**] *fehlt* Z—Oa.   **in**] mit Z—Oa.
37 **von**] auß Z—Oa.   38 gefchrifft P—Oa.   **der**] *fehlt* K—Oa.
39 zú der gerechtigkeyt. Vnnd ift genennet worden eyn freúnd gottes.
Sehend Z—Oa.   40 **wirt**] ift P.   41 gerechtuertigt K—Oa.   41,
42 **von**] auß Z—Oa.   42 **Wann**] Vnd P.

24 **in**] im TF; in T, *durch rasur.*   25 **-turfftig**] + czu TF (*ge-
tilgt* T).   26 **er**] ir T.   28 **Zeyg — 29 ich**] *fehlt* T, *nachgetr.* tb.
29 **vnd — 30 wercken**] *nachtr.* F.   31 **gelaubent es**] glaubens TF.
32 wilt du TF.   33 **die**] + wir F.   35 Sichft du TF.   36 **der**]
fehlt TF, *nachtr.* ta fb.   37 dem werk TF.

Kurrelmeyer, Bibel. II.   27

die gemein: ift fy nit gerechthaftigt von den wercken
zeentphachen die boten· vnd fûrt fy auß in ein andern
v. 26. weg? Wann als der leib ift tod on den geift alfo ift
auch der gelaub tod on die werck.   *iij*

1. **M**Ein brûder nit enwelt werden manig mei-
ster: wifft das ir entphacht defter meres vr
2. teyl. Wann in manigen dingen fchad wir
all. Ob etlicher nit fchatt in dem wort: dirr man ift
durnechtig. Man mag auch mit dem brittel vmb
3. gefûren allen den leib. Wann ob wir legen die brit-
tel in die mund der roß vns zegehellen: vnd wir vmb
4. fûren allen iren leib. Secht auch die fchiff wie michel
fy feint vnd werdent getzwungen von den ftarcken
winden: wann fy werdent vmbtragen von eim lûtze
5. len rûder do hin die gech des richtenden wil. Ernft
lich alfo ift auch die zung ein lûtzel glide: vnd der-
hôcht michle ding. Secht wie ein lûtzels feûer ent-
6. zûnt ein micheln wald. Vnd die zung ift ein feûer:
aller vngangkeit. Vnd die zung wirt gefchickt in

43 gerechtuertigt K—Oa.   von] auß Z—Oa.   44 do fy
empfieng die Z—Oa.   eim ZcSa.   45 **Wann**] vnd P.   46 **auch**]
er auch M, es auch F.   47 **nit enwelt**] nit fûllend ir Z—Sa, ir fûl-
let nit K—Oa.   vil Z—Oa.   48 **defter — vrteyl**] merer das
gericht Z—Sa, ein merers gericht K—Oa.   49 **manigen — 53 vnd**]
vil dingen belaidigen wir all. wer aber in dem wort nit belaidiget.
der ift ein volkummer man. Er mag auch mit (nit ZS) dem zam vmb·
fûren den gantzen leib. Ob wir aber den roffen die czam thûnd in die
mewler. das fy vns gehorfamen Z—Oa.   50 der man P.   52 **Wann**]
Vnnd P.   54 groß PAK—Oa.   55 fy] die Oa.   getriben Z—Oa.
56 Aber Z—Oa.   vmbgetragen K—Oa.   wenigen P, kleinen Z—Oa.
57 do] wo Z—Oa.   **Ernftlich**] Gewiflich P, *fehlt* Z—Oa.   58 Alfo
auch die zung ift ein (*fehlt* Sc) kleines gelid Z—Oa.   wenig P.
59 groffe P—Oa.   kleines P—Oa.   anzûndet Z—Oa.   60 groffen
P—Oa.   **ift — 61 Vnd**] ift das feûer. Aller boßheyt Z—Oa.   61 boß-
heyt P.   **zung**] + die ZcSa.   wirdt gefetzet Z—Oa.

44 **boten**] + in fride TF.   **in**] durch TF.   51 **durnechtig**]
+ wan TF.   vngefuren F.   53 **vnd**] wan TF.   55 **vnd**] +
fi TF.   **den**] eym T, ein F.   ftark F.   56 vmgetragen TF.
57 rudel T.   gecht TF.   reichtenden F.   60 zeug T.

³³¹ᶜ] vnfern gelidern die do entzeúbert allen den leib: vnd
entzúnt daz rat vnfer geburt angezúnt von der angſt
Wann alle die natur der tier vnd der vogel vnd der   v. 7.
ſchlangen vnd der vierfúffigen vnd der andern die
₅ werdent gezempt vnd feind gezempt von menfchlich
er natur: | wann die zung der menſchen mag niemant   8.
gezemen. Sy iſt ein vnrûwiges vbel: vol tôdigs
aiters. Mit ir gefegen wir got vnd den vatter: vnd   9.
mit ir flûch wir die menfchen die do feind gefchaffen
₁₀ zû dem bild gotz. Von dem felben mund get aus der   10.
fegen vnd der flûch. Mein brûder dife ding gezement
nit werden getan alfo. Fleuſſt denn aus der brunn   11.
von dem felben vrfprunge das fúß waffer vnd das
bitter. Mein brûder mag denn der feygbaum gemach   12.
₁₅ en weinber: oder die weinreben feygen? Alfo das ge-
faltzen mag nit machen fúffes waffer. Ob etlicher iſt   13.
weyfe vnd gelert vnder euch? Der zeig fein wirck
ung von gútter wandelung in der fenft der weyf-
heit. Vnd ob ir habt bittern neyd˙ vnd die krieg feind   14.
₂₀ in eûwerm hertzen: nichten wôlt euch wunniglichen
vnd zefein lugner wider die warheyt. Wann dife   15.
weyfheit iſt nit niderſteigent von oben von dem vat
ter der liecht: wann fy iſt irdifch vichlich˙ teûflifch:

＊

1 vermeyliget ZS—Oa, vermaßget A.   **den]** *fehlt* K—Oa.   **2 von]**
mit OOa.   **der angſt]** dem hôllifchen feúr Z—Oa.   3, 4 **die]**
fehlt K—Oa.   6 aber Z—Oa.   7 **vol]** vil A.   tôdlichs gifts
Z—Oa.   9 verflûchen Z—Oa.   **die** (*erstes*)] den Z—Sc.   10 der
bildnuß gottes. auß dem Z—Oa.   11 **gezement]** mûffen Z—Oa.
12 nit gefchehen alfo A.   Quellet Z—Oa.   13 **dem felben]** einem
Z—Oa.   **fúß]** *fehlt* Sb.   14 feygenbaum bringen Z—Oa.   15 **die]**
fehlt MEP, der ZAZc—Oa.   weinreb Z—Oa.   **Ob etlicher]** wer
Z—Oa.   17 **gelert]** zúchtig Z—Oa.   18 **von]** auß Z—Oa.   fenft-
mútigkeyt Z—Oa.   20 ewern Zc—Oa.   nicht wôlt gloriren Z—Oa.
21 lúgner fein Z—Oa.   23 **wann]** vnd P, Aber Z—Oa.   vichifch
Zc—Oa.   teuflich ESbO.

＊

2 **-zunt — ange-]** *fehlt* T, *nachtr.* ta.   7 **gezemen]** + wan TF.
vngeruig TF.   todige TF.   8 **aiters]** gift ta.   den menfchen TF.
12 **der]** dem T.   15 weinerbern TF.   **Alfo]** + auch TF.   16 ge-
machen TF.   19 **ir]** er T.   22 **von dem — 23 liecht]** *fehlt* TF.
23 irdnifch TF.   teufellifchen TF.

v. 16. | wann wo neyd vnd krieg ift: do ift vnftetikeit vnd
17. alles vbels werck. Wann die weyfheit die do ift von
oben: ernftlich zům erften ift fy keufch dornach ge-
fridfam· meffig vnderweyft· gehellent des gûten vol
erbarmbd vnd gûts wûchers: fy vrteilt on geleich
18. fen. Wann der wûcher des rechts wirt gefeet in frid:
den die do thûnd den fride.   *Das iiij Capitel.*

1. WOuon feind die ftreyt vnd die krieg vnder
euch? Seind fy denn nit von euwern geiti-
keiten: die do ritterfcheftent in eúwern ge-
2. lidern? Ir begeitigt vnd enhabt nit: ir erfchlacht
vnd neyt: vnd mûgt nit gewinnen. Ir kriegt vnd
3. ftreyt: vnd enthabt nit dorumb das ir nit eifcht. Ir
eifcht vnd entphacht nit: dorumb das ir vbel eifcht:
4. daz ir vollent in ewern geitikeiten. Ebrecher: wifft
ir nit das die freúntfchaft dirr werlt ift ein feindin
gotz? Dorumb ein ieglicher der do wil fein ein freúnd
5. dirr werlt: ein feind gots wirt er gefchicket. Oder
went ir das die fchrift fag in vppig: der geift der do
6. entwelt in euch der begeitigt zů dem neyd? Wann

*

25 Aber Z—Oa.   26 ernftlich] gewiflich P, *fehlt* K—Oa.   ift
zu (zům SbOOa) erften keufch K—Oa.   frydfam Zc—Oa.   27 vn-
derweyft] ermonlich Z—Oa, + oder ratfam OOa.   verwilligend den
gûten Z—Oa.   28 gûter frucht Z—Oa.   geleichfen — 29 rechts]
valfch erzeygen. Aber die frucht der gerechtigkeyt Z— Oa.   29 Wann]
vnd P.   wirt] die wirdt Z—Sa.   in] + dem Z—Oa.   31 vnd]
+ auch Sc.   32 auß eúweren begirlickeiten Z—Oa.   33 do
ftreiten OOa.   34 begerend vnd habend (+ auch Sb) nit ir tôdtend
Z—Oa.   36 habend nit. darumb eyfchent (beyfchet K—Oa) ir nit.
Ir bittend vnd Z—Oa.   37 vbel — 38 geitikeiten] bôßlich bittend
daz ir nit ein nemend euwer (eúweren Z) begirlickeyt. Ir Z—Oa.
39 das] *fehlt* Sb.   39, 41 dirr] der P.   41 er gefetzet Z—Oa.
42 maynet Oa.   gefchrifft P—Oa.   vmbfunft fpreche Z—Oa.
43 wonet Z—Oa.   begeret Z—Oa.   aber Z—Oa.

*

27 vnderweyft· gehellent] vnder weifer in gehellentlink TF.
28 vrtail T, vrtailten F.   31 die (*erstes*)] *fehlt* T.   32 geitikeit TF.
34 flacht TF.   38 geitikeit TF.   40 Dorumb — 41 gots] *nachtr.* F.
41 ein] der TF.   43 enwelt TF.

er gibt die merer genad. Dorumb daz er fpricht. Got
5 der widerftet den hochfertigen: wann den demútigen
gibt er die genad. Dorumb feyt vndertenig gott: v. 7.
wann widerftet dem teúfel: vnd er fleucht von euch
Genacht euch zu gott: vnd er genacht fich zů euch.   8.
Wafcht die hend fúnder: vnd gereinigt die hertzen
30 des zwiualtigen gemúts. Seyt iamrig vnd weint: 9.
das eúwer lachen icht werd bekert in weinen: vnd
eúwer freud in trauren. Gedemútigt euch in der be-   10.
fcheud des herrn: vnd er erhócht euch. Brúder nich-   11.
ten wólt hinderreden einer den andern. Der do hinder
35 rett den brúder oder der do vrteylt feinen brúder: der
hinderrett die ee vnd vrteylt die ee. Wann ob du vr
teylft die ee: du bift nit ein wircker der ee wann ein
vrteiler. Wann einer ift ein trager der ee vnd ein   12.
vrteiler: der do mag verliefen vnd erlófen. Wann
60 du wer biftu du do vrteylft den nechften? Secht nu   13.
ir do fprecht wir gen heut oder morgen in die ftat:

*

44 Darumb fpricht er Z—Oa.   45 der] fehlt K—Oa.   Aber
Z–Oa.   46 die] fehlt K–Oa.   47 wann] vnd P, aber Z–Oa.
48 vnd — euch] fehlt Sb.   49 Wafcht] Reinigend Z—Oa.   hend]
+ ir Z—Oa.   gereinigt — 50 gemúts] ir feind eins zwifachen ge-
múts. reinigend die hertzen Z—Sa, reiniget dy hertzen dy ir feit eins
zwifachen gemúts K—Oa.   50 iamrig] arm vnd klagent Z—Oa.
51 das] fehlt Z—Oa.   icht] fehlt Z—Oa.   gekert OOa.   in
weinen] fehlt Z—Sc.   52 eúwer] die ZS—Oa.   in (erstes)] + das
ZASK—Sc, ein ZcSa.   Demútigent euch in dem angeficht Z—Oa.
53 herren. So wirt er euch erhöhen Z—Oa.   er] fehlt EP.   nicht
wólt er abfchneyden einer dem andern. der do er abfchneydet Z—Oa.
56 hinderrett die] enzeúcht der Z–Oa.   die (zweites)] der ZcSa.
Wann] Vnd P, fehlt Z—Oa.   Vrteileft du aber Z–Oa.   57 wann]
funder P, aber Z—Oa.   58 vnd] + auch Sc.   59 Aber Z—Oa.
60 du do] der du Z—Oa.   61 ir do] die ir Z—Oa.

*

48 euch (erstes)] fehlt TF.   49 die (zweites)] daz TF; gestrichen
T, die ta.   51 gekert TF.   53 er] fehlt TF, nachtr. ta.   nicht TF.
56 Wann — 57 ee] fehlt T, ob er aber vrteilt di ee nachtr. te; du bift
umgeändert fo ift er: ta sucht den text von M wieder herzustellen indem
er wan du = er aber setzt, du bift = fo ift er.   57 der ee] fehlt
TF, nachtr. ta.   58 Wann — 59 vrteiler] wiederholt F, das zweite
mal gestrichen.   61 ftat] + vnd ernftlich TF.

wir feyen do ein iar vnd marcken vnd machen einen   [591]

v. 14. gewinn: | ir do miffkennt was do gefchicht an dem
morgen. Wann was ift ewer leben? Es ift als ein
gefchmack der ein lützel erfcheint: vnd dornach wirt

15. verwúft | dorumb das ir fprecht: ob es der herre wil ·

16. vnd ob wirs geleben · wir thûn ditz oder das. Wann
nu habt ir euch erhôcht in eúwern hochferten. Ein

17. ieglich fôlich erhôchung die ift vbel. Dorumb der
do waiß zethûn das gůtt vnd tût er fein nit: es ift
im fúnde.   *Das v Capitel*   1

1.
2. Nun reichen tût: weint vnd klagt in ewern
iamerkeiten die euch zûkumment. Eúwer
reichtum feind gemacht faul vnd eúwer ge

3. wand feind verwúft von den milben. Euwer gold
vnd euwer filber ifft der roft: vnd ir roft wirt euch
in gezeug: vnd ifft ewer fleifch als das feúr. Ir habt

4. euch gefchatzt zorn in den iungften tagen Secht den
lon der wircker die do fchnitten eúwer gegent der do
ift betrogen von euch der rûfft: vnd ir rûff gieng

5. ein in die orn des herren des heres. Ir habt gewirt-
fcheft auff der erden: vnd habt erzogen euwer leib in

6. den vnkeufchen. Ir zûfûrt an dem tag der erfchlach
ung vnd erfchlûgt den gerechten: vnd er widerftûnd

---

    2 die ir nit wiffend was morgen gefchicht Z—Oa.   4 fchmack
ZcSa.   **ein lützel**] ein wenig P—KSb—Oa, inwendig G.   **6 wirs**]
wir E—Oa.   leben K—Oa.   So wôllen wir tûn daz oder das. Aber
nun freûend ir euch in euwern hochfertigkeiten Z—Oa.   8 frolockung
Z—Oa.   **die**] *fehlt* K—Oa   9 er] *fehlt* E—Oa.   **11 Nun**] Nun
ir Z—Sc, Nun O ir OOa.   **klagt**] heûlendt Oa.   13 feind faul
worden Z—Oa.   **14 milben**] fchaben Z—Oa.   16 zeûgknuß
ZASK—Oa, gezeûgknuß ZcSa.   17 letften tagen OOa.   19 fchreyt
vnd ir gefchrei Z—Oa.   **gieng**] + auch Sc.   **20 des heres**] fa-
baoth Z—Oa.   **21 habt**] + auch Sc.   **leib**] hertzen Z—Oa.   23
erfchlûgt] + auch Sc.

    1 machten TF.   7 Ein] wan eyn TF.   8 folichen TF.   **erhôch-
ung**] der fo hochung F.   9 es] *fehlt* TF.   12 iamerkeit TF.
22 der] di TF.

euch nit. Dorumb brúder feyt gefridfam vntz zû der v. 7.
25 zûkunft des herren. Secht der hauwer des ackers der
beyt des teúren wûchers der erd· tragent gefridfam-
lich biß daz er entphecht das frú vnd das ſpat. Vnd 8.
ir ſeyt gefridfam vnd veſtent eúwere hertzen: wann
die zûkunft des herren genachent. Brúder nichten 9.
30 wôlt ſeúfftzen einer dem andern das ir icht wert ge
urteylt. Secht der vrteiler ſtet vor der túr. | Brúder 10.
nempt beyſchaft des vbeln auſgangs der langen vol
endung der arbeit vnd der gefridfam der weiſ-
ſagen: die do haben gerett in dem namen des herrn
35 | Secht wir ſagen ſy ſelig die do babent erlitten. Die 11.
leidung iobs hôrt ir: vnd das end des herren ſacht
ir: wann der herr iſt barmhertzig vnd ein erbarmer
Wann o mein brúder vor allen dingen nichten wôlt 12.
ſchweren: noch bey dem himel noch bey der erde noch
40 bey keim andern aid. Wann eúwer wort ſey· ia· ia
nein· nein· das ir icht vallt vnder das vrteil. Wann 13.
ob eúwer etlicher wirt betrúbt: der bett mit ſchlech-
tem hertzen vnd pſalm. Siecht etlicher von euch: der 14.
fúr ein die prieſter der kirchen vnd ſy bettent vber in
45 vnd ſalbent in mit dem ôl in dem namen des herrn
Vnd das gebett des gelaubens geſunt den ſiechen: 15.

24 **brúder**] + ir Sc. geduldig Z—Oa. biß Sb—Oa. 25
der (*zweites*)] *fehlt* K—Oa. 26 wartet der kôßbern (kôſtlichen K—Oa)
frucht Z—Oa. duldigklich ZS—Oa, dultenklich A. 27 **er**] der G.
empfach ZASK—Oa. **Vnd** — 28 **veſtent**] darumb ſeyend auch ir
geduldig. vnd beſtâtent Z—Oa. 28 ewern ZcSa. 29 **des**] vnſers
ZcSa. nit·Z—Oa. 30 **icht**] nit Z—Oa. 31 der vrteylet ZcSa.
32 **beyſchafft** — 33 **weiſſagen**] ein ebenbild die propheten der arbeyt
vnd der geduld Z—Oa. 33 **gefridfam**] gefridfamen vnd MEP.
36 iob habend ir gehôret Z—Oa. 37 **wann**] vnd P. 38 **Wann o**]
Vnnd Z—Oa. nicht Z—Oa. 39 **noch** (*erſtes*)] wôder Z—Oa.
40 aber euwer red ſeie Z—Oa. 41 nicht Z—Oa. Iſt aber ewer
einer traurig. der Z—Oa. 43 pfalliere ZASK—Oa, pfalliert ZcSa.
von] in Z—Oa. 46 wirt heylfam machen Z—Oa.

27 **biß**] bes TF. 28 **ir**] *fehlt* TF. 29 nicht TF. 30 **icht**]
nicht TF. 40 **ia. ia nein. nein**] ia vnd nein TF; vnd *geſtrichen* T,
+ ia nein ta. 41 **icht**] nicht TF. 43 **pſalm**] ſage ſalm TF.
46 gelaubigen TF.

vnd der herr geringert in: vnd ob er ift in den fún-
v. 16. den fy werdent im vergeben. Dorumb beychtent ein
ander eúwer fúnd: vnd bettent vmb einander das ir
wert behalten. Wann das emffig gebet des gerechten
17. verfecht vil. Helias der was ein man leidlich vns ge
leich: vnd er bett mit gebett das es nit regent auff
die erde: vnd es regent nit · iij · iar vnd · vj · moned.
18. Vnd anderweid bett er: vnd der himel gab den regen:
19. vnd die erde iren wúcher. Mein brúder · ob etlicher
irrt von eúch von der warheit vnd ob in yemant bekert ·
20. | er fol wiffen: das der do macht zebekeren den fúnder
von dem irrthum feins wegs der macht behalten fein
fele vom tode: vnd bedeckt die menig der fúnden.
*Hie endet die epiftel Iacobi Vnd hebt
an die vorrede über die erfte epiftel petri*

S Ymon petrus der fun iohannes   [374 a]
des landes galilee von der ftat beth-
faida · ein brúder andree des botten
die in dem zeit fo fich hat angeba
ben die kirch: fy vbergiengen von
der heidnifcheit zû der iudifcheit ·
dornach durch die bredig der bot-
ten vor bekart zû dem gelauben. Sy litten vmb den
gelauben vnd waren zerftreut dife beftetigt petrus
fchreibend in von rome in dem zeyt claudy des keifers
in den worten. *Hie endet die vorrede vnd
hebt an die erfte epiftel petri*

47 ringert Z—Oa.   **den fúnden]** dem fun den G.   49 vmb]
fúr Z—Oa.   51 ift vil nútz Z—Oa.   der] *fehlt* Zc—Oa.   54
anderweid] aber A.   55 erde gab ir frucht Z—Oa.   56 von] auß
Z—Oa.   57 do] *fehlt* S.   tût bekern Z—Oa.   58 irrfale Z—Oa.
59 von dem S—Oa.   decket Sb.   3 des] + xij Z—Oa.   4 dem]
der K—Oa.   6 **fy vbergiengen]** Do giengen fy Z—Sa, giengen K—Oa.
7 **dornach — 8 gelauben]** *fehlt* K—Oa.   7 der] den M—Sa.   9 be-
fchetigt MEP, beftâtet Z—Oa.   10 dem] der AK—Oa.   11 in]
mit Z—Oa.

47 in:] im TF.   56 von euch] *fehlt* TF.   59 yon F.   fúnden]
+ Amen TF.   1 *Diese Vorrede in BNgW in anderer fassung.*

P Eter bott: ihefu crifti· den er-   v. 1.
welten frembden der verzet-
|5| tunge zů ponti zů galat zů
cappadoci zů aſye vnd zů biti-
nie | nach der verwiſſentheyt   2.
gots des vatters in der heili-
keit des geiſts in die gehorſam
20 vnd in die beſprengung des
blůts ihefu crifti: genad vnd fride werd gemanig-
ualtigt zů eůch. Got der ſey geſegent vnd der vatter   3.
vnſers herrn ihefu crifti der vns anderweyd gebar nach
ſeiner micheln derbarmbd in die zůuerſicht des ewi-
25 gen lebens durch die auferſteung ihefu crifti von den
doten | in ein erb vnzerbrochenlichs vnd in ein vnent
zeůberts vnd in ein vnfeulichs entzampt behůt in den
himeln: in euch | ir do wert behůt in der kraft gotz durch   5.
den glauben in bereiter behaltſam· zů eroffen in dem
30 iungſten zeyt. In dem ir euch erfreuwet: ob es nu   6.
ein lůtzel gezimpt zewerden betrůbt in manigerhand
verſůchungen: | das die bewerung eůwers gelauben

---

13 Petrus E—Oa, + ein Z—Oa.   14 der zerſtreůung Z—Oa.
15 zů (erstes)] fehlt G.   ponci MP.   zů (zweites)] fehlt Z—Oa.
galaat E, galath P, galacie ZASK—Sc, galici ZcSa, galicie OOa.   16
zů (2)] fehlt Z—Oa.   bitime MEP, bithine Sc.   17 der] die
Z—Oa.   22 zů] fehlt Z—Oa.   der (erstes)] fehlt K—Oa.   23
anderwerd A.   24 groffen P—Oa.   derbarmbd] der erbarmbd M,
erbermung Z—Oa.   die — 25 lebens] die lebentigen hoffnung Z—Oa.
25 aufferſtendung P.   von] auß Z—Oa.   26 ein vnzerſtörlich
erbſchafft Z—Oa.   vnentzeůberts] vnuermeyligte ZS—Oa, vnuer-
maßgete A.   27 vnfeulich behalten in den Z—Oa.   28 ir do]
die ir Z—Oa.   29 behalſam K, beheylſam Sc.   dem] der A.
30 letſten OOa.   dem] der A, den Sc.   freůwent ZcSa.   31 wenig
P—Oa.   manigerley K—Oa.   32 verſůchen P.

---

13 kriſt T, kriſtz F.   15 galcze TF.   16 pitunie TF.   20
ſprengung TF.   21, 23 kriſtz TF.   25 auferſtendung TF.   27 in
den — 28 behůt] fehlt T; in den himeln in euch nachtr. ta.   29 dem]
den F.   30 ob] vnd ob TF.

fey vil teúrer den daz gold das do wirt hewert durch
daz feúr: es werd funden in lob vnd in wunniglich

v. 8. vnd in eren in der eroffnung ihefu crifti: | den ir lieb
habt ob ir fein nicht fecht. An den ir auch nu gelaubt
ob ir fein nichten fecht: wann gelaubent wert ir eúch
derhôchen mit vnderkúntlicher freúde vnd mit ge-

9. wunniglichter: | widertragt das ende eúwer treuwe

10. die behaltfam eúwer felen. Von der behaltfam die
weyffagen erfúchten vnd erfúren· die do weyffagten

11. in euch von der kúnftigen genad: | erfúchent in welch
ein oder wiegetanes zeyts der geift crifti bezeychent·
in vor zú erkúnden die leidungen die do feind crifti

12. vnd die iungften wunniglich: den es ift eroffent·
wann fy ambechten nit in felb: wann eúch die ding
die euch nu feind derkúnt. Durch die die euch bre-
digten mit der fendung des heiligen geifts vom himel:

13. in den die engel begerent zefehen. Dorumb begúrt die

÷

34 es] vnd Z—Oa.   in daz lob Z—Oa.   vnd] *fehlt* ZcSa.
in die glori vnd in die ere Z—Oa.   36 ob] wie wol Z—Oa.   nicht]
icht MEP.   An — 37 wann] in den ir nun gelaubent den ir nit
fehend ZAZc—GScOOa, *fehlt* SSb.   37 wert — 38 gewunniglichter]
aber werdent ir euch frewen mit vnaußfprechenlicher (vnaufffprech-
licher KGSc) vnd glorifitzirter freúde Z—Oa.   38 ge-] *fehlt* E.   39
euwers gelaubens, daz heyl ewer felen. von wôllichem heyl Z—Oa.
weyffagten] weiß fagen Sc.   42 von] vnd Sc.   in was oder in wôl-
cherley czeyt Z—Oa.   43 crifti in bedeútte (bedeutet K—Oa) vor
verkúndend die Z—Oa.   44 crifti] in crifto Z—Oa.   45 iungften]
nachwendigen Z—Sa, nachkumenden K—Oa.   wunniglichten MEP,
glori Z—Oa.   46 fy — euch] nit in felb aber euch haben fy mit-
teylet (mitgetaylet Oa) Z—Oa.   dienten P.   die] alle Oa.   47
nu] *fehlt* Z—Oa.   verkúndet worden Z—Oa.   euch] euchs ZAS,
euch es ZcSa   bredigten] warlich verkúndet haben Z—Oa.   48
von ASZcSaSbOOa.   49 den] die ZcSa.

*

36 ob] fo TF.   38 derhôchen] freuwen ta.   mit wunniclich
TF.   41 weyffagten] weiffagen TF.   42 welch ein] welher TF.
43 zeit TF.   crifti] kriftz F, *fehlt* T.   44 vor zú] in vor TF.
leidigung TF.   crifti] in crifto TF.   45 den] vnd den TF.
49 zefech TF.

50 laucken eúwers gemúts feyt getempert vnd durnech
tig verfecht eúch an die genad die euch wirt geopf
fert in der eroffnung ihefu crifti: | als die fún der ge v. 14.
horfam· nicht entzampt gebildet den erften begirden
ewer miffkennung: | wann nach dem heiligen der eúch 15.
55 rieff: daz auch ir feyt heilig in aller wandelung | wann 16.
es ift gefchriben: ir wert heilig wann auch ich bin
heilig. Vnd ob ir anrúfft den vatter der do vrteylt 17.
on die entphachung der leib nach dem werck eins ieg-
lichen wandelt: in der vorcht in dem zeyt eúwers el-
60 lendes· | wifft das ir feyt erloft von eúwer vppigen 18.
wandelung der vetterlichen fitten nit mit zerbrochen
192 b] dingen mit gold vnd mit filber: | wann mit teúrem 19.
blút ihefu crifti als des lamps vnentzeúbertz vnd vn
flechaftigs: | ernftlich vor erkannt· vor der fchickung 20.
der werlt: wann deroffent in den iungften zeyten vmb
5 euch | ir do feyt getreuwe durch in in got: der in er- 21.
ftúnd von den doten· vnd gab im die wunniglich:
das eúwer treúwe vnd eúwer zúuerficht wer in got.
Macht keufch eúwer feln in die gehorfam der liebe· 22.

*

50 lenden Z—Oa. feiend núchter volkumen habend hoffnung in
die Z—Oa. 52 in der] in die Z—Oa. 53 entzampt] mit Z—Oa.
54 eúwer vnwiffenheyt. Aber Z—Oa. dem] den G. eúch] +
auch Sc. 55 hat berúffet Z—Oa. 56 ift] + auch Sc. 58 die
auffnemung der perfon Z—Oa. 59 dem] der AK—Oa. 60 eúwern
MEP, ewrem Z—Oa. cyttlem ZSZcSa, eyteln K—Oa, vnnútzen A.
61 wandlungen EP, wandel Z—Oa. fitten] fatzung Z—Oa. zer-
brochen] dem (den Z) zerftórlichen Z—Oa. 1 dingen mit] fehlt
Z—Oa. vnd filber. aber mit dem teuren Z—Oa. funder P.
2 blút] gold P. des vnuermeyligten (vnuermaßgeten A) lambs vnd
vnfleckhaftigen Z—Oa. 3 ernftlich] gewiflich P, fehlt K—Oa. 4
aber Z—Oa. letften OOa. 5 euch die ir feyend gelaubig Z—Oa.
der] vnd MEP. in hat erkúcket Z—Oa. 6 glori P—Oa. 7 gelaub.
vnd hoffnung wáre in got. Keúfchmachend eúwer Z— Oa. 8 Mach
MEP. die] der Z—Oa.

*

57 Vnd] wan TF. 60 euwer TF. 61 veterlich F. fieten
TF. nichten F. 1 vnd] oder TF. 2 ihefus criftus TF.
vnflechfatig T, vnflechaftig F. 5 ir] ir di T.

in der lieb der brûderſchaft: einualtig von reinem

v. 23. hertzen habt lieb an einander vernúnftig: | anderweid
geborn nit von zerbrochem ſamen wann in vnzer-
brochem durch das wort gots des lebentigen vnd des

24. beleibenden: | wann alles fleiſch als haw: vnd all ſein
wunniglich als die blûm des hawes. Das haw dorrt

25. vnd ſein blûm die viel: | wann das wort des herren
beleibt ewiglich. Wann ditz iſt das wort das do iſt
gebredigt in euch.   *Das ij Capittel*

1.   D Orumb leget von euch alles vbel vnd alle
        triegkeit vnd geleichſenheit vnd neyde vnd
2.   all hinderrede: | begeitigt die milich als die
kind nu geborn redlich on triegkeit das ir wachſet

3. in im in behaltſam: | idoch ob ir habt bekort daz der herr

4. iſt ſûß. Genacht euch zû dem lebentigen ſtein ernſt-
lich verſprochen von den leúten wann von gott er-

5. welt vnd geert: | wann ir ſelb ſeyt dorauff zebawen

                    *   *

9 **einualtig** — 11 **vnzerbrochem**] habent lieb an (*fehlt* AOOa)
einander auß einfältigem hertzen fleyſſiger widerumb geboren. nit auß
dem czerſtörlichen (-chem Z) ſamen. aber auß dem vnzerſtörlichen
(-chem Z) Z—Oa.   11 ſunder P.   12 des (*zweites*)] *fehlt* Z—Oa.
13 **als**] iſt als (+ dem KGSc) das Z—Oa.   14 glori P—Oa.   des]
der EP.   15 die] *fehlt* K—Oa.   iſt abgefallen. Aber das Z—Oa.
16 ewenklich A.   daz iſt aber das wort Z—Oa.   17 warlich ver-
kúndet Z—Oa.   18 **von** — 19 **geleichſenheit**] hin alle boßheyt. Vnd
alle betriegung vnnd falſchs (falſch S—Oa) erzeigen Z—Oa.   20 **all** —
begeitigt] er abſchneiden. vnd begerend (+ auch Sc) nun Z—Oa.
21 **kind** — 23 **ſûß**] vernúnfftigen (verneúntigen ZcSa) gebornen iung-
ling. das ir in der wachſend in daz heyl. habend ir anderſt verſúchet
das der herre ſúß iſt Z—Oa.   23 **ernſtlich**] gewiſlich P, *fehlt* K—Oa.
24 verworffen von den menſchen. Aber Z—Oa.   25 **geert**] geergert G.
wann] Vnd Z—Oa.   werdent darauff gebauwen Z—Oa.

                    *

9 **in**] *fehlt* F.   11 gepornen TF.   zeprochtem TF.   vnze-
prochen F.   12 lebentig TF.   13 **als**] *fehlt* TF.   14 **Das**] wan
das TF.   17 **euch**] *fehlt* TF, *nachtr.* ta.   18 **von** — **vbel**] euch
alles vbel ab T, ta *stellt den text von* M *wieder her*; ab alles vbel F.
19 **vnd**] yn T, im F.   begeitig TF.   22 bekoſt F.   herren TF.
23 **zû**] + ym alz zu TF.   lebentigem T.

als die lebentigen ſtein geiſtlich heuſer heilig pfaffheit: zeopffern die geiſtlichen opffer anentphencklich
got durch ihefum criftum. Dorumb bezeúgt die ſchrift v. 6.
Secht ich ſetz in ſyon den oberſten winckelſtein erwelt
30 vnd edel: vnd ein ieglicher der an in gelaubt der wirt
nit geſchemlicht. Dorumb euch geleubigen iſt die
ere: wann den vngeleubigen der ſtein den die bawer
verſprachen dirr iſt gemacht in daz haubt des winck
els | vnd der ſtein der ſchadung vnd der ſtein des trúb 8.
35 ſals: den die do ſchadent in dem wort vnd nit gelaubent in dem ſy feind geſetzt. Wann ir ſeyt ein er 9.
welts geſchlecht kúnigliche pfaffheit leúte heiliges
volck des gewinnes: das ir erkunt die krefft des der
euch rieff von der vinſter in ſein wunderlichs liecht
40 Ir wart etwenn nit volck gots wann nu ſeyt ir daz 10.
volck gots: ir het nit begriffen die erbarmbd: wann
nu habt ir begriffen die erbermbd. Aller liebſten· ich 11.
bitt euch als die frembden vnd als die pilgrein das
ir euch enthabt von den fleiſchlichen begirden die do

*

26 heuſer] + ein Z—Oa.   prieſterſchaft P—Oa.   27 opfferen
Z—Oa.   angeneme K—Oa.   28 bezeúgt] + oder hôllt Z—Sa.
geſchrifft Z—Oa.   29 den] dem P.   erwellt vnd edel] bewâret
außerwôlt koſber (kôſtlich K—Oa) Z—Oa.   30 ein] auch ein SbSc.
an] in Z—Oa.   der (zweites)] fehlt OOa.   31 geſchendet Z—Oa.
gelaubendigen ZcSa.   32 Aber Z—Oa.   33 verwarffen Z—Oa.
dirr] der P—Oa.   iſt] + auch Sc.   34 der (erstes)] dem MEP,
den Z—KSb—Oa.   der beleydigung Z—Oa.   vnd (zweites)] +
auch Sc.   ſôlß der ſchande Z—Oa.   35 do beleydigent Z—Oa.
36 Aber Z—Oa.   37 geſchlecht] + ein Z—Oa.   prieſterheyt P,
brieſterſchafft Z—Oa.   leúte — 39 vinſter] ein heyligs geſchlächt
(+ vnnd Sc) ein volck der gewinnung. das ir (+ auch SbSc) verkundent ſein krôfft. der euch hat gevoderet von der vinſternußen (-nuß A)
Z—Oa.   38 verkûnt P.   39 wunderberlichs ZASK—Oa.   40 Ir —
wann] die ir etwo nit warent (wardent ZSZcSa) das volck gottes. Aber
Z—Oa.   40 ſeyt — 42 nu] fehlt P.   41 ir — 42 erbermbd] die
ir (+ auch Sb) nit hettend eruolget (nit eruolgtet ZcSa) die barmhertzigkeyt. Aber nun habt ir eruolget die barmhertzigkeyt Z—Oa.   42
begriffe EP.   Aller] Aber ZASK, Aber aller SbOOa, Aber jr aller Sc.

*

40 gots] fehlt TF.   44 enthalt T.   von] vor TF.

v. 12. ritterfcheften wider die fele | habt eúwer gût wande-
lung vnder den leuten: das in dem daz fy hinderredent
von eúch als von den vbelthûern: das fy euch mercken
von gûten wercken· vnd wunniglichen got an dem

13. tag der heimfûchung. Seyt vndertenig aller menfch
licher gefchôpffd vmb gott. Es fey dem kúnig als

14. dem vorgeer: | es fey den hertzogen als den gefanten
von im· zû der rache der vbelthûer. wann zû dem

15. lobe der gûten. Wann alfo ift der wil gots: das ir
wolthût macht zû fchweygen die miffkennung der

16. vnweyfen leút. Als frey: vnd nit als habent frey-
keit in dem bedeckfal des vbels: wann als die knecht

17. gotz. | Ert fy all: habt lieb die brûderfchaft. Vôrcht

18. got: ert den kúnig. Knecht feyt vndertenig ewern
herren in aller vorcht: nit allein den gûten vnd den

19. meffigen: wann auch den vngelerten. Wann ditz　　　ᵍ⁾
ift die genade: ob etlicher leidet die trûbfal vmb die

20. wiffentheit gots vnrecht leident. Wann welchs　　　[²²⁽
ift die genad: ob ir fúndet vnd leidet zehallffchlegen?
Ob ir wolthût vnd leidet gefridfamcklich: ditz ift

21. die genad bey got. Wann in difem feyt ir gerûffen:

<hr/>

45 ritterfchefft ZS—Sc, vâchtent AOOa.　　47 das fy] fehlt Z—Oa.
48 von] auß den Z—Oa.　　vnd] fehlt Z—Oa.　　cren P, Glorifûtzieren
ZASK—Oa, Glorificierten ZcSa.　　51 dem hertzogen MEAZcSa.　　als
dem ZcSa.　　52 übeltûtcr. aber Z—Oa.　　dem] fehlt Oa.　　54
wolthût — 56 knecht] wolthûend. heyffend fchweygen die vnwiffen-
heyt der vnvernûnfftigen menfchen als die freyen. vnd als die do ha-
ben die freyheyt. dy bedeckung der boßheyt. Aber als die diener Z—Oa.
58 Ir knecht feyend gehorfam Z—Oa.　　ewerm MEP.　　60 funder
Z—Oa.　　den] + groben oder ZA, groben vnnd ZcSa, groben oder
den SK—Oa.　　ditz] do Z—Oa.　　61 etlicher] ciner Z—Oa.　　die]
das Z—Oa.　　1 wiffentheit — 3 ditz] gewiffen gottes. duldent vn-
rechtlich. Wann waz ift die genad fo irs (ir es S, ir fy ZcSa, ir K—Oa)
leydent. Súndent (funnder K—Oa) vnd halß gefchlagen wenn irs (ir
K—Oa) aber woltûnd duldigklichen (-lich OOa, dultenklichen A) ley-
dent. das Z—Oa.　　1 vnrecht] vmb recht MEP.　　4 difem] dem
Z—Oa.　　berûffet Z—Oa.

<hr/>

47 vbeltatcr T.　　49 haimfuch TF.　　52 vbeltater TF.　　54
wolthût] + vnd TF.　　55 leût] + vnd TF.　　als] + fo TF.
57 fy] getilgt T.　　1 welchers TF.　　3 Ob] wan ob TF.

5 wann auch criſtus der leyd vmb vns· laſſent euch bey
ſchaft: daz ir nachuolgt ſeinen ſteygen. Der nit tet die v. 22.
ſůnd: noch die triekeit wart funden in ſeim mund
Do im wart geflůcht er flůcht nit: do er leid er drot 23.
nit. Wann er antwurt ſich den die in vrteylten zů
10 vnrecht. Er nam vnſer ſůnd an ſeinen leib er trůg 24.
ſy an das holz: das wir ſein tod den ſůnden wir leben
der gerechtikeit: vmb des wunden ſey wir geſunt.
Wann do wart ir irrent als die ſchaff: wann nun 25.
ſeyt ir bekert zů dem hirten vnd zů dem biſchoff eu-
15 wer ſelen. *Das iij Capitel.*

U nd zegeleicherweys die weib ſeind vnderte-
nig iren mannen vnd ob etlich nit glaubent
dem wort das ſy werden gewunnen on das
wort durch die wandelung der weib: | merckt in vorcht 2.
20 eůwer heilig wandelung. Die valtung des bars ſey 3.
nit aufwendig oder die vmbgebung des goldes oder
die vbung des deckſals der gewand: | wann der man

*

5 Criſtus hat gelitten vmb vns. euch laſſend ein exempel Z—Oa.
6 ſteygen — 7 funden] ſůß ſtapfen. der do hat kein ſunde getan.
noch iſt kein valſch erfunden Z—Oa. mund] + der Z—Oa. 8 er
(*erstes*)] *fehlt* K—Oa. 9 aber Z—Oa. den — 11 ſy] in den der
in vrteylte vnrechtlich. Er hat getragen vnſer ſünde in ſeinem (ſeinen
Z) leyb Z—Oa. 11 ſein] *fehlt* Z—Oa. wir (*zweites*)] *fehlt* Z—Oa.
12 vmb] *fehlt* Z—Sa, mit K—Oa. ſey — 14 bekert] wir ſeien ge-
ſunt gemachet. wann ir warend als die irrenden ſchaff. aber ir ſeiend
(wir ſeien ZcSa) nun bekeret worden Z—Oa. 14 ſeit ir bekert] ir
bebekört P. dem (*erstes*)] den ZAZcSa. 16 weyb ſůllend vndertan
ſein iren mannen. daz auch etlich Z—Oa. 18 das (*erstes*)] *fehlt* Z—Oa.
19 den wandel Z—Oa. 20 eůwer — 24 reich] ewren keůſchen
wandel der (+ ſelben K—Oa) flecktung oder (+ auch Sb, die Sc)
vmbgebung des golds. oder die cziere der anlegung des kleyds. ſoll
nit ſein außwendig Aber der menſch des hertzens der do verborgen iſt.
in der vnzerſtörlickeyt der růe. vnd des mäſſigen geyſtes. der do reich
iſt Z—Oa.

*

5 euch] vns TF. 6 ir] wir TF. noch volgten T. 7 die] keine TF.
wart] + nye TF. 8 nit] + vnd TF. 11 tot ſeyn T, ſeit tod F.
den] der F. wir leben] vnd lebten T. 15 dem hirten vnd zů
dem] *fehlt* T, *nachgetragen* ta. piſchoff] *auf rasur* T. 17 glaubt TF.

der do ift verborgens hertzen in vnzerbrochenkeit fenft
vnd meffig geifts: dirr ift reich in der befcheud gotz

v. 5. Wann als auch etwenn die heiligen weib die fich ver
fachen an got fy zierten fich vndertenig iren eygen

6. mannen: | als fara gehorfampt abraham rúffent im
herr: der tochter ir feyt wolzethûn · vnd nit vôrch-

7. tend kein trúbfal. Zegeleicherweys die mann ent-
zampt entwelent nach der wiffentheit: mit teylent
die ere als den krenckern weiblichen veflein als auch
entzampt den erben der genaden des lebens: das ewer

8. gebett nicht werden bekúmert. Wann feyt all einhel
lig in dem gelauben entzampt· erleydent in dem ge-
bett· liebhaber der brúderfchaft· barmhertzig· demú

9. tig· meffig· | nit widergebt vbel vmb vbel· noch vbel
fagen vmb vbelfagung: wann do widerfagt wol·
wann in difem feyt ir gerûffen: das ir befitzt den

10. fegen mit dem erbe. Wann der do wil liebhaben das
leben: vnd gefechen die gûten tag: der tzwing fein
zungen von dem vbelen: vnd fein lefpen das fy icht

11. reden die triekeit. Wann er naig fich von dem vbeln
vnd thû das gútt: er fûch den fride vnd nachuolg

12. dem: | wann die augen des herren feind vber die ge-

·

24 **dirr**] der P.   dem angeficht P—Oa.   25 alfo Z–Oa.
etwa ZcSa.   die ir hoffnung hetten in got zierten Z—Oa.   26 **an**]
fehlt P.   27 die hieß in einen herren Z–Oa.   28 herren M.   wol-
thûnd Z—Oa.   29 **kein**] eynich K—Oa.   mann fúllen beywonen
nach Z—Oa.   **entzampt**] mi einander P.   30 **mit**] mir MEP.
32 **entzampt**] miteinander P, mit Z—Oa.   den] *fehlt* Z—Oa.   er-
bern EP.   33 Aber Z—Oa.   34 **entzampt**] miteinander P, mit
Z—Oa.   **in dem gebett**] *fehlt* Z—Oa.   37 **wann — wol**] oder
flûch vmb flûch. Aber wolredent her engegen (dagegen K—Oa) Z—Oa.
38 in dem feyend ir berûffet Z—Oa.   40 fehen Z—Oa.   zwang Sb.
41 **dem**] den Z—SaG.   leftzen PASOOa, lebfen Zc—Sc.   nicht reden
den valfch. Aber Z—Oa.   42 naigt Z.   **von**] vor S.   úbel ZS—Oa.

·

23 fenfcz T.   14 reicht TF.   27 **als**] + auch TF.   31 dem
TF.   weiblich TF.   weizzlin T.   32 dem enczamt erben
TF.   35 liebhabent di F.   **brúderfchaft**] + feit TF.   38 **wann**]
fehlt TF.   gerufft T, geruff F.   39 **das leben**] *fehlt* T, *nachtr.* ta.
41 lippen T.   42 **von**] *fehlt* TF, *nachtr.* ta.   43 **vnd**] er TF.

⁴⁵ rechten: vnd fein orn in irem gebett: wann das ant-
lûtz des herrn ift vber die die do tûnd die vbeln ding
vnd des gûten. Ob ir feit gût nachuolger gotz wer ift   v. 13.
der der eúch fchatt? Wann ob ir ioch erleyt kein ding   14.
vmb das recht ir wert felig? Wann nit enuôrch-
³⁰ tent ir .vorcht: das ir nit wert betrûbt. Wann ge-   15.
heiligt den herren ibefum criftum in eúwerm hertzen:
zû allen zeyten feyt bereyt zû der genûg thûung eim
ieglichen eifchent eúch die red von der zûuerficht vnd
von der trewe die do ift in eúch: | wann mit maß vnd   16.
³⁵ mit vorcht habt gûtt gewiffen: das in dem das fy
hinderredent von euch vnd das fy werdent gefchem-
licht: die do leydigent ewer gût wandelung in crifto
Wann beffer ift zeerleyden woltûnd denn vbeltûnd   17.
ob es der wil gotz wil: | wann auch criftus ift zû eim   18.
⁶⁰ mal tod vmb vnfer fúnd der gerecht vmb die vnge
rechten: das er vns opffert got· ernftlich getôdigten
³⁹²⁰] in dem fleifch wann geleblichten im geift. In dem   19.
er kam im geyft vnd brediget den die do waren im
karcker: | die etwenn waren vngeleúbig do fy beyten   20.

*

45 ire gebet. aber Z—Oa.   46 die die] die OOa.   47 vnd
des gûten] fehlt Z—Oa.   nachuolger] liebhaber Z—Oa.   48 Ob
ir aber etwas leydent vmb die gerechtigkeyt Z—Oa.   49 Aber nit
vôrchtent Z—Oa.   50 er nit wirt MEP.   Aber machent heylig
iren herren criftum in ewren Z—Oa.   52 zeyten]+Vnnd Sc.   53
red — 54 trewe] rechnung von der hoffnung Z—Oa.   54 Aber mit
mâffigkeyt vnd vorcht fûllend ir haben ein gût Z—Oa.   56 vnd
das] fehlt Z—Oa.   gefchendet Z—Oa.   57 do fâlfchlich verfagend
oder ftraffend ewren gûten wandel Z—Oa.   58 beffer — 59 gotz
wil] es ift bôffer leyden das ir woltûnd ob es der wille gottes will.
dann übel tûnd Z—Oa.   61 ernftlich] gewißlich P, fehlt K—Oa.
getôdtet Z—Oa.   1 in dem] jm ZcSa.   aber lebentig gemachet
im Z—Oa.   geleúblichten EP.   2 im geyft] geyftlich Z—Oa.
im (zweites)] in dem SbOOa.   3 die] vnd die Z—Oa.   do — 4
gefridfam] die warten der gedulde Z—Oa.

*

47 des gûten] fehlt TF, nachtr. ta.   53 vnd] nachtr. F.   55
habt] + ein TF.   56 vnd das fy] fehlt TF.   58 zeleiden vm
woltund den vm vbeltund TF.   wil (zweites)] were T, wil ta.   kriftz
ift zem TF.   60 die vnrecht F.   61 getodigen F.   2 kamt T,
kant F.   3 di fo paiten F.

der gefridfam gotz in den tagen noe do die arch wart
gefchmitt: in der ein lützel das waren ˙viij˙ felen
v. 21. wurden gemacht behalten durch daz waffer. Als vns
auch nu zegleicherweys macht behalten durch daz waf
fer: der tauff nit die abfetzung der entzeúberung des
fleifchs˙ wann in der frag der gúten gewiffen zû got:
durch die aufferftendung ihefu crifti von den doten
22. | der do ift zû der zefwen gots: zûuerwúften den tode
das wir wurden gemacht erben des ewigen lebens:
er gieng in den himel vnd vnderlegt im die engel vnd
die gewelt vnd die kreffte.   iiij

1. **D**Orumb criftus erleyd in dem fleifch vnd wir
fein geweffent mit dem felben gedancken: wann
der do leyd in dem fleifch dem gebraft von den
2. fúnden: | das das daz do ift vbrig des zeits in dem fleifch
ietzunt nit lebe den begirden der menfchen wann nach
3. dem willen gots. Wann es vberbegnúgt das ver-
gangen zeyt zûuolbringen den willen der heiden die

⁕

5 gepawen Z—Oa.   **ein**] *fehlt* Z—Oa.   wenig P—Oa.
waren] ift Z—Oa.   6 behalten warden (wurden AS) durch Z—Oa.
Als — 9 zû] daz auch euch nun geleiches forms heylfam machet die
tauff. Nit die hinlögung der vnreinigkeit dez leybs. aber die erforfch-
ung des gúten gewiffen in Z—Oa.   10 vrftend Z—Oa.   **von den
doten**] *fehlt* Z—Oa.   11 **zû**] in Z—Oa.   gerechten E—Oa.   ver-
fchlindent den Z—Oa.   12 **gemacht**] *fehlt* Z—Oa.   13 er — vnd
(*zweites*)] auff gefaren in den himel do im vndergeworfen feyen die
engel Z—Oa.   15 **criftus — 17 gebraft**] hat nun Criftus gelitten im
fleyfch. So fúllen auch (*fehlt* Sb) ir euch wáppmen (wáppnen AGOOa)
mit dem (den AZcSaSc) felbigen (felben K—Oa) gedenncken. Wann
der do (*fehlt* K—Sc) hatt gelitten in dem fleyfch. der hat gelaffen Z—Oa.
16 den P.   18 das (*erstes*) — 20 das] daz nit ietzund mit den begiren
(begir den ZcSa) der mennfchen das do úberig ift des czeyts lebe.
Aber dem (den ZcSa) willen gottes. wann den ift genúg die Z—Oa.
18 **daz**] *fehlt* EP.   19 begird MFP.

•

4 gotz] + wan TF.   5 **felen**] + die TF.   7 mach F.
durch daz waffer] *fehlt* TF.   · 8 di tauf F.   **die**] der TF.   der]
fehlt T.   10 ihefum criftum TF.   **von den doten**] *fehlt* TF.
11 **der zefwen**] zefwem TF.   13 himeln TF.   15 krift TF.
18 **daz**] *fehlt* F.   zeit TF.   19 **noch**] *fehlt* TF.

do giengen in den vnkeufchen in den begirden in weins
truncken in den frafheiten in trunckenheiten vnd in
den vnzimlichen vbungen der abgötter. In den fy nu
wundernt ir nichten laufft entzampt fpottent in den
felben fchemlichen der vnkeufche: | die do gebent rede
dem der do ift bereyt zeurteilen die lebentigen vnd die
doten. Wann dorumb ift es auch gebredigt den doten:
das fy ernftlich werden geurteylt nach den mannen
in dem fleifch: wann fy lebent nach gott im geift.
Wann das end aller genachent. Dorumb feyt witz-
igt vnd wacht in den gebetten: | wann vor allen din
gen habt in eúch felb vnder einander die fteten lieb:
wann die lieh bedeckt die menig der fúnden. Herbergt
einander: on murmlung. Ein ieglicher als er hat
entphangen gnad· alfo ambecht fy einer dem andern:
als die gûten teyler manigs bildes der genad gotz.
Ob etlicher red: der red als die wort gotz. Ob etlicher
ambecht: der ambecht als von krafft die got ambecht:

v. 4.
5.
6.
7.
8.
9.
10.
11.

22 do haben gewandlet in den vnkeufcheyten Z—Oa.   in den
weinfüllungen. inn höflung (hoffnung G) in trinckungen. in truncken-
heyt Z—Oa.   23 truncken] trincken P.   trunckheyten EP.   in
den (letztes)] fehlt Z—Oa.   24 vbung MEP, erungen Z-Oa.   25 in
dem ZAS.   nu — 28 doten] verwundern. So ir nit mitlauffend in
die felben fchande der vnkeúfch löfterend. die do werden rechnung
geben dem der do berayt ift zerichten lebentig vnnd tode Z—Oa.
25 entzampt] miteinander P.   28 es — 29 das] auch den todten
die warheyt verkúndet worden. das auch Z—Oa.   29 ernftlich] ge-
wißlich P, fehlt Z—Oa.   menfchen Z—Oa.   30 wann] Aber das
Z—Oa.   im] in dem Z—Oa.   31 Aber aller ding ende wirt zú-
nechnen Vnd darumb feyend weyß Z—Oa.   32 Aber Z—Oa.   33
felber AG, felbs ZcSaSc.   vnder — fteten] ein ftúte wechßelbäre
Z—Oa.   34 lieb] + die Z—Sa.   36 empfangen die gnad. die
miteylung (mitteyle K—Oa) einer Z—Oa.   dienet fy P.   37 gúten
außtayler der vil formigen genad Z—Oa.   39 dient (3) P.   dienet
der diene als auß der krafft die do got mitteylet Z—Oa.

22 in weins] vnd in den (dem F) weins TF.   23 trunkken vnd
in den frazzheit vnd in den trunkenheit TF.   24 vnzimlichen] vn-
keufchlichen T, gestrichen, vnzimlichen tc.   nu] + ayfent vnd TF.
25 wundernt] + euch fo ta.   der felben fchemlikeit TF.   27 do]
fehlt TF.   28 Wann — doten] fehlt T, nachtr. ta.   34 Herberg TF.

das gott werd geeret in allen dingen durch ihefum
criftum dem fey wunniglich vnd gebott in allen den
v. 12. werlten der werlt amen. Aller liebften· nit enwelt
euch frembden in der wallung die euch wirt ge-
tan zů der verfůchung· vnd nichten welt erfchrecken
13. als euch etwas neůwes fey gefchehen: | wann freuwet
euch gemeinfampt euch den leydungen crifti: das ir
euch freuwet vnd derhôcht in der deroffnung feiner
14. wunniglich. Ob eůch wirt geitwifft in dem namen
crifti· ir wert felig wann das do ift der eren der wun
niglich vnd der kraft gotz vnd der do ift fein geift der
15. růwet auff euch. Wann ernftlich das do wirt ver-
fpott von in das wirt geert von euch. Wann ewer
keiner leyd als ein manfchleg oder als ein dieb oder
als ein vbelfager: oder als ein eifcher frembder ding
16. Wann als ob ein criften· er fcham fich fein nit: wann
17. er wunniglich got in difem namen: | wann das zeyt
ift das das vrteyl anfacht von dem haus gotz. Wann
ob zům erften von eůch: welchs wirt ir end die do

*

41 dem do ift glori. vnd gebietung in die welt der Z—Oa.   ge-
bett MEP.   42 Ir füllend nit ellenden in Z—Oa.   43 **wallung**]
wandelung MEP, hitze Z—Oa.   **getan**] *fehlt* Z—Oa.   44 **vnd** —
45 **wann**] als befchehe euch etwas neuwes. Aber Z—Oa.   45 ge-
fechen P.   46 **euch**] *fehlt* Z—Oa.   **den**] dem KSbSc.   das
auch ir euch frolockend frewent in der offenbarung Z—Oa.   48 glori.
Ift das ir werdent gelôßteret Z—Oa.   gefpottet P.   in den Z.
49 glori Z—Oa.   50 do fein geyft ift Z—Oa.   51 **Wann** — 52
Wann] Aber Z—Oa.   51 gewißlich P.   53 **leyd** — 56 **wunniglich**]
foll leyden als der manfchlächtig oder als der dieb. oder als der ver-
flücher. oder als der begerer der frembden gütter. Leydet er aber al₄
ein crift. Er foll fich nit fchâmen. Aber er foll glorifitziren Z—Oa.
54 **vbelfager**] verfager P.   56 **das**] die Z—Oa.   57 das anfahe
das gericht Z—Oa.   **Wann** — 58 **end**] hebet aber das gericht an
zům (zu KGSc, zů dem Oa) erften von vns. was wirt dann das ende
der Z—Oa.

*

40 **geeret** — 41 **vnd**] *fehlt* T, *nachtr.* tb.   ihefus criftus TF.
41 gegepot T.   **allen**] *fehlt* TF.   43 valluug T.   46 **euch**
(*erftes*)] + vnd TF.   leidung TF.   49 **eren**] + vnd TF.   51
Wann — 52 **euch**] *geftrichen* T.   51 vorfpotten TF.   54 dingen
TF.   55 **als ob**] ob alz TF.   57 vrteilt TF.

.m ewangelium gots? Vnd ob der   v. 18.
.am wirt behalten: der vngeng vnd der
wo erfcheinent fy? Alfo auch die die do leident   19.
.ach dem willen gots: die entphelchent ir feln dem
getreuwen fchôpffer in gûtten wercken.   v

DOrumb entzampt ich alter vnd der gezeûge
der martir crifti· vnd ein gemeinfamer feiner
5 wunniglich die do ift zû deroffenen in dem
kúnftigen: ich bitt die alten die do feint vnder eúch
Fûrt die herte gots die do ift vnder eúch fúrfechent   2.
nit betzwungenlich wann williglich: nach got: nit
vmb die genad des vnreinen gewinns· wann willig-
10 lich: | nit das ir herfcht vnder den gelerten wann feyt   3.
gemacht ein bilde der hert vom gemúte: | vnd fo der   4.
fúrft der hirten erfcheint das ir entphacht die vnfeú-
lich kron der wunniglich. Zegeleicherweys die iun-   5.
gen feyen vndertenig den alten. Wann ereugent
15 einander all demútikeit: wann der herre widerfteet
den hochfertigen: wann den demútigen gibt er die
genad. Dorumb gedemútigt eúch vnder die gewal-   6.

*

59 ewangeli Z—Oa.   ob] ift das ernftlich Z—Sa, ift das K—Oa.
60 **kaum**] hart Z—Oa.   **behalten**] + wo werden K—Oa.   **vngeng**]
boß P, vngûttig Z—Oa.   61 **wo — fy**] Wo werden die erfcheynen
Z—Sa, erfcheynen K—Oa.   3 **entzampt**] miteinander P, *fehlt* Z—Oa.
der] *fehlt* K—Oa.   5 glori Z—Oa.   in der kúnfftigen czeyt Z—Oa.
7 **fúrfechent**] + fy Z—Oa.   8 aber Z—Oa.   willigklichen GSbOOa.
9 vmb willen eines fchnôden gewinns. aber Z—Oa.   10 nit als die
herfchenden vnder den geweychten. aber feyt Z—Oa.   11 **vom**] auß
dem Z—Oa.   **fo**] + auch Sc.   13 glori Z—Oa.   **die**] ir Z—Oa.
14 **feyen**] fullend fein Z—Oa.   Wann ir fúllend all an (*fehlt* AOOa)
einander verkúnden die demútigkeit Z—Oa.   **ereugent**] erlengent
MEP.   16 **den** (*erstes*)] dem ZS.   aber Z—Oa.   17 demútigend
Z—Oa.   **die**] der Z—Oa.

*

59 ewangely TF.   61 **die die**] di F.   1 feln den F.   2
fchepf TF.   3 ich enczamt TF.   7 **Fúrt — euch**] *fehlt* T, *nach-
getragen tc.*   fúrfechtent T, + euch (*gestrichen*).   14 feint TF.
den] dem T.   **ereugent einander all**] ereugt an allen T, eraugent
einander ta; ereugt (an *getilgt*) alle F.

tigen hand gotz das er euch erhôch an dem tag der heim

v. 7. fûchung: | werfft all euwer forg an in: wann erfelb

8. ift beforgt vmb euch. Seyt getempert vnd wachte:
wann der teûfel euwer widerwertiger vert vmb als

9. ein lûender lew · fûchent wen er verwûft. Dem wi-
derftet ftarck in der trew · wifft das die felb leidung
der die do ift in der werlt wirt im gethan zû euwer

10. brûderfchaft. Wann got aller genaden der vns rieff
in fein ewig wunniglich ein lützel erlitten in ihefu
crifto: erfelb volmachtz vnd veftents vnd fterckts.

11. Im fey wunniglich vnd gebott: in den werlten der

12. werlt amen. Ich fchreib euch kurtzlich durch filua-
num den getreuwen brûder als ich wen: bittent vnd
bezeûgent dife genade gotz zefein gewer in der ir ftet

13. Eûch grûfft die erwelt kirch die do ift in babilon:

14. vnd marcus mein fun. Grûfft einander in dem hei-

*

19 an] in Z—Oa.   im ift forg vmb Z—Oa.   20 Seyt nûchter
Z—Oa.   22 lûenden M.   verzere ZASK—Oa, werzere ZcSa·
23 dem gelauben Z—Oa.   24 werlt] + die Z—Sa.   im — zû]
werden Z—Oa.   25 Aber Z—Oa.   rieff — 28 wunniglich] hat
berûffet (gerûffet Sb) in feyn ewig glori in crifto ihefu ein wienig ge-
litten der (fehlt K—Oa) wirt es volbringen beftâtten vnd ftercken. Im
feie glori Z—Oa.   26 wenig P.   27 er felbs P.   28 gebett
MEP, gebiettung Z—Oa.   30 dem P.   wen] maine Oa.   31
dife — ir] das das feye die war genad. dar in ir auch Z—Oa.   32
babilonia Z—Oa.

*

21 vert] der fert TF.   22 lûender] brymmender T, lunender F.
23 der] + werlt wirt euch getan F, gestrichen.   24 der (erstes)] fehlt
TF, nachtr. ta.   im] auch T, euch F.   26 ewig] eygen T. ihe-
fus criftus TF.   28 den werlten] der werlt TF.   29 Ich — 35
crifto] fehlt T, nachtr. te: ich hab evch kerzlich gefchriben durch fil-
uanum ewern getrewen (+ bruder ta) alz ich wene vnd flehe vnd be-
czeuge daz ezu fein di ware genade gotes in der ir ftet Euch grvfet
di kirche di do ift in babilon zu famen gelefen vnd marcus mein fun
Gruzt euch an ein ander in dem heiligen kuffe genade (fi mit nachtr.)
euch allen di ir feit in dem herren iefu Amen.   30 den] dem F.
wen wir pieten vnd bezeug F.

ligen kuſſe· die genade ſey mit euch allen ir do ſeyt
35 in criſto. *Hie endet die erſte epiſtel petri vnd
hebt an die vorrede über die ander epiſtel petri.*

S Ymon petrus mit dem gelauben beweiſt
er die weyſen diſer werlt daz die tod ſeind:
vnd den ſelben wie groß die miltigkeyt
40 gotz ſey des oberſten liechtz iſt er beweiſent
Hie hebt an die ander epiſtel petri.   *l*

S Ymon pettrus knecht vnd   v. 1.
botte ibeſu criſti: den die do
habent gelôſſt entzampt ge-
45 leich treuwe mit vns in das
recht vnſers gotz vnd des be
halters iheſu criſti· | gnad vnd   2.
fride werd erfûllt zû eûch in
der derkennung vnſers gotz
50 vnd criſti iheſu: | in welcherweys er vns auch gab alle   3.
ding ſeiner gôtlichen kraft die vns ſeind gegeben zû dem
leben vnd zû der erbarmbd durch ſein erkennung der
vns rieff mit eigner wunniglich vnd mit krafte·

⁘

34 ir do] die ir Z—Oa.   37 beweyſet mit dem gelauben K—Oa.
38 er] *fehlt* K—Oa.   diſer] der A.   30 des — beweiſent] erzai-
get er lauterer dann das liecht iſt Z—Oa.   42 pettrus] + ein Z—Oa.
vnd] + ein A.   44 entzampt] miteinander P, ein mit Z—Oa.
geleychen (·em ZcSa) gelauben Z—Oa.   45 das recht] das reich MEP,
die gerechtigkeyt Z—Oa.   46 des — 49 gotz] frid werd erfûllt euch
in der erkennung des behalters jeſu chriſti. die (*fehlt* O) genad vnnd
(*fehlt* Oa) gottes OOa.   48 zû] *fehlt* Z—Sc.   49 der] *fehlt* EP.
vnſers] *fehlt* Z—Sc.   50 jheſu criſti SbOOa.   iheſu] + vnſers
gots Z—Oa.   52 zû] *fehlt* K—Oa.   erbarmbd] gûtigkeyt Z—Oa.
53 hat gerûffet Z—Oa.   glori P—Oa.   mit (*zweites*)] + der OOa.

•

34 ſeyt] ſtet F.   35 in criſt amen F.   38 er] *fehlt* BNgWr.
39 den] der Ng.   40 gotz] *fehlt* BNgWr.   42 peter TF.   43
iheſus criſtus TF.   50 vnd criſti iheſu] *fehlt* TF.   52 zcu der-
bermd TF.

v. 4. | durch die er vns gab die meyſt vnd die teúrſten ge-
heyſſung: das ir durch diſe ding ſeyt gemacht ge-
ſellen ſeiner gôtlichen natur· zů entpfliechen die zer

5. brochenkeit der geitikeit die do iſt in der welt. Wann
ir vndertragt all ſorg ambecht in euwer treuw die

6. kraft: wann in der kraft die wiſſentheit: | wann in
der wiſſentheit die enthabung: wann in der entha-
bunge die gefridſam: wann in der gefridſam die

7. erbarmbd: | wann in der erbarmbd die lieb der brůder   [
ſchaft: wann in der lieb der brůderſchaft die liebe.

8. Wann ob diſe ding ſeind mit euch vnd euch vber-
windent: ſy ſchickent euch nit lere noch on wůcher

9. in der erkennung vnſers herren iheſu criſti. Wann
dem diſe ding nit ſeind bereyt: der iſt blind vnd greifft
mit der hand: zů entphachen die vergeſſung der ge

10. reinigung ſeiner alten miſſetat. ·Dorumb brůder
fleyſſt eúch mer: daz ir durch die gůten werck macht
gewiß eúwer rúffung vnd die erwelung. Wann ob

11. ir tůt diſe ding ir ſúndt nit zů etlichem zeyt. Wann
alſuſt begnúglich wirt eúch geambecht der eingang

*

54 **die** (*erstes*)] *fehlt* P, den Z—Oa.   **die teúrſten**] koßber Z—Sa,
kôſtlichen K—Oa.   verheyſſung Z—Oa.   55 **ſeyt gemacht**] werdennt
Z—Oa.   56 **zů — 57 geitikeit**] vnd fliehent (+ auch Sc) die zer-
ſtôrlickeyt der begir (begierlide Sb) Z—Oa.   57 **Wann**] vnd P—Oa.
58 **ir — b 1 erbarmbd** (*zweites*)] ir füllend all eúwer ſorg vnder eintragen.
vnd dienen die (der G) tugent in eúrem (-ren K—Sc) gelauben Aber in
der tugent die kunſt. vnnd in der kunſt die abbrechung. vnd in der ab-
brechung die geduld. vnd in der geduld die gůtigkeyt (+ Aber K—Oa)
in der gůtigkeyt. Aber (*fehlt* K—Oa) Z—Oa.   58 dient P.   2 **wann**]
vnd Z—Oa.   **die**] + gôtlichenn Z—Oa.   4 ſy ſtôllen Z—Oa.
lâr vnd on frucht Z—Oa.   5 kânntnuß ZSK—Oa, erkantnuß AZcSa.
7 zůentpfachung P.   der reinigung Z—Oa.   10 **die**] *fehlt* K—Oa.
ob ir tůt] tůnd Z—Oa.   11 ſúndet ir K—Oa.   **nit zů etlichem**]
zů keiner Z—Oa.   12 alſo P—Oa.   wúrt euch úberflúſſigklich
gereychet der Z—Oa.   gedient P.

*

54 **vns**] + auch fc.   maiſten TF.   56 zepfleichen T, zempfliechen F.
57 **der geitigkeit die do iſt**] *fehlt* TF, *nachtr.* ta fc.   58 vndertrag F.
all] + an TF; *gestrichen* T, *getilgt* F.   7 zenphachen der vergez-
zigung TF.

in das ewig reich vnſers herrn vnd des behalters ihe
ſu criſti. Dorumb ich begin eúch zů allen zeyten zů   v. 12.
15 manen von diſen dingen: vnd ernſtlich wiſſent auch
eúch gefeſtent in der gegenwertigen warheit. Wann   13.
ich gedenck recht · die weyl ich bin in diſem tabernack
el eúch zeerſteen in manung: | wann ich bin gewiß daz   14.
die abſetzung meins tabernackels iſt ſchier: nach   ,
20 dem das mir vnſer herr iheſus criſtus hat bezeichent
Wann ich gib auch fleyß eúch dick zehaben nach meim   15.
tod: das ir macht die gedenckung aller dirr ding.
Wann ir habt nit nachgeuolgt den vngelerten ſpe-   16.
lern wann wir teten eúch kunt die kraft vnd die ver-
25 wiſſentheit vnſers herren iheſu criſti: wann ir ſeyt
gemacht ſpeher ſeiner michelich. Wann zů entphachen   17.
von got dem vatter ere vnd wunniglich von der ſtymm
entſchlipfft von got in diſeweys vou michler wun
niglich: dirr iſt mein lieber ſun in dem ich mir ent
30 zampt wol geuiel: den ſelben hôrt. Vnd wir horten   18.
diſe ſtymm getragen vom himel: do wir waren

*

14 wird ich anfahen Z—Oa.   15 mamen M.   **ernſtlich**] gewiß-
lich P, *fehlt* K—Oa.   16 daz ir feiend beſtüttet (beſtâtiget A) in
Z—Oa.   18 czůerwecken Z—GScOOa, zů erwerben Sb.   20 mir
hat bedútet vnſer herr ieſus criſtus A.   **bezeichent**] bedeitet Z—Oa.
21 Aber ich will fleyß thůn daz ich euch emßigklich habe nach Z—Oa.
22 **macht die**] thůend Z—Oa.   der ding Z—Oa.   23 Wann nit.
das wir nachgeuolget haben Z—Oa.   **ſpelern**] ſpehern EP, lúgmâren
Z—Oa.   24 **wann — kunt**] haben wir euch kunt tůn (gethan
AK—Oa, ton S, than ZcSa) Z—Oa.   **verwiſſentheit**] kunſt Z – Oa.
25 **wann — 26 entphachen**] Aber darumb das wir ſeyen worden ſpeher
diſer groſſen glori wann do er empfieng Z—Oa.   26 ſeiner grôß P.
27 glori P—Oa.   28 **entſchlipfft — 29 dirr**] herab komend zů im
von einer ſôllichen großmechtigen glori. der Z—Oa.   28 groſſer glori
der iſt P.   29 **entzampt**] miteinander P, *fehlt* Z—Oa.   30 den
fúllen ir hôren Z—Oa.   31 **diſe**] nit diſe MEP.   von A—Oa.

*

13 **ewig**] *fehlt* F.   iheſus criſtus TF.   18 zeſten TF.   22 **aller**]
fehlt TF.   23 wir haben nit nachuolget TF.   ſpeln TF.   25 ihe-
ſus criſti TF.   **ir ſeyt**] wir ſint T, wir ſein F.   28 emſipſt zu
got TF, (got *geſtrichen* T, im ta).   von der micheln TF.   30 **wol**]
fehlt TF.

v. 19. mit im an dem heiligen berg. Vnd wir haben ein
vefters weyffeglichers wort · dem ir thût wol ver-
nempt eûch an es als an das leichtent liechtuas an der
tunckeln ftatt biß das der tag erfcheint vnd der liecht
20. trager wirt geborn in eûwern hertzen: | vnd ditz ver
nempt zûm erften: daz alle die weyffagung der fchrift
21. nit wirt getan mit eigner vnderfcheidung. Wann
die weyffagung wart etwenn nit getragen in menfch
licbem willen: wann die heiligen mann gotz einge-
etempt vom heiligen geift die rettens.   *ij*

1.   **W**ann auch valfch weyffagen warn vnder dem
     volck alfo werdent auch vnder eûch luglich
     meyfter: die do einfûrent die irrthum des
verleûfes: vnd fy verlaugent des herrn der fy kaufft:
2. vnd fûrent vber fich den gehen verleûß. Manig nach
uolgent iren vnkeufchen: durch die der weg der war
3. heit wirt verfpott: | vnd fy kauffent von eûch in argkeit

32 **an**] in Z—Oa.   33 **vefters — 36 geborn**] beftättere (beftâte
ZcSa) weyffagende rede der tûnd ir woll. aufmerckend als der brinnen-
den luceren in einer duncklen ftat alflang. vntz (biß Sb—Oa) er er-
fcheyne. vnd der morgenftern aufgange (-gen ZcSa) Z—Oa.   36
ûwerm A.   vnd das Z—Oa.   37 **die**] *fehlt* Z—Oa.   **der fchrift**]
der gefchrifft P, *fehlt* Z—Oa.   38 **eigner**] einer ZcSa.   39 menfch-
lichen ScOOa.   40 **wann — 41 rettens**] Aber vnderweyfet in dem
heyligen geyft haben geredet die heyligen menfchen Z—Oa.   42
Wann es warn auch valfch propheten in dem Z—Oa.   43 **alfo —
46 vnd**] als auch werden fein lugenhaft (-hafftig Sb) meyfter vnder
euch die do werden einfûren die valfchen lere der verdamnuß. vnd
verlaugnen got. der fy erkafft hat Z—Oa.   46 **den — 47 vnkeufchen**]
felb die fchnellen verdamnuß. vnd vil werden nachuolgen iren vn-
keûfchungen Z—Oa.   48 **verfpott — 49 Der**] gelößtert. vnd werden
gefchäfft treyben in der geytigkeyt (gerechtigkeyt A) mit gedichten
worten von euch wöllicher Z—Oa.   48 **kaufft** MEP.

32 **haben**] habten noch TF.   33 weiffagêliches wort den TF.
45 **liecht**] *fehlt* F.   39 **in**] nach TF.   40 -lichen F.   **die**]
fehlt TF, *nachtr.* ta.   41 retten TF.   44 **die** (*erstes*)] den TF.
45 verleufte TF.   46 **verleuß**] ╪ vnd TF.   47 irren vnkeufcht T.

mit getichten worten. Der vrteyl ietzunt weylent
50 nit aufhort: vnd ir verleúß entfchlefft nit. Ob got   v. 4.
nit vergab den engeln die do fúnten wann abgezogen
mit den feylen der helle in die helle er antwurt fy ze
behalten zekreútzigen in das vrteyl : | vnd er vergabe
nit der erften werlt. Wann er behút noe felb achten
55 den brediger des rechts vnd er fúrt die fintwege in
die werlt auf die vngengen: | vnd verdampt die ftet   6.
der fodomer vnd der gomorrer vnd richt fy mit ver
kerung in afchen er fatzt ein beyfchaft der die do feind
zethún vngencklich: | vnd er derloft loth den gerechten
60 bedruckt von der verpannen vnrechten vnd vnkeufchen
wandelung. Wann er was gerecht mit der geficht   8.
[393 c] vnd mit der gehórd : vnd wont bey den die do kreútz
igten die gerechten felen von tag zú tag mit vn-
gengen wercken. Dorumb gott der erkannt zú der-
lôfen die milten von der verfúchung: wann die vn
5 gengen zebehalten zekreútzigen an dem tag des vrteils
Wann mer die die do gend nach dem fleifch in der   10.

*

49 weylent — 51 abgezogen] nit etwen aufhóret. vnd ir verdam-
nuß nit fchlaufft. Wann hat got (got hat G) den fúndenden englen
nit überfehen. Sunnder hat die laffen gezogen werden Z—Oa.   50
entfchleff E.   52 feylen — 56 verdampt] ftricken der fúnden in die
helle vnd fy gegeben zepeynigen. das fŷ do behalten werden zú dem
gericht. vnnd hat der anfangenden welt nit überfehen. Aber hat abge-
tilget die bôfen mit der finfluß vnd noe felbachtet behalten. Vnd Z—Oa.
54 Wann] Vnd P.   56 bôfen P.   57 fodomer — 61 wandelung]
von fodoma vnd gomorra. czú afchen verbrennet vnd die vmkeret vnd
verdammet. Setzend den ein exempel die do vnrecht túnd. Vnd hat
erlôfet den gerechten loth. der do gedrucket ward von dem vnrecht
vnd von dem (des Z—Sa) vnkeúfchen wandel der vngenanten fúnder
Z—Oa.   59 bôßlich P.   61 der] dem Z—Oa.   1 der] dem Z—Oa.
do] fehlt Z—Oa.   2 mit bôfen P—Oa.   3 der] fehlt K—Oa.
4 milten] gútigen Z—Oa.   von] vor S.   aber Z—Oa.   vngútigen
K—Oa.   5 zebehalten] + vnd die Z—Oa.   zegekreúczigen ZcSa.
6 Aber Z—Oa.   mer] núr P, fehlt K—Oa.

*

49 wellent TF.   50 Ob] wan ob TF.   53 behalten] + vnd
TF.   57 gomorifer T, gomorger F.   59 vngenklichen T, vn-
genkkten F.   1 kreutzigen TF.   3 zú derlôfen] zedroften F.
5 zebehalten] + vnd TF.   6 mer] noch mer TF.

geitikeit der vnreinikeit· vnd verfchmechent die her
fchaft· durftig· geuallent in felber: fpotent vôrch-

v. 11. ten fy nit einzefúren die irrthum.   Wie das die engel
feind merer der fterck vnd der kraft: fy tragent nit

12. wider fich das verpannen vrteyl.   Wann dife ver-
derben naturlich in irr zerbrochenkeit in irr vachung
vnd in irem verleuß als die vnredlichen vich fy fpot-

13. tent in den dingen die fy miffkennent: | fy entphach-
ent den lone des vnrechts· fy maffent die gluft die
wolluft des tags zûflieffent mit wolluften der ent-
zeúberkeit vnd der flecken· fy vnkeufchent mit eúch

14. in iren wirtfcheften: | fy babent augen vol ebrechung
vnd vnaufhôrnder miffetat: fy betriegent die vn-
fteten feln.   Sy habent geúbt das hertz in arkeit· die

15. fún des flúchs: | lieffen den rechten weg vnd irrthen
vnd feind nachgeuolgt dem weg baalams von bofor·

16. der do liebhett den lon der vngangkeit: | wann er hett
die berefpung feiner tobheit.   Das vndertenig ftumm

*

7 geitikeit] begirlicheite Z—Oa.   8 vôrchten fy] vnd vôrch-
tent Z—Oa.   9 irrthum — 10 nit] irrfaligen weg. Wo die engel
die do meren (mere K—Oa) feyen in (+ der Sc) fterck vnd krafft nit
tragen Z—Oa.   11 verderben — 17 fy] als die vnuernünftigen
tier natúrlichen (-lich K—Oa) in die gefengknuß vnd in den tod in
den dingen die fy nit wiffen. gotlôßterend in (+ in A) irer zerftôrlig-
keit werden (weren Z) fy vergeen. vnd enpfahen die wolluftikeit zû
einem lon der vngerechtigkeit vnd fchâtzen die wolluftikeit des (der
ZcSa) tages der (des ZcSa) vermayligung (vermaßgung A) vnd des
meyls überflieffend in den wolluftigkeiten. vnd Z—Oa.   18 fy] vnd
Z—Oa.   ecbruchs Z—Oa.   19 fy — 21 lieffen] Betriegend oder
vermeyligend (vermaßgend A) die vnftâten felen vnd habend ein geúbetz
hertz mit der geytigkeit vnd feyen fún des flúchs. Vnd verlaffen
Z—Oa.   21 haben geirret Z—Oa.   22 feind] fy MEP.   nach-
uolgten EP.   balaam auß Z—Oa.   23 boßheyt P—Oa.   aber
Z—Oa.   24 ftraffung P, ftraf Z—Oa.   torheit Z—Oa.   ftummend
vich daz ift der efel. daz redet Z—Oa.

*

9 die (erstes)] den TF.   Wie] fwi TF; f getûlgt F.   10 tragen
TF.   12 zerbrochenkeit] + vnd TF.   wachung T.   16 wol-
luften TF.   17 fy] vnd fi TF.   18 habent] + di TF.   21 ge-
rechten TF.   22 fint nachuolget T, fint nachuolger F.   24 be-
refpung] + in TF.

25 vich rett in der ſtymm des menſchen: es wert die vn
weyſheit des weyſſagen. Diſe feind brunn on waſ-
ſer vnd nebel geiagt von den túrmlungen: den die
tunckel der vinſter wirt behalten. Wann ſy redent
die hochfart der vppikeit ſy betriegent die in den be-
30 girden des fleyſchs der vnkeuſch die do ein lútzel ent
pfliechent die ſich vhen in dem irrthum: | verheyſſent
in die freykeit ſo ſy ſeint knecht der zerſtôrlikeit. Von
dem aber wer iſt vberwunden: vnd er iſt des knecht
Vnd ob ſy wider fliechent in den entzeúberkeiten der
35 werlt· in der erkennung vnſers gots vnd des behal-
ters ibeſu criſti· die denn ſich anderweyd in bewellent:
die werden vberwunden die letzten ding ſeind in ge
macht erger denn die erſten. Wann heſſer was in nit
zederkennen den weg der gerechtikeit: denn nach der der-
40 kennung wider hinder ſich zekern von dem heiligen
gebot das in iſt geantwurt. Wann in geſchicht als

v. 17.

18.

19.

20.

21.

22.

*

25 es wert] vnd verpot Z—Oa.　26 propheten Z—Oa.　27 von
dem windſpreúl Z—Oa.　29 der eytelkeit K—Oa.　vnd betriegent
die die do ſeyen in den Z—Oa.　30 ein — 31 die] wenig enpfliechent
die ZS—Oa, fehlt A.　30 wenig P.　31 ſich — irrthnm] do (fehlt
A) wandlen in der irrſale Z—Oa.　den irrtumen EP.　32 ſy] +
ſelb Z—Oa.　33 wer iſt] wer Z—Sa, yemant wirt K—Oa.　vnd —
des] des iſt er auch Z—Oa.　34 ob] ſo ZcSa.　den] die Z—Oa.
vermeyligungen ZSZcSa, vermaßgungen A, vermayligung K—Oa.　36
die — 37 die (erstes)] vnd wicklend ſy (fehlt K—Oa) ſich wider in
diſe ding vnd Z—Oa.　37 gemacht] worden Z—Oa.　39 nach]
fehlt MEPS.　der] fehlt S.　erkântnuß Z—Oa.　41 iſt gegeben
Z—Oa.　als] fehlt Z—Oa.

*

25 es] vnd es TF.　27 vom den T, von dem F.　29 betriegen
die di da ain luczel enpflichent in den begirden dez fleiſchz der vn-
keuſch di da wandeltent in irtum ſi gelobent in freykeit ſwie daz ſi
ſelb ſint knechte der zeprochenkeit wan von dem ein ieglicher wirt
vberwunden dez knecht iſt er wan ob di enpflichent der enczeuberkeit
TF.　36 iheſus criſtus F.　die den] vnd dë T, vnd die F.　be-
wellent] gevallen auf rasur T.　37 vberwunden] + die TF, ge-
strichen T.　die iungſten TF.　ge-] fehlt F.　38 was] wer TF.
in] im F.　39 zekennen TF.　41 als] fehlt TF.

das war ding der geleychſam. Der huud kert wider
zů ſeiner vndewung: vnd die gewaſchen ſaw in die
weltzung des horbs.   *Das iij capittel*

v. 1. ALler liebſten ſecht diſe ander epiſtel ſchreib ich
        euch in den ich erſtee eúwer reins gemút in
2.   manung: | das ir ſeyt gedencken der wort die
ich euch vorſagt von den heiligen weyſſagen vnd eú
wer botten der gebott des herren vnd vnſers behalters
3. iheſu criſti. | Ditz wiſſt zům erſten: das in den iung
ſten tagen kument ſpotter in betriegung gend nach
4. eygner geitikeit: | ſagent. Wo iſt die geheyſſung oder
ſein zůkunft? Wann ſeyt daz die vetter ſchlieſſen:
all ding volenten alſo ſint dem angeng der geſchöpffd
5. Wann die ditz wöllen den iſt verborgen: das die hi-
mel vnd die erd zům erſten warn von den waſſern
6. vnd durch das waſſer beſtůnd das wort gotz: | durch
7. daz do die werlt verdarb vberunt mit waſſer. Wann
die himel vnd die erd die nu ſeind die ſeind geſatzt
in dem ſelben wort zebehalten dem feúer vntz an den
tag des vrteyls: vnd des verleúſes der vngengen leút

                              *

    42 **ding der geleychſam**] ſprich wort Z—Oa.   44 **horbs**] kotz
P—Oa.   46 erwecke Z—Oa.   47 meinung AOa.   51 kumpt
EP, werden kumen Z—Oa.   verſpotter Z—Oa.   52 **eygner**]
einer G.   begirligkeit Z—Oa.   verheyſſung Z—Oa.   54 ver-
harren ZASK—Oa, verbarten ZcSa.   vou anfang Z—Oa.   55
dem iſt ZAS.   56 **die**] *fehlt* Sc.   **den**] dem Z—Oa.   waſſer
ZAZc—Oa.   **waſſern** — 57 **das** (*zweites*)] *fehlt* S.   57 **waſſer**]
fehlt P.   **beſtůnd das**] beſtandent von dem ZAZc—Oa.   58 **daz —
vberunt**] den diſe (die K—Oa) welt vergieng bedecket. oder überren-
nent (überrennet AZcSaSb, über rynnet OOa) Z—Oa.   59 **die**
(*letztes*)] *fehlt* OOa.   **geſatzt**] wider geſetzet Z—KSb—Oa, wider be-
ſetzet G.   60 behalten Z—Oa.   biß Sb—Oa.   61 der verdamnuß
der böſen menſchen Z—Oa.   böſen leút P.

                              *

    43 vndanung T, vndamung F.   daz gewaſchen ſwain TF.   46
den] der T, dem F.   eure F.   48 **den**] dem TF.   49 **botten**]
ponten F.   50 iheſus criſtus TF.   53 enſlieſſen TF.   56 dem
waſſer TF.   57 **waſſer**] + daz TF.   58 **do**] *fehlt* TF.   ver-
darb] + vnd TF.

⁵³³ ᵈᴶ Wann aller liebſten ditz ein ſey euch nit verborgen: ᵛ· ⁸·
wann tauſent iar bey dem herren ſeind als ein tag:
vnd ein tag als tauſent iar. Der herr ſaumt nit ſein ⁹·
geheiſſung: als etlich wenent · wann er thůt gefrid
⁵ ſam vmb eůch: er wil nit das keiner verderb wann
das ſy all widerkeren zů der bůß. Wann der tag des ¹⁰·
herren zůkumpt als der dieb: in dem die himel vber
gend mit michler gech: wann die elementen werdent
entbunden von der hitz. Vnd die erde vnd alle die
¹⁰ werck die in ir ſeind die werdent verbrannt. Dor- ¹¹·
umb ſo alle diſe ding ſeind zeentbinden · wiegethan
gezimpt eůch zeſein in heiligen wandelungen vnd in
milten | beytent vnd genachent in die zůkunft des tags ¹²·
des herren: durch den die brinnenden himel werdent
¹⁵ entbunden vnd die elementen ſchmeltzent von der hitz ¹³·
des feůers: in den do entwelt das recht? Wir beyten
neuwer himel vnd einer neuwen erd nach ſeiner ge
heiſſung: | dorumb aller liebſten beytent dirr dinge · ¹⁴·
fleyſſt euch werden gefunden in frid vnfleckhaftig

*

1 Aber Z--Oa.　　**ein ſey**] enſey MP, ſey Z—Oa.　　4 ver-
heyſſung Z—Oa.　　aber Z—Oa.　　**gefridſam**] duldigklich Z—GSc,
dultigklichen SbO, geduldtigklichen Oa.　　5 er] vnd Z—Oa.　　aber
Z—Oa.　　6 **zů**] mit G.　　Aber Z—Oa.　　7 czůkomen ZAS.　　der
ſchacher P.　　himel werden zergeen mit groſſer vngeſtůme. aber die
element werden verwandlet Z—Oa.　　8 groſſer P.　　9 **Vnd** — 10
verbrannt] *fehlt* Z—Oa.　　11 ſeind czergeend. wie můſſend (wiſſent
ZcSa) ir ſein Z—Oa.　　12 **in** (*erstes*)] *fehlt* ZcSa.　　**in** — 13 **beytent**]
beytent (harrend K—Oa) in den gůtigkeyten Z—Oa.　　15 **entbunden**]
zerflieſſen Z—Oa.　　element werden ſchmeltzen (zerſchmeltzen GSc)
von Z—Oa.　　16 **in** — **recht**] *fehlt* Z—Oa.　　harren K—Oa.　　17 die
newen himel vnd die newen erd vnd ſein verheyſſung Z—Oa.　　18
harret K—Oa.　　der P.　　19 werden — 21 **volendung**] das ir (er
S) im erfunden werdent. on vermeyliget (on vermaßget A) vnd vnbe-
růret in dem frid. vnd betrachtet die langmůtigkeit vnd das heyl
Z—Oa.

*

4 **als** — **wenent**] *unterstrichen* T.　　5 euch | euch F.　　8 gecht
TF.　　11 zu enpint TF.　　12 heiliger wandelung TF.　　13 paitem
T, paiten F.　　**die**] der TF.　　15 ſmelchezent TF.　　16 **in**] wan
wir in TF.　　19 **werden geſunden**] in ze finden TF, im werden ge-
funden ta.

v. 15. vnd vnbewollen: | maſſt die behaltſam die langen
volendung vnſers herrn: als auch paulus vnſer lieb
ſter brûder euch ſchreib nach der gnad die im iſt

16. gegeben: | vnd als er rett in in in allen den epiſteln ˙
von den dingen: in den etlich ſeind vnſanft zûuer-
nemen ˙ die die vngelerten vnd die vnſteten krenck-
ent ˙ zû irem verleûſe: als auch die andern ſchrift ˙

17. dorumb brûder ir vor wiſſt diſe ding behût euch ſel
ber das ir icht werd gefûrt in den irrthum der vnweyſen

18. vnd ſalt von eygner veſtenkeit: | wann wachſt in der
genad vnd in der erkennung vnſers herren vnd des
behalters iheſu criſti. Dem ſey wunniglich vnd ge-
bott nu vnd vntz an den tag der ewigkeit. *Hie
endet die ander epiſtel petri Vnd hebt an die
vorrede vber die erſte epiſtel Iohannis.*

Ie ſach des worts˙ vnd das gott ſey das
beweyſt die liebe vnd die ſeind der brûder
nit got erkennen ˙ noch milt mûgen wer
den ˙ vntz das er beweyſt daz ſy ſeind man-
ſchlacher bewert: dorumb das haß ſey ein ſach der er-
tôtung. *Hie endet die vorrede Vnd hebt
an die erſte epiſtel Iohannis das I capitel.*

*

21 **auch**] *fehlt* OOa.   22 **brûder**] + der M—Oa.   ſchreibt P.
gnad] weißheyt Z—Oa.   23 **den epiſteln**] epiſtelen redent in in
Z—Oa.   24 in dem MG.   **etlich**] + ding Z—Oa.   **vnſanft**]
hôrt Z—Sa, ſchwer K—Oa.   26 irer ſelb verdamnuß Z—Oa.   ge-
ſchrifft P—Oa.   27 **ir**] die ir Z—Oa.   28 nit AK—Oa.   **den**
irrthum] irrthum MEP, die irrſale Z—Oa.   29 beſtândigkeyt. aber
wachſend Z—Oa.   31 glori Z—Oa.   **vnd gebott**] vnd gebett
MEP, *fehlt* K—Oa.   32 biß Sb—Oa.   36 offenbaret Z—Oa.   **die**
(*zweites*)] + der S.   **brûder**] + die Z—Oa.   37 **milt**] guttig
K—Oa.   38 biß Sb—Oa.   **beweyſt**] + vnd bewâret Z—Oa.
manſchlâchter Z—Oa.   39 **bewert**] *fehlt* Z—Oa.   **das**] + der
Z—Oa.   tôdtung Z—Oa.

*

23 geben F.   **in in**] *fehlt* TF.   25 vngelert vnd di vnſtet TF.
29 **wan**] + waſt F.   31 iheſus criſtus TF.   ſeit F.   32 **ewig-**
keit] + amen TF.   37 got nicht BNgWr.   38 **das**] *fehlt* Wr.
39 tôtunge B.

DAs do was ſint dem angeng·
das wir horten· daz wir ſahen
vnd das wir ſchauweten mit
vnſern augen· vnd vnſer hend
entzampt begriffen von dem
wort des lebens: | vnd das le-
ben iſt vns eroffent: vnd wir
ſahen vnd bezeúgen vnd wir
derkunden eúch das ewig leben· das do was bey dem
vatter· vnd erſchein vns. Das wir ſaben vnd horten
das erkúnden wir eúch: das auch ir habt geſelſchaft
mit vns: vnd vnſer geſellſchaft ſey mit dem vat-
ter vnd mit ſeim ſun iheſu criſto. Vnd diſe dinge
ſchreib wir euch: daz ir euch frewet vnd ewer freud
die ſey vol. Vnd ditz iſt die derkúndung die wir
haben gehort von im vnd erkúndens euch: das got
iſt das liecht: vnd kein vinſter feind in im. Ob wir
ſagen daz wir haben geſellſchaft mit im vnd gee wir
in der vinſter wir liegen· vnd thůn nit die warheit
Wann ob wir gen im liecht als auch er iſt in dem
liecht die geſellſchaft hab wir zů einander: vnd das
blůt ſeins ſuns iheſu criſti gereinigt vns von aller
ſúnde. Ob wir ſagen das wir nit haben geſúnt wir
verleyten vns ſelber : vnd die warheit iſt nit in vns

---

42 waz von anfang Z—Oa.   46 **entzampt**] miteinander P, habenn
Z—Oa.   49 **wir**] *fehlt* Z—Oa.   50 verkünden ZASK—Oa, verkünten
ZcSa.   52 verkünden Z—Oa.   **auch**] *fehlt* Sc.   53 **geſellſchaft**]
volck P.   56 **die** (*erstes*)] *fehlt* K—Oa.   **ditz**] *fehlt* P.   ver-
kündung Z—Oa.   57 verkündes ZAS, verkündens ZcSa, verkunden
K—Oa.   58 **kein**] die Z—Oa.   **feind**] + nit Z—Oa.   59 **mit**]
in SbOOa.   **gee wir**] wandlen Z—Sa, wandern K—Oa.   60 vin-
ſternuß K—Oa.   61 **Wann — im**] Gangen wir aber in dem Z—Oa.
auch er] er auch E—SK—Oa.   2 reiniget K—Oa.   3 **geſúnt**]
die ſúnde Z—Oa.   4 verfúren Z—Oa.

43 **daz**] vnd daz TF.   51 derſchaint TF.   54 kriſt T.   61
im] in dem TF.   1 habt F.   2 iheſus criſtus gerainig TF.

v. 9. Ob wir begechen vnſer ſúnde: er iſt getreuwe vnd
gerecht das er vns vergeh vnſer ſúnd: vnd gereinigt
10　vns von aller vngangkeit.　Ob wir ſprechen das wir
nit haben geſúnt: wir machen in ein lugner: vnd
ſein wort iſt nit in vns.　　　　　　　　　　　　*ij*

1.　Mein ſúnlein: diſe ding ſchreib ich euch das
ir nit enſúnt.　Wann ob etlicher hat geſúnt
wir haben ein anrúffer bey dem vatter iheſum
2.　criſtum den gerechten.　Vnd erſelb iſt ein verſôner vmb
vnſer ſúnd: wann nit allein vmb die vnſern: wann
3.　auch vmb aller der werlt.　Vnd in diſem wiß wir
das wir in derkennen: ob wir behúten ſein gebott.
4.　Der ſich ſagt zů erkennen got vnd behút er nit ſein
gebott der iſt ein lugner: vnd die warheit iſt nit in
5.　im.　Wann der do behút ſein wort: gewerlich in diſem
iſt die lieh gotz durnechtig.　In diſem wiß wir das
6.　wir ſein in im.　Der ſich ſagt zebeleiben in criſto: der
7.　ſol geen: als auch er gieng · | aller liebſten ich ſchreib
euch nit ein neúwes gebott: wann das alt gebot das
ir habt gehabt ſint dem angeng.　Das alt gebott iſt:
8.　das wort das ir habt gehort.　Aber ſchreib ich euch
ein neúwes gebott daz do iſt gewer in im vnd in euch:

*

5 Ob wir begechen] Bekennen oder veriehen wir Z—Sa, veriehen
wir K—Oa.　6 gereinige Z—Sa, reynige K—Oa.　7 aller boßheyt
P—Oa.　11 nit ſúndent. ob aber einer ſúndet Z—Oa.　13 den]
dem K—Sc.　er ſelbs P.　14 wann (*erstes*)] vnd Z—KSb—Oa.
wann (*zweites*)] ſunder Z—Oa.　15 aller der] der (die S) ganczen
Z—Oa.　diſem] + ſo SbOOa.　16 das — ob] wann wir haben
in (nitt G) erkennet ob Z—Oa.　17 der da ſpricht das (*fehlt* ZcSa) er
erkenne Z—Oa.　er] *fehlt* Z—Oa.　18 der] + ſelbig SbOOa.
iſt (*erstes*)] der iſt Sb.　19 Der aber behút Z—Oa.　wârlich Z—Oa.
20 die volkumen liebe gotz. In Z—Oa.　23 aber Z—Oa.　das
(*zweites*)] *fehlt* EP.　24 von (vom SSbOOa) anfang Z—Oa.　25 das
(*zweites*)] *fehlt* Oa.　26 iſt war Z—Oa.

*

5 begechten TF.　5 er — 6 ſund] *fehlt* T, getrewe vnd gerecht
iſt her daz er vergibt vns vnſer ſund *nachtr.* te.　8 machten TF.
13 er ſelber TF.　19 wort] + oder gepot TF, *unterstrichen* T.
21 criſto] im TF.　25 gehort] + vnd TF.　26 do] + ioch TF.

wann die vinſtern vbergiengen· vnd das gewer liecht
leúcht ietzund. Der ſich ſagt zeſein im liecht vnd haſſt   v. 9.
er ſeinen brûder: der iſt in der vinſter vntz nu. Der   10.
do liebhat ſeinen brûder der beleibt im liecht: vnd das
trúbſal iſt nit in im. Wann der do haſſt ſeinen brû   11.
der der iſt in der vinſter vnd get in der vinſter: wann
er weyß nit wo er get: wann die vinſter haben der-
plent ſein augen. Ich ſchreib euch ſúnlein: das eúch   12.
werden vergeben die ſúnd vmb ſeinen namen. Ich   13.
ſchreib euch vettern: wann ir erkannt den der do iſt
ſint dem angeng. Ich ſchreib euch iunglingen: wann
ir habt vberwunden den vbeln. Ich ſchreib euch kin-   14.
den: wann ir habt derkannt den vatter. Ich ſchreib
euch iungen: das ir ſeyt ſtarcke vnd das wort gots
beleibt in euch: vnd ir habt vberwunden den vbeln.
Allerliebſten nichten wôlt liebhaben die werlt: noch   15.
die ding die do ſeind in der welt. Ob etlicher liebhat
die werlt: die lieb des vatters iſt nit in im. Wann   16.
alles das do iſt in der werlt daz iſt geitikeit des fleiſchs:
vnd geitikeit der augen: vnd hochfart des lebens die
nit iſt von dem vatter: wann von der werlt. Vnd   17.
die werlt zerget vnd ir geitikeit. Wann der do thût
den willen gotz: der beleibt ewiglich. Súnlein: es iſt   18.

*

27 vinſternußen vergiengen vnd das war Z—Oa.   28 der da
ſpricht das er ſeye Z—Oa.   im] ein EP.   haſſec ZcSa.   29 er]
fehlt Z—Oa.   der] + da Z—Oa.   vinſternuß vntz (biß Sb—Oa)
daher. Der Z—Oa.   30 in dem ZcSaSbOOa.   das trúbſal] die
ſchande Z—Oa.   31 Der aber haßt Z—Oa.   32 wann er] vnd
Z—Oa.   33 ſinfteren SbOOa.   34 euch ir ſúnlein wann euch Z—Oa.
35 die] euwer Z—Oa.   36 vâtter. wann ir habend in erkandt. der
da iſt von anfang Z—Oa.   37 euch ir iüngling Z—Oa.   38 den
bôfen Z—Oa.   euch ir kinde Z—Oa.   40 euch ir iungen. wann
ir Z—Oa.   41 habt] + auch Sc.   den bôfen Z—Oa.   42 nicht
Z—Oa.   45, 46, 48 geitikeit] begirligkeit Z—Oa.   46 vnd (*erstes*)]
+ auch Sc.   47 von (2)] auß Z—Oa.   aber Z—Oa.   48 Wer
aber thût Z—Oa.   49 ewigklichen G.   Ir ſúnlein Z—Oa.

*

32 wann er] vnd TF.   36 ir] wir F.   42 nicht T.   welt
liebhabt F.   43 werlt] + wan TF.   46 die] daz da TF.   47
Vnd] Wan TF.

die iungſt ſtund. Vnd als ir habt gehort das der end
criſt kumpt: wann nu ſeind gemacht manig ende
criſt. Douon wiß wir das es iſt die iungſt ſtund.

v. 19. Sy giengen aus von vns: wann ſy waren nit von
vns. Wann ob ſy wern geweſen von vns: ernſtlich
ſy wern beliben mit vns. Wann alſo ſeind ſy offen:
20. das ſy nit ſeind all von vns. Wann ir habt die ſal
21. bung von dem heiligen: vnd erkennt alle ding. Ich
ſchreib euch nit als den die do miſſkennent die war-
heit: wann als den die ſy wiſſen: wann ioch ein ieg
22. lich lug iſt nit von der warheit. Wer iſt ein lugner:
nuer der der do verlaugent das iheſus nit iſt criſtus?
Dirr iſt der endecriſt: der do verlaugent den vatter   [384]
23. vnd den ſun. Ein ieglicher der do verlaugent den ſun
der hat nit den vatter: der do begicht den ſun: der hat
24. auch den vatter. Das ir habt gehort ſint dem angeng
das beleib in euch: ob es beleibet in euch das ir habt
gehort ſint dem angeng: vnd ir beleibt in dem ſune
25. vnd in dem vatter. Vnd ditz iſt die geheiſſung: die
26. er vns gelobt das ewig leben. Diſe ding ſchreib ich

*

50 letſt OOa.   entten kriſt Z—Sa, antichriſt SbOOa.   51 aber
Z—Oa.   ſeind vil enttenkriſt (antekriſt A, entkriſt K—Sc, antichriſt
OOa) worden Z—Oa.   52 letſt OOa.   53 Aber Z—Oa.   von
(zweites)] auß Z—Oa.   54 wann wârn ſy geweſen auß vns Z—Oa.
ernſtlich] gewißlich P, fehlt K—Oa.   55 bey vns. Aber Z—Oa.
offenbar wann ſy ſein nit (+ all Z—Sa) auß vns. Aber Z—Oa.   57 dem]
den E—Oa.   wiſſend Z—Oa.   58 hab euch nit geſchriben als den
die do nit wiſſen Z—Oa.   59 aber Z—Oa.   auch Z—Oa.   60 von]
auß Z—Oa.   61 nuer] nun ZcSa.   der der] der E—Oa.   lauget
Z—Oa.   nit] fehlt Z—Oa.   1 Der iſt P—Oa.   enttenkriſt ZS,
antekriſt A.   den] dem K.   2 den (erstes)] dem KSb.   3 der
(erstes)] + da Z—Sa.   begicht] vergicht oder bekennet Z—Sa, be-
kennet K—Oa.   4 den] dem P.   von (vom SbOOa) anuang Z—Oa.
5 ob — in] wann beleybet es in Z—Oa.   6 von (vom SbOOa) an-
uang ſo werdent ir beleyben Z—Oa.   7 die (erstes)] fehlt Sc.   ver-
heyſſung Z—Oa.   8 vns hatt verheyſſen Z—Oa.

*

53 gieng F.   wan || wan T.   56 feind all] all ſint TF.
57 dem] den F.   61 kriſt TF.   3 vatter] + wan TF.   7 :die]
daz TF, durch rasur di T.

eúch von den die euch verleytent. Vnd die ſalbung v. 27.
10 die ir entphiengt von im die beleyb in eúch. Vnd
ir habt nit durfft das eúch iemant lere: wann als
eúch ſein ſalbung lert von allen. Vnd es iſt war:
vnd iſt nit gelogen. Vnd als er eúch hat gelert: be
leiht in im. Vnd nu ſúnlein beleibt in im: ſo er er 28.
15 ſcheint das wir haben zúuerſicht: vnd wir werden
nit geſchemlicht von im in ſeiner zúkunfte. Ob ir 29.
wiſſt das gott iſt gerecht: ſo wiſſt das ein ieglicher
der do thût daz recht der iſt geboren von im. iij

S Echt wiegetan lieb vns gab der vatter: daz
20 wir ſein genant die ſún gotz vnd wir ſeyens
Dorumb die werlt die derkannt vns nit:
wann ſy erkannt in nit. Aller liebſten nu ſey wir 2.
die ſún gots: wann es iſt noch nit derſchinen was
wir werden. Wir wiſſen daz ſo er erſcheint wir wer
25 den im geleich: wann wir geſehen in als er iſt. Vnd 3.
ein ieglicher der do hat diſe zúuerſicht in im: der ge-
heiligt lich als auch er iſt heilig. Vnd ein ieglicher
der do thût die ſúnd: der tût die vngangkeit. Vnd

*

9 verfûren Z—Oa, die (*zweites*)] diſe Sc. 11 nit notturfft
Z—Oa. aber Z—Oa. 12 allen] + dingen Z—Oa. 13 iſt keyn
lûge Z—Oa. gelernet Sb, + alſo Z—Oa. 14 nu] + ir Z—Oa.
er] *fehlt* P. 15 haben] + die Z—Oa. vnd wir] vnd Z—Oa.
16 geſchendet Z—Oa. 18 die gerechtigkeit Z—Oa. der iſt] iſt
K—Oa. von] auß Z—Oa. 19 was liebe vns hab (hat G) geben
Z—Oa. 20 wir (*erstes*)] *fehlt* ZS. werden genennet vnd ſeyen
die ſún gottes Z—Oa. 21 die (*zweites*)] *fehlt* K—Oa. 23 die]
fehlt OOa. wann] vnnd Z—Oa. der-] + wir ſún gottes. vnd
es iſt noch nitt er- Oa (*letzte zeile der col. b zu anfang von col. c
wiederholt*). 25 wir werden in ſehen Z—Oa. 26 hat die hoff-
nung Z—Oa. geheylige ZASK—Oa. 18 tût] + auch Z—Oa.
28, 29 boßheyt P—Oa. 28 Vnd] + auch Sc.

*

10 die] daz F. enphieng TF. 12 ſein] ſint T, ſin F. lert]
geleren TF, *durch rasur* lerd T. 13 geloben TF. 16 Ob] vnd
ob TF. 20 di ſun di ſun F, *das erste mal gestrichen.* vnd wir ¦
vnd wir T, *das erste mal gestrichen.* 23 wann] vnd TF. der-
ſchinten F, derſchniren T. 25 geleicht TF. geſechten TF.
27 er auch TF.

v. 5. die vngangkeit iſt die ſúnd. Vnd wiſſt das der er
ſchein das er abnem die ſúnd: vnd ſúnd iſt nit in im
6. Ein ieglicher der do beleibt in im der ſúnt nit. | Vnd
ein ieglicher der ſúnt der ſach in nit: noch erkannt
7. in. | Súnlein keiner verleyt eúch. Der do tút daz recht
8. der iſt gerecht. Als auch er iſt gerecht. | Der do thút
die ſúnd der iſt vom teúfel: wann der teúfel ſúnt ſint
dem anegeng. In diſem erſchein der ſun gotz: das
9. er verwúſt die werck des teúfels. Ein ieglicher der
do iſt geborn von gott der thút nit die ſúnd: wann
ſein ſame beleibt in im: vnd er mag nit geſúnden ·
10. wann er iſt geborn von gott. In diſem ſeind offen
die ſún gots vnd die ſún des teúfels. Ein ieglicher
der nit iſt gerecht der iſt nit von gott · vnd der nit
11. liebhat ſein brúder. Wann ditz iſt die derkúndung
die ir habt gehort ſint dem angeng: das ir liebhabt
12. aneinander. Nichte als kayn der do was von dem
vbel: vnd derſchlúg ſeinen brúder. Vnd worumb
erſchlúg er in? Das ſein werck warn vbel: wann
13. ſeins brúders gerechte. Brúder nichten wölt euch
14. wundern ob euch die werlt haſſt. Wir wiſſen das
wir ſein vbertragen von dem tod zú dem leben: das
wir liebhaben die brúder. Der nit liebhat: der beleibt

29 erſchynen iſt das Z—Oa.   30 vnd] + die Z—Oa.   31 der
(zweites)] fehlt K—Oa.   32 der da ſúndet der ſicht in nicht noch
hatt in erkennet. Ir ſúnlein nyemandt verfúre euch Z—Oa.   35 vom]
auß dem Z—Oa.   ſúndet von (vom SbO, von dem Oa) anuang
Z—Oa.   37 er aufflóſe Z—Sa, er auflóſet K—Oa.   38 von] auß Z—Oa.
39 ſúnden Z—Oa.   40 von] auß Z—Oa.   offenbar Z—Oa.   42 der]
(erstes)] + da S.   von] auß Z—Oa.   43 das iſt die verkúndung
Z—Oa.   44 von anfang Z—Oa.   45 ainander OOa.   von] auß
Z—Oa.   dem] den AZcSKSb—Oa.   46 bóſen Z—Oa.   darumb
SK—Oa.   47 bóß. aber Z—Oa.   48 nicht Z—Oa.   49 verwun-
dern Z—Oa.   50 das] wann Z—Oa.

29 Vnd] + wir TF.   wiſſt] wiſſen T.   derſcheint TF.
30 vnd] + di TF.   32 ſúnt] da ſundt TF.   33 in] + nit TF.
33, 34 Der] wan der TF.   39 ſame] + der TF.   41 Ein] wan
eyn TF.   43 hat lieb F.   45 kaym T, kaim F.   46 vbeln TF.
48 nicht TF.   51 brúder] bermd T.

im tod. Ein ieglicher der do hafft feinen brůder der ift   v. 15.
ein manfchleg. Vnd wifft daz ein ieglich manfchleg
nit hat daz ewig leben beleibent in im felb. In difem   16
55 erkenn wir die lieb gotz: wann er fatzt fein fel vmb
vns: vnd wir föllen fetzen vnfer feln vmb vnfer
brůder. Wann der do hat daz gůt dirr werlt vnd licht   17.
er feinen brůder haben gebreften vnd befchleůfet er
fein ineder vor im: in welcherweys beleibt die liebe
60 gotz in im? Mein fůnlein: wir föllen nit liebhaben   18.
mit dem wort noch mit der zungen: wann mit dem
394 c] werck vnd mit der warheit. In difem erkenn wir   19.
das wir fein von der warheit: vnd vnderweyfen vnfere
hertzen in feiner befcheud. Wann ob vns berefpt vn   20.
fer hertz*: vnd erkannt alle ding. Aller liebften ob   21.
5 vns nit berefpt vnfer hertz wir haben zůuerficht zů
gott: | vnd was dings wir eyfchen wir entphachens   22.
von im wann wir behůten fein gebott: vnd thůn
die ding die do feind gefellich vor im. Vnd ditz ift   23.
fein gebott daz wir gelauben an den namen feins funs
10 ihefu crifti: vnd liebhaben aneinander als er vns gab
das gebott. Vnd der do behůt fein gebott der beleibt   24,

*

53 manfchlächtiger (2) Z—Oa.   Vnd] + ir· Z—Oa.   yegkli-
cher Z—Oa.   55 haben wir erkennet Z—Oa.   er hat fein fele
gefeczet für vns Z—Oa.   57 daz] fehlt Sc.   der welt P.   58 er
(erftes)] fehlt Z—Oa.   gebreften haben Z—Oa.   er (zweites)] fehlt
OOa.   59 feine inwendig gelider Z—Oa.   61 aber Z—Oa.   2 von]
auß Z—Oa.   vnderweyfen] weyfen M—Oa.   3 feinem angeficht
P—Oa.   wann ift das vns ftraffet Z—Oa.   ftraffet P.   4 *hertz]
+ fo ift got gröffer dann vnfer hercze Z—Oa.   hat erkennet Z—Oa.
ob — 5 haben] ift daz vns vnfer hercze nit ftraffet fo haben wir ein
Z—Oa.   5 ftrafft P.   6 was wir hitten wir werdent (werdens
ZcSa) empfachen Z—Oa.   8 do] fehlt P.   das ift Z—Oa.   9 an]
in Z—Oa.   dem ZASK—Oa.   10 ainander OOa.   hat geben
Z—Oa.

*

52 tod] + vnd TF.   53 manfchleg (zweites)] manfleger F,
manflechtiger T.   58 haben] + den T.   61 den werken T.
1 defē T, difen F; + der T.   4 *hertz] + got ift mer den vnfer
hercz TF; wiederholt F, das zweite mal geftrichen.   6 haiffen T   7
tut F.   10 kriftz F.

in im: vnd er in im. Vnd in diſem wiß wir: das
er beleibt in vns: wann er gab vns von ſeim geiſt.

1. **A**ller liebſten · nit enwelt gelauben   *iiij*
eim ieglichen geiſt: wann bewert die geyſt
ob ſy ſein von gott: wann manig valſche
2. weyſſagen giengen aus in die werlt. In diſem wirt
erkant der geiſt gotz. Ein ieglicher geiſt der do begicht
ibeſum criſtum zeſein kumen in dem fleyſch · der iſt
3. von gott. Vnd ein ieglich geiſt der do entbint ihe-
ſum · der iſt nit von gott. Vnd dirr iſt der endcriſt
von dem ir habt gehort daz er kumpt: vnd nu ietzund
4. iſt er in der werlt. Sůnlein ir ſeyt von gott: vnd
habt in vberwunden: wann er iſt merer der do iſt in
5. eůch: denn der do iſt in der werlt. Wann ſy ſeind von
der werlt: vnd dorumb redent ſy von der werlt · vnd
6. die werlt hort ſy. | Wir ſein von gott. Der gott er-
kennt der hört vns: der nit iſt von got der hört vns
nit. In diſem erkenn wir den geiſt der warheit vnd
7. den geiſt des irrthums. Aller liebſten wir ſöllen lieb
haben aneinander: wann die lieb iſt von gott. Vnd
ein ieglicher der do liebhat der iſt geborn von gott:
8. vnd erkennt gott. Der nit liebhat der erkennt gott
9. nitt: wann gott iſt die liebe. In diſem erſchein die
lieb gots in vns: wann gott der ſant ſeinen einge-

*

13 **wann — geiſt**] von dem geyſt den er vns hat geben Z—Oa.
14 wölt Z—Oa.   15 Aber Z—Oa.   16 **von**] auß Z—Oa.   vil
valſch weyſſagen ſeyen außgangen Z—Oa.   18 **gotz**] *fehlt* P.   ver-
gicht P.   19 **zeſein**] das er ſeye Z—Oa.   20 **von**] auß Z—Oa.
yeglicher K—Oa.   21 **von**] auß Z—Oa.   **dirr**] der Z—Oa.   23
Sůnlein] *fehlt* Z—Oa.   **von**] auß Z—Oa.   25 **Wann**] *fehlt* Z—Oa
27 hörent A.   **von**] auß Z—Oa.   hatt erkennt Z—Oa.   28 **von**]
auß Z—Oa.   30 geiſt der irrſale Z—Oa.   **ſöllen**] + auch Sc.
31 ainander OOa.   31, 32 **von**] auß Z—Oa.   32 **do**] + auch Sc.
33 **Der — gott**] *fehlt* S.   34 iſt erſchynen Z—Oa.   35 **der**] *fehlt*
K—Oa.   hatt geſendet Z—Oa.

*

12 diſen F.   17 diſen T.   19 kriſtes zeſeim F.   kumten TF.
25 Wan ſei ſint T, *auf rasur.*   26 **dorumb**] + ſo TF.   33 **gott
nitt**] nit got TF.

born fun in dife werlt: das wir leben durch in. In   v. 10.
difem ift die lieb: nit als wir gott liebhetten: wann
das erfelb hett vns zûm erften lieb: vnd fant feinen
fun zû ein verfúner vmb vnfer fúnde. Aller lieb-   11.
40 ften: als vns gott liebhett: vnd wir fôllen liebhaben
aneinander. | Keiner gefach nie got. Ob wir liebhaben   12.
aneinander got beleibt in vns: vnd fein lieb ift dur
nechtig in vns. In difem erkenn wir das wir be-   13.
leiben in im vnd er in vns: wann er gab vns von
45 feim geift. Vnd wir fahen vnd bezeúgen: das der   14.
vatter fant feinen fune zû eim behalter der werlte.
Wann ein ieglicher der do begicht das ihefus ift der   15.
fun gots: gott beleibt in im vnd er in gott. Vnd   16.
wir erkanten: vnd gelauben der lieb die gott hat in
50 vns. Gott ift die lieb: vnd der do beleibt in der lieb der
beleibt in gott: vnd got in im. In difem ift die lieb   17.
gotz mit vns: das wir haben zûuerficht an dem tag
des vrteyls: wann als er ift: vnd wir fein in dirr
werlt. Die vorcht ift nit in der lieb: wann die dur   18.
55 nechtig lieb wirfft aus die vorcht: wann die vorcht
hat peine. Wann der fich vôrcht der ift nit durnech-
tig in der lieb. Dorumb wir fôllen gott liebhaben: 19.
wann er hat vns zûm erften lieh. Wann ob etlicher   20.
fpricht ich hab got lieb vnd hafft er feinen brûder: der

*

37 als betten wir got lieb. Aber darumb das er vns vor hat lieb
gehabet vnd hat gefendet Z—Oa.   38 er felbs P.   vns] *fehlt* P.
40 **als**] hat Z—Oa.   liebgehabet. So fúllen wir auch (auch wir S)
liebhaben Z—Oa.   41, 42 ainander OOa.   41 fah K—Oa.   42 ift
volkummen Z—Oa.   44 er hat vns geben (gegeben Oa) von Z—Oa.
45 habens (haben K—Oa) gefehen Z—Oa.   46 hat gefendet Z—Oa.
47 **Wann — begicht**] Wôllicher bekennet Z—Oa.   48 **gott** (*erstes*)]
+ der ZcSa.   49 wir haben erkennet vnd gelaubet Z—Oa.   51 **lieb**
— 52 **mit**] volkummen liebe bey Z—Oa   52 **haben**] + ein Z—Oa.
an den M.   53 **dirr**] der P.   54 aber die volkummen lyebe Z—Oa.
56 Wer aber fich Z—Oa.   volkumen Z—Oa.   57 fúllend wir
Z—Oa.   58 **Wann**] gehabt Z—Oa.   59 er] *fehlt* Z—Oa.

*

38 **das**] *fehlt* TF.   39 ain F.   42 **got**] + der TF.   44 **von**
feim] fein F.   45 fachten TF.   48 **Vnd**] *fehlt* TF.   50 **Gott**]
+ der TF.   52 dem F.   55 wift T, r *nachgetragen*; wirf F.

ift ein lugner. Vnd der nit liebhat feinen brûder den   60
er ficht: in welcherweys mag er gott liebhaben den
v. 21. er nit ficht? Vnd ditz gebott hab wir von got: der   [334 d]
got liebhat: der hab auch lieb feinen brûder.   v

1. **E**in ieglicher der do gelaubt das ihefus ift criftus:
der ift geborn von gott. Vnd ein ieglicher
der do liebhat den der do gebar: der hat liebe
2. den der do ift geborn von im. In difem derkenn wir
das wir liebhaben die fûn gotz: ob wir got liebhaben
3. vnd thûn fein gebot. Wann ditz ift die lieb gotz:
das wir behûten fein gebott: vnd fein gebott fein nit
4. fchwere. Wann alles das do ift geborn von got das
vberwint die werlt: vnd ditz ift die vberwindung
5. die die werlt vberwindet: vnfer gelaub. Wann wer
ift der der die werlt vberwindet: neur der do gelaubt
6. das ihefus ift der fun gotz? Dirr ift ihefus criftus   15
der do kam durch das waffer vnd durch das blûte.
Nit allein in waffer: wann in waffer vnd in blût
Vnd der geift ift der do bezeûgt: das criftus ift die
7. warheit. Wann drey feind die gebent gezeûg auf der
erde˙ der geift˙ waffer˙ vnd blût˙ vnd dife drey feind
8. ein. Vnd drey feind die gebent gezeûg im himel˙ der   20

---
*

60 **Vnd der**] wann wer Z—GScOOa, wann er Sb.   61 **in wel-**
cherweys] wie Z—Oa.   1 das gebot Z—Oa.   **got**] + das Z—Oa.
2 hat P.   4, 6 von] auß Z—Oa.   5 hat] + auch Z—Oa.   7 **die**]
den SbOOa.   8 **thûn**] + auch Sc.   daz ift Z—Oa.   9 be-
halten OOa.   **gebott** (*zweites*)] bot ZAS.   10 **do**] *fehlt* Sb.   **von**]
auß Z—Oa.   11 das ift Z—Oa.   12 **Wann**] *fehlt* Z—Oa.   13 **ift**]
+ aber Z—Oa.   **werlt vberwindet**] | windet S.   14 Der ift P—Oa.
15 **vnd**] + auch Sc.   16 in (3)] + dem Z—Oa.   aber Z—Oa.
17 **ift** (*erstes*)] *fehlt* EP.   18 **die**] + da Z—Oa.   gezeugknuß Z—Oa.
19 daz waffer vnd daz blût Z—Oa.   **vnd** (*letztes*)] + auch Sc.
20 eins Z—Oa.   **die**] + da Z—Oa.   gezeugknuß ZASKGScOa,
zeûgknuß ZcSaSbO.   in dem SbOOa.

*

61 lieb gehaben TF.   1 **got**] + daz TF.   3 krift TF.   5
hat] + auch TF.   7 dy fonne gotis T.   8 **Wann**] vnd TF.
9 **vnd fein gebott**] *fehlt* T, *nachtr.* te.   **fein** (*letztes*)] di fint TF.
14 krift F.   15 kamt TF, t *getilgt* F.   17 krift TF.   19 **der**]
fehlt TF.   20 **Vnd** — 22 **ein**] *fehlt* T, *nachtr.* tb.

vatter· das wort· vnd der heilig geiſt: vnd diſe drey
feind ein. Ob wir entphachen den gezeúg der menſch-   v. 9.
en: merer iſt der gezeúg gots. Wann ditz iſt der ge
zeúg gotz der merer iſt: das er hat bezeúgt von ſeim
25 ſun. Der do gelaubt an den ſun gotz: der hat den ge   10.
zeúg gots in im. Der nit gelaubt an den ſun gotz der
macht in einen lugner: wann er gelaubt nit an ſein
gezeúg den got hat bezeúgt von ſeim ſun. Vnd ditz   11.
iſt der gezeúg: das vns got gab das ewig leben: vnd
30 ditz leben iſt in ſeim ſune. Der do hat den ſun der hat   12.
das ewig leben: der nit hat den ſun gotz: der hat nit
das leben. Diſe ding ſchreib ich eúch: das ir wiſſt   13.
das ir habt daz ewig leben: ir do gelaubt an den namen
des ſun gotz. Vnd ditz iſt die zúuerſicht die wir ha   14.
35 ben zú got: wann was dings wir aiſchen nach ſeim
willen er hórt vns. Vnd wir wiſſen daz er vns hórt: 15.
was dings wir aiſchen. Wir wiſſen: das wir haben
aiſchungen die wir aiſchen von im. Der ſeinen brú-   16.
der waiß ſúnden iſt die ſúnd nit zú dem tod: er bit
40 vmb in vnd im wirt geben das leben dem ſúndenden
nit zú dem tod. Iſt die ſúnd zú dem tod: ich ſag nit
das keiner bitt vmb in. All vngangkeit iſt ſúnd: 17.

    22 eyns. Ob wir auffnemen die zeugknuß (gezeugknuß AOa) der
menſchen. die zeugknuß (gezeúgknus Oa) gottes iſt merer. wann das
iſt die gezeugknuß (zeúgnúß ZcSa) gots die Z—Oa.   24 das] wann
Z—Oa.   hat] fehlt K—Oa.   gezewget K—Sc.   25 an] in Z—Oa.
der — 26 gots] fehlt S.   25 die (fehlt A) zeugknuß (gezeugknuß
AZcSaCa) gotz ZAZc—Oa. 27 nit in die zeugknuß (gezeugknuß AZcSaOa)
got hat Z—Oa.   28 das iſt die zeugknuß (gezengknuß Oa) wann got
hat vns geben das Z—Oa.   30 das leben Z—Oa.   31 ewig] fehlt Z—Oa.
33 ir do] die ir Z—Oa.   in dem ZASKGSc, in den ZcSaSbOOa.   34
das iſt Z—Oa.   35 biten Z—Oa.   36 hórt (erstes)] erhórt E-Oa.
37 bitten Z—Oa.   38 die bittung die wir bitten Z—Oa.   Der da wayß
(weyßt ZcSaSbOOa) das ſeyn brúder ſúndet. die ſúnd iſt nit Z—Oa.   40
dem] den Z—Oa.   ·42 All] Ein yegklich Z—Oa.   boßheyt P—Oa.

    24 das] den TF.   26 gotz] fehlt TF.   27 in] fehlt TF, nachtr.
ta.   28 Vnd] wan F.   30 ditz] daz T.   32 das] + ewig TF.
34 ſuns T.   35 wann] vnd TF.   haißen T, aiſchten F.   36 hórt
(2)] derhort TF.   37 haiſſen T.   Wir] vnd wir TF.   38 hai-
ſchung T, aiſchung F.   39 iſt] fehlt F, nachtr. ſb.   40 gegeben TF.

v. 18. vnd die fúnd ift zů dem tod. Wann wir wiffen das
ein ieglicher der do ift geborn von got der fúnt nit:
wann daz gefchlecht gotz behůt in: vnd der vbel růrt
19. in nit. Wir wiffen das wir fein von got: vnd alle
20. die werlt ift gefetzt in dem vbeln. Vnd wir wiffen
das der fun gotz kam vnd nam an fich fleyfch vmb
vns: vnd ift tod vmb vns· vnd erftůnd vmb vns
von den doten· vnd nam vns vnd gab vns finn: das
wir erkennen in einen geweren gott: vnd wir fein
in feim geweren fun ihefu crifto. Ditz ift der gewer
21. gott: vnd das ewig leben. Súnlein: hút eůch vor
den abgôttern. *Hie endet die erfte epiftel Iohannis
vnd hebt an die vorrede über die ander epiftel Iohannis.*

D Er zwôlffbott vntz dem heiligen
weib fchreibt daz er die felben frawen
nit zweiueln mit bůchftaben zů
nemen: vnd der felben kinder zeúck-
niß geben das fy wandeln in der
warheit: etlich dife vnd die nechften

*

43 vnd ift ein fúnde zů Z—Oa. **44 von]** auß Z—Oa. 45 aber
Z—Oa. der bôß wirt in nit anrůren Z—Oa. **46 von]** auß Z—Oa.
alle die] die gancz Z—Oa. 47 in den M—Sa. bôfen Z—Oa.
48 ift kumen Z—Oa. **vnd — 50 nam vns]** *fehlt* Z—Oa. 50 vnd
hat vns geben den fyn Z—Oa. **51 in — gott]** den waren got
Z—Oa. **wir** (*zweites*)] *fehlt* Z—Oa. 52 waren Z—Oa. **ihefu
crifto]** *fehlt* Z—Oa. der ift der war Z—Oa. Ir fúnlein ir
fúllen euch behüten vor den abgôttern Z—Oa (euch — abgôttern
fehlt S, *fchluss des blattes*). **56 vntz — 57 fchreibt]** biß (vnncz
ZcSa) daher fchreybet er (*fehlt* K—Oa) zů dem heyligen weyb Z—Oa.
57 felben] + heyligen A. 58 nit mit zweiueln MEP. mit bůch-
ftaben zweyfle zů nennen (zenemen S) vnd Z—Oa. 60 gebe Z—Oa.
61 etlich] + fprechen das K—Oa.

*

48 kamt TF, t *getilgt* F. **nam an fich]** *unterftrichen* T, anzoch
ta. 49 **ift tod]** *gestrichen* T, derleid ta. **vnd** (*zweites*)] + er TF.
51 erkennen in] in derkennen TF; in *unterftrichen* T, den ta. 58
zenennen Ng. 59 geczeuckniffe B. 60 zu geben BNgWr.
in] an Wr.

^{85 a)} epiſteln. **Wann das ſy nit ſey iohannis des zwólff
botten ſunder eins prieſters iohannis genant· des
graþ vntz heút geweyſt wirt in epheſo. Aber nu der
gemein ſinn der kirchen daz diſe epiſtel iohannes der
5 xij· bott geſchriben hat. Dorumb das ſy vil geleich-
niß mit der erſten beweyſen· vnd mit eim ſemlichen
gelauben verworffen ſeint die ketzer.** *Hie endet die
vorrede Vnd hebt an die ander epiſtel Iohannis.*

Ch alter: ſende grúß der erwelten frauwen vnd iren   v. 1.
10   geborn die ich liebhab in der warheit: vnd nit allein
      ich wann auch alle die do erkanten die warheit: | vmb   2.
die warheit die do beleibt in eúch: vnd wirt mit eúch
ewiɥlich. Genad ſey mit eúch vnd erbermbd vnd frid   3.
von gott dem vatter: vnd von iheſu criſto dem ſun
15 des vatters in der lieb vnd in der warheit. Ich bin
gróſlich derfreuwet das ich hab ſunden von deinen
ſúnen gend in der warheit: als wir entphiengen daz
gebott von dem vatter. Vnd nu frauwe ich bit dich
nit als ſchreibent dir ein neúwes gebott: **wann das**
20 wir haben gehabt ſint dem anegeng: das wir lieb-
haben einander. Vnd ditz iſt die lieb: das wir gen   6.
nach ſeinen gebotten. Wann ditz iſt das gebott: als
ir habt gehort ſind dem anegeng das ir get in im:

*

1 **Wann**] vnd P, *fehlt* Z—Oa.   das ſy] ſprechen das ſy Z—Sa,
fehlt K—Oa.   2 johannes E—Oa.   3 biß Sc.   beweyßt Z—Oa.
nn] + iſt Z—Oa.   5 hab Z—Oa.   6 bewyſet A, heweiſet OOa.
ſinnlichen MEP, ſóllichen Z—Oa.   9 ſende] + den Z—Oa.   10
geborn] ſúnen Z—Oa.   11 Sunder Z—Oa.   vmb] vnd SbOOa.
13 ewenklich A.   vnd die erbermbde vnd der frid Z—Oa.   17
gend] das ſ᷑ wándlent Z—Oa.   haben empfangen Z—Oa.   19 aber
Z—Oa.   20 **haben**] *fehlt* Sb.   von anuang Z—Oa.   wir an
(*fehlt* OOa) einander liebhaben SbOOa.   21 an einander ZS—Sc.
ditz] das Z—Oa.   **gen**] wandlen Z—Oa.   22 das iſt Z—Oa.
23 von anuang das ir wandlendt Z—Oa.   angend EP.

*

1 ſey] + ſant BNgWr.   des] der NgWr.   3 beweyſet Ng.
4 **kirchen**] + helt BNg, hat Wr.   5 hab BNgWr.   6 ſümleichen
BNgWr.   7 ſey der ketzer B.   14 iheſus criſtus F.   20 ſint]
von T.

v. 7. | wann manig verleyter giengen aus in die werlt die
do nit beiechen ihefum criftum zefein kumen in dem
8. fleyfch. Dirr ift ein verleyter vnd endcrift. | Verfecht
euch felber daz ir icht verlieft die ding die ir habt ge
werckt: wann mer das ir entphacht den vollen lon
9. Ein ieglicher der do fúrget vnd nit beleibt in der lere
crifti: der hat nit got lieb. Der do beleibt in der ler:
10. der hat den fune vnd den vatter. Ob etlicher kumpt
zú eúch vnd tregt nit dife lere: nichten wôlt in ent
phachen in das haus: noch fprecht zú im gott grúß
11. dich. Wann der do fpricht zú im gott grúß dich: der
gemeinfampt feinen hôfen wercken. Secht ich habs
eúch vor gefagt: das ir icht wert gefchemlicht an
12. dem tag vnfers herren. Ich hett eúch vil zefchreiben:
wann ich wolt nit durch den brieffe vnd durch die
dinten. Wann ich verfich mich kúnftig zú eúch: vnd
zereden von mund zú mund: das eúwer freúd fey vol
13. Du erwelt· dich grúffent die fún deiner fchwefter.
*Hie endet die ander epiftel Iohannis Vnde
hebt an die vorrede über die dirtte epiftel Iohannis.*

*

24 vil verfúrer feyen auß gangen (gegangen AZcSaSbOOa) in
Z—Oa.   25 veriehen Z—Oa.   **zefein**] daz er fey Z—Oa.   **in
dem**] in ZSZcSaKG, jm Sc.   26 **fleyfch**] lybe **A**.   Der ift P—Oa.
verfúrer Z—Oa.   **vnd**] + ein SbOOa.   27 nicht Z—Oa.   28
wann mer] aber Z—Oa.   29 **fúrget**] abweychet Z—Oa.   32 **tregt**]
bringet Z—Oa.   nicht Z—Oa.   34 **Wann — dich**] *fehlt* Sc.
35 hab K—Oa.   36 niht OOa.   gefchendet Z—Oa.   38 aber Z—Oa.
vnd] + auch Sc.   40 **zú mund**] + zú eúch Oa.   41 **Du erwelt**]
fehlt Z—Oa.   deiner] + außerwôlten Z—Oa   **fchwefter**] + Die
gnade fey mit dir Amen K—Oa.

*

25 ihefus criftus TF.   26 ein endkrift vnd ayn vorleiter TF.
27 **icht**] nit TF.   28 **wann**] + noch TF.   **lon**] + wan TF.
30 krift TF.   **lieb**] vnd TF.   31 **vatter**] + vnd TF.   32 nicht
TF.   enphan T, entphacht F.   35 **gemeinfampt**] + fich TF.
Secht] Seich F.   37 **herren**] + ihefus criftus wan TF.   **eúch**]
+ noch TF.   38 **vnd**] *fehlt* T.   39 verficht TF.   41 **der·
welt**] + fraw TF.   **fchwefter**] + amen TF.

W₄₅ Ann die fach der miltigkeit aufderhebt
gayum vnd das er in der felben milti-
keit beleibt mant: dyotrepem die fach der
vnmiltigkeit vnd die fache der hochfart
ftrafft: aber demetrio das gůtt gezeůckniß beweyfet
mit allen brůdern. *Hie endet die vorrede Vnd*
50 *hebt an die dirtte epiftel Iohannis.*

ICh allter: fend grůß gayo dem lieben · den ich lieb-   v. 1.
hab in der warheit. Aller liebfter · ich mach gebett   2.
dich gelůcklich einzegeen vnd zegefegnen: als dein fel
tet gelůcklich. Ich bin gröflich erfreuwet do die brů   3.
55 der kamen vnd gaben gezeůg deiner warheit: als du
geft in der warheit. Ich hab nit merer gnad dirr ding:
denn das ich hör gen mein fůn in der warheit. Aller
liebfter · du tůft treůlich was dings du wirckeft vn-
der die brůder: vnd ditz vnder die bilgrim · | die do   6.
60 gaben gezeůg deiner lieb in der befcheud der kirchen:
den thůnd wol du auffůrft fy wirdiglich zů gott.

[395 b] Wann fy feind aufgegangen vmb feinen namen:

44 **Wann** — 46 **mant**] Gayum erhöcht er (Er erhöcht gayum S)
von wegen feiner gůtigkeyt vnd ermant in das er beleybe in der fel-
ben gůtigkeit Z—Oa.   46 **die** — 47 **hochfart**] vrfach (von K—Oa)
der vngůtigkeyt vnd der (*fehlt* K—Oa) hochfart (+ wegen K—Oa)
Z—Oa.   48 **ftrafft er.** aber Demetrio gibt er gůte gezeugknuß (gůt
zeůgknuß S) mit Z—Oa.   51 **fend**] + den Z—Oa.   dem liebften
Z—Oa.   52 tů gebet das du gelicklich eingangeft vnd wolmůglich.
Als Z—Oa.   53 zefegnen EP.   54 thůt Z—Oa.   ·55 **gaben**] +
auch Sc.   gezeugknuß Z—Oa.   56 der ding P.   57 meinen fun
SbOOa.   57 trewlichen SbOOa.   59 vnd daz Z—Oa.   60 haben
geben gezeugknuß (zeugnuß AZcSaSc) deiner Z—Oa.   dem angeficht
P—Oa.   61 **den**] dem P.   **den** — **fy**] die du wol tůnd fůreft
Z—Oa.   wirdigklichen SbOOa.   1 **fy**] die Sc.

45 **gayum**] *fehlt* Wr.   46 bleibe BNg.   47 **die fache der
hochfart**] der fach Wr.   **der**] *fehlt* BNg.   48 **gezeůckniß**] *fehlt*
Wr.   51 **lieben**] + in got dem vater TF (*gestrichen* T).   52 macht
TF, + von allen tc.   53 **vnd zegefeguen**] *fehlt* T; vnd zehaben tc
+ mogen gefegen ta.   54 **Ich**] *fehlt* F, *nachtr.* fc.   56 mer TF.
57 hort meyn fone gen TF.   58 getrewlich TF.   60 gab F.
61 **thůnd**] du tuft TF; *gestrichen* T, tund ta.   **auffůrft**] furft TF,
auz *nachtr.* ta.

v. 8. fy entphiengen kein ding von den heyden. Dorumb
wir follen entphachen die in difeweys: das wir fein
9. entzampt wercker der warheit. Villeicht ich bett ge
fchriben der kirchen: wann dirr dyotrepes der do lieb
hett zetragen die erftikeit in in· der entphecht vns nit
10. Vmb ditz fo ich kum ich bewege fein wercke die er
thût: mit vbeln worten klaffent wider vns. Vnd
als im nit begnûgt die wort: noch erfelb entphecht
die brûder: vnd die fy entphachent den wert ers· vnd
11. wirfft fy aus von der kirchen. Aller liebfter nichten
wôlft nachuolgen dem vbel: wann das do ift gût.
Der wolthût der ift von gott: der vbelthût der ge
12. ficht nit gott. Demetrio dem wirt gegeben gezeûge
von allen vnd von ir felb der warheit: wann auch
wir geben gezeûg: vnd du haft erkant das vnfer ge
13. zeûg ift gewer. Ernftlich ich hett dir vil zefchreiben:
wann ich wolt dir nit fchreiben durch die federn vnd
14. durch die dinten. Wann ich verfich mich dich fchier
15. zefehen: vnd wir reden von mund zû mund. Fride

*

2 vnd haben nichs genomen von Z—Oa.   3 füllen wir fôllich
auffnemen das wir Z—Oa.   4 **entzampt**] miteinander P, mit Z—Oa.
5 aber Z—Oa.   **dirr**] der P.   6 hat Z—Oa.   **erftikeit**]
hôchften oder erften wirde Z—Oa.   7 vmb das Z—Oa.   9 als
benûgen im nit dife wort Z—Oa.   **erfelb**] auch ZASK—Oa, auch
er ZcSa.   10 **ers**] er K—Oa.   11 liebften EP.   nicht Z—Oa.
12 wôlt EP.   aber das da gût ift Z—Oa.   13 **Der**] + da SbOOa.
von] auß Z—Oa.   **der vbelthût** — 14 gott] *fehlt* P.   13 ficht
Z—Oa.   **dem**] *fehlt* KGSc.   gezeugknuß Z—Oa.   15 **ir felb**]
fehlt Z—Oa.   funder auch Z—Oa.   16 geben gezeugknuß Z—Oa.
das] *fehlt* P.   vnfer gezeugknuß (czeügknuß SbO) war ift Z—Oa.
17 **Ernftlich**] gewißlich P, *fehlt* ZASK—Oa.   vil gefchriben EP.
18 ich wolt aber Z—Oa.   19 ich verfich mich aber Z—Oa.   20 Der
frid Z—Oa.

*

3 **fôllen**] + fi TF.   difer weiz TF.   5 dyotropes TF.   6 in
im TF.   7 kumt F.   9 begnugen TF.   er felber TF.
11 liebften nit enwelt.   12 den T.   vbeln TF.   13 **gott**] +
vnd TF.   14 demeris F.   **dem**] + da *corr.* T.   geben TF.
18 **ir**] *fehlt* F.   20 zcu gefechen T, zegefechen F.   **vnd**] wan F.

ſey mit dir. Dich grůſſent die freúnd. Du grůß die
freúnd bey namen. *Hie endet die dirtte epiſtel*
Iohannis Vnd hebt an die vorrede über die epiſtel Iude.

25 IVdas ein ·xij· bott· brůder iacobi die brúder der ver
ſtörung des wegs der warheit alſo vnderweyſt das
es: vnzimlich ſey die eins von dem gewalt des dienſts
gewunnen feind· fúrbas aber ſich gebent mit wercken
in die vernewung des dienſts. *Hie endet die*
vorrede Vnd hebt an die epiſtel Iude.

30 IVdas knecht iheſu criſti wann der brůder iacobs:
ſent grůß den lieben in gott dem vatter· den die do
feind entzampt behůt vnd den gerůffen in iheſu criſto
Erbermbd vnd frid vnd lieb werd in ibeſu criſto er-
fúllt zů eúch. Aller liebſten ich bin thůnd on ſorg
35 ſchreibent euch von eůwer gemein behaltſam ich het
euch durfft zeſchreiben: bittent das ir derſtrit die ge
antwurten treúwe zů eim mal den heiligen. Wann

*

22 **bey namen**] durch den namen Z—Sa, von namen zu namen
K—Oa. 24 **bott**] + der Zc—Oa. **die — 25 das**] der (*fehlt*
K—Oa) leret alſo die brůder von den zerſtörern (zerſtörten ZcSa) des
wegs der warheit daz er grundtlichen außlege das Z–Oa. 26 **die —**
28 **dienſts**] daz die. die einoft (einmal K—Oa) erlediget ſeyen von dem
ioch der dienſtberkeit widerumb ſolten ernewen ir arbeit mit dienſt-
liebem anbeten (ambten ZcSa) Z–Oa. 30 **Iudas**] + einZ–SbOOa,
auch ein Sc. Aber ein brůder Iacobi Z–Oa. 31 **ſent —**
34 **eúch**] den lieben die da (+ auch Sc) ſeyend in got dem vatter vnd
(+ auch Sc) in chriſto ibeſu behalten (ein behalter Sc) vnd (+ auch
Sc) gefodert die barmherczigkeit vnd der frid. vnd (+ auch Sc) die
liebe werd in euch erfúllet Z–Oa. 32 **miteinander** P. 34 **bin —**
39 **vrteyl**] hab gethan alle ſorgfeltigkeit euch zeſchreyben von euwerm
gemeynen (-nem KGSc) heyl. vnd han gehabt euch zeſchreyben not-

*

21, 22 freud F. 22 beym T. **namen**] + amen TF. 24
Iudas ein pruder Iacobi der czwelfbot dij pruder B. **brůder ja-**
cobi] *fehlt* Wr. 27 genumen Ng. ſey BWr. 30 iheſus
criſtus F. **brůder**] + bruder T. 31 dem lieben T. den
vater F. **do**] *fehlt* TF, *nachtr.* fa. 33 lieb vnd frid werd der·
fullt zu euch TF. iheſus criſtus F. 34 **on**] alle TF. 36 der·
ſtreſt TF, derſtreit T, *durch rasur.*

etlich mann die vnder in giengen die vor feind ge-
fchriben in das vrteyl des vngengen: fy vbertrůgen
die genade vnfers gots in die vnkeůfch: vnd ver
laugenten den einen herfchenden vnfern herren ihe-

v. 5. fum criftum. Wann ich mach eůch zewiffen zemanen
alle ding: das ihefus macht behalten zů eim mal daz
volck von egipt: zům andern mal verloß er die die

6. do nit gelaubten. Wann die engel die nicht behůten
ir fůrftenthům wann fy lieffen ire heůflein: die be-
hielt er in das vrteyl mit ewigen banden vnder der

7. tunckel in dem vrteyl des micheln gots. Die do ge-
mein vnkeufchten zegeleicherweys als die fodomer
vnd die gomorrer vnd die nachwendigen f[et vnd
giengen hin nach dem andern fleyfch: fy feint ge-
macht ein beyfchaft· zů enthaben die bein des ewigen

*

túrfftiglich vaft bittent. daz ir ftreytend eynoft von wegen der grund-
uefte des gegeben gelauben den heiligen. wann es feyen etlich menfchen
vnderein gangen (vnder jn eingegangen ZcSa, vnder einangangen Sb,
vndereingegangen OOa) die etwa vorgefchriben feind in das gericht
Z—Oa.
    39 des bôfen P, der vngůtigen Z—Oa.   fy vbertrůgen] über-
tragend Z—Oa.   40 gots] herren Z—Oa.   vnd] + allein Z—Oa.
verlaugent Z—Oa.   41 den herfcher vnd (+ auch Sc) vnfern (vnferm
ZAS, + lieben Sc) herren Z—Oa.   42 Wann — zemanen] Ich will
euch aber eynoft ermanen. die ir wiffendt Z—Oa.   zemamen M.
43 mach E, mag P.   macht — 45 Wann] der da hat behalten
das volck von der erden egipti. der (fehlt K—Oa) hat (+ auch Sc) ver-
loren zům (zů dem Sc) andern mal die die (fehlt S) da nit haben ge-
laubet aber Z—Oa.   45 nicht — 47 vrteyl] da nit haben ir fůrften-
tůmb behalten. funder fy haben (+ auch Sc) verlaffen ir hauß. die
(fehlt K—Oa) hat er behalten czů dem gericht des groffen tages Z—Oa.
47 der tunckel] ertunckel P, der tunckelheit Z—Oa.   48 in — 50
gomorrer] vnd feyen (+ auch Sc) worden ein exempel. Als fodoma
vnd gomorra Z—Oa.   48 groffen P.   50 nachwendigen —
52 enthaben] nachenden ftett. die in föllicher maß vnkeůfchten. vnd
giengen ab nach dem andern fleyfch erleydendt Z—Oa.

*

    38 mann die] man TF.   in] eyn T.   39 vbertragent T,
vbertragen F.   40 in die] in TF.   verlaugent TF.   41 ihefus
criftus TF.   42 Wann] fehlt TF.   zewiffen] + vnd TF.   44
die die] di T.   45 bebut TF.   47 der] dem TF.

feúeres. Vnd ernſtliche zûgeleicherweys die die do v. 8.
fleckhaftigen das fleyſch˙ wann ſy verſchmechent
⁵⁵ die herſchaft: wann ſy ſpottent der magenkrafft.
Do michahel der ertzengel diſputiert mit dem teúfel 9.
er kriegt vmb den leib moyſes: er torſt nit in tra-
gen das vrteyl des ſpottes˙ wann er ſprach. Der herr
gebeút dirs. Wann die die do ſpottent der dinge die 10.
⁶⁰ ſy miſſkennent: wann welch ding ſy erkennent na-
tûrlich als die ſtummen vich: in diſen werdent ſy
[²⁹⁶ c] zerbrochen. *Das ander Capittel*

W E den die do hingiengen den weg kayns: vnd 11.
ſeind aufgegoſſen vmb den lone in dem irr-
tum baalams: vnd verdurben in der widerſa
⁵ gung chore. Diſe wirtſcheften fleckhaftig in iren 12.
eſſen: vnd fûren ſich ſelber on vorcht˙ wolcken on
waſſer˙ die von den winden werden vmbgetragen:
herbſtlich baum˙ vnd vnfruchtber˙ zwir erſtorben˙

*

53 **Vnd — do**] Deß gleychs (gleychen K—Oa) auch diſe Z—Oa.
gewißlich P.   54 vermeyligend ZS—Oa, vermaßend A.   aber
Z—Oa.   55 **die**] auch die Sc.   herſchung vnd lôſterent die meye-
ſtat Z—Oa.   mayenſtat P.   56 **diſputiert — 57 moyſes**] krieget
mit worten von dem leib moyſi. mit dem teufel diſputyerend Z—Oa.
58 **vrteyl — 61 vich**] gericht des laſters. Aber er ſprach. Got gebiete
dir diſe aber waz ſy nit wiſſen das lôſteren ſy. was ſy aber natûrlich
als die ſtummenden tier haben erkennet Z—Oa.   60 erkennet P.
61 diſem MEP, den Z—Sa, dem K—Oa.   1 zerſtôret Z—Oa.   2
Die einteilung in zwei capitel wird von Zc—Oa *nicht beibehalten.*   ab-
gangen ſeyen in den (dem ZcSa) weg Cayn Z—Oa.   3 augegoſſen
M.   **vmb — 5 fleckhaftig**] in der irrſale balaam mit dem lon Vnd
ſeyen abgangen in der widerredung chore. diſe ſeyen macklen (machen
A, mackel K—Oa) wirtſchäfftend Z—Oa.   5 thore M.   yrem S.
6 **vnd fûren**] weydend Z—Oa.   ſelb Z—GSc, ſelbs SbOOa.   **vorcht**]
+ Sy ſeyen Z—Oa.   7 vmbgetragen (vmbtragen ZcSa, abgetragen
Sb) werden Z—Oa.   8 **baum — 11 vinſter**] vnfruchtber bawm. zwir

*

53 **die die**] di TF.   54 **ſy**] *fehlt* TF.   55 verſpotten TF.
58 getragen TF.   59 peut F.   **die die**] di F, ſie ta.   2 cayms
T; raymes F, *geſtrichen*, kains fc.   3 **den**] *fehlt* TF.   6 ſelb T.
8 vnfrichper F.   geſtorben TF.

v. 13. vnd aufgewurtzelt· | vnten des fcharpffen meres· fchau
ment ir verwúftnungen: ftirn irrent: den die tunck

14. el der vinfter ift behalten ewiglich. Wann enoch der
fibent von adam der weyffagt von difen dingen·
fagent. Secht der herr kumpt in feinen heiligen tau

15. fenten | zethûn das vrteyl wider all: vnd zeberefpen
alle die vngengen von allen den wercken irr vngang
keit. Mit den fy vngencklich teten: vnd von allen den
herten worten die die vngengen fúnder retten wider

16. gott. Dife feint murmeler kleglich gend nach iren
begirden: vnd ir munde rett die hochfart: die leib

17. wundernt fich vmb die fach des gewinnes. Wann
aller liebften feyt gedenckent der wort die eúch vor
feint gefagt von den hotten vnfers herrn ihefu crifti:

18. die euch fagten | das in den iungften zeyten kument
fpotter gend nach iren eygnen begerungen der vn-

19. gangkeit. Dife feind die fich felber fcheydent: vich-

20. lich: nit habent den heiligen geift. Wann aller lieb-

geftorben außgereútet Die flúß des graufamen meres außfcheymendt
(außfcheynent Sc) ir zâmengyeffung (czefamengieffung Zc—Oa) irrende
geftiren. den (die ZcSa) die windfpreúl der vinfternuffen Z—Oa.
   11 ewiklichen SbOOa.   **Wann — 13 taufenten**] Es hat auch
von in weiß gefaget (geweiffaget SZcSa) der fibent von adam Enoch
alfo fprechend. Nemendt war es kumpt der herr in feinen taufent
heiligen Z—Oa.   14 gericht Z—Oa.   zeftraffen P—Oa.   15 die]
fehlt Z—Oa.   **vngengen**] vngenden EP, vngútig Z—Sa, vngútigen
KGSc, vngútige vnd bôß Sb, vngútige OOa.   **den — 18 gend**]
iren bôfen wercken mit den Sy bôßlich getban haben. vnd von allen
hôrten worten die geredet habend die vngútigen fúnder wider got.
Dife feyen (+ auch Sc) die murmler vol (von K—Oa) klag. wandlendt
Z—Oa.   15 boßheyt P.   16 bôßlich P.   17 bôfen P.   18 **nach**]
auch nach Sc.   **19 die leib — 20 fach**] wunderlich erend die perfon
von wegen Z—Oa.   20 Aber Z—Oa.   21 ir fúllen ingedenck
fein der wort die vorgefaget feyen Z—Oa.   22 apofteln Z—GScOOa,
apoftel Sb.   23 leczten zeyten werden kumen Z—Oa.   24 ver-
fpotter wandlent in iren boßheyten nach iren begirden. Dife Z—Oa.
boßheyt P.   25 felb (felbs Oa) auffcheydent Z—Oa.   26 **heiligen**]
fehlt Z—Oa.   **Wann**] Aber ir Z—Oa.

   13 taufent TF.   14 berefpen F.   16 **allen den**] allen TF.
20 **fich**] *getilgt* TF.   22 ihefus criftus TF.   23 dem iungften zeit F.
26 **Wann**] + ir TF.

ften vberbauwet euch felber ewer heiligen trewe bet:
im heiligen geift. Behút euch felber in der lieb gotz: v. 21.
beytent der erbermbd vnfers herrn ihefu crifti in das
30 ewig leben. Vnd ernftlich dife berefpt geurteylt: 22.
| wann dife macht behalten zuckent von dem feúer.   23.
Wann erbarmt euch der andern in der vorcht gotz:
hafft den bewollen rock der do ift fleyfchlich. Wann   24.
dem der do ift gewaltig euch zebehúten on fúnd· vnd
35 zefchicken fúr die befcheuden feiner wunniglich vn
fleckhaftig in der erhóchung: freud in der zúkunft
vnfers herren ihefu crifti | dem allein got vnferm be   25.
halter· durch ihefum criftum vnfern herren dem fey
wunniglich vnd michelich vnd gebott vnd gewalte
40 vor aller der werlt: vnd nu vnd in aller der werlt.
Hie endet die Epiftel Iude Vnd hebt an die
vorrede über das búch Apocalipfis.

*

27 felb vnferm heyligiften (heiligen A) gelauben Z—Oa.   28 im]
in dem Z—Oa.   behaltend (+ auch Sc) euch Z—Oa.   felb ZASKGSc.
29 Erwartent die barmherczigkeit Z—Oa.   30 ernftlich] gewißlich
P, *fehlt* Z—Oa.   dife ftraff P, ftraffent dife Z—Oa.   31 aber
behaltent (+ auch Sc) die vnd nemend fy von Z—Oa.   32 aber den
(der Zc—Oa) andern erbarmend euch Z—Oa.   gotz] *fehlt* Z—Oa.
33 vnd baffendt auch den vermeyligten (vermaßgeten A, vnuermeyligten
K—Oa) rock der da fleyfchlich ift Z—Oa.   33 Wann — 37 dem]
Dem aber der da mechtig ift euch ((*fehlt* Sc) zebehalten on fúnde. vnd
(+ auch Sc) zeftöllen vor dem angeficht feiner glori vnuermeyliget
(vnuermaßget A) in der hóchung Z—Oa.   35 das angeficht feiner
glori P.   38 dem] *fehlt* K—Oa.   39 glori vnd größlich P.   glori.
großmechtigkeit. gebietung vnd (+ auch Sc) gewalt Z—Oa.   40 der
(*erstes*)] *fehlt* Z—Oa.   aller (*zweites*)] alle welt Z—Oa.   werlt
(*letztes*)] + Amen Z—Oa.

*

29 der erbermbd] derbermd TF.   herrn] *fehlt* F.   31 ge-
zuckent TF.   35 fúr] furt F.   befcheide TF.   36 freud]
fehlt TF, freuden ta   37 ihefus criftus TF.   38 vnferm F.
40 werlt (*letztes*)] + Amen TF.

I Ohannes ein ·xij· bot vnd ein ewangelifta von dem
herren crifto aufderwelt: vnd liebgehabt vnd folcher
lieb der lieb ift von im gehabt· das er an dem abent   4
effen auff feiner bruft ruet· vnd do er an dem kreutz
allein ftund fein eygne mutter im beualche: vnd der
zu der ee wolt haben griffen vnd ift beliben zu vmb
uahen iunckfrawliche keufcheit: im gab die kirche
zebewaren vnd zebehuten die iunckfrauwen. Difer
do er nu vmb das wort gots vnd das vrkund ibefu
crifti in die infeln pathmos ward gelegt geuangen·
do felbft von dem felben das buch appocalippfim daz im
vor beweyfet ward fchreibent: als geleicherweys in
dem anuang der ler das ift des buchs genefis das vn-
erftorlich anbeginnen ift vor genant: alfo auch daz
vnerftorlich ende der iunckfrauwen in appokalipffi
widergeben wurd fprechent. Ich bin alpha vnd o:
der anuang vnd das ende. Difer ift iohannes· der
do welft vnd erkant im zunehen den tag feiner auf-
geung von dem leichnam er iefch in ephefio zufamen
kumen fein iunger vnd gieng nider in die grub die   [395·]

*

43 vnd] + auch Sc.   euangelift P—Oa.   44 herren] +
iefu Sc.   vnd (zweites)] in Z—Oa.   45 der lieb] fehlt Oa.   ift
er (fehlt Sb) überflüffiger gehabet worden das Z—Oa.   46 vnd
im da er bey dem kreucz ftund allein Z—Oa.   47 im] fehlt
Z—Oa.   der — 50 vnd] den der herr hat beruffet czu der vml-
fahung der iunckfrawfchafft der da wolt geheyrat (geewet A) haben.
dem gab er Z—Oa.   51 die vrkund Z—Oa.   in die] fehlt S.
52 werd M.   gelegt geuangen] in das elend kummen Z—Oa.
53 von den MZA.   felben] + ward Z—Oa.   apocalipfis Z—Oa.
54 gefchriben Z—Oa.   55 das] der ZASK—Oa, des ZcSa.   vn-
zerftorlich anfang wirt vorgemercket Z—Oa.   57 vnzerftorlich
ZASK—Oa.   58 wurde widergeben Z—Oa.   61 er — d1 kumen]
vnd (+ er ZcSa) zufamen voderet in ephefo Z—Oa.   1 nider] ab
Z—Oa.

♦

45 mynn der lieb Wr.   von ym ift B.   46 an] bey BNgWr.
48 gegriffen B, begriffen NgWr.   vnd ift] weft Wr.   49 die
kirche] fehlt Wr, nachgetragen Ng.   51 dez vrchundez Wr.   53
dem] den B.   54 vor] fehlt Ng.   geweifet BNgWr.   befchraib
BNgWr.   57 auzzerftorleich Wr.

ſtatt ſeins grabes: vnd do er volbracht ſein gebet do
gab er auch auff ſeinen geiſt · beyde aufgelaſſen von
dem ſchmertzen des todes: vnd auch von der verſtör
5 ung des fleyſchs wirt derkant den frembden. Doch
die ſchickung des bůchs ſeiner ſchrift douon vns zů
wort zů wort nicht bedeůt wirt: auff das geding daz
den vnwiſſenhaften die begerung erſůchen werd ge
geben: vnd den ſůchenden die frůcht der arbeyt · vnd
10 von gott die meiſterſchafte der lere werd behalten.
*Hie endet die vorrede Vnd hebt an das
bůch der heymlichen offenbarung Apocalipſis.*

D
Ie eroffnung iheſu criſti die   v. 1.
im gott gab zemachen offen
15   ſeinen knechten die ding die
do můſſen werden getan ſchier:
er ſant vnd bezeychent durch
ſeinen engel ſeim knecht io-
hannes | der do gab gezeůg dem   2.
20 wort gotz: vnd den gezeůg
iheſu criſti in den dingen die er ſach. Er iſt ſelig der   3.
do liſet vnd der do hört die wort der weyſſagung ditz

*

2 do *(zweites)*] *fehlt* Z—Oa.   3 er auch] er ZcSa, *fehlt* ZASK—Oa.
beyde aufgelaſſen] als außwendig worden Z—Oa.   4 vnd — 8
gegeben] wie vil (+ er ZcSa) frombd er iſt erkennet von der zerſtör-
ung des leybs des uber ſchickung der geſchrifft oder ordnung des bůchs
wirt darumb von vns nit durch alle ding außgeleget das den vnwiſſen-
den zeerforſchen die begirde werde geſeczet Z—Oa.   4 erſtörung P.
6 geſchrifft P.   10 von] *fehlt* Z—Oa.   14 im] in SZcSa.   gabe
offenbar zemachen Z—Oa.   16 do] auch do Sc.   **getan**] *fehlt* Z—Oa.
17 er—durch] vnnd tätte kund ſendendt durch Z—Oa.   18 iohanni Z—Oa.
19 gezeugknuß Z—Oa.   20 den] dem MEP, die Z—Oa.   zeugknuß
ZS—Oa, gezúgknuß A.   21 in — die] alles das Z—Oa.   er] +
auch Sc.   22 **der** *(zweites)*] diſer Z—Oa.   **ditz bůchs**] *fehlt* Z—Oa.

*

3 auß gefloſſen BNgWr.   **von**] *fehlt* Wr.   13 **Die**] Dicz iſt
die TF.   kriſt TF.   17 vnd er bezeichent zu ſenten durch TF.
18 ſein engel meinē TF, meine *unterſtrichen* T, ſeim ta.   21 Iheſum
kriſt TF.

bůchs: vnd behůt die ding die do feind gefchriben in
v. 4. ir. Wann das zeyt ift nachen. | Iohannes den ·vij·
kirchen die do feind in afya. Genad fey mit euch vnd
frid von dem der do ift vnd der do was vnd der do ift
kůnftig: vnd von den ·vij· geiften die do feind in der
5. befcheude feins thrones: | vnd von ihefu crifto der do
ift ein getreuwer gezeůge ein erftgeborner der doten
vnd ein fůrft der kůnig der erd: der vns liebhett vnd
6. vns wůfch von vnfern fůnden in feinem blůt | vnd
macht vns reich vnd pfaffen zů gott vnd feinem vat
ter: dem fey wunniglich vnd gebott: in den werlten
7. der werlt gewerlich. Secht er kumpt mit den wolcken:
vnd ein ieglich aug daz ficht in: vnd die in ioch ftachen
Vnd denn alle die gefchlechte der erde die weinent
8. fich vber in: ioch. gewerlich. Ich bin alpha vnd o:
ein anuang vnd ein end· fpricht der herre got als ge-
waltig der do ift vnd der do was vnd der ift kůnftig
9. Ich iohannes eůwer brůder vnd teylhaftig in dem
durechten vnd in dem reich vnd in der gefridfam in
ihefu crifto: ich was in der infeln die do ift geheiffen

*

23 bebelt Z—Oa. 24 das] die Z—Oa. den] der MEP. 26
der frid Z—Oa. 27 in dem angeficht P—Oa. 29 zeug der erft
geboren (erftgepornen SbOOa) der Z—Oa. 32 vns] + zů eim Z—Oa.
priefter P—Oa. zů] fehlt Z—Oa. 33 dem] der ZS. glori
P—Oa. gebietung Z—Oa. 34 gewerlich] Amen Z—Sc, fehlt
OOa. 35 aug wirt in fehen Z—Oa. ioch] fehlt Z—Oa fta-
chen] faben M—S. 36 die (zweites)] fehlt K—Oa. werden fich
klagen uber Z—Oa. 37 ioch] auch Z—Sc, fehlt OOa. gewerlich]
amen Zc—Oa. 38 der anuang vnd daz ende Z—Oa. als gewaltig]
fehlt Z—Oa. 39 der ift] der da ift Z—Oa. kůnftig] + almåchtig Z—Oa.
40 vnd] fehlt G. in der trůbfale Z—Oa. 41 der geduld Z—Oa.

*

24 ir] im TF. das] di TF. nachent TF. Iohannes]
+ fchraib TF, unterftrichen T. 27 den] dem F. 29 erfter ge-
porner TF. 30 vns hat lieb gehabt TF. 31 vns wůfch] wufchs
vns T, wufch F, rafur. 32 zů] fehlt TF. gotz TF. 34 gewer-
lich] amen TF. kumpt] enkumt T, ekumt F. dem F. 35 aug
geficht TF. di in da ftachen vnd weinent fich vber in alle di ge-
flecht der erde auch amen Ich bin TF. 38 der anefank vnd daz
end TF. alles gewaltig T, al gewaldig F. 39 der do ift —
kůnftig] fehlt T, nachtr. ta. der ift] der da ift TF.

bathmos vmb das wort gots vnd vmb den gezeúg
ibefu.   Ich was in dem geift an dem herlichen tag: v. 10.
45 vnd ich hort ein michel ftymm nach mir als eins horns
¦ fagent.   Das du fichft das fchreib in dein búch: vnd   11.
fende den fiben kirchen die do feind in afya zů ephefi
vnd zů fchmirren vnd zů pergam vnd zů thyater vnd
zů fardis vnd zů philadelphie vnd zů laoditz.   Vnd   12.
50 ich vmbkert mich: das ich fech die ftymm die do ret
mit mir.   Vnd do ich was bekert ich fach fiben gul-
dein kertzftal: ¦ vnd in mitzt der fiben guldein kertz-   13.
ftal einen geleich dem fun der meyd geuafft mit lan-
gem gewande: vnd fúrbegurten zů den brúften mit
55 einer gulden gúrtel.   Wann fein haubt vnd fein har   14.
die warn weyß als weyffe wolle: vnd als der fchne.
Vnd fein augen als die flammen des feúers ¦ vnd fein   15.
fúß geleich dem meffinge als in dem aitofen brinnent
vnd fein ftymm als ein ftymm maniger waffer: ¦ vnd   16.
60 het in feiner zefwen ˙vij˙ ftern.   Vnd von feinem mund
gieng aus ein waffen fcharpff ietweder halbe: vnd

*

43 den] die Z—Oa.   gezeúgknuß Z—Sc, zeúgnuß OOa.   **44
in dem]** im ZASK—Oa.   **herlichen tag]** fontag Z—Oa.   **tag]**
+ oder funntag P.   **45 vnd]** oder P.   groffe P—Oa.   **46 dein]**
dem Z—Sa.   **47 — 49 zů (7)]** fehlt Z—Oa.   47 ephefo Z—Oa.
48 fmirne Z—Oa.   pergamo Z—Oa.   thiatire ZS—Oa, thiatrie A
49 philadelphile MEP.   laodicie Z—SaSbOa, loadicie KGScO.   51
vmbkeret ZASK—Oa, vmbgekeret ZcSa.   52 leuchter (2) K—Oa.
in] + der OOa.   mitten P, mitt Z—Oa.   53 fun des menfchen
bekleydet mit einem langen leynin kleyd Z—Oa.   bechleyt P.   54
fúrbegúrt Z—Sc, für gegúrtet OOa.   **55 Aber Z—Oa.**   **56 die]**
fehlt K—Oa.   als ein weyffe Z—Oa.   58 dem brinnenden ofen
Z—Oa.   60 gerechten E—Oa.   61 fchwert zů beyder (beyden
SbOOa) feyten fcharpff Z—Oa.

*

44 ibefus F.   **in dem]** im TF.   hernlichen F.   46 an ain
puch TF.   47 fend es TF.   ephefen TF.   48 fmyrn TF.
thyatn F.   49 phyladelphiam TF.   53 gelichen TF.   54 furbe-
gurt TF.   **den]** feinen TF.   55 guldeinen TF.   **Wann]** vnd TF.
fein] *fehlt* T, *nachtr.* ta.   **56 die]** *fehlt* TF.   alz di weiffen
wollen TF.   alz fnee TF.   **57 die]** *fehlt* TF.   58 gleicht T,
gelicht F.   **59 ein]** di TF.   61 ietwedernt TF.

v. 17. fein antlútz leúcht als der funn in feiner kraft. Vnd (336.)
do ich in gefach: ich viel zů feinen fúffen als ein doter
Vnd er legt fein zefwen auff mich fagent. Nichten
wôlft dir vôrchten. Ich bin der erft vnd der iungft
18. | vnd ich bin lebentig: vnd was tode vnd fich ich bin
leben in den werlten der werlt: vnd ich hab den fchlúf-
19. fel des todes vnd der helle. Dorumb fchreib die ding
die du fecht vnd die do feind: vnd die do múffent wer-
20. den gethan nach difeu dingen. Die taugen der ˙vij˙
ftern die du fecht in meiner zefwen vnd die ˙vij˙ gul 10
dein kertzftal: die ˙vij˙ ftern das feind ˙vij˙ engel der
kirchen: vnd die ˙vij˙ kertzftal: das feind die fiben
kirchen. *Das ˙ij˙ Capittel*

1. S Chreib dem engel der kirchen zů ephefi. Der
do hellt die ˙vij˙ ftern in feiner zefwen: vnd
der do get in mitzt der ˙vij˙ guldin kertzftal:
2. der fagt dife ding. Ich weys dein werck vnd dein ar-
beyt vnd dein gefridfam: vnd das du nit macht ent
haben die vbeln. Vnd haft verfúcht die die fich fa-
gent zefein hotten vnd fy feint fein nit: vnd du haft 20
3. fy funden lugner. Vnd du haft gefridfam: vnd haft
enthabt vmb meinen namen: vnd du gebrafteft nit

*

1 leúcht] + auch Sc.   die funne Z—Oa.   2 fach OOa.
3 gerechten E, rechten P, gerechte Z—Oa.   Nicht Z—Oa.   4 wôlft]
wôlt E, folt Z—Oa.   leczt Z—Oa.   6 die fchlúffel Z—Oa.   8 ge-
feben haft Z—Oa.   9 Die taugen] das facrament Z—Oa.   10 faheft
Z—Oa.   gerechten E—Oa.   11, 12 leuchter K—Oa.   11 das] fehlt
K—Oa.   12 das] fehlt Zc—Oa.   14 Schreiben S.   zů] fehlt Z—Oa.
15 helltet SbO, haltet Oa.   gerechten E—Oa.   vnd] fehlt Z—Oa.
16 mitten P, mitt Z—Oa.   leuchter K—Oa.   18 dein geduld
Z—Oa.   magft Z—Oa.   enthalten K—Oa.   19 die bôfen Z—Oa.
fich — 20 botten] da fprechend fy feyen apofteln Z—Oa.   21 ge-
duldt Z—Oa.   vnd] + du ZASK—Oa.   haft (zweites)] + dich ZcSa.
22 enthalten Z—Oa.   vnd haft nit abgenomen Aber Z—Oa.

*

1 di funne TF.   3 zefem TF.   nit entwellft TF.   6 die
fluzzel T (die *auf rasur*).   8 fechft T.   10 du] da F.   fechft T.
15 da hat TF.   16 im F.   21 fy] di F.

Wann ich hab wider dich ein hitzel: das du haſt ge
laſſen dein erſte lieb. Dorumb ſo biß gedenckent von
25 wann du biſt geuallen: vnd mach bůß: vnd die erſten
werck tů. Wann ob nit: ich kum zů dir vnd beweg
dein kertzſtal von ſeiner ſtat: ob du nit machſt bůß.
Wann diß gůt haſtu das du haſt gehaſſt die werck   6.
der nicolaiter: die auch ich haſſte. Der orn hab ze-   7.
30 hören der hör: was der geiſt ſagt den kirchen. Dem
vberwindenden dem gib ich zeeſſen von dem holtz des
lebens: das do iſt in dem paradeyß meins gotz. Vnd   8.
ſchreib dem engel der kirchen zů ſchmierne. Der erſt
vnd der iungſt der do was tode vnd lebte: der ſagt
35 diſe ding. Ich weyß dein durechten vnd dein arm-   9.
keit: wann du biſt reich vnd wirſt verſpott von den
die ſich ſagent zeſein iuden vnd ſeind ſein nit: wann
ſy ſeind die ſynagog ſathanas. Nicht vörcht keiner   10.
der ding die du biſt zů erleyden. Secht der teüfel iſt
40 zelegen von eüch in den karcker das ir wert verſůcht:
vnd werdet haben das durechten ·x· tage. Biß ge-
treüwe vntz an den tod: vnd ich gib dir die kron des
lebens. Der orn hab der hör: was der geiſt ſagt den   11.

*

23 **lützel**] kind P, wenig Z—Oa.   25 **geuallen**] auß gehauwen
Z—GScOOa, abgehauwen Sb.   thů bůß vnd thů die erſten werck.
Thůſtu ir (die K—Oa) nit Z—Oa.   26 wird bewegen Z—Oa.   27 dei-
nen leuchter K—Oa.   ſtat nur alleyn du wirckeſt bůß. Aber daz haſt
du Z—Oa.   28 **die**] das ZcSa.   29 **ich**] *fehlt* Sc.   30 ſage Z—Oa.
31 überwindenden will ich geben Z—Oa.   33 **zů**] *fehlt* Z—Oa.   34
leczt Z—Oa.   lebt E—Oa.   **ſagt**] + auch Sc.   35 trůbſalc
vnd (+ auch Sc) dein armůt. aber Z—Oa.   36 **den**] denen Sb, dienen
OOa.   37 aber Z—Oa.   38 ſathane Z—Oa.   **keiner**] einichs
K—Oa.   39 biſt leyden Z—Oa.   teufel wirt geſendet (geſchendet
Oa) auß euch Z—Oa.   41 **werdet**] + auch Sc.   die trůbſalc
Z—Oa.   Biſt ZS, + auch Sc.   42 biß Sb.   **an den**] zů dem
Z—Oa.   will dir geben Z—Oa.   korn M.   43 ſage Z—Oa.

*

23 **ein lützel**] *fehlt* TF.   25 **die**] tu di TF.   26 **tů**] *fehlt* TF.
28 **Wann**] aber TF.   29 **der**] di F.   nicolaus TF.   30 **Dem**]
den F.   31 **dem gib**] gib TF.   33 ſmirren TF.   34 lebt TF.
35 **durechten**] trubſal TF.   36 **wann**] aber TF.   wirdeſt TF.
37 **die**] ſi TF.   40 werdet TF.   41 trubſal TF.   42 **den**]
+ tag T, *geſtrichen*.

kirchen. Der do vberwindet: der wirt nit verwunt

v. 12. von eim andern tod. Vnd fchreib dem engel der kirch   45
en zů pergam. Der do hat ein fcharpffs waffen iet-

13. weder halb: der fagt dife ding. Ich weyß das do du
entwelft das ift das gefeffe fathanas: vnd du helteft
meinen namen vnd haft nit verlaugent meiner trew
Vnd in den tagen antiphas mein trewer gezeůg   50
der do ift erfchlagen bey eúch: do entwelt fathanas.

14. Wann ich hab ein lútzel wider dich: das du hie haft
die do halten die ler palaam der do lert palac zelegen
das trůbfal für die fún ifrahel zeeffen vnd zegemein vn

15. keúfchen: | alfo haft auch du die do haltent die lere der   55

16. nicolaiter. Zůgeleicherweys mache bůß: ob du es
nichten tůft? Ich kum dir fchier vnd ftreyt mit dir

17. in dem waffen mein mundes. Der orn hab der hôr:
was der geift fagt den kirchen. Dem vberwindenden
gib ich zeeffen verborgen manna: vnd ich gib im einen   60
weyffen ftein vnd in dem ftein einen neúwen namen
gefchriben: den niemant weyß neur der der entphecht   [396 1]

*

44 **wirt**] + auch Sc.   beleidiget Z—Oa.   45 **eim**] dem Z—Oa.
46 **zů**] *fehlt* Z—Oa.   pergami Z—Oa.   **hat**] + gar Sc.   fcharpffs
fchwert zů beyder (beyden ZcSa) feyten fpiczig Z—Oa.   47 **fagt**]
+ auch Sc.   **das** — 48 **fathanas**] wa du woneft. Wa ift (+ auch
Sc) der ftůl fathane Z—Oa.   48 **helteft**] + auch Sc.   49 meinen
gelauben Z—Oa.   50 meiner MEP.   getrüwer SbOOa.   zeug
Z—Oa.   51 euch wa da Z—Oa.   wonet P—Oa.   52 aber
Z—Oa.   **lútzel**] kind P, wenig ZcSaScOOa.   53 palat MEP, Ba-
lat ZAS, balath ZcSa, balac KGSbOOa, balach Sc.   zefenden die
fchande.   54 vnd zeunkeufchen Z—Oa.   55 **der**] *fehlt* P.   56
mache — 57 **mit dir**] thů (+ auch Sc) bůß, thůftu mynder. ich will
dir (*fehlt* OOa) fchyer kommen vnd wird mit in ftreyten Z—Oa.   59
fage Z—Oa.   60 das verborgen hymelbrot Z—Oa.   1 **den**] das
Z—Oa.   weißt ZcSaSbOOa.   **der der**] + da Z—Oa.   .

*

46 ietwedernt halben TF.   **du**] *fehlt* TF, *nachtr.* ta.   48 **das
ift**] da ift T, ift F.   49 verlangent T.   50 **antiphas mein trewer**]
athyphas meins getreuen T; *rasur* F, antyphas meins fa.   gezeugz
TF.   53 balaams TF.   57 nit entuft TF.   **dir**] *gestrichen* T,
fehlt F; + in TF.   58 **orn**] horner F.   59 **Dem**] den F.   60
gib] dē gib T, den gib F.   61 **in**] an TF.   1 **der der**] + en
T, in F.

⁚ Vnd fchreib dem engel der kirchen zů thyater. Der   v. 18.
fune gots: der do hat die augen als die flamm des
feůers: vnd fein fůß geleich dem melffing: der fagt
5 dife ding. Ich erkant dein werck vnd den gelauben   19.
vnd dein liebe vnd die ambechtung vnd dein gefrid-
fam: vnd dein iungften werck mer denn die erften.
Wann ich hab wider dich ein lůtzel das du geftateft   20.
dem weib iezabel die fich fagt zelern die weyffagen
10 vnd zůuerlaiten mein knecht: zegemein vnkeufchen
vnd zeeffen von den geopfferten dingen der abtgůt.
Vnd ich gabe ir zeyte das fy machet bůß: vnd fy   21.
wolt fich nit rewen von irr gemein vnkeufch. Vnd   22.
fich ich lege fy in das bette: vnd die do gemein vn-
15 keufchen mit ir die werdent in michcln durechten:
ob fy nichten machent bůß von iren wercken: | vnd   23.
ich erfchlach ir fůn in den tod: vnd alle die kirchen
wiffen daz ich bin erfůchent die hertzen vnd die lanck-
en: vnd ich gib eim ieglichen nach feinen wercken.
20 Wann ich fag euch andern ir do feyt zů thyater · die   24.
do nichten habent dife lere die do nit derkannten die
hôch fathanas als fy fagent: ich lege auff euch kein

*

2 fchreib] + auch Sc.   zů] *fehlt* Z—Oa.   thiatire ZS—Oa,
thiatrie A.   3 die (*erstes*)] *fehlt* K—Oa.   4 der] *fehlt* K—Oa.
5 den] deinen K—Oa.   6 die dienung P, den dienft Z—Oa.   ge-
duld Z—Oa.   7 leczten ZcSa, jüngfte Sb, letfte OOa.   8 Aber
Z—Oa.   wenig P—Oa.   das] wann Z—Oa.   9 zů lernen SbOOa,
leren Sc.   10 knecht zeunkeufchen Z—Oa.   11 opfferten A.
12 fy tádte Z—Oa.   13 fich] *fehlt* Z—Oa.   reůwen Sb, rüwen O,
růwen Oa.   13, 14 gemein] *fehlt* Z—Oa.   15 in — 16 machent] in
der größten anfechtung nur alleyn fy thůen Z.—Oa.   15 groffen P.
17 erfchlacht EP.   die] *fehlt* K—Oa.   18 fůllen wiffen Z—Oa.
18 lancken] lendin P, nyeren Z—Oa.   19 will geben Z—Oa.   20
Aber Z.—Oa.   euch] + vnd ZASK—Oa, vnd den ZcSa.   ir do]
in die do P, die ir Z—Oa.   zů] *fehlt* PZASK—Oa.   thyatire
ZS—Oa, thyatrie A.   die do] wôllich Z—Oa.   21 nicht Z—Oa.
22 fathane als wie fy Z—Oa.

*

2 tiartir F.   8 Wann] aber TF.   ein lůtzel] *fehlt* TF.   11
von dem F.   13 wolten TF.   15 trubfal TF.   16 nit TF.
ir TF.   17 in dem TF.   18 bin ain derfuchter der berczen vnd
der (+ kanten T, *gestrichen*) lanken TF.   20 aber TF.   21 nit TF.

v. 25. ander búrd: | iedoch das ir habt das behabt biß daz ich
26. kum. Vnd der do vberwindet vnd behútet mein werck
vntz an daz end: ich gib im den gewalt vber die leút
27. | vnd richtet fy in einer eyfnin rút vnd fy werdent er-
knifcht als ein vaß des haffners: vnd ich gib im einen
28. morgenlichen ftern | als auch ich fy entphienge von
29. meinem vatter. Der do hat die orn der hóre: was der
geift fagt den kirchen.   iij

1.   Und fchreib dem engel der kirchen zû fardis.
      Der do hat die ·vij· geift gotz: vnd die ·vij·
      ftern der fagt dife ding Ich weyß dein werck:
das du haft einen namen das du lebeft: vnd du bift
2. tod. Biß wachent: vnd feften die andern die do warn
zefterben. Wann ich vind nit dein wercke vol vor
3. meim gott. Dorumb hab in dem gemût in welcher
weys du haft entphangen vnd gehort vnd behútt:
vnd mach búß. Dorumb ob du nichten wachft ich
kum zû dir als der diep: vnd du enweift nit zû welcher
4. ftund ich kum zû dir. Wann du haft lútzel namen
in fardis die do nit habent entzeúbert ir gewand: vnd
fy gend mit mir in weyffem wann fy feint fein wir-
5. dig. Der do vberwindet der wirt alfuft genaßt mit

*

23 **behabt**] behaltend Z—Oa.   25 biß Sb—Oa.   wird im
geben Z—Oa.   vólcker vnd er wirt fy regieren Z—Oa.   26 zú·
knúfchet O, zerknúfchet Oa.   28 fy] *fehlt* Z—Oa.   29 die] *fehlt*
OOa.   31 zû] *fehlt* Z—Oa.   34 das] wannZ—Oa.   einem
EPZ.   35 vnd beftâte Z—Oa.   36 **zefterben**] fterben Z—Sa.
tod K—Oa.   37 **dem**] deim OOa.   38 habeft Z—Oa.   vnd
behalte das vnd thú búß Z—Oa.   39 nit P—Oa.   40 will
kummen Z—Oa.   vnd] + ob K—Oa.   du wirft nit wiffen
Z—Oa.   enweiß ME.   41 aber Z—Oa.   wenig P—Oa.   42 ver·
meyliget ZS—Oa, vermaßget A.   43 **gend**] werden wandlen Z—Oa.
weyffen kleydern Z—Oa.   44 do] *fehlt* Sc.   alfo P—Oa.   be·
kleydet Z—Oa, + wann fy Sc.

*

23 **daz**] *fehlt* TF.   26 vnd er reichtet TF.   eifnern T.   ruten
TF.   zeknyfchelt TF.   29 der orn hab der TF.   35 veftet T.
36 vind deine werk nit TF.   37 **dem**] dein TF.   39 macht TF.
nit enwacheft TF.   41 **haft**] + ain TF.

45 weyſſem gewand: vnd ich vertilg nit ſein namen
von dem bůch des lebens: vnd ich begich ſeinen namen
vor meinem vatter vnd vor ſeinen engeln. Der do   v. 6.
hat die oren der hôr: was der geiſt ſagt den kirchen
Vnd ſchreib dem engel der kirchen zů philadelphie
50 Der heilig vnd der gewer der do hat den ſchlůſſel da-
uids: der do auffthůt vnd niemant beſchleůſt: vnd
der do beſchleůſt vnd niemant aufthůt: der ſagt
diſe ding. | Ich weyß dein werck. Sich ich gab ein offen   8.
tůr vor dir die niemant mag beſchlieſſen: wann du
55 haſt lützel krafft: vnd du haſt behůt mein wort: vnd
haſt nit verlaugent meins namen. Sich ich gib von   9.
der ſynagogen ſathanas die ſich ſagent zeſein iuden
vnd ſeind ſein nit: wann ſy liegen. Sich ich mache
ſy das ſy kumen vnd anbetten vor deinen fůſſen: vnd
60 wiſſent das ich dich liebhett. Wann du haſt behůt   10.
das wort meiner gefridſam: vnd ich behůt dich zů
[396 c] der ſtund der verſůchung die do iſt kůnftig in allem
dem vmbring zůuerſůchen die die do ſeind entwelent
auff der erde. | Sich ich kum ſchier. Das du haſt das   11.
behabe: das keiner entphach dein kron. Der do vber   12.
5 windet ich mach in ein ſeůle in dem tempel meines
gotz: vnd er get nit aus von des hin. Vnd ich ſchreib

*

46 vergich Z—Oa.   48 ſage Z—Oa.   49 kirwen P.   zů]
fehlt Z—Oa.   50 der war Z—Oa.   Dauid Z—Oa.   52 ſagt] do
ſagt M- Oa.   53 gab] hab MEP, hab geben ZASK—Oa, hab gegeben
ZcSa.   54 die] der MEP.   55 wenig PZcSaSc.   krafften Sb.
du] fehlt Z—Oa.   56 meinen Z—Oa.   will geben Z—Oa.   57
ſathane Z—Oa.   58 ſein] fehlt Oa.   aber Z—Oa.   60 werden
wiſſen Z—Oa.   lieb hab gehabt Z—Oa.   haſt behalten Z—Oa.
61 gedulde. vnd ich will dich behalten von der Z- Oa.   1 allen
ZSZcSa.   2 dem] den ZSZcSa, fehlt K—Oa.   vmbkrayß K—Oa.
zů der verſůchen P.   entwelent] won P, wonen Z—Oa.   4 be-
halt S - Oa.   neme Z—Oa.   do] fehlt Sc.   5 den will ich
machen in Z—Oa.   dem] den ZS.   6 er wirt fůrohin (fůranhin
K—Oa) nit außgeen. vnd ich will ſchreyben Z—Oa.

*

47 der orn hab der hor TF.   52 tut auf TF.   58 macht TF.
1 in] auf TF.   2 dem] fehlt TF.   feind] fehlt TF.   4 behabt F.
dein] den F.

auff in den namen meines gots vnd den namen der
ſtatt meines gotz die neûwe iheruſalem die do niderſteyg
vom himel von meim gotte: vnd meinen neûwen

v. 13. namen. Der oren hab der hôre: was der geiſt ſagt   10
14. den kirchen. Vnd ſchreibe dem engel der kirchen zû
laoditz. Die warheit der getreuwe gezeug: vnd der
gewere der do iſt ein anuang der geſchôpffd gots der
15. ſagt diſe ding. Ich weyß dein werck wann du biſt nit
kalt noch warm. Mit meinem willen du wirſt kalt   15
16. oder warm. Wann la biſtu vnd biſt nit kalt noch
warm. Mit meinem willen ich beginne dich aufze
17. ſpritzen von meinem mund: | wann du ſprichſt das
ich bin reich vnd gereicht vnd bedarff keins: vnd du
weyſt nit das du biſt ein iemerlicher vnd ein iam-   20
18. riger· vnd arm vnd blint vnd nackent. Ich rat dir
zekauffen von mir gold hewert durch das feûr das du
werdeſt reich: vnd werdeſt geuaſſt mit weyſſen ge-
wanden vnd das die ſcham deiner nackentheit nit er
ſcheine: vnd ſalb dein augen mit coleri das du ge-   25
19. ſechſt. Die ich liebhab· die bereſp ich vnd keſtige ſy

*

7 den (erstes)] dem S.   8 der neuwen iheruſalem die da abge-
ſtigen (abſteigen SbOOa) iſt Z—Oa.   9 vom] von ASSb—Oa.
meinen] meym ZcSaGSbOOa.   10 ſage Z—Oa.   11 Vnd —12 laoditz]
fehlt S.   11 zû] fehlt Z—Oa.   12 laodicie ZAZc—Oa.   Die
warheit] Amen Z—Oa.   getreuwen ME, trewen P.   zeug Z—Oa.
13 gewere] war Z—Oa.   14 nit] fehlt MEP, weder Z—Oa.   15 Ich
wolt das du wûreſt kalt Z—Oa.   16 oder] vnd A.   Aber darumb
daz du lab biſt vnd biſt Z—Oa.   17 Mit — beginne] ich will an-
fahen Z—Oa.   außzeſpitzen P, außzeſpûrczen Z—Oa.   18 von —
mund] auß meinem mund von meym mund Z—Oa.   das] fehlt S.
19 vnd gerecht MEP.   20 iemerlicher] ellender Z—Oa.   iamriger]
iämerlicher S.   21 vnd (zweites)] fehlt Sc.   23 bekleit P, ange-
leget Z—Oa.   25 coleri] der augen ſalben Z—Oa.   gefaheſt S.
26 ſtraff P—Oa.

*

8 der newen TF.   9 vnd meinen] vnd von meim F.   11 Vnd —
kirchen] nachtr. F.   12 Die warheit] Gewerlich TF.   getrewe
zeug TF.   16 vnd] + du TF.   17 Mit meinem willen] wan TF.
18 aus zufpirtzen TF.   das] fehlt TF.   21 vnd ain armer vnd ain
plint TF.   22 du] + wir F, gestrichen.   23 werdeſt (erstes)] +
vor F.   weiffem gewand TF.   24 nit] icht T, ich F.   25 collirio TF.

Dorumb hab lieb: vnd mach bůß. Sich ich ſtee zů   v. 20.
der túr vnd klophe. Ob etlicher hŏrt mein ſtymm vnd
mir auffthůt die túr ich gee ein zů im: vnd ahent
30 iſſe mit im: vnd er mit mir. Der do vberwindet ich   21.
gib im zeſitzen mit mir auff meinem thron: als auch
ich vberwaud vnd ſaß mit meinem vatter auf ſeinem
thron. Der orn hab der hŏr: was der geiſt ſagt den   22.
kirchen.   *Das iiij Capitel*

35   N ach diſen dingen ich ſach: vnd ſecht ein offen
    túr im himel: vnd die erſt ſtymm die ich hort
    als eins horns redent mit mir ſagent Steig
her: vnd ich zeig dir die ding die do můſſen werden
gethan. Nach diſen dingen zebant was ich in dem
40 geiſt. Vnd ſecht ein geſeſſe was geſetzt im himel: 2.
vnd auff dem geſeſſe ein ſitzender. Vnd der do ſaß   3.
der was geleich der beſcheude des ſteins iaſpidis vnd
ſordinis vnd ein regenbogen was in der vmbhalb-
ung des geſeſſes geleich der geſicbt ſchmaragdinis
45 Vnd in der vmbhalbung des geſeß ·xxiiij· geſeſſe:
vnd auf den thronen ·xxiiij· alten ſitzend vmbgeuafft
mit weyſſen gewanden vnd auff iren haubten gul-
din krone. Vnd von dem throne giengen aus plitzen
vnd ſtymmen vnd dŏner: vnd ·vij· brinnende glaſ

---

27 thů bůß Z—Oa.   28 **vnd** — 29 **túr**] *fehlt* P.   31 wird
im geben Z—Oa.   32 **auf**] in Z—Oa.   33 ſage Z—Oa.   35 **ich
ſach**] ſach ich Z—Oa.   36 hŏr Sc.   38 **her**] auff her Z—Oa.
dir] *fehlt* S.   39 **gethan**] + bald Z—Oa.   40, 41 ſtůl Z—Oa.
42 der angeſicht P, dem angeſicht Z—Oa.   43 dem vmbkreiß P—Oa.
44 des ſtůls geleich dem geſicht des ſchmaragden Z—Oa.   45 dem
vmbkreiß P, dem vmbſchweiff Z—Oa.   des ſtůls vierundzweyntzig
ſedil (ſideln K—Oa, + oder geſeß ZcSa) vnd Z—Oa.   46 dem thron
P.   bekleit P, vmbgekleydet Z—Oa.   49 **glaſuas**] amplen Z—Sa,
lampeln KSc, ampeln GSbOOa.

---

27 **Dorumb**] + nachuolg oder TF.   **Sich**] + ſich F, *geſtrichen.*
33 **Der**] + tron T, *geſtrichen.*   37 **mit**] zu TF.   39 **gethan**] +
ſchreib TF.   42 **geleich**] + dem geſicht oder TF.   **vnd**] et F.
43 regenpog TF.   45 **geſeſſe**] geſeſſen F.   47 weiſſem F.   49
prinnenden TF.

naß vor dem throne das feint die ˙vij˙ geyſt gots.

v. 6. Vnd in der beſcheud des geſeſſes als ein gleſin mer
geleich kriſtallen: vnd in mitzt des geſeſſes vnd in
der vmbhalbung des geſeß ˙iiij˙ tier vol augen vorn

7. vnd binden. Vnd daz erſt tier was geleich dem lewen:
vnd das ander tier was geleich dem kalbe: vnd das
dritt tier babent ein antlútz als des menſchen: vnd

8. das vierd tier was geleych dem adlar fliegent. Vnd
die vier tier ir ieglichs bett ˙vj˙ vettach: vnd warn
vol augen innen vnd allumb. Vnd ſy hetten nit rûe
tags vnd nachts zeſagen heilig heilig heilig iſt der
herre gott als gewaltiger: der do was vnd der do iſt

9. vnd der do iſt kúnftig. Vnd do die vier tier hetten
gegeben wunniglich vnd ere vnd ſegen dem ſitzenden
auf dem thron dem lebentigen in den welten der welt:

10. : die ˙xxiiij˙ alten die vielen nider vor dem ſitzenden
auff dem throne vnd anbetten den lebentigen in den
werlten der werlt: vnd ſy legten ir kronen fúr den

11. throne ſagent. O herre vnſer gott du biſt wirdig
zû entphachen wunniglich vnd ere vnd kraft: wann
du haſt geſchaffen alle ding vnd vmb deinen willen
warn ſy vnd ſeint geſchaffen.

*

50 das] die Z—Oa, + da SbOOa.   die] fehlt P.   51 der an-
geſicht P, dem angeſicht Z—Oa.   des ſtůls Z—Oa.   52 geleych
dem kriſtall Z—Oa.   mitt P—Oa.   ſtůls Z—Oa.   vnd (zweites)]
+ auch do Sb.   53 dem vmbkreiß P, dem vmbſchweyff Z—Oa.
ſtůls Z—Oa.   56 habent] das hett Z—Sa, het K—Oa.   57 dem
fliegenden adler Z—Oa.   58 vj˙] fünff Sc.   flúg Z—Sa, flugel
K—Oa.   59 allumb] in dem vmbkreys Z—Oa.   60 tag vnd nacht
ſprechent Z—Oa.   61 got allmechtig Z—Oa.   1 tier gaben glori
Z—Oa.   2 vnd (zweites)] + den Z—Oa.   3 dem lebentig A.
4 die (zweites)] fehlt K—Oa.   vielen] + fürſich Z—Oa.   5 am-
bechten E, betten an Z—Oa.   den lebentig A.   7 O] fehlt Z—Oa.
8 zû nemen die glori Z—Oa.   glori P.   vnd auch ere Sc.

*

52 in der] vm der T.   56 het T, hat F.   57 dem] aim TF.
59 vnd] fehlt F.   60 ſagent TF.   61 alles gewaltig TF.   1 iſt]
fehlt T, nachtr. ta.   3 lebentig TF.   5 dem] den F. · in den]
in dem F.

Und ich fach in der zefwen des fitzenden auf dem   v. 1.
thron ein bůch gefchriben innen vnd auf
fen: bezeychent mit ·vij· infigeln. Vnd ich   2.
fach einen ftarcken engel bredigen mit einer micheln
15 ftymm. Wer ift wirdig auffzethůn das bůch vnd
zů entbinden feine infigel? Vnd keiner mocht im   3.
himel noch auf der erden noch vnder der erd auftůn
das bůch: noch es zegefehen. Vnd ich weint vil:
das keiner was funden wirdig auffzethůn das bůch:
20 noch es zegefehen. Vnd einer von den alten fprach   5.
zů mir. Nichten weine. Sich der lew von dem ge-
fchlechte iuda die wurtzel dauids hat vberwunden
auffzethůn daz bůch vnd zů entbinden fein ·vij· infi-
gel. Vnd ich fach: vnd fecht in mitzt des throns vnd   6.
25 der vier tier vnd in mitzt der alten ein lamp ften als
erfchlagen habent ·vij· hörner vnd ·vij· augen: das
feind die ·vij· geift gotz gefant auf alle die erd. Vnd
es kam: vnd nam das bůch von der zefwen des fitzen-
den auff dem thron. Vnd do es bett auffgethan das   8.
30 bůch· die vier tier vnd die ·xxiiij· allten die vielen
nider für das lamp babent ir ieglicher herpffen vnd
guldin fchenckuaß vol der gefchmacke das do feind

---

11 gerechten E—Oa.   12 **bůch**] + ift MEP.   14 fahe auch
einen gar ftarcken Sc.   groffen P—Oa.   15 **vnd**] + auch Sc.
16 auff zelöfen Z—Oa.   **mocht**] + weder ZAZc—Oa, werden S.
17 noch auch vnder Sc.   auffzethůn S.   18 gefehen Z—Oa.   **vil**]
auch auß der maffen vil Sc.   19 **funden**] *fehlt* SbOOa.   20 **noch**]
+ auch Sc.   gefehen Z—SaSbOOa, zefehen KGSc.   **alten**] + der
Sb.   fprachen ME, + auch Sc.   21 Nicht P—Oa.   22 dauid
Z—Oa.   **hat**] + auch Sc.   23 **vnd**] + auch Sc.   aufzelöfen
Z—Oa.   24, 25 in mit Z—Oa.   26 herfchlagen P.   **habent**]
das hett Z—Oa.   **das**] die da Z—Oa.   27 aller Sc.   **die** (*zweites*)]
fehlt K—Oa.   28 gerechten E—Oa.   29 **es**] er Z—Oa.   30 **die**
(*zweites*)] *fehlt* OOa.   **die** (*drittes*)] *fehlt* K—Oa.   31 **habent**] vnd
hett Z—Oa.   32 vol wol riechends (-enden OOa) gefchmacks. das
feind Z—Oa.

---

11 zefem TF.   13 ingefigel TF.   16 ingefigel TF.   aufge-
tun TF.   18 gefechen T.   **Vnd** — 20 **zegefehen**] *fehlt* F.   21
nit enwaine TF.   22 **vberwunden**] + dirr (Dir F) ift wirdig TF.
23 **vij**] *fehlt* TF.   28 zefem TF.

31 *

v. 9. die gebet der heiligen: | vnd fungen einen neůwen ge
fanck fagent. O herr du bift wirdig auffzethůn das
bůch vnd zů entbinden fein infigeln: wann du bift
erfchlagen vnd haft vns erloft gott in deinem blůt
von allem gefchlecht vnd zung vnd volck vnd geburt:
10. | vnd du haft vns gemacht reich vnd pfaffen vnferm
11. got vnd wir reichfen auf der erd. Vnd ich fach vnd
hort ein ftymm maniger engel in der vmbhalbung
des throns vnd der tier vnd der alten: vnd ir zal was
12. taufent der taufent | mit einer micheln ftymm fagent.
Das lamp das do ift derfchlagen das ift wirdig zů
entphachen gottheit vnd krafft vnd weyfheit: vnd
13. fterck vnd ere vnd wunniglich vnd fegen. Vnd alle
die gefchöpffd die do was im himel vnd auff der erd
vnd vnder der erd vnd in dem mer vnd die do feind
in im: all hort ich fy fagent dem fitzenden auff dem
throne vnd dem lamp. Segen vnd ere vnd wunnig
14. lich vnd gewalt in den werlten der werlt. Vnd die
vier tier fprachen amen. Vnd die · xxiiij · allten die
vieln nider auff ir antlůtz: vnd anbetten den leben
digen von werlt zů werlt.   vj

34 O] fehlt Z—Oa.   35 auff zelöfen Z—Oa.   37 von] auß
Z—Oa.   38 gemacht] + ein Z—Oa.   priefter P—Oa.   vn-
ferm — 40 in] vnnd fy werden regieren Z—Oa, + auff der erde. Vnd
ich fahe vnd hort vil engel in ZcSa.   40 dem vmbkreiß P, dem (den
SbOOa) vmbfchweyff Z—Oa.   42 der taufent] + die fprachen OOa.
groffen P—Oa.   fagent] fehlt OOa.   43 das (letztes)] fehlt K—Oa.
44 die gotheit Z—Oa.   vnd (letztes)] + auch Sc.   45 wunniglich]
glori P, die glori Z—O, glori die Oa.   vnd (drittes)] + den Z—O,
dem Oa.   Vnd] + auch Sc.   46 die (erstes)] fehlt K—Oa.   ge-
fchäfft S.   was] ift Z—Oa.   48 all — fy] vnd ich höret fy all
Z—Oa.   49 dem] auch dem Sc.   Der fegen vnd die ere vnd die
glori vnd der gewalt Z—Oa.   glori P.   50 gewalten MEP.
51 die (letztes)] fehlt PK—Oa.   52 ambechten ME, betten an Z—Oa.
lebenden in den welten (welt A) der welt Z—Oa.

33 fangen F.   37 zungen vnd volke vnd gepurte TF.   39 wir]
getilgt TF; werden auf rasur fb.   41 der vier tier TF.   44 vnd
(zweites)] fehlt TF.   50 den] dem F.   52 den lebendigen von
werlt zů werlt] got TF.

55 Und ich ſach do das lamp bett auffgetan eins v. 1.
von den ·vij· inſigeln: vnd ich hort eins von
den ·iiij· tiern als ein ſtymm eins dôners ſa-
gent Kum vnd ſich. | Vnd ich ſach: vnd ſecht ein 2.
weyſſes roß· vnd der do ſaß auff im der bett einen bo-
gen· vnd ein kron was im gegeben: vnd er gieng
60 aus zů vberwinden das er vberwůnd. Vnd do es het 3.
auffgetan das ander inſigel: ich hort das ander tier
7 a) ſagent. Kum vnd ſich. | Vnd ſecht ein anders rotes
roß gieng aus: vnd der do ſaß auff im dem was ge-
geben das er nem den fride von der erde· vnd das ſy
ſich erſchlůgen an einander: vnd ein michel waffen
5 was im gegeben. Vnd do es bett auffgetan das dritt
inſigel: ich hort das dritt tier ſagent. Kum vnd ſich
Vnd ſecht ein ſchwartzes roß: vnd der do ſaſſe auf
im der hett ein wag in ſeiner hande. Vnd ich hort 6.
ein ſtymm in mitzt der vier tier ſagent. Zwů maß
10 waitzen vmb einen pfennig: vnd drey zwiueltige
maß gerſten vmb einen pfennig: vnd dem wein vnd
dem ole ſchad nit. Vnd do es het aufgetan daz vierd
inſigel ich hort die ſtymm des vierden tieres ſagent.
Kum vnd ſich. | Vnd ſecht ein bleychs roß: vnd der 8.
15 do ſaß auff im des nam was der tode: vnd die helle
nachuolgt im. Vnd im iſt gegeben gewalt vher die
vier teyl der erde: zů derſchlachen mit dem waffen
vnd mit hunger vnd mit dem tod vnd mit den tiern
der erd. Vnd do es hett aufgetan daz fünfft inſigel: 9.

*

59 geben S.   60 zů vberwinden] überwindent Z—Oa.   61
andern inſigel ME.   1 rotes] fehlt Oa.   4 ſich — an] ſchlůgen
OOa. ein] fehlt P.   groß P—Oa.   ſchwert ward im Z—Oa.
9 in mitt Z—Oa.   11 den wein vnd (vmb S) das ol beleydige nit
Z—Oa.   17 teyl] tyel K, tier Sc.   zetôten mit dem ſchwert Z—Oa.
18 mit (erstes)] + dem E—Oa.

*

55 ingefigeln F.   59 vnd im wart geben ain kron TF.   60 do]
nachtr. T.   61 ingeſigel TF.   2 wart geben TF.   5 was] iſt TF.
6 ingeſigel TF.   9 in] im F.   10 waiczes TF.   13 ingeſigel TF.
15 der] fehlt TF, nachtr. ta.   16 geben TF.   19 ingeſigel TF.

ich fach vnder dem alter die felen der erfchlagen vmb
das wort gots: vnd vmb den gezeúg den fy hetten.

v. 10. | Vnd rieffen mit einer micheln ftymm fagent. O
herre heiliger vnd gewerer vntz wie lang vrteylftu
nicht vnd richeft nit vnfer blůt von den die do ent-

11. welent auff der erd? Vnd weyffe gewande feind ge
geben ir ieglichem: vnd es wart gefagt zů in das fy
růeten noch ein lútzels zeyt: vntz das die zal irr ent-
zampt knechte vnd ir brúder wurde derfúllt die do

12. feind zů erfchlachen als auch fy. Vnd ich fach do es
bett auffgethan das ·vj· infigel: vnd fecht ein michel
erdpidmung wart gemacht. Vnd der funn wart
gemacht fchwartz als ein heriner fack: vnd alle die

13. menin wart gemacht als blůt: | vnd die ftern des hi
mels vielen auff die erd als der feygbaum left feine
broffen fo er wirt bewegt von den micheln winden

14. Vnd der hímel fchied fich als ein eingewundens bůch:
vnd ein ieglich berge vnd infel die wurden bewegt

15. von iren ftetten. Vnd die kúnig der erd vnd die fúr-
ften vnd die tribuner vnd die reichen vnd die ftarcken
vnd ein ieglich eigner vnd freyer verburgen fich in

*

21 die zeugknuß (gezeügknuß OOa) die fy Z—Oa. 22 fchryen
mit groffer Z—Oa. groffen P. O herre) fehlt Z—Oa. 23 vnd
warer herr Z—Oa. biß SbSc. 24 richeft] richteft ZAS. wonen
P—SbOOa, waren Sc. 27 wenigs P, kleyne Z—Oa. vntz] vnd
MEP, biß Sb—Oa. entzampt] miteinander P, mit Z—Oa. 29
feind zetötten Z—Oa. 30 ein] fehlt Sc. groß P—Oa. 32 ge-
macht] fehlt Z—Oa. vnd der gancz mon ward als daz blůt Z—Oa.
34 feygenbawm ZASK—Oa. feinen MEP. 35 broß ZASK—Oa.
dem groffen winde Z—Oa. groffen P. 36 eingepundens K—Oa.
37 yeglicher POOa, yetlicher Sb. die] fehlt POOa. 39 der tri-
buner Oa. 40 yetlicher Sb, yegklicher OOa. eiger M.

*

20 alter] + gotz TF. die — 21 gotz] nachtr. F (erfchlagen
fehlt). 22 Vnd] + fi TF. 25 feind] wurden TF. 27 luczel
TF. 28 wurde — 29 erfchlachen] fehlt F. 29 zeflachen T.
30 ingefigel TF. 31 Vnd — 32 gemacht] fehlt T, nachtr. tc. der]
di T, d' F, umgeändert di. 34 left] leifet TF. 35 broffen] grozen
TF. dem micheln wind TF. 36 ain ingewundenz puch TF.
37 ieglicher T.

den holern vnd in den fteinen der berg: | vnd fprechent   v. 16.
zů den bergen vnd zů den fteinen valt auf vns· vnd
bedecket vns vor dem antlůtz des fitzenden auff dem
thron vnd vor dem zorn des lamps: | wann der michel   17.
₄₅ tag irs zorns der ift kumen Vnd wer mag geften   *vij*

N ach difen dingen ich fach vier engel ften auf
   den vier ôrtern der erd: haltent die vier wind
   der erd das fy nit enweeten auf die erd: noch
auff das mere noch auff keinen baum. Vnd ich fach   2.
₅₀ einen andern engel auffteygen von dem aufgang des
funns habent das zeychen gotz des lebentigen: vnd er
rieff mit einer micheln ftymm: den ·iiij· engeln den
do was gegeben zefchaden der erde vnd dem mer | fa-
gent. Nichten wôlt fchaden der erde vnd dem mere
₅₅ noch den baumen: vntz das wir gezeychen die knecht
gots an iren ftirnen. Vnd ich hort die zale der ge-
zeychenten: C xliiij· taufent gezeychent aus allem dem
gefchlecht der fůn ifrahel. Von dem gefchlecht iuda:
xij· taufent der gezeychenten. Von dem gefchlecht
₆₀ ruhen: xij· taufent der gezeychenten. Von dem ge-

*

41 fprachen K—Oa.   43 vns] *fehlt* ZAS.   44 groß P—Oa.
45 der] *fehlt* K—Oa.   beſteen ZcSaOOa.   46 dingen] + do
ZcSa.   fach ich Z—Oa.   48 enweeten] wonten P, wieten Z,
weeten A—Oa.   49 auff (*zweites*)] in Z—Oa.   keynem S.   50 der
funn der het das Z—Oa.   51 er] der Z—Oa.   52 fchry mit
groffer Z—Oa.   groffen P.   54 Nit P—Oa.   55 biß Sc.
bezeychen Z—Oa.   56 bezeychenten ZcSa.   57 hundert, vier
und fechtzig ZAS, hundert vierundzweynczig ZcSa.   bezeychent
ZcSaOa.   58 — b 10 Von (12)] Auß Z—Oa.   59 xij] ij E, zwei
P.   59 — b 10 der (12)] *fehlt* Z—Oa.   59 gezeichent ZASK—Sc,
bezeychent ZcSaOOa.   60 gezeichent Z—O, bezaichnet Oa.

*

42 den ftainen vnd zu den pergen (dem perge F) vallt TF.   45
der] *fehlt* TF.   48 weeten TF.   49 keinen] + der TF.   52
ftymm] + zu TF.   54 nit entwelt T, nit enwelt F.   55 knecht]
+ vnferz ta.   57 von aim ieglichen (-cher T) gefchlecht TF.   59
der gezaichent TF.   dem] der TF.   59 — b 10 *gebrauchen* TF
übereinstimmend jedesmal abkürzungen: gc ruben 12 t der ge, *u. s. w.*

v. 6. fchlecht gad: xij· taufent der gezeychenten. Von dem
gefchlecht afer: xij· taufent der gezeychenten. Von
dem gefchlecht neptalim: xij· taufent der gezeychen
ten. Von dem gefchlecht manaffe: xij· taufent der

7. gezeichenten. Von dem gefchlecht fymeon: xij· tau
fent der gezeychenten. Von dem gefchlecht leui: xij
taufent der gezeychenten. Von dem gefchlecht yfach-

8. ar: xij· taufent der gezeychenten. Von dem ge-
fchlecht zabulon: xij· taufent der gezeychenten. Von
dem gefchlecht iofeph: xij· taufent der gezeychenten.
Von dem gefchlecht beniamin: xij· taufent der ge-

9. zeychenten. Nach difen dingen ich fach ein michel
gefellfchaft die niemant mocht gezeln von allen leú-
ten vnd gefchlechten vnd volcken vnd zungen: ftend
vor dem throne vnd in der befcheud des lamps ge-
uafft mit weyffen gewanden: vnd palmen in iren

10. henden. Vnd rieffen mit einer micheln ftymm fagent
Behaltfam fey vnferm got: der do fitzt auf dem thron

11. vnd dem lamp. Vnd alle die engel ftúnden in der
vmbhalbung des throns vnd der vier tier vnd der
allten: vnd vielen nider auf ir antlútz in der befcheud

12. des throns: vnd anbetten got | fagent gewerlich. Se-

*

61 zeychenten E, gezeychent ZASK—O, bezeychent ZcSaOa.   1
zeychenten E, gezeychent Z—O, bezaichnet Oa.   2, 4 gezeychent
Z—O, bezaichnet Oa.   5 gezeichent Z—Sc, bezaychnet OOa.   6 ge-
zeychent ZS—Sc, zeichet A, bezaychnet OOa.   7, 8 gezeychent Z—Sc,
bezaychnet OOa.   9 gezeychent ZS—Sc, zeychent A, bezaychnet
OOa.   10 gezeychent ZASK—Sc, bezeichent ZcSaOOa.   11 fach
ich Z—Oa.   groß P—Oa.   12 fchare Z—Oa.   13 **vnd** (*erstes*)]
-|- auch Sc.   14 **dem** — 15 **gewanden**] der angeficht des lams
bekleit mit weiffem gewand P.   14 in dem angeficht Z—Oa.   be-
kleidet Z—Oa.   15 ftolen Z—Oa.   16 Vnd fy fcbrien mit groffer
Z—Oa.   groffen P.   17 Das heyl feye Z—Oa.   18 **die**] *fehlt*
Z—Oa.   dem vmbkreiß P—Oa.   20 der angeficht P, dem ange-
ficht Z—Oa.   21 anbet P.   fprechend amen. Der fegen vnd die
klarheit Z—Oa.

*

61 **Von dem** — b 1 **gezeychenten**] *fehlt* TF; von dem ge afer 12
t der ge *nachtr.* ta.   3 **Von** — 4 **gezeichenten**] *fehlt* F.   10 **dem**]
den F.   **gezeychenten**] geczaichent F.   11 **Nach**] vnd nach TF.

gen vnd lauter vnd weyſheit vnd machung der gnad:
vnd ere vnd kraft vnd ſtercke ſey vnſerm gott: in
den werlten der werlt amen. Vnd einer von den alten   v. 13.
25 antwurt mir: ſagent. Diſe die do ſeint genaſſt mit
weyſſem gewand wer ſeind ſy vnd von wann ſeind
ſy kummen. | Vnd ich ſprach zů im. Mein herre du   14.
weyſt es. Vnd er ſprach zů mir. Diſe ſeind die do
ſeind kumen von den micheln durechten: vnd ſy ha-
30 ben gewaſchen vnd geweyſſt ir gewand: in dem blůt
des lamps. Dorumb ſeind ſy vor dem throne gotz: 15.
vnd dienent im tags vnd nachts in ſeim tempel: vnd
der do ſitzt auff dem thron der entwelt ob in. Sy en-   16.
hungert noch endůrſt nit von des hin: der ſunn noch
35 kein hitz velt nit auff ſy: | wann das lamp das do iſt   17.
in mitzt des throns richt ſy: vnd fůrt ſy zů dem brun-
nen der waſſer des lebens: vnd gott ſtreycht ab einen
ieglichen treber von iren augen. Vnd do es hett auf
getan daz ſibent inſigel: ſchweygung wart gemacht
40 im himel als ein halb ſtůnd.   *viij*

Und ich ſach ·vij· engel ſteen in der beſcheude   2.
gotz: vnd ·vij· born ſeind in gegeben. Vnd   3.
ein ander engel kam vnd ſtůnd vor dem al-

•

2 wirckung der genaden Z—Sa, danckſagung K—Oa.   3 **vnd**
(*erstes*)] *fehlt* Z—Oa.   25 antwurt vnd ſaget mir Z—Oa.   bekleit
P—Oa.   26 weyſſen ſtolen Z—Oa.   **ſeind ſy]** ſy ſein P.   28
weſt EP.   29 von der groſſen trübſale vnd haben Z—Oa.   groſſen
P.   30 gewaſchen ir ſtolen vnd haben ſy geweyſſet in Z—Oa.   32
tag vnd nacht Z—Oa.   33 wonet P, wirt wonen Z—Oa.   **Sy — 35**
ſy] Sy wůrt nit hungeren noch dürſten fůrohin (fůranhin K—Oa). Noch
wirt auff ſy fallen die ſunn noch dye hücze Z—Oa.   35 **das** (*zweites*)]
der P.   36 in (+ der SbOOa) mitt Z—Oa.   der thron MEP.
das wirt ſy regieren vnd wirt ſy fůren zů Z—Oa.   den ZASK—O.
37 got wirt abwiſchen allen (aller A, alle K—Oa) zäher Z—Oa.   39
inſigel da ward ein ſtille in dem hymel bey einer halben ſtund Z—Oa.
41 der angeſicht P, dem angeſicht Z—Oa.

        *

22 machtung TF.   33 **in]** + der fur ſi vnd TF, *in beiden ge-
strichen.*   36 **throns]** + daz TF.   37 **der]** dez TF.   39 inge-
ſigel TF.   42 vnd in wurden geben 7 horn vnd ain andern TF.

ter babent ein guldeins rauchuas in feiner hande:
vnd vil weyrauch feind im gegeben: das er geb von
den gebetten aller der heiligen auf dem guldein alter
v. 4. der do was vor dem thron gotz. Vnd der rauch der
weyrauch fteyg auff von den gebeten der heiligen von
5. der hand des engels: für got. Vnd der engel nam
das rauchuas: vnd füllt es von dem feüer des alters
vnd legt es an die erden: vnd es wurden gemachet
doner vnd ftymmen vnd plitzen vnd erdpidmung:
6. | vnd die ˙vij˙ engel die do hetten die ˙vij˙ hörner die
7. bereyten fich das fy fungen mit den hörnern. Vnd
der erft engel fang mit dem born. Vnd es wart ge
macht hagel vnd feür˙ vermifcht im blüt: vnd wart
gelegt an die erde. Vnd das dritteyl der erde ward
verbrant: vnd das dritteyl der baum wart verbrant:
8. vnd alles grüns hew ward verbrant. Vnd der ander
engel fang mit dem born: vnd ein michler berg brin
9. nent als mit feür ward gelegt in das mere.* Vnd daz
dritteyl der gefchöpffd die do hetten feln in dem mer
10. die fturben: vnd das dritteyl der fchiff verdarb. Vnd
der dritt engel fang mit dem born: vnd ein michler
ftern brinnent als ein fackel viel vom himel. Vnd
viel auf das dritteyl der floß vnd auff die brunnen
11. der waffer: | vnd der nam des fterns ift geheiffen wer
müt. Vnd das dritteyl der waffer wart gemacht

*

44 der het ein guldin Z—Oa. 45 geb] gåben S. 46 der]
fehlt Z—Oa. dem] den K—Oa. 47 was] ift Z—Oa. rauch
des weyrauchs K—Oa. 51 legt] ließ Z—Oa. gemachet] *fehlt*
Z—Oa. 52 plitzen vnd ftimmen P. 58 die (*letztes*)] *fehlt* K—Oa.
55 gemacht] *fehlt* S. 57 an] in Z—Oa. 58 wart] + auch Sb.
59 grün P. der] ein MEP. 60 fang] + auch Sb. vnd]
+ als Z—Oa. groffer P—Oa. 61 als mit] mit dem Z—Oa.
ward gefendet Z—Oa. daz] der Z—Oa. 1 gefchåfft S. 3
groffer P—Oa. 4 von SZcSa, von dem K—Oa. 5 auf (2)] in
Z—Oa. 7 wart] + auch Sb. gemacht] + zů Z—Oa.

*

44 guldein TF. 45 feind] wurden TF. 46 der] *fehlt* TF.
47 gots] *fehlt* TF. 53, 54 horn TF. 55 es] *fehlt* TF. 56 ge-
mifcht mit plut TF. 61 *mere] + vnd daz drittail dez meres
wart gemacht plut TF.

wermût: vnd manig leût ſturben von den waſſern:
wann ſy waren gemacht bitter. Vnd der vierd en-   v. 12.
10 gel der ſang mit dem born: vnd daz dritteyl des ſunns
wart geſchlagen vnd das dritteyl der menin vnd daz
dritteyl der ſtern· alſo das ir dritteyl ertunckelt: vnd
ir dritteyl leúcht nit dem tag vnd zûgeleicherweys
der nacht. Vnd ich ſach: vnd hort ein ſtymm eins ad-   1ᴣ.
15 ler fliegent durch mitzt den himel: ſagent mit einer
micheln ſtymm. We we we den die do entwelent auff
der erde von den andern ſtymmen der dreyer engel:
die do waren zeſingen mit dem born.   *ix*

20   Und der fúnfft engel ſang mit dem horn: vnd
ich ſach ein ſtern geuallen vom himel an die
erd: vnd der ſchlúſſel des ſodes des abgrun-
des waz im gegeben. Vnd er tet auf den ſod des abgrun   2.
des: vnd der rauch des ſodes ſteyg auff als ein rauch
eins michlen aitofens: vnd der ſunn vnd der luffte
25 ertunckelten von dem rauch des ſodes. Vnd von dem   3.
rauch des ſodes giengen aus heuſchrecken an die erd:
vnd in was gegeben gewalt als die ſcorpion der erd
haben gewalt. Vnd in wart gebotten das ſy nichten
ſchatten dem hew der erd noch einer ieglichen grúne

*

8 vil menſchen Z—Oa.   9 **wann**] vnd | wann S.   **gemacht**]
fehlt Z—Oa.   gar bitter Sb.   10 **der**] *fehlt* PK—Oa.   der
ſunn Z—Oa.   11 des mons Z—Oa.   12 des ſteren A, des ſterns S.
15 durch die mitt des hymels Z—Oa, + vnd F—Oa.   ſangen mit S.
16 groſſen P—Oa.   won P, wouend Z—Oa.   18 ſingen Z—Oa.
20 von Z—Oa.   21 ſodes] brunnen Z—Oa.   22 **gegeben**] engegen
P, geben A.   **den ſod**] *fehlt* ZS, den brunnen AZc—Oa.   23 ſodes]
brunnen Z—Oa.   24 **michlen**] *fehlt* P.   groſſen ofen Z—Oa.
die ſunn ward vinſter vnd der lufft von Z—Oa.   25, 26 des brunnen
Z—Oa.   26 **an**] in Z—Oa.   28 **in**] *fehlt* Z—Oa.   nit P—Oa.
29 enſchatten P.   eim yeglichen grunenden P.

*

9 **gemacht**] + gar TF.   10 **der**] *fehlt* TF.   **vnd — 11 alſo**]
nachtr. F.   **des — 11 dritteyl**] *fehlt* T. *nachtr.* ta.   22 **waz —
abgrundes**] *nachtr.* F.   22 **waz**] wart TF.   geben T.   ſodes TF.
23 **ein**] der TF.   24 die luft F.   27 **was**] wart TF.   ſchorphen
TF.   28 nit TF.   29 ieglichem T.

noch eim ieglichen baum: neur allein den menfchen
die do nichten haben das zeychen gotz an iren ftirnen

v. 5. Vnd in wart gegeben das fy ir nicht derfchlúgen:
wann das fy fy kreútzigten ·v· moneden. Vnd ir
kreútzigung waz als die kreútzigung des fcorpion::

6. fo er fchlecht den menfchen. Vnd in den tagen die
leút fúchent den tod vnd fy vindent fein nit: vnd fy

7. begerent zefterben: vnd der tod fleúcht von in. Vnd
die geleichfam der heufchrecken feind geleich den roffen
bereit zú dem ftreyt: vnd auf iren haubten als kronen
geleich dem golde: vnd ir antlútz als die antlútz des

8. menfchen. Vnd hetten har als die har der weib: vnd

9. ir zene als die zene der lewen. Vnd hetten halfperg
als eyfnin halfperg: vnd die ftymm irr vettich als die
ftymm der wegen maniger roß lauffent zú dem ftreyt

10. Vnd betten fchwentz geleyche der fchorpien: vnd
garteyfen warn in iren zegeln: vnd ir gewalt was

11. zefchaden dem menfchen ·v· monede. Vnd hetten
vber fich einen den kunig den engel des abgrunds des
nam ift hebreyfch labadon wann kriechifch appolion

12. vnd latein babent den namen verwúftent. Das ein we

*

31 nicht E—Oa. enhaben E. 32 ward gefaget Z—Oa.
fy ir] fie fie KSb—Oa, fie G. tóttend. Aber das Z—Oa. 33 pey-
nigten OOa. monet P—Oa. Vnd] + auch Sc. 34 pey-
nigung (2) OOa. die] fehlt K—Oa. 35 er erfchlecht ZcSa.
tagen werdent die menfchen fúchen Z—Oa. 37 werdent begeren
Z—Oa. wirt fliehen Z—Oa. 38 gleychnuffen Z—Oa. 39 als]
+ die OOa. 40 als die antlútz] fehlt SbSc. antlútz (zweites)]
angeficht OOa. des] der Z—Oa. 42 hetten] + auch Sb.
42, 43 pantzer Z—Oa. 43 flúg Z—Sa, flúgel K—Oa. 45 hetten]
+ auch Sb. der] den Z—Oa. fcorpion EZ—Oa, fcorpio P.
46 garteyfen] engel Z—Sa, ftachel K—Oa. fchwánczen Z—Oa. 47
dem] den Z—Oa. 48 den (erstes)] fehlt Z—Oa. 49 abaddon ZASK—Oa,
labadon oder abaddon ZcSa. Aber Z—Oa. 50 vnd] + zú Z—Oa.

*

30 leuten TF. 31 nit TF. 32 geben TF. 34 waz als die
kreútzigung] fehlt F. fchorpft TF. 36 fy (erstes)] fehlt TF.
37 begerten F. 38 feind] waz TF. 42 als die zene] fehlt T,
nachtr. ta. 43 als] + di F. vettichen TF. 45 Vnd] +
fi TF. zegel TF. 48 den] fehlt TF. 49 hebrifch abadon TF.
50 latin het er ainen namen TF.

gieng hin: vnd fecht noch kument ·ij· we nach difen
dingen. Vnd der ·vj· engel fang mit dem horn: vnd   v. 13.
ich hort ein ftymm von den ·iiij· örtern des guldein
alters der do was vor den augen gots: | fagent dem   14.
55 vj· engel der do hat das horn. Entbint die ·iiij· engel
die do feind gebunden auf dem micheln floß euffraten
Vnd die ·iiij· engel wurden entbunden die do warn   15.
bereyt in ftunde vnd in tage vnd in moned vnd in
iar: daz fy erfchlügen daz dritteyl der menfchen. Vnd   16.
60 die zal des reytenden heres ·xx· taufent ·x· taufent:
vnd ich hort ir zal: | vnd alfo fach ich roß in geficht   17.
[397 d] Vnd die do faffen auf in die hetten feúrein halfperg
vnd iacinctin vnd fchweblin: vnd die haubt der roß
waren als die haubt der lewen: vnd von irem mund
gieng aus feúer vnd rauch vnd fchwebel. Von difen   18.
5 dreyen wunden ift erfchlagen daz dritteil der menfch
en: von dem feúer vnd vom rauch vnd vom fchwebel
die do aufgiengen von irem mund. Wann der ge-   19.
walt der roffe was in irem mund: vnd in iren ze-
geln. Wann ir zegel waren geleych den fchlangen
10 habent die haubt: vnd in difen fchadent fy. Vnd die   20.
andern menfchen die do nit wurden derfchlagen in

*

51 ift ab gangen. vnd Z—Oa.   53 von] auß Z—Oa.   55 Löß
auff die Z.—Oa.   56 angebunden in Z—Oa.   den groffen fluß P,
dem groffen fluß Z—KSc, den groffen flüffen GSbOOa.   57 aufge·
löfet Z—Oa.   58 vnd (erstes, drittes)] + auch Sc.   59 Vnd] +
auch Sc.   60 taufent (erstes)] taufentmal Z—Oa.   61 hort] +
auch Sc.   1 halfperg] pantzer Z—Sa, fehlt K—Oa.   2 vnd (erstes)]
+ auch Sc.   fcheblin ZcSa, fchwifflein KG, fchiflein Sb, fchwiflein
Sc, fchweflein O, fchweflin Oa, + pantzer K—Oa.   der] des ZAS.
3 der leo A.   vnd] fehlt Z—Oa.   4 geet auß Z—Oa.   Von]
Vnd von Z—Oa.   5 dreyen plagen Z—Oa.   6 vom (erstes)] fehlt
SbOOa.   vom (zweites)] von dem Sc.   8 vnd] + auch Sc.
fchwäntzen Z—Oa.   9 fchwäntz Z—Oa.

*

55 fechft TF.   60 des] der F.   61 vnd ich hort] hort ich
TF.   in] + der TF.   2 iacincteine vnd fwefeleine TF.   3 die]
+ roffe T, gestrichen.   4 feur rauch vnd fwebfel TF.   6 von
dem rauch vnd von dem TF.   7 aus gieng TF.   8 irem zegel TF.
9 fchlangen] + di F.

difen wunden noch enmachten bůß von den wercken
irr hend das fy nit anbetten die teůfel noch die guldin
abgôt noch die filbrin noch die erein vnd die fteinin
vnd die húltzin die do nit múgen gefehen noch hôrn   15

v. 21. noch gen: | vnd machten nit bůß von iren manfchle
gen noch von iren zauberniffen noch von iren gemein
vnkeufchen: noch von iren diebheiten.

1. Und ich fach einen andern ftarcken engel nider
    fteygent vom himel geuafft mit den wolcken: 20
    vnd ein regenbog auff feim haubt. Vnd fein
antlútz was als der funn: vnd fein fúß als die feúl
2. des feúers. Vnd bett ein auffgethans bůch in feiner
hande: vnd er fatzt fein zefwen fůß auff das mere ·
3. wann den winftern auf die erd: | vnd rieff mit einer   25
micheln ftymm als der lew fo er lúet. Vnd do er het
4. gerůffen: die ·vij· dôner die retten ir ftymmen. Vnd
do die ·vij· dôner hetten geret ir ftymmen: ich was ze
fchreiben. Vnd ich hort ein ftymm von dem himel
mir fagent. Zeychen die ding die die ·vij· dôner ha-   30
5. ben gerett: nichten wôlft fy fchreiben. Vnd der engel

*

12 difen plagen noch wúrcktent Z—Oa.   13 anbechten den
teufel E.   14 **die** (*zweites*)] *fehlt* Sc.   **vnd**] + auch Sc.   15
vnd] *fehlt* Sc.   **do**] *fehlt* K—Oa.   fehen P.   gehôren Z—Oa.
16 machen MEP, tâtten Z—Oa.   manfchlâchten Z—Oa.   17 **zauber-
niffen**] vergitten wercken Z—Oa.   **gemein**] *fehlt* Z—Oa.   18 dieb-
ftalen Z—Oa.   19 herab Z—Oa.   bekleydet Z—Oa.   **den**] dem AS.
22 die funn Z—Oa.   24 **er**] *fehlt* Sc.   gerechten E—Sc, rechten
OOa.   25 aber Z—Oa.   lincken E—Oa.   fchry Z—Oa.
26 groffen P—Oa.   het gefchryen Z—Oa.   27 **die** (*zweites*)]
fehlt K—Oa.   28 **do**] *fehlt* SbOOa.   **ich**] vnd ich Z—Oa.   was
fchreybend Z—Oa.   30 **die die**] die G.   31 nicht enwôlft EP,
vnd folt fy nit Z—Oa.   **der**] den Oa.

*

12 wunden vnd machten nit puz TF.   14 filbreinen noch ereinen
noch die ftainen TF.   15 hulczeinen TF.   gehorn TF.   16 man-
flachten TF.   17 irem zaubernuffe F.   20 von dem TF.   22 **die**]
ein TF.   24 feinen zefemen TF.   25 aber TF.   **den**] dem F.
vinftern T.   27 doner redten TF.   **Vnd** ÷ 28 **ftymmen**] *nachtr.* F.
30 **mir**] *fehlt* TF.   **die die**] + da F, *gestrichen.*   dorn F.   31 vnd
nit enwellft (entwellft T) TF.

den ich fach ften auff dem mere vnd auff der erd der
hůb auf fein hand zů dem himel | vnd fchwůr bey dem   v. 6.
lebentigen in den werlten der werlte der do gefchůff
35 den himel vnd die dinge die do feind in ïm vnd die
erd vnd die ding die do feind in ir vnd das mere vnd
die ding die do feind in im: wann das zeyt wirt nit
von des hin: | wann in den tagen der ftymm des ˙vij
engels fo er begint zefingen mit dem horn: fo wirt
40 vollent die taugen gots als er hat gebredigt durch
fein knecht die weyffagen. Vnd die ftymmen die   8.
ich aber hort von dem himel redent mit mir vnd fa-
gent. Gee: nym das auffgethan bůch von der hande
des engels des der do ftet auff dem mere vnd auff der
45 erd. Vnd ich gieng zů dem engel fagent zů im das   9.
er mir gehe das bůch: vnd er fprach zů mir. Nym
das bůch vnd verfchlind es: vnd es macht zebittern
dein bauch: wann es wirt in deinem munde fůß als
honig. Vnd ich nam das bůch von der hand des en   10.
50 gels vnd verfchland es: vnd es was in meinem mund
fůß als honig. Vnd do ichs bett verfchlunden: mein
bauch der erbittert. | Vnd er fprach zů mir. Aber ge   11.
zimpt dir zeweyffagen den volcken vnd leůten vnd
zungen vnd manigen kůnigen.   *xj*

---

32 **der** (*letztes*)] *fehlt* K—Oa.   34 **der do**] do er P.   befchůff
ZcSaOOa.   37 die zeyt wirt nit fůrbas. aber Z—Oa.   38 **der**]
die MEP.   39 anfachet Z—Oa.   40 die heymligkeit Z—Oa.
41 feinen knecht M.   **Vnd — 42 himel**] Vnd ich hôret ein ftymm
von hymel widerumb Z—Oa.   43 **Gee**] + vnd Z—Oa.   44 **des
der**] der Z—Oa.   45 **gieng**] + ab Z—Oa.   47 es wirt machen
bitter zewerden (*fehlt* Sc) deinen Z—Oa.   48 den bauch P.   aber
Z—Oa.   **als**] + daz Z—Oa.   52 **der**] *fehlt* K—Oa.   Du můßt
widerumb weyffagen den heyden vnd den vôlckern vnnd den zungen
vnd vil kůnigen Z—Oa.

---

36 **vnd die**] vnd T.   38 fibenten TF.   42 **von dem**] vom
T, von F.   44 **des der**] der TF.   47 verfling daz vnd T.
48 **wann**] aber TF.   **als**] + daz TF.   50 verflang T.   51 **Vnd**]
aber TF.   verflungen T.   53 **den**] *fehlt* TF, *nachtr.* fb.

v. 1. **U**nd ein ror ift mir **gegeben** geleich einer rût:
fagent zû mir ftee auf: vnd miß den tempel
gots vnd den alter: vnd die do anbetten in

2. im. **W**ann den vorhoff des tempels der do ift aufwen
dig den wirff aus vnd nichten miffe in: wann er ift
gegeben den heyden. **V**nd fy vertrettent die heiligen

3. ftatte ·xlij· moned. **V**nd ich gibe zweyen meinen
gezeúgen den geift der weyffagung: vnd fy weyffagent
durch taufent ·cc· vnd ·lx· tag genafft mit fecken.

4. **D**ife feind zwen ôlbaum vnd zwey kertzftal ftend in

5. der befcheude des herren der erde. **V**nd ob in iemant
wil fchaden: feúer geet aus von irem munde vnd
verwûft ir feind: vnd ob fy iemant wil verferen dem

6. gezimpt alfo werden erfchlagen. **D**ife habent gewalt
zebefchlieffen den himel das es nichten regent in den
tagen irr weyffagung: vnd habent **gewalt*** zebefchlief
fen den himel das es nichten regen in den tagen irr
weyffagung: vnd habent **gewalt** vber die waffer fy
zekern in blût: vnd zefchlachen die erden mit einer

7. ieglichen wunden als **dick** als fy wôllen. **V**nd fo fy
volendent iren gezeúg das **tier** das do auffteygt von
dem abgrund **macht** einen ftreyt **wider** fy: vnd vber

---

56 See auff O.   58 Aber Z—Oa.   59 den] *fehlt* K—Oa.
nicht E—Oa.   enmiffe EP.   60 **Vnd**] *fehlt* Sb.   fy werden
treten Z—Oa.   61 will geben meinen zweyen zeugen Z—Oa.   1
·fy werden weyffagen Z—Oa.   2 **durch**] *fehlt* Z—Oa.   **taufent**]
+ vnd Z—Sa.   **vnd**] *fehlt* K—Oa.   angeleget Z—Oa.   3 **Dife**]
Die K—Oa.   leuchter K—Oa.   4 der angeficht P, dem ange-
ficht Z—Oa.   niemant EP.   5 fo wirt außgeen daz fewr Z—Oa.
6 wirt verwûften Z—Oa.   niemant EP.   der muß alfo erfchlagen
werden.   8 nichts S, nicht Zc—Oa.   9 ***zebefchlieffen** — 11
gewalt] *fehlt* E—Oa.   12 mit aller plag Z—Oa.   13 alfo dick
ZcSa, als offt K—Oa.   **fo**] *fehlt* Sb.   14 ire zeugknuß Z—Oa.
das tier] das thieres E, des tieres P, die befti oder das thyer Z—Sa.
15 wirt machen Z—Oa.

---

55 **ift**] wart TF.   56 **zû mir**] *fehlt* TF.   mieffe T, meffe F.
58 aber TF.   59 nit enmieffe T, nit enmiffe F.   2 genaß F.
4 **herren**] + vnd F, *geftrichen.*   5 fchaiden F.   6 verferen al-
fuft gezimt im werden TF.   8 er nit enregent TF.   9 ***zebe-**
fchlieffen — 11 **gewalt**] *fehlt* TF.   15 **abgrund**] + daz TF.

windet fy vnd erfchlecht fy. Vnd ir leib ligent in den   v. 8.
gaffen der micheln ftatt die do ift geheiffen geiftlich
fodom vnd egipt: do auch ir herre ift gekreützigt.
Vnd fy laffent nit legen ire leyh in die greber durch
20 iij· tag vnd ein halben: vnd ir leib werdent gefechen
von volcken vnd gefchlechten vnd zungen vnd leüten
Vnd die do entwelent auff der erde die frewent fich   10.
vber fy vnd werdent derfreuwet: vnd fendent gabe
einander: wan dife zwen weyffagen kreützigent
25 die die do entwelent auff der erde. Vnd nach dreyen   11.
tagen vnd eim halben der geift des lebens gieng von
gott in fy. Vnd fy ftünden auff ir füß: vnd michel
vorcht viel auf die die fy faben. Vnd fy hörten ein   12.
michel ftymm von dem himel: fagent zů in. Steygt
30 her. Vnd fy ftigen in dem wolcken in den himel: vnd
ir feind fahen fy. Vnd in der ftund ein michel erd-   13.
pidmung wart gemacht: vnd das ·x· teyl der ftatt
viel. Vnd in dem erd vall wurden erfchlagen· vij
taufent namen der mann: vnd die andern wurden
35 gelegt in vorcht: vnd gaben wunniglich gott des
himels. Das ander we gieng hin: vnd fecht das dritt   14.
we kumpt fchier. Vnd der ·vij· engel fang mit dem   15.

16 werdent ligen Z—Oa.   17 groffen P—Oa.   18 fodoma
Z—Sa, zodoma K—Oa.   egiptus Z—Oa.   19 laffent — 21 leüten]
werdent fehen (gefehen ZcSa) von den gefchlechten vnnd von den völ-
ckern vnd von den zungen vnd von den heyden ire leyb durch drey
tag vnd eynen halben vnd werden nit lauffen legen (ligen O) ire leyb
in die gråber Z—Oa.   22 wonen P.   inwonend die erde die
(fehlt OOa) werden fich freuwen Z—Oa.   23 werden fenden Z—Oa.
24 haben fy (fehlt Sb) kreucziget (gekreucziget A—SaSc) die da wonten
Z—Oa.   25 wonen P.   26 eim] einen Z—Oa.   der] des Sb.
lebens von got wirt eingeen in fy Z—Oa.   27 vnd] + ein Z—Oa.
groß P—Oa.   28 hören MEP.   29 groß P—Oa.   vom OOa.
30 herauff vnd fy ftigen auf in Z—Oa.   31 ward ein groß erdbid-
mung (erbidmung KGSc) vnd Z—Oa.   groß P.   33 dem erdbidem
wurden getötet Z—Oa.   34 menfchen Z—Oa.   35 gefendet in
Z—Oa.   glori Z—Oa.

22 entwelten TF.   23 gabe] + an TF.   25 die die] di F.
30 ftigen] + auf TF.   31 erdpidung F.   35 gelegt] gelaffen TF.
37 dem] den F.

horn: vnd michel ſtymmen wurden gemacht im hi
mel ſagent. Das reich dirr welt iſt gemacht vnſers
herren vnd ſeins criſts: vnd er reichſent in werlten
v. 16. der werlt amen. Vnd die ·xxiiij· alten die do ſaſſen
auff iren geſeſſen. Die vielen nider auff ir antlútz
17. in der beſcheude gots: vnd anbetten gott | ſagent. O
herre gott als gewaltiger wir machen dir genade:
du do biſt vnd du do werd vnd der du biſt kúnfftig: du
haſt entphangen dein michel kraft vnd haſt gereich-
18 ſent. Vnd die leút ſeind erzúrnt: vnd dein zorn iſt
kumen· vnd das zeyt der doten zeurteylen· vnd zewi-
dergeben den lon deinen knechten den heiligen vnd den
weiſſagen vnd den lútzeln vnd den groſſen: vnd den
die do vórchten deinen namen: vnd haſt verwúſt die
die do zerbrachen die erde. *xij*

19. **D**Er tempel gotz wart aufgethan im himel:
vnd die arch ſeins gezeúgs wart geſehen in
ſeim tempel. Vnd es wurden gemacht plitzen
vnd ſtymmen vnd donner: vnd erdpidmung vnd
1. michle hagel. Vnd ein ander zeychen derſchein im

---

38 groß P—Oa.   **gemacht**] *fehlt* Z—Oa.   in dem Sc.   39
gemacht] worden Z—Oa.   40 **criſts**] criſti Z—Sc, geſalbten OOa.
vnd werden regieren Z—Oa.   **in**] den in E, in den P—Oa.   41
ſaſſen — 43 **gots**] ſiczen in iren ſtúlen (+ vnd Sc) in dem angeſicht
gottes die vielen nider auff ir antlútz Z—Oa.   43 der angeſicht P.
O] *fehlt* Z—Oa.   44 allmechtiger wir ſagen Z—Oa.   dir danck OOa.
45 **du do** (2)] der du Z—Oa.   **du** (*zweites*)] *fehlt* MEP.   wareſt Z—Oa.
du (*drittes*)] do P.   **kúnfftig**] + wann Z—Oa.   46 groſſe Z—Oa.
haſt geregieret Z—Oa.   48 die zeyt Z—Oa.   50 kleinen P—Oa.
51 **haſt verwúſt**] zeuertreyben oder abzetilgen Z—Sa, abzetilgen
K—Oa.   **die**] *fehlt* PG.   52 da haben zerſtóret Z—Oa.   53 Und
der tempel Z—Oa.   in dem Sc.   54 ſeiner zeugknuß Z—Oa.
55 **gemacht**] *fehlt* Z—Oa.   .56 **vnd donner**] *fehlt* Z—Oa.   57 michel
E, groß P, ein groß ZASKGSb, ein groſſer ZcSaScOOa.   **57 ander**]
groß Z—Oa.   in dem Sc.

---

38 micheln F.   40 **in**] + den TF.   44 alles gewaltig wir
machten TF.   45 **vnd der — kúnfftig**] *fehlt* TF.   48 wider
zegeben lon TF.   50 **vnd** (*erstes*)] *fehlt* TF.   53 Und der tempel
TF.   57 micheler TF.   andern TF; *gestrichen* T, michel ta.

himel. Ein weip geuafft mit dem funnen vnd mit
der menin vnder iren füffen: vnd auff irem haubt
₅₀ ein kron von ˙xij˙ fternen. Sy hett im leib vnd rieff
zegebern: vnd wart gekreützigt das fy gebere. Vnd
[₅₅₆b] ein ander zeychen wart gefehen im himel. Vnd fecht
ein michler track roter habent ˙vij˙ haubt vnd zehen
hörner: vnd auff feinen haubten ˙vij˙ kronen: | vnd mit
feim zagel zů zoch er das dritteyl der ftern des himels
₅ vnd legts an die erde. Vnd der track ftůnd vor dem
weib die do was zegebern: fo fy geber das er verwůft
iren fun. Vnd das weib gehare ein menlichen: der
do was zerichten alle leút in einer eyfnin růten. Vnd
ir fun wart gezuckt zů got vnd zů feim thron: | vnd
₁₀ das weip floch in die einöde do fy bett ein bereyt ftatt
von got: das er fy fůrt durch ˙M cc˙ vnd ˙lx˙ tage.
Vnd ein michler ftreyt wart gemacht im himel.
Michahel vnd fein engel ftriten mit dem tracken: vnd
der track ftreyt vnd fein engel | vnd fy enmochten nit:
₁₅ ir ftat wart nit funden von des hin im himel. Vnd
der michel track˙ der alt fchlang˙ der do ift geheiffen

v. 2.
3.

5.
6.

8.
9.

•

58 **weip**] + ward Z—Oa. bekleit P, bekleydet Z—Oa. **dem**]
den M, der E—Oa. 59 den menin M, der menin EP, der mon ZS,
dem mon AZc—Oa. 60 **im leib**] in lieb G, in dem leib Sc. fchry
geberend Z—Oa. 61 wirt ZAS, würd Zc—Oa. gepeiniget OOa.
fy gebar P. 1 **zeychen**] + daz P. in dem Sc. 2 groffer
P—Oa. roter track der hett fiben Z—Oa. 3 hauben ME. 4
fchwantz AZcSaGOOa. **zů zoch er**] zů zothor M, zůzoch EP, zoch
er Z—Oa. 5 fendet fy in die Z—Oa. 6 da folt geberen. das
(+ er K—Oa) fo fy hett geboren iren fun er (*fehlt* K—Oa) in ver-
fchlicket. Vnd Z—Oa. 7 einen knaben Z—Oa. 8 was regierend
alle völcker Z—Oa. 11 **von**] vor ZASK—Oa. **fůrt durch**] da
fůret (neret K—Oa) Z—Oa. **vnd**] *fehlt* K—Oa. 12 groffer
P—GScOOa, groß Sb. **gemacht**] *fehlt* Z—Oa. in dem Sc.
14 mochten nit angefigen. Noch auch (*fehlt* SbOOa) ward erfunden ir
ftat fůrbas im (in dem Sc) himel Z—Oa. 16 groß P—Oa.

•

58 **dem**] der F. **mit der**] di TF. 2 trakke ain roter TF.
3 kron TF. 5 legt fi TF. 7 **menlichen**] + fun ta. 8 eifneinen
TF. 10 beraitte TF. 11 fi da furt taufent TF. 13 engel di
ftreitten TF. 14 **fy**] *fehlt* TF. 15 **ir**] noch ir TF. 16 **der**
(*zweites*)] di TF.

teúfel vnd fathanas· der do verleyt allen den vmb-
ring der ift aufgeworffen· vnd wart geworffen an
v. 10. die erd: vnd fein engel wurden gefant mit im. Vnd
ich hort ein michel ftymm in dem himel fagent. Nu
ift gemacht behaltfam vnd krafft vnd das reich vn
fers gotz vnd der gewalt feim crifto: wann der hefa
ger vnfer brúder der fy befagt tags vnd nachts: vor
11. der befcheud gotz der ift aufgeworffen. Vnd fy habent
in vberwunden vmb das blút des lamps vnd vmb
das wort feins gezeúgs: vnd fy hetten nit lieb ir feln
12. vntz an den tod. Dorumb himel freuwet eúch: vnd
ir do entwelt in in. We der erd vnd dem mere: wann
der teúfel ift abgeftigen zú eúch habent micheln zorn:
13. wiffent das er hat ein lútzels zeyt. Vnd dornach do
der track gefach das er was geworffen an die erd: er
14. iagt das weip die do gebar den menlichen. Vnd dem
weip wurden gegeben zwen vettich eins micheln ad
lers: das fy flúg in die wúft an ir ftatt: das fy do
wúrd gefúrt durch das zeyt vnd die zeyt vnd ein halb
15. teyl des zeyts vor dem antlútz des fchlangen. Vnd
der fchlang ließ von feinem mund nach dem weip ein

*

17 verfúret alle welt Z—Oa.   den vmbkreiß P.   18 an] in
Z—Oa.   19 werden ZcSa.   mit jn GSc.   20 groß P—Oa.   in
dem] im OOa   21 ift worden heyl Z—Oa.   22 feines Z—Oa,
crifti Z—Sc, gefalbten OOa.   verfager Z—Oa.   23 verfaget tag
vnd nacht vor dem angeficht vnfers gots Z—Oa.   24 der angeficht P.
25 lamps] ams K, aus Sb.   26 feiner gezeugknuß Z—Oa.   27 biß
Sb—Oa   zú dem tod Darumb ir himel Z—Oa.   28 ir do] die ir Z—Oa.
wonet P—Oa.   in im MEP, in ir Oa.   29 euch vnd hat einen
groffen zorn. wann er weyß (weyft AZc—Oa) daz er ein wenig zeit
hat Z—Oa.   groß zorn P.   30 klein zeyt P.   31 fach Z—Oa.
außgeworffen in die Z—Oa.   32 iagt] durchâchtet Z—Oa.   den
fun Z—Oa.   33 flúg Z—Sa, flügel K—Oa.   micheln] groffen
P—Sc, fehlt OOa.   34 do] fehlt Z—Oa.   35 gefúrt] generet K—Oa.
das] die Z—Oa.   36 der zeyt K—Oa.   vor] von Z—Oa.   der
fchlangen Z—Oa.   37 fchlang] + der P.

*

17 den] fehlt TF.   18 ift] da wart TF.   20 in dem] im TF.
22 got TF.   32 die] daz TF.   33 geben TF.   adalarz TF.
34 ir] di TF.   36 der flangen TF.   37 die flange TF.

waſſer als ein floß : das er ſy mocht ziechen von dem

floß. Vnd die erde halff dem weip : vnd die erde tet   v. 16.

40 auff iren mund vnd befoff den floß : den der track ließ

von ſeinem munde. Vnd der track wart derzúrnt   17.

wider das weib : vnd gieng hin zemachen ſtreyt mit

den beleibungen von irem ſamen die do hehúten die

gebott gotz : vnd habent den gezeúg iheſu. Vnd er   18.

45 ſtúnd auff dem ſand des meres.   *xiij*

Und ich ſach ein tier auffteygen von dem mer
habent · vij · haubt vnd ·x· hôrner : vnd auff
ſeinen hôrnern ·x· kronen : vnd auff ſeinen

haubten namen der geſpôtt. Vnd das thier das ich   2.

50 ſach was geleich dem hart : vnd ſein fúß als eins bern :

vnd ſein mund als der munde des lewens. Vnd der

track gab im ſeinen gewalt vnd ſein michel krafft.

Vnd ich ſach eins von ſeinen haubten als erſchlagen   3.

in den tod : vnd die wund ſeins tods ward geſundet.

55 Vnd alle die erd wundert ſich nach dem tier. | Vnd

anheten den tracken der do gab den gewalt dem tier :

vnd anbetten das tier ſagent. Wer iſt geleych diſem

tier : vnd wer mag geſtreyten mit im ? Wann im   5.

iſt gegeben ein mund zereden michle ding vnd ge-

60 ſpott : vnd im iſt gegeben gewalt zetún ·xlij· moned

*

38 **ein]** einem Sb.   zeychen S.   40 vnd verſchlande Z—Oa.
43 den übrigen Z—Oa.   44 **den]** die Z—Oa.   zeugknuß Z—KSc,
gezeugknuß GSbOOa.   **iheſu]** + chriſti Z—Oa.   **er]** *fehlt* Z—Oa.
47 **habent]** daz hett Z—Oa.   49 die namen des laſters Z—Oa.   50
eins] die fúß des Z—Oa.   52 ſein krafft vnd ſeinen groſſen gewalt Z—Oa.
groß P.   54 **wund]** plag Z—Oa.   geſunt gemachet Z—Oa.
55 **die]** *fehlt* K—Oa.   58 ſtreyten K—Oa.   **Wann]** vnd Z—Oa.
59 **ein]** der Z—Oa.   groſſe P—Oa.   **geſpott]** laſter Z—Oa.

*

38 zezichen TF.   40 vnd — 41 munde] *nachtr.* F.   40 be-
ſouoff F.   41 tranckk F.   41 zemachten TF.   44 **habent]**
fehlt TF.   iheſus TF.   47 horn TF.   48 hornen TF.   51 ainz
lewen TF.   52 ſein kraft vnd den micheln gewalt TF.   54 dem F.
wart gehailt TF.   55 **Vnd** (*zweites*) — 56 **tier]** *nachtr.* F.   58 **Wann]**
vnd F, *rasur.*   59 wart geben TF.   60 **iſt]** wart TF.

v. 6. Vnd es tet auf feinen mund in gefpŏt got zeuerfpotten
feinen namen | vnd feinen tabernackel: vnd die die do
7. entwelent im himel. Vnd im ift gegeben zemachen
ftreyt mit den heiligen: vnd fy zŭ vberwinden. Vnd
im ift gegeben gewalt vber alles gefchlecht vnd volck
8. vnd zungen vnd leúte: | vnd alle die do entwelent auf
der erd die anbeten es: der namen nit feind gefchriben
in dem bŭch des lebens vnd des lamps das do ift er-
9. fchlagen feind der fchickung der werlt. Ob etlicher
10. hat orn der hŏr. Der do fúrt in geuangenfchaft der
geet in geuangenfchaft: der do erfchlecht mit dem
waffen: dem gezimpt zewerden derfchlagen mit dem
waffen. Hie ift die gefridfam: vnd die trew der hei-
11. ligen. Vnd ich fach ein ander tier auffteygen von der
erde: vnd es bett zwey hŏrner geleich dem lamp: vnd
12. redt als der drack. Vnd tet allen den gewalt des erften
tiers in feiner befcheud: vnd macht die erd vnd die
do entwelent auf ir anzebetten daz erft tier: des wund
13. des todes do waz geheilet. Vnd es tet als michel zeych
en: das es ioch macht das feúer niderfteygent vom

*

61 in die lafter zŭ got zelŏfteren Z—Oa.   1 die die] der die
MEP, die K—Oa.   2 wonten P, wonend Z—Oa.   im (erftes)] in
dem Sc.   im (zweites)] nu ME, nun P.   zethŭn Z—Oa.   3 rŭ]
fehlt Z—Sa.   4 im ift] in ift G, ift im Sb.   geben A.   5 leúte]
beiden Z—Oa.   wonen PZcSa, wonten ZASK—Oa.   6 es] fy
Z—Oa.   8 feind] von Z—Oa.   der fchickung] erfchreckung
MEP, anuang Z—Oa.   Ob — 9 orn] Wer orn hab Z—Oa.   9, 10
geuángknuß Z—Oa.   11 :dem — 12 trew] der múß mit dem fchwert
erfchlagen werden, da ift die geduld vnd der gelaub Z—Oa.   11 der-
fchagen M.   14 es] das Z—Oa.   15 den] fehlt Z—Oa.   16
feinem Z—Oa.   angeficht P—Oa.   17 wonent P—Oa.   in
ir Z—Oa.   wund] plage Z—SbOOa, tage Sc.   18 tods ift geheylet
worden Z—Oa.   als] fehlt Z—Oa.   groß P, groffe Z—Oa.   19
auch Z—Oa.   von Z—O, von dem Oa.

*

61 gefpŏt] + zu TF.   2 entwelten TF.   ift] wart TF.
zemacht TF.   3 zŭ vberwinden] zeverfwinden F.   4 im wart
geben TF.   14 dem] aim TF.   15 den] fehlt TF.   18 do waz]
wart TF.   19 von dem TF.

20 himel an die erde in der befcheude der leût. Vnd ver   v. 14.
lait die do entwelten auff der erd vmb die zeychen die
im waren geben zethûn in der befcheud des tiers: fa-
gent den die do entwelten auf der erd das fy machten
ein bilde dem tier das do bett die wund des waffens
25 vnd lebt. Vnd im ift gegeben daz es geb einen geift   15.
dem bild des tiers daz das bild des tiers rett: vnd macht
das ein ieglicher der do nit anbett das bilde des tiers
wúrd erfchlagen. Vnd macht alle die wenigen vnd   16.
die grolfen vnd die reychen vnd die armen vnd die
30 eygen vnd die freyen zehaben daz zeichen in der zefwen
hand vnd an iren ftirnen: | vnd daz keiner mag kauffen   17.
oder verkauffen der do nichten hat das zeichen vnd den
namen des tiers: oder die zal feins namen. Allhie   18.
ift weyfheit. Vnd der do hat die vernunft: der achtet
35 die zale des tiers. Wann es ift die zal des menfchen:
vnd fein zal ift ‘vj c’ vnd ‘lxvj.   *xiiij*

U nd ich fach: vnd fecht ein lamp ftûnd auf dem
herge Iyon: vnd mit im ‘C xliiij’ taufent
habent fein namen vnd den namen feins vat

*

20 an] in Z—Oa.   der angeficht P, dem angeficht Z—Oa.   der
menfchen. vnud verfûret (-ren Oa) die Z—Oa.   21 wonen P—SK—Oa,
wonten ZcSa.   22 gegeben ZcSa.   der] dem Z—Oa.   angeficht P—Oa.
23 won P, wonen Z—Oa.   machen Z—Oa.   24 ein] an O.   hatt die
plag des fchwerts Z—Oa.   25 es] er ZASK—Oa.   26 des —
bild] *fehlt* Sb.   macht] thûe Z—ScOa, thûr O.   28 wirt machen
alle die (*fehlt* K—Oa) kleinen Z—Oa.   30 daz fy haben daz Z—Oa.
zeichen] reiche MEP.   gerechten E—Oa.   31 mûg Z—Oa.   32
nicht E—Oa.   enhett EP, habe Z—Oa.   vnd den] des Z—Oa.
33 Allhie] da Z—Oa.   34 ift] + die Z—Oa.   :der] Die Sc.
achtet] acht P, reyte ZS—Oa, rechne A.   36 vnd ‘lxvj] fechßund-
fechtzig Z—Sa, fechtzig (+ vnd OOa) fechs K—Oa.   38 mit] bey
Z—Oa.   39 die da hetten feinen Z—Oa.

*

24 wunden TF.   25 ift geben TF.   26 daz — tiers] *fehlt*
F.   29 reichten TF.   die (*letztes*)] *fehlt* TF.   30 zaichen dez
tierz an irr zefem hant oder an TF.   32 nit enhat TF.   35 der
menfchen TF.   37 daz lamp ften TF.   38 C vnd 44 TF.   39
vater TF.

v. 2. ters gefchriben an iren ftirnen. Vnd ich hort ein ftymm   40
von dem himel als ein ftymm maniger waffer vnd als
ein ftymm eins micheln douers: vnd die ftymm die ich
hort was als der herpffenden herpffent in iren herpf

3. fen. Vnd fungen als ein neúwen gefanck vor dem
gefeß gotz vnd vor den vier tiern vnd vor den alten: 45
vnd keiner mocht gefagen den gefanck neur die ·C
vnd die ·xliiij· taufent die do feint gekaufft von der

4. erde. Dife feind die do nit feint entzeúbert mit den
weiben: wann meygde feint fy. Dife nachuolgent dem
lamp wo hin es get. Dife feind gekaufft von allen   50

5. den erftlichen dingen gott vnd dem lamp: | vnd die
lug ift nit funden in irem mund. On fleck feint fy

6. vor dem throne gotz. Vnd ich fach einen andern en
gel fliegen durch mitzt den himel· habent das ewan
gelium ewigs: das ers bredigt den fitzenden auf der   55
erde vnd vber alle leút vnd gefchlecht vnd zungen

7. vnd volck: | mit einer micheln ftymm fagent. Vôrcht
gott vnd gebt im ere: wann die ftund feins vrteils
ift kumen: vnd anbett den der do gefchúff den himel
vnd die erd vnd das mere vnd alle ding die do feind   60

8. in in vnd die brunnen der waffer. Vnd ein ander
engel nachuolgt im fagent. Es viel es viel babilon   [295 d

---

40 **ein**] + groffe Sb.   41 **dem**] *fehlt* OOa.   42 groffen Z—Oa.
dones MEP.   44 newes K—Oa.   45 ftúl Z—Oa.   **gotz**] *fehlt*
ZASK—Oa.   46 mocht fprechen Z—Oa.   47 **vnd die**] *fehlt* Z—Oa.
48 vermeyliget ZS—Oa, vermaßget A.   49 wann fy feyen iunckfrau-
wen Z—Oa.   **Dife**] *fehlt* MEP.   50 wo es hingeet SbOOa.   auß
allen Z—Oa.   51 **den — dingen**] zûm erften oder die erften frúcht
Z—Sa, als erft frúcht K—Oa.   52 erfunden ZS—Oa.   Wann fy
feyendt on mackel Z—Oa.   54 mitt P, die mitt Z—Oa.   der
himel EP, des hymels Z—Oa.   der hett das ewig ewangelium Z—Oa.
55 **ers**] er Z—Oa.   57 groffen P—Oa.   59 befchúff ZcSaOOa.
61 in im G—Oa.   1 Es ift geuallen, es ift geuallen die groß Babilon
Z—Oa.   **es viel**] *fehlt* P.

---

41 **von dem**] vom T, von F.   43 **hort**] + di TF.   46 vnd
nymant mocht gefingen TF.   47 **die (erstes)**] *fehlt* TF.   48 **do**]
fehlt TF.   49 maid TF.   51 **den**] *fehlt* TF.   54 dem F.
daz ewig ewangelium TF.   55 dem F.   61 prunnden TF.

die michele: die do hat getrenckt alle leút von dem
wein des zorns irr gemeinen vnkeúfch. Vnd der drit   v. 9.
engel nachuolgt in mit einer micheln ftymm fagent
5 Der do anhett das tier vnd fein bild vnd entphecht
das zeychen des tiers an feiner ftirnen oder an feiner
hande: | dirr trinckt von dem wein des zorne gotz der   10.
do ift gemifcht mit lauter in dem kelch feins zorns
Vnd wirt gekreútzigt mit feúer vnd mit fchwebel
10 in der befcheud der heiligen engel: vnd vor der befcheud
des lamps. Vnd der rauch irr quelung fteygt auff   11.
in den werlten der werlt. Sy habent nit rûe tags vnd
nachts die do anbetten das tier vnd fein bild: vnd der
do entphecht das zeychen feins namen. Hie ift gefrid-   12.
15 fam der heiligen: die do behútent die gebott gotz vnd
die treúwe ihefu. Vnd ich hort ein ftymm vom hi   13.
mel fagent zû mir. Schreib. Selig feind die doten:
die do fterbent im herren. Der geift fprichet: das fy
ietzund von des hin rûent von iren arbeiten. Wann
20 ire wercke die nachuolgent in. Vnd ich fach · vnd   14.
fecht ein weyffes wolcken: vnd auff dem wolcken einen
fitzenden einen gelichen dem fun der meyd babent auff
feim haubt ein guldin kron: vnd ein fcharpffs waf
fen in feiner hand. Vnd ein ander engel gieng aus   15.
25 von dem tempel: rúffent mit einer micheln ftymm zû

*

2 die groffe P.   3 gemeinen] fehlt Z—Oa.   4 in] jm ZcSa.
groffen P—Oa.   5 vnd (zweites)] fehlt P.   7 wirt trincken Z—Oa.
8 mit lauterm weyn Z—Oa.   9 gepeiniget OOa.   10 der ange-
ficht (2) P, dem angeficht Z—Oa.   11 irer peyn wirt aufffteygen
Z—Oa.   peynigung P.   12 Sy] vnd Z—Oa.   tag vnd nacht
Z—Oa.   13 da haben angebeten (-tet ZcSaKSb—Oa) das Z—Oa.
14 Da ift die weyßheit der Z—Oa.   16 den gelauben Z—Oa.   von
Z—Oa.   18 fpricht yetzundt fúrohin (fúranhin K—Oa) das fy rûen
Z—Oa.   20 die] fehlt K—Oa.   ich fag G.   21 weyffe Z—Oa.
dem] der Z—Oa.   22 einen] fehlt Z—Oa.   ieglichen MEP, geleych
Z—Oa.   den fun MEP.   des menfchen. der da hett Z—Oa.   23
fein G.   fcharpffe fichel Z—Oa.   25 groffen P—Oa.

*

4 im TF.   6 fein ftirn oder an fein hant TF.   9 vnd fwefel TF.
12 vnd] noch TF.   14 feinē T.   ift] + di TF.   16 ihefus TF.
20 die] fehlt TF.   21 den F.   23 fein F.   25 vom TF.

dem fitzenden auff dem wolcken. Send dein fcharpffs
waffen vnd fchneyd: wann die ftund die ift kumen
das es werd gefchnitten: wann der fchnitt der erde
v. 16. dorrt. Vnd der do faß auff dem wolcken der fant fein
17. waffen an die erde: vnd fchneyd die erde. Vnd ein
ander engel gieng aus von dem tempel der do ift in dem
18. himel: habent auch er ein fcharpffs waffen. Vnd ein
ander engel gieng aus von dem alter der do bett den
gewalt vber das feûer vnd das waffer: vnd er rieff
mit einer micheln ftymm zû dem der do hett daz fcharpff
waffen fagent. Send dein waffen vnd life die wein-
truben des weingarten der erd: wann fein here feint
19. zeytig. Vnd der engel fant fein waffen an die erd:
vnd laß den weingarten der erd: vnd legt in in den
20. micheln fee des zorn gotz. Vnd der fee wart vertret
ten aufwendig der ftatt: vnd das blût gieng aus von
dem fee vntz zû den britteln der roffe durch · M · vnd
lx · zile oder leuffe.

1. **U**nd ich fach ein ander michel zeychen im hi-
mel vnd wunderlichs: fiben engel habent die
vij· iungften wunden: wann in in ift vol-

*

26 **dem**] der Z—Oa.   **fcharpffs waffen**] fichel Z—Oa.   27 **die**
(*zweites*)] *fehlt* K—Oa.   28 das gefchnitten werde Z—Oa.   29 hat
gedorret Z—Oa.   **dem**] der Z—Sc.   **der** (*zweites*)] *fehlt* OOa.   30
fichel in die Z—Oa.   **die erde** (*zweites*)] fy ab Z—Oa.   32 vnd
der hett auch ein fcharpffe fichel Z—Oa.   33 do] *fehlt* Z—Oa.
34 **vnd das waffer**] *fehlt* Z—Oa.   vnd der fchry auß mit groffer
Z—Oa.   35 groffen P.   die fcharpff (fcharpffen AZc—Oa) fichel
vnd fprach. Send dein fichel Z—Oa.   37 **des weingarten**] *fehlt* A.
38 **fant**] + auch Sb.   fein fcharpffe fichel in die Z—Oa.   39
legt] ließ Z—Oa.   40 groffen P—Oa.   42 **dem**] fy Sc.   biß
SbSc.   zaumen Z—Oa.   43 **lx· zile oder**] fechßhundert K—Oa.
leuffe] roßleüff Z—Oa.   44 groß P—Oa.   45 **vnd**] + ein Z—Oa.
wunderberlichs ZcSa.   engel die da hetten die fiben leczten plag
Z—Oa.

*

27 ftund ift TF.   28 es] er TF.   daz fnyt TF.   30 **die**
erde] *fehlt* F.   32 **er**] *fehlt* TF.   33 andern TF.   34 **vnd das**
waffer] *fehlt* TF.   38 zetig F.   39 **den**] fein F.   42 taufent
cc vnd lx F, M cc (*getilgt*) dc T.   45 **vnd**] + ain TF.

endet der zorn gotz. Vnd ich ſach als ein gleſin mere   v.
vermiſcht mit feůer vnd die die vberwunden daz tier
vnd ſein bild vnd die zale ſeins namen ſtend auf dem
50 gleſin mere: habent die herpffen gotz | vnd ſungen
den geſang moyſes des knecht gotz vnd den geſang
des lamps ſagent. O herr gott als gewaltiger michel
vnd wunderlich ſeind dein werck: o kůnig der werlt
recht vnd gewere ſeind dein weg. O herr wer vórcht
55 dich nit: vnd michelicht nit deinen namen? Wann
du biſt allein milt: wann alle leůt kument vnd an-
betten in deiner beſcheud: wann dein vrteyl die ſeind
offen. Vnd nach diſen dingen ich ſach: vnd ſecht
der tempel des tabernackels des gezeůgs wart aufge-
60 tan im himel. Vnd ˙vij˙ engel giengen aus vom tem
pel babent die ˙vij˙ wunden: geuafft mit reinem ſtein
[399 a] vnd weyſſem: vnd fůrbegurt vmb die bruſte mit
guldin gůrteln. Vnd eins von den ˙iiij˙ tiern gab
den ˙vij˙ engeln ˙vij˙ guldin ſchenckuaſ: vol des zorn
gotz des lebentigen in den werlten der werlt. Vnd der
5 tempel wart erfůllt von dem rauch von der magen
krafft gotz vnd von ſeiner krafft: vnd keiner mocht
eingen in den tempel: vntz das die ˙vij˙ wunden der
vij˙ engel wurden volendet.   xvi

*

48 die die] die da K—Oa.   50 gleßein Sc.   51 moyſi Z—Oa.
knechts ZASK—Oa.   52 ſagent. Herre got almechtiger Z—Oa.
groß P—Oa.   53 o] du Z—Oa.   54 gewere] war Z—Oa.   weg.
Herre wer wirt dich nicht fůrchten vnd wirt großmachen deinen Z—Oa.
55 gröſſigt P.   56 milt] gůtig Z—Oa.   werden kummen Z—Oa.
57 deiner angeſicht P, deinem angeſicht Z—Oa.   die] fehlt K—Oa.
58 offenbar Z—Oa.   dingen ſach ich Z—Oa.   59 der gezeugknuß
ZASK—Oa, der zeůgknuß ScSa.   60 in dem ScOa.   gieng M.
von dem AScOa.   61 habent — 399 a 1 brůſte] die hetten ſiben
plag von dem tempel bekleydet mit (von Sb) cynem reynen vnd
weyſſen ſteyn. vnd waren fůrbegůrtet (fůrgegůrtet A) bey iren brůſten
Z—Oa.   1 weiſſen vnd tůrgebůrt P.   5 von (erstes)] mit ZcSa.
mageſtatt P—Oa.   7 biß SbSc.   wunden] plag Z—Oa.

*

48 gemiſcht TF.   52 alles TF.   54 recht || recht F.   1 vnd
mit weiſſem T.   5 von] mit TF.   7 den] fehlt TF.

v. 1. Und ich hort ein michel ſtymm von dem tempel
ſagent den ·vij· engeln. Geet: vnd gieſſt aus
die ·vij· ſchenckuaß des zorn gotz an die erd

2. Vnd der erſt engel gieng vnd goß aus ſein ſchenck
uaß an die erde: vnd ein vbel wund wart gemacht
vnd ein freyſlich vber die leút die do hetten das zeychen

3. des tiers: vnd in die die do anbetten das bild. Vnd
der ander engel goß aus ſein ſchenckuaß auf daz mer:
vnd es wart gemacht blůte als eins doten: vnd ein

4. ieglich lebentig ſele ſtarb in dem mere. Vnd der dritt
engel goß aus ſein ſchenckuaß auff die floß vnd auf
die brunnen der waſſer: vnd es wart gemacht blůt

5. | Vnd ich hort den engel der waſſer ſagent. Du biſt
gerecht du do biſt vnd werd heilig du do haſt geur-

6. teylt diſe ding: | wann ſy haben vergoſſen das blůt der
heiligen vnd der weyſſagen: vnd du gebt in blůt ze

7. trincken· als ſy ſeind wirdig. Vnd ich hort ein an-
dern von dem alter ſagent. Iedoch o herre got als ge

8. waltiger: recht vnd gewere ſeind dein vrteyl. Vnd
der vierd engel goß aus ſein ſchenckuaß in den ſunn:
vnd im iſt gegeben zequelen die leúte mit hitz vnd

9. mit feúer. Vnd die leút die erhitzten mit michler

*

9 groſſe P—Oa.   11, 13 an] in Z—Oa.   13 vbel] bőße P,
grauſam Z—Oa.   wart — 14 leút] vnd ein (fehlt Sc) bőſiſte warde
wider die menſchen Z—Oa.   15 in] wider Z—Oa.   16 auf] in
Z—Oa. 17 gemacht] fehlt Z—Oa.   eins] ein G.   20 gemacht]
fehlt Z—Oa.   22 gerecht] + herre Z—Oa.   du do (2)] der du
Z—Oa.   wareſt Z—Oa.   23 vergeſſen MP, wergeſſen E.   24 ga·
beſt Z—Oa.   25 als] wann Z—Oa.   feind] ſeyens ZcSa, ſind
ſein K—Oa.   26 von dem alter] fehlt Z—Oa.   o] fehlt Z—Oa.
almechtiger Z—Oa.   27 gewere] war Z—Oa.   28 dem ſunn P,
die ſunnen Z—Oa.   29 im] nu M—S.   zebeinigen P—Oa.   29,
30 die menſchen Z—Oa.   30 die (zweites)] fehlt E—Oa.   groſſer
P—Oa.

*

12 der erſt engel] erſt TF, der nachtr. fc.   fein] fehlt TF,
nachtr. fb.   14 die (erstes)] fehlt F.   15 in] fehlt TF.   das]
ſein TF.   18 dritt] 3 TF.   20 vnd ſi wurden TF.   22 vnd] +
du TF.   26 von dem alter] unterstrichen T.   ioch TF.   alles
TF.   29 geben TF.   30 leut derhiczten TF.

hitz: vnd verſpottent den namen gotz der do bett den
gewalt vber diſe wunden: ſy machten nit bůß das
ſy im gehen wunniglich. Vnd der fůnfft engel goß   v. 10.
aus ſein ſchenckuaß auf dem geſeſſe des tiers vnd ſein
35 reich ward gemacht vinſter. Vnd ſy entzampt aſſen
ir zungen vor nôten: | vnd ſpotteten gotz des bimels   11.
vor ſchmertz vnd vor iren wunden: vnd machten nit
bůß von iren wercken. Vnd der ſechſt engel goß aus   12.
ſein ſchenckuaß auff den micheln floß euffraten: vnd
40 truckent ſein waſſer das ein weg wůrd fůrbereyt den
kůnigen von dem aufgang des ſunns. Vnd ich ſach   13.
von dem mund des tiers vnd von dem mund des tracken
vnd von dem mund des valſchen weyſſagen · iij · vn
rein geiſt aufgen in die gleichſam der frôſch. Wann   14.
45 es ſeint die geiſt der teůfel tůnd die zeychen: vnd fůr
gend zů den kůnigen aller der erd ſy zeſamen an den
ſtreyt zů dem micheln tag · des als gewaltigen gotz.
⸜ Vnd ſich ich kum als der diep. Er iſt ſelig der do   15.
wacht vnd hůt ſeiner gewand daz er icht ge nackent:
50 vnd ſy ſehent ſein entzeůberkeit. Vnd er ſament ſy   16.
an die ſtatt die do iſt geheiſſen hebreyſch armagedon

*

31 vnd lôſterten Z—Oa.   32 diſe plag. ſy tăten auch nit Z—Oa.
33 die glori P, glori Z—Oa.   34 ſein] ſim A.   auf] fehlt P.
den ſtůl Z—Oa.   35 reich] + daz P.   gemacht] vaſt Z—Oa.
entzampt] mit Z—Oa.   36 vor ſchmerczen vnd lôſterten got Z—Oa.
37 ſchmertzen E—Oa.   tădten nit Z—Oa.   38 von] auß Z—Oa.
engel] + der P.   39 auff] in Z—Oa.   groſſen P—Oa.   effraten
ZAS.   40 trunckent EP.   ein] der Z—Oa.   41 angang S.
der ſunn Z—Oa.   ſach] + auch Sb.   43 weyſſagen außgeen drey
vnrein geiſt Z—Oa.   44 gleichſam] maß ZASK—Oa, gleichnuß ZcSa.
45 ſeint] + auch Sb.   teůfel] + die da Z—Oa.   46 der] fehlt
K—Oa.   ſy] fehlt Z—Oa.   zeſamen] + ſy K—Oa.   an] in
Z—Oa.   47 michel E, groſſen P—Oa.   allmechtigen Z—Oa.
34 ſeine ZAS, ſein K—Oa.   nicht Z—Oa.   50 ſchnôdigkeit. vnd
er wirt ſy ſamen Z—Oa.

*

31 den] fehlt TF.   33 fůnfft] 5 TF.   36 ſpotten TF.   37
ſchmertz] noten TF.   38 ſechſt] 6 TF.   40 berait T, werait F.
42 vnd] fehlt TF.   44 die] der TF.   47 alles TF.   49 nicht F.
50 ſehent] + ſch F, gestrichen.   51 ermagedon. TF.

v. 17. Vnd der ·vii· engel goß aus fein fchenckuaß in den
luffte: vnd ein michel ftymm gieng aus von dem tem
18. pel vom thron fagent. Es ift getan. | Vnd es wur
den gemacht plitzen vnd ftymmen vnd donner: vnd   55
ein michel erdbidmung wart gemacht daz fólch nye
was fint das die leúte waren auff der erde: alfólich
19. michel erdpidmung. Vnd die michel ftatt wart ge
brochen in drey teyl: vnd die ftett der heyden vielen.
Vnd babilon die michel kam in gedenckung fúr got: 60
ir zegeben den kelch des weins der vnwirdigkeit feins
20. zorns. Vnd ein ieglich infel die floch: vnd die berg   [399
21. wurden nit funden. Vnd ein michler hagel als ta
lent fteyg nider vom himel auff die leúte: vnd die
leúte verfpotten gotz vmb die wunden des hagels:
wann er was gemacht groffe.   *xvij*

1. Und einer von den ·vij· engeln die do hetten
die ·vij· fchenckuaß der kam: vnd rett mit
mir fagent. Kum ich zeyg dir die verpan-
nenfchaft der micheln gemeinen die do fitzt auff ma-
2. nigen waffern: | mit der do habent gemein vnkeufcht   10
die kúnig der erd: vnd die do entwelent auff der erd

---

53 groß P—Oa.   54 von dem P.   ift gefchehen A.   55 **ge-
macht**] *fehlt* Z—Oa.   56 groß P—Oa.   **gemacht**] *fehlt* Z—Oa.
fólichs A.   57 waz gewefen feyt daz die menfchen Z—Oa.   ein
fólich erdbidmung alfo groß Vnd die groß ftat Z—Oa.   58 groß
(2) P.   59 **vnd**] + auch Sb.   60 groß P—Oa.   **in**] + die Z—Oa.
61 der vngenedigkeit K—Oa.   1 die (*erftes*)] *fehlt* K—Oa.   2 **Vnd**]
+ auch Sb.   groß P, groffer Z—Oa.   **als**] + ein Z—Oa.   3 **ni-
der** — 4 **wunden**] herab von himel vnd die menfchen lófterten got
vmb die plag Z—Oa.   3 von dem P.   4 gott P.   5 **gemacht**]
vaft Z—Oa.   7 **der**] *fehlt* K—Oa.   8 kumm vnd ich will dir zeygen
die verdampnus der groffen gemeinen funderin Z—Oa.   9 groffen
P.   vil Z—Oa.   10 **gemein**] *fehlt* Z—Oa.   vnkeúfch EP.
11 **do**] *fehlt* ZASK—Oa.   wonent P—Oa.   **der** (*zweites*)] *fehlt* OOa.

54 **wurden**] ift F.   55 ftimm TF.   57 ain fulch michele
TF.   58 **gebrochen**] gemacht T, gemach F.   59 in drein
tail TF.   60 vnd di michel babilon TF.   2 hachel TF.   3 von F.
4 leut di fpotten TF.   8 **kum**] + vnd TF.

die feint gemacht truncken von dem wein irr entzeü-
berkeit. | Vnd er nam mich im geift in die wüft. Vnd
ich fach daz weip fitzen auff eim roten tier· vol namen
15 der fpott: habent ·vij· haubt vnd ·x· hörner. Vnd
daz weip was vmbgeben mit purpur vnd mit rotem
vnd vbergůldet mit golde vnd mit eim edeln ftein
vnd mit mergriefelm: habent ein guldin fchenck-
uaß in ir hand vol der verbannenfchaft vnd der vnreini
20 keit irr gemein vnkeüfch. Vnd an ir ftirnen ein tau
gen namen gefchriben babilon die michel: ein můt
ter der gemein vnkeufch vnd der verbannenfchaft der
erde. Vnd ich fach das weip truncken von dem blůt
der heiligen: vnd von dem blůte der marter ihefu.
25 Vnd do ich fy gefach ich wundert mich mit mich
elm wunder. | Vnd der engel fprach zů mir. Worumb
wunderftu dich: ich fag dir die taugen des weibes
vnd des tiers das fy tregt: vnd das do hat die fiben
haubt vnd die ·x· hörner. Das tier das du fecht das
30 was vnd ift nit: vnd ift aufzefteygen von dem ab-
grund vnd get in den tod: vnd die do entwelent auf
der erde die wundernt fich der namen nit feind ge-
fchriben in dem bůche des lebens fint der fchickunge

*

12 feind truncken worden Z—Oa.   **entzeüberkeit**] verfeczung
des gemeinen lebens Z—Oa.   13 **im**] in dem Sc.   15 des lafters
daz het .vij. Z—Oa.   16 **rotem**] + kleyd Z—Oa.   17 vergüldet
SbOOa.   gefteyn Sc.   18 mit berlin vnnd het Z—Oa.   19 **der**]
fehlt Z—Oa.   **verbannenfchaft**] bannenfchaft M, vnmenfchlichen
(-cher AZc—Oa) fünde Z—Oa.   20 **taugen**] *fehlt* Z—Oa.   21 groß
P—Oa.   22 **gemein**] *fehlt* Z—Oa.   **verbannenfchaft**] vnmenfch-
lichen fünden Z—Oa.   23 trincken ZcSa.   25 verwundert Z—Oa.
groffem P—Oa.   27 ich will dir fagen daz facrament oder die heym-
lich bedeütung des Z—Oa.   28 **die**] *fehlt* AS.   29 **x**] *fch't* P.
haft gefehen Z—Oa.   wirt auffgeen Z—Sa, wirt aufffteygen K—Oa.
31 wirt geen Z—Oa.   wonten P, wonend Z—Oa   32 wunderten fich
MEP, werden fich verwundern Z—Oa.   33 von der faczung Z—Oa.

*

15 horn TF.   17 mit edlem geftain TF.   18 mergrifleinen TF.
20 **irr**] in ir F.   **ein**] ane F.   23 trinken TF.   24 ihefus TF.
26 wundern TF.   28 **vnd** (*zweites*)] *fehlt* TF.   29 horn TF.   fech
TF.   32 **gefchriben — 33 lebens**] *nachtr.* F.   33 **fint**] *fehlt* F.

v. 9. der werlt fehent das tier das do was vnd ift nit. Vnd
hie ift finn: der do hat die warheit oder weyfheit.
Die ·vij· haubt das feint ·vij· berg auff den die ge-
10. mein fitzt: vnd feind ·vij· kúnig. Fúnffe vielen: der
ein ift: vnd der ander ift noch nit kumen. Vnd fo
11. er kumpt: im gezimpt zebeleiben ein kurtzes zeyt. Vnd
das tier das do was vnd ift nit vnd das felb ift das
12. achte: das ift von den fiben. Vnd get in den tod | Vnd
die ·x· hórner die du fecht feind ·x· kúnig vnd noch
nit habent entphangen daz reich: wann in einer ftund
entphachent fy den gewalt nach dem tier als die kú-
13. nig. Dife habent ein rate: vnd antwurten ir krafft
14. vnd iren gewalt dem thier. Dife ftreyten mit dem
lamp· vnd daz lamp vberwindet fy: wann es ift ein
herre der herren· vnd ein kúnig der kúnige: vnd die
15. do feind mit im gerúffen erwelt vnd getrewe. Vnd
er fprach zú mir. Die waffer die du fecht auff den
16. die gemein fitzt feint volck vnd leút vnd zungen: | vnd
die ·x· hórner die du fecht vnd das tier dife haffent
die gemein vnkeufcherin vnd machent fy wúft vnd
nacket: vnd effent ir fleyfch vnd verbrennent fy mit

*

34 fehet O, fecht Oa.   35 hie] daz Z—Oa.   finn] finnen M.
der fynn E—SKGSc, der fun ZcSaSbOOa.   warheit oder] fehlt Z—Oa.
36 das] fehlt K—Oa.   feint] + die A.   die gemein] daz weyb
Z—Oa.   Fúnffe] + die P.   feind geuallen Z—Oa.   39 kumpt
der (er SZcSaOOa) múß ein kurcze zeit beleiben Z—Oa.   kurtz P.
41 das] vnd Z—Oa.   42 haft gefehen Z—Oa.   vnd] die da Z—Oa.
noch nit habent] nitt haben noch S.   43 aber Z—Oa.   44 wer-
den fy empfachen Z—Oa.   45 antwurten] werden geben Z—Oa.
46 werden ftreyten Z—Oa.   47 wirt fy überwinden Z—Oa.   49
berúffet Z—Oa.   50 fecht — den] fahest da Z—Oa.   52 fahest
an dem tyer die werden haffen Z—Oa.   53 vnd werden fy machen
verwúft Z—Oa.   54 werden effen Z—Oa.   vnd fy verbrennen
mit dem fewr Z—Oa.

*

34 tier] + daz tier F, gestrichen.   35 warheit oder] fehlt TF.
36 dem T.   41 das] vnd TF.   in den] in TF.   42 horn TF.
fechd daz fint TF.   vnd] di TF; + da T, gestrichen.   51 fitzt]
+ daz TF.   52 horn TF.   haiffent TF.   53 machtent TF.
54 verprnenent TF.

55 feüer. **Wann got gab in ir hertzen das ſJ thůnd das**   v. 17.
im iſt geuallent: vnd gebent ir reich dem tier vntz
das die wort gotz werdent volent. Vnd das weyb   18.
das du ſecht iſt die michel ſtatt: die do hat das reich
vber die kůnig der erde.   *xviij*

60   Und nach diſen dingen ich ſach einen andern
        engel niderſteigen vom himel habent micheln
[399 c] gewalt: vnd die erde ward entleúcht von ſeiner wun
niglich. Vnd er rieff in einer ſtarcken ſtymm ſagent   2.
Es viel es viel babilon die michel Vnd iſt gemacht
ein entwelung der teúfel: vnd ein hůt eins ieglichen
5 vnreinen geiſts vnd ein hůt eins ieglichen vnreinen
gefúgels vnd hefflichs: | wann alle leút haben getrunck   3.
en von dem zorn irr gemein vnkeuſch. Vnd die kú-
nig der erd die do gemein vnkeuſchten mit ir: vnd
die kaufleút der erd ſeind gemacht reich von der kraft
10 irr wolluſt. Vnd ich hort ein ander ſtymm vom hy-
mel ſagent. Mein volck get aus von ir: das ir icht
wert teylhaftig irr mifftate: vnd entphacht nit von
iren wunden. Wann ir ſúnd ſeint kumen vntz zů
dem himel: vnd gott hat gedacht all irr vngangkeit

*

56 **im**] in GSbOOa.   iſt ein geuallen daz ſy geben Z—Oa.
biß SbSc.   58 ſaheſt Z—Oa.   groß P—Oa.   60 ſach ich
Z—Oa.   61 abſteygend von (von dem Sc) himel. der hett eynen
groſſen Z—Oa.   groß P.   1 erleúcht Z—Oa.   glori P—Oa.
2 rúfft P, ſchry Z—Oa.   in der ſtörcke vnd ſprach. Es iſt geuallen
es iſt geuallen Z—Oa.   3 groß PZS—Oa, gro || A.   **Vnd**] + es P.
iſt worden Z—Oa.   4 inwonung P, wonung Z—Oa.   5 yetlichen
OOa.   6 geflügels K—Oa.   heßlich Z—Oa.   7 **gemein**] *fehlt*
Z—Oa.   vnkeuſchen P.   8 erde haben mit ir gewerb triben (*fehlt*
S) vnd Z—Oa.   vnkeúſchen E, vnkeuſch P.   9 ſeynd reych worden
Z—Oa.   10 von dem P, von Z—Oa.   11 nicht Z—Oa.   12 nit
empfachend von iren plagen Z—Oa.   13 biß Sb—Oa.   14 **gott**]
der herre Z—Oa.   het S.   boßheyt P—Oa.

*

56 **reich**] reichtum TF.   2 **in**] mit TF.   10 von dem T, von
den F.   12 werdet gemacht tailhaftig TF.   nit enpbacht TF.
14 **all**] *fehlt* TF.

v. 6. Widergebt ir als fy euch hat gegeben: vnd zwiuel-   15
tiglich nach iren wercken. In dem fchenckuaß in
7. dem fy euch mifchet mifchet ir zwiueltiglich. Als
vil als fy fich wunniglicht vnd waz in wolluften·
alfuil widergebet ir quelen vnd weinen: wann fy
fprach in irem hertzen. Ich fitz ein kúnigin: vnd ich   20
8. bin nit ein witwe: vnd fich nit das weinen. Dor-
umb an eim tag kument ir wunden vnd der tod vnd
weinen vnd hunger: vnd fy wirt verbrannt mit
feúer: wann gott der ift ftarck der fy hat geurteylt.
9. Vnd die kúnig der erde die do gemein vnkeufchten   25
mit ir vnd lebenten in iren wolluften die weinent
vnd klagent vher fy fo fy fehent den rauch ir entzún
10. dung: | fy ftend verr vmb die vorcht irr quelung fa
gent. We we die michel ftat babilon: die ftarck ftat:
11. wann in einer ftund ift kumen dein vrteyl. Vnd die   30
kauffleúte der erde die weinent vber fy vnd lúent:
12. wann keiner kaufft iren werd von des hin: | den werd
des golds vnd des filbers vnd des edeln fteins vnd des

15 **hat**] + wider Z—Oa.   geben A.   **zwifeltiglich**]
zwiualtiklichen P, zwifeltigendt zwifache widergeltung Z—Oa.   16
fchenckuaß] tranck Z—Oa.   17 euch hat vermifchet vermifchendt
(-ends ZcSa) ir Z—Oa.   zwiualtig P.   18 **fy**] *fehlt* P.   ert
P, hat glorificzieret Z—Oa.   19 alfo vil ZcSa.   beinigen P,
peyn Z—Oa.   klag Z—Oa.   20 fpricht Z—Oa.   fetz PSc.
21 vnd wird kein klag fehen Z—Oa.   22 werden kummen ir plag
Z—Oa.   23 die klag vnd der hunger Z—Oa.   **mit**] + dem Z—Oa.
24 **der** (*erftes*)] *fehlt* K—Oa.   fy wirt richten Z—Oa.   25 **vn-
keufchten**] + oder gewerb haben gehabt Z—Oa.   26 **iren**] *fehlt*
Z—Oa.   werden weynen vnnd klagen Z—Oa.   27 anzúndung vnnd
werden verr ftan (verfteen G—Oa) vmb Z—Oa.   28 beinigung P,
peyn Z—Oa.   vnd fprechen Z—Oa.   29 groß P—Oa.   **babilon**]
+ vnd Z—Oa.   31 **die**] die do ZcSa, *fehlt* K—Oa.   **weinent** — 32
werd] werdend weynen über fy vnd klagen. wann ir **kauffmanfchafft**
wirt fúrbas niemand kauffen die kaufmanfchatft Z—Oa.   33 gefteins
SZcSaOOa.

15 **vnd**] + zwifeltigt ir TF.   18 **als**] *fehlt* TF.   wunniclich TF.
wolluft TF.   19 **fy**] *fehlt* TF, *nachtr.* ta.   20 **ich**] *fehlt* TF.   21
gefich TF.   24 **wann**] *fehlt* TF.   26 lebten TF.   27 **fo fy**] fo
TF, fi *nachtr. corr.* T.   28 von verre TF.   31 **weinent**] + vnd kla-
gent ta.   **vnd lúent**] *fehlt* TF.   32 nimant TF.   33 geftains TF.

mergrieflins vnd des peyfens vnd des purpurs vnd
35 der feydin vnd des roten: vnd alles geuerbtes holtz
vnd alle die vaß des helffenbeins vnd alle die vaß von
edelm gefteiné vnd des eres vnd des eyfens vnd des
marmels: | vnd der cinamum vnd der amum vnd der   v. 13.
gefchmacke vnd der falben vnd des weyrauchs vnd
40 des weins vnd des öls vnd der femeln vnd des waitzen
vnd der vich vnd der fchaff vnd der roffe vnd der kar-
ren vnd der iunglinge vnd der felen der menfchen.
Vnd dem öpffel die begird deiner felen die fchieden   14.
fich von dir: vnd alle die veyften ding vnd die lau-
45 tern die feint verdorben von dir: | vnd die kauffleút   15.
dirr ding der vindent fy ietzunt nit von des hin. Die
do feint gemacht reich von ir die ftend verr vmb die
vorcht irr quelung: weinent vnd klagent | vnd fa-   16.
gent. We we die michel ftatt: die do was geuaffet
50 mit peyfen vnd mit purpur vnd mit roten vnd vber
gúldet mit gold vnd mit edelm geftein vnd mit mer
griefel: | wann in einer ftund feind fy verwúft alfuil 17.

*

34 margariten oder berlins (der lins ZcSa) Z—Sa, margariten
K—Oa.   bißßen Z—Oa.   35 roten — holtz] halb rot geferbten
gewandes vnd alle thyn holtz Z—Oa.   36 die (2)] fehlt K—Oa.   38
der (erftes, zweites)] den Z—Oa.   amum] amomum E—Oa.   der
(drittes)] + wolryechenden Z—Oa.   40 der] des S.   41 karten S.
42 iunglinge] knecht Z—Oa.   43 dem] die K—Oa.   die (zweites)]
fehlt K—Oa.   44 :vnd — 45 dir]
fehlt S.   45 die (erftes)] fehlt K—Oa.   46 dirr] der P—Oa.   ding
— hin] menfchen werden yetzund (+ fürbas K—Oa) dife ding fúrbas
(fehlt K—Oa) nit finden Z—Oa.   fy] ir P.   47 feind reych worden
Z—Oa.   ir] dir ZcSa.   die werden verr fteen Z—Oa.   48 beinigung
P, peyn Z—Oa.   49 groß PA—Oa.   beklaydt P—Oa.   50 biß
Z—Oa.   rotem ZcSaOOa.   vnd (letztes)] + ift Z—Oa.   51 mer-
grieflin EP, berlin Z—Oa.   52 feind entfetzet fo vil Z—Oa.

*

34 peifen TF.   35 geverbten holczes TF.   37 eifeins TF.
38 mermelz der cynamon vnd der amom (amoni F) der TF.   39 wein-
rauchz TF.   vnd — 40 femeln] nachtr. F.   40 waiczes TF.
43 fel di fint gefchaiden von TF.   46 der] fehlt TF.   49 we
we we TF.   geuaffet mit purpur vnd mit peife vnd TF.   52 -gri-
feln T, -griflen F.   fy] fehlt TF.

reichtumb. Vnd ein ieglich marner vnd alle die do
fchiffen an die ftatt vnd fteúrer vnd die do werckent
v. 18. auff dem mere · die ftúnden verre: | vnd rieffen fo fy
fahen die ftat irr entzúndung fagent. Wer ift ge-
19. leiche dirr micheln ftatt? Vnd legten das geftúpp
auff ir haubt: vnd rieffen weinent vnd klagent vnd
fagent. We we dio michel ftatt in der do feind ge-
macht reich von irem werd alle die do haben fchiffe
auff dem mere wann in einer ftund ift fy verwúft.
20. Hymel freúwet euch vber fy vnd heiligen hotten vnd
weyffagen: vnd gott der hat geurteylt eúwer vr-
21. teyl von ir. Vnd ein ftarcker engel húb auff einen
ftein als ein micheln múlftein: vnd lieẞ in in daz mer
fagent. In dirr gech wirt gelaffen babilon die michel
ftatt: vnd wirt ietzund nit funden von des hin.
22. Vnd die ftymm der herpffenden vnd der muficer vnd
der die do fingen mit dem holer vnd mit dem born
wirt nit gehórt von des hin in ir: vnd ein ieglich
meifter einer ieglichen kunfte wirt nit funden von
des hin in ir: vnd die ftymm der múle wirt nit ge

*

53 **marner**] marmer P, fchiffregyerer ZAZc—GScOOa, regierer SSb.
54 **an die ftatt**] in dem fee Z—Oa.　　**do**] *fehlt* Z—Oa.　　55 **auff**]
in Z—Oa.　　**die**] *fehlt* OOa.　　fchryren Z, fchrien A—Oa.　　**fo**]
da Z—Oa.　　56 feben M, fechent EP.　　anzúndung ZcSa.　　**Wer**]
Wólliche Z—Oa.　　57 **dirr**] der P.　　groffen P—Oa.　　legten
den (die S) afchen Z—Oa.　　58 fchryren ZK, fchrien A—SaG—Oa.
vnd (*letztes*)] *fehlt* E—Oa.　　59 groffe P, groß A—Oa.　　feind wor-
den Z—Oa.　　1 Du hymel freuwe dich Z—Oa.　　vnd ir heyligen
apoftel Z—Oa.　　2 **vnd**] wann Z—Oa.　　**der**] der do MEP, *fehlt*
K—Oa.　　4 **micheln**] groß P, groffen Z—GSc, *fehlt* SbOOa.　　5 **dirr**]
der P.　　groß P—Oa.　　6 **von des hin**] fúrohin Z—Sa, fúranhin
K—Sc, fúran OOa.　　7 finger Z—Oa.　　8 **do**] *fehlt* S.　　**mit**
(*erftes*)] in A.　　9 **von des hin**] fúrohin Z—SaOOa, fúranhin K—Sc.
iegklicher Sc.　　10 werckmeyfter. vnd ein yegklich kunft Z—Oa.
von des hin] fúrohin Z—Sa, fúranhin K—Sc, fúran OOa.　　11 **ir**] dir
Z—Oa.

*

53 morner alle TF.　　54 **vnd** (*erftes*)] + di TF.　　57 **Vnd**]
+ fi TF.　　1 heilig TF.　　2 **vnd**] wan TF.　　**der**] *fehlt* F.
5 **In**] mit TF.　　8 holter TF.　　9 gehort in ir von dez hin TF.
11 funden in ir von dez hin TF.

hort von des hin in ir. Vnd das liecht der Iaternen v. 23.
leúcht dir nit von des hin: vnd die ftymm des breú
tigams vnd der breut wirt nit gebort noch in dir:
15 wann dein kauffleut warn die fúrften der erd: wann
in deinen zauberniffen irrthen alle leut. Vnd in ir ift 24.
funden das blůt der heiligen vnd der weyffagen: vnd
aller der die do feint erfchlagen auff der erd. *xviiij*

N ach difen dingen ich hort als ein michel ftymm
20 maniger hôrner in dem himel fagent alle-
luia. Lobe vnd wunniglich vnd krafft fey
vnferm gott· | wann recht vnd gewere feint fein vr 2.
teyl: der do hat geurteylt von der micheln gemeinen·
die do zerbrach die erde in irr entzeúberkeit: vnd er
25 hat gerochen das blůt feiner knecht von iren henden
Vnd aber fprachen fy alleluia. Vnd ir rauch fteyg 3.
auf in den werlten der werlt. Vnd die · iiij · tier vnd 4.
xxiiij· alten die vielen nider vnd anbetten gott den
fitzenden auff dem thron: fagent gewerlich alleluia
30 Vnd ein ftymm gieng aus von dem thron fagent
Alle fein knecht fagt lob vnferm got: vnd ir do in
vôrcht die lútzeln vnd die groffen. Vnd ich hort als 6.

*

12 **von des hin]** fúrohin Z—Sa, fúranhin K—Sc, fúran OOa.   **ir]**
dir Z—Oa.   13 wirt nit leuchten fúrohin (fúranhin K—Oa) in dir
vnd Z—Oa.   16 alle vôlcker Z—Oa.   17 weyffagen vnd der hey-
ligen Z—Oa.   19 hort ich Z—Oa.   einen S.   groß PA, groffe
ZZc—Oa, groffen S.   21 **wunniglich]** er P, glori Z—Oa.   22 wann
war vnd recht (gerecht Sc) feind (*fehlt* A) feine Z—Oa.   23 groffen
P—Oa.   24 zerbrachen MEP, hat zerftôret Z—Oa.   **entzeúberkeit]**
verfetzung Z—Oa.   **er]** *fehlt* Z—Oa.   25 gebrochen MEP.   27 **vnd]**
+ die AOOa.   28 **die]** *fehlt* K—Oa   29 **gewerlich]** Amen Z—Oa.
30 **thron]** *fehlt* S.   31 **Alle — 32 die** (*zweites*)] Sagend lob vnferm
got ir all fein heyligen vnnd die ir fúrchtend got ir kleynen vnd
Z—Oa.   32 kleinen P.

*

12 -hort in ir von dez hin TF.   **Vnd — 13 hin]** *nachtr.* F.   15
warn] wan F.   20 im TF.   22 gerecht TF.   vrtailt TF.
28 di 24 alten vilen TF.   **den — 29 thron]** *fehlt* TF.   30 **Vnd]** wan
TF.   31 ir in da furchtet TF (in *umgeändert*: di F).   **32 als]**
fehlt TF.

ein ſtymm eins micheln horns vnd als ein ſtymm ma
niger waſſer vnd als ein ſtymm michler donner ſa
gent alleluia: wann der herre vnſer got als gewalti

v. 7. ger hat gereichſent. Wir freuwen vns vnd erhóhen
vns wir geben im wunniglich: wann die braut-
laufft des lamps ſeint kumen: vnd ſein eeweyb hat

8. ſich vor bereyt. Vnd ir iſt gegeben das ſy ſich vaſſe
mit weyſſem beyſe leúchtent. Wann die beyſe ſeind

9. die gerechtikeit der heiligen. Vnd er ſprach zů mir
Schreyb. Sy ſeint ſelig die do ſeint gerůſſen zů dem
abenteſſen der brautlaufft des lamps. Vnd er ſprach

10. zů mir. Diſe wort gotz ſeind gewer. | Vnd ich viel
fúr ſein fúß: Das ich in anbett. Vnd er ſprach zů
mir. Sich das du es nichten tůſt. Wann ich bin dein
entzampt knecht: vnd deiner brúder habent den ge-
zeug iheſu. Anbet got. Wann der gezeug iheſu iſt

11. der geiſt der weyſſagung. Vnd ich ſach den himel
offen: vnd ſecht ein weyſſes roß: vnd der do ſaß auf
im der iſt geheiſſen getrewe vnd gewer: vnd vrteylt

12. vnd ſtreyt mit recht. Wann ſein augen ſeint als die
flammen des feúers: vnd auff ſeim haubt manige
krone: habent einen namen geſchriben den niemant

*

33 groſſen PAZc—Oa.   34 groſſer P—Oa.   35 **als** — 37 **wun-
niglich**] der allmechtig der (*fehlt* K—Oa) hatt geregyeret. Wir ſúllen
vns freúwen vnd frolocken vnd geben glori im Z—Oa.   37 im ere P.
hochzeit P—Oa.   39 ſich beklayd P, ſich bedecke Z—Oa.   40 weyſ-
ſen (-em Zc—Oa) ſcheynenden (-dem ZcSa) biß, wann der biß das
(*fehlt* OOa) ſeind Z—Oa.   peiſen (2) P.   42 berúffet Z—Oa.
43 hochzeit P—Oa.   44 **gewer**] war Z—Oa.   46 nicht Z—Oa.
47 mitknecht Z—Oa.   brúder die da haben die gezeugknuß (zeúck-
nuß ZcSa) Z—Oa.   48 **iheſu** (*erstes*)] *fehlt* Z—Oa.   **Anbet — ge-
zeug**] *fehlt* S.   die gezeugknuß ZAZc—Oa.   50 **vnd** (*zweites*)]
fehlt K—Oa.   51 der hyeß getreú vnd war Z—Oa.   52 mit ge-
rechtigkeit aber Z—Oa.   53 vil Z—Oa.   54 nyemants ZcSa.

*

33 **eins**] alz aines TF.   35 got der alles gewaltig TF.   37
vns] + vnd TF.   **geben**] + vns T, *gestrichen.*   38 ekon TF.
39 geben TF.   40 wan ir peiz warn TF.   46 icht entuſt TF.
47 **vnd**] wan F; vnd T, *auf rasur.*   48 **iheſu** (*erstes*)] iheſus TF.
49 weiſſagen TF.   52 **ſeint**] warn TF.

55 weyß neur erſelb. Vnd was geuaſſt mit gewanden   v. 13.
vnd beſprengt mit blůt: vnd ſein nam wart geheiſſen
das wort gotz. Vnd die here die do ſeind im himel   14.
die nachuolgten im auff weyſſen roſſen: geuaſſt
mit weyſſem beyſe vnd reinem. Vnd von ſeinem muud   15.
60 gieng aus ein waffen ſcharpff ietwedern halb: das
er in im erſchlůg die leut. Vnd erſelb richtet ſy in
[400 a] einer eyſnin růten vnd erſelb dritt die breß des weins
der tobheit des zorn gotz des als gewaltigen. Vnd   16.
hat in ſeim gewand vnd in ſeiner hufft geſchriben:
ein kůnig der kůnig vnd ein herre der herſchenden.
5 Vnd ich ſach einen engel ſten in dem ſunn: vnd er   17.
rieff mit einer micheln ſtymm ſagent allen den vo-
geln die do fliegen durch mitzt den himel. Kumpt
vnd wert geſament zů dem micheln abenteſſen gotz:
, das ir eſſet die fleiſch der kůnig vnd die fleyſch der   18.
10 tribuner vnd die fleiſch der ſtarcken vnd die fleiſch
der roſſe vnd der ſitzenden auff in. Vnd die fleyſch
aller der eygen vnd der freyen vnd der lůtzeln vnd der
groſſen. Vnd ich ſach das tier vnd die kůnig der   19.
erd vnd ir here geſament zemachen einen ſtreyt mit
15 dem der do ſaß auff dem roß: vnd mit ſeim here. Vnd   20.

*

55 weyſſt P, erkandt Z—Oa.   neur] nun ZcSa.   beklaydt
P—Oa.   mit eynem gewande beſprenget Z—Oa.   56 wart] was
POOa.   57 in dem PSc.   58 beklaydt P—Oa.   59 weyſſen M.
peiſen P.   beyſe — reinem] vnd reynem (-en KSbOOa) biß Z—Oa.
60 ſchwert ſcharpf zů yetwedern ſeyten Z—Oa.   61 in im] im G.
vőlcker vnd wirt ſy regyeren in Z—O'a.   1 erſelb] er ZASK—Oa.
2 der tobheit] des grymmen Z—Oa.   als gewaltiger P, almechtigen
P—Oa.   5 der ſunn Z—Oa.   6 růfft P, ſchry Z—Oa.   mit
einer groſſen P, mit groſſer Z—Oa.   den] fehlt K—Oa.   7 mitten P,
mitt Z—Oa.   8 groſſen P—Oa.   gotz] fehlt Z—Oa.   12 der
(erstes)] fehlt K—Oa.   kleinen P—Oa.   vnd (letztes)] + auch Sb.
13 vnd] + auch Sb.   14 irer Z—O, ire Oa.   zethůn Z—Oa.

*

56 vnd (erstes)] fehlt TF.   wart] waz TF.   58 geuaßß T.
59 vnd] fehlt TF.   60 ietwedernt halben TF.   61 er mit im der-
flach TF.   2 als] alle T, all F.   5 dem] fehlt TF.   7 flugen TF.
11 vnd der] der vnd TF; in T ist die richtige wortfolge durch zeichen
angedeutet.

das tier wart begriffen vnd mit im der valſch weyſ|
ſag: der do tet die zeychen vor im mit den er verleyt
die die do entphiengen das zeychen des tiers: vnd die
do anbetten ſein bilde. Diſe zwey wurden **gelegt** le-
hentig in den ſee des brinnenden feúers vnd des ſchwe-

v. 21. bels: | vnd die andern wurden derſchlagen mit dem
waffen des ſitzenden auff dem roß: das do aufgieng
von ſeinem mund: vnd alle die vogel wurden ge-
ſattet von iren fleiſchen.   *x.x*

1. U nd ich ſach einen engel niderſteygen von
        dem himel babent den ſchlúſſel des abgrundds:
2.   vnd ein michel ketten in ſeiner hand. Vnd
er begreyff den tracken den alten ſchlangen der do iſt
der teúfel vnd ſathanas: vnd hand in durch ·M· iar

3. Vnd legt in in das abgrund: vnd beſchloß vnd be
zeychent ob in das er von des hin nit verleyt die leút:
vntz das ·M· iar wurden volendt. Vnd nach diſen
dingen gezimpt im werden entbunden ein lútzel zeytz

4. Vnd ich ſach geſeß: vnd ſy ſaſſen auff ſy: vnd das
vrteyl iſt in gegeben. Vnd ich ſach die ſeln der er-
ſchlagen vmb den gezeúg iheſu vnd vmb das wort

17 den] dem SbOOa.   er hat verfúret Z—Oa.   18 haben
empfangen Z—Oa.   19 bildnuß Z—Oa.   gelaſſen lebentig ZS—Oa,
lebentig gelaſſen A.   **21 in]** mit Z—Oa.   22 ſchwert Z—Oa.
außgeet Z—Oa.   **23 die]** *fehlt* K—Oa.   25 engeln M.   ab-
ſteygend Z—Oa.   26 der hett Z—Oa.   **27 vnd]** + auch Sb.
groß PA, groſſe Zc—Oa.   30 legt] ließ Z—Oa.   **das]** den Z—Oa.
beſchloß] + in P.   **31 ob]** úber Z—Oa.   **von des hin]** fúrohin
Z—Sa, fúranhin K—Oa.   verfúre die vòlcker Z—Oa.   32 biß
SbSc.   werden Z—Oa.   33 dingen múß er ein kleyne zeyt auffge-
lòſet werden Z—Oa.   ein kleine zeit P.   **34 ſtúle** Z—Oa.   36
die zeugnuß Z—Oa.

17 dem F.   **22 das]** *nachtr.* F.   **24 irem** fleiſch TF.   25
nider ſteig T.   vom TF.   **29 der]** *fehlt* T.   **31 ob]** vber TF.
32 vntz] bis TF.   **33 zeit** TF.   **34 auff ſy]** + vnd ſi T, *geſtrichen.*
35 geben TF.   **36 iheſus** TF.

gotz: vnd die do nit anbetten das tier noch fein bild
noch entphiengen fein zeychen an iren ftirnen oder
an den henden: vnd fy lebten vnd reichfenten mit crifto
40 M· iare. Vnd die andern der doten lebten nit vntz
das ·M· iar wurden volent. Ditz ift die erft auffer
ftendung. Er ift heilig vnd felig: der do hat teil an
der erften aufferftendung. Vnd in difen hat nit ge
walt der ander dot: wann fy werdent pfaffen gottes
45 vnd crifti: vnd reichfent mit im ·M· iare. Vnd fo
M· iar werdent vollendet fathanas wirt entbunden
von feim karcker: | vnd get aus vnd verleyt die leút
die do feind auff den vier orten der erden gog vnd ma-
gog: vnd fament fy an den ftreyt· der zale ift als der
50 fande des meres. Vnd fy fteygen auff die breyt der
erde: vnd vmbgiengen die herberge der heiligen vnd
die lieh ftatt. Vnd das feúer fteyg ab von gott vom
himel vnd verwúft fy: | vnd der teúfel der fy verleyt
der wart gelegt in den fee des feúrs vnd des fchwe-
55 bels: do auch das tier vnd der valfch weyffag werden
gekreútzigt tags vnd nachts in den werlten der werlt
Vnd ich fache ein michelu throne weyffen vnd ein
fitzenden auff im: vor des befcheude floch der hymel
vnd die erde: vnd die ftatt wart nit funden von in

v. 5.

6.

8.

9.

10.

11.

38 irer OOa. 39 an] in an ZS, in ZcSa. den] iren Z—Oa.
regyerten Z—Oa. 40 biß SbSc. 41 aufferfteeung K—Oa. hat
einen teyl in Z—Oa. 43 aufferfteeung K—Oa. Vnd] fehlt Z—Oa.
44 aber Z—Oa. priefter P—Oa. 45 werden regyeren Z—Oa.
mit in MEP. 46 fo wirt fathanas auffgelöfet Z—Oa. 47 vnd
wirt auß geen vnd wirt verfúren die völcker Z—Oa. 49 vnd wirt
fy famen in den Z—Oa. ift] fehlt Sc. 50 ftigen P—Oa. auff]
fehlt Sc. die weyte Z—Oa. 52 von hymel vnd verzeret Z—Oa.
53 verfúret Z—Oa. 54 der] fehlt K—Oa. gelegt] gelaffen
ZAZc—Oa, verlaffen S. 55 wurdent EP. 56 gepeynigt OOa.
tag vnd nacht Z—Oa. 57 groffen P—Oa. weyffen tron Z—Oa.
58 vor] von Z—Oa. angeficht P—Oa. floß MEP. 59 wart]
+ auch Sb.

38 ir ftirn oder an di hend (hand F) TF. 44 andern TF.
45 im] iiij F. 47 vnd (erstes)] + er TF. 48 auf 4 ortern TF.
der] + w F, gestrichen. 51 vngieng T, vmgieng F. 52 lieben TF.
59 die (erstes)] fehlt TF.

v. 12. Vnd ich fach groß doten vnd klein ftend in der be-   Ϭ
fcheude des throns: vnd bûcher wurden auffgetan:
vnd ein ander bûch ward aufgetan daz do ift des lebens   [160 b]
Vnd die doten wurden geurteylet von den dingen
die do warn gefchriben in den bûchern: nach iren werck

13. en. Vnd das mere gab fein doten die do waren in
im: vnd der tode vnd die helle gaben ir doten die do
warn in in: vnd es wart geurteylt von allen nach

14. iren wercken. Vnd die helle vnd der tod wurden ge

15. legt in den fee des feûrs. Diß ift der ander tod. Vnd
der nit ift funden gefchriben in dem bûch des lebens:
der wirt gelegt in den fee des feûers.   *xxi*   10

1. Und ich fach den neûwen himel: vnd die new
erde. Wann der erft himel vnd die erft erde
gieng hin: vnd das mere ift ietzund nit.

2. Vnd ich iohannes ich fach die heiligen ftat die neû-
wen iherufalem niderfteygen vom himel: bereyt von got: 15

3. als ein braut geziert irem mann. Vnd ich hort ein
michel ftymm von dem thron fagent. Secht den ta-
bernackel gotz mit den leûten: vnd er entwelt mit in
Vnd fy werdent fein volck: vnd erfelb gott: wirt

4. mit in ir gott. Vnd gott ftreycht ab einen ieglichen   20
treher von iren augen: vnd der tod wirt nit von des

---

60 dem angeficht P—Oa.   61 **vnd**] + die Z—Oa.   2 **von**]
auß Z—Oa.   7 **gelegt**] gelaffen Z—Oa.   8 Das ift Z—Oa.
9 erfunden Z—Oa.   10 der ift gelaffen Z—Oa.   11 **den**] ein
Z—Oa.   **die**] ein Z—Oa.   14 **ich** (*zweites*)] *fehlt* Z—Oa.   ftat
Iherufalem die neuwen abfteygend von dem Z—Oa.   17 groffe P—Oa.
18 **mit**] bey OOa.   menfchen vnd wirt wonen Z—Oa.   **leûten**]
leuiten P.   wont P.   19 **erfelb**] der Z—Oa.   20 tilget ab
allen zâher Z—Oa.   21 **von** — 23 **vbergiengen**] fûro (fûran K—Oa)
noch die klag noch das gefchrey noch der fchmercz wirt fûrbas die
am (an dem Sc) erften feynd abgangen Z—Oa.

---

60 ftund TF.   61 **vnd**] + ir TF.   1 andern TF.   3 **warn**]
wurden TF.   7 **tod**] + di TF.   8 andern TF.   11 newen
erd TF.   20 ab alle trechter TF.

hin noch weinen noch rûff noch feer wirt nit von des
hin: die erſten ding vbergiengen. Vnd der do faß   v. 5.
auff dem thron der ſprach. Sich ich mach alle ding
25 neuwe. | Vnd er ſprach zů mir. Schreib: wann diſe   6.
wort ſeint vil getreûwe vnd gewer. Vnd er ſprach
zů mir. Es iſt getan. Ich bin alpha vnd o ein an-
nang vnd ein end. Dem důrſtenden gib ich von dem
brunn des waſſers des lebens vergeben. Der do vher
30 windet der beſitzt diſe ding. Vnd ich wůrd im ein
got: vnd erſelb wirt mir ein ſun. Wann den vorcht   8.
ſamen vnd den vngeleûbigen vnd den verbannen vnd
den manſchlegen vnd den gemeinen vnkuſchern vnd
den zauberern vnd den dienern der abgôtter vnd allen
35 lugnern: ir teyl wirt in dem brinnenden ſee mit feûr
vnd mit ſchwebel: das do iſt der ander tode. Vnd   9.
einer von den ·vij· engeln die do hetten die ·vij· ſchenck
uaß vol der iungſten wunden der kam: vnd rett mit
mir ſagent. Kum: vnd ich zeyg dir die braut die ee
40 frauwe des lamps. Vnd er nam mich im geiſt auff   10.
einem micheln berg vnd hochen: vnd er zeygt mir die
heiligen ſtat iheruſalem niderſteygen vom himel von got:
| babent die klarheit gotz. Vnd ir liecht was geleych   11.

*

24 der] fehlt OOa.   26 feyen die trewiſten vnd war Z—Oa.
27 ein] der OOa.   28 ein] das OOa.   dürftigen P.   will ich
geben Z—Oa.   von dem] den P.   29 des lebentigen waſſers
vmbfunſt Z—Oa.   31 erſelb] der ſelb P, er Z—Oa.   Aber Z—Oa.
dem P.   33 manſchlechten P, manſchlächtigen Z—Oa.   34 zau-
bern P.   diener E.   35 lugner P.   in den EP.   36 do]
fehlt OOa.   38 leczten plagen Z—Oa.   der (zweites)] fehlt K—Oa.
39 ich will dir zeygen Z—Oa.   40 nam] erhûb ZS—Oa, hûb A.
in dem Sc.   41 einen groffen vnd hochen berg vnnd zeyget Z—Oa.
groſſen P.   42 abſteygend von (vom AG) himel habent Z—Oa.

*

22 noch weinen — 23 hin] fehlt T, und der tod wirt nit von dez
hin noch wainen noch ruf noch feer wirt nit von dez hin nachtr. ta.
23 die] wan di TF.   28 durſtigen TF.   31 aber TF.   vorcht-
ſam TF.   verpamen F.   33 manſlecken T, manſlechten F.
gemain TF.   34 zaubrenn T, zeubrern F.   dierner F.   apgot
TF.   35 ir] der TF.   dem ſee des prennenden feurz vnd dez
ſwefelz TF.   39 ekon TF.   42 von] vnd TF; durch rasur von T.

dem edeln geftein als des fteins iafpidis: als criftall.

v. 12. Habent ein michel maur vnd hoch babent ·xij· tor: 45
vnd in den toren ·xij· winckel: vnd namen gefchri-
ben das feint die namen der ·xij· gefchlecht der fún

13. ifrahel. Drey tor von often: drey tor von weften: drey

14. tor von aquilon: drey tor von mittemtag. Vnd
mauren der ftat habent ·xij· gruntueften: vnd in in   50

15. xij· namen der zwölffbotten vnd des lamps. Vnd der
do rett mit mir der het ein guldin maß ein rörins:
das er meffe die ftatt vnd ir tore vnd ir mauren.

16. Vnd die ftat was gefetzt in ·iiij· teyl: vnd ir leng
ift alfuil als ir weyt. Vnd er maß die ftatt von dem   55
guldin rore durch ·xij· M· zile: ir leng vnd ir weyt

17. vnd ir höch fein geleych. Vnd er maß ir mauren ·C·
vnd ·xliiij· elen: das maß des manns das ift des en-

18. gels. Vnd das gebeút ir mauren was von dem ftein
iafpis: wann fy felb die ftat rein gold: geleich reinem   60

19. glaß. Die gruntueften der mauren der ftat geziert
mit einem ieglichen edelm geftein. Die erft gruntueft   [400c]
iafpis: die ander faphirus· die dritte calcidonius·

＊

44 den edeln M.   dem ftein iafpidi. als der criftall vnd hett
ein groß Z—Oa.   45 groffe P.   die hett zwelff Z—Oa.   46
winckel] engel Z—Oa.   eingefchryben Z—Oa.   47 die xij: namen
P.   48 **von** (2)] vor Sb.   **often]** dem auffgang Z—Oa.   **weften]**
mitternacht ZASK—Oa, mittnacht ZcSa; + vnd SbOOa.   49 **von**
(erſtes)] vor Sb.   **aquilon]** mittemtag vnd Z—Oa.   **mittemtag]**
dem nidergang Z—Oa.   52 hat MEP.   guldin rörin maß Z—Oa.
53 mefft MEP.   **vnd** (zweites)] + auch Sb.   56 **rore]** tor ASZcSa.
zile] roßleúff oder gwandten ZSZcSa, roßleuff AK—Oa.   57 **er]** ir
MEP.   58 elenbogen die maß des menfchen die da ift Z—Oa.
maß] fehlt P.   59 maure auß dem Z—Oa.   **ftein]** ftern MEP.
60 **wann]** vnd P.   aber die ftat felb ein reyn Z—Oa.   fel-
ber P.   **reinem]** dem reynen Z—Oa.   61 **Die]** vnd die Z—Oa.
1 mit allem edlen Z—Oa.   edeln E.

＊

44 **geftein]** ftain TF.   49 **aquilon]** + vnd TF.   50 di maur
TF.   **habent]** het TF.   52 maz roreinz TF.   53 maur TF.
55 **ift]** waz TF.   ftat mit dem tor TF.   57 maur TF.   59 ge-
pewe irr maur TF.   **ftein]** fehlt F, nachtr. fa.   60 iafpidis TF.
ftat waz rainz golt TF.   61 maur TF.   **ftat]** + warn TF.
1 edeln TF.   2 iafpidis T.   **ander]** 2 TF.   **dritte]** 3 TF.

die vierd fchmaragdus· | die fúnfft fartonix· die ·vj   v. 20.
fardius· die fibent crifolitus· die ·viij· perillus· die
5 ix· topafius· die ·x· grifopaffus· die ·xj· iacinctus·
die ·xij· ametiffstus. Vnd ·xij· tor: das feint ·xij·   21.
mergrieflin durch alle. Vnd ein ieglich tor was
von eim ieglichen mergrieflin: vnd die gaffen der
ftatt reines goldes: als glaß durchleúchtent. Vnd   22.
10 tempel fach ich nit in ir. Wann der herre got als ge
waltig er ift der tempel: vnd daz lamp. Vnd die ftat   23.
bedarff nit des funns noch der menin: daz fy leúchtent
in ir. Wann die klarheit gotz entleúcht fy: vnd ir
leychtuaß ift das lamp. Vnd die leút gend in irem   24.
15 liecht: vnd die kúnig der erde bringent ir wunnig-
lich vnd ere in fy. Vnd ir tor werden nit befchloffen   25.
durch den tag. Wann die nacht wirt do nit | vnd fy   26.
tragent die wunniglich vnd die ere der leút in fy:
| kein ding entzeúbert get in fy das do tút die verban-   27.
20 nenfchaft vnd die lug: neur allein die do feind ge-
fchriben in dem búch des lebens vnd des lamps.   *xxij*

3 fchmarag S.   4 barillus OOa.   5 crifopraffus Z—O, crifopaffus
Oa.   6 tor] tur P.   das] *fehlt* PK—Oa.   7 berlin Z—Oa.   vnd
yegkliche tor waren auß yegklichen berlin Z—Oa.   9 als ein vaft liecht
(liechtes OOa) glas Vnd keynen tempel Z—Oa.   10 nit] *fehlt* Z—Oa.
got als gewaltig] allmechtig got ZASK—Oa, got der allmåchtig ZcSa.
11 er] der Z—Sa, *fehlt* K—Oa.   12 darff K—Oa.   der funn noch
des mons Z—Oa.   13 erleucht Z—Oa.   14 lucern Z—Oa.   die
vôlcker werden wandlen Z—Oa.   15 werden bringen Z—Oa.   glori
P—Oa, + oder wunn ZcSa.   16 vnd] + die Z—Oa.   17 den
tag] die nacht Z—Oa.   18 werden herzú tragen Z—Oa.   glori
P—Oa.   leút — 20 lug] vôlcker in fy. noch ichts (núntz A) ver-
meyligets (vermaßgets A) wirt eingeen in ir (fie K—Oa). oder das da
thúe ein verflúcht (-tes ZcSa) ding oder lúge Z—Oa.

*

3 vierd] 4 TF.   fúnfft] 5 TF.   4 fibent] 7 TF.   6 vnd
di 12 tor TF.   7 mergrifel TF.   ieglicher F.   8 mergrifel TF.
9 ftat warn rainz golt alz durchleuchtendez glaz TF.   10 alles TF.
11 er] *fehlt* TF.   der] ir TF.   14 liecht vas T, licht vas F.
16 vnd] + ir TF.   19 get] + nit TF.

v. 1.   Und er zeygt mir den floß des lebentigen waſ
        fers leúchtent als ein criſtall: fúrgeud von
2.   dem geſeß gotz vnd des lamps. In mitzt ſei
ner gaſſen vnd von ietwederm teyl des floß ein holtz   25
des lebens bringent ·xij· wûcher: durch all monet ge
hent iren wûcher: vnd die leúber des holtzs zû der geſunt
3. heit der leút. Vnd alles verflûchs wirt nit von des
hin: vnd das geſeſſe gotz vnd des lamps werdent in
4. ir: vnd ſein knecht dienent im Vnd ſehent ſein ant-   30
5. lútz: vnd ſein nam an iren ſtirnen. Vnd die nacht
wirt nit von des hin: vnd ſy bedúrffen nit des liechtz
der Iatern noch des liechts des ſunns wann der herre
gott der entleúcht ſy: vnd ſy reichſent in werlten der
6. werlt. | Vnd der engel ſprach zû mir. Diſe wort ſeind   35
gott gewere vnd getreúwe. Vnd der herre gott der
geiſt der weyſſagen der ſant ſeinen engel: zezeygen
ſein knechten die ding die do mûſſen werden getan
7. ſchier. | Vnd ſich ich kum ſchnelliglich. Er iſt ſelig
der do behút die wort der weyſſagung ditz bûchs.   40
8. | Ich iohannes ich hort vnd ſach diſe ding. Vnd dor
nach do ichs bett gehôrt vnd geſehen ich viel fúr die
fúſſe des engels der mir zeygt diſe ding das ich an-

      23 ſcheynber als Z—Oa.   24 ſtûl Z—Oa.   **mitzt**] mitten P,
der mitt Z—Oa.   26, 27 frücht Z—Oa.   28 vôlcker. Vnd keyn
verflûcht ding wirt fúrbas vnd der ſtûl Z—Oa.   verflûchtes daz wirt
P.   29 **das**] des MEP.   30 knecht werden im dienen vnnd werden
ſehen Z—Oa.   32 nit fúrohin (fúranhin K—Oa) vnd werden nit be-
dúrffen des Z—Oa.   33 der ſunnen Z—Oa.   34 got der (*fehlt*
K—Oa) wirt ſ̃y erleúchten, vnd werdent regyeren in die (den Sb) wel-
ten der Z—Oa.   36 **gott — getreúwe**] die trewiſten vnd war Z—Oa.
37 **der** (*zweites*)] *fehlt* K—Oa.   hatt geſendet Z—Oa.   38 **getan**]
fehlt Z—Oa.   39 **Er**] Der Z—Oa.   41 **Ich**] + bin P.   **ich —
ſach**] bin der der da hatt gehôret vnd geſehen Z—Oa.   42 **ichs**]
ich K—Oa.   **fúr — 43 anbett**] nyder daz ich anbete vor den fúſſen
des engels der mir diſe ding zeyget Z—Oa.

      22 zaig TF.   23 **leuchtent**] gelich TF.   24 **feiner**] irr TF.
25 itewedern T, ietwedern F.   27 **iren**] ſeinen TF.   34 gotz TF,
z *getilgt* T.   **in**] + den T, dem F.   35 ſint getreue vnd gewer TF.
39 **ſchnelliglich**] ſchier TF.   41 **Ich**] vnd ich TF.   42 ich ſi TF.
43 **ich**] + in TF.

bett. | Vnd er fprach zû mir. Sich das du es ichten
45 thûft. Ich bin dein entzampt knecht vnd deiner brú-
der der weyffagen: vnd der die do behútent die wort
der weyffagung diß bûchs. Anbett gott. | Vnd er
fprach zû mir. Nit zeichen die wort der weyffagung
ditz bûchs. Wann das zeyt ift nahen. | Der do fchatt
50 der fchad noch: vnd der do ift entzeúbert der entzeúber
fich noch: vnd der gerecht der gerechaftig fich noch:
vnd der heilig der heilig fich noch. Sich ich kum fchier:
vnd mein lone ift mit mir: eim ieglichen zegeben
nach feinen wercken. Ich bin alpha vnd o: der erft
55 vnd der iungft: ein anuang vnd ein ende. Sy feind
felig die do wafchen ir gewand in dem blût des lamps:
das ir gewalt fey in dem holtz des lebens: vnd geend
ein durch die tor in die ftat. Aufwendig die hund
vnd die zauberer vnd die vnkeufchen vnd die man-
60 fchleger vnd die diener der abgôtt: vnd ein ieglicher
der die lug liebhat vnd fy thût. Ich ihefus ich fant
[100 d] meinen engel zebezeúgen euch dife ding in den kirchen
Ich bin ein wurtzel vnd das gefchlecht dauids: ein
leúchtender fterne vnd ein morgenlicher. Vnd der
breútigam vnd die braute fprechent kum. Der es
5 hôrt: der fprech kum. Vnd den do dúrft der kum:

v. 9.

10.

11.

12.

13.

14.

15.

16.

17.

*

44 nicht thûft wann ich Z—Oa.   45 mitknecht Z—Oa.   46 be-
halten Z—Oa.   48 bezeychen ZcSa.   49 die zeyt Z—Oa.   50 **der**
(*erftes*)] deren. der ZcSa.   **ift** — 52 **noch**] ift in den vnreynigkeyten
der heb noch an vnreyn zewerden. Vnd der da gerecht ift der werde
noch gerecht (gerechter ZcSa) gemachet. Vnd der (+ do Sc) heylig ift
der werde noch geheyliget Z—Oa.   53 **ift**] *fehlt* OOa.   54 bins ZcSa.
55 lectz. der anuang vnd das ende. Sâlig feind die die Z—Oa.   56
ftolen Z—Oa.   58 **Aufwendig**] + aber Z—Oa.   59 **zauberer**] ver-
giffter Z—Oa.   vnkeufcher vnd die manfchlächter Z—Oa.   61 **die**]
da ZSK—Oa.   **ich**] *fehlt* K—Oa.   1 **den**] die Sb.   2 dauid Z—Oa,
+ Vnd Sc.   4 **breútigam**] breútigam oder geyft Z—Sa, geyft K—Oa.

o

44 icht entuft T, nicht entuft F.   47 **der weyffagung**] *fehlt*
TF.   48 enzaichen TF.   49 nach TF.   52 geheilig T.   53 ze-
geben aim ieglichen TF.   56 **in dem blût des lamps**] *unterftrichen*
T.   59 manflecken TF.   1 zebezeug TF.   2 **ein**] di TF.
4 braute] + di TF.   **kum**] + vnd TF.

vnd der do will der entphechte das waffer des lebens
v. 18. vergeben. Ich bezeúge eim ieglichen der do hôrt die
wort der weyffagung ditz bůchs. Ob etlicher zůlegt
zů difen dingen˙ gott der leget auff in die wunden
19. gefchriben an difem bůch : | wann ob etlich mynnert
von den worten der weyffagung ditz bůchs˙ gott
nympt ab feinen teyl von dem bůche des lebens vnd
von der heiligen ftat: vnd von den dingen die do feind
20. gefchriben an difem bůch. Der do gab gezeúge dirr
ding der fprach. Ioch. Gewerlich ich kum fchier. O
21. herre ihefus ich kum. Die genade vnfers herren ihe-
fu crifti fey mit vns allen   Amen.
Hie endet das bůch der heimlichen
offenbarunge zů latin genant Apocalipfis.

*

6 der neme Z—Oa.   7 Ich] wann ich Z—Oa.   9 **zů**] *fehlt*
K—·Oa.   **der**] *fehlt* K—Oa.   wirt legen Z—Oa.   plagen Z—Oa.
10 **an**] in Z—On.   **wann**] Vnd P—Oa.   **etlich**] fy einer Z—Oa.
mynnernt MEP.   11 **gott**] + der P.   12 wirt hin nemen feinen
Z—Oa.   14 **an**] in Z—Oa.   gibt gezeugknuß Z—Oa.   dirr]
der P.   15 fpricht auch. wårlich Z—Oa.   **O**] *fehlt* Z—Oa.   16
ihefu kumm Z—Oa.   17 **vns**] euch Z—Oa.

*

6 enphach TF.   8 **Ob etlicher**] Der da TF.   9 **der**] *fehlt*
TF.   **wunden**] + di da fint TF.   10 **wann**] vnd TF.   etlicher
TF.   15 fpricht TF.   16 **ich**] *fehlt* TF.   ihefus krift TF.
Amen] + Amen F, *vom rubricator.*

Anmerkungen.

357 b 59 Im Rosenthal'schen exemplar von M steht richtig *befchneidung*, während im Wernigeröder das *d*, welches fehlt, vom rubrikator nachgetragen ist.

358 a 2 Im Wernigeröder exemplar von M steht richtig *es*, im Rosenthal'schen *se*: E stammt zweifellos von einem ähnlichen fehlerhaften exemplar ab.

359 a 1 Das zweite (defekte) exemplar von E in der *Lenox Collection* der *New York Public Library* enthält eine anzahl nachgedruckter blätter, welche teilweise neue typen und meistens auch erhebliche abweichungen vom üblichen texte aufweisen, welche im app. unter sigle Eb angegeben sind. Auf das N. T. entfallen nur zwei von diesen nachgedruckten blättern, bezw. ein doppelblatt = 353 d 57 — 354 d 53 incl., und bl. 359 (nach M). In einem späteren bande soll das exemplar, welches höchstwahrscheinlich ein unikum ist, ausführlich beschrieben werden.

362 a 35 *ding:* in der vorlage von TF war *ding* unterstrichen und durch die glosse *vrtail* ersetzt worden; T schreibt aus versehen beide wörter, und streicht dann das überflüssige.

363 d 58 *tugent* (M), anstatt *taugen* (TF) ist nicht als druckfehler anzusehen; der drucker kannte das alte wort nicht und verbesserte den, wie es ihm schien, verderbten text: vgl. *tugentlich* 324 d 4.

364 d 4 *horn* (M) ist hier das ursprüngliche, indem der setzer noch durch das vorhergehende *bloß*, welches als *blas* (*blafen*) betrachtet werden konnte, irregeführt wurde; *korn*, im Rosenthal'schen ex., beruht auf presskorrektur.

365 a 45 Obschon die rubriken der verschiedenen ausgaben im apparat nicht berücksichtigt sind, sei hier auf die rubrik zu 2. Kor. hingewiesen, nur um zu zeigen wie mechanisch man der vorlage folgte: *Ein end hat die erft epiftel czü den Corinthiern. Vnd hebt an die vorred über die ander epiftel zü den corinthiern* ZS; *Eyn end hat die vorred über dye erften epiftel zü den corinthiern· vnnd hebt an die ander epiftel czü den corinthiern*

ZcSa; A bemerkt den fehler und kürzt ab: *Ein end hat die vorred. Vnd hebt an die epiſtel.* KGSbScO ändern zwar den wortlaut, aber behalten doch den fehler bei: vgl. Anhang s. 533.

366 b 9   Nach den lesarten *zeſwen* MP, und *vinſter* P = *winſter* M, zu urteilen, hat P hier M als vorlage benutzt, da E hier wie immer *gerechte* und *lincke* setzt; auch unten, z. 24, *winſter* M, *vinſter* P, *lingken* E. Die gemeinsame umstellung *die ineder* MP 366 c 20, wo E den richtigen text bietet, bestätigt diese annahme; man könnte zwar das vorhandensein verschiedener exemplare von E annehmen, doch wird sich kaum eins finden, in dem nicht *gerechte* und *lincke* anstatt *zeſwe* und *winſter* steht.

366 d 28   *wais = was*: ein schreibfehler, der auf die gemeinsame quelle von TFM zurückzuführen ist, aber nicht auf die urhandschrift. Weitere beispiele *reichs = rechts* 376 a 6; *wir = er* 377 d 40; *gerein = gee rein* 386 d 2; *zůſamen = zů ſamum* 387 c 22; *zezeygen = zeziehen* 390 a 56; *horten = horent* (fut.) 390 c 55.

367 c 52   *Vmbkam* — 53 *geist*: doppelte übersetzung, wohl ursprünglich randglosse.

367 d 7   Nach dem wortlaut der Vulgata wäre zu erwarten: *in dem mund zweyer oder dreyer gezeig ſtet alles wort*, wie auch tatsächlich 5 Mos. 19, 15 zu lesen ist: es liegt hier jedoch kein druckfehler vor, da TF dieselbe lesart aufweisen — man muss entweder falsche übersetzung annehmen, oder dass das wort *gezeůg* als nachtrag an der falschen stelle eingeschaltet wurde.

368 a 32   Obschon in den existierenden hss. und drucken wohl nur der dativ *euch* zu belegen ist, hat hier zweifellos in der urhandschrift *iu* gestanden, denn nur so erklärt sich der schreibbezw. druckfehler *in* — mithin ein beweis, dass die übersetzung älter ist als die hss.

369 b 13   Bei der verseinteilung des Laodicäerbriefes wurde die ausgabe von J. B. Lightfoot, *Commentary on Colossians*, pp. 274—300 (2. aufl.), benutzt.

372 a 56   *get* M, *gett* P, *ge-* E: hier scheint P wieder M als vorlage benutzt zu haben, es sei denn dass andere exx. von E denselben druckfehler aufweisen.

372 d 22   Hier, wie auch z. b. bei der vorrede zu Titus, ändert A den text nur der grossen holzschnittinitiale wegen — die initiale P hatte der drucker schon, D und T wollte er nicht mehr anschaffen.

375 a 50   *ein* war wohl ursprünglich randglosse, welche M mit in den text setzte, während die vorlage von TF das glossierte wort wegliess: die vorlage von ta dagegen enthielt die ursprüngliche lesart *den*.

375 d 11   *lerlich*: in der urhandschrift stand *lerl'*, wie auch in der vor-

lage des korrektors ta; in der gemeinsamen quelle von TFM
stand *ler'*. Ähnliche lesefehler *begnüge* M, z. 20, = *beg'unge;*
376 c 56 *in* M, = *m'*.

382 b 7   *das die*: letzteres ist eine in den text geratene randglosse,
welche dem von den meisten lateinischen hss. vertretenen
quam (anstatt *quod*) entspricht.

385 b 42   *lamparten*: der übersetzer las *italiam*, welche lesart in vielen
lateinischen hss. getroffen wird.

385 d 30   Der zusatz *nach etlichen tagen* in TF, d. h. in der vorlage
derselben, ist augenscheinlich von z. 19 herübergenommen
(homoioteleuton): die in betracht kommende vorlage muss
also den jetzt fehlenden abschnitt 10 *wann* — 29 *cipern* noch
enthalten haben.

387 b 11   *der ift michel*: das sinnstörende *der* fällt wohl nicht dem über-
setzer zur last, indem unten (z. 26), der selbe satz ohne *der*
wiederholt ist; vgl. jedoch *dez micheln diana* TF, z. 30.

387 c 21   *zů contrachi* = *contra chium* Vulg.: augenscheinlich ein ver-
sehen des übersetzers; vgl. 387 d 20 *nauigaremus abstracti ab
eis*; wo in T einfach *abstracti*, F *zu abstracti* zu lesen ist,
während M und ta die falsche übersetzung *in einer kürtze*
bieten. Ob *felix* = *fefte* 389 d 23, und *andria* = *adria* 390 a
47 auch dem übersetzer zuzuschreiben sind, ist nicht zu ent-
scheiden: an der ersteren stelle scheint *fefte* (= ta) auch die
lesart des originals gewesen zu sein.

388 a 15   *gelobde* (= *uotum* Vulg.): glosse zu *kuntfchaft* (= *notum*).
M setzt beide in den text, während die vorlage von ta nur
die ursprüngliche glosse enthielt. Vgl. 386 d 30 *kuntfchaft*,
389 a 36 jedoch *gelübd*.

388 c 14   Der übersetzer schrieb: *Ich hab mit vil gůter burgerrecht ent-
phangen*. Dazu kam *ding* als randglosse zu *gůter*. Indem nun
M, oder der schreiber der vorlage, *ding* als glosse zu *burger-
recht* betrachtet, lässt er letzteres weg und setzt die glosse
in den text, da übrigens der sinn schon durch das *nit* = *mit*
entstellt war; T setzt die glosse mit in den text, F lässt sie
unberücksichtigt.

389 c 48   *gelübd* ursprünglich randglosse, von M mit in den text gesetzt,
während die vorlage von TF damit das ursprüngliche *ver-
henckniß* ersetzte; ta stellt dann die ursprüngliche lesart
wieder her.

389 d 57   *contrachum*: vgl. anm. 387 c 21.

Nachträge und Berichtigungen.

Band I

354 a 44 Im app. lies gefchrifft E—Oa.

354 b Im app. sind hinzuzufügen folgende lesarten (vgl. **anm.** zu
359 a 1): zeile 29 fag Eb. 36 **waffen]** iaffen Eb. 37 **die]**
der Eb. 52 petro Eb. c 54 purpurim E. d 29 **Vnd]**
fehlt Eb. 33 in mitt Eb. 48 **von im]** vmb in Eb.

355 c 14 Im app. lies *lücke bis* 356 d 43 *den incl.*

Band II

357 a 8 Die letzte variante zu z. 8 sollte lauten: **den** (*zweites*)] dem
ZSKSc.

390 a 47 Im app. ist vor der lesart *fchiffen zu andria* die zeilenzahl
47 zu ergänzen.

391 c 12 Vers 11 fängt mit *Fleuſſt* (z. 12) an, vers 12 mit *Mein,* zeile 14.

392 a 7 Im text lies *der botten.*

392 c 6 Im text lies *feinen.*

Anhang.

Hie hebt an die gemayn vorred. in alle epiftel fancti pauli.
So volgt hernach dye fünderlich vorred in die epiftel. die
fant pauls an die rômer gefchriben hat.

Aber ein ander funderliche vorred anzaygende was die
5 meynung difer gantzen epiftel fei.

Hie hebt fich an fant pauls epiftel an die rômer gefchri-
ben. Vnd in .xvi. capitel geteylet. darinn er vns von den heyd-
nifchen irrfalen vnd fittlichen dingen zu dem waren vnd criften-
lichen gelauben berůffet vnd vordert.

10 *(Hier, wie bei den folgenden büchern, ist nur das buch*
mit inhaltsangabe versehen, nicht das einzelne kapitel.)

Die epiftel zu den romern hat ein end. vnd hebt an die
vorred vber die epiftel zu den Corinthiern.

Hie hebet an die erft epiftel zu den Corinthiern. vnnd
15 hat auch .XVI. capitel. Vnnd die maynung fôlcher epiftel.
vnnd warauff die entlich ruet vnd gegrůndet ift. daz ift in der
vorred hieoben gefchriben. aygentlich begryffen.

Hie endet fich die erft epiftel zu den Corinthern. Vnnd
vaht an die vorred vber die andern epiftel zu den Corin-
20 thern.

Ein end hat die erft epiftel zu den Corinthiern. Vnnd

*

2 So] Nun OOa.   6 fich] fehlt OOa.   8 vnd (*zweites*)] fehlt
OOa.   16 rûret Sb.   gegrundtfeftet OOa.   17 eygentlichen
Sb.   19 vaht] hebt nun SbOOa.   21 *Nur die letzte ausgabe* (Oa)
entdeckt den fehler, und ändert: Ain end hat die vorred zů den Corin-
thiern | vnnd facht an die ander Epiftel ... *Dieser fehler findet sich*
schon bei Z: *vgl. anm. zu* 365 a 45.

hebt an die vorred vber die ander epiſtel zu den Corinthiern.
Vnd hat .XIII. Capitel.

Ein ende hat die ander epiſtel zu den Corinthiern. Vnd
hebt an die vorred zu den Galathern.

Die vorred hat ein ende Vnnd hebt an die Epiſtel zu den 5
Galathern. Vnd hat . vi. capitel.

Die epiſtel ad Galathas hat ein ende. Vnd hebt an die
epiſtel zu den Laodociern.

Ein ende hat die epiſtel zu den laodociern. Vnd hebt an
die vorred vber die epiſtel zu den epheſiern.   10

Die vorred hat ein ende. Vnd hebt an die epiſtel zu den
epheſiern. Vnd hat .VI. capitel.

Ein ende hat die epiſtel zu den Epheſiern. Vnd hebt an
die vorred ſancti Ieronimi vber die epiſtel zu den philippenſern.

Die vorred hat ein ende. Vnd hebt an dy epiſtel zu den 15
Philippenſern Vnd hat . iiii. capitel.

Die epiſtel zu den philipenſern hat ein ende. Vnd hebt
an dy vorred vber die epiſtel zu den Coloſenſern.

Die vorred hat ein ende. Vnd hebt an die epiſtel zu den
Coloſenſern. Vnd hat .iiij. capitel.   20

Ein ende hat die epiſtel zu den coloſenſern. Vnd hebt
an die vorred zu den theſſalonicenſern.

Die vorred hat ein ende. Vnd hebt an die epiſtel zu den
theſſalonicenſern. Vnd hat .V. capitel.

Diß iſt die vorred vber dy andern epiſtel zu den theſſa- 25
lonicenſern.

Die vorred hat ein ende. Vnd hebt an die ander epiſtel
zu den theſſalonicenſern. Vnd hat .III. capitel.

Ein ende hat die ander epiſtel zu den theſſalonicenſern.
Vnd hebt an die vorred vber die erſten epiſtel zu thimotheum. 30

Die vorred hat ein ende. Vnd hebt an die erſt epiſtel zu
thimotheum. Die hat .VI. capitel.

Ein ende hat die erſt epiſtel zu thimotheum. Vnd hebt
an die vorred vber die andern epiſtel.

Die vorred hat ein ende. Vnd hebt an die ander epiſtel 35
zu thimotheum. Vnd hat .IIII. capitel.

·

32 **Die**] vnd SbOOa.

Die epiſtel zu thimotheum hat ein end. Vnd hebt an
die vorred vber dy epiſtel zu thytum.

Die vorred hat ein ende. Vnd hebt an die epiſtel zu
thytum. Vnd hat . III. capitel.

5 Hie hat ein ende die epiſtel zu tytum. Vnd hebt an die
vorred in die epiſtel zu Philemonem.

Ein end hat die vorred. Vnd hebt an die epiſtel zu
philemonem.

Die epiſtel zu philemonem hat ein ende. Vnd hebt an
10 die vorred zu den hebreern oder iuden.

Die vorred hat ein ende Vnd hebt an dy epiſtel zu den
hebreern. oder zu den iûden. Vnd hat . XIII. capitel. darinn
ſant pauls anzayget vnd zu erkennen gibt. den mangel vnd
geprechen des geſetzs moyſi. Vnd die volkumenheyt des
15 ewangeliſchen geſetzs. Vnd dàz criſtus warer got vnd menſch
ſey. Vnd ein mittler gottes vnd der menſchen.

Hie hat ein end die epiſtel zu den iuden oder hebreyſchen.
Vnd hebt an die vorred ſancti iheronimi. In das buch der
wurckung der zwelffbotten.

20 Die ander vorred. Die vorred hatt ein ende Vnd hebt
an daz buch der wûrckung der zwelffboten in .xxviij. capitel
geteylt. dar inn lucas nach der auffart chriſti. die ſihtpern
ſendung des heyligen geyſts erzayget. vnd die werck vnd die
geſchiht der apoſtel. vnd zuuoran ſant paulſen beſchreibt Vnd
25 auch die gelegenheit der newgepornen kirchen.

Hie hat ein end daz buch der wirckung der zwelffbotten.
Vnd vahet an die gemeyn vorrede in epiſtolas canonicas.

Hie hatt ein end die gemayn vorred. Vnd vahet an die
ſunderlich vorrede in die epiſtel canonica ſant Iacobs.

30 Hie hat ein end die ſunderlich vorred. Vnd hebet an
ſant iacobs epiſtel. in .v. capitel geteylet. darinn ſant iacob.
betrûbt vnd angefochten. zu der gedult vermanet. Vnd dy
plôdigkeit menſchlichs lebens ein verlichkeyt beſchreibt. Vnd
die warheit der zungen vnd des gelaubens ein einigkeit be-
35 weyſet.

Hie hat ein end dy geyſtlich oder canonica epiſtel ſant

iacobs. Vnd hebet an die vorred in die erften canonicam
oder geyftlich epiftel fant peters.

Hie hat ein end die vorred Vnd hebt an die erft fant
peters canonica epiftel. auch in .v. capitel geteylet. Darinn
er zu erft got danckfagt. darumb das got barmhertzigklich 5
durch das leyden vnnd blut feins funs das menfchlich gefchlecht
erlöfet hat. füranhin vermonet er crifto nachzeuolgen. Vnd
vnderweyfet mann vnd weyb. vnd leytet fy auff demütigkeit.
Vnd warnet fich vor des teufels liftigkeit zuhüten.

Die erft epiftel hat ein end. Vnd hebt an die vorred 10
vber dy andern epiftel.

Hie hebt an die ander epiftel fant peters des apoftels.
Die ift auch in iii. capitel geteylet. Darinn leret er von dem
dienft in volkumenheit der tugent. Auch von der warheit der
prophecey. Vnd von den falfchen propheten. Vnd von ver- 15
meydung der funder.

Hie hat ein ende die ander epiftel fant peters. Vnd
vahet an die vorrede In dy erften epiftel Iohannis.

Hie hat ein end die vorred Vnd hebt an dy erft epiftel
iohannis. Die hat v. capitel darinn er zeugknuß gibt von dem 20
wort der warheit vnd des lebens. Vnd von feinem allerlew-
terften liecht. Vnd wie vnfer herr ihefus criftus fey vnfer
fürfprecher. Vnd wie wir gein got vnd dem nehften die lieb
haben follen.

Ein end hat die erft canonica epiftola fant Iohannis des 25
ewangeliften. Vnd hebt an die vorred in die andern epiftel.

Ein ende hat die vorred. Vnd hebt an dy ander epiftel
iohannis. Darinn er ein muter vnd ire kinder vermanet. daz
fie fich vor den ketzern. vnd verlaytern hüten.

Ein ende hat die ander canonica epiftola fancti iohannis 30
des ewangeliften. Vnd hebt an die vorred vber die dritten
epiftel.

Die vorred hat ein ende. Vnd hebt an die drit epiftel
iohannis.

---

5 zum erften SbOOa.   7 vermeinet SbOOa.   13 lernet Sb.
14 in] der SbOOa.   15 von (*zweites*)] + der Oa.   25 canonic O,
canonick Oa.

Die drit epiſtel iohannis hat ein end. Vnd hebt an die vorred vher iude.

Hie hebt an die epiſtel iude. Darinn er alle menſchen irs aygens hayls vermanet. Vnd von dem kampff michaelis
5 vnd ſathane des tewfels ſaget. Vnd der ketzer leben. vnd ir boßheyt vnd irrſale verflucht. Vnd ine auff die ewigen peyn droet.

Ein ende hat die canonica epiſtola iude des zwelffboten. Vnd hebt an dye vorred vher daz buch der heymlichen offenbarung.
10 Ein ende hat die vorred.

Hie hebt an das buch der heymlichen offenbarung. Darinn werden beſchriben die offenbarung. dy ſant iohanſen durch den engel beſchehen ſind. Auch die anfechtung vnd trûbſale dy. dy kirch im anfang gelidten hat. Auch ietzo leidet. Vnd im
15 ende der werlt. vnd zuuoran zu der zeyt des anthicrifts leyden wirdet. Vnd von der belonung die ſye wirdt empfahen in dem ewigen leben.

Ein ende hat daz buch der heymlichen offenbarung ſant iohanſen des zwelfboten vnd ewangeliſten.

*

2 über die Epiſtel jude OOa.   4 aygnen Oa.   11 **Hie]** Vnd OOa.   12 geſchriben OOa.   14 yeczund SbOOa.   in dem SbOOa.   15 entkrifts Sc, endchrifts OOa.   18 *Bei* OOa *wird diese rubrik mit der darauf folgenden schlussschrift des druckers verbunden.*

ÜBERSICHT

über die

einnahmen und ausgaben des litterarischen vereins

im 54sten verwaltungsjahre vom 1. Januar bis 31. Dezember 1904.

	ℳ	₰
Einnahmen.		
A. Reste.		
I. Vermögensstand am schlusse des 53sten verwaltungsjahres	23734	52
II. Ersatzposten	—	—
III. Aktivausstände	—	—
B. Laufendes.		
I. Für verwertete ältere publicationen	600	—
II. Aktienbeiträge	6240	—
III. Für einzelne publicationen des laufenden jahrgangs	40	—
IV. Aktivkapitalzinse	731	70
V. Ersatzposten	—	—
VI. Außerordentliches	—	—
C. Vorempfänge von aktienbeiträgen für die folgenden verwaltungsjahre	140	—
	31486	22
Ausgaben.		
A. Reste.		
I. Abgang und nachlaß	—	—
B. Laufendes.		
I. Allgemeine verwaltungskosten, einschließlich der belohnung des kassiers und des dieners ·	937	96
II. Besondere kosten der herausgabe und der versendung der vereinsschriften und zwar:		
1. Honorare	1282	05
2. Druckkosten einschließlich druckpapier . .	5909	25
3. Buchbinderkosten	152	90
4. Versendung	210	60
5. Provision der buchhändler	77	—
III. Auf das kapitalvermögen	—	—
IV. Ersatzposten	—	—
V. Außerordentliches	—	—
	8569	76
Somit Vermögensstand am 31. Dezember 1904	22916	46

Anzahl der aktien im 54. verwaltungsjahr 331

Neu eingetretene mitglieder sind:

Williams und Norgate, buchhandlung, London.

Kurrelmeyer, Dr. W., Baltimore.

Elster, Dr., Ernst, universitätsprofessor in Marburg. i. H.

Biblioteca Apostolica Vaticana in Rom.

Ihre Durchlaucht die Frau Prinzessin zu Löwenstein, Schloss
Langenzell.

Graz, Steiermärkische Landesbibliothek Ioanneum.

Reimer, Hans, Berlin-Charlottenburg.

Tübingen, den 24. Januar 1905.

Der kassier des litterarischen vereins
rechnungsrat **Rück.**

Die richtigkeit der rechnung bezeugt
der rechnungsrevident
kanzleirat **Gaiser.**

Lightning Source UK Ltd.
Milton Keynes UK
UKHW041400030119
334537UK00024BA/131/P